Franz Schandl/Gerhard Schattauer
DIE GRÜNEN IN ÖSTERREICH

Franz Schandl, Gerhard Schattauer

DIE GRÜNEN IN ÖSTERREICH

Entwicklung und Konsolidierung einer politischen Kraft

Gedruckt mit Unterstützung des Bundesministeriums für Wissenschaft, Forschung und Kunst

Die Deutsche Bibliothek – CIP-Einheitsaufnahme
Schandl, Franz:
Die Grünen in Österreich : Entwicklung und Konsolidierung einer politischen Kraft / Franz Schandl, Gerhard Schattauer. – Wien : Promedia 1996.
   NE: Schattauer, Gerhard
   ISBN 3-85371-103-0

© 1996 Promedia Druck- und Verlagsgesellschaft m.b.H, Wien
Alle Rechte vorbehalten
Lektorat: Gerald Hödl
Druck: WB-Druck, Rieden
Printed in Germany
ISBN 3-85371-103-0

INHALTSVERZEICHNIS

VORWORT 7

I. ABSCHNITT
KONSTITUTIONSBEDINGUNGEN DER GRÜNEN 9

1. Kapitalismus - Versuch einer Skizze 9
2. Krise und Kapitalverwertung 37
3. Gesellschaftliche und soziale Bewegung 55
4. Bürgerinitiative, Bewegung und Partei 70
5. Basiskategorien grüner Ideologie 92

II. ABSCHNITT
**VON DEN PARTEIBILDUNGSPHASEN INS PARLAMENT -
GRÜNE GESCHICHTE IM ÜBERBLICK** 115

1. Formierung der Ökologiebewegung in Österreich 115
2. Erste Parteibildungsphase 127
3. Zweite Parteibildungsphase 149
4. Dritte Parteibildungsphase 165
5. Die Grüne Partei in Österreich 216
6. Von den basisdemokratischen Postulaten zur "Vierten Partei" 264

III. ABSCHNITT
PROGRAMMATIK UND STRATEGIEN 319

1. Ökologie 319
2. Ökonomie 350
3. Basisdemokratie 371
4. Demokratie und Parlamentarismus 387
5. Grüne Programme 409
6. Medien und Grüne 432
7. Strategien und Bündnispolitik 452
8. Die Grünen als Übergangsprojekt 464

IV. ABSCHNITT
METHODOLOGISCHE NACHGEDANKEN ÜBER GEGENSTAND, FORSCHUNG UND INHALT 473

ARCHIVVERZEICHNIS 491
LITERATURVERZEICHNIS 496
ABKÜRZUNGSVERZEICHNIS 532

DIE AUTOREN 598

VORWORT

Das hier vorliegende Buch stellt sicherlich den ersten ambitionierten und umfassenden Versuch über Wesen und Wirken der österreichischen Grünen dar. Wir wollten wissen und zeigen, *warum die Grünen sind und was die Grünen sind, wie sie sich gestalten, verwalten und verhalten. Die zentrale Aufgabenstellung der Arbeit besteht darin, ein umfassendes Bild der Gesellschaft anhand der grünen Partei bzw. umgekehrt anhand dieser ein Bild von jener zu entwickeln. Insofern weist dieses Buch über die traditionelle Parteienforschung hinaus, verläßt deren Boden und Methoden.*

Im Zuge der Forschung wurde immer deutlicher, daß es wichtiger ist, die Grünen nicht als "neue" Kraft der Parteienlandschaft zu analysieren und deren externe politische Differenzen herauszuarbeiten, sondern daß es vielmehr darum geht, sie als integrierten und integrativen Faktor der Gesellschaft zu dechiffrieren. Die Immanenz der Grünen ist viel höher zu bewerten als ihre Differenzen, die Nuancen kaum überschreiten bzw., reflektiert man sie hinsichtlich der herrschenden Werte und Prinzipien, überhaupt nichtig sind.

Besonderes Augenmerk legten wir auf die Zusammenhänge von Emanzipation, grüner Partei, Ökologiebewegung und gesellschaftlicher Entwicklung. Wir fragten uns, inwiefern die Grünen emanzipatorische Potenzen freisetzen und umsetzen bzw. behindern oder gar verhindern. Emanzipation sei hier charakterisiert als Menschwerdung des Menschen, als Zurückdrängung allgemeiner Notwendigkeiten zugunsten allgemeiner Möglichkeiten.

Der Einstieg in unser Thema ist relativ abstrakt, aber grundlegend für die nachfolgenden Kapitel. Eine ausführliche Skizze der Gesellschaft und der in ihr dominierenden Faktoren schien uns unerläßlich. Im ersten Abschnitt, "KONSTITUTIONSBEDINGUNGEN DER GRÜNEN", geht es vor allem darum, zu klären, warum es die Grünalternativen überhaupt gibt, was sie sozusagen historisch notwendig gemacht hat. Die Grünen sollen anhand der gesellschaftlichen Entwicklung als notwendiges gesellschaftliches Phänomen installiert werden. Die Aufarbeitung der objektiven Existenzbedingungen der Grünen soll hier geleistet werden. *"Der Anfang der Bildung und des Herausarbeitens aus der Unmittelbarkeit des substantiellen Lebens wird immer damit gemacht werden müssen, Kenntnisse allgemeiner Grundsätze und Gesichtspunkte zu erwerben, sich nur erst zu dem Gedanken der Sache überhaupt heraufzuarbeiten, nicht weniger sie mit Gründen zu unterstützen oder zu widerlegen, die konkrete und reiche Fülle nach Bestimmtheiten aufzufassen und ordentlichen Bescheid und ernsthaftes Urteil über sie erteilen zu wissen."*[1]

Der zweite Abschnitt, "VON DEN PARTEIBILDUNGSPHASEN INS PARLAMENT — GRÜNE GESCHICHTE IM ÜBERBLICK", rekonstruiert die politische Geschichte der Grünen, behandelt deren interne Auseinandersetzungen und Konflikte, diskutiert Machtverschiebungen und deren Alternativen, um die sich schon seit den Anfängen abzeichnende Entwicklungsrichtung nachvollziehbar zu machen. Das Agieren der verschiedenen politischen Subjekte und deren Konglomerate (Fraktionen, Strömungen, Bündnisse) stehen hier im Mittelpunkt. Politische Geschichte erfreut sich auch deshalb solcher Beliebtheit, weil in ihr Personen auftreten und handeln. Der berüchtigten "Wer tut was?"-Variante der Geschichte wurde auch bei uns breiter Raum gegeben, vor allem, weil man an ihr exemplarisch Abstrahiertes an konkreten Abläufen verdeutlichen kann.

Im dritten Abschnitt, "PROGRAMMATIK UND STRATEGIEN", werden Ziel und Wesen grüner Politik anhand einiger zentraler Fragestellungen aufgearbeitet. Aufgabe dieses Abschnitts ist es, ein in sich stimmiges Gesamtbild der Grünen zu entwerfen, ihren gesellschaftlichen Charakter zu definieren und ihre historische Rolle einzuschätzen. Es soll auch gezeigt werden, wie die verschiedenen grünen Vorschläge mit den ihnen zugrundegelegten ideologischen Kategorien korrespondieren, ferner, wo deren Zugehörigkeiten, Widersprüche und Grenzen sind. Hier finden sich auch Prognosen zukünftiger Entwicklungen.

Im abschließenden vierten Abschnitt, "METHODOLOGISCHE NACHGEDANKEN ÜBER GEGENSTAND, FORSCHUNG UND INHALT", wollen wir unsere Arbeit noch einmal reflektieren und versuchen, ihren theoretischen Ansatz und Anspruch zu erläutern. Vorgangsweisen und Methoden sollen konkretisiert, bestimmte Schlußfolgerungen theoretisiert werden.

Insgesamt ist die Arbeit natürlich kein leichtverdaulicher Brocken. Vergleicht man sie mit anderen, so muß sie auf den ersten Blick durchaus fremdartig, wenn nicht sogar abartig erscheinen. Zu eigenwillig sind Aufbau und Durchführung der Studie, zu ungewöhnlich die Terminologie, zu schräg die inhaltlichen Ergebnisse. Sie stellt für Verfasser wie Rezipienten eine Herausforderung dar, kann nicht en passant konsumiert werden. Mit Hegel teilen wir auch den Zweifel, *"ob der laute Lärm des Tages und die betäubende Geschwätzigkeit der Einbildung, die auf denselben sich zu beschränken eitel ist, noch Raum für die Teilnahme an der leidenschaftslosen Stille der nur denkenden Erkenntnis offen lasse."*[2]

I. ABSCHNITT
KONSTITUTIONSBEDINGUNGEN DER GRÜNEN

1. KAPITALISMUS - VERSUCH EINER SKIZZE

Alles, was ist, hat seinen Grund, kennt Voraussetzungen und Bedingungen. Grund meint einerseits mehr als Zusammenhang, ist aber andererseits nicht mit Ursache zu verwechseln. *"Das Letzte, der Grund, ist dann auch dasjenige, aus welchem das Erste hervorgeht, das zuerst als Unmittelbares auftrat."*[1] Bevor wir uns also direkt dem Gegenstand zuwenden, ist es notwendig, das zu benennen und zu bewerten, was ihn hervorbringt, Basis seiner Ausformungen ist. Das soll in der Folge geschehen.

"Wie die Individuen ihr Leben äußern, so sind sie. Was sie sind, fällt also zusammen mit ihrer Produktion, sowohl damit, was sie produzieren, als auch damit, wie sie produzieren. Was die Individuen also sind, das hängt ab von den materiellen Bedingungen ihrer Produktion."[2] Die entscheidende Frage bei der Charakterisierung einer Gesellschaft ist jene nach dem menschlichen Produktions- und Reproduktionszusammenhang. Unabhängig von allen spezifischen Formen des Überbaus, in denen der Mensch seine Freiheit verwirklicht, die ja ursprünglich nichts anderes sein kann als relative Loslösung von der Natur, ist der Mensch zur täglichen Reproduktion in Form der Konsumtion gezwungen. Die Produktion ist notwendig, weil die Reproduktion notwendig ist. Wirtschaft ist ja nichts anderes als *"die Rationalität des Daseins hinsichtlich seiner empirischen Bedingtheit."*[3]

"Denkt man sich an den Anfang der Gesellschaft, so existieren noch keine produzierten Produktionsmittel, also kein konstantes Kapital, dessen Wert in das Produkt eingeht und das bei Reproduktion auf derselben Stufenleiter in natura aus dem Produkt, in einem durch seinen Wert bestimmten Maß ersetzt werden muß. Aber die Natur gibt hier unmittelbar die Lebensmittel, die nicht erst produziert zu werden brauchen."[4] Produktion ist also das, was über die primitiven Formen von Sammeln und Jagen hinausgeht. Nutzung der Natur in Rekombination ihrer Potenzen. Produktion meint die planmäßige Herstellung von natürlich Nichtvorhandenem, aber potentiell Angelegtem. Produktion baut auf der Systematik von Arbeit auf. Produktion ist somit kombinierte und koordinierte - sei sie individuell oder kollektiv - Arbeit, kennt die Vielfalt der Tätigkeiten, ist nicht bloß Eingriff, sondern Vielgriff.

Was den Menschen vor allem auszeichnet, ist seine Produktion. Sie ist ein durch Denken angereichertes Handeln, mehr als ein bloßes Tun. In der Arbeit als Grundlage und Substanz der Produktion geht der Mensch erstmals praktisch über die Natur hinaus, negiert die Unterwerfung durch sie, entfaltet seine kulturellen Anlagen durch ihren bewußten Gebrauch. Denken und Arbeiten sind die ersten Schritte des Menschen von der natürlichen Bewußtlosigkeit zum zivilisatorischen Bewußtsein. In der Produktion begreifen sich die Menschen als gesellschaftliche Wesen. Sie finden in und durch ihre Tätigkeiten zueinander.

Die zentrale Fragestellung einer Gesellschaft lautet immer: Wie wird gearbeitet? Wie produzieren die Menschen, um sich zu reproduzieren? Wie hoch ist die Arbeitsproduktivität, wieviel produktive Arbeitszeit ist also notwendig, ein bestimmtes Quantum an Produkten herzustellen. Wie organisiert sich die Arbeit, was ist privater, was ist gesellschaftlicher Natur? Was treibt die Produktion voran? Erst danach ist wichtig: Wer verfügt über die Produktionsmittel, und was bedeutet diese besondere Verfügung für die Struktur der Gesamtgesellschaft? *"Welches immer die gesellschaftlichen Formen der Produktion, Arbeiter und Produktionsmittel bleiben stets ihre Faktoren. Aber die einen und die andern sind dies nur der Möglichkeit nach im Zustand ihrer Trennung voneinander. Damit überhaupt produziert werde, müssen sie sich verbinden. Die besondre Art und Weise, worin diese Verbindung bewerkstelligt wird, unterscheidet die verschiednen ökonomischen Epochen der Gesellschaftsstruktur."*[5]

Wir wenden uns somit auch deutlich gegen systemtheoretische wie postmoderne Behauptungen, die davon ausgehen, *"daß die moderne Gesellschaft kein Steuerungszentrum hat."*[6] Dies stimmt nur dahingehend, daß von keiner bewußten Steuerung gesprochen werden kann, nicht jedoch dahingehend, daß die Gesellschaft sich in interdependenter Komplexität verliert. Das läßt sich sehr deutlich an der Ökologie zeigen. Alle hier auftretenden Probleme, sei es das Mülldesaster oder der Verkehrsinfarkt, das Ozonloch oder das Waldsterben, haben ihren Ursprung in der spezifischen stofflichen Seite der kapitalistischen Produktion, nicht etwa in verfehlter Politik oder, noch eingeschränkter, in korrupter und unfähiger Bürokratie. Vielmehr verdeckt deren Agieren die ökonomische Bedingtheit der zentralen ökologischen Fragen. Natürlich hängt alles mit allem zusammen, aber ebenso hängt auch alles ab.

Die Basisprozesse der Produktion bilden die Grundlage jeder Gesellschaft. Möglichkeiten können nur auf dieser Basis Wirklichkeit werden. Die Alternativen innerhalb eines Systems sind somit begrenzt, sie können nicht in bestimmender Weise den ökonomischen Grundlagen widersprechen, geschweige sie aufheben. Die Menschen entscheiden somit nur bedingt frei, dem Vorgegebenen können sie nicht entfliehen. Die menschliche Freiheit findet somit immer ihre gebieterischen Grenzen an der Wirklichkeit. Jene ist real nie größer als die mögliche Verwirklichung, die Notwendigkeit.[7]

Zwischen Produktion und Konsumtion (das gilt übrigens auch für die Zirkulation) herrscht ein fundamentaler Unterschied, der jedwede bloße Interdependez Lügen straft. Konsumiert kann nur werden, was produziert wird, produziert hingegen kann gar manches werden, was nie in die individuelle oder produktive Konsumtion eingeht. (Die Produktvernichtung im Kapitalismus etwa ist ein ständiger Beweis, daß

Produktion und Konsumtion sehr einseitig zusammenhängen.) Es kann überhaupt nie mehr konsumiert als produziert werden. So stimmt der Satz, daß das Konsumierte produziert wurde, bedingungslos, der Satz, daß das Produzierte konsumiert wird, aber nur bedingt. Die Grenze der Konsumtion ist die Produktion, die Grenze der Produktion ist jedoch nicht die Konsumtion. Beziehen wir nun auch die Zirkulationssphäre mit ein, dann heißt das: Es kann de facto nicht mehr verkauft als erzeugt (von Lausbubenstücken in Form fiktiver Verkäufe sehen wir hier natürlich ab), wohl aber mehr erzeugt als verkauft werden. Es wird immer mehr produziert als zirkuliert, es wird immer mehr zirkuliert als konsumiert. Die Produktion ist das Ausschlaggebende der Ökonomie. Die Konsumtion ist abhängig von der Produktion wie die Produktion von der Konsumtion. Aber: Die Konsumtion ist abhängiger von der Produktion als die Produktion von der Konsumtion. Die Abhängigkeiten bauen auf verschiedenen gesellschaftlichen Wertigkeiten, können nie und nimmer gleichgesetzt werden. Sie hängen ab und zusammen wie Herr und Knecht, die Logik des letzteren ist die Logik des ersteren. Keiner könnte ohne den anderen seine Rolle spielen, aber nur einer gibt den Ton an. Die Logik der Produktion steckt, ja versteckt sich in allen ökonomischen und außerökonomischen Bereichslogiken, ist ihre Basis, auch wenn sie selbst bei der Problemsichtung nicht erscheint. *"Die Produktion produziert die Konsumtion daher, 1. indem sie ihr das Material schafft; 2. indem sie die Weise der Konsumtion bestimmt; 3. indem sie die erst von ihr als Gegenstand gesetzten Produkte als Bedürfnis im Konsumenten erzeugt. Sie produziert daher Gegenstand der Konsumtion, Weise der Konsumtion, Trieb der Konsumtion."*[8] Auch nach Günther Anders bestimmen die Angebote die Nachfrage, nicht umgekehrt.[9] *"Denn die Angebote sind die Gebote von heute"*,[10] schreibt er. Der Konsument bedarf, was er darf. Bedürfen kann er nur Mögliches. Diese Möglichkeiten entstehen freilich außerhalb seines Bereichs.

Auch wenn es manchmal anders erscheinen mag, die menschlichen Bedürfnisse richten sich nach den Möglichkeiten der Produktion. Und die Produktion richtet sich nach Arbeitsproduktivität und Technik, d.h. nach den Produktivkräften auf Grundlage einer spezifischen Produktionsweise. Diese ist den Produktivkräften selbstverständlich nicht nur äußerlich, sondern bildet eine dialektische Einheit, in der entschieden wird, was, wo, wann und wie produziert wird. Im Kapitalismus bestimmt dies der Wert.

Kapitalismus bedeutet *"Regelung der Gesamtproduktion durch den Wert."*[11] Die zentrale Kategorie in der kapitalistischen Gesellschaftsformation, in der die kapitalistische Produktionsweise nicht universell ist (auch wenn sie dahin tendiert), aber die Gesellschaft eindeutig dominiert, ist der *Wert*. Nur was durch die Produktion Wert schafft und gemeinhin in der Zirkulation Tauschwert realisiert, hat Bestand. Wobei die Reihenfolge in unserer Logik eine durchaus hierarchische ist. Ganz entschieden gilt es sich daher von der bürgerlichen Ökonomie zu distanzieren, die den ursprünglichen Impetus der Produktion mit ihren konkreten Bestimmungen verwechselt: *"Jede Erzeugung dient letzten Endes der Befriedigung des Verbrauchers"*,[12] schreibt

John Maynard Keynes. Und Adam Smith, völlig befangen im gesunden Menschenverstand des aufkommenden Kapitalismus, meint: *"Der Verbrauch allein ist Ziel und Zweck einer jeden Produktion, daher sollte man die Interessen der Produzenten eigentlich nur soweit betrachten, wie es erforderlich sein mag, um das Wohl des Konsumenten zu fördern. Diese Maxime leuchtet ohne weiteres ein, so daß es töricht wäre, sie noch beweisen zu wollen."*[13]

Ziel der kapitalistischen Produktion ist vielmehr nicht die Konsumtion, die Herstellung von Gebrauchswerten für die Menschen, Ziel ist die Verwertung des Werts, d. h. die Kapitalakkumulation. Nicht Gebrauchswerte werden somit produziert - das auch, aber eben bloß auch -, sondern Wert heckender Wert, Kapital. Was nicht zu Kapital werden kann, wird unabhängig von den technischen Möglichkeiten und offensichtlichen Brauchbarkeiten nicht hergestellt. *"Gebrauchswerte werden hier überhaupt nur produziert, weil und sofern sie materielles Substrat, Träger des Tauschwerts sind."*[14]

Auf die Ebene der Bedürfnisse übersetzt, heißt dies, daß der Kapitalismus jene beseitigt, die nicht verwertbar sind, und solche schafft, die Profit erzielen. Haben die Menschen Bedürfnisse nach Gebrauchswerten, so hat das Kapital Bedürfnis nach Tauschwerten. *"Der eigentliche Genuß, in einer sauberen Elbe zu baden, statt in Autokolonnen eine andere Erholungsregion suchen zu müssen, eine blumenreiche Wiese, die Artenvielfalt in einem Erholungsraum Wattenmeer oder eine erotisch spannungsreiche Liebesbeziehung, statt des patriarchalisch zwanghaften Austausches sexueller Dienstleistungen, das sind Qualitäten, die man nicht kaufen kann, mit denen kein Geschäft gemacht werden kann, also verkommen sie. Alle qualitativen Bedürfnisse, die nicht quantifizierbar, also nicht mit Geld käuflich sind, werden unterbunden und aus dem gesellschaftlichen Bedürfnissystem verdrängt."*[15] Ob allerdings die von Thomas Ebermann und Rainer Trampert, den ehemaligen führenden Protagonisten des ökosozialistischen Flügels der deutschen Grünen, in der Folge angesprochene Unterscheidung zwischen systemkonformen (z.B. mehr Lohn) und systemsprengenden Bedürfnissen (z.B. eine gesunde Umwelt)[16] so aufrechterhalten werden kann, ist fraglich. Fraglich deshalb, weil partielle Verwirklichungen der letztgenannten durchaus mit Geld zu kaufen sind und auch gekauft werden, somit selbst systemkonforme Befriedigungen finden, ohne daß sie einerseits generell systemkonform werden, andererseits aber den systemkonformen Vorschub leisten müssen. Mehr Geld bedeutet letztendlich nämlich auch die Erweiterung der Möglichkeit, sich gesellschaftlich abzukoppeln, sich unangenehmen Umständen zu entziehen, sich "Natur", "gesunde Ernährung" etc. zu leisten. Findet der subjektive Drang in keiner objektiven Krise der Herrschaft seinen Platz, so wird er über kurz oder lang parzelliert, integriert oder ausgemerzt werden. Dafür sprechen alle Erfahrungen. Die uns vorgetragene Scheidung hält somit weniger, als sie auf den ersten Blick verspricht.

Der Kapitalismus ist im Gegenteil gerade auf dieser Ebene noch immer so innovativ, daß er permanent nach Kriterien einer Verwertung ihm ursprünglich fremder Bedürfnisse sucht und diese auch findet. Man denke nur an die anlaufende Industrialisierung der Ökologie - nicht zu verwechseln mit einer Ökologisierung der Industrie -, an den Bio-Boom, die grünen Pickerln, die Müllverwaltungen, den ökologischen Tourismus etc. Sind solche Bedürfnisse in Geld übersetzbar und ausdrückbar, so sind sie dem Kapital zugängig und zuträglich. Nichts Fremdes ist ihm Feind, solange es verwertbar ist. Eine historische Leistung des Kapitals besteht ja zweifellos gerade in der Überführung von sinnlichen und konkreten Gebrauchswerten in abstrakte Tauschwerte. Die Universalisierung dieser Überführung ist blindes Ziel der Kapitalherrschaft, wenngleich es aus mehreren Gründen, objektiven wie subjektiven, unmöglich erreichbar ist.

"Sinnliche Bedürfnisse können also nur noch befriedigt werden durch die unsinnliche Produktion von Mehrwert, die sich als abstrakte betriebswirtschaftliche Gewinnproduktion bewußtlos durchsetzt. Der Austausch auf dem Markt dient nicht mehr der gesellschaftlichen Vermittlung von Gebrauchsgütern, sondern der Realisierung des Gewinns, d.h. der Verwandlung toter Arbeit in Geld, und die Vermittlung von Gebrauchsgütern findet nur noch als Sekundärerscheinung dieses eigentlichen Prozesses auf der Geldebene statt."[17] Oder Robert Kurz an anderer Stelle noch weiter ausführend: *"Es entstand so eine blinde gesellschaftliche Maschine der abstrakten Arbeitskraft-Vernutzung, deren Tendenz dahin geht, Mensch und Natur, die gesamte erreichbare Welt, in ihren inhaltsleeren Bewegungsprozeß aufzusaugen, zu verdauen und als die andere, tote Form der Arbeit: als Geld wieder auszuscheißen, ohne daß von diesem Formwandel abgesehen irgendeine inhaltliche Zwecksetzung der qualitativen Bestimmtheit hinzugetreten wäre. Diese gesellschaftliche Maschine muß zwar stoffliche Qualität bewegen: Naturstoffe, Naturkräfte und lebendige menschliche Arbeit; aber diese sind nur Mittel zum Zweck des tautologischen Rückkoppelungsprozesses, d.h. des Selbstzwecks der abstrakten Arbeit. Es findet also eine Zweck-Mittel-Verkehrung statt: die Arbeit ist nicht mehr Mittel für einen qualitativ bestimmten Zweck der Naturaneignung, sondern umgekehrt ist die qualitative, stoffliche Naturaneignung bloß gleichgültiges Mittel für den Selbstzweck des Formverwandlungsprozesses der abstrakten Arbeit. Für die Bewegung der gesellschaftlichen Maschine des 'Werts', die sich in Geld 'darstellt', ist es objektiv gleichgültig, was mit den stofflichen, qualitativen Ingredienzien ihres gewaltigen, weltweiten Verdauungsprozesses geschieht und welche Konsequenzen dieser Prozeß auf der stofflich-qualitativen Ebene hat. Die Welt wird verwandelt und umgepflügt ohne 'Sinn', weil dieser 'Sinn' im Verwandeln und Umpflügen als solchem liegt, das sich auf ständig erweiterter Stufenleiter in seiner toten Gestalt als Geld darstellen und in niemals endenden Zyklen vermehren ('akkumulieren') muß."*[18]

Die vielgelobte Sparsamkeit der Marktwirtschaft ist nur eine, die den individuellen Kostpreis (c+v) des Kapitals betrifft, nicht jedoch eine bezüglich der gesellschaftlichen Folgekosten. *"Diese Sparsamkeit optimiert nichts anderes als die pyramidale Anhäufung toter Arbeit jenseits menschlicher Bedürfnisse und jenseits ökologischer Zusammenhänge. Sie hat keinen anderen Zweck und Bezugsrahmen als die optimale Vernutzung von Arbeitskraft und Material. Erstens abstrahiert die 'Rentabilität' dabei als abstrakte 'Sekundärtugend' völlig vom zu optimierenden Inhalt, sie optimiert also auch blinde Zerstörungsproduktion, sozial- und naturschädliche Produktionsinhalte. Zweitens abstrahiert die 'Rentabilität' ebenso grundsätzlich von den Folgeprozessen und Fließstrukturen unkontrollierter, erst ex post wahrgenommener Vernetzungszusammenhänge und unbeabsichtigter 'Nebeneffekte', die durch den Raster der 'betriebswirtschaftlichen' Optimierung und deren Marktvermittlung fallen. Sogar der bürgerlichen Statistik ist inzwischen die unangenehme Tatsache bewußt geworden, daß in die Aufsummierung betriebswirtschaftlicher 'Rentabilitäts'-Resultate in Gestalt des Sozialprodukts sowohl Zerstörungsprozesse als auch deren (mehr schlechte als rechte) Reparatur 'positiv' eingehen: je mehr Vergeudung und Zerstörung im Prozeß des Pyramidenbaus stattfindet, und je mehr Ressourcen daraufhin wieder für die Reparatur der sinnlosen Ressourcenverschleuderung aufgewendet werden müssen, desto größer der volkswirtschaftliche 'Erfolg' dieser absurden Reproduktion!"*[19]

Der Wert ist blind gegenüber den stofflichen Grundlagen der Produktion, gegenüber Mensch und Natur.[20] Vor lauter Tauschwert sieht er den Gebrauchswert und seine Folgen nicht. Diese liegen außerhalb seiner Logik. Womit wir schon wieder bei der Ökologie angelangt wären. Auch sie wird im Kapitalismus bloß als eine zusätzliche Wachstumsbranche, nicht als Notwendigkeit der menschlichen Gattung, sondern als neue Möglichkeit des Kapitals gesehen. Umweltschutz sichert Arbeitsplätze, ist eine der gängigen wie unerträglichen Devisen. Das Ziel innerhalb dieser gesellschaftlichen Gesetzlichkeit kann also gar keine ideale Negation und reelle Problembeseitigung sein, sondern liegt banal darin, einen neuen Geschäftsbereich zu eröffnen. Die Fragen, die sich die Charaktermasken des Kapitals stellen, sind also im Prinzip völlig jenseits subjektiver Allgemeinbedürfnisse. Nichtsdestotrotz setzen sie sich über diese hinweg und durch. Kurzum: Solange diese Gesetze gelten, gilt: Was nicht verwertet werden kann, wird nicht Wirklichkeit werden.

Wie sehr dieses Denken in den Kategorien des Wertes auch in die grünalternativen Köpfe Eingang gefunden hat, wie sehr es Grundlage ihrer Überlegungen ist, zeigt auch die folgende Textstelle der Wirtschaftswissenschaftlerin und Mitarbeiterin des Gföhler Kreises, Luise Gubitzer. Sie schreibt: *"Von einem strikt ökonomischen Standpunkt aus betrachtet und nach strikter Anwendung des ökonomischen Rationalitätsprinzips sind Menschen und Natur Primärproduktionsgrundlage und dienen der schrankenlosen Ausbeutung zum Zwecke der Akkumulation von Kapital."*[21] Richtig erkannt, hat sie Falsches benannt. Man halte kurz ein und überdenke das Vorgetragene. Für Gubitzer, deren grundsätzliche Überlegungen auch stellvertretend für andere Ökonomen (Erich Kitzmüller, Josef Aff) aus dem Spektrum des Gföhler Kreises stehen, ist jedenfalls der Verwertungsstandpunkt identisch mit dem ökonomischen Standpunkt. Kriterien einer Wirtschaft, die nicht dem Wertgesetz folgt, kann sie sich bei dieser Logik erst gar nicht vorstellen. Wie sollte sie auch? Kapitalistisches Produzieren und Zirkulieren wird ganz metaphysisch zum Gesetz der Ökonomie überhaupt. Kapitalismus ist Ökonomie. Diese Betrachtung ist zweifelsfrei unhistorisch wie perspektivlos. Was Gubitzer in Frage stellt, ist denn auch nicht diese Ökonomie, sondern bloß deren Striktheit, die Folgen, nicht das Prinzip. Konsequenterweise plädiert sie für eine Begrenzung der Ökonomie[22], für das Unmögliche schlechthin: *"Eine Entökonomisierung der Gesellschaft: Die ökonomischen Prinzipien (wie z.B. Konkurrenz) können nicht mehr Leitprinzipien für eine Gesellschaft sein, da sie zu viele 'Werte' (wie etwa Kultur, Geschichte, Philosophie, Natur, Globalstrukturen) unberücksichtigt lassen, ja sogar zerstören."*[23] Eine Entökonomisierung der Gesellschaft bei Aufrechterhaltung des Werts und seiner Gesetzlichkeiten ist wahrlich ein hölzernes Eisen. Ökonomische Überlegungen verkommen hier zu moralischen Postulaten auf der Ebene von frommen Wünschen.

Die Zelle der kapitalistischen Produktion ist der Wert. Er macht aus Produkten Waren.[24] Was ist das nun, der *Wert*? Wert ist in unserer Terminologie ein enger Begriff, der nicht beliebig auf alle gesellschaftlichen Bereiche und Sektoren angewandt werden sollte. Er ist ein sich an Vergegenständlichungen oder am Bezug zu Objekten sich darstellendes gesellschaftliches Verhältnis von Menschen. Der Wert ist das abstrakt Menschliche in den Dingen und somit der Dinge. In diesen Vergegenständlichungen schafft der Mensch sich seine Welt in der Form von Waren. Als Werte sind die Waren unterschiedslos Gallerten allgemeiner abstrakter Arbeit. Durch den Wert können die Produkte also nicht an sich, für sich und daher einfach für uns bestehen, sondern müssen gemessen, bewertet werden an der sie hervorbringenden Substanz, der Arbeit. Die Dinge kommen so nur vermittelt zu uns, eben über den Wert, nicht unvermittelt durch ihren stofflichen Charakter als Gut.

Der Wert erscheint als das ökonomische Apriori, er ist allen Waren gemein, ihr Nenner. Er ist uns, den bürgerlichen Individuen, das "Selbstverständliche", doch gerade deshalb so schwer verständlich, so schwer zu erklären und zu vermitteln. Produkte denkt der Mensch nicht in Gütern, sondern in Werten. Nicht unmittelbar, sondern vermittelt. Denken und Handeln auf der Ebene des Werts ist dem bürgerlichen Menschen so geläufig wie das Gehen dem Homo sapiens. Er denkt sich nichts dabei, läßt das Wesentliche, das ihn bewegt, unreflektiert: *"Der Wert ist kein krudes 'wirtschaftliches Ding', sondern totale gesellschaftliche Form, also auch Subjekt- und Denkform."*[25] Sich etwas anderes auch nur vorzustellen übersteigt sein Vorstellungsvermögen bei weitem.

Wert ist eine Kategorie der Produktion. Erst dessen in den meisten Fällen obligate Transformierung in die Zirkulation macht ihn zum Tauschwert. *"Der Austauschprozeß gibt der Ware, die er in Geld verwandelt, nicht ihren Wert, sondern ihre spezifische Wertform."*[26] Die Wertform des Werts ist der Tauschwert. Der Wert erscheint als Tauschwert beim Kauf respektive Verkauf einer Ware. Die beiden Begriffe werden oft synonym verwendet,[27] sind es aber nicht. An (leider) sehr wenigen Stellen seines Hauptwerks hat das auch Karl Marx deutlich gemacht, wenn er etwa im zweiten Band schreibt: *"Es entspringt dies seinem (des Ökonomen Bailey, F.S.) allgemeinen Mißverständnis, wonach Tauschwert=Wert, die Form des Werts der Wert selbst ist; Warenwerte also nicht mehr vergleichbar sind, sobald sie nicht aktiv als Tauschwerte fungieren, also nicht realiter gegeneinander ausgetauscht werden können."*[28] Zweifellos ist aber der Tauschwert die gesollte Form des Werts (von Ausnahmen im Bereich der produktiven Konsumtion einmal abgesehen[29]), die Wertrealisierung in der Zirkulation das ökonomische Ziel der Wertschaffung in der Produktion. Es ist vor allem Robert Kurz zu danken, der an diese Marxsche Differenzierung wieder angeknüpft und sie zu einem zentralen Gegenstand seiner Kapitalismuskritik gemacht hat.[30]

Das Eigentümliche des Kapitals ist jedenfalls nicht das Privateigentum. Es ist nicht einmal ein zentrales Charakteristikum, wenngleich der private Kapitalist als die personifizierte Inkarnation des Kapitals erscheint und es so aussieht, als sei dessen Macht seine Kreation, nicht er bloß ihre Kreatur. Die Verfügungsgewalt in Gestalt von Privateigentum an Produktionsmitteln sollte nicht als subjektive Größe mißverstanden werden, sie ist vielmehr eine Größe, an der sich bloß die Geschicklichkeit zeigt, gesellschaftliche Gesetze instinktiv - denn es ist in den seltensten Fällen ein bewußtes und wissendes Begreifen - zu vollziehen. **"Das Kapital"**, ist schon im Kommunistischen Manifest zu lesen, *"ist also keine persönliche, es ist eine gesellschaftliche Macht."*[31] Ein Kapitalist selbst mag der Herr vieler Lohnarbeiter sein, sein eigener Herr ist er damit noch lange nicht. Mit dem Ethos des Unternehmers ist es ähnlich wie mit dem Mythos der Arbeiterbewegung. Sie glitzern mehr als sie sind.

Zeitlich löst sich das Privateigentum bereits vor dem Wert auf, wie Banken und Aktiengesellschaften, Monopole und Börse zeigen. *"Dieser gesellschaftliche Charakter des Kapitals wird erst vermittelt und vollauf verwirklicht durch volle Entwicklung des Kredit- und Banksystems. Andrerseits geht dies weiter. Es stellt den industriellen und kommerziellen Kapitalisten alles disponible und selbst potentielle, nicht bereits aktiv engagierte Kapital der Gesellschaft zur Verfügung, so daß weder der Verleiher noch der Anwender dieses Kapitals dessen Eigentümer oder Produzenten sind. Es hebt damit den Privatcharakter des Kapitals auf und enthält so an sich, aber auch nur an sich, die Aufhebung des Kapitals selbst. Durch das Bankwesen ist die Verteilung des Kapitals den Händen der Privatkapitalisten und Wucherer als ein besondres Geschäft, als gesellschaftliche Funktion entzogen. Bank und Kredit werden aber dadurch zugleich das kräftigste Mittel, die kapitalistische Produktion über ihre eignen Schranken hinauszutreiben, und eins der wirksamsten Vehikel der Krisen und des Schwindels."*[32] Im "Kapital" ist es jedenfalls für Marx völlig unmöglich geworden, Stellungnahmen wie die folgende aus dem "Manifest" noch zu vertreten:

1848 schrieben Marx und Engels über die Aufgaben der Kommunisten: *"In allen diesen Bewegungen heben sie die Eigentumsfrage, welche mehr oder minder entwickelte Form sie auch angenommen haben möge, als die Grundfrage der Bewegung hervor."*[33] Das war endgültig passé. Daß dieser Standpunkt von Marx überwunden worden ist, wurde von den meisten Marxisten nicht wahrgenommen, vielmehr wurden überholte Positionen weitertradiert.[34]

Das Privateigentum ist dem Kapitalismus kein fixierender Bestandteil, sondern eine flexible Größe, wie die Expropriationen der Expropriateure täglich beweisen. Kapitalisten brauchen zwar Kapital, aber das Kapital braucht nicht unbedingt Kapitalisten. Man denke bloß an das moderne Managertum, das diese Tendenz am augenfälligsten verkörpert. Das Privateigentum mag zwar der bürgerlichen Moral heilig sein, nicht jedoch dem Wertgesetz. Wirklich ist nicht: Das Kapital steht auf dem festen Boden des Privateigentums, sondern: Das Privateigentum bewegt sich in den reißenden Fluten des Werts. Dort ertrinkt es in regelmäßigen Abständen.

Jede produktive Arbeit schafft Wert, aber nicht unbedingt Tauschwert. Der Tauschwert ist eine besondere Form, die der Wert auf dem Markt, in der Zirkulation annehmen soll, aber nicht unbedingt annehmen muß. Waren können verderben, verkommen, gestohlen werden oder ganz einfach nicht absetzbar sein und müssen daher vernichtet werden. Der Wert, obzwar geschaffen, kann sich dann nicht realisieren, sogar unabhängig davon, ob das Produkt Gebrauchswert bleibt (z.B. nach einem Diebstahl oder zahlreichen ebenso ungeahndeten wie üblichen individuellen Entnahmen durch die unmittelbaren Produzenten u.a.) oder nicht (wenn es z.B. verdirbt). Klar ist nur, daß jeder Gebrauchswert durch Konsumtion wie Nichtkonsumtion früher oder später vernichtet wird, gänzlich unabhängig davon, ob er als Tauschwert realisiert worden ist oder nicht. Cum tempore fugit.

"Ein Gebrauchswert oder Gut hat also nur einen Wert, weil abstrakt menschliche Arbeit in ihm vergegenständlicht oder materialisiert ist. Wie nun die Größe eines Werts messen? Durch das Quantum der in ihm enthaltenen wertbildenden Substanz', der Arbeit."[35] *"Indem sie ihre verschiedenartigen Produkte einander im Austausch als Werte gleichsetzen, setzen sie ihre verschiednen Arbeiten einander als menschliche Arbeit gleich. Sie wissen das nicht, aber sie tun es."*[36] Das, was allen Waren gemeinsam ist, ist, daß in ihnen Arbeit, korrekter: abstrakte Arbeit, steckt und daß sie in Geld ausgedrückt werden können. Das Maß des Geldes und das Maß der Arbeit müssen folglich zusammenhängen. Das Maß der Arbeit ist die Arbeitszeit. Arbeit ist die tätige Entäußerung der Arbeitskraft in der Produktion, somit in den Produkten. Der Wert ist die Folge der Produktion, Resultat abstrakter Arbeit. Der Tauschwert ist die in der Zirkulation verwirklichte Form des Werts. Wert ist eine Kategorie der Produktion, Tauschwert ist eine Kategorie der Zirkulation. Geld ist die kulturelle Form des Tauschwerts, also eine Form der Form, Preis ist das Maß des Geldes.

In dieser Hinsicht von Interesse ist die Marxsche Scheidung von konkreter und abstrakter Arbeit. Während die erste Gebrauchswert schafft, schafft letztere Tauschwert. Bildnerin des Werts ist die (tausch)wertsetzende Arbeit, die bei Marx unter dem Begriff *allgemeine abstrakte Arbeit* firmiert: *"Als gleichgültig gegen den besondern Stoff der Gebrauchswerte ist die Tauschwert setzende Arbeit daher gleichgültig gegen die besondere Form der Arbeit selbst. Die verschiedenen Gebrauchswerte sind ferner Produkte der Tätigkeit verschiedener Individuen, also Resultat individuell verschiedener Arbeiten. Als Tauschwerte stellen sie aber gleiche, unterschiedslose Arbeit dar, d.h. Arbeit, worin die Individualität der Arbeitenden ausgelöscht ist. Tauschwert setzende Arbeit ist daher **abstrakt** allgemeine Arbeit."*[37] Und weiter: *"Als Tauschwert sind alle Waren nur bestimmte Maße festgeronnener Arbeitszeit."*[38]

"Die Arbeit, die sich im Tauschwert darstellt, ist vorausgesetzt als Arbeit des vereinzelten Einzelnen. Gesellschaftlich wird sie dadurch, daß sie die Form ihres unmittelbaren Gegenteils, die Form der abstrakten Allgemeinheit annimmt."[39] Und: *"Während die Tauschwert setzende Arbeit **abstrakt allgemeine** und **gleiche Arbeit**, ist die Gebrauchswert setzende Arbeit konkrete und besondere Arbeit, die sich der Form und dem Stoff nach in unendlich verschiedene Arbeitsweisen zerspaltet."*[40] Die dahingehend differenzierte Arbeit im Kapitalismus schafft somit in den Waren Gebrauchswerte und Tauschwerte. Sie ist sowohl abstrakt als auch konkret, privat wie gesellschaftlich, besonders wie allgemein. So arbeitet der Arbeiter dem Tauschwert nach für sich, dem Gebrauchswert nach für die Gesellschaft.[41] Konkret ist die Arbeit, weil sie sich in einem Gebrauchsgegenstand vergegenständlicht, abstrakt ist sie, weil sie für einen gesellschaftlichen Markt arbeitet. Das Abstrakte ist somit eine zusätzliche Komponente, nur der Warenwirtschaft entsprechend, während das Konkrete eine Wesensbedingung menschlicher Reproduktion ist. Konkrete und abstrakte Arbeit schließen so einander nicht aus; sehr wohl aber ist konkrete Arbeit in verschiedenen Formen ohne abstrakte Arbeit machbar und denkbar, während das umgekehrt nie der Fall ist.

Abstrakte Arbeit verdeutlicht auch, daß alle Arbeiten, unabhängig von ihrer Qualität, quantitativ in einem Anderen (Wert, Tauschwert, Geld) gemessen werden können. Das Geld ist ja nur ein Schlußpunkt der Kette, die da lautet: Abstrakte Arbeit - Wert - Tauschwert - Geld.[42] *"Die einfache Warenform ist daher der Keim der Geldform."*[43] Mögen der Computertechnologe und die Näherin auch unmittelbar nichts miteinander zu schaffen haben, ihre Arbeiten gänzlich unterschiedlicher Natur sein, ja sogar als unterschiedliche Qualitäten auftreten und zu erkennen sein, in der Sprache des Geldes ist das nicht der Fall. Hier ist die Arbeitseinheit des Technologen z.B. etwa 10 Arbeitseinheiten der Näherin wert. Die unterschiedliche Qualität wird durch die Quantifizierung ausgelöscht. Auf dem Markt ist dem Geld nicht mehr anzusehen, woher es kommt, aus dem eingebauten Mikrochip oder aus der genähten

Jacke. Im Geld erlischt der Unterschied aller Gebrauchswerte.[44] Geld ist die allgemeine Ware, in der sich alle besonderen Waren ausdrücken, ja auslöschen.

Eines freilich kann sich das Mitglied des kapitalistischen Systems nicht aussuchen: ob es Geld haben will oder nicht. Es will es haben müssen. Für eine klassische Entscheidung ist hier kein Platz. Geld ist quasi-natürlich geworden, es ist eine unhinterfragte Existenzbedingung der bürgerlichen Gesellschaft. In diesem Punkt können daher die Menschen - unabhängig von allen demokratischen Freiheiten - nicht frei sein. Es gibt keine Freiheit vom Geld, vom Tauschwert, vom Wert, von abstrakter Arbeit. An dieser Kette hängt das bürgerliche Individuum, ohne sie eigentlich wahrzunehmen. Sie ist ihm Fleisch und Blut geworden, Bestandteil seiner Authentizität. Wobei hier selbstredend nicht bloß das Bürgertum oder die Bourgeoisie gemeint sein kann, sondern alle Mitglieder der Gesellschaft. Je größer die Geldmenge, desto größer die Freiräume. Der Mensch ist im Kapitalismus der personifizierte Träger der Waren, egal ob er sie verkauft oder ob er sich selbst verkauft. Aus diesem übermächtigen gesellschaftlichen Gesetz gibt es kein Entfliehen. *"Die Abstraktheit des Tauschwertes ist a priori mit der Herrschaft des Allgemeinen über das Besondere, der Gesellschaft über ihre Zwangsmitglieder verbündet. (....) Durch die Reduktion der Menschen auf Agenten und Träger des Warentauschs hindurch realisiert sich die Herrschaft von Menschen über Menschen. Der totale Zusammenhang hat die konkrete Gestalt, daß alle dem abstrakten Tauschgesetz sich unterwerfen müssen, wenn sie nicht zugrunde gehen wollen, gleichgültig, ob sie subjektiv von einem 'Profitmotiv' geleitet werden oder nicht."*[45]

Als *"ökonomische Gesellschaftsformation"*[46] kennzeichnen wir das bestehende Gesellschaftssystem als ein kapitalistisches. Diese Kategorisierung ist eindeutig der verschwommenen Bezeichnung "Marktwirtschaft" vorzuziehen. Der letztgenannte Begriff blendet vollständig die gesamte Produktion und ihre Gesetzlichkeit aus und konzentriert sich ausschließlich auf die Zirkulation der Waren. Was darunter und davor ist, interessiert ihn nicht. Die ganze Plusmacherei im Kapitalismus gerät so auf die Ebene des Kaufens und Verkaufens, auf die Schiene von Angebot und Nachfrage, in die Sphäre des selbstbestimmten Handelns von selbstbestimmten Akteuren, die ihre Waren austauschen. Marktwirtschaft reduziert Kapitalismus auf wenige sichtbare Sekundärphänomene.

Als Überbegriff ist der Terminus Marktwirtschaft letztendlich verschleiernd, da er die alles entscheidende Produktionsweise ausklammert, die Zirkulation nicht als Fortsetzung oder Realisierung der Produktion auf Tauschwertebene begreift, sondern als den zentralen Ort ökonomischer und somit gesellschaftlicher Kommunikation. *"Alle oberflächlichen und verkehrten Anschauungen des Gesamtprozesses der Reproduktion sind der Betrachtung des Kaufmannskapitals entnommen und den Vorstellungen, die seine eigentümlichen Bewegungen in den Köpfen der Zirkulationsagenten hervorrufen."*[47]

Der Markt schiebt sich in der Warenwirtschaft zwischen Produktion und Konsumtion, erhebt sich scheinbar über sie zum Selbstzweck der Wertrealisierung, obwohl er doch ohne das sinnliche Gut, den Gebrauchswert, stoffliche Folge der Produktion wie begehrtes Objekt der Konsumtion, nicht existieren könnte. Sinn macht der Tausch freilich nur mit Gebrauchswerten, denen, unabhängig von ihrer Qualität und Sinnhaftigkeit, ihr Charakter als Gebrauchswert abgekauft wird. Denn vergessen wir nicht, was auf dem Markt getauscht wird. Nicht der Tauschwert wird auf den Markt getauscht, sondern der Gebrauchswert. Der Tauschwert bleibt dem Verkäufer erhalten, wird ihm gewöhnlich durch Geld abgegolten.

Der Kapitalismus ist eine Produktionsweise, dessen Zirkulation über den Markt realisiert wird. Folglich ist auch jede substantielle und wesensmäßige Unterscheidung zwischen Kapitalismus und Marktwirtschaft hinfällig. Die Marktwirtschaft ist das dem Kapitalismus zugehörige Zirkulationsverhältnis. Nicht mehr und nicht weniger. So gesehen gibt es auch nur eine kapitalistische Marktwirtschaft, mag sie nun frei oder sozial, ökologisch oder gar "sozialistisch" genannt werden. Marktwirtschaft ist und bleibt Kapitalismus. Doch ist der Kapitalismus mehr als die Marktwirtschaft.

Der Subtraktion der Marktwirtschaft vom Kapitalismus, wo man jener alle positiven Züge und diesem alle Negativa aufhalst, können wir absolut nichts abgewinnen. Was der Markt positiv leistet, leistet er wegen seiner und nicht gegen seine kapitalistische Basis. Kapitalismus darf auf keinen Fall zu einem moralischen Begriff verkommen, der a priori einen negativen Beigeschmack hat, wie das fast ausschließlich bei den Grünen der Fall ist. Peter Pilz etwa schließt aus der sinkenden Lohnquote der unselbständig Beschäftigten, *"daß unser Wirtschaftssystem das Attribut 'kapitalistisch' nach wie vor verdient."*[48] Kapitalismus ist somit zu einer Frage der sozialen Gerechtigkeit und der Umverteilung geworden, vom Kainsmal der Ausbeutung behaftet. Derweil sagen die Prozentpunkte der Lohnquote gar nichts, was nicht schon allein die Existenz einer Lohnquote verdeutlicht, nämlich daß wir in einer kapitalistischen Gesellschaft leben, die den Konflikt zwischen Lohnarbeit und Kapital kennt. Antikapitalismus wird bei Pilz & Co - wir werden noch einige Male darauf zu sprechen kommen - reduziert auf ein moralisches Gerechtigkeitsempfinden, ein Empfinden, dem selbst bürgerliche Wertvorstellungen zugrunde liegen, ein Empfinden, das bei anderer politischer Großwetterlage und Gefühlslage jederzeit in ein frenetisches Bekenntnis zur Marktwirtschaft umschlagen kann, ohne hier nun einen Widerspruch zu bemerken. So gesehen wird die Ansicht des ehemaligen grünalternativen Vordenkers Erich Kitzmüller richtig, wenn er schreibt, den Kapitalismus anzusprechen sei *"Atemvergeudung"*.[49] So schon.

Was ebenfalls immer wieder mißverstanden wird, ist, daß der Konflikt "Markt oder Staat" im Kapitalismus kein prinzipieller, sondern ein akzidentieller ist. *"Der wirtschaftliche Interventionismus ist nicht, wie die ältere liberale Schule meint, systemfremd aufgepfropft, sondern systemimmanent, Inbegriff von Selbstverteidigung, nichts könnte den Begriff der Dialektik schlagender erläutern",*[50] schreibt Adorno. Markt und Staat in der Ökonomie stehen sich - allem ideologischen Getöse zum Trotz - nicht diametral gegenüber, sondern ergänzen sich prächtig. Der Konflikt konnte nur deswegen so gesehen werden, weil das variable Kapital scheinbar öfter gezwungen ist, seine Forderungen über den Staat und die Politik zu realisieren, als das konstante Kapital. Mit dieser halben Wahrheit finden wir uns in dem dualistischen Gegensatzpaar von Wirtschaft/Kapital einerseits und Lohnarbeit/Staat andererseits wieder. Dieser Schein trügt, nicht nur, weil zusehends die Fronten verschwimmen oder umgekehrt: sich diese klären. So kann es schon vorkommen, daß Arbeiterkammer und ÖGB mehr Markt fordern und der Bauernbund mehr Staat. Was nichts anderes belegt, als daß diese vereinfachenden Zuordnungen heute nicht einmal mehr an der empirischen Oberfläche greifen.

Doch auch darunter war das nie so eindeutig. Die kapitalistische Ökonomie war zeitlebens auf den Staat angewiesen, das gilt für das konstante ebenso wie für das variable Kapital. Dort, wo die einzelnen Interessen auseinander- und gegeneinanderlaufen, ist ein reale Institutionalisierung idealer Gesamtinteressen notwendig, um die Gesellschaft nicht aus den Fugen geraten zu lassen. Der Staat hält sozusagen die Gesamtgesellschaft zusammen. Man denke nur an die empirisch belegbaren wie nachvollziehbaren Interventionen der Unternehmen in den staatlichen Apparaten und politischen Formationen (womit hier keineswegs die Abart der Bestechung gemeint ist), wie umgekehrt die zahlreichen industrie- und gewerbefördernden Maßnahmen des Staates zugunsten des Kapitals. Österreichische Kleinunternehmer wie ausländische Konzerne sind direkt (Aufträge) wie indirekt (Förderungen, Zuschüsse, Nachlässe) auf das staatliche Wohlwollen angewiesen. Vor allem für die Erstgenannten gilt: Je freier der Markt, desto schneller der Tod! Und das wissen sie auch, wenngleich ihre Ideologie kein derartiges Einbekenntnis erlaubt. Der diesbezügliche staatliche Protektionismus firmiert dann unter einem neutralen Titel wie "Förderung von Klein- und Mittelbetrieben" und verdeutlicht einmal mehr, daß etliches, was der Markt überflüssig macht, der Gesellschaftsformation erhalten bleibt.

Wenn das Kapital vom Staat spricht, erzählt es immer, was er kostet, ohne zu sagen, was er leistet. Das Gezeter gegen den Staat in der Wirtschaft soll daher als kein prinzipielles mißverstanden werden. Worum es vielen Unternehmern und ihren medialen Propagandisten geht, ist vielmehr ein anders gewichteter Staatsinterventionismus. Was gefordert wird, ist nicht die staatsfreie Wirtschaft, die ganz den Kräften des Marktes und des Geldes überlassen bleibt, kurzum das reine Chaos, sondern vielmehr ein anderer Dirigismus. Monetarismus und Etatismus sind somit Variationen des Kapitalverhältnisses, je reiner sie auftreten, desto kräftiger meist der nachfolgende Umschwung in die andere Richtung. Alle bekannten kapitalistischen Volkswirtschaften sind spezifische Kombinationen dieser beiden Idealtypen, können auch gar nichts anderes sein. Die kapitalistische Wirtschaft bewegt sich in ihren Verwirklichungen zwischen diesen beiden ihr immanenten Polen. Daraus aber einen fundamentalen Gegensatz zu konstruieren ist irreführend. Das Ziel bleibt in beiden Varianten das gleiche: die Verwertung. Das eine Mal soll sie mehr über den Konsum angeleiert, das andere Mal mehr über die Produktion gesteigert werden. Es ist ein Spiel, das die kapitalistische Gesellschaft bis an ihr Ende spielen wird. Aktuell kann man nur sagen: Nach der Kopfwäsche durch den freien Markt steht das Comeback des Keynesianismus schon auf der Tagesordnung.

Resümierend mag gelten: Wir sprechen in unserer Arbeit also vom *Kapitalismus*, sowohl als Produktionsweise als auch als Gesellschaftsformation bzw. Gesellschaftssystem. Die Charakterisierung des letzteren als kapitalistisch ist dann gegeben, wenn die kapitalistische Produktionsweise als die dominierende in der Gesellschaft angegeben werden kann, wenn *"der Warenverkehr die herrschende Form des Stoffwechsels einer Gesellschaft ist."*[51] Der Begriff *System* ist bei uns der Gesamtgesellschaft vorbehalten, wir sprechen daher nicht wie die Systemtheorie von Teilsystemen, sondern von Bereichen und Sektoren. Fremd sind uns Kennzeichnungen wie Industriegesellschaft, Dienstleistungsgesellschaft oder - wie gezeigt - Marktwirtschaft. Sie stellen nur auf bestimmte Phänomene der aktuellen kapitalistischen Produktivkraftentwicklung ab, betonen Sichtbares und vernachlässigen Wesentliches. Wir werden diese uns fremden Begriffe daher äußerst sparsam als Hilfskategorien bzw. zur Abgrenzung gebrauchen.

Die spezifischen Wesensmerkmale der kapitalistischen Produktionsweise fassen wir mit Marx wie folgt zusammen: *"**Erstens**. Sie produziert ihre Produkte als Waren. Waren zu produzieren, unterscheidet sie nicht von andern Produktionsweisen; wohl aber dies, daß Ware zu sein, der beherrschende und bestimmende Charakter ihres Produkts ist. (....) Die Hauptagenten dieser Produktionsweise selbst, der Kapitalist und der Lohnarbeiter, sind als solche nur Verkörperungen, Personifizierungen von Kapital und Lohnarbeit; bestimmte gesellschaftliche Charaktere, die der gesellschaftliche Produktionsprozeß den Individuen aufprägt,; Produkte dieser bestimmten gesellschaftlichen Produktionsverhältnisse."*[52] *"Das **zweite**, was die kapitalistische Produktionsweise speziell auszeichnet, ist die Produktion des Mehrwerts als direkter Zweck und bestimmendes Motiv der Produktion. Das Kapital produziert wesentlich Kapital, und es tut dies nur, soweit es Mehrwert produziert."*[53]

Im obigen Zitat ist auch die Differenzierung von Warenwirtschaft und Kapitalismus angelegt. Marx dazu im zweiten Band: *"In der Tat ist die kapitalistische Produktion die Warenproduktion als allgemeine Form der Produktion, aber sie ist es nur, und wird es stets mehr in ihrer Entwicklung, weil die Arbeit hier selbst als Ware erscheint, weil der Arbeiter die Arbeit, d.h. die Funktion seiner Arbeitskraft, verkauft, und zwar, wie wir annehmen, zu ihrem durch ihre Reproduktionskosten bestimmten Wert. Im Umfang, wie die Arbeit Lohnarbeit wird, wird der Produzent industrieller Kapitalist (...)"*[54]. Voraussetzung für die kapitalistische Entfaltung der Warenproduktion ist die Trennung des Arbeiters von seinen Produktionsmitteln, die Entstehung der modernen Lohnarbeit. Erst sie ermöglicht nicht nur die Produktion von Wert, sondern von Wert heckendem Wert, Mehrwert, und in der Folge, durch Akkumulation, von Kapital.

Wenn wir mit Marx davon ausgehen, daß die Ware im Durchschnitt zu ihrem Wert verkauft wird, dann stellt sich die Frage, woher der gesellschaftliche Mehrwert rührt. Der Mehrwert ist zweifellos eine vom Wert abgeleitete Kategorie. Mehrwert ist bloß MehrWert. Ein Komparativ ohne spezifisch anderen Charakter und Qualität. Der Schlüssel zum Kapital liegt im Mehrwert, aber der Schlüssel zum Mehrwert liegt im Wert. Er ist das Letzte, aus dem der Kapitalismus wuchert.

Basis des Mehrwerts ist, daß zwei grundverschiedene Typen von Waren im Kapitalismus zu differenzieren sind: *"Erstens die Arbeitsvermögen - zweitens die von den Arbeitsvermögen selbst unterschiedenen Waren."*[55] Die fundamentale Unterscheidung liegt darin, daß das eine Mal eine Potenz, die Arbeitskraft als Wertbildnerin, das andere Mal ein verdinglichter Gegenstand verkauft wird. Oder noch zugespitzter: Das eine Mal wird lebendige Arbeit, das andere Mal tote Arbeit gekauft. Wesentliche Grundlage des Mehrwerts ist, daß der Wert der Ware Arbeitskraft (v) und der Wert der in ihr vergegenständlichten Arbeit (v+m) nicht identisch sind. Das Geheimnis des Mehrwerts lüftet sich als eine *"Differenz zwischen dem Wert und der Verwertung des Arbeitsvermögens."*[56] Es findet Wertschöpfung statt, Wertschöpfung, die ja nichts anderes ist als *"Umsatz von Arbeitskraft in Arbeit."*[57] Die Arbeitskraft ist somit der einzige Wert, der sich "vermehrwerten" läßt. *"Durch die Betätigung der Arbeitskraft wird also nicht nur ihr eigner Wert reproduziert, sondern ein überschüssiger Wert produziert. Dieser Mehrwert bildet den Überschuß des Produktenwerts über den Wert der verzehrten Produktbildner, d.h. der Produktionsmittel und der Arbeitskraft."*[58] Oder: *"Das Wesentliche bei der Bestimmung des variablen Kapitals (....) ist, daß der Kapitalist eine bestimmte, gegebne (und in diesem Sinne konstante) Wertgröße austauscht gegen wertschöpferische Kraft; eine Wertgröße gegen Wertproduktion, Selbstverwertung."*[59] Ohne Mehrwert keine Akkumulation. Ohne Akkumulation kein Kapital.

Das Rätsel der Ausbeutung und der Plusmacherei im Kapitalismus liegt also darin, daß in der Zirkulation die Ware Arbeitskraft (v) angekauft wird, in der Produktion aber durch die Betätigung ebendieser eine Metamorphose von der Arbeitskraft (v) zur Arbeit (v+m) stattfindet. *"Als Kapital verwandelt die Funktion der Aneignung den Menschen zu ihrem Objekt, aber was deshalb der Kapitalist mit seinem Geld kauft, ist folglich ein Objekt und ist nicht die Arbeit dieses Objektes. Die Arbeit kann er nicht kaufen, weil das Kaufen bzw. die Aneignung selbst die originäre Funktion ist, das praktisch Wirkliche in identisches Dasein zu verwandeln und die Praxis seiner Wirklichkeit zu negieren. Das Geld kann nur immer das Identifizierbare kaufen, weil es die praktische Funktion der Identifizierung ist."*[60]

In Kapital und Arbeit stehen sich also nur formal gleichberechtigte Partner gegenüber, die ihre Waren tauschen: *"Das Verhältnis des Austausches zwischen Kapitalist und Arbeiter wird also nur ein dem Zirkulationsprozeß angehöriger Schein, bloße Form, die dem Inhalt selbst fremd ist und ihn nur mystifiziert. Der beständige Kauf und Verkauf der Arbeitskraft ist die Form. Der Inhalt ist, daß der Kapitalist einen Teil der bereits vergegenständlichten fremden Arbeit, die er sich unaufhörlich ohne Äquivalent aneignet, stets wieder gegen größeres Quantum lebendiger fremder Arbeit umsetzt."*[61] *"Was dem Geldbesitzer auf dem Warenmarkt direkt gegenübertritt, ist in der Tat nicht die Arbeit, sondern der Arbeiter. Was letzterer verkauft, ist seine Arbeitskraft. Sobald seine Arbeit wirklich beginnt, hat sie bereits aufgehört, ihm zu gehören, kann also nicht mehr von ihm verkauft werden."*[62] Der Arbeiter verkauft seine Arbeitskraft, wodurch seine Arbeit nicht mehr seine ist, sondern zu einem Bestandteil des Kapitals wird. Er verrichtet sie, aber sie ist ihm nicht mehr zugehörig, er hat sich ihrer mit dem Verkauf seiner Arbeitskraft auf Zeit entäußert. Die Arbeit wird zu einem Produktionsfaktor des Kapitals, diesem untergeordnet. Wo die Menschen sich verdingen müssen, um eben leben zu können, verhalten sie sich wie Dinge, werden zu Funktionen in ihnen ursprünglich fremden Zusammenhängen. Die Ware Arbeitskraft versachlicht den Menschen, macht ihn zu einem verfügbaren Gegenstand. Die Freiheit verschwindet im Akt des Verkaufens der Arbeitskraft. Frei ist der Besitzer der Ware Arbeitskraft, doch hörig ist der Arbeiter.

Der Kapitalismus ist auf jeden Fall die erste Gesellschaftsformation in der Geschichte, in der die naturwüchsigen persönlichen Abhängigkeitsverhältnisse weitgehend ausgeschaltet und durch unpersönliche und sachliche Abhängigkeiten ersetzt werden konnten.[63] In der Sprache Max Webers: *"Die Marktgemeinschaft als solche ist die unpersönlichste praktische Lebensbeziehung, in welche Menschen miteinander treten können."*[64] In ihr wird der Schritt von der Leibeigenschaft zum Sachzwang getan. Die Logik des Sachzwang genannten Systemzwangs ordnet die menschlichen Beziehungen weitgehend frei von Willkür, befreit sie hin zu einer rationalen Form der Herrschaft. Insofern hat die bürgerliche Gesellschaft wirklich die Gleichheit durchgesetzt: Vor dem Geld sind alle gleich. Durch das Geld werden freilich viele gleicher. Die daraus folgende Ungleichheit ist aber keine originäre, sondern eine sachlich-rationale.[65] Es sind ihre Vergegenständlichungen, die die formal gleichen Menschen inhaltlich ungleich machen. *"Daß die Existenzmittel der Menschen im Kapitalismus als ökonomische Werte erzeugt werden, heißt daher, daß die Produktion der Dinge und der ganze Lebenszusammenhang der Menschen auf bloße Gesetze des Daseins von Menschen durch das Dasein von Dingen reduziert ist, so daß einzig noch das bloße Dasein die gesellschaftliche Welt der Menschen und die objektive Welt der Dinge für diese Menschen beherrscht."*[66] Soweit Sohn-Rethel. Oder ganz kurz Günther Anders: *"Frei sind die Dinge; unfrei ist der Mensch."*[67]

Was wir hier auf jeden Fall auch zeigen möchten, ist, daß die bürgerlichen Freiheiten auf dem Tauschakt beruhen, Privatrecht wie Staatsrecht politische Folge davon sind. In seiner Auseinandersetzung mit Proudhon & Co. schreibt Marx: *"Ihnen ist zu antworten, daß der Tauschwert oder näher das Geldsystem in der Tat das System der Gleichheit und Freiheit ist und daß, was ihnen in der näheren Entwicklung des Systems störend entgegentritt, ihm immanente Störungen sind, eben die Verwirklichung der Gleichheit und Freiheit, die sich ausweisen als Ungleichheit und Unfreiheit. Es ist ein ebenso frommer wie dummer Wunsch, daß der Tauschwert sich nicht zum Kapital entwickle oder die den Tauschwert produzierende Arbeit zur Lohnarbeit."*[68]

Bürgerliche Freiheit äußert sich primär im Tauschakt freier Subjekte, ihr Medium ist das Geld. Geld macht frei. Wie frei, das bestimmt sein Maß, die Quantität. Wobei Geld ja gerade jener Stoff ist, bei dem Quantität und Qualität zusammenfallen. Die Freiheit des Geldes führt den einen zu unbeschränkten Möglichkeiten, während es dem anderen die Möglichkeiten beschränkt. Bürger und somit frei ist nur, wer über Tauschwerte verfügt, die von seiner Person trennbar sind, nicht verwachsen wie die Arbeitskraft mit ihrem Träger. Diese heute nicht mehr alltägliche Erkenntnis war einem Kant noch wohlvertraut. Nicht jeder war für ihn folglich ein Bürger: *"Die dazu erforderliche Qualität ist, außer der natürlichen (daß es kein Kind, kein Weib sei), die einzige: daß er sein eigener Herr (sui iuris) sei, mithin irgendein Eigentum habe (....), welches ihn ernährt; d.i. daß er, in den Fällen, wo er von andern erwerben muß, um zu leben, nur durch Veräußerung dessen was sein ist erwerbe, nicht durch Bewilligung, die er anderen gibt, von seinen Kräften Gebrauch zu machen, folglich, daß er niemanden als dem gemeinen Wesen im eigentlichen Sinne des Wortes diene."*[69]

Der Kapitalismus ist weiters jene Produktionsweise, in der die Menschen erstmals ihre Arbeit primär in gesellschaftlicher, aber noch nicht vergesellschafteter Form organisieren und verrichten. *"Die Arbeit des Individuums für seine Bedürfnisse ist ebensosehr eine Befriedigung der Bedürfnisse der anderen als seiner eigenen, und die Befriedigung der seinigen erreicht er nur durch die Arbeit der anderen"*,[70] wußte schon Hegel.

Fabrik und Maschine sind die äußeren Kennzeichen der kapitalistischen Arbeit. *"Die Maschinerie, mit einigen später zu erwähnenden Ausnahmen, funktioniert nur in der Hand unmittelbar vergesellschafteter oder gemeinsamer Arbeit. Der kooperative Charakter des Arbeitsprozesses wird jetzt also durch die Natur des Arbeitsmittels selbst diktierte technische Notwendigkeit."*[71] *"In Manufaktur und Handwerk bedient sich der Arbeiter des Werkzeugs, in der Fabrik dient er der Maschine.(....) Aller kapitalistischen Produktion, soweit sie nicht nur Arbeitsprozeß, sondern zugleich Verwertungsprozeß des Kapitals, ist es gemeinsam, daß nicht der Arbeiter die Arbeitsbedingung, sondern umgekehrt die Arbeitsbedingung den Arbeiter anwendet, aber erst mit der Maschinerie erhält diese Verkehrung technisch handgreifliche Wirklichkeit."*[72]

Die Dialektik der Maschinerie im Kapitalismus bewirkt folgendes: Das stoffliche Ziel der Arbeit ist die Befriedigung von Bedürfnissen. Über die Produktion stellen die Menschen einen allgemeinen gesellschaftlichen Zusammenhang her, der immer weniger Bereiche ausklammert. *"Die Warenproduzenten produzieren gegenseitig füreinander, also gesellschaftlich, aber sie produzieren nicht miteinander, sondern privat. Jeder Produzent arbeitet 'für sich' in einem rein technischen Sinne, jedoch gleichzeitig nicht 'für sich' im Sinne des herzustellenden Gebrauchswerts. Daß er technisch für sich (privat) arbeitet, jedoch sozial-ökonomisch für andere (gesellschaftlich), schlägt sich für ihn als Abstraktionsprozeß seiner eigenen Arbeit nieder, der sich auf das Produkt überträgt."*[73] Der Widerspruch läßt sich auf einen einfachen Punkt bringen: Die Industrie produziert für die Gesellschaft, ohne der Gesellschaft zu gehören. So kann der gesellschaftliche Charakter der Vergegenständlichungen und Dienstleistungen sich nicht direkt darstellen, sondern muß über den Markt vermittelt werden. *"In diesem genauen Gegensatz zwischen objektiver Vergesellschaftung und subjektiver Privation der Menschen stellt das Formproblem der modernen Gesellschaft: als Modus der Vergesellschaftung im einzigen Wege des Tauschs, sich dar."*[74] Sohn-Rethel, von dem auch das letzte Zitat stammt, bezeichnete diesen Umstand als *"funktionale Vergesellschaftung."*[75]

Was den Kapitalismus aber vor allen anderen Produktionsweisen auszeichnet, ist die Beschleunigung der gesellschaftlichen Entwicklung durch die Dynamisierung der Produktivkräfte. Diese Dynamisierung der Produktion und ihr folgend aller gesellschaftlichen Bereiche und Sektoren führt heute zusehends zu einer Aufweichung, ja Ablösung der primitiven Arbeitsteilung. Dies ist ein qualitativer Unterschied zum Frühkapitalismus. Das Kapital unterwirft die Menschen nicht mehr spezifischen Detailbedürfnissen, wo eine begrenzte Fertigkeit gefragt war, wo Menschen vereinseitigt und verkrüppelt wurden, sondern verlangt umgekehrt zunehmendes Wissen und Vielseitigkeit, es setzt den Lohnarbeiter immer mehr Anforderungen aus, muß ihn somit flexibel halten. Das konstante Kapital ist dadurch gezwungen, das variable Kapital zu fördern. Was auf den ersten Blick wie eine Verschlechterung aussieht, birgt in der Tendenz aber schon die Aufhebung der kapitalistischen Arbeitsteilung als Ganzes in sich.

Über die positive wie negative Dialektik der Konkurrenz im Kapitalismus schreibt Robert Kurz: *"Denn die Konkurrenz raubt den Menschen jede Ruhe, aber sie diskreditiert auch Starre und Borniertheit auf niedrigem Niveau; sie zerstört massenhaft Existenzen, aber sie macht auch jedes ständische und rohe Existenzverhält-*

nis, jedes persönliche Abhängigkeitsverhältnis obsolet; sie schneidet auf immer neuer Stufenleiter Menschenmassen von der Bedürfnisbefriedigung ab, aber sie entwickelt auch auf immer neuer Stufenleiter die Massenbedürfnisse und 'verwohlfeilert' (Marx) bisher dem Luxuskonsum der wenigen vorbehaltene Güter und läßt diese in den Massenkonsum eingehen; sie entmenscht die Menschen und macht sie zu bloßen Charaktermasken des Geldes, aber sie vermenschlicht sie gleichzeitig zu (vorerst abstrakten, bedingten, konstituierten) Subjekten, indem sie alle Naturfetische und institutionellen Gewalten zerstört, unter denen die Massen als subjektloses Zubehör von Grundeigentum vegetierten. Vor allem aber: Die Konkurrenz zwingt und peitscht die Menschen in die abstrakte Verausgabung ihrer Arbeitskraft hinein, aber sie ist gleichzeitig das dynamische Prinzip, das tendenziell die 'Arbeit' aufhebt und obsolet macht durch ihren anderen, ebenso unerbittlichen Zwang zu immer neuen Produktivitäts- und Verwissenschaftlichungsschüben; sie verwandelt die Produktivkräfte in Destruktionskräfte, aber sie hebt die menschliche Naturaneignung gleichzeitig über alles bisher gekannte Maß hinaus. Marx hat das positive, fortschrittliche, emanzipatorische Moment der Konkurrenz nie verkannt und als 'zivilisatorische Mission des Kapitals' bezeichnet." [76]

Unter *Produktivkräften* verstehen wir die Kombination der Faktoren gesellschaftlicher Arbeit. Arbeiter, Arbeitsmittel und Arbeitsgegenstand bilden in ihnen eine Symbiose, in der sich die ökonomische Entwicklungsstufe einer Gesellschaft äußert. Der Stand der Produktivkräfte kann jedoch nicht als Summe ermittelt werden,[77] sondern ist Ausdruck des spezifischen praktischen Ineinandergreifens ihrer Momente. Die Produktivkraftentwicklung kann selbstredend durch äußere Merkmale (staatliches Handeln, gesellschaftliche Bewegungen, religiöse Sitten, eingefleischte Traditionalismen, moralische Niveaus etc.) gebremst oder beschleunigt werden. Der Stand der Produktivkräfte ist eine gesellschaftliche Größe, er ist jedenfalls nicht mit dem Stand der Technik gleichzusetzen, wenngleich letzterer eine wichtige Bedingung darstellt.

In der Produktivkraft geht es grundsätzlich darum, menschliche Naturkraft, die Arbeit, durch menschliche Kulturkraft, Technik und Wissenschaft, zu substituieren. Produktivkraft ist das Zusätzliche, Naturkraft das Originäre, aus dem die Menschheit ihren Reichtum schöpft. Von der stofflichen Seite her betrachtet, bedeutet Produktivkraft einerseits immer die Zurückdrängung bisheriger Arbeiten, auf der anderen Seite aber ist sie gekennzeichnet durch die Erweiterung hin zu neuen Möglichkeiten, womit sie in dieser oder jener Hinsicht wiederum neue Arbeit konstituiert. Vom Charakter her sind diese neuen Arbeiten aber qualitativ anders als die beseitigten einzustufen, mögen die Ziele auch ähnlich sein. Durch die Produktivkraftentwicklung verändert sich die Arbeit immer mehr von einer physischen hin zu einer geistigen Verausgabung.

Die Industrie vereinfacht die Produktion durch immer kompliziertere Maschinen und verkompliziert somit die konkrete Tätigkeit in Produktion, Zirkulation und Konsumtion. Das gilt selbstverständlich auch für alle Folgebereiche des gesellschaftlichen Überbaus. An jeder Waschmaschine und an jedem Thermostat läßt sich das nachweisen. Herstellung wie Bedienung des Produkts verlangen koordiniertes Denkens, nicht bloß sinnliche Reflexe, wollen die Möglichkeiten des Geräts auch genutzt werden. Gefordert ist wiederum ein vielseitiges Individuum. Doch wird es gefordert, so wird es auch gefördert. Die heutige Produktpalette bringt so einerseits zwar Monotonisierung, andererseits aber auch vernetztes Denken an die Menschen. Das Denken wird angeregt, wenn auch technisch verkürzt und in die falsche Richtung weisend. Aber es ist da. Der Widerspruch, der sich daraus ergibt, ist, daß dieses Individuum einerseits dumpf und abgeklärt sein soll, andererseits aber nicht dumpf und abgeklärt sein darf. Es soll denken und es soll nicht denken, es soll behandeln, aber nicht selbst handeln. Es soll Wissen haben, aber nicht begreifen dürfen, geschweige denn ein adäquates Bewußtsein entwickeln. Der Prototyp des Fachidioten gehört jedenfalls immer mehr der Vergangenheit an.

Die bedeutendste historische Folge des Kapitalismus ist die dynamisierte Entwicklung der Produktivkräfte in all ihren Erscheinungen. *"Die Produktion für den Wert und den Mehrwert schließt, wie sich dies bei der weitern Entwicklung gezeigt hat, die stets wirkende Tendenz ein, die zur Produktion einer Ware nötige Arbeitszeit, d.h. ihren Wert, unter den jedesmal bestehenden gesellschaftlichen Durchschnitt zu reduzieren. Der Drang zur Reduktion des Kostpreises auf sein Minimum wird der stärkste Hebel der Steigerung der gesellschaftlichen Produktivkraft der Arbeit, die aber hier nur als beständige Steigerung der Produktivkraft des Kapitals erscheint."*[78] Folge davon ist, daß der Kapitalismus somit auch nicht entschleunigt werden kann, ja umgekehrt die Beschleunigung der Produktivkraftentwicklung ihm immanent ist. Beständiges Ziel ist die Senkung des Kostpreises (c+v) und somit des Produktionspreises, der ja nichts anderes ist als die um die Durchschnittsprofitrate bereinigte Summe von Kostpreis und Mehrwert.

Der Zwang zur Senkung des Produktionspreises dominiert jedes Produzieren. Der Zwang zur Verkürzung der Umlaufzeit prägt die Zirkulation. Und die Werbung versucht die Konsumtion zusätzlich anzukurbeln, damit die Produkte auf jeden Fall gekauft werden, sich der Wert realisieren läßt. *"Man produziert also Werbemittel, um das Bedürfnis nach Produkten, die unser bedürfen, zu produzieren; damit wir, diese Produkte liquidierend, den Weitergang der Produktion dieser Produkte gewährleisten."*[79] Die Waren im Kapitalismus werden schneller hergestellt und können schneller zirkulieren. Aus diesen Umständen ergibt sich auch, daß sie schneller konsumiert werden müssen. Werbung ist somit ein zwingendes Abfallprodukt der kapitalistischen Produktivkraftentwicklung.

Kapitalistische Normalität ist, *"daß die größre individuelle Produktivkraft der von ihnen in Bewegung gesetzten Arbeit nicht den Arbeitern zugute kommt, sondern, wie alle Produktivkraft der Arbeit, ihrem Anwender; daß sie sich als Produktivkraft des Kapitals darstellt."*[80] Das ist wirklich ein ehernes Gesetz der kapitalistischen Produktionsweise: Die kapitalistische Produktivkraftentwicklung setzt so die Arbeit frei, indem sie die Arbeiter freisetzt, sie arbeitslos macht. Mit der Arbeit verlieren sie auch ihre materielle Sicherheit. Der Fortschritt der Produktivkraftentwicklung unter kapitalistischen Vorzeichen destruiert so permanent die Existenz von Millionen Menschen. Sie nehmen an diesem Fortschritt in der Produktion nicht teil, höchstens vermittelt durch die nachfolgende Konsumtion. In der Produktion selbst wird jeder Fortschritt zu einer Bedrohung für den unmittelbaren Produzenten. *"Die steigende Produktivkraft der Arbeit erzeugt also, auf der kapitalistischen Grundlage, mit Notwendigkeit eine permanente scheinbare Überbevölkerung."*[81]

Die Frage, vor der wir stehen, ist, inwiefern die Produktivkraftentwicklung und die Produktionsweise zusammenhängen. Diese Beziehung ist zweifelsfrei gegeben, es geht aber um die Konkretisierung. Wir halten es auf jeden Fall für falsch, die Frage etwa wie der Technikkritiker Otto Ullrich zu stellen, der schreibt: *"Welche Merkmale der kapitalistisch-wissenschaftlichen Produktion entstammen der Wissenschaft, welche der kapitalistischen Logik?"*[82] Wer so fragt, unterstellt zwei gleichberechtigte Logiken, die nebeneinander ablaufen und sich nur äußerlich aufeinander beziehen, vom Charakter her aber bei sich selbst sind und bleiben. Wir gehen hingegen von der Annahme aus, daß die Produktivkräfte innerhalb des Kapitalismus der kapitalistischen Logik und dem Wertgesetz folgen, unabhängig davon, ob ihre Entwicklung die Ebengenannten tendenziell in Frage stellt. Wir halten es außerdem für unlauter, positive und negative Wirkungen der Produktivkraftentwicklung dahingehend zu differenzieren, daß die gesellschaftlichen Fortschritte der Wissenschaft zugerechnet werden, die Negativa dem kapitalistischen Profitprinzip. Das geht in die Irre. Der Kapitalismus ist sowohl Ursache von Fortschritt wie von Regression. Die Produktivkräfte sind jene der Produktionsverhältnisse. Im Prinzip widerlegt Otto Ullrich sich auch selbst, wenn er an anderer Stelle meint: *"Es läßt sich schon jetzt vereinfachend sagen: die Logik des Kapitals verwirklicht sich erst durch die Maschinerie, und die Maschinerie kann sich nur durch die Wissenschaft voll entwickeln, das Kapital braucht also für die Entwicklung seiner Logik die Wissenschaft."*[83] Detto natürlich die Wissenschaft das Kapital. Wir können so einerseits die Produktivkräfte nicht unabhängig von den Produktionsverhältnissen betrachten, dürfen aber andererseits die Produktivkräfte nicht in jene eingrenzen. Was nichts anderes heißt, als daß die Produktivkräfte über jene Produktionsverhältnisse, die sie geschaffen haben, hinauswachsen. Die vorgefundenen Produktionsverhältnisse sind so bloß Voraussetzung, nicht ewige Bedingung der Produktivkräfte.

Der Mensch verfügt über Konstruktions- und Destruktionspotential gegenüber seiner Natur und Umwelt. Diese beiden sind oft schwer auseinanderzuhalten und auf keinen Fall einseitig einzelnen Tätigkeiten zuzuordnen. Momente von Konstruktivität und Destruktivität birgt jedes menschliche Handeln in sich. Ziel jedes Eingriffs muß es also sein, diese Potentiale so weit als möglich abzuschätzen und zu kontrollieren, sodaß die Konstruktivität die Destruktivität überwiegt. Damit wir mit den gesellschaftlichen Kosten, die wir verursachen, auf unsere Kosten kommen. Dazu müßte freilich der Zugang zur Produktivkraftentwicklung wie zu den Produktionsmitteln ein unmittelbar menschlicher sein, nicht wie heute ein mittelbarer, der sich nur über das Wertgesetz realisiert.

Gerade die Kritik der Produktivkraftentwicklung steht heute im Mittelpunkt der Aufmerksamkeit. Die Ökologiebewegung und ihre Formationen zeigen das überdeutlich. Was die gegenwärtige Phase vor allem auszeichnet, ist, daß die Produktivkräfte zusehends in Destruktivkräfte umschlagen, das Hauptaugenmerk immer mehr auf die "Nebenwirkungen" der Produktion gerichtet werden muß, diese somit aufsteigen zu zentraler Bedeutung. Da die ökologische Kritik zur Zeit aber eine beschränkte ist, sich nur auf die Phänomene in Form "ökologischer Mißstände" oder "ökologischer Katastrophen" bezieht, ohne zu fragen, was dahinterliegt, bleibt dieser Gesichtspunkt in der Öffentlichkeit weitgehend ausgeklammert. Kritik der Produktivkräfte verkürzt sich so meistens zu einer Kritik der Technik, der Maschinen und Apparate bzw. ihrer "eigennützigen" Anwender, übersieht aber das Formprinzip, das jene prägt, gänzlich.

Schon in gängigen Formulierungen wie: "Die Kritik an den Produktionsverhältnissen muß um eine Kritik an den Produktivkräften erweitert werden", zeigen sich Stoßrichtung und Weg der Produktivkraftkritiker. Sagt doch dieser Satz einmal primär aus, daß es sich bei der Produktionsweise und der Produktivkraft um zwei voneinander unabhängige Strukturen handelt, die unterschiedlichen Logiken folgen. Die Produktivkräfte werden so in erster Linie naturwissenschaftlich, nicht gesellschaftlich dimensioniert. Wer jedoch den Zusammenhang von Produktionsweise und Produktivkraft durchschneidet, muß unweigerlich bei einer Kritik der Technik landen und kann fortan nur noch die menschlichen Möglichkeiten beklagen.

Die Kritik der Produktivkraftentwicklung hat keine Chance gegen diese. Eine prinzipielle Produktivkraftkritik geht jedenfalls dort in die Irre, wo sie den Menschen - und nicht nur deshalb, weil dieser nicht will - dazu aufruft, die *"technische Seite seines Vermögens zu verkleinern."* [84] Dies ist schlichtweg unmöglich. Die Möglichkeiten, die die Menschheit einmal hat, hat sie. Ihre Realisierung ergibt sich auch nicht aus ihrer Möglichkeit, wie die Produktivkraftkritiker so schlichtweg meinen, sondern aus ihrer Anwendung. Es sind spezifische gesellschaftliche Verhältnisse, die zu ihrer Verwirklichung führen. Es geht also, auch von dieser Seite her betrachtet, um die Debatte einer Gesellschaft, die anderen und vor allem bewußten Basislogiken folgt. Ganz grundsätzlich aber gilt: Der Mensch kann nicht nichtkönnen, was er kann. Es ist auch nicht verwunderlich, wenn Leute wie Ullrich[85] schließlich bei den "Small is beautiful!"-Parolen eines Schumacher enden,[86] eine Vernichtung der Großindustrie fordern,[87] die Kleinstaaterei wieder einführen wollen,[88] die Entvölkerung der Großstädte propagieren[89] etc. Wer den gesellschaftlichen Fortschritt nicht mehr zur Kenntnis nehmen will und partout behauptet, daß der Kapitalismus die Menschheit insgesamt nicht vorangebracht habe,[90] dem sei auch die folgende Feststellung erlaubt: *"Es gibt keine untere Grenze der 'Produktivkraftentwicklung', die den Sozialismus unmöglich macht, sondern eine obere Grenze."* [91]Fragt sich jetzt nur noch, warum die Menschen ihn nicht schon längst verwirklicht haben.

Wir teilen auch hier die Meinung von Robert Kurz, der schreibt: *"Die kapitalistische Form der Produktivkräfte zu kritisieren, heißt nicht etwa, ihre stoffliche, technologische Form (z.B. als Atomkraftwerke oder schrankenlosen Individualverkehr) beibehalten und lediglich von ihrer gesellschaftlichen Anbindung an das 'Profitmachen' befreien zu wollen, wie es noch dem alten Arbeiterbewegungs-Marxismus vorschwebte. Das 'Profitmachen' und dessen blindes Basissystem der abstrakten Arbeit hat ja die Produktivkräfte (die menschliche Zugriffs-'Potenz' im Stoffwechselprozeß mit der Natur) gerade in diese spezifische stofflich-technologische, völlig verrückt und lebensgefährlich gewordene Form überhaupt erst gebracht. Der Streit geht eigentlich darum, ob die zerstörerische Form der heutigen Technologie und ihrer Vernetzungsstrukturen unmittelbar auf die Naturwissenschaften zurückzuführen ist (wie es der bürgerliche Kulturpessimismus behauptet), oder ob die destruktive technische Form nicht gerade umgekehrt daher rührt, daß die Naturwissenschaft und ihre Anwendungspotentiale ihrerseits der gesellschaftlichen Form des abstrakten 'Werts' und den davon konstituierten Beziehungsverhältnissen unterworfen ist."*[92]

Es war die spezifische Dynamik in der Produktivkraftentwicklung, die es einem Großteil der Menschen im Kapitalismus - zumindest wenn wir uns hier auf die entwickelteren Staaten konzentrieren - erlauben, nicht mehr in der Produktion tätig sein zu müssen. Der Boden, auf dem sich die sogenannte moderne Dienstleistungsgesellschaft entfaltet, ist nach wie vor die Produktion. Es ist nämlich ein gewaltiger Irrtum, aus dem Rückgang der in Industrie und Gewerbe beschäftigten Lohnarbeiter zu schließen, daß diese Bereiche immer unwichtiger werden. Beschäftigtenzahl und gesellschaftliche Bedeutung korrespondieren nicht. Das Weniger an Industriearbeitern ist somit kein Weniger an Industrie. Dem Trend zum sogenannten tertiären Sektor entspricht so durchaus eine Zunahme der Industrieproduktion, ja diese Zunahme ist geradezu seine Bedingung. Je mehr unproduktiv Beschäftigte, desto höher die Arbeitsproduktivität, desto größer der gesellschaftliche Reichtum. Oder noch kürzer: Je mehr Unproduktive, desto höher die Produktivität.[93]

Maßgebliche Folge all dieser oben mit den Produktivkräften angesprochenen Entwicklung ist eine Verschiebung in der organischen Zusammensetzung des Kapitals. Darunter wird das Verhältnis zwischen konstantem und variablem Kapital (c:v) auf der Grundlage des Verhältnisses von Produktionsmitteln zur Arbeit (Pm:A) verstanden.[94] Pm:A hängt natürlich engstens mit c:v zusammen, und doch gibt es da einen interessanten Unterschied: *"Das Wachstum der Differenz zwischen konstantem und variablem Kapital ist daher viel kleiner als das der Differenz zwischen der Masse der Produktionsmittel, worin das konstante, und der Masse Arbeitskraft, worin das variable umgesetzt wird. Die erstere Differenz nimmt zu mit der letzteren, aber in geringerem Grad."*[95] Da immer weniger lebendige Arbeit in die Produkte einfließen muß, ist auch immer weniger variables Kapital vonnöten. Was nichts anderes bedeuten kann, als daß die Bedeutung der Lohnarbeit hinsichtlich der Kapitalbildung tendenziell abnimmt, was natürlich eine Abnahme der durchschnittlichen Nachfrage nach Arbeitskraft, somit des variablen Kapitals im Verhältnis zum Gesamtkapital (v:C) bewirkt.[96] Marx erkannte darin sogar einen Maßstab, um *"den Fortschritt der Entwicklung messen"*[97] zu können. Fortschritt im Kapitalismus bedeutet somit relatives Wachsen des konstanten Kapitals gegenüber dem variablen, was schlußendlich bedeutet, daß die Bedeutung der Arbeiterklasse abnehmen muß. Das konstante Kapital erheischt relativ gesehen immer weniger Lohnarbeit, ist dadurch aber auch gezwungen, sich immer neue Bereiche zu erschließen, damit die Profitmasse nicht mit der Profitrate sinkt. Auf das, was Marx den tendenziellen Fall der Profitrate nannte, werden wir noch zu sprechen kommen.

Der Prozeß der steten Erhöhung der organischen Zusammensetzung des Kapitals kann nicht zum Stillstand kommen, er hat sich sogar in seiner Entwicklung dynamisiert. So kann es durchaus noch sein - man sehe sich etwa die entsprechenden Statistiken an -, daß das variable Kapital nach Lohnsummen und Beschäftigtenzahlen weiterhin wächst. Dieses Wachstum ist aber bloß ein nominelles, wesensmäßig ist es ein scheinbares, das die substantiellen Strukturkonflikte nur mühsam übertüncht. Verschleiernd dahingehend wirkt auch, daß ein nicht unbeträchtlicher Teil der Lohnarbeiter in unproduktive Arbeiten (Dienstleistungssektor) abgesaugt bzw. mit sozialen Beschäftigungsprogrammen künstlich in der Lohnarbeit gehalten wird. Tätigkeit um der Tätigkeit willen ist hier die Parole. Ein Leben jenseits der Lohnarbeit erscheint auch heute noch als ein Anachronismus; obwohl der Kapitalismus diese immer überflüssiger macht, will man die individuellen Existenzen daran binden. Ökonomisch wird das freilich immer unmöglicher. Diese Entwicklungen zeigen freilich wiederum nur den konkreten stofflichen Reichtum der Gesellschaft, der diese Absorptionen ermöglicht, sie demonstrieren, was sich die entwickelten westlichen Gesellschaften leisten können und noch viel mehr: könnten, wäre dieser Reichtum nicht in die Grenzen des Werts eingezwängt.

"Nun hat sich aber gezeigt, als ein Gesetz der kapitalistischen Produktionsweise, daß mit ihrer Entwicklung eine relative Abnahme des variablen Kapitals im Verhältnis zum konstanten Kapital und damit im Verhältnis zu dem in Bewegung gesetzten Gesamtkapital stattfindet. Es heißt dies nur, daß dieselbe Arbeiterzahl, dieselbe Menge Arbeitskraft, disponibel gemacht durch ein variables Kapital von gegebnem Wertumfang, infolge der innerhalb der kapitalistischen Produktion sich entwickeln-

den Produktionsmethoden, eine stets wachsende Masse Arbeitsmittel, Maschinerie und fixes Kapital aller Art, Roh- und Hilfsstoffe in derselben Zeit in Bewegung setzt, verarbeitet, produktiv konsumiert - daher auch ein konstantes Kapital von stets wachsendem Wertumfang. Diese fortschreitende relative Abnahme des variablen Kapitals im Verhältnis zum konstanten und daher zum Gesamtkapital ist identisch mit der fortschreitend höhern organischen Zusammensetzung des gesellschaftlichen Kapitals in seinem Durchschnitt. Es ist ebenso nur ein andrer Ausdruck für die fortschreitende Entwicklung der gesellschaftlichen Produktivkraft der Arbeit, die sich grade darin zeigt, daß vermittelst der wachsenden Anwendung von Maschinerie und fixem Kapital überhaupt mehr Roh- und Hilfsstoffe von derselben Anzahl Arbeiter in derselben Zeit, d.h. mit weniger Arbeit in Produkte verwandelt werden. Es entspricht diesem wachsenden Wertumfang des konstanten Kapitals - obgleich er nur entfernt das Wachstum in der wirklichen Masse der Gebrauchswerte darstellt, aus denen das konstante Kapital stofflich besteht - eine wachsende Verwohlfeilerung des Produkts."[98]

Womit wir auch schon bei den gesellschaftlichen Klassen angelangt wären. Der von traditionellen Marxisten behauptete unversöhnliche und antagonistische Gegensatz von Lohnarbeit und Kapital erscheint uns als irreführend und nicht aufrechtzuerhalten. Richtig ist vielmehr: *"Der Kampf der konkurrierenden Interessen innerhalb der Warenform ist keinerlei den Kapitalismus praktisch infragestellendes Moment, sondern vielmehr umgekehrt gerade sein positives Dasein. Insofern gehört der Interessenskampf der Arbeiterklasse zum Funktionieren des Kapitalverhältnisses und die historische Herausbildung der 'Klasse für sich' kann gar nichts anderes zum Inhalt haben als die vollständige und bewußte Einbindung der Lohnarbeiter in das immer mehr auf seinen Grundlagen prozessierende Kapitalverhältnis."*[99] Und Robert Kurz und Ernst Lohoff an anderer Stelle: *"Die Lohnarbeiter als Lohnarbeiter können überhaupt kein absolut unversöhnliches Interesse gegen das Kapital als Kapital besitzen, weil sie selber Moment und Bestandteil des Kapitals sind."* [100] Die Immanenz des Klassenkampfs zeigt ein banaler Umstand überdeutlich: Es geht in ihm hauptsächlich ums Geld, sei es als Geld für die Tätigkeiten oder als Abgeltung für bestimmte Risiken.

Der traditionelle Arbeiter ist tot, keine noch so große Spritze wird ihm Klassenbewußtsein einflößen können, im Gegenteil, als Verteidiger alter Zustände wird er immer mehr zum Bremsklotz, ja reaktionär. Er klammert sich, je bedrohter er in seiner unmittelbaren Existenz ist - denn er hat ja gelernt, sein individuelles Dasein mit seinem Arbeitsplatz gleichzusetzen und somit zu verwechseln -, an das konstante Kapital und verlangt von diesem die Sicherheit, auch morgen seine Arbeitskraft am gleichen Platz verkaufen zu können. Diese Sicherheit kann das Kapital freilich nicht geben. So wendet er sich an den Staat als ideellen Gesamtkapitalisten, ihn in seine alten Rechte einzusetzen. Auf die Herausforderungen der Zeit reagiert dieser Arbeiterstillstand nicht offensiv, sondern konservativ, indem er einem Arbeitsplatz- und

Lohnarbeitsfetischismus huldigt. "Die Arbeit hoch!", dieser heute vollends antiquierte Schlager der sozialdemokratischen Arbeiterbewegung, hallt noch immer nach. Was in der individuellen Situation noch verständlich sein mag, wirkt sich verallgemeinert verheerend auf Bewußtsein und Perspektive der Betroffenen aus.

Für die heutigen Verhältnisse bedeutet dies, daß die Krise der Arbeit als eine Krise des Kapitals interpretiert werden muß, *"weil die 'proletarische Arbeit' identisch ist mit dem Dasein des Kapitals. (....) Dieser Widerspruch ist heute in ein entscheidendes Stadium getreten, und eben deswegen steht erstmals der Kommunismus real auf der Tagesordnung, aber nicht als Vollendung und Triumph des 'proletarischen Klassenbewußtseins', sondern als dessen Krise und Negation."*[101] Folgt man diesen Auffassungen, dann ist auch die Geschichte der Arbeiterbewegung in ihrer objektiven historischen Rolle anders aufzufassen; weniger als ein Kampf für den Sozialismus, sondern vielmehr als einer für die Durchsetzung und Vollendung der bürgerlichen Demokratie. Die originären Werte des Bürgertums, die da wären Freiheit, Gleichheit und Brüderlichkeit, wurden durch die Arbeiterbewegung realisiert, Rechtsstaat wie Sozialstaat sind primär Folge arbeiterbewegten Kampfes. *"Die progressive Rolle, die die Arbeiterbewegung in der Geschichte spielte, enthüllt sich ex post als eine Seite der zivilisatorischen Mission des Kapitals."* [102]

Diese Kurzsche Neuinterpretation findet ihren theoretischen Ausgangspunkt bzw. ihre Stütze zweifellos in den Marxschen Hauptschriften. Aus der Lektüre des Marxschen "Kapital" wird deutlich ersichtlich, daß Klasse und Klassenkampf als abgeleitete Kategorien aufzufassen sind. Von ihrer zentralen Bedeutung, die sie zweifellos in früheren Schriften hatten, wird hier Abstand genommen. Nirgendwo schreibt Marx etwa davon, daß der Klassenkonflikt der zentrale gesellschaftliche Konflikt sei, daß die Arbeiterklasse die subjektive Schranke des Kapitals sei. Der Kampf der Arbeiterbewegung ist vor diesem Hintergrund dahingehend zu deuten, daß es dabei um die Selbstbestimmung und Selbstbehauptung des variablen Kapitals im Kapitalismus geht, nicht jedoch um die Emanzipation von der Kapitalherrschaft. Es ist auch kein Zufall, daß nicht eine radikale Kritik des Werts und des Kapitalismus im Zentrum der arbeiterbewegten Auseinandersetzung stand, sondern der soziale Umverteilungsgedanke, der ja nichts anderes bedeutet, als daß es darum geht, die Ware Arbeitskraft so teuer als möglich zu verkaufen bzw. über staatliche Maßnahmen bessergestellt zu werden. Neben diesem immanenten sozialen Kampf konzentrierten sich die Arbeiterbewegung und ihre Formationen auf die Errichtung bestimmter demokratischer Standards und wollten ob ihrer gesellschaftlichen Stellung nicht aus dem staatlichen Willensbildungsprozeß ausgegliedert sein. Vor allem in dieser Hinsicht muß das Wirken der Arbeiterbewegung als äußerst erfolgreich bewertet werden. Auch der Proletarier ist zum formal gleichberechtigten Staatsbürger aufgestiegen.

So absurd das auf den ersten Blick auch klingen mag: Die Arbeiterklasse ist eine bürgerliche Klasse, weil immanenter Bestandteil der Kapitalherrschaft, mit ihr engstens und unauflöslich verbunden. Die Klassenkollaboration ist ihr das Allgemeine, wie ihr der Klassenkampf das Besondere ist. Sie sind einander kein antagonistischer Widerspruch, sondern Momente der alltäglichen Klassenpraxis des variablen Kapitals. Konstantes und variables Kapital sind somit gemeinsam die eigentlichen Träger der bürgerlichen Revolution und der bürgerlichen Epoche überhaupt. Zur konkreten Durchsetzung der Demokratie und des Rechtsstaats ist der Beitrag der Arbeiterbewegung sogar höher als der der Bourgeoisie zu veranschlagen. Die internationale Sozialdemokratie ist nicht zu Unrecht darauf sehr stolz. Ihr Name spiegelt, vielleicht gar nicht so zufällig, wider, was sie war und ist: sozial und demokratisch, aber nicht sozialistisch. Insofern war auch die aktuelle Namensänderung der österreichischen Partei nur folgerichtig.

Vor diesem Hintergrund muß freilich auch der Sozialismus neu interpretiert werden. Er ist jedenfalls nicht, wie in der marxistischen Tradition vielfach angenommen, das adäquate Bewußtsein der Arbeiter, ergibt sich nicht aus den Bewußtseinslagen des Proletariats, seinem Streben nach sozialer Gerechtigkeit und Umverteilung, sondern aus dem Widerspruch zwischen den Produktivkräften und Produktionsverhältnissen innerhalb der Kapitalherrschaft. Sozialismus und Arbeiterbewegung sind keine Synonyme. Sie verhalten sich keineswegs wie einander zugehörige Theorie und Praxis. Sozialismus ist weder Theorie der Arbeiterbewegung noch die Arbeiterbewegung Praxis des Sozialismus. Dies sollten die Jahrzehnte des Arbeiterkampfes unter sozialistischer Ideologie nicht verklären. Das "Klassenbewußtsein", als Bewußtsein der Klasse aufgefaßt, (ein übrigens bei Marx und Engels nicht vorkommender Begriff) kann sich eben nicht über die eigene Daseinslage erheben: *"Das Bewußtsein kann nie etwas Andres sein als das bewußte Sein, und das Sein der Menschen ist ihr wirklicher Lebensprozeß."* [103] Daher ist es auch durchaus verständlich, ja selbstverständlich, wenn Marx in seinen politischen Parolen kein Hohelied der Lohnarbeit singt, sondern ganz deutlich der Arbeiterbewegung folgendes empfiehlt: *"Statt des konservativen Mottos: 'Ein gerechter Tagelohn für ein gerechtes Tagewerk!', sollte sie auf ihre Banner die revolutionäre Losung schreiben: 'Nieder mit dem Lohnsystem!'."* [104] Marxens Kritik richtet sich somit gegen das Kapitalverhältnis insgesamt, nicht gegen die Kapitalisten als Charaktermasken des konstanten Kapitals.

Im Wesen der Lohnarbeit haben auch die geistige Beschränktheit und der Konformismus ihre Wurzeln. Aus den objektiv abstrakten und subjektiv entfremdeten Tätigkeiten entstehen urwüchsig Dumpfheit und Abgeklärtheit des bürgerlichen Individuums. *"Der Betrieb ist also der Ort, an dem der Typ des 'medial-gewissenlosen' Menschen hergestellt wird, der Geburtsort des Konformisten."* [105] So verstanden, bedeutet dies nichts anderes als: Arbeit macht dumm! Wobei diese Dummheit oft mit sehr hohem Wissen gekoppelt ist, ja gekoppelt sein muß. Je weniger der tätige Mensch sich über die Grenze der Produktionshalle oder des Büros erheben kann, desto katastrophaler sind die Auswirkungen auf ihn selbst und durch seine Lebensäußerungen nach außen. Die Monadisierung des Individuums zu einem Serienprodukt nimmt dort ihren Ausgang. *"Die konkreten Arbeitsbedingungen in der Gesellschaft erzwingen den Konformismus und nicht die bewußten Beeinflussungen, welche zusätzlich die unterdrückten Menschen dumm machen und von der Wahrheit abzögen. Die Ohnmacht der Arbeiter ist nicht bloß eine Finte der Herrschenden, sondern die logische Konsequenz der Industriegesellschaft."*[106] Daß diese Grenzen heute jedoch gerade durch die Produktion sich auflösen, wurde schon referiert. Auch die Dialektik der Industrie kennt beide Seiten, und die Geschichte ist wie immer voller Tücken.

Es war ein besonderes Verdienst der Frankfurter Schule, dem oben angeführten Aspekt wieder mehr Aufmerksamkeit gewidmet und den Versuch unternommen zu haben, die menschlichen Äußerungen auf ihre Positionierung in der Gesellschaft und hier vornehmlich der Ökonomie zurückzuführen, anstatt vereinfachenden Manipulationstheorien nachzugeben. Der Mensch ist im Kapitalismus zunehmend zu einem bloßen Anhängsel seiner Arbeitsgegenstände und Arbeitsmittel geworden, er erblaßt vor den Sachen, die ihn umgeben und die ihn mehr prägen, als er sie prägt. Deren Sachzwang spiegelt sich in seiner Ideologie, die er als solche erst gar nicht mehr wahrnimmt. *"Dieses Aufgehen der Ideologie in der Wirklichkeit bedeutet jedoch nicht das 'Ende der Ideologie'. Im Gegenteil, in einem bestimmten Sinne ist die fortgeschrittene industrielle Kultur ideologischer als ihre Vorgängerin, insofern nämlich, als heute die Ideologie im Produktionsprozeß selbst steckt."*[107] Die oberflächliche Ideologieferne heutzutage ist so zu verstehen, daß die im Pragmatismus beinhaltete Ideologie nicht mehr als ein Außen wahrgenommen wird, eben weil sie im Innersten steckt, ja sich versteckt. Ihr geht somit ab, was bisher alle Ideologien kennzeichnete, der Moment des Aufgesetzten, des Darüber-Seins.

2. KRISE UND KAPITALVERWERTUNG

Wo steht der Kapitalismus heute? Erleben wir gegenwärtig seinen Endsieg,[1] oder ist sein Endsieg bereits der Anfang seines eigenen Endes? Diese Fragestellung klingt vorerst grotesk, gerade vor dem Hintergrund der Ereignisse der letzten Jahre. Ihre Berechtigung soll in der Folge erläutert werden.

Ein erster Befund muß jedenfalls erkennen, daß sich die aktuellen ökonomischen Krisen des Westens von ihren Vorgängern doch markant unterscheiden. Handelte es sich früher um Konjunkturkrisen, so müssen wir heute von einer permanenten Strukturkrise, die relativ unabhängig von den Konjunkturzyklen ist, sprechen. Selbst die Arbeitslosenstatistik, deren Lücken ja bekannt sind, belegen das sehr eindrucksvoll. Die deutlichsten Ausformungen der Strukturkrise sind somit die strukturelle Arbeitslosigkeit, was nichts anderes bedeutet, als daß die aus dem Produktionsprozeß herausgefallenen Beschäftigten am Arbeitsmarkt nicht mehr absorbiert werden können, und die Universalisierung der ökologischen Gefährdungen.

Arbeitslosigkeit ist dem Kapitalismus immanent. *"Die kapitalistische Akkumulation produziert vielmehr, und zwar im Verhältnis zu ihrer Energie und ihrem Umfang, beständig eine relative, d.h. für die mittleren Verwertungsbedürfnisse des Kapitals überschüssige, daher überflüssige oder Zuschuß-Arbeiterbevölkerung."*[2] Marx weiter: *"Die ganze Bewegungsform der modernen Industrie erwächst also aus der beständigen Verwandlung eines Teils der Arbeiterbevölkerung in unbeschäftigte oder halbbeschäftigte Hände."*[3] Die Arbeiterfreisetzung war schon immer eine Folge der kapitalistischen Produktivkraftentwicklung. Sie befreite den Arbeiter im wahrsten Sinne des Wortes. Diese Freiheit ist, wie schon die zuständige Wortverbindung sagt, eine Losigkeit. Sie löst den Arbeiter von seinen Existenzbedingungen. Was wiederum nur beweist, daß der Arbeiter zum Anhängsel der Produktion geworden ist, nicht sie ist für ihn da, sondern er für sie. *"Das Arbeitsmittel erschlägt den Arbeiter. Dieser direkte Gegensatz erscheint allerdings am handgreiflichsten, sooft neu eingeführte Maschinerie konkurriert mit überliefertem Handwerks- oder Manufakturbetrieb. Aber innerhalb der großen Industrie selbst wirkt fortwährende Verbeßrung der Maschinerie und Entwicklung des automatischen Systems analog."*[4] Das Kapital zwingt einerseits die Arbeiter, ihre Existenz mit einem Arbeitsplatz zu verknüpfen, kann aber andererseits die konkrete Verknüpfung nicht permanent garantieren. Aus den obengenannten Umständen ist auch der Maschinensturm als erste Reaktion verständlich, wenngleich dieser Kampf immer ein aussichtsloser war, die Konservierung alter Zustände sich gegenüber der Produktivkraftentwicklung als ohnmächtig erwies.

Über den Zusammenhang von Arbeit und Maschine schreibt Marx: *"Es ist eine unzweifelhafte Tatsache, daß die Maschinerie an sich nicht verantwortlich ist für die 'Freisetzung' der Arbeiter von Lebensmitteln. Sie verwohlfeilert und vermehrt das Produkt in dem Zweig, den sie ergreift, und läßt die in andren Industriezweigen produzierte Lebensmittelmasse zunächst unverändert. Nach wie vor ihrer Einführung besitzt die Gesellschaft also gleich viel oder mehr Lebensmittel für die deplacierten Arbeiter, ganz abgesehn von dem enormen Teil des jährlichen Produkts, der von Nichtarbeitern vergeudet wird. Und dies ist die Pointe der ökonomischen Apologetik! Die von der kapitalistischen Anwendung der Maschinerie untrennbaren Widersprüche und Antagonismen existieren nicht, weil sie nicht aus der Maschinerie selbst erwachsen, sondern aus ihrer kapitalistischen Anwendung! Da also die Maschinerie an sich betrachtet die Arbeitszeit verkürzt, während sie kapitalistisch angewandt den Arbeitstag verlängert, an sich die Arbeit erleichtert, kapitalistisch angewandt ihre Intensität steigert, an sich ein Sieg der Menschen über die Naturkraft ist, kapitalistisch angewandt den Menschen durch die Naturkraft unterjocht, an sich den Reichtum des Produzenten vermehrt, kapitalistisch angewandt ihn verpaupert usw., erklärt der bürgerliche Ökonom einfach, das Ansichbetrachten der Maschinerie beweise haarscharf, daß alle jene handgreiflichen Widersprüche bloßer Schein der gemeinen Wirklichkeit, aber an sich, also auch in der Theorie gar nicht vorhanden sind. Er spart sich so alles weitre Kopfzerbrechen und bürdet seinem Gegner obendrein die Dummheit auf, nicht die kapitalistische Anwendung der Maschinerie zu bekämpfen, sondern die Maschinerie selbst."*[5] Diese Stelle klingt fast so, als hätte Marx schon eine Vorahnung der prinzipiellen Produktivkraftkritik gehabt.

Heute stellt sich aber die Frage, ob jene Marxsche These, daß die Akkumulation mit einer steigenden Arbeiterbevölkerung einhergehe,[6] noch stimmt. Ob nicht das relative Schwinden des variablen Kapitalbestandteils auch zu einer absoluten Abnahme an Beschäftigung führen muß, dieser Tatbestand heute nur mühsam verkleidet wird durch einen aufgeblähten, immer schwieriger zu finanzierenden Dienstleistungssektor. Marx selbst antizipierte schon die Möglichkeit einer auch strukturell überzähligen Arbeiterbevölkerung. Im dritten Band des "Kapitals" schreibt er: *"Damit der variable Bestandteil des Gesamtkapitals nicht nur absolut derselbe bleibe, sondern absolut wachse, obgleich sein Prozentsatz als Teil des Gesamtkapitals fällt, muß das Gesamtkapital in stärkrem Verhältnis wachsen, als der Prozentsatz des variablen Kapitals fällt. Es muß so sehr wachsen, daß es in seiner neuen Zusammensetzung nicht nur den alten variablen Kapitalteil, sondern noch mehr als diesen zum Ankauf von Arbeitskraft bedarf."*[7]

Wenn aber nun das konstante Kapital in seiner Gesamtheit nicht mehr absolut wachsen kann, so unsere vorsichtige Hypothese, dann muß durch die Produktivkraftschübe das variable Kapital auch absolut sinken. Dieser Umstand ist auch der bürgerlichen Soziologie schon aufgefallen. Ulrich Beck etwa stellt verwundert fest: *"War man bislang davon ausgegangen, daß eine Wiederbelebung der Wirtschaft auch zu einem Abbau der Arbeitslosigkeit führen wird, so wird in den letzten Jahren erkennbar, daß beides zwei voneinander unabhängige Größen sind."*[8] Wobei der von Beck gezogene Schluß jedoch ein falscher ist. Eben weil das variable Kapital vom konstanten abhängig ist - schließlich erfährt es seinen produktiven Einsatz durch jenes -, war es früher absorbierbar und ist es heute nicht mehr. Darin liegt ein fundamentaler Unterschied zwischen konjunkturellen und strukturellen Krisen, wenngleich durch letztere erstere nicht aufhören. Nur weil das Wirtschaftswachstum - ein übrigens schaler und irreführender Begriff, dessen banalster Fehler schon darin besteht, daß er bei den Grundrechnungsarten Addieren und Subtrahieren nicht auseinanderhalten kann - sich heute anders auswirkt als früher, ist daraus keine Entkoppelung oder Unabhängigkeit von Faktoren zu schließen. Eine andere Phase des Kapitalismus erzeugt eben andere Folgewirkungen.

Produktivkraftentwicklung vorausgesetzt, ist Lohnarbeit unweigerlich an Kapitalwachstum geknüpft. Konstantes und variables Kapital ergänzen sich so in ihrem Interesse am Wachstum, was kapitalistisch nichts anderes als Kapitalakkumulation, Verwertung des Werts sein kann. Mit dieser Produktionssteigerung kann aber der Markt nicht mithalten. Die Zirkulationsmöglichkeiten sind geringer als die Produktionsmöglichkeiten. Markt und Produktion sind so im Kapitalismus nicht a priori synchronisiert, sondern bloß a posteriori. Friedrich Engels schreibt in seinen Ergänzungen zum "Kapital": *"Der täglich wachsenden Raschheit, womit auf allen großindustriellen Gebieten heute die Produktion gesteigert werden kann, steht gegenüber die stets zunehmende Langsamkeit der Ausdehnung des Markts für diese vermehrten Produkte. Was jene in Monaten herstellt, kann dieser kaum in Jahren absorbieren."*[9] Hierin liegt auch ein prinzipieller Widerspruch zwischen der Produktion einerseits und dem Markt andererseits. Erstgenannte greift über das Fassungsvermögen des Letztgenannten hinaus, obwohl - und das kommt als zusätzlicher Widerspruch noch hinzu - in der Sphäre der Konsumtion für diese Produkte durchaus Bedarf wäre. *"Die Bedingungen der unmittelbaren Exploitation und die ihrer Realisation sind nicht identisch. Sie fallen nicht nur nach Zeit und Ort, sondern auch begrifflich auseinander. Die einen sind nur beschränkt durch die Produktivkraft der Gesellschaft, die andren durch die Proportionalität der verschiednen Produktionszweige und durch die Konsumtionskraft der Gesellschaft. Diese letztre ist aber bestimmt weder durch die absolute Produktionskraft noch durch die absolute Konsumtionskraft; sondern durch die Konsumtionskraft auf Basis antagonistischer Distributionsverhältnisse, welche die Konsumtion der großen Masse der Gesellschaft auf ein nur innerhalb mehr oder minder enger Grenzen veränderliches Minimum reduziert. Sie ist ferner beschränkt durch den Akkumulationstrieb, den Trieb nach Vergrößerung des Kapitals und nach Produktion von Mehrwert auf erweiterter Stufenleiter. Dies ist Gesetz für kapitalistische Produktion, gegeben durch die beständigen Revolutionen in den Produktionsmethoden selbst, die damit beständig verknüpfte Entwertung von vorhandnem Kapital, den allgemeinen Konkurrenzkampf und die Notwendigkeit, die Produktion zu verbessern und ihre Stufenleiter auszudehnen, bloß als Erhaltungsmittel und bei Strafe des Untergangs. Der Markt muß daher beständig ausgedehnt werden, so daß seine Zusammenhänge und die sie regelnden Bedingungen immer mehr die Gestalt eines von den Produzenten unabhängigen Naturgesetzes annehmen, immer unkontrollierbarer werden. Der innere Widerspruch sucht sich auszugleichen durch Ausdehnung des äußern Feldes der Produktion. Je mehr sich aber die Produktivkraft entwickelt, um so mehr gerät sie in Widerstreit mit der engen Basis, worauf die Konsumtionsverhältnisse beruhen."* [10]

So ist auch der verzweifelte Versuch des Kapitals, noch unverwertete Felder zu erobern, verständlich. Darin ist etwa die Substanz der Flexibilisierung von Arbeitszeiten und Ladenschlußzeiten zu suchen, ebenso die Vermarktwirtschaftlichung der Natur, die den letzten freien Gütern wie Luft und Wasser einen Preis geben will. Dieser Grad der Gelderfassung demonstriert eindeutig die Tiefe der Warenwirtschaft,[11] verdeutlicht aber ebenfalls ihre Grenzen. Je tiefer sie geht, desto mehr geht sie zugrunde. Doch so will es die Dialektik der gesellschaftlichen Entwicklung: Alles soll ausgeschöpft werden, bevor es sich erschöpft. Das Kapital giert nach den letzten freien Orten und Zeiten, will, weil muß, sich alles untertan machen, selbst wenn seine individuellen Vertreter auf der konstanten wie auf der variablen Seite es subjektiv oft gar nicht mehr einsehen möchten. Hier kollidieren, wie so oft, unmittelbare Lebensinteressen mit der blinden Logik des Kapitals. Blind deshalb, weil es auf die gesellschaftlichen Kosten keine Rücksicht nehmen kann, insofern diese nicht verwertbar sind, *"indem hier der Zusammenhang der gesamten Produktion als blindes Gesetz den Produktionsagenten sich aufzwingt, nicht als von ihrem assoziierten Verstand begriffnes und damit beherrschtes Gesetz den Produktionsprozeß ihrer gemeinsamen Kontrolle unterworfen hat".*[12]

Es entsteht so im Kapitalismus jenes eigentümliche Gefälle zwischen Produktion und Konsumtion, das durch die Zirkulationssphäre, den Markt, noch verstärkt wird. Obwohl im Konjunktiv die Konsumtion größer wäre als die Produktion, verhält es sich im Indikativ gerade umgekehrt, hier übersteigt die Produktion die Konsumtion, sie übererfüllt sie, ohne sie allerdings zu sättigen. Konsumtionsmöglichkeiten und Konsumtionsansprüche gehen weit auseinander, wobei der Markt - heute entgegen seiner ursprünglichen Funktion - diesen Zustand noch verschärft. Da der Markt im Durchschnitt kleiner ist als die Summe der Produkte, er nicht alles aufnehmen kann, was in der Produktion hergestellt wird, die Konsumtion dessen aber bedürfte, wird er zusehends zur Schallmauer zwischen Produktion und Konsumtion, denn konsumiert wird heute, was marktfähig ist, nicht, was produktionsmöglich ist. *"Der Äquivalenzausdruck der Waren zum Geld fixiert die Tauschhandlung als Gegensatz zu den Handlungen von Produktion und Konsumtion. Der Austausch der Waren schließt für die Zeit seiner Dauer jede materielle Veränderung der Waren aus, die ihre Wertverhältnisse betreffen könnte. Nur für die unveränderte stoffliche Identität der Waren ist ihr Äquivalenzverhältnis möglich. Diese Identität ist Negationsform der Produktion und der Konsumtion, daß auf dem Markt die Waren nur die Hände wechseln und die Produktion und Konsumtion in ihnen solange stillstehn."*[13]

Marx hat diesbezüglich übrigens, was wiederum unsere Aversion gegen jedwede Verbindung von Marktwirtschaft und Sozialismus unterstreicht, den Markt als ökonomische Grundlage des Sozialismus völlig ausgeschlossen. In seiner scharfen "Kritik des Gothaer Programms" der deutschen Sozialdemokratie von 1875 schreibt er unmißverständlich: *"Innerhalb der genossenschaftlichen, auf Gemeingut an den Produktionsmitteln gegründeten Gesellschaft tauschen die Produzenten ihre Produkte nicht aus; ebensowenig erscheint hier die auf Produkte verwandte Arbeit als Wert dieser Produkte, als eine von ihnen bestehende sachliche Eigenschaft, da jetzt, im Gegensatz zur kapitalistischen Gesellschaft, die individuellen Arbeiten nicht mehr auf einem Umweg, sondern unmittelbar als Bestandteile der Gesamtarbeit existieren."*[14] Tausch und Warengesellschaft gehören zusammen. Jenseits dieser hat jener keinen Platz. Das klingt dem bürgerlichen Individuum freilich ganz fremd, sind ihm Tausch, Geld und Ware doch Seinskriterien jedweden Produkts, kann er sich sein Leben ohne diese Transzendierungen gar nicht vorstellen. Daß ein Produkt sich als bloßes Gut, d.h. auch ohne Geld und Tausch, Ware und Markt definieren und realisieren könnte, ist ihm gänzlich fremd.

"Markt wie Geld und dessen Zirkulation sind historisch entstanden als äußerliche gesellschaftliche Verknüpfung über den Austausch von Produktion getrennter, in ihrer unmittelbaren Produktion nicht miteinander verbundener Einzelproduzenten; historisch sind Markt und Geld also nichts anderes als der Ausdruck relativ gering entwickelter, noch nicht allseitig ineinandergreifender Arbeitsteilung. Gewöhnlich wird dies genau andersherum gesehen."[15] Die zivilisatorische Funktion des Marktes besteht darin, daß er in einer höheren Gesellschaftsformation des Mangels eine "vernünftige" Allokation von Gütern ermöglicht, er weiters den Vertrag anstelle des unregulierten Kampfes aller gegen alle bzw. die Loslösung aus ständischen Abhängigkeiten durchgesetzt hat. Insofern ist der Markt, d.h. der gegenwärtige Geld- und Warenmarkt als spezifische kapitalistische Distributionsweise wirklich als eine der höchsten zivilisatorischen Errungenschaften menschlicher Vorgeschichte einzuschätzen. Freilich darf diese Huldigung nicht ausarten in ein ahistorisches Dogma.[16]

Die positiven Eigenschaften des Marktes werden anhand der Produktfülle immer überflüssiger, ja kontraproduktiv. Der Markt erweitert nicht mehr den Konsumtionsspielraum, sondern engt ihn ein, das Geldkorsett vieler Produkte wird künstlich, d.h. außerökonomisch aufrechterhalten, obwohl es stofflich desolat geworden ist und zusehends obsolet wird. Der Markt hat keine Zukunft. Und nicht weil er so erfolglos war, nein: weil er so erfolgreich ist, wächst er über sich hinaus. Die Zeiten, wo die Menschen den Kopf schütteln ob dieser altertümlichen Form der Distribution, sind nicht mehr so fern. Die Künftigen werden ähnlich darüber denken wie wir über das Lehenswesen und die Leibeigenschaft. Nach der feudalistischen Leibeigenschaft wird auch die kapitalistische Sacheigenschaft als Herrschaftstypus fallen. So oder so, weil sowieso: Der Markt geht den Bach hinunter; fraglich ist nur, ob bis dahin etwas Besseres nachkommen kann, ob aus dem Müssen ein Können wird, nicht eine dunkle Periode ansteht.

Es wird also produziert um der Produktion willen, unabhängig davon, ob die Produkte gebraucht werden oder nicht. Der Kapitalismus erzeugt eine, wie Marx es nannte, *"notwendig fieberhafte Produktion und drauf folgende Überfüllung der Märkte."*[17] Diese Überfüllung der Märkte, die nicht mit einer Überfülle der Konsumtionsmöglichkeiten gleichgesetzt werden kann, schon gar nicht global, ist heute sichtbare Tatsache und Problem, das nur mühsam durch staatliche oder teilweise schon überstaatliche (z.B. im Rahmen der Europäischen Gemeinschaft) Kontingentierungen "gelöst" werden kann. So bleibt das Kapital auf seinen Produkten sitzen, muß sie anderweitig loswerden, um die Produktion nicht zu blockieren. *"An und für sich sind solche Überschüsse kein Übel, sondern ein Vorteil; sind aber Übel in der kapitalistischen Produktion."*[18] Dieser Umstand führt unweigerlich zu der bisher nur dem Kapitalismus eigenen Produktzerstörung. Die Waren müssen vernichtet werden, um den Wert zu sichern. Tauschwert vernichtet Gebrauchswert, denn: *"Eine Entwertung des Kreditgeldes (gar nicht zu sprechen von einer übrigens nur imaginären Entgeldung desselben) würde alle bestehenden Verhältnisse erschüttern. Der Wert der Waren wird daher geopfert, um das phantastische und selbständige Dasein dieses Werts im Geld zu sichern. (...) Für ein paar Millionen Geld müssen daher viele Millionen Waren zum Opfer gebracht werden. Dies ist unvermeidlich in der kapitalistischen Produktion und bildet eine ihrer Schönheiten."*[19]

Es ist daher, wenn auch unmodern, so doch nicht abgeschmackt, auf diesen himmelschreienden Widerspruch immer wieder hinzuweisen. Der da ist, daß der Weltmarkt einerseits Gebiete geschaffen hat, wo es aus "wirtschaftlichen" Gründen wiederholt notwendig ist, Reichtum und Arbeit in Form von Gütern zu vernichten, nur weil sie nicht verwertbar sind, nicht Ware werden können; und andererseits der Großteil der Menschheit in Armut und Elend lebt, wo täglich tausende Menschen verhungern oder sich die Weltmarktverlierer in sinnlosen kriegerischen Gemetzeln selbst das karge Leben verunmöglichen. Dieses Auseinanderklaffen ist ebenfalls als eine Folge der Produktivkraftentwicklung unter kapitalistischen Vorzeichen zu verstehen. Je größer die Produktivkraftentwicklung, desto größer sind die Disparitäten an Lebenslagen und Lebenschancen. Die Kehrseite der kapitalistischen Produktivität ist die gesellschaftliche Regression, die heute schon die überwiegende Mehrheit betrifft und langsam auch die entwickelten kapitalistischen Länder über ihre Ränder hinaus erfaßt. Darin liegt auch der Hauptgrund der aktuellen Bevölkerungsbewegungen aus Osteuropa und der Dritten Welt; die Menschen, die ihre Chancen individuell verbessern möchten, ziehen dem Kapital nach.[20]

Diese Dialektik von Fortschritt und Regression unter marktwirtschaftlichen Bedingungen hat schon lange vor Marx der deutsche Philosoph Johann Gottlieb Fichte, übrigens Sozialist wider Wissen, in seiner programmatischen Schrift "Der geschloßne Handelsstaat" antizipiert und angesprochen. Über die Zukunft des Kapitalismus weiß der Denker 1800 folgendes zu verkünden: *"Es entsteht ein endloser Krieg Aller im handelnden Publikum gegen Alle, als Krieg zwischen Käufern und Verkäufern; und dieser Krieg wird heftiger, ungerechter, und in seinen Folgen gefährlicher, je mehr die Welt sich bevölkert, der Handelsstaat durch hinzukommende Akquisitionen sich vergrößert, die Produktion und die Künste steigen, und dadurch die in Umlauf kommende Ware an Menge und mit ihr das Bedürfnis Aller sich vermehrt, und vermannigfacht. Was bei der einfachen Lebensweise der Nationen ohne große Ungerechtigkeit und Bedrückung abging, verwandelt sich nach erhöhten Bedürfnissen in das schreiendste Unrecht, und in eine Quelle großen Elendes."*[21]

Über den Zusammenhang von Reichtum und Elend im Kapitalismus notierte auch Marx: *"Je größer der gesellschaftliche Reichtum, das funktionierende Kapital, Umfang und Energie seines Wachstums, also auch die absolute Größe des Proletariats und die Produktivkraft seiner Arbeit, desto größer die industrielle Reservearmee. Die disponible Arbeitskraft wird durch dieselben Ursachen entwickelt wie die Expansivkraft des Kapitals. Die verhältnismäßige Größe der industriellen Reservearmee wächst also mit den Potenzen des Reichtums. Je größer aber diese Reservearmee im Verhältnis zur aktiven Arbeiterarmee, desto massenhafter die konsolidierte Übervölkerung, deren Elend im umgekehrten Verhältnis zu ihrer Arbeitsqual steht. Je größer endlich die Lazarusschichte der Arbeiterklasse und die industrielle Reservearmee, desto größer der offizielle Pauperismus. **Dies ist das absolute, allgemeine Gesetz der kapitalistischen Akkumulation**. Es wird gleich allen andren Gesetzen in seiner Verwirklichung durch mannigfache Umstände modifiziert, deren Analyse nicht hierher gehört."*[22] Marx weist hier noch einmal ausdrücklich darauf hin, daß nach den Gesetzen nicht einfach an der empirischen Oberfläche gesucht werden kann, ihre Auffälligkeit nicht augenscheinlich gegeben sein muß. Die Analyse der konkreten Verwirklichung dieser Gesetze war nicht Gegenstand seines ökonomischen Hauptwerks, dort ging es um die Herausarbeitung der kapitalistischen Produktionsweise, nicht um jene der kapitalistischen Gesellschaftsformation.

Mit dem Fortschritt der kapitalistischen Produktionsweise, der Kapitalakkumulation auf immer höherer Stufenleiter konstatiert Marx eine Zunahme der Arbeitslosigkeit, was nichts anderes bedeutet als die Unverkäuflichkeit der Ware Arbeitskraft auf dem Markt. Die abstrakte Arbeit gerät so in eine Strukturkrise, sie wird unverträglich mit dem gesellschaftlichen Reichtum und der Produktivkraftentwicklung. Selbstverständlich ist das kapitalistische System nach der endgültigen Durchsetzung in keiner Weise mehr national zu betrachten, sondern ausschließlich über den einen Weltmarkt. Der Wert ist eine internationale Größe. Je höher der weltkapitalistische Standard, kurzum der abstrakte Reichtum des Planeten, desto weniger Menschen werden zu seiner Aufrechterhaltung benötigt. Was umgekehrt aber auch heißt, daß ganze Weltgegenden (z.B. Afrika) immer mehr als abgeschrieben gelten müssen. Diese Menschen werden zu keiner Produktion im Sinne des Weltmarkts mehr gebraucht. Der Pauperismus, den man in den entwickelten kapitalistischen Ländern des Kapitals wenig sieht, ist für einen Großteil der Weltbevölkerung Realität. *"Die Verelendung aufgrund der kapitalistischen Marktwirtschaft findet real statt. Sie wurde nur, zumindest in ihrer absoluten Erscheinungsform, in einem System weltweiter Arbeitsteilung vor allem in die Länder der Dritten Welt exportiert und tritt, bei genauerem Hinsehen, an den Rändern der Gesellschaften der Metropolen immer deutlicher hervor."* [23]

Der eurozentristische Blick will diese Verelendung nicht sehen. Wobei freilich auch zu betonen ist, daß es so etwas wie eine marxistische Verelendungstheorie eigentlich nie gegeben hat. Zumindest gilt es festzuhalten, daß sie im Gegensatz zu anderen Kategorien nur beiläufig herausgearbeitet wurde, es sich dabei um keinen zentralen Begriff handelt. Die Tendenz zur Verelendung, die Marx als eine der Produktionsweise konstatierte, wurde in den westlichen Gesellschaften des Zentrums modifiziert durch den Klassenkampf der Arbeiterbewegung wie durch Verlagerung der Pauperisierung in entlegene Gebiete. Verelendung ist aber als kritische Kategorie kaum verwendbar, da sie sich objektiven Kriterien weitgehend entzieht.

Aus den Veränderungen in der organischen Zusammensetzung des Kapitals hat Marx auch das Gesetz des tendenziellen Falls der Profitrate abgeleitet. Die Profitrate (m:C) nimmt ab, je größer das Verhältnis des konstanten zum variablen Kapital (c:v) wird: *"Ein stets geringrer aliquoter Teil des ausgelegten Gesamtkapitals setzt sich in lebendige Arbeit um, und dies Gesamtkapital saugt daher, im Verhältnis zu seiner Größe, immer weniger Mehrarbeit auf, obgleich das Verhältnis des unbezahlten Teils der angewandten Arbeit zum bezahlten Teil derselben gleichzeitig wachsen mag. Die verhältnismäßige Abnahme des variablen und Zunahme des konstanten Kapitals, obgleich beide Teile absolut wachsen, ist, wie gesagt, nur ein andrer Ausdruck für die vermehrte Produktivität der Arbeit."*[24] Dagegen sei kein Kraut gewachsen, auch wenn verschiedenste Maßnahmen ergriffen würden.[25] Das Grunddilemma liegt hierbei im Maschinenbetrieb, der nichts anderes ist als konkretisierte Produktivkraft:

"Er verwandelt einen Teil des Kapitals, der früher variabel war, d.h. sich in lebendige Arbeitskraft umsetzte, in Maschinerie, also in konstantes Kapital, das keinen Mehrwert produziert."[26] *"Im Fortschritt des Produktions- und Akkumulationsprozesses **muß** also die Masse der aneignungsfähigen und angeeigneten Mehrarbeit und daher die absolute Masse des vom Gesellschaftskapital angeeigneten Profits wachsen. Aber dieselben Gesetze der Produktion und Akkumulation steigern, mit der Masse, den Wert des konstanten Kapitals in zunehmender Progression rascher als den des variablen, gegen lebendige Arbeit umgesetzten Kapitalteils. Dieselben Gesetze produzieren also für das Gesellschaftskapital eine wachsende absolute Profitmasse und eine fallende Profitrate."*[27] Wobei, und darauf hat Ernst Lohoff hingewiesen, wachsende Profitmasse und fallende Profitrate sich nicht grundsätzlich entsprechen, diese Verknüpfung nicht zwingend ist, auch wenn sie zu Marxens Zeiten eine typische war. Die fallende Profitrate macht nur dann als objektive Grenze einen Sinn, wenn sie in eine fallende Profitmasse mündet.[28]

Durch die der Produktivkraftentwicklung folgende Erhöhung der organischen Zusammensetzung des Gesamtkapitals untergräbt die Kapitalherrschaft - so die Marxsche Theorie - sich selbst. Die Logik der kapitalistischen Produktion beseitigt ihre eigene Basis, da sie in der Tendenz fortwährend die Profitrate beschränkt. Die Kapitalakkumulation kennt so - im Gegensatz zum stofflichen Reichtum - objektive und absolute Grenzen. Ab einer bestimmten Stufe der Produktion wird das Wertgesetz nicht mehr greifen, seine Allmacht verlieren, statt Akkumulation wird Leerlauf eintreten. Der Wert verliert dann seine Bedeutung als gesellschaftliches Strukturprinzip.

Schon Marx schrieb, *"daß trotz aller Wertrevolutionen die kapitalistische Produktion nur solange existiert und fortexistieren kann, als der Kapitalwert verwertet wird, d.h. als verselbständigter Wert seinen Kreislaufprozeß beschreibt, solange also die Wertrevolutionen in irgendeiner Art überwältigt und ausgeglichen werden"*[29]. Oder noch deutlicher im dritten Band: *"Die **wahre Schranke** der kapitalistischen Produktion ist **das Kapital selbst**, ist dies: daß das Kapital und seine Selbstverwertung als Ausgangspunkt und Endpunkt, als Motiv und Zweck der Produktion erscheint; daß die Produktion nur Produktion für das **Kapital** ist und nicht umgekehrt die Produktionsmittel bloße Mittel für eine stets sich erweiternde Gestaltung des Lebensprozesses für die **Gesellschaft** der Produzenten sind. Die Schranken, in denen sich die Erhaltung und Verwertung des Kapitalwerts, die auf der Enteignung und Verarmung der großen Masse der Produzenten beruht, allein bewegen kann, diese Schranken treten daher beständig in Widerspruch mit den Produktionsmethoden, die das Kapital zu seinem Zweck anwenden muß und die auf unbeschränkte Vermehrung der Produktion als Selbstzweck, auf unbedingte Entwicklung der gesellschaftlichen Produktivkräfte der Arbeit lossteuern. Das Mittel - unbedingte Entwicklung der* *gesellschaftlichen Produktivkräfte - gerät in fortwährenden Konflikt mit dem beschränkten Zweck, der Verwertung des vorhandnen Kapitals. Wenn daher die kapitalistische Produktionsweise ein historisches Mittel ist, um die materielle Produktivkraft zu entwickeln und den ihr entsprechenden Weltmarkt zu schaffen, ist sie zugleich der beständige Widerspruch zwischen dieser ihrer historischen Aufgabe und den ihr entsprechenden gesellschaftlichen Produktionsverhältnissen."*[30]

Der Kapitalismus ist also davon abhängig, ob Kapital gebildet werden kann, ob der Wert sich verwerten läßt. Kann das nicht mehr garantiert werden, ist der Kapitalismus an seiner historischen Schranke angelangt. Die eigentliche Todeskrise des Kapitalismus wäre somit eine Krise des Werts. Es gilt heute, die immanenten Grenzen der Kapitalherrschaft auszumachen und ihre Bedeutung zu diskutieren.

Neben den immanenten Grenzen der Kapitalbildung gibt es heute aber auch "externe" Schranken in Form der ökologischen Misere. Welche hier enger ist, kann kaum seriös vorausgesagt werden. Kapital kann, unabhängig von seiner immanenten Grenze, nicht unendlich wachsen, will die Menschheit sich nicht ruinieren. Doch wenn es nicht wächst, dann ist es kein Kapital mehr. Denn Kapital ist kein Ding, sondern ein immer wiederkehrender Prozeß des sich verwertenden Werts; Kapital muß wachsen, will es bei sich selbst bleiben. Wird das Kapital dingfest, verliert es sofort seinen Kapitalcharakter, wird Schatz. Insofern ist auch der Wunsch nach einem Zustand *"gleichbleibenden Kapital[s]"*,[31] wie er vom "Club of Rome" geäußert wurde, illusionär, wobei noch dazukommt, daß in der Studie "Grenzen des Wachstums" einer Begriffslosigkeit gehuldigt wird, Kategorien wie Produktivkraft, Technik, Wachstum, Kapital, Reichtum wild durcheinandergeworfen und vermischt werden. Kapital hat nun einmal nicht die Fähigkeit, wachstumslos zu bleiben, sich einfach zu reproduzieren, es muß sich verwerten, koste es, was es wolle.

Andersherum ist aber, selbst wenn man die ökologischen und ökonomischen Grenzen des Werts herausstreicht, daraus keineswegs abzuleiten, daß es so etwas wie objektive Grenzen der Menschheit oder der Geschichte gibt. Es ist sehr fraglich, ob es wirklich Grenzen des Wachstums oder gar *"Grenzen des Menschen"*[32] gibt. Ob nicht ökologische und ökonomische Krise diesen Blick heute verstellen oder zumindest verdunkeln. Ob nicht vielmehr von relativen Schranken auszugehen ist, somit von einem ständigen Wachstum der Grenzen. Was nicht meint, daß alles erlaubt sein soll, was technisch möglich ist, aber bestreitet, daß es unberührbare Punkte gibt, die nicht überschritten werden dürfen. Menschsein bestand bisher vornehmlich auch darin, das Unmögliche möglich zu machen, in einer Hereinholung externer Felder. Insofern mag ein Anthropozentrismus zwar theoretisch abgelehnt werden; solange es aber die Menschheit gibt, wird er immer Praxis sein. Der Mensch ist a priori anthropozentrisch.

Krise der Ökonomie wie Krise der Ökologie sind Krisen des Werts. Er ist der gemeinsame Nenner aller gesellschaftlichen Krisen, unabhängig davon, was im Zähler noch alles aufscheinen mag. Ökologische Zerstörungen, Verwüstungen und Bedrohungen sind Folge der Kapitalherrschaft. So die Erkenntnis, deren Konkretion wir uns hier vorgenommen haben.

Erstmals stehen die hergestellten Produkte selbst zur Debatte,[33] ist ganz offensichtlich, daß der Mensch seinen Produkten nicht mehr gewachsen ist.[34] Mit den Produkten und ihren Folgen steht unweigerlich die Produktion im Zentrum. Es ist ganz deutlich, daß die ökologische und die ökonomische Frage eine gemeinsame einzige sind. Die Kritik an einer blinden Wachstumslogik, wie sie bei den Produktivkraftkritikern so beliebt ist, muß in eine Kritik des Werts und des Kapitalismus übersetzt werden; wird sie prinzipiell gefaßt, begreift sie die gesellschaftlichen Prozesse kaum, kennt sich vor lauter Wirkungen und Komplexitäten nicht mehr aus.

Die Menschen sind vor allem deswegen ihren Produkten nicht mehr gewachsen, weil diese der inneren Logik des Tauschwerts und nicht der des Gebrauchswerts folgen. Die Produktivkraftentwicklung unter bürgerlichem Vorzeichen wird zusehends zu einem Fallstrick, anstatt das Leben zu fördern und zu bereichern. Sie ist es, die die Umwelt zerstört. Man sollte die ökologischen Probleme nicht woanders verorten, wie etwa, um ein Beispiel aus der Ökologiebewegung zu nennen, Carl Amery, der in einem bezeichnenden Bändchen über "Natur und Politik" die Umweltzerstörung anthropologisch determiniert als Folge menschlicher Herrschaftsideologie betrachtet.[35] Bei den Grünen waren es vor allem die Ökosozialisten und Fundamentalisten, die die Zusammenhänge von ökologischer Krise und kapitalistischer Ökonomie betonten. Ebermann/Trampert etwa schreiben: *"Die gegenwärtige Zerstörung der natürlichen Lebensgrundlagen der Menschheit hängt mit den inneren Gesetzmäßigkeiten der kapitalistischen Produktionsweise zusammen. Der ihr eigene durch die Weiterentwicklungen im 20. Jahrhundert nur immer noch verstärkte Zwang zum Wachstum, zur gegenüber dem konkreten Gebrauchswert ebenso wie gegenüber dem Menschen und der äußeren Natur rücksichtslos vorangetriebenen Kapitalakkumulation, entspringt nicht dem - mehr oder minder beeinflußbaren - Willen der kapitalistischen Unternehmer und der ihre Interessen vertretenden Politiker, sondern den Erfordernissen der kapitalistischen Konkurrenz. Ohne eine Überwindung dieser Konkurrenz - und damit der Marktwirtschaft als des letztlich entscheidenden gesellschaftlichen Zusammenhangs - ist diesem Prozeß der Zerstörung der Naturgrundlagen des menschlichen Lebens nicht mehr Einhalt zu gebieten."*[36] Das Manko der Ökosozialisten und aller radikalen Strömungen war und ist, daß ihr Sozialismus erstens traditionalistisch beschränkt und im Bewegungsfetischismus (sei es die Arbeiter-, sei es die Ökologiebewegung) befangen ist; und zweitens sich daraus keine adäquate offensive Strategie, geschweige denn ein Programm entwickeln ließ. Dieser traditionalistische Antikapitalismus bei den Grünen ist inzwischen auch immer mehr als ein schwindendes Beiwerk zu bezeichnen, das ob seiner Antiquiertheit und Substanzlosigkeit früher oder später ganz verschwinden wird. In der Praxis hatte er sowieso immer eine untergeordnete Rolle gespielt.

Die Probleme, die sich freilich aus den ökologischen Fragestellungen ergeben, sind andere, als sie in den klassischen sozialen Kämpfen vermittelt werden. Brauchbare Analysen dazu sind rar. Eine der wenigen hat der postmoderne Theoretiker Ulrich Beck geliefert, gibt man sich mit der richtigen Konstatierung der Phänomene zufrieden. Beck geht von einer *"Globalität der Bedrohung"*[37] aus und schreibt über die Zivilisations- und Modernisierungsrisiken: *"Sie sind pauschales Produkt der industriellen Fortschrittsmaschinerie und werden systematisch mit deren Weiterentwicklung verschärft."*[38] Typisch für sie sei, daß sie sich einer sinnlichen Wahrnehmung weitgehend entziehen,[39] daß sie *"prinzipiell argumentativ vermittelt"*[40] werden müssen, daß man sich durch Geld teilweise von ökologischen Gefährdungen befreien kann,[41] daß die Risikogesellschaft - so der Titel des Buches wie Becks zentraler Begriff - nicht primär als Klassengesellschaft zu verstehen ist.[42]

Was jedoch auch Beck nicht benennen kann, ist die Struktur, die sich in und hinter den von ihm richtig gezeichneten Erscheinungen verbirgt. Dort, wo es wirklich interessant wird, die Entwicklungen auf Substanz und Wesen geprüft und abgeklopft werden müßten, wird Beck äußerst dunkel und mystisch. Er flüchtet in die in der modernen Soziologie so beliebte Komplexität, die ja meistens nichts anderes darstellt als Nichtwissen und Nichterkennen. Im Original liest sich das so: *"Der hochdifferenzierten Arbeitsteilung entspricht eine allgemeine Komplizenschaft und dieser eine allgemeine Verantwortungslosigkeit. Jeder ist Ursache und Wirkung und damit Nichtursache. Die Ursachen verkrümeln sich in einer allgemeinen Wechselhaftigkeit von Akteuren und Bedingungen, Reaktionen und Gegenreaktionen. Dies verschafft dem Systemgedanken soziale Evidenz und Popularität. Daran wird exemplarisch deutlich, worin die biographische Bedeutung des Systemgedankens liegt: Man kann etwas tun und weitertun, ohne es persönlich verantworten zu müssen. Man handelt sozusagen in eigener Abwesenheit. Man handelt physisch, ohne moralisch und politisch zu handeln. Der generalisierte Andere - das System - handelt in einem und durch einen selbst hindurch: Dies ist die zivilisatorische Sklavenmoral, in der gesellschaftlich und persönlich so gehandelt wird, als stünde man unter einem Naturschicksal, dem 'Fallgesetz' des Systems. Auf diese Weise wird angesichts des drohenden ökologischen Desasters 'Schwarzer Peter' gespielt."*[43]

Wo alle schuld sind, ist freilich niemand schuld. Wobei es uns gar nicht um eine spezifische, gar personifizierte Schuldzuweisung an Unternehmer, Politiker, Bürokraten, Konsumenten etc. geht, sondern um die Herausarbeitung der Systemlogik bzw., bürgerlich übersetzt, des Sachzwangs. Apropos "Schwarzer Peter": Es ist eine genuin bürgerliche Vorstellung, daß immer jemand schuld sein muß; die Suche nach dem Schuldigen ist ein beliebtes Gesellschaftsspiel geworden, wobei das Wertgesetz die Spielregeln aufherrscht.

Bei Beck folgen die Menschen keinen bestimmbaren und analysierbaren Gesetzlichkeiten, sind bloß Träger von vielfältigsten Interdependenzen, wo Ursache und Wirkung nicht nur als sich ausschließende Gegenüberstellung obsolet werden, sondern generell sich auflösen. Wir stehen vor einem "Modell", wo vieles richtig benannt, aber nirgendwo mehr bewertet oder gar gewichtet wird. Dieser unkontrollierte wie unkontrollierbare Faktorenauflauf wird dann Komplexität getauft. Die Individuen erscheinen in ihm nicht mehr als handelnde Akteure, sondern als Irrläufer, die kapitalistische Logik wird zur *"zivilisatorische[n] Sklavenmoral"*, sie ist aber nicht rationalisierbar, bloß das *"generalisierte Andere"*. Sie bleibt anonym, ist somit nicht angreifbar. Darin liegt überhaupt das Manko des gegenwärtigen Soziologismus. Es geht ihm nicht um die Bewegungsgesetze, sondern um die Bewegungsverläufe. Seine Verdienste liegen ausschließlich hier.

Zurück zu Marx. Arbeiterfreisetzung statt Arbeitserleichterung ist nur im Kapitalismus Folge der Produktivkraftentwicklung. Doch auch hier gibt es objektive Schranken: *"Eine Entwicklung der Produktivkräfte, welche die absolute Anzahl der Arbeiter verminderte, d.h., in der Tat die ganze Nation befähigte, in einem geringern Zeitteil ihre Gesamtproduktion zu vollziehn, würde Revolution herbeiführen, weil sie die Mehrzahl der Bevölkerung außer Kurs setzen würde. Hierin erscheint wieder die spezifische Schranke der kapitalistischen Produktion, und daß sie keineswegs eine absolute Form für die Entwicklung der Produktivkräfte und Erzeugung des Reichtums ist, vielmehr mit dieser auf einem gewissen Punkt in Kollision tritt. (....) Die absolute Überschußzeit, die die Gesellschaft gewinnt, geht sie nichts an. Die Entwicklung der Produktivkraft ist ihr nur wichtig, sofern sie die Mehrarbeitszeit der Arbeiterklasse vermehrt, nicht die Arbeitszeit für die materielle Produktion überhaupt vermindert; sie bewegt sich so im Gegensatze."*[44]

Robert Kurz ist es zu verdanken, diesen Strang der Marxschen Theorie wieder aufgegriffen und aktualisiert zu haben. Er spricht von einer *"finale[n] Krise des Kapitalismus"*[45]. Vor allem die Mikroelektronik führe zu einem Schub der Eliminierung lebendiger Arbeit in der unmittelbaren Produktion.[46] *"Damit bricht die bisherige historische Kompensation für die im relativen Mehrwert angelegte absolute immanente Schranke der kapitalistischen Produktionsweise zusammen. Die massenhafte Eliminierung lebendiger Produktionsarbeit als Quelle der Wertschöpfung kann nicht mehr durch neu in die Massenproduktion tretende 'verwohlfeilerte' Produkte aufgefangen werden, weil diese Massenproduktion nicht mehr durch ein Wiedereinsaugen vorher und anderswo 'überflüssig gemachter' Arbeitsbevölkerung in die Produktion vermittelt ist. Damit kippt das Verhältnis von Eliminierung lebendiger*

Produktionsarbeit durch Kapitalisierungsprozesse bzw. Schaffung neuer Produktionszweige andererseits historisch unwiderruflich um: von nun an wird unerbittlich mehr Arbeit eliminiert als absorbiert werden kann. Auch alle noch zu erwartenden technologischen Innovationen werden immer nur in die Richtung weiterer Eliminierung lebendiger Arbeit gehen, alle noch zu erwartenden neuen Produktionszweige werden von vornherein mit immer weniger direkter menschlicher Produktionsarbeit ins Leben treten. Das objektive Heraustreten der gesellschaftlichen Produktion aus den Grenzen der fiktiven 'Wertgegenständlichkeit' muß sich früher oder später auch an der erscheinenden Oberfläche mit voller Wucht bemerkbar machen."[47]

Die Zusammenfassung der Kurzschen Zusammenbruchstheorie möchten wir hier ausführlich zitieren:

"a) Der Kapitalismus ist tendenziell 'ausbeutungsunfähig' geworden, d.h., die globale Gesamtmasse der produktiv vernutzten Arbeit sinkt aufgrund der permanent gesteigerten Produktivkraft erstmals in der kapitalistischen Geschichte auch absolut, und das bedeutet: unabhängig von der konjunkturellen Bewegung.

b) Da betriebswirtschaftliche Rentabilität nur auf der jeweils erreichten Höhe der Produktivität hergestellt werden kann, und zwar nur noch im weltgesellschaftlichen Maßstab, und da dieses Niveau wegen der zunehmenden Kapitalintensität für immer mehr Unternehmen ins Unerreichbare steigt, werden auch immer mehr materielle Ressourcen in immer mehr Ländern stillgelegt; die entsprechende Kaufkraft und die daraus resultierenden Märkte verschwinden, und die Menschen werden von den kapitalistischen Bedingungen ihrer Bedürfnisbefriedigung abgeschnitten.

c) Die vom Kapitalismus selbst blind hervorgetriebene 'Produktivkraft Wissenschaft' hat daher auf der inhaltlich-stofflichen Ebene Potenzen geschaffen, die nicht mehr mit den Basisformen kapitalistischer Reproduktion vereinbar sind, aber dennoch gewaltsam weiter in diese Formen gepreßt werden. Der Preis dafür ist die Verwandlung der Produktivkräfte in Destruktionspotentiale, die ökologische und sozialökonomische Katastrophen erzeugen.

d) Da diese Krise gerade in der tendenziellen Eliminierung produktiver Arbeit und somit der negativen Aufhebung der abstrakten Arbeit durch das Kapital und innerhalb des Kapitals selber besteht, kann sie auch nicht mehr von einem ontologischen Standpunkt der 'Arbeit', der 'Arbeiterklasse' oder des 'Arbeiterklassenkampfes' aus kritisiert oder gar überwunden werden. Der gesamte bisherige Marxismus erweist sich in dieser Krise und durch sie als integraler Bestandteil der bürgerlichen Welt der modernen Ware und gerät dadurch selbst in die Krise."[48] Die Conclusio lautet: *"Die Menschheit ist damit konfrontiert, daß sie durch die selbstgeschaffenen Produktivkräfte hinter ihrem Rücken auf der inhaltlich-stofflichen und 'technischen' Ebene kommunistisch vergesellschaftet wurde. Dieser objektive Zustand ist mit den konträren Subjektformen an der gesellschaftlichen Oberfläche unvereinbar."*[49] *"Die Krise wäre nur zu überwinden, wenn der bloßen Krisenverwaltung eine bewußte gesellschaftliche Aufhebungsbewegung entgegenträte, die diese Apparate wohl auch mehr oder weniger gewaltsam überrennen müßte."*[50]

Arbeit und Produktivkraftentwicklung tragen immer mehr gesellschaftliche Züge, sind nicht mehr in ihren Handhabungen individualisierbar, somit nicht dieser oder jener Person zugehörig. *"Jene Entwicklung der Produktivkraft führt sich in letzter Instanz immer zurück auf den gesellschaftlichen Charakter der in Tätigkeit gesetzten Arbeit; auf die Teilung der Arbeit innerhalb der Gesellschaft; auf die Entwicklung der geistigen Arbeit, namentlich der Naturwissenschaft."*[51] Arbeit und Wissenschaft haben gesellschaftlichen Charakter, ohne freilich vergesellschaftet zu sein, sind nur noch in Kombination und Kooperation denkbar, verlaufen ineinander und miteinander, ja sind immanente Voraussetzung der Produktion. Wissenschaft ist a priori allgemeine gesellschaftliche Arbeit,[52] zusehends schwerer privatisierbar, wenngleich die Fruchtgewinne noch privat bleiben mögen.

Mit dieser gänzlich anderen Entwicklung des Kapitalismus haben freilich die traditionellen Marxisten wenig anfangen können und sich oft gründlich blamiert, weil sie veralteten Denkschemata anhingen. Ein Großteil von ihnen hat sich inzwischen Richtung Marktwirtschaft - sei es mit dem oder ohne das Attribut "sozialistisch" - verabschiedet, der Rest verkümmert in seiner politischen Ecke, droht auszusterben. Ernest Mandel etwa, einer der begabtesten Vertreter dieser Richtung, schrieb 1968 noch siegessicher von der *"Tatsache, daß die mit dem Ersten Weltkrieg begonnene Periode wahrlich das Zeitalter der Weltrevolution, des Todeskampfes des Kapitalismus ist, und in diesem Zeitalter beginnt die revolutionäre Übergabe der Macht von der einen an die andere Klasse auf weltweiter Ebene"*[53]. Inzwischen müßte zumindest klar sein, daß die heroischen Zeiten der Arbeiterbewegung und der Arbeiterparteien vorbei sind, ja sogar die restlose Entkoppelung von Arbeiterklasse und Sozialismus eine unwiderrufliche ist. Ein zukünftiger Sozialismus wird keiner der Arbeiterbewegung sein, nicht eine Klasse wird die andere an der Herrschaft ablösen, sondern Sozialismus ist nur möglich, insofern Bourgeoisie und Proletariat als personifizierte Charaktermasken überhaupt überwunden werden können. Das Proletariat, auch substituiert durch eine Partei, wird nirgendwo mehr an die Macht kommen. Sozialismus und Proletariat sind einander nicht mehr Ergänzung, wie es früher erschien und ideell wohl notwendig war, sondern ein Widerspruch. Der Sozialismus, und das ganz im Marxschen Sinne, ist dazu angetreten, das Proletariat zu zerstören, es als Klasse zu beseitigen.

Es gilt, sich klarzuwerden über den Charakter der kapitalistischen Krisen, sich zu fragen, inwiefern die kapitalistische Akkumulation an ihre Grenzen stößt, und ob diese objektive Grenzen sind. Erstmals gibt es eine breite Palette an Konsumgütern, die von den Menschen stillschweigend sozialisiert werden, ohne daß diese Vorgänge als bewußte Vergesellschaftungen aufgefaßt werden. Von der Software bis zum Fernsehanschluß wird es schwieriger, den Tauschwert zu realisieren. So kommt es tatsächlich bereits innerhalb des Kapitalismus zu den wildesten Sozialisierungen. Und das, ohne daß jemand dazu eine programmatische Forderung, etwa "Raubt die Software!" oder "Kein Groschen für den Fernsehanschluß!", ausgegeben hätte. Vielen Menschen erscheinen ihre Akte auch keineswegs als Verletzung des bürgerlichen Rechts, obwohl sie das unfraglich sind. Das bürgerliche Individuum liquidiert stillschweigend, aber nachdrücklich seine ökonomische Basis und das dazugehörige Recht. Dort, wo die Vergeldung und somit die Verwertung der Produkte in Frage gestellt werden, sind die Schleusen geöffnet, werden Markt und Geld hinweggeschwemmt. Warum soll auch für Mehl und Milch nicht gelten, was für Textverarbeitungsprogramme und Musiküberspielungen in Ordnung geht? An diesen Produkten ist der Charakter des bürgerlichen Eigentums nicht mehr sinnlich wahrnehmbar. Sie drängen sich zur Sozialisierung auf. Sie tendieren dazu, genommen und entnommen zu werden, nicht mehr getauscht oder gekauft. Ihr Tauschwert wird ebenso unbewußt wie nachdrücklich negiert, ihr Gebrauchswert ganz selbstverständlich konsumiert, ohne daß dafür bezahlt wird.

Das Tauschprinzip, obwohl global noch nicht ausgereizt und in bestimmten Bereichen (Flexibilisierung der Arbeitszeit, Verursacherprinzip, Vermarktung natürlicher Güter etc.) noch immer kolonialistisch im Vormarsch, ist an seinem anderen Ende an seine objektiven Grenzen gestoßen. Die von den Sozialisten (früher) geforderte Vergesellschaftung ergreift - und das gerade in Zeiten, wo die Privatisierungseuphorie am größten ist - erstmals ökonomisches Terrain. Kein bürgerliches Gesetz wird ihm mehr Herr werden. Die Träger dieser Entwicklung sind alles andere als bewußte Revolutionäre, die umstürzlerisch in eine neue Gesellschaft wollen. Sie negieren praktisch, was sie theoretisch bekennen. Der Sozialismus der Agenten ist einer des Handelns, noch keiner des Verstehens, er ist bewußtlos antithetisch, nicht bewußt synthetisch. Sie wissen noch nicht, was sie tun, aber sie tun es.

Das Tauschprinzip hingegen basiert auf der stofflichen Knappheit der Güter. Tauschen ist deformiertes Geben und Nehmen. Geben und Nehmen können nicht alleine bestehen, zu sich kommen, sondern müssen sich tauschen. Gäbe es genug, dann gäbe es nichts zu kaufen und zu verkaufen, sondern alles (bis auf wenige rationierte Mangelprodukte) würde gegeben und genommen werden. Die Menschheit würde sich sich in ihren Produkten und Leistungen schenken. Das Geben wäre kein Hergeben, sondern ein Hingeben, das Nehmen kein Wegnehmen, sondern ein Entnehmen. Kaufen und Verkaufen erscheinen wie jeder Vertrag nur in ihren Konkretionen als freiwillig. In ihrer Allgemeinheit sind sie gesellschaftsgesetzliche Kommunikationsformen, denen man sich nicht entziehen kann. Ein Gut muß etwa als Ware gehandelt werden, ist nicht einfach nehmbar. Der auf dem Tauschprinzip aufbauende Vertrag ist ein Kunstprodukt, das den kriegerischen Zustand zwischen den Menschen nur verschleiert. Die Menschen tauschen sich nicht freiwillig, sondern zwangsweise aus. Max Weber nannte daher Käufer und Verkäufer nicht Tauschpartner, sondern bezeichnete sie als *"Tauschgegner"*.[54] Die Existenz zwingt sie, Geldbesitzer zu werden, um gesellschaftlich bestehen zu können. Ihr Denken muß danach ausgerichtet sein, Geld zu machen. Denn dieses ist erster Mentor in der Gesellschaft, es verteilt Chancen wie kein anderes Ding. Wer es hat, hat. Wer es nicht hat, hat nichts. Wir stehen in der Tat an einer für das Alltagsbewußtsein grotesken Wende: Einerseits ist in der Tendenz alles käuflich geworden, andererseits treten gerade heute die ersten Produkte auf, die sich dieser Tendenz wie selbstverständlich entziehen. Für gewöhnlich nennt man das einen dialektischen Umschlag.

Qualitativ sind bestimmte mikroelektronische Produkte deswegen anders, weil sie beliebig duplizierbar und kopierbar sind, d.h. ökonomisch an ihnen - außer durch außerökonomische Gewalt - kein Mangel mehr hergestellt werden kann. Aber gilt das heute nicht ebenso, wobei die sinnlichen Unterschiede nicht geleugnet werden sollen, schon für Mehl und Milch, für Kinderspielzeug und Lokomotiven, für Damenstrümpfe und Tomaten? Ja, wären diese weiters nicht in höherer Qualität zu produzieren, stünden sie unter dem Prinzip des Erhaltens, nicht unter dem Dogma des Verbrauchens, wären sie nicht vornehmlich der Verwertung ausgeliefert, sondern den Wünschen und Bedürfnissen der Konsumenten? Der Kapitalismus scheint uns an der Fülle seiner Produkte zu ersticken. Was er geschaffen hat, schafft ihn ab. Die Produkte weisen über ihre Produktionsweise hinaus, sie bedürfen nicht mehr dessen, was sie konstituiert hat. Ihre Bedingungen entlaufen ihren Voraussetzungen.[55] Produktivkraftentwicklung und Produktionsverhältnisse geraten an ihnen in Widerspruch. Was natürlich (noch) nicht heißt, daß damit der Kapitalismus auch als Gesellschaftsformation an sein Ende gekommen ist, obzwar es sich tendenziell abzeichnet. Das Innovative dieser Produktionsweise ist unweigerlich am Ende, ihre zivilisatorische Mission Vergangenheit. Die Gesellschaftsformation als Ganzes hat zweifellos noch einige ökonomische, vor allem aber außerökonomische Mittel, um diesen Prozeß zu verzögern (Recht, Diktatur, Krieg, Bürgerkrieg....). Sie wird aus ihnen schöpfen. Vor allem das Kriegsszenario wird immer realistischer, und es schreckt auch nicht mehr so wie früher. Es gibt auch nahe den Zentren eine Tendenz zur kriegerischen Auseinandersetzung.

Während sich die Basiskategorien des Kapitals im Prozeß der Modernisierung der Produktivkräfte zusehends auflösen, werden die Überbaukategorien in Form der bürgerlichen Werte noch einmal erstarken. Genau in dieser Phase leben wir. Die Superstruktur des Kapitalismus vernebelt die Struktur des Kapitals. Basis und Überbau geraten in einen immanent unauflösbaren Widerspruch. *"Mit der Veränderung der ökonomischen Grundlage wälzt sich der ganze ungeheure Überbau langsamer oder rascher um. In der Betrachtung solcher Umwälzungen muß man stets unterscheiden zwischen der materiellen, naturwissenschaftlich treu zu konstatierenden Umwälzung in den ökonomischen Produktionsbedingungen und den juristischen, politischen, religiösen, künstlerischen oder philosophischen, kurz, ideologischen Formen, worin sich die Menschen dieses Konflikts bewußt werden und ihn ausfechten. Sowenig man das, was ein Individuum ist, nach dem beurteilt, was es sich selbst dünkt, ebensowenig kann man eine solche Umwälzungsepoche aus ihrem Bewußtsein beurteilen, sondern muß vielmehr dies Bewußtsein aus den Widersprüchen des materiellen Lebens, aus dem vorhandenen Konflikt zwischen gesellschaftlichen Produktivkräften und Produktionsverhältnissen erklären."*[56]

Ökologie und Ökonomie verdeutlichen am besten die objektiven Schranken des Kapitalismus. Während er an seiner Basis immer mehr an Boden verliert, ist er in bestimmten Überbaubereichen stärker denn je. Da vor allem diese erscheinen, in Medien und Politik, zeichnet sich für die Menschen ein Bild, das die Dinge völlig verkehrt. Noch nie erschien der Kapitalismus mächtiger, noch nie seine Negierung unmöglicher, im doppelten Wortsinn. Und doch trügt dieses Bild.

Was kommt nach dem Wertgesetz?, das ist die zentrale Frage des Transformationsprozesses. Denn mit der Krise allein ist noch kein neues gesellschaftliches Strukturprinzip geschaffen. Und wo finden sich die Träger in Form bewußter Subjekte? - Eines jedenfalls kann aber heute schon festgehalten werden: Der Wert kann nur positiv aufgehoben werden, wenn die Güter so vielfältig und reichhaltig sind, daß keine elementare Knappheit eintreten kann, Markt und Geld somit hinfällig werden.

3. GESELLSCHAFTLICHE UND SOZIALE BEWEGUNG

Geschichte ist uns primär eine Geschichte auf Grundlage bestimmter Produktionsverhältnisse. Sie sind die Basis, auf der sich alle anderen menschlichen Beziehungen entwickeln und entfalten. Alles, was wir beobachten und erfahren, hat dort seinen Ursprung, seine Voraussetzung, auch wenn das aus den unmittelbaren Bedingungen seines Bestehens nicht hervorgeht. Der konkrete Bezug, so schwer er auch manchmal zu konstruieren ist, muß doch immer wieder hergestellt werden, will man sich nicht im idealistischen Geplänkel der Phänomene, Tatsachen und Ereignisse verlieren. Geschichte ist mehr als eine postmoderne Erzählung, sie ist substantielles Konzentrat.

Nachdem wir im vorhergehenden Kapitel versucht haben, diese objektiven Grundbedingungen zu skizzieren, geht es in der Folge darum, das auf ihnen aufbauende subjektive Handeln, die Mobilisierungsmomente, zu erläutern und zu erklären. Entwicklung folgt somit einer Logik; die Aufgabe des Subjekts ist es, dieser Logik zu folgen. Die Freiheit des Individuums kann so nur auf der Grundlage dieser Logik gesehen werden, nicht wider sie. Wobei hier Wahlmöglichkeiten und Entscheidungsspielräume äußerst beschränkt sind, so groß und wichtig den Menschen ihre subjektiven Lebensäußerungen auch unter dem aktuellen Blickwinkel erscheinen. Je größer der Abstand, desto unbedeutender werden sie.

Die Menschen sind so frei, wie die Gesellschaft es zuläßt. Eine reine Freiheit kann es somit nicht geben. Die reine Freiheit ist die Losigkeit, sie hält nichts und nirgends. Durch diese unsere enge Anbindung des Freiheitsbegriffs an seine gesellschaftlichen Fesseln wird er natürlich schwach, verliert seinen moralischen Impetus. Dem ist auch so: Freiheit und Bedingtheit sind nur zwei Seiten ein und desselben, betonen nur zwei verschiedene Momente in der subjektiven Konstitution des Handelns. So ist das Wollen auch ein Können, ja ein Müssen. Die Freiheit ist so beschränkt wie die Möglichkeit. Um Wirklichkeit zu werden, muß sie sich als Notwendigkeit suchen und erweisen. Befreiung besteht in der Aufhebung der Notwendigkeit in eine andere. Sie findet sich somit stets in neuen äußeren Zwängen wieder.

"Freiheit besteht also in der auf Erkenntnis der Naturnotwendigkeiten gegründeten Herrschaft über uns selbst und über die äußere Natur; sie ist damit notwendig ein Produkt der geschichtlichen Entwicklung. Die ersten, sich vom Tierreich sondernden Menschen waren in allem Wesentlichen so unfrei wie die Tiere selbst; aber jeder Fortschritt in der Kultur war ein Schritt zur Freiheit."[1] Engels vermeinte mit Hegel behaupten zu müssen, daß *"Freiheit die Einsicht in die Notwendigkeit"*[2] sei. Das stimmt schon, nur sollte es nicht, was aufgrund der Formulierung naheliegen könnte, als menschliche Norm oder gar als menschliches Ziel angesehen werden. Mensch sein heißt vielmehr, sich diesen Notwendigkeiten so weit als möglich zu entziehen,

die Not, die einem die Natur aufhalst, zu wenden. Sie abzuwenden anstatt anzuwenden. Emanzipation besteht jedenfalls vorerst einmal in der Negierung der Notwendigkeiten und Zwänge, in der Erweiterung der Möglichkeiten zuungunsten ebenjener. Diese Aufgabe ist spezifisch menschlich.

Freiheit als Praxis der Befreiung ist Folge des Handelns. Handeln wiederum ist Folge von Denken. Das *Subjekt* unterscheidet sich vom Objekt dem Wesen nach jedenfalls nicht durch die Freiheit, sondern dadurch, daß es *"ein in sich Reflektiertes"*[3] ist. Es kann erkennen, was ihm geschieht, und es kann geschehen lassen: *"Denn ein lebendes Wesen ist mehr als ein bloßer Mechanismus, weil es in neuen Situationen neuartige Antworten geben kann."*[4] Die geschichtliche Logik steht aber nicht, wie Cornelius Castoriadis weiter meint, zwischen der objektiven und der subjektiven Logik,[5] geradeso als wären diese nur äußerlich aufeinander bezogen, sondern die subjektive Logik folgt den gesellschaftlichen Gesetzlichkeiten, ist also letztendlich objektiv bestimmt, unabhängig davon, ob diese Erkenntnis Platz findet im Kopf des Individuums oder nicht. Nur weil der Mensch kein bloßer Mechanismus ist, heißt das noch lange nicht, daß er den Zwängen nicht unterworfen ist. Was ihn von anderen Objekten unterscheidet, ist, daß er nicht bloß affektiv und instinktiv, sondern auch reflexiv auf die ihn herausfordernden Situationen reagiert. Der Mensch agiert und kann sich somit als Subjekt entpuppen, das unterscheidet ihn von Tieren, Pflanzen und Gegenständen. Alles, was ist, ist Objekt, auch das Subjekt. Es ist ebenfalls gefangen in bestimmten, aber relativen Grenzen, die durch objektive Totalitäten gezogen werden. Kurzum, die Anziehungskraft des Objekts Gesellschaft ist immer größer als die Entziehungskraft des Subjekts Mensch. Aber nur der Mensch besitzt letztere überhaupt. Diese Entziehungskraft hat selbstverständlich eine doppelte Bedeutung: einmal als ein relatives Absentieren von den gesellschaftlichen Zwängen; das andere Mal als die Fähigkeit zur Entnahme gesellschaftlicher Potenzen zu seinen Gunsten.

Nur der Mensch ist ein Subjekt. Die Folge dieser Konstituierung des Subjekts ist also das *Ich*, das Individuum für sich, die Kenntnis von einem selbst. Ein Sich ist ein An-Sich, ein Ich ist ein Für-Sich. Um zu einem Ich zu werden, muß der Mensch *in sich* gehen, das An-Sich erkennen und begreifen. "Ich bin", sagt der Mensch, und "Ich bin ich" meint er. Dies ist die Fundamentalerkenntnis seiner bewußten Existenz. Nur der Mensch kann erkennen, weil sich erkennen. Man kann das Andere nicht als das Andere erkennen, ohne sich selbst als das besondere Subjekt zu erkennen. Ich versus Welt ist eine Gegenüberstellung, die jedes Individuum zum Ausgangspunkt seiner Handlungen nimmt. Ich ist nicht der Grund der Welt, aber der Grund, warum das Subjekt sie erlebt, weil es sich erlebt. Doch das Ich ist im Gegensatz zum Wir und der Welt endlich, begrenzt durch den Tod. *"Jeder Mensch stirbt täglich um 24 Stunden ab"*,[6] schreibt der unvergleichliche Marx. Dieses Absterben, das bereits mit dem Moment der Zeugung beginnt, wird als ständige Bedrohung empfunden, weil es am Ende für das Subjekt mit der Auslöschung verbunden ist. Gerade darin liegen auch die Versuchungen der Verheißungen auf ein Leben nach dem Tod, auf ein Jenseits. Insofern gibt es einen fundamentalen Wesensunterschied zwischen Singular und Plural, zwischen "der Mensch" und "die Menschen". Der Mensch ist somit nicht einmal Bruchteil der Menschheit, er kann nichts von ihrer Unendlichkeit erheischen, obwohl er deren Grund ist. Daher macht sich der Mensch größer, als er ist. Nur diese Auffettung seiner gesellschaftlichen Irrelevanz läßt ihn das Dasein ertragen. Ein ganzes Repertoire von Hilfsmitteln steht ihm dabei zur Verfügung. So leidet das Subjekt an chronischer Selbstüberschätzung. Gerade diese ist aber Bedingung seiner steten Neigung, sich als Subjekt zu versuchen und zu verwirklichen. Sie ist Antrieb des Handelns.

Unsere Abwertung des Subjekts, seine Entkleidung, darf aber nicht umgekehrt dazu führen, daß es überhaupt geleugnet wird oder daß es außerhalb des Menschen gesucht und gefunden wird. Wenn Günther Anders etwa schreibt, *"die Technik ist nun zum Subjekt der Geschichte geworden"*,[7] so können wir diesem fatalistischen Ansatz nicht mehr folgen. Aus der Dominanz des Objektiven ist hier eine Determinanz geworden, die die Menschen bloß noch als ihre Figuren wahrnimmt. Natürlich ist der Mensch primär Figur oder Monade,[8] aber er ist es nicht nur. Ihn kennzeichnet, daß er sich auf seinen Grundlagen über die jeweilige krude Existenzweise erheben kann, ja erheben muß. Auch gilt es zu bestreiten, daß der Mensch erst heute in diese Abhängigkeit geraten, früher einmal vielleicht sogar Herr der Technik gewesen ist. Mitnichten. Anders ist hier ähnlich seinen Freunden aus der Frankfurter Schule phänomenologisch überdimensioniert oder, umgekehrt, dialektisch-materialistisch unterentwickelt. Die konstatierten Momente werden vereinzelt und vereinseitigt dargestellt, sie sind nicht auf die Vielfalt der gesellschaftlichen Totalität bezogen, sind nur eine Wahrheit der Wirklichkeit.

Wir können uns daher auch nicht der kulturpessimistischen Auffassung von Adorno/Horkheimer anschließen, die da schreiben: *"Jeder Versuch, den Naturzwang zu brechen, indem Natur gebrochen wird, gerät nur umso tiefer in den Naturzwang hinein."*[9] Diese These verabsolutiert die tragischen Ereignisse des 20. Jahrhunderts (vor allem den deutschen Nationalsozialismus) in unzulässiger Weise. Die Menschheit betreibt mit der Natur (und ebenfalls mit der Natur aus zweiter Hand, der Kultur) kein Nullsummenspiel. Ihre Geschichte ist keine Naturgeschichte. Ihre Entnahme ist nicht deren Verlust, eben weil die Menschen sich dialektisch verhalten, ihre Handlungen Momente des Gebens wie des Nehmens in sich tragen.

Die Menschheit hat eine Aufgabe, aber kein Ziel. Aufgabe der Menschheit ist es, bei sich selbst bleibend, sich zu erneuern und zu erweitern. In dieser Erweiterung soll die Menschheit sich näherkommen, zu sich finden. Die banale Aufgabe der Existenz ist die Sicherung der Existenz durch die Vergrößerung der existentiellen Möglichkeiten. Fortschritt ohne Ziel, somit auch ohne Ende. Ob das gelingt, ist eine andere Frage. Emanzipation meint die Zurückdrängung von Notwendigkeiten oder vielleicht genauer: die Ersetzung von Naturnotwendigkeiten durch Kulturnotwendigkeiten und die fortwährende Weiterentwicklung und Überwindung ebendieser. Und dieser Prozeß ist ein stetiger, er beläßt nichts, wie es war, zerstört Gewohntes und macht Ungewohntes wirklich. Es soll jedenfalls nicht mehr eine äußere Not sein, die uns diese und jene Wendigkeit abfordert, sondern eigene menschliche Gesetzlichkeiten sollen die Entscheidungen prägen. Subjekt meint Ausbruch aus dem Gefängnis der Natur.

Die menschliche Gesellschaft ist eine dynamische, verläuft nicht wie die natürlichen Kreisläufe, sondern nach eigenen zivilisatorischen oder kulturellen Logiken. Geschichte ist Widerlegung der Natur. Gesellschaft bedeutet Fortschritt, Geschichte, Bewegung, weil sie über ihren Ausgangspunkt hinausführt. Die Basisprozesse bewegen immer wieder die Menschen, fordern ihr Subjekt heraus und fördern ihre Subjektwerdung. Es ist ein Charakteristikum der Menschen, diesen gesellschaftlichen Bewegungen nicht mechanisch, sondern dialektisch zu folgen, d.h. auf der Basis der Herausforderungen sich einzubringen, nicht nur zu reagieren, sondern auch zu agieren.

Die menschliche Entwicklung ist als eine Spirale des Sich-Befreiens aus dem tierischen Naturzustand zu sehen, ein konstruktives Aufsteigen, das destruktive Einbrüche kennt, ja auch benötigt, um den nächsten Schritt tun zu können. Geschichte muß vor diesem Hintergrund interpretiert werden als ein zähes Fortschreiten in der menschlichen Selbstfindung.

Daß der Fortschritt kein linearer sein kann, sei nur der Vollständigkeit halber erwähnt. Selbstverständlich kennt die Dialektik der Geschichte als Kehrseite und Widerpart des Fortschritts auch die Regression. Zynisch formuliert könnte man sogar meinen, die Menschheit sei so groß wie ihre Selbstgefährdung. Deren aktuelle Deutlichkeit ist auch einer der Gründe, warum der Fortschrittsglaube in Mißkredit kam. Soweit dieser Glaube ein blinder und fatalistischer war, ist diese Kritik auch berechtigt. Dort, wo sie jedoch umschlägt in eine Negation des Fortschritts überhaupt, wird diese Kritik selbst destruktiv, wird sie Begleitmusik gesellschaftlicher Regression. Dort, wo Regression nur noch Pessimismus hervorruft und die Geschichte der Menschheit als falsch verlaufen ansieht, wird sie bestenfalls sozialromantisch, schlimmstenfalls offen reaktionär. Dieser Pessimismus betrachtet dann Entwicklungen nur noch rein antithetisch, sieht keine andere Politik als jene des Verhinderns, keine andere Haltung als jene des Verweigerns und blamiert sich doch regelmäßig vor den eintretenden Ereignissen. Schattierungen sind ihm fremd, weil er überhaupt nur noch Schatten sieht, alles ist ihm finster und dunkel.

Seit es die Menschen gibt, stehen sie in einem Spannungsverhältnis zwischen Individuum und Kollektiv. Der Streit, ob der Mensch der Vereinzelung oder der Vermassung ausgesetzt ist, sich individualisiert oder kollektiviert, ist ein Streit um des Kaisers Bart. Beides ist der Fall. Die dialektische Auflösung kann nur lauten: Er individualisiert sich durch die Vergesellschaftung und vergesellschaftet sich durch die Individualisierung. *"Indem jede der beiden entgegengesetzten Seiten an ihr selbst ihre andere enthält und keine ohne die andere gedacht werden kann, so folgt daraus, daß keine dieser Bestimmungen, allein genommen, Wahrheit hat, sondern nur ihre Einheit. Dies ist die wahrhafte dialektische Betrachtung derselben sowie das wahrhafte Resultat."*[10]

Der moderne Mensch, vermaßt wie atomisiert, ist der *"vereinzelte Einzelne"*,[11] doch der ist vergesellschafteter oder, um es zarter zu formulieren, sozialisierter als jeder seiner Vorgänger. Seine konsumistische Formierung, seine politische Standardisierung, seine ideologische Überfütterung von der Produktionshalle bis ins Büro, von der Politik bis zu den Medien haben alle Grenzen gesprengt, sind in allen Poren der Kommunikation beheimatet. *"Wir sind nicht mehr Handelnde, sondern Mit-Tuende."*[12] Günther Anders nennt daher folgerichtig die Menschen nicht Konformisten, was meinen würde, daß man sich bewußt konform verhält, sondern Konformierte oder Konformanden.[13]

Bürgerliches Denken hingegen sieht den Menschen nicht als Teil, sondern als Gegenteil der Gemeinschaft, der Mensch ist für ihn der Eine, nicht bloß einer. Im Kollektiv sieht es primär eine Beschränkung, keine Ausweitung menschlicher Möglichkeiten. Der Schein der Empfindung ist die Basis dieses Gedankens. In Wirklichkeit ist das natürlich völlig absurd, unterstellt es doch einen (diesmal unzulässigen) fundamentalen Gegensatz von Singular und Plural, von *der Mensch* und *die Menschen*. Die Gegenüberstellung, die nur eine dialektische sein kann, wird zu einer dualistischen, ja antagonistischen. Als wäre der Mensch nicht auf die Menschen und die Menschen nicht auf den Menschen bezogen. Nur bürgerlicher Individualismus bringt das zustande.

Es sind die hochentwickelten kapitalistischen Gesellschaften, die die gegenwärtigen individualisierenden Vereinzelungen bedingen und erlauben. Großangelegte zentralisierte Arbeitsprozesse (Industrialismus), großangelegte zentralistische Verwaltungsapparate (Bürokratismus) sind die Basis des freien bürgerlichen Individuums. Sie sind jene unabdingbaren Säulen der bürgerlichen Ideale, von denen bürgerliche Idealisten immer wieder abstrahieren wollen. So unabhängig der moderne Mensch heute erscheint, nie war er abhängiger von der Gesellschaft, in der er lebte. Der Mensch ist jedenfalls unfähig geworden, sich selbst zu versorgen, ja die primitivsten Stoffe für sein Leben selbst herzustellen. Die bürgerliche Individualisierung korreliert mit der Kollektivierung. Ulrich Beck etwa, der Autor der "Risikogesellschaft", schreibt: *"Individualisierung wird dementsprechend hier als ein historisch widersprüchlicher Prozeß der Vergesellschaftung verstanden. Die Kollektivität und Standardisierung der entstehenden individuellen Existenzlagen ist allerdings schwer zu durchschauen."*[14] Oder: *"Der oder die einzelne selbst wird zur lebensweltlichen Reproduktionseinheit des Sozialen."*[15]

Wir ist die Findung (oder negativ formuliert: die Heimsuchung) vieler Ichs in einem Kollektiv. Diese Findung kann idealtypisch freiwillig oder zwangsweise geschehen. In Wirklichkeit sind in allen Findungen beide Momente, unterschiedlich gewichtet, vorhanden. Kollektive sind Vergesellschaftungen von Menschen. Gemeinsames Handeln ist eine ihrer Grundbedingungen. Bewegungen sind dahingehend als eine Unterkategorie zu verstehen, bei der das Wollen im Mittelpunkt steht. Wie sehr dieses Wollen auch determiniert ist, werden wir noch zeigen, trotzdem müssen wir bei diesen Vergesellschaftungen oder Vergemeinschaftungen nach Mustern der Teilnahme differenzieren. Sowohl die Armee als auch die Bewegung sind etwa Kollektive, die Kriterien der Zugehörigkeit und der Rekrutierung sind aber doch gänzlich unterschiedlicher Kultur.

Der Bewegungsbegriff hat seine Herkunft nicht im Marxismus, obwohl der strapazierte Begriff Arbeiterbewegung als sein Prototyp das fälschlicherweise nahelegt. Er entstammt der bürgerlichen Literatur des vorigen Jahrhunderts,[16] ist zwischenzeitlich zu einem Alltagsbegriff geworden, der mehr Rätsel aufgibt als klärt. Seiner Karriere liegt wohl seine Diffusität zugrunde.[17] Es ist überhaupt ein Kennzeichen mancher Begriffe, daß sie der Wissenschaft durch die Allmacht des Alltags förmlich aufgezwungen werden und dann dort, eben weil sie mehr versprechen als sie halten, zu den heillosesten Verwirrungen führen.

Das entscheidende phänomenologische Kriterium einer Bewegung ist ihre Auffälligkeit. Es rührt sich etwas gegen die Gefälligkeit des Alltags, gegen den normalen Lauf der Dinge. Bewegungen sind Regungen höherer Ordnung, sie sind unüberhörbar und unübersehbar. In Bewegungen verknüpfen sich Individuen zu einem gesellschaftlichen Eingriff. *"Ein wesentliches Charakteristikum sozialer Bewegung besteht also darin, daß sie prinzipiell auf eine Verschränkung von individuellen und gesellschaftlichen Veränderungsperspektiven abzielen und insofern einen Versuch darstellen, die Umwälzung gesellschaftlicher Verhältnisse gerade nicht von den Lebens- und Emanzipationsinteressen derjenigen Individuen abzulösen, die diesen Prozeß tragen und vorantreiben."*[18] *"Ohne Mobilisierung keine soziale Bewegung."*[19]

Bewegungen sind schwer zu definieren, zu inflationär wird dieses Wort gebraucht. Otthein Rammstedt schreibt: *"Unter sozialer Bewegung soll ein Prozeß des Protestes gegen bestehende soziale Verhältnisse verstanden werden, ein Prozeß, der bewußt getragen wird von einer an Mitgliedern wachsenden Gruppierung, die nicht formal organisiert zu sein braucht."*[20] Dieser Begriff hinkt nicht nur vorne und hinten, sondern ist auch von seiner Substanz her, die, wie Hegel bemerkte, immer eine einfache sein muß,[21] unbrauchbar. Was ist etwa ein *"Prozeß des Protestes"*, wozu diese spezifische Verknüpfung? Wie kann man behaupten, daß Bewegungen nicht formal organisiert zu sein brauchen (also doch können), dann aber die Begriffe *"Mitglieder"* und *"Gruppierung"*, die zweifellos eine relativ entwickelte Formalisierung voraussetzen, an zentraler Stelle verwenden? Warum muß die Gruppierung wachsend sein, trifft somit die Kategorie Bewegung nur für den Bewegungsaufschwung zu? Auch richten sich Bewegungen nicht immer gegen bestehende Verhältnisse, sondern verteidigen diese auch gegen sich abzeichnende Veränderungen. Man denke in Österreich nur an die Anti-EU-Bewegung. Man könnte diese Kritik hier noch weiter ausführen, die Implikationen benennen und mancherlei zusätzliche analytische und empirische Einwände vorbringen. Fazit bleibt: Rammstedts Definition ist völlig untauglich. Begriffe werden nicht dadurch gebildet, daß man allerlei mögliche Momente anführt, sondern indem man das Substantielle herausschält, das spezifisch Allgemeine von seinen allfälligen Verunreinigungen säubert: *"Die Definition reduziert aber diesen Reichtum der mannigfaltigen Bestimmungen des angeschauten Daseins auf die einfachsten Momente; welches die Form dieser einfachen Elemente und wie sie gegeneinander bestimmt sind, dies ist in dem Begriff enthalten."*[22] Sie *"enthält alles, was zur Wesentlichkeit des Gegenstandes gehört, worin seine Natur auf einfache Grundbestimmtheit zurückgebracht ist als Spiegel für alle Bestimmtheit, die allgemeine Seele des Besonderen."*[23]

Auch was Rammstedt zum Verhältnis von Subjekt und Objekt festhält, findet nicht unsere Zustimmung. Er schreibt: *"Wird in der spätkapitalistischen Gesellschaft das Individuum immer mehr zum Objekt, so ist es in der sozialen Bewegung - in den anfänglichen Phasen - das Subjekt."*[24] Das ist jedoch nur Schein. Nur weil Menschen sich bewegen oder bewegt werden, heißt das noch lange nicht, daß sie mehr Subjekt sind als andere Typen der bürgerlichen Gesellschaft. Bewegungen mögen den Subjektcharakter eines Menschen heben und ihn entfalten, dies ist aber bloß eine Möglichkeit, keine Regel. Man kann in der Friedensbewegung auch mitmarschieren, weil es gerade Mode ist, man kann, weil es chic ist, sich in Bürgerinitiativen profilieren, man kann sich sogar als notorischer Nörgler allen antiinstitutionellen Regungen verschreiben.

Eleganter als Rammstedt löst der Hamburger Politikwissenschaftler Joachim Raschke das Problem. In seinem Buch "Soziale Bewegungen" definiert er Bewegungen so: *"Soziale Bewegung ist ein mobilisierender kollektiver Akteur, der mit einer gewissen Kontinuität auf der Grundlage hoher symbolischer Integration und geringer Rollenspezifikation mittels variabler Organisations- und Aktionsformen das Ziel verfolgt, grundlegenderen sozialen Wandel herbeizuführen, zu verhindern oder rück-*

gängig zu machen."[25] Diesem empirisch-analytischen Begriff kann man vorerst durchaus beipflichten. In seiner Allgemeinheit liegen aber ebenfalls - wie wir gleich weiter unten zeigen werden - seine Tücken.

Interessant ist auch die Frage nach dem Ursprung. Raschke[26] wie Rammstedt[27] sehen ihn in der Differenzierung der Gesellschaft. Das stimmt und wiederum auch nicht. Auch da möchten wir unsere Einwände vorbringen. Der gegenwärtige Soziologismus verliert sich immer mehr in seinen Differenzierungen. Sie sind ihm eine Art Zauberformel. Er unterstellt, daß gesellschaftliche Entwicklung eigentlich mit Ausdifferenzierung gleichzusetzen ist, während wir behaupten, daß die konkreten Verwirklichungen sowohl das Differenzieren wie das Integrieren kennen, hier also keine einseitige Dynamik Platz greift. Vielmehr muß gelten, daß jedes Differenzieren ein Integrieren und jedes Integrieren ein Differenzieren ist. Wer hier nur eine Dynamik erkennt und seine Forschung methodisch auf das Ausdifferenzieren beschränkt, wird zuletzt *"die sozialen und historischen Gegenstände bis zur Unkenntlichkeit auflösen."*[28]

Der Begriff *Bewegung* ist äußerst problematisch. Es muß die Frage gestellt werden, ob er als Metakategorie gebraucht werden soll, als Terminus, der von kommunistischen bis faschistischen Massenkollektiven alles umschließt. Oder ob es gilt, ihn enger zu definieren, in Bewegungen eben nicht undifferenzierte Massen mit gänzlich auseinanderstrebenden Zielen zu sehen, sondern als Kategorie emanzipatorisch zu reservieren, was hieße, sie auf Massenkonglomerationen demokratischer Avantgarde und revolutionärer Alternative zu beschränken. Doch selbst wenn man die Aufgabenstellung so löst, faßt man widersprüchliche Elemente, systemimmanente und systemsprengende, zusammen.

Das Dilemma, das die verschiedensten Deutungen zuläßt, kann in etwa so beschrieben werden: Als Grundlage der Metakategorie Bewegung mag die ins Politische transformierte gesellschaftliche Modernisierungsbewegung schlechthin gelten. Über sie legen sich aber zwei Folien, deren interne Begriffspaare nicht analog in die jeweils andere übersetzt werden können, da sie unterschiedlichen Trennlinien folgen. Aus der folgenden Skizze geht deutlich hervor: Das eine Mal lauten die Kategorien "systemimmanent/revolutionär", das andere Mal "reaktionär/progressiv". Das Reaktionäre kann nur immanent sein, das Revolutionäre nur progressiv, aber das Immanente kann sowohl progressiv als auch reaktionär, das Progressive sowohl immanent als auch revolutionär sein. Der Bewegungsbegriff ist daher letztendlich nicht griffig, weil vielgriffig, es läßt sich mit ihm leichter assoziieren als begreifen. Er muß so letztendlich unbefriedigend bleiben, doch ist es aktuell unmöglich, auf ihn zu verzichten. Bewegung kann somit auch in unserer Terminologie viel oder wenig bedeuten. Dort jedenfalls, wo wir von Bewegung ohne Attribut sprechen, ist immer die systemimmanente progressive Variante gemeint.

Skizze: Schablone der sozialen Bewegungen hinsichtlich ihrer Kategorisierung

REAKTIONÄR	PROGRESSIV
IMMANENT	REVOLUTIONÄR
MODERNISIERUNG	

Soziale Bewegungen sind für uns formierende Verdichtungen gesellschaftlicher Bewegung, Ausdruck ihrer Entwicklung, aber nicht Ausdruck ihrer allgemeinen Tendenz, sondern spezifischer Momente, die unbefriedigt sind und nach Lösung heischen. Objektive Bedürfnisse werden zu subjektiven Bedürfnissen, indem sie sich ihren subjektiven Trägern aufdrängen. Soziale Bewegungen sind so Übersetzungen gesellschaftlicher Bewegungen. Eine Gesellschaft ist in Unruhe geraten, ihre Basisprozesse finden auch im Überbau ihre Entsprechung. Nicht die Menschen suchen sich ihre Bewegungen, sondern die Bewegungen ihre sozialen Agenten.

Bewegungen entstehen so aus gesellschaftlichen Widersprüchen, sie sind dahingehend auch immer Zwitter, weil sie diese sowohl immanent als auch extern beheben wollen. Was meint, daß in ihnen schon immer beide sich bald bekämpfenden Momente zum Tragen kommen, die da wären: einerseits die Aufhebung der Widersprüche auf ihrer gesellschaftlichen Grundlage; andererseits die Aufhebung der Widersprüche durch die Aufhebung ihrer gesellschaftlichen Grundlage.

Bewegungen brauchen also im Gegensatz zur Bürgerinitiative zumindest anfänglich so etwas wie ein revolutionäres Ferment. Würden die Bewegungen gleich zu Beginn sich reformistisch und moderat äußern und verhalten, wären sie nicht konstitutionsfähig, würden somit erst gar nicht entstehen. Doch aus dieser Konstitutionsfähigkeit leitet sich alles andere als eine ideologische Kontinuitätsfähigkeit ab. Im Gegenteil. Blieben sie so, wie sie entstanden sind, wären sie nicht überlebensfähig.

Werden sie aber so, wie die Gesellschaft sie haben will, werden sie ebenfalls überflüssig. Bewegungen leben mit dem Widerspruch, daß sowohl Radikalisierung wie Entradikalisierung ihnen förderlich wie hemmend sind. Das Spiel, in dem die einen den anderen dann Verrat und Opportunismus vorwerfen, und die anderen den einen Dogmatismus und ideologische Borniertheit, ist so alt wie die Bewegungen selbst. Es wird sich auch noch oft in dieser Weise inszenieren. In den obligaten Fällen - die einzige Ausnahme bildet lediglich die Revolution - wird das revolutionäre Ferment nicht verallgemeinerungsfähig sein, sondern als Exkrement ausgeschieden werden. Die revolutionäre Bewegung selbst ist der extreme Sonderfall, quasi eine Transformierung der Bewegung über sich hinaus. Der radikale Impetus ist so notwendig wie seine Ausschaltung.

Bewegungen sind ein stabilisierender Faktor, indem sie Stabilität destabilisieren. Sie sind ein Frühwarnsystem. Sie bringen zweifellos sichtbare Unruhe ins System, gleichzeitig damit aber auch die notwendige Erneuerungsdynamik, die die herrschenden Kräfte als Konservator des Bestehenden nicht ohne äußeren Druck aufbringen könnten. Bewegungen sind im Normalfall systemimmanent, nicht systemtranszendent. Sie sind in unserer Analyse nicht als der bestehenden Gesellschaft feindliche Macht, gar als Staat im Larvenstadium anzusehen, sondern als Schmiermittel gesellschaftlicher Bewegung, Öl im Getriebe der gesellschaftlichen Reformierung. Sie sind politischer Ausdruck gesellschaftlicher Mobilität. Die ablehnende Haltung, welche die die bürgerliche Gesellschaft zusammenhaltende Staatsmacht ihnen gegenüber einnimmt, ist daher auch keine prinzipielle, sondern eine taktische, in der sich der anbahnende Kompromiß bereits versteckt. Die Probleme werden damit zwar meist nicht gelöst, aber sie werden denn doch gemildert, vor allem registriert und verwaltungsfähig. Ist dieser Punkt erreicht, haben die Bewegungen auch meist ausgespielt, werden reduziert auf ein paar Bewegungsbeamte, die eine spärliche Infrastruktur und Aktivitäten auf Sparflamme aufrechterhalten können. Ein neuerliches Anschwellen braucht einen neuen Anlaß. Natürlich ist der erzielte Kompromiß meist ein fauler, doch wichtig für Ökonomie und Politik ist nur, daß er hält, daß den Bewegungen die Spitze abgebrochen wird, indem man mit ihren Spitzen Versöhnung feiert. Objektiv sind Bewegungen dadurch gekennzeichnet, daß sie Modernisierungsschübe und Modernisierungsbrüche erleichtern. Sie sind durchaus als gesellschaftliche Avantgarde zu verstehen, nicht jedoch als gesellschaftliche Alternative.

Auf diesen Umstand hat die österreichische Sozialwissenschaftlerin Rosa Mayreder schon vor mehr als 70 Jahren hingewiesen. In ihrer einfachen, aber doch in sich schlüssigen Analyse unterscheidet sie in ihrer Schrift "Der typische Verlauf sozialer Bewegungen"[29] zwischen einer ideologischen[30] und einer organisatorischen[31] Phase einer Bewegung. In der organisatorischen Phase geraten dann die Ideologen und die Realpolitiker - man staune über die Termini - unweigerlich aneinander: *"Zu diesen typischen Unvermeidlichkeiten gehört es, daß als nächste Folge der inneren Kämpfe zwischen der ideologischen und der realpolitischen Richtung Risse und Spaltungen der in ihrer ideologischen Phase noch ganz einheitlichen Gruppe entstehen. (....) Nunmehr, da der Druck von außen nachläßt, gewinnen die realpolitischen Motive immer mehr an Gewicht über die ideologischen. Das unbeugsame Festhalten an den ideologischen Forderungen erscheint dem realpolitisch orientierten Tatmenschen als weltfremde Einsichtslosigkeit, indes der ideologisch orientierte Prinzipienmensch jede Nachgiebigkeit gegenüber den herrschenden Zuständen als verderblichen Opportunismus auffaßt."*[32]

Freilich gilt es, diese nüchternen Feststellungen richtig einzubetten. Die richtig konstatierten Entwicklungen ergeben sich unserer Ansicht nach nicht aus dem typischen Verlauf der Bewegungen, wie Mayreders Broschürentitel nahelegt, sondern aus den typischen Verläufen der gesellschaftlichen Entwicklung. Deren Totalität, das gesellschaftliche Ganze, prägt den Charakter der sich etablierenden Bewegungen, nicht spezifische Gründe innerhalb der Bewegung, die organisationssoziologisch analysierbar wären. Totalität geht vor Teil. Werden Bewegungen relevant, wird das gesellschaftliche Ganze in ihnen stärker. Je mehr Menschen sie erfassen, je tiefer sie in die Gesellschaft eindringen, desto bedeutender werden auch die Kräfte der Gesellschaft in ihr, sodaß die Wege der Besonderung nicht mehr beschreitbar sind. Werden sie trotzdem versucht, führen sie unweigerlich in die Absonderung, die Isolation.

Alle Bewegungen haben ihren Ursprung in der Ökonomie, unabhängig davon, ob sie direkt dort einzuordnen sind oder sich primär (wie üblich) im Überbaubereich entfalten: *"Alle Kollisionen der Geschichte haben also nach unserer Auffassung ihren Ursprung in dem Widerspruch zwischen den Produktivkräften und der Verkehrsform."*[33] Die Arbeiterbewegung war Folge der Durchsetzung kapitalistischer Produktionsverhältnisse. Als äußeres Kennzeichen mag die Zusammenführung der Arbeiter in Fabriken gelten. Erst dieser objektive Zusammenschluß, dem sich weitere in allen Lebensbereichen (Wohnen, Konsum, Freizeit etc.) nachreihten, ermöglichte und erzwang die subjektive Solidarisierung als Kehrseite der individuellen Konkurrenz und die Führung des Klassenkampfs. Ohne Fabriken keine Arbeiterbewegung, ohne Kapitalakkumulation und Produktivkraftentwicklung keine Fabriken. Die Frauenbewegung wiederum war Ausfluß der spezifisch geschlechtlichen Arbeitsteilung, die Frauen mehrheitlich aus dem Produktionsprozeß ausschloß, ihnen dafür aber den Großteil der (unbezahlten) Reproduktionsleistungen aufbürdete und sie damit zu einem abhängigen Anhängsel des Mannes degradierte.

Es ist hier nicht die Aufgabe, die einzelnen klassischen und modernen Bewegungen auf ihre Spezifika in den Produktionsverhältnissen zurückzuführen. Wirklich ist, daß sie alle dort ihre Wurzeln haben, keine einzige von ihnen unabhängig betrachtet werden kann, obwohl bei bestimmten Bewegungen (Friedensbewegung, Wahlrechtsbewegung) diese Positionierung nicht so sinnfällig ist wie bei den oben angeführten. Die europäische Wahlrechtsbewegung etwa war nichts anderes als das Durchschlagen ökonomischer Gesetzlichkeiten in den politischen Bereich. Wo der Kapitalismus die Warenbesitzer erstmals formal alle gleichgemacht hat, sie als freie Subjekte auf dem Markt konstituierte, konnten in Recht und Politik nicht die ständischen Rückständigkeiten aufrechterhalten bleiben. Sie widersprachen ganz einfach den neuen gesellschaftlichen Bedingungen, mußten daher beseitigt werden.

Die Ökologiebewegung - wir werden noch ausführlich darauf zu sprechen kommen - ist letztlich politischer Ausdruck der stofflichen Seite der kapitalistischen Produktion und ihrer Folgen. Grundlage dafür ist wieder einmal die blinde Logik des Kapitals, die Mensch und Umwelt gedankenlos wie schrankenlos vernutzt. Alle ökologischen Probleme müssen im Produktionsbereich verortet werden, vom Müll bis zum Ozonloch. Sie demonstrieren uns wiederum, wie klein das menschliche Wollen samt seinen Vorsätzen und Absichten ist, vergleicht man es mit der sich durchsetzenden Entwicklung. Das Ideelle geht im Reellen unter, ist nur ein schwacher Abklatsch der problematischen Lage, dient mehr der stimmungsmäßigen Selbstbefriedigung als der tatsächlichen Haltung. So schizophren es klingt, es ist so: Die Leute nehmen an der Umweltzerstörung teil, obwohl sie eigentlich dagegen sind. Der innere Widerspruch vermag keine äußere Entsprechung zu finden.

Wollen wir uns nicht im soziologistischen Mikrokosmos verlieren, wo man vor lauter Kenntnissen sich nicht mehr auskennt, dann gilt es auch in puncto Ökologie ganz banal festzuhalten: Es muß objektive Gesetze in der Gesellschaft geben, die wider allen subjektiven Willen die Ereignisse und Ergebnisse bestimmen. Nur so ist es erklärlich, daß etwa alle ideell gegen die Umweltverschmutzung eintreten, ohne daß dies das weitere Fortschreiten ebendieser wirksam tangiert. Unsere Frage lautet also immer wieder: Was ist das, das den angeblich freien Willen der Menschen so beherrscht, daß es die Mehrzahl der Bekenntnisse so degradiert, ja desavouiert? Was beherrscht da die Menschen und ihr Tun ganz im Gegensatz zu ihren Vorsätzen?

Die Geschichte des Kapitalismus ist eine Geschichte der Integration von sozialen Bewegungen. Von der Arbeiterbewegung bis zur gegenwärtigen Ökologiebewegung ist diese Einbeziehung in das System gelungen. Es ist freilich fraglich, ob wir es da mit einer spezifischen Integrationsleistung der kapitalistischen Gesellschaftsformation zu tun haben, ob nicht viel eher, zumindest nach dem bisher Gesagten, davon ausgegangen werden muß, daß diese Bewegungen als soziale Massenagglomeration a priori nicht über den bürgerlichen Horizont hinausreichen konnten, auch wenn sie ihn erweiterten. Auf die Differenz von inhaltlicher Problemstellung und konkreter Ausformung haben wir schon hingewiesen. Historisch betrachtet sind Bewegungen auffällige Modernisierungsmomente in der gesellschaftlichen Entwicklungsdynamik. Ihre Opposition ist letztendlich Ausdruck der gesellschaftlichen Entwicklung, steht nicht im Gegensatz zu dieser.[34] Opposition ist übrigens ein ähnlich weiter Begriff wie Bewegung, wird ebenfalls multifunktional angewendet und ist daher wissenschaftlich nur beschränkt brauchbar. Er reicht von der parlamentarischen Opposition, einer Partei, die eben gerade nicht an der Regierung ist, bis hin zur gesellschaftlichen Opposition (Systemopposition).

Subjekt und Objekt stehen in der Bewegung anfänglich im Widerspruch zueinander. So muß das Bewußtsein ihrer Träger in den ersten Phasen doch ein ganz inadäquates sein, müssen jene sich der Täuschung hingeben, wirkliche Alternativen zur Herrschaft zu repräsentieren. Objektives Tun und subjektives Wollen liegen gerade bei den Bewegungen oft weit auseinander. Diese Täuschung ist aber geradezu Voraussetzung und Bedingung des Handelns, sie ist die bedeutendste dem Subjekt erscheinende Komponente der Mobilisierung. Eine nüchterne Einschätzung des realen Verhaltens hingegen könnte niemals diese Dynamik entwickeln, würden sich doch die Subjekte zu Recht zu Modernisierungsknechten und -mägden degradiert sehen. Das bürgerliche Individuum würde sich dadurch in seiner Persönlichkeit zutiefst verletzt fühlen, könnte es in ihr, also in sich selbst, nur einen spezifischen Agenten des historischen Prozesses ausmachen. Der Mensch als *"Ensemble der gesellschaftlichen Verhältnisse"*[35] ist dem freien und mündigen Bürger völlig fremd.

Bewegungen sind so auch große Illusionsgebäude der subjektiven Selbstüberschätzung eines Kollektivs. Die eigenen Erzählungen, aber auch die subjektive Geschichtsschreibung der Bewegungen sind daher immer mit Mythen geschwängert, man sehe sich nur die diversen hainburgbewegten Bücher an. Nur jene Bewegungsmystik erzeugt das notwendige berauschende Gefühl. Wie den Kater am Tag danach. Wir wollen hier freilich keinem zynischen Herrschaftsrationalismus das Wort reden, Bewegungen auf Nüchternheit oder gar einen illusionslosen Positivismus verpflichten. Klar ist aber, daß die Überzüchtung obiger Momente, so sehr sie in bestimmten Augenblicken auch mobilisierungsfähig sind, letztendlich die Träger nicht zu Wissen und Bewußtsein führt, sondern lediglich in Stimmung versetzt. Die kann freilich heute so und morgen schon wieder ganz anders sein. So schnell manchmal die Bewegungen zusammenlaufen, so schnell verlaufen sie sich oft auch wieder, wenngleich die realen Probleme, die sie zusammenführten, latent weiter vorhanden sind.

Bewegungen finden sich so unter dem ständigen Druck der Anpassung wie der Eskalation,[36] wobei im Normalfall die Anpassung obsiegen muß. Bewegungen verdeutlichen einen dialektischen Prozeß von Desintegration und Integration, von Abstoßung und Anziehung. Wollen sie anfänglich in ihrer Naivität das Andere gleich, so wollen sie, an ihr Ende gekommen, völlig abgeklärt nur noch das Gleiche anders.

Die Synthese liegt - abgesehen vom Sonderfall der revolutionären Bewegung - nicht in der Aufhebung des ursprünglichen Zustands, sondern bloß in dessen erweiterter Fortschreibung.

Wobei im Prozeß der Abstoßung, der Repulsion, die vorgenommene Distanzierung größer wird, ja der Tendenz nach sogar als fundamental erscheint, während sie in der Phase der Anziehung, der Attraktion, die jeder Reintegration vorangeht, immer geringer wird und sich schlußendlich de facto verflüchtigt. Und doch muß auch das System (das immer die Bewegung umschließt) sich real der Bewegung nähern. Wo dann genau der Kompromiß liegt, hängt einerseits von der Stärke der Basisprozesse ab, andererseits von der Stärke der sie reflektierenden Bewegungen. Obwohl zweitere aus ersteren entstanden, sind diese nicht bloß Abklatsch. Die Anliegen der Basis werden ja - wodurch sie auch aus der sinnlichen Gewißheit verschwinden, im Alltagsbewußtsein nicht aufscheinen - im Überbau vielfach gebrochen, verschoben, wenn sie auch substantiell unverändert bleiben. Man denke hier nur exemplarisch an den Fall Hainburg. Daß der Block aus konstantem und variablem Kapital in Form der vorgeschickten (wenn auch ungeschickten) Regierung und die aufkeimende Ökologiebewegung einmal direkt aufeinanderstoßen mußten, zeichnete sich zu Beginn der achtziger Jahre bereits ab. Daß es gerade diese Frage sein würde, die zur Eskalation führte bzw. daß gerade das Kraftwerk in Hainburg schlußendlich nicht gebaut werden sollte, war dann aber doch Zufall, mehr den medialen und geographischen Gegebenheiten (Nähe zu Wien) geschuldet denn ökonomischen Gründen und ökologischen Überlegungen.[37] Wie sagte doch Hegel damals: *"Diese Einheit der Möglichkeit und Wirklichkeit ist die Zufälligkeit."*[38]

Bewegungen sind so Repulsionen (wie Attraktionen) des Systems. *"Die negative Beziehung des Eins auf sich selbst ist Repulsion."*[39] Und Hegel weiter: *"Das Repellieren ist das, wodurch die Eins sich als Eins manifestieren und erhalten, wodurch sie als solche sind. Ihr Sein ist die Repulsion selbst; sie ist so nicht ein relatives gegen ein anderes Dasein, sondern verhält sich durchaus nur zu sich selbst."*[40] Repulsion und Attraktion als Ausdrücke der gesellschaftlichen Bewegung in der aufsteigenden bzw. absteigenden sozialen Bewegung bilden eine affirmative Einheit,[41] sie sind Zentripetal- und Zentrifugalkraft[42] der Gesellschaftsformation. Bewegungen müssen entstehen und vergehen. Das System schafft in ihnen Negation (Repulsion) und Negation der Negation (Attraktion). Bewegungen enden aber im Normalfall nicht im qualitativen Umschlag, der Revolution, sondern im quantitativen Zuschlag, der Reformierung.[43]

Wir nehmen hier aber deutlich Abschied von der klassisch linken Vorstellung, die Bewegungen hauptsächlich unter dem Gesichtspunkt der Negation herrschender Verhältnisse betrachtet und daraus voreilig schließt, daß der Kapitalismus an diesen Repulsionen früher oder später einmal gebrochen werden kann. Dieser Standpunkt ist nicht zu halten. Das Repellieren ist bloß ein Rebellieren, kein Revolutionieren. 150 Jahre soziale Bewegungen legen da ein doch eindeutiges Zeugnis ab. Vielmehr ist davon auszugehen, daß alle Bewegungen innerhalb des entwickelten Kapitalismus bisher nur Ausdruck von Funktionskrisen, nicht von wirklichen Strukturkrisen waren. Der Kapitalismus krankte bisher an Wachstumsschwierigkeiten, nicht an Altersschwäche. Erst heute erscheint er wirklich ausgereift, womit einmal mehr deutlich wird, was Marx im Vorwort zur "Kritik der Politischen Ökonomie" 1859 gemeint haben muß, als er schrieb: *"Eine Gesellschaftsformation geht nie unter, bevor alle Produktivkräfte entwickelt sind, für die sie weit genug ist, und neue höhere Produktionsverhältnisse treten nie an die Stelle, bevor die materiellen Existenzbedingungen derselben im Schoß der alten Gesellschaft selbst ausgebrütet worden sind. Daher stellt sich die Menschheit immer nur Aufgaben, die sie lösen kann, denn genauer betrachtet wird sich stets finden, daß die Aufgabe selbst nur entspringt, wo die materiellen Bedingungen ihrer Lösung schon vorhanden oder wenigstens im Prozeß ihres Werdens begriffen sind."*[44] Das war eine entschiedene Absage an jedweden Voluntarismus, an jede Überschätzung der subjektiven Größe in der menschlichen Geschichte.

Medizinisch gesprochen könnte man Bewegungen gar als Teil des Immunsystems der Gesellschaft bezeichnen. *"Das System immunisiert sich nicht gegen das Nein, sondern mit Hilfe des Neins, es schließt sich nicht gegen Änderungen, sondern mit Hilfe von Forderungen gegen Erstarrung in eingefahrenen, aber nicht mehr umweltadäquaten Verhaltensmustern."*[45] Und: *"Widersprüche haben dadurch, daß sie die Eliminierung von Abweichungen ermöglichen, aber nicht erzwingen, Eigenschaften, die die Entwicklung eines Immunsystems fördern."*[46] Niklas Luhmann hat hier schon recht. Soziale Bewegungen drücken Krise (Krankheit) aus, der gesellschaftliche Körper fiebert, geht aber nach einer Phase der Schwächung rekonsolidiert aus der Krise hervor. Freilich gibt es auch nach wie vor Infektionskrankheiten, die tödlich enden, ja sogar Krankheiten, die überhaupt das Immunsystem ausschalten. Die Regel ist so keine Automatik, kennt absolute Schranken, auch wenn sie diese noch nicht erfahren hat.

4. BÜRGERINITIATIVE, BEWEGUNG UND PARTEI

Was sind nun die sogenannten *neuen sozialen Bewegungen*? Womit haben wir es dabei zu tun? - Bevor wir uns dieser Fragestellung näher widmen, ist es unserer Ansicht nach einmal notwendig, diesen Sammelbegriff zu destruieren. Er ist ein Unding schlechthin. "Neu" ist zweifellos einmal jede Bewegung, sie aber als solche zu kategorisieren, zeugt von geradezu analytischer Hilflosigkeit, deutet nur an, daß es da jetzt etwas gibt, was es früher nicht gegeben hat. Diese bescheidene Erkenntnis dann zu einem Begriff hochzustilisieren spricht weder für seine Erfinder noch für seine Anwender. Spätestens in einigen Jahren wird die Terminologie auch empirisch scheitern, da das "Neue" ganz einfach nicht mehr neu ist.

Wir werden diese Kategorisierung in Folge daher auch nicht verwenden, sie sagt zu wenig aus. Sie summiert die verschiedensten Bewegungen (Ökologie, Frieden, Frauen, Minderheiten, diverse Bürgerinitiativen etc.) unter einem Dach, das sie zweifellos nicht alle beherbergen kann. Frauen- und Friedensbewegung sind z.B. fast so alt wie die Arbeiterbewegung, größtenteils auch bloß ihre Nebenbewegungen. Die ihnen zugrundeliegenden Widersprüche waren in Auftreten wie Verhalten dem Konflikt Lohnarbeit-Kapital untergeordnet. Meist spalteten sie sich sogar an diesem (immanenten) Hauptwiderspruch, z.B. in eine proletarische und in eine bürgerliche Frauenbewegung. Sie wurden daher auf der Erscheinungsebene auch zu Recht als Nebenwidersprüche zum Konflikt Lohnarbeit-Kapital angeführt. Erst die Krise der Arbeiterbewegung, die in einen sozialpartnerschaftlichen Arbeiterstillstand münden sollte, veränderte hier die Gewichtung und ließ die Vertreter neben- und untergeordneter Bewegungen an dieser Vorherrschaft zweifeln.

Unfähig aber, uns den gemeinsamen Nenner der neuen sozialen Bewegungen zu sagen - wie sollte er auch, wenn es ihn nicht gibt -, verwies der Soziologismus auf Oberflächenkriterien wie Trägerschaft, Zeitparallelität, Erscheinungsbild, Aktionsformen, Bewegungspromis, parteiliche Verbindungen, Interventionen etc. Wer würde auch bei so vielen Übereinstimmungen Wesensunterschiede vermuten? Und schaut man sich erst die Einstellungsprofile der Trägerschaft an, in Meinungsumfragen erhoben, durch Statistiken belegt, wer sollte da noch zweifeln, daß es die neuen sozialen Bewegungen auch wirklich gibt, sie als eigenständige Bewegungen erscheinen, aber ein einziges Gebilde sind, das sich eben zu verschiedenen gesellschaftlichen Fragen äußert? Derweil hatten die meisten Bewegungen nur von einer Hegemonie unter eine andere gewechselt. Einst unter der Kuratel der Arbeiterbewegung, sind sie später unter die Fürsorge der Ökologiebewegung gekommen.

Das Manko all dieser phänomenologischen Untersuchungen liegt darin, daß sie vor allem Werden und Vergehen nicht unterscheiden, alleine das Auftreten als zentraler Bezugspunkt betrachtet wird. Werden und Vergehen können selbstverständlich unter dem Begriff Bewegung gefaßt werden, sind ja auch zentrale Kategorien gesellschaftlicher Bewegung, doch gilt es weiterhin zu unterscheiden, ob es sich um einen Zugang handelt oder um einen Abgang. So ist der Terminus der neuen sozialen Bewegungen nichts anderes als der Sack, in dem die Flöhe diversester gesellschaftlicher Regungen und Bewegungen eingefangen werden. Kaum öffnet man ihn, sind die meisten auch schon wieder entflohen.

Inzwischen sind freilich die Ableger der Arbeiterbewegung an ihrem Ende angekommen. Es entstand aber zwischenzeitlich jenes eigentümliche Real-Szenario, daß die letzten Zuckungen der Nachläufer der Arbeiterbewegung in Form von Friedensfreunden und Frauenrechtlerinnen gerade zu jenem Zeitpunkt sichtbar wurden, als die wirklich neue Ökologiebewegung zu ihren ersten größeren gesellschaftlichen Interventionen (vor allem in der AKW-Frage) ansetzte. Diese zwar nicht unbedingt zufällige Zeitgleichheit, verbunden mit einigen Durchmischungen des Bewegungspersonals, führte nun zu einer dieser genialen analytischen Fehlleistungen des Soziologismus, der eine große neue Bewegung zu sehen vermeinte. Er verschaute sich, wie so oft, an Sichtbarem. Joachim Raschke etwa hält folgende Gemeinsamkeiten der neuen sozialen Bewegungen fest:

o Abwesenheit einer einheitlichen, geschlossenen Ideologie

o Thematische Vielfalt und Issuewechsel

o Geringer Grad organisatorischer Verfestigung, Bürokratisierung, Zentralisierung; Führerfeindlichkeit

o Hohe Variabilität der Aktionsformen

o Vielzahl autonomer, aber stark vernetzter Teilbewegungen[1]

Als Trägerschaft benennt er gesellschaftliche Gruppen aus den Bereichen der Marginalisierten, der Intelligenz und der Humandienstleistungen.[2] Einwände gäbe es hier auf der empirischen Ebene schon genug. So hat die Führerfeindlichkeit in den letzten Jahren in einen Promikult umgeschlagen, so merkt man heute aber auch schon gar nichts mehr von der Variabilität der Aktionsformen, im Gegenteil, man hat sich praktisch auf das reduziert, was staatlich zulässig ist, fadisiert sich und die anderen in symbolischen Aktionen.[3] Schlußendlich kultivieren die Bewegungen gerade die wohl geschlossenste und einheitlichste Ideologie, nämlich die des *gesunden Menschenverstands*, des Alltagspositivismus (vgl. Kapitel I-5). Aus der virulenten Ideologiefeindlichkeit ist absolut keine Ideologiefreiheit oder gar ein Pluralismus der Basisprinzipien abzuleiten. *"Die vielbeschworene Vielfalt wird zum stereotypen Fetisch, zum Euphemismus der Beliebigkeit."*[4] Aus den diversen Ausformungen läßt sich jener Pluralismus nur schließen, wenn man an der Oberfläche der Erscheinungen hängenbleibt. Die Ökologiebewegung schied in den letzten Jahren vorläufig vielmehr alles aus, was nicht dem Alltagspositivismus, seinem Denken auf Grundlage des Werts kompatibel war. Wir wollen uns hier gar nicht weiter mit den einzelnen Punkten auseinandersetzen, sondern unsere Kritik viel pauschaler vortragen. Die Aufzählung Raschkes und anderer sagt mehr darüber aus, wie sich die verschiedensten Bewegungen in einer bestimmten historischen Phase ausdrücken, d.h. welche Formprinzipien ihnen die gesellschaftliche Bewegung aufdrängt, nicht aber, was sie qualitativ sind. Solche Definitionen konstruieren aus den beobachteten Formen auch gleich den Inhalt. Auch wenn Raschke korrekt beobachtet hätte, unsere Einwände zurückgewiesen werden könnten, würde das die Qualität seines Begriffes nur unmerklich erhöhen. Mögen diese Überlegungen noch 1985, zur Zeit der Veröffentlichung seines Buches, brauchbare Annäherungswerte geliefert haben, so werden selbst diese im Laufe der Entwicklung obsolet, von der Definition bleibt zum Schluß nichts mehr übrig außer der Tatsache, daß vor Jahren einmal solche Wahrnehmungen sinnfällig waren. Aufdringliche Auffälligkeiten eines bestimmten Beobachtungszeitraums machen aber noch keine Kategorie.

Die nun folgende Analyse mag in sich widersprüchlich erscheinen. Sie ist es auch. Dort, wo die Bewegung in sich und aus ihr widersprüchlich ist, vieles vorne und hinten nicht zusammengeht, kann auch die wissenschaftliche Rezeption dies nur reflektieren und nicht immer aufheben. Zu starke Glättungen wären inadäquat, hießen, bestimmte Momente ihrer Relevanz zu berauben, sie zu vernachlässigen, um zu einem von außen erkennbaren zufriedenstellenden Ergebnis zu kommen. Solche voreiligen Schlüsse überlassen wir anderen. Will die Untersuchung seriös bleiben und den Gegenstand nicht verunstalten, muß sie seine Widersprüche anerkennen und zu Wort kommen lassen.

Das einzig wirklich Neue, nicht nur, weil es erscheint, sondern das erste Mal als soziale Bewegung zu gesellschaftlicher Relevanz gefunden hat, ist die Ökologiebewegung. Wir verwenden in Zukunft primär diesen Begriff und weniger jenen der Alternativ- oder der Umweltbewegung. *Alternativbewegung* betont zu sehr das linke Moment der Ökologiebewegung, hat sich zudem als Sammelbegriff bestimmter Bewegungssegmente (Ökologie, Frieden, Frauen, Minderheiten etc.) als unbefriedigend erwiesen, weil er die aktuelle Hierarchie der Bedeutung und den von uns behaupteten qualitativen Unterschied unterschlägt. *Umweltbewegung* hingegen hebt das rechte und lebensschützerische Moment überproportional hervor, reduziert Ökologie auf Naturschutz. Beide Begriffe sind ideologisch vorbelastet und nur begrenzt brauchbar.

Ökologiebewegung ist objektiv die politische Übersetzung der ökologischen Grenzen der kapitalistischen Produktion. Subjektiv ist sie das Empfinden und Erkennen, daß es dem Planeten an die Substanz und somit dem Menschen an den Kragen geht, daß ein Umschlag in unserem Verhalten hin zur generellen Destruktion sich abzeichnet, daß so wie bisher es nicht mehr weitergehen kann.

Aus dieser noch etwas vagen Definition leitet sich aber schon der allgemeine und totale oder, wie es in der ökologischen Sprache lautet, der ganzheitliche Anspruch ab. Die Ökologiebewegung vertritt anders als alle Bewegungen vor ihr im Prinzip keine Sonderinteressen mehr, sondern Allgemeininteressen. Mithin menschliche Interessen schlechthin. Sie ist die erste Bewegung, der dieser Gedanke zugrundeliegt. Die Bedeutung der Sonderinteressen erfährt durch sie eine markante Relativierung. Der Ökologiebewegung geht es der Intention nach um das Ganze, nicht um einen bestimmten Teil, obwohl gerade ihre aktuellen Ausformungen die ökologischen Anliegen auf ein Dutzendproblem reduzieren, das Allgemeininteresse auf ein Sonderinteresse herunterbringen.

Unser Vorwurf an viele Mentoren der Ökologiebewegung geht auch nicht dahin, daß sie das Primat der Ökologie behaupten, sondern richtet sich gegen die daraus resultierende Subtraktion aller anderen Anliegen. Das ist nicht nur bündnispolitisch verkehrt, sondern auch inhaltlich falsch, da es die gesellschaftlichen Probleme nebeneinander und nicht miteinander betrachtet und behandelt, sie sachlich isoliert, ihre gemeinsame Grundlage nicht wahrnehmen will; schließlich die potentiell progressiven Anliegen dividiert statt multipliziert, sie auf den kleinsten gemeinsamen Nenner zurechtstutzt. Es geht hier also nicht um eine Neuauflage der völlig unfruchtbaren, ja hirnrissigen Debatte, ob denn nun die Gattungsfrage oder die Klassenfrage dominant sei. Diese Fragestellung ist wahrlich ungefähr so wie jene, ob ein Teil des Ganzen größer sein kann als das Ganze schlechthin. Intelligente Klassenkämpfer wie Wladimir I. Lenin wußten das noch richtig zu beantworten, *"denn vom Standpunkt der Grundideen des Marxismus stehen die Interessen der gesellschaftlichen Entwicklung höher als die Interessen des Proletariats."*[5]

Mit der zentralen Positionierung der Ökologie wurde die abstrakt übergeordnete Frage auch konkret übergeordnet. Es geht ums Ganze, nicht mehr primär um Verwirklichung von Teilen auf Kosten des Ganzen. Die Ökologiebewegung ist die einzige qualitativ neuartige Bewegung, auch wenn ihr Denken und Handeln sich noch innerhalb des bürgerlichen Horizonts bewegt. Es ist hier wiederum eine Differenzierung vorzunehmen, was die wesentliche Intention einerseits bzw. die wesentliche Ausformung andererseits betrifft. Diese widersprechen einander bei der Ökologie wie bei allen sozialen Bewegungen. Was sie aber ausdrückt und unterscheidet, ist ihr ganzheitlicher Anspruch, kurzum die Gattungsfrage. Ökologische Bedürfnisse können so nicht mehr schlichtweg etwa durch Produktionsausweitung und Produktivkraftentwicklung "gelöst" und verwaltet werden, wie dies bisher für die Bedürfnisse der Arbeiterbewegung und ihres Gefolges gegolten hat. Ökologische Fragestellungen gehen somit direkt an die Substanz der gegenwärtigen Gesellschaftsformation, auch wenn die aktuellen Lösungsansätze (Vermarktung der Natur, Verursacherprinzip) den alten Formeln folgen. Die Ökologiebewegung ist ihrer wesentlichen Intention nach eine Bewegung gegen die privaten und staatlichen Verfügungsgewalten über Produktionsmittel und Produktivkraftentwicklung, sie richtet sich somit gegen die bewußtlose und blindwütige Verwertung des Werts, stellt ihr, wenn auch vage, eine bewußte Planung der stofflichen Lebenszusammenhänge gegenüber. Die Ökologiebewegung ist potentiell *die* neuzeitliche revolutionäre Bewegung schlechthin. Der biedere und traditionelle Ablauf der Konfrontationen zwischen Ökologiebewegung und Gesellschaft sollte darüber nicht hinwegtäuschen. Die Ökologiebewegung rüttelt ihrer wesentlichen Intention nach mehr am Kapitalismus als die Arbeiterbewegung das je getan hat.

Tatsächlich, um gleich zahlreichen empirischen Einwänden entgegenzukommen, ist dem natürlich nicht so. In ihrer konkreten Ausformung ist die Ökologiebewegung zahm und artig, vergleicht man sie mit der aufsteigenden Arbeiterbewegung. Ihre Kritik ist von einer Kritik an den Mißständen noch zu keiner Kritik der Zustände vorangeschritten. Sie bleibt isoliert, entwickelt sich an den Erscheinungsformen der gesellschaftlichen Prozesse (z.B. Umweltschäden, Umweltkatastrophen), ohne diese in einen gesellschaftlichen Kontext einordnen zu können. Anstatt sich diesen Aufgaben zu stellen, verzettelt sie sich in diversen Kleinkämpfen und Aktionen. Die Ökologiebewegung repliziert geradezu die herrschenden Werte, ja pocht auf deren Einhaltung gegen die herrschende Ökonomie und Politik. Den aktuellen Anforderungen antwortet sie mit Fanatismus oder Pragmatismus. Theorie erscheint ihr als Luxus. Von theoretischen Gehversuchen, die sich an Markt und Geld versuchen, hat man bisher nichts vernommen. Die Ökologiebewegung gefällt sich im staatstragenden Ton, singt Loblieder auf die bürgerlichen Werte und das Prinzip des freien Marktes, achtet das Gewaltmonopol und preist den Rechtsstaat. *"Die Tradition aller toten Geschlechter lastet wie ein Alp auf dem Gehirne der Lebenden. Und wenn sie eben damit beschäftigt scheinen, sich und die Dinge umzuwälzen, noch nicht Dagewesenes zu schaffen, gerade in solchen Epochen revolutionärer Krise beschwören sie ängstlich die Geister der Vergangenheit zu ihrem Dienste herauf, entlehnen ihnen Namen, Schlachtparole, Kostüm, um in dieser altehrwürdigen Verkleidung und mit dieser erborgten Sprache die neue Weltgeschichtsszene aufzuführen."*[6] Karl Marx' Betrachtung der sozialen Revolution des 19. Jahrhunderts trifft auch auf jene des 21. zu: *"Die soziale Revolution des neunzehnten Jahrhunderts kann ihre Poesie nicht aus der Vergangenheit schöpfen, sondern nur aus der Zukunft. Sie kann nicht mit sich selbst beginnen, bevor sie allen Aberglauben an die Vergangenheit abgestreift hat. Die früheren Revolutionen bedurften der weltgeschichtlichen Rückerinnerungen, um sich über ihren eigenen Inhalt zu betäuben. Die Revolution des neunzehnten Jahrhunderts muß die Toten ihre Toten begraben lassen, um bei ihrem eignen Inhalt anzukommen. Dort ging die Phrase über den Inhalt, hier geht der Inhalt über die Phrase hinaus."*[7]

Inhalt und Phrase sind so auch bei der modernen Ökologiebewegung entkoppelt, wobei aber die Phrase durchaus Realität ist, sich täglich in seichtesten Formen medial ergießt, während ihre Inhalte noch nicht zur Entäußerung, geschweige denn Verwirklichung gekommen sind. Dort, wo ein illusionsloser Pragmatismus nicht greift, tummeln sich bloß die obskursten theoretischen Ansätze: esoterische Spinnereien und traditionssozialistische Eklektizismen, hinterwäldlerische Borniertheiten und basisdemokratische Renitenzen. *"Die Neuheit besteht hier fast immer in dem Rückfall in längst überwundne Standpunkte."*[8]

Einige Bemerkungen sind auch zum Verhältnis von Arbeiter- und Ökologiebewegung nötig. Die Arbeiterbewegung war jahrzehntelang die gesellschaftlich dominierende reformistische, teilweise sogar revolutionäre Oppositionsbewegung. Durch Krise und Stillstand einerseits, mit dem Auftreten der Ökologiebewegung andererseits hat sie diese Rolle endgültig ausgespielt. Ihre oppositionelle Dominanz ist Schnee von gestern. Das von ihr maßgeblich mitgeprägte Zeitalter geht zu Ende. Was freilich nicht einige große Abwehrschlachten des variablen Kapitals ausschließt. Der britische Bergarbeiterstreik von 1984 mag als Prototyp dieser Niederlagen gelten. Die Arbeiterbewegung hat als Arbeiterbewegung keine Kämpfe mehr zu gewinnen.

Was die Ökologiebewegung an ihr wahrgenommen hat, die Einheit von Kapital und Lohnarbeit, den Block von konstantem und variablem Kapital, war eine so falsche Beobachtung nicht. Es wurde nur nie nach den Gründen gefragt. Die eine Richtung verfiel ins Arbeitertümeln und beschwor das Bündnis von Ökologie- und Arbeiterbewegung, die andere Richtung verurteilte völlig undifferenziert den industrialistischen Wachstumsblock schlechthin. Was sie bisher verabsäumte, war, etwa die ökologische Frage als Frage der kapitalistischen Produktion zu begreifen, anzuerkennen, daß wohl gerade die produktiven Arbeiter jene gesellschaftliche Gruppe sind, die den ökologischen Mißständen am meisten ausgeliefert sind, weil sie sich direkt an der Quelle ihrer Entstehung aufhalten. Daß Betrieb auch Umwelt ist, ja vorrangig Umwelt ist, weil dort alles geschaffen wird, was substantiell bedroht, ist in der Ökologiebewegung noch kaum bekannt. Bisher ist es ihr noch nicht gelungen, andere Fragen in der ökologischen theoretisch aufzulösen, was dann als Ausweg nur destruktive Frontstellungen oder faule Kompromisse erlaubt.

Über die Arbeiterbewegung selbst kann rückblickend wohl gesagt werden, daß sie Trägerin eines systemimmanenten Widerspruchs zwischen Lohnarbeit und Kapital war, eine Komponente des kapitalistischen Modernisierungsprozesses. Die Ökologiebewegung ist der Reflex eines viel substantielleren Widerspruchs, nämlich des

Widerspruchs zwischen Produktionsverhältnissen und Produktivkraftentwicklung. Doch ihr subjektives Unvermögen fällt dabei weit hinter jenes der alten Arbeiterbewegung zurück. Diese scheiterte als revolutionäre Bewegung trotz einer teilweise hochstehenden Theorie letztlich an der Systemimmanenz des in ihr zum Tragen gekommenen Widerspruchs. Als reformistische Bewegung hat sie sich glänzend und nachhaltig verwirklicht. Während die Arbeiterbewegung so aufgrund der sozialistischen Theorie subjektiv über ihre Möglichkeiten hinausschoß, fällt die Ökologiebewegung noch weit hinter die objektiven Dimensionen des von ihr aufgezeigten Grundwiderspruchs zurück. Die frühe Regression von der radikalen Alternativbewegung zur "vierten Partei", von der Zwentendorf- zur Hainburg-Bewegung oder der jeweils ganz unterschiedliche Stellenwert der Bürgerinitiativ-Ideologie mögen dies auf der politischen Ebene anschaulich illustrieren.

Wie kann man nun die Ökologiebewegung erklären? Vollkommen zum Scheitern verurteilt sind alle Versuche, Ökologiebewegung und Grüne klassenmäßig zu begreifen, etwa als dynamischen Teil der lohnabhängigen Klasse[9] oder als Klassenpartei der neuen Mittelschichten.[10] Das Gegensatzpaar proletarisch-bürgerlich ist zur Deskription vollkommen unangemessen und untauglich. Nicht, daß damit das alte Rechts-Links-Schema obsolet geworden ist, wollen wir behaupten, sehr wohl aber, daß es die ablaufenden gesellschaftlichen Prozesse nur noch sehr unzureichend erfassen kann.

Ebenso unzureichend sind aber auch Erklärungen, die sich vorrangig auf die ideologische Ebene konzentrieren. Seit der *Wert* als Kategorie der Ökonomie von dort abgezogen wurde, diesen Sektor verlassen und einen Siegeszug durch die anderen gesellschaftlichen Bereiche angetreten hat, wird kaum ein Begriff so inflationär gebraucht wie dieser. Hören wir von Werten, denken wir gleich an Wertvorstellungen, Wertemuster und neuerdings auch an den zunächst in den USA diagnostizierten Wertewandel. Wir wollen uns hier nicht lang aufhalten, aber doch einige Worte über diesen seichten Amerikanismus verlieren. Die Frage nach den neuen sozialen Bewegungen beantwortet man mit Hilfe der Theorie vom Wertewandel am schlüssigsten, aber kurzschlüssigsten damit, daß man erklärt, die Werte der Menschen hätten sich geändert. Das stimmt, weil statistisch in Meinungsumfragen nachweisbar. Es würde auch ohne diese stimmen, nur sagt es nichts aus. Es erhebt eine Selbstverständlichkeit zu einem zentralen Faktor der Erklärung.

Bei ihren österreichischen Transformatoren liest sich das dann so: *"Zur Zeit der Entstehung der Alternativbewegung herrschten 'vernichtendes' Wettbewerbsdenken, Streben nach Vorteilen, Egoismus, Prestigedenken, Konsum, eine Glücksvorstellung, die auf der Bevorzugung gegenüber anderen und damit auf dem Unglück anderer aufgebaut war. Die Abkehr von diesen Werten, dem Ökonomismus der Gesellschaft, wurde von den Grün-Alternativen aufgegriffen. Langsam entdeckten viele Menschen wieder ihre Sehnsucht nach Geborgenheit, menschlicher Zuwendung, nach Ruhe, Natur; viele wollten nicht mehr leben, um zu arbeiten."*[11] Gesellschaftliche Entwicklung verkommt hier zu einer Legende von Sünde und Erlösung. Das individuelle Wollen wird zum treibenden Moment, die Einsicht ist seine Grundlage. Das faktisch sich dem Menschen durch die gesellschaftliche Gesetzlichkeit Aufzwingende wird ganz idealistisch als *"Streben", "Egoismus", "vernichtendes Wettbewerbsdenken"* denunziert und somit verschleiert. Die Artikulationen der Menschen werden als deren Wille wahrgenommen und rekonstruiert.

Luise Gubitzer fällt nicht auf, daß sie hier Widersprüche konstruiert, die *so* gar nicht gegeben sind, daß diese Äußerungsformen, auch die Wünsche der Menschen im Kapitalismus, immer schon bestanden haben, dabei aber niemals primär eine Frage des Aussuchens waren. Neu ist nur, daß menschliche Logik einerseits und gesellschaftliche Logik andererseits schärfer aneinandergeraten, ja erstmals prinzipiell dekorrespondieren, da die Kapitalherrschaft sich auch die letzten "freien" Refugien unterwerfen will und aneignet; daß ihr Treiben auf den Märkten und in der Produktion so auffällig destruktiven Charakter annimmt, daß die Menschen sich einfach wehren müssen. Sie entdecken deswegen die zitierten Sehnsüchte wieder, weil sie ihnen durch die skizzierte Entwicklung aufgezwungen werden, und zwar deshalb, weil die Materialisierung der in den Sehnsüchten angelegten Ziele in ihrer originären Form zerstört worden ist. Darin liegt ja auch ein Grundzug des gegenwärtigen Kapitalismus, daß er Selbstverständlichkeiten auf die Ebene von Sehnsüchten zwingt, Bedürfnisse in Warenbeziehungen transformiert, sie herstellbar, kaufbar und verkaufbar macht.

Grundlage der Ökologiebewegung ist auf jeden Fall nicht der sogenannte Wertewandel, er ist wie sie bloß Ausdruck der gesellschaftlichen Veränderungen an der Basis. Der Wertewandel führt überhaupt kein eigenständiges Leben, er wandelt - boshaft formuliert - nur den Wandlungen des ökonomischen Werts nach. Die postmaterialistische Theorie des Wertewandels trägt nicht weit, sie ist ein Zirkelschluß, der aus dem zu erklären ist, was er erklären will.

Abgesehen davon, daß es ebenso einfallslos ist, etwas als "post" zu bezeichnen wie etwas als "neu" zu charakterisieren: Die sich heute abzeichnenden Wertvorstellungen, wie sie sich ja gerade in der Ökologiebewegung äußern, sind nicht das Gegenteil von Materialismus, Industrie und Moderne, sondern deren aktuelle Entsprechung. Ohne diese als materielle Basis wären sie gar nicht denkbar. Die angesprochene Begrifflichkeit ist absolut verunglückt, ja schon in der Wortkombination unmöglich. Es wird nie eine postmoderne, eine postmaterialistische oder ~~eine~~ postindustrielle Gesellschaft geben, geschweige denn, daß wir schon in einer leben. Die Moderne als ewige Jetztzeit wird immer sein, ist daher für allgem~~eine~~ Bezeichnungen einer bestimmten Periode absolut ungeeignet. Nach der

Durchsetzung der Kapitalherrschaft kann es kein Zurück mehr hinter die Industrie geben, aber auch keines über sie hinaus, die Industrie ist Bedingung jeder zukünftigen Moderne. Es wird auch weiter in großer Form industriell hergestellt werden müssen, keine Frage. Daß die Industrie selbstverständlich eine andere sein wird, ist damit nicht ausgeschlossen, nur wird gerade die durch sie gewährleistete Sicherung der Existenz den Menschen die nötigen Freiräume ermöglichen, von denen sie heute nur träumen. Der Industrialismus ist somit kein ähnlich dem Kapitalismus zu überwindendes Formprinzip.

Schlußendlich ist der schnöde Materialismus des Begehrens eine der Grundlagen menschlicher Existenz, auch die vorrangigen Wünsche der Ökologen nach reinem Wasser, gesunder Luft, unverseuchtem Boden, weniger Verkehrstoten sind durch und durch "materialistisch". Die sogenannte postmaterialistische Avantgarde strebt nur deshalb nicht vordergründig nach materiellen Dingen, weil sie über diese hintergründig schon verfügt. Sie sind Bedingung oder zumindest Möglichkeit ihrer spezifischen Existenz, auch wenn sie von jener als solche nicht anerkannt, ja sogar verachtet werden. Erst die Sättigung, ja Übersättigung erlaubt diese Abschätzigkeit, erlaubt die Umstellung der Wünsche und Begierden. Die "Postmaterialisten" begehren so nicht, was sie haben, was ihnen sicher ist, erkennen jedoch umgekehrt in der jetzt denunzierten Begehrlichkeit der Ungesättigten durchaus richtig eine Gefährdung ihrer Lebensqualität. Hätten sie vieles selbst nicht, wäre es ihnen unsicher, würden sie es auch selbst wieder begehren. Wer gesättigt ist, hat wenig Appetit. Doch wehe, die Selbstverständlichkeit der Fütterung, ja Überfütterung wird in Frage gestellt. Nimmt man dem Citoyen seine Waren und Dienstleistungen weg, an denen er sich unreflektiert erfreuen und laben kann, was dann? Dann geht die Post wieder in die umgekehrte Richtung ab, schlägt der krude "Materialismus", gemeint hier wiederum in der volkstümlichen Vorstellung des "Strebens nach materiellen Werten", wieder voll durch. Dort, wo die ideellen Ansprüche mit ihrer materiellen Deckung kollidieren, gehen erstere unweigerlich den Bach hinunter.[12]

Die Originalität des Postmodernismus liegt in seiner Selbstgefälligkeit. Nur so können wir etwa die folgenden Passagen des Hamburger Politikwissenschaftlers Joachim Raschke erklären, wenn gerade er als Vertreter des postmodernistischen Theorieansatzes allen Ernstes schreibt: *"Postmoderne ist zunächst nur ein Debattenstichwort. (....) Der Begriff selbst ist unsinnig, da die meisten Bedeutungsvarianten unter Postmoderne keine Zeit nach der Moderne, sondern eine spezifische Weiterentwicklung und Radikalisierung der Moderne im Auge haben."*[13] Oder einige Seiten vorher: *"An der postindustriellen Gesellschaft ist nichts Neues - außer den Proportionen.(....) Postindustrielle Gesellschaft bleibt Industriegesellschaft."*[14] Was soll man von einer Theorie halten, wenn ihre Vertreter zugeben, daß ihre zentralen Begriffe *"unsinnig"*, eigentlich nicht aufrechterhaltbar sind? Die Postmoderne ist wahrlich ein *"Abschied von letzten Wahrheiten"*,[15] aber wohl anders, als Joachim Raschke das hier meint. Hegel beschrieb diese Methode sehr treffend: *"Diese Geschichte, so als eine Hererzählung von vielerlei Meinungen, wird auf diese Weise eine Sache einer müßigen Neugierde oder, wenn man will, ein Interesse der Gelehrsamkeit. Denn die Gelehrsamkeit besteht vorzüglich darin, eine Menge unnützer Sachen zu wissen, d.h. solcher, die sonst keinen Gehalt und kein Interesse in ihnen selbst haben als dies, die Kenntnis derselben zu haben."*[16]

Etwas präziser ist da schon die Erklärung, die uns Hubert Kleinert auf die oben gestellte Frage gibt. Der ehemalige parlamentarische Geschäftsführer der bundesrepublikanischen Grünen und enge Kampfgefährte Joschka Fischers beschreibt die Entstehung von Ökologiebewegung und Grünen so: *"Jenseits mancher ideologisierten Selbstmißverständnisse der neuen sozialen Bewegungen schon seit den späten sechziger Jahren kann mittlerweile als gesichert gelten, daß diese sozialen Bewegungen ihre Entstehung nicht der Neuformierung irgendeines sozialrevolutionären Subjekts in den Mittelschichten verdanken, sondern einem gesellschaftlichen Entwicklungsschub in den hochentwickelten Industriegesellschaften des Westens, der im Zuge ökonomischer Prosperität, von Bildungsreform, Auflösung tradierter Sozialmilieus, Erosion der Verbindlichkeit bestimmter familialer Lebensformen, Verlängerung der Adoleszenz und den daraus sich ergebenden Individualisierungsschüben das Vordringen neuer Selbstverwirklichungswerte ermöglicht hat, die dann in der zweiten Hälfte der siebziger Jahre über verschiedenste Vermischungen den gesellschaftlichen Resonanzboden zur Verbreitung der wachstumskritischen Impulse der Umweltbewegung und später auch der GRÜNEN schuf."*[17] Auch wenn Kleinerts Terminologie nicht unsere ist, ist diese Beschreibung in sich korrekt, kann ihr beiläufig zugestimmt werden.

Als objektive Grundlagen der Ökologiebewegung können folgende ökonomische Determinanten gelten:

a) materielle Absicherung der Lebensgrundlagen;

b) Verschiebung von den produktiven zu den unproduktiven Arbeiten;

c) Merkbarkeit[18] und Markanz ökologischer Folgewirkungen ökonomischer Prozesse.

Nur in Verbindung dieser drei Momente entsteht Ökologiebewegung als relevanter gesellschaftlicher Faktor. Sie ist somit ein Phänomen entwickelter kapitalistischer Länder. So gesehen kann sie auch nicht zum Stillstand gebracht werden oder gar verschwinden. Die Ökologiebewegung kann nicht durch die Wechselwirkung von Repulsion und Attraktion in zähem Ringen befriedet werden, vergleichbar etwa der Arbeiter- oder der Frauenbewegung. Sie ist somit jene Bewegung, die nicht mehr prinzipiell eingemeindet werden kann, auch wenn im konjunkturellen Spiel der

Kräfte dies anders erscheint, und zwar deshalb, weil ihre Intentionen fundamental sind. Kein Teilinteresse ist ihr substantielles Wesen, sondern das Gesamtinteresse der Menschheit. Somit ist ihr Anspruch letztlich total, auch wenn er konjunkturell immer wieder in Detailinteressen aufgelöst werden kann. *"Das per se Allgemeine, alles und jeden in seinen Bann Schlagende, schrumpft damit auf eine weitere Besonderung und darf in dieser kastrierten Form im weiten Oval demokratischen Interessenswettstreits mitantreten. Diese den realen Inhalt auf den Kopf stellende Formverkehrung beraubt die ökologische Frage ihrer gesellschaftlichen Sprengkraft und macht die Ökologiebewegung mit der herrschenden Verkehrsform erst kompatibel."*[19]

Die Kompatibilität von Ökologiebewegung und Kapitalismus ist weitgehend künstlich, anders als dies etwa beim immanenten Widerspruch von Lohnarbeit und Kapital der Fall gewesen ist. Nur die (im doppelten Wortsinn) relativ stark erscheinenden politischen und ideologischen Selbstverständlichkeiten der gesellschaftlichen Kommunikation verschleiern dies. Die Ökologiebewegung wird so in unmittelbarer Zukunft von Kompromiß zu Kompromiß torkeln, bis sich herausstellt, eben weil es sich empirisch nicht mehr verdrängen läßt, daß der ökologische Kampf bisher essentiell wenig gebracht hat, sieht man davon ab, daß Ökologie geschäftsfähig geworden ist. Doch auch hier unterscheidet sich die Ökologiebewegung von den bisherigen sozialen Bewegungen. Nicht mehr die Geschäftsfähigkeit kann bei diesen Anliegen im Mittelpunkt stehen. Was Jahrhunderte gegolten hat und unbestreitbar Fortschritt bedeutete, nämlich, daß Geschäftsfähigkeit Lebensfähigkeit erhöht - letztere sich indirekt ausdrücken mußte, weil sie es direkt nur in den seltensten Fällen konnte -, ist heute grundfalsch geworden. Vielmehr gilt: Geschäft zerstört Leben.

Was ansteht, ist eine Theoretisierung der Bewegung und in der Folge eine Radikalisierung von Bewegungssegmenten, ein Abschied von den Phrasen der ersten Phasen. Nach dem Herumdoktern mit dem Staat und dem Markt wird die Ökologiebewegung ihren Blick in Richtung Produktionsstätten richten müssen. Das Molekül der Gesellschaft, die Wertverwertungsmaschine Betrieb mit ihren betriebswirtschaftlichen Kriterien der Betriebsamkeit wird ins Zentrum der Kritik geraten. Ökologiebewegung bedeutet, nimmt sie sich selbst ernst, die Sozialisierung innerbetrieblicher Fragen,[20] letztendlich sogar der entscheidenden Entscheidungen. Sie will, ob sie will oder nicht, eine gesellschaftliche Kompetenzkompetenz. Nachdem gegenwärtig alles am Betrieb vorbeiführte, wird zukünftig nichts mehr um ihm herumführen. Die kapitalistischen Betriebe werden grundsätzlich ihren Charakter als Black boxes verlieren. Dieser Verlust wird mehr als deutlich zeigen: Ökonomische und ökologische Interessen sind unter den gegebenen Produktionsverhältnissen letztendlich unvereinbar, sie sind ein antagonistischer Widerspruch.

Ökologiebewegung als handelndes Kollektiv ist übrigens nicht zu verwechseln mit der sogenannten Bürgerinitiativenbewegung. Kennzeichen sozialer Bewegungen ist, daß sie umfassende Formen der Mobilisierung und Agitation, mithin ein relativ ausdifferenziertes Innenleben entwickeln, das seinerseits zur Dynamisierung und Auffächerung des Protests beiträgt. Sie sind in einem bestimmten Maße theorie- und ideologiefähig. Bürgerinitiativen hingegen sind sachlich borniert, reduzieren ihr Wirken nach außen hauptsächlich auf Medien- und Öffentlichkeitsarbeit. Sie mögen Vorformen zu Bewegungen sein, ihrem Wesen nach sind sie aber von diesen prinzipiell dahingehend zu unterscheiden, daß sie a priori durch ihre Form objektiv wie subjektiv systemimmanent sind. Sie lassen somit nicht wie Bewegungen eine prinzipiell fortschrittliche Dimension erkennen, sondern richten sich gegen alles Mögliche und Unmögliche. Kritik ist ihnen identisch mit dem etwas gehobenen Stammtisch, kurz Räsonieren genannt, *"die Freiheit von dem Inhalt und die Eitelkeit über ihn."*[21]

Ihr zentrales Prinzip ist das Florianiprinzip. Es geht davon aus, daß es hier und heute dieses oder jenes zu verhindern gelte. Mit einer geglückten Verhinderung ist dann das Ziel bereits erreicht, unabhängig davon, ob abgelehnte Projekte an anderen Orten zu anderen Zeiten verwirklicht werden. "Neben uns die Sintflut!" kann als eine ihrer Devisen gelten. Ihre Negation ist somit nicht einmal ein "Ja nicht!", sondern bloß ein "Da nicht!". Daß sich einige Aktivisten immer wieder darüber erheben, ja Segmente sich politisieren, ist zu dem Gesagten kein Widerspruch. Wird die Regel massiv durchbrochen, dann transformieren sich Bürgerinitiativen sowieso in andere Formen des Widerstands, werden obsolet. Kennzeichen der Bürgerinitiative ist, daß in ihnen ökologische Anliegen parzelliert anstatt ausgeweitet werden. Schließlich geht es ja, so ein oft gehörtes Standardargument, um die Sache, nicht um irgendeine Ideologie. Bürgerinitiativen zeichnen sich aber selbstverständlich nur durch Ideologieunbewußtheit aus, nicht durch Ideologielosigkeit. Wenn man von etwas nicht weiß, heißt das noch lange nicht, daß es nicht ist. Ernst Lohoff schreibt über sie: *"Die Ein-Punkt-Bewegungen haben sich als Korrektiv erwiesen, das die Unzulänglichkeiten der traditionellen 'Volkspartei' ans Licht brachte, sie gleichzeitig aber schon systemimmanent reguliert. Die etablierten Volksparteien standen den immer drängenderen gesamtgesellschaftlichen Folgelasten von Industrialisierung und Verstädterung vollkommen blind gegenüber. Als Lobbykompromiß und Vereinigung bestimmter sozialer pressure groups, die besonderen Interessen einen sich verallgemeinernden Ausdruck geben, waren sie nicht in der Lage, dazu querstehende, von vornherein allgemeine Fragestellungen zu berücksichtigen."*[22]

Bürgerinitiativen sind die größtmögliche Regression des gesellschaftlichen Widerstands. Sie sind Regungen, nicht Bewegungen, sie stehen um eine ganze Stufe tiefer im Grad des erkennenden Bewußtseins und des qualitativen Ziels. Sie sind Regungen im Sinne von Erregungen oder Aufregungen, die sich als konjunkturelles Phänomen kurzzeitig in einem Personenkonglomerat verdichten. Dessen Grundhaltung ist die Empörung, was meint, daß einfach nicht sein darf, was werden will. Bürgerinitiativen können Vorstufe von Bewegung sein, einen Automatismus von der Bürgerinitiative zur Bewegung gibt es allerdings nicht. Im Gegenteil, die Erfahrungen der letzten Jahre zeigen, daß gerade die Bürgerinitiativen den Widerstand schon auf der niedrigsten Ebene abfangen, somit eine Verallgemeinerung der Kritik gar nicht erst zulassen: *"Die Bürgerinitiative koppelt die Protestaktionen verengend an eine Forderung, die legal realisierbar ist und mit der die Ursache der Malaise, die bereits existiert oder erwartet wird, scheinbar zu überwinden ist. Die soziale Bewegung indes protestiert gegen das Erleiden-Müssen der Malaise, fordert ebenfalls die Annullierung der Ursachen der Malaise, die ihr freilich nicht durch eine legale Entscheidung aufhebbar erscheinen."*[23]

Die von Anton Pelinka (am Beispiel von Salzburg) konstatierten Strukturmerkmale der Bürgerinitiative sind:

o überdurchschnittlicher sozialer Status der Akteure;

o Einbindung von Prominenz in die Initiative (Honoratioreninitiative);

o Sensibilität der lokalen Medien;

o Nutzung des Parteienwettbewerbs.[24]

Bürgerinitiativen realisieren sich auch über die Medien oder sogar über die etablierte Politik, sie werden aber wesensmäßig nicht dort geschaffen. Auszugehen ist davon, daß Bürgerinitiativen als gesellschaftliche Kommunikationsform sich außerhalb, formal unabhängig und in Distanz zu gesellschaftlichen Institutionen entwickelt haben. Die traditionelle Politik sah in ihnen hauptsächlich einen Gegner, der die Realisierung gesellschaftlicher Prozesse blockieren wollte und oft auch konnte. Die Medien aber erkannten in ihnen die Möglichkeit, das feste Parteiensystem in Österreich zu erschüttern. Sie mußten diese Chance nach Jahrzehnten der eingebildeten, versuchten und tatsächlichen Bevormundung seitens der Parteisekretariate ganz einfach wahrnehmen. Bürgerinitiativen sind aber keine Erfindung der Journalisten oder der Politik, auch wenn sie in concreto von ihnen erfunden werden.

Getragen werden die Bürgerinitiativen meist von öffentlich respektierten Personen wie Ärzten, Rechtsanwälten, Lehrern, Kleinunternehmern etc. Die lokalen Promis schaffen sich in ihnen ein öffentliches Betätigungsfeld, das sie nicht an die Kandare einer Partei nimmt. Es kommt durch ihr Auftreten zu einer formalen Spaltung der Eliten, zu einer örtlichen Elitenkonkurrenz außerhalb der Institutionen. Der freie und mündige Bürger, jenes Ideologem aus frühbürgerlichen Zeiten, steht dabei hoch im Kurs. Es ist wohl kein Zufall, daß der Begriff des Bürgers jenen des Menschen ersetzt hat. Geführt also von eingesessenen Autoritäten, die meist die herrschende Ideologie nur ökologisch garniert wiederaufbereiten, gleichen sie so am ehesten örtlichen außerparteilichen Honoratioreninitiativen mit vordemokratischen

Strukturen. Die Bürgerinitiativen funktionieren nach dem Gesetz der Ansammlung und der Zerstreuung, der Vorgabe wie der Hingabe. Zu Kontinuität und Programm sind sie hingegen nicht fähig. Das ist auch nicht beabsichtigt, würde es doch den Zusammenhang der Individualisten bald sprengen.

Die Relevanz der Bürgerinitiativen rührt aber gerade auch aus dem Honoratiorenprinzip. Die etablierte Politik sieht sich in den Bürgerinitiativen ihren eigenen gesellschaftlichen Agenten gegenüber. Ideologisch trennt sie oft nichts, außer daß letztere die gesellschaftlichen Strukturprinzipien und die darauf aufbauenden Wertvorstellungen mit mehr moralischem Eifer vertreten, während erstgenannte, oft abgeklärt in jahrelangen Kompromissen, ein realistisches wie relativistisches, oft zynisches Verhältnis zu jenen entwickelt haben. Die Bürgerinitiativen wollen die gesellschaftlichen Folgen der von ihnen befürworteten Gesellschaft nicht tragen. Und was noch viel entscheidender ist: Dieser Widerspruch ist ihnen in keiner Weise bewußt. So treffen sich in den Eliten der Politik und in den Eliten der Bürgerinitiativen eigentlich Gleichgesinnte, die sich in der Auseinandersetzung dann gegenseitig Gesinnungslosigkeit vorwerfen. Das Problem der Bürgerinitiativen wird so oft zu einem innerhalb der gesellschaftlichen Eliten.

Darin liegt auch ein wichtiger Grund, daß hinsichtlich der Bürgerinitiativen eine weitgehende Abwesenheit repressiver Momente festgestellt werden kann. Man wird mit ihnen anders fertig. Von etablierter Seite wurden hier idealtypisch zwei Strategien entwickelt, die wir der Pointierung wegen die marktwirtschaftliche und die staatsinterventionistische bezeichnen mögen. Die marktwirtschaftliche Variante geht davon aus, daß es am besten ist, den Widerstand aufzukaufen, indem die Behörden ganz einfach monetäre und infrastrukturelle Versprechungen aller Art abgeben. Das Problem dieser Strategie liegt sicher im begrenzten finanziellen Handlungsspielraum der Politik, weshalb diese Variante nicht verallgemeinerbar ist, obwohl ihr Einsatz von der betroffenen Bevölkerung nur so aufgefaßt werden kann. Diese Vorgangsweise könnte somit bald nach hinten losgehen, weil sie die Betroffenen direkt zum monetären Begehren herausfordert, ja dies vielleicht sogar an Plätzen tut, wo kein diesbezüglicher Widerstand zu erwarten gewesen wäre, er nun direkte Folge wird von monetären Abgeltungen andernorts. Kurzfristige Erfolge dieser kurzsichtigen und bequemen Strategie könnten ihre Erfinder in Politik und Bürokratie im wahrsten Sinne des Wortes teuer zu stehen kommen.

Die etatistische Variante zeichnet sich dadurch aus, daß sie die Bürgerinitiativen verstaatlichen, den Widerstand institutionalisieren will. Da Bürgerinitiativen bei den meisten ökologisch bedenklichen Projekten sowieso nicht zu verhindern sind, mischt man sich am besten gleich offensiv in ihre Entstehungsphase ein, beteiligt sich mittels einiger Honoratioren an ihrer Konstituierung. *"Der Sieg der Bürgerinitiative hat tatsächlich stattgefunden"*, schreibt Gerhard Schattauer. *"Kein Vorhaben mehr ist heute denkbar ohne eine dazu gelieferte Bürgerinitiative. Existiert sie noch nicht, wird sie von den Planungswerbern oft gleich selbst mitbegründet. Diese Eindämmungsstrategie funktioniert deshalb, weil die affirmative, also auch eindämmende Haltung zum Wesen der Bürgerinitiative selbst gehört."*[25] Ähnliches gilt auch für die Wissensweitergabe. Sperrte man bisher die Bürger aus dem Informationsfluß weitgehend aus, präsentierte man nur Ergebnisse, so hat sich das in der Zwischenzeit völlig umgekehrt. Nicht das Informationsdefizit ist heute das zentrale Problem, sondern der Informationsüberfluß. Bürgerbeteiligung wird zur Bürgerbeschäftigung. Wurden früher Kenntnisse vorenthalten, werden heute die Initiativen geradezu mit Papier überhäuft, eine Flut von Gutachten, Stellungnahmen, Expertisen, Gesetzestexten rollt auf sie zu und über sie hinweg. Die Forderung, Einsicht in die Unterlagen zu nehmen, wird allzuoft mit der Herausgabe tausender Seiten Papier konterkariert, was den freien Bürger letztendlich um seine freie Zeit bringt. Diese ist aber nicht nur durch diese weiße Papierlawine bedroht, sondern findet oft noch zusätzlich den Sitzungstod. Dieser meint, daß der nach Partizipation schreiende Bürger umgekehrt dahingehend regelrecht in die Pflicht genommen wird, ein Treffen das andere jagt. "Ich will!" ruft der mündige Bürger und erwartet sich von seinem Staat ein freizügiges "Du darfst!", erhält aber prompt ein aufforderndes "Du sollst!". Eingebildete Mündigkeit entpuppt sich als tatsächliche Hörigkeit. Und jetzt kann er sich nicht einmal mehr beschweren ob dieser Behandlung. Er, der ernstgenommen werden wollte, wird jetzt zur permanenten Ernsthaftigkeit (selbstverständlich nach öffentlichen Kriterien) verpflichtet, noch dazu, ohne für seine Tätigkeit bezahlt zu werden, vielmehr zahlen zu müssen und individuelle Lebensqualität durch dieses Engagement zu verlieren. So wird aus dem engagierten Bürger schließlich einer, der sich nicht engagiert, sondern engagiert wird.

Schlußendlich entsteht durch die staatsinterventionistische Strategie Gratiszuarbeit für die öffentlichen Körperschaften und Beschäftigungstherapie für den Privaten. Diese Variante, die die etablierte Politik billiger kommt, hat aber ebenfalls ihre Tücken. Sie ist verwaltungstechnisch aufwendig, liefert Politiker und Bürokraten zusehends dem aufgebrachten Volk aus, läuft früher oder später Gefahr, daß sich einerseits die so behandelten Bürgerinitiativler kräftig verarscht fühlen, was sie ja auch werden, sich andererseits die Effizienz von Politik und Bürokratie selbst auslöscht, die notwendigen Entscheidungen in der Entscheidungspartizipation absaufen. Sie überfordert die handelnden Akteure, der Aufwand steht meistens in einem krassen Mißverhältnis zum Ergebnis.

Die Befriedungsmethoden kennen so objektive Grenzen, sind nicht beliebig ausweitbar und verlangen von ihren Anwendern immense finanzielle und verwaltungstechnische, zeitökonomische und emotionale Leistungen. Die Strategien werden sich erschöpfen, früher oder später nicht mehr greifen, auch wenn sie heute in vielen Fällen noch erfolgreich sind. Beide Seiten des Konfliktes werden auf dieser Ebene nicht mehr weitertun können. Auf einer anderen Ebene verdeutlichen Bürgerinitiativen und die Strategien wider sie nicht nur die Krise von Markt und Geld als ökonomischen Formprinzipien, sondern auch schon, daß die Demokratie als Formprinzip der politischen Kommunikation an ihre Schranken stößt. Demokratie und Emanzipation sind keine Synonyme mehr, sie sind zu Antipoden geworden. Daß Demokratie zu einem konservativen Hindernis wird, erkennen auch Grünpolitiker wie Christoph Chorherr.[26] Ihre Kapazität, grundsätzliche gesellschaftliche Probleme zu lösen, ist am Ende (vgl. ausführlich Kapitel III-4). Die ihr zugrundeliegenden Mechanismen können nicht prinzipiell ausgeweitet werden, ohne sie letztendlich funktionsunfähig zu machen. Die Demokratisierung der Demokratie ist nicht kommunizierbar und kommunikationsfähig. Demokratie hat ihr dynamisches Prinzip unwiederbringlich eingebüßt. Was vorher über die kapitalistische Ökonomie gesagt wurde, daß sie mit der Ökologie nicht vereinbar ist, gilt auch für die bürgerliche Demokratie. Wobei diese selbstredend sowieso nichts anderes ist als deren Übersetzung in den politischen Bereich.

Bürgerinitiativen und Bürgerlisten erweisen sich jedenfalls aktuell zunehmend als Katalysatoren gesellschaftlicher Probleme, als hemmend für umfassendere Aufklärung und Mobilisierung. Sie interessieren sich für den Müll oder für die Schnellstraße, nicht aber für die Welt, die solches hervorbringt. Der Zeitgeist dürfte hier seine lokale politische Verwirklichung gefunden haben. Bürgerinitiativen sind nicht überparteilich und politisch, sondern parteiisch und unpolitisch.[27]

Im Gegensatz zum Vorgetragenen entdeckten manche Grünpolitiker freilich in der Bürgerinitiative gleich das Strukturprinzip der neuen Gesellschaft. Peter Pilz etwa, der Handlungspartizipation und Entscheidungspartizipation verwechselt, schreibt: *"Sie verkörpern ein neues, alternatives politisches Prinzip. Die politische Macht geht nicht mehr vom einzelnen Menschen aus. Sie verläßt ihn gar nicht. Sie bleibt gleich bei ihm. Menschen delegieren Politik nicht, sie machen sie selbst."*[28] Ähnlich sieht das auch Günther Nenning. Für ihn sind die Bürgerinitiativen *"aus einem spezifischen Versagen der Parteiendemokratie"*[29] entstanden, sie seien somit eine *"Alternative zur Partei"*,[30] *"die große Erfindung des Jahrhunderts, eine neue politische Form."*[31] *"Daß Bürgerinitiativen sterben, hat nichts zu besagen, weil immer wieder neue entstehen."*[32] Sie sind ihm daher das Hauptvehikel in der ökologischen Auseinandersetzung: *"Die Bürgerinitiativen sind die permanente Metastasierung, die notwendig ist, um einigermaßen fertig zu werden mit der Naturzerstörung."*[33]

Hinsichtlich der Bürgerinitiativen ist jegliche Idealisierung problematisch. Abgesehen vom meist vordemokratischen Partizipationsniveau in diesen, sind es oft auch die Ziele und bornierten Eigeninteressen, die alles andere als eine Idealisierung erlauben. So kann es Bürgerinitiativen für und gegen die A 4, für und gegen den

Semmering-Basistunnel, für und gegen alles und jedes geben. (Wobei Bürgerinitiativen für ein bestimmtes Projekt fast ausschließlich Folge einer Bürgerinitiative gegen das nämliche sind.) In ihrer Zielungerichtetheit liegt schließlich auch eine der Tücken des Modells. Bürgerinitiativen sind wahrlich eine Form der postmodernen Beliebigkeit. Kennzeichnend für sie sind meist ihr beschränkter Horizont - dies ist umfassend gemeint: räumlich, zeitlich, geistig, inhaltlich, förmlich - und ihr beschränktes Ziel, falls man überhaupt von einem Ziel sprechen kann, wenn jemand einen Status quo gegen einen Status ante portas verteidigen will. Charakteristisch für Bürgerinitiativen ist kein Vorhaben, sondern ein Dagegenhaben. Sie sind Regungen des Unmuts, nicht Bewegungen des Muts.

Ursprünglich wurden Bürgerinitiativen nicht als Ausdruck von politischem Basisprotest schlechthin gedeutet. Diese spätere Sichtweise ist denn auch eher als spezifische Ideologisierungsleistung im Kontext der Formierung und Ausdifferenzierung der Ökologiebewegung und grünalternativer Parteien zu sehen, mit der versucht werden sollte, in diesem Formierungsprozeß gewisse strukturelle und organisatorische Entwicklungen zu bremsen oder auftretende Defizite positiv zu legitimieren. Die Berufung auf die Tradition eines Bürgerinitiativenprotests ist in dieser Hinsicht bloß als versuchte Instrumentalisierung eines Formprinzips politischer Artikulation zu werten, mit der in den strömungspolitischen Auseinandersetzungen im Zuge der grünalternativen Parteiwerdung gesellschaftsverändernden Positionierungsversuchen der Grünen als prinzipiell radikaler Oppositionsbewegung entgegengesteuert werden sollte. Politische Instrumentalisierung und substantielle Wesenheit dieses Phänomens müssen so deutlich auseinandergehalten werden. Es trug zur kategorialen Verwirrung bei, daß Basisgruppen der in Formierung befindlichen Alternativ- und Ökologiebewegung den Terminus "Bürgerinitiative" rückblickend zur Selbstcharakterisierung gebrauchten. In ihren Anfängen wäre es den frühen Zirkeln und Projektgruppen des Alternativszene niemals in den Sinn gekommen, sich selbst in der Tradition von Bürgerprotest oder -initiative zu wähnen.

Bürgerinitiativen sind Organisationsformen der Unverbindlichkeit, mit losen inneren Strukturen und minimalen Festlegungen, meist gekennzeichnet durch die Koppelung hierarchischer Entscheidungsabläufe mit nachfolgendem Palaver. Sie richten sich damit gegen formalisierte, demokratisch fundierte Entscheidungsverfahren ebenso wie gegen die prozessuale Dynamik sozialer Bewegung, sie sind der Aufmarsch des Privaten gegen das Öffentliche, des Partikularismus gegen Pluralismus und Kollektivismus. Die Formulierung und Vermittlung politischer Interessen geschieht in ihnen grundsätzlich privat, informell, intransparent, nicht nachvollziehbar, exklusiv, eben weil die Bürgerinitiative als Organisationsform des Privatmannes entwickelteren Formen politischer Sozialisation entgegentritt.

Charakteristische Differenzen gibt es nicht nur zwischen Bewegung und Bürgerinitiative, sondern auch zwischen Bewegung und Partei. Deren mangelhaftes Auseinanderhalten ist aber nicht nur Ergebnis terminologischen Unvermögens, sondern folgt auch den oft eigenartig anmutenden Amalgamierungen der verschiedenen Formen und ihren Durchmischungen. Der Ausdifferenzierungsprozeß ist allerdings in der Zwischenzeit schon weit vorangeschritten, so daß die Trennlinien deutlicher sichtbar werden, die Realität somit unserer Typologisierung immer gerechter wird.

Der qualitative Unterschied zwischen der Ökologiebewegung und den anderen Bewegungen liegt auch darin, daß aus Erstgenannter heraus (nicht: aus Erstgenannter!) eine Partei werden konnte, ja Partei werden mußte. Seit der institutionalisierten Transformation der Arbeiterbewegung in Arbeiterparteien ist das keiner Bewegung gelungen, eben weil ihre Ansprüche und Ansätze unter dem jeweiligen Hauptkonflikt subsumierbar waren. Empirisch zeigt sich das in zweierlei Hinsicht: Erstens sind führende Vertreter der Friedens-, Frauen- oder Minderheitenbewegungen bei den Grünen kaum an führender Stelle zu finden, zweitens scheiterten deren eigenständige Formierungsversuche bei diversen Wahlgängen. Konsolidierungsfähig in diese Richtung war einzig und allein die Ökologiebewegung, ihr gelang es über Wahlbewegungen und Listen, zur Partei aufzusteigen. Diese ist Ausdruck der gesamten Ökologiebewegung, genauer: ihrer aktuellen Substanz, auch wenn der Großteil ihrer Trägerschaft den Schritt in die Partei nicht mitgetan hat. Auch wenn Ökologiebewegung und grüne Partei deutlich zu unterscheiden sind, wäre letztere nichts ohne erstere.

Es wäre freilich falsch, die Partei als bloße Institutionalisierung der Bewegung zu verstehen, sie als deren Ausdruck oder politischen Arm zu begreifen, gar unter dem Begriff einer Bewegungspartei. Bewegungssegmente spielen eine Rolle, sie taugen aber nicht zur Charakterisierung der Partei. Partei ist somit keine Fortsetzung, sondern eine Transformierung bestimmter Bewegungsmomente. Quantitativ ist die Partei kleiner, qualitativ aber größer als die Bewegung, aus der sie hervorgegangen ist, sie reicht auch über deren Grenzen hinaus. Die Ökologiebewegung ist Voraussetzung der Grünen, nicht aber deren unmittelbare Bedingung. Parteien kennen ein viel größeres Maß an Selbstbezogenheit. Ihre Eigeninteressen, womit vor allem die weitere Bestandssicherung gemeint ist, sind mindestens so stark wie ihre Anliegen. Als Formation sind sie gezwungen, in allen gesellschaftlichen Bereichen zu intervenieren oder zumindest Stellung zu nehmen, anders als die Bewegung, die sich auf einige wenige zusammenhängende Fragestellungen bezieht, und ganz im Unterschied zur Bürgerinitiative, die über den sie betreffenden Fall nicht hinauskommt. Natürlich kennen auch Bewegungen selbst ein begrenztes Organisationswesen (Ausschüsse, Dachverbände, Vereinigungen etc.), was uns hier aber interessiert, sind nicht diese notwendigen Gliederungen, sondern ausschließlich die Transformation von Bewegungsteilen zu einer Parteiorganisation.

Der Schritt hin zur Partei war aber kein bewußter, sondern eher eine Notlösung, bei den deutschen Grünen war er die Folge der Ratlosigkeit nach den Niederlagen der außerparlamentarischen Anti-AKW-Bewegung am Ende der siebziger Jahre.[34] *"Lange waren die Grünen nicht auf der Höhe der Entscheidung, die sie 1980 getroffen hatten: für die Organisationsform der Partei. Partei war nicht die Fortsetzung von Bewegung, weder mit gleichen noch mit anderen Mitteln. Partei war auch keine beliebige Form der Öffentlichkeit. Sie war eine stark ausdifferenzierte und spezialisierte Form des politischen Vermittlungssystems, eine Grenze für gemeinschaftliche Bedürfnisse des Bewegungszusammenhangs, zugleich aber - bei richtiger Verwendung - ein Instrument zur Steigerung politischer Intervention, für das es kein Äquivalent gibt. Die Grünen haben sich mit dem Parteiprinzip nie abgefunden, sie sind Partei wider Willen."*[35]

Das Dilemma von Bewegungen als Bewegungen in der bürgerlichen Gesellschaft besteht darin, daß sie nicht kontinuitätsfähig sind. In ihrer Konkretion sind sie stets aktueller, nicht permanenter Ausdruck der gesellschaftlichen Bewegung. Eine Bewegung ist ein Faktor der Diskontinuität, eine Partei ist ein Faktor der Kontinuität. Partei will, daß etwas in Bewegung bleibt, auch wenn nichts in Bewegung ist. *"Wenn die Konjunkturen gerade abschwellen, bleibt von den stolzen sozialen Bewegungen nur ein Klüngel übrig, der sie bis zum nächsten Schub weiterverwaltet, und die grünen Parlamentarier. Von den Bewegungen im Stich gelassen und auf sich selbst gestellt, können die grünen Mandatsträger sich nur propagandistisch auf sie beziehen und den Schmetterling mimen, der der Bewegungsstarre entschlüpfte. Der parlamentarische Bodensatz einer gesellschaftlichen Strömung organisiert sich selbständig und hat an sich selber genug zu schleppen."*[36]

Die Partei ist somit als eigenständiger Faktor anzusehen, nicht mit der alternativen Standbein-Spielbein-Theorie zu beschreiben,[37] nicht als bloßes Sprachrohr der Bewegungen zu verstehen. Für die Grünen als Partei ist ihre parlamentarische Existenz gleichbedeutend mit ihrer Existenz überhaupt. Jene ist eine ihrer gesellschaftlichen Bedingungen, wenn sie auch keine Voraussetzung gewesen ist. Finanziell und medial sowie zur Versorgung der eigenen Klientel sind die Parlamente sogar überproportional wichtig. Es sind so auch die diversen wahlarithmetischen Hürden, ob in Grundmandaten oder in Prozentpunkten ausgedrückt, die mithelfen, die Grünen zusammenzuhalten.

In diesem Zusammenhang ist es auch interessant anzumerken, daß vor allem die Realos die oben angesprochene Differenzierung schneller durchschauten und ihre Schlüsse zogen als die Linken. Während sich letztere oft dem Bewegungsfetischismus hingaben, erkannte etwa Joschka Fischer schon 1983: *"Diese Bindung an die außerparlamentarischen Protestbewegungen darf jedoch nicht zu deren bloßer parlamentarischer Kopie verkommen. Die sozialen Bewegungen folgen einem anderen politischen Rhythmus, einer anderen Bündnislogik, anderen Organisationsformen und anderen Zeitabläufen."*[38] Und Hubert Kleinert schreibt: *"Dabei taten sich die Realos insofern leichter, als ihr politisches Konzept auf der Vorstellung einer Nichtidentität von Partei und Bewegung basierte. Für sie vertrat die Partei die Forderungen eines breiten gesellschaftlichen Spektrums auf den parlamentarisch-politischen Ebenen und bewegte sich zwar nicht unabhängig davon, aber auch nicht als bloßes Sprachrohr der Bewegungen. Im Grunde hatte sich bei den Realos der Repräsentationsgedanke bereits weitgehend durchgesetzt."*[39]

Unabhängig davon, wie wir die Schlüsse der Realos beurteilen, ist ihrer grundsätzlichen Einschätzung beizupflichten. Die von den Ökosozialisten und Radikalökologen immer wieder angeführten radikalen Bewegungen sind, trotz bestimmter Radikalismen in Theorie und Praxis, ein Mythos. Der von Ebermann/Trampert auf dieser Grundlage ausgesprochene Leitsatz: *"Die Grünen haben die Freiheit, eine radikale Politik zu machen"*,[40] geht in die Irre. Die Grünen können als Partei vielmehr nur so radikal sein, wie Wählerschaft und Bewegungen es erlauben. Handeln sie dem zuwider, ist mit Abstrafungsaktionen (Wahlenthaltungen, Aktivitätsverweigerung etc.) zu rechnen. Das Verhalten von Bewegungssegmenten gegenüber der Partei ist meist ein rein instrumentelles und konsumistisches. Sie wollen Geld und Infrastruktur. Beides ist nur zu haben, wenn die Grünen auch in den Vertretungskörperschaften sitzen. Unabhängig von ihrer außer- oder gar antiparlamentarischen Ideologie müssen Bewegungsvertreter daher an deren parlamentarischer Existenz interessiert sein. Das Motto selbst radikalster Elemente ist dann oft: Rein bleiben und kassieren. Was sie freilich nicht hindert, die grünen Parteivertreter dann wegen ihrer schmutzigen Hände anzuklagen.

Vor diesem gesellschaftlichen Druck mußte selbst eine durchaus potente Linke, vergleicht man sie jetzt nur mit ihrem unmittelbaren Gegenüber, den Realos, in die Knie gehen, sich entweder für Anpassung oder Ausgliederung entscheiden. Ebenso kurzsichtig war daher auch folgende Annahme: *"Es gibt nur ein gesellschaftliches Potential für eine ökologische Linkspartei. Ob diese ökologische Linkspartei hauptsächlich als Faktor im kapitalistischen System fungieren oder zu einer Kraft zu seiner Überwindung wird, ist offen."*[41] Auch da verwechselten die linken Grünen ihren damaligen Einfluß in der Partei mit den objektiven Möglichkeiten der Partei, die innerorganisatorische Stärke mit der gesellschaftlichen Stärke ihres Standpunkts. Ähnliches galt für die Linken bei den österreichischen Grünalternativen. Wir beziehen uns hier nur deswegen primär auf die deutsche Debatte, weil eine solche in Österreich nicht stattfand, sehr wohl aber die Entwicklungen ähnlich verliefen.

Entstanden sind linksliberale Parteien. Neu ist die ökologische Schwerpunktsetzung, alt ist das Politikverständnis. In der gesellschaftlichen Substanz unterscheiden sich diese Parteien nur unmerklich von der europäischen Sozialdemokratie. Die neuen Anliegen haben keine neue Politik, weder in Form noch Inhalt, gebracht, sondern bloß eine Erweiterung des Themenspektrums aufgrund der Brisanz ökologischer Probleme. Das in der Tendenz Neue hat in der Konkretion sich relativ herkömmlich ausgeformt, was aber nur zeigt, daß einerseits die Reife der Bewegung noch nicht gegeben ist, andererseits die Instrumente der politischen und ideologischen Integration noch funktionieren. Die Grünen sind so Zusatz, nicht Gegensatz zum System.

Wie sind die europäischen Grünen nun einzuordnen? Mit welchem Typus von Partei haben wir es dabei zu tun? Joachim Raschke bezeichnet sie als *"postindustrielle Rahmenpartei."*[42] *"Weitgehend unbestritten ist, daß die Grünen eine neue Spaltungslinie repräsentieren, die als materialistisch vs. postmaterialistisch (Inglehart), industrialistisch vs. ökologisch (Cotgrove), wachstums- und verteilungspolitisch vs. Lebensweise-bezogen (Raschke) oder einfach Alte vs. Neue Politik (Hildebrandt/Dalton) definiert wird."*[43] Schlimm, etwas bestreiten zu müssen, was so unbestritten ist. Unsere Einwände gegen diese Begrifflichkeit und ihre Begrenzungen haben wir weiter oben schon vorgebracht. Wir halten diese Gegensatzpaare für einen Schein, wobei Schein - was oft genug geschieht - nicht mit Unwirklichkeit oder Trugbild verwechselt werden soll. Nein, der Schein hat schon seine reale Grundlage, er ist aber *"wesenloses Sein"*,[44] wie Hegel vermerkte. Er erfaßt nicht Wesentliches, klammert sich vielmehr an einige wenige vergängliche Merkmale: *"Das Sein des Scheins besteht allein in dem Aufgehobensein des Seins, in seiner Nichtigkeit; diese Nichtigkeit hat es im Wesen, und außer seiner Nichtigkeit, außer dem Wesen ist er nicht. Er ist das Negative gesetzt als Negatives. Der Schein ist der ganze Rest, der noch von der Sphäre des Seins übriggeblieben ist."*[45]

Wir gehen davon aus, daß der antimaterialistische Reflex, der prägend für die Frühphase der Ökologiebewegung und der von ihr beeinflußten gesellschaftlichen Strömungen und Regungen gewesen ist, nur ein Ferment war in der Umpolung des neuzeitlichen "Materialismus". Es ist schon verwunderlich, daß bis heute niemand so recht auf folgendes gekommen ist: daß der materialistische Bezug sich eben nur verändert hat, daß nach der Abdeckung der Quantitäten die Qualität ins Zentrum des materiellen Wollens kommt. Diese Auseinandersetzung kann hier freilich nicht geführt werden, aus unseren Bemerkungen soll nur klar und deutlich hervorgehen, daß wir den Überlegungen der von Raschke angeführten Autoren nicht folgen können, wir uns dem weitgehenden Konsens entziehen.

Vom organisatorischen Standpunkt aus steht die Partei höher als die Bewegung. Vom gesellschaftlichen Standpunkt aus steht hingegen die Bewegung höher als die

Partei. Und zwar weil die Verkürzung der revolutionären Intention der ökologischen Frage in der Partei prinzipiell und strukturell angelegt ist, in der Bewegung aber nur konjunkturellen Charakter hat. Das mag jetzt spitzfindig klingen, vor allem wenn man bedenkt, daß die Äußerungsformen der Bewegungen sich substantiell kaum von jenen der Partei unterscheiden; die Konjunktur also in Permanenz erscheint. Der Unterschied liegt vielmehr darin, daß die Geschlossenheit der Form *Partei* ihre reformistischen Grenzen kennt und sich selbst zusehends auch subjektiv als Integrationsfaktor der bürgerlichen Gesellschaft zu erkennen gibt, während die Form *Bewegung* hier deutlich größere Spielräume zuläßt.

Eines aber ist klar: Kann die Form *Partei,* also die Grünen, sich nicht mehr auf die Form *Bewegung,* also die Ökologiebewegung, beziehen und berufen, wird sie unweigerlich absterben. Ist aber eine gewisse Akkordanz gegeben, dann werden sich die Grünen als gesellschaftlicher Faktor stabilisieren, sich auf Wahlebene, die ja ihre primäre Bezugsebene ist, ungefähr zwischen 5 und 12 Prozent einpendeln. Die ökologischen Probleme, die bloß verwaltet und nicht gelöst werden können, die auf ihnen aufbauenden sozialen Regungen und Bewegungen werden den gesellschaftlichen Subjekten immer wieder die Bedeutung dieser politischen Kraft vor Augen führen, ihnen zeigen, daß ohne sie noch alles viel schlimmer wäre. Die Grünen werden sowieso immer überproportional auf Leihstimmen angewiesen, den Stimmungen und Gefühlslagen der Wähler relativ hilflos ausgeliefert sein. Da ist es dann auch ziemlich egal, ob sie sich von den Etablierten programmatisch und inhaltlich, personell und organisatorisch noch unterscheiden oder nicht. Das interessiert in der Wählerschaft ohnehin kaum. Der Grund, die Grünen zu wählen, liegt ja immer weniger darin, daß sie anders sind, sondern darin, daß sie die ökologischen Probleme, reduziert auf partielle Interessen, am entschiedensten ansprechen und auch aussprechen können, da sie anders als die Volksparteien nicht von kaum beweglichen Lobbykompromissen beherrscht sind.

5. BASISKATEGORIEN GRÜNER IDEOLOGIE

Bevor wir uns näher mit den programmatischen Vorstellungen, Vorhaben und Konzepten der Grünen auseinandersetzen, ist es notwendig, die Grundlagen ihres Politikverständnisses näher zu durchleuchten. Was ist Basis grüner Theorie und Ideologie? Was sind die Grundlagen ihres bewußten und unbewußten Herantastens an die gesellschaftliche Wirklichkeit? Woher rühren sie? Welchen Mechanismen folgen sie? - Dies alles gilt es zu ergründen. Wir wollen wissen, was sich im Bewußtsein der Grünen abspielt, wie sie zu ihren Äußerungen kommen, was sie beschäftigt und betätigt. Eine Schwierigkeit, vor der wir stehen, ist, daß zu diesen Fragen keine Quellen vorhanden sind und daß es darüber, was die Grünen subjektiv bewegt, kaum schriftliche Äußerungen gibt, die über die Form der Beiläufigkeit und Betroffenheit hinausgehen. Wir finden so zwar einige stereotype Aussagen ihrer Exponenten, aber keine weitergehenden Reflexionen, die sich der Herausforderung stellen: Warum denken wir, wie wir denken? Es geht also in der Folge um nichts weniger als den zweiten größeren Versuch einer Dechiffrierung grüner Ideologie und der ihr zugrundegelegten Denkmuster. Wesentliche Teile der folgenden Analyse finden sich übrigens bereits im Artikel "Die grüne Ideologie"[1] von Franz Schandl aus dem Jahr 1988. Die dortige Argumentation krankte vor allem noch an dem Umstand, daß wir aus den revolutionären Implikationen der ökologischen Problematik vorschnell auf die grüne Programmatik schlossen, ja von einer aktuellen Notwendigkeit und Möglichkeit radikaler systemoppositioneller Grünpolitik ausgingen. Dadurch wurden die Grünen primär an dieser unserer Fiktion gemessen, nicht an ihrer objektiven Rolle und deren historischer Berechtigung. Diese Kritik griff deswegen zu kurz, weil sie den Gegenstand nicht an seinen Möglichkeiten, sondern an den eigenen Vorhaben und Vorstellungen aufbereitete.

Einleitend sei festgehalten: Theorie ist primär eine Wissensgröße, Ideologie ist primär eine Bewußtseinsgröße. Theorien können niemals ideologielos sein, Ideologien müssen hingegen nicht unbedingt theoretisch angereichert werden. Theorie hat Ideologie zur Bedingung, nicht jedoch Ideologie Theorie. Man kann theorielos sein, nie aber ideologielos. Theorien bedürfen der wissenschaftlichen Anstrengung, Ideologien können in den Menschen auch als anstrengungslose Selbstverständlichkeiten erscheinen. Ja, das Selbstverständliche muß seinen Trägern nicht einmal verständlich sein.

Ideologien sind relativ abgeschlossene, in sich und aus sich aufbauende und abgrenzbare Systeme von gesellschaftlichen Anschauungen über die soziale Wirklichkeit als Ganzes und ihre einzelnen Bereiche und Sektoren. Ideologien strukturieren diese und jenes in einer sinnhaften, ja instrumentellen Weise, um soziales Handeln zu ermöglichen und zu rechtfertigen. Sie sind mehr als reine Wertordnungen: *"Ideologien sind nicht bloß Wertkomplexe, sondern ineins damit Weltanschauung, Geschichtsdeutung, Fakteninterpretation, Bestätigung und Verteilung von Handelsaufträgen und Kompetenzen. Sie müssen Werte in sich aufnehmen und zugleich eine Grundlage für die Bewertung und die opportunistische Behandlung dieser Werte bereitstellen."*[2] Ideologien ordnen die Welt von einer Welt an sich zu einer Welt für uns, sie sind immanente Voraussetzung und Bedingung menschlicher Gesellschaft. Sie sind der mehrfach gebrochene, aber wesensmäßig unveränderte ideelle Ausdruck von Basisprozessen. So gesehen kann es überhaupt keine Ideologiefreiheit geben, die Behauptung einer solchen kann nur aufgefaßt werden als die unauffällige, aber doch bestimmte Durchsetzung der Ideologie des Alltagspragmatismus bzw. Alltagspositivismus. Eine bestimmte oberflächliche Betrachtung ist allgemeingültig geworden, sie ist so stark, daß sie alles, was ihr widerspricht, heute mühelos diskreditieren kann. Aus dem subjektiven Ideologieverzicht, wie er etwa auch von den Grünen des öfteren behauptet wird, ist keine objektive Ideologielosigkeit zu schließen.

Ideologie ist zu einem denunzierten Begriff geworden. Dies ist überhaupt ein Kennzeichen des Alltagsverständnisses, des sogenannten gesunden Menschenverstands, der das Bewerten von Begriffen nur als Abwerten oder Hochschätzen begreifen kann. Gepriesen werden dann die Freiheit und die Demokratie, verachtet die Bürokratie oder die Ideologie.[3] Ein solcher Zugang zu den Grundkategorien menschlicher Kommunikation verschleiert diese freilich hinter einem Code der affirmativen Zustimmung oder Ablehnung. Er ist gänzlich unfruchtbar, weil er jene ausschließlich unter dem Gesichtspunkt bestimmter Erscheinungen wahrnimmt, ihren Zusammenhang nicht erkennt, geschweige denn sich einer Ableitung stellt.

Es gehört heute zur alltäglichen Gepflogenheit, daß Politiker verschiedenster Couleur sich bei allen sich bietenden Gelegenheiten pauschal von Ideologien distanzieren. Die Weltanschauung als Basis der jeweiligen Leitwerte wurde abgelöst durch ein allgemeines Bekenntnis zu Sachlichkeit und Konstruktivität. Ideologien erscheinen als etwas Vorgestriges, Ideologiefreiheit hingegen als etwas Selbstverständliches. Das Dogma der Ideologielosigkeit ist gesellschaftlicher Konsens geworden. Wie die Etablierten ihre Anschauungen als nichtideologisch verkaufen wollen, so auch die ihnen nacheifernden Grünen. Die politischen Gruppierungen unterscheiden sich so heute kaum in ihren gesellschaftspolitischen Grundlagen, den darauf aufbauenden Wertungen, sondern fast ausschließlich in Reizwörtern. Diese wechseln natürlich wie die Moden, mal ist der Markt mehr "in" als der Staat, morgen ist es dann wieder umgekehrt. Politik wird zu einem Schaukelspiel, das sich bewegt, aber doch fest verankert bleibt und - will sie nicht abstürzen - nur eine geringe Bandbreite an Möglichkeiten kennt.

Die herrschende Ideologie in der grünen Opposition zeigt sich deutlich in der völlig unkritischen Übernahme der herrschenden Werte und Kategorien. Die Grünen erscheinen vielfach gerade so, als wären sie angetreten, die herrschenden Werte vor den Herrschenden zu retten. Sie begreifen daher jene als Absoluta, nicht als gesellschaftliche Bedingtheiten, die ihre Abweichungen gleich miteinschließen, sondern nehmen sie viel ernster, als das die etablierte Politik aufgrund ihrer Praxis tun kann. Eine Kritik der herrschenden Begriffe suchen wir daher bei den Rettern dieser Terminologie vergebens. Niemand führt den Kampf für Verfassung und Rechtsstaat, Demokratie und Freiheit so illusionsbeladen und ernsthaft wie die Grünen. Kämpften die Linken früher gegen die bürgerliche Gesetzlichkeit, so fordern ihre Erben, die Grünen, heute bloß noch deren Einhaltung. Versuchten jene sie in und aus ihren Zusammenhängen zu erklären, so fordern diese heute nur mehr deren Befolgung und Durchsetzung. Es sind interessanterweise ausgerechnet die Grünen, die den bürgerlichen Prinzipien und Tugenden am meisten huldigen, anstatt sie zu entzaubern. Sie errichten geradezu einen ideologischen Wall um sie herum. In einem historischen Augenblick, wo diese Formprinzipien selbst in die Krise geraten sind, bezichtigen sie die Etablierten des Mißbrauchs und lenken so die Aufmerksamkeit mehr an die falsche Stelle, als dies der etablierte Praktizismus noch zustande bringen könnte. Die Illusionslosigkeit der politischen Macht wirkt vor dieser ohnmächtigen und schwachbrüstigen Illumination fast emanzipatorisch.

Die Grünen sind auch unfähig, Prinzip und Dogma auseinanderzuhalten, sodaß - und das sei hier nur der Vollständigkeit halber erwähnt - ihr Abgehen von jedem alten Standpunkt auch nicht als fundiert, sondern bloß als Umfallen erscheint. Als Musterbeispiel könnte hier der Fall von der dogmatischen Gewaltlosigkeit hin zur Bejahung des militärischen Eingreifens (etwa im Irak oder im zerfallenden Jugoslawien) angeführt werden. Ihr unbegriffener Opportunismus ist so nur die Kehrseite ihres unbegriffenen Dogmatismus. Zwischen Prinzipien und Dogmen gilt es unserer Ansicht nach, folgenden Unterschied zu machen: Er ist wie die Differenz zwischen Geboten und Verboten. Prinzipien als Gebote folgen dem Modalverb "sollen", ein Verbot dem Modalverb "dürfen". Es ist daher wohl auch nicht zufällig, daß z.B. das Christentum seine Normen Gebote (z.B. Zehn Gebote[4]) nennt und nicht Verbote. Das Christentum und die auf ihm aufbauende abendländische Kultur belassen darin den Menschen ein Stück Freiheit, das unzweifelhaft notwendig ist, in bestimmten Situationen zu bestehen. "Du sollst nicht...." ist eine Norm, die sich unter Umständen relativiert, ja in ihr Gegenteil verkehren kann. Sollen umschließt nämlich nur in seiner Positivsetzung das Gebieten, das Erlauben und das Ermächtigen, wodurch Sollen als Sollen, Dürfen und Können aufgefaßt werden kann.[5] In seiner Negativsetzung "Du sollst nicht!" bleibt das Gebot bei sich alleine, kann nicht mehr mit "Du darfst nicht!" (Verbot) oder "Du kannst nicht!" übersetzt werden. Prinzipien kennen daher letztendlich Relativierungen, wenngleich diese bei ihnen nicht am Anfang, sondern erst am Ende stehen; Dogmen hingegen suchen sich selbst zu verabsolutieren, wollen unbeweglich den Bewegungen der Zeit widerstehen. Sie überhöhen das Konjunkturelle und blamieren sich regelmäßig an der Wirklichkeit. Findet das Bedingungslose nicht mehr seine gesellschaftlichen Bedingungen vor, ist es darum geschehen. Die an ihm trotzdem festhaltenden Subjekte erscheinen dann bloß noch wie ein verlorener und überlebter Haufen. Sie sind das Material, aus dem Sekten geschnitzt sind.

Eine antidogmatische Stoßrichtung in Ideologie und Politik ist daher prinzipiell zu begrüßen. Es gilt, sie aber von jenem Pseudo-Antidogmatismus zu unterscheiden, der sich überhaupt gegen Grundsätzlichkeiten, ja weiters gegen jedes höhere Denken ("Reflektiertes Reflektiertes") wendet, jede inhaltliche Verlängerung - im Gegensatz zu seiner Methode der sachlichen Verkürzung - ablehnt und sich gegen die Kritik dahingehend immunisieren will, daß er den Gegner des Dogmatismus (als Steigerungsstufe des Ideologie-Vorwurfs) bezichtigt und ihn so aufs übelste denunziert. Fraglos können auf dieser Ebene keine seriösen Debatten mehr geführt werden. Diese Unterbindung erfolgt einerseits nicht absichtlich, ist aber andererseits auch nicht zufällig. Sie ergibt sich zwangsläufig aus den Basisprinzipien der grünen Bewußtseins- und Stimmungslagen, die sich in der Substanz nur unmerklich von ihren etablierten Ebenbildern unterscheiden. Instinktiv fühlt auch die grüne Charaktermaske durch weitergehende Reflexionen ihren Emotionalhaushalt bedroht. Sie setzt sich daher schon im Vorfeld zur Wehr, scheut den Boden der inhaltlichen Auseinandersetzung, er ist ihr fremdes Terrain.

Grüne Politik ist bauchlastig. Diese Bauchlastigkeit ist auch als Reaktion auf die Kopflastigkeit der Neuen Linken der siebziger Jahre zu verstehen. Die damalige kritiklose Übernahme bestimmter Theorien führte nun zur unkritischen Ablehnung der Theorie überhaupt. Erfahrung und Betroffenheit sind zu den Leitschienen dieses Politikverständnisses geworden. Der Bauch ist die Welt und Einbildung als höchste Stufe der Erfahrung die entsprechende Herangehensweise. Auf den linken Theoretizismus ist ein grüner Praktizismus gefolgt. Kontroversielle Inhalte werden von wirklichen wie angeblichen Vertretern der "Bauchpolitik" dann oft zu Stil- und Formfragen umgebogen.

Es geht hier übrigens nicht darum, eine Seite anzuschwärzen und die andere weißzuwaschen. An gegenseitigen Grobheiten und Untergriffen hatten einander linke *Wiener* und gemäßigte *Grazer* (vgl. Kapitel II-2, II-3, II-4) selbstredend auch gar nichts vorzuwerfen. Die Sitzungen in den ersten Jahren der grünen und alternativen Gruppierungen waren meist stark emotionsgeladen, ja überemotionalisiert, generell von "Bauchpolitik" geprägt. Schreiduelle, Beleidigungen, Zusammenbrüche, Verdächtigungen standen auf der Tagesordnung. Das gegenseitige Mißtrauen war sehr groß. In ganz seltenen Fällen kam es sogar zu handgreiflichen Auseinandersetzungen.

Die Anziehungskraft, die die Szene (vor allem der Bundeshauptstadt) auf diverse Obskuranten und Sonderlinge ausübte, war überdurchschnittlich stark, das Querulantentum feierte fröhliche Urstände. Nirgends konnten die vorhin Genannten ihre Eigenheiten so ausleben, ja besser: aufführen, wie auf den Sitzungen und Versammlungen der sich neu formierenden politischen Kraft. Nur langsam lernte man, mit diesem Problem umzugehen bzw. mit ihm fertigzuwerden. Von außen konnten etwa Plena der Alternativen Liste Wien in der ersten Hälfte der achtziger Jahre durchaus als chaotischer Irrgarten wahrgenommen werden. Mit der gängigen Rationalisierung politischer Kommunikation kontrastierte in den ersten Jahren grünalternativer Parteibildung die dort an den Tag gelegte ungezügelte Emotionalisierung.

Emotion meint eine wenn auch nicht immer objektiv, so doch subjektiv berechtigte gefühlsbezogene Innerung oder Äußerung des einzelnen in allen seinen Lebenszusammenhängen. *Emotionalisierung* ist hingegen die subjektiv berechnende und objektiv unberechenbare Überfrachtung menschlicher Kommunikation, sie ist eine unvorsichtige Preisgabe der Gefühle und Stimmungen. Emotionalisierung führt dazu, daß inhaltliche Differenzen auf der Ebene von persönlichen Vorbehalten und Vorurteilen ausgetragen werden. Wichtig wird dann, *wer* was sagt, nicht mehr, *was* wer sagt. Die letztendliche Entkoppelung ist freilich unmöglich, ein gewisses Auseinanderhalten allerdings unabdingbar, um einen zufriedenstellenden und wenig aufreibenden Kommunikationsablauf zu garantieren. Ein gewisses Abstraktionsvermögen ist da schon vonnöten. Emotionalisierung dient nicht dazu, die Stimme zu erheben, sondern Stimmung (nicht Bewußtsein oder Wissen!) zu machen. Die inhaltliche Debatte gerät auf das Gleis der Sympathien und Antipathien, der Verletzungen und Schreiduelle, der Untergriffe und Überzeichnungen. Keine vernünftige Diskussion ist mehr möglich, da emotional überfrachtet. Emotionalisierung verschleiert die Problemlage hin zu einer Aversions- und Emissionslage. Alle sind geladen.

Alle menschlichen Zusammenhänge brauchen Ordnungen. Auch grünalternative. Daran kann man sich nicht vorbeischwindeln, soll das Ganze nicht in unproduktiven Selbstinszenierungen versinken, wo dann einige wenige durch Handeln die Macht an sich reißen, ja reißen müssen, um überhaupt eine minimale Funktionstüchtigkeit zu garantieren. Das passierte bei den Grünalternativen andauernd. Nicht verstanden wurde, daß eine gepflegte Sitzungskultur sowohl Momente des Auslebens als auch der Zurückhaltung kennen muß, daß ein Klima geschaffen werden muß, das es vielen erlaubt, sich einbringen zu können, ohne permanent aufgebracht zu sein. Die Grünalternativen brachten in ihrem ersten Dezennium als Alternative zu den inszenierten Parteikongressen der Etablierten jedoch bloß das permanente Chaos zuwege.

Warum war dem nun so? Einerseits wurde vor allem in den Alternativen Listen für viele erstmals die autoritäre Sozialisation - sei es nun in Familie oder Schule, Kirche oder K-Gruppe - durchbrochen. Der antiautoritäre Reflex war so gewaltig, daß er in ungezügelte Disziplinlosigkeit ausartete. Niemand ließ sich mehr etwas gefallen, bis schlußendlich niemandem mehr etwas gefiel. Das Ausleben der Gefühle, das Inszenieren der eigenen Person, das rücksichtslose Sich-Einbringen in einer dafür wahrlich nicht geeigneten politischen Gruppierung feierten wahrhaft orgiastische Höhepunkte, während alle anderen Momente, die vielfach erst ein kontinuierliches und gedeihliches Kommunizieren gewährleisten, verdrängt und beseitigt wurden. Die konkrete Angst vor Macht, vor Autorität und Disziplin schuf freilich in ihrer Überzogenheit einen disziplinlosen und ohnmächtigen Haufen, wo sich dann aufgrund der sich daraus ergebenden Manövrierunfähigkeit informelle Autoritäten einfach durchsetzten konnten, ja mußten, sollte das Werkel nicht insgesamt vor die Hunde gehen. In der sehr produktiven und rührigen Anfangsphase führten jene Zustände dazu, daß die Potenzen der Zuströmenden nicht gebündelt und maximiert wurden, sondern geradezu isoliert und minimiert, bis schließlich daher (aber auch aus anderen Gründen) die äußere und innere Attraktivität der ersten Listenkonstrukte gänzlich verlosch. Obwohl die Organisationen der ALÖ für viele nur eineDurchgangsstation darstellten, war bis Ende 1983 mehr Zustrom als Abgang zu verzeichnen. *"Jetzt mischen wir uns ein!"* war als Motto durchaus ernstgemeint und erfaßte auch richtig die Politik dieser Phase. Sie war alles andere als konsumistisch reduziert, medial ausgerichtet oder monetär entwertet. Engagement war eine Selbstverständlichkeit. Warum die oben skizzierten kommunikativen Zustände damals doch so viele Menschen ausgehalten haben, ist wohl nur dadurch zu erklären, daß die diese Personen prägenden und bewegenden Kräfte in dieser Phase soviel Dynamik entwickeln konnten, so stark waren, daß für den politischeren Teil das Unaushaltbare aushaltbar wurde. Die für die Aktivistinnen und Aktivisten lebensintensiven Monate vor den Nationalratswahlen 1983 waren auch gekennzeichnet von einem bisher einzigartigen Aktivitätsschub und einer Aufopferung sondergleichen. In der Wiener Alternativszene herrschte ein atemloser Praktizismus; einer übrigens, der zweifellos damals schon moralischen Charakter trug, wenngleich diese Moral nicht von Biederkeit, sondern von Aufmüpfigkeit geprägt war. *"Nicht ducken, aufmucken!"* war einer der zentralen Slogans der ALW im Wahlkampf.

Wobei das von uns Beschriebene freilich in der Zwischenzeit einige Brüche erfahren hat, stärker in den ersten Jahren ausgebildet gewesen war als heute, wo doch eine gewisse Abgeklärtheit Platz gegriffen hat. Aber diese Abgeklärtheit ist eben keine Aufgeklärtheit, sondern Ein-sich-nach-der-Decke-der-Möglichkeiten-Strecken. Zum Abschluß ist dieser Prozeß schlußendlich in der Grünen Alternative gekommen. Die Phase, in der Verweigerung, Bindungslosigkeit, Ablehnung von politischen Leitungsgremien im Mittelpunkt standen, mündete später in eine banale Übernahme etablierter Strukturen. So gesehen ist das originär alternative Politikverständnis durchaus gescheitert. Auch wenn viele Fehler im einzelnen hätten vermieden werden können, glauben wir, daß aus der Dynamik der gesellschaftlichen Bewegungsprozesse, die diese Akteure schuf, kein Entkommen war, die Rückkehr zu den alten Formen sich in der Unfähigkeit, die neuen Postulate zu praktizieren, schon ankündigte; daß schließlich die Negation zwar berechtigt gewesen war, ihre Ausformungen und ihre Wesensinhalte aber zuwenig Substanz in sich bargen, um längerfristig als Resultat bestehen zu können.

Was für Alternative Listen wie Vereinte Grüne als auch für die Grüne Alternative insgesamt gilt, ist, daß ihr organisiertes Denken über die Alltagsvernunft nicht hinauskommt, es in all seinen Variationen in ihr befangen bleibt. Die Grünalternativen sind jedenfalls, wie Marx sie wohl nennen würde, eindeutig *"Ritter vom gesunden und 'einfachen'(!) Menschenverstand."*[6] Ihm haben sie sich ergeben, und aus ihm ergibt sich ihre Ideologie und Programmatik. Was Grüne in der Politik aufführen, ist nichts anderes als die x-te Variante des gesunden Menschenverstands. Grüne Gesellschaftskritik baut so in erster Linie auf der Erlebnisebene der Akteure auf, sie sensibilisiert und moralisiert, gerät laufend auf das Niveau eines Kampfes von Gut und Böse. Das Diffundieren des seichten Alltagsbewußtseins in die grüne Politik ist bei allen Vorstellungen und Handlungen der Grünen deutlich erkennbar. Man sollte daher das so leicht Dahingesagte durchaus ernst nehmen, die Floskeln und Standardaussagen der grünen Politik näher beleuchten. Jede dieser Bemerkungen hat Sinn und somit ein enthüllbares Wesen. *"Dieser Alltagsverstand bewegt sich auf der Oberfläche der Alltagserfahrung, auf der Ebene des 'Tatsachen'scheins, der das Wesen und das Wesentliche verschleiert, für den Alltagsmenschen unkenntlich und unverständlich macht. Sowohl für diese Alltagshaltung wie für deren theoretische Reflexion trifft der - auf eine nicht zu leugnende, oft subtile Weise - von den theoretischen Akteuren selbst gewählte Begriff des 'Positivismus' zu. Der Alltagsmensch, erst recht der in das empiristische Räderwerk eingespannte Arbeiter, ist notwendiger- und gezwungenermaßen Positivist. Das Durchschauen des Alltagsscheins ist ihm fremd, es würde das Bestehende transzendieren und dem Menschen die Fähigkeit rauben, sich anzupassen, mitzumachen, zu funktionieren, wie es ihm die ihm angetane Funktion in einem System der Selbstreproduktion der repressiven Ordnung abverlangt. Ein auf Totalitätsdenken beruhendes Durchschauen der Verhältnisse würde die für das Funktionieren unerläßliche Bedingung der Identifikation mit wesentlichen Einrichtungen der bestehenden Ordnung unmöglich machen. Identifikation in irgendeiner Form ist in jeder Gesellschaft unvermeidlich und notwendig (....)."*[7]

Die Leute mögen heute über vieles Bescheid wissen, über gar manches nachdenken, sie kommen aber nicht dazu, ihre Gedanken zueinander und zur Welt in Beziehung zu setzen, zu relativieren oder zu festigen, zu hinterfragen und zu systematisieren. So bleibt dieses Denken in den Erfahrungen des Alltags hängen, verfängt sich in seinen Maschen, ist befangen und reicht kaum über die Möglichkeiten des Unmittelbaren hinaus. *"Man nennt daher dieses Denken, das sich naiv und unmittelbar verhält zu den Kategorien der kapitalistischen, wertvermittelten Gesellschaft, positivistisch. Das positivistische Denken setzt sich darüber hinweg, daß die Kategorien, mit denen es umgeht, allesamt konstituiert sind von dem einen gesellschaftlichen Verhältnis des Werts, das in einer jeden von ihnen gleichermaßen erscheint und somit ihre wesentliche Identität ausmacht."*[8] Wie die Logik des Kapitals ist auch der gesunde Menschenverstand als ideologische Ausformung des Alltags blind. Diese Blindheit versteckt sich freilich hinter der tatsächlichen und oft hellsichtigen Bewältigung des Alltags, woraus dann ja auch gleich voreilig auf seine Gesundheit geschlossen wird. Der gesunde Menschenverstand unterstellt, daß alles von ihm abweichende Denken krankhaft sei. Denken als reflektiertes Reflektiertes wird somit überhaupt zu einer zu bekämpfenden Infektion. Antonio Gramsci nannte das Alltagsbewußtsein zu Recht einen *"schrecklichen Sklavenhändler des Geistes."*[9]

Was wir gegenwärtig in der grünen Politikvariante erleben, ist jedenfalls alles andere als die Zurückdrängung des gesunden Menschenverstands in den Alltag, sondern vielmehr seine Verallgemeinerung zu einer universellen Betrachtungsweise schlechthin. Wenn etwa Peter Pilz schreibt: *"Wir sollten ein erstes Mal der gesellschaftlichen Vernunft eine Chance geben"*,[10] von einer *"Allianz der Vernunft"*[11] spricht und im gleichen Atemzug als vernünftig bezeichnet, *"wer sachlichen Zusammenhängen zugängig ist"*,[12] dann ist genau der von uns konstatierte Umstand eingetreten. Pilz erkennt hier einerseits nicht, daß es verschiedene Vernünfte gibt, es vor allem notwendig wäre, die herrschende Vernunft des Werts als ökologische und ökonomische Unvernunft bloßzulegen; und beschränkt andererseits seine eigene Vernunft auf das ideologische Formprinzip des Kapitalismus, auf die Sachlichkeit. Pilz begreift nicht, daß es gerade auch die von ihm eingeforderten Verhaltens- und Denkweisen - die nichts anderes als ideologische Übersetzungen der Wert- und Produktionslogik darstellen - sind, die zu den von ihm bekämpften Mißständen führen.

Der gesunde Menschenverstand kann als eine einzelfallgebundene Gelegenheitsvernunft beschrieben werden, als eine prinzipielle Ausnutzung der Besonderheit.[13] Früher nannte man das schlichtweg Opportunismus. *"Der Opportunismus ist eben deswegen Opportunismus, weil er die grundlegenden Interessen der Bewegung momentanen Vorteilen oder Erwägungen zum Opfer bringt, die auf der kurzsichtigsten, oberflächlichsten Berechnung beruhen."*[14] Was nützt's? ist seine Frage. Aber diese wird nicht allgemein gestellt, sondern nur spezifisch, kennt nur einen Ort und eine Zeit: hic et nunc!

"Dich auf Beistimmung der allgemeinen Menschenvernunft zu berufen, kann dir nicht gestattet werden; denn das ist ein Zeuge, dessen Ansehen nur auf dem öffentli-

chen Gerüchte beruht",[15] schrieb Immanuel Kant in seinen "Prolegomena". Die gesamte abendländische Denktradition behauptet eine Pyramide der Erkenntnis. Soweit sie wirklich Wert hat, wendet sie sich seit mehr als 2000 Jahren in aller Entschiedenheit gegen die Platitüden des gesunden Menschenverstands und sein erbärmliches Erkenntnisniveau. Bereits in den Dialogen des Platon lesen wir: *"Auf etwas anderes also hat seine regelrechte Beziehung das Meinen, auf etwas anderes hinwiederum das Wissen, jedes von beiden nach der besonderen Eigenart seines Vermögens."*[16] *"Wissen nun bezieht sich doch auf das Seiende, um das Seiende nach seiner Beschaffenheit zu erkennen."*[17] *"Also wäre die Meinung weder Unwissenheit noch Wissen."*[18] *"Vielmehr scheint dir doch wohl die Meinung dunkler als das Wissen, heller dagegen als das Nichtwissen?"*[19] Das Meinen liegt, so schlußfolgert Platon, zwischen dem Wissen und der Unwissenheit: *"Nun aber ist uns als Mittleres zwischen diesen beiden das entgegengetreten, was wir Meinung nennen."*[20] Gottfried Wilhelm Leibniz notierte in These 28 seiner "Monadologie": *"Die Menschen handeln wie die unvernünftigen Tiere, insoweit die Verkettungen ihrer Rezeptionen lediglich nach dem Prinzip des Gedächtnisses erfolgen. So ähnlich ist es bei den empirischen Ärzten, die einfach Praxis haben, aber keine Theorie; wir alle sind bei drei Vierteln unserer Tätigkeiten nur Empiriker."*[21] Johann Gottlieb Fichte setzt den gesunden Menschenverstand überhaupt mit dem Nichtdenken gleich, ja denunziert ihn seinerseits als *"unheilbare Krankheit"*. In seinem Werk "Der geschloßne Handelsstaat" schreibt er: *"Der Nichtdenker, der doch gesunde Sinne und Gedächtnis hat, faßt den vor seinen Augen liegenden wirklichen Zustand der Dinge auf, und merkt sich ihn. Er bedarf nichts weiter, da er ja nur in der wirklichen Welt zu leben, und seine Geschäfte zu treiben hat, und zu einem Nachdenken gleichsam auf Vorrat, und dessen er nicht unmittelbar zur Stelle bedürfte, sich gar nicht gereizt fühlt. Er geht mit seinen Gedanken über diesen wirklichen Zustand nie hinaus, und erdenkt nie einen andern: aber durch diese Gewohnheit nur diesen zu denken, entsteht ihm allmählich, und ohne daß er sich dessen eigentlich bewußt wird, die Voraussetzung, daß nur dieser sei, und nur dieser sein könne. Die Begriffe und Sitten seines Volkes und seines Zeitalters scheinen ihm die einzig möglichen Begriffe und Sitten aller Völker und aller Zeitalter. Dieser verwundert sich gewiß nicht, daß alles nun gerade so sei, wie es ist, weil es nach ihm gar nicht anders sein kann; er erhebt gewiß nicht die Frage, wie es so geworden, da es nach ihm ja von Anbeginn so gewesen. Nötigt sich ihm ja eine Beschreibung anderer Völker, und anderer Zeitalter auf, oder wohl gar ein philosophischer Entwurf, wie es nirgends gewesen, aber allenthalben hätte sein sollen, so trägt er immer die Bilder seiner Welt, von denen er sich nicht losreißen kann, hinein, sieht alles durch sie hindurch, und faßt nie den ganzen Sinn dessen, was ihm vorgetragen wird. Seine unheilbare Krankheit ist die, das Zufällige für notwendig zu halten."*[22]

Über diese Beschränkungen des gesunden Menschenverstands urteilte auch Georg Wilhelm Friedrich Hegel: *"Dagegen im ruhigen Bette des gesunden Menschenverstandes fortfließend, gibt das natürliche Philosophieren eine Rhetorik trivialer Wahrheiten zum besten. Wird ihm die Unbedeutendheit derselben vorgehalten, so versichert es dagegen, daß der Sinn und die Erfüllung in seinem Herzen vorhanden sein müsse, indem es überhaupt mit der Unschuld des Herzens und der Reinheit des Gewissens und dgl. letzte Dinge gesagt zu haben meint, wogegen weder Einrede stattfinde, noch etwas weiteres gefordert werden könne."*[23] Der gesunde Menschenverstand ist das *"bewußtlose Urteilen"*,[24] er *"ist daher etwas End- und Bodenloses, das nie dazu kommen kann zu sagen, was es meint, weil es nur meint und sein Inhalt nur Gemeintes ist."*[25] Mit Hegel sollte uns weiters klar sein *"daß in der Wissenschaft ganz andere Bestimmungen vorkommen als im gewöhnlichen Bewußtsein und im sogenannten gemeinen Menschenverstand, der nicht gerade der gesunde"*[26] ist. Ähnlich auch Friedrich Engels: *"Für den Metaphysiker sind die Dinge und ihre Gedankenabbilder, die Begriffe, vereinzelte, eins nach dem andern und ohne das andre zu betrachtende, feste, starre, ein für allemal gegebne Gegenstände der Untersuchung. Er denkt in lauter Gegensätzen; seine Rede ist ja, ja, nein, nein, was darüber ist, das ist vom Übel. Für ihn existiert ein Ding entweder, oder es existiert nicht: Ein Ding kann ebensowenig zugleich es selbst und ein andres sein. Positiv und negativ schließen einander absolut aus; Ursache und Wirkung stehn ebenso in starrem Gegensatz zueinander. Diese Denkweise erscheint uns auf den ersten Blick deswegen äußerst einleuchtend, weil sie diejenige des sogenannten gesunden Menschenverstands ist. Allein der gesunde Menschenverstand, ein so respektabler Geselle er auch in dem hausbacknen Gebiet seiner vier Wände ist, erlebt ganz wunderbare Abenteuer, sobald er sich in die weite Welt der Forschung wagt; und die metaphysische Anschauungsweise, auf so weiten, je nach der Natur des Gegenstands ausgedehnten Gebieten sie auch berechtigt und sogar notwendig ist, stößt doch jedesmal früher oder später auf eine Schranke, jenseits welcher sie einseitig, borniert, abstrakt wird und sich in unlösliche Widersprüche verirrt, weil sie über den einzelnen Dingen deren Zusammenhang, über ihrem Sein ihr Werden und Vergehn, über ihrer Ruhe ihre Bewegung vergißt, weil sie vor lauter Bäumen den Wald nicht sieht."*[27]

Dem gesunden Menschenverstand liegt die Verallgemeinerung der Erfahrung zugrunde. *Erfahrung* ist bloß ein passives Hinnehmen, ein In-sich-Aufnehmen des Geschehens, ja noch mehr: ein Darin-Aufgehen.[28] Erfahrung verläßt die Form des Passivs niemals als Negation, sondern bloß als sich ständig wiederholende Positionierung des Vorgefundenen. Es ist ein Kennzeichen der Erfahrung, daß sie über das Herkömmliche nicht hinauskann und hinauswill. Das gilt oft sogar dann, wenn die Handlungen schon selbst einen anderen Charakter angenommen haben. Erfahrung ist Beschränkung des menschlichen Geistes auf das, was sich ihm täglich aufzwingt. Ihr Denken ist ein Registrieren und Speichern. Ihr Verarbeiten dient ausschließlich der Bewältigung des Alltags. Der *Alltag* als der erscheinende Rest der das Wesentliche sinnlich überdimensionierenden objektiven Tatsächlichkeiten und subjektiven Vollzugspflichten ist die träge Aufdringlichkeit schlechthin. In seiner penetranten Art des Daseins läßt er kein Entfliehen zu. Jedem Entzug folgt die Heimholung. Erfahrung zeitigt somit konservatives, weil konservierendes Wissen. Der Konservativismus der Menschen hat meist einen einfachen Grund: Sie wissen, was ist, sie wissen aber nicht, was kommt. Bekanntes wird im Normalfall Unbekanntem vorgezogen. *"Das Bestehende, mag es sein, wie es will, wird bis zu einem gewissen Grad als natürlich empfunden und nicht gern angetastet",*[29] schreibt Robert Musil. Oder Friedrich Engels: *"Die Tradition ist die große hemmende Kraft, sie ist die Trägheitskraft der Geschichte."*[30] Neues kann jedenfalls kaum aus der Erfahrung heraus gedacht werden, die scheinbare Leichtigkeit ihres Zurechtfindens im Alltag schlägt um in grenzenloses Ignorantentum, begibt sie sich auf fremdes Gebiet.

Die Erkenntnis, daß dem Meinen - laut Hegel *"einem weichen Elemente, dem sich alles Beliebige einbilden läßt"*[31] - keine wissenschaftliche Dimension zukommt, ist heute vielfach in das Gegenteil verkehrt worden. Empirische Wissenschaft hat jenes gerade durch Meinungsumfragen zu ihrem Gott gemacht.[32] Die relative Belanglosigkeit von Antworten der Befragten ist zentraler Gegenstand ihres Suchens geworden. Daraus konstruiert sie dann ihre Wahrheiten, setzt Meinungen mit diesen gleich. Schon Adorno wandte gegen sie ein: *"Andererseits stellt die Durchschnittsmeinung keinen Approximationswert der Wahrheit dar, sondern den gesellschaftlich durchschnittlichen Schein".*[33] Nicht Zusammenhänge werden gedacht, erklärt und entfaltet, sondern Daten erhoben. Es wird nicht gedacht, sondern gemessen. Die Quantitäten werden von den Qualitäten getrennt, ja führen eine nackte Existenz in den Zahlenmeeren ihrer Schöpfer. Die Statistik ist daran interessiert, Prozesse statisch zu fassen. Ihre Zahlen, Daten, Fakten behaupten Ausschließlichkeiten, sie schneiden ab, grenzen aus, denken weg. Wissenschaftliche Werke stehen heute zweifelsfrei unter dem Normierungszwang des Positivismus, scheinen ohne Tabellen und Meinungsumfragen, Statistiken und Prozentpunkte nicht auszukommen. Was freilich für uns auch ein guter Grund ist, daß diese in unserem Werk kaum aufscheinen. Sie sind uns höchstens Krücken der Wissenschaft. Ohne geht es sich besser, aber manche können halt nicht ohne gehen. Ein Beispiel zur Verdeutlichung: In keiner Sprache ist Bewegung so ohrenfällig wie in der Musik. Es geht hier darum, die Komposition zu erfassen: Harmonie, Rhythmus und vor allem die Melodie als das sie über sich hinaustragende Moment. Wie unbeholfen würde uns ein Musikkritiker erscheinen, der 57 gis in der Partitur zählt oder 156 Viertelnoten. Wie unbegriffen wäre das Stück. Wir würden uns verwundert fragen, was er uns damit eigentlich sagen will. Krasse

Aussagen wie die angeführte können natürlich auch Sinn gewinnen, aber nur in Kombination mit anderen, in ihrer Beziehung, kurzum in der Dialektik zu anderem bzw. zum Ganzen. Was für die Musik gilt, gilt aber auch für das Gesprochene und das Geschriebene, nur daß die Absurdität des Messens und Zählens dort weniger auffällt als in ersterer.

Denken ist uns mehr als Registrieren. Es ist mehr als ein Aufnehmen, es ist ein Erkennen, somit Denken über das Denken, kurzum: reflektiertes Reflektiertes. Ein Deuten, und das *"heißt primär: an Zügen sozialer Gegebenheit der Totalität gewahr werden."*[34] Man kann mehr erkennen, als man erfahren kann. Erkennen ist ohne die aktive Zubereitung durch ein Subjekt, ohne sein Losgehen auf das Objekt unmöglich. Der Gegenstand wird im Prozeß der Erkenntnis bewußt durch Interpretation bearbeitet. Das Aufgenommene wird nicht bloß hingenommen, Begreifen meint immer auch Eingreifen. Der Mensch ist im Erkennen Handelnder, nicht bloß Betroffener.

Eine besondere Kategorie, ja ein Imperativ des Alltagsdenkens in der Politik ist die Sachlichkeit. Aussagen wie die folgende des ehemaligen grünen Klubobmanns Andreas Wabl gehören freilich zum Standardrepertoire der Grünen: *"Herr Vizekanzler Riegler! Sie wissen, daß ich, wenn es ein Angebot gab, konstruktive Sachpolitik zu machen, auf dieses Angebot eingegangen bin."*[35] Zitate wie das vorgetragene lassen sich zuhauf finden. Wer sich die Mühe macht, grünalternative Texte zu lesen, Reden zu hören oder Versammlungen zu besuchen, wird immer wieder feststellen, daß Bekenntnisse zu diesen Prämissen selbstverständlich sind. So selbstverständlich, daß sie Politikern und Publikum erst gar nicht mehr als etwas Besonderes auffallen. Die Debatte wird also nicht darüber geführt, ob es sinnvoll sei, sachlich und konstruktiv zu sein, sondern nur noch darüber, was sachlich und konstruktiv ist.

Wie kommen nun Sachlichkeit und Konstruktivität zu dieser derartig steilen Karriere? Die objektive Grundlage, die Sache und Sachlichkeit zu scheinbar ideologiefreien Metawerten aufsteigen ließen, ist wiederum in der Produktion und der auf ihr aufbauenden Arbeitsteilung zu suchen. Georg Lukács, der dieses Phänomen unter dem Begriff der Verdinglichung untersuchte, schreibt dazu: *"Diese Rationalisierung und Isolierung von Teilfunktionen hat aber zur notwendigen Folge, daß jede sich von ihnen verselbständigt und die Tendenz hat, sich unabhängig von den anderen Teilfunktionen der Gesellschaft (oder jenes Teiles der Gesellschaft, dem sie zugehört) auf eigene Faust, nach der Logik ihrer Spezialität zu entwickeln. Und diese Tendenz wächst verständlicherweise mit zunehmend rationalisierter Arbeitsteilung."*[36] Dadurch gehe *"jedes Bild des Ganzen verloren."*[37] Die Sachen werden losgelöst vom Ganzen. Auf ihre unmittelbare Einsichtigkeit reduziert, erscheinen sie nicht mehr als dinghaft erkannte Prozesse, sondern als in sich und aus sich erklärbare gesellschaftliche Phänomene. Es wird nicht mehr begriffen, daß die *"einzelnen Momente und Elemente die Strukturen des Ganzen an sich tragen."*[38] Es wird auch nicht mehr erkannt, daß jedes Verhalten zu einem Teil ein Verhalten zum Ganzen in sich birgt, jede Veränderung eines Teils eine Veränderung des Ganzen nach sich zieht, und jede Veränderung des Ganzen den Teil verändert. Die Isolierung des Teils - der Sache, des Dings, des Elements - vom Ganzen findet in der Praxis nicht statt, sie ist bloß eine von den Gegenständlichkeitsformen der bürgerlichen Gesellschaft abgeleitete alltägliche Abstraktion des gesunden Menschenverstands. Die Versachlichung der Probleme, die Verdinglichung im Alltagsbewußtsein macht dem Menschen die Welt zwar (er)lebbar, aber nicht erkennbar. Worum es ihr nicht geht, ist hingegen, *"die Totalität der Gesellschaft als konkrete, geschichtliche Totalität zu sehen; die verdinglichten Formen als Prozesse zwischen Menschen zu begreifen; den immanenten Sinn der Entwicklung, der in den Widersprüchen der abstrakten Daseinsform nur negativ zutage tritt, positiv ins Bewußtsein zu heben und in Praxis umzusetzen."*[39]

Karl Marx, der den reinen Fachstandpunkt als *"innerhalb des bürgerlichen Horizonts"*[40] befangen qualifizierte, exemplifizierte diesen Umstand anhand der Bewegung des Kapitals als individuelles und als gesellschaftliches Phänomen. Für ihn galt es zu beachten, *"daß diese Bewegung als Bewegung des vereinzelten individuellen Kapitals andre Phänomene darbietet, als dieselbe Bewegung, wenn sie unter dem Gesichtspunkt eines Teils der Gesamtbewegung des gesellschaftlichen Kapitals, also in ihrem Zusammenhang mit den Bewegungen seiner andren Teile betrachtet wird, und daß sie zugleich Probleme löst, deren Lösung bei der Betrachtung des Kreislaufs eines einzelnen individuellen Kapitals vorausgesetzt werden muß, statt sich daraus zu ergeben."*[41] Was nichts anderes heißt, als daß aus der sachlichen Betrachtung der einzelnen Bewegung nur relativ bescheidene Schlüsse gezogen werden können bzw. einzelne wichtige Momente überhaupt unverstanden bleiben müssen, konzentriert man sich ausschließlich auf jene. Erst die inhaltliche Bezugsetzung des Teils zum Gesamten ermöglicht höhere Erkenntnisse auch seines spezifischen individuellen Wirkens.

"Die Ursache einer Sache ist ihr Zusammenhang"[42], ist wohl eine der gelungensten Formulierungen des Arbeiterphilosophen Joseph Dietzgen. Jeder Gegenstand (Sache, Ding) ist ein bestimmtes einmaliges Ensemble von Zusammenhängen. Bei strenger Betrachtung ist er nicht isolierbar, weil andauernd in Bewegung, gallertiger Teil des Ganzen. Er ist nie, wie er gewesen. Er ist nie, wie er sein wird. Er ist und er ist doch nicht, so die dialektische Lehre. Die Sache ist die vergegenständlichte Form von etwas für etwas. Sie ist eine spezifizierende Konstruktion des objektiv Vorhandenen, nicht aber das objektiv Vorhandene. *"Freilich wird damit zugleich verständlich, weshalb das verdinglichte bürgerliche Denken eben aus diesen 'Tatsachen' seinen höchsten theoretischen und praktischen Fetisch bilden mußte. Diese versteinerte Tatsächlichkeit, in der alles zur 'fixen Größe' erstarrt, in der die gerade gegebene Wirklichkeit in voller, sinnloser Unwandelbarkeit dasteht, macht jedes*

Verstehen selbst dieser unmittelbaren Realität zur methodischen Unmöglichkeit."[43] Soweit Lukács. Adorno schreibt: *"Was Sache selbst heißen mag, ist nicht positiv, unmittelbar vorhanden; wer es erkennen will, muß mehr, nicht weniger denken als der Bezugspunkt der Synthese des Mannigfaltigen, der im Tiefsten überhaupt kein Denken ist. Dabei ist die Sache selbst keineswegs Denkprodukt; vielmehr das Nichtidentische durch die Identität hindurch."*[44]

Sachen sind gedanklich isolierte und zur Erstarrung gebrachte Wahrnehmungen des sich andauernd verändernden Daseins. Sachen werden ihres prozeßhaften Charakters, ihrer Entwicklung, ihres Werdens und Vergehens entledigt. In Sachen[45] wird etwas gedanklich festgehalten, was real nicht aufzuhalten ist. Dinghaftigkeit meint ja nichts anderes, als daß etwas bei sich bleibt. Sachen zu erkennen und sie dingfest zu machen ist eine nicht zu verachtende Bedingung und ein hervorragendes Kennzeichen menschlichen Denkens und gesellschaftlicher Kommunikation. Nur wäre es fatal, dieses auf eben jene Notwendigkeit zu reduzieren. *"Es kann bemerkt werden, daß sich hier der Sinn des Dings-an-sich ergibt, das eine sehr einfache Abstraktion ist, aber eine Zeitlang eine sehr wichtige Bestimmung, gleichsam etwas Vornehmes"*,[46] schreibt Hegel. Wer nicht sachlich denken kann, wird nie etwas begreifen können, wer bloß sachlich denkt, dem werden die weiterreichenden und somit emanzipatorischen Dimensionen menschlicher Erkenntnis verschlossen bleiben. Das Denken und Handeln des Menschen darf daher die Sachen nicht verabsolutieren, darf nicht an den Sachen hängenbleiben, muß über sie hinausschreiten. Das erkannten selbst Positivisten, etwa der deutsche Soziologe Max Weber, der als Vertreter einer *"sachlich-wissenschaftlichen Kritik"*[47] (so die Selbstbezeichnung) schreiben mußte: *"Nicht die 'sachlichen' Zusammenhänge der 'Dinge', sondern die gedanklichen Zusammenhänge der Probleme liegen den Arbeitsgebieten der Wissenschaften zugrunde."*[48]

Die Sache ist die Zusammenfassung verschiedener Momente zu einem Gegenstand. Sie bedarf einer spezifisch segmentierten Konstruktion realer Prozesse. Die Sache ist somit nicht Wirklichkeit schlechthin, ja nicht einmal eine ihrer segmentierten Wahrheiten, sondern ein spezifisches Ensemble der Realität, das bestimmten Gesichtspunkten folgt; *"das Ding selbst ist das Bestehen der vielen verschiedenen und unabhängigen Eigenschaften."*[49] Im Gegenstand vergessen wir Werden und Vergehen, tun der Entwicklung Gewalt an, indem wir Wirkliches als immerfort wirkendes Wirken auf einen Zustand herunterbringen. Zustand meint hier nichts anderes als eine Bewegung, deren Merkbarkeit uns nicht auffallen will, der wir uns entziehen. Als das Beharrende und Bleibende ist er eine Fiktion. Aber er ist eine Realfiktion, eine Fiktion, der wir bedürfen. Das Kriterium der Sache ist die Faßbarkeit. *"Der Gegenstand ist dem Wesen nach dasselbe, was die Bewegung ist, sie ist die Entfaltung und Unterscheidung der Momente, er das Zusammengefaßtsein der-*

selben." [50] *"Das Ding ist also wohl an und für sich, sich selbst gleich, aber diese Einheit mit sich selbst wird durch andere Dinge gestört; so ist die Einheit des Dings erhalten und zugleich das Anderssein außer ihm sowie außer dem Bewußtsein."* [51] Um mit Hegel abzuschließen, sollte klar sein: *"Der Gegenstand ist vielmehr in einer und derselben Rücksicht das Gegenteil seiner selbst: für sich, insofern er für Anderes, und für Anderes, insofern er für sich ist. Er ist für sich, in sich reflektiert, Eins; aber dies für sich, in sich reflektiert, Eins-Sein ist mit seinem Gegenteile, dem Sein für ein Anderes, in einer Einheit und darum nur als Aufgehobenes gesetzt; oder dies Fürsichsein ist ebenso unwesentlich als dasjenige, was allein das Unwesentliche sein sollte, nämlich das Verhältnis zu Anderem."* [52]

Sachpolitik ist nichts anderes als die auf Politik umgelegte Sachlichkeit, die Zurechtstutzung politischer Probleme auf Sachprobleme. Sachlich denken heißt, in einander gegenübergestellten Ausschließlichkeiten zu denken. Nicht die Einordnung der dinghaften Prozesse in ein struktives Ganzes ist der Sachpolitik wichtig, sondern diese in der behaupteten Ausschließlichkeit selbst. Sie bearbeitet gesellschaftliche Probleme an der Oberfläche, konzentriert sich auf Erscheinungen, die sie fördern oder abstellen will. In ihrer Logik folgt sie den Folgen, ergründet nicht die Gründe des Daseins. Manchmal erklärt sie das auch ganz offen. Herbert Fux als einer ihrer grünen Proponenten etwa meinte: *"Das ganze Hinter- und Nachfragen, warum die Zustände so sind, bringt gar nichts."* [53] Er dürfte mit dieser Meinung nicht alleine dastehen, wenngleich nur wenige Grüne sie so offen aussprechen würden.

Gänzlich daneben ist daher auch die Trennung von Sachpolitik einerseits und Gesellschaftspolitik andererseits. Die Behauptung etwa, wir mögen doch alle unterschiedlichen Weltanschauungen anhängen, aber hier gehe es um praktische Politik, um Sachfragen, ist an und für sich grotesk, sie disqualifiziert sich von selbst. Denn wo hören die Sachfragen auf, und wo beginnen die ideologischen Prämissen zu greifen? Was kann so eine private Weltanschauung schon wert sein, die eben nicht auf alle gesellschaftlichen Prozesse angewandt werden kann? Was ist sie mehr als eine individuelle Marotte, vergleichbar irgendeinem Hobby? Die Behauptung unterstellt jedenfalls zwei verschiedene Arten von Problemen: weltanschauliche und fachliche. Einmal ist dann der Gesellschaftspolitiker, das andere Mal der Experte[54] gefragt. Während heute Erstgenannter meist unter Ideologieverdacht steht, genießt der Fachmann in der Politik, insbesondere auch bei den Grünen, hohes Ansehen. Er verleiht scheinbar jenes Gewicht, das der eigenen Theorie, weil kaum vorhanden, fehlt. Derweil schließen sich Theorie und Expertentum im Prinzip aus. Dort, wo wirklich Theorie entsteht, haben Experten wenig zu sagen, und dort, wo Experten das Sagen haben, entsteht keine Theorie. Theorie, die ihren Namen verdient, ist nämlich niemals ex parte, sondern immer pro toto. Keine Disziplin kann heute mehr bei sich bleiben, ein "Streit der Fakultäten", der zu Kants Zeiten noch einigermaßen Sinn machte, ist heute gänzlich absurd. Abgesehen davon aber scheitert das Expertentum schon daran, daß sich die ihm unterstellte Objektivität im Streit der Experten und Gegenexperten notwendigerweise ad absurdum führt und auflöst.[55]

Eng mit der Sachpolitik verwoben ist auch der *Sachzwang*. Wenn Politiker nicht mehr wissen, wie sie etwas erklären können, dann hat er herzuhalten. In bestimmter Hinsicht haben sie ja recht - es gibt gesellschaftliche Zwänge, denen nicht zu entkommen ist -, die Vokabel aber ist falsch. Es sind nämlich nicht die Sachen, die uns dieses oder jenes aufzwingen, Politik als das erscheinen lassen, was sie ist: organisierte Ohnmacht. Instinktiv haben das die Grünen sogar begriffen. Freda Meissner-Blau, die erste Klubobfrau der Grünen Alternative, erklärte etwa in ihrer parlamentarischen Antrittsrede am 29. Jänner 1987: *"Denn Sachzwang gegen die bessere Einsicht - das ist ein Offenbarungseid politischer Hilflosigkeit."*[56] Doch dann fallen die Scheuklappen: "Politische Hilflosigkeit" können die Grünen nur mit Hilflosigkeit von Politikern übersetzen, nicht aber korrekt als Hilflosigkeit der Politik. So bleibt der emanzipatorische Denkansatz in der "besseren Einsicht" stecken. Daß diese Einsicht dann wenig Aussicht auf Erfolg hat, sich laufend vor dem sogenannten Sachzwang blamiert, stört die Grünen wenig, und wenn, dann nur dahingehend, daß sie beginnen, ihre Einsichten in Richtung politischer Aussichten zu konvertieren. Sachzwänge erzwingen keine bestimmte Lösung. Sie drängen auch nicht auf. Sie sind keine unabhängigen Variablen des gesellschaftlichen Systems, sie sind vielmehr determiniert von den ökonomischen Verhältnissen und den darauf aufbauenden politischen Kräfteverhältnissen. Sachzwang ist so gesehen nur eine falsche Übersetzung für Systemzwang oder Systemlogik, in letzter Instanz für das Wertgesetz. Die gesellschaftliche Dynamik entsteht nicht aus den Sachen, sondern vermittelt sich über diese.

Stand früher das mythische Ganze für das menschliche Leben, so hat sich das mit der kapitalistischen Arbeitsteilung und der darauf aufbauenden ideologischen Aufklärung umgekehrt. Der Mythos als *"falsche Klarheit"*[57] wurde zerstört, die einheitlichen menschlichen Lebenszusammenhänge wurden durch vielfältige Lebenswelten überwunden. Doch mit dem Falschen am Ganzen wurde auch das Ganze schlichtweg obsolet, aufgelöst in die Teilrationalitäten des bürgerlichen Lebens. Der Mensch - auch der kritischste Zeitgenosse - lebt nicht mehr in der Welt, d.h. in *einer* Welt, sondern in Welten. Der Verlust der einen Welt ist ein nicht abzustreitendes Phänomen. Die verschiedensten, für die Person nur durch die Person zusammengehaltenen Welten (Beruf, Freizeit, Konsum, Medien, Politik, Familie etc.) haben die eine Welt abgelöst, verdrängt und in den Köpfen beseitigt. Typisch für den jetzigen Menschen ist daher, daß er mehr oder weniger in einigen dieser Welten aufgeht, sich selbst als Individuum in diesen Welten zerstückelt. Seine Lebensgeschichte ist so nicht mehr bloß eine Geschichte, sondern besteht aus den vielen Geschichten seiner Rollen. Die

Welten selbst klaffen - wenn auch nur scheinbar, so doch deutlich - zusehends auseinander, verselbständigen sich gar zu "Systemen" mit scheinbar autonomen Strukturen. Das Ganze, die eine lächerliche Welt, die wir hier nach wie vor behaupten, war schon immer unübersichtlich, heute ist sie sogar unsichtbar geworden.

Ähnliches wie zum Thema Sachpolitik läßt sich auch zum *Konstruktivismus* der Grünen sagen. Sachlichkeit und Konstruktivität sind zwei komplementäre Grundzüge der herrschenden wie der grünen Politik. Sie sind die Zweifaltigkeit heutigen Politikverständnisses. Ihre Beschwörung in rituellen Wiederholungen gehört zur öffentlichen Normalität. Die gegenseitige Verpflichtung, doch diesen Handlungsrahmen nicht zu verlassen, wird tagtäglich wiederaufgefrischt. Ähnlich wie bei der Sachlichkeit war das Eindringen dieser konstruktiven Grundhaltung ein stilles Hereinschleichen und keinem diskursiven Bewußtwerdungsprozeß geschuldet. Konstruktivität als Prinzip, kurzum der *Konstruktivismus,* ist jedenfalls nur dann möglich, wenn man das Vorgefundene grundsätzlich für in Ordnung hält. Der Konstruktivismus setzt somit - noch deutlicher als die Sachlichkeit, weil direkter - ein Bekenntnis zur bestehenden Gesellschaftsformation voraus. Kritik kann in ihm nur eine taktische Größe sein, niemals eine strategische Negation beabsichtigen, somit generell gemeint sein.

Der Konstruktivismus behauptet, daß er keine Position ist, da er keine Position hat. Er tut so, als wäre sie keine, weil es Positionen eben nicht geben kann, diese als antiquiert gelten. Er dagegen unterstellt seiner Position, die ja in seiner Sichtweise eine Positionslosigkeit ist, Allgemeingültigkeit. Sie sei nicht Sichtweise oder Standpunkt, sondern Klarsicht und Endpunkt. So gesehen paßt der Konstruktivismus zum propagierten "Endsieg des Kapitalismus", ja zum "Ende der Geschichte". Er ist theoretische Vorankündigung und ideologische Übersetzung.

Konstruktivismus setzt Bejahung voraus. Wobei es natürlich schon gilt, Konstruktivität als aktuelles Verhalten und Konstruktivismus als Prinzip zu unterscheiden. Ein kategorischer Destruktivismus ist - außer in revolutionären Situationen - ja vollkommen ausgeschlossen, jedes einzelne Individuum ist gezwungen, sich in seinem Leben konstruktiv einzurichten, jedwede Politik ist dazu angehalten, auch konstruktiv zu sein. Die Existenz zwingt uns ein bestimmtes Maß an Konstruktivität ab. Eine prinzipielle Destruktivität kann so gar nicht Praxis werden, Identifikation mit dem Bestehenden ist Bedingung der Existenz, nicht aber die Identifizierung damit. Wobei die Unterscheidung darin liegt, daß Identifikation eine objektive Erkenntnis der Zugehörigkeiten darstellt, Identifizierung aber noch das zusätzliche subjektive Moment des Bekenntnisses einschließt. Identitäten und Authentizitäten werden hier in eins gesetzt. Somit wird auch verständlich, warum die Macht gut daran tut, sich selbst und all ihre Abweichler auf ein konstruktives Verhalten und ein sachliches Programm zu verpflichten. Dies ist ein immanenter ideologischer Bestandteil ihres Funktionierens. Sachlichkeit und Konstruktivität sind Momente gegenwärtiger Herrschaftsideologie. Sachlichkeit ist eine Ideologie. Konstruktivismus detto.

Wir plädieren hier dafür, daß Konstruktivität und Destruktivität nicht als sich ausschließende Prinzipien einander gegenübergestellt werden, und möchten sie auf das reduzieren, was sie real sind, nämlich taktische Größen der Auseinandersetzung. Destruktivität wie Konstruktivität sind somit als gesellschaftlich abgeleitete Verhaltensweisen zu fassen. Eine Verpflichtung auf die Konstruktivität kann jedenfalls nur als eine Verpflichtung auf das Bestehende wahrgenommen werden. Sie geht nicht über es hinaus, sondern bereitet es lediglich zu. Um Destruktives zu destruieren, muß man sich destruktiv verhalten, damit Konstruktives möglich wird. Nur Konstruktivem kann konstruktiv begegnet werden, will man im Konstruktiven verbleiben bzw. es erweitern. Es ist also wieder einmal alles ganz anders, als der herrschende Alltagspositivismus unterstellt. Konstruktivität und Destruktivität als taktische und strategische Größen hängen nicht nur von den gesellschaftlichen Möglichkeiten ab, sondern auch vom Standpunkt. So gesehen können für die Charaktermasken die gleichen Handlungen das eine Mal konstruktiv, das andere Mal destruktiv erscheinen. So gewendet kann der Konstruktivismus durchaus destruktiv, der Destruktivismus durchaus konstruktiv sein. Konstruktivität kann folglich auch nur spezifische, niemals allgemeine Konstruktivität sein. Wobei, was ja noch dazukommt, jede Konstruktivität Destruktivität als ihr Gegenteil in sich miteinschließt. Konstruktivität in Praxis kann ja nichts anderes meinen, als daß Vorhergehendes durch Neues ersetzt wird, somit Altes aufgehoben wird. Konstruktivität und Destruktivität sind nicht antagonistisch, sondern in ihrer Gegensätzlichkeit harmonierend. *"Die Harmonie nämlich ist ein Verhalten qualitativer Unterschiede, und zwar einer Totalität solcher Unterschiede, wie sie im Wesen der Sache selbst ihren Grund findet. Dies Verhalten tritt aus der Gesetzmäßigkeit, insofern sie die Seite der Regelmäßigkeit an sich hat, heraus und geht über die Gleichheit und Wiederholung hinweg. Zugleich aber machen sich die qualitativ Verschiedenen nicht nur als Unterschiede und deren Gegensatz und Widerspruch geltend, sondern als zusammenstimmende Einheit, welche alle ihr zugehörigen Momente zwar herausgestellt hat, sich jedoch als ein in sich einziges Ganzes enthält. Dies ihr Zusammenstimmen ist die Harmonie. Sie besteht einerseits in der Totalität wesentlicher Seiten sowie andererseits in der aufgelösten bloßen Entgegensetzung derselben, wodurch sich ihr Zueinandergehören und ihr innerer Zusammenhang als ihre Einheit kundgibt."*[58]

Bevor ein konstruktives oder ein destruktives Verhalten in dieser oder jener Frage angepeilt wird, muß der struktive Charakter des Problems geklärt werden. Es gilt hier bloß, das theoretisch nachzuvollziehen, was in der Praxis selbstverständlich ist, also die Wahrheit auf das Niveau ihrer Wirklichkeit zu bringen. *Struktivität*, ein Begriff, den wir dem ungarischen Marxisten Georg Lukács entliehen haben,[59] ist vorerst einmal nichts anderes als die um ihren Präfix gebrachte Kon-Struktivität respektive De-Struktivität. Es ist eine Untugend sondergleichen, nur die abgeleiteten Wörter im Sprachgebrauch zu belassen, während die viel relevanteren Stammwörter der Vergessenheit anheimfallen. Mit der Frage nach der Struktivität ist jene nach dem inneren Aufbau und dem äußeren Zusammenhang unseres Objekts gemeint, kurzum, die inhaltliche Frage wird damit vor die sachliche gestellt. Das Unterzuordnende wird untergeordnet. Sachlichkeit und Konstruktivität behindern die Erkenntnis, sie sind, kategorisch angewandt, die positivistische Mauer, vor der das bürgerliche Denken haltmacht: 'Bis hierher und nicht weiter!' ist die Devise. Opposition, die diese Grenze nicht erkennt und problematisiert, die es nicht versteht, sich von den vorgefundenen Begriffen zu lösen, diese bewußt zu überwinden, wird früher oder später dort landen, wo sie aufgebrochen ist, in der bürgerlichen Gesellschaft. Wie bei den Grünen bereits geschehen.

Grünalternatives Politikverständnis ist somit alles andere als ganzheitlich. "Global denken, lokal handeln" konterkariert sich von selbst, ist ein unerfüllbarer Slogan geworden. Nach zwanzig Jahren Ökologiebewegung, nach mehr als zehn Jahren grüner Parteien muß konstatiert werden, daß sowohl Denken als auch Handeln in jeder Hinsicht beschränkt sind, ja Selbstbeschränkung den Grünen und Ökologen gar als Tugend erscheint. Grünes Gedankengut ist partikulär, nicht zusammenhängend,[60] es gefällt sich gerade in diesem Aus-dem-Zusammenhang-Reißen, das ihr postmoderne Ideologen wie Joachim Raschke sogar als neue Methode empfehlen. Dieser meint, es gelte, *"ahistorisches Zitieren von Geschichte, ideologisches Cross-over nicht als Banausentum, sondern als kreativen Umgang mit Heterogenität"*[61] zu verstehen. Die Grünen folgen zweifellos diesem Anspruch der Anspruchslosigkeit, was aber nicht heißt, daß diese oder jener so wie oben ausgesprochen und befürwortet würden. Er ergibt sich vielmehr von selbst, ist bewußtloses Bewußtsein und erscheint auch gerade deswegen nicht als Ideologie. *"Die Hauptmängel der gegenwärtigen 'alternativen' Bewegungen in sich verschiedenster Art bestehen in der auffälligen Unfähigkeit zur zusammenfassenden Organisation und ihrer geistigen Beengtheit, was so viel heißt wie in der Unfähigkeit zur Ausbildung und Rezeption einer den empiristischen Oberflächenschein durchbrechenden und über viele Kanäle der populären Vermittlung bestimmende Teile des Volkes ergreifenden Theorie. Hierbei bedingt die Unfähigkeit zur Herausbildung einer solchen Theorie ebenso die Unfähigkeit zur umfassenden politischen Organisation wie diese jene."*[62]

Was bei den Grünen auffällt, ist ihre antitheoretische Schlagseite. Die Theoriearmut ist augenfällig.[63] Niklas Luhmann schreibt: *"Unversehens geht so eine Theoriediskussion in moralische Frageformen über, und das Theoriedefizit wird mit moralischem Eifer kompensiert. Die Absicht der Demonstration guter Absichten bestimmt die Formulierung der Probleme. So diskutiert man aufs Geratewohl über eine neue Umweltethik, ohne die Systemstrukturen zu analysieren, um die es geht."*[64] Dies gilt nicht nur für die Grünen selbst und die Ökologiebewegung, sondern auch, und nicht weniger, für die Wissenschaft, aus der jene ihre Überlegungen und Schlußfolgerungen extrahieren. Als Prototyp kann auch hier die grenzenlos überschätzte Studie "Grenzen des Wachstums" des "Club of Rome" gelten, wo einige Autoren sehr viel statistisches Wissen zusammengetragen haben, aber eigentlich den Gegenstand verfehlen. Wie sonst sind Sätze wie: *"Schon diese Unkenntnis sollte Veranlassung sein, sehr vorsichtig bei der Freisetzung von Schadstoffen vorzugehen"*,[65] zu verstehen. Luhmann beklagt selbstredend diese unbekümmerte Wortwahl[66] und resümiert: *"Den neuen sozialen Bewegungen fehlt Theorie. Ihnen fehlt infolgedessen auch die Möglichkeit, die Unterscheidungen, in die sie ihre Beobachtungen einzeichnen, zu kontrollieren. Vorherrschend findet man daher eine recht schlichte und konkrete Fixierung von Zielen und Postulaten, eine entsprechende Unterscheidung von Anhängern und Gegnern und eine entsprechende moralische Bewertung."*[67] Er kann es sich auch nicht verkneifen, noch folgende Abschätzigkeit hinzuzufügen: *"Schon die sogenannten Frühsozialisten, von Marx ganz zu schweigen, hatten in ihrer Situation sehr viel mehr Theorie zu bieten."*[68] Luhmann ist hier uneingeschränkt beizupflichten.

Was ist nun Theorie? Immanuel Kant schreibt: *"Man nennt einen Inbegriff selbst von praktischen Regeln alsdann Theorie, wenn diese Regeln, als Prinzipien, in einer gewissen Allgemeinheit gedacht werden, und dabei von einer Menge Bedingungen abstrahiert wird, die doch auf ihre Ausübung notwendig Einfluß haben. Umgekehrt, heißt nicht jede Hantierung, sondern nur diejenige Bewirkung eines Zwecks Praxis, welche als die Befolgung gewisser im allgemeinen vorgestellten Prinzipien des Verfahrens gedacht wird."*[69] Theorie spricht stets von Praxis, sie ist ihr Bezugspunkt. Ohne diese Rückkoppelung ist jene verloren. *Theorie* ist, was Praxis in einem System von Begründungen und Kategorien verallgemeinert, reflektiert und rezipiert, spezifiziert und spekuliert, differenziert und integriert. Theorie will die Ordnung der Wirklichkeit nachbauen. Theorie ist somit nicht nur reflektierte Praxis im Denken, sie ist wissenschaftlich-systematisiertes, Begriffe und Beziehungen herausarbeitendes Denken. Praxis kann nie abstrakt, Theorie nie konkret sein. Theorie und Praxis verhalten sich wie Vorstellen und Anstellen. Das Anstellen wird durch das Vorstellen von einem bloßen Tun, einer Hantierung, wie Kant es nennen würde, zu einem bewußten Handeln. Praxis ist stets reflektiertes Tun, wobei das Niveau der Reflexion aber nicht für ihre Bezeichnung ausschlaggebend ist. Theorielose Praxis ist durchaus möglich, reflexionslose jedoch nicht. Um von der Hantierung zur Praxis aufzusteigen, reicht aber schon das geringste Ferment bewußtseinsmäßiger Reflexion. Praxis findet ihren Ausgang im Gegensatz zu bloßem Tun, dem Hantieren, nicht in der Routine, sondern in der sich verwirklichenden, weil tätigen Modellierung, der Wissen und Bewußtsein zugrundegelegt sind.

Grünes Denken ist theoriearm, bewegt sich hauptsächlich auf der Ebene von sinnlichen Gewißheiten. Der Abschied von der Theorie folgt nahtlos dem Abschied von der Ideologie. Das Abstraktionsniveau grüner Exponenten ist geradezu erschreckend. Denken läuft dem pragmatischen Politikverständnis zuwider. Denken gefährdet die Sachpolitik. Denken zerstört den Konstruktivismus. Denken außerhalb fachlicher Vorgaben und konstruktiver Beschränkungen wird überhaupt suspekt, schleunigst gilt es, jenes als ideologisch zu diffamieren, als unsachlich zu diskreditieren und als destruktiv zu disqualifizieren. Die Grünen sind diesem Diktat der konstruktiven Sachpolitik früh erlegen, ja haben diese Vereinnahmung nicht einmal wahrgenommen. Heute gehören sie zu ihren entschiedensten Parteigängern und Protagonisten.

Grüne Politik betreibt ein Wehklagen gegen "das Böse" und gefällt sich selbst in der Rolle "des Guten". Wenn Peter Pilz etwa den Mangel an *"politische[r] Anständigkeit"*[70] beklagt, so zeugt das nur davon, daß er nicht gesellschaftliche Prozesse wahrnimmt, sondern sein Augenmerk auf die Handlungen der Charaktermasken liegt. Ehre und Anständigkeit werden für bare Münze genommen, es wird nicht erkannt, daß auch sie in der kapitalistischen Gesellschaft dem Wertgesetz unterliegen und letztendlich für bare Münze käuflich sein müssen. Warum gerade diese "Werte" keinen Wert erzielen sollen, läßt Pilz offen. Die Frage, warum etwa Funktionäre so werden müssen, wie sie sind, bleibt unbeantwortet, ja wird ausgeklammert, wenn es primär darum geht, bestimmte Exponenten abzuschießen. Dort also, wo zuviel von Anstand die Rede ist, kommt der Verstand meistens zu kurz. In diesem moralischen Praktizismus ersticken die Probleme im Wulst des guten Willens und der besseren Einsichten. *"In unseren Tagen ist der Praktizismus auf mehr oder weniger unreflektierte Handlungen wie Demonstration, Aktion und Rebellion reduziert und impliziert damit einen Rückfall in die Anfänge der Arbeiterbewegung."*[71] Die Grünen fallen laut Leo Kofler sogar *"hinter die bereits erreichte Höhe der früheren APO zurück."*[72] Grüne Politik schöpft aus der Welt der Erfahrungen, nicht aus der Welt der Erkenntnisse. Programmatik, Theorie und Ideologie, sie alle bleiben am Tatsachenschein haften und stoßen nicht zum Wesentlichen vor. Der Bezug dieses Denkens zur Wirklichkeit ist naheliegend, aber gestört: Es konzentriert sich auf die Wirkungen, nicht auf das Wirken. Seine Frage ist jene nach dem *Was*, nicht jene nach dem *Warum*. Die Folge ist Entsetzen und Empörung. Das grüne Selbstverständnis erhält damit einen antiaufklärerischen Grundzug, da es die Konflikte primär auf der Ebene von Personen abhandelt, es unterstellt, daß das Wollen das treibende Moment menschlicher Kommunikation ist. Das Vordergründige wird nicht beiseitegeschoben, sondern breitgewälzt und hochstilisiert. Es ist ein weiteres Kennzeichen grüner Fetischisierung von Politik.

Was wir behaupten wollen, ist nicht weniger, als daß die Grünen die Probleme nicht wahrnehmen, sondern sie bloß sinnlich erfassen. Sie erkennen sie nämlich nicht in ihrer Wirklichkeit, sondern bloß in ihrer Tatsächlichkeit. Sie wissen, wogegen sie sind, aber sie begreifen es nicht. *Dagegen-Sein* ist aber nur dann eine nützliche Größe, wenn man auch *dahinterkommt*. Ihre Begrifflichkeit zeigt mehr als deutlich, daß sie keine qualitativ neue politische Kraft sind, sondern bloß eine Neuauflage herkömmlicher Politik. Der gedankenlose wie fade Gebrauch der obligaten Slogans läßt einen unweigerlich an einen Ausspruch Günther Anders' denken, der schon in den dreißiger Jahren geschrieben hat, daß Schlagwörter *"Worte der Schlagenden zum Gebrauch für die Geschlagenen"*[73] sind. Die Grünen erkennen aber nicht nur nicht die Welt, auch sie selbst sind sich eine Unbekannte. Elementare Fragen nach ihrem Wesen und ihrer Substanz werden regelmäßig von den aktuellen Problemen erstickt. Die eigenen Basiskategorien sind ihnen, obwohl durchgehend angewandt, doch fremd, ebenso das, was Grundlage und Antrieb ihres Handelns darstellt. All dies ist - soweit uns bekannt - bisher kein einziges Mal Gegenstand einer Debatte gewesen.

II. ABSCHNITT
VON DEN PARTEIBILDUNGSPHASEN INS PARLAMENT - GRÜNE GESCHICHTE IM ÜBERBLICK

1. FORMIERUNG DER ÖKOLOGIEBEWEGUNG IN ÖSTERREICH

Die Geschichte der grünalternativen Parteiwerdung kann als Abfolge einzelner markanter Parteibildungsphasen betrachtet werden. Sie setzte mit der Formierung der ersten grünen Wahllisten im Anschluß an die für die österreichische Ökologiebewegung erfolgreich verlaufene Volksabstimmung gegen die Inbetriebnahme des Kernkraftwerks Zwentendorf bei Wien (November 1978) ein und kam mit der Durchsetzung einer einzigen, hegemonialen, österreichweiten grünalternativen Partei ("Die Grüne Alternative") im Zuge der Beteiligung an den Nationalratswahlen 1986 zu ihrem Abschluß.

Unmittelbar im Anschluß an die Zwentendorf-Bewegung erfolgten die unterschiedlichsten Formierungsversuche lokaler, aber auch schon regionaler grüner und alternativer Wahllisten, diverser Bürgerinitiativen oder alternativer Projektgruppen. Zu Beginn der achtziger Jahre gelang schließlich die Etablierung zweier eigenständiger bundesweiter Wahlparteien von Relevanz, der progressiven "Alternativen Liste Österreich" (ALÖ) und der konservativen "Vereinten Grünen Österreichs" (VGÖ). Diese beiden beendeten das am besten als "grünalternatives Glücksrittertum" zu bezeichnende zersplitterte Zirkelwesen und konstituierten erstmals zwei einheitliche ökologische Wahlparteien im gesamten Bundesgebiet. Die Zersplitterung des in Ausdifferenzierung befindlichen grünalternativen Spektrums konnte damit erstmals auf der Ebene der Wahlbewegungen aufgehoben werden. Die Erfolglosigkeit der ersten Wahlgänge auf Bundes- und Landesebene führte nach 1983 zu Bemühungen, auch diese beiden Gruppierungen in einer einheitlichen Wahlbewegung und/oder Partei zu integrieren. Diese Tendenz zur Vereinheitlichung wurde gewissermaßen gestört und unterbrochen durch das Auftreten der Hainburg-Bewegung zur Verhinderung eines Wasserkraftwerks in den österreichischen Donauauen nahe der niederösterreichischen Stadt Hainburg und durch das damit verbundene "Konrad-Lorenz-Volksbegehren" (KL-VB) im Winter 1984/85. Damit konnte sich ein dritter Faktor in der Auseinandersetzung über die politische Ausrichtung der österreichischen Ökologiebewegung erfolgreich etablieren. Über die aus dem Fundus des "Konrad-Lorenz-Volksbegehrens" mit reger Unterstützung der bürgerlichen Medien erfolgte Bildung der "Bürgerinitiative Parlament" (BIP) gelang es Personen, die aus den etablierten Parteien SPÖ oder ÖVP oder deren Vorfeldorganisationen kamen, auf den grünalternativen Wahlzug aufzuspringen und den Einfluß der beiden "Öko-

Altparteien" ALÖ und VGÖ entscheidend zu minimieren. Ihrer Herkunft aber vielmehr noch ihrer ideologischen Positionen wegen wollen wir sie hier als die konservativen "Schwarzgrünen" beziehungsweise die linkssozialdemokratischen "Rosagrünen"[1] bezeichnen. Im Zuge der Bestrebungen, bei den nahenden Nationalratswahlen ein geeintes Antreten der grünen und alternativen Strömungen zu gewährleisten bzw. diese überhaupt organisatorisch zu einer einheitlichen Grünpartei zu fusionieren, kam es zur Marginalisierung und Eliminierung des zuletzt in der ALÖ dominierenden linken Flügels der Wahlbewegung und damit einhergehend zur Etablierung der in Hinkunft hegemonialen Grünpartei "Die Grüne Alternative". Dieser gelang 1986 erstmals der Einzug in das österreichische Parlament, den Nationalrat. Nach der bald wieder erfolgten Abspaltung des rechten Flügels - der Vereinten Grünen - konnte sich die Grüne Alternative als linksliberale Kleinpartei im österreichischen Parteienspektrum festsetzen.

Hervorstechendes Merkmal des gesamten grünalternativen Parteibildungsprozesses war so einerseits der Trend zur Organisierung und in dieser zur Vereinheitlichung der grünalternativen Wahlbewegung, andererseits aber auch einfach nur das dezidierte Bemühen, eine parlamentarische Vertretung des Ökologie- und Umweltschutzgedankens ohne verbindlichere Strukturierung herbeizuführen. Über den Disput zwischen dieser sogenannten Organisations- und Kandidaturvariante ergab sich schlußendlich der politische Charakter der künftigen grünalternativen Wahl-Partei. Eingebettet war dieser Prozeß in die Auseinandersetzung über die grundsätzliche gesellschaftliche Positionierung der Grünen, die im Unterschied zu jenem der politischen Organisierung in noch viel stärkerem Ausmaß von "externen" Faktoren, allen voran der "vierten Kraft" - den bürgerlichen Medien -, bestimmt war und ist.

Den eigentlichen Parteibildungsphasen vorgelagert, vollzog sich zunächst eine Formierungsphase des grünalternativen Spektrums und der übergreifenderen Ökologiebewegung, mit Ausläufern und Traditionssträngen hin zu ganz unterschiedlichen gesellschaftlichen Protest- und Oppositionspotentialen. In dieser Formierungsphase offenbarte sich bereits die evidente Spaltung dieses Spektrums in einen landläufig als "bürgerlich-ökologisch" und einen als "links-alternativ" bezeichneten Block. Selbst noch nach dem Abschluß des grünalternativen Parteibildungsprozesses und der Etablierung einer hegemonialen Grünpartei blieb diese Spaltung weiter aufrecht. So gab es in Österreich neben einer etablierten Grünpartei mit parlamentarischer Vertretung ("Die Grüne Alternative") noch längere Zeit eine zweite, im Verlauf des Parteibildungsprozesses politisch marginalisierte Grünpartei (die "Vereinten Grünen"), welche ihrerseits regelmäßig Wahlgänge bestritt, wenngleich ihr festes landes- bzw. bundesweites Stimmpotential von ca. 1-2 Prozent eine eigenständige parlamentarische Vertretung - vom lokalen Bereich wird hier abgesehen - nicht mehr erlaubte. Diese typische Aufspaltung des grünalternativen Bereichs in eine dominante und eine minoritäre Wahlpartei war übrigens keineswegs ein auf Österreich beschränktes Phänomen. Ähnliche Entwicklungen und Konstellationen ergaben sich auch im internationalen Maßstab. In Deutschland etwa stellt einerseits die Partei "Die Grünen" das Pendant zur hiesigen "Grünen Alternative" dar, die rechtskonservative "Ökologisch-Demokratische Partei" (ÖDP) hingegen jenes zu den Vereinten Grünen. In der Bundesrepublik fanden diese Spaltungen mehrere Jahre zuvor statt, weil hier ja auch der Parteibildungsprozeß entsprechend frühzeitig eingesetzt hatte. Die ÖDP wurde nach der Abspaltung des rechtskonservativen Flügels von den Grünen Ende 1981 von Herbert Gruhl, dem Aushängeschild der Parteirechten und ehemaligen christdemokratischen Bundestagsabgeordneten, ins Leben gerufen. Auch auf die übrigen westeuropäischen Länder trifft die Aufspaltung in linksliberale (ehemals linksalternative) und bürgerlich-konservative Grünparteien, freilich mit teilweise unterschiedlichen Konstellationen, zu.

Die Formierungsphase jener Kräfte, die später das Substrat der grünen Wahlpartei(en) abgeben sollten, stimmte in Österreich vorerst mit der Entwicklung der und zur Anti-AKW-Bewegung überein, wo sich, deutlich voneinander geschieden, ein alternatives, subkulturelles Spektrum (in der gängigen Terminologie als Alternativbewegung bzw. neue soziale Bewegungen bezeichnet) und der von uns so titulierte "ökologische Protest" (sein politischer Ausdruck sind die Bürgerinitiativen) gegenüberstanden. In der Anti-AKW-Bewegung kam es erstmals zur direkten Berührung, Konfrontation und Abgrenzung, aber auch zu ersten Kooperationen dieser beiden Stränge mit ihren jeweils recht unterschiedlichen, vielfach aufgrund ihrer prinzipiellen politischen Divergenzen auch gar nicht integrierbaren Traditionslinien.

Waren die sogenannten neuen sozialen Bewegungen soziologisch gesehen ein "*Entmischungsprodukt der APO*",[2] der Studentenbewegung der sechziger Jahre, so verweist im Falle des konservativ-bürgerlichen Protestblocks eine lange traditionsgeschichtliche Linie von der (völkischen) Lebensreformbewegung der Jahrhundertwende und deren Integration in den Nationalsozialismus ("rechter Lebensschutz")[3] über die Rezeption der aus dem angloamerikanischen Raum überschwappenden ökologischen Expertendebatte ("frühe ökologische Rezeption" mit Konstitution des herrschenden Ökologiebegriffs) bis zur bislang letzten politischen Manifestation in der Organisationsform von "Bürgerinitiativen".

Zum Bereich des rechten Lebensschutzes zählten arrivierte konservative Natur- und Umweltschutzverbände ("Weltbund zum Schutz des Lebens" - WSL, Teile des "Österreichischen Naturschutzbundes" - ÖNB) ebenso wie vielfach rechtsextreme Splitter- und Kleingruppen in der Tradition jener kulturpessimistischen und lebensreformerischen Strömungen der Jahrhundertwende, deren biologistisch-sozialdarwinistische Ideologie ihnen zu einer bruchlosen Integration in die aufkommende nationalsozialistische Bewegung verhalf, wo sie aber aufgrund ihrer (mit der NS-Politik prinzipiell unvereinbaren) antimodernistischen Ideologie bloße kuriose Randerscheinungen blieben. Ihr in der Nachkriegszeit unverdrossen fortgesetztes Zirkelwesen verhalf der lebensreformerischen Rechten zwar nicht zu größerer gesellschaftlicher Relevanz, immerhin aber gelang es ihr in personeller und organisatorischer Verquickung mit umweltschützerischen Honorationenvereinen (WSL) und traditionellen Umweltschutzverbänden (Naturschutzbund), die Anfänge des Antikernkraftwerksprotests in Österreich maßgeblich mitzuprägen. Die so erworbenen Meriten verhalfen der ökologischen Rechten zu einiger Bedeutung in der Formierung der Anti-AKW-Bewegung und der darauffolgenden grünen Wahlbewegung. So kam es zu einer kontinuierlichen Präsenz rechtsextremer Strömungen im grünen Parteibereich, wo sich Exponenten dieses Spektrums später sogar in einzelnen Landesparteiorganisationen der Vereinten Grünen festsetzen konnten. Dennoch blieb ihr Einfluß auf den gesellschaftlichen Charakter der grünalternativen Wahlbewegung sehr gering. Falsch wäre es daher, die Vereinten Grünen vorschnell im Fahrwasser von Rechtsextremen anzusiedeln, das Umgekehrte ist richtig. Explizit ökofaschistische Tendenzen gar, wie ein erst gegen Ende der siebziger Jahre zaghaft versuchtes ökologisches Gerieren des österreichischen Neofaschismus, brachen ihrerseits bereits in den Ansätzen zusammen und blieben für die Formierung der grünalternativen Wahlparteien vollkommen belanglos.

Mit dem Aufkommen der Anti-AKW-Bewegung stellte sich für den ökologischen Protest erstmals die Frage einer übergreifenden Organisierung in diesem ganz speziellen Zusammenhang. Das honorige Engagement verdienter Persönlichkeiten und das emsige Agieren in einer Welt vielfach verwobener Zirkel sah sich plötzlich mit politischen Kommunikationsformen konfrontiert, die zum Teil ihren eigenen gefährlich wurden. Der ökologische Protest war gezwungen, zu einer Organisationsform zu finden, die erlaubte, seine politischen Anliegen zu konservieren. Die Entstehung der Ökologie- und Alternativbewegung und die Formierung von Bürgerinitiativen standen in einem engen Zusammenhang. Die gängige Sichtweise aber, wonach sich die Ökologiebewegung in einer zeitlichen Abfolge aus einer schon gegebenen Protestartikulation durch Bürgerinitiativen heraus entwickelt hätte, würden wir zumindest in dieser Bestimmtheit bestreiten. Mindestens ebenso sehr handelt es sich bei der Berufung auf Bürgerinitiativen um eine Fetischisierung, einen regressiven ideologischen Reflex, der seinerseits in Zusammenhängen politischer Kommunikation höheren Niveaus (soziale Bewegung, Partei, Verband) aufgegriffen wird und wurde, um hier einer ungewollten Dynamisierung entgegenzuwirken.

Als Kommunikationsform haben sich Bürgerinitiativen außerhalb von gesellschaftlichen Institutionen entwickelt. Ihre Distanz zu spezifischen institutionellen Entscheidungsprozessen bedeutet aber nicht, daß sie sich unabhängig von diesen entwickelt haben. Nicht jede Regung, die in Österreich seit Mitte der siebziger Jahre unter der Bezeichnung Bürgerinitiative auftrat, kann a priori als antiinstitutioneller Basisprotest qualifiziert werden. Bürgerinitiativen waren in den siebziger Jahren aus den umgekehrten Gründen in aller Munde, eben weil ihre Artikulation in den meisten Fällen mit jener von Teilen des gesellschaftlichen Establishments verwoben war, weil ihre Träger selbst aus diesem stammten. Bürgerinitiativen realisieren sich über die

Medien oder auch die etablierte Politik. Weil die traditionelle Politik im Auftreten von Bürgerinitiativen Gegner ihrer Planungsvorhaben erkannte, ging sie bereits frühzeitig daran, sich das Formprinzip dieses Protestes selbst zunutze zu machen.

An die schon frühzeitig versuchte politische Funktionalisierung etlicher Bürgerinitiativen fügten sich nahtlos Versuche zur medialen Instrumentalisierung. Bürgerinitiativen stellten für die bürgerlichen Medien in der Formierungsphase der Ökologiebewegung ein zentrales Interventionsinstrument dar, mit dem in gezielter Weise Einflußnahmen versucht wurden. Von da her rührt auch ein Teil ihrer gesellschaftlichen Relevanz. Nicht von ungefähr verdankten sich die ersten Erfolge der frühen Bürgerinitiativen der medial erreichbaren Öffentlichkeit und damit dem Wohlwollen der Medien. Bei einer der ersten "ökologischen" Auseinandersetzungen, es ging gegen die Verbauung des Wiener Sternwarteparks anno 1973, war eine solch ungleiche Allianz zwischen "Kronen Zeitung" und konservativen Honoratioren etwa von der "Österreichischen Umweltschutzbewegung" (USB) wirksam. Auch die Agitation gegen das Kernkraftwerks-Programm der österreichischen Bundesregierung wurde erst durch die aktive politische Einmischung österreichischer Zeitungen zum wirklichen Politikum. Die politische Publizistik der sogenannten "unabhängigen" Presse hatte an der Konstituierung des sogenannten freien, mündigen Bürgers als Kampfbegriff gegen den politischen Apparat von Parteien, Bürokratie und Verbänden wesentlichen Anteil. Im medienvermittelten Kampf des couragierten Bürgers gegen Filz, Korruption und Skandal sollte und soll eine Bresche in den politischen Überbau des modernen, parlamentarisch verfaßten demokratischen Staates geschlagen werden, um dessen sozialisierende Potenz zugunsten jener der Medien und qualifizierter partikularer Interessen zu reduzieren.[4]

Schlußendlich war ein Gutteil der österreichischen Bürgerinitiativen ab Mitte der siebziger Jahre im Anti-AKW-Kampf tätig. Diese Initiativen hatten zum Teil bereits den Schritt von der Regung zur Bewegung vollzogen. Ob sie sich nun als Bürgerinitiativen titulierten oder andere Selbstbezeichnungen führten (Basisgruppen, Anti-AKW-Gruppen etc.), ihr Protest hatte bereits zu einer Dynamisierung, Ausweitung und tendenziellen Ideologisierung gefunden. Eine Typologisierung von Bürgerinitiativen müßte demnach differenzieren in ökologischen Basisprotest, institutionalisierte Bürgerpartizipation im administrativen Planungsvorbau, mediale Instrumentalisierung von Protesthaltungen und in Bewegungssegmente. Nur durch die Subsumption dieser gewiß zusammenhängenden, aber ebenso spezifisch unterscheidbaren Momente unter einen gemeinsamen Oberbegriff ließen sich die "Bürgerinitiativen" als ein veritables gesellschaftliches Phänomen präsentieren, das sie damals in den siebziger Jahren noch nicht waren. Sie wurden in der öffentlichen Meinung wie auch in der wissenschaftlichen Analyse zu einem derart bedeutenden Faktor hochstilisiert, wie es ihrem tatsächlichen Stellenwert im politischen Geschehen kaum entsprach. Aussagen wie, daß sich in Österreich "*in den folgenden Jahren eine vielfältige Szene von Bürgerinitiativen entwickeln [sollte], die sich zu einem eigenständigen und einflußreichen Faktor im politischen Kräftespiel entwickelte*",[5] sind in solch pauschaler Verallgemeinerung nicht aufrechtzuerhalten.

Freilich gibt es die Bürgerinitiativen als Ausdruck punktueller, aber auch flächendeckend vernetzter ökologischer Protest- und Widerstandshaltungen mittlerweile in einem Ausmaß, das nicht mehr übersehen werden kann. Der Basisprotest in Form von Bürgerinitiativen nimmt stetig zu und hat in manchen Regionen Österreichs (etwa im Hinblick auf den Transitverkehr) bereits eine gewichtige Dimension erreicht. Bürgerinitiativen als Basisprotest standen so jedenfalls nicht am Anfang der Ausdifferenzierung der Ökologiebewegung, markierten keineswegs bloß deren frühe Entwicklungsphase, sondern entwickelten sich massenhaft erst neben und zeitgleich mit der grünen Partei. Bürgerinitiativen und die Grünen stehen so in einem wechselseitigen, instrumentellen Verhältnis zueinander.

Die Bürgerinitiativen der siebziger Jahre waren mit einer einzigen spezifischen Ausnahme stets lokal, zeitlich wie inhaltlich eng begrenzte Manifestationen politischen Nicht-Wollens. Neu war allenfalls die Exklusivität umweltpolitischer Verbrämung einer solchen Grundhaltung. Als kontinuierlicher politischer Faktor konnte in Österreich einzig die "Bürgerliste Salzburg" als spezielles lokalpolitisches Phänomen nachhaltige Bedeutung erlangen. Ihr gelang eine Ausweitung ihres politischen Einflusses auf die grünalternative Wahlbewegung, die schließlich zu einer teilweisen Übernahme des Bürgerlisten-Politikmodells durch die grüne Partei ("Die Grüne Alternative") führte.

Die Bürgerliste Salzburg war kein Kind der grünalternativen Wahlbewegung und an deren spätere Formierung konnte sie keinen direkten Anschluß finden. Als Zusammenschluß einiger Salzburger Honoratioreninitiativen zu den Gemeinderatswahlen 1977 konnte sie eher ein traditionelles Protestwählerpotential ansprechen denn grün oder alternativ orientierte Spektren. Ihr relativer politischer Erfolg - sie erzielte bereits bei den Gemeinderatswahlen 1977 beachtliche 5,6 Prozent und zwei Mandate - verhinderte dann die Formierung eines relevanten eigenständigen Grünpotentials in der Landeshauptstadt und sogar im Lande selbst. Bei ihrem zweiten Antreten bei den Gemeinderatswahlen 1982 konnte die Bürgerliste einen überraschenden Wahlerfolg feiern: 17,7 Prozent und sieben Mandate, dazu mit Johannes Voggenhuber als erstem "grünen" Stadtrat Österreichs an der Salzburger Stadtregierung beteiligt, waren das sensationelle Ergebnis. Voggenhuber erhielt eine Fülle von Ressorts und Kompetenzen, etwa das gesamte Planungswesen der Landeshauptstadt, Verkehr, Architektur, Stadtplanung, die Baubehörde mit Baurechtsamt und Baupolizei, Altstadtsanierung, Natur- und Landschaftsschutz, Raumpflege, Gewerbeamt, Marktamt etc., die die etablierten Parteien wohl auch im Sinne einer Beschäftigungs- und Einbindungsstrategie aus der Hand gaben.[6]

In den grünalternativen Parteibildungsprozeß selbst schaltete sich die Bürgerliste erst relativ spät ein. Sie war dazu aufgrund ihrer Konzeption als kommunalpolitische Kraft und fehlender organisatorischer wie inhaltlich-programmatischer Ressourcen auch nicht in der Lage. Reduziert auf sogenannte sachpolitische Anliegen, verkörperte sie eine niedere Form politischer Vergesellschaftung, die in weiten Bereichen eher Verwaltungsleistungen und administrative Dispositionen umfaßte als "eigentliche" Politik, die über solche Administration hinausgewiesen hätte. In ihrer Politik war die Bürgerliste Salzburg ein nahezu lupenreines Abbild des beschriebenen "Idealtypus". Ihre Träger waren Salzburger Honoratioren, Respektspersonen, die "über den Dingen standen" und dabei bloß weniger in kollektive Zusammenhänge der traditionellen politischen Kommunikation integriert waren.

Das Organisationsgefüge der Bürgerliste war diffundierend, Entscheidungen und Entscheidungsfindung verliefen intransparent und informell, demokratische Strukturen waren kaum entwickelt. Die Interessen waren partikular und auf Belange der Altstadterhaltung und gegen die Bauspekulation orientiert. Erst wegen der nach Salzburger Stadtrecht verpflichtenden Einbindung des Stadtrats Voggenhuber in die Stadtregierung nach 1982 vervielfachten sich zwangsläufig die Betätigungsfelder der Bürgerliste. Dabei zeigte sich, "*daß die BL objektiv die Interessen der wachstumswilligen Teile des Fremdenverkehrskapitals vertrat, die zu ihrer Expansion räumliche Erweiterungen der Fußgängerzone benötigten*",[7] wiewohl das Bürgerlisten-Selbstverständnis eine derartige Ideologisierung von sich zu weisen wußte. Das politische Instrumentarium beschränkte sich letztendlich auf symbolisch-mediale Politik. Die Bürgerliste, die bemerkenswerterweise in ihrem Programm führte, "*dem politischen Druck auf die freie Presse entgegen(zu)treten*",[8] konzentrierte ihre praktische Politik zunehmend auf Inseratenkampagnen in dieser "freien Presse". Die Charakterisierung ihres Organisationsverständnisses, die Raimund Gutmann und Werner Pleschberger geben, könnte treffender nicht sein: "*Die Irrelevanz der Organisation, verstanden als Ort kollektiver Diskussion, Entscheidungsfindung und Praxis von Bürgern ist gewollt, weil die Organisation als Servicestelle für den Bürgerwillen, als eine Gleisanlage verstanden wird, auf der die Bürger fahren können. Keineswegs hat die Organisation einen Stellenwert in politischen Auseinandersetzungen. Diese gehen durch die BL hindurch, sie überschwemmen sie, und die Organisation bildet nicht selbst einen Faktor in der politischen Auseinandersetzung.*"[9] Mehr im Zuge des Normalisierungsprozesses der grünalternativen Wahlpartei denn aus eigenem Vermögen gelang es der Bürgerliste schließlich, quasi als passive Gewinnerin größeren Einfluß auf die grüne Politik in Österreich zu gewinnen. Sie wurde letztendlich zu einem Substitut für eine eigene Landesparteiorganisation der Grünen Alternative und kann schon alleine deswegen nicht mehr als reine Bürgerinitiative klassifiziert werden. Die politische Regression der Grünalternativen ab der zweiten Hälfte der achtziger Jahre kam daher auch eher in einer Übernahme der Bürgerinitiativ-Ideologie zum Ausdruck als in einer stringenten Umlegung ihrer Organisationsmuster.

Von weitaus größerer Relevanz als die punktuelle Existenz einiger Bürgerinitiativen war für die Ausformung der österreichischen Grün-Alternativen die Anti-AKW-Bewegung der späten siebziger Jahre. Sie war ihrem Wesen nach eine Bewegung mit teilweise starken antikapitalistischen Tendenzen - und damit sind nicht nur die kruden Deklamationen des österreichischen Linksradikalismus angesprochen. Eine wesentliche Determinante dieser Bewegung in ihrer theoretischen Reflexion und sinnlichen Anschauung war auch eine grundsätzliche Kritik an den gesellschaftlichen Produktionsverhältnissen, für die zwar die Atomkraft synonym stand, die sich aber nicht in einer technikkritischen oder kulturpessimistischen Komponente erschöpfte. Für Peter Pritz, einen der einflußreichsten und maßgeblichsten Aktivisten der Alternativbewegung und Gründungsvater der Alternativen Liste Österreich, stellte so die "*Nuklearindustrie das Flaggschiff des Megakapitalismus*"[10] dar, gegen den sich die Ökologiebewegung mit ihrer "*objektiv antikapitalistische(n) Dimension*"[11] zur Wehr setzen wollte. Die Alternativbewegung war für ihn schlicht "*die historische Antwort auf den opulenten Kapitalismus des ausklingenden 20. Jahrhunderts.*"[12]

Die Anti-AKW-Bewegung war die bedeutendste soziale Bewegung im Österreich der siebziger Jahre und auch die größte und einzige wirkliche Massenbewegung dieser Dekade. Erst durch sie und in ihr erlangten der lebensreformerische ökologische Protest, diverse Bürgerinitiativen, alternative Milieus, ökologische Zirkel und auch die radikale studentische Linke über ihre bisherige Bedeutung hinausgehende Relevanz. Protest gegen Kernkraftwerksbauten entfaltete sich schon in den frühen siebziger Jahren, regional zuerst in Vorarlberg (gegen ein geplantes schweizerisches AKW), dann in Oberösterreich (gegen zwei geplante Standorte in St. Pantaleon und Bogenhofen) und zuletzt gegen das niederösterreichische Atomkraftwerk Zwentendorf. Erst der Zwentendorf-Protest weitete sich zur österreichweiten Bewegung aus, erst letzterer entwickelte sich zum nationalen Politikum. Die Protestbewegung gliederte sich ihrerseits in drei Etappen.[13] In der ersten (1969-73) artikulierten bloß Wissenschaftler, Ärzte und Experten sowie die völkisch-biologistische Rechte ihre Ängste vor dem beschlossenen Kernkraftwerksprogramm der Bundesregierung. Der Protest blieb noch punktuell und relativ isoliert. Eine Verbreiterung konnte in der zweiten Etappe (1974-76) Platz greifen. Der Protest verlagerte sich regional nach Oberösterreich, wo sich erste Bürgerinitiativen formierten, vor allem die vom "Weltbund zum Schutz des Lebens" (WSL) und dem oberösterreichischen Landesverband des "Österreichischen Naturschutzbundes" (ÖNB) getragene "Bürgerinitiative gegen Atomgefahren" (BIAG). Daneben zählten Zirkel aus dem skurrilen Spektrum des lebensreformerischen Rechtsextremismus zu den tragenden Säulen dieses frühen Protestes, etwa der "Bund für Volksgesundheit" oder der "Verein Dichterstein Offenhausen".[14] Unterstützung fanden diese Kräfte durch regionale Medien, insbesondere seitens der "Oberösterreichischen Nachrichten" und der Landesausgabe der "Neuen Kronen Zeitung", die ihrerseits einen prononcierten Anti-AKW-Kurs entwickelten. Der Protest blieb dabei punktuell, richtete sich alleine gegen den geplanten Standort

St. Pantaleon, nicht gegen Zwentendorf. Viele Bürgerinitiativen wandten sich dezidiert gegen eine derartige Ausweitung der Agitation. Man wähnte sich in der Verhinderung des Standortes Zwentendorf chancenlos.

Bislang war der Anti-AKW-Kampf eine mehr oder weniger bürgerliche Domäne gewesen. Ab 1974 begann allerdings der maoistische "Kommunistische Bund" (KBÖ), die bei weitem größte Kadergruppierung der österreichischen radikalen Linken, "im Namen des Volkes" gegen die "imperialistische Energiepolitik" der sozialdemokratischen Bundesregierung zu mobilisieren. Andere Spektren der K-Gruppen-Szenerie, vor allem trotzkistische Sekten, folgten zögernd nach. Trotz heftiger Widerstände konservativer Bürgerinitiativen gelang es dem Kommunistischen Bund, die dominierende organisatorische Rolle in der Anti-AKW-Bewegung einzunehmen und deren bundesweite Formierung voranzutreiben. In der dritten Etappe (1976-78) kam es zur Gründung einer einheitlichen Dachorganisation der Atomgegnerschaft, der "Initiative Österreichischer Atomkraftwerksgegner" (IÖAG), die politisch vom Kommunistischen Bund dominiert wurde. Den Anlaß dazu lieferten freilich auch Vorstöße regierungsoffizieller Stellen. Kanzler Kreisky beschloß, eine bundesweite Aufklärungskampagne über die Atomkraft durchzuführen, und benötigte dazu auch Ansprechpartner seitens der Atomkraftwerksgegner. Diese sahen sich dadurch zu einer übergreifenderen Organisierung genötigt, der Widerstand diverser Bürgerinitiativen gegen Bündelungsbestrebungen konnte so gebrochen werden. Darüberhinaus trug Kreiskys Aufklärungskampagne selbst zur regionalen, ja nationalen Ausweitung des Protestes bei, der die jeweiligen regierungsoffiziellen Informationsveranstaltungen begleitete.

Die Politisierung des Protestes, seine Ausweitung zur österreichweiten Bewegung führten schließlich nach knapp einem Jahr zur Spaltung der IÖAG. Als sich innerhalb dieser die Forderung nach einer bundesweiten Volksabstimmung durchsetzte, mochten dies die konservativen Gruppen und Bürgerinitiativen nicht mehr mittragen. Erst als später auch die Bundesregierung auf den Standpunkt einschwenkte, eine Volksabstimmung abzuhalten, organisierten sie sich ihrerseits, knappe zwei Monate vor dem Votum, als "Arbeitsgemeinschaft gegen Zwentendorf" (ARGE). Deren Mitglieder waren neben der lebensreformerischen Rechten vor allem konservative Honoratioren wie der Wiener Geologieprofessor Alexander Tollmann, der auch ARGE-Vorsitzender wurde, weitere Prominenz aus Kunst und Wissenschaft, aber auch manche Sozialdemokraten, so etwa der ehemalige Chefredakteur der sozialistischen "Arbeiterzeitung", Paul Blau, und dessen Frau Freda Meissner-Blau. Die ARGE setzte in ihrem Anti-AKW-Kampf im Unterschied zur IÖAG fast gänzlich auf Lobbying und Medienberichterstattung.

Die Volksabstimmung vom 5. November 1978 endete mit einem denkbar knappen Sieg der Kernkraftgegner: 50,47 Prozent sprachen sich gegen, 49,53 Prozent für die Inbetriebnahme des bereits fertiggestellten AKWs aus. In absoluten Zahlen stimmten

1,576.839 Menschen für, 1,606.308 Menschen gegen die Inbetriebnahme; die Beteiligung betrug dabei 64,1 Prozent. Die Atomgegnerzirkel schrieben diesen Erfolg durchwegs auf ihre Fahnen, in ihrer Sichtweise stellte die Bewegung "*die Grundvariable in einem komplizierten Prozeß dar, den sie ausgelöst und in den sie stets eingegriffen hat.*"[15] Welche Verkennung der Tatsachen! Der Sieg der Zwentendorfgegnerschaft war vielmehr einer bestimmten Interessenspriorität der damaligen SPÖ-Alleinregierung zuzuschreiben und nicht den bescheidenen Kräften einer in sich doch uneinheitlichen und widersprüchlichen Zusammenballung unterschiedlichster Protesthaltungen und politischer Revolutionsromantizismen. Als Bruno Kreisky die Volksabstimmung über Zwentendorf im Herbst 1978 mit einem Vertrauensvotum über seine Person als Kanzler verband, hatte er schon die Nationalratswahlen im Mai 1979 und die Erhaltung der absoluten Mehrheit im Auge. Das Atomthema sollte deshalb aus dem kommenden Nationalratswahlkampf ausgeklammert werden. Allein - die ÖVP, bislang durchaus auf die Atomkraft eingeschworen, sah sich nun veranlaßt, zu einem taktisch motivierten Nein gegen Zwentendorf aufzurufen, weil sie darin eine Möglichkeit wähnte, endlich die fast schon ein ganzes Jahrzehnt währende sozialdemokratische Alleinregierung zu stürzen. Dieser spezifischen und augenblicklichen Interessenskoalitition gegen Kreisky war der "Sieg" der Atomgegner hauptsächlich zu verdanken.[16] Das zeigt zum Beispiel auch das Referendum über die Atomkraft in Schweden 1980, das für die AKW-Gegner mit einer schweren Niederlage endete. Nur 38,7 Prozent sprachen sich dort gegen die friedliche Nutzung der Kernkraft aus.[17] In Schweden war die Volksabstimmung im Unterschied zu Österreich eben mit keiner politischen Vertrauensfrage junktimiert.

Die Alternativbewegung vermochte es nicht, auf dem Erfolg der Zwentendorfgegner unmittelbar politisch aufzubauen. Die Bewegung verlief sich, zerfiel in ihre Bestandteile, ohne daß gemeinsame tragfähige Perspektiven entwickelt werden konnten. Grüne und Alternative gingen in dieser Phase getrennte Wege und tangierten einander kaum. Seit der Zwentendorf-Bewegung existierte die für das grünalternative Lager charakteristische Spaltung in einen Grün- und einen Alternativflügel. Während die Alternativen von Parteibildung und Wahlbeteiligungen zunächst nichts wissen wollten und ganz auf die Auskostung des alternativen Lebensgefühls setzten, gab es auf Seiten konservativer Kernkraftgegner schon vor der Volksabstimmung rege Aktivitäten, die auf die Bildung grüner Wahllisten abzielten. In Form von Honoratiorenparteien wollten sie das Formprinzip der Bürgerinitiative auf der Ebene von Wahlbeteiligungen etablieren. Es kam dabei zu einer Vielzahl meist ebenso kurioser wie kurzlebiger Listenbildungen, mit denen diese grünen "Glücksritter" das alteingeführte rechte Zirkelwesen zu höheren parlamentarischen Ehren bringen wollten. Sie verschwanden zumeist ebenso sang- und klanglos, wie sie das Licht der Welt erblickt hatten. Einer dieser Gruppierungen, der konservativen "Wahlgemeinschaft für Bürgerinitiativen und Umweltschutz" (WBU), gelang allerdings die Konsolidierung als regionaler Wahlverein.

Seit 1973 existierte die konservative "Österreichische Umweltschutzbewegung" (USB), die sich im bereits angesprochenen Kampf gegen die geplante Verbauung des Wiener Sternwarteparks im bürgerlichen Stadtbezirk Währing in den damals noch esoterischen Zirkeln bürgerlich-konservativen Umweltschutzes erste Lorbeeren verdient hatte. Die Allianz zwischen USB und "Neuer Kronen Zeitung" hatte mit bewirkt, daß der sozialdemokratische Wiener Bürgermeister Felix Slavik seinen Sessel räumen mußte. Noch während der Zwentendorf-Bewegung setzte dieses Spektrum grünen "Glücksrittertums" auf die Beteiligung an parlamentarischen Wahlgängen und benannte sich zu diesem Zwecke prompt in "Wahlgemeinschaft für Bürgerinitiativen und Umweltschutz" (WBU) um. Einzustufen war sie als unausgegoren bürgerlich-liberal-konservative Gruppierung mit zum Teil wenig Scheu vor dem rechtsextremen Spektrum. *"Sie war tatsächlich ein erster ernsthafter Versuch der Installierung einer bundesweit agierenden Organisation zur Führung umweltpolitischer Kämpfe."*[18]

Die WBU war die erste Grüngruppierung, die zu überregionalen Wahlen antrat. Bei den Wiener Landtags- und Bezirksvertretungswahlen im Oktober 1978 konnte sie 6086 Stimmen (0,73 Prozent) bzw. auf Bezirksebene über 10.000 Stimmen verbuchen. Ihre Spitzenkandidaten waren damals Funktionäre der rechtsextremen "Volkssozialistischen Arbeiterpartei" (VAP) - einer *"aktive[n] Kleingruppe mit antikapitalistischen, pseudo-sozialistischen Tendenzen, der es gelungen ist, in der Umweltschutzbewegung Fuß zu fassen."*[19] Bei den kurz darauf, im März 1979, stattfindenden niederösterreichischen Landtagswahlen wandte sich die WBU als *"Initiative freier Landesbürger (...) gegen das sogenannte Kuenringertum*[20] *im Land"* sowie gegen die *"Selbstherrlichkeit und Überheblichkeit von Bonzen und von Cartell-Brüdern, von Partei-, Genossenschafts-, Kammer- und Landesregierungsfunktionären"* in der regierenden niederösterreichischen Volkspartei (ÖVP).[21] Die Ausbeute betrug 7725 Stimmen (0,87 Prozent). Spitzenkandidat der WBU war bei diesem Wahlgang Kurt Wedl, ehemaliger ÖVP-Bürgermeister der Stadt Melk und Wirtschaftsbund-Funktionär, der in einem ÖVP-internen Bündestreit unterlegen und daraufhin aus der Partei ausgeschlossen worden war. Nur diese kurzzeitige Allianz ermöglichte der "Wahlgemeinschaft" das Antreten in Niederösterreich. Ihren letzten Wahlgang bestritt die WBU anläßlich der Wiener Gemeinderats- und Bezirksvertretungswahlen im April 1983, als ihr die Vereinten Grünen Österreichs bereits erfolgreich die Repräsentanz als politische Vertreterin bürgerlicher Ökologie abgerungen hatten. Der VGÖ-Vorsitzende Alexander Tollmann wollte damals einer in Wien zu Kräften gekommenen Opposition gegen seine Parteiführung das Wasser abgraben und setzte deswegen parteiintern eine Unterstützung der an sich mittlerweile in den Vereinten Grünen aufgegangenen WBU, also de facto des rechten Flügels in der Wiener VGÖ-Landesorganisation, bei den Wiener Wahlen durch. Seine kaum stichhaltige offizielle Begründung lautete, daß die Vereinten Grünen Österreichs selbst noch zu schwach wären, um neben dem Nationalratswahlgang auch noch die gleichzeitig stattfindenden Wiener Regionalwahlen zu bestreiten. Die WBU, die sich dann paradoxerweise zu einem Sammelbecken der Tollmann-Gegner entwickelte,[22] konnte bei diesem Wahlgang mit 6144 Gemeinderats- bzw. 9900 Bezirksvertretungsstimmen ihr bescheidenes Wählerreservoir nicht ausweiten. Im Gegensatz zur Alternativen Liste Wien (ALW) gelang ihr nicht einmal der Einzug in die Bezirksräte.

Nicht nur, weil die "Wahlgemeinschaft für Bürgerinitiativen und Umweltschutz" formell die erste Grüngruppierung war, die zu übergeordneten Wahlen antrat, ist sie hier angeführt. Das Interesse liegt auch in der Betrachtung ihrer Ideologie. Denn bemerkenswerterweise avancierten gewisse liberal-konservative politische Forderungen, die in diesem Spektrum zuerst von Teilen der WBU artikuliert wurden, später in breiten Teilen der grünalternativen Wahlbewegung zum Allgemeingut. Von der geforderten Einführung des Persönlichkeitswahlrechts, der Direktwahl der Bürgermeister und des Landeshauptmanns, aber auch ganz allgemein dem Eintreten für Entpolitisierung und Versachlichung in allen Bereichen - durchwegs späteren Gemeinplätzen grüner Ideologie - war zuerst in den WBU-Wahlprogrammen zu lesen.[23]

2. ERSTE PARTEIBILDUNGSPHASE

Die Ausläufer der Zwentendorf-Bewegung mündeten in eine bunte Vielfalt gegenkultureller Haltungen, Initiativen und Experimente. Das Wort "Projekt" wurde Ende der siebziger Jahre zum alternativen Leitbegriff. Handwerklerischer Praktizismus stand hier in höchstem Ansehen. Dieses Spektrum wandte sich aber mit Vehemenz gegen vereinzelte Stimmen, welche die Gründung einer alternativen Wahlpartei anregten. Man verstand sich hier außerparlamentarisch, teils auch deklariert anti-parlamentarisch. Allenfalls mochte man sich mit einer losen "Vernetzung" der existierenden Basisinitiativen anfreunden. Solcherart prinzipielle Argumente gegen mögliche Wahlbeteiligungen traten erst allmählich zugunsten taktisch-strategischer Prämissen in den Hintergrund. Zunächst kam es zum Boom alternativer Projekte: alternative Technologien, alternative Stadtteilarbeit, alternative Landkommunen, biologischer Landbau, spiritistische Innerlichkeit; erste Öko-Zirkel ("Grüne Zwerge", "Aktion Umwelt", "Friends of the Earth", "Forum Alternativ") entstanden. Daß sich übergreifendere Organisierungsversuche der Alternativenbewegung in Österreich zunächst als chancenlos erwiesen, war auch dem Umstand zuzuschreiben, daß es ungleich der Entwicklung in der benachbarten Bundesrepublik Deutschland zu keinerlei Hinwendung der radikalen Linken zu diesem Spektrum kam. Während außerdem in der Bundesrepublik die Auseinandersetzung um Atomkraftwerke andauerte und nur die Schauplätze wechselte, konnte der Protest in Österreich nach der Zwentendorf-Abstimmung nicht weiter fokussiert werden. Die Entwicklungen in der Bundesrepublik führten zu einer fortschreitenden Radikalisierung und Politisierung der Alternativ- und Ökologiebewegung, die österreichische hingegen genoß sich selbst in ihrer ganzen sinnlichen Manier.

Unter all den genannten Gruppen und Grüppchen entwickelte sich das Wiener "Forum Alternativ" zur bedeutendsten Gruppierung. Mit seinem dezidiert politischen Anspruch und einem anti-imperialistischen, sozialistischen - aber nicht marxistischen - Selbstverständnis hob es sich deutlich von vielen anderen ökologischen Zirkeln ab. Im August 1979 veranstaltete das "Forum Alternativ" eine großangelegte "Parallelkonferenz" zu einer entwicklungspolitischen Tagung der Vereinten Nationen in Wien. Im Wiener Prater wurde ein "Öko-Dorf" errichtet, die österreichische Alternativenbewegung hielt hier quasi ihre erste Messe und Leistungsschau ab. Begleitet wurden Prater-Happening und -Spektakel von diversen Seminaren in Zusammenarbeit mit Wiener Volkshochschulen, in denen genuine alternative Theorie entwickelt und präsentiert werden sollte.[1]

Die zweite Wurzel grüner bzw. alternativer Wahlparteien bildeten erste kommunalpolitische Initiativen, die sich im Anschluß an den Zwentendorf-Erfolg auf lokaler Ebene engagierten und erfolgreich bei Gemeinderatswahlen kandidierten. In Oberösterreich formierten sich anläßlich der Kommunalwahlen im Oktober 1979 auf alternativer Seite die "Demokratische Initiative Schärding" und die "Partei für Umweltschutz und Menschlichkeit" (PUM) in Schwanenstadt, auf grüner Seite Josef Buchners "Steyregger Bürgerinitiative für Umweltschutz" (SBU).[2] Zu den niederösterreichischen Gemeinderatswahlen im März 1980 trat in der Stadt Baden erstmals eine Gruppierung unter dem Namen "Alternative Liste" an. Ihr Mentor und Spitzenkandidat Fritz Zaun, in den sechziger Jahren aus der Kommunistischen Partei ausgetreten, zog als erster deklariert alternativer Gemeinderat in eine österreichische Kommunalvertretung ein.

Die sogenannten "Netzwerke" hingegen waren das genuine Produkt von Organisationsbemühungen innerhalb der Alternativenbewegung selbst. Als vereinzelte Stimmen zur Bildung einer alternativen Wahlpartei aufriefen, war hier die Antwort ein Beharren auf dem Status quo: Propagiert wurde ein loser, informeller Gedankenaustausch zwischen einzelnen Basisinitiativen, allenfalls eine partielle logistische Kooperation ohne sonstige Verbindlichkeiten zwischen den einzelnen Gruppierungen. Die Netzwerke waren das alternative Pendant zu den grünen Honoratiorenvereinigungen. Ein niedriges Niveau an Demokratisierung, korrespondierend mit einem niedrigen Organisationsniveau, zeichnete diese wie jene aus. Innerhalb solcher Strukturen konnten keine transparenten, demokratischen Entscheidungsabläufe stattfinden. Weil sich keine entwickelten Verfahrensregeln durchsetzten, blieb es beim isolierten Regime informierter Klüngel. Wobei dieses demokratische Defizit anfänglich kaum auffiel, bestanden doch die Gruppen hauptsächlich aus Gleichgesinnten in dieser oder jener Sache, für oder gegen die sie sich zusammengefunden hatten. Dort, wo eine klare Meinung zu einem Problem herrscht, ist die Frage der demokratischen Legitimation sekundär.

Das bedeutendste dieser Netzwerke stellte die "Kommunalpolitische Initiative Wien" (KI) dar, die formell im September 1980 ins Leben gerufen wurde. Sie war der direkte Vorläufer der späteren "Alternativen Liste Wien" (ALW). Maßgeblich an ihr beteiligte Gruppen waren das "Forum Alternativ", eine Zahl Wiener Bürgerinitiativen, Anti-AKW-Gruppen und auch sonstige Öko-Zirkel. Die "Kommunalpolitische Initiative" publizierte ein eigenes Organ, die "Netzwerkzeitung", später Parteiorgan der "Alternativen Liste Wien". Zu praktischer Politik fand die "Kommunalpolitische Initiative" nicht. Selbst der hehre Anspruch auf organisatorische und logistische Vernetzung der beteiligten Initiativen blamierte sich an der Realität. Es wurde hauptsächlich die Organisationsfrage debattiert, ohne daß nachhaltiger Konsens gefunden werden konnte. Verschiedene Beteiligte, vor allem das "Forum Alternativ", die Zeitschrift "Falter" und Aktivisten der "Alternativen Liste Baden", betrachteten die "Kommunalpolitische Initiative" als Vehikel zur Parteibildung und Beteiligung an den Wiener Gemeinderatswahlen 1983. Dagegen opponierte aufs heftigste eine lose Interessenkoalition aus braven Bürgerinitiativlern und anarchistischen Anti-Parlamentariern, die auf der Beibehaltung der Netzwerk-Konzeption insistierten.

Diese Auseinandersetzung führte zur andauernden Lähmung innerhalb der "Kommunalpolitischen Initiative". Ihre dynamischsten Teile drängten objektiv über das Netzwerk hinaus, wollten seine Hülle sprengen, blieben aber zunächst in der Minderheit. Die Situation gestaltete sich später noch komplizierter, als zusätzlich eine minoritäre, aber sehr aktive Tendenz inner- wie außerhalb des Wiener Netzwerks für eine Beteiligung an den kommenden Nationalratswahlen plädierte. Ihre Protagonisten - Dan Jacubowicz, Luise Gubitzer, Michael Cerveny - verstanden sich als Wiener Ableger der österreichweit anlaufenden alternativen Kandidaturbestrebungen. Sie wandten sich in ihrem politischen Selbstverständnis aber explizit gegen die Wiener Linke, die für eine Bündelung der neuen sozialen Bewegungen und subkulturellen Milieus in der Bundeshauptstadt plädierte, d.h. für ein *"zentralisierendes Projekt"*, *"welches an all den verschiedenen Radikalisierungen ansetzt und ihnen auf einer höheren Ebene eine gemeinsame politische Stoßrichtung gibt."*[3] Eine Kandidatur erschien den Linken als eine Möglichkeit dazu.

Am 10. Mai 1981 landete die bundesdeutsche "Alternative Liste Berlin" bei den Wahlen in der Sektorstadt mit 8 Prozent der Stimmen einen Sensationserfolg. "Grün" und "alternativ" waren jetzt in aller Munde, die österreichische Presse, insbesondere das Wochenmagazin "Profil", nahm sich des Themas an, plädierte selbst für den Wahlantritt einer grünen Partei in Österreich und ließ auch Vertreter eines derartigen Standpunktes selbst zu Wort kommen. Nach dem Berliner Wahlerfolg war ein Beharren auf dem Netzwerk-Konzept nicht mehr lange von Erfolg gekrönt. Die nunmehr einsetzende Dynamik machte sogar die Spaltung und den Rückzug der Verfechter der Netzwerk-Konzeption aus der "Kommunalpolitischen Initiative" verkraftbar. Ein Plenum im Jänner 1982 beschloß schlußendlich, alle Aktivitäten auf eine Gemeinderatskandidatur unter dem Namen "Alternative Liste" zu konzentrieren.[4]

Auch in der steirischen Landeshauptstadt kam es im Herbst 1980 zur Gründung eines Netzwerks, der Grazer "dezentrale". Sie war ein Kind der "Erklärung von Graz", einer linkskatholischen entwicklungspolitischen Selbstbesteuerungsgruppe, deren Vertreter später zum Teil zusätzlich das Projekt einer alternativen Parteigründung forcierten. Die "Alternative Liste Graz" (ALG) entstand daher - anders als die Alternative Liste in Wien - nicht in solchem Gegensatz zum Netzwerk, sondern entwickelte sich weitaus harmonischer innerhalb der Strukturen der "dezentrale", auch wenn diese selbst den Schritt zur Alternativen Liste keineswegs geschlossen mitmachte. Auch in Graz wurde die Frage der Bildung einer alternativen Kommunalpartei über einen Zeitraum von zwei Jahren hinweg diskutiert, ehe eine positive Entscheidung gefällt wurde.[5]

Die Grazer Alternativen waren die eigentlichen Gründungsväter der "Alternativen Liste Österreich" (ALÖ). Nach ihnen wurde auch der wichtigste Flügel der Alternativpartei in ihrer Gründungsphase - die *Grazer* Strömung - benannt. Peter Pritz und

Erich Kitzmüller, daneben auch der Oberösterreicher Matthias Reichl und der Wiener Dan Jacubowicz leisteten grundlegende Aufbauarbeit. Neben der Formierung auf lokaler Ebene starteten sie bei den sogenannten gesamtösterreichischen Alternativentreffen den Versuch einer bundesweiten Organisierung der österreichischen Alternativenbewegung zu einer einheitlichen Wahlpartei. Das zentralisierende Projekt scheiterte aber vorerst an der Renitenz der Alternativenbewegung und der relativen politischen Isolierung seiner Betreiber innerhalb der alternativen Zusammenhänge selbst.

Peter Pritz, aus der "Erklärung von Graz" kommend, zählte zu den wenigen Alternativpolitikern, die inhaltliche Überlegungen zum Charakter der Alternativenbewegung in Schriftform beizusteuern vermochten. Veröffentlicht wurden sie im "Alternativenrundbrief" (ARB), einer nach der Zwentendorf-Abstimmung ins Leben gerufenen Publikation der Alternativenbewegung. Sie sind als die zentralen Dokumente der frühen Parteibildungsphase zu betrachten. Inhaltlich boten seine Überlegungen zwar kaum Neues, sie erschöpften sich in der Regel in einer Exegese dualwirtschaftlicher Positionen, vor allem des Franzosen André Gorz,[6] dessen Begrifflichkeit und antikommunistische Attacken auf das ihrer Ansicht nach veraltete und verrostete Instrumentarium des Marxismus die alternativen Ökologisten weitgehend übernahmen. Daß Peter Pritz aber versuchte, die Ökologiebewegung einer analytischen Charakteristik zu unterziehen und ihrer Politisierung das Wort redete, anstatt eine "Politik aus dem Bauch" vorzuziehen, stellte in alternativen Kreisen bei weitem keine Selbstverständlichkeit dar. Seine Überlegungen waren dabei vor allem hinsichtlich der Diktion interessant. Wir finden hier eine kämpferische Sprache, die mit der ängstlichen Betulichkeit dieser Strömung in ihrer praktischen Politik schlechthin unvereinbar erscheinen mag. Der solcherart in den frühen Positionspapieren gepflegte radikale Duktus muß daher wohl auch als Reflex auf das radikale Selbstverständnis der prosperierenden Alternativenbewegung aufgefaßt werden und weniger als Ausdruck konsistenter eigener ideologischer Prämissen.

In "*Skizzen der Alternativbewegung*", dem wichtigsten Artikel von Peter Pritz, der im Juni 1980 im "Alternativenrundbrief" publiziert wurde,[7] findet sich als zentrale These, daß die Alternativenbewegung "*die historische Antwort auf den opulenten Kapitalismus des ausklingenden 20. Jahrhunderts ist, so wie die Arbeiterbewegung die adäquate Antwort auf den Mangelkapitalismus des vorigen Jahrhunderts war.*"[8] Die Produktivkräfte hätten sich demnach in Wahrheit "*mit den Produktionsverhältnissen immer recht gut arrangiert und treffen heute auf die Schranken der Natur.*" Pritz nannte die materielle, die energetische, die biologisch-ökologische sowie die sozial-psychologische Schranke; die "*Megastrukturen des Industriekapitalismus*" zerstörten das menschliche Maß immer mehr.[9] Er attestierte der Ökologiebewegung eine objektiv antikapitalistische Dimension.[10] In einem anderen Artikel beschrieb er die Alternativbewegung als Befreiungsbewegung in einem besetzten Territorium. Der herrschende Konsumismus entspräche einer inneren Kolonisierung, es fände so eine außerordentlich sublime Unterdrückung statt.[11] Politisch plädierte Peter Pritz dafür, in "*einem breiten Bündnis von emanzipatorischen und ökologischen Kräften, gemeinsam mit Teilen aus Parteien und Verbänden, in einer klugen und geschickten Multistrategie die Basisbewegungen voranzubringen, das Bewußtsein von der Notwendigkeit eines radikalen Wandels in weite Bevölkerungsschichten hineinzutragen, die vorhandenen Inseln alternativer Lebens- und Wirtschaftsweisen zu einem vielfältigen und bunten Netzwerk auszubauen, auf parlamentarisch-legistischer Ebene das gewonnene Terrain abzusichern und gleichzeitig die schlimmsten Fehlentwicklungen zu blockieren, kurz eine kulturrevolutionäre Bewegung anzufachen, die Aussicht hat, gesellschaflich tragend zu werden.*"[12] Allerdings sah Peter Pritz dabei auch schwere Konfliktpotentiale mit der traditionellen Arbeiterbewegung heraufdämmern,[13] welche er zur "*nekrophilen Wachstumspartie*" rechnete.[14] Hingegen verkörpere die Alternativenbewegung die mittlerweile fortschrittlichste gesellschaftliche Kraft, welche "*über eine ökologische Perspektive hinaus[geht], indem sie die gesellschaftlichen Triebkräfte beim Namen nennt, die uns in eine globale Katastrophe befördern: Konkurrenz, Wachstumszwang, Profitlogik.*"[15] Dies unterscheide auch die Alternativen von den orthodoxen Grünen, die sich mit Vorliebe in der politischen Mitte ansiedelten, in Wirklichkeit aber rechten und reaktionären Positionen anhingen.[16]

Die hier artikulierte Ideologie der ALÖ-Gründer befand sich schon in der frühen Formierungsphase nicht mit ihrer politischen Praxis in Deckung. Von allem Anfang an herrschte hierorts eine vollkommene Verabsolutierung der parlamentarischen Option, kaschiert durch Beteuerungen einer politischen Multistrategie. Die grundlegenden Differenzen zur *Wiener* Linken - der zweiten, nach ihrer Hochburg in der Bundeshauptstadt benannten, relevanten Strömung der Alternativpartei - taten sich bei genauerem Hinsehen schon in der Betonung des Terminus "kulturrevolutionär" auf. Die *Grazer* Ökologisten setzten perspektivisch seit jeher auf einen systemimmanenten Wertewandel, die Durchdringung aller gesellschaftlichen Sektoren mit ökologischem Gedankengut, auf eine "*Graswurzelstrategie*".[17] Hingegen wurde der *Wiener* Linken ein (allenfalls in Teilbereichen vorhandener) antiquierter, romantizistischer Revolutionsutopismus angekreidet, der sie für die *Grazer* als Gefährdung des alternativen Projekts erscheinen lassen mußte. Gegenüber den kritisierten rechten Grünen erwiesen sich die alternativen Parteigründer daher auch in praxi stets konzilianter als gegenüber der vorerst minoritären linksalternativen Strömung. Letztere hatte an der unmittelbaren Parteigründung ohnehin keinerlei Anteil.

Das erste gesamtösterreichische Alternativentreffen wurde von der "Erklärung von Graz" organisiert und fand gleich nach der Zwentendorf-Volksabstimmung am 11. und 12. November 1978 in Graz statt. Hier feierten die österreichischen Alternativen eine "Zeitenwende", "ihren" Sieg über die Kernkraft. Die Angaben zur Teilnehmerzahl schwanken zwischen 400 und 1000 Personen aus dem Anti-AKW-Spektrum, bei fast völliger Abstinenz der Linken. Peter Pritz legte ein politisches Grundsatzpapier vor, doch war das einzig greifbare Ergebnis des Treffens der sogenannte "Alternativenrundbrief". In dieser Leserzeitung der österreichischen Alternativenbewegung wurden alle einlangenden Beiträge unrediert veröffentlicht, die Redaktion wechselte ständig zwischen diversen Alternativgruppen.

Das zweite gesamtösterreichische Alternativentreffen vom 29. Juni bis 1. Juli 1979 hingegen wurde von Vertretern des Wiener "Forum Alternativ" vorbereitet. Es war dies ein sogenanntes "Ideologieseminar" ohne nachhaltige Auswirkungen. Debattiert wurde die Organisationsfrage. Ohne daß sich ein konkretes Ergebnis zeigte, standen sich Vertreter der Netzwerk- und der Parteigründungsvariante schroff gegenüber. Zu letzteren zählte insbesondere der bekannte DDR-Philosoph Wolfgang Harich, zu diesem Zeitpunkt in Österreich weilend und beim "Forum Alternativ" engagiert. Das dritte österreichweite Alternativentreffen vom 20. und 21. November 1981 wurde dann wiederum von der "Erklärung von Graz" in der steirischen Metropole organisiert und sollte nach über zweijähriger Funkstille den politischen Durchbruch bringen. Nach dem offenkundigen Scheitern der zentralistischen Variante konnte jetzt die föderalistische durchgesetzt werden; es kam zur landesweiten Schaffung von "Regionalstellen".[18] Das vierte gesamtösterreichische Alternativentreffen vom 20. und 21. März 1982 im oberösterreichischen Oftering stieß dann auf äußerst breites Interesse. Anwesend waren neben Vertretern der deutschen Grünen auch Beobachter von den in Gründung befindlichen "Vereinten Grünen Österreichs" (Alexander Tollmann), der Salzburger "Bürgerliste" (Herbert Fux) und selbst von der Freiheitlichen Partei Österreichs. In Oftering wurde ein dezidiertes Ja zur Nationalratskandidatur einer "Alternativen Liste Österreich" beschlossen.[19] Ein von Erich Kitzmüller verfaßtes programmatisches Papier diente als Diskussionsgrundlage für das Wahlprogramm. Ländertreffen zum Aufbau von Landesorganisationen fanden im Mai 1982 statt. Erste Landesorganisationen der ALÖ gründeten sich dann im Herbst 1982, die restlichen folgten Anfang 1983.

Schon aus dem Umstand, daß der Alternativenbewegung die Parteiwerdung aufgezwungen werden mußte, erhellt sich, daß keine authentische oder originäre Strömung in der Bewegung existierte, die in Form einer alternativen Wahlpartei eigenständig zu einer höheren Organisationsform gefunden hätte. So präferierten innerhalb der Ökologiebewegung bloß einzelne Gruppen und Individuen nach deutschem Muster den Schritt zur Wahlpartei. Sie wurden dabei mit dem genügsamen Radikalismus der Alternativenbewegung konfrontiert, welche diesem Szenario, zumal ursprünglich in einer zentralistischen Variante, wenig abgewinnen konnte. Während sich die Alternativenbewegung solcherart Ambitionen zu einer Parteigründung verwehrte, wagte die österreichische Linke nur eine verzögerte und scheue Hinwendung zu diesem Spektrum, das für sie ein gänzlich befremdendes Milieu darstellte. Mit der abstrakten Organisationsversessenheit dieser Linken, erprobt im universitären Kadergruppenwesen, kontrastierte die besinnliche Spontaneität der alternativen Bewegung allzusehr. Nicht Zuwendung, sondern dezidierte Abwendung war daher der erste Ausfluß dieser Begegnung. Hinzu kam, daß die stärkste Gruppierung dieser

Hochschullinken, der maoistische Kommunistische Bund, einst führend in der Organisierung der Anti-AKW-Bewegung, bald darauf fast spurlos implodierte. Als sich Teile der österreichischen Linken dann doch auf das alternative Abenteuer einließen, haftete ihnen längst das Stigma des Trittbrettfahrens an.

Die "*Grazer*", benannt nach ihrem Zentrum in der steirischen Landeshauptstadt, waren jene Strömung, der das Verdienst der Parteiwerdung der österreichischen Alternativenbewegung hauptsächlich zukam. Dementsprechend konnten sie auch das frühe Profil der Alternativpartei entscheidend prägen und die zentralen Positionen besetzen. Sie hatten zu Beginn eine monopolartige Stellung in sämtlichen Bundesländern mit Ausnahme Wiens, wo sie umgekehrt nur eine krasse Minderheit darstellten. Maßgebliche politische Repräsentanten dieser Zeit waren die Steirer Peter Pritz, Erich Kitzmüller, Doris Pollet-Kammerlander, Andreas Wabl, die Oberösterreicher Matthias Reichl und Walter Estl sowie der aus der "Wahlgemeinschaft für Bürgerinitiativen und Umweltschutz" kommende Wiener Dan Jacubowicz. Die *Grazer* Strömung war in sich weiter differenziert. Ihren politischen Nukleus bildete der sogenannte "Gföhler Kreis" (*Gföhler*), ursprünglich ein Wirtschaftsarbeitskreis der ALÖ-Gründer[20] mit Tagungsort im niederösterreichischen Gföhl. Gemeinsam mit bzw. neben den oben Genannten bestimmten sie über informelle Kontakte und Absprachen weitgehend die Politik der *Grazer* Strömung. Maßgebliche Vertreter der *Gföhler* waren die Steirer Erich Kitzmüller und Markus Scheucher, die Wiener Luise Gubitzer und Michael Cerveny sowie der Niederösterreicher Josef Aff.

Die inhaltlichen und politischen Positionen der *Gföhler* kreisten um den zentralen Begriff der "Dualwirtschaft". Diese "Theorie", wesentlich zurückgehend auf den schon genannten französischen Schriftsteller André Gorz, zergliederte die Gesellschaft in einen sogenannten formellen und einen informellen Sektor. "Formeller Sektor" war dabei im Grunde nur ein anderer Ausdruck für die von Lohnarbeitsverhältnissen bestimmte Beschäftigung. Dagegen umfaßte "*der informelle Sektor (...) alle anderen, nicht-formalisierten, nicht-professionalisierten, nicht-vermarkteten wirtschaftlichen Aktivitäten. Die vorherrschende Arbeitsform ist gemeinschaftliche oder individuelle Eigenarbeit (z.B. Hausarbeit, Nachbarschaftshilfe, ehrenamtliche Tätigkeit, 'Freizeitarbeit').*"[21] Der dualwirtschaftliche Standpunkt insistierte nunmehr auf einer Zurückdrängung des fremdbestimmten formellen Sektors zugunsten eines selbstbestimmten informellen. Es ging nicht um die Aufhebung der Lohnarbeit per se, sondern um ihre Reduzierung auf ein notwendiges Maß, was infolge der immens fortgeschrittenen Produktivkraftentwicklung bei Beibehaltung eines hohen Lebensstandards möglich erschien. Die Ausweitung des informellen Sektors sollte dabei unter staatlicher Schirmherrschaft vor sich gehen. Der dualwirtschaftliche Ansatz hatte daher eine ausgeprägt etatistische Schlagseite. Insgesamt erwies er sich als eine unausgegorene und in sich höchst widerspruchsvolle Mischung aus kleinbürgerlicher Subsidiarität und sozialreformerischem Romantizismus.[22] Über lange

Zeit hinweg bestimmte er die politischen Utopien und Vorstellungen breiter Teile der Ökologie- und Alternativbewegung.

Die *Wiener* Strömung stellte ursprünglich eine breite Palette unterschiedlichster linker Gruppierungen und Initiativen, aber auch vieler ehemals unorganisierter Einzelpersonen in der österreichischen Bundeshauptstadt dar. Eigentlich kam es dabei nie zur Ausprägung einer homogenen politischen Strömung, die *Wiener* waren ihrer Substanz nach ein Defensivbündnis, das sich gegen den spürbaren und virulenten Antikommunismus der *Gföhler* und *Grazer* behaupten wollte. Deren unversöhnliche Haltung gegen das Wiener gegenkulturelle Milieu insgesamt zwängte dessen unterschiedlichste Richtungen und Gruppierungen zusammen, die ansonsten politisch weniger oder gar keine Gemeinsamkeiten gefunden hätten. Kleinster gemeinsamer Nenner dieser Koalition war daher die vage Vorstellung einer pluralistischen Bewegungspartei, die zu einer radikalen gesellschaftsverändernden Kraft gebündelt werden sollte. Politisch dominiert wurden die *Wiener* dabei sehr rasch von einer Linken, die sich als marxistisch verstand und innerhalb der "Alternativen Liste Wien" informelle Absprachen tätigte. Die Gruppe wurde als sogenannter "Meinungsverbund" bezeichnet. Genauso wie die *Gföhler* koordinierte auch der "Meinungsverbund" seine Politik durch informelle Absprachen. Genauso wie die *Gföhler* versuchte auch jener, die zentrifugalen Tendenzen innerhalb der Alternativbewegung mit einem zentralistischen Ansatz zu parieren. Zum "Meinungsverbund" zählten insbesondere jene Wiener Linken, die schon innerhalb der "Kommunalpolitischen Initiative Wien" das Projekt eines alternativen Parteiaufbaus verfochten hatten - Ali Gronner, Peter Stepanek, Günter Schneider, Fritz Schiller, Susi Harringer. Die *Wiener* Linke war ursprünglich wirklich nur eine Wiener Linke, über die Bundeshauptstadt hinausweisende Relevanz erlangte sie erst in der zweiten Parteibildungsphase.

Die Strömungsauseinandersetzungen zwischen *Grazern* und *Wienern* waren zum Teil aber auch die Prolongation der erbitterten alten Feindschaft zwischen ehemaligen Maoisten, die bei den ersteren eine neue politische Heimat gefunden hatten, und den in Wien in großer Vielfalt vertretenen trotzkistischen Zirkeln. Die *Grazer* sahen das Mitgliederplenum der Alternativen Liste Wien - übrigens völlig grundlos - dominiert und unterwandert von der "Gruppe Revolutionärer Marxisten" (GRM), der damals stärksten trotzkistischen Sekte in der Bundeshauptstadt. Die "Gruppe Revolutionärer Marxisten" hatte zu diesem Zeitpunkt vollkommen andere Interessen. Ihre Leute dachten viel eher an die Möglichkeit des Wachstums einer linken Partei jenseits der Grünparteien; ihre strategische Perspektive bestand in der Hoffnung, "*daß sich etwas innerhalb der traditionellen Bewegungen der Arbeiterorganisationen tut.*"[23] Von den Alternativen hatte die trotzkistische Kadergruppe keine allzu hohe Meinung; sie wurden eher als kleinbürgerliche Kraft eingeschätzt.[24] "*Es ist die ALÖ, die es damals gegeben hat, nie als eine sozialistische Partei oder eine Partei, die einen Sozialismus haben will, eingestuft worden*",[25] erläutert etwa der zur GRM zählende Franz Floss.

Zum Teil muß die Auseinandersetzung der beiden Strömungen der Alternativen Liste aber auch als eine zwischen Stadt und Land gesehen werden. Vor allem in den westlichen Bundesländern herrschte ein über den *Gföhler* Antikommunismus hinausreichendes, generell anti-urbanes Ressentiment. Die ersten politischen Differenzen zwischen den beiden Strömungen, die aber damals zumindest von seiten der *Wiener* Linken nicht als prinzipielle angesehen wurden, traten in der Auseinandersetzung um das ALÖ-Wahlprogramm, vor allem aber in der Frage der einzuschlagenden Bündnispolitik auf. Eine Wahlgemeinschaft der Alternativen Liste mit den Vereinten Grünen Österreichs hätte die Alternative Liste Wien wohl nicht mitzutragen vermocht.

Die konstituierende Gründungsversammlung der Alternativen Liste Österreich (ALÖ) trat am vierten Jahrestag der Zwentendorf-Volksabstimmung, am 5. November 1982, in den Grazer Minoritensälen zusammen. Die Parteigründung ging einigermaßen improvisiert über die Bühne. Zwar gab es gemäß der beschlossenen Statutenvorlage in der Bundespartei keine Direktmitgliedschaften, sondern die ALÖ sollte sich aus autonomen Landesparteiorganisationen zusammensetzen. Solche existierten aber zum Zeitpunkt der Gründung in den meisten Bundesländern noch gar nicht - die formelle Aufnahme der Landesorganisationen in die Bundespartei konnte daher erst auf späteren Bundeskongressen erfolgen. Der offizielle Beschluß, zu den Nationalratswahlen zu kandidieren, wurde zwar mit überwältigender Mehrheit gefaßt, nicht aber von einer eigentlich dazu formell legitimierten Versammlung, die sich aus Delegierten der Landesparteien hätte zusammensetzen müssen.

Die Parteistatuten sahen einen betont föderalistischen Aufbau der Bundespartei vor. Mitglieder der Alternativen Liste Österreich waren demnach autonome Landesorganisationen, es galt das Subsidiaritätsprinzip, wonach den einzelnen Basisgruppen der Alternativen Liste Österreich weitgehende Autonomie zukommen sollte. Das Statut sah außerdem einen sogenannten "*Frauenbasiskongreß*" mit der formell weitreichenden Kompetenz der weiblichen Aktivistinnen vor, Gesamtparteibeschlüsse zu sistieren. Für die praktische Politik in der ALÖ hatte dieser Sonderstatus für die alternativen Frauen jedoch keinerlei Auswirkungen. Faktisch weitaus bedeutsamer an der ersten Parteisatzung war da der sogenannte "Wiener Paragraph": "*Der Bundeskongreß kann mit 2/3-Mehrheit Kandidaten von den Bundesländerlisten streichen.*"[26] Der Passus richtete sich gegen die von der radikalen Linken dominierte Alternative Liste Wien. Der dort möglichen Wahl etwaiger "Extremisten", Homosexueller oder "schriller" Feministinnen auf wählbare Listenplätze sollte ein Riegel vorgeschoben werden, zumal reelle Aussichten auf ein Grundmandat zuvorderst im Wahlkreis Wien zu bestehen schienen. Die *Grazer* Strömung wollte die ALÖ nicht durch solche Spitzenkandidaten kompromittiert wissen.

Die erste Satzung der Alternativen Liste Österreich war durchaus gremienfeindlich. Zwischen den einzelnen Bundeskongressen trat als höchstes Organ der Bundeskoordinationsausschuß (BKOA) zusammen. Er konstituierte sich aus Vertretern der Landesorganisationen, die von diesen mit einem imperativen Mandat versehen wurden. Ein Parteivorstand war im Statut nicht vorgesehen. Dennoch wurde ein solcher unter der Bezeichnung "Sprechergruppe" eingesetzt. Sie stellte das de facto wichtigste Organ nach außen dar: Ihr oblag die Pressearbeit und die Abgabe politischer Erklärungen. Daher wurde sie auch durchwegs mit Leuten des "Gföhler Kreises" und ihren Parteigängern besetzt.[27] Des weiteren wurde eine Kontaktgruppe für Verhandlungen und Gespräche mit anderen Grünlisten, insbesondere den Vereinten Grünen, installiert: Sie bestand aus Peter Pritz, Dan Jacubowicz und der Wiener Feministin Brigitte Rieder. Als Wahlprogramm beschloß man einen Entwurf Erich Kitzmüllers ohne Debatte. Abänderungsanträge (insbesondere der ALW) wurden nicht zugelassen, sondern auf ein fiktives Langzeitprogramm verwiesen, und zwar derart, daß Ausbau und Konkretisierung dieses Programms überdies Agenda der Landesorganisationen sein sollten.[28] Radikale programmatische Positionen hatten damit allenfalls auf Wiener Landesebene eine Chance auf Durchsetzung.

Erich Kitzmüllers Entwurf war ein dezidiertes Wahlprogramm für die grüne Mitte.[29] Die radikalen Forderungen der neuen sozialen Bewegungen wurden darin zwar grundsätzlich gestreift und auch aufgegriffen, dabei aber ihrer Radikalität entkleidet und in Harmlosigkeiten transponiert oder gar in ihr inhaltliches Gegenteil verkehrt. Die Beruhigung potentieller Grünwähler mit ihrer Scheu vor gesellschaftlichen Randgruppen war der durchgängige grüne Programmfaden. Erich Kitzmüller wandte sich in seinem Programm zwar gegen Vorurteile bezüglich Homosexueller, Slowenen und Ausländer, die Art und Weise, in der er dies tat, kam aber gleichzeitig einer Distanzierung von solchen Randgruppen oder Minderheiten gleich.[30] Im Programm fand sich ferner ein explizites Bekenntnis zur Verfassung,[31] obwohl sich die alternativen Strukturprinzipien selbst - mit dem Kernstück des imperativen Mandats - der österreichischen Repräsentativverfassung widersetzten. Kitzmüller interpretierte die alternative Basisdemokratie als untergeordnete Ergänzung zur repräsentativen Demokratie, nicht als Alternativmodell. Er verstand darunter primär bestehende Einrichtungen der institutionalisierten direkten Demokratie, wie etwa Volksbegehren, Volksabstimmungen und Volksbefragungen, die nur verstärkt zur Anwendung kommen sollten.[32] Das Programm war ferner durchzogen von einem ausgeprägten dualwirtschaftlichen Subsidiarismus und klammerte die unter den Alternativen heftig debattierten Standpunkte zur Gewaltfrage, zur Fristenlösung oder zur 35-Stunden-Woche vollständig aus. Die *Wiener* Linke sah sich darin in keiner Hinsicht vertreten. Das Papier war alles andere als ein Konsensprogramm und wurde daher von ihr nicht mitgetragen. Im Wiener Nationalratswahlkampf wurden vorrangig die eigenen *Wiener* Positionen vertreten.

Die *Wiener* Linke hatte die Herausbildung einer alternativen Bundesorganisation mit ihrer verspäteten und halbherzigen Intervention ohnehin nur bremsen können. In dieser Frage kam es allerdings innerhalb der Alternativen Liste Wien selbst zur

Fraktionierung zwischen einer sogenannten "Montag"- und einer "Donnerstag"-Gruppe. Sie wurden benannt nach den Tagen, an denen sich die beiden Fraktionen regelmäßig trafen. Formell war der "Montag" dabei das offizielle Plenum der Alternativen Liste Wien, der "Donnerstag" bloß ein separater, informeller Kreis. Die Kürzel "Montag" und "Donnerstag" setzten sich in der Folge als Bezeichnungen der beiden konkurrierenden Strömungen der *Wiener* und *Grazer* auf Wiener Boden durch. Der "Montag" war die von der Linken dominierte Mehrheitsströmung in der ALW; sie wandte sich gegen eine Beteiligung an den Nationalratswahlen. Es handelte sich beim "Montag" dabei nicht um einen homogenen Parteiflügel, sondern um ein Amalgam all jener Strömungen und Gruppen innerhalb der Alternativen Liste Wien, die sich ein anderes - keineswegs einheitliches - Profil der Alternativpartei als die *Grazer* wünschten. Der politische Nenner des "Montag" wurde mit dem Konzept einer pluralistischen Alternativpartei als Ausdruck der vielfältigen und radikalen Basisbewegungen der Bundeshauptstadt angegeben.

Der "Donnerstag" hingegen war innerhalb der ALW eine kraß minoritäre Strömung. Deshalb wurde von dieser Seite auch immer - völlig haltlos - argumentiert, die originären Wiener Alternativen seien von marxistischen Linken, konkret der trotzkistischen "Gruppe Revolutionärer Marxisten" (GRM), unterwandert worden. Die formelle Konstituierung des "Donnerstags" geschah am 1. April 1982,[33] wobei sich seine Vertreter selbst als eigene Landesgruppe Wien einer künftigen ALÖ behaupten wollten. Die separatistische Abschottung konnte jedoch nicht durchgehalten werden, sodaß der "Donnerstag" schon am 22. April als "autonome Arbeitsgruppe Nationalrats-Kandidatur" der Alternativen Liste Wien (der "Montag"-Gruppe) beitrat.[34] Entscheidungen bezüglich der Bundespartei sollten allerdings in Sonderplena beider Gruppen fallen.[35] Der "Donnerstag" wollte sich somit hinsichtlich bundespolitischer Entscheidungen Vorrechte sichern.

Im Mai und Juni 1982 gab sich die Alternative Liste Wien ihr erstes Statut, ein krasses organisatorisches Unding, welches keinerlei praktikable Regelung der Mitgliedschaft vorsah und sich insgesamt durch basisdemokratischen Rigorismus auszeichnete. Es unterschied zwischen "*aktiven*" und "*freien Mitgliedern*". Letztere engagierten sich nur in autonomen Untergliederungen der Partei (Arbeitsgruppen, Bezirksgruppen), hatten dort Stimmrecht, nicht aber im Mitgliederplenum der ALW selbst. Da aber keine Mitgliederlisten geführt wurden, konnte nie kontrolliert werden, wer de facto auf den Plena mitstimmte.[36] Das Plenum als höchstes Organ hatte sämtliche Beschlüsse mit 2/3-Mehrheit zu fassen, ein Umstand, der zu hohem Konsens zwang und folglich zu lähmenden Entscheidungsprozessen auch bei nachrangigen Fragen führte. Der sogenannte Geschäftsführende Ausschuß (GA), eine Art Parteivorstand, hatte keine eigenständige politische Kompetenz und war als willfähriges Organ des Plenums an dessen Kandare genommen. Rigideste Rotationsbestimmungen produzierten große personelle Durchgangsquoten und beeinträchtigten zusätzlich die politische Effizienz der Gremien. Als Fazit dieses allzu basisdemokratischen Statuts grassierten die informellen Absprachen innerhalb der unterschiedlichen Parteiströmungen. Zum dominierenden informellen Zentrum avancierte der sogenannte "Meinungsverbund" aus Vertretern der marxistischen Linken, die so in der ALW zur bestimmenden politischen Kraft wurden. Im Juni 1982 wurde der erste Geschäftsführende Ausschuß der ALW gewählt. Er bestand insgesamt aus sieben Mitgliedern. Gewählt wurden Maria Hofstätter ("Donnerstag"), der Linksalternative Hannes Hofbauer ("Forum Alternativ") und fünf Vertreter des Meinungsverbunds: Ali Gronner, Susi Harringer, Vera Ribar, Günter Schneider und Peter Stepanek.[37]

Die große Mehrheit der Alternativen Liste Wien hielt über das ganze Jahr 1982 hinweg an ihrer Ablehnung einer Nationalratskandidatur fest. Als entscheidende Argumente wurden angeführt: die Notwendigkeit eines "organischen Wachsens" der Wahlbewegung von unten nach oben, die Überlastung wegen der im selben Jahr stattfindenden Wiener Gemeinderats- und Bezirksvertretungswahlen, die Angst vor einem schlechten Abschneiden bei den Nationalratswahlen, das zu einem Einbruch bei den alternativen Formierungsbemühungen führen könnte. In Wirklichkeit überwog in dieser Ablehnung aber eine taktische Defensivkomponente: Man versuchte das Hochkommen eines Bundeskandidaturprojekts deswegen zu bremsen, weil sich dieses bereits fest in den Händen der *Grazer* Strömung befand, die ja ihrerseits der *Wiener* Linken merklich feindselig gesinnt war. Nur eine Minderheit innerhalb des linken Meinungsverbunds votierte schließlich dennoch für eine Beteiligung an den Nationalratswahlen. Den Umschwung brachte erst die terminliche Zusammenlegung der Wiener Wahlen mit den Nationalratswahlen auf den April 1983, also ein externer Faktor. Der Argumentation der "Montag"-Mehrheit war damit mehr oder weniger der Boden entzogen.

Daher auch beschloß die Alternative Liste Wien im Jänner 1983, ein Beitrittsansuchen an die ALÖ zu stellen.[38] Mittlerweile geriet die Wahldynamik ins Rollen, die Plena der ALW erhielten einen derart regen Zulauf, daß sie in größere Räumlichkeiten verlagert werden mußten, um dem permanenten Andrang mehrerer hundert Menschen Platz zu bieten. Nach der politischen Wende der ALW-Mehrheit steuerte der "Donnerstag" auf die offene Spaltung zu. Seine Vertreter forderten, fünfzig Prozent der Delegierten zum Bundeskongreß selbst nominieren zu können, und behielten sich den alleinigen Entscheid über die Wiener Nationalratskandidaten vor.[39] - Bedingungen, die für den "Montag" schlechterdings unannehmbar waren. Daraufhin beschloß der "Donnerstag" die Trennung von der Alternativen Liste Wien.[40] Beide Gruppen reisten jetzt mit je eigenen Aufnahmeanträgen zum Bundeskongreß der Alternativen Liste Österreich am 29. und 30. Jänner 1983 nach Linz. Der Antrag des "Donnerstags" verfehlte nur knapp die notwendige Zweidrittelmehrheit,[41] jener der "Montag"-Gruppe wurde umso deutlicher abgelehnt. Nach diesem Patt delegierte der Bundeskongreß die Konsensfindung zurück nach Wien. Zwar war dem "Donnerstag" die Aufnahme in die ALÖ nicht geglückt, allerdings konnte diese Minderheit jetzt auf Wiener Boden ihre Ansprüche geltend machen. Die Alternative Liste Wien mußte die bereits vorgenommene Wahl ihrer Nationalratskandidaten revidieren. Denn wie von *Grazer* Seite befürchtet, waren tatsächlich ein Homosexueller und eine "schrille" Feministin auf die ersten Listenplätze gewählt worden. In einem komplizierten Verfahren, das nur Konsenskandidaten beider Gruppen begünstigte, wurden die Wiener Kandidaten neu gewählt. Spitzenkandidatin durch Los wurde Luise Gubitzer vom "Donnerstag". Erst nach dieser gelungenen Erpressung sollte der Aufnahme der ALW in die Alternative Liste Österreich nichts mehr im Wege stehen.

In den restlichen Bundesländern ging die Konstituierung von ALÖ-Landesorganisationen nahezu reibungslos über die Bühne. Am 3. März 1982 bereits hatte sich die "Alternative Liste Graz" gegründet. In ihr fanden Menschen aus der Dritte-Welt-Bewegung, dem linkskatholischen Bereich, dem zusammengebrochenen Maoismus und der Anti-AKW-Bewegung eine gemeinsame neue politische Heimat. Das Statut der Grazer Partei sah einen differenzierteren Aufbau vor als die erst später ins Leben gerufene ALÖ. Neben der Mitgliederversammlung als höchstem beschlußfassendem Organ und einem Koordinationsausschuß existierte auch ein als "Geschäftsführendes Gremium" titulierter Parteivorstand mit politischer Kompetenz nach außen. Sehr zum Vorteil für ihre praktische Politik war den Grazer Alternativen der basisdemokratische Rigorismus, wie er die Anfänge der ALW erschwerte, fremd. Zudem zeichnete sich die ALG durch ihre weitaus homogenere Zusammensetzung aus. Die Debatte, die zur Parteigründung geführt hatte, war viel weniger ideologisch aufgeladen als in Wien. Aber natürlich gab es auch in Graz durchaus Stimmen, die sich zunächst gegen die Gründung einer bundes- oder landesweiten alternativen Wahlpartei aussprachen. Die prominenteste Vertreterin dieses Lagers war wohl Doris Pollet-Kammerlander, die sich erst mit ein- bis zweijähriger Verzögerung in die alternative Landes- bzw. Bundespolitik einschaltete.[42] Sie selbst avancierte aber zum Zugpferd der Alternativen Liste beim ersten Antreten bei den Grazer Gemeinderatswahlen im Jänner 1983. Die Debatte über eine Parteigründung konnte sich, weil früher einsetzend als in Wien, in Graz über einen viel längeren Zeitraum hinweg entfalten. Anders als in Wien existierte hier kein äußerer Druck, der schon aus pragmatischen Gründen zu einer Verhärtung der Standpunkte und Konfrontationen hätte führen müssen. Die Gründungsversammlung der Alternativen Liste Steiermark ging ein halbes Jahr nach der Grazer Parteigründung, im Oktober 1982, über die Bühne. Die Alternative Liste Graz selbst spielte dabei keine tragende Rolle. Die Bildung der Landespartei wurde hauptsächlich von Andreas Wabl forciert. Gemeinsam mit Erich Kitzmüller zum Vorstandssprecher gewählt, repräsentierten die beiden die wichtigsten steirischen Lager - die Grazer Stadtpartei und die restlichen kleinstädtisch-ländlichen Alternativgruppen. Zwischen diesen herrschten keine prinzipiellen ideologischen Differenzen, durchaus aber traten gewichtigere persönliche und personalpolitische Konflikte auf. Zwischen Wabl und Kitzmüller selbst kam es bald zu massiven Zerwürfnissen.[43]

Graz und Wien waren die Zentren der Parteibildung, und so orientierten sich die Entwicklungen in den restlichen Bundesländern merklich an den politischen Vorgaben, die dort bereits existierten. Die niederösterreichische Landesorganisation konstituierte sich formell im Oktober 1982. Anders als in der Steiermark fand sich neben der *Grazer* Mehrheitsströmung, repräsentiert etwa durch Josef Aff, Otto Raubal oder Robert Weninger, auch schon anfänglich eine *Wien*-nahe Minderheitstendenz, die innerhalb kurzer Zeit politisches Oberwasser erlangen sollte. In Oberösterreich wiederum wirkte die starke regionale Ausprägung der Alternativenbewegung lange Zeit verzögernd auf die Formierung einer alternativen Landespartei. Die Alternative Liste Oberösterreich gründete sich Ende November 1982. Gänzlich ohne Relevanz für die Frühphase der Parteibildung blieben schließlich die restlichen Landesgruppen, die sich auch erst mit einiger zeitlicher Verspätung konstituierten. In Kärnten beispielsweise litt die Landesorganisation beträchtlich unter der Dominanz der slowenischen "Kärntner Einheitsliste" (KEL), die innerhalb der Alternativen Liste Österreich die Vertretung der österreichischen ethnischen Minderheiten wahrnahm und formell den Status einer zehnten Landesorganisation zugesprochen erhielt. In Salzburg wiederum wirkte sich die Dominanz der Bürgerliste hemmend auf die Formierung einer Alternativen Liste aus, zumal die Bürgerliste politisch auch keinerlei Annäherung an die ALÖ signalisierte. Die Tiroler Alternativen waren in dieser ersten Parteibildungsphase gleichfalls ohne größere Bedeutung, ebenso wie die Alternative Liste Vorarlberg, die sich auch weiterhin in einer ausgeprägten Kantönli-Mentalität vom Bundesparteiprojekt separierte. Die Alternative Liste Burgenland schlußendlich war zeitlebens kaum mehr als eine Exilorganisation in Wien ansässiger Studenten. Dementsprechend zählte sie politisch auch immer zum *Wiener* Flügel in der Alternativen Liste.

In ihrer parlamentarischen Fixierung, die den Einzug in den Nationalrat zum primären Ziel erhob, waren die *Grazer* Alternativen im Unterschied zu den *Wienern* einer Allianz mit den Vereinten Grünen nie grundsätzlich abgeneigt. Vor allem Matthias Reichl und Dan Jacubowicz versuchten *"angestrengt, eine Basis für die Zusammenarbeit zu finden"*,[44] um ein gemeinsames Antreten dieser beiden relevanten grünalternativen Gruppierungen zu den Nationalratswahlen 1983 zu erreichen. Die für Bündnisgespräche eingesetzte Koordinationsgruppe schlug folgendes Modell einer gemeinsamen Wahlgemeinschaft vor: Es sollte keine Fusion der beiden Parteien, sondern lediglich ein Wahlbündnis mit gegenseitiger Autonomie der beiden Gruppen geben. Für die Wahlliste sollte ein neuer Parteiname gefunden werden, ein kurzes, knappes Statut lediglich die Beziehungen untereinander regeln, die programmatischen Auffassungsunterschiede sollten toleriert und nicht Gegenstand gegenseitiger Bezichtigungen werden, die gemeinsamen Kandidaten gemäß der von beiden Gruppierungen eingebrachten Anzahl von Unterstützungserklärungen gereiht werden.[45] Mit diesem letzten, sehr durchsichtigen Vorschlag erhoffte sich die an Aktivisten starke Alternative Liste Österreich, den Wahlvorschlag zu dominieren.

Anders die Vereinten Grünen. Deren Vorsitzender Alexander Tollmann beharrte darauf, auf das alternative Rotationsprinzip und das imperative Mandat zu verzichten, und bestand auf einer umfassenden Programmrevision der ALÖ. Die Forderungen nach Einführung eines leistungsfreien Basisgehalts, nach Bevorzugung gesellschaftlicher Randgruppen, Wahrung der Geschlechterparität, betrieblicher Selbstverwaltung etc. sollten gestrichen werden.[46] Waren die Bemühungen um eine Wahlgemeinschaft bei der politischen Führung der Alternativen Liste Österreich taktisch mit dem ersehnten Einzug in den Nationalrat motiviert, so dominierte bei der Mehrzahl der alternativen Sympathisanten der sehnlich-sinnliche Wunsch nach einem gemeinsamen Antreten. So herrschte an der Basis beider Gruppen ein spürbarer Druck in Richtung einer solchen Vereinheitlichung. Auch die Mehrzahl der alternativen Landesorganisationen präferierte die gemeinsame Kandidatur. Prononciert gegen ein Wahlbündnis artikulierten sich nur Wien und Kärnten, letztere schon allein deshalb, weil die "slowenenfreundlichen" Alternativen in Kärnten auf Vereinte Grüne stießen, die hier einen stark deutschnationalen Einschlag aufwiesen.[47] Die *Grazer* versuchten, eine Annäherung an die Vereinten Grünen auch in der innerparteilichen Auseinandersetzung mit der *Wiener* Strömung auszuschlachten. In einem Schreiben an Peter Pritz vom 21. Dezember 1982 meinte etwa Dan Jacubowicz, Alexander Tollmann habe mit seinen ultimativen Forderungen teilweise durchaus recht. Auch für die Alternativen sei es unumgänglich, bezüglich der Geschlechterparität Selektionsmechanismen einzubauen, das imperative Mandat müsse aufgeweicht, die Basisgehaltforderung gestrichen, die Minderheitenproblematik auf die Volksgruppenfrage reduziert werden.[48]

Die Verhandlungen über eine Wahlgemeinschaft scheiterten so subjektiv nicht an etwaigen unannehmbaren Forderungen der *Grazer* Alternativen, die einer Vernunftehe mit den Vereinten Grünen durchaus aufgeschlossen gegenüberstanden, sondern an der Unnachgiebigkeit Alexander Tollmanns. Dieser mochte von seinen konservativen Prinzipien, wohl bekräftigt von positiven Meinungsumfragen, die den Vereinten Grünen einen eigenständigen Einzug in den Nationalrat prophezeiten, keine Abstriche machen. Politisch hätte eine derartige Allianz über den Wahltag hinaus nicht halten können. Die Alternative Liste Österreich wurde als linksalternative Partei ins Leben gerufen. Das war sie ihrer Substanz nach, auch wenn sich ihre programmatischen Forderungen nach dem Geschmack der *Wiener* Linken zu moderat ausnahmen. Die Vereinten Grünen hingegen wurden als dezidiert strukturkonservative Honoratiorenliste etabliert. Die politischen Differenzen zwischen beiden Gruppierungen waren prinzipieller Natur.

Seit der erfolgreichen AKW-Volksabstimmung wälzten auch die Honoratioren aus der "Arbeitsgemeinschaft Nein zu Zwentendorf" (ARGE) Überlegungen zur Gründung einer Umweltpartei. Gedacht war an eine simple Umlegung des ARGE-Konzepts auf parlamentarische Wahlbeteiligungen, also die Erstellung einer Honoratiorenliste mit namhaften Wissenschaftlern und Experten, die ins Parlament einziehen sollten. In dieser Absicht wurden die Vereinten Grünen Österreichs von Alois Englander, einem liberal-konservativen Atomgegner der ersten Stunde, am 9. März 1982 beim Innenministerium als Partei angemeldet.[49] Weitere Trägerschaft fand ein derartiges Projekt beim "Weltbund zum Schutz des Lebens" (WSL) sowie der lebensreformerischen ökologischen Rechten - "Bund für Volksgesundheit", "Dichterstein Offenhausen", "Wahlgemeinschaft für Bürgerinitiativen und Umweltschutz" (WBU). Letztere kümmerten sich vor allem um den organisatorischen Aufbau des Parteiprojekts in den Bundesländern und konnten sich solcherart in den späteren Landesorganisationen auf der Funktionärsebene etablieren.[50] Das ursprünglich favorisierte Prominentenkonzept wollte allerdings nicht greifen. Sowohl der Verhaltensforscher und Nobelpreisträger Konrad Lorenz als auch der bekannte Maler Friedensreich Hundertwasser oder der österreichische Paradeökologe Bernd Lötsch standen für eine Kandidatur nicht zur Verfügung,[51] Lorenz und Hundertwasser unterzeichneten lediglich einen Aufruf zur Unterstützung der Vereinten Grünen.[52]

Die konstituierende Bundesversammlung der Vereinten Grünen, die den bis dahin herrschenden interimsmäßigen Zustand beendete, fand erst am 19. Februar 1983, gerade zwei Monate vor den Nationalratswahlen, in Linz statt. Einhundertfünfunddreißig stimmberechtigte Parteimitglieder wählten Alexander Tollmann nahezu einstimmig zum Bundesvorsitzenden. Zum zweiten Vorsitzenden wurde in Abwesenheit der Schauspieler und Salzburger Bürgerlisten-Gemeinderat Herbert Fux gekürt. Ihre Stellvertreter wurden der Oberösterreicher Josef Buchner und der Steirer Josef Korber. Buchner führte eine der ersten in Gemeinderäten vertretenen kommunalen Umweltschutzgruppen an, die "Steyregger Bürgerinitiative für Umweltschutz" (SBU). Auch Korber hatte bereits langjährige kommunalpolitische Erfahrung und war übrigens in den Gründungsprozeß der Alternativen Liste Steiermark involviert gewesen, ehe er zu den Vereinten Grünen überwechselte.

Alexander Tollmann, mit Englander an der Parteigründung beteiligt und de facto schon vor der konstituierenden Versammlung deren designierter Vorsitzender, avancierte konkurrenzlos zum Spitzenkandidaten der Vereinten Grünen für die Nationalratswahl. Der Geologe stand als ehemaliges Aushängeschild der "Arbeitsgemeinschaft Nein zu Zwentendorf" im Rufe eines ökologischen Experten. Bereits damals hatte er ein ausgeprägt messianisches Sendungsbewußtsein und einen autokratischen Führungsstil entfaltet, eine Haltung, die er auch als Vorsitzender der Vereinten Grünen beibehielt. Beseelt von einer konservativ-reaktionären Ideologie, war er aber eine politisch gänzlich naive und unbedarfte Person.[53] Wiederholt aber entschied allein er über die Verleihung von Parteimitgliedschaften oder befand über Parteiausschlüsse, er allein kürte seine Funktionäre, er allein bemühte sich um die Erstellung einer herzeigbaren Kandidatenliste. Die politische Linie der Partei wurde wenig diskutiert; die Mitglieder, ja selbst die Funktionäre hatten an der Entscheidungsfindung kaum Anteil. Die Parteiorganisation, die aufgebaut wurde, verkam so zum logistischen Substrat einer von Tollmann geführten Honoratiorenliste, um deren namhafteste Kandidaten ins Parlament zu hieven. Beredter Ausdruck dieser Zustände war auch die im Februar 1983 erfolgte Änderung des Parteinamens auf "Vereinte Grüne Österreichs - Liste Tollmann". Wohl wurde auf dem Linzer Gründungskongreß ein Parteistatut beschlossen, wohl waren darin Gremien und ihre Kompetenzen festgelegt; allerdings besaßen die formellen Parteigliederungen keinerlei faktische Relevanz. Der Bundesausschuß, dem laut Statut die "*Leitung der Partei*" obliegen sollte,[54] trat beispielsweise vor den Nationalratswahlen 1983 nur ein einziges Mal zusammen.[55] Insgesamt präsentierte sich dieses Statut als krasses Demokratieverhinderungsstatut vordemokratischer Prägung; der Bundesausschuß wählte und setzte sich de facto selbst ab.[56]

Der Aufbau von Landesorganisationen, zumeist kleinen Zirkeln, gelang der Honoratiorenpartei VGÖ erst knapp vor den Nationalratswahlen. Formell als erste konstituierte sich die oberösterreichische Partei am 10. Februar 1983.[57] In Oberösterreich, das sich bald zum Stammland der Vereinten Grünen entwickeln sollte, stellten der "Weltbund zum Schutz des Lebens", der "Naturschutzbund", aber auch der rechtsextreme Verein "Dichterstein Offenhausen" den personellen und logistischen Fundus. Auf der konstituierenden Gründungsversammlung am 12. Februar 1983 kandidierte der in einem Naheverhältnis zu Norbert Burgers rechtsextremer Nationaldemokratischer Partei (NDP) stehende Raimund Bachmann gegen den Steyregger Vizebürgermeister Buchner um den Landesvorsitz, unterlag jedoch. Buchner gelang es in der Folge, die Rechtsextremisten in der Landespartei auszuschalten oder zumindest kaltzustellen.[58] In Niederösterreich hingegen brachte es der der Tradition der rechtsextremen Ludendorffer verbundene Hermann Soyka bis zum Landesvorsitzenden. Soyka, überdies "Schriftleiter" der biologistischen Zeitschrift "Gesundes Leben", war über Jahre hinweg die maßgebliche Figur der niederösterreichischen Vereinten Grünen (VG-NÖ). Wie andere Funktionäre der Landespartei auch pflegte er überdies Verbindungen zum nationalen Flügel der Freiheitlichen Partei Österreichs.[59] Soyka beteiligte sich an der "Grünen Plattform" der Freiheitlichen und war Mitwirkender an den "Grünen Thesen" des Freiheitlichen Bildungswerks. Traditionell FPÖ-nahe waren auch die zeitweiligen VG-NÖ-Landesvorsitzenden Inge Rauscher und Leopold Makovsky sowie die weit rechts stehende Landesparteisekretärin Ilse Hans. Wiederholt riefen diese Grünfunktionäre dazu auf, politische Kampagnen der 1986 reformierten Freiheitlichen zu unterstützen, manche wechselten schließlich ganz zur Partei Jörg Haiders über. Ilse Hans etwa zog so als freiheitliche Abgeordnete in den niederösterreichischen Landtag ein. Ebenfalls - in der deutschnationalen Tradition des Kärntner Abwehrkampfes - weit rechts stehend präsentierte sich im südlichsten österreichischen Bundesland der Ableger der neuen Honoratiorenpartei.[60] Aufgrund anhaltender parteiinterner (Flügel-)Streitigkeiten konnte die Kärntner Landessektion jedoch in der Bundespartei kein größeres Gewicht erlangen.

Die Vorarlberger VGÖ präsentierten sich vornehmlich in der Person des WSL-Funktionärs Manfred Rünzler, dessen ausgezeichnete Verbindungen zur größten

Tageszeitung des Landes, den "Vorarlberger Nachrichten", den Vereinten Grünen im Ländle einen besonderen Medienbonus verschafften. Eine liberale Gruppe in der Vorarlberger Partei konnte durch diese Allianz schon bald ins politische Aus gedrängt werden. Wie in Vorarlberg wurden die Vereinten Grünen auch in der Steiermark weitgehend von einem politischen Einzelkämpfer substituiert: Josef Korber zog später in einer unseligen Wahlplattform mit den Alternativen als VGÖ-Mandatar in den steirischen Landtag ein. In Salzburg hingegen verhinderte die Dominanz der lokalen Bürgerliste das Aufkommen der Vereinten Grünen ebenso wie jenes der Alternativen Liste. In Tirol schließlich zerfiel die dortige VGÖ-Mannschaft bald nach den Nationalratswahlen. Zu den im Herbst 1983 stattfindenden Gemeinderatswahlen in der Landeshauptstadt Innsbruck gelang dieser am linken Flügel der Bundespartei beheimateten Landesgruppe schon kein Antreten mehr. Bald darauf schlossen sich ihre Vertreter der von der Alternativen Liste Tirol initiierten grünalternativen Sammelpartei "Liste für ein anderes Tirol" (LAT) an. Im Unterschied zur Alternativen Liste litten die Vereinten Grünen in den meisten Bundesländern an mangelnder personeller Substanz. Einzig im Osten Österreichs (Wien, Niederösterreich, Oberösterreich) gelang es, Landesorganisationen aufzubauen, die diesen Namen auch verdienten.

Die Landesparteiorganisationen der Vereinten Grünen waren anfangs mehrheitlich in der Hand der ökologischen Rechten. So abgesichert, verhielten sie sich in der Bundespartei loyal zu Alexander Tollmann. Innerparteiliche Opposition zu dessen Kurs formierte sich, und auch da nur halbherzig, schließlich in Wien. Im Oktober 1982 publizierten zwölf Wiener VGÖ-Mitglieder *Eine Art Offener Brief*: Sie kritisierten die autoritär-hierarchischen Strukturen in der Partei und forderten eine innerparteiliche Diskussion über eine mögliche Wahlplattform mit der Alternativen Liste. Anders als im fernen Tirol konnten aber im politisch weitaus bedeutenderen Wien solch liberale Anwandlungen nicht toleriert werden. Tollmann ignorierte derartige Bestrebungen und sprach schlicht von einer Unterwanderung durch die Alternative Liste.[61] Ein Teil jener "Dissidenten" verließ bald die Vereinten Grünen, um sich wirklich der Alternativen Liste anzuschließen. Tollmanns Personalpolitik war prinzipiell von Eigenmächtigkeiten, aber mangels namhafter oder qualifizierter Bewerber auch von Verlegenheitslösungen und peinlichen Mißgriffen gekennzeichnet. In wenigen Wochen verbrauchte er ein halbes Dutzend sogenannter "Generalsekretäre". Zur Eskalation in der Wiener Landes- wie auch der Bundespartei führte schlußendlich aber auch bei den Vereinten Grünen die Auseinandersetzung über die Erstellung der Kandidatenliste für die Nationalratswahlen.

Da sich die von den Vereinten Grünen favorisierte Prominenz dem ökologischen Ruf versagte, standen zunächst außer Alexander Tollmann selbst keine publicityträchtigen Kandidaten zur Verfügung. Die Honoratioreninitiative schien gezwungenermaßen mit Prominenz der dritten Garnitur vorliebnehmen zu müssen. Die Vereinten Grünen waren eine reine Medienpartei, ihr Konzept stand und fiel mit der

Gewinnung medientauglicher Kandidaten. Daher waren Tollmann und seine Mitstreiter bis zuletzt auf der Suche nach solchen. Fündig wurden sie schließlich in der Person des Filmschauspielers Herbert Fux, der als Honoratior der Salzburger Bürgerliste über einen weit größeren Bekanntheitsgrad verfügte als Alexander Tollmann selbst. Zwischen beiden traten bald Differenzen auf, allerdings konnte sich Fux als mediales Zugpferd der Partei, in deren Strukturen er in keiner Weise eingebunden war, auch gegenüber Tollmann größere Freiheiten erlauben. Innerhalb der Bürgerliste wurde Herbert Fux für seinen Übertritt auf die Liste der Vereinten Grünen insbesondere vom Stadtrat Johannes Voggenhuber heftig kritisiert. Fux blieb der einzige Prominente, dem eine Mandatszusage schmackhaft gemacht werden konnte. Wolfgang Pelikan, der sich den Vereinten Grünen anbot, konnte als Landesobmann der burgenländischen Freiheitlichen nicht gerade ein größerer Bekanntheitsgrad attestiert werden. Pelikan leitete seinen Parteiwechsel in die Wege, als er bei den Freiheitlichen nur auf einen aussichtslosen Reststimmenplatz gereiht worden war und keinerlei Chancen mehr bestanden, daß er via FPÖ in den Nationalrat einziehen hätte können. Alexander Tollmann garantierte ihm ohne Kontaktierung der entsprechenden Parteigremien den zweiten Platz auf der Reststimmenliste des Wahlkreisverbandes Ost, und Pelikan erklärte daraufhin am 9. März 1983 seinen Parteiübertritt zu den Vereinten Grünen.[62] Die bereits erfolgte Kandidatenreihung der Vereinten Grünen mußte deswegen wieder umgestoßen werden. Zu diesem Zeitpunkt war Pelikans Konterfei übrigens bereits im Burgenland landesweit als FPÖ-Spitzenkandidat auf den Plakatflächen affichiert.[63]

Wie in der Alternativen Liste, so bildete das Bundesland Wien auch bei den Vereinten Grünen die politische Ausnahme. Der Landesverband wurde bald als zu linkslastig verdächtigt. Aus den Wiener Reihen kam Kritik an Tollmanns undemokratischem Führungsstil, Teile der Wiener VGÖ befürworteten zumindest seriöse Wahlbündnis-Verhandlungen mit der ALÖ und wollten auch die Wiener Kandidatenliste in einer demokratischen Wahl ohne persönliche Einflußnahmen Tollmanns erstellen. Dennoch stand die Mehrheit der Landesorganisation hinter Alexander Tollmann. Als er bei der Wahl der Wiener Kandidaten einen Reihungsvorschlag vorlegte, wurde dieser fast unverändert akzeptiert. Nur die Plazierung Günther Hankes, eines Buchautors und Kolumnisten, der beim Nachrichtenmagazin "Profil" schrieb, konnte Tollmann nicht verhindern.[64] Hanke vertrat abstruse wirtschaftspolitische Thesen, war aber Tollmann vor allem deswegen ein Dorn im Auge, weil er mit der Propagierung der 35-Stunden-Woche ein "linkes" Konfliktthema favorisierte. Tollmann versuchte daher wiederholt, die Listenreihung auch in dieser Hinsicht zu revidieren. Zudem sollte Wolfgang Pelikan auf der Wiener Grundmandatsliste abgesichert werden. Letzteres mißlang, Pelikan wurde nachträglich nur an aussichtsloser Stelle gereiht, Hanke allerdings konnte schlußendlich aus der Kandidatenliste eliminiert werden.[65] Er rief dann über Rundfunk zur Wahl der Alternativen Liste Österreich auf und wurde aus den Vereinten Grünen ausgeschlossen.

Tollmann gelang es zusätzlich, den parteiinternen Wiener Kritikerflügel politisch vollkommen kaltzustellen. Um diese Strömung nicht hochkommen zu lassen, setzte Tollmann den Kandidaturverzicht der Vereinten Grünen bei den Wiener Gemeinderats- und Bezirksvertretungswahlen durch. An ihrer Stelle sollte die "Wahlgemeinschaft für Bürgerinitiativen und Umweltschutz" (WBU) mit Unterstützung der Vereinten Grünen antreten. Die "Wahlgemeinschaft" war aber de facto ohnehin bereits in den Vereinten Grünen aufgegangen und ebenso wie die Wiener Landesorganisation in einen rechtskonservativen und einen liberalen Flügel gespalten. Tollmann selbst war an einer Wahlbeteiligung der Vereinten Grünen auf Landes- und Bezirksebene in keinster Weise interessiert. Das Antreten der weitgehend unbekannten WBU ließ ein erfolgreiches Abschneiden bei den Wiener Wahlen von vornherein als fraglich erscheinen. Mit dieser Vorgangsweise konnte der Wiener Opposition, die gegen einen eigenständigen Wahlantritt der "Wahlgemeinschaft" argumentierte, der Boden entzogen werden. Einer künftigen Verankerung jener Strömung in den Wiener Kommunalgremien, die ihr zur politischen Hausmacht hätte werden können, war somit gründlich vorgebaut.[66] Ihre wichtigsten Repräsentanten, die sich selbst als liberalen Flügel der Partei ansahen - etwa der Parteigründer Alois Englander oder der ehemalige VGÖ-Wahlkampfleiter Günter Ofner -, verließen daraufhin die Partei. Englander und Ofner riefen später die Zeitschrift "Die Grünen Demokraten" ins Leben und versuchten sich in wechselnden politischen Allianzen, die beispielsweise Günter Ofner auch zu einer partiellen Kooperation mit der *Wiener* Linken brachten.[67]

Dieser Aderlaß war aber für die Vereinten Grünen schlußendlich verkraftbar. Nicht jedoch die öffentlich inszenierten Fehden zwischen Alexander Tollmann und dem wichtigsten medialen Kandidaten, Herbert Fux. Auslöser der über die Medien gespielten Auseinandersetzungen war ein ehrabschneiderischer Artikel des SPÖ-nahen Monatsmagazins "Basta", in dem erdichtete Enthüllungen über das angeblich quantitativ aufgeblähte Sexualleben des grünen Medienstars verbreitet wurden.[68] Auch Tollmann nahm dies für bare Münze und forderte in öffentlichen Medienduellen mit Herbert Fux dessen Rücktritt von der Kandidatenliste. Im Interesse der Sozialdemokratie und vermutlich auch auf deren Veranlassung hin gelang es so durch eine punktgenau plazierte mediale Denunzierung, die Medienpartei VGÖ als Wahlkonkurrenten zu killen. Knapp vor dem Wahltermin sackten die Vereinten Grünen schlagartig in der Wählergunst ab. Der Vorfall verdeutlicht freilich auch das politische Niveau der von den Medien vorgeführten Konkurrenten, Tollmann und Fux. Ohne sich auch nur abzusprechen, geschweige denn zu verständigen, führten sich die beiden schließlich via Mittagsjournal selbst ad absurdum. Aller Öffentlichkeit erschienen sie in der Nachrichtensendung als das, was sie politisch waren: unseriös und unpolitisch. Nach dem medialen Eklat wurde ein Parteipräsidium installiert, das Alexander Tollmann zur Seite stehen sollte. Es bestand neben Tollmann aus Herbert

Fux, Josef Buchner, Generalsekretär Wolfgang Pelikan und der Wienerin Eva Hauk.[69] Ein Wandel an der Parteispitze nach den Nationalratswahlen zeichnete sich ab, die Stunden des Vorsitzenden Tollmann waren mit dieser Entscheidung gezählt.

Das Wahlprogramm der Vereinten Grünen Österreichs stellte eine Ansammlung nichtssagender Schlagwörter und Banalitäten dar, die nicht weiter zu interessieren braucht. Enttäuscht wurde, wer von dieser "Programmatik" Konsistenz und Schlüssigkeit erwartete. In äußerst knappen und plakativen Slogans wandten sich die Vereinten Grünen gegen Politikerprivilegien, propagierten mehr Umweltschutz, die Einführung des Persönlichkeitswahlrechts, die Verankerung des freien Mandats anstelle des Klubzwangs, forderten Entbürokratisierung, plädierten für die Einführung des Verursacherprinzips und für die Förderung von Klein- und Mittelbetrieben.[70]

Die Nationalratswahlen 1983 bilden die erste Zäsur im grünalternativen Parteibildungsprozeß. Mit dem separaten Antreten zweier Wahlparteien im grünalternativen Spektrum ging die erste Phase des grünalternativen Parteibildungsprozesses ihrem Ende zu. Beide Grünparteien waren ohne Mandatserfolg geblieben. Die Tabelle unten gibt einen Vergleich über das Abschneiden der beiden Grünparteien (in Klammer die Prozentergebnisse):

	ALTERNATIVE LISTE		VEREINTE GRÜNE	
Burgenland	1.609	(0,87)	1.821	(0,99)
Kärnten	5.184	(1,50)	7.006	(2,04)
Niederösterreich	8.336	(0,88)	14.227	(1,51)
Oberösterreich	11.069	(1,37)	18.606	(2,31)
Salzburg	3.904	(1,45)	7.387	(2,74)
Steiermark	14.361	(1,82)	12.195	(1,55)
Tirol	4.173	(1,16)	5.515	(1,53)
Vorarlberg	3.520	(2,00)	4.676	(2,65)
Wien	13.696	(1,40)	22.374	(2,28)
BUND	**65.816**	**(1,36)**	**93.798**	**(1,93)**

Die Alternative Liste erreichte bundesweit 65.816 Stimmen oder 1,36 Prozent, die Vereinten Grünen schnitten mit 93.798 Stimmen oder 1,93 Prozent etwas besser ab. Damit blieben beide Gruppierungen deutlich unter den Grundmandatshürden. Die Wahlzahl - Zahl der gültigen Stimmen im Wahlkreis dividiert durch die Zahl der zu vergebenden Mandate - betrug in jedem Wahlkreis um die 25.000 bis 27.000 Stimmen.[71] Legte man die erreichten Stimmenzahlen von ALÖ und VGÖ auf ein gemeinsames Antreten um, so wäre im Wahlkreis Oberösterreich und im Wahlkreis Wien je ein Grundmandat erreicht worden. Vor diesem Hintergrund mußte sich der objektive Druck zur Vereinheitlichung der Wahlbewegung künftig verstärken. Zweifellos hatte der inszenierte Skandal um Herbert Fux die Vereinten Grünen den Einzug ins Parlament gekostet. Die Alternativen hatten ohnehin nie eigenständige Chancen besessen, auch wenn die *Grazer* zeitweise von einem Mandatsgewinn überzeugt waren. Die knapp zuvor im Jänner stattgefundenen Grazer Gemeinderatswahlen galten ihnen als Testwahlen. Das Wahlantreten der Grazer Alternativen stieß auf großes Interesse der Öffentlichkeit. Erstmals gelang alternativen Mandataren der Einzug in den Gemeinderat einer österreichischen Landeshauptstadt. Das gute Ergebnis[72] - an die 11.000 Stimmen und vier Mandate - ließ die *Grazer* fälschlicherweise auf ein vergleichbares Reüssieren beim bundesweiten Wahlgang schließen. Als der gute Glaube an Nationalratsmandate nicht in Erfüllung ging, schwächte dies in der Folge auch die politische Position der *Grazer* innerhalb der ALÖ.

3. ZWEITE PARTEIBILDUNGSPHASE

Die erste Phase des grünalternativen Parteibildungsprozesses hatte in der Etablierung einer linksalternativen sowie einer strukturkonservativen Grünpartei gegipfelt. Mit diesen Organisierungsversuchen war es erfolgreich gelungen, hier die alternativen Projektvernetzungen, dort das obskure grüne "Glücksrittertum" aufzuheben. Die Parteibildung war damit aber alles andere als zum Abschluß gekommen. Alleine die Existenz und damit die unhaltbare Konkurrenz zweier Grünparteien auf parlamentarischer Ebene verlangten nach einer Überwindung. Im Druck, der seitens der Öffentlichkeit, der grünalternativen Wähler- und Sympathisantenschaft, aber auch etlicher Parteifunktionäre in beiden Lagern in Richtung politischer Vereinheitlichung ausgeübt wurde, kam dies zum Tragen. Die Vehemenz solcher Forderungen war dabei in den Medien bzw. der Sympathisanten- und Wählerschaft am stärksten. Bei den Funktionären, die den jeweiligen Kontrahenten besser kannten, war sie wegen der unterschiedlichen strategischen Überlegungen entsprechend schwächer ausgeprägt. In strategischer Absicht ging es bei den künftigen Fühlungnahmen zwischen beiden Parteien darum, die gegnerische Partei politisch zu schwächen oder gar auszuschalten, um den jeweils eigenen Vorstellungen zum Durchbruch zu verhelfen. Diese zweite Phase war daher von spezifischen subjektiven Bemühungen gekennzeichnet, die Grünalternativen inhaltlich zu positionieren.

Die Vereinten Grünen trachteten, sich als strukturkonservative Grünkraft zu etablieren. Das Interesse, als eigenständige Organisation weiterzubestehen, bestimmte daher ihr Bemühen um innerparteiliche Konsolidierung und die Abschottung gegenüber jeglichen Versuchen, die Aufspaltung in zwei Grünparteien zu überwinden. Die Vereinten Grünen verweigerten sich der zweiten Phase der Parteibildung.

Das Interesse der Alternativen Liste Österreich war es hingegen, mit ihrer Bemühung um eine organisatorische Vereinheitlichung der grünalternativen Wahlbewegung gleichzeitig die Beerdigung der Vereinten Grünen vorzubereiten. Die *Grazer* trachteten danach, ihre Dominanz in den Parteigliederungen zu behaupten, die *Wiener* strebten nach politischem Terraingewinn. Noch waren die Integrationskräfte stark genug, beide Parteiflügel in der gemeinsamen Organisation zu erhalten. Vor diesem Hintergrund liefen Bemühungen, die Alternative Liste Österreich politisch zu konsolidieren, vorerst vielversprechend an. Erst allmählich wurde erkennbar, daß sich zwischen den politischen Projekten der beiden Strömungen prinzipielle Differenzen entwickelten. Der *Wiener* Linken ging es um die Überführung der ALÖ als linksalternativer Kraft in eine entwickeltere Organisationsform. Während sie dabei innerhalb der Alternativen Liste äußerst erfolgreich werkte, auf programmatischer und personalpolitischer Ebene einen Erfolg nach dem anderen landen konnte und (allzu) rasch mehrheitsfähig wurde, war ihren Bemühungen um eine Vereinheitlichung der Wahlbewegung deutlich weniger Erfolg beschieden. Die *Wiener* Linke erhob die

Organisationsfrage, d.h. das Primat einer gemeinsamen demokratischen Partei, zur Kardinalfrage des Parteibildungsprozesses. Die *Grazer* hingegen leiteten ihre taktischen Schritte vom Primat der Kandidaturfrage ab, also der primären Etablierung einer gemeinsamen parlamentarischen Vertretung der Grünen und Alternativen, und nicht unbedingt von einer vorherigen organisatorischen Vereinheitlichung. Während die *Wiener* Linke ähnlich wie die Vereinten Grünen dem politischen Charakter der eigenen Organisation, wie er sich in der ersten Phase der Parteibildung ausgeprägt hatte, auf höherer Ebene zum Durchbruch verhelfen wollte, näherten sich die *Grazer* sukzessive linksliberalen Positionen an, um diese schlußendlich selbst zu vertreten. Für die *Grazer* erhielt das Parteiprojekt damit eine prinzipiell neue Dimension. Ihnen ging es um die Überwindung der alten ideologischen Positionierung der grünen Partei. In diesem Bemühen stießen sie auf neue Bündnispartner, die sich in der nunmehr entscheidenden dritten Phase ab 1985 in den grünalternativen Parteibildungsprozeß einschalteten. In dieser wurde die Auseinandersetzung um den politischen Charakter der neuen Grünpartei entschieden. Die Linksalternativen und Strukturkonservativen wurden schlußendlich als politische Schlacken ausgeschieden, das Destillat war eine linksliberale Grünpartei. Jene politischen und inhaltlichen Postulate der Alternativbewegung, welche zumindest dem alternativen Verständnis nach quer zur bürgerlichen Gesellschaft lagen, wurden in diesem Prozeß allmählich abgeschwächt, bis sie in deren Gefüge bruchlos integrierbar waren.

Die zweite Phase des grünalternativen Parteibildungsprozesses war so geprägt vom Bemühen der Beteiligten, die Ausrichtung des eigenen politischen Pols beizubehalten. Sie war damit anachronistisch; am Ende sollte sich zeigen, daß kein Platz war für die Etablierung einer hegemonialen linksalternativen oder einer strukturkonservativen Grünpartei. Die objektive Tendenz zur Vereinheitlichung setzte zunächst, dem Charakter des Prozesses selbst entsprechend, dort ein, wo aktuell die nächsten Wahlgänge anstanden - also auf Ebene der Bundesländer bzw. in den Gemeinden. Hier wurden Listenbündnisse in den unterschiedlichsten Varianten erprobt. Auf Bundesebene, wo die Wahlen eben bestritten worden waren, kam es hingegen zu Versuchen, die jeweilige Partei zu stabilisieren, ihre Strukturen zu konsolidieren bzw. zu reformieren, Partei- statt Wahlprogramme zu erarbeiten. Die Phase endete mit der Formierung bislang externer Kräfte, der Hainburg-Bewegung und des "Konrad Lorenz-Volksbegehrens" (KL-VB) im Winter 1984/85, welche außerhalb der bereits etablierten grünalternativen Strukturen stattfand. Sie sollten den Keim für das dritte, linksliberale Moment bilden.

Nach den Nationalratswahlen kam es innerhalb der Alternativen Liste Österreich zu einer schrittweisen und kontinuierlichen Umgruppierung der innerparteilichen Kräfteverhältnisse. Die in Angriff genommene Konsolidierung der ALÖ (und auch etlicher, aber nicht aller Landesorganisationen) führte zu einer Stärkung der *Wiener* Linken, mit der bald auch in der Bundespartei die Wiener Dominanz sichtbar in Erscheinung trat. Zum einen hatte der Wahlausgang bei vielen *Grazern,* aber auch bei anderen Aktivisten eine gewisse Enttäuschung und Demotivierung hervorgerufen. Es war zu einem starken Abflauen der Wahlbewegung gekommen, innerhalb der Partei machten sich Fluktuationen bemerkbar, die Ausdünnung der Personaldecke gab den organisationsfreundlichen links-alternativen Funktionären ein größeres Gewicht gegenüber der Masse oft nur zufällig und vorübergehend zur alternativen Partei gestoßener Sympathisanten und Wahlkämpfer. Auch wirkte sich die größere organisatorische Erfahrenheit und Überlegenheit der *Wiener* Linken bezüglich des Parteiaufbaus positiv für diese aus.

Der Terraingewinn der *Wiener* gegenüber den *Grazern* fand auf programmatischer, bündnispolitischer und zuletzt auch auf der personalpolitischen Ebene statt. Darüberhinaus gelang der Linken die Ausweitung ihres Einflusses in etlichen Landesorganisationen der ALÖ. Ihr politischer Durchbruch auf Bundesebene erfolgte in zwei Etappen. Auf dem Salzburger Bundeskongreß der Alternativen Liste im November 1983 gelang es erstmals, Teile des Friedensprogramms der Alternativen Liste Wien in der Bundespartei selbst mehrheitsfähig zu machen. Das Wiener Papier wurde als Diskussionsvorlage angenommen,[1] wesentliche Passagen daraus fanden schließlich in das offizielle Friedensprogramm Eingang, das am folgenden Bundeskongreß im Mai 1984 in Wien beschlossen wurde.[2] Darüberhinaus wurde in Salzburg mit dem aus dem "Forum Alternativ" kommenden Hannes Hofbauer ein Wiener Linksalternativer zum Vertreter der ALÖ im Koordinationsausschuß der österreichischen Friedensbewegung nominiert.

Die Durchsetzung ihrer Positionen zur Friedenspolitik hatte für die *Wiener* über das bloß Programmatische hinausreichende Bedeutung. Die österreichische Friedensbewegung war in der ersten Hälfte der achtziger Jahre die bedeutendste soziale Bewegung; sie wandte sich gegen die geplante Stationierung US-amerikanischer Mittelstreckenraketen auf europäischem Territorium, insbesondere in der Bundesrepublik Deutschland. Die Alternative Liste Wien befand sich dabei mit ihren Positionen am linken Rand des unabhängigen Spektrums der österreichischen Friedensbewegung,[3] der zweiten großen Strömung neben einem dominierenden "sozialpartnerschaftlichen Block" (kirchliche, sozialdemokratische und kommunistische Jugendorganisationen). Reüssieren konnten die *Wiener* Positionen in der ALÖ nicht zuletzt auch wegen unterschiedlicher Orientierungen innerhalb des *Grazer* Flügels. Während das Gros der ALÖ-Aktivisten, besonders die Tiroler Landesorganisation, den autonomen Zentrumsflügel (Pazifisten, Gewaltfreie) der Friedensbewegung unterstützte, befanden sich die *Gföhler* mit ihren Positionen am rechten Rand dieses Spektrums. Die politische Führung der *Grazer* zählte nämlich zu jenem Lager, welches, genährt von der maoistischen Sozialimperialismus-Theorie[4], in der Sowjetunion einen den USA ebenbürtigen Aggressor, wenn nicht gar die Hauptgefahr für den Weltfrieden sah. Das Gros der Alternativen mochte ihren Positionen in dieser

Frage aber nicht folgen. Die *Gföhler* werteten diesen programmatischen Durchbruch der Linken als empfindliche Niederlage. Die Zuspitzung des Konflikts zwischen den beiden Parteiflügeln nahm bei der Friedensfrage ihren Ausgang.[5]

Bündnispolitisch gelang es der *Wiener* Linken ebenfalls auf dem Salzburger Bundeskongreß, ihre innerparteiliche Basis zu verbreitern. Der Kongreß empfahl mehrheitlich eine Unterstützung der "Gewerkschaftlichen Einheit - Alternative Gewerkschafter" (GE) bei den im April 1984 stattfindenden Arbeiterkammerwahlen. Die Gewerkschaftliche Einheit war die ehemalige Gewerkschaftsfraktion der Kommunistischen Partei Österreichs (wenngleich sie sich formell immer als unabhängig verstanden hatte). Im Zuge der nach 1968 einsetzenden KPÖ-internen Auseinandersetzungen und Säuberungen hatte sich die GE von ihrer Mutterpartei abgespalten. In den siebziger Jahren machte diese inhaltlich wohl unproduktivste Sekte der "Neuen Linken" vom Eurokommunismus über die Liebäugelei mit dem linken Rand der Sozialdemokratie bis hin zu trotzkistischem Leichtsinn alle Schalheiten linker Opposition mit, ehe sie dann ihrem Namen das Wort "alternativ" anfügte. Im Österreichischen Gewerkschaftsbund (ÖGB) ohne Bedeutung, war ihr aufgrund der finanziellen Bezuschussung von Gewerkschaft und Arbeiterkammer das politische Überleben gestattet. Die Gewerkschaftliche Einheit war organisatorisch innerhalb der Alternativen Listen hauptsächlich in den Bezirksgruppen der ALW verankert. Das war einer der Gründe, warum die GE in der Alternativen Liste Wien stets einen taktischen Dezentralismus betrieb, der sie in der Organisationsfrage in einen akzentuierten Gegensatz zur marxistischen Linken brachte. Ihre wichtigsten Repräsentanten waren Schani Margulies, Karl Öllinger oder Paul Kolm. In den Landesorganisationen, etwa der Alternativen Liste Steiermark, fanden sich ihre Mitglieder hingegen nur als Einzelpersonen.

Für die *Wiener* Linke bildete die Gewerkschaftliche Einheit zu diesem Zeitpunkt ein Faustpfand in der bündnispolitischen Auseinandersetzung mit der *Grazer* Strömung. Eine salonfähige GE sollte der Linken innerhalb der Alternativen Liste Österreich eine politische Verbreiterung ihrer Basis bringen, darüberhinaus sollte auch die bündnispolitische Orientierung des rechten Flügels der *Grazer* und der *Gföhler* auf die Vereinten Grünen pariert werden. Gegen deren Widerstand konnte die Unterstützung der GE schließlich durchgesetzt werden. Für letztere wirkte sich die alternative Hilfeleistung durchaus produktiv aus. Bei den Arbeiterkammerwahlen 1984 gelang der Gewerkschaftlichen Einheit mehr als eine Verdoppelung ihres - insgesamt besehen aber recht bescheidenen - Stimmenpotentials.[6]

Neben dieser bundespolitischen Offensive, die die *Wiener* Positionen zunächst in einzelnen Fragen und Themenbereichen mehrheitsfähig erscheinen ließ, konnte ihr Einfluß auch in einzelnen Landesorganisationen gestärkt werden. In Niederösterreich etablierte sich bald eine linke Mehrheitsströmung, auch die burgenländischen Alternativen standen im *Wiener* Lager, nicht unwesentliche Teile der Alternativen Liste

Oberösterreich tendierten ebenfalls schon in diese Richtung. Innerhalb der Alternativen Liste begann sich so ein linker "Ostblock" herauszukristallisieren, aber auch in Tirol bildete sich ein entsprechender Minderheitsflügel, und jenseits des Arlbergs sympathisierten viele Basisalternative mit den radikalen basisdemokratischen *Wiener* Positionen. Der rasche Durchmarsch der Linken in den Strukturen der Alternativen Liste war dabei hauptsächlich ihren organisatorischen Fähigkeiten geschuldet. Eine etwaige Radikalisierung des gesellschaftlichen Substrats der ALÖ oder sozialer Bewegungen kam damit eben nicht zum Ausdruck. Es tat sich allmählich eine Diskrepanz auf zwischen der immer dominanter werdenden Verankerung der *Wiener* in den Strukturen der ALÖ und ihrer faktischen politischen Relevanz. Außerdem führte der Durchbruch der Linken in der Alternativen Liste Österreich bald zu einer Verlagerung der Auseinandersetzungen in die Landesorganisationen, wo sich *Grazer* wie *Wiener* als jeweilige Hausmacht einzuzementieren trachteten. Nicht selten galt dann: eius regio cuius religio.

Die Ausweitung ihres politischen Einflusses konnte die *Wiener* Linke schließlich auch noch mit einem personalpolitischen Erfolg abrunden. Beide Parteiflügel hatten nach den Nationalratswahlen die Notwendigkeit einer Statutenreform erkannt, um die Effizienz der Partei und ihrer politischen Leitung zu verbessern. Die *Gföhler* zielten neben der Installierung einer Sprechergruppe[7] auf eine Stärkung des Koordinationsausschusses (BKOA), da sie in diesem "Ländergremium" noch auf solide Mehrheiten zählen konnten. Der (Bundes)Koordinationsausschuß wurde nämlich von den mehrheitlich *Graz*-nahen Landesorganisationen beschickt. Seine Aufgabe war es, die Politik der Alternativen Liste Österreich zwischen den einzelnen Bundeskongressen zu koordinieren.[8] In der Frage der Sprechergruppe konnten die *Gföhler* keinen Erfolg erzielen. Erich Kitzmüller hatte die gewünschte Installierung eines solchen Gremiums damit begründet, daß für die Alternative Liste Österreich Leute in der Öffentlichkeit sprächen, die dazu nicht beauftragt wären. Er meinte damit die *Wiener*. Als Sprecher der ALÖ schlug er allen Ernstes vor, die Sozialdemokratin Freda Meissner-Blau, den ihr nahestehenden Werner Vogt sowie Josef Buchner, den Vorsitzenden der Vereinten Grünen, zu wählen![9] Mit diesen Personalvorschlägen mochte man sich in Salzburg nicht anfreunden. Die politischen Repräsentanten der Alternativen Liste sollten schon der eigenen Partei angehören. Der Bundeskongreß entschied daher, daß das politische Leitungsgremium der Partei - die dreiköpfige Bundesgeschäftsführung - aus den Reihen des Bundeskoordinationsausschusses gewählt werden sollte. Aber der im Mai 1984 auf Wiener Boden folgende 6. Bundeskongreß der Alternativen Liste Österreich modifizierte dieses für die *Grazer* günstige Modell dahingehend, daß die Bundesgeschäftsführer nicht mehr aus den Reihen des Koordinationsausschusses stammen mußten, sondern neben diesem eigenständig politisch agieren konnten. Mit Ali Gronner wurde darüberhinaus ein Vertreter der *Wiener* Linken in die dreiköpfige Parteileitung gewählt. Dieser saß damit neben dem Steirer Andreas Wabl und der Oberösterreicherin Doris Eisenriegler, welche ihrerseits zur Linken tendierte, im höchsten politischen Gremium der Partei. Der Wiener Bundeskongreß markierte den endgültigen Durchbruch der Linken in der Bundespartei. Die *Wiener* stellten zwar nicht schlechthin die Mehrheitsströmung dar, hatten aber mit den *Grazern* gleichziehen können und waren in einzelnen wesentlichen Fragen auch gegen deren Positionen durchsetzungsfähig geworden. Die *Grazer* ihrerseits mochten den Bedeutungsgewinn der konkurrierenden Parteiströmung nicht akzeptieren, sie beantworteten den Vormarsch der Wiener Linken mit heftigen Rückzugsgefechten und stellten ihr konstruktives Engagement in der Bundespartei ein. Erich Kitzmüller ging sogar so weit, das Projekt einer alternativen Partei noch auf dem Wiener Bundeskongreß für gescheitert zu erklären.

Während so die Konsolidierung der Alternativen Liste auf struktureller Ebene vorerst durchaus zu gelingen schien, scheiterte sie auf der politischen. Mit dem sukzessiven Rückzug der *Grazer* aus der Bundespartei geriet die Alternative Liste Österreich zum Spielfeld der Linken, in das die *Grazer* vornehmlich nur noch intervenierten, um zu bremsen, Obstruktionspolitik zu betreiben oder heftige Attacken gegen die Alternative Liste Wien zu reiten.[10] Auch benutzten sie die Parteizeitung der Alternativen Liste Österreich, den "Alternativenrundbrief", als dezidiertes Fraktionsblatt ihrer Strömung.[11] Da ein Auseinanderbrechen der Alternativen Liste die *Wiener* Linke politisch empfindlich geschwächt hätte, antwortete sie darauf mit dem Angebot eines *"historischen Kompromisses"*.[12] Sie beteuerte wiederholt ihr Bekenntnis zu einer pluralistischen Partei, in der beide politischen Strömungen ihren angestammten Platz haben sollten. Die *Gföhler und bald auch die Grazer* gingen darauf nicht ein. Im Oktober 1984 legte Erich Kitzmüller eine großangelegte Abrechnung mit der *Wiener* Linken vor.[13] Während sich die Alternativenbewegung angeblich in voller Ausdehnung befinde und in alle Milieus, Klassen und Familien hinein wirke[14] - man sieht, auch Kitzmüller war ein Verfechter des kulturrevolutionären Standpunkts, er sprach von einem Wertebruch, der nicht mehr manipulierbar wäre[15] -, beklagte der steirische Vordenker, daß umgekehrt die politische Durchsetzung der neuen Anliegen nicht vorankäme,[16] und machte dafür die *Wiener* Linke verantwortlich. Nicht nur erhalte die ALÖ mittlerweile keinen Zulauf mehr, sondern erleide Schwund - *"ein ganzer Typus von Mitarbeitern und Freunden"*[17] wende sich ab. Erich Kitzmüller wußte auch die Gründe zu benennen: den politischen Stil der *Wiener* Linken, den Stil der *"Verdrängung eines Teils der Grünen und Alternativen durch einen anderen Teil"* mit dem Resultat der *"politischen Monokultur"*, welche aber das gerade Gegenteil einer Alternativkultur wäre.[18] Kurz und gut, Erich Kitzmüller ortete *"das blockierende Problem für die ALÖ in Wien."*[19] Diese beschriebene Art des Diskurses war geradezu typisch für den Umgang der *Gföhler* mit ihren innerparteilichen Kontrahenten. Politische Differenzen - und nur darum ging es letztendlich: um die Auseinandersetzung über den politischen Charakter der künftigen grünalternativen Wahlpartei - wurden von ihnen ausschließlich auf der Ebene des politischen Stils abgehandelt, ein *"unüberbrückbarer Unterschied des politischen Stils*"[20] konstatiert und der innerparteiliche Kontrahent solcherart als sozialpathologischer Fall präsentiert. Damit offenbarte sich ein entscheidendes Manko der *Grazer* Strömung. Sie vermochte es nicht, Differenzen zwischen den Flügeln von deren unterschiedlichen ideologischen Ansätzen abzuleiten und danach zu bemessen, ob politische Bündnisse möglich oder sinnvoll erschienen oder eben nicht. Die politische Auseinandersetzung wurde als Stilfrage abgehandelt, bei der persönliche Animositäten oder gegenseitige Beleidigungen als Begründung für die erwünschte Abgrenzung herhalten mußten.

Aufgrund der Unversöhnlichkeit der einen großen Parteiströmung, die kein konstruktives Verhalten zur Gesamtpartei ermöglichte, offenbarte sich bald auch auf der Strukturebene ein grundsätzliches Dilemma. Weil die *Grazer* Strömung ihre uneingeschränkte Dominanz in der Bundespartei verloren hatte, konzentrierte sie ihre Kräfte auf jene Landesorganisationen, in denen sie weiter über solide Mehrheiten verfügte. Die Bundespartei hingegen trachtete sie zusehends zu schwächen. Diese konnte solchermaßen kein Eigenleben entfalten, die Alternative Liste reduzierte sich immer mehr auf das bloße Nebeneinander ihrer einzelnen Landesorganisationen. Statt zu einem politischen Interventionsfaktor entwickelt zu werden, geriet die Bundesorganisation zum Spielball in den strömungspolitischen Auseinandersetzungen. Man ließ die Partei finanziell verbluten, die Bundesgeschäftsführer agierten mehr oder weniger im luftleeren Raum, der Bundeskoordinationsausschuß fand keine Gelegenheit, die Parteipolitik zu administrieren, sondern präsentierte sich ebenfalls als Forum der fraktionellen Auseinandersetzungen. Die Alternative Liste Österreich trat nach außen als politischer Faktor kaum noch in Erscheinung.[21]

Während so für das Versagen der Bundespartei primär politische Gründe verantwortlich waren, laborierten die einzelnen Landesorganisationen auch an genuin strukturellen Defiziten. Die basisdemokratischen Organisationspostulate erwiesen sich in vielerlei Hinsicht als unausgegoren und kaum praktikabel. In keiner einzigen Landesorganisationen gelang die Einführung von Einzelmitgliedschaften, so sie überhaupt versucht wurde. Es blieb beim subsidiären Basisgruppenprinzip, dies organisatorischer Ausdruck der sprichwörtlichen alternativen Unverbindlichkeit. Die untersten Zelleinheiten der Alternativen Liste Österreich waren demzufolge die einzelnen, in ihrem Wirkungsbereich autonomen Basisgruppen. Diese delegierten ihre Vertreter zu Delegiertentreffen, und ihre Aktivisten entschieden auf den jeweiligen Landeskongressen über die jeweilige Politik. Die Landeskongresse wiederum nominierten die Delegierten zu den Bundeskongressen und sollten sie dafür mit einem imperativen Mandat ausstatten. In diesem System konnte sich das höhere, allgemeine Interesse der Partei gegenüber den besonderen Präferenzen ihrer Untergliederungen nur bedingt Kanäle verschaffen.

Die alternativen Basisgruppen waren in sich selbst eher formlose, unstrukturierte Einheiten, deren Defizite sich dann auf höheren Parteiebenen reproduzierten. Sie selbst kannten zumeist keine verbindliche Mitgliedschaft und unterlagen einer starken personellen Fluktuation, welche in Wahlzeiten hohe personelle Durchgangsquoten produzierte, bei zwischenzeitlicher Ausdünnung des Aktivistenpotentials und stärkerer Anbindung nur eines kleinen Kerns der Gruppe. Der subsidiäre Aufbau öffnete Zufälligkeiten in der Zusammensetzung von Versammlungen auf allen Parteiebenen Tür und Tor. Er lud ein zu Mobilisierungen von weitgehend Unbeteiligten, um mit dieser politischen Manövriermasse wichtige Abstimmungen entsprechend beeinflussen oder verfälschen zu können. Über die gewählten Funktionäre und Vertreter der Partei entschieden oft eher Zufall und Beliebigkeit als rationales politisches Kalkül. Entsprechend gering war die Kontinuität, entsprechend niedrig die Qualität ihrer politischen Arbeit für übergeordnete Parteiebenen. Die Fluktuation und das Hineinschnuppern unzähliger Sympathisanten, die dabei von ihrem Stimmrecht freimütig Gebrauch machten, führten zu inkonsistenten und verwirrenden Beschlußlagen. Überdies ergab sich aus dem Basisgruppenprinzip für das Gros der Aktivisten nur eine schwache und diskontinuierliche Bindung und Verpflichtung gegenüber ihrer Partei. Darunter litt die Umsetzung von Parteibeschlüssen ebenso wie die Finanzgebarung der Organisation. Einzelne Gemeindegruppen waren nicht selten finanziell potenter als ganze Landesorganisationen.

Besonders kraß stellte sich diese Situation in Wien dar. Unmittelbar nach den Nationalratswahlen hatte sich eine dezentralistische Negativkoalition, die sich aus Vertretern des "Donnerstags", der Gewerkschaftlichen Einheit und der Mehrzahl der Wiener Bezirksgruppen zusammensetzte, gebildet. Ihr gelang es, zur Brechung der marxistischen Mehrheit die Entmachtung des Plenums und die Verlagerung sämtlicher Entscheidungsprozesse in die Basisgruppen herbeizuführen. Einen prinzipiellen Dezentralismus verfochten dabei nur die Basisgruppen, jener der GE und des "Donnerstags" war rein taktisch motiviert. Das formell gültige Statut wurde dadurch von den reellen Entwicklungen faktisch überholt und die politische Arbeit der ALW auf Jahre hinaus gelähmt. Die Wiener Landesorganisation präsentierte sich fortan nur noch als zersplitterter Zusammenhang autonomer Bezirks- und Basisgruppen. Entscheidungsprozesse in der Gesamtpartei litten an mangelnder Synchronisation oder schlichter Obstruktion, die Alternative Liste Wien büßte ihre ohnehin bescheidene Rolle als gesellschaftlich intervenierende Kraft gänzlich ein. Der Aufbau einer effektiven Parteistruktur verkehrte sich ins Gegenteil. Als in den Auseinandersetzungen in der Hainburger Au erneut Bewegung und Dynamik ins grünalternative Lager kamen, waren zwar zahllose Aktivisten der Alternativen Liste Wien präsent, nicht aber die Alternative Liste Wien als politisch handelnde Kraft.

Mehr noch als bei den Alternativen bildete die verlorene Nationalratswahl bei den Vereinten Grünen den Ansatzpunkt zu einer umfassenden Parteireform. Noch in der Wahlnacht des 24. April 1983 erklärte Alexander Tollmann seinen Rücktritt als Parteivorsitzender der Vereinten Grünen Österreichs. Sein Projekt einer Honoratioreninitiative fürs Parlament war gestorben. Während die Nachwahlphase in der

Alternativen Liste die *Wiener* Hegemonie einleitete, begann bei den Vereinten Grünen die Ära des Oberösterreichers Josef Buchner. Buchner, der bereits der stärksten Landesorganisation der Vereinten Grünen vorstand, wurde zunächst als interimsmäßiger Geschäftsführer bestellt und auf der ersten ordentlichen Bundesversammlung der "Vereinten Grünen" (vormals Liste Tollmann) vom 25. Juni 1983 in Salzburg zum neuen Bundesvorsitzenden gewählt. Generalsekretär blieb weiterhin Wolfgang Pelikan. Gemeinsam bildeten sie ein Team fähiger Bürokraten, das den Vereinten Grünen zwar mit manchen empfindlichen und substanzzehrenden Blessuren, letztendlich aber doch für ein gutes Jahrzehnt das politische Überleben sichern konnte. Den Vereinten Grünen sollte die organisatorische Konsolidierung, verglichen mit den Alternativen, zunächst besser gelingen. Ein von Wolfgang Pelikan verfaßter und auf der 1. Bundesversammlung beschlossener Statutenentwurf[22] sah eine straff zentralistisch geleitete Parteiorganisation vor. Anstelle der charismatischen Führerschaft Alexander Tollmanns wurde ein Parteiapparat aufgebaut, in dessen oberen Leitungsorganen auch die Landesvorsitzenden und sonstige höhere Parteifunktionäre größeren Einfluß erlangten.[23] Die eigentliche politische Leitung und Führung kam allerdings dem Bundesvorsitzenden und seinem Generalsekretär zu. Auch stand das Prinzip der Einzelmitgliedschaft - die Mitglieder wurden von den Landesorganisationen aufgenommen - bei den Vereinten Grünen immer außer Frage. Summa summarum erkannten die bürgerlichen Grünen die Notwendigkeit zentralisierender Strukturen viel besser als die antiautoritären (Links-)Alternativen mit ihrer Präferenz für diffundierende Organisationsgefüge. Die Vereinten Grünen waren solcherart die wirkliche Kaderpartei im grünalternativen Lager. Ihre rigorose innere Geschlossenheit - politische Abweichungen wurden stets kurzerhand unterdrückt, der politische Kurs von Landesorganisationen und sonstigen Untergliederungen bedurfte der Bestätigung durch die Parteispitze - erlaubte es den Vereinten Grünen, ihre sinkende Bedeutung im grünalternativen Lager zu übertünchen. Denn die Vereinten Grünen waren trotz ihrer organisatorischen und programmatischen Konsolidierung dem langsamen politischen Siechtum verfallen. Bei sämtlichen Wahlgängen seit 1983 blieben sie unter der bei diesen Nationalratswahlen erzielten Marke, während sich die Alternativen im Vergleich durchwegs steigern konnten. Nur diese Straffung und Effektivierung der inneren Parteistrukturen erlaubte es den Vereinten Grünen, ihren politischen Bedeutungsverlust - auch in der Gunst der bürgerlichen Medien begannen sie bald zu fallen - zu kompensieren und in den Auseinandersetzungen mit den Alternativen und sonstigen Grünen ihre politischen Sonderinteressen durchaus erfolgreich geltend zu machen.

Während die Alternative Liste schon zu den Nationalratswahlen ein ausformuliertes Wahlprogramm vorweisen konnte, verfügten die Vereinten Grünen der Tollmann-Ära nur über einen Katalog schlagwortartiger und in sich widersprüchlicher Forderungspunkte. Ihren politischen Neubeginn leiteten die Vereinten Grünen daher auch mit einer umfassenden Programmrevision ein. Das neue Parteiprogramm[24] nahm von vielen Ungereimtheiten der Tollmann-Zeit Abschied. ALÖ-Bundesgeschäftsführer Ali Gronner vermeinte darin eine Sozialdemokratisierung der Vereinten Grünen zu erkennen, die er demgemäß als sozialliberale Strömung innerhalb der grünalternativen Wahlbewegung positionierte.[25]

Bezüglich des neuen Parteiprogramms war Gronners Einschätzung in groben Zügen durchaus zuzustimmen, es zeichnete sich durch einen gut sozialdemokratischen Etatismus aus, gepaart mit modischen Modernisierungs-Parolen wie der Propagierung einer "ökologisch-sozialen Marktwirtschaft"; überdies ließen auch die Vereinten Grünen einen Hang zu dualwirtschaftlichen Subsidiarismen und damit eine Annäherung an Positionen des Gföhler Kreises erkennen. Bei Kenntnis der laufenden tagespolitischen Stellungnahmen von VGÖ-Vertretern in den Medien mußten derartige Eindrücke aber gründlich korrigiert werden. Auf geduldigem Papier gaben sich die Anschauungen der VGÖ um vieles moderater als in der Tagespolitik, wo in den Äußerungen von VGÖ-Vertretern nur allzu häufig reaktionäre Ideen aufblühten. Die Vereinten Grünen blieben strukturkonservativ; kam es wirklich zu innerparteilichen Versuchen, sie auf eine sozialliberale Ausrichtung festzulegen, so wurden diese von der Parteispitze schroff abgewürgt.

Kennzeichnend für die zweite Phase des grünalternativen Parteibildungsprozesses war das Erproben unterschiedlicher bündnispolitischer Varianten zwischen ALÖ und VGÖ auf regionaler Ebene. Innerhalb der Alternativen Liste kam es darüber zwischen den beiden großen Parteiströmungen zu Konflikten. Während die *Wiener* keinerlei Notwendigkeit bloß partieller Wahlbündnisse sahen und vorläufig vielmehr auf die organisatorische Eigenständigkeit der Alternativen Listen setzten, sahen umgekehrt die *Grazer* nur im gemeinsamen Antreten der beiden Grüngruppierungen Chancen auf den Einzug in die Landtage. Im Unterschied zur Linken ordneten sie die Organisationsfrage der Kandidatur unter. Die bündnispolitische Konzeption der Linken beabsichtigte hingegen die organisatorische Vereinheitlichung der Wahlbewegung, und wenngleich auch die *Grazer* dafür plädierten, so sahen sie berechtigterweise aktuell keine Chance auf Realisierung einer solchen Strategie. Denn die Vereinten Grünen standen dem Gedanken einer Fusion zu einer gemeinsamen Wahlpartei stets ablehnend gegenüber, wissend, daß ihre Strömung in einer solchen bald marginalisiert sein würde. Dem *Grazer* Standpunkt schien zu entsprechen, daß sowohl die grünalternative Wählerschaft, die Sympathisanten, aber auch viele Aktivisten bzw. Mitglieder beider Parteien ein geeintes Antreten bei Wahlen befürworteten, ja sogar mit einer gewissen Vehemenz einforderten. Grün und alternativ wurden in solchen Betrachtungsweisen als zusammengehörig empfunden, eine Synthese beider Positionen als vernünftig angesehen. Die Linke, die in den beiden Lagern keine graduellen, sondern prinzipielle Differenzen verkörpert sah, blieb mit dieser Einschätzung eindeutig in der Minderheit. Dennoch lag sie damit richtig. Bereits auf der Ebene der grünalternativen Sympathisantenschar kongruierte der sehnlich-sinnliche Wunsch nach Vereinheitlichung keineswegs mit den tatsächlichen ideologischen Standorten.

Selbst empirische Studien fanden zur Feststellung: *"Zwischen den Sympathisanten der VGÖ und der ALÖ befinden sich auf der Einstellungsebene drastische Unterschiede."*[26]

Die Vereinten Grünen wurden von der *Wiener* Linken als eine sterbende Partei betrachtet. Nach ihrer Anschauung würde analog den schon weiter fortgeschrittenen Entwicklungen in der Bundesrepublik die objektive Ausdifferenzierung des grünalternativen Lagers in einer links von der Sozialdemokratie angesiedelten Wahlpartei gipfeln und der Konservativismus der Vereinten Grünen in diesem Prozeß seine Existenzberechtigung verlieren. Untermauern konnten die Linken ihre Einschätzung mit dem Umstand, daß die Vereinten Grünen bei sämtlichen eigenständigen Wahlantritten seit den Nationalratswahlen 1983 unter der damals erzielten Marke blieben. Während die *Wiener* den Vereinten Grünen das politische Aus bescheren wollten, konnten diese eine erfolgreiche Überlebensstrategie entwickeln. Dem Bedürfnis der *Grazer* nach geeintem Antreten bei Wahlen entsprechend, legten sie die bündnispolitische Option einer Bildung von Wahlplattformen vor, blieben aber bezüglich der Kernfragen bei sämtlichen Listenverhandlungen stets unnachgiebig. Das Eingehen von Wahlplattformen bedeutete, daß die Vereinten Grünen immer den politischen Minimalkonsens vorgeben konnten, der letztlich von den Alternativen akzeptiert werden mußte. Die Vereinten Grünen präsentierten ihren unabänderlichen Standpunkt, und die Alternativen machten ihnen Konzessionen. Kamen Wahlbündnisse zustande, so wurden diese fast ausschließlich als Wahlplattformen paktiert: Alternative Liste und Vereinte Grüne kandidierten auf einer gemeinsamen Wahlliste, blieben aber als Parteien eigenständig. Funktionen und Kandidatenlisten wurden im Proporz erstellt, Rechenschaft wurde jeweils der eigenen Partei, nicht der gemeinsamen Liste geschuldet, die nach dem jeweiligen Wahlgang jederzeit wieder in ihre Bestandteile zerbrechen konnte. Wahlplattformen waren so punktuelle und partielle Listenbündnisse mit dem beschränkten Zweck, grüne und alternative Vertreter in die Landtage zu bringen. Sie zementierten solcherart die politischen Verhältnisse im grünalternativen Lager, anstatt der objektiven Dynamik einer organisatorischen Vereinheitlichung der Wahlbewegung zu entsprechen.

Den Anfang grünalternativer Listenbündnisse machte das Bundesland Salzburg. Auf eine Initiative der Alternativen Liste hin kam es bald nach den Nationalratswahlen zu Verhandlungen. Die Alternativen schlugen von sich aus die Bildung einer Wahlplattform vor. Die Salzburger Bürgerliste, stärkste lokale Grünkraft, stand dem allerdings ablehnend gegenüber und propagierte die Fusion aller drei Gruppierungen zu einer neuen Wahlpartei. Sie wußte, daß sie in dieser gemeinsam mit den Salzburger Alternativen, welche in der ALÖ ohnehin den rechten Parteirand bildeten, den Ton angeben würde. In mehreren Gesprächsrunden wurde die Bildung der neuen Wahlpartei ausgehandelt. Die paktierte "Grün-Alternative Bürgerliste Salzburg" (GABL) brachte eine beträchtliche Verwässerung alternativer Organisationsprinzipien und programmatischer Inhalte, vor allem wurde im strukturellen Kernbereich das imperative durch das freie Mandat ersetzt.[27] Gewählte Abgeordnete der Grünalternativen Bürgerliste waren demnach primär ihrem eigenen Gewissen, nicht mehr der Partei, die sie aufgestellt hatte, verantwortlich. Die alternativen Verhandler benutzten die Etablierung der GABL nicht zuletzt dazu, die minoritäre Parteilinke der Alternativen Liste Salzburg zu eliminieren. Den Salzburger AL-Linken wurde die Mitgliedschaft in der neuen Wahlpartei nötigenfalls schlichtweg verwehrt. Umgekehrt betrieben Alternative Liste und Bürgerliste auch die Marginalisierung der Vereinten Grünen. Die satte Mehrheit beider Fraktionen sorgte dafür, daß kein Vertreter der VGÖ in den neuen Parteivorstand (Koordinationsausschuß) der GABL gewählt wurde. Daraufhin scherten die Vereinten Grünen auf Geheiß ihrer Bundesparteiführung aus der bereits paktierten Wahlpartei aus und beharrten auf der Bildung einer Wahlplattform.[28] AL und Bürgerliste sahen den erhofften Einzug in den Landtag gefährdet und gaben nach. Die Parteienfusion wurde zum bloßen Parteienbündnis mit fixen Proporzregelungen umgebaut. Als diese GABL ihr Wahlziel dennoch verfehlte, sprangen unmittelbar nach den Wahlen im März 1984 die Vereinten Grünen ab, gefolgt von der Bürgerliste. Die Grünalternative Bürgerliste blieb als politischer Rumpfkörper übrig - bestehend aus der personell ausgedünnten Alternativen Liste Salzburg, welche ihren linken Flügel abschütteln konnte, organisatorisch und programmatisch alternativen Ballast abwarf und dies mit einer neuen Parteibezeichnung ausdrückte.

In Tirol lancierte die Alternative Liste das Projekt einer Personenliste, die zu den Landtagswahlen 1984 antreten sollte. Eine Wahlplattform stand nicht zur Debatte, da die Tiroler Landesorganisation der Vereinten Grünen bald nach den Nationalratswahlen auseinandergebrochen war. Nicht ein wie auch immer geartetes Parteienbündnis sollte daher den Wahlgang bestreiten, sondern nach Südtiroler Vorbild ein Zusammenschluß von Einzelpersonen. Dort war kurz zuvor der "Alternativen Liste für ein anderes Südtirol" mit einem Mandat der Einzug in den Bozener Landtag gelungen. Dieses Modell signalisierte Offenheit, wiewohl natürlich die Kandidatur der "Liste für ein anderes Tirol" (LAT) personell von der Alternativen Liste dominiert wurde. Im Unterschied zu dieser zeichnete sich die "Liste für ein anderes Tirol" durch ihre weit unverbindlicheren Regelungen aus, die sich im Mandatsfall sicher äußerst problematisch ausgewirkt hätten. Auch hier war das imperative Mandat de facto dem freien geopfert worden. Das Projekt hatte ebenfalls bloß punktuellen Charakter, die Aussparung der Organisationsfrage erlaubte keinerlei Kontinuitäten, da die Liste trotz eines Achtungserfolgs ohne Mandate geblieben war. Nach dem Ausprobieren der Kandidaturvariante setzten die Tiroler Alternativen nun doch auf ein Organisationsprojekt. Im Laufe des Jahres 1985 wurde die "Liste für ein anderes Tirol" in die "Grün-Alternative Liste Tirol" (GAL-T) überführt[29] - das war eine Fusion der Alternativen Liste mit ehemaligen Mitgliedern der Vereinten Grünen, von Bürgerinitiativen und sonstigen Einzelpersonen zu einer neuen, eigenständigen Wahlpartei.

Auch hier dominierten personell die Vertreter der Alternativen Liste; was sie in der neuen Partei hinter sich ließen, das war das Rotationsprinzip und das imperative Mandat.

Die ersten gemeinsamen Antritte grünalternativer Wahllisten brachten so nicht die erhofften Erfolge. Erst die Kandidatur einer von Alternativer Liste und Vereinten Grünen gebildeten Wahlplattform zu den Vorarlberger Landtagswahlen im Oktober 1984 verschaffte erstmals grünalternativen Mandataren den Einzug in ein österreichisches Landesparlament. Ein politischer Erdrutschsieg - AL/VGÖ erhielten 13 Prozent der Stimmen - katapultierte zwei grüne und zwei alternative Mandatare in den Ländle-Landtag. Die Vorarlberger Vereinten Grünen bestanden vornehmlich aus der Person des WSL-Funktionärs Manfred Rünzler, dem seine ausgezeichneten Verbindungen zu den "Vorarlberger Nachrichten" sehr zustatten kamen. Die Alternativen hingegen, noch kaum der Bewegungsphase entschlüpft, ließen sich gutgläubig und unbedarft auf ein Grün-Bündnis ein, dessen Bedingungen von Rünzler diktiert wurden. Politisch in einer Kultur von Basisinitiativen verwurzelt, unterschätzten die Vorarlberger Alternativen - sie standen inhaltlich durchaus linksalternativen *Wiener* Positionen nahe - die Bedeutung der Kandidatur aufs gründlichste. Zu ihren Spitzenkandidaten wählten sie Personen, die ihnen kaum bekannt waren und über deren politische Verläßlichkeit sie nicht Bescheid wußten. Im Blumengewande der Nächstenliebe avancierte Kaspanaze Simma, mediengerecht zum "sanften bäuerlichen Rebellen aus dem Bregenzerwald" stilisiert, in der Wahlnacht zum grünen Star. Daß die Alternativen einen Listenführer gekürt hatten, der mit ihren Positionen aber auch gar nichts gemein hatte, trat manchen erst ins Bewußtsein, als sie mit seiner praktischen Politik konfrontiert wurden. Kaum im Landtag, begannen sich die alternativen Abgeordneten des gemeinsamen Klubs von ihrer Partei zu emanzipieren. Simma, der politisch immer deutlicher zu den Vereinten Grünen tendierte, ignorierte Parteibeschlüsse, weigerte sich, zur vereinbarten Zeit zu rotieren und der Alternativen Liste ihr zustehende Parteiengelder auszuhändigen. Ja, die Politik der praktizierten Nächstenliebe ging so weit, daß die Alternative Liste Vorarlberg Rotationsbeschlüsse aufhob, damit Simmas Verbleib im Landtag auch formell legitimiert werden konnte, oder daß unautorisierte Vorgangsweisen Simmas einfach nachträglich sanktioniert oder ohnmächtig zur Kenntnis genommen wurden. Als nach der Halbzeit der Legislaturperiode mit dem Alternativen Herbert Thalhammer anstelle des alternativen Abgeordneten Siegi Peter ein dezidierter Vertreter der Linken in den Landtag rotierte, betrieb Simma gemeinsam mit Rünzler dessen Verdrängung aus dem gemeinsamen Klub. Als die Alternativen schließlich doch den Rücktritt Simmas verlangten, erklärte dieser im Gegenzug, er gehöre nicht mehr der Alternativen Liste an.[30] Diese "Kooperation" mit Rünzler und Simma kostete die Alternative Liste Vorarlberg letztendlich über zwei Millionen Schilling an vorenthaltenen oder von den Mandataren nicht angeforderten Parteienförderungsgeldern.

Der großartige Wahlerfolg offenbarte sich so für die Alternativen als schwerer politischer Rückschlag. Das Resultat der Wahlplattform war für sie ein ständiger und permanenter Verschleiß in der Auseinandersetzung mit den Vereinten Grünen und ihren eigenen Mandataren. Die Vorarlberger Plattform lieferte die Probe aufs Exempel, daß die gemeinsamen Wahlplattformen selbst bei organisatorischer Absicherung - Rotation und imperatives Mandat galten formell ja für die alternativen Abgeordneten - ein politisches Hasardieren bedeuteten. Permanent waren die Alternativen mit ihren eigenen Interna beschäftigt. Manfred Rünzler, der zudem als Klubobmann an der Schaltstelle des grünalternativen Bündnisses saß, gelang es, die Alternativen politisch vollkommen an die Wand zu spielen.

Lehren aus Vorarlberg wurden keine gezogen. Auch für die darauffolgenden Landtagswahlen in Oberösterreich wurde eine gemeinsame Wahlplattform von Grünen und Alternativen gezimmert. Schlußendlich beschloß aber die Parteispitze der Vereinten Grünen im März 1985, der faktisch unterschriftsreifen Bündnisvereinbarung doch nicht beizutreten, zumal Meinungsumfragen den Vereinten Grünen auch bei alleinigem Antreten den Einzug in den Landtag in Aussicht stellten. Die oberösterreichische Landesorganisation der Vereinten Grünen war die stärkste der Bundespartei, und sie war auch stärker und politisch effizienter als die Alternative Liste Oberösterreich. Hinter den Vereinten Grünen stand außerdem das größere Wählerreservoir. Josef Buchner ließ sich mit seinem Alleingang auf ein hohes Risiko ein, dennoch war die gewählte Offensivvariante aus der Warte der Vereinten Grünen politisch sinnvoll. Der grünalternative Parteibildungsprozeß war mittlerweile in sein entscheidendes drittes Stadium getreten, die Vereinten Grünen drohten - von den Medien allmählich im Stich gelassen, bei Wahlen relativ erfolglos - in der neu einsetzenden Dynamik des Parteibildungsprozesses unterzugehen. Die Defensivvariante in Form der traditionellen Wahlplattformen gewährte den Vereinten Grünen vor diesem Hintergrund zunehmend weniger Vorteile. So war es durchaus sinnvoll, in Oberösterreich alles auf eine Karte zu setzen. Die oberösterreichischen Landtagswahlen boten den Vereinten Grünen die vielleicht letzte Chance eines aussichtsreichen eigenständigen Wahlantretens, ein Erfolg hätte den im Sinken befindlichen Marktwert der VGÖ wieder steigern und die politischen Optionen der Alternativen, welche sich im Parteibildungsprozeß im Aufwind befanden, einschränken können. "*Wenn nur der Buchner ein Mandat macht*", erkannte der ALÖ-Bundesgeschäftsführer Andreas Wabl ganz richtig, "*wird es für die ALÖ auf Bundesebene zappenduster.*"[31] Was Wabl richtig einschätzte, war allerdings einer qualifizierten Minderheit bei den Vereinten Grünen nicht bewußt. Nicht zuletzt weil diese Gruppe prinzipiell für ein gemeinsames Antreten von Grünen und Alternativen eintrat, ließ sich Buchner auf Verhandlungen mit den Alternativen ein. Die parteiinterne Minderheit mochte denn auch Buchners Separationskurs nicht länger mittragen. Nach der Aufkündigung der Wahlplattform kam es zur Spaltung. Ein Drittel der Parteimitglieder verließ die Vereinten Grünen und fusionierte mit den Alternativen zu einer neuen, gemeinsamen

Wahlpartei, den "Grünalternativen Oberösterreichs" (GAL-OÖ). Der Aufbau der neuen Partei folgte dem Subsidiaritätsprinzip, sie war der Substanz nach die Dachorganisation autonomer Wahlkreisorganisationen. Die Statuten der Landespartei waren daher äußerst unverbindlich gehalten, eine Regelung des Verhältnisses zwischen der Partei und ihren Abgeordneten kam nicht zustande, die Frage der Parteimitgliedschaft blieb offen etc.[32] Die Landtagswahlen im Oktober 1985 brachten die politische Ernüchterung. Mit gerade 2,19 Prozent der Stimmen blieben Buchners VGÖ deutlich unter der Vier-Prozent-Hürde. Auch bei einer Addition der 1,68 Prozent der Grünalternativen wäre diese Latte zu hoch gelegen. Die oberösterreichischen Wahlen leiteten eigentlich das Totengeläut der Vereinten Grünen ein. Ohne einen Wunderheiler an ihrem Sterbebette hätten sich die Vereinten Grünen wohl nicht mehr aufrichten können. Wir werden sehen, daß der Wunderheiler wirklich eintreffen sollte.

Tabelle: Grünalternative Wahlbeteiligungen zwischen 1983 und 1986[33]

Wahl	ALÖ		VGÖ		BÜNDNISSE		
GRW Wien 24.4.83	23.969	(2,50)	6.144	(0,64)	—	—	
LTW NÖ 16.10.83	5.549	(0,59)	9.274	(0,99)	—	—	
LTW Salzburg 25.3.84	—	—	—	—	10.304	(4,26)	GABL
LTW Tirol 17.6.84	—	—	—	—	10.221	(2,92)	LAT
LTW Kärnten 30.9.84	4.710	(1,49)	3.569	(1,13)	—	—	
LTW Vorarlberg 21.10.84	—	—	—	—	22.430	(13,00)	AL/VG
LTW OÖ 16.10.85	—	—	16.469	(2,19)	12.681	(1,68)	GAL
LTW Steiermark 21.9.86	—	—	—	—	28.366	(3,73)	VG-AL

Die letzte grün-alternative Wahlplattform bildeten die Steirer für die Landtagswahlen 1986. Auch die politische Führung der *Grazer* Strömung hielt trotz der andernorts bereits gemachten Erfahrungen an der Plattform-Konzeption fest. Gemäß dem von ihr vertretenen Primat der Kandidaturfrage war es eben notwendig, sich - wenn auch zähneknirschend - mit den Vereinten Grünen zu akkordieren. Innerhalb der Alternativen Liste Steiermark taten sich aber über diese Bündnisfrage bereits grobe Differenzen auf. Die Grazer Stadtpartei etwa stand einer Plattform mit den Vereinten Grünen vulgo Josef Korber absolut ablehnend gegenüber.[34] Mittlerweile war ja die paktierte Plattform nichts anderes als ein bündnispolitisches Fossil. Die Entwicklungen im grünalternativen Parteibildungsprozeß hatten diese Form des gemeinsamen Zusammenschlusses schon längst obsolet werden lassen, sie wurde der politischen Dynamik in keinerlei Hinsicht mehr gerecht. Knappe zwei Monate nach den steirischen Wahlen trat bereits die "Grüne Alternative" zu den Nationalratswahlen an, die Verhandlungen zur Bildung dieser neuen bundesweiten grünalternativen Wahlpartei standen zum Zeitpunkt jener Landtagswahlen knapp vor ihrem Abschluß. Die Plattform wurde in der Steiermark hauptsächlich von Andreas Wabl forciert und konnte schließlich auch durchgesetzt werden.[35] Sie erfüllte immerhin den intendierten Zweck, obwohl sie von vielen Alternativen nur halbherzig unterstützt wurde: Denkbar knapp, aber doch brachte sie zwei Vertreter in den Landtag.

Die steirischen Alternativen hatten sich mit vagen Zusagen des Landesvorsitzenden Josef Korber zufriedengegeben, der nach den Wahlen möglicherweise eine schrittweise Fusion beider Gruppierungen in Aussicht stellte, nicht wissen wollend, daß sich Korber daran nicht halten würde. Als Korbers Agieren schließlich keine Zweifel mehr ließ, sprachen die Alternativen von einem Bruch des gemeinsamen Plattform-Übereinkommens.[36] Korber begann nämlich, mit den Geldern aus der Parteienfinanzierung, die den VGÖ zukamen, einen eigenen Parteiapparat aufzubauen, anstatt die Gelder gemäß der alternativen Interpretation des Plattform-Übereinkommens einer gemeinsamen Verwaltung zuzuführen. Freilich, liest man den Wortlaut des Übereinkommens genau, so fällt auf, daß nirgends von einer gemeinsamen Verwaltung der Konten die Rede ist - ausgenommen für die Zeit des gemeinsamen Wahlkampfs. Statt Schritte zu einer Parteienfusion zu setzen, blockierte Korber diese auf allen Ebenen - und brach dennoch das Plattform-Übereinkommen nicht! Denn dieses regelte das Verhältnis der Mandatare zur gemeinsamen Wahlliste nur in groben Zügen, die die Freiheit des Mandatars unberührt ließen. Andreas Wabls Einsicht, daß das Bündnis mit dem *"wildgewordenen Kleinbürger Korber"* einer seiner *"größten politischen Fehler"*[37] gewesen wäre, kam zu spät. Korber begann wiederholt, mit den durch die Plattform erwirtschafteten Finanzmitteln der steirischen VGÖ Gegenkandidaturen zur Grünen Alternative zu organisieren, sodaß die Alternativen im Jänner 1988 die Auflösung des gemeinsamen Landtagsklubs beschlossen.[38] Auch in der Steiermark mochte allerdings ein Teil der Vereinten Grünen den Separationskurs nicht weiter mittragen, etliche Mitglieder oder Sympathisanten der Vereinten Grünen wechselten zur Grünen Alternative.[39]

4. DRITTE PARTEIBILDUNGSPHASE

Die unterschiedlichen bündnispolitischen Varianten zwischen Alternativer Liste und Vereinten Grünen sollten sich als bloße Nebenlinien im grünalternativen Parteibildungsprozeß herausstellen. Ihr Antreten auf gemeinsamen Listen hatte nur in zwei Fällen zum ersehnten parlamentarischen Erfolg geführt (Einzug in den Vorarlberger und in den steirischen Landtag). Aber immer deutlicher trat hervor, daß nun auch die organisatorische Vereinheitlichung der grünalternativen Wahlbewegung auf der politischen Tagesordnung stand. In der zweiten Parteibildungsphase hatten sich die verschiedenen fraktionellen Positionen zu stabilisieren vermocht. Es entstand eine Pattstellung. Der Versuch, die Dynamik des Parteibildungsprozesses zu negieren (Plattform), und die Optionen eines Primats der Organisationsfrage (*Wiener*) bzw. der Kandidaturfrage (*Grazer*) befanden sich in einem Verhältnis der Balance. Man begann, wie Andreas Wabl es ausdrückte, "*im eigenen Saft zu schmoren.*"[1] Der grüne und alternative Separatismus stellte sich zusehends als Schranke für die weitere Entfaltung der Wahlbewegung dar. Das Spektrum der Positionen in der Wahlbewegung wurde mittlerweile von ALÖ und VGÖ zu einem beträchtlichen Teil nicht mehr repräsentiert. Um nicht zu einem politischen Anachronismus zu verkommen, mußte auf die weiteren Entwicklungen in der Ökologiebewegung reagiert werden. Dies geschah mit dem politischen Öffnungsbeschluß der Alternativen Liste im Februar 1985 ("Absamer Beschlüsse"), der so eher als ein Reflex auf eine neu entstandene Situation im grünalternativen Lager aufzufassen war denn als Ausdruck einer eigenständigen konsistenten Strategie.

Spätestens seit dem Winter 1984/85 nämlich sahen sich die beiden Parteien ALÖ und VGÖ mit neuen Potentialen konfrontiert, die sich im grünen Lager formiert hatten oder dort hineindrängten. Der grünalternative Parteibildungsprozeß ging in seine entscheidende Phase, wurde alles andere als eine ausschließliche Angelegenheit zwischen Alternativer Liste und Vereinten Grünen. In der Hainburg-Bewegung, dem "Konrad Lorenz-Volksbegehren", der darauffolgenden "Bürgerinitiative Parlament" und der "Meissner-Blau-Wahlbewegung" kam zweierlei zum Ausdruck. Zum einen erfolgte in ihnen die bislang massivste Intervention etablierter Kräfte - der bürgerlichen Medien, der etablierten Parteien -, die ihrerseits danach trachteten, den Charakter der Ökologiebewegung und der grünen Partei zu beeinflussen; zum anderen trat in der Formierung dieser Strömungen ein neuer ideologischer Parameter des grünalternativen Lagers in Erscheinung: Jene Flügel, die sich im grünalternativen Parteibildungsprozeß schlußendlich durchsetzen konnten, werkten an einer Positionierung der grünen Partei als linksliberaler Kraft. Der neue Faktor führte zu einem durchschlagenden Wandel der strategischen und taktischen Orientierungen auf dem Weg zur Parteibildung. Die dritte Phase des grünalternativen Parteibildungsprozesses brachte den Wandel von der alternativen zur vierten Partei und entschied über den Charakter des politischen Ausdrucks der Ökologiebewegung.

Etablierte Interventionen in den grünalternativen Parteibildungsprozeß haben zu jeder Zeit, aber mit unterschiedlicher Intensität stattgefunden. Die nunmehr anrollende Welle der Einmischung wies jedoch eine neue Dimension auf und geschah mit einer Markanz, die sie vom bloßen Beiwerk der Parteibildung zu einem teilweise konstitutiven Faktor werden ließ. Grüne und alternative Parameter konnten dabei wenn schon nicht gänzlich ausgeschaltet, so doch mitunter weit zurückgedrängt werden. Den Beginn dieser in mehreren Stufen ablaufenden Intervention machte das nach dem umstrittenen österreichischen Verhaltensforscher und Nobelpreisträger benannte "Konrad Lorenz-Volksbegehren" (KL-VB). Mit dem und im "Konrad Lorenz-Volksbegehren" setzte hauptsächlich der konservative Teil der Etablierten zur ausschlaggebenden politischen Intervention in den Grünbereich an: die konservative Österreichische Volkspartei (ÖVP) und die größte Tageszeitung des Landes, das im Besitz der Medienzaren Dichand und Falk befindliche Boulevardblatt "Neue Kronen Zeitung". Letztere war zunächst über das KL-VB sogar die Hauptträgerin der etablierten Intervention. Der Sozialdemokratie nahestehende Kräfte, die für eine "rot-grüne" Option eintraten, spielten im "Konrad Lorenz-Volksbegehren" dagegen nur eine untergeordnete Rolle.

Erst durch das nachhaltige Engagement der "Kronen Zeitung" wurde die geplante Errichtung eines Wasserkraftwerks in den Hainburger Auen östlich von Wien zum österreichweiten Politikum. Die lokalen Bürgerinitiativen, die sich ab etwa 1980 gegen die geplante Standortvariante zur Wehr setzen wollten, wären zu einer Ausweitung und Politisierung des Protests in keiner Weise imstande gewesen. Ihnen ging es damals ja auch gar nicht um die prinzipielle Verhinderung des weiteren forcierten Ausbaus der Wasserkraft durch die österreichische Elektrizitätswirtschaft. Als getreue Anhängerinnen des Florianiprinzips plädierten sie meist nur für alternative Standortvarianten außerhalb der sie unmittelbar betreffenden Lebenswelt.

Neben lokalen Bürgerinitiativen zählte der "World Wildlife Fund" (WWF), eine durch ihre Mäzenaten in der Großindustrie bestens verankerte, finanzkräftige konservative und honorige Naturschutzorganisation, zu den bedeutendsten Trägern des Protests in seiner Frühphase. Mediale Unterstützung fand die Kraftwerksgegnerschaft zuerst in der zweitgrößten österreichischen, zum Imperium des Raiffeisenkonzerns zählenden Tageszeitung "Kurier". Zu diesem Zeitpunkt übte sich die "Kronen Zeitung" noch in nobler Zurückhaltung. Erst ab dem Frühjahr 1983 machte sie mit einer massiven Kampagne dem "Kurier" das Thema abspenstig. Neben der "Krone" versuchten zunächst Teile der Österreichischen Volkspartei aus der Causa Hainburg politisches Kapital zu schlagen. Nicht zuletzt erinnerte die Namensgebung des Dachverbands der Hainburg-Gegner, der "Aktionsgemeinschaft gegen ein Kraftwerk

Hainburg", an die ÖVP-Studentenfraktion "Aktionsgemeinschaft" (AG), die sich ebenfalls gegen den Kraftwerksbau engagierte. Da sie zugleich in zahlreichen studentischen Vertretungskörperschaften die Exekutive stellte, wurde so auch die Österreichische Hochschülerschaft in die Hainburg-Bewegung involviert. Insbesondere bei der Besetzung der Hainburger Au im Dezember 1984 kam seitens der Hochschülerschaft massive logistische, materielle und finanzielle Unterstützung.

Während der ökologische Protest in Sachen Hainburg sein Sprachrohr von Anfang an durchwegs in etablierten Kreisen fand, erwies sich dieses Umweltthema gerade für die Grünparteien als nicht mobilisierungsfähig. Weder ALÖ noch VGÖ ahnten, daß über einen lokalen Umweltprotest, wie er in Österreich zigfach stattfand, eine politische Dynamik losgetreten werden würde, die die Angelegenheit eine Zeitlang zum innenpolitischen Thema Nummer eins hochspielen sollte. Die Grünparteien hatten selbst nicht die Kraft, ökologischen Protest zu einer umfassenderen Bewegung zu formieren, später verschliefen sie die Entwicklung und damit Möglichkeiten zur Einflußnahme. Als sie schließlich versuchten, auf diesen ökologischen Nostalgiezug aufzuspringen, handelte es sich längst nicht mehr um ein reines "Umweltthema". Sowohl ALÖ als auch VGÖ mußten sich mit der Rolle von Trittbrettfahrern bescheiden, während die politischen Konturen und Stoßrichtungen von anderen Kräften geprägt wurden. Aber nicht primär taktische Fehler waren dafür ausschlaggebend, sondern es zeigte sich die objektive Unmöglichkeit, daß die beiden Grünparteien, entgegen allen dort gewälzten Hoffnungen, eine politische Führungsrolle übernehmen könnten.

Mit dem Ziel, den Bau eines Wasserkraftwerks zu verhindern, verfolgte die Führung der Hainburg-Bewegung nämlich zwei politische Stoßrichtungen. Unübersehbar war erstens die sehr gewichtige anti-sozialdemokratische und anti-gewerkschaftliche Komponente. Die Volkspartei, zu diesem Zeitpunkt bereits eineinhalb Jahrzehnte in Opposition, versuchte wie schon in der Zwentendorf-Frage, die in einer sozialliberalen Koalition regierende Sozialdemokratie über ein Umweltthema ins Trudeln zu bringen. Der Wiener ÖVP-Chef Erhard Busek, die Junge Volkspartei, die Aktionsgemeinschafts-Studenten und etliche andere mehr oder weniger profilierte ÖVP-Politiker hatten allerdings mit ihrer Anti-Hainburg-Position Schwierigkeiten, weil andere einflußreiche Teile der Volkspartei, maßgebliche Bündevertreter und "Großkoalitionäre", entschieden für die Realisierung des Kraftwerksprojekts eintraten. Es dauerte eine Zeit, bis sich letztere innerparteilich durchsetzen konnten. Bis zum Schluß erschien aber der öffentliche Standpunkt der Volkspartei zur Frage Hainburg als ein unverläßliches "Jein".

Während die Haltung der Volkspartei aus ihrer Oppositionsrolle heraus verständlich sein konnte, blieb und bleibt bei der durchaus eigenständigen Politik der "Kronen Zeitung" manches im dunklen. Schließlich war die auflagenstarke Zeitung in den sechziger Jahren mit Hilfe von Gewerkschaftsgeldern gegründet worden und hatte sich trotz ihrer antisozialistischen Linie bislang dennoch durch rücksichtsvolle Bedachtnahme auf spezifische Gewerkschaftsinteressen ausgezeichnet. Nun aber avancierte die "Krone" zur regelrechten Trägerin einer Kampagne, die massiv mit gewerkschaftlicher Vollbeschäftigungspolitik kollidieren mußte. In ihrem Kampf um Bewußtseinslagen der österreichischen Arbeiterschaft notwendig antisozialistisch, eröffnete die "Krone" jetzt zusätzlich eine schwer zu durchleuchtende antigewerkschaftliche Front.

Aber nicht nur die Sozialdemokratie war Adressat dieser bürgerlichen Interessenskoalition. Aus dem politischen Blickwinkel war das Projekt zur Rettung der Donauauen nicht nur anti-rot, sondern auch anti-grün. Diese eigenartige Ökologisierung der Innenpolitik bezweckte auch eine Beeinflussung und Umprägung des Charakters des grünalternativen Parteibildungsprozesses. Die Äußerungen Günther Nennings, Mittelsmann der "Kronen Zeitung" im Volksbegehren, stellten unmißverständlich klar, daß es um die Verhinderung einer linken Grünpartei ging, wie sie sich in der Bundesrepublik etablieren hatte können. Der Vorliebe der österreichischen Journalisten für grüne Modernisierungspolitik fehlte in Österreich der Ansprechpartner. Die Vereinten Grünen erschienen ihnen diesbezüglich zu bieder und teils auch zu konservativ, außerdem war es diesen nicht gelungen, sich eindeutig gegen die Alternativen durchzusetzen. Josef Buchner drohte ein ähnliches Schicksal wie seinem Pendant in der BRD, Herbert Gruhl. Da wollte der Boulevard davor sein. Rechtzeitig vor den kommenden Wahlen wurden die Vereinten Grünen fallengelassen, es blieb genügend Zeit zur Formierung einer dritten grünen Kraft. Für Günther Nenning und seine "schwarzgrünen" Freunde war das "Konrad Lorenz-Volksbegehren" der Einstieg zur Etablierung eines spezifischen parlamentarischen Grünprojekts, das den bisherigen Varianten alternativer (und auch grüner) Politik diametral entgegengesetzt sein sollte.

Während die "Kronen Zeitung" der bestimmende Faktor des Volksbegehrens war, sorgte ihr Gewährsmann Günther Nenning für die politische Umsetzung. Günther Nenning, der sozialdemokratische Vorsitzende der Journalistengewerkschaft, war eine schillernde, politisch kaum faßbare Figur, eine Mischung aus politischem Hampelmann und erfahrenem Sozialpartner. In seiner Biographie findet sich antikommunistische Agitation (Brecht-Boykott der fünfziger Jahre) ebenso wie eine vorübergehende Mauserung zum Linkssozialisten im Zuge der Achtundsechziger-Bewegung. Mit seiner von Friedrich Torberg übernommenen, in ihren Anfängen von der CIA finanzierten Zeitschrift FORVM bot er später Teilen der österreichischen Linken eine publizistische Heimstätte. Zu Beginn der siebziger Jahre war er Organisator eines Volksbegehrens zur Abschaffung des Bundesheers, das nie zur Einleitung gelangen sollte, weil die bereits gesammelten Unterstützungserklärungen auf dubiose Weise verschwanden. Unterstellungen, Nenning habe dafür als Gegenleistung für sein FORVM Finanzspritzen der SPÖ erhalten, konnten nie glaubhaft entkräftet werden. Jetzt in den achtziger Jahren entpuppte sich der Sozialdemokrat, der sich schon in seiner Position als Vorsitzender der Journalistengewerkschaft oft auf die schwarze Reichshälfte stützte, zweifelsohne als Rechtsgrüner. Seine Allianz mit der "Kronen Zeitung" und seinen schwarzgrünen Freunden, die nach dem Volksbegehren in ein gemeinsam betriebenes Kandidaturprojekt mündete, brachte dem politischen Grenzgänger, der bei all dem schwor, bis an sein Lebensende Sozialdemokrat zu bleiben, den Ausschluß aus Partei und Gewerkschaft.

Die Arbeitsteilung im "Konrad Lorenz-Volksbegehren" (KL-VB), das im Mai 1984 mit einer Reihe publicityträchtiger Aktionen ins Leben gerufen wurde, ließ für Organisation und Logistik primär die "Schwarzgrünen" zuständig sein - die Studentenpolitiker der Aktionsgemeinschaft und hier vor allem den ÖH-Alternativreferenten Gerhard Heilingbrunner. Die Finanzierung besorgte primär die "Kronen Zeitung". Sie kreditierte das KL-VB mit Millionenbeträgen und akzeptierte später die Uneinbringbarkeit dieser Schuld. Günther Nenning als Schnittstelle sorgte für die Verbindung zu den Geldgebern und zeichnete wesentlich für die Ausstaffierung des Volksbegehrens verantwortlich. Nennings Handschrift äußerte sich im agitatorischen Hang zu Ritual, Mystik, religiöser Verklärung, staatstümelndem Patriotismus und in dessen ideologischer Stoßrichtung gegen den Parteienstaat, Skandal und Filz und Bürokratie sowie in der Beschwörung des gesunden Menschenverstands.

Die "Krone" startete außerdem eine publizistische Kampagne zugunsten des Volksbegehrens, sorgte dafür, daß Unterstützungserklärungen in allen Trafiken des Landes auflagen, erließ Spendenaufrufe, ließ Prominente für den Auwald fürsprechen, affichierte großformatige Plakate und war überhaupt in ihrem Reportagestil alles andere als zimperlich. Gutachteräußerungen des Verhaltensforschers Otto Koenig etwa, der dezidiert für den Bau des Kraftwerks eintrat, stellte die "Krone" durchaus verfälscht dar, sodaß der Eindruck entstehen mußte, daß auch Koenig sich gegen das Bauvorhaben ausspräche.[2]

Formeller Träger des Volksbegehrens war eine unabhängige Personengruppe, die sich in einem überparteilichen Personenkomitee zusammengeschlossen hatte. Zur Unterstützung der Ziele des Volksbegehrens wurde indes ein von Nenning initiierter Verein "Konrad Lorenz-Volksbegehren. Verein zur Förderung der direkten Demokratie" ins Leben gerufen. In den Händen seiner Funktionäre lag daher schlußendlich die politische Verfügungsgewalt. Die Gründungsversammlung des Vereins fand am 16. Mai 1984 statt. Der Proponent Günther Nenning bestellte als weitere Funktionäre Gerhard Heilingbrunner (Obmann), Martin Fasan als Vizeobmann und sich selbst als Kassier und Schriftführer. Fasan war Mitglied der Alternativen Liste Niederösterreich, galt dort aber bald als "umgekehrter Agent", der im Volksbegehren gegen die Interessen der Alternativen Liste agierte. In den grünalternativen Einigungsverhandlungen trat er später als entschiedener Verfechter einer vehementen Säuberung der Linken auf. Die konstituierende Generalversammlung des Vereins vom 18. Juni bestätigte diese Funktionen. Da der Verein zumindest zu diesem Zeitpunkt nur vier Mitglieder zählte, kam seinen Funktionären, insbesondere Nenning, exklusive Verfügungsgewalt über die materiellen Mittel des Volksbegehrens zu.

Günther Nenning nahm bei der Finanzgebarung des Vereins, die wegen ihrer unterschiedlichen Verflechtungen schwer zu durchleuchten ist, eine Schlüsselrolle ein. Er war der einzige Verbindungsmann zu den Geldgebern von der "Kronen Zeitung", mit deren Zuwendungen das Volksbegehren schlußendlich stand und fiel. Dichands Sponsorenschaft war im Lager der Volksbegehrensbetreiber und der Grünalternativen insgesamt ein offenes Geheimnis. Nenning indes schadete diese Allianz mit der politisch problematischen "Kronen Zeitung" aber nicht im geringsten, umgekehrt wurden ihm seine erfolgreichen Bemühungen um finanzstarke "Partner" hoch angerechnet, zumal Nenning selbst auch ohne Umstände bereit war, für eingegangene Verpflichtungen des Volksbegehrens in Millionenhöhe zu bürgen, und außerdem größere Summen aus eigener Tasche gespendet hatte. Andererseits konnten vom KL-VB aufgrund der besagten Bürgschaften ohne Nennings Zustimmung keinerlei größere finanzielle Dispositionen und Transaktionen vorgenommen werden. Sollte im Volksbegehren politisch etwas schieflaufen, hatte sich Nenning hier zur Genüge abgesichert. Er und die "Krone" wären jederzeit imstande gewesen, dem KL-VB das Wasser abzugraben. Wesentliche Teile der Finanzgebarung des Volksbegehrens wurden überdies nicht von diesem selbst abgewickelt, sondern von einer "Umweltschutz Ges.m.b.H.", als deren alleiniger verantwortlicher Geschäftsführer Günther Nenning zeichnete. An die "Umweltschutz Ges.m.b.H." flossen neben den besagten "Krone"-Krediten zusätzlich monatlich 96 Dichand-Tausender als Entgelt für Nennings ökologische Konsulententätigkeit für das Massenblatt. Sie sollten laut Nenning - nicht zuletzt aus steuerlichen Gründen - für die Deckung der Volksbegehrens-Kosten Verwendung finden.[3] So undurchschaubar sich zuerst die Finanzierung des KL-VB darstellte, so schwer ist es auch, den tatsächlichen Schuldenstand nach der Unternehmung zu erfassen. Mindestens aber betrugen die Außenstände 1984 über 4,6 Millionen, 1985 noch 2,5 Millionen - Beträge, die das bankrotte KL-VB aus eigener Kraft nicht aufzubringen vermocht hätte. Wie die Finanzierung betrieb die "Kronen Zeitung" auch die Sanierung des bankrotten Unternehmens. *"Den Schuldenstand des KLVB, etwa 4 Millionen, haben wir verringert auf etwa 500.000, hauptsächlich mit Hilfe der 'Krone'"*,[4] konnte Günther Nenning zu Jahresende 1985 berichten.

Der greise Konrad Lorenz selbst spielte im Volksbegehren nur die Rolle eines Propagandamittels, er stellte seinen zugkräftigen Namen zur Verfügung und war darüberhinaus Garant für eine bestimmte politische Signalwirkung: Ausgerechnet ein umstrittener Naturwissenschaftler, dessen Werk unübersehbar biologistische und sozialdarwinistische Züge trug, wurde an die Spitze einer Manifestation "direkter Demokratie" gestellt und hielt damit emanzipatorische Potentiale von einer uneingeschränkten Unterstützung des Volksbegehrens ab. Aber immerhin unternahm Konrad

Lorenz selbst neben den wenigen erbetenen Stellungnahmen in der Öffentlichkeit keine aktive Einmischung in die Belange des Volksbegehrens. Nur zu Beginn entstand eine brenzlige Situation, als der naturwissenschaftliche Dilettantismus der Hainburg-Agitatoren die Seele des Wissenschaftlers empörte. Lorenz schrieb an Günther Nenning: "*Ich protestierte gegen das abscheuliche Hirschmotiv auf Plakette, Aufkleber und Poster des Volksbegehrens. Der Kopf des abgebildeten Rothirsches ist perspektivisch verzeichnet, die Nasenlöcher liegen in einer anderen Ebene als die Augen und vor allem sind die Zähne auf der Abbildung völlig falsch. Bei dieser Stellung des Maules sieht man keine Zähne und im Bilde sind es obendrein noch obere Schneidezähne, solche aber hat der Hirsch bekanntlich nicht. Ganz davon abgesehen ist der Rothirsch kein Objekt des Naturschutzes. Es gibt etwa doppelt so viel Hirsche als wünschenswert wäre. Bei aller Hochachtung Ihnen gegenüber muß ich mit aller Energie darauf bestehen, daß diese Plaketten, Aufkleber und Plakate sofort eingezogen werden. Sie nützen nämlich nicht, sondern sie schaden unserem Bestreben ganz ernstlich! Veranlassen Sie bitte die notwendigen Schritte.*"[5] Nenning gelang es schließlich, Lorenz zu beschwichtigen und die geforderte Einstampfung millionenteuren Propagandamaterials, auf dem ja die ganze Kampagne aufbaute, abzuwenden. Politische Kritik am Volksbegehren und an der Person Konrad Lorenz hingegen leistete innerhalb der Grünen und Alternativen nur die *Wiener* Linke, wiewohl sie das "Konrad Lorenz-Volksbegehren" aus taktischen Überlegungen mittrug. Ihre Kritik fand freilich eher in spontaner Ablehnung als in theoretischer Auseinandersetzung ihren Ausdruck.[6] Von allen anderen Grünen und Alternativen allerdings kam mehr oder weniger vorbehaltlose Unterstützung.

Das vorgeblich sachliche Prüfverfahren zur Bewilligung des Kraftwerksstandortes war natürlich ein sachpolitisch nicht exekutierbares Politikum. In dieser komplexen Materie mußten zahlreiche rechtliche Klippen umschifft werden. Etliche gesetzliche Bestimmungen, vor allem solche des Naturschutzes, ließen sich nämlich kaum für einen positiven Baubescheid heranziehen. Als daher der niederösterreichische Naturschutzlandesrat Brezovsky schlußendlich trotz solch bedenklicher Optik und einer Mehrheit negativer Gutachten am 26. November 1984 den von allen längst erwarteten letztinstanzlichen positiven Baubescheid erließ, ging ein moralischer Aufschrei durch die Reihen des rotweißroten Umweltschutzes. Weil politisch entschieden wurde, was sachlich unmöglich zu entscheiden war, folgte ein Sturm teils naiver, teils berechnender Empörung, ignorierend, daß in dieser komplexen Gesellschaft nichts mehr ginge, wenn sie ihre eigenen ideologischen und rechtlichen Maximen jederzeit beim Wort nähme. Jedenfalls war damit der Auftakt zur schon längst geplanten Besetzung der Hainburger Donauauen gegeben.

In der winterlichen Kälte der Hainburger Au zelebrierten zeitweise mehrere tausend Besetzer eine "Sternstunde der Basisdemokratie". Während Nenning und Heilingbrunner samt dem dahinterstehenden Hans Dichand eine Politik der Eigenmächtigkeiten betrieben, der keiner der Aktivisten Rechenschaft abzufordern auch nur dachte, übten sich die Grünen und Alternativen insgesamt, ob jung oder alt, aufrecht oder mit Kalkül, in basisdemokratischer Lagerkultur. Erst mit der Aubesetzung mündete die Agitation schließlich in eine Massenbewegung, garniert mit einem Auflauf unterschiedlichster Prominenz aus Kunst, Medien, Wissenschaft und Politik. Der Maler Hundertwasser zerriß seinen österreichischen Staatspreis, die aus der Anti-AKW-Bewegung bekannte Freda Meissner-Blau nannte ihren Genossen, Landesrat Brezovsky, einen "*Umweltverbrecher*" und avancierte damit flugs zur "*Jeanne d'Arc der Grünen*".[7]

Trotz oder gerade wegen der Aufschaukelung durch die Phalanx bürgerlicher Medien unterlief der Bundesregierung in der Einschätzung der Hainburg-Bewegung ein schwerer strategischer Fehler: Weil der erfolglose Versuch einer polizeilichen Räumung am 19. Dezember 1984 durch eine natürlich keineswegs zimperliche Exekutive tags darauf in Wien zu einer Massendemonstration mit dreißig- bis vierzigtausend Beteiligten - großteils gutbürgerliche Leute - führte, entschloß sie sich zu einem "Waffenstillstand". Die Gewerkschaften, die die ganze Zeit über mit proletarischen Rollkommandos gedroht hatten - ÖGB-Präsident Benya wollte "*zur Unterstützung der Exekutive*" "*zumindest 30.000 Arbeiter*" in die Au schicken[8] -, wurden eingebremst. Zweifelsohne hatte die Regierung mit dem proklamierten Weihnachtsfrieden ihre Niederlage einbekannt. Danach konnte nur noch ein Rodungsstopp verfügt werden. Damit war nicht nur der Ausbau der Wasserkraft auf längere Zeit verunmöglicht, sondern zusätzlich der Einflußbereich der bürgerlichen Medien auf die politischen Parteien und deren Politik entscheidend vorangetrieben worden. Hainburg stellte auch in dieser Hinsicht eine wichtige Zäsur statt.

Während die Hainburg-Bewegung das Zurückweichen der Bundesregierung auf ihre Fahnen heftete und daranging, nach Zwentendorf einen weiteren Mythos der ökologischen Bewegung zu kreieren, gewichteten kluge Köpfe wie Günther Nenning die Faktoren weit realistischer: "*Was die Politiker geschreckt hat, war nicht so sehr, daß da unten einige tausende wunderbare Leute sitzen. Österreich hat reichlich genug Polizei, um die wegzuputzen. Was die Regierung geschreckt hat, war, daß auf einmal, nachdem diese Leute dort unten geprügelt worden sind, wie aus dem Boden gewachsen, zwanzig-, dreißigtausend Leut auf dem Heldenplatz und auf der Ringstraße waren, aus dem Nichts. Das ist das Protestpotential. Davor haben sie Angst.*"[9] Allerdings war die Regierung vor einem Protestpotential zurückgewichen, das sie wohl eindeutig überschätzt hatte. Was in den Tagen nach dem Räumungsversuch stattgefunden hatte, war eine einmalige Aufwallung, keine nachhaltige Potenz dieser Bewegung. Es war auch empirisch zu belegen, daß es in der österreichischen Bevölkerung jederzeit eine qualifizierte Mehrheit für den Bau des Donaukraftwerks gegeben hätte, abgesehen von der punktuellen emotionalen Aufschaukelung, die in einer einzigen Massendemonstration am Tag nach der versuchten Räumung gipfelte. Von einer wirklichen Polarisierung der Bevölkerung konnte wohl zu keinem Zeitpunkt die Rede sein. Sogar auf dem Höhepunkt der Hainburg-Kampagne signalisierten die erfragten Stimmungslagen der Bevölkerung keine Mehrheiten.[10] Und obwohl auch die "Kronen Zeitung" eine entschiedene Kampagne führte, trat makabrerweise selbst die Mehrheit ihrer Leser entschieden für die Realisierung des Bauvorhabens ein. Die österreichische Arbeiterschaft folgte lieber der Linie der Gewerkschaft, bei der ihre materiellen Interessen besser aufgehoben waren als bei den ideologischen Imperativen jener Journalisten, deren Meinung sie täglich las.

Tabelle: Das Ergebnis des KL-VB

BUNDESLAND	EINTRAGUNGEN	BETEILIGUNG
Burgenland	7.850	3,93 %
Kärnten	12.292	3,17 %
Niederösterreich	54.109	5,25 %
Oberösterreich	41.142	4,61 %
Salzburg	17.980	5,82 %
Steiermark	37.881	4,44 %
Tirol	15.929	3,96 %
Vorarlberg	14.319	7,40 %
Wien	152.404	13,44 %
Österreich	**353.906**	**6,55 %**

Nicht von ungefähr kam es daher, daß das Volksbegehren schließlich ein mehr als enttäuschendes, geradezu niederschmetterndes Ergebnis einfuhr. Nicht ganz 354.000 Österreicher und Österreicherinnen (6,55 Prozent) hatten es insgesamt unterzeichnet. Alle hochtrabenden Spekulationen der Betreiber, die mit Ergebnissen um die 20 Prozent und höher kokettiert hatten, wurden auf den kruden Boden der Realität geworfen. Dennoch darf die Bedeutung des KL-VB nicht allein an diesem Ergebnis gemessen werden; nicht nur, weil man ja in der Sache selbst Erfolg gehabt hatte - das Kraftwerk wurde schließlich nicht gebaut. Was die Grünen und Alternativen in gründlicher Verkennung der Tatsachen als Sieg "ihrer" Bewegung feierten, war viel eher ein Sieg ihrer "Beweger". Gemessen an der übergreifenden anti-sozialdemokratischen und anti-grünalternativen Stoßrichtung, ging das politische Kalkül von Dichand und Nenning durchaus auf, wenn auch nicht in dem erwarteten Ausmaß.

Der Sozialdemokratie konnte in der Auseinandersetzung um Hainburg nicht nur eine punktuelle Niederlage zugefügt werden. Vielmehr war Hainburg ein Ausdruck dafür, daß die bürgerlichen Medien generell ihre Einflußmöglichkeiten auf die Politik und die politischen Parteien steigern konnten, es zu Umgewichtungen im Verhältnis zwischen Politik und Medien kam. Medienpolitik in der neuen Bedeutung des Wortes hieß aktive Politik der Medien selbst und die Erfüllung ihrer Imperative durch andere gesellschaftliche Kräfte. Es kam nicht von ungefähr, daß die SPÖ in den achtziger Jahren nach medialen Befehlsausgaben und Angriffen nahezu ihre gesamte Führungsspitze austauschen mußte.

Indem die Grünen und Alternativen andererseits ihren Sieg in der Sache Hainburg feierten, zelebrierten sie ihre eigene politische Niederlage. Für den Bewußtseinsstand und das Entwicklungsniveau der ökologischen Bewegungen war Hainburg ein fataler Rückschlag. Auch hier gelang es den bürgerlichen Medien, eine breite Einflußschneise zu schlagen. Seit Hainburg folgte grüne und alternative Politik zusehends den politischen Imperativen der Medien. Nicht nur wurde in und mit Hainburg die Herausbildung radikalerer Segmente der grünalternativen Wahlbewegung verhindert, Hainburg war der erste Schritt einer Etappe, in der die sich formierenden Grünalternativen als die medienabhängigste aller Parteien installiert wurden. In dieser ihrer Medienabhängigkeit sollten sich die Grünen bald als verlängerter politischer Arm der bürgerlichen Publizistik erweisen.

Politisch drückte sich in der Hainburg-Bewegung eine Regression sozialer Bewegungen aus, die der integrativen Führung durch Günther Nenning keinen Widerstand entgegensetzen wollten. Ihrem faktischen Auftreten als soziale Bewegung korrespondierte der Bewußtseinsstand einer Bürgerinitiative. Die politische Handschrift Nennings mit all ihrer Ritualisierung, Mythologisierung, ihrem Patriotismus, ihrer religiösen Propaganda - geistliche Messen waren bedeutende Großereignisse im Rahmen der Agitation, Nenning war sogar um eine Audienz einer KL-VB-Delegation beim "Heiligen Vater" bemüht, der eine Stellungnahme zum Natur- und Umweltschutz abgeben hätte sollen[11] -, ihrer Bekennerei zu Verfassung und Gewaltmonopol verfolgte ein eindeutiges Ziel. Die sozialdemokratischen Koalitionäre, meinte Nenning, "*sollten sich alle Finger abschlecken und auch noch die Zehen, daß die jungen Schützer der Hainburger Au nicht nur gewaltlos blieben, sondern auch noch rot-weiß-rote Fahnen hochhielten und die Bundeshymne sangen.*"[12]

Der ehemalige Vorsitzende der Journalistengewerkschaft hatte das Anliegen Hans Dichands hervorragend vertreten; wie bei all seinen früheren Inszenierungen und Kostümierungen erwies er sich auch diesmal als ein professioneller Totengräber von

Bewegungen: "*Lieber Toni, ich fühle mich der Bewegung, in der wir beide stehen, wenn auch mit sehr verschiedenen Akzenten, lebenslang verbunden, und nichts wird mich von ihr trennen. Dies gilt auch von der Ausübung meiner Funktionen, gegenwärtigen wie etwa zukünftigen.*" Und weiter: "*Vielleicht sitzen wir einst einmal beisammen und reden über meine Rolle in der ökologischen Bewegung so, wie wir schon über meine seinerzeitige Rolle in der Jugendbewegung geredet haben, nämlich: 'Es war vielleicht gar nicht so schlecht, daß einer von uns mitten in dieser Bewegung, sie in bestimmte Richtung leitend und gegebenenfalls bremsend, tätig war'*",[13] hieß es in einem Brief Nennings an den damaligen Präsidenten des Österreichischen Gewerkschaftsbundes, Anton Benya.

In Hainburg trug die bürgerliche Ökologie ihren ideologischen Sieg über die theoretischen Ansätze der Alternativbewegung und ihren gefühlvollen, aber substanzlosen Antikapitalismus davon. Ihre zentralen Postulate, verdeutlicht in Schlagworten wie "Verursacherprinzip", "Sachpolitik" oder "ökologische Modernisierung", waren erste Stationen ihrer ausufernden Apotheose des Kapitalismus als neuerdings ökologieverträglicher Produktionsweise. Die bürgerliche Ökologie machte zwar die kapitalistische Gesellschaftsformation für die ökologische Krise verantwortlich, wollte dieser aber mit einer neoliberal-monetaristischen Rechtfertigung der "ökosozialen Marktwirtschaft" zu Leibe rücken.

Für die bisherigen neuen sozialen Bewegungen war zumindest eine Kritik der Entwicklung der Produktivkräfte, wenn auch zumeist keine der Produktionsverhältnisse, konstitutiv gewesen. In Hainburg fehlte selbst diese Dimension. Sie wurde ersetzt durch eine mythische Verklärung von Natur und Naturzuständen. Grüne Politik wurde schlichtweg auf Naturschutz reduziert. Hainburg brachte die bürgerliche Ökologie, die dieses Thema theoretisch bereits dominierte, auch praktisch zum Durchbruch. Verstand sich die Alternativbewegung noch als kulturrevolutionäre Kraft, reduzierte sich diese Ideologie in Hainburg auf zivilen Ungehorsam. Der einstige antikapitalistische Gestus hatte sich in einen patriotischen verwandelt. Spätestens an der Hainburg-Bewegung blamierte sich das linke und alternative Bewegungsverständnis nachhaltigst. Hainburg ließ so gänzlich all jene Verzierungen vermissen, die von dieser Seite den neuen sozialen Bewegungen umgehängt wurden. Hainburg war Ausdruck einer gesellschaftlichen Wendebewegung, der es gelang, das ideologische Niveau der Ökologiebewegung radikal abzusenken und schließlich zu konservieren, und in der die Umpolung sozialen Protests auf affirmative Systembejahung erfolgte. Hainburg war eine bewußtlose und reflexionslose Bewegung, verdeutlicht durch das enorme Ausmaß ihrer Medienabhängigkeit und Medienleitung. Hainburg war der erste entscheidende Schritt zur politischen Normalisierung des in Formierung befindlichen grünalternativen Lagers. Sukzessive können wir von da an das Fallen einst konstitutiver alternativer Strukturprinzipien zugunsten konventioneller politischer Parameter beobachten.

Während das "Konrad Lorenz-Volksbegehren" die nahezu alleinige Domäne der Schwarzgrünen gewesen war, gestalteten sich die Verhältnisse in der nun einsetzenden nächsten Etappe etablierter Interventionen bereits weitaus komplexer. Die Schwarzgrünen unter Führung Günther Nennings versuchten, aus dem de facto abgelaufenen "Konrad Lorenz-Volksbegehren" weiteres politisches Kapital zu schlagen. Nach der Organisierung und Leitung einer ökologischen Bewegung starteten sie nunmehr das Projekt einer ökologischen Honoratiorenliste für den Nationalrat. Ein Schritt, der keineswegs unerwartet kam, schließlich hatte Günther Nenning bereits zu Zeiten des "Konrad Lorenz-Volksbegehrens" wiederholt diesbezügliche Pläne in den Medien lanciert. Aber zusätzlich zu den Schwarzgrünen formierte sich jetzt auch das Lager der "Rosagrünen", aus Kräften, die direkt aus der Sozialdemokratie kamen oder, sozialdemokratisch sozialisiert, zu dieser in einem kritischen Naheverhältnis standen, um ihrerseits in die grünalternative Parteibildung zu intervenieren. Prononcierte Vertreter der Rosagrünen waren Freda Meissner-Blau, Peter Pilz, Pius Strobl, Werner Vogt oder Kuno Knöbl. In der unweigerlichen Auseinandersetzung dieser beiden Strömungen sollten letztere schlußendlich Oberwasser gewinnen.

Anders als in Hainburg standen die Alternativen - *Wiener* wie *Grazer* - diesmal den Entwicklungen nicht unvorbereitet gegenüber, der Überrumpelungseffekt sollte sich nicht wiederholen. Auf dem Absamer Bundeskongreß der Alternativen Liste Österreich vom Februar 1985 leiteten die beiden Parteiströmungen mit den sogenannten "*Absamer Beschlüssen*" unisono die politische Öffnung der Partei ein und starteten den Versuch, eine grünalternative Sammelbewegung zu initiieren. Freilich gingen die Strategien der beiden Flügel alsbald auseinander. Anders als die *Wiener* Linke nahmen die *Grazer* vom Kurs einer organisatorischen Vereinheitlichung der Wahlbewegung Abstand, sofern sie diesen überhaupt jemals ernsthaft eingeschlagen hatten. Zunächst in einer Warteposition, wurden sie später sogar zu einer der tragenden Säulen der "Bürgerinitiative Parlament" (BIP) - dem schieren Antipoden der "Grünalternativen Sammlung" (GRAS).

Auch die Salzburger Bürgerliste, insbesondere ihr Stadtrat Johannes Voggenhuber, ging jetzt daran, sich bundespolitische Meriten zu verdienen. Ähnlich den Vorstellungen Nennings und Heilingbrunners vertrat Voggenhuber das Konzept einer freien Personenliste für den Nationalrat, der er im Juni 1985 auch ihren ersten Namen verlieh: "Arbeitsgruppe Parlament". Das Politikmodell der Salzburger Bürgerliste sollte damit bundesweit reproduziert werden. Die Vereinten Grünen schlußendlich befanden sich in einer, verglichen mit den Alternativen, noch viel weniger rosigen Position - umso erbitterter sollten sie künftig um ihr Überleben kämpfen. Unmittelbar nach den Hainburger Ereignissen versuchte ihre politische Führung einen Schulterschluß mit der *Wiener* Linken herbeizuführen, um dem für sie äußerst bedrohlichen Szenario einer konkurrierenden "Medien- und Prominentenpartei", wie sie Nenning vorschwebte, gestärkt entgegenzutreten. Als dies von der Linken abgelehnt wurde, versteiften sich die VGÖ auf den bewährten Plattform-Standpunkt, um schlußendlich ganz auf Günther Nenning zu setzen.

Leben eingehaucht wurde der Idee einer ökologischen Personenliste auf dem sogenannten "Yspertaler Treffen" im Juli 1985. Hier versuchten die ehemaligen Führer des "Konrad Lorenz-Volksbegehrens", Günther Nenning und Gerhard Heilingbrunner, sowie der KL-VB-Anwalt Michael Mayrhofer, eine schwarzgrüne Sammlung zu initiieren: Aus Voggenhubers Idee einer "Arbeitsgruppe Parlament" entstand die "Bürgerinitiative Parlament" (BIP). Auf dem Yspertaler Treffen konstituierte sich ein erstes "Plenum" der BIP, ein exklusiver Kreis von Personen, die dezidiert die Kandidatur einer Personenliste für den Nationalrat vorbereiten und tragen sollten. Die künftigen Mandatare dieser Liste sollten nur ihrem Gewissen, niemandem sonst verantwortlich sein. Damit wurde der von der *Wiener* Strömung favorisierten organisatorischen Vereinheitlichung eine Extremform der Kandidaturvariante entgegengestellt. Das Konzept einer Personenliste unterschied sich diametral von jenem der Linken, aber auch beträchtlich von den Vorstellungen der *Grazer* und der Rosagrünen. Diese bislang aggressivste Variante bürgerlicher Grünpolitik richtete sich frontal und explizit gegen die stützenden Parameter des alternativen Politikverständnisses: Das imperative sollte restlos durch das freie Mandat ersetzt, die Verbindlichkeit gewählter Mandatare gegenüber einer sie stützenden Organisation praktisch gegen Null herabgeschraubt, die Etablierung organisatorischer Strukturen generell minimiert werden. An die Stelle einer grünen Partei hätte bloß ein grüner Klub treten sollen.

Trotz dieses mehr als befremdlichen Szenarios begann die *Grazer* Strömung, für die Linke einigermaßen überraschend, ausgerechnet auf das BIP-Projekt zu setzen, welches von den *Wienern* entschieden bekämpft wurde. Differenzen innerhalb der *Grazer* Strömung bezüglich einer Orientierung auf die Bürgerinitiative Parlament bestanden, drangen aber nicht nach außen. Beispielsweise zählte Doris Pollet-Kammerlander anfänglich zu den Gegnerinnen einer solchen taktischen Umorientierung. Für sie stand die BIP als undemokratische Gruppierung in vollem Widerspruch zur ALÖ,[14] während es Andreas Wabl ganz klar erschien, in einer Anfangsphase ohne demokratische Verfahrensweisen zu starten und erst später demokratische Rituale einzuführen.[15] Wabl vertrat ganz richtig die Auffassung, daß die Bürgerinitiative Parlament mit dem Aufspringen der *Grazer* einen Charakterwandel durchmachen werde. Für ihn war klar, daß die *Grazer* die Bürgerinitiative Parlament bald politisch dominieren würden.[16] Ebenso wie die Linken erkannten die *Grazer* sehr rasch die mangelnde Substanz und Hohlheit dieses Medienballons mit Namen BIP, der da aufgeblasen wurde. Die *Grazer* bekämpften diese auf ihre Art. Anstatt zu ihrer Vernichtung zu blasen, betrieben sie Entrismus, begannen sich nach Bündnispartnern umzusehen und sich mit und innerhalb der Bürgerinitiative Parlament ein politisches Terrain zu sichern. Sie schafften sich in der BIP ganz einfach eine Ersatz-ALÖ, in der sie aber im Unterschied zu dieser frei von der *Wiener* Linken agieren konnten. Insbesondere der "Gföhler Kreis" begann solchermaßen, wieder verstärkt auf sich aufmerksam zu machen.

Das Salzburger Treffen der Bürgerinitiative Parlament vom 26. Oktober 1985 zeigte die *Grazer* Strömung bereits als quantitative Mehrheit innerhalb der BIP, während die Rosagrünen zu diesem Zeitpunkt personell noch eher marginal vertreten waren. Zur Exklusivität der schwarzgrünen Ur-BIP, jener Honoratioreninitiative von Nennings und Voggenhubers Gnaden, verhielten sich die *Grazer* taktisch. Eine Ausweitung ihres Einflusses sollte die versuchte Ankoppelung der Bürgerinitiative Parlament an Sammlungsinitiativen in den Bundesländern bringen, die aber wegen der Präsenz der *Wiener* Linken in Wien, Burgenland, Niederösterreich und Oberösterreich, aber auch Teilen Tirols und Vorarlbergs, behutsam und vorsichtig betrieben werden mußte. "*Die Grazer machten die BIP zur Sammlungsinitiative Nr. 1, aber unter ganz anderen Bedingungen, als es die ALÖ in den Absamer Beschlüssen vorsah.*"[17] Das Salzburger Plenum der BIP schuf erstmals ein politisches Leitungsgremium, den sogenannten "Initiativausschuß" (IA). Darin waren die *Grazer* bereits stark vertreten (Kaspanaze Simma, Andreas Wabl, Doris Pollet-Kammerlander), die Schwarzgrünen (Michael Mayrhofer, Gerhard Heilingbrunner) bekamen die Presse- und Öffentlichkeitsarbeit überantwortet. Vertreten waren ebenfalls Johannes Voggenhuber und Pius Strobl, nicht aber Günther Nenning. Dem wohl schillerndsten Exemplar dieser Ansammlung brachte ein Gros der Plenarmitglieder ein gerüttelt Maß an Mißtrauen entgegen.

Plenumsmitglieder der Bürgerinitiative Parlament waren zu diesem Zeitpunkt - wobei die folgende Zuordnung nicht in jedem einzelnen Fall eine ausschließliche ist - die *Grazer* Martin Fasan, Luise Gubitzer, Erich Kitzmüller, Franz Klug, Doris Pollet-Kammerlander, Severin Renoldner, Michael Schallaböck, Kaspanaze Simma, Andreas Wabl, Matthias Reichl, Josef Aff, Michael Cerveny, Mechthild Schähle, Friedrich Margreiter; die schwarzgrüne Strömung und das KL-VB waren durch Dieter Bogner, Gerhard Heilingbrunner, Toni Kofler, Michael Mayrhofer, Herbert Rainer, Ralph Kellner, Silvia Dengg, Rainer Ernstberger, Walter Schneider-Schwarzbauer, Helmut Wihan, Elisabeth Schwarz und Friedrich Schiemer repräsentiert; die Rosagrünen durch Paul Blau, Freda Meissner-Blau und Pius Strobl. Johannes Voggenhuber, Johann Padutsch, Wilfried Rogler kamen aus der Bürgerliste und last but not least war da Günther Nenning, der keiner der genannten Strömungen zugeordnet werden konnte, politischen Rückhalt suchte der Sozialdemokrat zunächst aber hauptsächlich bei den Schwarzgrünen. Dieser Kreis wurde auf dem Folgetreffen zwei Monate später um Robert Jungk, Peter Pilz, Werner Vogt, Horst Horvath, Christoph Chorherr (Rosagrüne), Ridi Unfried (*Grazer*), Bernadette Damböck, Ingrid Lengheim, Rupert Frechinger (KL-VB), Hannes Vereno, Eckehard Schaller (Bürgerliste) und Eva Hauk (VGÖ) erweitert.

Nenning, der erkannte, daß ihm nach der *Grazer* Machtübernahme innerhalb der BIP das Wasser abgegraben werden sollte, entschloß sich jetzt, einen taktischen Schwenk einzuleiten. Via "Profil", wo er als regelmäßiger Kolumnenautor publizierte, und bei welchen Gelegenheiten er dies sonst noch konnte, lud er Interessierte zum Folgeplenum der Bürgerinitiative Parlament, das am 6. Jänner 1986 auf dem Grazer Schloßberg tagte. Und er suchte eine ausschließlich taktisch motivierte Annäherung zur "Grünalternativen Sammlung" (GRAS), dem politischen Konkurrenzprojekt der Wiener Linken.

Über dreihundert Menschen, Aktivisten, Sympathisanten und Interessierte folgten Günther Nennings Ruf zum Grazer Treffen und erwarteten eine Öffnung der Bürgerinitiative Parlament. Diese konnte sich dem politischen Druck nicht mehr länger verschließen. Die am 3. Dezember 1985 aus Gründen der Namenssicherung hinterlegte Satzung war zwar noch ganz im Sinne des Urkonzepts der BIP gestaltet. Das in Graz nunmehr gebilligte Statut entsprach aber schon längst nicht mehr der politischen Realität. Denn gerade das dritte BIP-Plenum brachte die Abkehr vom ursprünglichen Konzept der Honoratiorenliste. Nenning hatte das schon früher erkannt, nicht aber die CV-Grünen Heilingbrunner und Mayrhofer. Auch Johannes Voggenhuber modifizierte seinen Standpunkt. Einer politischen Öffnung konnte sich die BIP nicht mehr länger verschließen, dennoch wollte der Bürgerlisten-Mann sein Bürgerlisten-Modell auch unter den neuen Bedingungen perpetuieren. "*Viele Leute sollen mitarbeiten, aber die Öffnung darf nicht unkontrolliert erfolgen*",[18] meinte der Stadtrat. Er plädierte für die Abhaltung von offenen Landesversammlungen, sprach sich aber gegen formelle Mitgliedschaften aus: "*Die Delegierten sollen dem Plenum Personen zur Aufnahme vorschlagen können*";[19] damit sollte der Zustrom zur BIP unter Kontrolle gebracht werden.

Das Grazer Treffen war bereits gekennzeichnet von einem massiven Engagement der Rosagrünen, und auch die *Gföhler* traten jetzt offen in Erscheinung. Erich Kitzmüller schlug vor: "*Schon in der nächsten Zeit soll über Personen und Kandidaten geredet werden. Eine kleine Gruppe soll unter Vorsitz von Günther Nenning eine Kandidatenliste erarbeiten.*"[20] Und auf Antrag des Sozialdemokraten Kuno Knöbl wurde beschlossen, eine Kandidatur Freda Meissner-Blaus zu den Bundespräsidentenwahlen im Mai 1986 zu unterstützen.[21] Dieser Kandidatur, die nichts anderes als den Probegalopp zu den Nationalratswahlen 1987 darstellen sollte, galt auch das Hauptaugenmerk der meisten Rosagrünen wie auch der *Gföhler*, die insofern beide zweigleisig fuhren. Erich Kitzmüller, der auch privat beste Kontakte zu Freda Meissner-Blau pflegte, galt als der eigentliche Erfinder ihrer Präsidentschaftskandidatur.[22]

Neben den Rosagrünen waren die *Grazer* die politischen Gewinner der Schloßbergversammlung. Es gelang ihnen, die Forderung nach Öffnung und Demokratisierung der BIP auf Landesebene zu verlagern und die zentrale BIP-Struktur, das

"Plenum", vorläufig abzuschirmen. Dies war die Intention des Antrags von Doris Pollet-Kammerlander, der in Graz mehrheitlich angenommen wurde: "*Die BIP will in den nächsten 4 Monaten eine Öffnung in den Bundesländern durchführen. Dazu gibt es pro Bundesland einen Verantwortlichen, der in den nächsten 4 Monaten die Kontakte koordiniert, Gespräche mit Interessierten und Gruppen führt und gemeinsam mit allen Interessierten ein öffentliches Sammlungstreffen in dem jeweiligen Bundesland binnen 4 Monaten durchführt. Auf diesen Länderversammlungen sollen 2 Delegierte pro Bundesland gewählt werden. (...)*".[23] Dieser kluge Streich schaffte auf Bundesebene eine Verschnaufpause, im nächsten, um maximal 18 Länderdelegierte erweiterten Bundesplenum konnten die *Grazer* auf eine solide Mehrheit zählen, da sie ja auf Länderebene bestens verankert waren.

Die personelle Zusammensetzung des Initiativausschusses wurde belassen. Günther Nenning blieb hier weiter ausgeschlossen und mußte mit dem Antrag Kammerlanders seine letzten Bastionen wanken sehen. Erbost nahm er die Entwicklungen zur Kenntnis.[24] Aber auch wenn ihm die geforderte "*totale Öffnung*" der BIP verwehrt wurde, avancierte er dennoch durch seinen taktischen Handschlag mit der GRAS zu der zentralen Figur innerhalb der Bürgerinitiative Parlament und der grünalternativen Einigungsbewegung.

Das Grazer Plenum brachte das Aus für das politische Konzept der Schwarzgrünen, der personelle Exodus sollte folgen. Unisono und energisch schritten *Grazer* wie Rosagrüne zur Eliminierung der Repräsentanten dieser Strömung. Auf einer Klausur der Bürgerinitiative Parlament im steirischen Röthelstein vom 7. bis 9. Februar 1986 wurden Gerhard Heilingbrunner und Michael Mayrhofer zur Zurücklegung ihrer Funktionen gezwungen. Den Vorwand lieferten unter anderem Gespräche Heilingbrunners mit dem ÖVP-Generalsekretär Michael Graff, bei denen auch über eventuelle Finanzierungsmöglichkeiten der Bürgerinitiative Parlament geredet worden sein soll. Außerdem hatte sich Heilingbrunner als Pressesprecher der BIP mit seinen inhaltlichen Positionen zu tagespolitischen Fragen zu weit vorgewagt. Nebenbei bemerkt dürften aber auch die Rosagrünen in Gesprächen bei SPÖ-Stellen vorstellig geworden sein. Bei den *Grazern* kursierten Gerüchte, daß dabei auch über eine allfällige finanzielle Unterstützung des Meissner-Blau-Wahlkampfs gesprochen worden sein könnte.[25]

Die in Röthelstein vorgenommene Neuwahl des Initiativausschusses brachte eine Verkleinerung des politischen Leitungsgremiums, in dem nunmehr neben dem erstmals gewählten Günther Nenning auch Peter Pilz und die beiden *Grazer* Andreas Wabl und Michael Schallaböck vertreten waren. Nenning sah sich nach der Kaltstellung der Schwarzgrünen ohne feste Bündnispartner innerhalb der BIP, vermochte dieses Manko jedoch mit seinen Pressekontakten, seinem Status als einzigem wirklich Prominenten in der BIP und seiner Gesprächsbereitschaft gegenüber der linken GRAS zu kurieren. Außerdem wurde, wie schon zu KL-VB-Zeiten, die finanzielle

Gebarung und die logistische Unterstützung der Bürgerinitiative Parlament über die "Umweltschutz Ges.m.b.H." abgewickelt, als deren alleiniger Geschäftsführer Günther Nenning zeichnete.[26] Als der Untermietvertrag der Bürgerinitiative Parlament in den Räumlichkeiten des ehemaligen "Konrad Lorenz-Volksbegehrens" in der Wiener Alserstraße nicht mehr verlängert wurde, verlegte sie ihr Domizil kurzerhand in die Wiener Museumstraße - den Wohnsitz Günther Nennings. Der schlaue Fuchs war solcherart mehrfach abgesichert und gepolstert. So sehr man daher in der Bürgerinitiative Parlament auch versuchte, Nenning einzubremsen, dieser ließ sich an keine Leine legen.

Nach dem Röthelsteiner Treffen gab sich die Bürgerinitiative Parlament eine neue Satzung, hielt aber auch hier im Kern an den alten Formulierungen fest, die sich dezidiert gegen die Organisationsvariante richteten: "*Die BIP bekennt sich voll zum leitenden Grundsatz der Bundesverfassung, daß Abgeordnete ausschließlich ihrem eigenen Gewissen und ihren Wählern verpflichtet sind. Ein Klubzwang findet nicht statt.*"[27] Immerhin brachte das neue Statut auch die Bindung des Initiativausschusses an das Plenum, dessen Beschlüsse er politisch und organisatorisch umsetzen sollte und dem er politisch voll verantwortlich war. Die Praxis zeigte freilich weiterhin ein anderes Bild. Der Initiativausschuß agierte wie bisher völlig losgelöst vom Plenum. Die BIP ging mehr oder weniger in ihrem Leitungsgremium auf.

Nach dem Rausschmiß der Schwarzgrünen geriet die Bürgerinitiative Parlament in die Defensive. Insbesondere die bürgerliche Presse goutierte den konservativen Aderlaß nicht sonderlich und hetzte gegen die jüngsten Entwicklungen, die als Linksruck oder gar Linksputsch qualifiziert wurden. Der "Kurier"-Kolumnist Hans Rauscher sah etwa "*linke Kader im Vormarsch*",[28] und das "Profil" meinte: "*Die Medienpartei BIP hat sich ihre Existenzgrundlage, das Wohlwollen der Medien, selbst ruiniert.*"[29] Aber auch in der grünalternativen Bewegung selbst diskreditierte sich der einstige Hoffnungsschimmer vieler Grünbewegter, da sie sich weiterhin gegen die demokratische Öffnung verwehrte. Im Gegenteil, die BIP tagte in Röthelstein in Klausur, eine Delegation der GRAS wurde brüsk vor die Tür gewiesen. Einziges Zugeständnis punkto Demokratisierung war die Aufstockung der Länderdelegierten auf vier statt zwei Vertreter je Landesversammlung. Das Zwei-Kurien-System wurde prolongiert, die Dominanz der Plenums-Kurie nicht angetastet. Demokratisierung der BIP durfte so nicht mit Demokratie in der BIP verwechselt werden.

Die Bürgerinitiative Parlament hatte, als sie im Sommer 1985 ins Leben gerufen wurde, ein politisches Vakuum im grünalternativen Bereich ausgefüllt. Die grünen "Altparteien" ALÖ und VGÖ hatten insbesondere seit Hainburg an Attraktivität eingebüßt; Flügelstreit, interne Krisen, objektive Auflösungstendenzen ließen beide Gruppierungen an Anziehungskraft und Integrationsvermögen verlieren. Der Weg der Parteibildung schien vielen Grünbewegten in der politischen Sackgasse zu enden.

Die Bürgerinitiative Parlament versprach ihnen einen anderen Weg zur parlamentarischen Etablierung einer ökologischen Gruppierung, der die Fehler von ALÖ und VGÖ vermeiden sollte. Versehen mit den Wünschen und Projektionen vieler leuchtete der grüne Stern der BIP am Medienhimmel, doch nur solange, bis die Bürgerinitiative Parlament selbst zur Praxis und damit ins Parallelogramm der grünen Kräfte einbezogen wurde. Anstatt ein klar definiertes und limitiertes Projekt zu sein, das nicht an die Stelle der grünalternativen Parteien treten wollte - dies lange Zeit die offizielle BIP-Ideologie -, geriet sie nur allzuschnell zur modifizierten Neuauflage des ALÖ-Gründungsprozesses. Und büßte schlußendlich die Rolle als primäre Sammlungsinitiative ein, weil sie sich dem Druck und der politischen Dynamik, die das massiv in die Bürgerinitiative Parlament drängende Potential entfachte, zu lange versperrte. Die BIP geriet in die Defensive und sank zu einer Grünkraft unter vielen anderen herab. Ausnützen konnte diese Entwicklung die *Wiener* Linke, die nach Röthelstein in die Offensive ging.

Die "*Absamer Beschlüsse*" der Alternativen Liste Österreich vom Februar 1985 waren ein Reflex auf das "Konrad Lorenz-Volksbegehren" und die Hainburg-Bewegung. Mit ihnen wollte die ALÖ den Entwicklungen nacheilen und eine Politik der politischen Öffnung einleiten, um das Heft im Prozeß der grünalternativen Parteibildung wieder in die Hand zu bekommen. Die Kernaussage des umfassenderen Beschlußpakets, das die Alternative Liste auf ihrem Bundeskongreß in Absam bei Innsbruck verabschiedete, lautete dementsprechend: "*Die ALÖ beauftragt die Bundesgeschäftsführung und den Bundeskoordinationsausschuß, offizielle Gespräche mit allen interessierten Initiativen, Gruppierungen, Einzelpersonen und der VGÖ aufzunehmen, um die Möglichkeiten eines Zusammenrückens der gesamten grünalternativen Bewegung zu prüfen. (...) Diese Gespräche sollen noch nicht in Richtung Nationalratswahl 1987 geführt werden. (...).*"[30]

Ein Beschluß war im Einvernehmen der beiden Parteiströmungen gefaßt worden, allein, die Umsetzung ließ zu wünschen übrig. Zum einen konnten Entwicklungen, die bereits außerhalb der Strukturen der Alternativpartei und zusehends eigenständig Platz griffen, ohnehin eher nur nachvollzogen als gesteuert werden, zum anderen betrieben die Parteigremien den Öffnungskurs politisch fahrlässig. Vollkommen überhastet und unvorbereitet wurde zu einem ersten Sammlungstreffen der späteren "Grünalternativen Sammlung" (GRAS) am 4. Mai 1985 nach Salzburg geladen, ohne daß ein Konzept, geschweige denn Strategien erarbeitet worden wären. Nicht einmal ein Resolutionspapier war vorbereitet worden. Wesentliche Strömungen und Vertreter, darunter die *Wiener* Linke, waren auf dem Treffen, das sich für ein dezentralisiertes Vorantreiben des Sammlungsprojektes entschied, nicht repräsentativ vertreten. Eine Koordinationsgruppe wurde eingesetzt und befand sich fest in den Händen der *Grazer*, die kein Interesse hatten, der Linken die Initiative in der neu aufkeimenden Sammlungsdynamik zu überlassen. Nicht einmal die Organisation des Folgetreffens

Ende Juni wollte sich die GRAS reservieren. Das wurde der Bürgerliste Salzburg überantwortet, und prompt präsentierte Johannes Voggenhuber dort seine Idee der "Arbeitsgruppe Parlament".

Schon die Anfänge der "Grünalternativen Sammlung" standen so unter keinem guten Stern. Als sie am 21. September 1985 zu ihrem dritten bundesweiten Treffen zusammentraf, hatte sich die *Grazer* Strömung bereits entschieden, auf das Pferd der Bürgerinitiative Parlament zu setzen. Gegenüber der GRAS betrieb sie daher eine Politik der Eindämmung und Obstruktion. Andreas Wabl und Fritz Zaun präsentierten ein Papier, das die grundsätzlichen Differenzen zwischen den beiden ALÖ-Strömungen auf den Punkt brachte. Die zentrale Aussage des *Grazer* Positionspapiers lautete: "*Wir gehen von der Annahme aus, daß der harte Kern der Sammlungsdiskussion die Personaldiskussion sein wird.*"[31] Darüberhinaus unterstellte es eine "*gemeinsame Sache*" aller an der Sammlung Beteiligten und schloß daraus, daß die politische Linie auf Kooperation lauten müsse. Zwar war diesen Auffassungen innerhalb der GRAS kein Durchbruch beschieden, dennoch war sie damit selbst zum Feld der Auseinandersetzung zwischen den zwei prinzipiellen Optionen zur Vereinheitlichung der grünalternativen Wahlbewegung geworden. Für die *Wiener* Linke war die Kardinalfrage des grünalternativen Einigungsprozesses die Etablierung einer hegemonialen grünalternativen Linkspartei mit organisatorischen Verbindlichkeiten, die das kontraproduktive Zirkelwesen und die parteipolitische Konkurrenz der unterschiedlichen Gruppierungen im grünalternativen Bereich aufheben sollte. Während diese Strategie das Primat in der parteipolitischen Organisation sah, lag das Hauptaugenmerk der *Grazer* auf der "realpolitischen" Kandidaturvariante. Sie gingen davon aus, daß der Prozeß der Parteibildung seinen Ausgang von einer grünalternativen Wahlbewegung nehmen würde. Dieses Moment machten sie zu ihrem politischen Schwungrad, während sich die Konzeption der Linken an der unmittelbaren Dynamik und den unmittelbaren Bewußtseinslagen vieler Grüner und Alternativer stärker reiben mußte. Zwischen ihrem Wollen und jenem der Wahlbewegung war keine unmittelbare Kongruenz zu erreichen. Während sich also für die Linke eine parlamentarische Repräsentanz des grünalternativen Lagers von der Existenz einer einheitlichen Grünpartei ableitete und durch diese legitimiert war, gingen die *Grazer* den umgekehrten Weg. Die Organisation als Partei, an deren Existenz auch sie ein virulentes Interesse hatten, leiteten sie vorrangig von der Etablierung innerhalb der parlamentarischen Strukturen ab. Im Verhältnis der beiden Pole Partei und Fraktion kam letzterer in der *Grazer* Konzeption entschieden mehr Gewicht zu. Diese Auffassung brachte die *Grazer* daher auch in ein Bündnis mit den Protagonisten der Bürgerinitiative Parlament, insbesondere ihrer rosagrünen Fraktion.

Für die Linke stellte die "Grünalternative Sammlung" (GRAS) bald nur noch Ballast dar. Die *Grazer* Obstruktion und das Aufkommen einer starken Zentrumstendenz mit BIP-Orientierung ließen eine akzentuierte Ausformulierung der Organisationsvariante in den Strukturen der GRAS kaum zu. Die Linke, die die taktische

Allianz der *Grazer* mit der Bürgerinitiative Parlament zu lange nicht wahrhaben mochte und von der Notwendigkeit und Möglichkeit eines "historischen Kompromisses" zwischen den beiden ALÖ-Strömungen überzeugt war, setzte anfangs rigoros auf einen Kurs der BIP-Vernichtung: *"Die BIP ist der verlängerte Arm der bürgerlichen Gesellschaft in einer entstehenden potentiellen Opposition. Die BIP ist auf Vernichtung radikaler Inhalte ausgerichtet, wir müssen auf die Vernichtung der BIP ausgerichtet sein."*[32] Allein, das Ansinnen blamierte sich an der Realität, die Kräfte der *Wiener* waren bei weitem zu schwach, um wirkungsvoll gegen die realen Entwicklungen steuern zu können.

Selbst in den ALÖ-Gremien, die sie seit dem Wiener Bundeskongreß vom Mai 1984 dominierte, büßte die Parteilinke ihre Mehrheiten ein. Die Politik der BIP-Vernichtung war im Bundeskoordinationsausschuß der Alternativen Liste Österreich nicht mehr durchsetzbar. Auch hier griff die *Grazer* Obstruktion. Nicht Ali Gronner oder Doris Eisenriegler waren in diesem Herbst 1985 die dominierenden Figuren an der ALÖ-Spitze, sondern Andreas Wabl. Während Ali Gronner resigniert das Handtuch warf, Anfang November als Bundesgeschäftsführer der Alternativen Liste Österreich zurücktrat und so die Linke, von deren Positionen er sich zusehends entfernte, schwächte, zeichnete sich Wabl durch rücksichtsloses Agieren aus.[33] Die Alternative Liste wurde wieder zum Schlachtfeld der Parteiflügel. Die versuchte Offensive der Linken wurde im Keim erstickt. Hier entschied sich, daß der eingeschlagene Kurs zur Eliminierung der Bürgerinitiative Parlament nicht exekutierbar war, aber starke ultralinke Tendenzen in den Alternativen Listen Wiens und Niederösterreichs verunmöglichten andererseits ein flexibleres Agieren der *Wiener*. Ein Abgehen von diesem rigorosen Standpunkt hätte wohl zu einer internen Spaltung der Linken geführt, die sich einen solchen Aderlaß nicht leisten konnte.

Das vierte Treffen der "Grünalternativen Sammlung" vom 23. November 1985 stand denn auch ganz im Zeichen Günther Nennings. Versuchen, ihn in der Bürgerinitiative Parlament zu isolieren, begegnete er mit einer taktischen Kehrtwendung. Vom Promotor der elitären Honoratioreninitiative wandelte er sich flugs zum Mentor der egalitären Demokratisierung. Er präsentierte sich der GRAS ganz im Sinne ihrer Zentrumstendenz als Garant für eine Öffnung der Bürgerinitiative Parlament, lud offiziell zu deren Jännerplenum auf den Grazer Schloßberg und bekam mit dieser taktischen Finte die Sympathien auf seine Seite, ohne auch nur irgendeine inhaltliche Konzession gemacht zu haben.

Nach wie vor trat er für die Installierung einer Personenliste ein, keine Partei sollte da entstehen, Programm und Kandidaten für die künftige Parlamentsriege sollten selbstverständlich in den Reihen der Bürgerinitiative Parlament erstellt werden. Berühmt wurde sein Slogan eines "Programms mit Löchern": *"Das Schlimmste wäre, wenn sich die Kandidaten untereinander streiten würden. Die Presse würde das aufgreifen, und vorbei wäre es mit der Chance, ins Parlament zu kommen. Deshalb ist es notwendig, alle strittigen Themen aus dem Programm herauszulassen. Angestrebt wird ein 'Programm mit Löchern'. In diese Löcher sollen folgende Themen versenkt werden: Abtreibung, 35-Stunden-Woche, imperatives Mandat, Basisdemokratie, Rotation, Bundesheer ja oder nein ... Das Programm soll bestehen aus: Rettung des Waldes, Steuerreform zugunsten einer Energieverbrauchssteuer (in diesem Sinne eine Umstrukturierung der Wirtschaft), Demokratiereform, basta."*[34] Generell war die "Programmatik" der Bürgerinitiative Parlament das, was Günther Nenning dafür ausgab und über die Medien verkündete - populistische Slogans, bloße Markierungen, die eine Beurteilung erlaubten, wie wenig links und wie sehr konservativ die BIP nun war. Selten fehlten in dem, was der Sozialdemokrat dabei verkündete, die konservativen Untertöne. Eliminierung des Verhältniswahlrechts, Aufhebung der Kammerzwangsmitgliedschaften, Wahl von Bürgermeistern und Bezirkshauptleuten, Persönlichkeitswahlrecht, Subsidiarität usw. waren die Anliegen, die BIP-Nenning schönfärberisch mit Leitbegriffen wie Personalisierung und Entparteilichung, Entstaatlichung und Entbürokratisierung, Sachpolitik und Entideologisierung zu propagieren wußte.

Für die Alternative Liste Österreich bedeutete die objektiv einsetzende grünalternative Sammlungsbewegung einen Prozeß der Auflösung ihrer bundesweiten und länderweisen Strukturen; das von ihr initiierte erste Treffen der GRAS selbst beschloß die Dezentralisierung: *"Alle weiteren Kontakte und Einzelgespräche werden in die Bundesländer delegiert. (...) Wie diese Sammelbewegungen dann im Konkreten ausschauen, wie sie sich nennen, was sie vertreten werden, bleibt der Autonomie der einzelnen Bundesländer vorbehalten."*[35] Die Alternative Liste war in den meisten Bundesländern aber bereits zerfallen oder in Auflösung begriffen; in Salzburg, Kärnten und im Burgenland bestanden keine Landesorganisationen mehr, auch in Vorarlberg gab es Tendenzen zur Verflüchtigung. In Oberösterreich und Tirol existierten bereits Sammelparteien, die aus Vereinheitlichungsbestrebungen zu vorangegangenen Landtagswahlen entstanden waren. Auf Landesebene konnte die Alternative Liste als solche daher vielfach gar nicht mehr aktiv werden; und während die BIP es verstand, ihre zentralen Strukturen immerhin vorläufig vom Druck der Ländersammlungsbewegungen abzuschirmen, begab sich die Alternative Liste mit dem Dezentralisierungsbeschluß des ersten GRAS-Treffens von vornherein auch dieser Interventions- und Integrationsebene.

Nennings Richtungsschwenk zwang die Linke schließlich, von ihrem BIP-Vernichtungskurs abzugehen, ohne daß sie wegen der schon erwähnten prinzipiellen innerparteilichen Opposition zu jeglichem Öffnungskurs eine flexiblere Strategie betreiben hätte können. Ja selbst der Versuch, die "Grünalternative Sammlung" aufzubauen, wurde von diesen Tendenzen torpediert, weil sie darin einen Rechtsruck und die Preisgabe leitender alternativer Prinzipien erblickten. Bezeichnenderweise stand aber auch die Gewerkschaftliche Einheit, der man nun ja gerade keinen Linksradikalismus vorwerfen könnte, der "Grünalternativen Sammlung" ablehnend gegenüber. Intern begann sich nämlich auch die Gewerkschaftliche Einheit mit der rosagrünen BIP-Option, verkörpert durch Peter Pilz, zu akkordieren. Erst nach Monaten der Paralyse gelang es schließlich, innerhalb der *Wiener* Strömung mit der Politik der grünalternativen Sammlung manövrierfähig zu werden. Die Dynamik der Sammlungsbewegungen in den Bundesländern ließ schlußendlich keine andere Position mehr zu. Freilich hatten die *Wiener* fast überall die Initiative aus der Hand geben müssen. In Wien versuchten Günther Nenning, Peter Pilz und die *Gföhler* eine Landesorganisation der BIP aufzubauen, in Niederösterreich gewann Leopold Kendöl, der ehemalige Präsident des Katholischen Familienverbands, an Einfluß. Mit seinem geschickten Agieren bei der Gründung eines grünalternativen Gemeindevertreterverbands konnte er etliche Kommunalgruppen der Alternativen Liste Niederösterreich im Wiener Raum auf seine Seite bringen.[36]

Der Dissens über die einzuschlagende Strategie machte es jener linken Tendenz (Hannes Hofbauer, Thomas Straka, Ali Gronner, Peter Stepanek, Eva Plaz), die dem Sammlungsprojekt aufgeschlossen gegenüberstand, nicht einfach, den Sammlungsinitiativen aus den Ländern, die sich politisch an die Bürgerinitiative Parlament koppelten, zumindest in Wien ein Pendant gegenüberzustellen. Außerdem existierte auf Bundesebene keine Organisation, an die sich die Wiener Sammlung hätte anschließen können. Die von den Zentristen mit BIP-Orientierung[37] blockierte "Grünalternative Sammlung Österreich" kam dafür nicht in Frage, die Linke beschloß daher, dieses Projekt nur noch auf Sparflamme zu betreiben bzw. gänzlich auslaufen zu lassen. Die zu Beginn des Jahres 1986 einsetzende Dynamik in den Bundesländern erlaubte schließlich aber keine weitere Rücksichtnahme auf die indifferente oder ablehnende Haltung des Gros der ALW-Aktivisten. Die Initiierung der "GRAS-Wien" wurde so durch äußere Entwicklungen aufgedrängt, aber eben um den Preis, daß die Alternative Liste Wien für die GRAS-Politik nicht sonderlich mobilisierbar war.

Zwei Umstände zwangen die linke GRAS-Tendenz im speziellen zum Handeln. Zunächst lag seit Dezember 1985 das politische Potential der Wiener VGÖ brach, da sich die Bundesparteileitung im November 1985 gezwungen sah, fast die gesamte ausscherende Wiener Landesorganisation zu liquidieren. Die Mehrheit der Wiener VGÖ stand nämlich einem Kurs der politischen Öffnung und Sammlung tendenziell wohlwollend gegenüber. Durch ihre Gesprächsbereitschaft torpedierte sie die Politik der Abschottung der nach den verlorenen oberösterreichischen Landtagswahlen angeschlagenen Parteispitze, teilte aber auch nicht Buchners vorsichtige Orientierung hin zur Bürgerinitiative Parlament. Günther Nenning suchte zu dieser Zeit nicht nur die Nähe zur "Grünalternativen Sammlung", sondern hatte in informellen Gesprächen eine baldige Integration der Vereinten Grünen in die Bürgerinitiative Parlament in Aussicht gestellt. Auch wenn er hier falsche Hoffnungen nährte, schien dies der VGÖ-Spitze die politisch sinnvollere Haltung zu sein.

Zum anderen aber versuchten die Wiener Repräsentanten der Bürgerinitiative Parlament - Günther Nenning, Peter Pilz, Luise Gubitzer, Michael Cerveny - im Jänner 1986 selbst, eine Wiener Landesgruppe der BIP aufzubauen. In der Bundeshauptstadt mit ihrer entwickelten Kultur von Basisinitiativen, der Präsenz der Alternativen Liste Wien und der starken Verankerung der Linken war die politische Organisation allerdings nicht durch eine bloße Medienpartei zu ersetzen, die Etablierung einer Wiener BIP scheiterte mangels eigener Substanz. Der Wiener Boden lieferte umgekehrt die materielle Grundlage, auf der die Organisationsvariante Fuß fassen konnte, daher lief die Sammlungsinitiative hier auch unter dem Namen "Grünalternative Sammlung Wien" (GRAS Wien). Schon von Anbeginn an mußte die BIP den Anspruch, das Nationalratskandidaturprojekt in Wien darzustellen, fallenlassen. Vorbereitet sollte diese Kandidatur vielmehr auf einer gemeinsamen Landesversammlung aller interessierten Gruppierungen und Personen werden.[38] Die Bürgerinitiative Parlament stellte zwar weiterhin Überlegungen bezüglich eines Konkurrenzproduktes an, sah sich aber spätestens nach der Röthelsteiner Defensive und dem Exodus der Schwarzgrünen gezwungen, die "Grünalternative Sammlung" als repräsentative Wiener Sammlungsinitiative anzuerkennen. Bereits in der zweiten Zusammenkunft am 12. Februar 1986 wurde die Gründung der GRAS-Wien als verbindlicher Parteiorganisation mit Einzelmitgliedschaft beschlossen.[39] Pilz, Nenning und den *Gföhlern* blieb nur die Möglichkeit, als Wiener BIP-Block in den Strukturen der "Grünalternativen Sammlung" zu agieren. In diesem Sinne beschloß der Initiativausschuß der Bürgerinitiative vom 24. Februar 1986: "*In Wien können die BIP-Delegierten auch von einer Landesversammlung gewählt werden, die von der GRAS unter Teilnahme von BIP-Mitgliedern durchgeführt wird.*"[40]

Die Wiener BIP-Vertreter konnten die Parteigründung nicht verhindern und mußten daher wenigstens danach trachten, deren absehbar basisdemokratische Kanten zu glätten. Die Auseinandersetzungen über das Parteistatut der GRAS-Wien, die am 6. April 1986 ihre konstituierende Gründungsversammlung abhielt, gerieten zum Prototyp für die späteren Verhandlungen auf Bundesebene. Im Ringen um das Wiener Statut wurden eine Reihe wesentlicher Konsensformeln gefunden, die später auch in den sogenannten "Grundsatzvertrag", die erste Satzung der neuen grünen Bundespartei, einfließen sollten. So hieß es hier beispielsweise: "*In der GRAS-WIEN soll grundsätzlich Raum sein für die Breite der grünalternativen Bewegung (gesellschaftsverändernde wie wertkonservative Positionen).*"[41] Vor allem aber war Günther Nenning bestrebt, das "freie Mandat" - den inhaltlichen Nukleus der Kandidaturvariante - im Statut zu verankern. Der letztendlich als Kompromiß eingebrachte und verabschiedete Passus ließ in seiner inneren Widersprüchlichkeit sowohl die Auslegung des freien als auch des gebundenen Mandats zu: "*Mandatare sind ihrem Gewissen, ihren Wählern und den Grundsätzen der GRAS-Wien verpflichtet. Sie unterliegen keinem Klubzwang. Sie sind an Beschlüsse gebunden, die von der Landesvollversammlung gefaßt werden und Anträge betreffen, die allen Mitgliedern vorgängig bekanntgegeben wurden.*"[42] Ansonsten entsprach das Statut weitgehend den Vorstellungen der Linken: Die basisdemokratischen Kinderkrankheiten der ALW, etwa deren aberwitzige Rotationsbestimmungen oder das subsidiäre Basisgruppen- und Aktivistenprinzip, konnten zugunsten niveauvollerer Regelungen überwunden werden. Besonders das erstmals im grünalternativen Bereich realisierte Prinzip der Einzelmitgliedschaft mußte als entschiedener Fortschritt gewertet werden.

Die Wahlen in die verschiedenen Parteifunktionen brachten keine Überraschungen. Allen war klar, daß die Gremien der neuen Partei von der Alternativen Liste Wien dominiert sein würden. Zu den Parteisprechern wurden Thomas Straka und Hannes Hofbauer (ALW) sowie die ehemalige Landesvorsitzende der Wiener VGÖ, Ina Wukovits, gewählt. Günther Nenning, der sich als einziger aus den Reihen der BIP um die Sprecherfunktion bewarb, fiel bei der Wahl durch, wurde aber daraufhin mit großer Mehrheit in den dreizehnköpfigen Parteivorstand gewählt. Neben ihm und den drei Sprechern waren hier vertreten: Werner Vogt, Peter Pilz (BIP), Erica Fischer (als Vertreterin der autonomen Frauenbewegung zuerst zur BIP gerechnet, tendierte sie später zur Linken), Erika Simane (VGÖ-Wien), Günter Ofner (Grüne Demokraten) sowie weitere Vorstandsmitglieder, die aus den Reihen der Alternativen Liste Wien kamen - Renate Bahr, Ali Gronner, Peter Stepanek und Werner Haslauer begannen aber zusehends, sich von den Standpunkten der *Wiener* Linken zu entfernen und tendierten zu zentristischen Positionen.[43]

Das Herabsinken der Bürgerinitiative Parlament zu einer Grüngruppierung unter vielen bedeutete, daß die Sammlung und Einigung der Grünalternativen einen anderen, den traditionellen Weg nehmen mußte. Die entscheidenden Weichen wurden hier durch die Dezentralisierung gestellt. Sammlungsinitiativen formierten sich zuerst in den Ländern, auch das unterschied diese dritte Phase des grünalternativen Parteibildungsprozesses von der ersten, insbesondere dem ALÖ-Gründungsprozeß. Denn die Etablierung der Alternativen Liste Österreich war ja in der Tat ein zentralisierendes Projekt gewesen, auch wenn die Alternativpartei damals selbst als subsidiäre Dachorganisation von Länderlisten installiert worden war. Folglich ging es ab 1986 um die Sicherung von Einflußebenen in den Bundesländern, und hier wiederholten sich die Konstellationen aus der Frühzeit der Alternativen Liste. BIP-orientierte Sammlungen, also solche unter *Grazer* Ägide, formierten sich in allen Bundesländern außer Wien, wo umgekehrt die "Grünalternative Sammlung" zum Faustpfand der Linken werden sollte. Aber ähnlich wie im Gründungsprozeß der Alternativen Liste Österreich gelang es der Wiener Linken, ihren Einfluß sukzessive auf die östlichen Bundesländer auszuweiten.

In Oberösterreich blieb die Einigungsbewegung dabei gespalten, nicht zuletzt, weil eine starke BIP-kritische bzw. *Wien*-nahe Strömung existierte, die bereits in einer gemeinsamen Sammelpartei beheimatet war. Wie erinnerlich, war die Alternative

Liste Oberösterreich anläßlich der Landtagswahlen 1985 gemeinsam mit dem linken Flügel der oberösterreichischen Vereinten Grünen und sogenannten "Unabhängigen" in der neuen Wahlpartei "Die Grünalternativen Oberösterreich" aufgegangen. Die *Grazer* konnten hier folglich den Sammlungsbonus nicht für sich ausschöpfen, was Ridi Unfried & Co schließlich zu einer erneuten Spaltung der noch jungen Sammelpartei motivierte. Sie riefen die "Bürgerinitiative Oberösterreich" (BIO) als oberösterreichischen Ableger der Bürgerinitiative Parlament ins Leben, um die Linke aus dem Kandidaturprojekt ausgrenzen zu können. Die "Bürgerinitiative Oberösterreich" kam allerdings über den Status einer brustschwachen Abspaltung von der GAL nicht hinaus. In Oberösterreich konnten daher weiterhin die "Grünalternativen" und nicht die "Bürgerinitiative Oberösterreich" den Einigungsbonus für sich verbuchen.

In Niederösterreich versuchten zunächst die *Gföhler* und die *Grazer* (Josef Aff, Martin Fasan, Walter Painer) im Bunde mit Leopold Kendöl und den sogenannten "Hainburgern", ehemaligen Aktivisten des "Konrad Lorenz-Volksbegehrens" wie etwa Rainer Ernstberger, Helga Erlinger oder Dieter Bogner, in Abgrenzung zur linken Mehrheit in der Alternativen Liste Niederösterreich (AL-NÖ) eine Sammelorganisation aufzubauen und riefen eine weitere Landesgruppe der Bürgerinitiative Parlament (BIP-NÖ) ins Leben. Als es der AL-NÖ-Linken gelang, innerparteilich den Eintritt in die Bürgerinitiative Parlament durchzusetzen und diese als Forum der Sammlung zu akzeptieren, wandelten sich die Mehrheitsverhältnisse innerhalb der BIP-NÖ sehr rasch. Wie in Wien avancierte die Linke auch in der niederösterreichischen Sammelbewegung zur dominierenden Strömung. Im Frühsommer 1986 beschloß die "Bürgerinitiative Parlament Niederösterreich" ihre Umbenennung in "Die Grünalternativen Niederösterreich" (GAL-NÖ), gab sich ein entwickeltes Statut, das besser noch als jenes der GRAS-Wien den Intentionen der *Wiener* entgegenkam, stellte mit Gerhard Schattauer von der Alternativen Liste Niederösterreich einen der drei Parteisprecher und den stärksten Block im Parteivorstand. Wie in der GRAS-Wien wurde auch in der GAL-NÖ das Prinzip der Einzelmitgliedschaft eingeführt.

Der Prozeß der grünen Einigung brachte solchermaßen die Scheidung in einen sogenannten linken "Ostblock" und einen gemäßigten "Westblock" - *Wiener* und *Grazer* reproduzierten bloß den alten Strömungskonflikt, nur in breiterem Rahmen, mit jeweils anderen, neu hinzugekommenen Bündnispartnern: die *Grazer* und *Gföhler* mit den "Rosagrünen", die *Wiener* hingegen mit Strömungen und Personen, die ihnen inhaltlich sicher ferner standen als die Ersterwähnten - etwa Ina Wukovits' "Vereinte Österreichische Grün-Alternative" (VÖGA), die sich als reformierte Wiener VGÖ verstanden, Günter Ofner von den "Grünen Demokraten", bald aber auch schon Leopold Kendöl, der eine Linkswendung vollzog und zum seriösesten Bündnispartner der *Wiener* Alternativen werden sollte. Im Bündnis mit Kendöl konnte die Linke neben so manchen Differenzen auch viel prinzipielle Übereinstimmung finden.

Vor allem aber profitierten die *Wiener* von der Dynamik der Ländersammlungen selbst. Diese entwickelten zusehends Zweifel an der Lauterkeit der Bürgerinitiative Parlament, die sich nach wie vor zierte, eine demokratische Öffnung zuzulassen, brüsk gegenüber der "Grünalternativen Sammlung" (GRAS) agierte und mit ihrem beharrlichen Exklusivitätsanspruch erkennen ließ, daß sie als Forum zur Vereinheitlichung der Wahlbewegung ungeeignet war. Die im Frühjahr 1986 einsetzende Offensive der Linken basierte so - abgesehen von der spezifischen Wiener Situation - weniger auf deren eigener Stärke als auf den Fehlern der Kontrahenten. Sie lief in mehreren Stufen ab. Zunächst ging es um die Festlegung der Alternativen Liste Österreich auf die Option einer demokratischen Sammelpartei. Da die GRAS-Österreich fallengelassen wurde, sollte die Alternative Liste Österreich manövrierfähig gemacht werden. Parallel dazu wurde die oben beschriebene Verankerung in den Sammlungsinitiativen der östlichen Bundesländer betrieben, die sich in Wien und Niederösterreich zur Hegemonie der *Wiener* steigerte. Es wurde die Koordination dieser Sammlungen im Wahlkreisverband Ost[44] versucht und als Kernstück der linken Offensive die sogenannte "*Resolution Grünalternativ 1987*" initiiert.

Trotz massiver Präsenz der *Grazer* auf dem Feldkircher Bundeskongreß der Alternativen Liste Österreich im Februar 1986 gelang es der *Wiener* Linken mit ihren Beschlüssen zur Organisationsfrage ("*12 Kriterien einer grünalternativen Organisation*"),[45] die Alternative Liste Österreich in ihrer Sammlungspolitik auf die Linie der GRAS festzulegen. Beschlossen wurden dabei bloß selbstverständliche Zielvorgaben einer demokratischen Alternativpartei, basisdemokratische Essentials wie Einzelmitgliedschaften, proportionaler Delegiertenschlüssel, gebundenes Mandat, Rotation, Unvereinbarkeit höherer Parteifunktionen mit der Ausübung parlamentarischer Mandate, Fraktionsrecht oder Geschlechterparität auf Kandidatenlisten und bei innerparteilichen Funktionen. Offizielle Zielvorgabe der ALÖ war daher nunmehr die demokratische Organisation mit Verbindlichkeiten anstelle einer unverbindlichen Wahlliste, d. h. die Organisations- statt der Kandidaturvariante. Der Abstimmungserfolg der Linken veranlaßte Andreas Wabl denn auch zu der Feststellung: "*Die ALÖ ist derzeit keine bundesweite Organisation mehr, sondern ein Machtinstrument der AL-Wien.*"[46]

Im März 1986 schließlich wurde als Kern der linken Offensive die sogenannte "*Resolution Grünalternativ 1987*" präsentiert, später - weil von Günther Nenning kurzerhand umbenannt - als "*Hainburger Manifest*" bezeichnet:

"*1) Eine Sammlung aller grünalternativen Kräfte zur Nationalratswahl und darüber hinaus ist anstrebenswert, wünschenswert und notwendig.*

2) Diese Sammlung soll von allen in Frage kommenden Kräften und zur Sammlung bereiten Organisationen, Gruppen und Einzelpersonen vorbereitet und auch getra-

gen werden. Die Nichtmiteinbeziehung von grünalternativen Strömungen (Ausnahme: die Braun"grünen") ist in jeder Phase unzulässig und dem Sammlungsprozeß wenig förderlich.

3) Ein reines Kandidaturprojekt zu den Nationalratswahlen 1987 ist abzulehnen.

4) Das Ziel lautet nach wie vor: Inhaltliche Buntheit und Breite auf Grundlage eines verbindlichen organisatorischen Konsenses auf demokratischer Basis. Kurz, Einheit in der Vielfalt!"[47]

Die Resolution wurde von Einzelpersonen und nicht von offiziellen Repräsentanten der grünen und alternativen Strömungen getragen und forderte als Konsequenz die Abhaltung eines "Hainburger Einigungskongresses" ohne Vorgaben und Bedingungen sowie die Installation eines "Hainburger Einigungskomitees" (HEK). Sie wurde sodann als offener Brief der GRAS an das Salzburger BIP-Plenum im April 1986 herangetragen, dennoch blieb Günther Nenning der einzige relevante BIP-Repräsentant, der sie mittrug.

Im Initiativausschuß der Bürgerinitiative Parlament dachte man noch immer an die Möglichkeit, das Kandidaturprojekt im Rahmen der eigenen Strukturen vorantreiben zu können; die Bürgerinitiative Parlament und die Sammlungsbewegungen in den Bundesländern sollten zusammenfließen. In diesem Sinne hatte der Initiativausschuß bereits am 24. Februar 1986 beschlossen: *"Die derzeitigen Plenarmitglieder sollen sich demokratisch legitimieren lassen, indem sie sich in einer Landesversammlung ihres jeweiligen Bundeslandes zur Wahl stellen."*[48] Zum Sockel dieser Grunddelegierten sollten weitere Delegierte nach einem proportionalen Schlüssel treten. Das April-Plenum der BIP sollte neben dem alten Plenum bereits aus solcherart gewählten Länderdelegierten, das Juni-Plenum ausschließlich aus letzteren bestehen.

Das Salzburger BIP-Plenum vom 20. April 1986 akzeptierte mit einer Vorlage des Initiativausschusses im wesentlichen den in der *"Resolution Grünalternativ 1987"* vorgeschlagenen Weg, versuchte aber weiterhin, die "grüne Einigung" innerhalb ihrer eigenen Strukturen zu betreiben: *"In das Vorbereitungskomitee für das Treffen sollen Mitglieder des IA entsandt werden sowie BIP-Delegierte aus den Bundesländern."*[49] Die Bürgerinitiative Parlament selbst sollte im Sommer als *"Einigungsplenum"* aus gewählten Bundesländerdelegierten zusammentreten. Aber wie zum Hohn setzte der Bürgerlisten-Stadtrat Voggenhuber zum gleichen Zeitpunkt einen Antrag durch, wonach künftig sämtlichen grünen, alternativen oder Bürgerlisten-Gemeinderäten kraft ihres Mandats Stimmrecht im BIP-Plenum zukommen sollte. Der an sich fortschrittliche Delegiertenschlüssel der Bürgerinitiative Parlament wurde durch das solchermaßen prolongierte Zwei-Kurien-System pervertiert. Die politische Stoßrichtung seines Antrages zielte gegen *Wien*. Infolge der quantitativen Dominanz von Kommunalmandataren aus den Bundesländern sollte sich ein Gegengewicht gegen die in die Einigungsbewegung drängenden Linken ergeben. Voggenhuber zählte zu den vehementen Gegnern der *Wiener* Linken. Wie für die meisten *Grazer* waren auch für Voggenhuber bundespolitisch agierende Repräsentanten der *Wiener*, insbesondere der in seinem Umgangston nicht gerade zimperliche Hannes Hofbauer, ein rotes Tuch. Günther Nenning meinte zu den ihm anvertrauten Befürchtungen des Stadtrates: "*Ich hab Deinen Satz - 'Voggenhuber und Hofbauer - das geht nicht' sorgfältig im Ohr. Eine Garantie, daß via Wien etwelche Hofbauers in die BIP gelangen, gibts nicht. Wohl aber meine angestrengte Bemühung, Dir/Euch möglichst viel davon zu ersparen.*"[50]

Die Bürgerinitiative Parlament anerkannte die in der *"Resolution Grünalternativ 1987"* angeschlagene Gangart nicht aus freien Stücken. Sie sah sich dazu gezwungen. Der Konter auf die linke Offensive konnte daher nicht ausbleiben und erfolgte in Form einer Vereinbarung zwischen Bürgerinitiative Parlament und Vereinten Grünen, die am 26. April 1986 paraphiert wurde. Entgegen den in Salzburg präsentierten Intentionen handelten Vertreter des Initiativausschusses mit den Vereinten Grünen eine Wahlplattform aus: "*Beim Gespräch über Kandidaten soll davon ausgegangen werden, daß BIP und VGÖ über je ein Drittel der Kandidaten verfügen; einvernehmlich soll ein Drittel der Sitze freigehalten werden.*"[51] Gezeichnet war der "BIP-VGÖ-Pakt" von Herbert Fux, Wolfgang Pelikan, Eva Hauk, Werner Moidl und Josef Buchner für die Vereinten Grünen sowie von Astrid Kirchbaumer, Peter Pilz, Bernd Stein, Günther Nenning und Ridi Unfried für die Bürgerinitiative Parlament.[52] Später wurde die Vereinbarung auch von den restlichen Mitgliedern des Initiativausschusses, aber auch von Doris Pollet-Kammerlander gebilligt.

Innerhalb der Bürgerinitiative Parlament hatten schon längere Zeit Kaspanaze Simma und vor allem Günther Nenning zu einer Akkordanz mit den Vereinten Grünen gedrängt, aber auch Andreas Wabl hatte bereits im Februar 1986 angeregt, Josef Buchner, aber auch Leopold Kendöl von der Partei Neues Österreich (PNÖ) zu Gesprächen heranzuziehen.[53] Bei der starren Haltung der VGÖ konnte aber eine Akkordanz a priori nur in einer "Plattform" bestehen. Für Nenning war die Annäherung an die "Grünalternative Sammlung" stets nur taktischer Natur gewesen. Das belegen seine Aussagen gegenüber Voggenhuber oder auch Ridi Unfried, der er eine politische Umgarnung Doris Eisenrieglers nahelegen wollte: "*Ich glaub immer noch: Doris E. irgendwie in OÖ einzubinden, wäre wichtig (um sie von der GRAS wegzukletzeln)*",[54] meinte er in einem Schreiben an die Vertreterin der "Bürgerinitiative Oberösterreich", die so die von ihr betriebene Abspaltung von den "Grünalternativen Oberösterreichs" (GAL) teilweise rückgängig machen sollte. Nennings Verhältnis zu den Vereinten Grünen hingegen ging weit über das taktische Moment hinaus. Nach seinen inhaltlichen Positionen mußte er als Rechtsgrüner bezeichnet werden; er selbst bekannte freimütig, daß er im Initiativausschuß der BIP sicherlich der am weitesten rechts Stehende sei. Nach seinen Schritten zur Integration der *Wiener* bastelte er nunmehr "*an einem (angeblich) rechten Flügel als Gegengewicht zu den (angeblich) linken Extremisten.*"[55]

Die Plattformvereinbarung brachte eine starke Aufwertung der Vereinten Grünen, die im Parteibildungsprozeß wieder zum relevanten politischen Faktor wurden. Durch den Pakt konnten die Vereinten Grünen zwar zur Teilnahme an den Einigungsverhandlungen gebracht werden, doch zu einem Preis, der überhaupt nicht notwendig gewesen wäre. In diesem dynamischen Prozeß der Parteibildung verkörperte die Plattform das retardierende Moment, die Vereinten Grünen klammerten sich künftig immer dann, wenn um Konzessionen verhandelt wurde, mit Vehemenz an diese Vereinbarung. Dabei hätten die Vereinten Grünen eingestandenermaßen aus eigener Kraft für die kommenden Nationalratswahlen gar keine separate Kandidatur mehr schaffen können.[56] Sie wären, wie nachher üblich, auf geliehene Unterstützungserklärungen der etablierten Parteien angewiesen gewesen. Auch seitens der Bürgerinitiative Parlament wurde der Pakt mit seinen viel zu weit gehenden Konzessionen bald als unnötig und somit als politischer Fehler erkannt, Peter Pilz rückte von ihm ebenso ab wie etwa Andreas Wabl. Ihren Rückhalt innerhalb der BIP fanden die Vereinten Grünen sodann einzig und allein in Günther Nenning, dem eigentlichen Nutznießer dieser Vereinbarung in den Reihen der Bürgerinitiative Parlament.[57] Seinen Plänen und Überlegungen waren die Vereinten Grünen damit aber auch zunehmend ausgeliefert.

Neben der Bürgerinitiative Parlament etablierten die "Rosagrünen" und die *Gföhler* innerhalb der grünalternativen Wahlbewegung noch ein zweites politisches Standbein. Im Unterschied zur Lage innerhalb der BIP hatten sie in der Meissner-Blau-Wahlbewegung die uneingeschränkte Entscheidungsgewalt. Die Idee, zu den Bundespräsidentschaftswahlen im Mai 1986 eine eigenständige Kandidatur auf die Beine zu stellen, stieß in grünen oder alternativen Kreisen nicht durchwegs auf Zustimmung. Im Gegenteil begegnete man bei den Vereinten Grünen, breiten Teilen der ALÖ, begreiflicherweise auch bei den Schwarzgrünen der angekündigten Kandidatur Freda Meissner-Blaus mit großer Skepsis. In der Alternativen Liste Österreich gelang es den *Gföhlern* nicht, eine tragfähige Unterstützung für Meissner-Blau durchzusetzen, und sogar Johannes Voggenhuber sollte sich während des laufenden Wahlkampfs in nicht gerade solidarischer Manier aus dem unterstützenden Personenkomitee zurückziehen.

Zu den Strategen und wichtigsten Trägern der Kampagne zählten vor allem Kuno Knöbl und Erich Kitzmüller als eigentlicher Erfinder dieser Kandidatur, weiters Werner Vogt und Pius Strobl, der von Meissner-Blau auch zum Koordinator der Wahlbewegung berufen wurde. Erst später stießen die Gewerkschaftliche Einheit sowie die trotzkistische "Sozialistische Alternative" (SOAL) zum Kreis der aktiven Unterstützer. Während sich die Gewerkschaftliche Einheit auch inhaltlich uneingeschränkt hinter die Aussagen der Präsidentschaftskandidatin stellte, benutzte die "Sozialistische Alternative" diesen Wahlkampf primär dazu, ihre eigene Propaganda zu betreiben.[58] Günther Nenning schließlich übte sich als unermüdlicher Einpeitscher für die Kandidatur, ohne selbst zum sogenannten "Bräunerhof", dem engsten (links)sozialdemokratischen Beraterkreis Meissner-Blaus, zu zählen. Der politische Sinn der Wahlbeteiligung lag einzig und allein in einem Probegalopp für die kommenden Nationalratswahlen, in dem Meissner-Blau als nicht mehr zu übergehende, "logische" Spitzenkandidatin aufgebaut werden sollte. Der Steirer Erich Kitzmüller nannte das ganz treffend die "*Strategie des 3. Faktors*".[59] Pius Strobl, Fredas Wahlkampfadministrator, räumte freimütig ein:"*Es war klar, daß das eine Vorläuferkandidatur für die Grünen sein wird.*"[60] So sahen das auch Petra Kelly und Gert Bastian, die in der BRD die Werbetrommel für Freda Meissner-Blau rührten: "*Über Freda und ihre Kandidatur und Wahlkampf könnte auch eine notwendige Einigung zwischen den verschiedenen grünen/alternativen politischen Gruppen an der Basis stattfinden.*"[61] Auch Geld wollten Meissner-Blau und Strobl über Kelly bzw. den Bundesvorstandssprecher der Grünen, Lukas Beckmann, für ihren Wahlkampf auftreiben.[62]

Der Wahlkampf selbst stand unter keinem guten Stern. Von einem großen Teil der grünalternativen Aktivisten oder Gruppierungen abgelehnt, versuchte schließlich auch die bürgerliche Presse, die Kandidatin mit dem selbst verliehenen Image einer grünen Sauberfrau mit einer Art Sozialschmarotzeraffäre zu kompromittieren - Meissner-Blau hatte sich bei ihrem ehemaligen Arbeitgeber, der staatlichen "Österreichischen Mineralölverwaltung" (ÖMV), als Frühpensionistin zusätzlich eine "privilegierte" werkvertragliche Einkommensquelle erschlossen. Mit den Worten der scheinheiligen Sauberkeitspresse: Sie hatte es sich "*gerichtet*".[63] Die Kandidatin, die eben erst ihre SPÖ-Mitgliedschaft niedergelegt hatte, transportierte in ihrem Wahlkampf kaum ein Jota Emanzipation. Im Präsidentenamt erblickte sie eine "*Volkskorrektur am Parlamentarismus*"[64], und auch sonst redete sie populistischen Varianten des Antiparlamentarismus das Wort.[65] Trotz all dieser Bemühungen war das schließlich erzielte Ergebnis nicht gerade überragend. Nicht ganz 260.000 Stimmen blieben weit unter den eigenen Erwartungen,[66] wobei Meissner-Blau zusätzlich vom sogenannten "Tschernobyl-Effekt" - der russische Atomreaktor war wenige Tage zuvor durchgebrannt - profitieren konnte.

Tabelle: Meissner-Blaus Ergebnis bei der Bundespräsidentenwahl

Burgenland	05.817	2,98 %
Kärnten	15.596	4,38 %
Niederösterreich	39.778	4,10 %
Oberösterreich	34.438	4,44 %
Salzburg	15.117	5,79 %
Steiermark	37.049	4,72 %
Tirol	25.909	7,04 %
Vorarlberg	17.624	10,02 %
Wien	68.143	8,18 %
Österreich	**259.471**	**5,50 %**

Die Bürgerinitiative Parlament konnte ihren Wunsch nicht realisieren, selbst als Einigungsplenum zu firmieren und das Vorbereitungskomitee, für dessen Zusammentreten sie bereits einen Termin fixiert hatte, ausschließlich mit eigenen Delegierten beschicken. In einer Zusammenkunft verschiedenster repräsentativer Grünvertreter am 3. Mai 1986 am Wiener Westbahnhof wurde nämlich die Gründung des Hainburger Einigungskomitees (HEK) als Proporzkomitee aller in der grünen Einigung engagierten Gruppen bzw. exponierter Einzelpersonen beschlossen. Mitglieder des Komitees, das personell laufend aufgestockt wurde, waren u. a. als Organisationsvertreter Josef Buchner und Wolfgang Pelikan (VGÖ), Peter Pilz und Günther Nenning (BIP), Günter Ofner (GRAS Österreich), Doris Eisenriegler und Franz Schandl (ALÖ), Günter Schneider (ALW), Ina Wukovits und später Alois Englander (VÖGA), Karel Smolle (Ethnische Minderheiten); sodann jeweils alternierende Vertreter der Sammelorganisationen in den einzelnen Bundesländern: Kaspanaze Simma oder Manfred Rünzler (Vorarlberg), Astrid Kirchbaumer oder

Friedrich Margreiter (Tirol), Michael Schallaböck oder Herbert Fux oder später Johannes Voggenhuber (Salzburg), Ridi Unfried oder Ulrike Postl oder später Gabriele Moser (Oberösterreich), Monika Jesse oder Seppl Brugger (Kärnten), Doris Pollet-Kammerlander oder Andreas Wabl (Steiermark), Rainer Ernstberger oder Fritz Zaun oder Ilse Hans (Niederösterreich), Bernd Stein oder Helmut Schleischitz (Burgenland), Hannes Hofbauer oder Thomas Straka oder Ali Gronner oder später Eva Hauk (Wien) sowie Pius Strobl und Leopold Kendöl als Einzelpersonen und später noch Erica Fischer für das grün-alternative Frauenspektrum.[67]

Im Komitee, das am 17. Mai zu seiner ersten ordentlichen Sitzung zusammentrat, galt das Konsensprinzip - nur einstimmige Beschlüsse wurden als verbindlich erachtet. Das Hainburger Einigungskomitee selbst diente allein der formellen Administration und besaß in inhaltlichen Fragen keine Kompetenz. Seine Aufgabe bestand in der Vorbereitung des Hainburger Einigungskongresses, insbesondere in der Erstellung eines Manifests, der Erarbeitung eines Strukturvorschlags, eines Finanzplans, eines Modus zur Kandidatenwahl, der Beschaffung eines Büros und der Erstellung eines Publikationsorgans.[68] Noch im Mai 1986 wurde ein engeres Redaktionskomitee (REK) eingerichtet: Günther Nenning für die Bürgerinitiative Parlament, Franz Schandl für die Alternative Liste Österreich und Wolfgang Pelikan für die Vereinten Grünen hatten hier ein Gründungsdokument bzw. Statut der künftigen Grünpartei zu erarbeiten.[69]

Die Bürgerinitiative Parlament vertrat im Einigungskomitee keine einhellige Position. Je nach ihren Repräsentanten war sie neben der Bildung einer Fraktion auch an der Existenz einer mehr oder weniger entwickelten (Partei-)Organisation interessiert. Dabei spielten durchaus auch taktische Überlegungen, die sich aus der Positionierung der BIP als grüne Mitte ergaben, eine Rolle. So betonten Vertreter der Bürgerinitiative Parlament gegenüber den Vereinten Grünen gerne den Charakter einer demokratischen Organisation, während sie gegenüber der Linken wiederholt dem Modell einer grünen Honoratiorenliste Respekt zollten. Aufgrund der unterschiedlichen Gewichtung dieser Präferenzen kam innerhalb der BIP selbst hinsichtlich der Kandidaturvariante eine Differenz zwischen den dezentralistisch agierenden *Grazern* und dem Zentralismus der "Rosagrünen" zum Tragen. Nach den Vorstellungen letzterer sollte die Kandidatenliste noch vor dem Hainburger Kongreß zentral im HEK erstellt und auf jenem nur präsentiert werden. Der Kongreß sollte als bloßer Wahlkampfauftakt fungieren und nach dem Konsensprinzip verfahren. An eine Parteigründungsversammlung war hier nicht gedacht. Die *Grazer* wiederum dachten zumindest an die Erstellung der Grundmandatslisten in den einzelnen Bundesländerorganisationen. Günther Nenning versuchte zudem wiederholt, das formelle HEK in ein Vorstandsgremium mit politischer Kompetenz zu verwandeln, wogegen die Alternativen ein Veto einlegten. Freilich wäre es politisch klüger gewesen, legitimierte HEK-Sprecher zu installieren als das alleine auf informeller Ebene Nenning selbst zu überlassen, dem Großmeister auf dem Gebiet der Pressekontakte.

Günther Nenning wuchs im Rahmen der grünen Einigung allerdings zusehends über die Rolle des bloßen BIP-Repräsentanten hinaus, er trachtete danach, zum *"Viktor Adler der Grünen"*[70] zu avancieren. Unbeschadet seiner eigenen rechtsgrünen Positionen wollte Nenning die gemeinsame Kandidatur von Linken und "Wertkonservativen". Er scheute sich nicht davor, selbst die radikalsten Spektren der Alternativbewegung in das Einigungsprojekt einzubinden - und damit in gewisser Weise auch politisch zu entschärfen. Die Linken sollten in der Parlamentsfraktion nichts zu reden haben, aber in der Organisation durchaus ihre Spielwiese finden. Nenning kannte ja diese Art der Arbeitsteilung bereits aus der Sozialdemokratie gut. Der mit allen Wassern gewaschene Sozialpartner sprach und verhandelte grundsätzlich mit jedermann, mit basisdemokratischen Anarchisten genauso wie mit CVern, mit konservativen Lodengrünen ebenso wie mit den Linksradikalen, akkordierte sich mit der GRAS und organisierte daneben ein Treffen mit mehreren Konzernmanagern,[71] angeblichen *"BIP-Interessenten aus CV, VÖI & ÖIAG."*[72]

Peter Pilz, die Nummer zwei in der Bürgerinitiative Parlament, war ebenso wie Nenning ein politischer Quereinsteiger. In den Jahren zuvor hatte er sich im grünalternativen Bereich kaum engagiert. Zuletzt war das politische Betätigungsfeld des ehemaligen Mitglieds des sozialdemokratischen "Verbandes Sozialistischer Studenten" (VSStÖ) und - nach seinem dortigen Ausschluß - der "Gruppe Revolutionärer Marxisten" (GRM) das "Anti-Abfangjäger-Volksbegehren" gewesen. Sein Einstieg in die Bürgerinitiative Parlament Ende 1985 kam für viele überraschend. Peter Pilz etablierte sich in der Bürgerinitiative Parlament als das politische Haupt der rosagrünen Strömung und engagierte sich mit dem primären Ziel, für sich einen sicheren Mandatsplatz zu erreichen. Schon weil er im Unterschied zu Nenning noch kein sogenannter "Promi" war, mußte er dabei auch auf die Organisationsvariante setzen und akkordierte sich in dieser Hinsicht mit den *Grazern*. Seine Bastion in Wien war von Anbeginn an - ohne daß dies die AL-Linke zunächst bemerkt hätte - die Gewerkschaftliche Einheit.

Die Vereinten Grünen waren die schwächste der drei Hauptgruppierungen. Umso entschiedener vertraten sie ihre Sonderinteressen, die darauf abzielten, den grünen Einigungsprozeß als eigenständige Partei zu überstehen - wahrlich kein einfaches Unterfangen. Buchners Partei wurde durch den "BIP-VGÖ-Pakt" in die Einigungsverhandlungen gezogen, an deren Ziel - der Vereinheitlichung der grünalternativen Wahlparteien - sie kein Interesse haben konnte. Ihre Stütze im Einigungskomitee und in der Bürgerinitiative Parlament war nach dem Abrücken der restlichen Vertreter des Initiativausschusses alleine Günther Nenning. Wie er beharrten sie auf der proporzmäßigen Erstellung einer Kandidatenliste ohne Junktim mit einem wie auch immer gearteten Organisationsaufbau. Der Hainburger Kongreß sollte bloß als Wahlkampfauftakt dienen und bezüglich der Kandidatenaufstellung keine Kompetenz haben.

Als das Hainburger Einigungskomitee zusammentrat, war die *Wiener* Offensive bereits wieder im Abklingen. Zum einen machten sich innerhalb dieser Strömung zentrifugale Tendenzen bemerkbar: Die Gewerkschaftliche Einheit hatte sich Richtung Bürgerinitiative Parlament und Meissner-Blau verabschiedet, die zahlenmäßig starken Linksradikalen in der Alternativen Liste Wien ließen sich zu keinem intensiveren Engagement in der "Grünalternativen Sammlung Wien" bewegen, und schlußendlich kam es noch zur Abspaltung einer zentristischen Tendenz. Ali Gronner und Peter Stepanek verließen den linken Diskussionszusammenhang - strategisch und taktisch war hier an kein gemeinsames Vorgehen mehr zu denken. Schon länger hatte sich eine diesbezügliche Entwicklung abgezeichnet, jetzt wurde ausgesprochen, daß die Differenzen längst nicht mehr gradueller, sondern schon prinzipieller Natur waren. Diese Trennung hatte zur Folge, daß im Vorstand der GRAS Wien kein fester linker Mehrheitsblock mehr existierte. Die Profiteure der Entwicklung waren Peter Pilz und Günther Nenning, die zusehends den Minimalkonsens der GRAS-Politik vorgeben konnten. Beispielsweise gelang es im Vorstand, für Ende September eine sogenannte "offene Landesversammlung" der GRAS Wien durchzusetzen, an der also nicht nur Mitglieder partizipieren konnten, sondern auch Personen entscheidungsberechtigt waren, die sich als Interessierte deklarierten. Die Linke wertete dies als Absicht der beiden, die Wiener Nationalratskandidaten auf einer Art Jubelkongreß zu küren und den GRAS-Mitgliedern damit die autonome Verfügung über die Mandatsliste zu bestreiten.

Darüberhinaus scheiterte die Linke auch in der Ausweitung ihrer Bündnispolitik. Diese sollte sich nach den "Grünen Demokraten", der VÖGA und Leopold Kendöl auch auf Teile der "Hainburger" - Bürgerlisten-Aktivisten, die über das "Konrad-Lorenz-Volksbegehren" in den Parteibildungsprozeß gestoßen waren - erstrecken. Geplant war die Institutionalisierung sogenannter Wahlkreisverbandstreffen. Die Sammelbewegungen im Wahlkreisverband Ost - GRAS Wien, BIP- bzw. GAL Niederösterreich und die "Liste für ein anderes Burgenland" (LIAB) - sollten sich hinsichtlich ihrer gemeinsamen Politik, insbesondere bezüglich der Erstellung einer gemeinsamen Restmandatsliste, akkordieren. Zweck derartiger Absprachen wäre es vor allem gewesen, die für die BIP-Zentralisten interessante Restmandatsliste - auf denen nach deren Absicht die sogenannten "Bundesnotwendigkeiten" in einem zentralen Verfahren gereiht werden sollten - vor deren Zugriff zu schützen. Peter Pilz und Pius Strobl wandten sich folgerichtig mit Vehemenz gegen diese Option, die nach den Worten Strobls bedeutete, daß die Einigung schon geplatzt sei.[73] Doch die zögerliche Haltung der "Hainburger", ohne deren Mitziehen diese relative Abkoppelung der östlichen Bundesländer nicht verwirklicht werden konnte, verhinderte die Beschlußfassung eines entsprechenden Dokuments.

Der im Redaktionskomitee zu erarbeitende Grundsatzvertrag sollte die Grundlage für den Hainburger Einigungskongreß liefern. Der Kongreß sollte auf dieser Basis zusammentreten und hatte keine Kompetenz, den Vertrag, der von der Linken als

Gründungsdokument einer neuen Grünpartei betrachtet wurde, inhaltlich abzuändern oder aufzuheben. Es handelte sich dabei aber nicht nur um das Gründungsdokument der künftigen Grünpartei, sondern auch, und hierin lagen die Hauptschwierigkeiten, um die Regelung der Etappen bis zur endgültigen Verwirklichung der "Fusion".

Während die Bestimmungen zur künftigen demokratischen Organisation bald außer Streit standen, traten bezüglich der einzelnen dorthin führenden Etappen sofort gravierende Differenzen auf. Man kam überein, Phasen zu definieren. Bis zum Kongreßbeginn sollte die Konsensphase mit ausschließlicher Zuständigkeit des Einigungskomitees gelten. Und da sich die Vereinten Grünen gegen die "Fusion" zur neuen, auf dem Gleichheitsgrundsatz beruhenden Grünpartei zur Wehr setzten, wurde ihnen eine Übergangsphase zugestanden, die in Personalfragen durch befristetes Außerkraftsetzen dagegenstehender Statutenbestimmungen Ausnahmeregelungen ermöglichen sollte. Bezüglich der Dauer der einzelnen Phasen und dem kompletten Inkrafttreten der Fusionsbestimmungen konnte allerdings keine Einigung erzielt werden. Die Vereinten Grünen und auch Günther Nenning trachteten danach, ihnen zugute kommende Sonderrechte bis weit in die Phase der gemeinsamen Organisation hinein zu verankern. Neben der proporzmäßigen Fixierung von Mandaten und Funktionen waren sie hauptsächlich an einem Zugeständnis von Sperrminoritäten für die einzelnen Gruppierungen interessiert. In der so erzwingbaren Politik des Minimalkonsenses hätten sie die politischen Vorgaben leisten können. Die Linke begegnete diesen inakzeptablen Forderungen mit dem Anbot einer Garantie von Minderheitenrechten und Schutzbestimmungen in der gemeinsamen Organisation, insbesondere der Fraktionsfreiheit, der Erlaubnis von Mehrfachmitgliedschaften und dem Recht auf öffentliche Vertretung programmatischer Minderheitspositionen.[74]

Die Urfassung des Grundsatzvertrags wurde vorbehaltlich der Regelung mancher noch offener und essentieller Fragen am 6. Juli 1986 vom Einigungskomitee gebilligt. Nach dem Ort der Bekräftigung, dem Restaurant "Isola" am Wiener Donauturm, wurde sie im internen Jargon als "Isola-Papier" bezeichnet. Von einer verbindlichen Geltung dieses Vertragswerkes konnte aber so lange nicht gesprochen werden, als nicht auch die einzelnen "Bündnispartner" die Vorlage für sich anerkannt hatten. So fehlte es insbesonders an der Unterfertigung eines Beschlußdokuments durch autorisierte Vertreter der einzelnen Gruppierungen. Es herrschte ja über den Charakter des Vertrags selbst Dissens. Während ihn Nenning und die Vereinten Grünen bereits als Satzung der neuen Partei betrachteten, stellte er für die *Wiener* nur die Grundlage eines erst zu beschließenden Statuts dar.

Der im Juli ausgeklammerte Dissens, welcher erst im Herbst entsprechende Regelungen erfahren sollte, umfaßte wesentliche Verhandlungspunkte. Ungeregelt blieb schon die Frage der Kandidatenfindung. Die Positionen schwankten hier zwischen dem Beharren der *Wiener* auf Länderautonomie, wonach die Erstellung der Wahlkreislisten ausschließlich Sache der entsprechenden Landesorganisationen zu sein hatte, den Proporzmodellen der Vereinten Grünen, die die Kandidatenaufstellung gemäß der Plattform-Vereinbarung mit der Bürgerinitiative Parlament als Angelegenheit der einzelnen Bündnispartner betrachteten, und insbesondere in der Bürgerinitiative Parlament beheimateten Versuchen, Länderautonomie und zentrale Listenverschränkung zu koppeln. Peter Pilz etwa wollte den Landesorganisationen nur die Verfügung über die Grundmandatslisten zubilligen, während die Restmandatslisten der beiden Wahlkreisverbände zentral auszuhandeln wären.[75] So sollten sichere Listenplätze für die sogenannten "Bundesnotwendigkeiten" geschaffen werden - Kandidaten, die als unverzichtbar für die vorderen Listenplätze erachtet wurden -, deren demokratische Wahl in Landesversammlungen fraglich gewesen wäre. Daß Pilz in Wien bei der Konkurrenz Günther Nennings und der Dominanz der Alternativen Liste Wien auf einen wählbaren Listenplatz gereiht worden wäre, war ebenso unwahrscheinlich, wie eine ausschließlich durch die betreffenden Landesversammlungen vereinbarte Plazierung Wolfgang Pelikans auf der Restmandatsliste des Wahlkreisverbands Ost nicht definitiv zu garantieren war. Pelikans Mandatsplatz war aber, wenngleich nicht immer in dieser Deutlichkeit ausgesprochen, für die Vereinten Grünen eine Conditio sine qua non der Verhandlungen. Konsens im Einigungskomitee war also, daß die gesamtösterreichische Liste der Zustimmung der Bündnispartner und der betroffenen Landesorganisationen bedürfe.[76]

Hinsichtlich der Kandidatenaufstellung selbst aber war der betreffende Vertragspassus höchst unklar. Festgehalten wurde bloß, daß die Wahl der Kandidaten auf Landesebene zu erfolgen habe. Das konnte bedeuten in einer Landesversammlung der gemeinsamen Organisation oder aber auch durch eigenständige Nominierung seitens der "Bündnispartner" bei nachfolgender Listenverschränkung, etwa im HEK. Die Vereinten Grünen wollten sich so ihren Proporzteil sichern. Konsens war zuletzt auch, daß die Restmandatslisten unter Einwilligung der betreffenden Länder und Bündnispartner durch das Einigungskomitee erstellt werden sollten.[77]

Bezüglich der Mandatare übernahm die Vorlage den analogen, in sich widersprüchlichen Passus aus dem GRAS-Wien-Statut: *"Mandatare sind ihrem Gewissen, ihren Wählern und den Grundsätzen der Bewegung verpflichtet. Sie unterliegen keinem Klubzwang. Sie sind ans Programm sowie an Beschlüsse gebunden, die vom Bundeskongreß gefaßt werden und Anträge betreffen, die allen Mitgliedern vorgängig bekanntgegeben werden."*[78] Praktisch bedeutete dieser Kompromiß, daß die Linke die von ihr gewünschte demokratische Parteiorganisation erhielt, aber um den Preis der Freiheit der Mandatare. Denn über den Charakter der Fusionspartei konnte rascher Konsens vor allem deshalb erzielt werden, da die Vereinten Grünen ohnehin nicht daran dachten, der in Aussicht gestellten Vereinigung jemals zuzustimmen. Und die Sorgen der Bürgerinitiative Parlament galten hauptsächlich der Kandidatenliste und nicht so sehr der Organisation.

Höchstes Organ der neuen Partei war der Bundeskongreß. Er setzte sich aus 183 Delegierten zusammen, die nach einem gewichteten Schlüssel von den in ihrem Bereich autonomen Landesorganisationen beschickt werden sollten. Der Bundeskongreß wählte einen mit 15 bis 20 Mitgliedern relativ breit besetzten Bundesausschuß als geschäftsführendes Gremium. Anders als der Bundeskoordinationsausschuß der ALÖ handelte es sich dabei um kein Ländergremium auf Bundesebene. Es diente eher zum Ausgleich von Strömungsinteressen bei Gremienbesetzungen. Teil des Bundesausschusses und diesem verantwortlich war der Bundesvorstand, dem die Vertretung nach außen oblag.[79] Die Fixierung der Einzelmitgliedschaft wurde allerdings erst im September 1986 erreicht.

Untrügliches Indiz, daß die Vereinten Grünen niemals zu einer praktischen Fusion schreiten würden, war ihre Weigerung, Bestimmungen betreffend die künftigen Landesorganisationen der Bundespartei gutzuheißen. Es mußte somit der Fall eintreten, daß auf Bundesebene die Einigung vor dem Wahltermin vollzogen war, während man auf Länderebene paradoxerweise hinter dieser Entwicklung zurückblieb. Tatsächlich weigerten sich die Vereinten Grünen nach den Nationalratswahlen, gemeinsame Landesorganisationen mit den übrigen Vertragspartnern zu gründen. Deren Status und Bildung konnte so zwar in Vertragszusätzen Ende September einer Regelung zugeführt werden, die aber mangels Zustimmung der VGÖ nicht in die Praxis umgesetzt werden konnte. Da jedoch der Bundeskongreß der grünen Partei von Delegierten der Landesorganisationen beschickt werden mußte, entstand auf seiten der Bundespartei entsprechender Handlungsbedarf. Die Konstituierung von Landesorganisationen wurde daher nach den Nationalratswahlen ganz einfach gegen den Widerstand der Vereinten Grünen vollzogen.

Insgesamt waren die Verhandlungen im Hainburger Einigungskomitee und im Redaktionskomitee gekennzeichnet durch ein fortwährendes Ausagieren und Austaktieren der eigenen Standpunkte. Die Formulierungen, die schließlich formal alle befriedigen sollten, waren in sich äußerst widersprüchlich und konnten auch dementsprechend ausgelegt werden. Jeder konnte sich auf seine entsprechende Passage berufen. Günther Nenning war unumschränkter Meister dieser Methode, die es allen recht machen wollte und alle gegeneinander ausspielte. Der mühsam erstellte Grundsatzvertrag war aber letztlich nicht das Papier wert, auf dem er geschrieben stand. Die neuen Macher in der Grünen Alternative haben ihn dann ganz folgerichtig zerschlagen, nicht weil sie unbedingt wollten, nein: weil sie einfach mußten.

Unter den Vereinten Grünen begann es unmittelbar nach Billigung der "Isola"-Vorlage zu rumoren. Aus der Sicht der meisten VGÖ-Funktionäre war Wolfgang Pelikan ein zu weicher Verhandler gewesen. Mit der Einwilligung in die gemeinsame Organisation waren die Vereinten Grünen unter Legitimationsdruck gekommen. Gegen die Fusion konnten sie nun nicht mehr prinzipiell argumentieren, sie konnten allenfalls versuchen, sie hinauszuzögern. Die Vereinten Grünen hatten in den Vertragsverhandlungen einzig und allein eine einmalige (informelle) Mandatsgarantie für Josef Buchner, Wolfgang Pelikan und Herbert Fux erreicht. Bezeichnenderweise wurde die "Isola"-Fassung von Josef Buchner nicht mitgetragen, und noch im Juli forderten die Vereinten Grünen offen die Revision des Vertragspapiers.

Freilich mußten diese Versuche letztendlich aussichtslos bleiben, denn nicht nur die *Wiener*, sondern auch die *Grazer* im Bunde mit den "Rosagrünen" wollten der konservativen Kaderpartei das Lebenslicht ausblasen. Nur Günther Nenning hielt eisern zu Buchners schwindender Truppe. Das Ende der strukturkonservativen Vereinten Grünen als politisch relevanter Faktor war ohnehin besiegelt, ob diese nun an den Einigungsverhandlungen teilnahmen oder ihnen fernblieben. Für die Parteispitze galt es nur, ein Maximum an Mandatsplätzen herauszuschlagen. Mehr als drei sichere Listenplätze mochte man den VGÖ allerdings nicht zugestehen.

In der Sommerpause, als das Einigungskomitee nicht tagte, gingen die "Rosagrünen" in die Offensive. Der Initiativausschuß der Bürgerinitiative Parlament begann de facto anstelle des HEK zu agieren. Den Vereinten Grünen stellte er unmißverständlich seine Position entgegen: "*Vertrag wird nicht aufgemacht.*"[80] Daß die "Rosagrünen" im Einigungsprozeß nunmehr das Heft in die Hand nahmen, bedeutete gleichzeitig, daß sie gegenüber der Linken zum Frontalangriff bliesen. Erich Kitzmüller, der *Gföhler* Meissner-Blau-Intimus konnte seine "*Strategie des 3. Faktors*" hier fortsetzen.

Im September 1986 präsentierte er ein internes Papier "*Grüne Alternative im Parlament*" *(GAP)*".[81] Die hier vorgeschlagene Strategie des politischen Kopfes des "Gföhler Kreises" wäre nicht einmal bei den Steirern durchsetzungsfähig gewesen. Kitzmüller hatte sich seit seinem Rückzug aus der ALÖ-Politik weit von *Grazer* Positionen entfernt und konnte hier auf keine tragfähige Stütze rechnen. Ganz auf Freda Meissner-Blau zugeschnitten, war sein Modell nur über das später tatsächlich erpreßte Oktroi durchsetzbar. Erich Kitzmüller wandte sich mit Vehemenz gegen den bislang eingeschlagenen Weg zur grünen Einigung. Das Einigungskomitee war für ihn kaum mehr als ein illegitimes Gremium: "*Wir lassen daher nicht zu, daß GAP zum Spielfeld für organisatorische Mätzchen von Regionalcliquen, von proporzlüsternen 'Baronen der 3%', wie es Johann Voggenhuber genannt hat, wird.*"[82] Im Kandidaturprojekt dürften Proporzkomitees - gemeint das HEK - und regionale Aktivistenversammlungen nicht das letzte Wort haben: "*Abhilfe dürfen wir uns, wie es scheint, nicht von Proporzkomitees erwarten (auch wenn sie 'Einigungskomitee' heißen),*"[83] meinte Kitzmüller mit zynischem Unterton. Auch Nennings Jubelkongreß lehnte er wegen eines fragwürdigen Übergewichts von "*Kongreßtouristen*" ab - womit als unausgesprochene Alternative wohl die prinzipielle Verfügbarkeit der Kandidatenliste für eine einzelne oder wenige selektive Personen selbst verblieb. In einem Begleitschreiben zum GAP-Text schlugen Kitzmüller und seine Freunde ganz folgerichtig *"eine Kandidatur der gleichen Art vor, wie wir sie in der Bundespräsidentenwahl vertreten haben, und wir schlagen Freda Meissner-Blau als erstgereihte Kandidatin für den Nationalrat vor."*[84]

Die Kandidatenliste sollte österreichweit, d.h. in allen Wahlkreisen und den Wahlkreisverbandslisten einheitlich sein. Das von Kitzmüller erstellte Kandidatenprofil sah Glaubwürdigkeit, Sachkompetenz und die Fähigkeit zur Zusammenarbeit vor; in der künftigen Parlamentsriege sollten sich mindestens zwei Ökologen, zwei Ökonomen und zwei Juristen befinden - womit klar war, daß ein Gutteil der künftigen Mandatare nicht aus dem aktiven grünalternativen Politikreservoir stammen sollte. Die Kandidatur sollte auf Basis eines *"Minimalstatuts"* erfolgen, die Kandidatenlese nach einem dreistufigen Modus stattfinden. Zunächst gäbe es verschiedenste Vorgespräche, danach erfolge die Reihung ebenso wie die Erstellung von Programm und Statut durch die vorgeschlagenen Kandidaten selbst, schlußendlich partizipierten die Parteimitglieder via Urabstimmung an der Kreation der Parlamentsliste - *"die Mitglieder nehmen durch Urabstimmung an der Reihung der Kandidaten (mit Möglichkeit von Streichungen oder Hinzufügungen) und an der Festlegung von Programmen teil"*,[85] hieß es kryptisch. Erich Kitzmüller, noch sichtlich von alten ALÖ-Versammlungen traumatisiert, wollte einem eigenständigen Organisationsleben der neuen Grünpartei, wozu gerade auch kompetente Mitgliederversammlungen gehörten, nach Tunlichkeit aus dem Weg gehen. Durch Vorselektion der Kandidaten, Reihungsvorschlag der Kandidaten selbst und Urabstimmung sollte ein dreifacher Filter geschaffen werden, um sichergehen zu können, daß Listen in genehmer personeller Zusammensetzung zustandekämen. Die Verfügungsgewalt der Organisation und damit der aktiven Mitglieder über die Kandidatenaufstellung war damit in empfindlicher Weise beeinträchtigt. Später hat dann ja auch Freda Meissner-Blau in etwas radikalisierterer Weise das Konzept ihres Vertrauten aus der Steiermark umgesetzt. Wer Erich Kitzmüllers Papier zu lesen bekam, konnte ahnen oder wissen, daß hier die endgültige Liquidierung der *Wiener* Linken gefordert und vorbereitet wurde.

Kitzmüllers Vorschlag war mit der konsensual festgelegten Vorgangsweise in der "grünen Einigung" prinzipiell nicht vereinbar. Damit wurde ein diametral entgegengesetztes Modell propagiert, das der "grünen Einigung" nur aufgezwungen werden konnte. Niemand außer den *Gföhlern* und den rosagrünen Hardlinern hätte sich dafür verwenden wollen. Daß es später in modifizierter Form doch zur Anwendung gelangen sollte, hatte hauptsächlich zwei Gründe. Extern war das die Bekanntgabe der Vorverlegung der Nationalratswahlen vom Frühjahr 1987 auf den November 1986. Damit entstand im grünen Lager enormer Zeitdruck, die Einigung rechtzeitig zustandezubringen. Intern waren das die zermürbenden und enervierenden Erfahrungen mit dem Hainburger Einigungskomitee. Als Konsensgremium zwang es zu elend langwierigen Verhandlungen und stellte an die Formulierungs- und Interpretationskünste der Akteure die höchsten Anforderungen. Ergebnis solcher Gesprächsrunden war dann nicht selten ein Konsens, der von den einzelnen Gruppierungen vollkommen unterschiedlich ausgelegt werden konnte. Die kryptischen oder in sich widersprüchlichen Formulierungen des Grundsatzvertrags mochten das deutlich veranschaulichen.

Viele der Beteiligten behielten das Einigungskomitee derart in schlechter Erinnerung. Andreas Wabl assoziierte etwa: "*HEK. HEK eins, HEK zwei, HEK drei, HEK vier, wo dann die Heckenschützen drin gesessen sind.*"[86] Und auch Pius Strobl scheint heute noch massivst HEK-geschädigt zu sein: "*Furchtbar, furchtbar. Nie mehr werde ich in meinem Leben in einem Komitee mitverhandeln, wo Einstimmigkeit gefordert ist. Katastrophal (...) ich weiß nicht, wieviele Nächte meines Lebens mir das gekostet hat, irgendwo auf Einstimmigkeit hin zu verhandeln, das ist ja unglaublich. Das werde ich nie mehr machen.*"[87] Mit dieser Verfahrensweise - "*damals war das vielleicht notwendig, denn sonst wären die Leute nicht miteinander an einem Tisch gesessen*"[88] - konnten nur schrittweise Fortschritte erzielt werden. Es war klar, daß eine Dynamisierung der Entwicklungen auch das formell demokratische Procedere des HEK nicht unberührt lassen konnte. Dazu kam noch die spezifische zentrale Rolle Günther Nennings, der sich nicht scheute, mit allen Beteiligten jeweils unterschiedliche Pakte einzugehen, Zusagen zu machen, als Konsens zu verkaufen, was niemals Konsens sein konnte. "*So im Zweistundentakt hat der Nenning Hof gehalten und da sind immer Leute gekommen, mit denen er eine Vereinbarung getroffen hat*"[89] - welche den vorhergegangenen und folgenden seiner Abmachungen nicht selten genau widersprach. Nenning gelang es so zum einen, integrativ zu wirken und dafür zu sorgen, daß Gespräche und Verhandlungen überhaupt weitergeführt wurden, andererseits legten gerade seine falschen oder halbwahren Versprechungen, Mißinterpretationen und taktischen Finten den Grundstein für immer neue Zerwürfnisse und Anfeindungen unter den Verhandlungspartnern. "*Viele Stunden und Tage meines Lebens hat mir das gekostet, in Reparaturversuchen der Nenningschen Vereinbarungen unterwegs zu sein*",[90] erinnert sich mit Schaudern Pius Strobl. Für Kitzmüllers autoritäre Gangart sprachen so nicht nur der Zeitdruck, sondern auch die immanenten Schwierigkeiten der Vorgangsweise im Einigungskomitee.

Meissner-Blau selbst war wohl schon lange vor den Präsidentschaftswahlen bei den *Gföhlern* und in BIP-Kreisen als Spitzenkandidatin vorgesehen. Auch der Trommler Nenning wiederholte seit der Bundespräsidentschaftswahl mit Inbrunst und "*mit Hartnäckigkeit*" seine Bitte: "*stehe der Grünkraft, sobald sie endgültig vereint ist, als Kandidatin zur Verfügung.*"[91] Im August 1986 wurden seine Wünsche erfüllt. Ganz im Sinne von Kitzmüllers Niederschrift erklärte sich Meissner-Blau bereit, die Verantwortung auf ihre Schultern zu nehmen, forderte aber fixe Listenplätze für "Bundesnotwendigkeiten", etwa zwei Juristen, deren Namen sie vorerst nicht bekanntgeben wollte. Die Grünen und Alternativen sollten eine Blanko-Garantie für Fredas Geheimkandidaten geben. Später sickerte durch, daß es sich bei den zwei Juristen um den Staatsanwalt Walter Geyer und den ehemaligen Herausgeber der linkssozialdemokratischen Zeitschrift "Tribüne", Manfred Matzka, handelte. Matzka, der an einigen diesbezüglichen Gesprächen teilgenommen hatte, winkte schließlich ab, Geyer nahm an.

Die *Wiener* Linke hatte keine Ahnung, wie prinzipiell der Eliminierungsplan der "Rosagrünen" letztendlich wirklich war. Doch spätestens seit sich Peter Pilz klar werden mußte, daß die Linke für seine Politik nicht instrumentalisierbar war, stellte er eine fixe Größe in ihrer strategischen Planung dar, auch und vor allem weil Erich Kitzmüller, der Meissner-Blau-Intimus, seit Jahren der *Wiener* Linken unversöhnlich gegenüberstand. Dabei hielten die "Rosagrünen" mit ihrer Meinung oft auch gar nicht hinter dem Berg. Werner Vogt erklärte beispielsweise: *"Einigung heißt für mich, daß nicht unbedingt jeder dabeisein muß, Einigung kann auch Ausgrenzung heißen."*[92] Insgesamt wurden solche Äußerungen seitens der Linken aber eher als Theaterdonner angesehen. Auch rechnete man bei der *Wiener* Linken nicht wirklich damit, daß wesentliche Repräsentanten der *Grazer* ebenfalls eine endgültige Klärung des "Wiener Problems" herbeiführen wollten. *"Für uns war der Bruch viel früher klar. Und wir wollten eigentlich viel, viel früher diese Abgrenzung und Ausgrenzung haben"*,[93] konnte Doris Pollet-Kammerlander nachträglich einbekennen. Erst als auch Günther Nenning in dieser Hinsicht zusehends kryptischer wurde, begannen bei den *Wienern* die Alarmglocken zu läuten. Der Linken war ein internes Schreiben Nennings an die Vereinten Grünen zugespielt worden, worin er sich für deren rechtzeitige Ausgrenzung - in seiner Diktion sprach er von den sogenannten *"bösen AL-ern"* - verwandte.[94] An Brisanz gewann die Situation, als nach dem "Haider-Parteitag" die für das Frühjahr 1987 geplanten Nationalratswahlen auf November 1986 vorverlegt wurden. Der rechtspopulistische FPÖ-Politiker hatte am 13. September 1986 den liberalen Vizekanzler Norbert Steger als Parteivorsitzenden abgelöst, worauf die rot-blaue Koalition zerbrach. Nenning wie auch Meissner-Blau erklärten, daß nun der Weg abgekürzt werden müsse. Das Hainburger Konzept wurde de facto für gegenstandslos erklärt, der Initiativausschuß der Bürgerinitiative Parlament sagte eigenmächtig - *"auf dringenden Wunsch der Steirer (befürchten Rückwirkungen auf ihren Wahlkampf, wenn Streit im HEK)"*,[95] wie es hieß - die für den 14. September terminisierte Sitzung des Einigungskomitees ab und beschloß selbst anstelle des Einigungskomitees das weitere Procedere. Zu den offenen Fragen des Grundsatzvertrags wurde mit Blickrichtung VGÖ festgehalten, daß die gemeinsame Organisation mit dem ersten (Hainburger) Bundeskongreß ins Leben treten müsse, gegenüber der Linken wurden inhaltliche Abgrenzungen vorgenommen, die bislang durch deren Veto aus dem Vertragswerk ausgeschlossen gewesen waren (Bekenntnis zu den leitenden Grundsätzen der Bundesverfassung und zur Gewaltfreiheit sowie eine Totalitarismusbestimmung mit der Ablehnung *"totalitärkommunistischen"* Gedankenguts).[96] Außerdem wurden, ebenfalls mit Blickrichtung VGÖ, die Kriterien zur Anerkennung der Landesorganisationen fixiert. Sie sollten durch den Bundeskongreß mit 2/3-Mehrheit anerkannt werden und notfalls spätestens vor der übernächsten Nationalratswahl durch die Bundespartei selbst konstituiert werden können.[97]

Nennings Marschroute stand im "Profil" zu lesen: Es sollte ein Jubelparteitag, kein Parteigründungskongreß werden. Grüne, alternative und Bürgerlistenmandatare aus den Kommunalparlamenten sollten aufmarschieren[98] und die Promi-Riege küren. Günther Nenning hatte zwar immer auch über den Aufbau der Partei verhandelt, war aber nie wirklich von seiner Vorstellung abgegangen, daß keine Partei, sondern eine "Liste der Vernunft" die, wie er in blumigem Stil meinte, "*1001 Bürgerinitiativen des Landes*" parlamentarisch vertreten solle. Daß schlußendlich doch eine Partei entstand, setzten Meissner-Blau, Pilz und Strobl gegen die Intentionen Nennings durch.

Günther Nenning und Josef Buchner erklärten Mitte September 1986 im ORF, "*daß wir uns jetzt nicht mehr mit Kleinigkeiten aufhalten dürfen und daß der grüne Vogel einige bunte Federn verlieren wird.*"[99] Und Meissner-Blau meinte noch deutlicher: "*Die ausgefransten Ränder werden wegfallen, wir werden auf totale Harmonisierung verzichten und dafür an Professionalität gewinnen müssen.*"[100] Mitte September wurde so das offizielle Halali zur Linkenhatz geblasen. Während aber Nenning und die Vereinten Grünen an einer Unterwerfung ohne Wenn und Aber interessiert waren, traten Freda Meissner-Blau, Paul Blau, Werner Vogt, Erich Kitzmüller und Peter Pilz für eine prinzipielle Säuberung der *Wiener* Linken ein. Für die Vereinten Grünen hatten sie immerhin ein taktisches Gnadenbrot vorgesehen. Buchner und Pelikan erhielten die informelle einmalige Mandatsgarantie, mußten sich aber ansonsten unterordnen. Mit diesen rasanten Entwicklungen verkam der "Isola"-Vertrag zur bloßen Makulatur, fix beschlossen waren das Diktat der Kandidatenliste, der Jubelparteitag, Primat der Fraktion vor der Partei, ohne daß an Widerstand zu denken gewesen wäre.

Peter Pilz präsentierte diese Überlegungen auf einem informellen Treffen am 20. September und forderte die Unterwerfung. Die Linke stand mit dem Rücken zur Wand und mußte erkennen, daß sie hier nichts mehr zu melden hatte. Die Entschiedenheit, mit der die "Rosagrünen" die Zügel in die Hand nahmen, wirkte auf ihre Kontrahenten allenfalls lähmend. Als Vertreter der Linken, aber auch Leopold Kendöl oder Günter Ofner am Vorabend der steirischen Landtagswahl in einem politisch unklugen Verzweiflungsakt unter der Schlagzeile "*Grüne Einigung geplatzt?*"[101] eine Presseaussendung über den Fernschreiber jagten, war das für Peter Pilz endlich der Vorwand, in den diversen Gremien offen die Eliminierung der *Wiener* zu fordern - obwohl die Linke mittlerweile bereit war, sich im Kandidaturprojekt nahezu restlos unterzuordnen. Überlegungen zu einer linken Eigenkandidatur waren in diesen Tagen angestellt, aber fast einhellig wieder beiseite geschoben worden. Noch sollte Pilz scheitern, unter anderem deshalb, weil jetzt ausgerechnet die linken Verhandler im Einigungskomitee und im Redaktionskomitee die Plattform anboten.

Außerdem ließ sich Günther Nenning das Fortführen der Gespräche von Peter Pilz nicht untersagen,[102] auch wenn selbst seiner Meinung nach die Entwicklungen für die Plattform zu weit fortgeschritten waren. Zu guter Letzt scheiterte dann im Einigungskomitee vom 27. September 1986 in Salzburg Pilz' Versuch, die Linke auf demokratische Weise zu eliminieren. Pilz mußte eine dazu gedachte Unterschriftenliste mangels ausreichender Zeichnungsbereitschaft der Anwesenden wieder zurückziehen.[103] Aber auch ohne solch drastische Konsequenzen hatte die Linke in den Verhandlungen keinerlei Spielraum.

Auf dem besagten informellen Wiener Westbahnhoftreffen vom 20. September präsentierte Peter Pilz der überraschten und verblüfften Öffentlichkeit die teils zuvor schon im Initiativausschuß der Bürgerinitiative Parlament durchgebrachten Beschlüsse der "Rosagrünen". In einer aufgezwungenen Resolution[104] wurde die weitere Vorgangsweise dermaßen präjudiziert, daß durchaus von einem politischen "Putsch" der "Rosagrünen" gesprochen werden konnte, wenngleich die hier gefaßten Beschlüsse formell als "*Empfehlungen zu Handen des Hainburger Einigungskomitees*" bezeichnet wurden.[105] Ab sofort sollte danach gelten: "*Kommt ein Konsens nicht zustande, wird über dieselbe Materie mit Zweidrittelmehrheit entschieden.*" Sodann wurde all das durchgesetzt, was die Linke oder die Vereinten Grünen bislang erfolgreich mit ihrem Veto beeinsprucht hatten: inhaltlich das Bekenntnis zu den leitenden Grundsätzen der Bundesverfassung, zur Gewaltfreiheit sowie eine Totalitarismusbestimmung analog den jüngsten Beschlüssen im Initiativausschuß. Weitaus gravierender: Die kandidierende Liste wurde mit dem Namen "Die Grüne Alternative - Liste Freda Meissner-Blau" dem politischen Gutdünken der oktroyierten Spitzenkandidatin ausgeliefert. Zum Zustellungsbevollmächtigten und Wahlkampfkoordinator wurde Pius Strobl ernannt, der schon die administrative Leitung ihrer Präsidentschaftskandidatur innegehabt hatte und im Einigungskomitee für diese entscheidenden Funktionen niemals Konsens gefunden hätte. Meissner-Blau selbst wurde in allen Wahlkreisen als Spitzenkandidatin aufgestellt. Die gesamtösterreichische Liste sollte das Hainburger Einigungskomitee aufgrund der Ergebnisse in den Ländern (Wahl oder Nominierung durch die Partner) erstellen. Damit hatte die Zustimmung der Partner im Rahmen des HEK und nicht unmittelbar in deren eigenen Gremien durch die jeweiligen Parteimitglieder zu erfolgen. Der Hainburger Einigungskongreß sollte "*als Höhepunkt des Wahlkampfes gestaltet werden*", das hieß als "Jubelkongreß". Der Gleichheitsgrundsatz in der Organisation wurde durchbrochen, weil auf den Bundeskongressen der Partei außer Delegierten auch die Mitglieder der einzelnen Landesvorstände, des Bundesvorstands und Bundesausschusses sowie generell Gemeinderäte von grünen, alternativen und Bürgerlisten, Landtagsabgeordnete und der grüne Klub im Parlament stimmberechtigt sein sollten. Zur Umsetzung der Beschlüsse konstituierte die informelle und somit statutarisch nicht legitimierte Zusammenkunft eine provisorische Koordinationsgruppe (KOG), wie sie der eben bislang noch nicht verbindlich unterzeichnete Grundsatzvertrag vorsah. Sie setzte sich aus Elisabeth Gehlhausen (Meissner-Wahlbewegung), Werner Haslauer (ALÖ), Eva Hauk/Werner Moidl (VGÖ), Toni Kofler (BIP), Günther Nenning (BIP) und Peter Pilz (BIP) zusammen.[106]

Unter dem faktischen Zwang dieser "Vereinbarungen" fand das Redaktionskomitee vom 22. September in den noch offenen Fragen Konsens, schon allein deshalb, weil die Linke kapituliert hatte und ihrerseits nur mehr danach trachtete, wenigstens ein Wiener Grundmandat zu besetzen. Die Auseinandersetzung über die Organisationsfrage wurde praktisch auf einen Zeitpunkt nach den Wahlen aufgeschoben. So beschloß das Redaktionskomitee, am Hainburger Einigungskongreß den Beschluß der Statuten für die neue Partei auszusetzen. Uneingeschränkt wurde vor der Kandidaturvariante kapituliert. Keine befriedigende Regelung erfuhr weiterhin die Frage der Landesorganisationen und somit der regulären Kandidatenfindung. Die Vereinten Grünen konnten sich hier gerade deswegen beharrlich zeigen, weil die rosagrünen Zentristen wegen des Konfrontationskurses gegen links aktuell keine Flanke auf der Rechten eröffnen wollten. Position der Bürgerinitiative Parlament wäre es gewesen, bei Unmöglichkeit eines Konsenses auf Landesebene Landesorganisationen durch zentrale Intervention seitens des HEK zu installieren.[107] Hinsichtlich der Vereinten Grünen stand und fiel der politische Schacher, aus der auch ihre spätere passive Haltung bei der Liquidierung der *Wiener* Linken resultierte, mit der informellen Garantie für ein Drittel der wählbaren Listenplätze.

Die wichtigste Etappe der Inthronisierung Meissner-Blaus und der Besetzung der Schlüsselstellen durch die "Rosagrünen" war damit abgeschlossen. In ihren nächsten Schritten ging es um die endgültige, jetzt notwendigerweise undemokratische Eliminierung der Linken. Innerhalb der mit der Einigung befaßten Gremien war allgemein anerkannt, obwohl formell nie beschlossen, daß Meissner-Blau auf sämtlichen Wahlkreislisten als Spitzenkandidatin geführt werden sollte. De facto sollte sie das sicher erwartete niederösterreichische Grundmandat annehmen und zu dessen Absicherung zusätzlich auf der Reststimmenliste des Wahlkreisverbandes Ost an erster Stelle nominiert werden. Um Meissner-Blaus Kandidatur den Schein einer demokratischen Legitimation zu geben, empfahlen ihre Berater, sie solle sich auf der niederösterreichischen Landesversammlung der GAL-NÖ einer Wahl stellen. Dazu mußten aber Vorbereitungen getroffen werden, da ja die Linke neben Wien gerade in Niederösterreich stark verankert war, eine Wahl Meissner-Blaus somit keine selbstverständliche, ja unter Umständen sogar unwahrscheinliche Angelegenheit gewesen wäre. Es gelang tatsächlich, die linke Mehrheit im Vorstand der niederösterreichischen Sammelbewegung GAL-NÖ zu brechen, indem bereits zurückgetretene Vorstandsmitglieder wieder aufgeboten wurden und der "Hainburger" Flügel zum Mittragen dieser neuen Linie bewegt werden konnte. Ort und Zeitpunkt der Landesversammlung, die bereits beschlossen waren, wurden verlegt und verschoben, sodann ihre "Öffnung" beschlossen. Hätten nur die bisherigen Parteimitglieder an der Wahl teilgenommen, wäre Meissner-Blau chancenlos gewesen. So praktizierte der Meissner-Block noch am Tag der Versammlung vor Ort die Aufnahme neuer, eigens zum Zwecke der Meissner-Wahl mobilisierter "Mitglieder". Die Neunkirchner "Grünalternative Bürgerliste" Martin Fasans brachte Meissner-Blaus Sympathisanten aus dem Industrieviertel in einem eigens gecharterten Autobus zum Versammlungsort, wo sie sich als Mitglieder der "Grünalternativen Niederösterreichs" einschreiben ließen, um an der Kür der Spitzenkandidatin mitzuwirken. Die "Autobusdemokratie" des "Neunkirchner Busses" sollte in grünalternativen Kreisen bald zu einem geflügelten Wort für das Demokratieverständnis der Rosagrünen und ihrer Parteigänger werden. Nur unter diesen Rahmenbedingungen wurde Freda Meissner-Blau, freilich knapp, gegen den von der Linken unterstützten Leopold Kendöl auf den ersten Mandatsplatz gewählt. Die einmalige Mobilisierung von Grünsympathisanten, von denen die meisten in die grüne Einigung kaum oder gar nicht involviert waren, bewirkte einen Vormittag lang eine ausschlaggebende Veränderung der Mehrheitsverhältnisse in der niederösterreichischen Sammelbewegung. Dies allerdings bei der entscheidenden Versammlung. Als der Neunkirchner Bus nach getaner Arbeit wieder abfuhr, stellten sich bei der Wahl der hinteren Listenplätze denn auch prompt die bisherigen Mehrheitsverhältnisse ein.[108]

Das niederösterreichische Verfahren sollte in Wien wiederholt werden, um, wie man wähnte, weitere Präferenzkandidaten der "Rosagrünen", insbesondere Peter Pilz, auf die Spitzenplätze zu hieven. Doch die Wiener Landesversammlung am legendären "vierten Oktober" brachte für Freda Meissner-Blau und Peter Pilz eine schmerzhafte Niederlage. Einstimmig hatte der Vorstand der GRAS-Wien eine Empfehlung ausgegeben, Meissner-Blau wie in allen übrigen Wahlkreisen auch als nominelle Listenführerin zu akklamieren.[109] Als Meissner-Blau aber am 4. Oktober völlig unerwartet auch zur Wahl um das erste Wiener Grundmandat antreten wollte, war das nur noch als geplanter Affront zu deuten. Sie erklärte den verdutzten Versammlungsteilnehmern: *"Ich brauche keine Absicherung auf den Reststimmenlisten, ich brauche diese Absicherung nicht. Es ist möglich, daß es in NÖ ein Grundmandat gibt, es ist auch möglich, daß es keines gibt, das ist unsicher. Es wird ganz sicher in Wien Grundmandate geben ... Entweder habe ich das erste Grundmandat, dann wird die Liste Freda Meissner-Blau heißen, oder ich trete in Wien als Tarnkappenliste auf, das mache ich auf keinen Fall (...)."*[110]

Meissner-Blau unterlag der linksalternativen *Wiener* Kandidatin Andrea Komlosy in demokratischer Wahl deutlich mit 155 gegen 222 Stimmen. Das Kalkül der "Rosagrünen", die auch in Wien die sogenannte "offene Landesversammlung" - am Kongreßeingang konnte die Stimmberechtigung um dreißig Schilling käuflich erworben werden - gegen den Willen der Linken durchgesetzt hatten, war nicht aufgegangen. Man dachte wohl, durch die Mobilisierung entsprechend vieler Leute die Linke so wie in Niederösterreich gewissermaßen "demokratisch" zu entmachten, hatte aber die Stärke der *Wiener* in der Bundeshauptstadt gründlich unterschätzt. Dabei hatte die Bürgerinitiative Parlament massiv zur Versammlung eingeladen. Zweihundertfünfzig offiziellen Einladungen der GRAS an ihre Mitglieder und achthundert der VGÖ an ihr grünes Umfeld standen alleine fünftausend Aussendungen seitens der BIP gegenüber.[111]

Vermutlich aufrecht echauffiert, nun doch wahrhaftig nicht gewählt worden zu sein, erlitt die verschmähte Kandidatin einen Schwächeanfall und wurde zur Beobachtung ins Spital eingeliefert. Anträgen auf Unterbrechung oder Abbruch der Sitzung, wie sie von den "Rosagrünen" gestellt wurden, war kein Erfolg beschieden. Die Mehrheit der Anwesenden wandte sich dagegen, weil sie einen geschlossenen Auszug der "Rosagrünen" befürchteten. Als aber Peter Pilz - der selbst an der Versammlung nicht mehr teilnahm - in der Wahl um das zweite sichere Grundmandat unterlag und gar erst weit abgeschlagen auf Platz acht landete, war klar, daß die "Rosagrünen" die Versammlung niemals anerkennen würden. Nur eine Wahl, die die Kandidaten der Linken von sicheren Mandatsplätzen ferngehalten hätte, wäre ihnen legitim erschienen. Tags darauf bekräftigte ein Telex von Meissner-Blau prompt diese Einschätzung: "*In der gestrigen Landesversammlung der GRAS Wien kam es zum Bruch zwischen geeinigten Grünparteien und Wiener extremistischen Strömungen. Ein durch K-Gruppen initiierter Putsch wurde durchgeführt, durch den ich zu einer Scheinkandidatur zwecks Erlangung möglichst vieler Wiener Stimmen gezwungen werden sollte. Ich distanziere mich von dieser Art politischer Unaufrichtigkeit. Die nur von dieser Gruppe nominierten Kandidaten und Kandidatinnen sind für Österreich nicht zumutbar und daher auch nicht Teil der Liste Freda Meissner-Blau.*"[112]

Die unterschiedlichen Legitimationsversuche des "vierten Oktober" verdeutlichten eindrucksvoll, daß der argumentative Grundkonsens der "Rosagrünen" einzig und allein darin bestand, daß auf dieser Versammlung die falschen Kandidaten gewählt worden waren.[113] Diejenige Fraktion, welche die "Öffnung" der Wiener Landesversammlung durchgesetzt hatte, sprach nun von einem linken Putsch oder entdeckte mit zynischem Sarkasmus plötzlich die Statutenwidrigkeit der Versammlung eben wegen dieser "Öffnung". Pilz und Kitzmüller sprachen gar von der "*Abwahl*" einer Kandidatin, die doch noch nicht einmal gewählt gewesen war. Andere erkannten im Wahlergebnis des vierten Oktober ganz simpel einen Wählerbetrug, während die Gewerkschaftliche Einheit ein famoses Beispiel ihrer nie überwundenen stalinistischen Sozialisation lieferte: Angesichts der Gefahr politischen Sektierertums, wie sie in der Wahl des vierten Oktober zum Ausdruck gekommen sei, hielt die GE eine politische Korrektur der gewählten Liste für unumgänglich, mochte aber ansonsten gegenüber den politischen Abweichlern, "*die den derzeitigen Zustand herbeigeführt haben*",[114] noch einmal Gnade vor Recht ergehen lassen. Bei Akzeptanz solcher "*Korrekturen*" wollte sie die Linken weiter an der Einigung teilhaben lassen.

Erich Kitzmüller lieferte später eine ausführlichere Legitimation seiner "*Strategie des 3. Faktors*".[115] Danach sei der "vierte Oktober" ein notwendiger Schritt gewesen. Kitzmüller bekräftigte, daß er am Zustandekommen der Grünen Alternative als "Liste

Meissner-Blau" und an der Trennung von der sogenannten "*Hofbauer-Nenning-Gruppe*" gearbeitet habe - was für eine "Gruppe" auch immer das gewesen sein sollte. Ihre Konstruktion hatte wohl lediglich die Aversion des steirischen Alternativdenkers zur Grundlage. Als "Hofbauergruppe" bezeichneten in der Folge auch die "Rosagrünen" die *Wiener* Strömung innerhalb der GRAS Wien. Andrea Komlosy, die Freundin des GRAS-Vorstandssprechers, wurde, was völlig unhaltbar ist, gerne als bloße Marionette von Hannes Hofbauer diffamiert. Mit solcher Stigmatisierung sollte eine bedeutende und repräsentative Strömung bloß als irrelevante Polit-Sekte erscheinen. Kitzmüller, der in einer steirischen Sitzung zur Nachbereitung der Nationalratswahl eine empörte Ablehnung seiner Ansichten und eine Abneigung gegen seine Person feststellen durfte,[116] erklärte lapidar, die Handlungsunfähigkeit (!) des HEK hätte zur Kenntnis genommen werden müssen. Bezüglich der Gestaltung des Verhältnisses von Partei und Fraktion stellte er fest, daß es nach den Wahlen nur ein durch Wahl legitimiertes Gremium gäbe - die Fraktion und ihren Klub. Jedes Gremium sei daher im Verhältnis zum Klub nur beschränkt legitimiert. Kitzmüller denunzierte alternatives Organisationsverständnis als "*Quartalsrausch eines Basismythos*"[117] und riet den Trägern der Kandidatur lieber zu einem "*Vertrauensvorschuß*", statt Kontrolle der Fraktion einzufordern. Es gab auch in der Steiermark massive Ressentiments gegenüber Meissner-Blau und ihrer politischen Methode, so auch bei Andreas Wabl.[118] Kitzmüller forderte, daß "*das Gerede von 'Erpressung, Diva, Monarchin'*" aufhören müsse.[119] Die *Grazer* hatten die Liquidierung der Linken unterstützt oder zumindestens toleriert, die restlose Beseitigung der demokratischen Organisation jedoch, wie sie Kitzmüller und Meissner-Blau forderten, wollten sie nicht mehr dulden.

Die große Mehrheit der grünalternativen Wahlbewegung und die meisten ihrer politischen Repräsentanten hatten in unmittelbaren Reaktionen die demokratische Legitimität der GRAS-Versammlung vom 4. Oktober und ihrer Ergebnisse anerkannt - Josef Buchner und die Vereinten Grünen ebenso wie Johannes Voggenhuber, fast alle AL-Länderfürsten, auch die Bürgerinitiative Parlament. Selbst Pius Strobl, Meissners Wahlkampfkoordinator, hatte in einem Schreiben an das Krankenbett der Kandidatin zu einem Kompromiß, also der Verschachtelung der Liste unter Einbeziehung Andrea Komlosys geraten, denn: "*Orientiert an der Versammlung in Niederösterreich, in der 'unsere Fraktion' eben besser mobilisierte und die Kampfabstimmung dementsprechend verlief, ist am demokratischen Gehalt der Wiener Entscheidung nur äußerst schwer zu rütteln.*"[120] Später im HEK verhinderte nur das Veto dreier Personen - Peter Pilz, Erich Kitzmüller und auch Pius Strobl - eine einhellige Anerkennung. Und das, obwohl dort sogar der Anspruch Meissner-Blaus auf das Wiener Grundmandat bei einem Scheitern in Niederösterreich toleriert worden wäre und Nenning und Pilz als "*Bundesnotwendigkeiten*" entsprechend auf den Listenplätzen berücksichtigt werden sollten.[121] Wie tiefgehend diese Spaltung letztendlich war, verdeutlicht auch der Umstand, daß von den zuletzt insgesamt 31 formellen Mitgliedern des Hainburger Einigungskomitees[122] schließlich nur 21 Meissners Kandidatur mittrugen, die zahlreichen Vertreter der Vereinten Grünen, die dies nur um den Preis der Mandatsgarantie tolerierten, mitgerechnet.[123]

Günther Nenning, der sich mit der "*demokratischen Linken*" solidarisierte, formulierte während dieser Ereignisse sarkastische "*Zusätze zum Statut der GRASW*:

§ 1. Vorstandssitzungen in Abwesenheit von Peter Pilz können Beschlüsse fassen, jedoch nur ungültige.

§ 2. Versammlungen, die Freda nicht wählen, werden solange wiederholt, bis sie gewählt ist. (...)

§ 3.3. Versammlungen, deren Termin und Ergebnis Freda im Fernsehen verkündet, sind gültig."[124]

Und Franz Schandl charakterisierte in einer späteren Aufarbeitung des Parteibildungsprozesses den "vierten Oktober" wie folgt: "*Der 4. Oktober stellt wohl wirklich eine Zäsur im kommunikativen Verhalten der Grünalternativen untereinander dar. Schon einmal gab es Unstimmigkeiten bei der Wahl der Nationalratsliste in Wien, diesmal kam es aber gar zur restlosen Beseitigung einer demokratisch gewählten Kandidatenliste. Das heißt, es wurde erstmals den potentiellen Aktivist/inn/en auch formal das Recht auf die Verfügungsgewalt des grünalternativen Wahlvereins abgesprochen.*"[125]

Meissner-Blau schlug in der Folge jegliche Kompromißverhandlung, um die die gewählten Wiener Kandidaten bemüht waren, kategorisch aus. Kompromißangebote seitens Peter Pilz' wurden andererseits nur gestellt, um die Vorbereitungen der *Wiener* Linken zu einer Eigenkandidatur zu verzögern und zu behindern. Pilz, der sich im Unterschied zu Freda Meissner-Blau in dieser Phase bedeckt hielt und bemüht war, nach außen den Eindruck einer Gesprächsbereitschaft mit der *Wiener* Linken zu erwecken, gab später unumwunden zu, daß eine Integration dieser Strömung in die gemeinsame Organisation für ihn nicht in Frage kam: "*Die Komlosy oder die Fischer, die sind natürlich keine Kommunistinnen, aber darum ist es eigentlich nicht gegangen, es wär im Klub mit der Hofbauer-Partie einfach ein ständiges, böses Gemetzel geworden, es ist schon mit dem Fux und dem Buchner schwer genug. ... Mein Plan war, aus diesen Gründen, schon seit dem Sommer diese Gruppe draußen zu halten, im Gegensatz zum Nenning, daß es dann der 4. Oktober geworden ist, an dem diese Entscheidung gefallen ist, war halt ein Zufall. Mir wär früher lieber gewesen.*"[126]

Meissner-Blaus kategorisches Nein bedingte ein sukzessives Umfallen jener, die die Wiener Versammlung zuerst anerkannt hatten. Ihre starre Position erlaubte nur noch ein pragmatisches Mitziehen: "*Die Frage war jetzt nicht so sehr, ob man die Person oder die Gruppe drinnen haben will, die Frage war, ob man sich einigen kann auf ein gewisses Procedere*",[127] meinte rückblickend etwa Andreas Wabl. Und vormittags am 8. Oktober erklärte Johannes Voggenhuber: "*Die Wiener Landesver-*

sammlung entspricht dem Grundsatzvertrag. Die Wahlergebnisse sind demokratisch korrekt und werden von den Bündnispartnern anerkannt."[128] Nachmittags waren seine Worte: "*Wir, die Vertreter des Einigungskomitees, nehmen zur Kenntnis, daß trotz der durch das Einigungskomitee anerkannten Rechtmäßigkeit der Wiener Landesversammlung diese für unsere Spitzenkandidatin und viele andere nicht paktfähig ist. Vor die Wahl gestellt, die Wiener Landesversammlung oder unsere Spitzenkandidatin zu unterstützen, entscheiden wir uns für unsere Spitzenkandidatin.*"[129]

Die AL-Linke wurde solchermaßen förmlich in eine "Gegenkandidatur" getrieben, der Druck der Wiener Szene und der alternativen Basis forderte geradezu diese Reaktion, auch wenn sie von beträchtlichen Teilen der Linken - vor allem jenen, die bisher im Zentrum des Geschehens gestanden waren - nur halbherzig und ohne den notwendigen Enthusiasmus betrieben wurde. Zu den wesentlichsten Trägern der eigenständigen Kandidatur unter dem Namen " Die Grünalternativen - Demokratische Liste" (GAL-DL) zählten Andrea Komlosy, Hannes Hofbauer, Leopold Kendöl, die Bezirksgruppen Margareten und Leopoldstadt/Brigittenau der Alternativen Liste Wien, die "Sozialistische Alternative" (SOAL, ehemals GRM) - sie hatte wenige Monate zuvor noch Meissners Präsidentschaftskandidatur mitgetragen -, vor allem aber viele bislang Außenstehende oder am Rand Beteiligte, die ihrer moralischen Empörung über den rosagrünen Affront auf diese Weise Ausdruck verleihen wollten. Außer in Wien wurde eine solche Kandidatur der Entrüstung auch in Oberösterreich, Burgenland und Niederösterreich versucht, aber nur in der Bundeshauptstadt konnten die nötigen beglaubigten Unterstützungserklärungen in der kurzen verbleibenden Zeit - etwa einer Woche - aufgetrieben werden. In Niederösterreich scheiterte die Kandidatur buchstäblich in letzter Sekunde, es konnten fristgerecht nur 498 von 500 nötigen amtlichen Beglaubigungen eingereicht werden. Ein Antreten der GAL auch in Niederösterreich hätte die Grüne Alternative und damit Meissner-Blau das Grundmandat in diesem Wahlkreis gekostet.

Die Kandidatur der GAL erfuhr eine breite Basisunterstützung durch die Wiener Szene. Franz Floss von der "Sozialistischen Alternative", heute Mitglied des grünen Bundesvorstands, einer der Hauptträger des Projekts, meinte rückblickend etwa: "*Das war so ungefähr das Beste, was ich an politischem Wahlkampf miterlebt habe, ja? Von der Initiative her, von der Mobilisierung her (...).*"[130] Die GAL erlitt aber eine Schmälerung ihrer Repräsentanz, als die Zweitgereihte, Erica Fischer, von der GAL-Liste zurücktrat und der Viertplazierte, Manfred Srb, zur Liste Meissner-Blaus wechselte, wo man ihm als Behindertenvertreter einen fixen Mandatsplatz zugesagt hatte. Allerdings gelang es den "Rosagrünen" nicht, Günther Nenning, der am 4. Oktober auf den dritten Listenplatz der GRAS gewählt worden war, auf ihren Wahlvorschlag zu bringen. Von einer solchen Deklaration des BIP-Promis versprach man sich dort eine Sogwirkung, die seine politische Unzuverlässigkeit kompensiert hätte. Nenning erwiderte auf das Mandatsangebot lapidar: "*Eine Liste, die in einer Wohnung entstanden ist, hat eine andere Würde als eine durch eine Versammlung mit*

400 Aktivisten."[131] Er erklärte sich emotional mit den Gewählten vom 4. Oktober, politisch aber mit Meissner-Blau solidarisch und unterstützte auch deren Wahlkampf, wiewohl er ihre "*schwerwiegenden Fehler*" mißbilligte.[132] Nenning saß auch in der Koordinationsgruppe, die quasi als erster provisorischer Parteivorstand der Liste Meissner-Blaus fungierte. Er war der (isolierten) Auffassung, daß die Ausgrenzung der *Wiener* aus dem Kandidaturprojekt nicht auf die Organisation überschwappen solle. Seine doppelte Solidarität verhalf der Linken zu einem fragwürdigen Bonus. Nennings gute Kontakte ausgerechnet zum Herausgeber der "Kronen Zeitung" brachten der GAL und ihrer Spitzenkandidatin - wohl einmalig für Linksradikale - eine mehr als wohlwollende Berichterstattung in dem reaktionären Boulevardblatt. Freilich agierte Komlosy gegenüber der Presse mit einem betont betulich-biederen Image. Auch die GAL versuchte, sich für die Öffentlichkeit "*sehr in der Mitte zu positionieren*",[133] was andererseits auf die linken Aktivisten ihres Wahlkampfs befremdlich wirkte. Anders als die "Krone" versuchten die bürgerlichen Zeitungen, insbesondere die zum Raiffeisen-Konzern zählenden Blätter ("Kurier", "Profil"), die GAL dennoch nach Möglichkeit zu diffamieren. Es wurden hier an den Haaren herbeigezogene Behauptungen, beispielsweise von Kontakten zur terroristischen deutschen "Roten Armee Fraktion" (RAF) oder zu Libyens Oberst Gaddafi aufgestellt. In ihrer Grünpolitik setzten diese Blätter ganz auf Meissner-Blau.

Für Komlosys GAL bedeutete das Wahlergebnis ein Desaster, sie blieb mit knapp 6000 Stimmen weit unter der Ein-Prozent-Marke. Niemand hatte das erwartet. Viele Aktivisten spekulierten sogar ernsthaft mit einem Wiener Grundmandat, und auch auf der Gegenseite, bei der Grünen Alternative, rechnete so mancher damit.[134] Die "Grünalternative Liste" führte den letzten antiquierten Basiswahlkampf konventioneller Natur gegen das Arsenal der modernen Mediengesellschaft. Und selbst als solcher wurde der Wahlkampf mit Straßenagitation, massivem Flugblatteinsatz, Diskussionsveranstaltungen etc. äußerst dilettantisch betrieben, eine ganz auf Komlosy ausgerichtete, geradezu peinliche Personalisierungsstrategie war zusätzlich kontraproduktiv. Die krampfhafte Melange zwischen biederer Bravheit der Spitzenkandidatin und radikalem Gestus im Szenewahlkampf gipfelte letztlich nur in Unglaubwürdigkeit. Aber auch ohne diese politischen Fehler wäre in diesem Wahlgang für die Linke objektiv nicht viel mehr zu holen gewesen. Weit unter ihrem politischen Wert geschlagen, besiegelte das Wahldebakel den Untergang der *Wiener* Linken bei den Grünen. Ihre Repräsentanten schritten zum Rückzug in die Alternativen Listen, die außer kommunalpolitischen Ambitionen nicht mehr viel zu bieten hatten. Schlußendlich schieden sie mangels Perspektiven ganz aus der praktischen Politik. Die wenigsten Aktivisten und keine einzige Person aus der Führung der *Wiener* AL-Linken holten zu irgendeinem späteren Zeitpunkt den Schritt in die Grüne Alternative nach. Diese praktizierte ihrerseits noch lange Zeit nach den Wahlen eine Aufnahmesperre für Linke.

Tabelle des Wahlergebnisses

BUNDES-LAND	GA 1986		ALÖ 1983		VGÖ 1983		ÄNDERUNG*	
Burgenland	4.606	2,48	1.609	0,87	1.621	0,99	+1.376	142,6%
Kärnten	13.699	3,78	5.148	1,50	7.006	2,04	+1.545	112,7%
Niederösterr.	34.111	3,59	8.336	0,88	14.227	1,50	+11.548	151,2%
Oberösterr.	39.604	4,87	11.069	1,37	18.606	2,31	+9.929	133,5%
Salzburg	15.996	5,91	3.904	1,45	7.378	2,75	+4.714	141,8%
Steiermark	32.592	4,08	14.361	1,82	12.195	1,55	+6.036	122,7%
Tirol	21.593	5,76	4.173	1,16	5.510	1,53	+11.910	223,0%
Vorarlberg	16.256	8,83	3.520	2,00	4.676	2,65	+8.060	198,3%
Wien	55.571	6,09	13.696	1,40	22.374	2,28	+19.501	154,1%
Österreich	**234.028**	**4,82**	**65.816**	**1,36**	**93.798**	**1,93**	**+74.414**	**146,6%**

* Basis 1983: (ALÖ + VGÖ) absolut = 100

Meissner-Blaus Wahlergebnis litt natürlich unter dem von ihr losgebrochenen Eklat, statt der anfangs ersehnten fünfzehn oder mehr Mandate wurden es bloß acht. Für mehr reichten die 234.000 Stimmen oder 4,8 Prozent, mit denen sie noch unter dem Ergebnis der Präsidentschaftswahlen geblieben war, nicht aus. Die im Wohnzimmer in der Bräunerstraße erstellte Liste spülte als erste grünalternative Fraktion ins Parlament: Freda Meissner-Blau, Andreas Wabl, Josef Buchner, Herbert Fux, den Behindertenvertreter Manfred Srb, Peter Pilz, Walter Geyer und den Slowenen Karel Smolle von der "Kärntner Einheitsliste" (KEL) als Minderheitenvertreter. Wolfgang Pelikan, nach dem Parteivorsitzenden Josef Buchner, der die oberösterreichische Grundmandatsliste anführte, auf der Reststimmenliste als zweiter VGÖ-Kandidat auf einem "sicheren" Platz gereiht, hatte ausgesprochenes wahlarithmetisches Pech - es gab aufgrund der hohen Zahl von insgesamt fünf Grundmandaten im Wahlkreisverband Ost kein Reststimmenmandat. Ein einziger der neuen Parlamentarier, Andreas Wabl, war auf einer regulären gemeinsamen Landesversammlung gewählt worden.

5. DIE GRÜNE PARTEI IN ÖSTERREICH

Mit den Nationalratswahlen 1986 war der Prozeß der grünalternativen Parteibildung in seinen wesentlichen Zügen zum Abschluß gekommen. Die nun erfolgende Konstituierung der grünen Partei und des grünen Parlamentsklubs brachte nur noch die konkrete Umsetzung und Ausgestaltung jener politischen und organisatorischen Prämissen, die sich zuvor schon im Prozeß der Listenbildung bzw. auf Länderebene durchsetzen konnten. Mit der Etablierung der Partei "Die Grüne Alternative" und der Nationalratsfraktion der Liste Meissner-Blaus endete daher die konfliktreiche Vorgeschichte der grünen Partei in Österreich, in der über den politischen Charakter der neuen grünen Wahlpartei entschieden wurde. Die Nationalratswahlen 1986 markierten das Ende des linksalternativen Potentials der Grünbewegung. Im Unterschied zu diesen Frühphasen, wo eine Repräsentanz der Grünen und Alternativen auf höheren parlamentarischen Ebenen ja nur die Ausnahme, nicht die Norm dargestellt hatte - der Einzug in Landtage war ja bislang nur in Vorarlberg und der Steiermark gelungen -, legte nun die erstmalige Vertretung im Nationalrat den Grundstein für die später so typische Dichotomie der grünen Bundespartei.

Die Auseinandersetzungen um innerorganisatorische Einflußsphären sowie über die politischen Strategien der Grünen wurden ab nun vorrangig zwischen den Gremien der Partei einerseits sowie der Fraktion bzw. dem "Klub" der Nationalräte auf der anderen Seite ausgetragen. Als "Partei" und "Klub" wollen wir hier jene zwei Pole in der grünen Partei bezeichnen, die jeweils signifikant andere politische Auffassungen, strategische Orientierungen oder Konzeptionen vertraten. "Klub" und "Partei" sind dabei nicht notwendigerweise mit dem grünen Nationalratsklub bzw. den Gremien der Parteiorganisation zu identifizieren, wiewohl diese die jeweilige Bastion für die divergierenden Orientierungen abgaben.

Grundsätzlich war im Prozeß der Parteibildung über den Charakter der grünen Partei als politischer Ausdruck der Ökologiebewegung entschieden worden, noch nicht aber endgültig über den gesellschaftlichen Charakter der Ökologiebewegung. Im Kampf um die Stimulanz und Ausrichtung ökologischer Bewußtseinslagen der Gesellschaft traten andere Faktoren verstärkt in Erscheinung - etwa die Medien, die etablierten Parteien, der sinnliche Alltagspositivismus etc. Dementsprechend präsentierte sich die "Grüne Alternative" in ihrer Konstituierungsphase auch noch als politischer Zwitter. Die subjektiven Vorstellungen vieler Aktivisten und Funktionäre von den Aufgaben und Möglichkeiten grüner Politik und die von außen an die Partei herangetragenen Ansprüche klafften in vielen Bereichen noch weit auseinander. Trotz der Eliminierung der gesellschaftlich nicht verbreiterungsfähigen linksalternativen Strömungen in der grünalternativen Bewegung sah sich die neue Partei noch mit weiteren Schlacken behaftet. Während die gesellschaftliche Positionierung der Grünbewegung objektiv auf eine linksliberale Verortung des ökologischen Potentials hinauslief, gelang es den genuin alternativen Strömungen, konkret also den *Grazern*, sich organisatorisch in der Partei massiv zu verankern. Pragmatisch gesehen stand vorerst die Marginalisierung des strukturkonservativen Moments der Ökologiebewegung, der Vereinten Grünen, auf der Tagesordnung. Erst danach war es möglich, die verbliebenen alternativen Parameter grünen Politikverständnisses zurückzudrängen, um auch die grüne Partei entsprechend der gesellschaftspolitischen Tendenz linksliberal zu positionieren. Die grüne Partei gab den letzten Anspruch auf, politische Alternativen zum bestehenden System zu transportieren und beschränkte sich auf die Propagierung systemimmanenter Reformschritte. Der Kapitalismus wurde als Sieger des Systemkonflikts zwischen West und Ost anerkannt, die grünen Positionen fortan so entwickelt, daß sie uneingeschränkt mit seiner Systemlogik kompatibel waren. Im antietatistischen Orchester der späten achtziger Jahre spielten die Grünen freilich nur die Begleitmusik. Die grünen Reformvorstellungen fußten selbst auf einem spezifischen etatistischen Fundament: Der Staat sollte nach verbreiteten Vorstellungen der Grünen von einer als allzu dominant erfahrenen zu einer eher regulierenden Größe umgeformt werden, die in möglichst vielen gesellschaftlichen Bereichen die individuelle Selbstverwirklichung zu garantieren habe.[1]

Der grüne Klub spielte in diesem Prozeß eine Vorreiterrolle. Ausgehend von der Dichotomie zwischen einer gemäßigt alternativen Parteiorganisation und dem ökoliberalen Klub, begann letzterer sukzessive, seine Stellung als neues Machtzentrum der Partei auszubauen. Schon zu Anbeginn, bei der Konstituierung der Parteiorganisation, sah sich diese mit dem hegemonialen Anspruch der Fraktion konfrontiert. Nur eine verkürzende Sichtweise kann den laufenden Dissens zwischen Klub und Partei als strukturell bedingte machtpolitische Auseinandersetzung zweier innerparteilicher Zentren bewerten. Wesentlich für die folgenden Konflikte und ihre Bereinigung war vielmehr die objektive Notwendigkeit, den politischen Ausdruck der Ökologiebewegung mit deren gesellschaftlicher Verortung kurzzuschließen.

Da sich im Vereinheitlichungsprozeß der grünalternativen Wahlbewegung die Kandidaturvariante uneingeschränkt hatte durchsetzen können, folgte die Gründung der gemeinsamen Partei erst auf jene des grünen Klubs. Markanter Ausdruck der siegreichen Kandidaturvariante war die Eliminierung der zweitgrößten Strömung in der Wahlbewegung gewesen, der *Wiener* Linken. Die maßgeblichen Träger der Kandidatur wollten sie auch in der gemeinsamen Organisation nicht vertreten wissen. Einer möglichen Infiltration dieser Kräfte in das Organisationsprojekt mußte folglich vorgebaut werden. Durch das niederschmetternde Wahlergebnis ihrer Separatkandidatur als "Die Grünalternativen - Demokratische Liste" vollkommen desavouiert, stellte die *Wiener* Linke ohnehin plötzlich keinen relevanten politischen Faktor mehr dar. Ihr Verhältnis zur unterlegenen Strömung konnten die siegreichen Träger des Kandidaturprojekts - anders als noch in ihrer Haltung zu den Vereinten Grünen - nach eigenem Gutdünken definieren. Die politische Führung der *Wiener* Linken hegte ihrerseits aktuell kein Interesse an einem Eintreten in die Grüne Alternative, freilich aber trachtete ein kleinerer Teil ihrer Aktivisten oder Sympathisanten hauptsächlich aus jenen Sammlungsbewegungen, die teils schon im Nationalratswahlkampf eine vermittelnde Stellung eingenommen hatten, die Ausweitung der Spaltung auf die neue Organisation zu verhindern, ja nunmehr selbst bei der Begründung derselben mitzuwirken. In Oberösterreich sofort und später auch in Vorarlberg waren diese Kräfte zumindest so stark, daß die Grüne Alternative ihre Politik der organisatorischen Abschottung auf Dauer nicht durchhalten konnte.

Im Zuge der Konstituierung der Bundespartei und ihrer Organe mußte zwangsläufig das Verhältnis der Grünen Alternative zur "Grünen Einigung" und ihren Strukturen thematisiert werden. Zuallererst hatte ja die Liste Meissner-Blaus selbst behauptet, mit ihrer Kandidatur sei die Einigung der Wahlbewegung vollbracht worden. Es stellte sich daher die Frage, ob nunmehr die Träger der Kandidatur als solche zur Gründung einer Partei schreiten sollten oder ob diese als Akt der umfassenderen grünen Einigungsbewegung auszugeben wäre. Entgegen dem Legitimationsbedürfnis der "Liste Meissner-Blau" waren ja im Zuge der Spaltung auch die Strukturen der Einigung, insbesonders das Hainburger Einigungskomitee, liquidiert worden. Ein wie auch immer gearteter Einigungskongreß hatte ebenfalls nicht stattgefunden - die Koordinationsgruppe hatte schon Anfang November den für den 19. Dezember 1986 festgelegten Termin "*aus Zeitgründen ins Frühjahr 1987 verschoben.*"[2]

Und schließlich existierte außerdem noch der Grundsatzvertrag der grünen Einigung, der immerhin die Strukturen der künftigen Organisation vorwegnahm. Wenn man sich in den Reihen der Grünen Alternative daher auf die Einigung und den Grundsatzvertrag berief - was nicht uneingeschränkt der Fall war -, dann hatte das zunächst legitimatorische Gründe, verdeutlichte aber auch die Fronten zwischen Zentralisten und Dezentralisten in den eigenen Reihen. Während erstere, die ihre Bastion hauptsächlich bei der grünen Fraktion und deren Klub fanden, die Gründung der Bundespartei durchaus als eigenständigen Neubeginn betrachteten, beriefen sich die dezentralistischen Länderautonomisten deutlich stärker auf den Kontinuitätsgedanken.

Die Etablierung der Bundespartei war zunächst gleichbedeutend mit der Schaffung erster provisorischer Gremien. Konkret hatte bereits die "Liste Meissner-Blau" zur Führung ihres Wahlkampfs administrative Gremien und Organe eingesetzt, insbesondere die formell noch vom HEK installierte Koordinationsgruppe (KOG). Nach der Wahl wurde sie nicht mehr weiter mit der Führung der politischen oder organisatorischen Agenden der Parlamentsliste betraut, auch deswegen, weil die Koordinationsgruppe ja vom Grundsatzvertrag als Gremium der Übergangsphase bis zur endgültigen Partei vorgesehen war. Wollte man zur Phase der gemeinsamen Organisation schreiten, so mußte sich das auch in der Bestellung und Bezeichnung der entsprechenden Organe ausdrücken, auch wenn bezüglich ihrer Kompetenzen,

Beschickung und Legitimation Dissens herrschte. Diese Auseinandersetzungen waren neben dem Disput über das Verhältnis von Partei und Klub prägend für das frühe innere Erscheinungsbild der neuen Partei. Eine erste, aber keineswegs endgültige Entscheidung dieses Konflikts brachte der formelle Gründungskongreß der Grünen Alternative im Februar 1987.

Schon bei einem unmittelbar nach den Nationalratswahlen am 25. November 1986 abgehaltenen Treffen der "Liste Meissner-Blau" - die Sitzung wurde unterschiedlich als "Zukunftssitzung", Koordinationsgruppe oder Bundesausschuß bezeichnet - prallten die Differenzen in der Organisationsfrage aufeinander. Innerparteilich hatte sich dabei schließlich die Auffassung durchgesetzt, daß mit dieser sogenannten "Zukunftssitzung" der vom "Hainburger Einigungskomitee" und vom Grundsatzvertrag vorgesehene "Hainburger Einigungskongreß" in einer den Umständen angepaßten und verkleinerten Variante stattgefunden habe.[3] Vor allem an einem von Pius Strobl vorgelegten Strukturpapier erhitzten sich dabei die Gemüter. Strobl verlangte, man müsse den Grundsatzvertrag modifizieren und den tatsächlichen Gegebenheiten anpassen. Man solle vom Paritätsprinzip abgehen, ohne die Strömungsrechte zu verletzen. Nur die Träger der Wahlbewegung selbst dürften den Grundstock der künftigen Landesorganisationen bilden. "Unabhängige" gelte es aber dabei zu berücksichtigen. Seine Positionen gipfelten im Passus: "*Der erste Bundeskongreß wird nunmehr kein Einigungskongreß, sondern ein Kongreß der aus der Wahlbewegung entstandenen Landesorganisationen dieser unserer Parlamentspartei.*"[4]

Strobls Vorschläge, die in der Koordinationsgruppe mehrheitlich Zustimmung fanden, hatten zwei Stoßrichtungen. Zunächst sollte solchermaßen das Organisationsprojekt in ein Verhältnis der Diskontinuität zur "grünen Einigung" des Jahres 1986 gebracht werden. Dann - dies verdeutlichte sein Entwurf zur Einrichtung provisorischer Gremien - verfocht er eine zentralistische Variante des Parteiaufbaus. Danach sollte sich ein provisorischer Bundesausschuß (BA) konstituieren, in dem neben den Länderdelegierten auch der Bundesvorstand (BV) und die Nationalratsfraktion stimmberechtigt vertreten sein sollten. Der provisorische Bundesausschuß hätte dabei einen provisorischen Bundesvorstand zu wählen, dieser daraufhin aus seiner Mitte eine dreiköpfige Bundesgeschäftsführung (BGF).[5] Gegen seine Vorstellungen vom Aufbau der Parteigremien opponierten aufs heftigste die *Grazer*. Ihnen waren insbesondere die politische Kompetenz dieser Parteiführung, ihre Vetomöglichkeiten, die vorgeschlagene fünfjährige Funktionsperiode[6] sowie die Unterordnung des Bundesvorstands unter die Geschäftsführung viel zu weitreichend.[7] Während so der Diskontinuitätsgedanke Gefallen fand, konnte sich Strobl mit seinen organisatorischen Überlegungen nicht uneingeschränkt Gehör verschaffen. Der Exekutor der rosagrünen Strategie sah sich bald vielerlei Anfeindungen ausgesetzt. Im Organisationsprojekt begann sich die dezentrale Variante durchzusetzen. So dominierte selbst im Bundesvorstand, an sich ja ein Gremium der Gesamtpartei, schon bald mehrheitlich die Auffassung, daß die Gelder aus der Parteienfinanzierung - erwartet wurden zunächst ca. 18 Millionen jährlich - hauptsächlich an die Länder ausgeschüttet werden sollten.[8]

Wie in Strobls Papier formell vorgeschlagen, installierte die "Zukunftssitzung", bestehend aus Ländervertretern, der Koordinationsgruppe und den neuen Abgeordneten, den Bundesausschuß, Bundesvorstand und die Bundesgeschäftsführung als provisorische Gremien der Partei bis zur Abhaltung eines ersten Bundeskongresses. Die Gründung der Organisation wurde von den wichtigsten Trägern der "Liste Meissner-Blau" ebenso exklusiv vorbereitet und betrieben wie die Nationalratskandidatur. Als Provisorium wurde der Bundesausschuß erst sukzessive von legitimierten Länderdelegierten beschickt, da die Gründung von Landesorganisationen teilweise ja erst in Angriff genommen werden mußte. Zunächst formierten sich in ihm die Träger der Liste Meissner-Blau eher als eine Art Polit-Büro, in dem die in engeren Kreisen vorangegangene Willensbildung über den Parteiaufbau eingebracht, debattiert und beschlossen wurde. Konzipiert wurde der Bundesausschuß nicht nur als Forum der Landesorganisationen und Vertretung der unterschiedlichen Strömungen innerhalb der künftigen Bundespartei, so wie das etwa der Grundsatzvertrag ursprünglich vorgesehen hatte; denn auch der Bundesvorstand und die aus dessen Reihen gewählte Bundesgeschäftsführung sollten mit Sitz und Stimme vertreten sein. Damit konnte sich Strobl aber nicht durchsetzen. Vertreter sonstiger Parteigremien waren nach den Bestimmungen des im Februar 1987 beschlossenen Parteistatuts nur als Gäste ohne Stimmrecht im Bundesausschuß vertreten. Im Bundesvorstand war dabei sogar beschlossen worden, zusätzlich noch dem grünen Klub Sitz und Stimmen im Bundesausschuß zu verschaffen.[9] Jener lehnte einen derartigen Integrationsversuch allerdings ab, weil im Klub von Anbeginn an das Bedürfnis herrschte, autonom und losgekoppelt von einer grünen Partei zu agieren.[10]

Nach ihrer Bestimmung zum zukünftigen provisorischen Bundesausschuß wählte die Versammlung einen neunköpfigen Bundesvorstand. Zunächst als provisorische Koordinationsgruppe bezeichnet, sollte er die Vorbereitung des Bundeskongresses, die Erstellung eines Budgetplans und den Aufbau eines Organisationsbüros in Angriff nehmen.[11] Gewählt wurden von und unter den siebenundzwanzig Anwesenden - auch einige Mitglieder der VGÖ waren vertreten - Astrid Kirchbaumer, Ridi Unfried, der Grazer Georg Monogioudis, die Burgenländerin Miriam Wiegele, Pius Strobl, Jeanette Berger aus Wien, Eva Hauk, Werner Moidl und Wolfgang Pelikan. Der Vorstand präsentierte sich damit mehrheitlich als Gremium der Länderautonomisten. Abgesehen von den Konvertiten Werner Moidl und Eva Hauk waren die VGÖ allein durch Wolfgang Pelikan repräsentiert, die "Rosagrünen" bzw. die Gewerkschaftliche Einheit durch Pius Strobl und Jeanette Berger. Durchgefallen bei der Wahl hingegen war der ebenfalls kandidierende Günther Nenning. Sein Agieren im Rahmen der "Liste Meissner-Blau" fand damit ein Ende.[12]

Neben der Verhinderung einer zu starken Bundespartei war es das Hauptaugenmerk der *Grazer* Politik, zum eigentlichen Zentrum der Grünen Alternative, gemeint ist natürlich die Fraktion, eine Gegenmacht zu bilden. So plädierten die steirischen Grünalternativen mit großer Mehrheit gegen eine Wahl Freda Meissner-Blaus zur Klubobfrau der grünen Parlamentarier[13] und erachteten es als Hauptaufgabe des ersten Bundeskongresses, Kontrollgremien gegen die Parlamentsfraktion zu installieren.[14] Diese Politik war freilich in sich widersprüchlich. Glaubte man denn ernsthaft, eine Kontrolle der Parlamentsfraktion wäre durchsetzbar, wenn man gleichzeitig am einzig denkbaren Gegenpol die dazu prädestinierten Organe - Bundesvorstand und Bundesgeschäftsführung - politisch kastrierte? Dem Klub und seinen Verbündeten, also den "Rosagrünen" und den *Gföhlern*, war es ein leichtes, dem *Grazer* Dezentralismus entgegenzusteuern.

Kurzerhand beispielsweise bestritt Erich Kitzmüller der gesamten Bundesorganisation die Souveränität: "*Bundesweit existiert (nach dem Ende des sogenannten "Hainburger-Einigungskomitees") nur ein durch Wahl legitimiertes Gremium: die vom Volk gewählten NR-Abgeordneten und ihr Club.*"[15] Jedes andere Gremium der Bundespartei sei daher im Verhältnis zum Klub nur beschränkt legitimiert.[16] Infolge der Spaltung der Wahlbewegung waren ja die Beschlußlagen des Hainburger Einigungskomitees bzw. der "Grundsatzvertrag" selbst nie umgesetzt worden. Im Organisationsprojekt, da lag Kitzmüller ganz richtig, gab es keinen anerkannten Modus der Entscheidungsfindung. Wie etwa die einzelnen Gremien gebildet oder die unterschiedlichen Strömungen und Gruppierungen zu gemeinsamen Landesorganisationen zusammenfinden sollten, war im "Grundsatzvertrag" nicht geregelt. Damit aber blieb auch das Legitimationsverfahren für die Parteigremien ungeklärt. Kitzmüller postulierte solcherart, "*daß gegenüber den gewählten Abgeordneten zunächst ein Vorschuß von Vertrauen und das Organisieren von Zuarbeit und Anregung notwendig sind.*"[17] Für den Parteiaufbau von unten nach oben, so sein lapidarer Kommentar, würden Jahre Zeit bleiben.[18] Mit anderen Worten: Meissner-Blau hatte sich die Wahlbewegung unterworfen, jetzt sollte sich auch die Organisation unterwerfen. Übrigens warnte Erich Kitzmüller in diesem Zusammenhang ausdrücklich vor einem Prominenten-Schlachten; es gab nämlich breite Kreise, auch in den Bundesländern, die daran dachten, sich nach geschlagener Wahl bei Freda Meissner-Blau für ihr herbstliches Oktroi zu revanchieren.

Gegenüber der Partei hatte der grüne Klub von Anbeginn die günstigere Ausgangsposition. Die Weichen zu seiner Dominanz waren bereits in der Wahlbewegung gestellt worden. Daß der Klub aber zuletzt so nachhaltig den Modus und die Inhalte grüner Politik prägen konnte, war nicht nur seiner im Kandidaturprojekt durchgesetzten Autonomie von den Parteiinstanzen geschuldet, sondern auch dem Interesse der Öffentlichkeit, mithin den bürgerlichen Medien, denen über die spezifische Präsentation grüner Politik als parlamentarischer Politik eine Interventionsschiene eröffnet wurde, die zwangsläufig auch den Parteiapparat beeinflussen mußte. In der Politik des grünen Klubs konkretisierte sich die Ausformung des gesellschaftlichen Charakters des "grünen Projekts" auf der politischen Ebene. Sukzessive weitete sich die Autonomie des Klubs zur Dominanz über die Partei aus. Nur anfänglich konnte sich diese gegen derartige Übergriffe als resistent erweisen.

Daß der grüne Klub dennoch nur schrittweise imstande war, sein politisches Primat auch innerhalb der Parteiorganisation auszubauen, war neben der strukturellen Abkopplung der Gremien auch der anfangs mangelnden Homogenität des Klubs geschuldet, kaum aber Resultat der Stärke der Partei. Der Klub selbst hatte am Erbe der Listenbildung zu tragen. Schließlich war der Preis für die Akzeptanz von Meissners Wohnzimmerliste die Berücksichtigung entsprechender Listenplatzwünsche der beteiligten Personen und Gruppierungen gewesen. Den VGÖ mußte ihr Proporzteil zugestanden werden, daneben fanden sich taktische Notwendigkeiten wie die Plazierung von Manfred Srb oder die des Minderheitenvertreters Karel Smolle. Quereinsteiger wie Staatsanwalt Walter Geyer oder Selbstdarsteller wie der Schauspieler Herbert Fux waren ebenfalls noch wenig einschätzbar. Zuletzt war unklar, wie Peter Pilz und Freda Meissner-Blau ihre politische Rolle ausgestalten würden. Für den Klub gab es so Anlaufschwierigkeiten, bis sich eine tragende oder dominierende Linie durchsetzen konnte. Dabei zeigte sich, daß die grüne Sozialdemokratin Meissner-Blau ihre im Wahlkampf hegemoniale Rolle nicht zu halten vermochte. Zwar wurde sie bei der konstituierenden Sitzung des grünen Klubs am 11. Dezember 1986 einstimmig zur Klubobfrau bestimmt,[19] in der Personalpolitik der Fraktion konnte sich aber eher Peter Pilz durchsetzen. So wurden zentrale Referate mit Toni Kofler (Umweltschutz und Demokratie) und Christoph Chorherr (Wirtschaft) besetzt, während der von Meissner-Blau für das Rechtsreferat favorisierte Sozialdemokrat Manfred Matzka - er wurde später leitender Beamter im Innenministerium und als rechte Hand des damaligen Innenministers Franz Löschnak mit der Administration der österreichischen Flüchtlingspolitik beauftragt - ebenso abwinkte, wie er es zuvor für den garantierten Blanko-Listenplatz getan hatte.[20] Die erhoffte Sogwirkung auf den linkssozialdemokratischen Rand der SPÖ blieb gänzlich aus. Matzka wurde aber immerhin gemeinsam mit Walter Geyer, Peter Pilz und Freda Meissner-Blau für ein Team herangezogen, das alle bei der Konstituierung des Klubs auftretenden rechtlichen Fragen klären sollte.[21] Das Presse- und Öffentlichkeitsreferat erhielt der bei der Mandatsverteilung leer ausgegangene Wolfgang Pelikan. Meissner-Blau insistierte aber bald auf einer Abberufung Pelikans aus dieser Funktion,[22] auch die Parteiinstanzen übten diesbezüglichen Druck aus und argumentierten, Pelikans Funktion als Pressesprecher wäre mit seiner Eigenschaft als Generalsekretär der Vereinten Grünen unvereinbar. Pelikan verzichtete solchermaßen noch im Jänner 1987 auf seinen Referatsposten im grünen Klub, was zu einer zusätzlichen Verhärtung in der Konfrontation mit den Vereinten Grünen führen mußte.[23] Zum Finanzreferenten des Klubs wurde schließlich Karel Smolle bestellt.[24]

Gegenüber der grünen Partei deklarierte sich der Klub, wie Pius Strobl festhielt, als grundsätzlich unabhängig.[25] Von einer Bindung der Mandatare an Beschlußlagen der Partei, wie im "Grundsatzvertrag" fixiert, war in der Klagenfurter Satzung der Grünen Alternative nicht mehr die Rede. Die ganze diesbezügliche Passage über das Verhältnis der Abgeordneten zu ihrer Partei wurde nicht ins Statut aufgenommen, und auch sonst wurden keinerlei entsprechende Regelungen getroffen. Der Bundeskongreß konnte so zwar Richtlinien an die Parteiorgane ausgeben, nicht aber an die Mandatare. Ja nicht einmal die Erstellung der Wahllisten war explizit als Kompetenz des höchsten Parteiorgans festgelegt worden.[26] Klagen aus den Reihen der Partei, wie etwa jene Jeanette Bergers aus dem Bundesvorstand, "*daß die alternative Regierungserklärung völlig ohne Zustimmung der Partei gemacht wurde*",[27] fehlte damit die formelle Grundlage. Das Verhältnis zwischen Klub und Partei konnte somit nur eines des guten Willens sein, statutarisch festgelegte Ansprüche oder Richtlinien existierten ja nicht. Gegenüber dem Klub agierten die Parteiorgane bezüglich ihrer Wünsche in devotem Ton. Während so die Einbindung der Fraktion in die Kommunikation der Partei gewährleistet war - ihre Teilnahme an der Willensbildung der Organisation wurde am ersten Bundeskongreß der Grünen Alternative statutarisch geregelt -, mußte der Bundesvorstand umgekehrt mit Bitten vorstellig werden: "*Der BV äußert gegenüber Vertretern des Klubs den Wunsch, die Möglichkeit zu haben, bei Clubsitzungen zuhören zu können. Für die Mitglieder des Clubs ist der BV offen.*"[28] Die unterschiedliche gesellschaftliche Relevanz der beiden Pole kam in diesen Reflexen deutlich zum Ausdruck. Es bestand eben bloß ein öffentliches Interesse an der Existenz einer grünen Nationalratsfraktion, nicht aber einer schlagkräftigen Parteiorganisation, in der sich überdies Strömungen festsetzen konnten, die den Hütern der öffentlichen Meinung suspekt waren.

Dieser grüne Klub handelte ja auch, ganz anders als es einem alternativen Selbstverständnis entsprochen hätte, nicht im geringsten als kollektiver Ausdruck einer umfassenderen Bewegung, sondern autonom. Auch nach innen konnte man bald einen hohen Grad an fehlender Homogenität feststellen. Der grüne Klub etablierte sich als Ansammlung von acht "Individualisten", die alle mehr oder weniger an ihrer eigenen Profilierung arbeiteten, und kaum an einer gemeinsamen Linie oder einem gemeinsamen Auftreten. Es entwickelte sich schon von Anfang an eine fraktionsinterne Hackordnung, die die medientauglichsten Mandatare von den Hinterbänklern schied. Öffentliches Interesse konnten in der Fraktion anfänglich nur die Klubobfrau Freda Meissner-Blau, der arrivierte Quereinsteiger Walter Geyer und der mit guten Medienkanälen ausgestattete Peter Pilz erheischen. In der zweiten Reihe fanden sich organisatorisch in der Wahlbewegung gut verankerte Leute wie der Steirer Andreas Wabl oder der Oberösterreicher Josef Buchner nebst dem politisch unberechenbaren Herbert Fux, im dritten Glied rangierten von Anfang an die Glücksgewinner der Fraktion. Der grüne Klub war eben nicht der kristalline Ausdruck der grünalternativen Wahlbewegung, sondern umgekehrt die Verdichtung einer spezifischen gesellschaftlichen Interventionsschiene in diese Bewegung. Die Bewertung durch die Öffentlichkeit reproduzierte sich in der klubinternen Rangordnung der Mandatare. Einzelne Referenten des grünen Klubs wie Toni Kofler oder Christoph Chorherr nahmen eine weitaus exponiertere Rolle ein als das Gros der Abgeordneten selbst. Kofler und Chorherr waren beispielsweise die Verfasser der "*alternativen Regierungserklärung*",[29] welche die Grüne Alternative anläßlich der konstituierenden Sitzung des Nationalrates verlautbarte.

Die Grüne Bildungswerkstatt (GRÜBI) bildete neben dem Klub und der politischen Partei das dritte organisatorische Standbein der Grünen.[30] Als Verein, der mit der politischen Bildungsarbeit der Partei betraut war, verfügte sie über beträchtliche finanzielle Mittel aus staatlichen Förderungsgeldern. Funktionen in der Bildungswerkstatt waren vor allem für jene Personen interessant, die in der Partei oder im Klub keine exponierten Positionen einnehmen konnten und dennoch an einer materiellen Abgeltung ihres Engagements für den Wahlerfolg und die Partei interessiert waren. Überdies war die Bildungswerkstatt auch für die finanzpolitische Administration des grünen Parteiprojekts von großem Interesse, schließlich gelangten ja über den Apparat der GRÜBI nicht unbeträchtliche Finanzmittel zur Vergabe. Die Bildungswerkstatt stand anfänglich nicht im Blickfeld der für den Organisationsaufbau Maßgeblichen und erwies sich so als Schlupfloch für politischen Obskurantismus oder alternative Residuate, die die grüne Partei ebenso hartnäckig begleiten sollten wie zuvor die grünalternative Wahlbewegung. Die GRÜBI "*war in vielen Bereichen eine Spielwiese für Menschen, die halt mit Hierarchien, Autoritäten, Mehrheiten (...) nicht wirklich glücklich umgehen konnten*".[31] Ali Gronner, der sich vom einstigen Linksradikalen zum Klerikal-Liberalen mit einer Vorliebe für den altösterreichischen Kulturraum der Donaumonarchie wandelte, fand hier ebenso sein Auskommen wie anarchistische Freiwirtschaftler in der Tradition Silvio Gesells oder wie der Arbeitskreis "Green Spirit", der an der Symbiose spiritueller Lebenshaltungen mit grüner Politik werken wollte, oder die "Christen und Grüne", die dabei der katholischen Konfession den Vorzug gaben. Die Bildungsarbeit der Partei gestaltete sich dabei als nicht sonderlich effizient. Zum einen wurde bei der Projekt- und Subventionsvergabe das Gießkannenprinzip praktiziert, zum anderen ein beträchtlicher Teil der Mittel zur Saturierung der mit organisatorischer Arbeit befaßten Partei-Klientel verwendet. Ein bildungspolitisches Konzept, das über die banalste Klientelförderung hinausgereicht hätte, vermochte die GRÜBI nicht zu erarbeiten. Vor allem aber trieb sie den bei den Grünen traditionell beheimateten Föderalismus geradezu auf die Spitze. Sie gliederte sich in neun Länderbüros neben dem Bundesdachverband, neun Landesvorstände wollten bei der Formulierung der GRÜBI-Politik mitreden, und - für die Partei besonders gewichtig - die GRÜBI interpretierte ihre Position zusehends als grundsätzliche Eigenständigkeit gegenüber der Partei. Diese hatte nach ihrer Sichtweise allenfalls die bloß formelle Kompetenz, die GRÜBI als ihren Bildungswerber zu benennen, ansonsten sollte sie aber völlig souverän agieren können. Diese Aufspaltung des grünen Projekts in eine Art Bündesystem,[32] wie Johannes Voggenhuber treffend meinte, mußte zwangsläufig zu Reibereien führen. In der Frage der Reformprioritäten der grünen Partei sollte die Bildungswerkstatt stets einen prominenten Platz einnehmen, zumal ihre finanzielle Dotierung nach der 1987 erfolgten Kürzung der Parteienfinanzierung jene der politischen Partei überstieg.

Die grüne Bundespartei basierte auf dem Prinzip der Einzelmitgliedschaft und nicht mehr wie zuvor die Alternative Liste auf der Mitgliedschaft von autonomen Landesorganisationen. Dennoch war es vor der Abhaltung des ersten Bundeskongresses notwendig, Landesorganisationen zu konstituieren, weil sich ja die Zusammensetzung des Delegiertenschlüssels für den Bundeskongreß von der Bildung der einzelnen Landesverbände ableitete. Man drängte daher zu ihrer raschen Etablierung. Peter Pilz plädierte sogar dafür, daß dort, wo es noch keine gemeinsamen Landesorganisationen gäbe, die Gremien und Delegiertenplätze durch die jeweiligen Bündnispartner zu besetzen seien.[33] In den Ländern wurde dieser Vorschlag in der Regel nicht aufgegriffen, er wäre auch nicht sonderlich praktikabel gewesen, hätte die Lage unnötig kompliziert und insbesondere den Vereinten Grünen nur vermehrtes Selbstvertrauen eingeflößt. Auch war die Situation in den einzelnen Bundesländern höchst verschieden. Dementsprechend unterschiedlich war auch die Herangehensweise, mit der die einzelnen Landesverbände gebildet wurden.

Auf Länderebene ergaben sich im Parteibildungsprozeß spezifische Verzögerungen, die aus der Art und Weise, wie man das zentrale Bundesparteiprojekt etablierte, resultierten. Zum einen mußte die Eliminierung der *Wiener* Strömung dort, wo diese auch landesweit verankert war, fortgeführt oder abgesichert werden, zum anderen mußten sich die Regelungslücken des "Grundsatzvertrages" hinsichtlich der Behandlung des VGÖ-Problems auf Landesebene auswirken. Die Vereinten Grünen hatten sich ja im Unterschied zur Bundesebene analogen Vereinheitlichungsbestrebungen in den Bundesländern mit gutem Grund entzogen. Was auf Bundesebene mithin bereits vollzogen war, manifestierte sich in den Ländern als Handlungsbedarf.

Am kompliziertesten gestaltete sich die Situation in Oberösterreich. In der oberösterreichischen Sammelbewegung waren die Sekundanten der Meissner-Blau-Linie stets in der klaren Minderheit gewesen, zentristische Strömungen und Sympathisanten der *Wiener* Linken bildeten ihnen gegenüber die Mehrheit. Zu guter Letzt stellten ausgerechnet die Vereinten Grünen in ihrem Stammland die quantitativ stärkste Gruppierung im grünalternativen Lager. Nur gemeinsam mit ihnen wäre daher eine Umkehrung der Kräfteverhältnisse denkbar gewesen. Da diese selbst aber von einer Beteiligung an weiteren Einigungsverhandlungen nichts mehr wissen wollten und den Kurs ihrer Eigenständigkeit forcierten, *"ergaben sich Mehrheitsverhältnisse, die nicht mehr die Bewegung repräsentieren."*[34] Aufgrund dieser eigenwilligen Interpretation der Grünen Alternative verzögerte sich die Bildung einer Landesorganisation nicht nur bis nach ihrem ersten Bundeskongreß. Die Minderheitstendenz, die hier die grüne Parlamentspartei repräsentierte, konnte sich angesichts dieser Konstellationen auf Dauer dem Druck auf "Öffnung" und Integration nicht verweigern.

Ähnlich wie zuvor im Herbst 1986 im Einigungskomitee auf Bundesebene versuchte die Meissner-Blau-Fraktion zunächst, die Repräsentanten des *Wiener* Kurses auf oberösterreichischem Boden, insbesondere ALÖ-Geschäftsführerin Doris Eisenriegler, auf demokratische Art und Weise aus der künftigen Landesorganisation zu drängen. Entsprechenden Ausschlußanträgen war jedoch auf den ersten Versammlungen der Einigungsbewegung ("Die Grünalternativen") - in Oberösterreich hielt man im Unterschied zur Bundespartei am Kontinuitätsgedanken der "grünen Einigung" fest - kein Erfolg beschieden. Ausschlaggebend dafür war die eminente politische Schwäche der Grünen Alternative im Lande ob der Enns. Die Partei hatte - wie in ganz Österreich - aufgrund der Spaltung des Jahres 1986, einer Serie von Wahlniederlagen seit 1987, aber auch wegen der politischen und organisatorischen Unprofessionalität ihrer Funktionäre sowie eines teilweisen Mitgliederschwunds bald die Talsohle grüner Attraktivität erreicht. So wurde auch hier schlußendlich - freilich hauptsächlich mit Blickrichtung auf die Vereinten Grünen - eine "*Resolution des guten Willens*" (März 1988) verfaßt, mit dem illusionslosen Einbekenntnis: "*Die Grüne Alternative (GA) OÖ ist derzeit nur ein Teil der grün-alternativen Bewegung in OÖ. - Die derzeitige Teilung auf drei Grün-Parteien (GA, VGÖ, Grün-Alternativen) stellt einen schleichenden Selbstmord dar. Diese Teilung gilt es zu überwinden.*"[35] Im August 1988 hatte die Landesorganisation gerade fünfzig Mitglieder, stellte aber im Zuge ihrer Annäherungspolitik mit Rudi Anschober bereits einen gemeinsamen Pressesprecher von Grüner Alternative und Grünalternativen (GAL).[36] Im Juni 1989 schließlich konnte die erfolgreiche Fusion der beiden Gruppierungen verkündet werden. Der Vorstand der Grünen Alternative Oberösterreich wurde paritätisch besetzt, während Verhandlungen mit Buchner ergebnislos geblieben waren[37] und auch weiter bleiben sollten.

Auch in Kärnten vermochte man es nicht, vor dem konstituierenden Bundeskongreß formell eine Landesorganisation ins Leben zu rufen. Die Kongreßdelegation wurde hier im Einvernehmen der unterschiedlichen Strömungen, die Vereinten Grünen ausgenommen, von einem "*Plenum*" gewählt.[38] Die Kärntner Gruppe konnte auch später keinen ausreichenden Zusammenhalt erreichen, um ein funktionierendes Parteileben zu garantieren. Zu außergewöhnlich war in Österreichs südlichstem Bundesland die externe wie grüninterne politische Konstellation. Im Kärntner Deutschnationalismus, dem die regionalen Ableger der etablierten Parteien mit einer entsprechenden Tönung durchwegs ihre Referenz erwiesen, im politischen Stammland der rechtspopulistischen Freiheitlichen versuchten die Vertreter der Grünen Alternative, eine prononcierte Minderheitenpolitik zu betreiben. Konkret hieß dies, daß die Kärntner Grünpartei wie schon zu ALÖ-Zeiten von der "Kärntner Einheitsliste" (KEL), dem christlich-konservativen Ableger der karantanischen Slowenen, und deren Ideologie dominiert wurde. Die Kärntner Grünen konnten mit dieser exzentrischen Haltung in der medialen Öffentlichkeit auf Punktegewinn nicht zählen, während der Zugang der slowenischen Minderheit zur grünen Partei selbst immer nur ein instrumenteller blieb.[39] Die "Kärntner Einheitsliste" war so ihrerseits an ausgeprägten Strukturen der Grünpartei nicht interessiert. Zudem begann man in Kärnten später an einer Umpolung der Minderheitenpolitik der Bundespartei zu laborieren. Die "Rosagrünen" trachteten nämlich - und letztlich erfolgreich - danach, der zu konservativen KEL den Vertretungsanspruch der österreichischen Minderheiten im Rahmen der grünen Partei streitig zu machen, und favorisierten an ihrer Stelle einerseits den sozialdemokratischen Ableger der Kärntner Slowenen ("Zentralverband") bzw. die ebenfalls SPÖ-nahen burgenländischen Kroaten. Die Kärntner Parteiorganisation schlitterte angesichts dieser veränderten Rahmenbedingungen dem strukturellen Zusammenbruch entgegen.

In den anderen Bundesländern gelang wenigstens formell die Gründung eigener Landesparteiorganisationen vor dem ersten Bundeskongreß der Grünen Alternative, wenngleich teilweise ganz ähnliche Identifikationsprobleme auftraten wie in Oberösterreich und Kärnten. Es muß zudem berücksichtigt werden, daß der Aufbau der neuen Grünpartei in den östlichen Bundesländern (Wien, Niederösterreich, Oberösterreich) durch Kräfte vorgenommen wurde, die innerhalb der grünalternativen Bewegung nur eine minoritäre Tendenz darstellten. In Niederösterreich geschah die Konstituierung der Landesorganisation der Grünen Alternative und ihrer Gremien faktisch unter Ausschluß der alternativen Mehrheitsströmung der Wahlbewegung. Auf einer außerordentlichen Landesversammlung im Dezember 1986, die eher einer Geheimsitzung ausgesuchter Personen glich, wurde ein Parteivorstand bestellt. Seine Mitglieder stammten zur Gänze aus dem Industrieviertel, wo sich im Zuge der vergangenen Einigungsbewegung allein Mehrheiten für Freda Meissner-Blau gefunden hatten.[40] Diese politische Schwäche der Grünen Alternative weitete sich später zu einer strukturellen aus. Noch Jahre danach war die Grüne Alternative Niederösterreich in den übrigen Landesvierteln kaum verankert.

Die Bestätigung des ersten niederösterreichischen Landesparteivorstands erfolgte auf einer Landesversammlung Ende Jänner 1987, auf der wiederum nur die Unterzeichner von Unterstützungserklärungen der "Liste Meissner-Blau" stimmberechtigt waren.[41] Die Satzung,[42] die vom Parteivorstand ausgearbeitet worden war und auf einer Unterstützer-Versammlung im Jänner 1987 beschlossen wurde, präsentierte sich als ein klassisches Demokratieverhinderungsstatut, worin - ganz im Unterschied zu jenem der Bundespartei - sämtliche alternativen Strukturprinzipien eliminiert worden waren. Ähnlich wie in der Bürgerinitiative Parlament sollte der Parteivorstand die demokratische Organisation substituieren. Die Vertreter Meissner-Blaus, die noch im Sommer 1986 das Statut der Sammelpartei BIP-NÖ/GAL-NÖ mitgestaltet und mitgetragen hatten, beseitigten nun auf einen Streich die Frauenparität, die Öffentlichkeit der Sitzungen, das imperative Mandat, die Ortsgruppenautonomie und die Rotation. Das Statut beschnitt in empfindlicher Weise die Finanz- und Personalhoheit des Landeskongresses. Vieles wurde darüberhinaus absichtlich unklar und ungeregelt belassen, damit der Parteivorstand dieses Vakuum selbst ausnützen konnte. Mit der Schaffung eines eigenen "Landesplenums" zur Kür von Kandidaten wurde garantiert, daß bei der Listenerstellung für Landtagswahlen nur politisch opportune Kandidaten Chancen hatten. Gleichzeitig wurde dadurch den Parteimitgliedern[43] die alleinige Verfügungsgewalt über die Listenbildung entzogen, denn auf den Landesplena hatten auch selektierte, nach Kriterien der politischen Zuverlässigkeit ausgewählte Nichtmitglieder der Partei, etwa Vertreter von bestimmten Bürgerlisten, aktives und passives Stimmrecht.[44] Mit diesen rigiden Vorsichtsmaßnahmen sollte in Niederösterreich - nach Wien deren politisches Stammland - einer möglichen Infiltration durch die *Wiener* Linken vorgebeugt werden.

In Wien selbst übernahm die Gewerkschaftliche Einheit (GE) im Herbst 1986 faktisch die Wiener Liste Freda Meissner-Blaus. Nach dem linken Aderlaß, der die Wahlbewegung gerade in der Bundeshauptstadt am spürbarsten geschwächt hatte, hatte es die Gewerkschaftliche Einheit "*als Minderheit in Anspruch genommen, aus politischen Überlegungen und aus inhaltlichen Überlegungen, diese 'Liste Freda Meissner-Blau' weiterzuführen.*"[45] Daneben zählten allenfalls noch einige Mitglieder der suspendierten ehemaligen VGÖ-Wien zu ihren nachgeordneten politischen Repräsentanten. Der Vorstand der im Dezember 1986 konstituierten Landespartei wurde von der GE dominiert, die mit Herbert Brunner auch den politischen Sekretär der Partei in ihren Reihen wußte.[46] Gewerkschaftliche Einheit wie ehemalige VGÖ-Mitglieder bildeten in der Wiener Organisation die entschiedene Hauptfront gegen eine Öffnung der Landesorganisation nach links. Das Gros der ehemaligen ALW- und GRAS-Aktivisten blieb außen vor. Die Partei zählte im Dezember 1986 215 Mitglieder.[47] Zum Vergleich: Die GRAS-Wien, der sich ja überdies ein Teil der damaligen ALW-Aktivisten nicht zugehörig fühlte, kam allein im Herbst 1986 auf an die 400 Mitglieder. Auch in Wien hatte also die Spaltung der Einigungsbewegung eine Halbierung der personellen Basis in der Wahlbewegung gebracht. Wie in Niederösterreich betrieb die Grüne Alternative in Wien ebenfalls eine selektive Politik der Mitgliederaufnahme. Auch hier wurden in der Regel nur Unterstützer der Meissner-Blau-Kandidatur zugelassen, Interessierten mit einem gewissen Naheverhältnis zu den *Wienern* blieb die Mitgliedschaft zumindest anfangs verwehrt. Die *Wiener* Linke selbst propagierte ihrerseits recht erfolgreich den organisatorischen Boykott der von ihr als Liste Freda Meissner-Blaus verspotteten Partei.[48] Zuletzt verunmöglicht wurde eine Integration der Alternativen Liste Wien bei gegenseitigen Gesprächen bezüglich der Landtagswahlen im Herbst 1987. Offizielle Parteienverhandlungen wurden keine geführt. Die Grüne Alternative bot der ALW bloß auf informeller Ebene an, daß ihre Mitglieder auf den Bezirksratslisten der Grünen Alternative, also auf rein kommunaler Ebene kandidieren könnten. Prominente Plazierungen von ALW-Mitgliedern für den Gemeinderat (der Wiener Entsprechung des Landtags) schlossen die Repräsentanten der Grünen Alternative kategorisch aus.[49] So wurde erneut die bedingungslose Unterordnung gefordert, die Abwendung der Linken von der grünen Wahlpartei zu einem Zeitpunkt beschleunigt, wo für diese der systemkonforme Charakter der grünen Wahlbewegung noch nicht endgültig ausgemacht schien.

Einen Hinweis auf die politischen Stärkeverhältnisse im Bundesland Salzburg gab bereits der Umstand, daß sich die dortige Landesorganisation der Grünen Alternative Ende Jänner 1987 als "Bürgerliste Salzburg-Land" konstituierte. Die Bürgerliste, später zusätzlich ihr Landtagsklub, dominierten auch hier das Erscheinungsbild der grünen Partei. Auch die Bürgerliste entwickelte eine eher instrumentelle Beziehung zur grünen Politik. Aktivisten der "Bürgerliste Salzburg-Land" mußten so feststellen, daß sich die "Bürgerliste Salzburg-Stadt" nicht wirklich zu den Grünen zählte.[50] Letztere war auch gar nicht an einer weiterreichenden Strukturierung der Landespartei interessiert, da eine Formalisierung der Organisationsstrukturen nur ihren Einfluß zugunsten der restlichen grünen Kommunalgruppen geschwächt hätte. Einen empfindlichen Einbruch bedeutete es in Salzburg ohnehin, daß die Bürgerliste bei den Gemeinderatswahlen vom 4. 10. 1987 in der Landeshauptstadt eine Halbierung ihres freilich fulminanten Ergebnisses von 1982 hinnehmen mußte. Damit pendelten sich auch in der Mozartstadt die grünen Stimmergebnisse auf das übliche städtische Niveau um die zehn Prozent ein. Die Bürgerliste kostete das freilich den Posten des Stadtrates, den Johannes Voggenhuber innegehabt hatte. Er wandte sich daraufhin der grünen Bundespolitik zu.

In Vorarlberg war die Situation insofern schwierig, als sich die Grüne Alternative hier gegen die Konkurrenz der Vereinten Grünen und der Alternativen Liste behaupten mußte, die beide im Landtag vertreten waren. Zwar engagierten sich manche Aktivisten sowohl bei der Alternativen Liste als auch bei der Grünen Alternative, dennoch hatte die Wiener Spaltung vom 4. Oktober auch tief ins Vorarlberger Grünlager ausgestrahlt. Eine Mehrheit der Alternativen Liste, die ja zudem ab Herbst 1987 durch die Person Herbert Thalhammers mit einem Repräsentanten der Linken im Landtag vertreten war, stand der Grünen Alternative ablehnend gegenüber. Kaspanaze Simma wiederum, das bekannteste Vorarlberger Aushängeschild grüner Politik, tendierte deutlich zum VGÖ-Abgeordneten Manfred Rünzler und somit ebenfalls in eine andere Richtung. Eine erfolgreiche Integration der Alternativen Liste Vorarlberg in die Grüne Alternative gelang hier erst im Zuge der Gespräche und Verhandlungen zur Landtagswahl 1989. Wie in Oberösterreich verweigerten sich aber auch in Vorarlberg die Vereinten Grünen wie gehabt einer Vereinheitlichung der Wahlbewegung auf Landesebene. Mit Simma als Zugpferd traten sie eigenständig zu den Landtagswahlen an, scheiterten aber.

Die Auswirkungen der Spaltung der Wahlbewegung auf Landesebene bekamen so die meisten Bundesländerorganisationen der Grünen Alternative mehr oder weniger deutlich zu spüren. Am geringsten oder nur bezüglich der Vereinten Grünen machten sich diese Defizite in der Steiermark, Tirol und dem Burgenland bemerkbar. Die Tiroler Ökologiebewegung hatte bereits vor der "grünen Einigung" des Jahres 1986 den Schritt zur organisatorischen Vereinheitlichung der Wahlbewegung vollzogen und blieb deswegen von den Auswirkungen des großen grünen Schismas relativ unberührt. Im Burgenland schaffte Pius Strobl gemeinsam mit der kroatischen Minderheitsvertretung den Aufbau einer kleinen, aber aktiven Landesorganisation. Die Steiermark litt ebenfalls kaum an der alternativen Spaltung der Wahlbewegung, äußerst problembelastet aber gestaltete sich das Experiment der gemeinsamen Wahlplattform mit den Vereinten Grünen, die schließlich ja auch aufgelöst wurde. Neben Tirol gab es nur in der Steiermark eine grünalternative Landesorganisation, die es vermocht hatte, über alle Turbulenzen der grünen Parteibildung hinweg die einmal aufgebauten Strukturen zu erhalten und Kontinuitäten zu wahren. Nicht umsonst sollten sich diese beiden Landesgruppen zu den Fundamenten der Bundespartei entwickeln.

Die steirische war auch die einzige unter den Landesorganisationen der Grünen Alternative, deren Satzungen dem Grundsatzvertrag der Grünen Einigung nicht nur nicht widersprachen, sondern die diesen auch nach einem alternativen Strukturverständnis auslegte. So fand sich im Statut das imperative Mandat ebenso wie eine gemilderte Rotationsbestimmung (zwei Funktionsperioden bei einmaliger Verlängerung bei qualifizierter Mehrheit)[51] oder eine Unvereinbarkeits-Bestimmung.[52] Außerdem war der Landesvorstand mit politischer Kompetenz ausgestattet. Er war *"entscheidungsbefugt im Rahmen des Programms und der Beschlüsse der Landesversammlung in allen Fragen, die aufgrund der Dringlichkeit nicht erst dem erweiterten Landesvorstand oder der Landesversammlung vorgelegt werden können."*[53] Die Satzung der steirischen Partei war damit deutlicher als jene aller anderen grünen Landesorganisationen noch den alten alternativen Strukturprinzipien verhaftet.

Der erste Bundeskongreß der Grünen Alternative fand vom 13. bis 14. Februar 1987 in Klagenfurt statt. Schon aus der Wahl des Tagungsortes ging hervor, daß es sich dabei nicht um eine verspätete Abhaltung des Hainburger Einigungskongresses handelte, sondern um die Gründungsversammlung einer neuen Grünpartei, die in Diskontinuität zur "grünen Einigung" des Jahres 1986 stand. Zusätzlich verweigerten auch die Vereinten Grünen Österreichs ihre Teilnahme an der Veranstaltung. Sie beriefen sich auf die - nie formell außer Kraft gesetzte - Vereinbarung der Drittelparität vom April 1986, was allerdings bedeuten mußte, daß sie in der Grünen Alternative den Rechtsnachfolger der Bürgerinitiative Parlament erblickten, was ja an sich unsinnig war. Als ihre Forderungen ignoriert wurden, traten sie zu einer eigenständigen, parallel abgehaltenen Versammlung zusammen. Solidaritätsbekundungen erhielten die Vereinten Grünen bloß vom Parteiführer der Freiheitlichen, Jörg Haider. Er erklärte im Vorfeld des Bundeskongresses, daß für die Mandatare der Vereinten Grünen *"im Rahmen einer Plattform Platz im FP-Klub"* wäre.[54] Im Jahr 1987 konnte

Haider durchaus erfolgreich in den Reihen der VGÖ wildern. Die Führungsspitze der niederösterreichischen Landesorganisation etwa, Parteivorsitzender Leopold Makovsky und Parteisekretärin Ilse Hans, wechselten zu den Blauen. Hans wurde 1988 sogar FPÖ-Landtagsabgeordnete.

Nach der Eliminierung der Linken hatte der Separatismus der Rechten zur Folge, daß von 183 vorgesehenen Parteitagsdelegierten nur 158 nominiert werden konnten.[55] Darunter befanden sich auch einige VGÖ-Mitglieder, die von Landesversammlungen der Grünen Alternative aufgestellt worden waren, aber von der Parteiführung der Buchner-Grünen nicht anerkannt wurden. Die (provisorischen) Landesversammlungen der Grünen Alternative verhielten sich in dieser Frage uneinheitlich. In Oberösterreich beispielsweise war die Nominierung eines Drittels der Delegierten den Vereinten Grünen überlassen worden, in der Steiermark hatte die alternative Landesversammlung selbst einen Blockvorschlag von VGÖ-Delegierten erstellt, Wien wiederum hatte den Proporz vollständig ignoriert. Jedenfalls führte die Frage der Fusion nunmehr bei den Vereinten Grünen selbst einen Bruch herbei.

So galt das Hauptaugenmerk der Medien bezüglich des Kongresses vor allem dieser Spaltung und weniger seiner eigentlichen Aufgabe, die Partei durch die Aufnahme von Landesorganisationen zu konstituieren, ihr ein Statut zu geben sowie Wahlen in die Parteifunktionen vorzunehmen und damit den Zustand der Provisorien in ein reguläres Organisationsleben zu überführen. Die Konstituierung der Bundespartei erfolgte zu Kongreßbeginn durch die Aufnahme der einzelnen Landesorganisationen und ihrer Delegierten, wobei im Fall Oberösterreich eine Gründung aufgrund der weiter oben geschilderten Konstellationen ausgeblieben war. Hier wurde also vorläufig nur den oberösterreichischen Delegierten Mitgliedschaft zuerkannt. Bis auf die Salzburger Organisation, die sich "Bürgerliste Salzburg-Land" nannte, und vorerst auch noch die Steirische Partei, die "Grün-Alternative Liste Steiermark", führten alle Landesgruppen die Bezeichnung "Die Grüne Alternative". Neben diesen wurde auch eine Vertretung der ethnischen Minderheiten in Österreich als Parteigliederung anerkannt.[56] Sie verfügten allerdings gegenüber den "regulären" Landesorganisationen auf dem Bundeskongreß nur über einen geringeren Sockel an Parteitagsdelegierten. Diese Konstruktion war von der Alternativen Liste Österreich übernommen worden. In der grünen Minderheitenvertretung konnte sich wie schon zu Zeiten der Alternativen Liste die konservative der beiden großen Kärntner Slowenenorganisationen, die "Kärntner Einheitsliste" (KEL), festsetzen. Erst später wurde die KEL durch eine Umorientierung in der Minderheitenpolitik der Bundespartei als grüner Faktor ausgeschaltet.

Die Beschlußvorlage zum Statut der auf Einzelmitgliedschaft basierenden Partei sah folgende Organe vor: den Bundeskongreß, den Bundesausschuß, den Bundesvorstand und das Schiedsgericht. Der Bundeskongreß war das *"oberste Entscheidungs- und willensbildende Gremium der Bundesorganisation"*.[57] Stimmberechtigt gehörten ihm 183 Delegierte der einzelnen Landesverbände und der ethnischen Minderheiten an, daneben waren auch die Bundesgeschäftsführung, der Bundesvorstand und die grünen Abgeordneten zum Nationalrat Teil des Kongresses. In seinen Kompetenzbereich fielen die Finanzhoheit der Partei, die Erstellung von Richtlinien für den Bundesausschuß und den Bundesvorstand, die Wahl der Mitglieder des Bundesvorstands, der Rechnungsprüfer sowie der Bundesgeschäftsführung. Mit Zweidrittelmehrheit befand der Bundeskongreß darüberhinaus über die Satzung, die Beteiligung an Wahlgängen, die Erstellung und Bestätigung der Wahllisten sowie des Programms der Partei.[58]

Der Bundesausschuß wurde - entgegen dem einschlägigen Passus des "Grundsatzvertrags" - als zentrales Gremium der Ländervertretung eingerichtet. Auf die Berücksichtigung einzelner Strömungen wurde kein Bedacht genommen, was politisch ja durchaus sinnvoll war. Er sollte kein Proporzgremium des strömungspolitischen Fraktionismus werden. Mit je drei Delegierten der neun Bundesländer sowie der ethnischen Minderheiten handelte es sich aber um ein relativ aufgeblähtes Organ, zumal auch die grünen Nationalräte, der Bundesvorstand, die Bundesgeschäftsführung und der Finanzreferent ohne Stimmrecht vertreten waren. Zwischen den Bundeskongressen stellte der Bundesausschuß das oberste willensbildende Organ der Bundespartei dar.[59] Auch faktisch war er, verglichen mit dem Bundesvorstand, das bedeutendere Parteiorgan.

Der Bundesvorstand setzte sich aus acht einzeln vom Bundeskongreß zu wählenden Personen zusammen,[60] wobei insbesondere im Hinblick auf dieses Gremium eine "Unvereinbarkeits"-Bestimmung beschlossen wurde, die den Strategen der Partei später noch schwer zu schaffen machen sollte: *"Mandatsträger im Nationalrat, im Landtag oder im Gemeinderat mit Städten mit mehr als 50.000 Einwohnern können nicht Mitglieder des Bundesvorstandes sein, desgleichen Personen, die in einem Anstellungsverhältnis zur GRÜNEN ALTERNATIVE bzw. zum grünen Klub oder zur Politischen Akademie stehen. Zwischen der Funktion in einem Landesvorstand und dem Bundesvorstand besteht Unvereinbarkeit."*[61] Politisch richtete sich diese Bestimmung vor allem gegen den Klub, dessen Repräsentanten dadurch ein formelles Übergreifen auf die Parteiinstanzen erschwert werden sollte.

In den Bundesvorstand gewählt wurden Ridi Unfried (Oberösterreich), Eva Hauk (Wien), Astrid Kirchbaumer (Tirol), Ulrich Gabriel (Vorarlberg), Miriam Wiegele (Burgenland), Christian Wabl (Steiermark), Jeanette Berger (Wien) und Werner Moidl (Niederösterreich) als Bundesfinanzreferent der Partei.[62] Seine Zusammensetzung hatte sich damit gegenüber dem alten, provisorischen Vorstand kaum geändert. Nur daß Pius Strobl im Wahlgang nicht unter die ersten acht gekommen war und somit aus dem Vorstand ausschied, mußte auffallen. Umso fundierter war daher auch die Verankerung der Länderautonomisten in diesem wichtigsten geschäftsführenden politischen Gremium der Partei.

Denn bezüglich der im Satzungsentwurf vorgesehenen Bundesgeschäftsführung traten die Differenzen in der Organisationsfrage in voller Schärfe zutage. Während die "Rosagrünen" und die Wiener Landesorganisation an einer starken Ausgestaltung dieses Amtes interessiert waren, sprachen sich die *Graz*-dominierten Länder, allen voran die Tiroler Parteiorganisation, mehrheitlich sogar überhaupt gegen seine Einführung aus; ihnen reichte der Bundesvorstand zur Vertretung der Partei vollkommen. Durchsetzen konnte sich schließlich eine zwischen Wiener und steirischen Delegierten ausgehandelte Kompromißvariante, die zwar die neu vorgeschlagene Bundesgeschäftsführung beließ, sie dabei aber dem Bundesvorstand weisungsgebunden unterstellte.[63] Für die Wiener Zentralisten, die GE, den Klub und sein Umfeld war das ein schlechter Kompromiß, aber politisch in der Bundesorganisation der aktuell einzig durchsetzbare. Immerhin sollte die Bundesgeschäftsführung, wie es ihrer Vorstellung entsprach, vom Bundeskongreß und nicht - wie einige Dezentralisten vorgeschlagen hatten - vom Bundesvorstand oder aus dessen Reihen gewählt werden. Formell machte das allerdings wenig Unterschied, denn was die Zentralisten als politische Führung der Partei installiert wissen wollten, wurde auch auf diese Weise zu einem politisch vollkommen ohnmächtigen Hilfsorgan des von den Länderautonomisten dominierten Bundesvorstands degradiert. Die Wahl zur Bundesgeschäftsführung brachte sodann Werner Haslauer und den Vorarlberger Manfred Stadelmann in den zweifelhaften Genuß, als organisatorisch-administrative Büttel des Bundesvorstands zu agieren.[64] Als die Partei infolge einer im März 1987 vom Parlament beschlossenen Reduktion der staatlichen Parteienfinanzierung in eine dramatische Finanzkrise schlitterte, wurde der eine der beiden Geschäftsführer, Manfred Stadelmann, kurzerhand entlassen, und Werner Haslauer mußte seine Arbeit, ohne jeden politischen Aktionsradius und mißtrauisch beäugt vom Vorstand, alleine verrichten.

Insgesamt erwies sich die Konzeption der obersten Parteigremien als nur wenig durchdacht. Sie erlaubte keine effiziente Entwicklung der Bundespartei. "*Die Folge des '87er'-Statuts war ja unter anderem auch die Bedeutungslosigkeit der Partei und die völlige Übergewichtung der Abgeordneten oder der Mandatarsstruktur.*"[65] Zwar war dieser Effekt der Dominanz der Mandatare durchaus nicht intendiert gewesen, aber im Sinne der gewünschten Schwächung der Bundespartei zugunsten der einzelnen Landesorganisationen war eine Konstellation, die eine strukturelle Konzentration und Hierarchisierung der Parteiorgane vermissen ließ, breiten Teilen der grünen Partei nicht unwillkommen. Mit dem Satzungsbeschluß und der Aufnahme der Landesorganisationen installierte der Klagenfurter Bundeskongreß eine Partei, die auch in ihren nationalen Gremien von Länderautonomisten dominiert wurde.

Andererseits war aber die Situation in den einzelnen Ländern - wie wir gesehen haben - selbst höchst unterschiedlich und zumeist unbefriedigend. Obzwar auf dem Papier das Prinzip der Einzelmitgliedschaften herrschte, konnte es sich in der Wirklichkeit der grünen Partei nicht durchsetzen. Nur anfangs, als sich die neue Partei gegen den im Wahljahr 1986 eliminierten linken Flügel der Wahlbewegung abschotten mußte, konnte sie Geschlossenheit wahren. Bald danach aber verschwammen - wie schon zuvor in der Alternativen Liste - die Kriterien zwischen Mitgliedern, Aktivisten und Sympathisanten. Die geringe Bindung der grünen Trägerschaft an die eigene Partei nötigte die Organisation schließlich, zum System der "offenen Versammlungen" zu schreiten, also Menschen, die formell keine Parteimitglieder waren, positive Entscheidungskompetenz über die Parteipolitik und Parteiinterna einzuräumen. Die Schwächung der Zentralinstanzen resultierte so auch aus der Mangelhaftigkeit der parteiinternen Bindestrukturen. Der spätere Bundesgeschäftsführer Franz Floss mußte einbekennen: *"Die Grünen sind also das Gegenteil einer Mitgliederpartei. Ich habe mich bemüht, als Bundesgeschäftsführer Mitgliederstatistiken aufzufinden. Es gibt sowas nicht, manche Länder können gar nicht sagen, ob sie Mitglieder haben."*[66] Als politische Profiteure des Föderalismus und Dezentralismus erwiesen sich anfangs allein die Tiroler und die steirische Partei. Sonst aber präsentierte sich die Grüne Alternative als föderalistische Länderpartei, deren einzelne Landesorganisationen überwiegend kein funktionierendes, anziehendes innerparteiliches Organisationsleben entwickeln konnten. Eine paradoxe Situation - die Partei am Kopf geknebelt, an den Gliedern amputiert!

Die Nationalratswahlen 1986 hatten zwar eine einheitliche grüne Fraktion ins Parlament, nicht aber die Grün-Alternativen einer organisatorischen Vereinheitlichung nähergebracht. Der linke Flügel der Wahlbewegung war bereits im Zuge des Wahlantretens eliminiert worden, der rechte Flügel hegte zu keinem Zeitpunkt ein wirkliches Interesse an einer Parteienfusion. Die Vereinten Grünen verdeutlichten durch ihr politisches Verhalten unmittelbar nach den Nationalratswahlen, daß sie nicht im Traum daran dachten, mit den *Grazern* und "Rosagrünen" zur Grünen Alternative zu fusionieren. Sie sahen mit der Erstellung der Nationalratsliste, auf der ihnen ein Drittel der aussichtsreichen Listenplätze zuerkannt worden war, die Vereinbarungen des Kandidaturprojekts und des Paritätenpakts erfüllt und leiteten für ihre Partei keine weiteren zwingenden Verbindlichkeiten ab. Wo sie überdies in gemeinsamen Plattformbündnissen der Grünen und Alternativen in Landtagen vertreten waren, kündigte sich die Spaltung an (Steiermark - hier blockierte der VGÖ-Abgeordnete Korber die gemeinsame Verwaltung von Förderungsgeldern und verweigerte Schritte zur Fusion) oder war bereits de facto vollzogen (Vorarlberg - hier opponierten oder paktierten die "alternativen" Abgeordneten gemeinsam mit den Vereinten Grünen gegen die Alternative Liste). Auf Bundesebene konfrontierten die Vereinten Grünen die Grüne Alternative unter Berufung auf den Grundsatzvertrag bald mit der Forderung nach Erfüllung der Paritäten. Sie beanspruchten ein Drittel der Parteigelder, ein Drittel der Kongreßdelegierten und ebenso die proporzmäßige Besetzung sämtlicher Bundes- und Landesgremien. Ideologisch begleitet war diese Taktik von einem deutlichen politischen Rechtsruck. Die traditionell rechtsstehenden Landesorganisationen Niederösterreichs und Kärntens hatten ihre Bindungen zur Bundespartei gelockert. Sie hatten Buchner de facto schon während des Nationalratswahlkampfes die Loyalität aufgekündigt. Die Kärntner Gruppe unter der Landesparteivorsitzenden Monika Jesse trat zu einer erfolglosen Eigenkandidatur an, die Niederösterreicher unter Hermann Soyka riefen dezidiert dazu auf, die Grüne Alternative nicht zu wählen.[67] Der erste Parteitag der Vereinten Grünen nach den Wahlen brachte für Josef Buchner die Bewährungsprobe. Der harte Kern der Vereinten Grünen - ein kleinerer Teil hatte bereits zur Grünen Alternative gewechselt - präsentierte nun die Rechnung für die im Zuge der Einigungsverhandlungen seiner Meinung nach zu weit gehenden Konzessionen der Parteiführung. Buchner geriet in Bedrängnis, er wurde auf der Bundesversammlung der Vereinten Grünen im Jänner 1987 - ohne daß ein Gegenkandidat angetreten wäre - nur mit beschämenden 60 Prozent der Stimmen als Parteivorsitzender wiedergewählt.[68]

Auf der anderen Seite begann die Grüne Alternative gleich unmittelbar nach den Nationalratswahlen, massiven Druck in Richtung einer Parteienfusion zu entfachen. Sie konnte sich in ihrer Argumentation einen schwerwiegenden politischen Fehler der Vereinten Grünen zunutze machen. Als nämlich die am 25. November zusammengetretene "Zukunftssitzung" befand, daß die Bündnisphase ab sofort beendet wäre, und der Eintritt der Phase der gemeinsamen Organisation beschlossen wurde, protestierten die anwesenden Vertreter der VGÖ zwar gegen diese Vorgangsweise, beteiligten sich aber dann doch an den Wahlen in die provisorischen Gremien.[69] Mit Eva Hauk, Werner Moidl und Wolfgang Pelikan im neunköpfigen provisorischen Bundesvorstand und Eva Hauk zudem als Mitglied der dreiköpfigen Bundesgeschäftsführung war nach Ansicht der Grünen Alternative die Paritätsforderung der VGÖ erfüllt worden. Aus der aktiven Teilnahme der Vereinten Grünen an der Versammlung und den erfolgten Gremialwahlen leitete die Parlamentspartei ab, daß die VGÖ die entsprechende Kompetenz und Legitimität der "Zukunftssitzung" anerkannt hätten. Die Funktionäre der Grünen Alternative konterten daher spätere Reklamationen der Vereinten Grünen auf die Einhaltung der Paritätsvereinbarungen immer mit dem Verweis, daß die Bündnisphase ja doch im beiderseitigen Konsens für beendet erklärt worden wäre.[70] Freilich hatte diese konsensuelle Entschließung wie auch die Erfüllung der Paritäten auf der "Zukunftssitzung" einen kleinen Schönheitsfehler aufzuweisen: Die gewährte Parität war keine! Denn Werner Moidl und Eva Hauk, wiewohl formell Mitglieder, ja sogar Funktionäre der Vereinten Grünen, waren bereits zur Grünen Alternative konvertiert und verhielten sich gegenüber ihrer alten Partei nicht mehr loyal. So verblieb allein Wolfgang Pelikan als vereinzeltes grünes Feigenblatt in den neuen Parteigremien.

Eine konsensuelle Beendigung der Bündnisphase wäre zudem nach den Beschlüssen des "Hainburger Einigungskomitees" und dem Wortlaut des Grundsatzvertrags freilich nur durch das Zusammentreten des wiederholt verschobenen "Hainburger Einigungskongresses" möglich gewesen. Nur dieser bzw. auch eine konsensuelle Entschließung der verschiedenen Einigungskomitees hätten legitimerweise ein Ende der Übergangsphase bringen können. Tatsächlich lief die Interpretation seitens der

Vertreter der Grünen Alternative, mochte sie auch auf holprigen Beinen stehen, darauf hinaus, daß mit der selektiv einberufenen "Zukunftssitzung" "*formal sozusagen in verkleinerter Form dieser Hainburger Kongreß quasi gemacht worden*" wäre.[71]

Die Vorkommnisse bei der Konstituierung der Landesorganisationen der Grünen Alternative führten den Vereinten Grünen nicht weniger deutlich vor Augen, was eine Fusion für sie bedeutet hätte. Bei der Gründungsversammlung der Wiener Partei etwa fand sich im gewählten dreizehnköpfigen Vorstand kein einziger VGÖ-Vertreter, und auch unter den Delegierten zum Bundeskongreß waren die Vereinten Grünen nicht dem Grundsatzvertrag entsprechend vertreten - es waren ganz einfach die Mitglieder des Wiener Landesausschusses der Grünen Alternative nominiert worden. Wolfgang Pelikan machte gegen diese Vorgangsweise im Bundesvorstand Protest geltend.[72] Die Bundesparteiführung der Grünen Alternative versuchte nach der Wiener Landesversammlung hinsichtlich des Konsenses zur "Einigung" ein weiteres Präjudiz zu schaffen. Man bot den Vereinten Grünen an, die Zusammensetzung der dort gewählten Gremien und Funktionen dahingehend zu korrigieren, daß die Vereinten Grünen einen Blockvorschlag präsentieren sollten, aus dem eine Wiener Landesversammlung die Delegierten der Vereinten Grünen zum Bundeskongreß wählen würde. Das hätte geheißen, "*daß man der GA Wien die Möglichkeit der Wahl der VGÖ-Delegierten einräumte, was an sich ein ziemlich bedenkliches Präjudiz für eine Fusionierung bedeutet hätte.*"[73] Doch die Wiener Landesversammlung selbst gab nichts auf derlei taktische Spitzfindigkeiten und verwarf all diese Überlegungen; eine Berücksichtigung von VGÖ-Delegierten wurde in keiner wie auch immer gearteten Weise praktiziert.

Die Sieger des vierten Oktober gingen so daran, der Rechten mit den von der Linken konzipierten Strukturen den Garaus zu machen. Die statutarischen Vorgaben des Vertragspapiers, auch wenn es von den Vertretern der Grünen Alternative deformiert zur Anwendung gebracht wurde, waren nicht ohne Absicht so konzipiert worden, daß sie den Vereinten Grünen keinerlei Spielraum beließen. Die indviduellen Mitglieder und Repräsentanten der Vereinten Grünen konnten dabei durchaus in die neue Partei kommen, klar war nur, daß sie in dieser auf Dauer keine leitenden Funktionen einnehmen konnten. Das Absinken ihrer ehemaligen Repräsentanten ins Glied drittrangiger Funktionäre der Grünen Alternative war in der Regel vorgezeichnet, wie etwa das Los der ehemaligen stellvertretenden VGÖ-Generalsekretärin Eva Hauk, immerhin die langjährige Nummer drei in Buchners Kader, schlagend bewies. Nur die oberösterreichische Grüne Alternative um Ridi Unfried wäre bereit gewesen, den Vereinten Grünen die wirkliche Parität zu garantieren, doch blieb dieser politische Extremstandpunkt kraß in der Minderheit. Zumal die Frage des Eintritts und der Mitgliedschaft bei der Grünen Alternative ohnehin eine weitere Spaltung der Vereinten Grünen brachte, weil etliche ihrer Mitglieder und Funktionäre die politische Abschottung gegenüber der Parlamentspartei nicht mittrugen und zu dieser überwechselten. Werner Moidl etwa, der durchaus zum rechten Flügel der Vereinten Grünen Niederösterreichs zu zählen war,[74] avancierte mit der Protektion von Pius Strobl zum langjährigen Finanzreferenten der Grünen Alternative Österreich.

Den Vereinten Grünen blieb angesichts dieser Konstellationen gar nichts anderes übrig, als sich weiterhin abzuschotten und - sich der Aussichtslosigkeit des Unterfangens durchaus bewußt - die Einhaltung der Paritäten zu fordern. Zunehmende Brisanz erhielt dieses politische Geplänkel im Vorfeld des ersten Bundeskongresses der Grünen Alternative. Die Vereinten Grünen begannen jetzt auch demonstrativ, getrennt von den Gremien der Parlamentspartei zu tagen. Am 9. Dezember 1986 beschloß der Bundesausschuß der Vereinten Grünen offiziell, die Vereinten Grünen als selbständige politische Gruppierung weiterzuführen.[75] Der Bundesausschuß am 11. Jänner 1987 präzisierte dann diese grundsätzliche Entscheidung. Von der Grünen Alternative wurde ein vollinhaltliches Bekenntnis zum Grundsatzvertrag gefordert und ihr mitgeteilt, "*daß KEIN Landesverband der VGÖ für die Anerkennung einer Landesorganisation der Grünen Alternative die erforderliche Zustimmung erteilt.*"[76] Weiters forderten die Vereinten Grünen die Drittelparität für Wahllisten und innerparteiliche Funktionen mit autonomer Nominierung ihrer Kandidaten gemäß dem "BIP-VGÖ-Pakt" vom April 1986 sowie ein Drittel der öffentlichen Mittel der Grünen Alternative.[77]

Die unsichere legitimatorische Basis der Grünen Alternative wurde auch in den unterschiedlichen Argumentationen deutlich. Pius Strobl und Peter Pilz pochten darauf, daß die Konsensphase auf der "Zukunftssitzung" einstimmig für beendet erklärt worden wäre und daß mit dem Bundesausschuß und dem Bundesvorstand die Organe der Phase der gemeinsamen Organisation bestellt worden seien.[78] Sie wollten damit den demokratischen Anschein gewahrt sehen. Der Bundesausschuß der Grünen Alternative hingegen verzichtete auf solche legitimatorischen Verweise gleich zur Gänze. Gegenüber den Forderungen der Vereinten Grünen stellte er lapidar fest: "*Für uns stellt die NR-Wahl v. 23.11.1986 den Tag (Beweis) der Einigung dar*".[79] Er erklärte mit der Nationalratswahl 1986 die Arbeit des Einigungskomitees bzw. der Koordinationsgruppe sowie die Dauer der Konsensphase für beendet.[80]

Die Berufung auf den Grundsatzvertrag, selbst schon ein defensives Argument, brachte den Vereinten Grünen keinen politischen Nutzen. Sie erklärten angesichts der starren Haltung der Grünen Alternative, den ersten Bundeskongreß der Partei nicht beschicken zu wollen und drohten mit gerichtlichen Schritten. Erwartungsgemäß ließen sie auf ihrer Bundesversammlung am 17. Jänner 1987 für ihre Mitglieder grundsätzlich keine Doppelmitgliedschaften zu. Diesen wurde damit ein statutenkonformer Beitritt zur Grünen Alternative verunmöglicht. Damit verstießen sie aber ihrerseits zumindest gegen die Intentionen des Grundsatzvertrags.[81] Auch ein Antrag auf die Zulassung individueller Ausnahmebestimmungen fand nicht die erforderliche

Mehrheit, womit der paradoxe Fall eintrat, daß der Parteivorsitzende Josef Buchner selbst gegen das eigene Parteistatut verstieß. Denn als Mandatar der Parlamentsfraktion der Grünen Alternative hatte er eine Mitgliedschaftserklärung unterzeichnet.[82]

Die von Wolfgang Pelikan am Klagenfurter Gründungskongreß der Grünen Alternative eingebrachten Anträge der Vereinten Grünen wurden dort nicht einmal abgestimmt; es wäre auch peinlich gewesen, die darin geforderte Einhaltung der "Grundsatzvertrags"-Bestimmungen ablehnen zu müssen. Der Block der sechzig gemäß der Parität von den Vereinten Grünen reklamierten Delegierten hielt daraufhin in Klagenfurt eine Parallelveranstaltung ab. Sie verabschiedeten eine Erklärung, in der sie die Unrechtmäßigkeit dieses ersten Bundeskongresses der Grünen Alternative behaupteten.[83] Zusätzlich reichten die Vereinten Grünen nun wirklich eine Klage ein, die die gerichtliche Annullierung der Beschlüsse des ersten Bundeskongresses der Grünen Alternative bezweckte.[84] Ausgerechnet ein Bezirksgericht sollte über die Berechtigung politischer Beschlüsse befinden! Der Bruch mit der Partei war damit auch öffentlich vollzogen. Der Bruch mit dem Klub mußte zwangsläufig folgen.

Die Konstituierung der Grünen Alternative brachte den Hegemoniestreit über die Ausformung des politischen Charakters der Wahlpartei zum Endpunkt. In dieser Hinsicht war grünalternative Politik bislang hauptsächlich nach innen gerichtet gewesen. Sie hatte bedeutet, sich je nach Zugehörigkeit gegen die konkurrierenden Strömungen im grünalternativen Lager zu behaupten, interne Bündnispolitik zu betreiben oder strategische und taktische Positionen auf dem Weg der Vereinheitlichung der Wahlbewegung zu entwickeln. Die grüne Wahlpartei gliederte sich in drei voneinander relativ unabhängige Segmente, in denen sich die unterschiedlichen "Strömungen" festgesetzt hatten: In der Parteiorganisation saß das alternative Potential, im Klub die Links- oder Öko-Liberalen, und in der Bildungswerkstatt hatte sich der politische Obskurantismus eingenistet. Im parteiinternen Jargon sprach man vom Modell der "drei Kirchtürme". Bevor die grünalternative Wahlbewegung den Durchbruch in parlamentarische Gefilde gefunden hatte, hatte sich grünalternative Politik nach außen hauptsächlich über die Ankoppelung an soziale Bewegungen (alternatives Modell) artikuliert, oder es wurde die mangelnde faktische politische Relevanz durch medialen Rückhalt (grünes Modell) kaschiert. Im Prozeß ihrer Ausdifferenzierung gelang es den Grünen und Alternativen aber, sich sukzessive in den Kommunen zu etablieren. Die Vertretung in Gemeinderäten brachte ihnen die ersten parlamentarischen Erfahrungen auf unterster Ebene. Damit freilich konnte sich neben den alternativen Bewegungs- und den grünen Medienpolitikern ein weiterer Typus des grünalternativen Funktionärs entwickeln und entfalten - der seriös-konstruktive grüne Kommunalpolitiker.

Mit der erstmaligen Vertretung im Nationalrat wurde dieses Bild um ein weiteres Moment bereichert. Nicht nur von unten, von den Kommunen, erhielt der alternative Bewegungspolitiker durch den konstruktiv-grünen Sachpolitiker Konkurrenz; auch von oben, von der höchsten Ebene parlamentarischer Repräsentation, trat dieser als "Realpolitiker" bezeichnete grüne Sozialcharakter nunmehr in Erscheinung. Hatte die Realpolitik bereits an der Konstituierung der grünen Wahlpartei einflußreich mitwirken können, so sollte sich diese Einflußnahme in der Phase der Orientierung verstärken. Noch ging es nicht darum, das Wesen der Wahlpartei den gesellschaftlich dominierenden Bedürfnislagen anzupassen, was konkret nichts anderes bedeutete, als dem linksliberalen Gehalt grüner Politik auf allen Ebenen nachhaltig zum Durchbruch zu verhelfen. Vielmehr mußte die gesellschaftspolitische Verortung der Grünen von der Realpolitik selbst erst erfahren, registriert und gefunden werden. Die Realpolitik selbst betrat ein für sie politisches Neuland, in dem es sich zurechtzufinden galt.

Nach ihrem Einzug ins Parlament konnte die Grüne Fraktion mit einer gesteigerten Aufmerksamkeit der Öffentlichkeit rechnen, quasi automatisch fiel ihr Blick auf die Neulinge im Hohen Haus. Welche politische Strategie würde der Klub betreiben? Wo sich inhaltlich positionieren? Aus der Art des Zustandekommens dieser grünen Liste war das nicht so einfach abzuleiten. Vor allem aber war wesentlich, daß sich die Medien nicht auf die bloße Kommentierung und Beurteilung der parlamentarischen Arbeit der Grünen beschränkten. Grüne Beiträge in den Plenardebatten, grüne Emsigkeit bei der Verfassung von Anträgen, grüne Gründlichkeit in der parlamentarischen Ausschußarbeit konnten zwar Zustimmung finden, aber diese Sacharbeit entschied nicht über die mediale Plazierung im politischen Koordinatenfeld. Erst die Berichterstattung der Medien diente und führte dazu, die grüne Fraktion durch die Vergabe von Bonus- und Maluspunkten auf eine bestimmte Rolle und eine bestimmte inhaltliche Gestaltung ihrer gesellschaftlichen Oppositionspolitik festzulegen. Die Berichterstattung in den ersten Monaten grüner Präsenz im Parlament war ein Lehrstück medialer Zurechtweisung, der die Grünen ohne entwickeltes politisches Hinterland, ohne weiterreichende Traditionslinien umso stärker ausgesetzt waren.

Der sogenannte grüne Aktionismus, mit dem etliche Abgeordnete ihr politisches Debüt gaben, war vor diesem Hintergrund keineswegs eine Strategie zur Profilierung der Fraktion oder einzelner Abgeordneter. Wohl mehr zufällig als gewollt und teilweise für sie unverständlich, stolperte die Fraktion in Situationen, die als politischer Aktionismus etikettiert und ihr von der Öffentlichkeit meist übel angekreidet wurden. Für den grünen Klub war dies ein entscheidender Lernprozeß, in dem seine Abgeordneten gewissermaßen politisch zentriert wurden. Wenn den Grünen daher ein aktionistisches Stigma verpaßt wurde, dann in der Regel nicht, um eine spezifische Form ihrer Öffentlichkeitsarbeit zu charakterisieren, sondern um die Grünen politisch zu stigmatisieren. Nach einem Jahr der Einfindung und gelungener Zentrierung spielte der politische Aktionismus bei den Grünen auch nur noch eine sekundäre Rolle.

Daß etwa bei Peter Pilz' Aufruf zur militärischen Befehlsverweigerung ein derartiger Aufschrei passieren würde, hatte ihn wohl selbst einigermaßen überrascht. Immerhin aber stieg damit schlagartig sein Bekanntheitsgrad. Pilz hatte im traditionellen Neujahrs-Tagesbefehl des Bundespräsidenten an das österreichische Bundesheer einen Appell zur Aufrüstung gesehen und erklärte daraufhin in einer Presseaussendung: "*Angesichts des Tagesbefehls des Bundespräsidenten Dr. Kurt Waldheim sehe ich mich gezwungen, dazu zur 'Befehlsverweigerung' aufzurufen.*" Waldheims Appell zeige, "*daß er auch in diesem Fall nichts aus der Geschichte gelernt*" hätte. "*Nicht der 'militärischen Absicherung der österreichischen Friedenspolitik', sondern der Entwicklung einer nicht militärischen Friedenspolitik selbst muß 'allerhöchste Bedeutung' zukommen.*"[85]

Daraufhin setzte ein Sturm publizistischer Entrüstung ein - die Hüter der öffentlichen Meinung gaben den ersten medialen "Tagesbefehl" aus, wie grüne Parlamentarier sich zu verhalten hätten. Das Thema bestimmte die Schlagzeilen. Der "Kurier" erkannte darin "*eine unbegreifliche Fehlleistung des Abgeordneten Pilz.*"[86] Die österreichischen Militärs empörten sich ebenso wie die etablierten Parteien. Vertreter der rechten Oppositionspartei FPÖ sahen gar einen "*Bruch mit dem demokratischen Grundkonsens*".[87] Pilz machte in der Folge einen Rückzieher und erklärte, er habe seine Bemerkung "*nur symbolisch*" gemeint.[88] Und Freda Meissner-Blau sekundierte ihrem Kronprinzen: "*Soweit feststellbar, ist in der Erklärung ein Abrücken von der Bundesverfassung nicht enthalten.*"[89] Umgekehrt benutzte VGÖ-Vorsitzender Buchner den Vorfall, um sich von den, wie er meinte, marxistischen Positionen des Peter Pilz abzugrenzen. Für ihn stellte die Infragestellung der Landesverteidigung eine Schmerzgrenze des grünen Bündnisses dar.[90] Der Bundesausschuß der Grünen Alternative hingegen verabschiedete eine Solidaritätserklärung.[91]

Der Aufruf zur Befehlsverweigerung war die erste und letzte Aktion, bei der die Medien dem künftigen Grün-Star die Leviten lesen mußten. In Hinkunft befand sich Pilz immer auf der Seite der politischen Vernunft. Eine erste Gelegenheit dazu boten die gewalttätigen Ausschreitungen der Wiener Polizei bei der sogenannten Opernball-Demonstration im Februar 1987.

Der Wiener Opernball hatte jahrzehntelange Tradition und stellte das gesellschaftliche und politische Ballereignis der Saison dar. In den Logen der Staatsoper fanden sich alljährlich die Parvenus und Eliten der Republik mit ausländischen Gästen zum Small talk. Im Winter 1987 bildete sich erstmals eine Aktionseinheit diverser Sozial- und Anti-AKW-Gruppen zur Vorbereitung einer Demonstration gegen diese Renommierveranstaltung. Angesichts vielfältiger sozialer Benachteiligungen, steigender Arbeitslosenziffern etc. sollte gegen den zur Schau gestellten Prunk und Luxus der führenden Gesellschaftskreise protestiert werden. Außerdem wurde die Ballveranstaltung durch den Besuch des damaligen bayrischen Ministerpräsidenten Franz Josef Strauß zum Ziel österreichischer Kernkraftgegner. Sie machten Strauß für den Bau der grenznahen Atomwiederaufbereitungsanlage Wackersdorf verantwortlich, der in der Bundesrepublik selbst anhaltende bürgerkriegsähnliche Auseinandersetzungen zwischen Polizei und Demonstranten nach sich zog. Für die behördliche Anmeldung der Demonstration und damit deren Ablauf zeichnete die Grüne Alternative Wien verantwortlich.

Die Demonstration endete mit einem Eklat: Es kam zu massiven Polizeiübergriffen auf Teilnehmer, Zusehende und Unbeteiligte. Fünfhundert Polizisten trafen auf kaum mehr als tausend Demonstranten. Sie schritten gegen Ende der bereits in Auflösung befindlichen Kundgebung gegen die Teilnehmer ein, ohne daß es zuvor zu nennenswerten Zwischenfällen oder Gewalttätigkeiten gekommen wäre. Die Auflösung der Demonstration wurde so ohne für die Teilnehmer klar ersichtliche Gründe vorgenommen, sodaß diese von den Ausschreitungen der Exekutive überrascht wurden und teils in Panik gerieten. Gewalttätigkeiten seitens einzelner weniger Demonstranten setzten erst wegen und im Zuge der polizeilichen Räumung ein und mußten später zur Legitimation für den brutalen Einsatz der Exekutive herhalten: Ein kleiner Teil der Demonstranten aus dem sogenannten "autonomen" Spektrum - vermummte Teenager-Anarchisten - wollten den Kampf gegen die Büttel der Staatsmacht mit Pflastersteinen, Bierflaschen und Feuerwerkskörpern austragen.

Wie würden die Stellungnahmen der Grünen Alternative ausfallen? Der Opernball war in dieser Hinsicht ja das erste Ereignis, bei dem die Parlamentspartei auch praktisch mit der Frage ihres Verhältnisses zu den sozialen Bewegungen konfrontiert wurde. Schließlich hatte die Partei die Veranstaltung angemeldet, sich also formell mit den Anliegen solidarisiert. In die Rechtfertigung der Exekutive, die den Opernballprotest in gekonnter Dramaturgie in einen staatsgefährdenden Affront der Demonstranten umdeutete, mischte sich als erste die Stellungnahme von Freda Meissner-Blau. Sie stimmte inhaltlich und bis in die Wortwahl hinein mit den Stellungnahmen der Exekutivstäbe überein: *"Sie forderte Innenminister Blecha auf, dafür zu sorgen, daß in Hinkunft derartige Elemente von der Polizei isoliert würden"*,[92] und erbot sich gar, der Polizei Tips zu geben, wie diese in Hinkunft demonstrierender Gewalttäter besser habhaft werden könnte.

Auch Peter Pilz hatte mittlerweile aus seinem Fauxpas beim Aufruf zur Befehlsverweigerung gelernt. Er stellte fest: *"Teile der Demonstration haben der Polizei einen medial herzeigbaren Vorwand für den Angriff gegeben."*[93] Die flaschenwerfenden Demonstranten hätten eine große Chance zunichte gemacht zu sagen, wer die wirklichen Chaoten seien. Die Bezeichnung "autonom" assoziierte er in diesem Zusammenhang mit *"Autonomie vom politischen Denken"*, es gäbe für ihn keine Solidarität mit der politischen Dummheit der Polizeiopfer. Pilz versprach: *"Im Herbst werden die Grünen eine Dokumentation über Polizeigewalt und Polizeiübergriffe im Rahmen eines Tribunals vorlegen. Wir werden damit Blecha, Zander & Co. an einem Tag weit mehr weh tun als in jeder Hinsicht Autonome in vielen Jahren."*[94] Und hinsichtlich des Verhaltens der Grünen bei künftigen Demonstrationen kündigte Pilz an: *"Wenn wir wieder demonstrieren - und das wird trotz Opernball noch oft der Fall sein - dann werden wir auch mit sinnloser Gewalt von Demonstranten fertig werden müssen. Durch Überreden, und, wenns nicht anders geht, durch Selbstauflösung der Demonstration."*[95]

Die Haltung der grünen Partei zu den Ereignissen war insgesamt uneinheitlich. Solidarisch mit der Demonstration erklärten sich im wesentlichen die Gliederungen der Partei - Bundesvorstand und Wiener Landesvorstand, der die politische Verantwortung für die Anmeldung der Demonstration trug. Sie kritisierten insbesondere die vollkommen undifferenzierten Äußerungen Meissner-Blaus. Aus den Reihen des Klubs hingegen drangen primär Distanzierung und Verurteilung in die Öffentlichkeit. Bei der Beurteilung dieser signifikant unterschiedlichen Reaktionen aus den Reihen der grünen Partei ist es notwendig zu betonen, daß die Ausschreitungen auf der Demonstration eindeutig der Eskalation seitens der Exekutive anzulasten waren. Die Gewalt der Autonomen war vergleichsweise irrelevant. Nur der Öffentlichkeit wurde ein Bild organisierter, beabsichtigter Exzesse seitens der Demonstranten vorgegaukelt. Das war den Grünen, zumindest breiten Kreisen unter ihnen, auch bekannt. Die Geschehnisse hätten so den Grünen einen Anlaß bieten können, das staatliche Gewaltmonopol und den Grundsatz der Rechtsstaatlichkeit kritisch zu durchleuchten, doch sie vertrauten auf den äußeren Schein. Der Wiener Parteisekretär Herbert Brunner kommentierte den politischen Pragmatismus der Grünen völlig illusionslos: *"Entweder man spricht für die 500 Demonstranten, die den Polizeiterror erlebt haben, oder für die Leute, die die Geschehnisse rund um die Demo nur aus den Medien kennen. Fredas Statement war für die Wähler. Es wäre schlimm, wenn alle so wie die Freda reagiert hätten, aber auch, wenn keiner so reagiert hätte. Unsere Wähler lehnen die Prügelpolizei ab, aber auch das Erscheinungsbild einiger Demonstranten."*[96]

Die Lektion der Grünen unter Einschluß der Parteigremien bestand in einem wiederholten und eindeutig zur Schau getragenen Bekenntnis zum staatlichen Gewaltmonopol, welches die nach der Opernballdemonstration einsetzende Gewaltdebatte der Partei wie ein roter Faden durchzog. Eine Infragestellung des staatlichen Gewaltmonopols wurde von den Funktionären der Grünen Alternative gleichgesetzt mit der Rückkehr zum Faustrecht oder der Vorbereitung des bewaffneten Umsturzes.[97] Im Parlament tat sich insbesondere Andreas Wabl mit wiederholten Beteuerungen hervor, daß das Gewaltmonopol des Staates für die Grünen zweifelsfrei nicht anzutasten wäre (vgl.: Kapitel III-4).[98] Abgeordnete der etablierten Parteien hatten derartige Erklärungen dezidiert eingefordert.[99] Gepaart waren diese Bekenntnisse mit der Betonung der prinzipiellen grünen Gewaltfreiheit, die ja einen programmatischen Grundsatz der Partei ausmachte. (Der begriffliche Widerspruch zwischen den beiden Positionen fiel den Grünen dabei nicht auf). Natürlich verurteilte die Partei daneben die unverhältnismäßigen Übergriffe der Exekutive und versuchte in ihrer parlamentarischen Tätigkeit, Aufklärungsarbeit zu leisten. Beispielsweise wurde die Einsetzung eines Untersuchungsausschusses beantragt, der aber von den drei anderen Parlamentsparteien abgelehnt wurde. Außerdem nahm der Klub die Erstellung einer Dokumentation zur österreichischen "Prügelpolizei" in Angriff.

Nun war es ja in Österreich nicht gerade Tradition, daß die sozialen Bewegungen oder Segmente derselben jemals eine signifikante Bereitschaft zur Gewaltanwendung gezeigt hätten, vom lächerlichen privaten Kleinkrieg winziger autonomer Zirkel mit polizeilichen Einsatzleitern einmal abgesehen. Für die grüne Partei hätte es politisch nun wahrlich wenig Sinn gemacht, sich mit der moralischen Empörung dieses devianten Mikrokosmos zu solidarisieren. Die politische Funktion der grünen Lektion Nummer zwei bestand daher gar nicht so sehr in der geforderten Distanzierung von gewaltbereiten Spektren der alternativen und neuen sozialen Bewegungen, als in einer grundsätzlichen Entsolidarisierung von diesen und ihrem entsprechenden Politikmodell. Von den Grünen wurde eine Neudefinition ihres Verhältnisses zu ihren politischen Wurzeln verlangt. Sie sollten sie kappen. Es war jedenfalls auffällig, daß sich die Grünen in ihrer Haltung zu den Opernball-Ereignissen grundsätzlich jener der österreichischen Medien anglichen. Schließlich hatten ja auch Blätter wie der "Kurier" oder die "Arbeiterzeitung" die Unverhältnismäßigkeit der Polizeiübergriffe dokumentiert und kritisiert.[100] Die Stellungnahmen der Grünen waren so Teil der Neubestimmung ihres politischen Standorts. Um in den Konsens der Demokraten einbezogen werden zu können, mußten sie sich als Vorleistung grundsätzlich von ihrer früheren Bejahung militanter Widerstandshaltungen distanzieren.

Den Grünen gelang es nicht, eine Position einzunehmen, die scharfe Kritik an den Autonomen und unerschütterliche Solidarität mit den Demonstranten vereinte. Mit ihrer unsolidarischen Kritik kündigten die Grünen den Dialog mit Bewegungssegmenten - das sind die Autonomen zweifellos - zugunsten ihrer Staatsbekenntnisse auf. Statt einer konstruktiven Debatte über Recht und Gewalt, Staat und Widerstand, die alle Spektren der "Linken" hätte umfassen können, kam es zu den üblichen gegenseitigen Abgrenzungen. Nannten die Grünen die Autonomen "dumm", schrien die Autonomen nur noch "Verrat!". Damit hatte man zwar Momente des Gegenübers richtig erfaßt, sie jedoch unzulänglicherweise verallgemeinert und war der inhaltlichen Auseinandersetzung aus dem Weg gegangen. Vielleicht freilich auch, weil letzten Endes beide Seiten zu schwach waren, sie zu führen. Das Verhältnis Grüne - Autonome läßt sich so am besten als ein Nichtverhältnis beschreiben. Obwohl sie doch beide aus den gleichen Bewegungen entstanden sind, sind sie einander in ihren Welten fremd geblieben.

Nach zwei Fällen, in denen sich die Grüne Alternative unvorhergesehen in der Rolle der aktionistischen Partei wiederfand, kam es im Frühjahr 1987 zu den ersten wirklich geplanten und beabsichtigten Aktionismen. Der steirische Abgeordnete

Andreas Wabl ging dabei mit seiner "Hakenkreuz-Rede" in die Geschichte parlamentarischer Debatte ein. Sie brachte gleichzeitig den größten Aufruhr, den grüner Aktionismus jemals erlebte.

Im Zusammenhang mit der Waldheim-Affäre - der Bundespräsident hatte bekanntlich seine Kriegsvergangenheit als ehemaliger Offizier der faschistischen Wehrmacht im Präsidentschaftswahlkampf damit kommentiert, daß er nur seine Pflicht erfüllt und im übrigen von Judendeportationen nichts gewußt hätte - entrollte Wabl während seiner Parlamentsrede eine Hakenkreuzfahne, um anschaulich zu demonstrieren, "*unter welcher Fahne unser Präsident seine Pflicht erfüllt hat*", und warf sie sodann zu Boden.[101] Im Plenarsaal machte sich Empörung breit, die Sitzung wurde unterbrochen, der Nationalratspräsident erteilte Wabl einen Ordnungsruf.[102] In Fernsehen, Rundfunk und Presse war von einem hakenkreuzfahnenschwingenden Abgeordneten die Rede.

In den Reaktionen der grünen Partei trat die mittlerweile schon traditionelle Rollenverteilung zutage. Die Parteigremien solidarisierten sich, Buchner und die Klubobfrau Meissner-Blau übten sich in Distanzierung. Freda Meissner-Blau stellte fest: "*Da ich mich außerstande sehe, in der Öffentlichkeit die Verantwortung für eine Gruppe zu übernehmen, in der jeder jederzeit Aktionismus betreibt, wie es ihm gerade einfällt - unabgesprochen mit den anderen -, habe ich meinen Rücktritt angeboten. Ich bin von allen dringend gebeten worden, dies nicht zu tun. Auf Vorschlag der Freunde wird ein Passus in unsere GO (Geschäftsordnung, Anm. d. Verf.) aufgenommen, daß künftig Aktionen vorher im Klub besprochen werden müssen.*"[103] Der grüne Abgeordnete Josef Buchner hielt "*die Sprache für ein ausreichendes Mittel der Problemdiskussion in solchen Fragen*" und erklärte: "*Ich glaube auch nicht, daß 'Waldheim' und 'Vergangenheitsbewältigung' Hauptthemen der Grünen sein sollten.*"[104] Die Vereinten Grünen forderten, der grüne Klub möge sich von Andreas Wabl trennen, andernfalls solle Josef Buchner die Konsequenzen ziehen.[105] Entgegen Meissner-Blaus Behauptungen war Wabls Aktion wenigstens mit einem Teil des Klubs abgesprochen gewesen; auch Pius Strobl und selbst Meissner-Blau waren informiert worden.[106] Andreas Wabl meinte: "*Nur aufgrund der massiven Reaktion in der Öffentlichkeit hats dann sowas wie eine Absetzbewegung gegeben von der Klubführung.*"[107] Nachhaltige Unterstützung hatte er im Klub nur von Karel Smolle und Herbert Fux erfahren.

Der Parteivorstand hielt in einer Erklärung fest: "*Der Bundesvorstand der Grünen Alternative steht voll und ganz hinter der Konfrontation des Hohen Hauses der Republik Österreich mit dem sichtbaren und schrecklichen Symbol der Unterdrückung und des Verbrechens: der Fahne Hitler-Deutschlands.*"[108] Auch aus den Landesorganisationen kam Zuspruch zu Wabls Aktion. Tiroler Grünalternative etwa wandten sich vehement gegen die von Freda Meissner-Blau ausgesprochene Distanzierung. Sie teilten ihr mit, "*daß wir uns einen grünen Club wünschen, der nicht unter deiner rigiden Vormundschaft steht."*[109] Auch der Bundeskongreß der Rumpf-ALÖ vom Mai 1987 erklärte sich mit Wabls Hakenkreuzaktion solidarisch: "*Wenn eine grüne Partei nach dem Geschmack von Freda Meissner-Blau anfängt, Mißstände populär zuzudecken, anstatt den Finger ständig in gesellschaftspolitische Wunden zu legen, wie es Wabl versucht hat, hat sie ihre Funktion bereits verloren*", hieß es in einer diesbezüglichen Resolution.[110]

Die Hakenkreuz-Affäre führte den Grünen in evidenter Weise ein Grundproblem ihrer aktionistischen Politik vor Augen - die Frage nach der Möglichkeit, die so transportierten Anliegen auch adäquat vermitteln zu können. Sie sahen sich damit konfrontiert, daß ihnen hinsichtlich der Interpretation ihrer Intentionen und Ansichten kaum eigenständige Chancen blieben. Es war problemlos möglich, ihnen gegenteilige Absichten zu unterstellen, indem etwa ausschließlich die Form der jeweiligen Aktion thematisiert wurde und nicht die in ihr versuchte Aussage. So geschah es auch Wabl, er wurde von aufgebrachten Zwischenrufern aus dem Plenarsaal beschimpft und als "*negativer Nazi*" tituliert.[111] Auch in der Medienberichterstattung wurde auf Wabls Beweggründe kaum eingegangen, er wurde hauptsächlich als hakenkreuzfahnenschwingender Abgeordneter präsentiert, geradezu als sei er der Faschist.

Hinter dem grünen Aktionismus stand kein Konzept. Er präsentierte sich als Aneinanderreihung einiger mehr oder weniger spontaner Aktionen, denen mehr oder weniger Öffentlichkeit zuteil wurde. Aber nicht so sehr diese Konzeptlosigkeit führte dazu, daß die Partei ihre Anliegen einer breiteren Öffentlichkeit nicht adäquat vermitteln konnte. Es wurde zwar Öffentlichkeit hergestellt, aber es lag für die Grünen nie wirklich im Bereich der Möglichkeiten, die definitorische und interpretatorische Macht der bürgerlichen Medien anzutasten. Aktionismus war kein operativer Begriff der Grünen selbst, vielmehr eine stigmatisierende Schablone, mit der die Mediendemokratie unbotmäßiges grünes Verhalten zu sanktionieren wußte.

Innerparteilich war die Grüne Alternative in der Frage aktionistischer Politik signifikant gespalten. Während der grüne Klub und hier insbesondere die Obfrau Meissner-Blau politisches Fehlverhalten von Parteirepräsentanten oder Fraktionskollegen stets offensiv verurteilte oder sich distanzierte, gelang der Partei nur eine reaktive und defensive Solidarisierung mit den Angegriffenen. Daß innerhalb des Klubs selbst mitunter Uneinheitlichkeit herrschte, drang nur wenig nach außen. Hier dominierten die Stellungnahmen Freda Meissner-Blaus und Josef Buchners, der aus dem "Bruch" der Parlamentspartei mit den Vereinten Grünen seinerseits politisches Kapital schlagen wollte. Meissner-Blau, die als Klubobfrau eigentlich integrativ wirken sollte, verhielt sich in den angeführten Auseinandersetzungen vollkommen unsolidarisch, sodaß bald vermehrt Stimmen nach ihrer Ablöse laut wurden. Meissner-Blau war an der Profilierung der Grünen Alternative als einer Art "Österreich-Partei", als grüner Staatspartei gelegen - einer Rolle, die den damaligen kommunikativen Zusammenhang der Partei hätte sprengen müssen. Als Klubobfrau galten ihre öffentlichen Verlautbarungen aber quasi als die Linie der Partei, während etwa der aufgrund seiner Hakenkreuz-Aktion inkriminierte Andreas Wabl faktisch keine Gelegenheit hatte, diese und die Gedanken dahinter zu erläutern. Kein Wunder, daß er sich nachträglich für seine Aktion entschuldigen mußte.

Für die grüne Partei ersetzte der Aktionismus der Abgeordneten auch das fehlende Charisma der Organisation. Die Parteibasis mochte darin wieder etwas von jener alternativen Radikalität erblicken, die auf dem Weg ins Parlament verlorengegangen war. Auch die Bewegungen, die gegenüber den Grünen (skeptische) Erwartungshaltungen aufgebaut hatten, fühlten sich vom Aktionismus angesprochen. Faktisch vor die Wahl gestellt zwischen politischer Vermittlung gegenüber den Bewegungen oder gegenüber der medialen Öffentlichkeit, entschieden sich die Grünen aber, pragmatisch nachvollziehbar, für letztere.

Für die Grünen war die Frage des Aktionismus primär eine Konfrontation mit den Gesetzen der Mediendemokratie und weniger Ausfluß eines von ihnen selbst entwickelten Versuchs, einen politischen Stil zu finden, der geeignet gewesen wäre, die Grünen in der Öffentlichkeit präsent zu machen. Ihr Aktionismus war immer schon zugleich Aktionsverlust - Mittel zu ihrer politischen Normierung. Das drohende Stigma der aktionistischen Partei brachte ganz folgerichtig den Effekt, daß sich die Parteigremien verbal gegen die Distanzierungen aus den Reihen des Klubs wandten, faktisch aber die Aufforderungen zur politischen Mäßigung im nachhinein dennoch befolgten.

Jenseits aktionistischer Eskapaden, die der Klubobfrau die Ruhe raubten, bestand die Einfindung der Grünen in den Alltag parlamentarischer Arbeit darin, daß sie begannen, einen Wust von Anträgen und Anfragen zu produzieren, in denen sie bald selbst zu ersticken drohten. Die grünen Abgeordneten nahmen den parlamentarischen Anspruch, die Vorstellung, daß demokratische Gesellschaften ihre Willensbildung primär über parlamentarische Gremien vornehmen, für bare Münze. Daraus resultierte eine vollständige Einbindung in die parlamentarische Maschinerie, ihre Ausschüsse und Unterausschüsse, in die Referatsarbeit des Klubs etc. Die grünen Abgeordneten wurden fraglos zu *den* österreichischen Musterparlamentariern, die sich auf alle nur denkbaren Debatten vorbereiteten, zu jeder Materie Redner aufstellten, Anfragen produzierten, Anträge formulierten. Die mediale Öffentlichkeit sprach dafür nur anfangs Lob aus, bald begann sie das nicht mehr zu kümmern, bald wurde auch kritisiert, daß die neue Fraktion in bürokratischem Parlamentstrott versunken sei. Die alte Bewegungsklientel wiederum wußte mit dieser zur Schau gestellten Emsigkeit der Fraktion ebenfalls nur wenig anzufangen; viel mehr hatte sie mit den angesprochenen medialen Distanzierungen ihrer Abgeordneten zu schaffen.

Politisch gesehen war der grüne Arbeitseifer relativ fruchtlos, bewirkte "sachlich" wenig, war für die Betreiber wie für die Öffentlichkeit gleichermaßen ermüdend und solcherart nur für die Profilierung einzelner Abgeordneter von Sinn. Innerhalb der

Fraktion begann sich immer stärker eine klar hierarchisierte Rollenverteilung herauszukristallisieren. "*Die Frage: 'Wer ist Erstredner?' war eine fundamentale*",[112] vergleichbar durchaus der erbitterten Konkurrenz um die lukrativsten Listenplätze. Peter Pilz sah man so bald als einen der häufigsten Erstredner in den wesentlichen Plenardebatten. Daneben verblaßten die grünen Hinterbänkler immer deutlicher. In ihrem Versuch, eine Positionierung zu finden, paßten sich die grünen Parlamentarier immer mehr den Bedürfnissen der "Mediengesellschaft" an. Ihr Politikverständnis reduzierte sich auf die individuelle Einfindung in die Informationskanäle und Gesetzmäßigkeiten ebendieser. Der grüne Klub, der ohnehin nie den Anspruch auf konsistente Vermittlung kollektiver Positionen vertreten hatte, trieb selbst seine Atomisierung hin zur lockeren Aggregation einzelner grüner Individuen voran: "*Jeder Abgeordnete hat für sich vorm APA-Schirm die neue politische Position der Grünen artikuliert, im Extremfall.*" [113]

Mit der Einfindung in diesen Regelungsmechanismus ging einher, daß grüne Politik sich hauptsächlich in tagespolitischen Stellungnahmen erschöpfte und dafür das Terrain grundsätzlicher gesellschaftspolitischer Anliegen sukzessive verlassen wurde. Grüne Politik kam einer vollständigen Kapitulation vor den tagesaktuell ausgerichteten Bedürfnissen der medialen Öffentlichkeitsvermittlung gleich (vgl. Kapitel III-4). Die Grünen adaptierten sich in dieser Hinsicht auch technologisch: "*Parlamentarisches Leben spielt sich ja in diesem öffentlichen Bereich so ab, daß Du um neun Uhr den Schirm aufdrehst, schaust: Wer hat was gesagt? Oder was könntest du sagen? Hast irgendeine Idee und wartest, wer reagiert darauf. Und da schreiben sich ein paar Parteisekretariate oder Pressesekretariate ununterbrochen Briefe. Und irgendwann greift ein Journalist zu, und das ist dann die Tagesmeldung. Eine strategische Planung zum Thema zu machen, draufzubleiben, etwas auch durchzusetzen, jetzt über die Seite zwei des Kuriers oder Standards hinaus, tritt in den Hintergrund. Also wir haben Phasen gehabt, wo im Klub jedes Monat ausgedruckt wurde, wieviele Aussendungen jeder gemacht hat. Wo es so die Top Ten gegeben hat*",[114] lautete die illusionslose Manöverkritik des ideellen Gesamtgrünen der Partei, Pius Strobl. Strobl beklagte eine Entwicklung, der die Grünen möglicherweise schon objektiv nichts entgegensetzen konnten.

Die parlamentarische Bilanz nach einem Jahr Grüne im Parlament konnte sich immerhin quantitativ sehen lassen: Vierhundertdreißig parlamentarische Anfragen hatte die Fraktion fabriziert, dreiundfünfzig Anträge formuliert usw. Aber die Journalisten fadisierte das nur.[115] Günther Nenning wußte die Emsigkeit der Fraktion treffend zu kommentieren: "*Die Antragsstellerei der Grünen ist verdienstvoll, aber medizinisch gesehen handelt es sich dabei um einen Antragsdurchfall.*"[116] Auch in klubinternen Resümees wurde erkannt, daß die grüne Parlamentsarbeit reformiert werden müßte. "*Man fühlte sich jetzt irrsinnig mächtig und glaubte auch, daß man etwas bewegt, wenn man jetzt wirklich da Anträge stellt, die Regierung sich mit dem auseinandersetzen muß, Anfragen machen, Sachen auf den Punkt bringen kann,*

Sachen, die früher undenkbar waren. Und da gehts so in einen Quantitätsrausch hinein",[117] bemerkte etwa Christoph Chorherr zur Verwechslung von Quantität mit Qualität. Sein Referentenkollege Toni Kofler sprach sich bald für weniger Parlamentarismus aus, weil dieser gleichbedeutend gewesen wäre mit einer Abkoppelung von der Bewegung und den Bürgerinitiativen. Künftige Agitation sollte in konzipierter Kampagnenform stattfinden.[118]

Der Bruch mit den Vereinten Grünen am Klagenfurter Bundeskongreß der Grünen Alternative hatte keineswegs einen Schlußstrich unter das leidige Kapitel VGÖ gezogen. Im Gegenteil, für die neue Grünpartei war das erst der Beginn eines enervierenden Kleinkriegs, den der konservative grüne Sektenkader des Abgeordneten Buchner nunmehr gegen die Parlamentsgrünen zu führen begann. Politisch repräsentierten die Vereinten Grünen nur noch ein marginales Spektrum innerhalb der Grünbewegung, auf der Ebene parlamentarischer Wahlbeteiligung aber schaffte es die Partei wiederholt, der Grünen Alternative teilweise empfindlich zuzusetzen. Das VGÖ-Problem war daher in der Parlamentspartei laufend Gegenstand intensiver Debatten. Gelöst werden konnte es aber erst durch die verheerende Wahlniederlage der VGÖ im Oktober 1994 (0,12 Prozent).

Die politische Konfrontation mit den Vereinten Grünen, die nichts mehr zu verlieren hatten, war kein Spezifikum des Verhältnisses zur Grünen Alternative allein. In Vorarlberg beispielsweise mußte sich hauptsächlich die Alternative Liste mit ihnen herumraufen, in der Steiermark die Grün-Alternative Liste, in Salzburg die Bürgerliste. Die Vereinten Grünen erwiesen sich dabei überall als paktunfähige Sekte, die in zähen Kämpfen um ihren Fortbestand rang. Die Zeiten, in denen die Vereinten Grünen zu den seriöseren politischen Kräften des grünalternativen Lagers gerechnet werden konnten, waren schon längst vorbei. Spätestens mit der nicht vollzogenen Fusion nach den Nationalratswahlen 1986 waren sie nur noch die wertlose Schlacke des in groben Zügen zum Abschluß gebrachten Parteibildungsprozesses.

Der VGÖ-Parteivorsitzende Josef Buchner bildete mit den Abgeordneten der Grünen Alternative einen gemeinsamem Klub, bekannte sich aber nicht zur gemeinsamen Organisation. Im Klub war das politisch kein Problem. Buchner wurde zum Umweltsprecher der Fraktion nominiert, also in ein vergleichsweise harmloses Ressort gesetzt, weil ja in ökologischen "Sachfragen" zumindest vordergründig der weitestreichende politische Konsens zwischen den unterschiedlichen grünen Strömungen erzielt werden konnte. Politisch war Buchner im Klub allerdings auf sich allein gestellt, auf die Solidarität des ebenfalls für die Vereinten Grünen nominierten Herbert Fux konnte er nicht rechnen. Fux legitimierte sich damit, daß er nicht alleine für die Vereinten Grünen ins Hohe Haus gezogen wäre, sondern seinen Listenplatz ebensosehr von der Bürgerliste und der Salzburger Sammelbewegung erhalten hatte. Bereits im Zuge des Konfrontationskurses der Vereinten Grünen vor dem ersten Parteikongreß der Grünen Alternative dementierte Herbert Fux klipp und klar Spekulationen, er werde mit Buchner an einem Strang ziehen. In einer Presseaussendung stellte er klar: "*VGÖ-Obmann Sepp Buchner hat keinerlei Veranlassung, zu glauben, ich würde mein Mandat in dieser Legislaturperiode zur Verfügung stellen.*"[119]

Innerhalb des grünen Klubs hatte der VGÖ-Chef keinerlei Aussichten, einen Keil in die Fraktion zu treiben. Ihm blieb nur der Weg, die Politik seiner Fraktionskollegen öffentlich zu kommentieren, d. h. mit überzogenen Worten und Unterstellungen zu untermauern, daß seine Partei, die "bürgerlichen" Vereinten Grünen, mit der "linksalternativen" und "rotgrünen" Agitation der Liste Meissner-Blaus nichts gemein habe. Buchner lieferte zum Aktionismus der Abgeordneten und ihren politischen Positionen ein Stakkato an medialen Attacken und Dementis, das die Partei nicht zur Ruhe kommen ließ. Er betrieb diese medienpolitische Obstruktion höchst erfolgreich. Das Interesse der Medien reduzierte sich oftmals nur auf den erwarteten Schlagabtausch zwischen Buchner und den restlichen Abgeordneten. Dem Klub und seiner Obfrau blieb zunächst nichts anderes übrig, als sich in politischer Gutmütigkeit zu üben. Man versuchte zu beschwichtigen, wies darauf hin, daß die Kooperation mit Buchner an sich ja funktioniere, er seine Kritik im Klub einbringen könne und diese meist sehr überzogen wäre. Buchner setzte ausschließlich auf mediale Dementis, in der Parlamentsarbeit selbst grenzte er sich nicht aus. "*Mit Buchner hats nie ein Problem gegeben. Im Gegenteil, der war ein guter, bemühter, berechenbarer rationaler Abgeordneter, auf seine Art*",[120] stellte Christoph Chorherr fest. Und auch der Klubmitarbeiter Toni Kofler wußte zu berichten, daß der VGÖ-Chef sämtliche parlamentarischen Anliegen der Fraktion mit unterschreiben würde und noch nie zu irgendeiner parlamentarischen Initiative der Fraktion sein Veto eingelegt habe.[121] Die alltägliche Parlamentsarbeit Buchners, der mit den ihm zugewiesenen umweltpolitischen Materien auch keine gesellschaftspolitischen Reizthemen zu betreuen hatte, war eben kein geeignetes Forum, die politischen Differenzen zwischen Vereinten Grünen und Grüner Alternative aufzuzeigen. In der medialen Aufbereitung dieser Differenzen hingegen mußte Buchner auf die eigenständigen Positionen seiner Partei hinweisen.

Der Klub betrieb zunächst eine Strategie des Aussitzens und Abwartens, bis Buchner die Luft ausgehen werde. An einem Klubausschluß konnte die Fraktion schon deshalb nicht interessiert sein, weil damit das Bild der Grünen als zerstrittener Haufen weiter verfestigt worden wäre und weil vor allem die aktuelle Geschäftsordnung des Nationalrats einer Fraktion mit acht Abgeordneten ungleich mehr an parlamentarischen Möglichkeiten bot als einer mit nur sieben. Wäre Buchner vor die Tür gesetzt worden, hätten die Grünen möglicherweise ihre Antragsberechtigung im Plenum verloren und wären aus sämtlichen parlamentarischen Ausschüssen geflogen.

Mit den medialen Attacken des Abgeordneten Buchner hätte die Fraktion so zur Not leben können. Man rechnete hier auf ein Sich-Totlaufen des VGÖ-Vorsitzenden, der sich in der nächsten Legislaturperiode ohnehin nicht mehr im Nationalrat befinden würde. Empfindlich getroffen wurde die Partei aber von der Strategie der Nadelstiche auf der Ebene von Wahlbeteiligungen. Eigenständige Kandidaturen der Vereinten Grünen, auch wenn sie niemals auch nur die geringsten Mandatsaussichten hatten, waren für die Parlamentspartei äußerst ärgerlich, weil sie den Einzug der Grünen Alternative in Länderparlamente gefährden konnten und, wie sich bald herausstellte, teilweise auch mit Erfolg gefährdeten. Hier profitierten die Vereinten Grünen zusätzlich vom Interesse der etablierten Parteien an einer Spaltung und Schwächung des grünen Lagers. Wenn es ihnen opportun erschien, so waren die Etablierten auch durchaus bereit, den Vereinten Grünen ein bißchen unter die Arme zu greifen. Die brustschwache Grünsekte wäre aus eigener Kraft meist gar nicht in der Lage gewesen, die für eine Kandidatur nötigen Unterstützungserklärungen aufzubringen. So halfen eben die Etablierten fallweise nach. Die Alternative Liste, der die Vereinten Grünen in ihrem Selbstbehauptungsinteresse wiederholt gemeinsame Plattformkandidaturen gegen die Grüne Alternative vorgeschlagen hatten, ließ sich allerdings auf derartige politisch abstruse und perspektivlose Negativkoalitionen nicht ein.[122]

Im Herbst 1987 kam es zu einer Reihe von Wahlgängen, bei denen die Vereinten Grünen eigenständige Kandidaturen - etwa zu den Gemeinderatswahlen in Salzburg Stadt[123] - ankündigten und so die Grüne Alternative zu wiederholten Verhandlungen und Gesprächen nötigten. An den alten Positionen hatte sich freilich nichts geändert. Die Grüne Alternative hatte auch gar keine andere Möglichkeit als abzuwarten, ob die VGÖ mit ihren Drohungen Ernst machen, und wenn ja, ob sie zu flächendeckenden Kandidaturen überhaupt noch imstande sein würden. Ein Eingehen auf ihre Forderungen wäre ein schwerwiegender politischer Rückzieher gewesen und hätte das VGÖ-Problem bloß perpetuiert. Schon der Umstand, daß die damaligen VGÖ-Abgeordneten Korber in der Steiermark und Rünzler in Vorarlberg die Bundespartei mit Parteienförderungsgeldern mit am Leben erhielten, gab einen Vorgeschmack darauf, was die Vereinten Grünen erst mit einem Drittel der Gelder der Grünen Alternative auf die Beine gestellt hätten. Vermutlich spekulierte man in deren Gremien auch darauf, daß die Vereinten Grünen nach dem Einzug der Grünen Alternative in den Nationalrat ohnehin nicht mehr fähig sein würden, ein relevantes Wählerreservoir anzusprechen.

Doch dem war nicht so. Die Vereinten Grünen machten ihre Drohung wahr und kandidierten bei sämtlichen Wahlgängen ab dem Herbst 1987 gegen die Parlamentspartei. Bei den burgenländischen Landtagswahlen am 4. Oktober trat Wolfgang Pelikan auf einer Protestliste der aus der SPÖ ausgeschlossenen Landtagsabgeordneten Ottilie Matysek an, auf der sich auch einige Vertreter von Bürgerinitiativen befanden. (Matysek hatte sich als Kronzeugin in einem Prozeß gegen den damaligen Bundeskanzler Fred Sinowatz profilieren wollen, in dem es darum ging, ob Sinowatz bei einer Sitzung des burgenländischen Parteivorstands sich dahingehend geäußert hätte, daß man im Bundespräsidentenwahlkampf 1986 die braune Vergangenheit des ÖVP-Kandidaten Waldheim aufrollen werde.) Gespräche über ein gemeinsames Antreten von Vereinten Grünen und Matysek mit der Grünen Alternative waren gescheitert, wobei dieses Scheitern aber vom Verhandler der Grünen Alternative, Pius Strobl, bewußt forciert worden war.

So war bereits grundsätzlich Übereinstimmung erzielt worden, daß Vereinte Grüne, Grüne Alternative und Bürgerinitiativen unter der Listenbezeichnung "Vereinte Grüne Alternative" gemeinsam zur Wahl antreten wollten.[124] Strobl ließ das im Detail noch unausgehandelte Bündnis kurz danach anhand der Minderheitenfrage platzen, indem er einen sicheren Listenplatz für eine Vertreterin der burgenländischen Kroaten - gedacht war an die ebenfalls aus SPÖ-Kreisen kommende Marijana Grandits - forderte.[125] Dabei wäre man diesen Wünschen bei den Listenverhandlungen durchaus entgegengekommen und hätte fix den zweiten Listenplatz für eine von den Minderheiten autonom zu nominierende Person garantiert.[126] Wahlarithmetisch gerechnet war, sofern man überhaupt mit dem Unwahrscheinlichen spekulierte, ohnehin ein Einzug mit mindestens zwei Vertretern plausibler als jener mit nur einem Mandat. Strobl bekräftigte parteiintern denn auch: *"Es wäre durchaus möglich gewesen, sich mit der Partie Matysek/Pelikan zusammenzutun, dies ist im Interesse der Gesamtpartei aus politischen Gründen selbstverständlich nicht geschehen."*[127]

Die Vereinten Grünen selbst waren im Burgenland zu schwach, um als eigenständige Partei kandidieren zu können; sie beschlossen daher, Matyseks "Burgenland-Initiative" zu unterstützen.[128] Das Wahlergebnis des 4. Oktober 1987 fiel ernüchternd aus. Die Grüne Alternative brachte es gerade auf 2,19 Prozent (bei den Nationalratswahlen 1986 waren es noch 2,48 Prozent gewesen), und Matyseks Protestliste sackte mit 1,09 Prozent in sich zusammen. Sicherlich wäre hier auch bei einem geeinten Antreten nichts zu holen gewesen. Wahlgewinner waren auch diesmal die Freiheitlichen mit 7,32 Prozent (bei der Landtagswahl 1982 waren es noch 2,97 Prozent gewesen).

Das Schauspiel der Gegenkandidaturen wiederholte sich bei der Gemeinderatswahl in Salzburg Stadt, die ebenfalls am 4. Oktober stattfand, und in Wien, wo man am 8. November zur Urne schritt. Argumentationsnotstand brauchte die Grüne Alternative keinen zu befürchten, denn anders als im Burgenland nahmen die Vereinten Grünen diesmal nicht den konzilianten Part ein. In Wien und Salzburg kam es zu keinen Verhandlungen. In Salzburg kandidierten die Vereinten Grünen gegen die Bürgerliste mit einem Spitzenkandidaten, der zuletzt für eine neofaschistische "Grün"-Liste ("Die Grünen Österreichs" des NDP-Aktivisten Alfred Bayer) angetreten war, während sich pikanterweise der ehemalige Landesvorsitzende der Salzburger VGÖ, Wilfried Rogler, für die Bürgerliste nominieren ließ. Die Bürgerliste sackte bei der Wahl von 17,69 Prozent im Jahre 1982 auf 10,14 Prozent ab und glich sich mit diesem Ergebnis dem Durchschnittswert grünalternativer Listen in größeren Gemeinden an. Dafür war sicherlich auch ihr faktisches Zusammengehen mit der Grünen Alternative ausschlaggebend gewesen. Sie hatte, überdies seit 1982 in der Stadtregierung vertreten, einen Teil ihrer Klientel und des für sie ansprechbaren Protestpotentials verloren. Das Antreten der VGÖ (0,32 Prozent) und weiterer grüner Splittergruppen blieb hier vollkommen irrelevant.

Anders in Wien. Hier kostete die Kandidatur der Vereinten Grünen die Grüne Alternative wirklich den Einzug in den Gemeinderat. Nur mit Hilfe der Wiener SPÖ hatten es die Vereinten Grünen geschafft, die für die Gemeinderatskandidatur notwendigen Unterstützungserklärungen aufzubringen. Das mußte schon deshalb auffallen, weil es ihnen gleichzeitig nicht gelungen war, flächendeckend in den Wiener Bezirken zur Bezirksvertretungswahl anzutreten, obwohl die Zahl der dazu notwendigen Beglaubigungen weit unter jener für den Gemeinderat gelegen wäre. Aber auf der kommunalen Ebene hatten die Sozialdemokraten begreiflicherweise kein Interesse an grüner Konkurrenz. Die Vereinten Grünen wollten diese willkommene Unterstützung auch gar nicht abstreiten: "*durchaus möglich, daß uns die SP Wien ein paar Bezirke 'gesponsort' hat*",[129] hieß es da lapidar. Sie übersprangen bei der Wiener Wahl mit 0,84 Prozent nicht einmal die Ein-Prozent-Marke, trugen aber dazu bei, daß die Grüne Alternative Wien mit 4,4 Prozent unter der Fünf-Prozent-Marke blieb, die zu erreichen für den Einzug in den Gemeinderat notwendig gewesen wäre.[130]

Tabelle: Die VGÖ-Gegenkandidaturen

Wahlgang	GRÜNE ALTERNATIVE		VEREINTE GRÜNE		Relation
GRW **Salzburg** 1987	6.197	(10,14)	1.983	(0,32)	3,1 : 1
LTW **Wien** 1987	30.713	(4,40)	5.878	(0,84)	5,2 : 1
LTW **Burgenld.** 1987	3.873	(2,20)	1.923	(1,09)	2,0 : 1
LTW **Niederöst.** 1988	23.266	(2,45)	11.328	(1,19)	2,1 : 1
GRW **Graz** 1988	7.074	(4,93)	1.510	(1,05)	4,7 : 1
LTW **Salzburg** 1989	15.171	(6,15)	4.350	(1,76)	3,5 : 1
LTW **Kärnten** 1989	5.976	(1,69)	5.601	(1,59)	1,1 : 1
LTW **Tirol** 1989	30.960	(8,26)	4.732	(1,26)	6,5 : 1
LTW **Vorarlbg.** 1989	9.234	(5,18)	8.737	(4,90)	1,1 : 1
NRW 1990	225.081	(4,78)	92.277	(1,96)	2,4 : 1
LTW **Wien** 1991	64.493	(9,11)	12.882	(1,82)	5,0 : 1
GRW **Salzbg.** 1992	8.887	(16,5)	667	(1,24)	13,3 : 1
GRW **Graz** 1993	7.073	(5,26)	1.786	(1,33)	4 : 1
LTW **Niederöst.** 1993	29.589	(3,17)	11.242	(1,2)	2,6 : 1
LTW **Kärnten** 1994	5.554	(1,59)	1.236	(0,35)	4,5 : 1
LTW **Tirol** 1994	39.208	(10,68)	223	(0,06)	175,8 : 1
LTW **Vorarlbg.** 1994	14.385	(7,76)	2.911	(1,57)	4,9 : 1
NRW 1994	338.538	(7,31)	5.776	(0,12)	58,6 : 1

Josef Buchner hatte bei aller politischen Obstruktion einen Bonus auf seiner Seite. Bevor die Fraktion daranging, den VGÖ-Chef aus dem gemeinsamen Klub auszuschließen, mußte sie sich bei den etablierten Parteien rückversichern, daß ihr per Reform der Geschäftsordnung des Nationalrats auch weiterhin die Vertretung in den Ausschüssen und die Antragsberechtigung im Plenum zukommen würde. Eine derartige Reform war den Grünen von SPÖ-Klubchef Heinz Fischer in Aussicht gestellt worden. Die etablierten Parteien waren an einer anhaltenden Einbindung der grünen Fraktion in die parlamentarische Gremienarbeit interessiert, allerdings gab es im November 1987 noch keine verbindliche Zusage.

Der von den Vereinten Grünen mitverschuldete Wiener Mißerfolg hatte das Faß zum Überlaufen gebracht. Hier mußte einfach tabula rasa gemacht werden, zumal die Vereinten Grünen gleich weitere Gegenkandidaturen - etwa bei den Grazer Gemeinderatswahlen im Jänner 1988 oder den niederösterreichischen Landtagswahlen im Herbst 1988 - angekündigt hatten. Die Niederösterreicher waren es denn auch, die in der Grünen Alternative am vehementesten für die Ziehung eines endgültigen Schlußstrichs plädierten. Am 16. November 1987 richtete der Bundesparteivorstand an die Fraktion die Aufforderung, "*Josef Buchner sofort aus dem Klub auszuschließen*

1. wegen schwerwiegender politischer Differenzen bezüglich der Grundsätze der Partei

2. zur Abgrenzung gegenüber rechtsnationalem Gedankengut innerhalb der VGÖ

3. wegen ständiger Diffamierungen grün-alternativer Inhalte und Mitarbeiterinnen/Mitarbeiter

4. wegen wiederholter Gegenkandidaturen der VGÖ unter aktiver Mitwirkung Josef Buchners, erklärtermaßen zur Verhinderung grün-alternativer Mandate - dies im Interesse der Altparteien - und nicht zur Vertretung politischer Inhalte."[131]

Buchner war im Klub völlig isoliert, auf Herbert Fux konnte er nicht zählen. Dessen Solidarität beschränkte sich darauf, den bevorstehenden Ausschluß um einige Tage hinauszuzögern, nicht mehr. Buchners Klubausschluß erfolgte am 1. Dezember 1987. Der VGÖ-Chef war nunmehr wilder Abgeordneter. Auch die steirischen Grünalternativen beschlossen im Dezember 1987 offiziell, den gemeinsamen Landtagsklub mit dem VGÖ-Abgeordneten Korber zu verlassen. Die alternative Abgeordnete Kammlander war aus dem Klub ausgetreten, dennoch konnte Josef Korber rechtlich seinen Status als Ein-Mann-Klub (!) behaupten.[132] Grund für die Spaltung waren auch hier neben den schwelenden politischen Differenzen die von Korber mitgetragenen und -finanzierten Gegenkandidaturen der Vereinten Grünen.[133] Die Vereinten Grünen konnten sich in der Folge als grüne Kleinstpartei neben der Grünen Alternative halten. Auch bei späteren Wahlgängen traten sie mit hartnäckiger Beharrlichkeit gegen ihre große Schwester an. Teils blieb das irrelevant, teils aber wiederholte sich die Wiener Konstellation. Grund genug, daß sich Debatten über die Wiederaufnahme von Verhandlungen auch in den kommenden Jahren durch die Parteiinstanzen zogen.

Der erstmalige Einzug einer grünen Fraktion in den Nationalrat im Herbst 1986 war von der Öffentlichkeit noch als Bereicherung der demokratischen Kultur gefeiert worden. Partei und Fraktion, intern mit Fragen des Organisationsaufbaus und der Konstitution der Gremien beschäftigt, gerieten solcherart nach außen hin unter Erfolgs- und Erwartungsdruck. Schon die ersten Monate nach den Nationalratswahlen waren für die Grüne Alternative alles andere als ein Honiglecken gewesen. Die öffentliche Schonfrist schien bald abgelaufen, anders als bei den nunmehr Platz greifenden medialen Zurechtweisungen punkto Aktionismus traten die Grünen nicht mehr in Erscheinung. Unter dem Eindruck, daß der neuen Parlamentspartei nach den vergangenen Interventionen von Medien und etablierter Politik in den Listenbildungsprozeß eine erneute Flügelstutzung drohte, mußte sich die Grüne Alternative auf eine Reihe von Wahlgängen vorbereiten, die Auskunft darüber geben würden, welche gesellschaftlichen Schichten und Spektren sich künftig von der vierten Partei ansprechen lassen würden. Schnell sollte sich Ernüchterung breitmachen. Von den Herbstwahlen 1987 an - Burgenland, Wien, Salzburg - schlitterte die Partei in eine Serie empfindlicher Wahlniederlagen.

Das karge Ergebnis der Burgenlandwahl vom 4. Oktober 1987 brauchte die Grüne Alternative noch nicht sonderlich zu schockieren - im rückständigsten österreichischen Bundesland wäre mit oder ohne getrennte Kandidatur kein Einzug in den Landtag möglich gewesen, selbst wenn man parteiintern vielleicht anders spekuliert haben mochte. Das Ergebnis der am selben Tag stattfindenden Gemeinderatswahlen in der Landeshauptstadt Salzburg schmerzte zwar, kam aber ebenfalls nicht ganz unerwartet; die Bürgerliste hatte 1982 ein Ergebnis feiern können, das fünf Jahre später nicht zu halten war. Mit ihren runden zehn Prozent lag sie jetzt im Bereich grüner Wahlergebnisse in größeren Städten. Die nunmehr einsetzende Identifikation der Bürgerliste mit der grünen Partei mußte zum Abbröckeln des bisherigen undifferenzierten Protestpotentials der ehemaligen Bürgerinitiative führen.

Ganz anders aber die Situation in Wien. Wo, wenn nicht hier in der Bundeshauptstadt, konnte der ersehnte Einzug in den Landtag gelingen? Doch gerade in Wien sollte sich das Dilemma postalternativer Grünpolitik offenbaren. Die Grüne Alternative Wien verkörperte eine Organisation, die in der grünalternativen Szene mit dem Stigma der "Partei des vierten Oktober" behaftet war, in der medialen Öffentlichkeit aber ihre halbherzige Abkehr von einstigen basisdemokratischen Idealen nicht glaubhaft vermitteln konnte. Umgekehrt präsentierte sie in ihrem Wahlkampf und mit ihrem personellen Angebot eine moderate Neuaufbereitung alternativer Tugenden und Positionen. Die Grüne Alternative hatte sich im Oktober 1986 gegen das alternative Politikmodell entschieden, und jetzt wollten die Reformisten der Gewerkschaftlichen Einheit in der Konzeption des Wiener Gemeinderatswahlkampfes partout nicht davon lassen, traditionelle alternative Stilelemente in denselben einfließen zu lassen, noch dazu, ohne über die dafür entsprechenden Potenzen zu verfügen.

Die Aufstellung der Wiener Gemeinderatskandidaten geschah nach einem Modus, der für die Grünen auch in Hinkunft charakteristisch sein sollte. Seit dem "vierten Oktober" war und blieb die grüne Kandidatenkür eine Angelegenheit sogenannter "offener" Versammlungen. Nichtmitglieder der Partei sollten über Kandidaten (mit)entscheiden können, die selbst keine Parteimitglieder waren. Was als Ausdruck von politischem Pluralismus und grüner Liberalität vermarktet wurde, war gegenüber den Parteimitgliedern eine Beschränkung ihrer Verfügungsgewalt über die Aufstellung der Parteikandidaten. Diese Vorgangsweise war nicht nur Ausdruck der notwendigen Absicherung gegenüber einer unberechenbaren Basis, die vielleicht dazu tendieren könnte, zu "fundamentalistische" Kandidaten zu wählen, sondern auch ein Eingeständnis eminenter innerorganisatorischer Schwächen. Es zeigte sich, daß die grüne Organisation für profilierte Kandidaten keine adäquate Anziehungskraft entwickeln konnte.

Was die Einigungsverhandlungen des Jahres 1986 als Fortschritt am Papier gebracht hatten, konnte in der grünen Wirklichkeit nicht halten: Die Landesorganisationen der Partei mußten etwa sukzessive vom Prinzip der durchgängigen Einzelmitgliedschaften wieder abkommen. Einzelne brustschwache Landesorganisationen wie im Burgenland oder in Kärnten setzten das Mitgliedschaftsprinzip überhaupt außer Kraft; alle anderen praktizierten das Prinzip der "offenen Versammlungen", die Nichtmitgliedern Entscheidungsgewalt auf grünen Kongressen einräumte, vornehmlich auf dem Gebiet der Kandidatenfindung. Die künftigen Mandatare mußten außerhalb der Reihen der Partei rekrutiert werden, weil sich innerhalb derselben kein akzeptables Angebot fand. Nicht ohne Stolz konnte die Grüne Alternative Wien verkünden, daß die Hälfte ihrer Kandidaten für die Bezirksvertretungen wie auch für den Gemeinderat keine Parteimitglieder waren.[134] So wurde die Schwäche der Partei geradezu als Tugend präsentiert. Die Gemeinderatsliste wurde von Meissner-Blaus Wunschkandidatin, der sozialdemokratisch-liberalen Friedrun Huemer, gefolgt von Alfred Bastecky (bis 1981 Mitglied der SPÖ; jetzt GE) und der aus der ALW kommenden, politisch aber nicht exponierten Jutta Sander angeführt.[135] Ehemalige Mitglieder der Vereinten Grünen konnten sich nicht auf aussichtsreichen Plätzen der Liste etablieren, die in ihrer Zusammensetzung die Dominanz der Gewerkschaftlichen Einheit in der Wiener Partei verdeutlichte. Auch die Bezirksratslisten standen unter der Obhut dieser Organisation.

Die Wiener Grünen waren felsenfest vom Einzug in den Gemeinderat überzeugt gewesen. Die Wahl brachte die Ernüchterung. Mit 30.713 Stimmen (auf der kommunalen Bezirksratsebene waren es ca. 34.000) büßte die Partei gegenüber den Nationalratswahlen im Jahr davor an die 25.000 Stimmen ein! Sie hielt jetzt bei gerade 6000 Stimmen mehr, als die 1983 erstmals kandidierende Alternative Liste Wien erzielt hatte, und verfehlte mit 4,4 Prozent den Einzug ins Wiener Rathaus. Die ebenfalls antretenden Vereinten Grünen erreichten 5.878 Stimmen (0,84 Prozent).

Für dieses katastrophale Ergebnis der Grünen Alternative Wien ließen sich eine Reihe subjektiver Gründe angeben. Mit Friedrun Huemer wurde eine vollkommen unprofilierte Spitzenkandidatin präsentiert, die selbst Zweifel hegte, ob sie für die politische Arbeit im Rathaus geeignet wäre: "*Sollte sich herausstellen, daß ich mich nicht besonders gut für die politische Arbeit im Rathaus eigne oder überfordert bin, so würde ich natürlich das Mandat zurücklegen, bzw. 'hinausrotieren'*",[136] ließ sie die Wiener Grünen wissen. Das linksreformistische Profil kam bei den Medienleuten nicht an: "*Die Wiener Kandidatenmannschaft zum Beispiel nahm sich, polemisch formuliert, wie ein Veteranentreffen österreichischer 68er-Aktivisten aus, die seither in der Hauptsache im öffentlichen Dienst überwintert hatten*",[137] urteilte der auf Grün-Themen abonnierte "Profil"-Journalist Josef Votzi; und auch dem "Kurier" war die Spitzenkandidatin Huemer, die freilich bereits den Übergang vom alternativen zum linksliberalen Politikmodell verkörperte, "*zu alternativ*".[138]

Die "offenen Landesversammlungen" mochten zwar das zur Verfügung stehende Kandidatenangebot erweitern, allerdings ließ sich mit diesem Modus der Listenerstellung die Einflußnahme der Parteibasis nur relativieren, nicht wirklich zurückdrängen. Die Gewerkschaftliche Einheit, die die Wiener Partei substantiell trug, brachte in Wien das von ihr favorisierte Personalpaket uneingeschränkt durch. Listen, die aus offenen Versammlungen erwuchsen, konnten zwar garantieren, daß die eine oder andere "Bundes"- oder "Landesnotwendigkeit" reüssieren mochte, daneben aber legten die jeweils dominanten Parteiströmungen nach wie vor Wert darauf, in einem Teil der Kandidatenmannschaft entsprechend repräsentiert zu sein. Auch die offenen Landesversammlungen kürten solcherart ihre "Basiskandidaten". Die "offene Kür" schuf daher insgesamt nur inhomogene Listen, eine Zusammenstückelung von Repräsentanten der jeweiligen "Hausmacht", garniert mit dieser oder jener "Bundesnotwendigkeit".

Als weiteres kam hinzu, daß die Grüne Alternative einen allzu braven und biederen Wahlkampf geführt hatte, dazu mit einem sagenhaften Dilettantismus, der einen schon geneigt machen konnte, an der Politikfähigkeit der Gewerkschaftlichen Einheit zu zweifeln. Das zentrale Wahlplakat der Grünen Alternative stellte beispielsweise nur eine grüne Blumenwiese dar, versehen alleine mit dem Schriftzug "*Grün ist die Alternative*", was keine eindeutige Auskunft darüber gab, wer denn da für sich warb. Ein weiterer Wahlslogan der Partei lautete "*Die Alternative zum Nicht-Wählen.*" Welch Doppelsinn! Schließlich wurde sogar mitten im Wahlkampf das Parteisymbol gewechselt.[139] Hier gab es nichts mehr zu beschönigen. Für Pius Strobl war dieser Wahlkampf eine Nachwirkung der "86er"-Ereignisse, "*wo halt versucht wurde über-*

zukompensieren, wo Spitzenkandidaten keine Interviews geben durften",[140] ohne vorher Rückfrage zu halten, wo das schlechte basisdemokratische Gewissen nachträglich zum Durchbruch kam. Auch der Parteisekretär Herbert Brunner bekannte ein, daß die Organisation die Auswirkungen des "vierten Oktober" noch nicht überwinden habe können, mit dem damals ausgegrenzten Spektrum habe die Partei gerade dasjenige Aktivistenpotential verloren, das "*am ehesten ein freches und radikales Element*"[141] im Wahlkampf sein hätte können.

Auch Peter Pilz und die Klubmitarbeiter Christoph Chorherr und Toni Kofler erkannten im amateurhaften Wahlkampf, schlechten Plakaten sowie der mangelnden Unterstützung der Partei durch den Klub Ursachen für das Wahldebakel: "*Nach der Befehlsverweigerung, nach den Polizeiprügeln vor der Oper, nach der Hakenkreuzfahne und nach der Kinderfresser-Belangsendung haben wir uns immer wieder ins Bockshorn jagen lassen. Wir sind immer braver geworden - bis zu der betulichen Langeweile, die wir in der letzten Zeit verbreitet haben*",[142] meinten diese Stimmen aus dem Klub. Generell wurde in der Partei fehlender politischer Aktionismus für das schlechte Ergebnis mitverantwortlich gemacht. Und Friedrun Huemer verstand die Welt nicht mehr: "*Ganz verstehe ich das alles nicht. Da hat es in Österreich sehr starke ökologische Bewegungen gegeben. Hainburg, Zwentendorf, und jetzt ist einfach nichts davon übrig.*"[143] Immerhin errang die Grünpartei auf kommunaler Ebene 55 Bezirksratssitze (bei der Alternativen Liste Wien waren es zuletzt 10 gewesen), was als Grundstein für den Aufbau von funktionierenden Bezirksparteigruppen gesehen wurde.

Natürlich waren all diese subjektiven politischen Fehler nicht alleine ausschlaggebend für das schlechte Abschneiden der Grünpartei. Und selbst wenn infolge des Ausbleibens einer VGÖ-Gegenkandidatur der Einzug in den Wiener Gemeinderat knapp geglückt wäre, wäre es dennoch ein dürftiges Ergebnis gewesen. Die auf die Wiener Wahlen folgenden Wahlniederlagen der Grünen Alternative sollten nur verdeutlichen, daß es primär objektive Gründe waren, die zu politischer Stagnation und Verlusten führten.[144] Dennoch, die besondere Inferiorität des Wiener Ergebnisses, also das Scheitern an der Fünfprozentmarke, war hauptsächlich hausgemacht.

Im Jänner 1988 wählten die Grazerinnen und Grazer einen neuen Gemeinderat. Graz ist nicht Wien, dachten sich die Alternativen. Und tatsächlich konnte der Alternativen Liste Graz (ALG) der Vorwurf einer dilettierenden Politik, biederer Präsentation, mangelnder kommunalpolitischer Kompetenz etc. nicht gemacht werden. Die alternative Grazer Kommunalpolitik galt durchaus als vorbildhaft, in den fünf Jahren seit dem erstmaligen Einzug in den Gemeinderat hatten sich die Grazer Alternativen anerkannte kommunalpolitische Kompetenz erarbeitet. Positive Bedingungen für eine Verbesserung des Wahlergebnisses, mochte man meinen. Und die

Alternative Liste Graz spekulierte ja auch mit Zuwächsen und sogar der Erringung eines Stadtratpostens[145] - Doris Pollett-Kammerlander hätte diese neue Funktion übernehmen sollen.

Das Wahlergebnis aber war auch für die Grazer Alternativen mehr als ernüchternd. Die ALG verlor ein Drittel ihrer Wähler, sackte auf 4,93 Prozent ab und büßte zwei ihrer ehemals vier Mandate ein.[146] Sie verlor ihren Klubstatus[147] und damit das Klubbüro im Grazer Rathaus, besaß in Hinkunft kein Stimmrecht mehr in Ausschüssen und kein Antragsrecht. Dazu gesellte sich ein Schuldenberg von 700.000 Schilling bei nunmehr um zwei Drittel geringeren Einnahmen aus öffentlichen Förderungsgeldern.[148]

Mit ein Grund für das ernüchternde Ergebnis waren eine Reihe grüner Gegenkandidaturen. Unter anderem trat auch VGÖ-Mann Josef Korber schlauerweise unter dem Namen der Landtags-Plattform "Grün-Alternative Liste Steiermark" (VGÖ-AL) an und erreichte immerhin 1 Prozent. Doch war es auch schon 1983 zur Kandidatur grüner Scheinlisten gekommen, ohne daß dies die Alternative Liste Graz empfindlich getroffen hätte. Der Antritt grüner Tarnlisten und Korbers Gegenkandidatur konnten demnach nur sehr nachgeordnet für das schlechte Abschneiden verantwortlich gemacht werden, wobei das grüne Namensverwirrspiel überdies von den Alternativen selbst mitverschuldet war. Während Korber wie erwähnt unter dem Namen der aufgelösten Plattform antrat, unterstützten Grüne Alternative und der alternative Part der Grün-Alternativen Liste Steiermark die Kandidatur der Alternativen Liste Graz,[149] die sich ihrerseits aber im Wahlkampf vorsichtig von Freda Meissner-Blau abzugrenzen versuchte.

Die primären Gründe der Wahlniederlagen, das konnte nach dem Grazer Ergebnis feststehen, lagen nicht in subjektiven Fehlern der grünen Partei. Stärker zu gewichten waren sicher objektive Faktoren wie ein gewisser Gewöhnungseffekt - die Grünen wurden mitunter schon als Teil des politischen Establishments betrachtet, die Partei wie ihre Wählerschaft segelten mittlerweile bereits in postalternativem Fahrwasser, das gesellschaftliche Klima insgesamt begann konservativer zu werden etc. Auch kam zum Tragen, daß die bürgerliche Presse nunmehr ganz evident versuchte, die Grünen medial zu killen. Einen Umschwung hätte hier wie bei den anderen Wahlgängen daher wohl nur ein aktuelles und brisantes Umweltthema bringen können, an dem es aber in all diesen Fällen mangelte.

Alles anders machen wollten die niederösterreichischen Grünalternativen, die im Herbst 1988 zur Landtagswahl antraten. Nach der Serie von Wahlniederlagen war eine Trendumkehr dringend notwendig. Man entschloß sich daher, einen für die bisherigen grünen Verhältnisse gigantomanischen Wahlkampf nach "professionellem" Muster zu führen. Mit der Planung wurde erstmals eigens ein Werbeteam beauftragt.[150] Der Wahlkampf der im größten österreichischen Bundesland regional teilweise nur schlecht verankerten Landespartei basierte dementsprechend auf einer groß angelegten Inseratenkampagne und sollte ganz auf die beiden im Team auftretenden Spitzenkandidaten Josef Aff ("Gföhler Kreis") und Helga Erlinger ("Hainburg"-Flügel) ausgerichtet sein. Mit diesem personellen Angebot sollte deklariert werden, daß die niederösterreichischen Grünen die politische Mitte ansprechen, daß sie, wie es im Slogan einer ihrer zentralen Postwurfsendungen formuliert war, "*Nichts für Linke, Nichts für Rechte*"[151] darstellen wollten.

Der "professionelle" niederösterreichische Wahlkampf übte Verzicht auf die bislang bei den Grünen immer noch bedeutsame Basisagitation. Professionell bedeutete aber im konkreten Fall nur, daß die Grüne Alternative versuchte, den Wahlkampf der etablierten Parteien, so gut es eben ging, zu kopieren. Johannes Voggenhuber, mittlerweile Bundesgeschäftsführer der Grünen Alternative, äußerte sich voll des Lobes über die Landespartei. Die Niederösterreicher, meinte er, betrieben einen hervorragenden Wahlkampf.[152] Die Wahlniederlage konnte das freilich nicht verhindern. Niederösterreich, eines der politisch unbeweglichsten Bundesländer, war ein denkbar schlechter Boden für eine Trendumkehr. So gab es beim Wahlgang am 16. Oktober 1988 erneute Verluste, auch hier büßte die Partei gegenüber den Nationalratswahlen 1986 ein Drittel ihrer Stimmen ein und erreichte nur noch 2,45 Prozent.

Bemerkenswert war hingegen das Abschneiden der Vereinten Grünen. Mit immerhin über 11.000 Stimmen und 1,19 Prozent ergab sich eine Relation der Stimmpotentiale beider Gruppen von nahezu 1:2. Das ließ Schlimmes befürchten. Auch in Niederösterreich hatten die Vereinten Grünen das Antreten bei den Wahlen nicht aus eigener Kraft geschafft. Wie in Wien dürften bei der Aufbringung der notwendigen Unterstützungserklärungen die Großparteien gehörig nachgeholfen haben. Die VGÖ profitierten bei ihrem guten Ergebnis sicherlich davon, daß sich inhaltlich zur Präsentation der Parlamentspartei kaum vermittelbare Unterschiede ergaben. Allenfalls verfügten sie, ohne daß sie damit ein Werbeteam befaßt hätten, über die griffigeren Slogans ("*Natur als Politik*").

In der Öffentlichkeit präsentierte sich die Grüne Alternative seit ihrer Gründung als permanent krisengeschüttelte Partei - gelähmt durch den Streit mit den Vereinten Grünen, zerrüttet nach den Kontroversen über den politischen Aktionismus, gebeutelt von einer Serie von Wahlniederlagen. Dem maroden äußeren Erscheinungsbild der Partei entsprach ein ebensolcher innerer Zustand. Man konnte nur froh sein, daß die organisatorische Ineffizienz und das dilettantisch-handwerklerische Niveau, mit dem in den Parteigremien gearbeitet wurde, nicht auch noch in der Öffentlichkeit durchleuchtet wurden. Nicht nur die objektiven Umstände erschweren die Konsolidierung der Partei. Die Liquidierung der Linken hatte mehr Substanz und Kraft gekostet als erwartet und gerade viele der fähigsten Organisatoren aus der grünalternativen Politik gedrängt, zudem zehrte das leidige VGÖ-Problem an den Energien aller Beteiligten. Die Abkoppelung des Klubs wirkte gleichfalls negativ auf die Konzeption einer effizienten Parteipolitik. Tüchtige Organisatoren wie Pius Strobl zerrieben sich in zermürbenden Auseinandersetzungen mit politikunfähigen Länderautonomisten. Gerade Strobl, der kaum in fraktionelle Grabenkämpfe involviert war, der die politische Ineffizienz des Klubs ebenso kritisierte wie jene der Partei und dabei stets in der vordersten Linie agierte, bekam seine Rolle als Mittler der schlechten Botschaften zu spüren und wurde als der "Mann fürs Grobe" denunziert.[153] Die Parteiorganisation aber geriet zum Interessens- und Betätigungsfeld zweitrangiger Amateurpolitiker und Möchtegernfunktionäre.

Daß die Partei auf diese Serie von Wahlniederlagen und medialen Bedrohungen nicht einigermaßen gefestigt reagieren konnte, war auch einem hausgemachten strukturellen Defizit geschuldet. Die Bundesorganisation war eben 1987 als kompetenzloser Dachverband eines Agglomerats von Länderparteien etabliert worden. Seitens der Länder herrschte daher ein fatales Desinteresse an grüner Bundespolitik. Nur wenigen war an einer konsistenten Identität der Bundespartei gelegen, was Delegation von Macht und Befugnissen an deren entsprechende Gremien bedeutet hätte. Aber Bundesvorstand und Bundesgeschäftsführung fielen in ihrer Bedeutung vollkommen hinter das Ländergremium auf Bundesebene - den Bundesausschuß - zurück. Weil aber auch der Bundesausschuß ein Gremium der Bundespartei war, herrschte in den einzelnen Landesorganisationen selten das Bedürfnis, ihn qualifiziert zu besetzen: *"Wen schicken sie in die Delegationsgremien? Da ist ja doch die dritte Garnitur gekommen (...) und wechselnd, jedes Mal ein Neuer oder eine Neue."*[154]

Gleich nach ihrem Gründungskongreß wurde die Bundespartei von einer Kürzung und Umschichtung der staatlichen Parteienfinanzierung überrascht. Statt der ursprünglich erwarteten und bereits fix kalkulierten zweiunddreißig Millionen, die auf die politische Partei, den Klub und die Bildungswerkstatt entfallen wären, blieben jetzt bloß dreiundzwanzig. Statt ursprünglich etwa siebzehn Millionen alleine für die politische Partei blieben dieser nach dem neuen Schlüssel nur noch siebeneinhalb Millionen. Die etablierten Parteien hatten damit dem von den Grünen wiederholt lautstark vorgebrachten Ruf nach Kürzung der Parteienfinanzierung prompt entsprochen, nur eben anders, als sich das die grünen Saubermänner gedacht hatten. Eine reale Kürzung der Förderungsmittel mußten nur die Grüne Alternative und die Freiheitlichen hinnehmen, während für die Parteien der großen Koalition per Saldo sogar eine geringfügige Erhöhung resultierte.[155] *"Dieser Geldmitteleinbruch zerschlug den vom ersten Bundeskongreß schon beschlossenen Budgetentwurf, führte im Bundesvorstand zur Kündigung von 6 der 7 Angestellten, und stürzte die grüne Partei in wochenlange politische Agonie."*[156] Die Partei war überdies mit viereinhalb Millionen Schilling Wahlkampfschulden belastet, für deren Tilgung sich Klub und Bildungswerkstatt nicht sonderlich zuständig fühlten. Darüberhinaus sollte die Bundespartei auch noch die finanziell hochtrabenden Wünsche der Landesorganisationen befriedigen. Aber auch dieser Coup, der die Grünen an einem besonders wunden

Punkt traf - keine andere Partei war jemals so abhängig von staatlichen Förderungsgeldern wie die Grünen -, war nicht ausschlaggebend für die politische Ineffizienz der Partei.

Um politische Anliegen der Bundespartei zu betreiben, fehlte dem Bundesvorstand und auch dem Bundesausschuß der Partei die entsprechende Schlagkraft, geschweige daß sie vermocht hätten, die für Leitungsgremien notwendigen politischen Debatten aufzubereiten. In den Protokollen jener Periode war wenig zu lesen von der Einschätzung gesellschaftlicher Entwicklungen, konzeptionellen und strategischen Überlegungen zu den grundsätzlichen Möglichkeiten und Spielräumen grünalternativer Politik. Bei den bedeutendsten gesellschaftlichen Auseinandersetzungen des Herbstes 1987, den großen, anhaltenden Studentenstreiks und den Oktoberdemonstrationen gegen Sozialabbau, war die Grüne Alternative de facto nicht präsent. "*Meines Wissens nach hat es so gut wie gar keine Beteiligung der Grünalternativen an den Vorbereitungen gegeben*",[157] kritisierte die Sprecherin des Bundesausschusses, Doris Pollet-Kammerlander, das Versagen der Partei. Anstatt Parteizentrale zu sein, verkam die Gremienarbeit des Bundesvorstands und des Bundesausschusses zum unkoordinierten bürokratischen Leerlauf mißtrauischer Funktionäre ohne politische Steuerungskapazität. Die Gremien waren völlig in Anspruch genommen von organisatorisch-bürokratischen Arbeiten und logistischen Interna, der Bundesgeschäftsführer Werner Haslauer wurde zum Protokollführer degradiert, zu einem Sekretär, aber keinem politischen.

Eine konstruktive Behebung der Krise war in der angeschlagenen Parteiorganisation nicht mehr möglich. Statt dessen kulminierte die Unfähigkeit, die politischen und administrativen Aufgaben zufriedenstellend zu bewältigen, in einer zunehmenden Entfremdung zwischen den einzelnen Vorstandsmitgliedern und insbesondere zwischen diesen und ihrem Bundesgeschäftsführer Werner Haslauer, der stellvertretend für das Dilemma verantwortlich gemacht wurde. Im Winter 1987/88 sah sich dieser mit Rücktrittsaufforderungen seitens einer Mehrheit von Vorstandsmitgliedern konfrontiert, weigerte sich aber, diese Konsequenz zu ziehen.[158] Seinerseits warf er dem Bundesvorstand politisches Versagen und mangelnde Arbeitsfähigkeit vor.

Parallel zu den Debatten in den Parteigremien wurden auch im Umfeld des grünen Klubs Reformüberlegungen gewälzt, die auch und sogar primär die Partei betrafen und weit mehr Wellen schlugen als die fruchtlosen Debatten im Bundesvorstand oder Bundesausschuß. In diesem Sinne erklärte der Großteil der Bundesvorstandsmitglieder - man hatte sich in dieser Frage auf keine einheitliche Linie festlegen können - im März 1988, sie würden auf dem kommenden Bundeskongreß im Mai 1988 die Vorstandsfunktionen niederlegen. Die Parteireform, also der Umbau der Organisation nach den realpolitischen Vorstellungen des "Klubs", sollte schrittweise glücken. Auf dem zweiten Bundeskongreß der Partei im Mai 1988 gelang es allerdings vorerst nur, die Bundesgeschäftsführung gegenüber dem Bundesvorstand entscheidend zu stärken und nach außen mit einem lupenreinen Promi und Medienpolitiker zu besetzen: Johannes Voggenhuber. Die internen Angelegenheiten sollte Pius Strobl als zweiter Geschäftsführer administrieren.

6. VON DEN BASISDEMOKRATISCHEN POSTULATEN ZUR "VIERTEN PARTEI"

Stagnation, Fluktuation, das Auseinanderdriften von Partei, Klub und Bildungswerkstatt, organisatorische Ineffizienz, politische Abstinenz in gesellschaftlichen Auseinandersetzungen jenseits der Plenartagungen des Hohen Hauses etc. - all das produzierte in der Grünen Alternative noch nicht jene Ratlosigkeit, die als Impetus zur Inangriffnahme einer Parteireform hätte reichen können. Erst die Serie von Wahlniederlagen vermochte dies. Die Parteigremien selbst erwiesen sich dabei allerdings zu einer eigenständigen Initiative als vollkommen unfähig, und die Gründe lagen nicht nur in der Bevorzugung des Klubs in der veröffentlichten Meinung bzw. seinen relativ besseren materiellen Mitteln. Die Funktionäre der Partei selbst, die sich jeglicher Hierarchisierung, Delegierung und Zentralisierung von Entscheidungskompetenz verweigerten, brachten die notwendige Potenz und oft auch den Willen zur Effektivierung der Gesamtpartei nicht auf.

Unter dem Schlagwort der Parteireform war daher eine immer stärker werdende Einmischung der Fraktion, des Klubs und seines politischen Umfelds in die Belange der Partei zu verstehen. Als "Partei" und "Klub" wollen wir hier in einem weiteren Sinn jene beiden Pole betrachten, die sich als Träger unterschiedlicher Konzeptionen in der Parteireformdebatte gegenüberstanden. Sie müssen sich nicht wirklich mit dem grünen Nationalratsklub oder der Bundespartei decken. Eine durchgehend herausragende Rolle spielte in der Reformdebatte Pius Strobl, der selbst nicht der "Partei"- oder "Klub"-Strömung zugerechnet werden konnte, aber in Fragen der Reform der Parteiorganisation mitunter die Positionen des "Klubs" teilte. Daß Strobl andererseits ebenso die Strukturen und das Politikverständnis des Nationalratsklubs kritisierte, stand auf einem anderen Blatt.

Die entscheidenden Reformvorschläge bestanden in der Infragestellung jener Bestimmungen des Gründungsstatuts, in denen noch genuin alternative und basisdemokratische Prinzipien niedergelegt waren. Vor allem störten hier die Unvereinbarkeitsbestimmungen, aber auch solche strukturellen Knebelungsmechanismen, die die Organe der Bundespartei wohl mit Absicht tendenziell handlungsunfähig machten. Der Widerspruch zwischen einer antiquierten alternativen Organisationsstruktur, dem Mitschleppen alternativer Residuate in den Nischen der Partei einerseits und der Positionierung der Grünen als linksliberaler Medienpartei andererseits war nach den Wahlniederlagen nicht mehr länger aufrechtzuerhalten. Zusätzlich zu den Forderungen nach einer Strukturreform ging es um die Bereitstellung eines medial vorzeigbaren und insofern tauglichen personellen Politikangebots: Die mediokren Funktionäre der Partei waren in den zu schaffenden Spitzenpositionen der Partei durch telegene Prominenz und Verbindungsleute zum "Klub" zu ersetzen.

Die angestrebte strukturelle Parteireform der Grünen Alternative erstreckte sich in zwei langgezogenen Etappen über den Zeitraum vom Frühjahr 1988 bis in den Herbst 1992. Zunächst wußte sich die Partei in hartnäckigem Widerstand gegen die wiederholt von Peter Pilz, Pius Strobl, Toni Kofler und Christoph Chorherr forcierte Ummodelung der Organisation noch als eigenständiger Pol des grünen Projekts zu behaupten - als einer der "drei Kirchtürme" (Partei, Klub, Bildungswerkstatt). Ergebnis der ersten Reformetappe war die Stärkung des äußeren Erscheinungsbildes der Partei - es wurden medienkompatible Funktionäre in die Leitungsgremien gehievt -, noch nicht aber eine grundsätzliche Revision der tradierten Organisationsvorstellungen. Ganz im Gegenteil endete die angestrebte Satzungsreform der Grünen Alternative mit einer politischen Stärkung der Partei, die erstmals Einfluß auf die Entscheidungsfindung des grünen Klubs erhielt, während dies dem Klub in der Partei weiterhin formal verwehrt blieb.

Bald nach den verlorenen Wiener Wahlen hatten sich der Abgeordnete Peter Pilz und die Klubreferenten Toni Kofler und Christoph Chorherr mit einer gemeinsamen Erklärung zu Wort gemeldet. Sie sahen die Partei in einer "*defensiven Desorientierung*",[1] die zu einem großen Teil auf der organisatorischen Zerrissenheit der Grünen fuße. Der Klub arbeite vollkommen isoliert von der Partei, und diese selbst laufe Gefahr, einen "*uninteressanten grünen Bürokratismus*" zu entwickeln und zum "*Insiderfunktionärszirkel*" zu verkommen.[2] Daraus schlußfolgerten die drei: "*Der Klub muß um jeden Preis in die Arbeit der Partei integriert werden. Schon nach einem Jahr stehen uns dabei die Unvereinbarkeitsbestimmungen im Weg.*"[3]

Konkretisiert wurden diese Vorstellungen auf einer gemeinsamen Klausurtagung von grünem Klub und Parteivorstand im Dezember 1987. Unter dem Namen "Neues Grün" wurde von den Klubvertretern ein Strukturmodell entwickelt und präsentiert, das auf dem nächsten Bundeskongreß der Grünen Alternative im Mai 1988 umgesetzt werden sollte.[4] Das Reformmodell setzte an zwei Polen an. Zum einen ging es um die Straffung, Zentralisierung und Hierarchisierung der ausführenden Parteiorgane. Diese, insbesondere die Bundesgeschäftsführung, sollten endlich mit deklarierter politischer Kompetenz ausgestattet und so aus dem Würgegriff der Länderautonomisten befreit werden. Zum zweiten aber sollte der Bundeskongreß nach einem neuen Delegiertenschlüssel beschickt werden, der den Einfluß der Partei und ihrer Mitglieder in diesem breitesten Organ der Partei empfindlich beschnitten hätte. Die Landesparteien, die bislang alle der insgesamt 183 Kongreßdelegierten nach einem proportionalen Schlüssel wählten, sollten künftig nur noch 91 Sitze zu vergeben haben. Die verbleibenden 92 "Delegierten" sollten sich aus grünalternativen Gemeinderäten, Personen aus Wissenschaft und Kunst (Experten), Bürgerinitiativen und Landtagsabgeordneten zusammensetzen. Konkrete Auswahlmodi und Legitimationskriterien für diese zweite Parteitagskurie benannte der Entwurf noch nicht.[5] Wenn Kofler und Chorherr meinten: "*In der Partei selbst sind Strukturreformen mit dem Ziel einer Öffnung gegenüber Gemeinderäten und Initiativen angesagt*",[6] so erinnerte das frappant an die ursprünglich von Johannes Voggenhuber entwickelte und in der "Bürgerinitiative Parlament" praktizierte Idee der offenen - und insofern auf ihre Art selektiven - Versammlungen, wie sie in der Grünen Alternative ja auf Länderebene auch schon gehandhabt wurden. Das Modell sollte nunmehr auch auf Bundesebene Platz greifen.

Mit diesem Vorstoß wurde versucht, den Einfluß der Länderautonomisten und des grünen Föderalismus auf die Bundespartei zu relativieren. Denn bei der bisher praktizierten Delegation der obersten Parteiwillensbildung an die Delegierten der Landesorganisationen konnten sich Standpunkte der Bundespartei nur aus der Addition der jeweiligen Länderinteressen ergeben. Bei prinzipieller Beibehaltung des subsidiären Parteiaufbaus wollte man diesem Problem jetzt mit einer Umgruppierung bei den Parteitagsdelegierten begegnen. Doch der Entwurf zum "Neuen Grün" war für eine Behebung des mißlichen Mankos selbst ungeeignet. Eine Ausweitung des Delegationsprinzips auf Gemeinderäte, Initiativen, Honoratioren, Wissenschaftler, Experten und Kulturschaffende hätte zudem - abgesehen von der Frage ihrer Rekrutierung, ob sie denn auch bereit gewesen wären, auf grünen Parteitagen zu tanzen - bei Inanspruchnahme eines seriösen Auswahlverfahrens nur in einer Steigerung, nicht Verminderung des "*grünen Bürokratismus*" mit seinen "*Insiderfunktionärszirkeln*" gipfeln können. Zusätzlich wollte man dem Parteitag die Annahme des Modells dadurch schmackhaft machen, daß die Auswahl der zweiten Delegiertenhälfte ebenso nach gewichtetem Schlüssel durch die Landesorganisationen vorgenommen werden sollte.[7] Wie hätte so der Einfluß des Länderautonomismus gebremst werden können?

Das erste Reformmodell des grünen Klubs erschien wenig praktikabel. Dem linksliberalen Politikverständnis seiner Mentoren entsprach zwar auch ein liberales Organisationsverständnis, das mit seiner "Offenheit" den verschiedensten Zirkeln und Honoratioren den Eintritt schmackhaft machen sollte. Gleichzeitig wurde damit aber nur eine Multiplikation der unterschiedlichsten Interessensbasen in der Partei erreicht, aber wohl doch keine Straffung und Hierarchisierung von Entscheidungsabläufen. Eine Exekution der vorgeschlagenen Neustrukturierung hätte in einer heillosen Chaotisierung der Parteitage gipfeln müssen. Dort wären die gewünschten Experten und Kommunalpolitiker keine Experten mehr gewesen. Sie hätten über Materien befinden müssen, in denen sie im Unterschied zu den Delegierten nicht bewandert waren. Anstatt aus parteiegoistischen Überlegungen über Wahlbeteiligungen, Programm, Kandidatenfindung, Grundzüge der Parteipolitik, Budget und Statut der Partei zu entscheiden, hätten sie, wir unterstellen dies einmal, wohl die Beschlußvorlagen einzelner informeller Parteizirkel sanktionieren und die Wünsche der Medien befriedigen sollen. Sie wären Staffage gewesen. Schlußendlich wäre das Modell auch politisch nicht exekutierbar gewesen. Die permanente Spaltung des Parteitags in zwei Kurien wäre die Folge gewesen, wobei sich das "Herrenhaus" zudem - nach welchem Schlüssel? - in weitere Kurienbänke aufgegliedert hätte.

Mehr Glück war dem "Neuen Grün" hinsichtlich seiner Konzeptionen bezüglich der oberen Parteiorgane beschieden. Es ging um die Verkleinerung des Bundesausschusses, der um zwei Drittel schrumpfen und aus Länderdelegierten sowie einer Vertretung der mittlerweile gegründeten grünen Frauenorganisation und des Klubs bestehen sollte. Auch hier sollte der Einfluß des Länderautonomismus zurückgedrängt werden. Der neue Bundesvorstand hätte nur noch aus drei Personen, einem politischen Sprecher, einem Geschäftsführer und dem Finanzreferenten bestanden, wovon die beiden ersteren mit Sitz und Stimme im grünen Klub vertreten gewesen wären. Ihr Aufgabenkreis wurde im weitesten Sinne mit der Ausführung, Kontrolle und Umsetzung politischer Großprojekte umschrieben. Zwischen diese neue Parteispitze und den Bundesausschuß sollte schlußendlich als neues Gremium ein erweiterter Bundesvorstand treten, der sich aus dem Bundesvorstand, Vertretern von Klub, Bildungswerkstatt und Frauenorganisation sowie aus Länderdelegierten aus den Reihen des Bundesausschusses zusammensetzen und die Kommunikationsflüsse zwischen den einzelnen Parteibereichen auf Gremienebene effektivieren sollte.[8] Nach diesen strukturellen Vorgaben des "Neuen Grün" richteten sich die Satzungsänderungsanträge auf dem zweiten Bundeskongreß der Partei, der vom 13. bis 15. Mai 1988 im steirischen Röthelstein tagte.

Daß in Röthelstein gemeinsame Anträge der Landesorganisationen Burgenland (Pius Strobl) und der Steiermark eingebracht wurden,[9] ließ bereits erkennen, daß am Bundeskongreß hinsichtlich der Satzungsfrage ein Kompromiß im Entstehen war. So wurde den entsprechenden Vorstellungen des "Neuen Grün" nicht vollinhaltlich entsprochen, ihrem Geiste aber dennoch Rechnung getragen. Der Bundesausschuß wurde auf zwei Delegierte je Landesorganisation reduziert. Auch die Zahl der gewählten Bundesvorstandsmitglieder verringerte sich insofern, als künftig auch die zweiköpfige Bundesgeschäftsführung mit Sitz und Stimme im Bundesvorstand vertreten war und somit in die gleichbleibende Zahl der Vorstandsmitglieder miteingerechnet werden mußte. Der Bundesvorstand konnte ferner weitere, allerdings nicht stimmberechtigte Mitglieder kooptieren. Die Interessen des Klubs nahm im Vorstand die daraufhin kooptierte Sonja Puntscher-Riekmann wahr.[10] Der Bundesgeschäftsführung oblag die Vertretung der Partei nach außen, die Umsetzung ihrer Beschlüsse sowie die Koordinierung der Öffentlichkeitsarbeit mit Klub und Bildungswerkstatt, wobei sie nach wie vor an die Beschlüsse des Vorstands gebunden war, insgesamt aber eine deutliche Ausweitung und Stärkung ihrer Kompetenzen erfahren hatte. Ein Bundesgeschäftsführer sowie ein weiteres Vorstandsmitglied waren künftig mit zwei Sitzen und einer Stimme im Klub vertreten.[11] Mit dieser Reform war die Geschäftsführung aus einem ursprünglich weisungsgebundenen Organ zu einem mit eigenständiger politischer Kompetenz aufgewertet worden. Dies war der Kern der Röthelsteiner Statutenrevision.

Die Röthelsteiner Statutenreform

	SATZUNG 1987	SATZUNG 1988
AO. BUNDESKON-GRESS	keine explizite Regelung Wahl der Restmandatslisten	Bestätigung der Grundmandatslisten
PARITÄT	keine Paritätsregelung	Frauenparität auf Restmandatslisten
ROTATION DELEGIER-TENSCHLÜSSEL	keine Rotationsregelung	zwei durchgehende Perioden keine Änderung
GRÜBI	keine Regelung	Widerruf der Benennung als Bildungswerberin
BUNDESAUSSCHUSS	je 3 Länderdelegierte; dazu ohne Stimmrecht: Nationalräte, Bundesvorstand, Bundesgeschäftsführung, Finanzreferent	je 2 Länderdelegierte, sonst wie zuvor
DELEGIERTE	können sich vertreten lassen	wie zuvor
BUNDESVORSTAND	8 Personen gewählt vom Bundeskongreß, darunter der Finanzreferent; dazu ohne Stimmrecht: Bundesgeschäftsführung beratend: Bundesausschußsprecher	4 Personen gewählt vom Bundeskongreß + 2 Bundesgeschäftsführer, Finanzreferent je mit Stimmrecht + ohne Stimmrecht: Bundesausschußsprecher
KOOPTATION	nicht möglich	für Vertreter von KLUB und GRÜBI ohne Stimmrecht
FUNKTIONSDAUER	2 Jahre, Wiederwahl	wie zuvor
REFERATE	keine Regelung	betr.: Information, Programm, Bundesfinanzen
UNVEREINBARKEIT	für Nationalräte, Landtagsabgeordnete	wie zuvor
BUNDESGESCHÄFTS-FÜHRUNG	administrative Kompetenz an Bundesvorstand weisungsgebunden	Sitz und Stimme in KLUB und GRÜBI; Vertretung Partei nach außen & Koordinierung nach innen; Pressesprecherfunktion

Komplettiert wurde die Statutenreform schließlich dadurch, daß sich der Bundeskongreß ausdrücklich die Kompetenz aneignete, die Wahlkreisverbandslisten der Landesorganisationen zu Nationalratswahlen zu bestätigen sowie selbst die Wahl der bundesweiten Reststimmenlisten vorzunehmen.[12] Damit konterte die Partei sogar erfolgreich Überlegungen des "Klubs", die in den Anträgen und Reformpapieren zwar nicht offen ausgesprochen, von den Adressaten aber erahnt wurden: Im Zentrum des "Klub"-Interesses hinsichtlich der Parteitagsreform stand nämlich immer der Gedanke, der Parteibasis die Verfügung über die Mandatslisten streitig zu machen. Mit der formellen Einverleibung dieser Kompetenz hatte die Partei nun gerade hier eine Mauer aufgerichtet. Aufrechterhalten wurden in Röthelstein die Unvereinbarkeitsbestimmungen, was weiterhin eine entscheidungsbefugte Einbindung des Parlamentsklubs in die Partei verhinderte. Umgekehrt sogar wurde mit der Stimmberechtigung der Bundesgeschäftsführung die Parteiführung in den Klub integriert.

Sollte die vom "Klub" forcierte Umgestaltung der Parteisatzung zum Tragen kommen, mußten auch personelle Veränderungen stattfinden. Mit einer Fortführung der Geschäftsführung durch Werner Haslauer konnten die Interessen des "Klubs" nicht befriedigt werden. Schon im Jänner 1988 - die Mehrheit des Bundesvorstands sollte bald den Rücktritt erklären, um der geplanten Strukturreform nicht im Wege zu stehen - kam es zu entsprechenden Sondierungen. Fündig wurde man beim Salzburger Bürgerlistenmann Johannes Voggenhuber, der erst kürzlich infolge der Wahlniederlage seinen Stadtratsposten verloren hatte und nunmehr frei war für andere Betätigungsfelder. Voggenhuber wurde in den Medien bereits als künftiger "*Generalsekretär*" präsentiert, bevor die Parteigremien mit der Angelegenheit auch nur befaßt worden wären.[13] Es wurde gegenüber der Presse bekanntgegeben, Voggenhuber wäre in gemeinsamen Gesprächen zwischen Klub und Bundesvorstand nominiert worden. Der Bundesvorstand protestierte zwar gegen derartige Fehlinformationen und Präjudizierungen, weil sie eine Chancenungleichheit für andere potentielle Kandidaten oder Kandidatinnen herbeiführten,[14] war im übrigen aber gegen eine solche Vorgangsweise machtlos. Als der amtierende Geschäftsführer Werner Haslauer einer klärenden Unterredung zwischen Voggenhuber, Meissner-Blau und weiteren Klubmitgliedern im Auftrag des Parteivorstands beiwohnen wollte, ließ ihn die Klubobfrau durch den Parlamentsdiener aus dem Raum entfernen. Als Haslauer sein Kommen zuvor ankündigte, kommentierte dies Meissner-Blau mit den Worten: "*Die Partei - wer ist das? - hat Dich nicht zu schicken.*"[15] Zur Qualität der Kommunikation zwischen Klub und Partei konnte Doris Pollet-Kammerlander grundsätzlich feststellen: "*Werner Haslauer, dem Bundesgeschäftsführer, waren Klubsitzungen sowieso verboten, der Ausschußsprecherin fallweise und zu bestimmten Tagesordnungspunkten erlaubt.*"[16]

Der Kongreß wählte Voggenhuber mit einer deutlichen Mehrheit gegen Werner Haslauer, Pius Strobl und Fritz Zaun zum ersten und den ebenfalls vom Klub favorisierten Strobl im darauffolgenden Wahlgang zum zweiten Geschäftsführer der Partei.[17] Voggenhuber hatte die Partei nach außen zu vertreten, Strobl ihre innerorganisatorischen Agenden zu administrieren. Voggenhuber hatte das Erreichen einer Zweidrittelmehrheit zur Bedingung seiner Amtsannahme gemacht, verfehlte diese aber knapp um zwei Stimmen. Natürlich nahm er die Funktion mit dem Kommentar *"Diese Partei hat es einem noch nie sehr leicht gemacht, seine Versprechen einzuhalten"*,[18] an. Insgesamt konnten der Klub und die Medien mit der personalpolitischen Weichenstellung zufrieden sein - die Medien sprachen von einer "Realo-Offensive" und einer Zurückdrängung des fundamentalistischen Flügels, den sie etwa im bisherigen Geschäftsführer Haslauer verkörpert gesehen hatten.

Während die Partei zuerst auf die grüne Krise reagiert und mit der Installierung Voggenhubers nach außen ein Signal der Umorientierung gesetzt hatte, wurde das Dilemma des grünen Klubs erst später evident. Für die Partei, aber auch Teile des Klubs selbst vollkommen unerwartet, kam es im November 1988 zu einer Serie von Rücktritten und Mandatsniederlegungen.

Eingeleitet wurden die Fraktionsrücktritte ausgerechnet von der Klubobfrau Freda Meissner-Blau. Die Partei, der Klub, die Fraktion, sie alle erfuhren von ihrer Entscheidung erst über die Medien.[19] Laut ihrer öffentlichen Begründung schien Meissner-Blau nicht im Zwist mit ihren Kollegen zu gehen, hinter den Kulissen war aber bekannt, daß die Klubofrau nur aus den Bestrebungen zu ihrer schleichenden Entmachtung die Konsequenzen gezogen hatte. So war zuletzt in der Fraktion gegen den Widerstand der Klubobfrau geplant gewesen, den politisch rechtsstehenden Buchautor Hans Pretterebner als Experten der Grünen für den parlamentarischen Lucona/Proksch-Untersuchungsausschuß zu nominieren[20] und Meissner-Blau in der "Präsidiale" - einem Gremium, bestehend aus den drei Nationalratspräsidenten und den Klubobleuten, zur Vorbereitung des technischen Ablaufs der Parlamentssitzungen - durch Walter Geyer zu ersetzen. In der Personaldiskussion des Grünen Klubs vermengten sich beständig politische und persönliche Faktoren. Wie die Partei, so hatte auch der grüne Klub zu keiner konsistenten Identität finden können; die geballte Ansammlung unterschiedlicher Repräsentanten grüner Geisteshaltung konnte den Schritt zur integrativen politischen Akkordanz der jeweiligen Positionen und Auffassungen nicht machen. Differenzen waren bislang notdürftig durch den vorgeblichen ökologischen Grundkonsens überbrückt worden.[21] Freda Meissner-Blau, die einstige Galionsfigur des grünen Protests, begegnete Kritik an der Politik des Klubs, sofern sie involviert war, mit persönlichem Ressentiment. Als der Klub dann mehrheitlich festellte, daß sie den Aufgaben der "Präsidiale" politisch nicht gewachsen wäre,[22] wertete dies Meissner-Blau als Vertrauensentzug und *"politischen Putsch"*[23] und zog auf ihre Art die Konsequenz.

Auch in der Partei waren zusehends Stimmen laut geworden, die eine Ablöse an der Klubspitze herbeiwünschten. Gerade nach der Serie von Wahlniederlagen goutierte man ein anderes Erscheinungsbild und eine andere Präsentation der Fraktion, die Abstand nehmen sollte vom Kurs der Freda Meissner-Blau. Mit dem neuen Bundesgeschäftsführer Voggenhuber und Peter Pilz, der sich innerhalb der Fraktion zusehends von seiner politischen Ziehmutter emanzipierte, schien auch das geeignete personelle Angebot bereitgestellt. Dabei waren für derartige Entscheidungen des Klubs aber nicht nur politische Gründe ausschlaggebend. Meissner-Blau hatte sich durch ihre Politik der Zurechtweisungen und Distanzierungen, aber auch durch ihr Unvermögen, Kritik zu akzeptieren, keine persönlichen Sympathien verschaffen können. Zwischen den Versuchen, die alternative Vergangenheit zu überwinden, und den Vorstellungen Meissner-Blaus, die Grünen als saubere "Österreich-Partei" zu etablieren, bestand denn doch eine zu tiefe Kluft. Mit ihrem Rücktritt kam Meissner-Blau nur der absehbaren Entwicklung zuvor, schlußendlich vollkommen auf dem fraktionellen Abstellgleis zu landen.

Freda Meissner-Blau ging nicht, ohne zuvor der Fraktion und der Öffentlichkeit ihren "logischen Nachfolger" zu präsentieren - Staatsanwalt Walter Geyer. Doch Geyer, der in den Medien als konsensfähiger Kandidat präsentiert wurde, warf nur wenige Stunden nach dem Rücktritt Meissner-Blaus selbst das Handtuch. Als Quereinsteiger von Meissners Gnaden in grünalternativen Kreisen immer noch ein gewisser politischer Fremdkörper, stand der Staatsanwalt plötzlich ohne interne Stütze da, zumal ihn Meissner-Blau bald als einen der Initiatoren der grünen Palastrevolution verdächtigte. Andreas Wabl beschrieb die Situation wie folgt: "*Und das hat er irgendwie dann nicht mehr ausgehalten, diesen Druck. Daß er einerseits den Vorwurf hat, er hätte die Königin umgebracht, und andererseits muß er jetzt ein Schiff fahren, das nicht unbedingt in ruhiger See herumfährt, sondern das massiv von allen Seiten unter Druck steht.*"[24] So zeigte sich Walter Geyer denn auch zutiefst frustriert von der Stagnation und dem Niedergang der grünen Partei. Geyer geriet mit dem Rest der Fraktion in Auseinandersetzungen über einen politischen Kurswechsel der Partei. Er meinte, es wäre ein Fehler gewesen, auf Günther Nenning, Andrea Komlosy und vor allem auf die Vereinten Grünen zu verzichten,[25] und sah plötzlich im "vierten Oktober" den ersten politischen Sündenfall der Grünen Alternative - freilich ohne zu bemerken, daß er selbst nur aufgrund der damaligen Ereignisse ins Parlament gehievt werden konnte. Politisch ging es Geyer dabei primär, wenn nicht ausschließlich, um eine Aussöhnung mit den Vereinten Grünen. Er unterstützte plötzlich die Forderungen Buchners nach Erfüllung des alten Paritätenpakts. In der Partei nahm man ihm das sehr übel, man bezeichnete sein Verhalten als verantwortungslos und unsolidarisch. Peter Pilz etwa meinte, Geyer habe "*riesigen Schaden angerichtet und betreibt Schadensmaximierung.*"[26]

Geyers Rücktritt war für die Grünen auch in anderer Hinsicht bedeutsam. Er wurde nämlich im "Lucona-Ausschuß" des Nationalrats durch Peter Pilz ersetzt, mit dem die von ihm repräsentierte Aufdeckungs- und Skandalisierungsstrategie der Grünen startete, die Pilz zum parlamentarischen Superstar machen und die Krise der Grünen beenden sollte. Politisch war die Fraktion nach den beiden Rücktritten noch nicht zur Ruhe gekommen. Als nächster meldete sich nämlich Herbert Fux zu Wort. Er verband seinen Antrag an den Bundesausschuß der Partei mit einer politischen Erpressung: "*Der Bundesausschuß beschließt ernstzunehmende Verhandlungen mit der VGÖ und den neuen Partnern der VGÖ - Nenning, Kaspanaze Simma u.a. aufzunehmen. Zu diesem Zweck ist eine formelle Gesprächseinladung an Buchner und Nenning zu richten, die weitere Gesprächspartner nachnennen werden. Sollte meinem Antrag nicht stattgegeben werden, sehe ich mich gezwungen, die Fraktion am Montag den 28. 11. 1988 zu verlassen, um als freier Abgeordneter dem Parlament weiter anzugehören.*"[27] Sein Antrag wurde einzig von der oberösterreichischen Landesorganisation unterstützt, sonst wandte sich der Rest der Partei entschieden dagegen.[28]

Nicht einmal die Vereinten Grünen selbst waren dabei an einer Wiederaufnahme von seriösen Verhandlungen mit der Parlamentspartei interessiert,[29] sondern nur an deren politischer Schwächung, bei der Herbert Fux allenfalls willkommene Dienste leistete. Generalsekretär Pelikan hatte ja wiederholt erklärt, daß der Filmschauspieler nicht mehr das Vertrauen der Vereinten Grünen besäße.[30] Wie Meissner-Blau mochte auch Fux den Grünen nach außen hin als öffentliche Renommierpersönlichkeit nutzen. In der internen Parteikommunikation stellte er sie jedoch so lange vor ein unüberwindliches Problem, als es nicht gelingen mochte, die einzelnen grünen Charaktermasken auf ein höheres Niveau an Verbindlichkeit zu heben. Noch 1993 las sich eine Charakterisierung des politischen Funktionärs Herbert Fux folgendermaßen: "*Fux einbremsen? Das geht nicht. Herbert Fux ist völlig unbeeindruckt von Klubmeinung und Parteiräson. Er tut und läßt, was er für richtig hält. So kommen seine Verdienste zustande. Aber auch seine Verirrungen.*"[31]

Ersatz für die abgegangenen Mandatare mußte durchwegs aus dem Bereich zweit- und drittrangiger Funktionäre gesucht werden, die sich hinter den grünen Promis auf den Nationalratslisten befanden. Die Nachfolge Meissner-Blaus hätte eigentlich der auf der niederösterreichischen Liste zweitplazierte Fritz Zaun antreten sollen. Der Klub versuchte indes alles, um Zaun zu verhindern. Man fürchtete hier wohl das Stigma des politischen Linksrucks. Zaun war immerhin bis 1968 Mitglied der KPÖ gewesen und darüberhinaus schon seit seiner Zeit in der Alternativen Liste als politischer Wendehals einigermaßen unbeliebt. Außerdem war er keine Frau; mit seinem Einzug wäre die grüne Fraktion eine reine Männerfraktion gewesen. Man konnte den hartnäckigen Gemeinderat aus Baden - sein deklariertes Ziel war immer der Einzug in den Nationalrat gewesen - zwar nicht dazu bewegen, ganz auf sein Mandat zu verzichten, aber immerhin soweit nötigen, aus Gründen der Optik der niederösterreichischen Landtagswahl-Spitzenkandidatin Helga Erlinger zunächst den Vorrang zu lassen. Sie und Fritz Zaun sollten sich das Mandat teilen, Zaun später an ihre Stelle rotieren.

Für Walter Geyer kam die Tirolerin Astrid Kuttner-Kirchbaumer. Vom *Grazer* Flügel der Alternativen Liste stammend, hatte sie hier jedoch nie federführend gewirkt. Sie war allenfalls eine "Listenzufälligkeit". Nach wenigen Monaten schied sie bereits wieder aus dem Parlament aus, wodurch erneut der auf der Liste der Ersatzmänner verbliebene Herbert Fux den freien Mandatsplatz erhielt. Er war nämlich nach seinem Rücktritt durch die Kärntner Ex-VGÖ-Frau Holda Harrich ersetzt worden. Nach Sondierungen, die Pius Strobl für die Gremien der Partei durchgeführt hatte, wurde sie für politisch tolerabel befunden und vom Geschäftsführer Voggenhuber als "*lebendes Beispiel für eine gelungene Einigung der Grün-Alternativen mit der VGÖ*"[32] präsentiert. Auch Harrich war im Zuge der Listenerstellung auf einem eigentlich aussichtslosen Listenplatz gereiht worden und hatte selbst nie damit gerechnet, ein Mandat der Grünpartei auszuüben, für das sie übrigens ähnlich wie Kirchbaumer, Zaun oder Erlinger in keiner Weise geeignet war. Sie zählte, schon allein ob ihrer Herkunft aus den Vereinten Grünen im Klub und der Fraktion isoliert, zu den fraktionellen Lückenfüllern, die die Riege der parlamentarischen Hinterbänkler in den Reihen der Grünpartei verstärkten.

Natürlich wurde den Grünen seitens der bürgerlichen Medien nach der Reihe der spektakulären Abtritte des November 1988 ein politischer Linksruck unterstellt. Der "Kurier" etwa befand, die Grüne Alternative hätte nun die politische Mitte und ihre Umweltkompetenz verloren.[33] Im neuen Klubobmann Andreas Wabl sah man primär einen Vertreter des linksalternativen Flügels. Diffamiert als hakenkreuzfahnenschwingender Aktionist gestand man ihm fälschlicherweise gegenüber bürgerlichen Grünen keine integrativen Fähigkeiten zu. Insgesamt führten so die Rücktritte des Jahres 1988 zu einer Schwächung der grünen Fraktion. Ihr waren nahmhafte Galionsfiguren abhanden gekommen. Fraktionsintern bedeutete diese Schwächung aber gleichzeitig eine Stärkung einzelner Mandatare. Peter Pilz oder Andreas Wabl profitierten für sich genommen von diesen Abgängen. Wabl etwa konnte sich unter Zurücksetzung von Peter Pilz zum neuen Klubobmann emporschwingen.[34] Seine Macht gründete sich allerdings auf die Unterstützung durch die Hinterbank. So zählten etwa Smolle, Fux, Erlinger oder Kirchbaumer zu seinem Troß. Mit ihren Abgängen, die der berechnende Mensch erfolglos zu verhindern suchte, mußte auch sein Einfluß wieder schwinden.

Die Rücktritte in der Fraktion und deren Begründung waren neben der fraktionsinternen Aufgabenverteilung und individuellen Profilierungsbestrebungen ein Ausdruck davon, wie wenig politisches Verbindlichkeitsdenken in den grünen Strukturen Platz gegriffen hatte. Dies war auch Ausfluß der Vorgangsweise des Herbstes 1986; hier rächte sich letztendlich die Art des Zustandekommens der Wahlpartei. Der Verzicht auf fundierte Legitimation der Kandidaten zugunsten einer oktroyierten und nach den Kriterien politischer Opportunität zusammengefügten Wohnzimmerliste schuf eben eine ähnlich "unberechenbare" Fraktion, wie das der Fall sein hätte können, wenn auch ein oder zwei Vertreter des "fundamentalistischen" *Wiener*

Flügels den Weg auf die Mandatslisten gefunden hätten. Die Fraktion als Ganzes betrachtete sich gegenüber der Partei als nahezu vollkommen unabhängig. Versuchen, sie zu integrieren, wußte sie sich auf ihre Weise zu widersetzen.

Insbesondere in der Frage der Gehälterregelung erwiesen sich die meisten Abgeordneten als vollkommen renitent gegenüber Beschlußlagen der Partei und den von ihnen selbst vor ihrer Reihung auf die Mandatsränge gemachten Zusagen. An der Geldgesinnung der betroffenen Mandatare konnte man ablesen, wie weit ihre Identifikation mit dem grünen Projekt reichte. Außerdem disponierten die einzelnen Mandatare zum Teil selbst über die Verwendung der von ihnen abgeführten Beträge. Diese konnten somit keinem gemeinsamen Zweck zugeführt werden, etwa einem von der Partei geplanten Öko-Fonds - dies war ein Wahlversprechen gewesen - oder einem Bürgerinitiativ-Fonds, die daher laufend an der mangelnden Dotierung, dem verzögerten Zufluß oder gar dem gänzlichen Ausbleiben zugesagter Mittel krankten. Insgesamt blieb die Ausführung der Diätenregelungen dem Gutdünken der einzelnen Abgeordneten überlassen. Dementsprechend verworren und undurchsichtig gestalteten sich viele dieser Transaktionen. Es war schwer, überhaupt zu eruieren, welche Abgeordneten welche Gelder zu welchen Zwecken auf welche Konten abgeführt hatten. Auch die zweite Nationalratsfraktion der Grünen sollte mit ganz ähnlichen Problemen kämpfen. Die Diätenfrage der Abgeordneten geriet zum Dauerthema auf den Tagesordnungen. Die Parteigremien waren hier völlig ohnmächtig. Sie konnten allenfalls damit drohen, es werde zu keiner Listenaufstellung der betreffenden Mandatare mehr kommen oder man werde den Gang in die Öffentlichkeit antreten.[35]

Während die Fraktion nach außen hin, gegenüber der Partei, ihre spezifischen Interessen offensiv oder mit Renitenz, jedenfalls weitgehend geschlossen zu verteidigen wußte, erodierte sie nach innen zu einem Konglomerat von namhaften und namenlosen Repräsentanten. Dieses Gefälle reproduzierte sich entsprechend im grünen Klub, in dem die einzelnen Abgeordneten - um es mit Pius Strobl sarkastisch auszudrücken - eine "*Struktur der persönlichen Leibeigenschaften*"[36] aufbauten, in der also die Infrastruktur des Apparats den individuellen Bedürfnissen der einzelnen Mandatare auf den Leib geschneidert wurde und nicht der Fraktion als Moment grüner Organisationsstruktur als solcher.

Nicht nur gegenüber der Partei, auch gegenüber der Fraktion insgesamt und den einzelnen Klubkollegen war das Verhalten und politische Agieren der meisten grünen Mandatare dieser ersten Legislaturperiode kaum von politischer Seriosität geleitet. VGÖ-Obmann Buchner, gewollt oder ungewollt von Anbeginn an als Bauernopfer auserkoren, mußte schon aus parteiegoistischen Erwägungen Obstruktion betreiben. Dem Abgeordneten Smolle als Vertreter der österreichischen Minderheiten gelang es nicht, den aufkeimenden Dissens in der grünen Volksgruppenpolitik zu überbrücken. Das Agieren von Peter Pilz nahm zusehends bonapartistische Züge an. Herbert Fux agierte als unberechenbarer Individualist, legte sein Mandat nieder, nahm es später wieder an. Walter Geyer ließ seine Partei im November 1988 im Stich, unfähig, die ihm zugedachte Rolle auszufüllen. Astrid Kirchbaumer und Holda Harrich wurden nach ihren Intermezzi bald ins politische Ausgedinge geschickt. Manfred Srb sah sich auf seine Funktion als Behindertenvertreter reduziert. Helga Erlinger überwarf sich nach ihrem Ausscheiden aus dem Nationalrat mit der Partei und trat aus ihr aus, um ein paar Jahre später zu den Landtagswahlen 1993 gar für die Wahl des ÖVP-Kandidaten Erwin Pröll aufzurufen.[37] Sie wurde dann Anti-AKW-Sprecherin der niederösterreichischen Volkspartei. Zwischenzeitlich war die konservative Grüne noch Werbeleiterin der kommunistischen Zeitschrift "Salto" - in den postmodernen Biographien wird alles Unmögliche möglich. Fritz Zaun wurde letztendlich klubintern geduldet, aber nicht gelitten. Ja selbst die ehemalige Klubobfrau Freda Meissner-Blau tat mediengerecht im Dezember 1989, als "zufällig" gerade ein grüner Bundeskongreß tagte, ihren überraschenden Parteiaustritt ausgerechnet mit dem Argument kund, die Grüne Alternative agiere nicht radikal genug und lasse die ökologischen Anliegen zugunsten der Ausweidung politischer Skandale im Stich.[38]

Das Kalkül der grünen Mandatare war eben vollkommen auf ihre jeweilige mediale Erscheinung als Person ausgerichtet. Wurde hier das Licht ausgeknipst, dann standen eben auch sie im Dunkeln. Strukturell besehen waren der fehlende innere Zusammenhang der Fraktion und des Klubs, der interne Zwist, der Separatismus von der Partei, die Rücktritte nur eine Kehrseite der Praxis des freien Mandats, d. h. des Versuchs, interne Bindewirkungen a priori zu minimieren. Auch von daher ist zu verstehen, daß politische Konflikte innerhalb der Fraktion oftmals nur emotionalisiert statt politisiert wurden und daß die Krise der Partei und die Wahlniederlagen auf einzelne Abgeordnete dermaßen demoralisierend wirkten, daß zu guter Letzt immerhin ein gutes Drittel der Fraktion nach der Hälfte der Legislaturperiode das Handtuch warf oder werfen mußte. All diese Konsequenzen, wie sie die einzelnen Abgeordneten zogen, waren nicht Ausdruck politischer Überlegungen, sondern primär geleitet von persönlichen Bedachtnahmen. Die Parlamentsfraktion erschien zwar ob des Interesses der Medien und vorzüglicher Kontakte einiger ihrer Repräsentanten zu den Journalisten im Erscheinungsbild der Öffentlichkeit als das Zentrum der Partei. Das Zentrum strategischer politischer Planung, selbst der Entwicklung taktischer Überlegungen und ihrer Umsetzung in politische Praxis war der Klub jedoch nicht. Die Zusammenwürfelung einer Fraktion ohne qualifizierte Bindungsmechanismen konnte dies nicht gewährleisten. Diese Konstellation mußte - auch hier bestand Reformbedarf - als einmalige und vorübergehende Erscheinung überwunden werden.

Peter Pilz, Toni Kofler und Christoph Chorherr forderten in ihrer Stellungnahme zur Wiener Wahlniederlage 1987 nicht nur strukturelle und personelle Reformen in der Bundespartei, sondern auch eine Neuorientierung in der politischen Praxis der Grünen. Verlangt wurde eine politische Schwerpunktsetzung anstelle der bislang betriebenen konzept- und zusammenhanglosen Handwerkelei oder des isolierten Aktionismus: "*Die Müllkampagne, die Sozialkampagne und viele andere stehen schon längst an."*[39] Auch Ulrich Gabriel rechnete im Dezember 1987 mit der politischen Praxis der Grünen Alternative ab: *"Gegenwärtig finden in ganz Österreich eine Unmenge von Vorträgen, Kongressen, Seminaren, Symposien etc... statt, veranstaltet von der Partei und der GRÜBI. Eine Koordination gibt es nicht. Sie ist auch in Anbetracht der vielköpfigen Struktur kaum zu bewältigen. In allen Bundesländern wird auf Teufel komm raus veranstaltet und getagt. Mit den Veranstaltungen kommen wir nicht über den engsten Kreis der engagierten Grünen hinaus."*[40]

Der Kampagne-Gedanke wurde auch im "Neuen Grün" vertreten; so sollte die Umsetzung der eingeforderten "Sachpolitik" der Grünen bewerkstelligt werden.[41] Dazu gehörte ferner, daß sich die Partei inhaltliche Kompetenz, ergo ein Parteiprogramm erarbeiten mußte. Bislang verfügte sie ja nur über diverse Wahlprogramme. Nur zögernd allerdings nahm man dieses Unterfangen in Angriff. Im November 1988 beauftragte der Bundesausschuß die in der medialen Öffentlichkeit als Parteiintellektuelle gehandelte Sonja Puntscher-Riekmann[42] sowie Johannes Voggenhuber mit der Erstellung eines neuen Parteiprogramms.[42]

Auch die neue Kampagnenorientierung brachte nicht die gewünschten Erfolge. Die Kampagnen der Partei reduzierten sich hauptsächlich auf diverse Symposien zu Müll, Verkehr etc.[43] Einzig die 1989 anlaufende Agitation gegen den EWR- und EG-Beitritt der Republik Österreich, die bereits mit einem Versuch zur Einleitung eines Volksbegehrens gekoppelt war, erzielte größere Resonanz. Allein, es krankten die politischen Kampagnen der Grünen insgesamt an ihrer mangelnden Umsetzung. Es konnte kein einheitlicher Kampagnenplan entwickelt und durchgesetzt werden, Ulrich Gabriels Zustandsbeschreibung von 1987 galt auch weiterhin. Die Grünen brachten schlichtweg nicht die Potenz zur Kampagnefähigkeit auf. Länderweise betriebene inhaltliche Schwerpunkte kollidierten so mitunter mit den bundesweiten. Die inhaltlichen Kongresse der Grünen waren schlecht besucht, das öffentliche Echo hielt sich in Grenzen.[44] Insbesondere bereitete den Gremien in diesem Zusammenhang auch die Grüne Bildungswerkstatt Sorgen. Bestrebungen, die GRÜBI in die Partei einzugliedern, waren erst im Winter 1992/93 nach zähen und hartnäckigen Auseinandersetzungen von Erfolg gekrönt. Bis dahin machte die Bildungswerkstatt von ihrer Autonomie, die sie als weitestgehende Unabhängigkeit von der Partei verstand, hemmungslosen Gebrauch. Anstatt ein bildungspolitisches Konzept zu entwickeln, wurde unter dem Schutze der Bildungswerkstatt (un)politischem Obskurantismus jeder Schattierung gefrönt. Die finanziellen Mittel wurden nach dem Gießkannenprinzip primär für die Saturierung grünalternativer Klientel vergossen, anstatt der Aus- und Weiterbildung von Parteifunktionären, der Erarbeitung fundierter wissenschaftlicher Studien oder der Unterstützung grüner Kampagnen zu dienen. Pius Strobl mußte entsetzt feststellen: *"(...) manche Beschlußprotokolle lesen sich wie die Fortsetzung des Mäzenatentums auf Fürstenhöfen"*.[45]

Ebenfalls unter keinem guten Stern stand der bislang größte "sachpolitische" Kampagnenschwerpunkt der Partei. Im Februar 1989 organisierte die Partei einen Europakongreß und legte ihre ablehnende Position bezüglich eines österreichischen Beitritts zur Europäischen Gemeinschaft in einem Europa-Manifest nieder.[46] Ein EWR-Kongreß ging im Mai 1991 über die Bühne, und im August 1991 beschloß der Bundesvorstand eine mit etwa zwei Millionen dotierte EWR-Kampagne unter der Leitung des Geschäftsführers Franz Floss. Diese war allerdings bereits im Lichte der zugespitzten strategischen Auseinandersetzung zwischen Partei und "Klub" zu sehen. Der "Klub" teilte die Parteiposition eines prinzipiellen Neins zur Europaintegration nicht. Die Kampagne wurde von ihm daher nicht mitgetragen.[47] Schlußendlich trat in der Haltung der Partei zur EG-Frage im Laufe des Jahres 1992 die Spaltung auch öffentlich zutage. Abgeordnete wie Monika Langthaler oder der Wiener Stadtrat Christoph Chorherr ließen deutlich durchdringen, daß sie gegenüber einem möglichen EG-Beitritt durchaus positiv eingestellt wären.

Eine bestimmte Passage im Papier der drei Klubleute Pilz, Kofler, Chorherr nach den Wiener Wahlen 1987 war damals nicht sonderlich aufgefallen. Sie hatten dort postuliert: *"Daneben bleibt uns aber eine weitere Auseinandersetzung nicht erspart: die mit der herrschenden POLITISCHEN MACHT, mit dem Filz aus Parteien, Bürokratie, Industrie, Medien etc. Für diese Bereiche müssen wir Strategien entwickeln."*[48] Es war dies ein erster Hinweis, daß der Abgeordnete Pilz die Linie der Aufdeckungspolitik und Skandalenthüllung einzuschlagen begann, die ihm bald in die Rolle des einzigen wirklichen grünen Medienstars verhelfen sollte.

Peter Pilz vertrat seit November 1988 die Grünen im parlamentarischen "Lucona"-Untersuchungsausschuß. Dieser recherchierte in der mittlerweile zu Berühmtheit gekommenen Angelegenheit über die Beziehungen führender sozialdemokratischer Politiker, etwa des Nationalratspräsidenten Leopold Gratz und des Innenministers Karl Blecha, zu dem des Versicherungsbetrugs und mehrfachen Mordes verdächtigten Besitzer der Wiener Traditionskonditorei Demel, Udo Proksch. Dessen Schiff "Lucona", angeblich beladen mit einer Uranerz-Aufbereitungsanlage, war im Indischen Ozean nach einer Explosion gesunken, und sechs Matrosen waren dabei ums Leben gekommen. Die Staatsanwaltschaft beschuldigte Proksch, bei der Schiffsladung habe es sich um wertlosen Schrott gehandelt und die Explosion wäre vorsätzlich herbeigeführt worden. Die Affäre sollte schließlich zum Sturz der beiden SPÖ-Politiker führen. Proksch wurde später für schuldig befunden und zu lebenslanger Haft verurteilt.

Der "Fall Lucona" lieferte in der österreichischen Politik das Musterbeispiel schlechthin für die Verwicklung und Verflechtung grüner Politik mit intransparenten Medieninteressen. Der "Lucona"-Ausschuß war auch nicht von ungefähr der erste parlamentarische Untersuchungsausschuß, zu dem die Öffentlichkeit - sprich: die Medien - zugelassen waren. Peter Pilz betrieb seine Enthüllungsarbeit im Untersuchungsausschuß in gediegener Zusammenarbeit mit bürgerlichen Journalisten der Zeitschrift "Profil". *"Der Inquisitor aus Kaisermühlen"*[49] wurde in der Öffentlichkeit als Aufdecker der Nation präsentiert und avancierte zum uneingeschränkten Star. *"Keiner der neun anderen parlamentarischen 'Lucona'-Untersucher verfügt über so exklusive Informationen wie der grüne Ausschußsolist"*,[50] wußte das "Profil", und es wußte es, weil es wußte woher. Mit Fug und Recht konnte so das Blatt behaupten: *"Nichts geht mehr zwischen Wien und Salzburg, ohne daß Pilz umgehend davon Wind bekommt."*[51] Und doch war Pilz dabei nur der Ausführende eines uneinsehbaren und nicht nachvollziehbaren fremden Kalküls. Man wußte nur, daß der Abgeordnete über alle erdenklichen Dinge in der Causa Proksch informiert war - *"Den Ruhm verdankt Pilz hochbrisanten Informationen, die alle Beteiligten, vor allem aber die Betroffenen, in basses Erstaunen versetzen"*[52] -, nichts aber über seine Informationskanäle, seine Informanten und die Methode ihrer Informationsbeschaffung. Dies blieb in der Öffentlichkeit unthematisiert. Dem "Profil" lagen interne, nicht zugängliche Ministerialdokumente vor, und die Informationen des grünen Abgeordneten über alle Aktivitäten der belasteten Politiker und Ministerialbeamten waren von einer derartigen Dichte, Kontinuität und Detailliertheit, daß fraglos auf eine systematische und professionelle Überwachungs-, Bespitzelungs- und Beschaffungsarbeit geschlossen werden mußte. Pilz und "Profil" verfügten über einen zusammenhängenden Informationskanal. Die Spekulationen, wer an einem Sturz der führenden SPÖ-Politiker interessiert war und die Journalisten des "Profil" mit Indizien und Dokumenten fütterte, sollen hier nicht weiter ausgeführt und ergänzt werden. Plausibel schien jedoch, daß man aus der Dimension dieser Informationsbeschaffung wohl auf professionelle, mit entsprechender Logistik versehene Kanäle schließen mußte. Wiederholt wurde denn auch in den vielfältigen Spekulationen das Heeres-Nachrichtenamt, also der Geheimdienst des österreichischen Bundesheers, ins Spiel gebracht. Sollte ausgerechnet Peter Pilz, der Paradekritiker des österreichischen Bundesheers, mit Militärs kooperieren?

Jenseits aller müßigen Spekulation durfte aber eines als gesichert gelten: Die Informationsbeschaffung konnte nicht auf legale, sie mußte auf illegale Weise geschehen sein. Meist wird das verdrängt, da ja der investigative Journalismus davon lebt. Gegen die Korruption der politischen Macht wurde die *"Korruption der Aufdeckung"*[53] mobilisiert. Unter dem Titel *"Pilz gegen Filz"* stellte die linksliberale Wiener Zeitschrift "Falter" dem "Lucona"-Star eine eigene Serie über seine Ausschußarbeit zur Verfügung; *"Pilz gegen Filz"* war dann auch ein zentraler Wahlslogan bei den kommenden Wiener Gemeinderatswahlen. Pilz wollte *"die Verfilzung von Staat und Gesellschaft aufzeigen, ein Sittenbild einer politisch-bürokratischen Kaste zeichnen."*[54] Daß der grüne Aufdecker dabei möglicherweise selbst in einen dubiosen Filz verwickelt und verwoben war, mochte in der Medienöffentlichkeit niemand thematisieren.

Für die Grünen war die "Lucona"-Arbeit ihres Abgeordneten ein Glücksfall. Wo doch die Medien noch wenige Monate zuvor anläßlich der Serienrücktritte in ihrem Klub unisono das Ende der Grünen prophezeit hatten, stellten diese auf einmal den Medienstar schlechthin. Plötzlich schien ihre Krise - noch vor den Wahlerfolgen des Frühjahrs 1989 - auf einen Schlag behoben, ohne daß die Grünen selbst etwas dafür tun hätten müssen, "*außer sich eben in einer bestimmten Sache zweckdienlich verwenden zu lassen.*"[55] Wie konnte das geschehen? Eine Antwort versuchte der ehemalige Klubobmann Andreas Wabl: "*Die Journalisten haben sich geschreckt, daß da eine Gruppe kaputt werden sollte, die sehr viel zur Belebung der politischen Landschaft und der Demokratie beigetragen hat.*"[56] Von anderer Warte aus interpretiert, hätte das bedeutet, daß mit der Demolierung der Grünen auch die Macht bestimmter Journalisten über die Definition grüner Politik dahin gewesen wäre. Die Ausstaffierung des Peter Pilz zum Aufdecker der Nation gehörte zu einem Ensemble medialer Eingriffe in das politische Leben der jungen Partei. Auch in dem Umstand, daß die Kandidaten und wichtigsten Funktionäre der Partei mittlerweile de facto in, mit und von der Presse gemacht wurden, war zu erkennen, daß jene selbst den politischen Imperativen der Medien nichts mehr entgegenzusetzen vermochte. In der grünen Parlamentspartei hatten sich die Medien ein williges Sprachrohr geschaffen. Mit der "Affäre Lucona" konnte der Prozeß ihrer medialen Domestikation größtenteils als abgeschlossen erachtet werden: "*Grüne und Medien sind verwachsen. Die Authentizität der ersten ist nur selten und marginal auszumachen. Es gibt keine eigenständige grüne Politik mehr, die nicht durch die Medienküche gegangen ist, die nicht von den Medienköchen abgeschmeckt wurde.*"[57]

Grüne Rationalisten wie etwa Christoph Chorherr geben diese eminente Medienabhängigkeit der Grünen auch unumwunden zu. Die Frage "*Gehören die Grünen den Medien?*" beantwortete der Wiener Stadtrat schlichtweg mit Ja, die vierte Kraft habe in Österreich die vierte Partei (mit)geschaffen.[58] Grüne Medienabhängigkeit war für ihn schlichtweg eine Determinante, die die Authentizität grüner Politik zwar a priori einschränkte, von der man aber ausgehen mußte: "*Wir sind groß geworden als von Medien gemachte Partei und von Medien unterstützte Partei. Und da wir keinen Apparat haben, waren und sind wir auf sie angewiesen. Also, wenn Du uns alle Medien wegnimmst (...) dann bleibt Dir nicht sehr viel über.*"[59] Die Partei war nicht in der Lage und vielfach auch nicht daran interessiert, dieser Medienabhängigkeit entgegenzutreten. In ihren Schwachstellenanalysen nahmen organisatorische, strategische und personelle Defizite jedesmal einen prominenten Platz ein, niemals aber ihr spezifischer Bezug zu den bürgerlichen Medien. Dieser schien zur grünen Normalität zu zählen. Ein wesentlicher Charakterzug der gesellschaftlichen Positionierung der grünen Partei war so entschieden - "*daß die Grünen eher ein Phänomen der öffentlichen Meinung sind, denn ein realer Machtfaktor im Repräsentationssy-*

stem."⁶⁰ Als These kann gelten, daß die Grünen auch einen politischen Arm der bürgerlichen Medien in Österreich darstellen. Sie sind eine parteipolitische Übersetzung der medialen Intervention in die Gesellschaft.

Als Peter Pilz so erfolgreich im "Lucona-Ausschuß" Aufdeckungsarbeit leistete, war der Umschlag hin zur Vermittlung grüner Anliegen durch Skandalpolitik und Skandalisierungsstrategien entschieden. Seit "Lucona" verstand sich Pilz als Repräsentant einer Gruppierung, der das Etikett *Kontrollpartei* anhaftet.⁶¹ Rationalistische Argumentation hatte bei den Grünen ohnehin zeitlebens schon einen schweren Stand gehabt. Seit "Lucona" bekam allerdings die antiaufklärerische Komponente⁶² grüner Politik ein massives Übergewicht. Die grüne Partei agierte solchermaßen als eine Art politischer Rechnungshof, der bewußt an der Aufschaukelung moralischer Entrüstung über die angeprangerten Umstände arbeitete. Der Umschlag zur Politik moralisierender Enthüllung und Aufdeckung konnte problemlos an den im ökologischen Protest weitverbreiteten Empörungshaltungen (der grüne Terminus dafür lautet: Betroffenheit) anknüpfen, wie sie ja meist die Wurzel für das Engagement in Bürgerinitiativen oder grünen Gruppen bilden. Es wurde geradezu kennzeichnend für die grüne Politik, daß sie in ihrem moralischen Praktizismus sukzessive vom Anspruch, "*diese Betroffenheit in rationale Veränderungsstrategien zu übersetzen*",⁶³ Abstand nahm. Die Reflexion über politische, soziale und ökonomische Mißstände kompensierten die Grünen mit einem geradezu zwanghaften Betätigungstrieb, als könne dieser die wirklichen oder vermeintlichen Übel mildern oder gar auslöschen. Grüne Politik begann sich fast ausschließlich in der Tagesaktualität skandalträchtiger Themen festzusetzen. Sie steigerte sich dabei noch hin zu extensiven Versuchen einer Kriminalisierung der aufgedeckten Mißstände, ein Procedere, das Christoph Chorherr als "*mit jedem Schas zum Staatsanwalt gehen*"⁶⁴ denunzierte. Kennzeichnend für die beanspruchte Rolle als Aufdeckerpartei war aber auch, daß sich die grüne Politik als nicht imstande erwies, in ihrer Skandalisierung zu differenzieren. Sie operierte durchgängig auf dem Niveau maximalistischer Diktion. Die Qualifizierung als Skandal und als Verfassungsbruch waren in ihrer Sichtweise vielfach schon ein Synonym. Diese Methode veranlaßte Christoph Chorherr im Interview zu folgender sarkastischer Feststellung: "*Mich wundert eh, daß nicht einmal in großen Inseraten geschaltet wird: 'Seit 1986 haben die Grünen so und so oft angezeigt - und wieviel Prozent der Fälle wurden vom Staatsanwalt niedergelegt?' Das wäre eine Totalblamage.*"⁶⁵

Für die Grünen war die maximalistische Diktion und der Griff hin zu radikalen sprachlichen Stilmitteln aber auch der Versuch, sich von den anderen Parteien abzugrenzen und zu unterscheiden. Mit der Positionierung als liberale Kontrollpartei mit Medienbonus hatten sie sich nach einem langgezogenen politischen Anpassungsprozeß in der politischen Mitte eingefunden, wo sie sich jetzt mit den übrigen Parlamentsparteien auf engem Raum drängten. Inhaltlich wurde die Unterscheidung von den "Altparteien" immer schwieriger und tendenziell in wesentlichen Bereichen sogar unmöglich. Auch deswegen wurde seitens der Grünen mit Emotionalisierung und sprachlicher Radikalität gearbeitet, nicht zuletzt weil die Partei immer noch eine gewisse Bewegungsklientel zu saturieren hatte. Teilweise agierte man hier in der Methode gar nicht viel anders als die Freiheitlichen mit Jörg Haiders Rechtspopulismus, mit denen man fälschlicherweise über die politische Ausrichtung bürgerlicher Protesthaltungen konkurrieren zu können glaubte.

Nach der Freude über den "Lucona-Erfolg" konnte die Grüne Alternative anläßlich der Landtagswahlen vom 12. März 1989 in Tirol und Salzburg in wahren Jubel ausbrechen. Überdurchschnittliche Wahlergebnisse bescherten der Partei den erstmaligen Einzug in den Tiroler Landtag mit drei, in jenen Salzburgs mit zwei Mandaten. Die Vorarlberger Landtagswahlen im Herbst 1989 komplettierten diesen Erfolg noch mit dem unter viel schwierigeren Bedingungen zustande gebrachten Einzug zweier weiterer grüner Mandatarinnen in die westösterreichischen Landtage. Die Erfolge gelangen trotz durchgehender Gegenkandidaturen der Vereinten Grünen, die sich bei einem Potential von etwa ein bis zwei Prozent der Stimmen stabilisieren konnten, und neben überdurchschnittlich starken Gewinnen der Freiheitlichen. Die grüne Durststrecke auf Wahlebene schien damit überwunden, die Profilierung als glaubhafte ökologische Oppositionspartei gelungen.

Die Tiroler Landtagswahlen brachten der Grünpartei ihr bislang bestes Wahlergebnis abseits der kommunalen Ebene, freilich unter günstigen Bedingungen. Zunächst profitierte sie vom Abgang des langjährigen Tiroler Landeshauptmanns und "Landesvaters" Eduard Wallnöfer, für den die Volkspartei nur einen vergleichsweise farblosen Ersatz zu präsentieren wußte. Dann kam der Ökopartei die exponierte geopolitische Lage des Landes im Kontext der Frage eines EG-Beitritts zugute. Die Grüne Alternative erwies sich als die Gewinnerin in den Punkten Transit, Zersiedelung und Grundstücksspekulation ("Ausverkauf der Heimat"). Die Tiroler Wähler befürchteten, daß sich die ohnehin bereits manifesten Auswirkungen dieser Problembereiche im Falle einer forcierten EG-Politik bzw. eines österreichischen Beitritts noch verschlimmern würden. Während die ÖVP ins Bodenlose stürzte - mit einem Verlust von 16 Prozent mußte die regierende Landespartei mehr an Stimmen abgeben als jemals eine Partei zuvor in der Zweiten Republik -, konnte die Grüne Alternative ihr fünf Jahre zurückliegendes Landtagswahlergebnis verdreifachen: Über 30.000 Stimmen und 8,14 Prozent waren die sensationelle Ausbeute. Erstmals war es daneben auch den Vereinten Grünen gelungen, in Tirol, wo sie ja niemals über eine funktionsfähige Landesorganisation verfügt hatten, zu kandidieren. Ihr Wahlgang wurde primär von der Bundespartei betrieben. Die Vereinten Grünen erreichten immerhin 1,25 Prozent der Stimmen.

Bei den im September 1989 stattfindenden Gemeinderatswahlen in Innsbruck verlor die Alternative Liste Innsbruck zwar gegenüber ihrem Landtagswahlergebnis, übersprang aber dennoch die Zehn-Prozent-Marke, erlangte vier Mandate und damit einen Stadtratssessel. Konkurrenziert wurde sie hier von der "Grünen Liste Innsbruck", einem VGÖ-Ableger, der immerhin auch über vier Prozent und damit ein Mandat erreichte. Mit diesem Wahlergebnis konnte sich die Tiroler Fraktion als zweite "realpolitische Säule" der Partei neben dem Parlamentsklub etablieren.

Auch die Salzburger Bürgerliste-Land erwies sich in etwas abgeschwächter Weise als Gewinnerin der EG-Problematik. Die ebenfalls am 12. März 1989 stattfindenden Landtagswahlen bescherten ihr immerhin 6,1 Prozent. Sie konnte das Ergebnis der 1984 unter dem Namen "Grün-alternative Bürgerliste" (GABL) angetretenen Wahlplattform noch um viereinhalbtausend Stimmen verbessern und erreichte erstmals mit zwei Mandaten den Einzug in den Chiemseehof. Auch hier traten die Vereinten Grünen gegen die Parlamentspartei an und konnten beachtenswerte 1,76 Prozent verbuchen.

Im Herbst 1989 folgte den zwei guten Ergebnissen des März 1989 ein dritter Erfolg bei den Vorarlberger Landtagswahlen. Man konnte erkennen, daß die Grüne Partei über einen qualifizierten Westösterreich-Bonus verfügte. Auch bei weiter zurückliegenden Wahlgängen war zu beobachten gewesen, daß die Grünen und Alternativen im Westen Österreichs signifikant besser abzuschneiden vermochten als im Osten. In Vorarlberg hatte die grünalternative Wahlbewegung schließlich auch ihr erstes und einziges Sensationsergebnis einfahren können - jene 13 Prozent, die den Bregenzerwälder Bauern Kaspanaze Simma über Nacht zum Star gemacht hatten.

Vorarlbergs Grüne laborierten allerdings an einer ähnlich verworrenen Situation wie die grünalternative Wahlbewegung im Osten. Im Landtag war eine gemeinsame Wahlplattform der grünen Vorläuferorganisationen VGÖ und ALÖ vertreten. Die Spaltung der "grünen Einigung" im Jahre 1986 hatte nach Vorarlberg vergleichsweise ähnlich stark ausgestrahlt wie nach Wien, Nieder- oder Oberösterreich. Der organisatorische Boykott der Grünen Alternative wurde von der Alternativen Liste Vorarlberg relativ stringent befolgt. Im Landtag wurde sie mit Herbert Thalhammer seit September 1987 auch von einem Vertreter der Linken repräsentiert, der seinerseits von Kaspanaze Simma und dem VGÖ-Chef und Klubobmann Manfred Rünzler aus ihrer Landhauspolitik ausgegrenzt wurde. Die Grüne Alternative bewegte sich so gewissermaßen im Ländle noch auf fremdem Territorium. Im August 1988 bekannten sich zu ihr gerade vierzig Mitglieder.[66]

Ein Erfolg bei den Landtagswahlen am 10. Oktober war daher primär davon abhängig, ob es gelingen konnte, die Wahlbewegung zu vereinheitlichen. In diesem Zusammenhang lancierte die Grüne Alternative, federführend Ulrich Gabriel, im Herbst 1988 den sogenannten "Grünen Rat", um die Integration der drei grün-alternativen Gruppierungen herbeizuführen. Der "Grüne Rat" scheiterte - durch das Abspringen der Vereinten Grünen. Klubobmann Rünzler setzte in Befolgung der Parteilinie auf eine Eigenkandidatur. Gemeinsam mit Kaspanaze Simma kandidierten die Vereinten Grünen als "Die Grünen Vorarlbergs".

Gegenüber der Alternativen Liste jedoch gelang die Integrationspolitik. Zu diesem Zweck gründete die Partei "Die Grüne Alternative" einen Verein namens "Grüne Alternative". Dieser stellte den gemeinsamen Trägerverein von Vorarlberger Bewegungsinitiativen und den beiden grünalternativen Parteien für das Antreten bei den Landtagswahlen dar; die Funktionen wurden gemeinsam besetzt.[67] Der Alternativen Liste war es so erlaubt, sich auf Landesebene mit dem gemeinsamen politischen Projekt zu identifizieren, ohne sich zur Bundespartei zu bekennen. In Vorarlberg gab es somit eine Doppelexistenz der Grünen Alternative als Partei, die in Belangen ihrer Bundespartei in Landesversammlungen zusammentrat, sowie als Verein für die Landesangelegenheiten, die in Vollversammlungen entschieden wurden.[68] Bei der fünften Vollversammlung besprachen immerhin bereits 135 Mitglieder landespolitische Belange.[69] Die Alternative Liste verzichtete in diesem Zusammenhang auf eine eigenständige Kandidatur und rief zur Wahl der Grünen Alternative Vorarlbergs auf. Das Ländle bot im Unterschied zu den östlichen Bundesländern das Beispiel einer gelungenen Integrationspolitik gegenüber dem linken Bewegungsflügel.

Freilich machte sich die Spaltung der Wahlbewegung zwischen grün und alternativ hier besonders deutlich bemerkbar. Schließlich war Vorarlberg neben Oberösterreich die angestammte Hochburg der bürgerlichen Grünbewegung. Doch diesmal kam den Alternativen das Glück zugute. Während die Grüne Alternative mit 5,18 Prozent den Sprung über die Fünfprozentmarke denkbar knapp schaffte, blieben die Grünen Vorarlbergs mit 4,9 Prozent ebenso knapp darunter. Gegenüber dem Sensationsergebnis von 1984 hatten beide Gruppierungen insgesamt drei Prozent einbüßen müssen. Die Grüne Alternative zog mit zwei Mandatarinnen in den Landtag, Klubobmann Rünzler mußte seinen Posten räumen. Allerdings erlangte die Grüne Alternative keinen Klubstatus und konnte sich somit die lukrative Finanzquelle der Klubförderung nicht erschließen.

Tabelle der Wahlergebnisse[70]

	TIROL		**SALZBURG**		**VORARLBERG**	
LTW 1989	30.067	8,14 %	14.863	6,10 %	9.234	5,18 %
	4.732	1,26 %	4.350	1,76 %	8.737	4,91 %
NRW 1986	21.593	5,76 %	15.996	5,91 %	16.256	8,83 %
LTW 1984	10.221	2,92 %	10.304	4,26 %**	22.430	13,00 %***

Den Spitzen der Grünen Alternative war bewußt und bekannt, daß die Notwendigkeit zur Präsentation medienkompatibler Kandidaten - im parteiinternen Jargon als "Bundesnotwendigkeiten" apostrophiert - mit der formellen Ambition der Delegierten aus den Landesorganisationen, ihre Kandidaten zu wählen, kollidieren mußte. Unabhängig davon, ob nun in der gemeinsamen Organisation ein linksalternativer oder linker Parteiflügel existierte (wie in Deutschland) oder nicht mehr (wie in Österreich), orteten die bürgerlichen Medien die grüne Realpolitik in der Fraktion, den alternativen "Fundamentalismus" in der Partei. Offenbar kamen auch die österreichischen Medien ohne eine Übernahme dieser in der Bundesrepublik aufgebrachten Stigmatisierung nicht aus, obwohl es in der Grünen Alternative im Unterschied zur deutschen Schwesterpartei gar keinen fundamentalistischen Parteiflügel gab. Es ging hier um Definitionshoheiten und Verfügungsgewalten, die in der Organisation weniger Platz greifen konnten als in der Fraktion. Die Delegierten ihrerseits konnten sich angesichts dieser Frontstellung nur zu Halbherzigkeiten aufraffen, also zur Bereitschaft, wohl diesen oder jenen Medienkandidaten als politisches Zugpferd zu wählen, sie ansonsten aber mit sogenannten Basiskandidaten zu umgeben. Die Organisation war erst im Begriff, den Übergang von der alternativen Grünpartei zur liberalen Medienpartei nachzuvollziehen. Dieser Übergang war in der inhaltlichen Orientierung grüner Politik de facto bereits geschehen, in der Präsentation ihrer parlamentarischen Vertretungen gleichfalls, in der Kür der Kandidaten ebenso. Bloß im Wahlmodus wurde dem noch nicht uneingeschränkt Rechnung getragen. Bloß in der formellen Bestimmungsmöglichkeit über die Wahllisten lag für die alternativen Residuen der Parteiorganisation noch ein bedeutendes Moment der Einflußnahme. Dieses Moment war in der bestehenden Form ein Relikt. An seiner Beseitigung wurde gearbeitet.

Die Nationalratswahlen 1990 und damit die Frage der Listenerstellung warfen lange Schatten. Die Etablierung der Parlamentsfraktion war 1986 durch eine von Meissner-Blaus "Bräunerhof" oktroyierte Wohnzimmerliste geschehen. Das erste Parteistatut hatte die Frage der Listenerstellung gänzlich ausgespart. Erst der Röthelsteiner Bundeskongreß im Frühjahr 1988 hatte in Voraussahung kommender Konflikte die Kompetenz über den Modus der Kandidatenfindung dermaßen in der Satzung verankert, daß die Grundmandatslisten in den Landesversammlungen der jeweiligen Landesorganisationen zu erstellen und vom Kongreß zu bestätigen wären. Die Bildung der Reststimmenliste kam ihrerseits den Landesdelegierten aus den betreffenden Wahlkreisverbänden auf einem außerordentlichen Bundeskongreß zu. Die Partei hatte sich so im Vorfeld der kommenden Listenbildungsdebatte abgesichert.

Versuche, den so fixierten Modus zu relativieren, ließen nicht lange auf sich warten. Schon im Februar 1989 merkte Pius Strobl im Bundesvorstand an: *"Es gilt, gewisse Bundesnotwendigkeiten zu beachten."*[71] Strobl entwickelte auch einen komplizierten Modus für die Kandidatenwahl, der äußerst kontrovers aufgenommen wurde, weil er den vielfältigen Interessen in der Partei zwangsläufig nicht Rechnung tragen konnte und außerdem garantieren sollte, daß die "Bundesnotwendigkeiten" auf den vorderen Listenplätzen gereiht würden. Ein Auszug aus einer diesbezüglichen Debatte im Bundesausschuß mag das anschaulich verdeutlichen: "*Heftige Diskussion. Wien und die Steiermark betonen die Notwendigkeit, fertige Grundmandatslisten in den Ländern zu wählen = Länderautonomie. Tirol ist gegen jede Bundesnotwendigkeit. Niederösterreich gegen 'ExpertInnen'. Vorarlberg und Oberösterreich können sich eher ein Modell vorstellen, wie es vom Pius vorgeschlagen wird. Andreas Wabl spricht sich für Länderautonomie bei der Grundmandatsliste aus und dafür, daß bei den Reststimmenlisten Frauen an erster Stelle stehen müssen. Peter Pilz meint, daß der Nationalrat kein föderalistisches Gremium sei (kein Bundesrat) und Länderautonomie bei der Erstellung der N(ational)R(ats-)Listen nichts verloren hat. Erste Priorität muß die Frauenparität sein, zweite die politische wie fachliche Qualifikation und erst an dritter Stelle 'regionale Besonderheiten'.*"[72]

Die Entscheidung über den Modus der Listenerstellung bezüglich der Nationalratswahlen 1990 fiel auf zwei aufeinanderfolgenden Bundeskongressen der Grünen Alternative im Dezember 1989 und April 1990. Der dritte Parteitag der Grünen Alternative, vom 8. bis 10. Dezember 1989 im oberösterreichischen Gmunden abgehalten, war ursprünglich als reiner Programmparteitag geplant worden, durch die außerordentlich auf die Tagesordnung gebrachte Frage der Listenlegitimation geriet die Behandlung programmatischer Fragen aber vollkommen ins Hintertreffen. Pius Strobl legte auf dem Bundeskongreß einen Antrag zum Modus der Kandidatenwahl vor, der die in der Partei beheimateten unterschiedlichen Interessenslagen zusammenzuführen suchte. Es galt, die angemessene Vertretung der "Bundesnotwendigkeiten" ebenso zu garantieren wie den föderalen Aspekt und daneben die Frauenparität und die Wünsche nach einer Absicherung des Minderheiten- sowie des Behindertenmandats zu berücksichtigen.[73] Strobl war es insbesondere darum zu tun, daß auch die kleinen, schwachen Bundesländer Chancen auf realistische Mandatsränge bekämen, anstatt daß die vier großen Bundesländer - Wien, Niederösterreich, Oberösterreich, Steiermark - die Reststimmenlisten auch noch zur Absicherung ihrer Grundmandatsränge benützten.[74]

Ein weiterer Kern seines gemeinsam mit dem Vorarlberger Ekkehard Muther eingebrachten Antrags war die Garantie der Frauenparität in dem Wahlvorschlag, die über die Erstellung der Reststimmenliste vorgenommen werden sollte. Dieser Antrag wurde angenommen.[75] Daran anknüpfend gelang es der grünen Volksgruppenvertretung, das Minderheiten-Mandat als zweite Priorität ebenfalls auf der Reststimmenliste zu verankern.[76] In einem wesentlichen Punkt mußte Strobl mit seiner Antragsvorlage aber ein Scheitern einbekennen. Es ging ihm nämlich darum, anstelle der separaten Aufstellung von je eigenen Reststimmenlisten der beiden Wahlkreisverbände Ost und West eine bundeseinheitliche Wahlkreisverbandsliste durchzusetzen. Dieses Ansinnen scheiterte jedoch an der föderalistischen Haltung der maßgeblichsten Landesorganisationen.[77] Profitiert hätte von einer einheitlichen Reststimmenliste vor allem Bundesgeschäftsführer Johannes Voggenhuber, der zum Sprung in den Nationalrat ansetzte. In seinem Stammland Salzburg war für den auf den ersten Listenplatz Gereihten die Erringung eines Grundmandats ausgeschlossen, auf der Wahlkreisverbandsliste kollidierte die Ambition der "Bundesnotwendigkeit" mit der beschlossenen Frauenparität und der Garantie des Minderheitenmandats. Strobls Antragsvorlage beinhaltete die Nominierung eines *"Sprechers/in der Kandidaten"*, vulgo *"Spitzenkandidat"*, auf den ersten Platz dieser bundeseinheitlichen Reststimmenliste. Voggenhuber sollte diese Prestigerolle ausfüllen, gefolgt von sechs hinter ihm gereihten Frauen.[78] Damit manövrierten sich die Parteitagsregisseure aber unabsichtlich in eine blamable Situation. Die Tiroler Landtagsabgeordnete Eva Lichtenberger bezeichnete diesen Vorschlag vollkommen treffend als *"Haremsvariante"*.[79]

Voggenhuber selbst hatte wohl das teilweise massive Ressentiment der Länderorganisationen gegen ihn falsch eingeschätzt. Als Bundesgeschäftsführer war er bemüht, so etwas wie einen Willen der Gesamtpartei zu verkörpern, schon alleine deshalb hätte er mit der Reserviertheit der föderalen Parteisegmente rechnen müssen. Aber der Bundesgeschäftsführer bewies erneut, daß er kein Mann der taktischen Rücksichtnahmen war. Er kritisierte auf dem Kongreß den durchschlagenden Egoismus der Landesparteien: *"Die Länder sind so stark geworden, daß ich oft den Eindruck habe, daß wir noch den Kantönligeist der ÖVP übertreffen."*[80] Voggenhuber segelte in Gmunden knapp an einer politischen Demütigung vorbei. Der Kongreß beschloß, die Frage der Nominierung eines Spitzenkandidaten zu vertagen.[81] So konnte auf dem Gmundener Parteitag die Frage der Listenbildung keiner abschließenden Lösung zugeführt werden, zumal man auch die endgültigen Reihungen der von den Landesorganisationen zu bestimmenden Grundmandatslisten abwarten wollte.

Somit hatte sich abschließend der grüne Folgekongreß, der vom 20. bis 22. April 1990 im salzburgischen Goldegg tagte, in Kenntnis der nunmehr durchgehend erfolgten Wahl der Grundmandatslisten in den einzelnen Landesorganisationen mit der Erstellung der Restmandatslisten zu befassen. Zusätzlich zu den Prioritäten der Frauenparität und der Absicherung des Minderheitenmandates beschloß der Bundeskongreß, auch das Behindertenmandat im Wahlkreisverband West abzusichern. Manfred Srb war im Wiener Grundmandatswahlkreis chancenlos gereiht worden, und auch der Wahlkreisverband Ost hatte eine Absicherung der Behindertenvertretung abgelehnt. Als Srb auf Platz zwei der westlichen Reststimmenliste gereiht wurde, war Voggenhubers Absicherung akut gefährdet. Gemäß der Frauenparität hätte nämlich auf den noch sicheren dritten Platz der Reststimmenliste eine Frau gewählt werden müssen. Diese für die "Bundesnotwendigkeit" prekäre Situation - ein viertes Reststimmenmandat im Wahlkreisverband West wurde als nicht gesichert erachtet - konnte aber insofern austariert werden, als sich der Bundeskongreß dahingehend entschied, ab dem dritten Listenplatz unter Mißachtung der Frauenparität frei zu wählen. Voggenhuber wurde so auch hinter Srb gereiht. Die Frauenparität blieb insgesamt dennoch gewährleistet, weil für das Minderheitenmandat eine Frau - die Kroatin Therezija Stoisits - nominiert worden war.

Daß eine burgenländische Kroatin das grüne Minderheitenmandat besetzen konnte, bedurfte einer generellen Umpolung der grünen Minderheitenpolitik noch vor der Erstellung der Reststimmenlisten. Die unergiebige Anlehnung der Kärntner Grünen an den konservativen Ableger der slowenischen Interessensvertretungen, die "Kärntner Einheitsliste" (KEL), war vielen in der Bundespartei schon länger ein Dorn im Auge. Zudem hatte der KEL-Vertreter Karel Smolle, der aktuell das grüne Minderheitenmandat im Nationalrat ausübte, bei den Grünen, aber auch bei verschiedenen slowenischen Gruppierungen, etwa dem "roten" "Zentralverband", wegen seiner konzilianten Haltung in Minderheitenfragen nachhaltigen Mißmut ausgelöst.[82] Der grünen Parteispitze ging es jetzt darum, das Abonnement der "schwarzgrünen" KEL auf das Minderheitenmandat zu kündigen und stattdessen den Konnex zu einer "rosagrünen" Vertretung der ethnischen Minderheiten herzustellen - also zu den traditionell SPÖ-nahen burgenländischen Kroaten.

Bislang hatten die ethnischen Minderheiten in der Grünen Alternative zwar den Status einer grünen Landesorganisation - des "zehnten Bundeslandes" - innegehabt, aber nie zu einer formellen Organisierung gefunden. Es gab keinen grünen Minderheitenkongreß analog den Versammlungen der Landesorganisationen, keine Ausschuß- oder Vorstandsgremien wie sonst in der Partei, kein Minderheitenprogramm. Auf grüne Minderheitenpolitik war einfach die "Kärntner Einheitsliste" abonniert, und die hütete sich vor Schritten zur Änderung dieses Zustands, womit sie nur ihre Macht beschnitten hätte. Als die Grüne Alternative im Vorfeld der Erstellung der neuen Nationalratslisten die formelle Organisierung der Minderheiten einforderte, versuchte die KEL mit der vorgeschlagenen Etablierung eines Verbändeproporzes zu kontern, weil sie in einem grünen Dachverband der Minderheiten ihre Potenzen als stärkster Einzelverband besser einbringen zu können meinte. Die grüne Partei lehnte dieses Konstrukt ab und insistierte auf einer Organisierung der Minderheiten analog dem Schema grüner Landesparteien. Der Minderheitenkongreß sollte "*offen und frei von Verbandsstrukturen*" abgehalten werden, denn: "*Viele der Mitglieder der verschiedenen Volksgruppenverbände sind nicht nur eindeutig der ÖVP oder SPÖ zuzuordnen, sondern haben - wie uns auch die Bundesausschußdelegierten der Minderheiten bestätigten - allgemein mit grün-alternativer Politik nicht viel im Sinn.*"[83] Die Entmachtung der "Kärntner Einheitsliste" war beschlossene Sache. Smolle trat denn auch als Kandidat für das Minderheitenmandat zurück, ein grüner Minderheitenkongreß Anfang April 1990 wählte die beiden Kroatinnen Terezija Stoisits und Marijana Grandits zu den Spitzenkandidatinnen des "zehnten Bundeslandes".[84] Angenehmer Nebeneffekt dieser Reihung zweier Frauen war, daß damit das Problem der Herstellung der Frauenparität auf den Reststimmenlisten entschärft werden konnte. Das Minderheitenmandat wurde quasi einfach mit einem Frauenmandat zusammengelegt. Unglücklich über den erzielten Zustand war außer der KEL eigentlich nur Andreas Wabl, der mit der Ausschaltung Karel Smolles einen weiteren Bündnispartner verloren hatte und im Klub zusehends in die Isolation gedrängt wurde.

Der klientelorientierte Auslesemechanismus für die grünalternativen Mandatsränge war so insgesamt ein nervenaufreibendes Spiel der Komplexitäten, das an die Parteitagsregie die höchsten Anforderungen stellte. Schlußendlich konnte die grüne Lotterie der Kandidatenfindung zufriedenstellend enden, weil die Spitzenkandidaten der aussichtsreichen Grundmandatswahlkreise, aber auch die Tiroler Organisation auf eine Absicherung der vordersten Listenplätze auf den Reststimmenlisten verzichteten.

Die Reihung im Wahlkreisverband Ost sah demnach die durch das niederösterreichische Grundmandat ohnehin abgesicherte "Bundesnotwendigkeit" Monika Langthaler vor der Burgenländerin Christine Heindl und der Wienerin Sonja Puntscher-Riekmann. Die Westliste wurde von der burgenländischen Minderheitenvertreterin Terezija Stoisits angeführt, gefolgt von Manfred Srb, Johannes Voggenhuber und der ebenfalls aus dem Burgenland kommenden Marijana Grandits. So ergab sich die angesichts der realen Bedeutung grüner Landesorganisationen kurios anmutende Konstellation, daß gleich drei Grüne aus dem kleinsten österreichischen Bundesland, dem Burgenland, auf aussichtsreiche Restlistenplätze fanden - tatsächlich sollten sie alle den Sprung ins Hohe Haus schaffen.

Auch die Frage der Nominierung eines Spitzenkandidaten für die Nationalratswahlen stand in Goldegg auf der Tagesordnung. Auf Antrag von Pius Strobl wurde ein vierköpfiges, paritätisch besetztes Team von Spitzenkandidaten gewählt, bestehend - in der Reihenfolge der gewährten Zustimmung - aus Monika Langthaler, Johannes Voggenhuber, Madeleine Petrovic und Severin Renoldner vom ehemaligen *Grazer* Flügel der Alternativen Liste. Wer sich in diesem Team nicht vertreten fand, das war der österreichweit bekannteste Repräsentant grüner Politik, Peter Pilz. Sogar Andreas Wabl hatte ihn in der Abstimmung noch überrundet.[85] Wieder einmal hatte der Kongreß treffsicheren alternativ-föderalistischen Instinkt bewiesen.

Eine nähere Betrachtung lohnt weiters die Erstellung der Wiener Grundmandatsliste. Nur auf der niederösterreichischen Liste war mit Monika Langthaler eine sogenannte "Bundesnotwendigkeit" auf den ersten Platz gereiht worden. Oberösterreich und die Steiermark hatten mit Rudi Anschober bzw. Andreas Wabl gemäß der Länderautonomie ihre eigenen Länderkandidaten auf die sicheren Mandatsränge gewählt. In Wien stellten sich aber gleich mehrere "Bundesnotwendigkeiten" der Parteitagsbasis: Während wenigstens die sichere Plazierung von Peter Pilz a priori ausgemacht erschien, konkurrierten um die weiteren Mandatsränge die "Bundesnotwendigkeiten" Sonja Puntscher-Riekmann und Christoph Chorherr mit dem Bedürfnis der Wiener Partei, ihrerseits eine Basiskandidatin mit einem sicheren Mandatsrang zu versehen. Zudem bewarb sich noch Manfred Srb im Wiener Wahlkreis um ein abgesichertes Behindertenmandat.

Die Wiener Landesversammlung vom 3. März 1990 wurde, wie es in der Grünpartei ja bereits die Regel war, wieder geöffnet. Von den etwa dreihundert Teilnehmern waren an die zwei Drittel keine Parteimitglieder. Auf den ersten, für eine Frau reservierten Listenplatz wurde mit Madeleine Petrovic eine Kandidatin der Wiener Basis gereiht. Petrovic, die aus der Tierschutzbewegung kam, zählte damals noch nicht zu den Promis. Platz zwei belegte souverän Peter Pilz. Auch Platz drei ging an eine weitere "Bundesnotwendigkeit", die von den Medien gewünschte und als "*Parteiphilosophin*"[86] apostrophierte Sonja Puntscher-Riekmann. Um das Kampfmandat des vierten Listenplatzes stritten sich Christoph Chorherr und der Behindertenvertreter Manfred Srb. Chorherr zählte zu jenen Personen, die von einer Öffnung der Wahlversammlungen am meisten profitieren konnten, da es ihm mehr als anderen gelang, aus seinem persönlichen und beruflichen Umfeld zu mobilisieren. Nur in offenen Versammlungen konnten ihm Wahlchancen eingeräumt werden. In der Tat konnte sich Chorherr knapp gegen Srb durchsetzen.[87] Die untenstehende Aufgliederung veranschaulicht deutlich, wie sich das Prinzip offener Versammlungen auf die Reihung der Listenplätze auswirkte:[88]

	PARTEIMIT-GLIEDER	NICHTMIT-GLIEDER	Insgesamt	Platz
1. WAHL-GANG				
Petrovic	81	81	162	1
Puntscher	38	78	116	3
Pilz	90	115	205	2
Srb	29	45	74	6
PLATZ 4				
Srb	76	66	142	6
Chorherr	46	100	146	4

Das Wahlergebnis vom Herbst 1990 brachte den Grünen eine weitere Enttäuschung. Die Partei verlor sogar noch leicht gegenüber dem Wahlergebnis von 1986 und blieb mit 4,82 Prozent unter der Fünf-Prozent-Marke. Stimmenzuwächsen in Salzburg, Tirol und Wien standen Einbrüche in Oberösterreich und Vorarlberg gegenüber - hier hatte sich die Spaltung der Wahlbewegung sehr negativ ausgewirkt. Die ebenfalls bundesweit antretenden VGÖ erreichten immerhin 1,96 Prozent.

Tabelle des Wahlergebnisses

	1) NRW 1990	2) VGÖ	3) GE-SAMT	4) NRW 1986	SALDO 3-4	SALDO 1-4
Bgld.	4.501	1.570	6.071	4.606	+ 1.465	- 105
	(2,50)	(0,87)	(3,37)	(2,48)	(+ 0,89)	(+ 0,02)
Kärnten	10.628	4.600	15.228	13.699	+ 1.529	- 3.078
	(3,00)	(1,30)	(4,30)	(3,78)	(+ 0,52)	(- 0,78)
NÖ	30.477	14.798	45.275	34.111	+ 11.164	- 3.634
	(3,27)	(1,59)	(4,86)	(3,59)	(+ 1,27)	(- 0,32)
OÖ	32.844	20.630	53.474	39.604	+ 13.870	- 6.760
	(4,13)	(2,59)	(6,72)	(4,87)	(+ 1,85)	(- 0,74)
Slzbg.	19.087	3.325	22.412	15.996	+ 6.416	+ 3.091
	(7,28)	(1,27)	(8,55)	(5,91)	(+ 2,64)	(+ 1,37)
Stmk.	31.334	8.818	40.152	32.592	+ 7.560	- 1.258
	(3,94)	(1,11)	(5,05)	(4,08)	(+ 0,97)	(- 0,14)
Tirol	23.771	12.165	35.936	21,593	+ 14.343	+ 2178
	(6,33)	(3,24)	(9,57)	(5,76)	(+ 3,81)	(+ 0,57)
Vlbg.	9.879	8.581	18.460	16.256	+ 2.204	- 6.377
	(5,25)	(4,56)	(9,81)	(8,83)	(+ 0,98)	(- 3,58)
Wien	62.560	17.790	80.350	55.571	+ 24.779	+ 6.989
	(7,62)	(2,17)	(10,09)	(6,09)	(+ 4,00)	(+ 1,53)
Österr.	225.081	92.277	317.358	234.028	+ 83.330	- 8.947
	(4,78)	(1,96)	(6,74)	(4,82)	(+ 1,92)	(0,04)

Nur die günstige Wahlarithmetik bescherte der Grünen Alternative einen Zuwachs auf nunmehr insgesamt zehn Mandate. Das konnte jedoch nicht über den Mißerfolg hinwegtäuschen. Anders als die Freiheitlichen konnte die Grünpartei diesmal nicht vom Absturz der Volkspartei - sie verlor an die zehn Prozent - profitieren. Die Grünen hatten sich quasi selbst unter die Fünf-Prozent-Marke gedrückt durch eine Politik, die in sich selbst zu widersprüchlich war. Immer deutlicher trat zutage, daß alternatives Politikkonzept und Medienpartei nicht zusammengingen. Es war ein politischer Fehler gewesen, wie in alten ALÖ-Zeiten ein Kandidatenkollektiv zu präsentieren und selbst hier noch den Star der Partei, Peter Pilz, auszuschließen. Man konnte anläßlich dieser Wahl feststellen: "*Die GRÜNEN nehmen ihren systemimmanenten Charakter nicht ernst und spielen noch immer, zu ihrer heutigen Politik völlig unpassend, Basisdemokratie.*"[89]

Grünalternative Politik war und ist in Österreich einem spezifischen Süd/Ost-Westgefälle unterworfen, das den Zustand und die politische Potenz der jeweiligen Landesorganisationen in signifikanter Weise beeinflußte und bedingte. Die Grüne Alternative konnte im Unterschied zur zweiten Oppositionspartei FPÖ auf keine einheitliche Konjunkturlage bauen. Grünalternative Marktlagen ließen sich in der Regel nicht nach bundesweiten Trends berechnen, dazu fehlte der Partei schon die dominante Führerfigur, welche die Organisation substituieren hätte können. Wahlen waren für die Grüne Alternative auch trotz mancher subjektiver Schwächen in Westösterreich kaum zu verlieren und im Osten auch ohne schwerwiegende politische Fehler nicht zu gewinnen. Deutlich wurde das, als auf die Erfolge des Jahres 1989 weitere Niederlagen bei den Wahlgängen im Burgenland, der Steiermark und in Oberösterreich folgten. Schon die Kärntner Landtagswahlen, die wie jene von Salzburg und Tirol am 12. März 1989 stattfanden, konnten dies belegen. Die Partei, die gemeinsam mit der slowenischen "Kärntner Einheitsliste" (KEL) in einer Wahlplattform antrat, erreichte nur magere 1,68 Prozent, knapp gefolgt von den Vereinten Grünen mit 1,58 Prozent. Die Kärntner Organisation zerfiel bald nach den verlorenen Landtagswahlen, nicht zuletzt deswegen, weil sich die Leute der "Kärntner Einheitsliste" aus der Partei weitgehend zurückzogen.[90] Eine Neubelebung wurde erst 1991 von der Bundespartei versucht - die Landesorganisation befand sich de facto unter "*kommissarischer Leitung*" des Bundesvorstands.[91]

Die nächste Wahlniederlage wurde den burgenländischen Grünen im Wahljahr 1991 beschert. Die Partei erprobte im Unterschied zu den vorangegangenen Wahlen ein vollkommen anderes Wahlkonzept. So kandidierte diesmal Wolfgang Pelikan auf ihrer Liste, es konnte also eine grüne Gegenkandidatur verhindert werden. Außerdem wurde ein ganz auf den Spitzenkandidaten Pius Strobl zugeschnittener Persönlichkeitswahlkampf betrieben. Die Partei präsentierte sich nicht als Verfechterin einer entschiedenen Oppositionspolitik, sondern war zu konstruktiver Mitarbeit bereit. Dennoch war das Wahlergebnis nahezu ident mit jenem der zurückliegenden Nationalratswahlen 1990. Es mußte der Schluß gezogen werden, daß die Wahlkampfkonzepte das Wahlverhalten offensichtlich wenig beeinflußt hatten.[92] Angesichts dieser Durststrecke konnten die von den Wahlniederlagen betroffenen Landesorganisationen auf keine Belebung hoffen. Pius Strobl mußte Ende 1992 einbekennen: *"Einige Landesorganisationen brechen strukturell zusammen, die Bundesebene ist auf einem beschämenden Mindeststandard."*[93]

Im September 1991 wählte die Steiermark einen neuen Landtag. Die Grüne Alternative wurde mit einer Gegenkandidatur des VGÖ-Abgeordneten Korber konfrontiert und flog mit ernüchternden 2,88 Prozent in hohem Bogen aus dem Landesparlament. Anders als im Burgenland oder in Kärnten konnte dieses Ergebnis nicht mit der mangelnden Präsenz der Partei entschuldigt werden, in der Steiermark war die Grüne Alternative gut verankert. Die Gegenkandidatur Josef Korbers - er trat mit der originellen Kurzbezeichnung "G.R.Ü.N.E." zur Wahl an und erzielte respektable 1,73 Prozent - mochte das Ergebnis drücken, ließ aber die Frage offen, warum die Partei in Westösterreich gegen die Vereinten Grünen bestehen konnte, im Osten aber nicht. Dieses Gefälle brachte die Grüne Alternative in ein permanentes Dilemma.

Vor den oberösterreichischen Landtagswahlen, die bald darauf stattfanden, wurde daher in den Parteigremien erneut die VGÖ-Debatte abgehandelt. Josef Buchner hatte im Unterschied zu früheren Wahlgängen eine Wahlplattform angeboten, die oberösterreichische Landesorganisation der Grünen Alternative plädierte dafür, das Angebot anzunehmen, zumal die Vereinten Grünen bei den vergangenen Nationalratswahlen respektable 2,59 Prozent erreicht hatten - gegenüber 4,13 Prozent für die Grüne Alternative. Die neue Bundesgeschäftsführung war in der Bündnisfrage gespalten. Der Niederösterreicher Franz Renkin, seit Jänner 1991 als Nachfolger Pius Strobls Geschäftsführer, plädierte für die Plattform: *"Die VGÖ kann von den Mitteln, die sie in OÖ bekommt, bundesweit leicht leben. Der Verlust von OÖ würde aber unweigerlich den politischen Abstieg der Grünen einleiten, Buchner ist da noch das kleinere Problem."*[94] Sein Gremialpartner Franz Floss, der Johannes Voggenhuber als "externen" Geschäftsführer abgelöst hatte, stellte hingegen fest: *"Die VGÖ ist das unmodernste, abgefakteste Grünprojekt überhaupt. Buchner ist nicht eingliederbar, so eine 'Lösung' würde den Keim einer weiteren Spaltung in sich tragen. Nicht nur, daß die VGÖ dann finanziell überlebt - es überlebt damit eine zweite Grünpartei."*[95] Diese Ansicht konnte sich auch mehrheitlich durchsetzen - Grüne Alternative und Vereinte Grüne traten in Oberösterreich erneut getrennt an. Die Wahlen brachten ebenso ein Debakel wie zuvor in der Steiermark. Verglichen mit der Nationalratswahl 1990 verlor die Partei ein rundes Viertel ihrer Stimmen. Magere 3 Prozent rückten die Chancen eines Landtagseinzugs in weite Fernen. Die Vereinten Grünen konnten in ihrem politischen Stammland mit 2,6 Prozent gefährlich nahe zur Grünen Alternative aufschließen.

Die Vereinten Grünen waren so doch imstande, grüne Wahlergebnisse spürbar zu beeinflussen. Das stabile Potential, welches sie verkörperten, fehlte der Grünen

Alternative, um den Einzug in die Landesparlamente zu schaffen. Da es sich aber bei den beiden Wählerpotentialen um klar unterschiedene Reservoirs handelte - die VGÖ hatten ebenso ihre strukturkonservative Stammwählerschaft wie die linksliberalen Grünen ihr Potential -, drängte sich der Grünen Alternative laufend der rechnerische Problemlösungsversuch auf: Der Einzug konnte durch Addition beider Stimmreservoirs geschafft werden, nicht jedoch, indem man versuchte, den Vereinten Grünen in politischer Konkurrenz die Wähler abzugewinnen. Die politische Grundrechnung sprach für die Plattform. Mit der Plattform aber hätte sich die Grüne Alternative - alle zurückliegenden Erfahrungen mit den Vereinten Grünen bestätigten dies - den Eklat im eigenen Haus eingekauft und der strukturkonservativen Grünsekte eine kräftige Lebensinjektion verabreicht. Dieser politische Zombie konnte ja in der Regel nur zu seinen Gegenkandidaturen schreiten, weil ihm die etablierten Parteien regelmäßig die Beschaffung der beglaubigten Unterstützungserklärungen abnahmen.

Angesichts dieser bedrohlichen Umstände wurde das VGÖ-Thema aber von der Grünen Alternative selbst laufend am Köcheln gehalten. Mit Regelmäßigkeit konnte man damit rechnen, daß vor den jeweiligen Wahlgängen die Plattform-Frage aufgeworfen wurde: "*Und wir haben immer so die Leiche aus dem Keller mühsam raufgezogen ins Erdgeschoß, sie hergerichtet und anständig präsentiert. Und dann sind wir wieder gegangen und haben gesagt: 'Mit der der wollen wir nichts zu tun haben.' Da war sie aber schon im Erdgeschoß und hat gefault*",[96] kommentierte Pius Strobl diese fatale Nekrophilie seiner Partei, freilich ohne selbst einen Ausweg aus dem Dilemma finden zu können.

Doch die Vereinten Grünen beiseite gelassen, mußten es objektive Faktoren sein, daß Grünpotentialen von 7 bis 12 Prozent im Westen und in den großen Städten solche von 2 bis 5 Prozent im Süden und Osten des Landes gegenüberstanden. Die Abgeordnete Petrovic analysierte dieses West-Ost-Gefälle wie folgt: "*Ausschlaggebend ist die dem Westen drohende Überindustrialisierung gegenüber den sozialen Kanten im Osten. (...) Das Verhinderer-Image ist in den westlichen Regionen nicht schädlich, in den östlichen, die ohnehin fürchten, ins Hintertreffen zu kommen, sehr wohl. Dort ist eine positive Stimulanz gefragt.*"[97] Grüne Wahlparteien sind ein Phänomen - Petrovic drückte dies bloß mit dem wertenden Begriff der "Überindustrialisierung" aus - entwickelter kapitalistischer Zentren. Ihre Bedeutung schwindet an den Peripherien. Grüne Wahlerfolge korrelieren mit der Entwicklung der Bildungsströme, dem Zuzug der sogenannten mittelständischen Intelligenz und sozialer Dienstleistungen in die urbanen Zentren. Auch im Westen Österreichs reüssierten die Grünen nur in den urban verdichteten Regionen, was sich aber beim dort höheren relativen Verstädterungsgrad in den insgesamt besseren Prozentergebnissen ablesen ließ. Die Grünen sahen sich damit konfrontiert, in ihrer Wählerklientel auf ein spezifisches mittelständisches, urbanes, von gesellschaftlichem Wohlstand und sozialer Privilegierung vergleichsweise überdurchschnittlich profitierendes Segment abonniert zu sein. Das ökologische Potential saß zwar in den Städten, aber nicht, weil hier die

Naturzerstörung besser erfahren oder begriffen würde, sondern aus den eben genannten Kriterien sozialer Schichtung. Auch aus der Bewegung der Wählerströme läßt sich dieses Faktum ableiten. Franz Floss spricht diesen Umstand an, wenn er feststellt: "*Es ist den Grünen bei allen Wahlen nie gelungen, Stimmen von der Sozialdemokratie zu gewinnen. Die Grünen haben immer mehr Stimmen gewonnen aus einem bürgerlichen Lager. Das ist im Westen größer als im Osten.*"[98] Die Bindung der sozialdemokratischen Klientel aus der Arbeiterschaft an ihre Partei erwies sich bislang immer stärker als jene der bürgerlichen. Sozialdemokratische Proteststimmen wandern so mehrheitlich zu den rechtspopulistischen Freiheitlichen, die mit der Anprangerung wirklicher und vermeintlicher sozialer Mißstände in bislang fremden Gefilden auf Stimmenfang gehen. Der Protest von sozial besser abgesicherten bürgerlichen Schichten kann es sich hingegen leisten, eine ökologische Sensibilisierung auszudrücken.

Augenscheinlich liegt die Zukunft der Grünen vielleicht wirklich beim Liberalismus. Manche Grüne fürchteten deshalb, die 1993 erfolgte Abspaltung des "Liberalen Forums" von der FPÖ könnte die grüne Partei am Lebensnerv treffen. Eine Konkurrenz im liberalen Spektrum, die noch dazu von den Medien favorisiert wird, mußte die Grünen - was ja auch geschah - in helle Aufregung versetzen. Mit dem "Liberalen Forum" mußten die Grünen in der Tat befürchten, weiter entlang der Fünf-Prozent-Marke zu zittern und zu beben. Wie dem auch sei, ganz unabhängig davon: Aussicht, je zu einer gesellschaftlichen Massenbewegung zu werden, haben die Grünen nicht. Wenn grüne Stimmpotentiale im peripheren österreichischen Osten nur mit Mühe an die Fünf-Prozent-Marke herankommen können, im Westen aber bald schon die Zehn-Prozent-Hürde überspringen, dann wird damit nur das jeweils objektiv ansprechbare Potential abgebildet. Diese oder jene Präsentation mag dann nur innerhalb solcher Rahmenwerte relativ gute oder schlechte Ergebnisse zeitigen.

Für die grünen Wahlkampftaktiker stellte sich die Frage des angesprochenen Gefälles hauptsächlich als Imageproblem, ohne zu berücksichtigen, daß eben für die grüne Partei im relativ peripheren Osten mit seinen Problemen wie Arbeitslosigkeit, niedrigen Einkommen, der viel geringeren städtischen Dichte bei einer viel größeren Masse ländlicher Bevölkerung keine nachhaltige "Gestaltungskompetenz" zu gewinnen war. Da mochte es wenig helfen, daß die grünen Strategen in ihren Schwachstellenanalysen Wirkungen und Erscheinungen grüner Präsentation zu einem wahrhaft abstoßenden phänomenologischen Gebilde aufhäuften, Führungsqualitäten vermißten, den Gesichtsverlust so mancher Kandidaten beklagten, sich über das altmodische politische Outfit der Partei beklagten etc. etc.[99] Für die Grüne Alternative mochte eine derartige Problemsicht angesichts ihrer innerparteilichen Probleme durchaus sinnvoll sein, ging es doch darum, den grünen Grenznutzen zu steigern, indem an der Abschüttelung des alternativen, basisdemokratischen, "politikunfähigen" Ballasts gearbeitet wurde. Wo die grüne Partei das alternative Gehabe nicht bleiben lassen wollte, blieb sie eben auch weit unter ihren objektiven Möglichkeiten bei Wahlen. Die kommenden Wiener Gemeinderatswahlen sollten zeigen, daß eine Effektivierung zu schaffen war. Es sollte also möglich sein, mit einer Verbesserung des Schaufensters neue Kunden anzuziehen, die das neue Styling bewundern. Welche aber dann auch wirklich beständig ins Geschäft einkaufen kommen, ist immer eine Frage ihrer materiellen Lage. Das ist die objektive Schranke jeder grünen Schwachstellenanalyse.

Die Grünen konnten vom gesellschaftlichen Wohlstand und dem daraus resultierenden Bedürfnis nach "Lebensqualität" profitieren, als Krisengewinnler konnten sie sich jedoch noch nicht bewähren. Grüne Stimmzuwächse sind aktuell nur in Zeiten gesellschaftlicher Prosperität möglich. Nur auf diese können sie langfristig bauen. Das bedeutet freilich nicht, daß alle Gewinne und Verluste aus dem Gegensatzpaar Konjunktur - Krise geschlossen werden können. Aktuelle Disynchronisierungen sind durchaus möglich. Eine nachhaltige Zuspitzung gesellschaftlicher Widersprüche durch wirtschaftliche Rezession oder Depression würde aber für den politischen Ableger der Ökologiebewegung vermutlich weit gravierendere Probleme aufwerfen als die lästigen Sekkaturen durch die kleine Schwester VGÖ. Möglicherweise ist es ein intuitiver Reflex der Grünen, sich angesichts dieses latenten Fundamentalproblems als ökosoziale Wachstumspartei zu stilisieren und auf Gedeih und Verderb auf die kapitalistische Modernisierung zu setzen.

Das innerparteiliche Organisationsleben der Grünen Alternative war in hohem Ausmaß vom äußeren Faktor parlamentarischer Wahlgänge bedingt. Die Grüne Alternative war Medienpartei und Wahlpartei in der restriktiven Bedeutung des Wortes. Nicht nur ihr Bestehen, auch ihr Agieren war hauptsächlich auf diese Stimmungslagen und Stimmabgaben ausgerichtet. Während die Wahlen des Jahres 1989 den Landesorganisationen in Westösterreich ein Hoch beschert hatten, siechte die Partei im Osten dahin. In Wien war beispielsweise im März 1989 - auch das erinnerte an die alte Alternative Liste Wien - mangels Kandidaten keine Neuwahl des Landesvorstands möglich gewesen, sodaß die Funktionsperiode des alten Vorstands verlängert werden mußte.[100] Erst ab 1991 war der Vorstand wieder prominent besetzt. Man konnte daran merken, daß die Gemeinderatswahlen 1991 ihre Schatten vorauswarfen. So trafen sich nach der Neuwahl unter anderen die künftigen Gemeinderäte Christoph Chorherr, Schani Margulies, Hannelore Weber und Jutta Sander in diesem Startloch für parlamentarische Ehren.[101]

Nach den verlorenen Bundesländerwahlen im Osten kam der Wiener Gemeinderatswahl eine Schlüsselbedeutung zu. Peter Pilz mußte quasi zur Rettung der Partei antreten. Die Wahl der Spitzenkandidaten für die Gemeinderatswahlen 1991 brachte dabei fast eine Wiederholung des "vierten Oktober" von 1986. Das lag daran, daß sich trotz der Umwandlung der Grünpartei zur Medienpartei noch immer der althergebrachte Modus der Kandidatenwahl durch die Parteibasis behaupten konnte. Zwar wurden die logischen Spitzenkandidaten schon zuvor von der Parteiprominenz im

Einklang mit den bürgerlichen Medien gekürt, die formelle Wahl aber behielt sich die Landesversammlung vor. Diese inkonsistente Vorgangsweise gipfelte darin, daß Personen, die in der Partei gut verankert waren, gegenüber den Promis im Vorteil waren. Sie hatten eher Aussicht auf eine günstige Listenplazierung als die von der veröffentlichten Meinung gestützten Kandidaten, wenn sich diese in der Partei keiner sonderlichen Beliebtheit erfreuen konnten. Dabei prophezeiten Meinungsumfragen einhellig, daß die Grüne Alternative ohne die Nominierung einer bekannten Persönlichkeit vulgo Peter Pilz auch diesmal den Einzug ins Rathaus nicht schaffen würde. Der Landesausschuß der Partei empfahl daher, Peter Pilz auf den ersten Listenplatz zu reihen, und Pilz wurde bei der Landesversammlung vom 28. September 1991 auch problemlos gewählt. Allerdings junktimierte er seine Kandidatur mit der Reihung Christoph Chorherrs auf den relativ sicheren vierten Listenplatz. (Platz zwei und drei blieben gemäß der Geschlechterparität für Frauen reserviert). Dies fand keinen Konsens, denn auch die Gewerkschaftliche Einheit wollte diesmal einen alternativen Gewerkschafter, vulgo Schani Margulies, in den Mandatsrängen sehen. Obwohl die Versammlung wieder geöffnet worden war - von zweihundert Teilnehmern waren rund die Hälfte keine Parteimitglieder - konnte sich Chorherr gegen Margulies nicht durchsetzen. Eine erste Stichwahl zwischen den beiden Kandidaten endete 94:94. In ihrer Wiederholung konnte Margulies mit 97:95 knapp reüssieren, was wiederum Peter Pilz nicht akzeptieren mochte. Er drohte in dieser "*Nacht der langen Messer*"[102] mit seinem Rücktritt bzw. einer Nichtanerkennung des Wahlergebnisses. Margulies ließ sich jedoch auch durch massiven Druck - etwa wurde argumentiert, seine KPÖ-Vergangenheit schade der Partei insgesamt - nicht zu einem Rücktritt bewegen. Die Spaltung konnte schlußendlich nur durch die Konstruktion eines Vorzugsstimmenwahlkampfes umgangen werden. Chorherr schlug vor, daß sich die Reihung nach der größeren Zahl an Vorzugsstimmen bei der Gemeinderatswahl orientieren sollte, wovon er sich als der medial Bekanntere einen Vorteil erhoffte.[103]

Die Wiener Gemeinderatswahlen vom 10. November 1991 wurden die Wahlen des Peter Pilz. Der Persönlichkeitswahlkampf machte sich bezahlt. Die Partei errang 64.493 Stimmen oder 9,11 Prozent. Gegenüber 1987 bedeutete das eine runde Verdoppelung. Nicht nur Christoph Chorherr konnte seinen Einzug und die Nominierung zum Stadtrat ohne Portefeuille feiern, auch Schani Margulies schaffte den Sprung ins Rathaus. Ja selbst der Spitzenkandidatin von 1987, Friedrun Huemer, gelang als Siebentgereihter, was ihr zuletzt verwehrt geblieben war. Daß die Partei ganz entgegen dem üblichen Grüntrend, auf der kommunalen Bezirksratsebene mit 62.618 Stimmen schlechter abschnitt als auf Gemeinderatsebene, kann als weiteres Indiz für den hohen Anteil von "Pilz-Stimmen" gelten. Immerhin konnte die Grüne Alternative aber auch die Anzahl der von ihr gestellten Bezirksräte auf nunmehr über hundert verdoppeln. Neben den Freiheitlichen, die mit 159.940 Stimmen oder 22,58 Prozent sogar die Volkspartei überholten und zur zweitstärksten Partei in Wien aufstiegen, waren die Grünen die Gewinner dieser Wahlen. Dies trotz einer erneuten

Gegenkandidatur der Vereinten Grünen, die mit beachtlichen 12.882 Stimmen und 1,82 Prozent fast eine Verdreifachung gegenüber ihrem Ergebnis bei den Wahlen 1987 erzielen konnten.

Das ausgezeichnete Ergebnis der Vereinten Grünen und das eigene erfolgreiche Abschneiden lieferten einen Hinweis, daß diesmal die Konjunktur insgesamt für grün-alternative Listen sprach. Auch kristallisierte sich nach den Wiener Wahlen deutlich heraus - die Tiroler Landtagswahlen 1989 hatten früher schon ein erstes Indiz geliefert -, daß die Grünalternativen von einer ins Bodenlose abstürzenden Volkspartei ungleich mehr profitieren konnten als von Wählerwanderungen aus dem Lager der Sozialdemokratie. Für die politische Orientierung der Partei durfte das nicht ohne Folgen bleiben. Neben all diesen Faktoren war aber klar, daß diese Wahlen nicht primär die Wahlen der Grünen Alternative gewesen waren, sondern jene des Peter Pilz. Für die Grünen im Osten Österreichs waren Wahlen in Ermangelung aktueller und manifester Umweltskandale nur zu gewinnen, wenn sie sich zur Führung eines Persönlichkeitswahlkampfes mit medial favorisierten Kandidaten entschließen konnten und dabei auf die Vermittlung "fundamentalistischen", also allzu traditionalistisch-alternativen Ideengutes verzichteten. Insofern bildeten die Wiener Gemeinderatswahlen eine Zäsur. Die Zeit alternativer Politikversuche mußte endgültig überwunden sein - sonst drohte erneut der Rückfall in die mandatslose Zeit.

Mit ihrem "87er-Statut", das auf dem Röthelsteiner Bundeskongreß 1988 nur modifiziert worden war, trug die grüne Partei noch Kernelemente der alten alternativen Strukturprinzipien - etwa Unvereinbarkeits- und Rotationsbestimmungen, Diätenregelungen, in den Landesorganisationen teilweise auch noch das imperative Mandat - in abgemilderter Form mit sich. Faktisch weitaus stärker als diese verbliebenen Reste basisdemokratischer Ideologie war an der Ineffizienz der Organisation aber der damit verbundene praktische Subsidiarismus beteiligt - die gewollte Schwächung der Zentralinstanzen aufgrund der partikularen Interessen der einzelnen Landesorganisationen. Wenn selbst die langjährige Sprecherin des Bundesausschusses, Doris Pollet-Kammerlander, letztlich einbekennen mußte: "*Tatsächlich hat aber der Bundesausschuß keine bundesweite Identifikation geschaffen, sondern im Gegenteil den Lokalpatriotismus gestärkt mit Tendenzen zu länderspezifischem Chauvinismus*",[104] dann war klar, daß in der überwiegend negativen Haltung der Landesorganisationen zur Gesamtpartei die Hauptwurzel der Strukturschwäche der Gesamtpartei lag. Der grüne Föderalismus war eben die stärkste Tendenz, die den Bemühungen um eine Umstrukturierung der Partei oftmals sublim, aber dafür umso beharrlicher entgegenwirkte.

Zum Länderautonomismus gesellte sich der Organisationsseparatismus. De facto bestand die Grüne Alternative seit ihrer Gründung aus drei separaten Gliederungen, den "drei Kirchtürmen" Partei, Klub und Bildungswerkstatt, die miteinander eher durch Personalunionen als durch formelle Strukturen und Kommunikationskanäle verbunden waren. Die Röthelsteiner Satzungsreform hatte nur in gewisser Hinsicht zur Einbindung des Bundesvorstands in die Klub- und GRÜBI-Gremien und so zu einer Verbesserung der Kommunikationsabläufe geführt. Eine Integration der drei separaten Gebilde zu einer "ideellen Gesamtpartei" konnte damit aber nicht erreicht werden. Gestärkt worden war dadurch primär die Partei; denn nur der Bundesvorstand bzw. die Bundesgeschäftsführung hatte künftig Sitz und Stimme in GRÜBI und Klub. Umgekehrt galt das nicht, weil dem die Unvereinbarkeiten im Wege standen. Schon mit ihrer 1987 festgelegten Kompetenz, daß die Bundesausschußsprecherin *"jederzeit im Namen der Partei Stellung beziehen kann, und zwar nicht nur in inhaltlich programmatischer Weise, sondern vor allem auch in Fällen der Vakanz zu aktuellen strategischen Fragen"*,[105] hatte die Partei auf Tendenzen des Klubs, durch mediale Stellungnahmen grüne Standpunkte zu präjudizieren, reagiert. Bezeichnend schon, daß diese Kompetenz der Sprecherin des Ländergremiums der Partei zukam und nicht dem Vorstand oder den Bundesgeschäftsführern. Nach dem Röthelsteiner Bundeskongreß wurde die neue Bundesgeschäftsführung in die Entscheidungsfindung des Klubs integriert. Beispielsweise gab die von Pius Strobl ausgeübte Stimme der Partei später den Ausschlag, daß Johannes Voggenhuber Andreas Wabl als Klubobmann beerbte.

Für den Klub kam die Integration der Geschäftsführung zu diesem Zeitpunkt sogar günstig. Die Fraktion war nach der Serie von Rücktritten im Herbst 1988 schwer angeschlagen. In dieser sensiblen Phase konnte ausgerechnet die Partei über die Person ihres Bundesgeschäftsführers den Klub stützen. "*Ohne den Voggenhuber*", erinnert sich etwa Christoph Chorherr, "*hätten wir damals die Situation nicht 'derhoben'.*"[106] Nach der medialen Aufpäppelung der Fraktion durch den "Lucona"-Skandal änderte sich dieses Bild sehr rasch. Es kam beispielsweise zu schweren Auseinandersetzungen zwischen Voggenhuber, der als Bundesgeschäftsführer im Klub die politischen Positionen der Partei vertrat, und dem Klubobmann Andreas Wabl. Wabl erlebte die Integration der Partei in den Klub bald als "*eine relativ rasche Okkupation*".[107] Als die Grünen nach "Lucona" wie der Phönix aus der Asche stiegen, zeigte sich, daß die politische Stärkung der Partei gegenüber dem Klub nur eine kurzfristige Episode war. Der politische Ausdruck des grünen Projekts konnte sich auf Dauer nicht gegen die anders gepolten gesellschaftlichen Grün-Bewußtseinslagen behaupten. Seit den Wiener Wahlen 1991 befand sich wieder der "Klub" in der Offensive.

Auch in der kommenden Auseinandersetzung ging es primär nicht darum, die Aufgaben des Klubs, der Bildungswerkstatt wie auch der Partei schlüssig aus einem übergeordneten kommunikativen Zusammenhang abzuleiten, der alle drei "Kirchtürme" zu einem Ganzen integriert hätte, sondern umso entschiedener darum, Partei und Bildungswerkstatt nach den politischen Ambitionen des "Klubs" auszurichten und zu funktionalisieren. Dem "Klub" schwebte eine ganz spezifische Aufgabenteilung vor, in der der politische Anspruch der Parteiorganisation auf den einer organisatorischen Servicestelle einer "offenen Partei" reduziert werden sollte. Mit den Worten Christoph Chorherrs: *"Wir sollten ein Servicebetrieb sein, der jeweils mit jeweiligen Avantgarden, von denen es ja zahlreiche nach wie vor gibt, deren Inhalte mit aufgreift, die unterstützt, von denen profitiert und Projekte startet."*[108]

Unmittelbar nach der erfolgreichen Wiener Gemeinderatswahl meldete sich Pius Strobl zu Wort, um eine Fortführung der Reformdiskussion einzufordern. Er verlangte ein eindeutiges Bekenntnis zur parlamentarischen Partei; man solle Schluß machen mit der Vorgaukelung, *"es gäbe irgendwo draußen das außerparlamentarische Standbein."*[109] Bezüglich der Kandidatenfindung konstatierte Strobl: *"Die nahezu zum Mißbrauch einladende Zufälligkeit, wie der eine oder die andere MandatarIn geworden ist, fordert die Inhomogenität geradezu heraus."*[110] - Neben Angriffen auf Rotation und Unvereinbarkeit urgierte er, gemeinsam *"Anforderungsprofile unserer VerantwortungsträgerInnen"*[111] zu entwerfen, und bot selbst gleich eines an: *"Pilz als Filzaufdecker und Chorherr als Fachmann - das ist reale Kompetenz, ist konkretes Macherimage, ist glaubwürdige Umsetzung."*[112]

Peter Pilz forderte seinerseits im Juli und August 1991 über die Medien die *"totale Neuorganisation der Partei"*[113] ein. Er verlangte die Eingliederung der Grünen Bildungswerkstatt in den Bundesvorstand, die Beseitigung der Unvereinbarkeit und die fixe Kooptierung des Klubobmanns in den Parteivorstand. Die Geschäftsführer der Partei sollten als *"politische Sekretäre wie Cap"* fungieren, für ihre bisherigen Agenden sollte *"eine Art 'Parteichef' aus dem Kreis der Vorstandsmitglieder gewählt werden."*[114] Der eine amtierende Geschäftsführer, Franz Floss, konnte sich mit diesen Überlegungen nicht anfreunden, er meinte: *"Ich halte nichts davon, daß die Abgeordneten auch noch die politischen Sprecher der Partei werden"*[115], und setzte sich damals auch gegen die Eingliederung der Bildungswerkstatt zur Wehr. Die "GRÜBI" sollte autonom bleiben. Während so Floss die Ambitionen des Wiener Gemeinderates mit den Worten: *"Pilz' Reform wäre ein 'Fiasko'"*[116] zusammenfaßte, stellte sich der zweite Geschäftsführer, der Niederösterreicher Franz Renkin, voll hinter den Parteichef in spe.[117]

Peter Pilz präzisierte seine Überlegungen kurz darauf in einem Positionspapier unter dem Titel "Bitte eine Parteireform". Hier entwickelte er ausführlich seine organisatorischen Vorstellungen zum Umbau der Partei, skizzierte aber auch die grundsätzliche strategische Ausrichtung grüner Politik im Gegensatz zu einer Konzeption, für die Namen wie Franz Floss oder Johannes Voggenhuber standen. "Bitte eine Parteireform" ist das zentrale Dokument des Umbaus der Grünen Alternative weg von den letzten Versatzstücken alternativer Politikauffassung hin zur Schaffung eines Gebildes, das auch Christoph Chorherr als einer der Mitträger des Pilz-Papiers begrifflich nicht so recht zu fassen vermochte: *"...eine Bewegung ist es nicht, eine Partei auch nicht, irgendsowas, was da halt kandidiert und etwas ändern will in diesem Land."*[118]

Die Ineffizienz sämtlicher Parteigremien - Bundesausschuß, Bundesvorstand, Bundesgeschäftsführung - war für Pilz das Produkt des gescheiterten Experiments mit der Basisdemokratie. Sie habe zu einer Negativauslese geführt,[119] mit dem Resultat, daß "*ein übermächtiger Klub, der den zwei angestellten Geschäftsführern dreißig Beschäftigte entgegenstellt, zwangsläufig längst zum Geheimvorstand geworden [ist]*."[120] Erste von ihm vorgeschlagene Maßnahme mußte deshalb das Fallen der Unvereinbarkeitsbestimmungen sein, die es bestimmten einflußreichen Funktionsträgern, insbesondere Parlaments- und Landtagsabgeordneten, untersagten, zugleich weitere führende Parteifunktionen auszuüben: "*Der Vorstand muß aufgewertet werden. Und dazu müssen die sachlich und politisch Kompetentesten hinein. Einige von ihnen sind als Mandatare in den Ländern, andere im Klub. Zwischen ihnen und dem Vorstand steht nach wie vor die Mauer der Unvereinbarkeit.*"[121] Es sollte solcherart ein "strategisches Zentrum" der grünen Partei installiert werden, indem man versuchte, "*informelle und formelle Struktur zu decken. Also, daß die Exponenten im Klub auch die wichtigsten Parteifunktionen wahrnehmen*", wie das Christoph Chorherr unverblümt ausdrückte.[122] Denn um die Entscheidungen auch formell in die Parteigremien verlagern zu können, mußten die bisherigen faktischen Entscheidungsträger in diese integriert werden.

Neben der Integration der Mandatare in die politische Parteileitung plädierte Peter Pilz für eine Zentralisierung und Hierarchisierung der Entscheidungsabläufe und -strukturen. Auch die Personalhoheit des Bundeskongresses als höchstem Parteiorgan war dementsprechend einzuschränken. Im Bundesvorstand sollten sich hinkünftig nicht nur Mitglieder durch Wahl, sondern auch solche kraft eines Amtes befinden. So etwa der Klubobmann, je ein Landtagsabgeordneter, der Bundes(vorstands)sprecher (der eine neu zu schaffende Funktion ausüben sollte), ein Gemeindevertreter und der Finanzreferent der Bundespartei. Die Bundesgeschäftsführung sollte vom politischen Leitungsorgan zum politisch-organisatorischen Sekretariat mutieren, also eine Art Exekutive an der Seite des Bundessprechers darstellen.

Der Bundesausschuß sollte vom bisherigen Usus, gemäß dem er mit Delegierten der jeweiligen Landesparteiorganisationen und noch dazu nach dem Rotationsprinzip beschickt wurde, Abstand nehmen. In der Tat hatte dieser Modus zu einer gravierenden Hemmung des Informationsflusses geführt. Das Prinzip der Delegiertenrotation kollidierte wiederholt mit dem Anspruch auf Kontinuität der innerparteilichen Kommunikation. Pilz schlug ein System von Fixdelegierten vor, die von den jeweiligen Landesvorständen zu entsenden wären. Daneben sollten wiederum Landtagsabgeordnete, Klub- und Gemeindevertreter die Liste der Mitglieder kraft Amtes komplettieren. Vertreter der Bildungswerkstatt, des Bundesvorstands sowie der Bundesfinanzreferent sollten mit beratender Stimme an den Treffen des Bundesausschusses teilnehmen, der sich im wesentlichen auf Budget- und Strategiefragen konzentrieren sollte.

Zwischen den Bundeskongressen sollte halbjährlich zur Weichenstellung eine Bundestagung stattfinden, zu der die Mitglieder des Bundesausschusses, des Bundesvorstands, des Parlamentsklubs sowie die Landtagsabgeordneten der Partei zusammentreten sollten. Abstimmungen sollten vom Bundeskongreß so weit wie möglich wegverlagert werden, hin zum Bundesausschuß. Die Bildungswerkstatt schließlich sollte ihre Autonomie einbüßen und als Referat des Bundesvorstands eingerichtet werden. Für sein Reformwerk hielt Peter Pilz die Bezeichnung "projektorientierte Rahmenpartei" bereit.[123] Der Begriff "Rahmenpartei" stammt aus dem Umfeld des Realo-Flügels der deutschen Grünen und dient zur Abgrenzung gegenüber einer älteren Charakterisierung der Grünen als alternativer Bewegungs- oder Aktivistenpartei. In diesem Sinne verwendete ihn auch Peter Pilz. Seine Überlegungen fügen sich nahtlos in die Beschreibung, die der den Realos nahestehende Hamburger Politikwissenschaftler Joachim Raschke von den deutschen Grünen als *"professioneller Rahmenpartei"* (vgl. Kapitel III-8) gibt: *"Im Unterschied zu Parteitypen, bei denen der 'Kern' eindeutig definiert ist, wie bei Mitglieder-, Kader-, Aktivisten-, auch bei Wähler- oder Bewegungspartei, bildet die Rahmenpartei nur einen offenen 'Rahmen', in dem unter besonderer Beteiligung professioneller Gruppen komplexe Vermittlungsarbeit geleistet wird. Rahmenpartei charakterisiert eine 'schwache' Partei im Verhältnis zu einer 'starken' Klientel-Umwelt, über die sie wenig Kontrolle hat."*[124] Ihr strukturelles Hauptcharakteristikum sei ergo die "*Offenheit*" der Rahmenpartei.[125]

Die organisationstheoretischen Vorstellungen der Reformer aus dem "Klub" wiesen - beginnend von den noch unreifen Überlegungen im "Neuen Grün" bis zu den ausgeklügelteren Überlegungen zur Gremienbesetzung im Papier "Bitte eine Parteireform" - eine stringente Eigentümlichkeit auf: Neben der Tendenz zur Hierarchisierung und Zentralisierung von Entscheidungskompetenzen lag ihr Hauptaugenmerk auf Modi der Organbestellung, die sich grundsätzlich von der bisherigen Form unterschieden. Während Wahl und Delegation von Personen in höhere Parteifunktionen bislang durch die breitesten Parteigremien - Landes- und Bundesparteikongresse - vonstatten gingen, sollte nunmehr durch Bestellung kraft Amtes sowie durch Nominations- und Kooptationsrechte der höheren Parteigremien eine Mediatisierung in der Bestellung von Funktionsträgern Platz greifen, die nicht nur die unmittelbare Personalhoheit des Bundeskongresses in weiten Bereichen beseitigen, sondern gleichzeitig eine Weichenstellung hin zu einer anderen Personalpolitik garantieren würde. Wie in der Tat Struktur und formelles Politikverständnis parlamentarischer Grünfraktionen entfernt an die liberalen Reichsrats-Honoratiorenklubs des 19. Jahrhundert erinnerten, so taten dies auch die von ihnen propagierten Kuriensysteme zur Bestellung und Zusammensetzung der Parteiorgane.

Die wesentlichen Anträge zur Satzungsänderung auf dem 7. Bundeskongreß der Grünen Alternative vom 29. bis 31. Mai 1993 in Gmunden wurden aber nicht von Peter Pilz gestellt, sondern abermals von der "*grauen Eminenz*"[126] der Partei, Pius

Strobl. Gemeinsam mit dem Bundesgeschäftsführer Franz Renkin brachte er den Statutenhauptantrag ein.[127] Im Unterschied zur Satzungsmodifikation beim Röthelsteiner Bundeskongreß 1988 zielten die beiden diesmal auf einen grundlegenden Umbau der Parteistruktur.

Kern der Antragsvorlage war das Fallen der Unvereinbarkeit. Daneben ging es um eine Umstrukturierung des Bundesvorstands, der zu einem tagespolitischen Exekutivgremium mutieren sollte. Vertreter des Klubs und der Bildungswerkstatt sollten nunmehr aktiv stimmberechtigt eingebunden, daneben die neue Funktion eines "Sprechers des Vorstands" geschaffen werden.[128] Anstelle des Bundesausschusses, der als Gremium der Ländervertreter eliminiert werden sollte, wollte man als neues Gremium einen sogenannten "Erweiterten Bundesvorstand" (EBV) einrichten - ein Gremium, von dem schon im "Neuen Grün" die Rede war. In der Kompetenzzuteilung sollte sich nichts ändern. Bloß setzte sich der Erweiterte Bundesvorstand neben den obligaten Ländervertretern auch aus Landtags- und Nationalratsabgeordneten, Vertretern der Bildungswerkstatt sowie des Bundesvorstands zusammen.[129] Als weiteres, auch in seiner Funktion neues Gremium sollte sodann die Bundestagung eingerichtet werden. Nach einem ähnlichen Schlüssel beschickt wie der Erweiterte Bundesvorstand, hätte sie strategische Lanzeitplanung grüner Politik vorbereiten sollen.

Wesentliches Moment des Statutenpakets war schließlich die Abänderung des bisher in der Partei praktizierten Delegiertenschlüssels. Nur an diesem Punkt konnte dem Länderföderalismus und Subsidiarismus, der bislang das Hochkommen einer effizienten Funktionärsriege in der Bundespartei verhindert hatte, wirklich entgegengetreten werden. Nach wie vor sollten jedem Bundesland neun Sockeldelegierte (vier den Minderheiten) zustehen. Zusätzliche Parteitagsdelegierte wären aber den einzelnen Landesorganisationen nicht mehr wie bisher komplett nach dem proportionalen Bevölkerungsschlüssel zugeteilt worden, sondern nur noch ein Block im Umfang von 40 Delegierten. Für das zweite, variable Delegiertenkontingent galt: "*40 Delegierte werden auf die neun Bundesländer aufgeteilt, indem die Stimmen des letzten Nationalratswahlergebnisses durch 40 dividiert werden und entsprechend den Landeswahlergebnissen (Delegierte) zugeteilt werden.*"[130] Bei Beibehaltung des "*föderative[n] Element[es]*" sollte damit ein "*'erfolgsorientiertes' Element*"[131] in den Delegiertenschlüssel eingebaut werden. Landesorganisationen, die mit Abgeordneten in Landtagen oder im Nationalrat vertreten waren, sollten so am Bundeskongreß relativ bessergestellt werden. Weil man zudem die Erfahrung gemacht habe, daß in der Vergangenheit wesentliche Vertreter der höheren Parteigremien, des Klubs und der GRÜBI die Entscheidungsprozesse der Bundesorganisation nicht ausreichend mitgetragen hätten, sollte deren Repräsentanten künftig qua Funktion am Bundeskongreß ein Stimmrecht zukommen. Diese Überlegung hatte sich ja schon im Reformpapier des Jahres 1987, dem "Projekt Neues Grün", gefunden.[132] Der neue Schlüssel aus nunmehr 189 Delegierten hätte insgesamt zu einer Aufwertung der westlichen Bundesländer auf Kosten der großen östlichen "Flächenstaaten" geführt. Das Majorisierungspotential der letzteren auf dem Bundeskongreß wäre damit geringfügig abgeschwächt worden. Als größter Profiteur hätte sich freilich das Bundesland Wien erwiesen.[133]

Schlußendlich sollte die Antragsberechtigung am Bundeskongreß neu geregelt werden. Konnte nach dem Röthelsteiner Statut jedes Parteimitglied Anträge zum Bundeskongreß stellen, so war dies in der neuen Vorlage nur noch den Delegierten, Landesvorständen, dem Bundesvorstand der Bildungswerkstatt, den Klubs sowie Landtagsfraktionen möglich.[134] Hier wurde also auf eine Mediatisierung der Parteimitglieder abgezielt, wodurch man sich auch eine Entlastung des Kongresses von der bisher bekannten Antragsflut erwartete.

Diese weitreichende, grundlegende Parteireform wollten Pius Strobl und Franz Renkin zu guter Letzt durch eine Änderung des Parteinamens zum Ausdruck gebracht wissen. Die Abschüttelung der letzten alternativen Strukturelemente sollte konsequenterweise auch in einer entsprechenden Umbenennung zum Ausdruck kommen. Strobl und Renkin beantragten daher eine Änderung des Parteinamens von "Grüne Alternative" auf "Die Grünen".[135]

Franz Renkin und Pius Strobl waren mit ihrem Statutenhauptantrag durchaus erfolgreich. Bei teils relativ geringfügigen Modifikationen gelang der Umbau des Bundesvorstands, die Eliminierung des Bundesausschusses zugunsten des Erweiterten Bundesvorstands (EBV) sowie die teilweise Umgestaltung des Delegiertenschlüssels. Abgelehnt wurde allerdings die Einführung der Bundestagung, und die Partei behielt ihren alten Namen. Die Neuregelung des Delegiertenschlüssels war nur bezüglich der Einführung einer Kurie stimmberechtigter Delegierter qua Funktion (Nationalräte, Landtagsabgeordnete, Bundesvorstand von Partei und Bildungswerkstatt) geglückt. Es gelang allerdings nicht, zusätzlich zum Bevölkerungsproportionalschlüssel das "*erfolgsorientierte Element*" zu realisieren.[136] Diese Flexibilisierung des Delegiertenschlüssels wäre der Transparenz grüner Parteitagspolitik auch nicht gerade förderlich gewesen. Sie hätte eine permanente Labilisierung der innerparteilichen Kräfteverhältnisse gebracht, da sich ja jeweils nach Wahljahren die Zusammensetzung des Delegiertenschlüssels ändern konnte. Überdies wäre die Dominanz des Länderföderalismus dadurch allenfalls relativiert worden.

Hinter der Einbindung der Delegierten qua Funktion allerdings stand primär ein integrativer Gedanke: "*Es widerspricht ja wirklich jeder Kommunikationstheorie, ein Statut zu schreiben: 'Es ist also prinzipiell alles miteinander unvereinbar!' Und: 'Am Kongreß sind die Mandatare', für die da beschlossen wird - weil die haben das ja dann umzusetzen letztlich - im besten Fall 'nicht stimmberechtigte Gäste'. Oder im Bundesausschuß dürfen sie eigentlich nur dabei sein, wenn sie speziell eingeladen sind. Wie soll denn da die Kommunikation funktionieren?*"[137] Strobls kommunikationstheoretische Überlegungen konnten allerdings nur teilweise in die Praxis umgesetzt werden. Denn vor allem die zentrale Forderung des Statutenhauptantrags, die Aufhebung der Unvereinbarkeiten, kam vorerst nicht zustande.[138]

Der Versuch, die Unvereinbarkeitsregelungen abzuschaffen, wurde in der Partei mit Recht als Schaffung einer Lex Pilz bezeichnet, denn die neu beschlossene Funktion des Bundes(vorstands)sprechers wollte Peter Pilz selbst bekleiden. Frühere Versuche des Wiener Gemeinderats, in der Partei Fuß zu fassen, waren bislang immer mit dem Verweis auf die Unvereinbarkeit abgewehrt worden, so etwa ein Antrag von Pilz auf Kooptierung in den Bundesvorstand im November 1991.[139] Jetzt auf dem Gmundner Bundeskongreß scheiterte der förmliche Antrag auf ersatzlose Aufhebung des Unvereinbarkeitsparagraphen im Parteistatut denkbar knapp. Mit 113 Prostimmen bei 57 Gegenstimmen und 5 Enthaltungen wurde die notwendige Zweidrittelmehrheit um arithmetische 0,33 Stimmen verfehlt.[140] Erst auf dem Folgekongreß, der Anfang Oktober 1992 im steirischen Bad Gleichenberg tagte, war Pilz gleich doppelt erfolgreich. Zum einen wurde jetzt die wirklich restlose Streichung des Unvereinbarkeitsparagraphen erreicht (136 zu 64 Stimmen, also mit 3 Stimmen Überhang), zum anderen Pilz in die neugeschaffene und nunmehr mit seiner Position als Wiener Gemeinderat und Klubobmann vereinbare Funktion eines Bundesvorstandssprechers (kurz: Bundessprecher) gewählt. Pilz konnte sich in diesem Wahlgang mit 128 Stimmen gegen Franz Floss mit 67 Stimmen durchsetzen.[141] Auch die förmliche Aufnahme der Bundestagung ins Parteistatut war nunmehr gelungen. Ein Beschluß zur Änderung des Parteinamens wurde erst auf einer Sitzung des Erweiterten Bundesvorstands (EBV) im April 1993 gefaßt und bedurfte noch einer nachträglichen formellen Bestätigung des Bundeskongresses. Johannes Voggenhuber hatte dabei zunächst die Umbenennung in "Die Grünen. Die Grüne Alternative (Kurzbezeichnung Grüne)" blockiert. Voggenhuber begründete dies damit, daß mit dem Wegfall des Wortes "Alternativ" eben jener Pragmatismus der Partei zum Ausdruck komme, den er politisch bekämpfe. Erst nachdem man ihn massiv unter Druck setzte, ermöglichte er durch seine Stimmenthaltung in einer zweiten Abstimmung einen positiven Beschluß.[142]

Die folgende Tabelle gibt einen schematischen Überblick über die organisatorisch-statutarischen Reformen in der Bundespartei:

Die Strukturreform der Grünen Alternative

	STATUT 1987 bzw. 1988	**STATUT 1992**
BUNDESKON-GRESSDELE-GIERTE	Sockel- u. Proportionaldelegierte nach Bevölkerungsschlüssel, gewählt von Landeskongressen	wie zuvor sowie weiters: Nationalrats- und Landtagsabgeordnete, Bundesvorstände von Partei und GRÜBI mit Stimmrecht
ANTRAGSBE-RECHTIGT	alle Parteimitglieder	nur die Delegierten, Landesvorstände, Klubs, Landtagsfraktionen, Bundesvorstand der GRÜBI
BUNDESVOR-STAND	8 Personen: gewählt vom Bundeskongress, darunter der Finanzreferent; **1988**: Bundesgeschäftsführung Teil des Bundesvorstandes; Möglichkeit zur Kooptation von Mitgliedern ohne Stimmrecht; Bundesausschuß-Sprecherin ohne Stimmrecht	9 Personen: 4 Mitglieder vom Bundeskongress gewählt - 1 "externer" Sprecher des Vorstands, 1 "interner" Bundesgeschäftsführer, 1 Delegierter der GRÜBI, 1 Delegierter des Parlamentsklubs; <u>ohne Stimmrecht</u>: Finanzreferent
BUNDESAUS-SCHUSS bzw.: ERWEITERTER BUNDESVOR-STAND	je drei Delegierte der Landesorganisationen; ohne Stimmrecht: Abgeordnete, Bundesvorstand, Bundesgeschäftsführung, Finanzreferent; **1988**: reduziert auf je 2 Länder-Delegierte	Bundesausschuß abgeschaft; **<u>neu</u>: Erweiterter Bundesvorstand** bestehend aus: Bundesvorstandsmitglieder, 1 Delegierter des GRÜBI-Bundesvorstandes, je 1 Vertreter der Landesorganisationen, je 1 weiterer Länderdelegierter für Landesparteien mit Landtagssitz, 1 Mandatar des Nationalrats
BUNDESGE-SCHÄFTSFÜH-RER	2 Bundesgeschäftsführer, gewählt vom Bundeskongreß, dem Bundesvorstand untergeordnet, mit organisatorisch-administrativer Kompetenz; **1988**: 2 Bundesgeschäftsführer Teil des Bundesvorstands mit vermehrter politischer Kompetenz	**ab Oktober 1992**: 1 Bundesgeschäftsführer mit nur noch organisatorisch-administrativer Kompetenz; **<u>neu</u>: Bundesvorstandssprecher**: politischer Vertreter der Partei nach außen, Stimme im Klub
BUNDESTA-GUNG		**ab Oktober 1992 neu**: langfristige strategische Planungen
UNVEREINBAR-KEIT	Mandatsträger im Nationalrat, Landtag oder Gemeinderat (Städte über 50.000 Einw.): kein Zugang zum Bundesvstd.	**Oktober 1992**: ersatzlos gestrichen

Mit dem Fallen der Unvereinbarkeit konnte bezüglich des projektierten Umbaus der Grünen Alternative endlich eine der schwersten Hürden genommen werden. Offen blieb jetzt nur noch, wie sich die Partei nach der Niederlage in der Strukturfrage in personalpolitischen Angelegenheiten verhalten würde. Im wesentlichen betraf dies die Kompetenz der einzelnen Landeskongresse bzw. des Bundeskongresses, die in den Wahlkreisen aufgestellten Kandidatenlisten für Nationalratswahlen zu bestätigen bzw. die Reststimmenlisten der beiden Wahlkreisverbände zu wählen. Hier standen einander die Bedürfnislagen nach Absicherung der "Bundesnotwendigkeiten" und traditionelle Mandatsgarantien bezüglich der Frauenparität oder der Minderheiten- oder Behindertenvertretung im Weg. In der Listenfrage kam der nach wie vor maßgebliche alternative Föderalismus am nachhaltigsten zum Ausdruck.

Peter Pilz sprach diese Materie in seinem Reformpapier erneut an: "*Unsere Funktionäre sind alles andere als eine stark verkleinerte Abbildung, ein repräsentativer Querschnitt der Wähler. Sie sind eher ein kleines Spektrum am Rand der Wählerschaft - und viele, die grün wählen, würden sich in der heutigen Organisation kaum wiederfinden.*"[143] Eine Korrektur dieser Differenz sah Peter Pilz im freien Mandat der Abgeordneten: "*Die Parteibasis bedarf aber eines mehrfachen Korrektivs,*" meinte der Wiener Gemeinderat, "*um die Interessen der Wähler wirklich zum Tragen kommen zu lassen. Eines davon ist das freie Mandat der Abgeordneten. Die Praxis hat gezeigt, daß die Abgeordneten in viel höherem Maß als die Funktionäre ein Gespür für die Anliegen der Wähler entwickeln. Ihre Freiheit ist eine der wenigen Möglichkeiten, daß sich die Wähler im Projekt wiederfinden. Natürlich wird sich die Partei zu Wort melden, wenn die Verletzung grüner Grundsätze im Raum steht. Aber alles, was nur entfernt nach imperativem Mandat duftet, hat in einem offenen, freien grünen Projekt nichts verloren.*"[144] Die ohnehin bereits durchgehend praktizierten "offenen" Landesversammlungen zur Kür der freien grünen Mandatare beließen dabei laut Pilz der Parteibasis noch immer zuviel personalpolitischen Spielraum. Er dachte daran, eventuell ein parteiinternes Vorwahlsystem einzuführen oder außenstehenden Gruppen Nominierungsrechte einzuräumen.[145]

Aber auch die Etablierung des "strategischen Zentrums", die nach dem Fall der Unvereinbarkeit die grüne Elite in die entscheidenden Parteigremien hieven sollte, brachte zumindest vorerst nicht die erhofften Erfolge. Personell waren in die Arbeit des Bundesvorstands nunmehr der Bundessprecher Peter Pilz, die nunmehrige Obfrau der Grünen Bildungswerkstatt, Doris Pollet-Kammerlander, und Vertreter des Klubs eingebunden.[146] Peter Pilz, der einstige Star des grünen Nationalratsklubs, verblaßte aber in seiner neuen Parteifunktion zusehends. Ein Parteiamt, an dem eben kein mediales Interesse herrschte, konnte auch der grüne Promi nicht aus eigener Kraft zum Leuchten bringen. Die Interessen des grünen "Klubs" wurden im neuen Parteivorstand von drei Abgeordneten - darunter Johannes Voggenhuber - wahrgenommen, eine Integration der Kirchtürme gelang damit aber noch nicht: *"Es nutzt nichts, wenn sozusagen der Kommunikationsfluß zwar die drei umfaßt, aber nicht den Rest"*,[147] urteilte Pius Strobl.

Sollte die grüne Organisationsstruktur - und darauf weist vieles hin - ein Ausdruck des Zerbrechens der traditionellen Parteiformation überhaupt sein, dann wäre dies wohl auch nicht durch strukturelle Adaptierungen zu kaschieren. Christoph Chorherr etwa sah ja in der spezifischen grünen Organisationsstruktur keine Eigenleistung: *"Wir haben durchs Wahlrecht und durch das Parteienfinanzierungsgesetz externe Strukturen aufgedrängt bekommen, die uns bis heute prägen. (...) Im Grunde sind wir da unglaublich schwach in der Kulturprägung gewesen, wir haben einfach das übernommen, was halt da war."*[148] Durch die konkrete Ausgestaltung des "strategischen Zentrums" wurden - zumindest auf den ersten Blick, die weitere Entwicklung muß man hier wohl noch abwarten - die inhaltlichen Divergenzen zwischen den Gliederungen der Gesamtpartei allenfalls in einzelnen Individuen kanalisiert, was noch nicht a priori bedeutete, daß sie damit auch besser integrierbar wurden. Zusätzlich brachten die Parteieliten nun ihr Moment eines individualisierten Politikverständnisses in die Gremien der Bundesorganisation. Erste Resümees der Parteireform, etwa durch den seit 1993 amtierenden neuen Bundesgeschäftsführer der Grünen Alternative, den Niederösterreicher Peter Altendorfer, klangen denn auch recht kritisch: *"Der Bundesvorstand ist ein wöchentlicher Kochkurs, wo jede(r) sein Süppchen kocht und nur manchmal eine gemeinsame Speise herauskommt. Er ist kein homogenes Gremium einer Parlamentspartei. Individualismus geht vor kollektivem Politikverständnis."*[149]

Der weitreichende organisatorische Umbau der Parteiorganisation hatte nach einer mehrjährigen innerparteilichen Auseinandersetzung zum Wegfall der meisten noch verbliebenen alternativen Parameter geführt. Auf der Strukturebene war damit der Wandel von der alternativen zur linksliberalen Partei in den Grundzügen abgeschlossen. Parallel dazu wurde in der Partei eine Auseinandersetzung über die künftige strategische Orientierung grüner Politik geführt. In Verbindung mit der Strukturfrage sollte auch die politische Positionierung der grünen Partei entschieden werden. Gleichfalls standen einander hier die Positionen des "Klubs" und der Partei in markanter Weise gegenüber. Die strategische Orientierung des "Klubs" war bereits in Peter Pilz' Konzept einer "projektorientierten Rahmenpartei" untergebracht, während die in der Partei dominierenden Auffassungen von einer Positionierung der Grünen Alternative als "bewegungsorientierter Widerstandspartei" eng mit den Namen Johannes Voggenhuber und Franz Floss verknüpft sind.

Zunächst als Bundesgeschäftsführer, dann als Nationalratsabgeordneter, später sogar als Klubobmann der grünen Parlamentsfraktion vertrat Johannes Voggenhuber in inhaltlichen Fragen einen ideologischen Prinzipialismus, der ihn bald in Gegensatz zum politischen Pragmatismus der Fraktion bringen sollte. Rückhalt fand der ehemalige Bürgerlistenstadtrat dafür freilich in den Reihen der Partei. Franz Floss wiederum hatte Anfang 1991 den Salzburger als Bundesgeschäftsführer der Grünen Alternative beerbt. Wie zuvor Voggenhuber war Floss für die Vertretung der Partei nach außen zuständig, er war der externe Geschäftsführer, während sein Gremialpartner, der Niederösterreicher Franz Renkin, für die internen Parteiagenden verantwortlich war. Anders als Floss neigte der Pragmatiker Renkin aber deutlich den Auffassungen des "Klubs" zu.

Franz Floss war führendes Mitglied der "Sozialistischen Alternative" (SOAL), der ehemaligen "Gruppe Revolutionärer Marxisten" (GRM), die eine der Hauptträgerinnen der Komlosy-Gegenkandidatur des Jahres 1986 ("Die Grünalternativen - Demokratische Liste") gewesen war. Das katastrophale Wahldebakel der GAL-DL war für Floss "*das deutliche Signal, daß es für diese linken grünen Listen hier keinen Platz gibt.*"[150] Er war einer der wenigen aus diesem Spektrum, die den Schritt in die Grüne Alternative nachholten.[151] Während Franz Renkin die Rolle des illusionslosen Machbarkeitspolitikers einnahm, fielen bei Floss seine auffälligen linkstraditionalistischen Argumentationsmuster ins Auge. Nur die Grünen wären nach seiner Auffassung imstande, "*die grundsätzlichen Schranken, die kapitalistische Zerstörung von Mensch und Natur aufzuzeigen.*"[152] In seinem politischen Selbstverständnis wollte er "*an den revolutionären, d.h. gesellschaftsverändernden Grundlagen der ArbeiterInnenbewegung ansetzen und sie mit der Ökologie verbinden.*" Es ging ihm um eine "*grundsätzliche Infragestellung unseres Wirtschaftssystems*", denn: "*Einen 'ökologischen Kapitalismus' gibt es genauso wenig wie eine 'soziale Marktwirtschaft'.*"[153] Floss berief sich auf die programmatischen Beschlußlagen seiner Partei, wenn er das systemtranszendierende Potential grüner Politik ansprach: "*Unsere programmatischen Grundlagen stellen uns in eine radikale Opposition zum herrschenden System. Unsere ökologischen, sozialen, demokratischen und wirtschaftlichen Foderungen lassen sich nicht einfach im Rahmen des bestehenden Systems mit einigen kleinen Korrekturen verwirklichen.*"[154]

Freilich attestierte dabei Franz Floss den Grünen, daß sie über keinen Sozialismusbegriff verfügten und auch keine sozialistische oder linke Partei wären: "*Die positionieren sich manchmal links*", meinte er und ordnete sie grundsätzlich als radikaldemokratische, radikalökologische Partei ein.[155] Eines der Verdienste von Franz Floss war es, in der innerparteilichen Kommunikation eine wohltuende ansatzweise Bürokratisierung in die Wege zu leiten. Waren politische Debatten und formalisierte, zentralisierte Informationsflüsse, womöglich unter Zuhilfenahme der Schriftkultur, in der grünen Partei bislang kein absolut vorrangiges Mittel gewesen, so begann der Bundesvorstand unter Floss erstmals, politische Thesen zu publizieren.[156] Daß jetzt in den Reihen der Partei versucht wurde, den Szenarien des "Klubs" ein eigenes politisches Konzept entgegenzustellen, war wohl zu einem Gutteil Franz Floss zuzuschreiben. Gleichfalls ihm zu verdanken war die Installierung eines parteiinternen Informationsbulletins, des "BGF-Rundbriefs", womit erstmals in einer für alle Parteimitglieder gleich zugänglichen Weise Sitzungsprotokolle, Debattenbeiträge, Thesen, Rechenschaftsberichte, Anträge, Pressemeldungen etc. systematisch publiziert wurden. Vier Jahre hatte die Partei gebraucht, um sich ein Medium zu schaffen, wie es etwa der "Alternativenrundbrief" für die ehemalige Alternative Liste Österreich gewesen war.

Die von Franz Floss propagierte "bewegungsorientierte Widerstandspartei" sah die Aufgaben und Chancen grüner Politik in einer Stärkung der Basis, also ihrer Vernetzung mit Initiativen und Aktivisten zu einem "grünen Verbund", im Ausbau des Wegs der offenen Versammlungen, um die Falle zwischen Funktionärspartei und Medienpartei zu vermeiden, schlußendlich in eine klaren Profilierung als Oppositionspartei. Als Mittel der Durchsetzung grüner Anliegen sollte nach Floss aber die Möglichkeit zur Tolerierung einer künftigen SPÖ-Minderheitsregierung ins Auge gefaßt werden.[157] Mit deutlicher Blickrichtung auf Peter Pilz, seinen ehemaligen Genossen aus GRM-Zeiten, meinte Floss: *"Den Ruf nach einer 'modernen, lächelnden Partei der 90er Jahre' halte ich für den Versuch, die realen Schwächen der Grünen Alternative von oben herab, medial geformt zu verändern. Wir sind als Widerstandspartei entstanden, unsere reale Stärke, die Aktivisten, die Bürgerinitiativen, die Bewegungen verkörpern den Widerstand. Reale Macht haben wir nur in Verbindung mit dieser Basis. Die erfolgreiche Grünpolitik des Westens beruht auf einer viel direkteren Vernetzung mit den Initiativen."*[158]

Einen prominenten Mitstreiter fand Franz Floss in Johannes Voggenhuber. Alles andere als ein Linker, zählte Voggenhuber aber auch nicht zum Typus der modernen, illusionslosen Realo-Pragmatiker, sondern stand zu seinen Prinzipien vom "mündigen Bürger" und vom zivilen Widerstand. Sein Festhalten beispielsweise an einem strikten Nein der Grünen in der EG-Frage brachte Voggenhuber in Gegensatz zu Pilz, Chorherr und Teilen des Parlamentsklubs, wo sich vor allem die Abgeordnete Monika Langthaler immer deutlicher als dezidierte Befürworterin eines österreichischen EG-Beitritts exponierte. Dabei stand Voggenhuber den strukturellen Vorstellungen (freies Mandat, Wegfall der Unvereinbarkeit, Ablehnung der Rotation etc.) der "Klub"-Fraktion alles andere als fern. Sein ideologischer Prinzipialismus führte allerdings umgekehrt zu einer Annäherung an den Sozialisten Floss. Beide initiierten in der grünen Partei so etwas wie die Fortführung der ehemaligen *Wiener* Strömung in gemilderter und abgeschwächter Form.

Vehement gegen die Option einer rot-grünen Widerstandspartei wandte sich Peter Pilz in seinem zentralen Positionspapier "Bitte eine Parteireform".[159] Auch in Zeitungsmeldungen forderte er ein Abrücken von der SP-Tolerierungsoption und dem kategorischen "Nein-zur-EG"-Kurs. Die strategische Neuorientierung der Partei müsse zu einer parteiübergreifenden, sachorientierten Politik führen. Die Grünen hätten die Rolle einer "*ökologisch-sozialen Volkspartei*" einzunehmen.[160] Aus den schwindelerregenden Verlusten der Volkspartei bei vorhergegangenen Wahlgängen

(Tirol, Wien) schloß Pilz, daß die Volkspartei zerfallen werde. Zehntausende ökologisch-liberal gesinnte Bürgerliche wären so auf der Suche nach einer neuen politischen Heimat. Die Grünen würden diese bieten. Daher wäre es grundfalsch, auch nur irgendwelche Signale an die Sozialdemokratie auszusenden. Pilz postulierte: "*1992 müssen wir uns als Erben des besten Teils der ÖVP beim politischen Notar anmelden.*"[161] Die liberal-ökologische Erbschaft von der ÖVP könne den Grünen die notwendige Stärke bringen. Den Widerstandsprojekten à la Floss und Voggenhuber stellte Pilz seine Vorstellung von grünen Themen gegenüber: ein Auftreten gegen Bürokratisierung, Zentralisierung und die Entmündigung der Bürger. Die Grünen müßten das große politische Gegenprojekt zur extremen Rechten (Haider) darstellen. Um insbesondere die Jungwähler nicht den Freiheitlichen zu überlassen, gelte es, volkstümlicher zu werden. Dem Abgeordneten Johannes Voggenhuber kreidete er in diesem Zusammenhang die Häufigkeit seiner Verwendung von Verbalinjurien an, jener rabiaten Sprache, die seinen politischen Stil ausmache.[162] Die Auseinandersetzung um die grundsätzliche strategische Orientierung der Grünpartei trat damit in ihre heiße Phase.

Dabei brachte sich aber einer der wichtigsten Repräsentanten der "bewegungsorientierten Widerstandspartei", Johannes Voggenhuber, im grünen Klub innerhalb kurzer Zeit quasi selbst zu Fall. Johannes Voggenhuber gehörte der grünen Nationalratsfraktion seit der Legislaturperiode 1990 als Abgeordneter an und beerbte Andreas Wabl als Klubobmann, nachdem er die Wahl auf einer Klausur des grünen Klubs im Oktober 1990 denkbar knapp gegen die Wiener Abgeordnete Madeleine Petrovic gewonnen hatte. Genau fünf Abgeordnete entschlossen sich in dieser Abstimmung für Voggenhuber, genau fünf auch für Petrovic. Das Stimmrecht der Partei, ausgeübt durch Pius Strobl, gab daher in dieser Pattsituation zugunsten Voggenhubers den Ausschlag.[163]

Doch der ehemalige Bürgerlistenstadtrat zeichnete sich in seiner neuen Funktion nicht gerade durch integrative Fähigkeiten und sensiblen Umgang mit seinen Fraktionskollegen aus. Im Gegenteil gab er der politischen Egomanie den Vorzug und machte es zu seinem Markenzeichen, Entscheidungen - etwa in der Präsidiale - über die Köpfe der grünen Abgeordneten hinweg zu treffen und diese vor vollendete Tatsachen zu stellen. Auszüge aus Klubsitzungsprotokollen unter Voggenhubers Obmannschaft lauteten dann typischerweise so: "*Madeleine Petrovic: 'Es ist sehr peinlich, wenn man aus der Presse erfährt, was der Klubobmann zu welchem Thema gesagt hat.' - Johannes Voggenhuber: 'Dies ist meine persönliche Meinung.' - Franz Renkin: 'Bei Pressekonferenzen gibt es keine Privatmeinung.'*"[164]

Johannes Voggenhuber war zwar ein medial allseits geschätzter politischer Einzelkämpfer, wies aber andererseits weder Willen noch Fähigkeit auf, in politischen Zusammenhängen solidarisch zu kommunizieren.[165] Man wußte von Voggenhuber, daß er - begonnen bei seinen Tagen in der Salzburger Bürgerliste über die "Bürgerinitiative Parlament" bis zur "grünen Einigung" des Jahres 1986 - weder Sitzungsdisziplin noch Kollegialität an den Tag legte und seit jeher aus seiner auffälligen Geringschätzung innerorganisatorischer Verbindlichkeiten kein Hehl machte. Pius Strobl, ehemaliger Kompagnon Voggenhubers als Bundesgeschäftsführer, bezeichnete es als schweren Fehler des schließlich mit seiner Hilfe bestellten Klubobmanns, daß dieser es verabsäumt habe, während seines Fraktionsvorsitzes eine geeignete Person zum Management des grünen Klubs zu bestellen, und meinte: *"Der Voggenhuber hat unglaublich große Qualitäten, aber daß er ein Organisationstalent und ein Beziehungstalent ist, kann ihm wirklich niemand nachsagen."*[166]

Nach knapp mehr als einem Jahr Klubobmannschaft stürzte Johannes Voggenhuber im Jänner 1992 über sein *"politisches Naturell."*[167] Von seinen früheren Befürwortern hielt nur noch Terezija Stoisits zu ihm. Mit harschen Worten kritisierte Voggenhuber die dezidiert ausgesprochene Weigerung des Klubs, weiter unter seiner Obmannschaft verweilen zu wollen, und unterstellte seinen Fraktionskollegen primär inhaltliche Beweggründe. Er entdeckte im Klub eine *"Tendenz zu einem stärkeren Pragmatismus, zu einer Reform- und Adaptierungspolitik, zu einer Sozialdemokratisierung des grünen Projekts"*,[168] bekrittelte die *"Tendenz zum Honoratiorenklub"*, attackierte einzelne Mandatare und warf ihnen Ineffizienz vor: *"Natürlich sind die Abgeordneten, die das inszeniert haben, nicht unbedingt die erfolgreichsten."*[169]

Fraglos stand Johannes Voggenhuber für eine politische Orientierung, deren Prinzipialismus bei der Mehrheit der überwiegend pragmatisch denkenden grünen Nationalratsabgeordneten keine Entsprechung fand. Auch über die Frage der politischen Präsentation grüner Anliegen herrschte im Zusammenhang mit den unterschiedlichen Orientierungen grober Dissens. Peter Pilz etwa verlautbarte bei einer jener typischen grünen Debatten über den politischen Stil: *"Der politische Stil des Klubs mißfällt. Es wird allgemein so empfunden, daß wir immer gleich, nämlich agressiv, reagieren. Die reine Verweigerungsstrategie ist ausgereizt."* Christoph Chorherr sekundierte: *"Jetzt wäre es primär wichtig, Problemlösungskapazität zu vermitteln und gewisse grüne Reflexe zu überwinden, auch eine gewisse Sprache."* Andreas Wabl stieß ins selbe Horn: *"Die Botschaft, die von uns vermittelt wird: alle - außer uns - sind Lumpen. (...) Wir halten einen ständigen hohen Anklage- und Angriffspegel. Diese Angriffe müssen nuanciert werden."*[170] Von allen Abgeordneten artikulierte einzig und allein Johannes Voggenhuber eine konträre Position: *"Diese Debatte kenne ich seit 1977. Nachträglich läßt sich sagen, daß jene die erfolgreichsten Zeiten waren, in denen eine Polarisierung stattgefunden hat. Es ist nicht sinnvoll, sich die Latte in Auseinandersetzungen immer niedriger zu legen. Es hat sich bewährt, bis zu dem Punkt zu eskalieren, an dem Entscheidungen fallen müssen, und wir sind hier im Parlament nahe davor. Natürlich wird alles mobilisiert inklusive Kommentatoren in den Medien, um uns auszuschalten."*[171]

Die grüne Partei sah im erzwungenen Rücktritt des Klubobmanns weniger den Reflex auf dessen autoritäre Führung, sondern auf die von ihm und ihr verteidigten inhaltlichen Positionen. Die Partei stand daher hinter Voggenhuber und protestierte heftigst gegen seinen Sturz. Ihre Gremien - Bundesvorstand und Bundesausschuß - sprachen ihm nach dem Rücktritt ihr Vertrauen aus. Der Bundesausschuß hielt fest, daß Johannes Voggenhuber "*mit seiner harten und radikalen Oppositionspolitik die politische Meinung der Grünen Alternative vollinhaltlich vertreten hat.*"[172] Proteste gegen den "Putsch" im Klub gab es auch aus den Landesorganisationen Kärnten, Vorarlberg, Niederösterreich und teilweise Salzburg,[173] während die Wiener Organisation eher für die Wiener Abgeordnete Madeleine Petrovic als neue Klubobfrau Partei ergriff und diese ihres vollsten Vertrauens und ihrer Unterstützung versicherte.[174] Die Replik von Peter Pilz auf die Solidaritätsbekundungen der Bundespartei und der angesprochenen Landesorganisation lautete hingegen lapidar, die Rüge der Partei wegen des Wechsels des Klubobmanns sei ein Angriff auf das freie Mandat.[175]

Während Voggenhuber an seiner Paktunfähigkeit scheiterte, focht der rationale Aufklärer Floss einen ebenso erfolglosen Kampf gegen den Aufdecker Pilz. Der Bundesgeschäftsführer konnte mit diesem Habitus in der medialen Auseinandersetzung nicht punkten. Personalpolitisch agierten die Protagonisten der bewegungsorientierten Widerstandspartei also relativ erfolglos. Aber nicht nur die zunächst so erfolgversprechende personalpolitische Offensive der alternativen Traditionalisten und Prinzipialisten endete mit einem Rückzug, auch ihren inhaltlichen Vorstößen, die der grünen Politik eine entsprechende strategische Richtung geben hätten sollen, blieb der erwartete Erfolg versagt.

Die federführend von Franz Floss konzipierte Kampagne zur Einleitung eines EWR-Volksbegehrens stand in Konnex mit der Positionierung der Grünen Alternative zur Frage des EU-Beitritts, also einem der zentralsten Themen der österreichischen Innen- und Außenpolitik in den neunziger Jahren. Eine erfolgreiche Kampagne hätte die Partei in ihrer ablehnenden Haltung zu einem EG-Beitritt gegenüber dem Revisionismus des grünen Klubs stärken sollen. Das Flosssche Konzept setzte hier auf Basismobilisierung. Mit projektierten 200.000 Unterschriften war dabei das grüne Ziel ohnehin nicht allzu hoch gesteckt worden. Es wurde in der Eintragungswoche 1991 schließlich mehr als klar verfehlt. Magere 127.000 Stimmen (2,25 Prozent) bedeuteten hier eine eindeutige politische Niederlage.[176] Franz Floss kommentierte dies so: "*Das Nichterreichen des angepeilten Zieles war durchaus 'hausgemacht'. Interne Streitereien, die Schwächen einzelner Landesorganisationen und das Nicht-Mittragen der Kampagne durch den grünen Parlamentsklub mit der Ausnahme von Johannes Voggenhuber drückten wesentlich auf den Schwung der Kampagne und auf das Endergebnis.*" Dabei wäre gerade diese EWR-Kampagne "*der Prototyp der so oft geforderten 'projektbezogenen Politik' gewesen*".[177] Von ebensowenig Erfolg war die Anti-EU-Kampagne der Partei zur Volksabstimmung über einen Beitritt Österreichs zur Europäischen Union im Juni 1994 gekennzeichnet.

Voggenhuber und Floss, die maßgeblichen Propagandisten eines harten Nein, mußten sich hier sowohl von Haiders rechtspopulistischem Anti-EU-Kurs abgrenzen als auch die Pro-Stimmung führender Mandatare innerhalb der Partei (Langthaler, Chorherr) abwehren.

Der ebenfalls wesentlich von Franz Floss konzipierten und geleiteten grünen Bundespräsidentschaftskandidatur 1992 blieb ein Debakel wie in der EWR-Kampagne erspart, wenngleich auch dieser Wahlkampf nicht frei von innerparteilicher Friktion ablief. Mit dem Zukunftsforscher Robert Jungk war es gelungen, ähnlich wie schon zur Wahl 1986 (Freda Meissner-Blau) eine in der ökologischen Bewegung herzeigbare Symbolfigur aufzustellen. Im Unterschied zur EWR-Kampagne wurde seine Kandidatur auch vom Grünen Klub unterstützt, wenngleich nicht allzu aktiv. Doch viel wesentlicher war, daß erneut die Kampagneunfähigkeit der grünen Partei massiv zum Vorschein kam. Wiederum waren die meisten Landesorganisationen außerstande, die Wahlbewegung aktiv mitzugestalten. Franz Floss mußte einbekennen: "*Die Kampagne wurde im großen und ganzen von nicht mehr als 10 bis 15 AktivistInnen österreichweit getragen.*"[178] War es angesichts dieser Verhältnisse nicht etwas vermessen, einer "*bewegungsorientierten Widerstandspartei*" das Wort zu reden? In der Öffentlichkeit wurde das Wahlergebnis - 5,8 Prozent für Robert Jungk[179] - immerhin als Achtungserfolg eingestuft, blieb für die Betreiber aber erneut weit hinter den eigenen Erwartungen zurück.[180]

Der grünalternative Traditionalismus sah sich nach fünfzehnjährigem Ringen immer noch mit der Mangelhaftigkeit seiner selbstgesetzten Prämissen konfrontiert. Einer "Widerstandspartei", der die Kampagnefähigkeit abging, einer "Bewegungspartei", deren Mobilisierung in Rückzugsgefechte mündete, fehlte doch wohl augenscheinlich das notwendige politische Substrat. Die politische Schlagkraft krankte dabei auch an der mangelnden Konsistenz der Positionen in der Gesamtpartei, die etwa den grünen Klub dazu verleitete, sich mit Obstruktion gegen politische Offensiven der Partei zur Wehr zu setzen. Peter Pilz trug mit seiner "Rahmenpartei" zusehends der Faktizität des Alltags Rechnung. Der nüchterne Pragmatiker Christoph Chorherr definierte als Ziel seiner Politik die Herstellung von Lebensqualitäten.[181] Floss und Voggenhuber wandten sich gegen eine solche Positionierung der Grünen und sahen deren Aufgabe vielmehr im Grundsätzlichen. Ganz ähnlich wie zuvor die Alternative Liste und die *Wiener* Linke wurden hier die Grünen zu den potentiellen politischen Krisengewinnern sich zuspitzender gesellschaftlicher Widersprüche ausgerufen. Ihre politische Praxis war darauf zugeschnitten, "*daß es hier zu Brüchen kommen muß, zu tiefen gesellschaftlichen Brüchen, und daß tiefe gesellschaftliche Brüche nur durch eine gewisse Unerbittlichkeit, durch eine Opposition, durch eine Verweigerung auch und durch ein Nein-Sagen möglich ist. Auch auf Kosten von Stimmenmaximierung.*"[182]

Das politische Konzept von Franz Floss und Johannes Voggenhuber lebte von der Hoffnung auf einen erneuten Aufschwung gesellschaftlicher Bewegungen. Mit ihrer Kampagneorientierung wollten die Repräsentanten der "Widerstandspartei" der Bewegung auf die Sprünge helfen. Die Relevanz der "Krisengewinnler" im grünen Projekt war aber keiner Affinität zu den gesellschaftlichen Stimmungs- und Bewußtseinslagen der grünen Wahlbewegung geschuldet, sondern hauptsächlich der innerorganisatorischen Verankerung in den Parteistrukturen. Umgekehrt lag jene der ökologischen Modernisierer nicht im politischen Überbau der Partei, sondern genoß den Vorzug, die Bewegungsgesetzlichkeit der kapitalistischen Produktivkraftentwicklung zu reflektieren. *"Seine Basis innerhalb der Partei ist seine prominente Rolle außerhalb der Partei"*,[183] urteilte Franz Floss vollkommen richtig über den Aktionsradius von Peter Pilz, des Aushängeschilds der Modernisierer in der Grünen Alternative.

Freilich sollte dieses äußere Plus gerade dadurch zu einem Minus werden. Im Zuge des Nationalratswahlkampfes 1994 entpuppte sich nämlich die zur Spitzenkandidatin gewählte Madeleine Petrovic als absolut medienkompatibel, noch dazu, ohne Pilz' Makel der linksradikalen Vergangenheit mit sich zu schleppen. Die Kräfte, die Peter Pilz so eingehend gefördert und beschworen hatte, gingen nun selbst über ihn hinweg. Ein nicht unbeträchtlicher Teil der Aktivistenschaft sah darin aber auch endlich eine Chance gekommen, ihm für diverse Demütigungen und Niederlagen eins auszuwischen, ihn als Bundessprecher, ja sogar aus dem Parteivorstand zu entfernen und seine Rolle in Politik und Medien zu minimieren. Schon im September 1993 war in der grünen Zeitung "Impuls" zu lesen: *"Peter Pilz, jahrelang von der Presse gehätschelte Hoffnung auf Professionalismus und Öffnung der Partei, ist seit dem Gleichenberger Bundeskongreß vor knapp einem Jahr auf dem absteigenden Ast. Die mit seiner Wahl verbundene Richtungsentscheidung nahm der Klubobmann im Wiener Rathaus nicht zum Anlaß für den immer wieder geforderten und angekündigten Schritt nach vorn. (....) Pilz gilt inzwischen bei vielen in der Partei hinter vorgehaltener Hand als Zauderer, der öffentlich mit tagespolitisch wechselnden Verbalattacken seine Unsicherheit über die Zukunft des 'Grünen Projekts' zu überdecken sucht."*[184] Pilz wurde somit auch zum Opfer seiner eigenen Vorgaben.

Der Wahlkampf 1994 war bisher der professionellste, aber auch der konventionellste der Partei.[185] Man übte sich einerseits in Zurückhaltung, um die Bürger nicht zu erschrecken, versuchte andererseits erfolgreich, das Erscheinungsbild den durchschnittlichen Wünschen der Politkonsumenten anzupassen. Dahingehend machte die nun abgemagerte, durchtrainierte und gestylte Kandidatin sicher ausgezeichnete Figur. Die Grünen gaben diesem Trend zur politischen Maskarade nicht nur nach, sondern übertrafen die anderen Parteien bei weitem. *"Chic, schlank und mit strahlendem Lächeln bestritt Madeleine Petrovic den Wahlkampf. Ihre jugendliche Dynamik ließ die Herren am 'Runden Tisch' blaß aussehen. Ihr brillantes Aussehen ließ Österreichs JournalistInnen in die Tastaturen hämmern"*,[186] schreibt etwa Alexandra

Grassl in der grünen Hauspostille. Vieles, was die Grünen bisher beargwöhnt hatten, wenngleich nicht fundamental, sondern bloß phänomenologisch, übernahmen sie nun völlig unkritisch. Doch diese Wende hatte sich in den letzten Jahren bereits angekündigt. Was im Zeitraffer vor den Nationalratswahlen 1994 ablief, war nur mehr der letzte Schliff des Erwachsenwerdens einer ganz normalen politischen Kraft, die sich ebenso wie alle anderen auf dem politischen Markt verkaufen will und - nehmen wir die obligaten Kriterien als Maßstab - sich auch verkaufen kann. Was endgültig überflüssig wurde, war das letzte renitente Aufbegehren gegen eben diese herkömmlichen Politikmuster. Freilich muß hier auch dazugesagt werden, daß die Grünen in keiner Phase ihres Entstehens und Bestehens je zu einer substantiellen Kritik der von ihnen vorerst moralisch abgewehrten Politikformen vorgedrungen sind. So ist auch der "neue" Kurs nicht als ein bewußter Richtungsschwenk zu bewerten, sondern bloß Folge eines langsamen Erodierens moralischer Alturteile. Die Partei verfügt über wenig innere Attraktivität. Ihre äußere hingegen schwankt mit der medialen Inszenierung ihrer Proponenten. Die Organisation wird sich unter diesen Bedingungen natürlich immer mehr zum bloßen Apparat verwandeln, ihren Charakter als Örtlichkeit lebendiger und relevanter Kommunikation noch mehr verlieren.

In der gegenwärtigen Politik minimieren sich die Inhalte der Differenzen. Die wahren Differenzen, die keine wirklichen mehr sind - eben weil, obwohl wahrnehmbar, sie nichts qualitativ Unterschiedliches bewirken -, inszenieren sich in Äußerlichkeiten. Politik wird immer reiner, klärt sich auf in der Normierung und Realisierung der sogenannten Sachzwänge, die freilich nichts anderes sind als Systemzwänge. Die relative Autonomie der Politik wird noch weiter relativiert. Der herausgehobene Charakter des Formprinzips Politik verlischt, sie ist immer weniger als gesellschaftliche Repulsion wahrnehmbar, ihre Kontraktionen werden schwächer. Vor diesem Hintergrund müssen formale Differenzen in Stil und Design, in Sakko und Bluse natürlich an Bedeutung gewinnen. Politiker sind kaum noch an ihren Ausführungen zu unterscheiden, dafür umso mehr an ihren Aufführungen. Nur führen sie sich nicht selbst auf, sondern werden aufgeführt. Die Medien sind Bühne, und Politiker haben zu tun, was ihnen vorgeschrieben und eingesagt wird.

Die Form frißt den Inhalt. Je mehr letzterer verfällt, desto mehr steigt erstere auf. Dort, wo der Inhalt kaum noch ein Problem darstellt, verlagert sich das Interesse auf die Form und die Formvollendung. Politisch wird nachvollzogen, was in der Ökonomie analog folgendes bedeutet: Die Verwertung ist blind gegenüber dem Gebrauchswert (Inhalt), sie dimensioniert sich nach dem Tauschwert (Form). Wahlen mutieren zu Modeschauen und Hungerkuren. Medientraining, Schminkkurse und Fitneßcenter verdrängen inhaltliche und strategische Überlegungen, oder gar noch besser: sind dieselben. Politik verkommt im ausgehenden bürgerlichen Zeitalter zu einem Supermarkt. Ähnlichste Sortimente prostituieren sich vor ihren Konsumenten. Verkleidung ist wichtiger als Inhalt, denn gut verpackt ist halb gewonnen. Menschen verschwinden hinter Masken. Was interessiert und zu interessieren hat, ist die reine Oberfläche.

Alles, was darunter ist, fadisiert. Und zu Recht, erkennt man die grundsätzlichen Differenzen als nichtig. Besonders augenfällig war diese Entwicklung bei den Grünen zu beobachten. Sie verlief wie immer im Zeitraffer. Unter den höhnenden Freundlichkeiten wurde sie jedenfalls abgefeiert. Kaum ein Kommentar, der uns nicht beiläufig erzählte von den tollen Kostümen der Spitzenkandidatin, den teuren Hemden des Wiener Klubobmanns oder den Schwierigkeiten der Tiroler Landesrätin mit den Stöckelschuhen.

Die immer stärker sich abzeichnende Vermarktwirtschaftlichung der Politik, ihr Entschlacken von weltanschaulichen Beigaben und Resten ist eines der auffälligsten Phänomene der Epoche. Und doch stellt sich die Frage, ob Politik sich damit entpolitisiert - so unser bisheriger Befund - oder ob Politik damit nicht vielmehr zu sich kommt - so die gewagtere These. Läßt ersterer von links bis rechts nur den Verfall der festen Wertvorstellungen beklagen, so ermöglicht letztere doch ganz andere Einsichten in die strukturellen Gemeinsamkeiten aller Politiken.[187] Marktwirtschaftliche Politik bedeutet Zwang zur Stimmenmaximierung, die nichts anderes als Stimmungsmaximierung sein kann. Es geht nicht um den kontinuierlichen Aspekt eines Produkts, sondern um den Verkauf zum richtigen Zeitpunkt. Politik wird gerade durch die Dimensionierung der Werbung und die daraus sich noch verstärkende Unterordnung des Inhalts unter die Form indiskret wie jede andere Ware. Wenn es der Fall ist, daß viele Menschen sich erst in den letzten Tagen, ja Stunden vor der Wahl oder gar in der Wahlzelle entscheiden, so sagt dies nur aus, daß das Wahlverhalten immer weniger von Überzeugung oder Bewußtsein getragen wird, sondern von Stimmungen. Wer versetzt den Wähler in die augenblicklich richtige Stimmung, wer kann ihm im richtigen Moment an? Darum geht es.

Die Handlungsbedürftigen sind so bloß Ausführungsbedienstete - denn wenn sie gegen bestimmte Stimmungen entscheiden, dann drückt sich das in den Stimmen aus. Und wenn die Stimmen nicht mehr stimmen, dann ist es um die Politiker meistens geschehen. Politik hat einen immanenten Hang zur Taktik, ihre Interessen sind geleitet von kurzfristig zu erreichenden Erfolgen. Die heutige Politik - und auch darin manifestieren sich ihre Grenzen - ist taktizistisch geprägt. Taktizismus meint, daß der Politik insgesamt langfristige Ziele und Überlegungen abhanden gekommen sind, sie sich immer ausschließlicher auf den Augenblick konzentriert. Sie bewältigt Situationen, nicht Problemlagen. Erfolg ist nur noch, was unmittelbar folgt. Die Strategie wird somit reduziert auf die Aneinanderreihung taktischer Schachzüge, sie folgt keiner bewußten Logik, ist horizontlos. Es ist in ihr und mit ihr kein spezifisches Ziel auszumachen, das sich in der Substanz von der heutigen Gesellschaft unterscheidet. Dort, wo es bloß um Wählerstimmenmaximierung geht, müssen Inhalte und Formen der Politik sich ebenfalls angleichen, ideologische Versatzstücke immer mehr in der Versenkung verschwinden. Die Wahlstrategie ist die Abschaffung der Strategie überhaupt, sie ist Taktik pur, die sich bloß von Stimmenfang zu Stimmenfang hantelt.

Wie wenig grüne Politik und kritische Theorie heute miteinander zu tun haben, verdeutlicht gerade Madeleine Petrovics Buch "Das Grüne Projekt".[188] Die Aneinanderreihung der dort gesichteten Probleme ist beliebig, richtet sich vornehmlich nach den parlamentarischen Arbeitsgebieten der grünen Klubobfrau, die Lösungsvorschläge sind äußerst obligat. Nirgendwo verläßt die Autorin die vorgegebenen bürgerlichen Tugenden und Bewertungen. Was gänzlich fehlt, ist jedwede ernsthafte Analyse der Entwicklungsprozesse, eine Charakterisierung des gesellschaftlichen Systems oder eine Definition der gebrauchten Begriffe. Theoretisch unreflektiert, bleiben die zentralen Kategorien "Ökologie" und "Ökologisierung" bloß Schlagwörter. Es scheint mehr um die Assoziation als um die Vorstellung zu gehen. Daß diese Ökologisierung unter marktwirtschaftlichen Kriterien - der Begriff Kapitalismus kommt übrigens im Buch nicht vor - zu erfolgen hat, ist bei den Grünen mittlerweile Konsens. Freilich müsse man vom obsoleten zum adäquaten marktwirtschaftlichen Denken,[189] von der freien zur ökologisch und sozial regulierten Marktwirtschaft voranschreiten.[190] Worunter dann vor allem die Verpreisung der Umwelt zu verstehen ist. Klar, ja unhinterfragt bleibt für Petrovic auch, daß die österreichische Wirtschaft wettbewerbsfähig sein muß,[191] was nichts anderes bedeutet, als daß es weiterhin Gewinner und Verlierer auf dem Weltmarkt zu geben hat. Alles wie gehabt.

Weil die Grünen als Späteinsteiger in die Politik gelten müssen, vollzieht sich an ihnen die Wandlung von den hehren Ansätzen zu den normierten Stehsätzen im Eilzugstempo. In wenigen Jahren haben sie nachgeholt oder nachgelernt, wozu etwa die Sozialdemokratie ganze hundert Jahre brauchte. Ob das nun auf besondere Aufnahmefähigkeit oder doch auf einen raschen Verschleiß der "neuen Politik" schließen läßt, sollte gar nicht strittig sein. Beides stimmt. Auffallend ist weiters, daß die Widerstandskräfte gegen die Standardisierung als staatstragende Partei des demokratischen Konsenses immer schwächer und flacher werden, wenngleich jede gesellschaftliche Frage spontanen internen Widerstand hervorruft. Alles Dagewesene reproduziert sich auch in der neuen Partei, nichts Politisches ist ihr fremd. Nicht fern sind die Zeiten, wo selbst Dokumente der Grünen von jenen der von ihnen ursprünglich so bezeichneten Altparteien (inzwischen wurde der Terminus fallengelassen und von Jörg Haider entwendet) nicht mehr zu unterscheiden sind. Unter solchen Gesichtspunkten erscheint die neue Kraft freilich selbst als relativ alt.

Die Nationalratswahlen im Oktober 1994 brachten den Grünen jedenfalls 7% und 13 Mandate. Wahlerfolge dieser Art lassen die letzte Kritik verstummen bzw. sie bloß noch als antiquiertes Geraunze am Wegrand erscheinen. Die Kolonne zieht ungerührt weiter, die Kritiker können folgen oder gehen. Über den Bad Vöslauer Kongreß schreibt ein interner Beobachter: *"'Professionalität' war eines der meistgehörten Worte. Bundesgeschäftsführer Peter Altendorfer teilte stolz mit, daß fast alle grünen Parteien in Europa die österreichischen Grünen ob ihrer Professionalität beneiden. Geschickt wurde auch die Botschaft vermittelt, daß die Professionalität jetzt endlich oben da ist, die Basis aber viel nachzuholen hätte. Das böse Wort von der 'Gummi-*

stiefelfraktion' machte die Runde. Die Botschaft: Auch die Basis soll moderner, gestylter und schicker werden. Dieter Schrage faßte diese Botschaft in Abwandlung einer kubanischen Losung zusammen: 'Schafft sieben, acht, 17 Madeleines'."[192] Was sich in der grünen Spitze zusehends weiter verfestigt hat, ja zu einer bestimmenden Größe interner Kommunikation geworden ist, ist die stets zunehmende Verächtlichkeit gegenüber der eigenen Aktivistenbasis, die immer mehr als bloßer Hemmschuh des Taktizismus erscheint und außer Verzögerungseffekten wenig zur anstehenden Entwicklung der Partei beiträgt. "*Welche Basis brauchen wir überhaupt noch?*"[193] fragt der grüne Wahlkampfmanager Franz Bittner nicht zu Unrecht. In einer postmodernen monetären Terminologie würde man die Aktivistenbasis wohl als einen nicht absetzbaren Negativposten bezeichnen. So ganz falsch ist dieses Bild nicht, vor allem, wenn man es vor dem Hintergrund der wahltaktischen Überlegungen der zentralen Gremien betrachtet. Nichtsdestotrotz führt solches Verhalten zur fortwährenden Demoralisierung vieler Mitglieder. Unverstandene Anpassung oder unangepaßte Isolation sind denn doch wenig anheimelnde Perspektiven.

Die Geschichte der Grünen Partei war der jahrelange Versuch, über die Prägung des politischen Charakters der grünalternativen Wahlparteien maßgeblich den gesellschaftlichen Charakter der Ökologiebewegung zu entwickeln. Die meiste Zeit über bewegte sich die politische Auseinandersetzung zwischen (links)alternativem Voluntarismus und realpolitischer Kapitulation vor den Gegebenheiten. Schon in diesen Entfaltungsvarianten der subjektiven Potentiale der Träger des grünen Projekts zeigte sich, daß hier gar kein Raum für fundierte "Gestaltungskompetenzen" des gesellschaftlichen Prozesses existierte. Die Grünen haben aus der Diskrepanz von realer Möglichkeit und "eigentlicher" Notwendigkeit den Kniefall vor dem Konsens der Demokraten gemacht - eine Haltung, die ihnen vermutlich einzig und allein den parlamentarischen Fortbestand garantiert und sie vor dem Rückfall zur ökologischen Sekte bewahrt. Vielleicht war aber selbst dies nur ein bloß nachholender ideologischer Reflex einer schon a priori herrschenden gesellschaftlichen Logik. Nichts anderes drückt jedenfalls Christoph Chorherr aus, wenn er zur aktuellen Entwicklung der grünen Partei konstatiert: "*Im Grunde hat es nie den notwendigen Klärungsprozeß gegeben: Wollen wir eine Partei sein, mit all den Phantasielosigkeiten, die da drinnen entstehen, oder sind wir so halb ein bißchen Bewegung, ein bißchen Partei? Da hat man sich intellektuell unredlich darüber hinweggeschwindelt, und der Pragmatismus klärt die Dinge jetzt.*"[194]

III. ABSCHNITT
PROGRAMMATIK UND STRATEGIEN

1. ÖKOLOGIE

"Die Natur ist, wie sie ist, und ihre Veränderungen sind deswegen nur Wiederholungen, ihre Bewegung nur ein Kreislauf."[1] Dieses Hegelsche Diktum stimmt, und wiederum auch nicht. Der Kreislauf kennt ebenfalls seine zeitlichen Beschränkungen, legen wir ihm Erdenzeitalter oder kosmische Dimensionen zugrunde. Daß der Kreislauf in uns sinnlich und wahrnehmungsmäßig unfaßbaren Horizonten sich als Spirale zeigt, muß als erwiesen gelten. Darüberhinaus stellt sich die Frage, ob Natur nicht auch lokal zu begrenzen ist, ob der Begriff über den Planeten Erde oder unser Sonnensystem hinaus unbefangen verwendet werden kann. Für uns mag aber hier genügen, daß der Kreislauf der Natur, der nicht als bloße Statik gesehen werden darf, ein Aus-sich-zu-sich-Bewegen, somit ein In-sich-Bewegen ist.

Natur ist a priori frei vom Denken. Dringt es in sie durch das Handeln ein, ist es um sie geschehen.[2] Sie besteht in sich und vergeht aus sich. Sie verläßt sich substantiell gleichbleibend. Sie kennt kein Ziel, das nicht auch Anfang ist. Erst durch das Denken kann der Mensch die natürlichen Potenzen (nicht die Natur an sich, aber die Natur für sich) lenken und eben für sich materialisieren. Durch sein Handeln hebt er sie in neuen Kombinationen auf, entfaltet ihre Möglichkeiten. Erst mit dem Menschen kommt die Natur, sich selbst verlassend, zu sich. Mensch und Natur verhalten sich wie Subjekt zu Objekt oder Objekt zu Objekt, aber niemals wie Objekt zu Subjekt. *"Vermöge der Ungleichheit im Begriff der Vermittlung fällt das Subjekt ganz anders ins Objekt als dieses in jenes. Objekt kann nur durch Subjekt gedacht werden, erhält sich aber diesem gegenüber immer als Anderes; Subjekt jedoch ist der eigenen Beschaffenheit nach vorweg auch Objekt. Vom Subjekt ist Objekt nicht einmal als Idee wegzudenken; aber vom Objekt Subjekt. Zum Sinn von Subjektivität rechnet es, auch Objekt zu sein; nicht ebenso zum Sinn von Objektivität, Subjekt zu sein."*[3] Vom Bewußtsein her ist das zweiseitige Verhältnis ein einseitiges. Was Anlaß gewesen war, daß der Mensch sich vom Tierreich und somit in und von der Natur besondern (nicht: absondern) konnte, ist bis heute ein Rätsel geblieben. Der Mensch ist das Wunder der Natur, aber auch das Wunder wider die Natur. Der Mensch wird vom Geschöpf der Evolution zu ihrem Schöpfer. Das ist die fruchtbare wie furchtbare Wirklichkeit der Menschwerdung. Es gibt kein Zurück. *"Die universal entwickelten Individuen, deren gesellschaftliche Verhältnisse als ihre eigenen, gemeinschaftlichen Beziehungen auch ihrer eignen gemeinschaftlichen Kontrolle unterworfen sind, sind kein Produkt der Natur, sondern der Geschichte."*[4]

"Künstlichkeit ist die Natur des Menschen",[5] schreibt Günther Anders. Die Kunst des Menschen besteht darin, Natur gegen Natur bewußt wirken zu lassen. Der erste Schritt der Verkünstlichung, d.h. der Schritt zur menschlichen Kultur, ist die bewußte Einwirkung seiner inneren Natur auf die äußere Natur. Jede Künstlichkeit besteht aus lauter Natürlichkeiten. Sie wirken nur anders aufeinander, als sie in der Natur wirken. Der Mensch kann nicht erschaffen, wozu ihm die Natur die Möglichkeiten verwehrt. Alles ist potentiell angelegt. So ist das menschliche Freimachen noch immer eine Gebundenheit an die Natur. Ohne sie wäre er nichts, mit ihr allein wäre er aber bloß ein Vieh. Natur wird also durch Naturkräfte aufgehoben. Nur der Mensch verfügt über innere Natur, die sich in ihrer Potenz von äußerer Natur unterscheidet. Tun und Denken in ihrer kombinierten Form des Handelns, der theoretisierten Praxis, sind nur ihm spezifisch. Die menschliche Kultur ist somit das spezifische Ensemble von innerer und äußerer Natur. *"Daß der Zweck sich unmittelbar auf ein Objekt bezieht und dasselbe zum Mittel macht, wie auch daß er durch dieses ein anderes bestimmt, kann als Gewalt betrachtet werden, insofern der Zweck als von ganz anderer Natur erscheint als das Objekt und die beiden Objekte ebenso gegeneinander selbständige Totalitäten sind. Daß der Zweck sich aber in die mittelbare Beziehung mit dem Objekt setzt und zwischen sich und dasselbe ein anderes Objekt einschiebt, kann als die List der Vernunft angesehen werden."*[6] Nur diese erlaubt Entwicklung, Fortschritt, aber auch Regression, die sich vom Kreislauf der Natur unterscheidet. *"An seinen Werkzeugen besitzt der Mensch die Macht über die äußerliche Natur, wenn er auch nach seinen Zwecken ihr vielmehr unterworfen ist."*[7] Wenn innere und äußere Natur in Form von Subjekt und Objekt konfrontiert werden, verliert Natur ihre Dominanz, zumindest ihre allgegenwärtige. Sie wird zurückgedrängt, auch wenn sie sich langfristig durchzusetzen versteht (z.B. durch den Tod der Individuen). Ziel der Menschheit ist unfraglich ihre Unsterblichkeit, etwas, das einen Beginn hatte, soll kein Ende finden. Nichts anderes konnte Hegel meinen, als er schrieb: *"Dies taumelnde Leben aber muß sich zum **Fürsichsein** bestimmen und seinen verschwindenden Gestalten Bestehen geben."*[8]

Der Mensch ist sein eigener Schöpfer. Er ist die einzige selbstbewußte und qualitative Erweiterung der Natur auf diesem Planeten. Insofern sind wir hier optimistischer als etwa Max Horkheimer und Theodor W. Adorno, die behaupten: *"Jeder Versuch, den Naturzwang zu brechen, indem Natur gebrochen wird, gerät nur umso tiefer in den Naturzwang hinein."*[9] Die These, so richtig sie vor allem anhand der neuesten ökologischen Bedrohungen erscheint, kann in dieser apodiktischen Form nicht unterstützt werden. Einen Automatismus, der auf jede Befreiung vom Naturzwang einen neuen, ja gar noch tieferen Naturzwang folgen läßt, können wir nicht ausnehmen. Der Eingriff in die Natur, korrekter eigentlich: die Kultur, kann a priori weder positiv noch negativ charakterisiert werden. Er kann sowohl konstruktiv als auch destruktiv sein, menschliches Leben erleichtern wie zerstören und ebenso beides gleichzeitig und hintereinander. Mensch sein heißt eingreifen. Wenn der Fall nun sich anders gestaltet oder eintritt, als es uns gefällig ist, sprechen wir von einem Unfall. Er kann als ungewollte Situationsauflösung angesehen werden. Der Unfall ist die sichtbare negative Folge menschlichen Handelns. Er ist die Kehrseite jeder Bewegung und Bearbeitung. Sein Inkaufnehmen nennt man Risiko, sein Bedrohliches Gefahr. Die Ökologiebewegung hat in ihrer objektiven Ausrichtung bisher deutlich gemacht, daß die Überschreitung dieser natürlichen und/oder gesellschaftlichen Grenzen unumkehrbare Folgen verursachen kann. Der menschliche Eingriff trägt emanzipatorische wie antiemanzipatorische Züge. Die Aufgabe der Menschen besteht also in der Auslotung der Grenzen. Geschichte bleibt die menschliche Versuchung der und wider die Natur. Sie meint Menschheitsgeschichte, nicht Naturgeschichte.[10] Es ist nicht die Natur, die uns zwingt, den Menschen besonders zu beachten und zu beschützen, sondern die Kultur. Unsere Sorge und unsere Sorgfalt gilt primär der menschlichen Kultur in ihrer zeitlichen Dimension, dem Besonderen, nicht der menschlichen Natur, dem Allgemeinen. Der zentrale Faktor der Geschichte ist der Mensch. Geschichte ist anthropozentrisch. Geschichte kennt Subjekte, Natur kennt nur Objekte. Der Mensch hat Möglichkeiten, während die Natur ihren Notwendigkeiten gehorcht.

Mensch sein heißt Natur bearbeiten, sich eben nicht bedingungslos ihrem Kreislauf anzupassen und auszuliefern. *"Sie selbst fangen an, sich von den Tieren zu unterscheiden, sobald sie anfangen, ihre Lebensmittel zu produzieren, ein Schritt, der durch ihre körperliche Organisation bedingt ist. Indem die Menschen ihre Lebensmittel produzieren, produzieren sie indirekt ihr materielles Leben selbst."*[11] *"Der wesentliche Unterschied der menschlichen von der tierischen Gesellschaft ist der, daß die Tiere höchstens sammeln, während die Menschen produzieren. Dieser einzige, aber kapitale Unterschied allein macht es unmöglich, Gesetze der tierischen Gesellschaften ohne weiteres auf menschliche zu übertragen."*[12] Der menschliche Weltbezug ist kein organischer, wie er für das Tierreich charakteristisch ist, sondern bestimmt vom "sozialen" Tun und Lassen, das eben spezifische Auswirkungen auf die Existenzbedingungen in ökologischen "Kreisläufen" bzw. auf das ökologische Gefüge zeitigt. Ungleich einer Bakterienkultur, die auf von ihr befallene (An)Organismen qua Organismus wirkt, ist menschliches Tun und Lassen nicht primär aus seiner organischen Komponente begreifbar. Es zeigt sich, daß der Mensch prinzipiell ein Wesen zweier Welten ist und damit zwei "Naturen" in sich birgt. In seiner ersten Natur unterscheidet er sich nicht von anderem Leben auf dem Globus, seine biologische Determination und seine evolutionäre Entwicklung bestimmen ihn als spezifische Lebensform unter vielen anderen. Seine zweite Natur hingegen weist ihn als geistiges, denkendes Wesen aus, eine Besonderheit, die unter allem Seienden auf dem Erdball nur dem Menschen zukommt und ihn allein zu Kultur befähigt und dazu, Subjekt zu sein. Die zweite und spezifische Natur des Menschen ist die Kultur. Der Mensch ist ein Naturwerk, das sich im Prozeß seiner Menschwerdung zum Kunstwerk erhebt. Nur der Mensch kennt den bewußten Eingriff. Er ist die selbstbewußte

Negation und Erweiterung, kurzum Aufhebung der Natur in einem Höheren. Die Natur ist das Grundlegende, die Kultur das Höhere. *Kultur* ist die Rekombination von Natur aus ihr, aber außer ihrer selbst. Kultur nimmt die Möglichkeiten der Natur wahr, nicht bloß ihre unmittelbaren Wirkungen. Sie entfaltet die Natur über diese selbst hinaus. Kultur ist die Synthese, die auf die Antithese der Bearbeitung der Natur folgt. Je höher die Kultur, desto mehr sind diese Rekombinationen nicht mehr Rekombinationen erster Ordnung, sondern Rekombinationen n-ter Ordnung. Kultur ist Aufhebung von innerer und äußerer Natur. Und dieses *"**Aufheben** stellt seine wahrhafte gedoppelte Bedeutung dar, welche wir an dem Negativen gesehen haben; es ist ein **Negieren** und ein **Aufbewahren** zugleich."*[13] Je mehr Kultur, desto weniger Natur. Und doch bleibt die Natur die ewige Bedingung menschlicher Existenz, ist keine Kultur ohne Natur zu denken. Umgekehrt ist freilich (aber aus anderen Gründen) auch keine Natur ohne Kultur zu denken, da Denken eine Kategorie der Kultur ist. Natur kann ohne Kultur sein, aber nicht ohne Kultur denkbar sein.

Mit zunehmender menschlicher Kompetenz, erworben zuerst im Heraustreten aus der Natur (Menschwerdung), dann im geschichtlichen Fortschreiten von ihr (Vergesellschaftung), hat sich das Verhältnis der Bedrohung in mancherlei Hinsicht umgekehrt. Bedrohungen und Gefährdungen durch die Natur sind mit der menschlichen Erhebung über sie in den Hintergrund getreten. Dennoch sind sie immer gegenwärtig, werden allerdings vom zivilisierten menschlichen Bewußtsein weniger reflektiert. Ein Grund dafür ist eben jener, daß die menschlichen Kompetenzen und Potenzen mittlerweile so stark geworden sind, daß nunmehr Antworten auf derartige Bedrohungen möglich sind, die nicht — wie die längste Zeit in der Geschichte — nur reaktiv sein müssen. Ja, nicht nur solche Antworten kann der heutige Mensch geben, er kann der Kultur — und damit der Natur — auch Aufgaben stellen, deren Beantwortung in seinem Sinne ausfallen. *"Die Zivilisation bringt die Mittel hervor, die Natur von ihrer eigenen Brutalität, ihrer eigenen Unzulänglichkeit, ihrer eigenen Blindheit zu befreien — vermöge der erkennenden und verändernden Macht der Vernunft."*[14] Die gesellschaftliche Aneignung der äußeren Natur sichert zuallererst die Existenz der menschlichen Spezies, wie auch Günther Anders ausführt, *"weil die Natur nicht (wie gewisse Anarchisten geglaubt hatten) ausreicht, um eine auch nur minimal funktionierende Gesellschaft, nein: auch nur das Überleben der Menschen sicherzustellen."*[15] Und sie verleiht dieser Existenz eine besondere Form, die sie von anderem Leben auf diesem Erdball grundlegend unterscheidet. Nur der Mensch verweist durch seine zweite, kulturelle Natur die erste in ihre Schranken. Das ist der anfängliche Inhalt menschlicher Emanzipation, oder, wie es ein Hegelsches Diktum formuliert: *"Natur ist der erste Standpunkt, aus dem der Mensch eine Freiheit in sich gewinnen kann."*[16]

Menschliche (Re)Produktion ist ein fortschreitender Prozeß der Naturaneignung und der Zurückdrängung für ihn destruktiver Naturpotentiale. Von dieser Warte aus betrachtet, wird eine ökologische Kritik, die auf der Unversehrtheit bzw. auf wie auch immer gearteten Eigenrechten der Natur insistiert, letztendlich inhuman. Konservativ jedenfalls wird ein Denken dann, wenn eine Beschreibung und Qualifizierung der menschlichen Natur nicht von ihrer spezifischen Anlage zur sozialen Entwicklung her versucht wird, sondern über deren Restriktion. Eine emanzipatorische Definition der Menschheit muß bei ihren Spezifika und besonderen Vermögen ansetzen, sprich bei ihren kulturellen Fähigkeiten, Natur zu transzendieren, nicht aber bei dem, was diese Spezies mit den anderen Organismen dieses Globus gemein hat — bloße Form organischer Existenz zu sein. "*Leben ist die Daseinsweise der Eiweißkörper*",[17] bemerkte einst trocken Friedrich Engels, ob aggregiert als Wühlmaus oder Mensch, ist aus dieser natürlichen Sicht völlig ohne Belang. Für die Menschen aber gilt: "*Niemals sind wir 'natürlich'. Vielmehr gehen wir immer schon als Bearbeitete in unsere Aktivitäten ein, gleich, worin diese bestehen: ob in Produzieren, Verwenden, Genießen, Fließbandarbeit, schriftstellerischer Tätigkeit, Musikhören. Und diese sind durchweg 'unnatürlich'.*"[18] Schon allein von daher verbietet sich jedwede natürliche Schablone zur Festlegung menschlicher Natur. Und letztendlich wären Folgerungen aus einem wie auch immer behaupteten Primat der Natur gar nicht exekutierbar, ohne den Menschen selbst und insgesamt aus dieser Welt zu schaffen. Und auch hier lieferte in geschichtlicher Dimension realistischerweise nur die Kultur das Mittel dazu — die Potenz zum technischen und atomaren Overkill.

"*Die Bestimmung des Menschen ist die denkende Vernunft*", schreibt Hegel: "*Denken überhaupt ist eine sehr einfache Bestimmtheit, er ist durch dieselbe von dem Tiere unterschieden; er ist Denken an sich, insofern dasselbe auch von seinem Sein-für-Anderes, seiner eigenen Natürlichkeit und Sinnlichkeit, wodurch er unmittelbar mit Anderem zusammenhängt, unterschieden ist. Aber das Denken ist auch an ihm; der Mensch selbst ist Denken, er ist da als denkend, es ist seine Existenz und Wirklichkeit; und ferner, indem es in seinem Dasein und sein Dasein im Denken ist, ist es konkret, ist mit Inhalt und Erfüllung zu nehmen, es ist denkende Vernunft, und so ist es Bestimmung des Menschen.*"[19] Die Qualität des Menschen ist das Denken, aber dieses Denken kann letztlich nur vermittelt über den Willen im Handeln, dem denkenden Tun, zu sich kommen, real werden. "*Der Unterschied zwischen Denken und Willen ist nur der zwischen dem theoretischen und praktischen Verhalten, aber es sind nicht etwa zwei Vermögen, sondern der Wille ist eine besondere Weise des Denkens: das Denken als sich übersetzend ins Dasein, als Trieb, sich Dasein zu geben.*"[20] Das spezifische Charakteristikum des Menschen ist diese dialektische Einheit von Geist und Tat, Denken und Handeln. Das Denken kann sich nur erfüllen im Handeln, das Handeln nur geleitet werden vom Denken. Reflektiertes Tun oder tätige Reflexion zeichnen den Menschen vor dem Tier aus. Gegen ihn ist das Tier ein Nichts, Natur pur.

Wichtig ist es hierbei auch, sich die von Hegel angeführte Unterscheidung von Beschaffenheit und Bestimmung klar vor Augen zu halten: "*Bestimmung und Beschaffenheit sind so voneinander unterschieden, Etwas in seiner Bestimmung nach gleichgültig gegen seine Beschaffenheit."*[21] Von der anatomischen Beschaffenheit her ist etwa die Differenz zwischen Mensch und Schwein völlig unbedeutend, ja nichtig. Wenn man genau schaut, wird man wenig essentielle Unterschiede erkennen. Es ist so ziemlich alles an dem Schwein, was auch an dem Menschen ist. Und doch liegen Welten zwischen ihnen. Der fundamentale Unterschied ist aber nicht in der Beschaffenheit zu suchen, sondern alleine in der Bestimmung. Denken und Handeln machen aus den organisch nah Verwandten gesellschaftlich Unverwandte. Für den Menschen gilt: *"Aber die Bestimmung geht für sich selbst in Beschaffenheit und diese in jene über."*[22] Die Beschaffenheit ist eine Voraussetzung seiner Bestimmung, aus der Beschaffenheit ist aber keine Bestimmung ableitbar.

Die ideologischen Wurzeln dieser von uns vorgetragenen und geteilten anthropozentrischen Betrachtungsweise liegen in der jüdisch-christlichen Tradition. Es steht geschrieben: *"Dann sprach Gott: Laßt uns Menschen machen als unser Abbild, uns ähnlich. Sie sollen herrschen über die Fische des Meeres, über die Vögel des Himmels, über das Vieh, über die ganze Erde und über alle Kriechtiere auf dem Land. Gott schuf also den Menschen als sein Abbild; als Abbild Gottes schuf er ihn. Als Mann und Frau schuf er sie. Gott segnete sie, und Gott sprach zu ihnen: Seid fruchtbar, und vermehrt euch, bevölkert die Erde, unterwerft sie euch, und herrscht über die Fische des Meeres, über die Vögel des Himmels und über alle Tiere, die sich auf dem Land regen. Dann sprach Gott: Hiermit übergebe ich euch alle Pflanzen auf der ganzen Erde, die Samen tragen, und alle Bäume mit samenhaltigen Früchten. Euch sollen sie zur Nahrung dienen."*[23] Weiters steht geschrieben: *"Dann segnete Gott Noach und seine Söhne und sprach zu ihnen: Seid fruchtbar, vermehrt euch, und bevölkert die Erde! Furcht und Schrecken vor euch soll sich auf alle Tiere der Erde legen, auf alle Vögel des Himmels, auf alles, was sich auf der Erde regt, und auf alle Fische des Meeres; euch sind sie übergeben. Alles Lebendige, das sich regt, soll euch zur Nahrung dienen. Alles übergebe ich euch wie die grünen Pflanzen."*[24] *"Und Gott sprach: Das ist das Zeichen des Bundes, den ich stifte zwischen mir und euch und den lebendigen Wesen bei euch für alle kommenden Generationen."*[25] Eine deutliche Sprache wird hier gesprochen. Das "Macht Euch die Erde untertan!" darf freilich nur als bewußter Reflex, nicht als neues Programm verstanden werden. Im Alten Testament ist bloß ideologisch nachvollzogen, was sich den Menschen in ihrem Leben täglich ereignete und erfüllte. Diese Sätze sind Rechtfertigung, nicht Aufforderung, sie gießen selbstverständliche Praxis in verständliche Ideologie. Gott ermächtigt in ihnen das Volk dazu, was es ohnehin tut.

Natur ist ursprünglich jene Sphäre, aus der die fortschreitende Vergesellschaftung den Menschen heraushebt. Der Begriff von Natur ist für den Menschen nur unter Bezugnahme auf seine Kultur von Sinn, mit der er gemeinsam die Totalität der Welt begründet. Aus einer anderen als der menschlichen Warte ist Natur gar nicht greifbar. *"Die Natur, die wir kennen, hat zum Unterscheidungsmerkmal den Menschen: sie ist seine Natur."*[26] Die Forderung nach Naturerhaltung ist daher eine vollkommen einseitige Absurdität. Der Mensch kann mit Natur gar nicht anders als aneignend verfahren. Das Problem ist keines der Ontologie, wie es der bürgerliche Kulturpessimismus letztendlich postuliert, sondern eine Frage der gesellschaftlichen Formbestimmtheit des menschlichen Umgangs mit ihr. "*Alle Produktion ist Aneignung der Natur von seiten des Individuums innerhalb und vermittelst einer bestimmten Gesellschaftsform.*"[27] Nur von einem eschatologischen Standpunkt aus, der die bürgerliche Gesellschaftsform als Endpunkt wähnt, kann sich die Fragestellung nach der Destruktivität technischer Naturbeherrschung zum Angelpunkt einer Zivilisationskritik emporschwingen. Doch der Grundwiderspruch wäre eben nicht als einer von Stoff und Stoff (Ontologie), sondern von Stoff und Form (negative Wert-Vergesellschaftung) zu fassen. Die ontologische Zivilisationskritik operiert mit einem bloßen Vorzeichenwechsel in der Naturbetrachtung. Was ehedem übel beleumundet war und wegen seiner immanenten Bedrohungspotentiale für den Menschen zurückzudrängen war, wird heute affirmiert. Die Differenzen erschöpfen sich in der Datierung des Sündenfalls — ob er nun prä-adamitisch sei oder vielleicht doch erst mit der Aufgabe der Subsistenzproduktion die Welt verdunkelt habe. Gregory Bateson schreibt etwa allen Ernstes: "*Es scheint, als sei das System Mensch-Umwelt seit der Einführung von Metallen, des Rades und der Schrift wirklich immer unstabiler geworden.*"[28]

Wo immer wir auf das Naturproblem stoßen, es ist ein menschliches, gesellschaftliches. Die bürgerliche Zivilisationskritik hingegen scheut davor zurück, die sie sprengenden Konsequenzen zu ziehen. Die Crux solcher Auffassung ist nichts anderes als ein pessimistisch gewendeter bürgerlicher Subjektivismus, der zwar die subjektive Erhebung des Menschen über die Natur im Hinblick auf die Schöpfung allenthalben als Anmaßung denunziert (wo doch anstelle seiner Herrschaftsgelüste eine "Renaturalisierung" angebracht wäre), aber den gesellschaftlichen Menschen allemal als Subjekt — als Herrn seiner Geschichte — begreift. Die Fixierung auf eine derart ontologisierende Subjekt-Objekt-Dichotomie verbaut dem bürgerlichen Denken nachgerade eine Kritik der Formbestimmtheit des menschlichen Naturumgangs. Dabei ist es jener Ideologie eigen, nur die sozialen Verfallserscheinungen ins Ontologische zu wenden,[29] wohingegen umgekehrt für die zivilisatorischen Errungenschaften gerade eine von den borniert menschlichen Daseinsgrundlagen fortschreitende technische Rationalität als Offenbarung menschlichen Geistes gefeiert wird. Jener Subjektapriorismus ignoriert stillschweigend, daß der Mensch "Bürger" zweier Welten ist. Konfrontiert mit den Destruktiva menschlichen Verhaltens wider die Natur, wird ihm eben jener tatsächliche Subjektstatus, den der Mensch gegenüber der Natur einnimmt, zum Vorwurf gemacht, welcher aber doch wieder im Zusammenhang zivilisatorischer Errungenschaften affirmiert wird. Das Subjekt mit all seinem konkreten Vorzeichenwechsel zwischen negativer Destruktion und positiver Emanzipation gerät zum Angelpunkt des bürgerlichen Denkens und markiert den bürgerlichen Ausweg: Der ontologische Subjektapriorismus erlaubt es, die Formbestimmtheit gesellschaftlicher Naturaneignung zu ignorieren. "*Das bürgerli-*

che Subjekt durchschaut seinen eigenen Konstitutionszusammenhang nicht und fühlt sich ihm gegenüber souverän — wo ein Wille da auch ein Weg. Es kommt daher auch nicht auf den Gedanken, daß es jener Zusammenhang ist, der ihm die Gesetze des Handelns aufherrscht."[30]

Das bürgerliche Subjektdenken verwechselt systematisch das Agens mit dem Konstituens. Nur wenn man sich vom aprioristischen Subjektdenken verabschiedet, kann der Konstitutionszusammenhang und somit die gesellschaftliche Formbestimmtheit menschlicher Betätigung ins Zentrum des Blickfelds gelangen. Nicht mehr würde der Mensch a priori als Herr seines Geschickes unterstellt, sondern der Herr — jetzt ganz ohne Mythos — seinem Geschicke. Nichts anderes meint das Diktum von Verdinglichung, das an der spezifisch gewordenen gesellschaftlichen Konstitution des Subjektes als eben abstrakt-inhaltsleerem Ausgangspunkt sozialer Subjektwerdung anknüpft. Wie eben der abstrakte Wert im Zusammenhang der Ware-Geld-Vergesellschaftung das automatische Subjekt dieser Gesellschaft ist,[31] so drückt er seinen abstrakten Prägestempel auch der menschlichen "Subjektivität" — als eben *"Ware-Geld-Subjektivität"*[32]— auf. Wo sich eine Ontologisierung der Subjektivität verbietet, dort selbstverständlich auch jene des Prädikats, sprich konkret der menschlichen Arbeit. Als Formkategorie abstrakter Wert-Realisierung ist sie ebenfalls nicht als bloßes Attribut eines ontologischen Subjekt-Apriorismus zu bestimmen, sondern analog in ihrer Gleichgültigkeit gegenüber jeglichem stofflichen Inhalt der ihr ausgesetzten Betätigung zu fassen.[33] Unter solchem Aspekt ließe sich auch das Rätsel produktiv-destruktiver menschlicher Dichotomie ohne Zuflucht zur Ontologie auflösen. Wir schließen uns hier Robert Kurz an, der feststellt: *"Das ist die Verrücktheit des Kapitalfetischs: menschliche Produktion und Konsumtion, die sinnliche Aneignung der Natur, sind gar nicht mehr zwecksetzend, sondern bloßes Zubehör oder Erscheinungsform der fetischistischen Abstraktion"*[34] der determinierenden Ware-Geld-Vergesellschaftung geworden, in der das Geld nicht mehr als Erscheinungsform der konkreten Arbeit auftritt, sondern umgekehrt.

Als gänzlich absurd sind auch Versuche zu bewerten, der Natur gleich einer juristischen Person Rechte zu geben. Diese vor allem aus den USA kommenden Vorschläge finden auch hierzulande durchaus Beachtung. Christopher D. Stone, Rechtswissenschafter an der University of Southern California, schreibt allen Ernstes: *"Es ist weder unausweichlich, noch ist es ein Ausdruck von Weisheit, daß Naturobjekte nicht das Recht haben, im eigenen Namen Regreß einzufordern. Die Aussage, Bäche und Wälder könnten keine Klagebefugnis innehaben, weil sie nicht sprechen können, kann als Antwort nicht befriedigen. Die sogenannten juristischen Personen (corporations) können ebenfalls nicht sprechen, noch können es Staaten, Vermögensgesamtheiten, Kleinkinder, Nichtgeschäftsfähige, Gemeindeverwaltungen oder Universitäten. Für sie sprechen Rechtsvertreter, wie sie dies auch üblicherweise für den Normalbürger tun, der juristische Probleme hat."*[35] Natur wird hier subjektiviert. Wird Natur zum Subjekt stilisiert, ist aber die Subjektsubstituierung unausweichlich. Diesem Einwand wird von den Vertretern der hier vorgestellten Theorie damit begegnet, daß ja auch für die Menschen Advokaten sprechen können und müssen. Der Unterschied liegt freilich darin, daß hier die Spezies Mensch, ob als Individuum oder als Kollektiv, von der Spezies Mensch vertreten wird, dort aber Dinge und Sachen substituiert werden.

Grundlage dieser Rechtstheorie ist freilich, daß Mensch und Natur weiterhin dualistisch, nicht dialektisch gesehen werden. Der geforderte Paradigmenwechsel ist so nur ein scheinbarer, ein bloßer Seitenwechsel. Nach der Herrschaft über die Natur ist Unterordnung unter die Natur angesagt. Also Aufrechterhaltung der Herrschaft durch Umkehrung. Freilich ist diese Umkehrung eine faktische Unmöglichkeit, da Herrschaft ein Subjekt voraussetzt, somit außerhalb der Menschen nicht über ihn veranstaltet werden kann. Wie sehr dieses Denken den marktwirtschaftlichen Kategorien verbunden ist, zeigt folgende Stelle: *"Warum soll die Umwelt eigentlich nur mittelbar von Bedeutung sein, und zwar lediglich über die Einbußen an Profit, die ein anderer erleidet? Warum wird nicht der Preis eingebracht, den die Umwelt zahlt?"* [36] Nur, welchen zahlt sie? – Die Natur gibt, oder der Natur wird genommen, aber sie verkauft nichts. Die Kategorien der kapitalistischen Ökonomie erscheinen in diesen Szenarien allgegenwärtig, nichts wird ohne sie gedacht, sie sind Bedingung dieses Denkens. Die Universalisierung bürgerlicher Rechtsbegriffe führt diese Rechtsfetischisten schließlich zur Nivellierung stofflicher Existenzen schlechthin – seien es Menschen, Tiere, Flüsse, Pflanzen, Steine etc. *"Das Krepieren der Fische im Rhein ist für sich genommen also rechtlich ohne Belang. Schadensersatzansprüche und Produktionsverbote erwachsen erst aus der Tatsache, daß die Nutzbarkeit des Rheins beeinträchtigt ist."* [37] Nur, wie sollte es sonst über die Bühne gehen? Was tun? – Die noch lebenden Angehörigen der Fische mit Geldscheinen füttern kann doch kaum gemeint sein. Der Schaden kann der Natur oder der Umwelt jedenfalls nicht direkt ersetzt werden.

Recht ist eine menschliche, somit eine kulturelle Kategorie dahingehend, daß es bei ihr um kommunizierbare Vertragsabschlüsse, Sanktionsrealisierungen, Schuldzuweisungen etc. handelt. Es ist immer von Menschen für Menschen. Es ist klar, schreibt Niklas Luhmann, *"daß das Recht nur als ein soziales Regulativ entwickelt werden kann."* [38] Und weiter: *"Wir sind weit davon entfernt, 'der Umwelt' Rechte gegen die Gesellschaft zuzuerkennen, Bäume für rechtsfähig zu halten oder das Dioxin durch ordnungsgemäße Verbrennung für seine Giftigkeit zu bestrafen."* [39] Beteiligte Objekte realisieren sich für oder gegen das Subjekt Mensch, aber immer bloß über das Subjekt. Um es ein drittes Mal hervorzuheben: Objekt und Subjekt können nur als Objekt, niemals als Subjekt gleich sein. Auch ein Recht für die Umwelt kann kein Recht der Umwelt sein, sondern bloß ein Recht (respektive eine Pflicht) für Menschen.

Wie verhalten sich nun aber Natur und Ökologie zueinander? Ursprünglich galt Ökologie als Teildisziplin der Biologie. Ihr Begründer Ernst Haeckel definierte sie Mitte des 19. Jahrhunderts folgendermaßen: "*Unter Oecologie verstehen wir die gesamte Wissenschaft von den Beziehungen des Organismus zur umgebenden Außenwelt, wohin wir im weiteren Sinne alle 'Existenz-Bedingungen' rechnen können.*"[40] Seitdem hat das Verständnis von Ökologie einen ebenso rasanten wie vielfältigen Bedeutungswandel durchlaufen, was wohl als Indiz für die funktionelle und instrumentelle Auffassung von Ökologie gelten kann. Der heute vorherrschende Ökologiebegriff schwappte gegen Ende der sechziger Jahre aus dem angloamerikanischen Raum auf den europäischen Kontinent über. Seine empiristisch-positivistische Prägung wurde entsprechend dieser jenseits des Atlantiks stark entwickelten Tradition übernommen. Bis dahin waren die Wendungen, die "die Ökologie" mitmachte, allesamt innerhalb des Rahmens biologisch-naturwissenschaftlicher Disziplinen verblieben, auch wenn sich die unterschiedlichen methodischen Auffassungen selbstredend nicht von politischen und ideologischen Standpunkten fernhalten konnten.[41] Der endgültige Bruch mit der Immanenz ihrer rein naturwissenschaftlichen Orientierung kam in den sechziger Jahren. Die Propagierung einer "Humanökologie" brachte nicht nur die Integration des menschlichen Individuums in die Erforschung und Beschreibung sogenannter ökologischer Kreisläufe, sondern verstand darunter gerade auch eine fortschreitende Anwendung naturwissenschaftlicher Methoden auf soziale und gesellschaftliche Sphären. Damit gewann die ohnehin seit jeher meist manifeste, mindestens aber latente sozio-biologistische Ausformung der Disziplin erneut an Boden. Im Namen der Natur wurden nun "dem Menschen" oder der menschlichen Spezies irreversible Eingriffe in die ökologischen Kreisläufe angekreidet. Je nach Konjunktur standen dabei im Vordergrund: Überbevölkerung, Rohstoffvergeudung, Großtechnologie, Verfall der Zivilisation etc. Erster Themenschwerpunkt dieser Sorte Ökologie war in den sechziger Jahren die Frage der Überbevölkerung vornehmlich in der Dritten Welt. Die entsprechenden Expertisen gipfelten in Forderungen nach notfalls erzwungener politischer Eindämmung des Bevölkerungswachstums durch Maßnahmen zur Geburtenkontrolle in der Dritten Welt.[42] Auf dem europäischen Kontinent wurde diese "Geburtenkontrolls-Ökologie" zur frühen Domäne der ökologischen Rechten, ihr imperialistischer Gehalt machte den neuen sozialen Bewegungen eine Rezeption und damit eine davon ausgehende Entwicklung zur Ökologiebewegung zunächst unmöglich. Dieser Schritt wurde erst im Zuge einer mit der Anti-AKW-Bewegung emporkommenden Kritik der Produktivkraftentwicklung, welche der Technologie als solcher einen immanenten Herrschaftscharakter unterstellte, nachgeholt.

Aber auch nicht die daraus resultierende "Small is beautiful"-Ideologie verhalf dem ökologischen Denken zu größerer gesellschaftlicher Relevanz. Dies vermochte erst der sogenannte "Öl-Schock" 1973/74, der die natürliche Begrenztheit der Ressourcen erstmals breiten Massen praktisch vor Augen führte (auch wenn die damalige

Ölverknappung paradoxerweise eine "künstlich" herbeigeführte war). Eine 1972 vom "Club of Rome" herausgegebene Studie des amerikanischen MIT-Institutes,[43] "Die Grenzen des Wachstums", kann als Zäsur gelten. Die hier betriebene Verquickung von Computersimulation und Prophetie der Apokalypse verkündete eine alsbaldige Erschöpfung der für die westlichen Industriestaaten lebenswichtigen Energie- bzw. Rohstoffquellen und kulminierte in der Forderung nach wirtschaftlichem Nullwachstum.[44] Nach der MIT-Studie tat sich ein erfolgsträchtiger Markt für ökologische Katastrophenwarnung auf, der im deutschen Sprachraum zunächst von Politikern und Autoren wie Herbert Gruhl, Wolfgang Harich oder Erhard Eppler wahrgenommen wurde.[45] Im Zuge der hier nur kurz skizzierten Tendenzen wurde die Ökologie zur neuen "Leitwissenschaft" ausgerufen und damit zur politisch-normativen Disziplin erhoben, während ihre Methoden nach wie vor zwischen empirischer Analyse und naturwissenschaftlicher Deskription beheimatet waren.

Dieses Verständnis von Ökologie hat bislang zum Befund, daß die ökologische Krise eine gesellschaftliche Krise ist, nämlich resultierend aus den von den Individuen nolens volens eingegangenen Produktionsverhältnissen, wenig beigetragen und mit ihrer Wendung menschlicher Destruktivität ins Ontologische die Verschleierung dieses Zusammenhangs unterstützt. Eine emanzipatorische Wendung der "politischen Ökologie" ist bisher nicht versucht worden. Im Namen der Ökologie wurde, wenn auch meistens nur unbewußt, fern jeglicher Dialektik einer reduktionistischen Anschauung das Wort geredet, die darin besteht, die zwei unterschiedlichen menschlichen Naturen auf die eine zu reduzieren bzw. die zweite aus der ersten erklären zu wollen.

"Die Übertragung ökologisch-methodischer Konstruktionen auf materiell-ökonomische Produktionssysteme erweist sich bereits im Ansatz als Folge einer bloß anschauenden, unhistorischen Naturauffassung, einer ideologischen Konsequenz eines idealistischen Naturbegriffs."[46] Daraus folgerte diese Sorte Ökologie zweierlei. Erstens: Natur bestimmt Kultur; aus biologischen Festlegungen ergeben sich die kulturellen Verhaltensweisen und Normen. Zweitens: ein negativer Anthropozentrismus - weil menschliche Einwirkung Auswirkungen auf Existenzbedingungen von Lebens- und Daseinsformen hat, die diese beeinträchtigt, gefährdet oder aufhebt, also destruktiv wirkt, wird auf ein Primat der Existenzbedingungen (einschließlich jener des menschlichen Organismus) vor einem solchen der menschlichen Betätigung geschlossen, so sie jene gravierend gefährdet oder in Frage stellt. Strenggenommen wird damit natürlich keine ökologische - im Sinne des Kontexts zur Biologie - Aussage mehr getroffen, umgekehrt wird Ökologie als Argument für einen bestimmten ideologischen Standpunkt herangezogen.

Wissenschaft vermag zwar Naturgesetze zu finden und aufzustellen, muß aber ideologisch mutieren, um zur Erkenntnis eines "Gesetzes der Natur" zu gelangen. Es ist nämlich eines, Kenntnis und Anwendung von Naturgesetzen für den menschlichen

Umgang mit der inneren und äußeren Natur nutzbar zu machen, und ein anderes, einem wie auch immer gearteten Primat der Natur das Wort zu reden und daraus irgendwelche menschlichen Verhaltensweisen — hießen diese nun Unterordnung, Einfügung, Regulierung oder Beherrschung — zu folgern. Im Begriff des "Naturgesetzes" verbirgt sich so eine heimliche Doppelbedeutung. Nicht nur beschreibt es Zustände und Potenzen von Materie — in dieser Hinsicht wäre der Ausdruck "Gesetze der Materie" weniger zweideutig —, sondern es gilt auch als Kategorie sozialer Normierung, welche mit dem Verweis auf "Natur" ein eigentlich Soziales legitimieren möchte. Naturgesetze sind keine "Gesetze der Natur", die über den Menschen richten, sondern in abstrahierender Auseinandersetzung mit der materiellen Welt gewonnene Erkenntnisse ihrer Beschaffenheit und Funktionsweisen. Es ist der Mensch, "*in dem die Natur das Bewußtsein ihrer selbst erlangt.*"[47]

Auch als sogenannte Humanwissenschaft frönt Ökologie einem ideologischen Prinzip, das Ludwig Trepl wie folgt beschreibt: Es "*werden dem bloßen Wissen darum, wie die Natur an sich ist, unvermittelt Normen entnommen, die für die Angelegenheiten der Gesellschaft gültig zu sein beanspruchen.*"[48] Ökologie konzentriert sich dabei auf die Auswirkungen menschlichen Einwirkens auf Natur. Letztlich ist aber jegliche Äußerung des Menschen gegenüber der ihn umgebenden und auch ausfüllenden Natur ein ökologischer Eingriff — sofern man diese rein auf Kausalität abstellende Terminologie überhaupt gelten lassen mag. Da die Natur immer nur prozessierendes Geschehen in Raum und Zeit sein kann, kann Ökologie gar keine Eingriffe gegen einen wie auch immer postulierten Ausgangszustand — und hieße er selbst prozessierend Evolution — geltend machen. Schlichtes Dasein als Auswirkung der Natur ist bereits eine Einwirkung auf die Natur. So diese Ökologie aus den Auswirkungen von Einwirkungen Verhaltensnormen aufstellt, wird sie als "*politische Ökologie*" bezeichnet. Auf die Spitze treibt diese Stilisierung der "*Politischen Ökologie*" zur "*Leitwissenschaft der Postmoderne*"[49] Peter Cornelius Mayer-Tasch. Er bezeichnet diese "*echte Humanwissenschaft*"[50] gar als eine "*politikwissenschaftliche Teildisziplin*",[51] meint, ihr zentraler methodischer Standort wäre "*daher zweifellos der normativ-ontologische*"[52], und prophezeit ein baldiges Bündnis mit der Theologie.[53] Diese — weil sie die Politik pejorativ zum bloßen Prädikat der Ökologie (des Naturgesetzes) diskriminiert — bereits methodisch mehr als bedenkliche Prozedur schlägt zusätzlich eine symptomatische Richtung ein, denn sie thematisiert am menschlichen Natureingriff primär dessen destruktive Potentiale (Zerstörung, Vergeudung, Verknappung), sodaß die menschliche Natur, der Mensch schlechthin, als außer Rand und Band geratene Destruktion, als Versündigung gegen die Kreisläufe des Lebens erscheint.

Die Schlußfolgerungen, die von dieser "politischen Ökologie" gezogen werden, stehen allesamt unter dem Natürlichkeits-Paradigma. Aus dem Umstand, daß menschliche Existenz und menschlicher Eingriff in die Natur in letzterer grundsätzlich Auswirkungen haben, die immer Naturvernichtung darstellen, da Einwirkung gleichbedeutend ist mit der Zerstörung von Bestehendem, schließt sie auf einen Standpunkt der Gesamtnatur. Sie operiert damit bereits mit einem statischen, widernatürlichen Naturbegriff, über den sich auch das Postulat der Kreisläufe schlechthin nicht erheben kann. Und sie leitet daraus ferner entweder eine Unterordnung des Menschen unter die "Gesetze der Natur" ab oder begnügt sich mit deren richtiger Erkenntnis und daraus resultierender Einfügung in die Kreisläufe der Natur. In ihrer modernen, öko-systemtheoretischen Ausprägung plädiert sie schlußendlich für eine planende Steuerung dieser Kreisläufe, für eine Allianz, in der der Mensch der Natur ihre "Rechte" beläßt. Immer wird dabei ein freilich unmöglicher Subjektaustausch vorgenommen. Menschliches Verhalten soll generell dahin gebracht werden, daß der Natur - die Subjektstatus erhält - Bewahrung und Regeneration möglich sein können.

Nicht im Blickfeld oben erwähnter Positionen liegt hingegen der emanzipatorische, weil grundsätzlich anthropozentrische Ansatz, welcher seine Aussagen und Schlußfolgerungen über das Verhältnis von Mensch und Natur unter einem vollkommen anderen Paradigma entwickelt, dem Primat eines "menschlichen Menschen", oder wie Herbert Marcuse ausführt: *"Mit dem Aufstieg des Menschen als des animal rationale - befähigt, die Natur im Einklang mit den Vermögen des Geistes und den Potenzen der Materie umzugestalten - nimmt das bloß Natürliche als das unter der Vernunft Stehende einen negativen Status an."*[54] Einer auf menschliche Emanzipation gerichteten Sichtweise erscheint daher jegliche Rücksichtnahme auf behauptete Rechte oder Interessen der Natur als inakzeptabel. Nicht, was für die Natur von Vorteil oder Nachteil, ist hier das Entscheidende, sondern daß *"alle Freude und alles Glück der Fähigkeit* [entspringen]*, die Natur zu transzendieren — eine Transzendenz, bei der die Naturbeherrschung selbst der Befreiung und Befriedung des Daseins untergeordnet ist."*[55] Der Angelpunkt für die Bewertung ökologischer Bedrohungen ist hier nicht die Natur selbst, *"die das dem sich entwickelnden Subjekt entgegengesetzte Objekt ist und bleibt"*,[56] sondern die menschliche Aneignung der äußeren Natur. Das Verdienst der Ökologiebewegung liegt im Hinweis, daß gegenwärtig Formen der Aneignung der äußeren und inneren Natur praktiziert werden, welche die stofflichen Grundlagen dieses Prozesses selbst gefährden. Allein, der Befund nennt noch nicht die Ursachen, gibt noch keine Erklärungen.

Eine emanzipatorische Wendung und Fundierung der Ökologie ist überfällig. Ökologische Kritik muß, will sie nicht auf der Stelle treten oder gänzlich in reaktionäres Fahrwasser gelangen, zu einer Dialektik der Ökologie werden, deren Aufgabe darin besteht, die inhaltlichen und formalen Bezüge von Mensch, Natur und Kultur in einer emanzipatorischen Theorie zusammenzufassen. Der Antithese hat eine Synthese zu folgen, Ökologie muß von einem Schlagwort zu einer Kategorie aufsteigen.

Ökologie behandelt nichts anderes als die Rationalität des menschlichen Daseins hinsichtlich seiner stofflichen Bedingtheit, deren Form und Inhalt sind ihr Gegenstand. Insofern ist sie sowohl mit der Ökonomie als auch der Biologie aufs engste verbunden, und wer genau hinsieht, der wird unseren zentralen Begriff auch als eine Wortzusammensetzung dieser beiden Disziplinen lesen können. Die Frage nach der Ökologie ist somit die Frage nach unserer kollektiven stofflichen Existenz. Die Ökologie kann als die Wissenschaft von der stofflichen Grundlage menschlichen Seins verstanden werden. Sie beinhaltet mehr als die Beziehung des Menschen zur Natur, sie kann als Beziehung von Mensch und (Um)Welt beschrieben werden, soweit jene stofflichen Auswirkungen folgt und solche tätigt. Stoff meint hier die materielle Basis, organisch oder unorganisch, bearbeitet oder unbearbeitet. Die Auslegung der Materie ist die stoffliche Konkretion. Materie ist das Rohe und Allgemeine, aus dem die feingliedrigen stofflichen Besonderungen sich entwickeln. Stoff ist das Zusammenfallen und Auseinanderfallen von Materie. Stoffliche Konkretion und materielle Bewegung sind eins.

Ökologie meint den Stoffwechsel des menschlichen Kollektivs in all seinen Facetten. Dieser aber ist kein primär biologisches oder gattungsmäßiges Problem, sondern ein gesellschaftliches. Mit der Zuspitzung der ökologischen Frage und dem Aufkommen der Ökologiebewegung wurde dieser Stoffwechsel erstmals Gegenstand prinzipieller Kritik, richtete sich diese nicht mehr gegen diverse Ausformungen, sondern gegen den Inhalt selbst. So gesehen stellt die Menschheit mit der zentralen Positionierung der Ökologie die Frage nach einer sinnvollen, ganzheitlichen Existenz. Die ökologische Frage übersteigt alle bisherigen Fragen in ihrer Dimension, eben weil - wendet man sie emanzipatorisch - sie keine bloß zusätzliche ist, sondern alle beinhalten muß. Anders als unser restriktiver Naturbegriff ist unser Ökologiebegriff extensiv dimensioniert, er tendiert dazu, die Totalität gesellschaftlicher Wirklichkeit zu erfassen. Die Frage der Natur ist so bloß eine nach der ursprünglichen These des Daseins, die Frage der Ökologie ist die nach der Synthese, sie hat mit Naturstoff weniger zu tun als mit Kunststoff, es war erst dessen Verallgemeinerung, die die ökologische Problematik auf die Tagesordnung setzte. *"Ökologie dagegen umfaßt m.E. insbesondere die integrale Position des menschlichen Subjekts als bewußten Teil der belebten, der organischen wie anorganischen Natur - mit allen daraus folgenden qualitativen Momenten"*,[57] schreibt Wolfgang Mehte. Ökologie gibt es nur, weil es eine menschliche Gesellschaft gibt. Als gesellschaftliches Problem ist sie eines des menschlichen Reichtums und muß somit weiter als ein Problem der menschlichen Produktion bezeichnet werden. Arbeit und Natur sind die Quellen des gesellschaftlichen Reichtums,[58] ihre spezifische Kombination ist auch Basis der Umweltzerstörung.

Das, was im gesellschaftlichen Diskurs unter Ökologie firmiert, ist heute in der Regel weniger theoretischer Zugang als vielmehr sinnlicher Reflex auf die Zerstörungspotentiale der gesellschaftlichen Arbeit. Die so wahrgenommene Katastrophen-Objektivität ist ja durchaus manifest, die Beobachtung richtig, der Schein trügt nicht — vielmehr kommt der Schein gar nicht mehr zur erkennenden Zusammenschau sinnlicher Rezeption. Wer vermöchte noch, die alltäglich via Massenmedien auf den Menschen einflutenden Nachrichten von ökologischer Destruktion in einen Zusammenhang zu bringen, zu gewichten, geschweige denn zu qualifizieren? Die Forschung kann empirische Daten über den fortschreitenden gesellschaftlichen Destruktionsprozeß ausspucken, die Medien können darüber berichten oder Betroffene ihre eigene Wahrnehmung haben, aber das Potential an fortschreitender Destruktion ist ebensowenig einer Vorstellung zuzuführen, wie es die abstrakte Wertvergesellschaftung als solche ist, die ihre menschlichen Akteure hinter ihrem Rücken zu solchem Tun veranlaßt. Die Quantität aufgehäufter Zerstörungsevidenzen verschließt sich ihrer qualitativen Analyse, und die allgemeine Hilflosigkeit kann gar nicht anders, als zwischen meßtechnischem Reflex (der mahnende Ruf der Experten) und dem Einklagen moralischer Insuffizienzen zu lavieren.

Geschichtlich betrachtet hat freilich erst die Dynamik der kapitalistischen Produktionsweise wirklich maßgebliche Schritte aus dem Reich der Notwendigkeit in jenes der (potentiellen) Freiheit gebracht. Erst mit dem Vorantreiben menschlicher Unabhängigkeit von der äußeren Natur, mit ihrer Nutzbarmachung und technologischen Beherrschung in einem bisher nie dagewesenen Ausmaß wurde die Möglichkeit zunehmender Annehmlichkeit des Lebens geschaffen, sodaß *"die Spekulationen über das Gute Leben, die Gute Gesellschaft, den Ewigen Frieden einen stets realistischer werdenden Inhalt (erhalten); aus technologischen Gründen tendiert das Metaphysische dazu, physisch zu werden."*[59] Erst der geschichtliche Fortschritt, der sich seinen historischen Weg bis in den modernen Kapitalismus bahnte, hat dazu geführt, daß *"wir zum erstenmal in der Geschichte wirklich massenhaft 'überschüssiges Bewußtsein' [haben], nämlich energische psychische Kapazität, die nicht mehr von den **unmittelbaren** Notwendigkeiten und Gefahren der menschlichen Existenz absorbiert wird und sich daher den ferneren zuwenden kann."*[60] — Wäre da nicht auch die Diskrepanz zwischen den Möglichkeiten technologischer Rationalität einerseits und der Formbestimmung ihrer Realisierung in einer Produktionsweise andererseits, deren immanenter Grundwiderspruch zwischen Tausch- und Gebrauchswert zwangsläufig auch die ökologische Krise immer zentraler in den Vordergrund treten läßt, oder wie es Robert Kurz formuliert: *"Die gesellschaftliche Krise erscheint vielmehr heute in ihrer höchstentwickelten Form auch als Krise der 'vergesellschafteten Natur', d.h. als ökologische Krise."*[61]

Ein zentrales Manko der Ökologiebewegung und der Grünen ist, daß sie zwar einerseits vorrangig ökologische Fragen problematisieren, andererseits aber bisher kaum die Frage der Ökologie als solche stellen. *"Die Geschichte der Ökologie ist die Geschichte der Katastrophe"*,[62] schreibt etwa Peter Pilz verkürzend. So wird das Abgeleitete, d.h. die ökologischen Mißstände, als zentral betrachtet, das Grundlegende, die Ökologie selbst, als marginal gesehen. Ökologie ist heute zu einem Gemeinplatz geworden, der eine serielle Anwendung nicht nur zuläßt, sondern fördert. Betont wird hier immer lediglich der Konsens, der zwischen den verschiedensten Gruppierungen und Strömungen herrscht. Ob dieser tatsächlich gegeben ist, wurde bisher keiner Prüfung unterzogen. *"Die geringste Schwierigkeit, so glaube ich"*, schreibt Peter Weish, die Grundprinzipien der Grünen erklärend, *"besteht mit 'ökologisch', so schwer dieser Begriff auch zu definieren sein mag. Man ist einig darüber, daß alle Dinge im Zusammenhang zu betrachten sind und daß der Schutz der Lebensgrundlagen vorrangiges Ziel ist."*[63] Und Joachim Raschke hält fest: "Von *diesem Kampf um Priorisierung abgesehen, gab es zu ökologiepolitischen Fragen wenig Streit bei den Grünen*".[64] Das stimmt, aber es stimmt nur, weil das, was die Grünen und ihre Klientel am meisten bewegt, in seinen Grundlagen am wenigsten diskutiert wird. Der Konsens trägt so nur, weil sich ihm fast alle anschließen, real ist er eine Fiktion, aber er wirkt. Über Ökologie läßt sich heute - und das ist nicht nur auf die Grünen beschränkt - sagen: Alle sind dafür, doch niemand weiß wofür.

Wie sehen nun die Grünen selbst Natur und Ökologie, die Rolle des Menschen und der Kultur? Diese Begrifflichkeiten erscheinen in ihrem Gebrauch jedenfalls als vorausgesetzte Selbstverständlichkeiten, nicht als hinterfragte Termini. Natur und Ökologie sind positiv besetzt. Der ehemalige "revolutionäre Marxist" Peter Pilz verwendet sogar Formulierungen wie: *"Wir müssen die ganze Natur schützen (....)."*[65] Soll die Natur wieder ganz an sich werden, muß sie den Menschen loswerden. Dazu bräuchte sie aber seine Hilfe und vor allem seine Instrumente, kurzum die Bombe. Der "höchste" Akt menschlichen Eingriffs, die Liquidierung nicht nur der Zivilisation, sondern der Gattung, wäre so die Voraussetzung, daß Natur wieder in ihre faden Kreisläufe versinkt, in ihre "alten Rechte" eintritt. Die reine Destruktion und die reine Natur fallen so im Moment des atomaren Infernos ineinander. Die Pilzsche Forderung, ernstgenommen, könnte nichts anderes bedeuten als die Auslöschung der Menschheit. Pilz weiter:*"Weil eben die Natur kein Artefakt, ein künstlich Gemachtes und Machbares, ist, schrecken Menschen vor der Wildheit ihrer Reaktion auf den Versuch, die Kultur völlig an ihre Stelle zu setzen, zurück. Die Kultur hat nur die Erscheinungsweise von Natur verändert - der letztlich unlösbare Widerspruch zwischen beiden bleibt bestehen."* Wen nimmt es da noch wunder, wenn Pilz schließlich trotz dialektischer Bekenntnisse bei der konservativen Formel der Lebensschutzbewegung landet und schreibt: *"Leben ist ein Wert an sich. Wer das unterschreibt, der hat mit der Industriekultur gebrochen. Die Frage nach dem Wert des Lebens ist die Gretchenfrage der Opposition."*[67] Hier scheiden sich wahrlich emanzipatorische von konservativen Denkansätzen. Dort, wo Leben auf physische Existenz - nichts anderes ist ein Leben "an sich" - reduziert wird, wird die mögliche inhaltliche Bestimmung der stofflichen Beschaffenheit untergeordnet. Dasein geht vor Verwirklichung, Verwirklichung hat sich dem Dasein unterzuordnen, es nicht bloß instrumentell vorauszusetzen. Umgekehrt gilt: Leben, emanzipatorisch gewendet, kann immer nur ein Wert für sich sein, muß über die stoffliche Beschaffenheit hinaus eine inhaltliche Bestimmung für sich aufweisen. Ökologiebewegung meint daher, so betrachtet, mehr als einen Interessensverband der Natur, wie der führende französische Grünpolitiker Brice Lalonde salopp behauptete,[68] sie ist der Interessensverband der dialektischen Einheit von Mensch und Umwelt, vertreten durch das Subjekt Mensch.

Paradigmatisch für die gerade von den Grünen eifrig propagierte Auffassung von Ökologie ist das sogenannte "Umweltmanifest", ein 1986 im Wiener "Falter Verlag" vom "Forum Österreichischer Wissenschafter für Umweltschutz" verlegtes Expertendossier.[69] Die im Auftrag des Umweltministeriums erstellte Studie kann als das zentrale Dokument der bürgerlichen Ökologie in Österreich gelten. In ihr kulminieren sämtliche Gepflogenheiten des gesunden Menschenverstands in seltener Eintracht. Das Manifest, das sich nicht alleine auf ökologische Bestandsaufnahmen und Lösungsvorschläge beschränkt, sondern weit in den Bereich der Sozial- und Wirtschaftspolitik hinein interveniert, ist durchwegs in einer naturwissenschaftlichen Diktion gehalten. Die zentralen Begriffe und Kategorien - Biosphäre, Ökosystem, Evolution, Art, Gattung, natürlicher Kreislauf, ökologischer Regelkreis, Rückkopplung - sind solche der Biologie und ihrer Teildisziplinen; "der Mensch" wird als Angelpunkt ökologischer Gefährdung ausfindig gemacht, kommt also nur als Artbegriff zu Ehren. Selbst die soziale Organisation des Gemeinwesens unterliegt der Betrachtungsweise einer "Regelkreis"-Ideologie. Eine unter dem Präfix "Öko" reformierte menschliche Zivilisation soll wieder harmonischen ökologischen Kreisläufen einverleibt werden. Nach dem ökologischen Musterbeispiel des *"stabilisierenden Regelkreis[es]"*[70] Sozialpartnerschaft etwa - wohl einer Sternstunde der Evolution - denken die Wissenschaftler des Forums an die Etablierung einer dementsprechenden "*'ökosoziale[n] Partnerschaft' zur Vermeidung von Umweltkonflikten.*"[71]

Die ganze Schizophrenie eines Denkens, das von der Erfahrung an die Daseinsgrundlagen rührender Gefährdungspotentiale zu einer Infragestellung des praktizierten Naturumgangs getrieben wird, sich aber dennoch von den herrschenden Werten und Imperativen nicht loslösen kann, kommt im Text des Umweltmanifests zum Ausdruck. Da wird die Formel "Natur als Politik" wahrlich ernst genommen. Kompromißlos kommt das Manifest gleich in den einleitenden Prämissen zur Sache: "*Der Mensch kann nur dann nachhaltigen Nutzen aus der Natur ziehen, wenn er sie nicht zerstört.*"[72] Das jahrtausendealte Prinzip der Menschheitsgeschichte, Emanzipation von der Natur, d.h. ihre Zurückdrängung und Zerstörung, bringt das Manifest mit einem einzigen Satz, dessen Aussage an Extremismus wohl ihresgleichen suchen muß, zur Auslöschung. Falsche Pauschalierungen dieser Art finden sich im Umweltmanifest zuhauf. Dabei gilt gerade umgekehrt: Der Mensch kann nur dann Nutzen aus der Natur ziehen, wenn er sie nach seinen Bedürfnissen und Notwendigkeiten verändert, umgestaltet, zerstört, korrekter noch: aufhebt, um hier anstelle der unpassenden reinen Negation einen dialektischen Ausdruck zu verwenden.

Ideologisch kulminiert die Erkenntnis ökologischer Gefährdung menschlicher Seinsgrundlagen letztendlich in einem negativen Anthropozentrismus, der die Unverträglichkeit des Naturumgangs der menschlichen Art herausstreicht. Im Zielkatalog des Manifests steht beispielsweise geschrieben: "*Die Abgabe von Stoffen, Strahlen, Geräuschen, Wärmen und anderen Einwirkungen, welche die Funktionsfähigkeit der Ökosphäre beeinträchtigen, ist zu vermeiden.*"[73] Wie der menschliche Naturumgang überhaupt noch aussehen kann, der dieser Prämisse Genüge tut, ohne in der Eliminierung des Homo sapiens selbst zu gipfeln, ist wahrlich nicht auszumachen. Hinter der Naturfreundlichkeit verbirgt sich so oft eine eigentümliche Menschenfeindlichkeit, eine, die sich primär gegen die materielle Begehrlichkeit der Gattung wendet, nicht jedoch gegen die spezifische Form, die ihren konkreten und deswegen destruktiven und fehlgeleiteten Ausgestaltungen zugrundeliegt.

Die Autoren des Manifests geben es letztendlich ohnehin billiger. Praktisch wird das charakteristische Spezifikum des inkriminierten Naturumgangs, die erst heute universell gewordene Aneignung der Natur in der kapitalistischen Produktionsweise, als Generalnenner eines ökologisch verträglichen Weltbezugs der Spezies Mensch affirmiert. Als so verfangen erweist sich dieses Denken in die herrschende Logik, daß es den Wolf mit der Aufsicht über die Geißlein beauftragen will. Die Lösungsvorschläge der Forum-Experten münden in eine Apotheose der ökosozialen Marktwirtschaft: "*Die Ziele und Maßnahmen der Wirtschaftspolitik müssen in Hinkunft so ausgerichtet werden, daß das Wirtschaftsleben in Übereinstimmung mit der Ökologie als der 'Haushaltslehre der Natur' und ihren Naturgesetzen gebracht wird und damit die marktwirtschaftlichen Kräfte auch zum vorbeugenden Schutz der Umwelt mobilisiert werden.*"[74] An die Anrufung der Marktwirtschaft koppeln die Autoren des Umweltmanifests schließlich das in ermüdender Langeweile jahrzehntelang ausgereizte Markt-Staat-Spiel des Kapitalismus. Ökologisch konnte sich in ihrer Sichtweise der Kapitalismus bislang vor allem deswegen nicht gerieren, weil die Verfehlungen hauptsächlich in den lenkenden Eingriffen staatlicher und administrativer Instanzen in den Wirtschaftskreislauf bestanden hätten: "*Umweltprobleme stellen nicht jeweils separate Ereignisse dar, sondern müssen als generelle Strukturfehler der wirtschaftlichen Steuerung aufgefaßt werden.*"[75]

Die Öko-Monetaristen fordern daher einfach weniger Staat, mehr Markt. Freilich fordern sie auch und vor allem mehr und rigidere Umweltnormen sowie stärkere Einbeziehung von Experten in gesellschaftliche und wirtschaftliche Planungsprozesse. Sie fordern also weniger und mehr Staat, weniger und mehr Bürokratie, weniger und mehr Normenregulierung zugleich. Es soll "*ein Minimum an Administration und Wirtschaftslenkung angestrebt werden*",[76] um "*die marktwirtschaftlichen Regelungsmechanismen in Einklang mit den dargelegten Prämissen und ethischen Grundsätzen*"[77] eines ökologieverträglichen Wirtschaftens zu bringen. Eine funktionierende Umsetzung der von den Experten geforderten Lenkung ist aber, fast jede beliebige Detailforderung des Manifests kann dafür als Beleg herhalten, selbst bei Beibehaltung des bestehenden bürokratisch-administrativen Niveaus undenkbar. Alleine der im Umweltmanifest geforderte Ausbau der Bürgerbeteiligung in Planungsprozessen[78] oder die projektierte Einbindung eines ökologischen Expertenrats bis hinein in die Legislative[79] hätte eine massive Aufblähung der Bürokratie zur Voraussetzung. Die Fallstricke der Ideologie sind eben tückisch. Die Apotheose des Marktes kann nur bestehen, weil in der Hintertür schon wieder der Staat seine hilfreiche Hand reicht.

Letztendlich bieten die Vorschläge des Umweltmanifests wenig Neues. Das Kernstück des hier favorisierten wirtschaftspolitischen Instrumentariums ist das Verursacherprinzip. Unter einem neuen Schlagwort wird so nur propagiert, was der kapitalistischen Entwicklungstendenz seit jeher wesensmäßig immanent ist: Verpreisung und Verwarung aller Güter, die dieser Globus bietet, Privatisierung der akkumulierten Gewinne, Kostenüberwälzung auf die Allgemeinheit. An die blauäugig an den Kapitalismus herangetragene Forderung nach einer "*Internalisierung negativer externer Effekte*"[80] möchten die Experten selbst nicht so recht glauben. Sicherheitshalber räumen sie ein: "*Nur wenn es sicher keinen Weg gibt, Verursacher zur Verantwortung zu ziehen (sei es, daß er nicht mehr existiert, oder nicht zu ermitteln ist), oder sicher keine Möglichkeit existiert, Verursacher sofort zur Verantwortung zu ziehen (z.B. ausländische souveräne Staaten), oder wenn alle Verursacher sind (etwa beim Energieverbrauch), soll zur möglichst raschen Schadenssanierung das "Gemeinlastprinzip" Anwendung bzw. bis zur möglichen Durchsetzung des Verursacherprinzips vorläufig Anwendung finden.*"[81] Wo sie Recht haben, haben sie recht! Sicher wird es kaum geeignete Wege geben, Verursacher eindeutig zu ermitteln, sicher werden kaum Möglichkeiten existieren, individuelle Verursacher eindeutig zur Verantwortung zu ziehen, und wahrscheinlich sind wir ohnehin allesamt und zugleich die Verursachenden. Daraus folgt, daß die Identität Verursacherprinzip ist gleich Gemeinlastprinzip in der Realität nahezu uneingeschränkt gelten wird (vgl. dazu ausführlicher Kapitel III-2).

Nehmen wir etwa den Müll: Da wird einmal der Produzent angeklagt, sei es der Unternehmer als Betreiber oder der Arbeiter in seiner Funktion als unmittelbarer Produzent; dann die Zirkulationsagenten, weil sie die Produkte verkaufen; schließlich die Konsumenten, weil sie jene kaufen; dann die Politik, die unzureichend dagegen einschreitet; irgendwelche Werbungen, die so etwas noch fördern; das Recht, weil es so etwas nicht ausschließt; die Parteien, die nur reden und nicht handeln; und vieles mehr. Wie formulierte doch ein Modeideologe[82] der Ökologiebewegung sein gesundes Meinen: "*An der Umweltzerstörung sind wir alle beteiligt.*"[83] Und irgendwo auf der banalsten Ebene stimmt es ja, daß alle schuld sind und somit - was das gleiche ist - niemand schuld ist. Daraus kann es theoretisch nur zwei Schlußfolgerungen geben: 1) Der Mensch ist eben ein Schwein; oder 2) Der Mensch verhält sich als Monade des Systems, er kann nicht anders, weil er muß. Wir halten die zweite Erklärung für richtig. Der schlechteste Einwand dagegen ist, daß der einzelne doch bewußt dagegen auftreten könne, sein Verhalten ändern könne, ja, und wenn das alle täten, wie schön wäre dann die Welt. Außer dem Gewissen wird hier wenig befriedigt.

Die zahlreichen Umweltschutzbroschüren, die Ministerien, Bezirkshauptmannschaften, Parteien und Umweltverbände einem zuschicken, sprechen eine deutliche Sprache. Im Prinzip sind sie einerseits auch dazu da, den Menschen ein schlechtes Gewissen zu machen, sie zu bevormunden, nicht, sie aufzuklären, und andererseits, der eigenen Institution ein Alibi auszustellen, was man nicht alles getan hätte. Niemand soll sich mehr beschweren, nicht informiert gewesen zu sein. Alle hätten wissen müssen. Was de facto unmöglich sein soll, ist aber gerade auch ob dieser Praktiken Realität. In Wirklichkeit bereitet dieser Umgang mit Ökologie, der nur eine neue Variante ihrer Umgehung ist, die antiökologische Wende vor. Autofahrerparteien sind nur die groteskesten Ausformungen und Vorläufer dieser Bewegung.

Auf ihrem ureigensten Gebiet, der Ökologie, haben die österreichischen Ökologen und Grünen bisher wenig Originelles hervorgebracht. Ihre Fragen mögen manchmal gut sein, ihre Antworten sind selten der Rede wert. Ökologie ist ihnen primär eine Frage der Praxis, nicht eine der Theorie. *"Der 'ökologische Praktizismus' ist eine breite Tendenz der an unmittelbar-praktischen, meist begrenzt wirksamen Eingriffen Interessierten (insbesondere auf kommunaler Ebene). Das Muster der 'Themenzentrierung' führt nicht wenige Grüne zur sachpolitisch eingeschränkten, aber intensiven Arbeit an Fragen der Energiepolitik oder der Gentechnologie oder einer ökologischen Landwirtschaft etc. Auch der 'diffuse Protest' macht sich - unter anderem - fest an besonders eklatanten ökologischen Mißständen (wie AKWs oder Wiederaufbereitungsanlagen, Atommülltransporten, Chemiefabriken etc.)."*[84] Niklas Luhmann charakterisiert das gegenwärtige ökologische Denken so: *"Es wird zu Ängsten und zu Protesten neigen oder auch zu einer Kritik der Gesellschaft, die es nicht fertigbringt, ihre Umwelt adäquat zu behandeln. Es wird seine Generalisierungen nur in der Form der Negation erreichen können, und es wird, wie typisch in Fällen, in denen es nicht weiter weiß, zu einer emotionalen Selbstsicherheit tendieren. Es wird also auf gesellschaftlich vorgegebene Formen und Anschlußfähigkeiten angewiesen sein oder in der immer auch möglichen Negation verbleiben und aus Eigenem wenig Brauchbares hervorbringen können."*[85]

Fassen wir noch einmal mit Hegel zusammen: *"Die Veränderungen in der Natur, so unendlich mannigfach sie sind, zeigen nur einen Kreislauf, der sich immer wiederholt; in der Natur geschieht nichts Neues unter der Sonne, und insofern führt das vielförmige Spiel ihrer Gestaltungen eine Langeweile mit sich. Nur in den Veränderungen, die auf dem geistigen Boden vorgehen, kommt Neues hervor."*[86] Das Gerede vom Gleichgewicht mit der Natur muß entschieden zurückgewiesen werden. Es ist uns schlicht unmöglich. Seit der Mensch ist, ist es mit dem Gleichgewicht der Natur vorbei. Wie soll auch etwas bloß Reagierendes, ein zyklisches "Werden und Vergehen", ein bloßes "Immerwieder" gleichgewichtig sein können mit einem Aktivum, dem handelnden und denkenden Menschen. Die Natur ist nicht passiv, aber doch nicht agierend, sondern reagierend. So gesehen ist es auch vereinfachend, ja irreführend, mit Murray Bookchin zu behaupten: *"Die Natur interagiert mit dem*

Menschen, um die gemeinsamen Möglichkeiten in der natürlichen und der sozialen Welt zu verwirklichen."[87] Die Interdependenz von Mensch und Natur ist keine Interaktion. Mensch und natürliches Gleichgewicht schließen einander jedenfalls aus. Was die Menschen brauchen und auch gestalten, ist ein gesellschaftliches und soziales Gleichgewicht. Dieses ist aber nicht natürlich bedingt.

Daneben ist es heute auch üblich, relativ unreflektiert von Umwelt und, davon abgeleitet, von Umweltverschmutzung und Umweltschutz zu reden. *Umwelt* ist das, worin der Mensch zwar einerseits sein Wirken erkennt, es aber andererseits als ein bloßes Außen beschreibt und wahrnehmen will. Nur so kann aus Welt Umwelt werden. Der Begriff scheidet den Menschen von ebendieser, trennt Untrennbares, nimmt Welt nicht als Ganzes, sondern als ein Außen und Innen wahr. Er trennt das, was der Mensch erschafft, von dem, was der Mensch ist. Umweltverschmutzung und Umweltschutz klingen geradezu verharmlosend ob der ökologischen Bedrohungen, unterstellen dem Subjekt Mensch Möglichkeiten, die es weder negativ noch positiv hat. Es tut es zwar, doch es geschieht mit ihm. Diese Termini, wenngleich kaum zu umgehen, mahnen zur Vorsicht, zu deutlich wird in ihrer Wortkonstruktion die herrschende Ideologie sichtbar.

Auch Natur hat als Schlagwort in den letzten Jahren wieder Karriere gemacht. Die Berufung auf Natur ist entweder künstlich naiv[88] oder offen reaktionär: *"Das Wörtchen 'Natur' ist der Liebling des Terrors"*,[89] schrieb Günther Anders einmal. Festzuhalten gilt auch heute: *"Natur an sich ist weder gut, wie die alte, noch edel, wie die neue Romantik will."*[90] Aus Natur kann keine Politik abgeleitet werden: *"Die Formel 'Natur als Politik' erweist sich bei der harmlosen und bei der weitergehenden Auffassung als eine besondere Variante des modernen Sozialbiologismus. Ich vermag nicht zu sehen, wie dabei der ideologischen Falle entgangen werden soll, Gesellschaftliches auf Natürliches zurückzuführen und aus den Notwendigkeiten im Reiche der Natur aufnötigen Zwang innerhalb der Gesellschaft zu schließen. Wer heute noch von einer 'Naturalisierung der Politik' und von einer 'Politisierung der Natur' spricht, propagiert entweder den Rückfall in das mythische Denken oder die Vollendung des Projekts wissenschaftlicher Naturbeherrschung: Historisch ist das längstens von der konservativen Kultur- und Zivilisationskritik durchgespielt, die mehr oder weniger mühelos durch den Faschismus aufgesogen wurde: Sozialdarwinismus ging in aggressiven Rassismus über, genetischer Nativismus in reaktionäre Elitevorstellungen und Sozial-Behaviorismus in die Reiz-Reaktions-Muster militärischer Planungsstäbe."*[91] Natur steht für eine Streubreite von Auswahlmöglichkeiten an Gesellschaftsbildern. Je nach Präferenz gibt Natur die normativen Schablonen ab, nach denen die Gesellschaft zu organisieren sei. Man kann in der Natur den Auftrag entdecken, eine egalitäre, kommunitäre Sozietät aufzubauen, und wenn man ein Freund rigider staatlicher Ordnungsleistungen ist, wird man ebenfalls bei Vorbildern aus der Natur fündig. Beide Verfahren gehen nach einem sehr suspekten Ableitungsmodus vor, beide sind biologistisch. Das Bild, das man sich von der Natur macht und dann wiederum in die Gesellschaft zurückversetzt, entsteht bereits aufgrund der Vorstellungen von sozialer Ordnung, die man hat und für die man eintritt. Spätestens seit die Gesellschaft auf keiner naturrechtlichen Grundlage mehr basiert, könnte überdies klar sein, daß die Natur als moralische Instanz, gar als Subjekt nicht taugt. *"Es geht nicht um Schonung der Natur und auch nicht um neue Tabus. In dem Maße, als technische Eingriffe die Natur verändern und daraus Folgeprobleme für die Gesellschaft resultieren, wird man nicht weniger, sondern mehr Eingriffskompetenz entwickeln müssen, sie aber unter Kriterien praktizieren müssen, die die eigene Rückbetroffenheit einschließen. Das Problem liegt nicht in der Kausalität, sondern in den Selektionskriterien. Die Frage, die daraus folgt, ist eine doppelte, nämlich: (1) Reicht die technische Kompetenz aus für ein selektives Verhalten, das heißt: gibt sie uns genug Freiheit gegenüber der Natur? und (2) reicht die gesellschaftliche, das heißt die kommunikative Kompetenz aus, um die Selektion operativ durchführen zu können?"*[92]

Die Frage der Naturbeherrschung ist keine von Wollen oder Nichtwollen, sie ist ein Müssen. Eine unumstößliche Pflicht. Marx hat also nicht, wie Adorno fälschlich meint, mit ein Programm der Naturbeherrschung unterschrieben,[93] sondern dieses immanente Faktum menschlicher Existenz ausdrücklich anerkannt. Die Naturbeherrschung ist des Menschen Freude und Schicksal. Einer emanzipatorischen ökologischen Politik kann es nicht prinzipiell um Naturschutz gehen, sondern nur um Inhalt und Form einer sozial verträglichen Naturbearbeitung. Was für das Leben zutrifft, stimmt auch für die Natur, die Kultur, die Umwelt, ja die Welt schlechthin: Sie haben keinen Wert an sich, sondern sie sind Werte für uns. Der Mensch kann aber nicht das alleinige Ziel und die Welt nur sein Mittel sein. Das ist vulgärster Idealismus, überspitztester Anthropozentrismus. Nein, der Mensch steht nicht für sich allein, sondern auch für die Welt, in der er lebt, die er erlebt, die er zu erhalten und zu verbessern hat. Der Mensch ist sowohl Zweck als auch Mittel. Detto die Welt. Gefordert ist also eine dialektische Vernunft, deren permanentes Ziel die Harmonie zwischen Mensch und Welt zu sein hat. Wir sind hier mit Marx wie dieser mit Häuptling Seattle einig: *"Vom Standpunkt einer höhern ökonomischen Gesellschaftsformation wird das Privateigentum einzelner Individuen am Erdball ganz so abgeschmackt erscheinen wie das Privateigentum eines Menschen an einem andern Menschen. Selbst eine ganze Gesellschaft, eine Nation, ja alle gleichzeitigen Gesellschaften zusammengenommen, sind nicht Eigentümer der Erde. Sie sind nur ihre Besitzer, ihre Nutznießer, und haben sie als boni patres familias den nachfolgenden Generationen verbessert zu hinterlassen."*[94]

Abschließend möchten wir hier unsere Überlegungen auch noch an einer sogenannten ökologischen Sachfrage näher erläutern. Dies erscheint uns deswegen außerordentlich wichtig, weil aus dem folgenden noch deutlicher erkennbar ist, daß der Zugang zu diesen Fragen auch gänzlich anderer Kultur sein kann.

Der Inhalt des Mülls ist nicht mit seiner stofflichen Substanz zu verwechseln. Inhalt meint nicht chemische Zusammensetzung und chemische Reaktion. Inhalt meint gesellschaftlichen Charakter. Abgrenzen wollen wir uns von Definitionen, die außer empirischen Aufzählungen wenig zu bieten haben, z.B. die ÖNORM 2000 bzw. 2100 für Müll und Sonderabfall.[95] Abgrenzen wollen wir uns aber ebenfalls von Ansichten, die Müll zu einer Metakategorie machen und ihn wie Grassmuck/Unverzagt auch schon in der Antike entdecken, dann doch den qualitativen Unterschied zugeben müssen, freilich ohne Schlüsse daraus zu ziehen. Sie schreiben: *"Früher mag der Müll das Veraltete gewesen sein, das man wegwarf, um es der Verwesung oder der Verwitterung zu übergeben."*[96] Eben. Die beiden Autoren sind daher auch typische Vertreter einer unreflektierten Gleichsetzung von Abfall und Müll: *"Abfall ist der Endzustand eines Produkts nach der Phase seiner Verwendung"*,[97] meinen sie. Der Müll mag Zustände erzeugen, er selbst kann sich in keinem Endzustand befinden. Im Prozeß der Abfallwerdung vergeht und zergeht er, wird von der Umwelt irgendwann mühsam abgebaut und wieder in sie aufgenommen.

Nichts, was einmal gewesen ist, kann spurlos verschwinden. Alles, was ist, hinterläßt sich. Es fragt sich immer nur, wie und mit welchem Nachdruck. Welche Wirkungen es vergehend entfaltet. *"Denn die Sache ist nicht in ihrem **Zwecke** erschöpft, sondern in ihrer **Ausführung**, noch ist das **Resultat** das **wirkliche Ganze**, sondern es zusammen mit seinem Werden; der Zweck für sich ist das unlebendige Allgemeine, wie die Tendenz das bloße Treiben, das seiner Wirklichkeit noch entbehrt, und das nackte Resultat ist der Leichnam, der die Tendenz hinter sich gelassen hat."*[98] Kurz übersetzt: Am Müll interessiert allgemein nicht nur sein Zweck, sondern sein Verhalten, nicht nur sein Herkommen und Aufkommen, sondern seine vergehende Entwicklung, die eine potentielle Gefährdung darstellt: die Zeit vor dem Resultat, das nur von der Umwelt wiederaufnehmbarer Abfall sein kann. Was am Müll am meisten stört, ist, daß er zuwenig tot ist.

Herkömmlicher Abfall zeichnet sich durch weitgehende Bedürfnislosigkeit aus, er darf vergessen werden, weil er vergeht. Müll hingegen ist gekennzeichnet durch verschiedene Stufen der Bedürftigkeit und Aufmerksamkeit. Er bedarf in jedem Fall der menschlichen Behandlung, eben weil er nicht konsequenzlos beseitigt werden kann. Der Mensch muß so den Müll überwachen und kontrollieren, um ihn an destruktiven Reaktionen zu hindern. Er schützt sich somit vor etwas, was er selbst erzeugt hat. Der Fortschritt in der Menschheitsgeschichte bedingt auch ein Fortschreiten in Quantität und Qualität der zu überwachenden Reste menschlicher Produktion und Konsumtion. Diese Tendenz ist aber nicht uneingeschränkt entwickelbar, sie kennt objektive wie subjektive Schranken. Gemeint sind hier die Aufnahmefähigkeit durch die Umwelt und die Ökologiebewegung. Müll ist deponiebedürftiger Abfall. Einer, der uns nicht in absehbarer Zeit durch Verfall verlassen kann, einer, der bleibt und beobachtet werden muß. Er fällt nicht ab, er fällt an! Ein Nichtmehrgut, das ein Nochnichtabfall ist, nennen wir Müll. Er ist in unserer Definition auch nicht wiederverwertbar, ist er wiederverwertbar, ist er nicht Müll (Altglas, Altpapier).

Müll, das heißt Weghabenwollen ohne Weghabenkönnen. Müll ist das Dasein, das ein Wegsein sein soll. Beseitigung, so eines der Lieblingsvokabel der ökologischen Neusprache, unterstellt aber gerade diese Überführung von einem Dasein in ein Nichtsein. Was freilich für den Müll nicht zutreffen kann. Er ist nicht weg, nur weil er weggeschafft wurde. Der Müll ist nicht beseitigbar, sondern bloß beiseitigbar. Es gibt keine Müllbeseitigung, es gibt nur eine Müllbeiseitigung. Der Mensch will sich also einer "Sache" entledigen, ohne die "Sache" erledigen zu können. Müll ist Abfall, bei dem Entledigung und Erledigung nicht einmal mehr tendenziell zusammenfallen. Das zeitliche Problem versucht der Mensch durch räumliche Absonderung in den Griff zu bekommen. Die Antwort kann nur Deponie lauten.

Philosophisch betrachtet, ist der Müll ein Zeitproblem, das zu einem Raumproblem wird. Eben weil er gelagert und belagert werden muß, der Deponie und der Kontrolle bedarf. Eben weil er sich nicht anschickt, in kurzen Fristen zu verschwinden (wie der uns bekannte Mist oder der herkömmliche Abfall), muß er aufgehoben werden. Das Wann zwingt zum Wo, und seither diskutieren wir alle das Wohin. Fragen sollten wir uns aber vielmehr nach dem Woher, zeitlich und räumlich, formal und inhaltlich.

Zentrale Frage ist das Entledigungs- bzw. das Erledigungsproblem. An diesen Begriffen ist auch der qualitative Umschlag von Abfall in Müll festzumachen. Jeder Müll ist Abfall, aber nicht jeder Abfall ist Müll. Abfall hat es immer gegeben, Müll hingegen ist eine spezifisch moderne Kreation. Müll ist also keine Metakategorie wie Abfall, sondern ein Begriff, der vorerst einmal auf die modernen warenproduzierenden Systeme (seien sie kapitalistisch, seien sie "real-sozialistisch") zu beschränken ist. Müll ist nur jener Abfall, dessen Erledigung der Entledigung in einem problematischen zeitlichen Abstand nachfolgt. Auch wenn jeder Müll irgendwann einmal Abfall wird, können Entledigung und Erledigung im Müll nicht mehr zu jener Identität finden, die dem herkömmlichen Abfall noch zugrundeliegt.

Günther Anders schreibt dazu: "*Die Hauptaufgaben sind (oder scheinen) vielmehr die negativen: Nämlich wie wir etwas abschaffen, und zwar endgültig. Nicht das Konstruieren von noch so enormen, sondern das Loswerden der schädlichen Abfälle der Produktion. (....) Wir verfügen über keinen abliegenden Ort mehr, in den wir die 'Residuen' verbannen könnten, ohne diesen (und auch uns selbst) mit zu vergiften: keinen 'Ab-ort', dem wahrhaft unphilosophischen Worte kommt hier ein universeller philosophischer Sinn zu. (....) Die vorhin aufgestellte These 'Es gibt keinen 'Abort' mehr', muß durch eine, dieser scheinbar entgegengesetzte und widersprechende ergänzt werden: nämlich durch die Antithese: 'Nun ist alles 'Abort' geworden' - was bedeutet: Daß die Effekte unserer Tätigkeiten heute immens groß sind, 'überborden' sie. (.....) Unser 'Fluch' besteht mithin nicht mehr, wie noch vor kurzem, darin oder nur darin, daß wir zur Endlichkeit des Daseins, also zur Sterblichkeit verdammt sind; sondern umgekehrt darin, oder auch darin, daß wir die Unbegrenztheit und die Unsterblichkeit (der Wirkungen unseres Tuns) nicht eindämmen oder abschneiden können."*[99]

Die dem Müll verordnete Sprache ist nicht bloß schlampig und verniedlichend, sondern sie ist in jeder Hinsicht irreführend. Entsorgung deutet Sorgenfreiheit an, Entsorgungspark soll an Vergnügungspark erinnern, Abfall Wegfall unterstellen, Beseitigung gar Problemlösung attestieren. Das sind Begriffe, die kein Begreifen zulassen wollen, sondern das Problem mit einem spezifischen Vokabular "entsorgen" und "beseitigen". Was für die herrschende Seite gilt, gilt aber auch für die Opposition. Wer laufend von *"Umweltsünden", "Umweltvergehen"*[100] oder gar von *"Umweltverbrechen"*[101] spricht, alles mit diesen Worten benennt, verschleiert die Strukturen durch Moralisierung und Kriminalisierung. Außer frommen Wünschen und dem Ruf nach dem Staatsanwalt und strengeren Gesetzen fällt dieser Politik herzlich wenig ein. Sie will das Böse überführen, anstatt das System und seine Logik zu erklären. Hier herrscht eine Sprache vor, die nicht aufklärt, sondern mit ihren Worten die Verhältnisse verdunkelt. Da, wo mehr der Glaube an den Glauben dominiert, nennt man Sünde, was dort, wo mehr der Glaube an das Recht im Vordergrund steht, Verbrechen heißt. Die Kritik, die Pilz etwa an Flemming übt, kann vor dieser Schablone nur mehr eine moralische sein. In Pilz' populistischer Parlamentsansprache liest sich das so: *"Frau Bundesminister! Sie haben Ihr Wort nicht gehalten. Sie haben Ihr Wort gegenüber den österreichischen Bürgerinitiativen, die Zehntausende besorgte und betroffene Menschen in diesem Land vertreten, mindestens ein dutzendmal gebrochen. Ihre Versprechungen waren nichts wert."*[102] *"Sie haben mit diesem Abfallwirtschaftsgesetz einen Freibrief für die weitere Versauung des Grundwassers und der Böden in unserem Land unterschrieben."*[103] *"Sie haben die Bürger durchfallen lassen. Sie haben die Umwelt durchfallen lassen."*[104] Pilz müßte vielmehr erklären, warum Flemming einerseits solche Versprechen machen muß, die sie andererseits nicht einhalten kann, und warum der tatsächliche Widerspruch in Wirklichkeit keiner ist. Über die objektiven Grenzen der Politik und deren Dimensionierungen schweigt Pilz.

Auch der Begriff "Sache" verdeutlicht wieder einmal eine terminologische Fehlleistung. Müll ist eben alles andere als sachlich und somit eine Sache. Wäre er das, wäre er weit weniger gefährlich. In seinem Widerstreben gegen jedwede Metaphysik ist der Müll durch und durch unsachlich. Er ist deswegen unsachlich, weil er noch weniger als viele andere Dinge bei sich bleiben kann, sondern sich verflüchtigt in die Luft oder versickert in das Grundwasser. Wenig Objekte haben uns das - dem gesunden Menschenverstand ins Gesicht schlagend - so deutlich vor Augen geführt. Der Müll ist noch weniger Sache als andere Sachen. Das gerade macht ihn so gefährlich, weil seine Gefährlichkeit einerseits groß ist, andererseits diese Größe sich oft an keine sinnliche Wahrnehmung knüpft, sie unsichtbar, unhörbar, unspürbar ist. Der Müll ist ein Unding schlechthin.

Das Gefährliche gibt es nie in reiner Form, immer nur in einer spezifischen Konstellation, Verbindung oder Mischung. Gefährliches kann Gefährliches aufheben, wie Ungefährliches Ungefährliches gefährlich machen. Das ist das Gefährliche an dem Gefährlichen. Wir wissen viel, aber wir wissen nicht, ob sich die Giftstoffe in uns addieren, subtrahieren, multiplizieren oder dividieren. Ob und wie sie sich potenzieren oder nullifizieren, kann oft nicht einmal erahnt werden. Außerdem ist jeder Mensch sein eigenes gesellschaftliches Ensemble. Woran der eine stirbt, tut dem andern oft gut. Ökologische Gefährdungen sind somit keine linearen, sondern potentielle. Was wir riskieren, muß nicht unbedingt eintreten. Das begründet auch die weitverbreitete Hoffnung, daß es einen selbst schon nicht erwischen wird.

Umweltbelastende Produktionsverfahren und Produkte sind zweifelsfrei die Hauptursache von Umweltschäden. Diese Schäden werden selbstverständlich nicht willentlich herbeigeführt, sie entstehen gleichsam als Neben- und Folgeprodukt industrieller Aktivitäten. Trotz ökologischer Musterbetriebe in einigen geschützten Marktnischen ist zu betonen, daß die konsequente Umsetzung ökologischer (aber auch sozialer) Forderungen in einem einzelnen Betrieb dessen Chancen am Markt verschlechtert, weil seine Produkte einen höheren Kost- und Produktionspreis aufweisen. Was nicht gegen die ökologischen Forderungen spricht, sehr wohl aber ihre Inkompatibilität behauptet, sind sie wirklich radikal gedacht und formuliert. Die Industrie verhält sich also nur so, wie sich die Industrie verhalten muß, will sie Industrie bleiben. Auch wenn dabei die Erde zugrunde geht. Die Betriebe sind bei Strafe des ökonomischen Untergangs angehalten, ihre Kosten möglichst gering zu halten. Betriebswirtschaftlich muß es daher jedem Unternehmen darum gehen, die Selbstkosten zu beschränken und die Folgekosten zu externalisieren. Letztere werden auf die Allgemeinheit oder auf Dritte abgewälzt. Dies ist eine immanente Bedingung kapitalistischen Wirtschaftens.

Die heutige Produktion ist einerseits gekennzeichnet durch einen Zwang zum kurzfristigen Gebrauchen oder besser: Verbrauchen von Gütern. Die Fristen der Existenz eines Produkts verkürzen sich. Andererseits ist sie gekennzeichnet durch einen Zwang zur langfristigen Deponierung von Abfallprodukten, die, unabhängig, wo sie abfallen, ihren Ursprung in der Produktion haben. Durch die Quantität der Mengen und die stoffliche Qualität der Substanzen vergrößert sich der Deponieraum und verlängert sich die Deponiedauer. Der Abfall tendiert zur Unendlichkeit. Die Beschleunigung der Produktion und die fortgeschrittene Naturbearbeitung haben zu folgendem grotesken Umstand geführt: Die Produkte sind weniger langlebig als ihre

Abfälle. Der Müll verdeutlicht aber ähnlich anderen Folgekosten, daß Vergesellschaftung stattfindet, wenngleich bloß negativ, was meint: die Nachteile werden sozialisiert, die Vorteile bleiben privatisiert.

Sätze wie "Abfall ist kein Schicksal. Abfall wird gemacht" gehen daher in die Irre. Die Wertlogik vorausgesetzt, ist Müll nämlich wirklich eine fatale Folge, ein Schicksal, das eintreten muß. Solche Aussagen übertreiben jedenfalls die Möglichkeiten der in Produktion, Zirkulation und Konsumtion Handelnden. Es wird so getan, als stünden dort freie Entscheidungen auf der Tagesordnung. Nicht zufällig spricht diese Betrachtungsweise dann auch vom *"Alptraum Abfall"*.[105] Wenn man etwa die Argumentationslinie von Hanswerner Mackwitz, der jahrelang in beratender Funktion bei den deutschen und den österreichischen Grünen tätig gewesen ist, anschaut, dann ist zu erkennen, daß hier pausenlos das Wollen gegen das Handeln, die Absicht gegen die Wirklichkeit ins Treffen geführt wird: *"Warum ergreifen Politiker und Manager nicht die historische Chance, sich real und radikal für eine neue Umweltpolitik stark zu machen, für eine Politik, die tausende von Bürgerinitiativen in aller Welt bereits begonnen haben?"*[106] fragt er. Mackwitz bezichtigt die chemische Industrie zwar der Primärverursachung,[107] weitergefragt wird allerdings nicht. Dies würde nämlich ergeben, daß die Chemieindustrie einer Logik folgt, für die sie nichts kann, und gegen die sie auch nicht ankann, einer Logik, die mit deren stofflichen Grundlagen gar nichts zu tun hat, einer Logik, der es völlig egal ist, ob mit Erdnußbutter oder chemischen Keulen der Wert verwertet wird. Ihr Verantwortung zuzuschieben ist nur vordergründig einsichtig, bei näherer Betrachtung müßte es zu einer Analyse der zugrundeliegenden Faktoren kommen. Mackwitz und die Grünen wollen die Industrie in die Pflicht nehmen, sie fordern daher von ihr eine klar definierte *"Herstellungsverantwortung für die Abfallrücknahme und Entsorgung"*.[108] Doch auch damit ist nichts zu gewinnen. Die Herstellungsverantwortung führt, falls sie durchgesetzt werden kann, nur zur Verlagerung der Probleme, zu monetären und fiskalen Umleitungen. Die Belastungen verbleiben, geldmäßig übersetzt wird der Konsument sie mit erhöhten Gebühren oder vorgeschossenen Rückgaberechten bezahlen. Das Müllaufkommen wird nur unmerklich sinken, der Verwaltungsaufwand merklich steigen. Wozu es aber sicher nicht kommen kann, ist eine relevante Profitbeschneidung. Die Grundstruktur des Kapitalismus ist anders, als die Kritiker vermuten, ihr naiver Glauben an die Politik ist trotz aller Blamagen noch grenzenlos. Die Alternativen der Grünalternativen sind auch hier hilflos, ohnmächtig gegenüber den realen gesellschaftlichen Prozessen, die sie in ihrer Substanz nicht verstehen.

Der Müll ist nicht in den Griff zu bekommen, weil die Produktion sich nicht im Griff hat. Das ökonomische Destruktionspotential des Kapitalismus ist allerorten spürbar, auch wenn es nicht in seiner Funktionsweise, sondern in seiner Superstruktur (kriminelle Unternehmer, unfähige Politiker, korrupte Beamte, ignorante Konsumenten etc.) verortet wird. Das Wachstum der Produktivkräfte (und es war noch nie so groß) ist erstmals kleiner als die Destruktivkräfte gegen Mensch und Umwelt. Die fortschrittliche Mission kapitalistischer Produktion und somit der gesamten Gesellschaftsformation ist am Ende, das verdeutlicht sich auch am Müll, der Kehrseite der Produktion. Denn nichts anderes ist Müll: Er ist die negative Dialektik des Fortschritts, der kapitalistischen Industrialisierung, die immanente Kehrseite des Systems. Die Müllproblematik ist somit auch nicht politisch bewältigbar, sondern bloß verwaltbar. Politik, ob schwarz, ob rot, ob blau, ob grün, hat nur die Chance, professionell oder weniger professionell ihre Hilflosigkeit zu dokumentieren. Sie ist schlichtweg überfordert. Was sie lösen soll, kann sie gar nicht lösen. Die Möglichkeiten der Politik dürfen nicht überschätzt werden, sie ist zweifellos die falsche Adresse. *"Gerade weil das System hier unmittelbar gar nichts ausrichten kann, ist es um so wahrscheinlicher, daß sich hier Kommunikation über ökologische Themen einnistet und ausbreitet"*,[109] ätzt der führende deutsche Systemtheoretiker Niklas Luhmann.

Müll ist die Negation des Gebrauchswerts an sich, beim Tauschwert allerdings kehrt er das Verhältnis zwischen Käufer und Verkäufer bloß um. Der Nehmer hat bezahlt zu werden, der Geber hat zu zahlen. Die kapitalistische Logik wird damit nicht ausgeschaltet - der Wert realisiert sich weiterhin durch Geld im Tausch -, aber doch auf den Kopf gestellt. Die Kehrseite der Produktion kehrt auch die Ware-Geld-Beziehung um. Zusehends problematisch wird, daß beim Verkauf einer Ware der Gebrauchswert sich ständig gegenüber dem Tauschwert relativiert. Um den Tauschwert zu realisieren, die Absätze zu sichern, muß das Produkt schnellebig sein. Die kapitalistische Ware fällt so oft hinter die technischen Möglichkeiten der gegenwärtigen Produktivkraftentwicklung zurück, was wiederum nichts anderes heißt, als daß diese die Grenzen von jener zu sprengen beginnt. Der Gebrauchswert wird aktuell immer mehr zum Verbrauchswert, um den Tauschwert zu retten. Mit Günther Anders müssen wir uns sogar fragen, ob hier überhaupt noch Eigentum in klassischer Form angeeignet werden kann: *"Konsumprodukte erlöschen durch ihre Verwendung. Sie sind da, um nicht mehr da zu sein. Verwendetwerden und Liquidiertwerden fallen bei ihnen zusammen. Eigentum können sie also eigentlich nicht werden bzw. nur insofern und nur so lange, als sie **nicht** verwendet werden. Da ihre Verwendung (also die Liquidierung ihres dinglichen Bestandes und ihres Eigentum-seins) die Produktion weiterer Konsumprodukte erforderlich macht, diese also fördert, ist es begreiflich, daß die **Industrie als ganze danach trachtet**, diese Förderungsmethode zu übernehmen; also **den Ding- und Eigentums-Status ihrer Produkte** gleichfalls **aufzuheben.**"*[110] Die Haltbarkeit ist in dieser Betrachtung dann bloß noch Diebstahl am Produzenten.[111]

Was für das zirkulierende Warenkapital gilt, gilt aber auch für das fixe Kapital, d.h. die Umwälzung und *"der Wechsel der Produktionsmittel und die Notwendigkeit ihres beständigen Ersatzes infolge des moralischen Verschleißes, lange bevor sie physisch ausgelebt sind"*[112]. Die Umschlagszeit des Kapitals und der moralische Verschleiß der Produktionsmittel kollidieren zusehends. Die Geräte gieren danach, ersetzt zu werden, bevor sie entsprechend genützt worden sind. Kaum gekauft, ist das bessere Nachfolgeprodukt schon auf dem Markt. Die Geräte altern vor der Zeit. Auch hier führt sich der klassische Eigentumsbegriff ad absurdum.

Um den Tauschwert zu realisieren, muß das Produkt aber nicht nur real, sondern auch fiktional schnellebig sein, d.h., es muß über das Produkt hinaus ein enormer Aufwand getrieben werden. Werbung und Mode suggerieren ein Habenmüssen, das die Qualität des Daseins erst ausmacht. Das Design der Ware geht vor dem Sein des Produkts; obwohl ohne letzteres nichts, wird es größer als dieses. Der Gebrauchswert ist beim Verkauf, d.h. bei der Wertrealisierung, von untergeordneter Bedeutung. Das Produkt muß als Ware durch die Verpackung etwas vermitteln, was eigentlich nicht zu seinem substantiellen Charakter zählt. Das Design ist gebrauchswertunwichtig, aber tauschwerttüchtig. Der Fetischcharakter der Ware erfährt ein zusätzliches Moment. Die Buntheit der Welt spiegelt sich in den Waren, nicht aber im Leben wieder.

Der Müll wird in der Produktion geschaffen, unabhängig davon, ob er sich dort, in der Zirkulation oder in der Konsumtion realisiert. Der Großteil des Mülls bleibt aber bereits dort liegen. Das Verhältnis Hausmüll zu Industriemüll dürfte ungefähr im Verhältnis von 1:12 stehen.[113] Schwierigkeiten, den Industrie- und Gewerbemüll zu erfassen, gibt es zuhauf, sowohl was Quantität als auch Qualität betrifft. Betriebs- und Geschäftsgeheimnis verhindern Information über die verwendeten Stoffe, den Produktionsprozeß, die produzierten Mengen, die Zwischenlagerung des Mülls etc. Was auf die Öffentlichkeit an Folgen zukommt, kann nur gemutmaßt werden.[114] Die Betriebe sind Black boxes, sie sagen nur, was sie sagen wollen. So ist es ebenso verständlich wie bezeichnend, daß auf die vorletzte gesamtösterreichische Abfallerhebung des Österreichischen Bundesinstituts für Gesundheitswesen aus dem Jahr 1984 85% der rückmeldenden Betriebe auf die Frage, ob es zu Umweltbeeinträchtigungen bei der Sonderabfallbehandlung oder -beseitigung in ihren Betrieben käme, die Antwort verweigerten.[115] Den somit zwingenden Bankrott der österreichischen Müllpolitik brachte einmal Marilies Flemming auf den Punkt: *"Ich war mir von Beginn meiner Ministerschaft an darüber im klaren, daß es zu meinen Aufgaben gehören wird, den Müll, den Mist, den Abfall, den andere mehr oder minder verantwortungslos irgendwohin streuen, wegzuräumen. (....) In Österreich werden jährlich, meine Damen und Herren, 400 000 Tonnen gefährlichen Sondermülls produziert. Dazu kommen noch Sondermüllmengen, die importiert werden. Niemand weiß in Österreich, wieviel Sondermüll, welche Art von Sondermüll sich wo gerade in Österreich zu welchem Zwecke befindet. Auch das von Ihnen immer wieder so gepriesene ÖBIG (Österreichisches Bundesinstitut für Gesundheitswesen, F.S.) versucht seit Jahren, irgendwelche Zahlen zusammenzubringen, dies sind Zahlen aus dem Märchenlande. Niemand weiß in Österreich, wo Sondermüll ist, wieviel es ist und von welcher Art und Weise er ist."*[116] Flemming stellt aber auch fest: *"Die gesamte Abfallmenge (also Hausmüll, Gewerbe- und Industriemüll, Sperrmüll, Straßenkehricht sowie Sonderabfälle) betrug in Österreich im Jahr 1983 zirka 15*

Millionen Tonnen. Davon waren zirka 1,6 Millionen Tonnen Hausmüll, der Rest entfiel zum überwältigenden Anteil auf Abfälle von Industrie- und Gewerbebetrieben."[117] Um es noch einmal zu betonen, bedeutet dies: Der Müll fällt primär in der Produktion an. Und auch jener, der in der Konsumtion anfällt, ist Folge der Produktion und nicht der Konsumtion. Das Müllproblem kann daher nur von der Seite der stofflichen Produktion effektiv angegangen werden, alles andere ist nachsorgende Augenauswischerei. Dazu bedarf es aber nicht nur des Eingriffs in die Ökonomie, dazu bedarf es der generellen steuernden Planung.

Die Müllaufklärung läuft freilich unter dem Motto: "Was sind wir denn für Schweine!" Da wird so getan, als sei das unlogisch und unmöglich, was wir da machen, derweil ist es nicht nur möglich und logisch, sondern zwingend. Schlechtes Gewissen soll erzeugt werden, nicht Wissen oder gar Bewußtsein, warum das so ist, ja, so sein muß. So wird der Müll mystifiziert, sein gesellschaftlicher Inhalt verschwindet in der Bejammerung der stofflichen Substanz. Anstatt die Zwangslogiken zu erkennen, sie zu begreifen, über sie nachzudenken, zu zeigen, was hinter dem Müllsystem und seinen ungustiösen und bedrohlichen Erscheinungen steckt, vermeint man, der einzelne könne durch bewußten Kauf oder bewußte Sortierung viel mehr ausrichten, als sein und unser Gewissen zu beruhigen.

Der willige Konsument wird zu Unrecht zum Prügelknaben der offiziellen wie der ökologischen Argumentation, er wird ob seiner Angepaßtheit getadelt und gescholten. Alle ökologischen Problemlinderungen werden finanziell auf seinem Rücken ausgetragen, der Konsument ist es, der gleich zweimal zu zahlen hat: für die Versorgung wie für die "Entsorgung". Ein Beispiel dazu: Der Konsument kauft eine Ware samt ihrer Verpackung, d.h., er zahlt einen Tauschwert in Form von Geld, kann jedoch nur einen Teil des Erstandenen in der Konsumtion realisieren. Der Rest ist Abfall respektive Müll. Er zahlt nun für das Produkt wie für die Beseitigung der Reststoffe. Mit der Verpackung hat der Konsument ein unkonsumierbares Produkt erstanden, für das er bei der Weggabe auch noch zahlen muß. Zwischenzeitlich arbeitet er noch gratis für die Mülltrennung.[118] Die Erfolge der Umweltbewegung liegen bisher weniger in der Beseitigung menschen- und umweltgefährdender Produktion als vielmehr in Verteuerungen, die letztendlich auf den Konsumenten abgewälzt werden. So werden die Konsumenten für das, was letztendlich zu ihren Ungunsten stattfindet, auch noch bestraft. Insofern hat die Frontstellung bestimmter Konsumentenorganisationen (ÖGB, Autofahrerclubs etc.) gegen Grüne und Umweltschützer durchaus einen rationalen Kern. *"Ein wichtiger Grund für die fehlende Müllvermeidung ist, daß die Entsorgungsgebühren (übrigens auch die Abfall- und Deponieabgaben) konzeptionell am Ende der Kette ansetzen, d. h zu einem Zeitpunkt, bei dem ein Gut zur Entsorgung anfällt. Der Konsument als Letztinhaber der Abfälle wird dabei als Abfallverursacher gesehen."*[119]

Strenggenommen kann der Konsument gar keinen Müll schaffen, auch wenn er bei ihm an- bzw. abfällt. Er bekommt ihn bereits geliefert. Der Müll ist keine Frage der Distribution oder der Konsumtion, höchstens man folgt den ideologischen Erzählungen der Abfallwirtschaft oder einigen übereifrigen Autoren, die im Verbraucher den Müllproduzenten sehen wollen.[120] Er ist Folge der spezifischen kapitalistischen Produktion, die blind gegenüber Mensch und Umwelt ist. Grundlage davon ist der kapitalistische Zwang zur möglichst raschen Verwertung des Werts, kurzum zur Kapitalbildung als Gesetz der Ökonomie, unabhängig davon, in welchem Ausmaß sie Mensch und Umwelt vernutzt.

Die "Abfallwirtschaft" ist jedenfalls als profitabler Teil der Gesamtwirtschaft geplant. In der Gesellschaft entsteht ein bedeutender Reparatur- und Beseitigungssektor - man denke an den neuen Beruf des Abfallhirten -, der sich zunehmend ausdehnen und eigenständige Interessen verfolgen wird. Der Handel mit und um den Müll wird zu einem florierenden Geschäftszweig, zu einer der wenigen Wachstumsbranchen. Müllerzeugung und Müllbeseitigung ergänzen sich glänzend. Die Produktion ist hingegen keineswegs ökologischer geworden, nur werden mehr sogenannte "ökologische" Produkte hergestellt bzw. Umweltschäden saniert. Diese "Ökoindustrie" kann nur wachsen, wenn es bleibt, wie es ist, wenn genug Luft verpestet und genug Müll produziert wird. In der Entsorgungsbranche herrscht jedenfalls Goldgräberstimmung. Nicht die Ökonomie wird der Ökologie untergeordnet - das geht heute auch gar nicht -, sondern die Ökologie wird in die Ökonomie integriert. Nicht die Bedrohung von Mensch und Umwelt soll in der Tendenz beseitigt werden, nein: Die letzten freien Güter (Wasser, Luft) sollen ihren Preis erhalten, zu Waren werden. Reparatur, Sanierung und Aufbereitung garantieren gute Geschäfte. Das Nachsorgeprinzip ist der zentrale Gedanke der gegenwärtigen Umweltpolitik. Die Politik wird zweifellos die gröbsten Mißstände korrigieren. Dazu ist sie da. Mehr kann sie nicht.

2. ÖKONOMIE

Daß Ökologie und Ökonomie zusammenhängen, ist heute zu einem Allgemeinplatz geworden. Die Frage nach ihrer struktiven Beziehung durchzieht auch unsere Arbeit. Ökologische Probleme sind allesamt Folge von ökonomischen Prozessen. Es ist die der kapitalistischen Wirtschaft eigene Dynamik, die Logik des Werts, welche die ökologischen Folgen determiniert.[1] Gesäubert von diversen Verunreinigungen des Überbaus (Politik, Kriminalität, Bürokratismus etc.), ist das der Kern, der sich bei der ökologischen Problematik herausschälen läßt. Das Fruchtfleisch kann nur rund um ihn gedeihen. Egal, ob wir den Müll oder das Waldsterben betrachten, den Verkehrsinfarkt oder die Bodenverseuchung, in letzter Instanz sind ökonomische Prozesse dafür verantwortlich, daß die Umwelt Schaden nimmt. Ohne Produktion könnten sie nicht sein. Dort ist der Ort, wo sie unabhängig von ihren Realisierungen geschaffen werden. Die ökonomische Entwicklung bedroht die ökologische Substanz. Dieser Widerspruch von Form und Stoff schreit geradezu nach einer inhaltlichen Auflösung.

Karl Marx, dem man allzuoft, aber fälschlicherweise Blindheit gegenüber den Produktivkräften vorwarf, schrieb bereits vor mehr als hundert Jahren: *"Die kapitalistische Produktion, wenn wir sie im einzelnen betrachten und von dem Prozeß der Zirkulation und den Überwucherungen der Konkurrenz absehen, geht äußerst sparsam um mit der verwirklichten, in Waren vergegenständlichten Arbeit. Dagegen ist sie, weit mehr als jede andre Produktionsweise, eine Vergeuderin an Menschen, von lebendiger Arbeit, eine Vergeuderin nicht nur von Fleisch und Blut, sondern auch von Nerven und Hirn."*[2] *"Die kapitalistische Produktion ist überhaupt, bei aller Knauserei, durchaus verschwenderisch mit dem Menschenmaterial, ganz wie sie andrerseits, dank der Methode der Verteilung ihrer Produkte durch den Handel und ihrer Manier der Konkurrenz, sehr verschwenderisch mit den materiellen Mitteln umgeht und auf der einen Seite für die Gesellschaft verliert, was sie auf der andern für den einzelnen Kapitalisten gewinnt."*[3] Marx hat also schon, trotz aller Apologetik des Kapitals, die negativen Züge nicht nur von der sozialen, sondern auch von der stofflich-ökologischen Seite her erkannt und problematisiert. Folgende Passage liest sich wie eine Vorwegnahme ökologischer Kapitalismuskritik: *"Und jeder Fortschritt der kapitalistischen Agrikultur ist nicht nur ein Fortschritt in der Kunst, den Arbeiter, sondern zugleich in der Kunst, den Boden zu berauben, jeder Fortschritt in Steigerung seiner Fruchtbarkeit für eine gegebne Zeitfrist zugleich ein Fortschritt im Ruin der dauernden Quellen dieser Fruchtbarkeit"*,[4] schreibt er, und resümiert: *"Die kapitalistische Produktion entwickelt daher nur die Technik und Kombination des gesellschaftlichen Produktionsprozesses, indem sie zugleich die Springquellen alles Reichtums untergräbt: die Erde und den Arbeiter."*[5] Marx reflektiert hier ausdrücklich die Dialektik des kapitalistischen Fortschritts, unterstreicht seine destruktive ökologische Seite, indem er die Potenz ihrer fatalen Folgen betont. Die verheerenden Dimensionen, die diese einmal annehmen sollten, konnten Marx und Zeitgenossen freilich nicht voraussahen. Vorwürfe, die in diese Richtung zielen, sind daher zurückzuweisen.

Was die heutige Wirtschaft und ihre Kritiker gemeinsam stört, sind aber nicht die Folgen schlechthin, sondern die Kosten, die sich aus den negativen Folgen der Produktionsprozesse ergeben. Nur so wird es verständlich, daß der Begriff der "social costs", der Folgekosten, im Zentrum der ökologischen Wirtschaftsdebatte steht. Christian Leipert definiert Folgekosten so: *"Unter den ökologischen und sozialen Folgekosten der Industriegesellschaft verstehe ich sämtliche (zusätzlichen) Verluste und/oder Belastungen, die von der Gesellschaft im Gefolge eines spezifischen - monetäre ökonomische Werte verabsolutierenden und naturdegradierenden - Entwicklungsstils getragen werden (müssen). Zu den Verlusten zählen Lebensqualitätseinbußen und Minderungen des ökologischen und ökonomischen Volksvermögens. Belastungen äußern sich im zusätzlichen ökonomischen Aufwand, der von den Betroffenen getragen werden muß, und in Lebensqualitätsverlusten wie zusätzlichem Zeitaufwand, Komfortverschlechterungen, zusätzlichem Streß und anderen gesundheitlichen Belastungen etc."*[6] Gegen diese taxative Aufzählung ließen sich zahlreiche Einwände vorbringen, unsere Kritik hakt aber auch diesmal tiefer ein, am Begriff selbst. Es will uns nämlich, betreffend die Kategorisierung, nicht in den Kopf, warum die negativen gesellschaftlichen Folgen unbedingt mit dem Kostenbegriff verknüpft werden müssen. Es ist ein Widerspruch in sich, zu schreiben: *"Ziel des Folgekostenbegriffs im Umweltbereich ist es, sämtliche ökonomischen und nicht-ökonomischen Lasten und Schadenswirkungen, die im Ökonomie-Ökologie-Verhältnis auftreten, zu erfassen."*[7] Das kann wohl nur den politökonomischen Grund haben, daß jene vornehmlich nur interessieren, wenn sie volks- und betriebswirtschaftlich relevante Kosten verursachen. Das kleine Wort Kosten für die großen Folgen demonstriert einmal mehr, daß die gängige Ökologiekritik nicht über die Kategorien des Werts hinausdenkt, in ihnen vielmehr gefangen bleibt. Die vielfach erhobene Forderung nach einer Kostenwahrheit[8] kann sich nur an der Realität blamieren. Die Kostenwahrheit ist unmöglich einzulösen, da die Folgen zu keinen wirklich aussagekräftigen objektiven Zahlen finden können. Die Empirie der Bemessung muß hier in ihren Schätzungen - denn sie können nicht mehr sein - scheitern. Diese Schätzungen kennen mancherlei Schranken: zeitliche, örtliche, kausale, interdependente, individuelle. Die Wirtschaftswissenschaft steht daher vor Problemen, für die ihr betriebs- und volkswirtschaftliches Instrumentarium nicht geschaffen ist. Jene trotzdem in dieses Korsett zu pressen führt unweigerlich zu grotesken Ergebnissen. Unseriös sind daher Behauptungen wie die folgende: *"Deutschland gibt beispielsweise 2% des BIP für die Reparatur von Umweltschäden aus. Diesem Anteil stehen Umweltschäden in der Höhe von mehr als 6% des BIP gegenüber. Noch alarmierender fallen die Berechnungen des Umwelt- und Prognose-Instituts Heidelberg aus, das die Umweltfolge-*

kosten für die BRD auf 20% des BIP schätzt."[9] Ökologische Schäden sind resistent gegen den herrschenden metaphysischen Zahlenfetischismus. Umweltfolgen sind analysierbar, Umweltfolgekosten jedoch nicht berechenbar. Mit den Methoden der Kostenrechnung ist den ökologischen Problemen weder theoretisch noch praktisch beizukommen. Aussagen wie: *"Faire Wettbewerbsbedingungen können nur auf der Basis der wahren Kosten des Wirtschaftens geschaffen werden"*,[10] verkennen daher die realen gesellschaftlichen Prozesse. Was es gibt, sind wirkliche Folgen, was es nicht gibt, sind wahre Kosten, so tatsächlich sie auch auftreten mögen. Interessant wäre daher vielmehr die analytische Konstruktion einer Folgenwahrheit, unabhängig von ihrer monetären Bewertung.

Michael Cerveny schreibt: *"Um als Sozialkosten anerkannt zu werden, müssen Schäden und Mängel zwei Eigenschaften aufweisen: Es muß die Möglichkeit bestehen, sie zu vermeiden, und sie müssen von Unternehmen auf Dritte abgewälzt worden sein."*[11] Das kann doch nur so gemeint sein, daß die Unternehmungen die Möglichkeiten hätten, sich anders zu verhalten, sie sich sozusagen bewußt falsch betätigten. Das dualistische Denken und die Überschätzung der Wirtschaftssubjekte illustriert auch folgende Passage: *"Im Englischen stehen zur Beschreibung dieses Sachverhalts sehr ausdrucksstarke Vokabel zur Verfügung, nämlich goods, bads und antibads. Goods sind private und öffentliche Güter, die die Lebensqualität mehren, bads bezeichnen die negativen Wirkungen bei der Produktion, die zu Gefährdungen und Belastungen von Mensch und Umwelt führen, und antibads sind Investitionen, durch (die) diese negativen Auswirkungen beseitigt werden sollen."*[12] Eine Trennung, wie sie hier von Cerveny und dem "Gföhler Kreis" vorgenommen wird, trägt nicht. Vokabel wie *goods* und *bads* sind keine Begriffe, sondern sinnlich-subjektive Hilfsausdrücke. Positiva und Negativa sind nicht einzelnen Produktionszweigen, Produktionsverfahren oder Produkten zuzurechnen, sie sind vielmehr allen geplanten stofflichen Prozessen gemeinsam. Nur ein positivistisches Gut-Böse-Schema, dem die Grünen freilich durchgängig - an allen Orten, in allen Zeiten, quer durch alle Strömungen, hinsichtlich aller Fragen - huldigen, läßt so denken. Daß das Konstruktive auch destruktiv wirken kann, ja vielfach destruktiv wirken muß, will dem gesunden Menschenverstand nicht in den Sinn. Wie klassifiziert man heute etwa die Produktion von Autobahnen oder Medikamenten, Schweinen oder Stöckelschuhen? Doch nur als ein Sowohl-Als-auch. Vor pauschalen Antworten ist zu warnen. Da ist nichts eindeutig aufgrund sachlicher Eigenschaften, die spezifischen Gegenstände wirken je nach ihren gesellschaftlichen und individuellen Bezugsfeldern das eine Mal so, das andere Mal anders. Cerveny geht in seiner Logik aber sogar so weit, soziale Kosten und *bads* gleichzusetzen.[13] Dahinter verbirgt sich die Vorstellung, daß Wirtschaften ohne negative soziale Folgen möglich wäre. Das ist nicht der Fall. Solange der Mensch sich gestaltend zur Materie verhält, wird er auch Destruktionen zeitigen. Dialektisch gewendet gilt: The good will be bad and the bad will be good. *"Fair is foul and foul is fair"*,[14] wußten schon Shakespeares Hexen.

Eine emanzipatorische Kritik hätte anzusetzen an der unter den Bedingungen der Wertlogik unmöglichen Folgenabschätzung. Wogegen man sich wendet, sind nicht die *bads* schlechthin, sondern die Blindheit und die zerstörerische Potenz, mit der sie durch den Kapitalismus vorangetrieben werden. Unsere Kritik gilt natürlich nicht nur den Folgekosten als ökonomischer Kategorie, sondern überhaupt der ganzen Monetarisierung gesellschaftlicher Beziehungen. Geld als ursprüngliches Mittel zum Zweck des Kaufs und Verkaufs von Waren und Dienstleistungen ist zum Ziel der Wirtschaft geworden. Ein zynischer Systemtheoretiker wie Niklas Luhmann definiert diese daher überhaupt ausschließlich über Geld: *"Unter Wirtschaft soll hier die Gesamtheit derjenigen Operationen verstanden werden, die über Geldzahlungen abgewickelt werden."*[15] *"Zahlen oder Nichtzahlen - das ist, ganz streng gemeint, die Seinsfrage der Wirtschaft."*[16] Die zentrale Frage ist uns daher auch nicht: *"Wie hoch ist das Nettoprodukt einer Gesellschaft wirklich?"*[17] - deren Beantwortung schon am Fehlen der qualitativen Differenz von *goods* und *bads*, Konstruktiva und Destruktiva scheitern muß -, sondern: Wie groß ist der gesellschaftliche Reichtum, und wie hoch ist das Potential der Destruktivkräfte? Jener und dieses sind analytisch wie sinnlich zu fassen, meßbar sind sie kaum. Unsere Frage ist gebrauchswertorientiert, aber nicht tauschwerttüchtig. Der Gebrauchswert sperrt sich gegen die Zahlenmetaphysik, wie sie der bürgerlichen Kosten- und Preisrechnung zugrundeliegt.

Daß die heutige, maßgeblich von den Grünen geprägte Ökologiekritik an den entscheidenden Stellen, den Betrieben, vorbeiläuft, erwähnten wir schon (Abschnitt I). Das müssen auch Ökoreformisten wie Leipert erkennen, der etwa schreibt: *"Und die politische Kraft, die Industrie als Hauptverursacher des Altlastenproblems mit wesentlichen Beiträgen heranzuziehen, fehlt bis heute."*[18] An einer anderen Stelle vermerkt er, die Abfallentsorgung betreffend: *"Die Erfolge, die bisher an der Umweltschutzfront erzielt worden sind, sind mit ständig steigenden Aufwendungen in den Aufbau einer Entsorgungsinfrastruktur bezahlt worden."*[19] Die Frage, die sich solche Autoren stellen lassen müssen, ist jene, ob heute überhaupt etwas anderes möglich ist. Der Wertlogik folgend, würden wir das klar negieren. Von der Industrie ist nur zu holen, was sie sich wiederum bei ihren Beschäftigten oder Konsumenten holt. Ein Internalisierungsdruck kann noch so stark sein, außer Preiserhöhungen vermag er unter dem Wertgesetz kaum etwas auszurichten. Die ökologischen und sozialen Profitbeschneider werden regelmäßig von der Wirklichkeit widerlegt. Was von einem ökologischen Standpunkt aus nicht produziert werden sollte, kann vom Standpunkt der ökonomischen Logik der Kapitalakkumulation durchaus sinnvoll erscheinen. Ökologische Marktwirtschaftler wie Joseph Huber behaupten, daß wirtschaftlich ist, was ökologisch ist.[20] Produktion bedeutet Gewinn, ebenso das Geschäft mit den Folgen. Wie sagte doch einmal der ehemalige ÖVP-Generalsekretär Helmut Kukacka in einer heute kaum noch üblichen Offenheit: *"Die Produktion, nicht die Nichtproduktion, sichert den Arbeitsplatz. Auch die Produktion von Müll, der ganz besonders, weil er sogar nach seiner Produktion Arbeit bietet."*[21] Dagegen läßt sich schwer etwas sagen, vor allem dann, wenn man das gemeinsame Ziel von Wirtschaft und Arbeit, von konstantem und variablem Kapital mitunterschreibt.

Wovon so ziemlich alle Grünen ausgehen, ist die Vorstellung, daß über zielgerichtete politische Interventionen die Ökonomie zu steuern wäre. *"Der Weg zur Alternative in der Wirtschaft geht über ein politisches Handeln",*[22] postulierte Erich Kitzmüller bereits auf dem ersten Gföhler Wirtschaftsseminar 1983. *"Es genügt nicht, als kleines Rädchen beim Kaufen und Verkaufen möglichst verantwortlich zu handeln; denn das 'Mögliche' ist eng begrenzt durch Machtverhältnisse, denen niemand als Vereinzelter, sondern jeder nur durch politisches Zusammenhandeln eine Alternative abtrotzen kann."*[23] Dieser Wunderglauben ist auch heute noch ungebrochen. Auf das Verhältnis von Politik und Wirtschaft angesprochen, antwortete uns der grüne Stadtrat Christoph Chorherr wie folgt: *"Ja, aber der Markt ist richtungslos, ist ziellos, das einzige, was er will, ist Akkumulation. Was, ist ihm wurscht. Ja. Und Politik hätte die Aufgabe, eine Richtung zu geben. Viele, die aber ökosoziale Marktwirtschaft sagen, meinen: Na gut, das heißt ja weniger Staat, der Markt regelt sich das schon. Der Markt regelt sich, und weder die Ökologie noch die soziale Gerechtigkeit. Aber man kann soziale Gerechtigkeit durchaus auch mit Marktinstrumenten herbeiführen, wenn der entsprechende politische Rahmen da ist."*[24] Als unumstößlich hält Chorherr freilich fest: *"Kostenminimierung und Gewinnorientierung sind das Wesen unserer Wirtschaft. Auch mit Moralappellen werden wir daran nichts ändern."*[25] Was bei den Grünen aber ebenfalls schon auffällt, ist, daß sie in ganz idealistischer Manier immer wieder die wahre Marktwirtschaft gegen die wirkliche ins Feld führen, gar nicht mehr auf den Gedanken kommen, daß die wirkliche vielleicht die einzig wirkliche ist. Das liest sich dann so: *"Die wirtschaftliche Entwicklung muß in gewissen Bereichen kontrolliert, der Markt gesellschaftlich reguliert werden. Einzelne Umweltgesetze können nur unzureichend Abhilfe schaffen, der ökologische Umbau muß von Grund auf erfolgen."*[26] Oder bundesrepublikanisch übersetzt: *"Internationale Marktbeziehungen und der damit verbundene Leistungswettbewerb mit seinen abstrakten Leistungsmaßstäben Umsatz und Gewinn müssen innerhalb politisch bestimmter Rahmenbedingungen relativiert werden. Erst durch seine Einbettung in ein normales Gesamtsystem erhält der Markt seine Funktion als Instrument zur Verbesserung von Leistungsvergleichen über Preise bzw. zur automatischen Kontrolle individuellen und nationalen Machtstrebens über den Wettbewerb."*[27] Was aber nun das *"normale Gesamtsystem"* ist bzw. auf welchem *"Grund"* der ökologische Umbau erfolgen soll, darüber schweigen die Grünen. Oder sie kapitulieren wie die Klubobfrau der Grünen Alternative, Madeleine Petrovic. Auf die Ökologisierung angesprochen, sagt sie ganz eindeutig: *"Ich glaube, das funktioniert nur auf Basis einer marktwirtschaftlichen Orientierung, wir wollen keinen Öko-Dirigismus."*[28] *"Nichts an diesem Programm ist utopisch"*,[29] erklärte daher folgerichtig dieselbe bei der Vorstellung des grünen Programms "Arbeit durch Umwelt".

Wenn auch nicht so eindeutig prokapitalistisch wie heute, so waren doch grüne Wirtschaftsprogramme objektiv nie antikapitalistisch. Politizistisch orientiert war auch das wohl bislang originellste Modell einer von einem Kreis um Robert Lukesch (ALW) entwickelten Produktivkraftsteuerung.[30] Ausgehend von einer Basissteuer sollte die Wirtschaft mit Zu- und Abschlägen zu einer ökologischen und sozialen Betriebsführung verpflichtet werden. Obwohl die Autoren sich gegen die Logik des Systems aussprechen - womit Lukesch wohl eher die "Megamaschine" als den Kapitalismus meinte -, war ihre Argumentation durch und durch betriebs- und volkswirtschaftlich geprägt. Das zeigt auch die Terminologie, die von *"aufwandswirksamer Rechnung"*[31] bis hin zum *"Arbeitnehmer"*[32] mit dem traditionellen Vokabular Neues zu behaupten meint. Als permanentes Gefahrenabwendungsmodell lief es seinerseits Gefahr, wirtschaftliche Tätigkeit in bürokratischen Bewertungsverfahren zu ersticken. Ökologie sollte der Ökonomie förmlich oktroyiert werden.

Ein Grundirrtum grüner Vorstellung von Wirtschaft ist, daß Wirtschaft einer Wirtschaftspolitik folgt, diese jener ihren Rahmen vorgibt. Das ist völlig verkehrt. Wirtschaftspolitik ist nichts anderes als die begleitende, korrigierende Maßnahme, um unzumutbare Ausuferungen zu vermeiden. Wirtschaftspolitik folgt der Wirtschaft, nicht Wirtschaft der Wirtschaftspolitik. Das führt auch dazu, daß die Grünen gleich den anderen immer wieder zwischen staatlichen Eingriffen und marktwirtschaftlichem Laissez-faire hin- und herschwanken, keine Fragen und Antworten außerhalb dieser Dichotomie in Sicht sind. Andreas Wabl brachte einmal, nach Jahren parlamentarischer Tätigkeit schon etwas abgeklärt, das Dilemma ganz unbewußt auf den richtigen Punkt: *"Die einen werden sagen: eher mit Geboten und Verboten, die anderen werden sagen: mit Subventionen, mit freiwilligen Maßnahmen und so weiter. Darüber können wir dann streiten."*[33] Instinktiv fühlt da einer, daß eigentlich wenig geht, ohne freilich zu bedenken, daß die von ihm noch immer mitgetragene Fragestellung desavouiert werden müßte, will man über diesen ermüdenden Kreislauf hinausdenken. Wabls Ratlosigkeit zeigt sich dann noch einmal deutlich, wenn der alte politische Kämpfer die hilflose Frage stellt: *"Wer ist der Gegner?"*[34] Dieser ist ihm nach Jahren parlamentarischer Interventionen abhanden gekommen, obwohl die Probleme nicht weniger geworden sind. Das Freund-Feind-Schema begreift tatsächlich nichts mehr. So zu denken ist jedenfalls nicht zielführend, ein wirklich neues Denken ist freilich noch nicht in Sicht. Ein erster Schritt wäre hier, die Verhältnisse eben als Verhältnisse, nicht als persönliche Willkürakte zu begreifen. Ob das grüne Denken aber kollektiv diesen Schritt tun kann, muß nach unserer Analyse negiert werden. Was wir gegenwärtig erleben, ist nichts anderes als eine Wiederaufführung des alten oppositionellen Spiels von Mitmachen oder Entsagen, obwohl man doch beides nicht wollte. Grüne Wirtschaftspolitik ist befangen zwischen Sozialromantik einerseits und Pragmatismus andererseits. Weil erstere nichts von dem halten kann, was sie verspricht, muß letzterer sich durchsetzen. Auch wenn er gegen die ideelle linke Kritik sich argumentativ nicht zu wehren versteht, besteht er eben ob der Kraft des Faktischen. So schreitet die grüne Wirtschaftspolitik von neuen Fragen zu alten Antworten. Ihre Scheu vor dem Obligaten wird immer geringer. Was in der Folge zu zeigen sein wird.

Daß Umweltschutz etwa Arbeit schaffen soll, ist mittlerweile auch den Grünen selbstverständlich. *"In Holland wurden durch Umweltschutz 75 000 Jahresarbeitsplätze geschaffen"*,[35] verkündete Freda Meissner-Blau gleich in ihrer parlamentarischen Antrittsrede. Und in einer erst kürzlich erschienenen Broschüre, "Arbeit durch Umwelt", heißt es: *"Schon kurzfristig könnten - durch die von den Grünen vorgeschlagenen Maßnahmen - bis zu 15.000 neue Arbeitsplätze geschaffen werden."*[36] Und Peter Pilz schreibt in der Einleitung von "Arbeit durch Umwelt": *"Die Wirtschaft will rechnen, und deshalb muß die Politik berechenbar werden."*[37] *"Wir führen die Wirtschaft durch richtige, ökologisch motivierte und weitblickende Investitionen aus der Krise."*[38] Und da das grüne Investitionsprogramm *"realissimo"*[39] ist, ja sogar *"die Industrie die Seiten zu wechseln"*[40] beginnt, ist für Pilz klar: *"Zu unseren Vorschlägen kann niemand 'Nein' sagen, außer, es geht ums pure Neinsagen."*[41]

"'Arbeitsplätze durch Umweltindustrie' - das meinen viele wirklich ernst",[42] schrieb Peter Pilz noch vor einigen Jahren, ja er vermeinte gar behaupten zu können: *"Ziel der Grünen bleibt, daß es sobald wie möglich keine Umweltindustrie mehr gibt. Mit der Ökologisierung der Produktion schafft der wirtschaftliche Umbau die Umweltindustrie Schritt für Schritt ab."*[43] In Wahrheit erleben wir das genaue Gegenteil. *"Umweltschutz als Job-Knüller"*[44], titelte schon 1989 das deutsche Nachrichtenmagazin "Der Spiegel". *"Folgekosten des Wachstumsprozesses stimulieren das Wachstum der Zukunft. Vor diesem Hintergrund bleiben einem die Reden bei den Feiern der Umweltschutzindustrie als neuer Wachstumsmarkt im Halse stecken,"*[45] schreibt Leipert. Und Beck meint: *"Die Risiken müssen sozusagen mit ihrer Bewältigung wachsen. Sie dürfen nicht tatsächlich in ihren Ursachen, ihren Quellen beseitigt werden. Es muß sich alles im Rahmen von Risikokosmetik vollziehen: Verpackung, symptomhafte Schadstoffverringerungen, Einbau von Reinigungsfiltern bei Beibehaltung der Dreckquellen. Also keine präventive, sondern eine symbolische Risikovermehrungsbeseitigungsindustrie und -politik. Das 'Als ob' muß siegen, Programm werden. Dafür braucht man die 'alternativen Schreihälse' ebenso wie die kritischen und technologisch orientierten Risikowissenschaftler und Antiwissenschaftler. Sie sind sozusagen insgesamt, teilweise öffentlich finanzierte 'Vorweg-Werbeagenturen' für die Schaffung neuer Risiko-Absatzmärkte."*[46] Der Arbeitsfetisch feiert in grünem Gewand seine neueste Inszenierung. Die Umwelt muß freilich nur geschützt werden, wenn sie bedroht wird. Wird sie das nicht, dann ist Umweltschutz sinnlos geworden. Umgekehrt formuliert: Wenn der Umweltschutz Arbeitsplätze schaffen kann, dann ist die Umweltzerstörung als seine Bedingung anzuerkennen. *"Der Kreislauf von Zerstörung und Reparatur wird dadurch nicht durchbrochen"*,[47] vermerkte man hinsichtlich solcher Praktiken noch im Umbauprogramm der deutschen Grünen, obgleich man in diesem Programm selbst außerordentlichen Wert auf die beschäfti-

gungspolitischen Effekte legte.[48] Nur die Umweltbeeinträchtigung kann jedenfalls Grundlage der Umweltreparatur und umweltschützerischer Maßnahmen sein. Eine wirklich ökologische Wirtschaft würde im Gegensatz dazu eine Unmenge an Arbeit, klassisch formuliert: an Arbeitsplätzen, vernichten, weil einsparen.

Ein besonderes Anliegen der Grünen sind die österreichischen Kleinbetriebe. Ihre Schwierigkeiten werden in klassisch konservativer Manier auf eine verfehlte Wirtschaftspolitik zurückgeführt.[49] Für Karel Smolle ist klar, *"daß wir ein klares Ja zu den Klein- und Mittelbetrieben sagen sollen"*,[50] eben weil sich diese *"vor allem und in erster Linie besser an den Markt anpassen, aber auch an die Arbeitnehmer in diesen Betrieben."*[51] Smolles letzte Äußerung ist eindeutig falsch. Vielmehr gelingt es den Kleinbetrieben eher, die Beschäftigten an den Betrieb anzupassen, Rechte auszusetzen, Bestimmungen zu umgehen, als das in Großbetrieben der Fall ist, wo Gewerkschaften und Betriebsräte einflußreicher als in den familiären Unternehmungen sind. Den Kleinbetrieben, dem Liebkind konservativer Politiker, geht es wahrlich nicht wegen der Politik schlecht, ohne sie wären viele schon eingegangen. Sie verdanken wider die herrschende ökonomische Gesetzlichkeit vielfach ihre Existenz gerade den politisch bedingten Subventionen. Sie dem Markt zu überlassen käme oft einem Todesurteil gleich.

Dem Komparativ Wachstum stellen die Grünen den Komparativ Verminderung als Grundsatz gegenüber.[52] Wobei natürlich sofort auffällt, daß beide der gleichen Koordinatenachse folgen, das Prinzip somit unangetastet bleibt. Ihre Alternative sehen die Grünen nicht in einer anderen Qualität, sondern in anderen Quantitäten. Ihre prinzipiellen Bekenntnisse zu Autonomie, Dezentralismus, überschaubaren Einheiten lassen sich in einem bekannten Slogan konzentrieren. Im Originalton von Walter Geyer: *"E. F. Schumacher war es, der gemeint hat ' small is beautiful' - ' klein ist schön' . Das ist kurz zusammengefaßt tatsächlich die Position der Grünen zu diesem Unternehmensbereich. Klein und schön stellen sich ja die Grünen auch selbst in der Politik dar."*[53] Die Frage, was weshalb wie sein soll, wird hier natürlich erstickt. "Small is beautiful" ist eine ebenso verkehrte Aussage wie "big is better". Klein oder groß, kurz oder lang, hart oder weich, hoch oder tief, zentralistisch oder autonom, autoritär oder freiheitlich, das alles ist allein nach taktischem und strategischem Kalkül zu entscheiden. Dem Prinzipialismus der Form ist entschieden entgegenzutreten. Kleine Bereiche sind auch nur in sich überschaubarer als große. In Summe - denn je kleinere Segmente es gibt, desto mehr Segmente gibt es - sind sie sogar schwieriger zu überblicken als wenige große. Die Dialektik von groß und klein läßt sich jedenfalls durch kein Bekenntnis zu einem Formprinzip ersetzen, abgesehen davon sind beide relativ: *"Ein Sandkorn ist hoch durch ein Mikroskop betrachtet, und ein Turm ist niedrig mit einem Berg verglichen."*[54] Die konkrete Frage lautet daher immer: Was ist wozu wie groß? Mag auch die vorgetragene Kritik an großen Einheiten (Zentralstaat, Konzerne) berechtigt sein, so geht sie mit dieser Stoßrichtung in die Irre, übersieht in deren übermächtiger Erscheinung ihre Wesensbestimmung.

Deren Verhalten ergibt sich nicht aus ihrer Größe, sondern deren Größe aus ihrem Verhalten. Und ihr Verhalten folgt indirekt oder direkt den Gesetzlichkeiten der ökonomischen Basis, nur so können sie bestehen. Das Maß als bestimmtes Quantum, d.h. als Einheit von Qualität und Quantität,[55] ist jedenfalls ein durchaus nachgeordneter Faktor, d.h. alles andere als eine bestimmende oder gar unabhängige Variable des gesellschaftlichen Geschehens. Somit auch keine, die man beliebig ändern könnte, wie das die Kritiker oft in ihren Entflechtungsphantasien unterstellen. Die Frage des richtigen Maßes kann so nicht gesellschaftlich losgelöst betrachtet und diskutiert, geschweige denn verabsolutiert werden.

Auch bei den Grünen rettet der Markt die Umwelt. Freilich lassen sich bei ihnen immer noch andere Aussagen finden. Die Frage ist, ob diese mehr sind als folgenlose Rhetorik. Wenn Peter Pilz etwa schreibt: *"Dabei sollte möglichst wenig Zeit in der Sackgasse der 'ökologischen Marktwirtschaft' mitsamt ihres Wahns, das ganze Leben mit Preiszetteln versehen zu müssen, verschwendet werden"*,[56] oder: *"Mit 'Ökosozialer Marktwirtschaft' probiert die Industriegesellschaft ihren letzten Taschenspielertrick"*,[57] ja sogar: *"Ohne Vergesellschaftung geht es nicht"*,[58] dann spiegelt das Pilz' langsamen Abschied von sozialistischen Theorien eher wider als irgendeine relevante oder gar mehrheitsfähige grüne Position. Nach Durchsicht der Parlamentsprotokolle und diverser einschlägiger Broschüren, vor allem aber grüner Konzepte und Vorschläge muß gelten, daß die Grünen sich mit der Marktwirtschaft und somit dem Kapitalismus ausgesöhnt haben, wenngleich anderweitige Beteuerungen noch hörbar sind. Sie sind primär Kennzeichen individueller ideologischer Selbstversicherung, aber nirgendwo Basis grüner Praxis und - soweit vorhanden - Theorie.

Vor einigen Jahren machte sich Peter Pilz noch über die Formel *"Was der Markt kaputt gemacht hat, soll der Markt wieder reparieren"*[59] lustig. Heute ist sie grüner Konsens geworden, liegt allen Überlegungen zugrunde. Walter Geyer, der nicht einmal in Ansätzen je einen originär alternativen Standpunkt vertreten hatte, war 1987 nur manchen anderen Grünen voraus, als er klar und unmißverständlich und mehrmals im Nationalrat gleich einem Credo festhielt: *"Wir wollen den Anreiz schaffen, die Umweltzerstörung wegzurationalisieren. Wir wollen die Umweltverschmutzung, die Umweltvergiftung, die Verschmutzung der Luft, des Wassers, des Bodens besteuern. Wir wollen das teurer machen, um damit einen Anreiz zu schaffen, es zu vermeiden. Wir wollen die marktwirtschaftlichen Strategien in den Dienst des Umweltschutzes stellen, Strategien, die sich sonst in manchen Bereichen sehr, sehr gut bewährt haben. (....) Ich kann jeden ökologisch negativen Bereich im Wirtschaftsbetrieb, im Wirtschaftsgeschehen durch Steuern belasten und damit einen Anreiz schaffen, daß rationalisiert wird. Ich kann, wenn man so will, das freie Gut Luft, sauberes Wasser bewerten und es den Gesetzen der Marktwirtschaft unterwerfen."*[60] Genau darum geht es. Nicht zuviel Marktwirtschaft ist schuld, sondern zuwenig. Es gelte daher, die letzten freien Güter verwertbar zu machen. Geyer macht hier zum

Programm, was ohnehin ansteht. Die Mehrheiten bei den Grünen sollten sich noch etwas sträuben, früher oder später mußten aber auch sie sich diesem breiten gesellschaftlichen Konsens anschließen. Bezüglich der ökosozialen Marktwirtschaft hält Walter Geyer, damals stellvertretender Klubobmann der Parlamentsgrünen, fest: *"Die Grundsätze sind ja auch völlig unbestritten, was man merkt, wenn man den Rednern zuhört."*[61] Und dann fragt der schlaue Geyer: *"Warum aber geht, wenn alle Parteien das gleiche wollen, so wenig weiter? Warum ist der Weg der ökosozialen Landwirtschaft einer, der im Schneckentempo beschritten wird?"*[62] Vielleicht doch bloß, weil gesellschaftliche Interessen stärker sind als plakative Ansichten. Anstatt hier wirklich ernsthaft nachzudenken, was denn nun den Unterschied zwischen dem Willen und der Absicht einerseits und dem Dasein und der Realität andererseits ausmacht, hören wir Schuldzuweisungen.

"Bekommt die Umweltnutzung einen Preis, wird ein homo oeconomicus die Umwelt nur insoweit belasten, als sein Nutzen aus der Umweltbelastung die Kosten übersteigt. Verleiht die Rechtsordnung der Umwelt einen Preis, wird der Markt auch bei Umweltgütern optimale Ressourcenallokation anstreben. Mit anderen Worten: dafür sorgen, daß Umweltgüter nicht verschwendet werden."[63] Die Zauberformel ist also die Verpreisung der Umwelt. Aber warum sollte dann weniger verschwendet werden? Die Kost- und Produktionspreise, die dadurch steigen, werden doch umgewälzt. Was sie mehr kosten, werden sie letztendlich die Konsumenten mehr kosten. Für die Produzenten sind sie bloß ein zusätzlicher Verrechnungsaufwand, ökonomisch aber bloß ein Durchlaufposten. Der beabsichtigte Effekt wird so kaum eintreten. Hier handelt es sich um eine Milchmädchenrechnung, die davon ausgeht, daß die Unkosten, die man politisch der Industrie aufzuhalsen vermeint, auch dort getragen und nicht weitergegeben werden.[64] Was ja nichts anderes heißt, als daß der der Externalisierung folgenden Internalisierung wieder eine neue Externalisierung folgt. Wurden vorher die Kosten indirekt durch das Steueraufkommen getragen, so jetzt direkt vom Konsumenten. Es ist daher kein Zufall, daß vor allem die konsumentennahen Organisationen hier äußerst sensibel sind, spüren sie doch immer wieder den Griff - ob unbeabsichtigt oder beabsichtigt, ist de facto egal - in die Taschen ihrer Klientel. Eine Politik, die darauf baut, wird sich daher, unabhängig von ihren hehren Intentionen, immer wieder den Volkszorn zuziehen.

Den Grünen ist klar, die Umwelt braucht ihren Preis.[65] *"Wir müssen, glaube ich, lernen zu begreifen, daß wir die Kosten für Wirtschaftsgüter, die heute kostenlos verwendet werden, zum Beispiel Luft und Wasser, einrechnen, denn dann schauen die Bilanzen eigentlich anders aus."*[66] Soweit Josef Buchner, der entsprechend dieser Logik ein *"noch freieres Wirtschaftssystem"*[67] einfordert. Und Helga Erlinger, Geyers Nachfolgerin als stellvertretende Klubobfrau der grünen Parlamentsfraktion, erklärt: *"Die heutige Umweltzerstörung und Ressourcenschöpfung sind, ökonomisch gesprochen, meine sehr geehrten Damen und Herren, letztlich das Ergebnis eines Wirtschaftsprozesses, in dem Natur weitgehend zum Nulltarif oder, was Rohstoffe und*

Energiequellen angeht, zu geringen Preisen in Anspruch genommen wurde, Inanspruchnahme von Leistungen der Natur nahezu zum Nulltarif, obwohl diese Leistungen schon seit langem ökonomisch knapp sind und im Zuge des umweltbelastenden Wachstumsprozesses immer knapper werden. Von da her hätten sie schon lange mit einem Preis versehen sein müssen, um in der Wirtschaft als relevanter Kostenfaktor, mit dem man aus ökonomischen Gründen möglichst sparsam umgeht, spürbar werden zu können."[68] Daß auch die etablierte Politik inzwischen diesen Überlegungen folgt, sich ihnen nicht mehr verschließen kann, zeigt unter anderem die Regierungserklärung von Franz Vranitzky vom 18. Dezember 1990. Fast Wort für Wort wiederholt der Bundeskanzler das konsensuale ökologische Wortgut: *"Meine Damen und Herren! Der von manchen behauptete Gegensatz zwischen Ökologie und Ökonomie, zwischen Ökologie und Bauwirtschaft - um es ganz deutlich zu sagen - ist aufzulösen. (....) Hohes Haus! Ein Bestandteil einer stärkeren privatwirtschaftlichen und marktwirtschaftlichen Orientierung ist die Verringerung staatlichen Einflusses auf verstaatlichte Industrie und Banken. (....) Die Umwelt darf in Zukunft nicht mehr verschmutzt werden - und dort, wo es doch geschieht, schon gar nicht kostenlos!"*[69]

Grundlage solcher Überlegungen sind Theorien, die davon ausgehen, daß die Umweltmisere nur durch eine Vermarktwirtschaftlichung in den Griff bekommen werden kann. Christian Leipert, einer ihrer fundiertesten Vertreter, schreibt: *"Grundsätzlich ist zu sagen, daß es heute außerordentlich wichtig ist, den Versuch zu machen, die Wohlfahrtsverluste durch Umweltschäden, die weder vom Markt in monetären Kategorien bewertet noch durch kompensatorische Maßnahmen der Gesellschaft reguliert werden, auch in der Sprache des Geldes zum Ausdruck zu bringen. Wir leben in einer Wirtschaftsgesellschaft.(sic!) Kosten-Nutzen-Überlegungen beherrschen das Wirtschaftsleben. (....) Die Umweltzerstörung heute ist nicht zuletzt ein Ergebnis der mangelnden Einbeziehung des ökonomischen Wertes der Umwelt bzw. der ökonomischen Kosten der Umweltzerstörung wie auch der ökonomischen Nutzen der Erhaltung oder Wiederherstellung der Umweltqualität in wirtschaftliche Kosten-Nutzen-Kalkulationen. Aus dieser Perspektive ist die ökonomische Bewertung der außermarktlichen Wohlfahrtsverluste, die im Gefolge des umweltdegradierenden Wirtschaftsprozesses auftreten, auf jeden Fall ein Schritt in die richtige Richtung."*[70] *"Die Nutzung der Umwelt erfolgt heute immer noch in weiten Bereichen als freies Gut, d. h. kostenlos, oder zu billig, gemessen an dem ökonomischen und ökologischen Wert der in Frage stehenden Ökosystemleistungen."*[71] Und er folgert: *"Natur als freies Gut, das war einmal. Die ökonomische Konzeptbildung und Erfolgsmessung hinkt den neuen Realitäten eklatant hinterher. Ökosystemleistungen sind heute ökologisch knapp, müßten also einen (expliziten oder impliziten) Preis haben. Der Umstand, daß sie in einer Zeit enormen Drucks der Wirtschaft und Gesellschaft auf die Umwelt dennoch in weitem Umfang noch kostenlos oder zu billig in Anspruch genommen werden können, ist dann verantwortlich für die rapide Qualitätsverschlechterung und Degradierung der betreffenden Umweltmedien und Ökosyste-*

me."[72] Preis, Geld, Wert und Kosten werden hier als gänzlich systemneutrale Begriffe behandelt. Was wir laut Leipert brauchen, ist eine *"neue gesellschaftliche Kostenrechnung, die die systemischen Zusammenhänge zwischen den naturzerstörenden und kostenabwälzenden Bereichen der Gesellschaft und den Betroffenen dieser Kostenverlagerungsprozesse aufdeckt und transparent macht. Mehr Kostenehrlichkeit ist die Voraussetzung für die Anpassung von Kostenrechnungen und Preiskalkulationen, die nicht nur betriebswirtschaftlich, sondern auch gesamtgesellschaftlich unter Einbeziehung von Ökologie und Sicherung von Zukunftsfähigkeit stimmen."*[73] Wie aber diese neue Kostenrechnung ausschauen soll, darüber schweigt Leipert ebenso wie die anderen Autoren. Am ehesten muß man sich wohl ein ökosozialpartnerschaftliches Gremium zur entsprechenden Preisgestaltung vorstellen. Wie die bisher kostenlosen Umweltgüter zu ihrem konkreten Preis kommen, ist zweifellos denn doch die zentrale Frage dieser Konzepte. Da jene ökonomisch nicht entstehen, müssen sie politisch gemacht werden, was noch nicht heißt, daß sie politisch gemacht werden können, und weiters, daß sie auch ökonomisch greifen. Wir können an dem Ganzen außer zusätzlichen bürokratischen Aufwendungen zur Umleitung (nicht: Ableitung!) von Geldströmen nichts Essentielles erkennen.

Leiperts Alternativen lesen sich als einzigartiges Bekenntnis zur Marktwirtschaft: *"Der Markt leistet seine Aufgabe der Allokation (also der Zuweisung der verfügbaren Produktionsfaktoren auf die verschiedenen konkurrierenden Verwendungen) nur dann gesellschaftlich vernünftig, wenn die Marktpreise für Güter und Leistungen auch ihre gesellschaftlichen Grenzkosten widerspiegeln. In dem Moment, in dem Kostenelemente externalisiert werden, also negative externe Effekte der Produktion auftreten, fallen jedoch privatwirtschaftliche und gesellschaftliche Kosten der betreffenden Produktionsaktivität auseinander. Mikro- und Makrorationalität sind nicht mehr deckungsgleich. Das, was für ein Einzelunternehmen rational ist, nämlich Kostenelemente nach außen abzuwälzen, um durch eine Kostenentlastung seine Position auf dem Markt zu verbessern, erweist sich für die gesamte Gesellschaft als irrational."*[74] Abgesehen davon, daß der Markt, sei es der lokale, der nationale oder gar der Weltmarkt, die Verteilung von Gütern nur der Wertlogik nach vernünftig vornimmt - entsprechend dieser Vernunft verhungern und verelenden Millionen von Menschen -, ist es ein charakteristisches Kennzeichen kapitalistischen Wirtschaftens, Kostenelemente zu externalisieren: sei dies bei der Ware Arbeitskraft, wo Kostpreis und Wert nicht identisch sind, sei es die meist unbezahlte Haus- und Erziehungsarbeit. Mehrwert und Profit basieren gerade auf der Aneignung fremder Tätigkeiten, somit - kapitalistisch gesprochen - einer Auslagerung von Kosten. Kapitalismus bedeutet Kostenabwälzung. Was hier heute ökologisch als Problem erscheint, ist seit dem Entstehen von Manufaktur und Fabrik eine ökonomische Selbstverständlichkeit. Was früher in der Arbeiterbewegung in die abstruse Forderung nach einem gerechten Lohn für ein gerechtes Tagwerk mündete, hat sich nun ökologisch übersetzt in die Forderung nach gerechten Preise für Umweltschäden. Beides ist unmöglich, übersieht die gesellschaftlichen Strukturmerkmale, auf denen die kapitalistische Wirtschaft aufbaut.

In der neueren ökologischen Diskussion geht es also darum, bestimmten noch freien Gütern Schutz zu gewähren. Sie sollen einen Wert erhalten. Doch gefragt ist nicht der Gebrauchswert, sondern primär der Tauschwert. Man hängt neuerlich der Illusion nach, daß der Tauschwert den Gebrauchswert schützt. Um nicht mißverstanden zu werden: Von der Kapitallogik her betrachtet, macht es Sinn, Natur und Umwelt zur Ware zu machen, die letzten freien Güter für die Verwertung zu beschlagnahmen. Warum allerdings die ökologische Opposition sich der gleichen Logik unterwirft, ist eine ganz andere Frage. Wer jedenfalls den ökologischen Zerstörungen und Katastrophen mit dem Tauschwert beikommen will, der beschwört sie jedoch geradewegs weiter herauf. Das zeigen mittlerweile auch die ersten einschlägigen empirischen Untersuchungen. Anton Sapper und Georg Schadt vom Kommunalwissenschaftlichen Dokumentationszentrum (KDZ) kommen in ihrer Studie "Möglichkeiten und Grenzen der Ökologisierung von Abwasser- und Abfallgebühren" zu folgenden Ergebnissen: *"Die Gebührenmodelle trugen zwar unter bestimmten Voraussetzungen zu einer verstärkten Verwertung von Abfällen bei, haben aber, sieht man von einer gestiegenen Eigenkompostierung ab, keine Reduktion der Abfallmenge bewirkt. Ökologisch unerwünschte Verhaltensänderungen (Ausweichen auf unerlaubte und unerwünschte Entsorgungswege), die bei den untersuchten Abfallgebührenmodellen (....) aufgefallen sind, können (im Gegensatz zu den Erfolgen) eindeutig der lenkungswirksamen Ausgestaltung der Abfallgebühren zugeschrieben werden. Zugenommen haben vor allem*

o *das Verbrennen von Hausmüll in Gärten und Öfen,*

o *wilde Ablagerung in der Landschaft,*

o *der Mißbrauch der Sperrmüllabfuhr für Hausmüllentsorgung,*

o *die Verunreinigung von Wertstofftonnen,*

o *das Verdichten von Abfall in den Müllsammelgefäßen sowie*

o *der Mülltourismus in Nachbarorte, zum Arbeitsplatz oder zu öffentlichen bzw. benachbarten Abfallbehältern."*[75]

Was ist nun der objektive Grund, der die letzten freien Güter zu Waren werden läßt, welche gesellschaftliche Bewegung liegt diesem Schub der Vermarktwirtschaftlichung zugrunde? Welche Arbeit steckt nun in Luft und Wasser, damit sie Ware werden können? - Als vorsichtig formulierte Hypothese mag hier gelten: Die Arbeit, die destruktiv in sie eingeht, ist rein negativ bestimmt, d.h. nicht positive Folge einer bewußten Handlung. Sie ist in ihren Folgen nicht beabsichtigt, diese sind Nebenprodukte des Produzierens. Trotz alledem: Es geht Arbeit in die Umwelt ein, ihr Reagieren ist ein Effekt auf die menschliche Arbeit. Ihr Gebrauchswert, vormals gratis, erhält durch die negative Arbeit Wert und somit Preis, eben weil die negative Arbeit diese kostbaren Güter verknappt. Der Wert erobert somit die letzten freien Bastionen und unterwirft sie seinen Gesetzen. Eine Kritik daran, die zu alten Zuständen zurückwill, ist bestenfalls sozialromantisch, schlimmstenfalls reaktionär. Die andere, zukunftsweisende Kritik ist aber noch nicht ausformuliert, erst in Momenten und Bruchstücken vorhanden. Wird sie geäußert, wie vielfach in dieser Arbeit, erscheint sie auf den ersten Blick absonderlich, keineswegs geläufig. Der Marxsche Standpunkt, daß die Naturstoffe keinen Wert hätten,[76] weil keine Arbeit in ihnen steckt, ist heute jedenfalls obsolet geworden. Es steckt eine Unmenge Arbeit, wenngleich negativ gewendet, in ihnen. Boden als Naturstoff mag keinen Wert haben, als kunstgedüngter Kunststoff hat er ihn zweifellos. Es gibt bald nichts mehr, worin keine menschliche Arbeit steckt, positive wie negative, abstrakte wie konkrete, besondere wie allgemeine etc.[77] Alles ist infiziert von dieser rührenden Tätigkeit, nichts weiß sich vor ihr zu schützen.

Als zentrale Hebel der ökologischen Modernisierung benennen Ökologen und Grüne neben Ökosteuern[78] das Verursacherprinzip und die Umweltverträglichkeitsprüfung. Den beiden Letztgenannten wollen wir uns in der Folge widmen. Was ist das Verursacherprinzip? Im Umweltmanifest des "Forums Österreichischer Wissenschaftler für Umweltschutz" heißt es dazu: *"Im Sinne der Verantwortungsethik ist jeder Verursacher von Gesundheits- und Ökosystem-Schäden konsequent und im allgemeinsten Sinn zur Verantwortung zu ziehen. Die Beweislast hat der Verursacher zu tragen. Zur Haftung für Umweltschäden ist kein strenger naturwissenschaftlicher Kausalitätsnachweis notwendig. Bei auftretenden Schäden genügt ein wissenschaftlich begründeter Verdacht. Der in Verdacht geratene Verursacher hat seine Unschuld zu beweisen. (....) So müssen etwa die Kosten einer restlosen Schadensbehebung in die Wirtschaftsrechnung der Umweltbeeinträchtiger einbezogen, d. h. 'internalisiert' werden. Die Einbeziehung dieser Kosten in die jeweilige Wirtschaftsrechnung soll bewirken, daß marktwirtschaftliche Kräfte zum Schutz der Umwelt mobilisiert werden."*[79] Und Michael Cerveny schreibt: *"Die Forderung lautet ganz einfach: Kosteninternalisierung als Antwort auf die praktizierte Kostenexternalisierung! Alle externen Effekte sollten ihrem Verursacher angelastet werden, der damit gezwungen wird, alle seine Folgekosten auch selbst zu tragen. Die Sozialkosten würden dann von jedem Unternehmen aus Eigeninteresse minimiert und die Umweltzerstörung verringert werden."*[80]

Was so einfach klingt, kennt zahlreiche Tücken. Tücken, von denen wir meinen, daß sie das ganze Verursacherprinzip selbst ad absurdum führen. Der Tatbestand erscheint vorerst einmal relativ banal: *"Die Minimierung des Kostenfaktors Produktionsmittel bedeutet parallel dazu den Raubbau an den ergiebigsten Quellen der Natur, die Nichtberücksichtigung der Folgekosten einer Produktion durch Luft- und Gewässerverschmutzung, die Untergrabung der Bodenfruchtbarkeit, die eskalierende Störung des Haushalts der Natur. Dabei nutzt das Kapital jede Möglichkeit, die sich bietet, Naturkräfte wie Wasser und Luft möglichst gratis zu nutzen und zugleich die anfallenden, theoretisch ebenfalls als Kosten kalkulierbaren Folgekosten, woandershin (z.B. Politik der hohen Schornsteine) oder in zukünftige Zeiträume (z.B. Politik der wilden Giftmülldeponien oder der sogenannten 'Endlagerung' von atomaren Produktionsresten) zu verlagern."*[81] Was folgt nun aus dieser richtigen Beschreibung, daß Gewinne privatisiert und Verluste sozialisiert werden? Die Folgerung, die die Vertreter des Verursacherprinzips aus diesem konstatierten Ungleichgewicht ziehen, ist, daß es neben den Gewinnen auch die Verluste zu privatisieren gelte. Daß die Verluste der Monetarisierung gegenüber sperriger sind, darauf werden wir noch zu sprechen kommen, ebenso auf andere empirische Einwände. Vorausgesetzt aber, das Verursacherprinzip würde entsprechend den theoretischen Modellen "funktionieren", hieße das nichts anderes, als daß es die mit ihm als kompatibel betrachtete Marktwirtschaft durch individuelle Schadenshaftungen und Bürokratisierungsaufwände ruinieren würde. Die Profitrate würde unter solchen Bedingungen gegen Null tendieren. Eine Prüfung aufs Exempel scheitert freilich schon aus anderen Gründen.

Eine prinzipielle Kritik des Verursacherprinzips, die aber gänzlich unabhängig von der Qualität empirischer Einwände vorzutragen wäre, müßte an der negativen Vergesellschaftung ansetzen und sich gegen jede Privatisierung aussprechen. Kritisiert werden sollte nicht, daß die Allgemeinheit den Schaden davonträgt, sondern, daß Schaden und Nutzen außerhalb gesellschaftlicher Entscheidungen sich als blindes Gesetz vollziehen. Worauf heute niemand kommt, ist, daß man die von den Vertretern des Verursacherprinzips gegebene Antwort auch umdrehen könnte, was dann bedeuten würde, daß neben den Verlusten eben auch die Gewinne, die dann keine Profite mehr sein könnten, zu vergesellschaften wären. Sozialisierung der Positiva, nicht Privatisierung der Negativa, hieße das.

Das Verursacherprinzip unterstellt schon vom Ausdruck her, daß die Verursachung eben keine gesellschaftliche Angelegenheit ist, sondern einer individuellen und willkürlichen Veranlassung oder Unterlassung folgt. Auch wenn man das Verursacherprinzip bloß als Denkmöglichkeit anerkennt, verbliebe da immer noch die viel grundlegendere Frage: Was verursacht, daß die Verursacher verursachen? Welche Zustände bedingen die inkriminierten Handlungen, welche Umstände erzwingen ein solches Verhalten. Ursache ist immer nur ein Hilfsbegriff. Eine *Ursache* ist ein Faktor, wo andere Faktoren in der Betrachtung seiner Folgen vernachlässigbar sind. Ursache meint, daß aus ihr etwas folgt, während sie niemandem folgt. So betrachtet ist dieser Terminus lediglich begrenzt anwendbar. Die bürgerliche Logik der Verursachung zu Ende denkend, würde dann - und an sich ist das auch ihrer Logik nach völlig richtig - argumentiert, daß jede Ursache vielfältigste Ursachen kennt. *"Hier mag daraus nun dies ausgeführt werden, daß es Nichts gibt, nichts im Himmel oder in der Natur oder im Geiste oder wo es sei, was nicht ebenso die Unmittelbarkeit enthält als die Vermittlung, so daß sich diese beiden Bestimmungen als ungetrennt und untrennbar und jener Gegensatz sich als ein Nichtiges zeigt.*"[82] Das Spiel endet dann in einer interessensorientierten Schuldzuweisung, wer denn nun wirklich den Schwarzen Peter, die letztendlich unabhängige Variable, habe. Und da ja wieder alles mit allem zusammenhängt, wird das, was sich dann als Kompromiß durchsetzt, das ordinäre, gesellschaftlich gebrochene ökonomische Kräfteverhältnis sein.

Umweltverschmutzung wird sozusagen individualisiert, anstatt in ihrer gesamtgesellschaftlichen Problematik diskutiert. Ursächliche Gründe festzustellen erscheint diesem Denkansatz nicht allzu schwierig, sonst könnte er dieses Lösungsmodell ja erst gar nicht vorschlagen. Er unterstellt so in den meisten Fragen die Möglichkeit, jene zu einer Sachfrage zu isolieren, das Problem dingfest zu machen, es nach dem kausalen Prinzip von Ursache und Wirkung auflösen zu können. Kaum ist der Schaden erkannt, ist der Verursacher auch schon benannt, meinen die Anhänger des Verursacherprinzips. Die Wirklichkeit sieht freilich anders aus. Aus der nun folgenden Skizze einer Typologie des Verursacherprinzips anhand einer Schadens-Kosten-Schablone sollten einige unserer Einwände als recht plausibel ersichtlich sein.

Typologie des Verursacherprinzips anhand einer Schadens-Kosten-Schablone

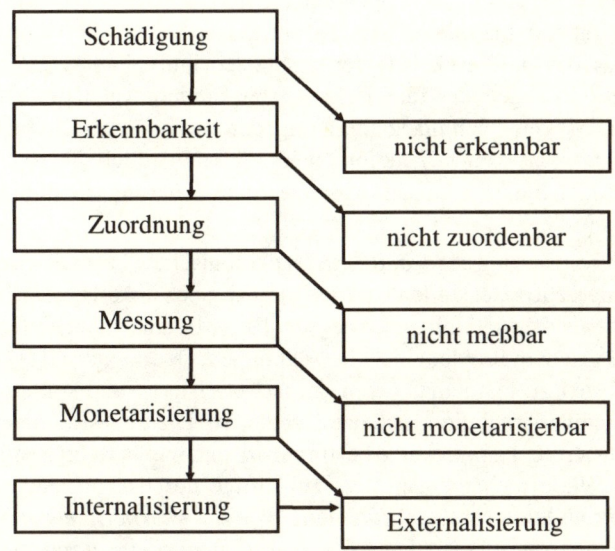

"Der König erkundigte sich, wieviel Zeit erforderlich sei, um einen genauen Unterschied zwischen Recht und Unrecht festzustellen, und wieviel Geld."[83] So fragte einst der König von Brobdingnag den gestrandeten Gulliver über die Gerichtsgebräuche seiner Heimat. Wir fragen uns das bezüglich des Verursacherprinzips auch. Aus dieser Typologie geht deutlich hervor, wie schwierig es selbst bei einer gutwilligen Interpretation sein wird, Schädiger dingfest zu machen, geschweige denn ihrer Moneten habhaft zu werden. Die Schädigung muß objektiv erfolgen, sie muß subjektiv auffallen und als solche erkennbar sein, sie muß weiters zuordenbar sein, meßbar, monetarisierbar und zahlbar. Und selbst wenn alle Kriterien erfüllt sind und die Internalisierung gelungen erscheint, ist wiederum bloß mit einer neuerlichen Externalisierung zu rechnen. Wenn aber auch nur ein Kriterium nicht positiv bewältigt werden kann, bricht das ganze Kartenhaus des Verursacherprinzips in sich zusammen. Die allermeisten Schäden, so würden wir meinen, werden diese Hürden nicht nehmen können. Entweder werden sie nicht erkannt, oder sie sind nicht zuordenbar. Sind sie das, dann müssen sie noch lange nicht meßbar und monetarisierbar sein. Erfüllen sie auch diese Kriterien, so folgt daraus nicht zwingend, daß die festgestellte Schadenssumme auch tatsächlich eingehoben werden kann. Man denke hier bloß an Betriebe mit hunderten Arbeitern, die vom Bankrott der Firmen bedroht wären u.v.m. Problematische Fälle ließen sich zu Dutzenden finden. Die Katze, die die lästigen Mäuse jagt, erwischt im besten Fall den eigenen Schwanz, in den weniger günstigen schnappt sie in die Luft. Das Verursacherprinzip kann sich in der Realität nur blamieren: Die Tat ist keine Tat, sondern ein gesellschaftliches Verhältnis; das Opfer ist kein Opfer, sondern ein individuelles Ensemble gesellschaftlicher Einwirkungen; der Täter ist kein Täter, sondern Agent ökonomischer Prozesse; die Schuld ist keine Schuld, sondern folgt den Zwängen gesellschaftlichen Handelns; die Sanktion ist keine Sanktion, weil sie letztendlich überwälzt werden kann; schlußendlich die Internalisierung keine Internalisierung, sondern eine andere Externalisierung.

Die Privatisierung der *social costs* ist ökologische Augenauswischerei. Die Folgen sind weder zufriedenstellend terminisierbar noch lokalisierbar, geschweige denn formal beweisbar und inhaltlich begründbar. Mit einer erweiterten Kostenrechnung à la REFA ist dem Problem nicht beizukommen. Ökonomisch ist es daher unmöglich, diese Kosten zu mathematisieren, zu monetarisieren und somit zu internalisieren. Jede Computersimulation muß daran scheitern. Die unbestimmbare und unmeßbare Externalisierung kann in keine bestimmbare und meßbare Internalisierung überführt werden. Wie errechnet man etwa zukünftige gesellschaftliche Kosten, die durch heutige Produktion verursacht werden? *"Wie will man beispielsweise Kosten verrechnen, die für lange Zeit späteren Generationen allein durch die Bewachung von radioaktiven Ruinen und Endlagern entstehen?"*[84] fragt Otto Ullrich. Ähnliches gilt für jeden Müll. Eines jedenfalls steht fest: Je zukünftiger die Kosten, desto weniger monetarisierbar! Sie können in eine seriöse Preiskalkulation keinen Eingang finden, höchstens in eine willkürliche Preisspekulation. Aufgelöst kann das nur werden, wenn man wirklich politische Preise schafft. Statisch festgelegte Preise und das Wertgesetz vertragen sich freilich nicht, da hat Luhmann, wenngleich seine und unsere Wortwahl eine andere ist, schon recht: *"Unter diesem Blickpunkt wird man kaum zu ' politischen Preisen' für Umweltgüter raten können; die Fehlallokationen auf dem Wohnungsmarkt oder auf dem Agrarmarkt, die auf solche Weise zustande gekommen sind, sollten uns warnen."*[85]

Das Verursacherprinzip geht in seinem sachlichem Konstruktivismus davon aus, daß es möglich ist, der sogenannten Umweltschädiger habhaft zu werden. Schäden haben jedoch komplexe Grundlagen, sie werden nur in Ausnahmefällen quantifizierbar sein. Das Verursacherprinzip scheitert an der Multifaktorialität der Ursachen und der Unmöglichkeit, für jeden einzelnen Schadensfall seriöse Gewichtungen vorzunehmen. Inzwischen ist diese Fragestellung auch schon in die grüne Debatte vorgedrungen. In der Antragsbegründung der Grünen zum Umweltschädenhaftpflichtgesetz heißt es unter anderem: *"Immer wieder fällt in der Diskussion die Forderung nach Verwirklichung des 'Verursacherprinzips' . Dieser Begriff ist jedoch eine Leerformel und insofern irreführend, als er suggeriert, daß damit ein einfach anzuwendendes, allen Beteiligten klares Prinzip gefunden sei, das 'unmittelbar dem Anstandsgefühl aller billig und gerecht Denkenden' entsprungen sei. Dieser Begriff hält nicht, was er verspricht: Ein inhaltliches Entscheidungskriterium zur Abgrenzung der Verantwortungsbereiche der Beteiligten (Anlagenbetreiber, Dienstnehmer, Konsument bzw. sonstiger Nutznießer, Anrainer und sonstige beeinträchtigte Personen). Umweltschäden sind ein Paradebeispiel für Schäden durch 'multikausale' Verursachung."*[86] Und doch halten die Grünen unbeirrt an der individuellen Verantwortlichkeit vor dem Gemeinlastenprinzip fest,[87] finden wir das Verursacherprinzip weiterhin als unreflektiertes Postulat in diversen programmatischen Broschüren.[88]

Das Verursacherprinzip verkennt den gesellschaftlichen Gehalt der Umweltzerstörung, reduziert diese auf individuelle Fehlleistungen. *"Schaden heißt jeder Nachteil, welcher jemandem an Vermögen, Rechten oder seiner Person zugefügt worden ist"*, heißt es im § 1293 ABGB. Und im § 1294 lesen wir: *"Der Schaden entspringt entweder aus einer widerrechtlichen Handlung, oder Unterlassung eines Andern; oder aus einem Zufalle."* Worauf wir hinauswollen, dürfte klar sein: Dieser Schadensbegriff ist in seiner Dimensionierung auf ökologische Schäden kaum anwendbar. Diese sind im Sinne des ABGB weder Unterlassungen noch Handlungen noch Zufall, sie sind selbst Norm oder, besser noch, Gesetz, aber ökonomisches, und zwar von solcher Wucht, daß das abendländische Recht vor ihm erbleicht. Es ist sogar davon auszugehen, daß es überhaupt bei ökologischen Fragestellungen an objektive Grenzen stößt, auch wenn ausgeklügelte Öko-Versicherungssysteme das noch zeitweilig überspielen können. Mittelfristig wird das Verursacherprinzip nämlich auf Umweltzertifikate und ein Umweltversicherungssystem,[89] kurzum Umweltverschmutzungsrechte hinauslaufen. Nicht der Profit wird dadurch beschnitten, sondern es entstehen den Konsumenten nur neuartige Belastungen, denn auf sie als letztes und schwächstes Glied der ökonomischen Kette werden alle außerökonomischen Eingriffe, die betriebswirtschaftlich nichts anderes als Unkosten sind, überwälzt. Das Verursacherprinzip läuft auf folgende Alternative hinaus: Zahlt die Allgemeinheit oder zahlt die Allgemeinheit? Das Wie sollte nicht die qualitative Identität verschleiern.

Das Verursacherprinzip löst so wenig, ja es legitimiert durch seine partielle praktische Durchsetzung in Umweltzertifikaten und Umweltversicherungen sogar die Umweltzerstörung, den Raubbau an Mensch und Umwelt a posteriori. Sein Motto lautet: Umweltzerstörung ohne Bezahlung ist nicht! Auf nichts anderes kann es hinauslaufen. Grundgedanke des Verursacherprinzips ist die Monetarisierung von Umweltschäden. Die Logik des Geldes wird nicht kritisiert, sondern sie soll noch ausgeweitet werden. Der Zusammenhang zwischen Wert, Geld, abstrakter Arbeit wird so nicht nur nicht angegriffen (und nebenbei: er wird nicht einmal aufgegriffen), nein, er wird geradezu vorausgesetzt bei der Lösung der Umweltprobleme. Im Verursacherprinzip wird die kapitalistische Logik nicht angezweifelt oder gar gedanklich durchbrochen, nein, sie wird weitergedacht. Mit dem Verursacherprinzip werden objektiv nicht primär die ökologischen Schäden und ihre gesellschaftlichen Grundlagen kritisiert, sondern deren teilweise Ausgeschlossenheit aus den Kriterien des Werts.

Manchen Autoren sind die Tücken des Verursacherprinzips ebenfalls schon aufgefallen. Ulrich Beck etwa schreibt: *"Man weiß, daß Modernisierungsrisiken ihrer Struktur nach im allgemeinen nach dem Verursacherprinzip nicht hinreichend interpretiert werden können. Es gibt meist nicht einen Verursacher, sondern eben Schadstoffgehalte in der Luft, die aus vielen Schloten kommen und überdies oft mit unspezifischen Leiden korrelieren, für die stets eine Vielzahl von 'Ursachen' in Betracht kommen. Wer unter diesen Bedingungen auf dem strikten Kausalnachweis besteht, maximiert die Aberkennung und minimiert die Anerkennung industriell bedingter Verseuchungen und Zivilisationskrankheiten. Mit der Unschuld der 'reinen' Wissenschaft verteidigen die Risikoforscher die ' hohe Kunst der kausalen Beweisführung', blocken so Bürgerproteste ab, ersticken sie im Keim des 'fehlenden' Kausalnachweises, ersparen der Industrie scheinbar Kosten, halten den Politikern scheinbar den Rücken frei und halten in Wirklichkeit die Schleusen mit offen für eine allgemeine Gefährdung des Lebens."*[90] Auch Niklas Luhmann hält fest, daß nicht alle Kosten internalisiert werden können.[91] Zur simplifizierenden Methode der Urachenzuordnung schreibt er: *"Genau betrachtet dient daher die Feststellung von Ursachen, von Verantwortung und von Schuld immer auch der Ausgrenzung von Nichtursachen, der Feststellung von Nichtverantwortung und von Unschuld."*[92] Zu den aus dem Verursacherprinzip sich ergebenden Maßnahmen führt er trocken und nüchtern aus: *"Die moderne ' property rights' Diskussion hat daran angeknüpft. Ihre Ausdehnung auf ökologische Güter, etwa ' Rechte' auf Umweltverschmutzung, erreicht jedoch die alte Schonfunktion des Eigentums nicht, weil ein Recht auf Verschmutzung von Luft oder Wasser, was immer man dafür bezahlt hat, dem Eigentümer keinen pfleglichen Umgang mit Luft und Wasser und keine Abwehrklage gegen andere Immissenten ermöglicht."*[93] Nicht ein schonenderer Umgang mit Umwelt wird also die Folge eines (partiell) praktizierten Verursacherprinzips sein, sondern ein noch schonungsloserer, jetzt auch durch bezahlte Zertifikate und Lizenzen legitimierter Umgang wird sich uns bescheren. Wie heißt es doch so schön im österreichischen Schadensrecht (§ 1305 bzw. 1306 ABGB): *"Wer von seinem Rechte innerhalb der rechtlichen Schranken Gebrauch macht, hat den für einen anderen daraus entspringenden Nachteil nicht zu verantworten." "Den Schaden, welchen jemand ohne Verschulden oder durch eine unwillkürliche Handlung verursacht hat, ist er in der Regel zu ersetzen nicht schuldig."* Das Verursacherprinzip muß so eher als Beschleunigungsmoment der Ökonomisierung der Ökologie, der Umweltvermarktung gelten, nicht als bremsender Faktor der Umweltzerstörung. Aus diesen Unzulänglichkeiten ist die Unmöglichkeit des Prinzips zu schließen. Das Verursacherprinzip ist nicht nur in seiner Konstruktion fehlerhaft, es hält nicht einmal in Ansätzen das, was es verspricht.

Über die Praxis der Ursachenforschung hinsichtlich etwa medizinischer Schäden muß auch Leipert einbekennen: *"Die größten Hindernisse bei der ökonomischen Bewertung gesundheitlicher Schäden durch die Umweltverschmutzung sind in den Forschungsdefiziten im sogenannten Ursache-Wirkungsbereich begründet."*[94] Doch dem wird auch weiterhin so sein, und es betrifft nicht alleine den Gesundheitsbereich. Außerdem: Diese Schwächen sind mehr als bloße Defizite der Forschung, sie sind struktureller Natur, durch bürgerliche Kategorisierungen nicht mehr erfaßbar. Sie verdeutlichen einmal mehr, wie die abgeleiteten Formprinzipien des Werts an ihre immanenten Grenzen stoßen. Der Kapitalismus braucht, wie Max Weber betonte, *"ein Recht, das sich ähnlich berechnen läßt wie eine Maschine."*[95] Diesmal ist es also das Recht, das vor den Erscheinungen des kapitalistischen Fortschritts kapitulieren muß,[96] denn eines ist klar: Juristisch eindeutig sind Verursacher kaum auszumachen.

Ähnliches wie für das Verursacherprinzip gilt auch für die Umweltverträglichkeitsprüfung (UVP). Marlies Meyer, die dafür zuständige grüne Expertin, schreibt: *"UVP im engeren Sinn ist die gesamthafte Beurteilung der Auswirkungen einer Anlage auf die Umwelt, die von einem von der Behörde bestellten Sachverständigenteam vorgenommen wird. UVP im weiteren Sinn ist die Entscheidung der Behörde, ob und in welcher Weise das eingereichte Projekt in Rücksicht auf den Umweltschutz genehmigt wird."*[97] Schon die Begriffsbildung unterstellt, daß es so etwas wie objektive Kriterien zur Beurteilung von Umwelt und Umweltverträglichkeit gibt. Derweil gilt: Der Umwelt ist das verträglich, was die Menschen für sie als erträglich erachten. Die Umweltverträglichkeitsprüfung ist somit in Wirklichkeit eine Umwelterträglichkeitsbestimmung. Wer meint, die UVP könnte objektiven, gar von Natur oder Ökologie vorgegebenen Richtlinien folgen, hat so wenig oder so viel verstanden, wie er verstanden haben soll. Vielmehr gilt, *"daß jede Fixierung einer*

Toleranzgrenze nur willkürlich vorgenommen werden kann."[98] Vorher müssen also die Erträglichkeitskriterien in Form von Grenzwerten, Höchstmengen etc. feststehen. Sie sind *"fauler Zauber"*:[99] *"Sie lassen den Giftausstoß zugleich zu und legitimieren ihn in eben dem eingeschränkten Umfang. Wer die Verschmutzung begrenzt, hat der Verschmutzung auch zugestimmt."*[100] Sie folgen somit nicht ökologischen Gesetzen, sondern sind primär Ausdruck ökonomischer Bedingungen oder Folge gesellschaftlicher Auseinandersetzungen auf Ebene dieser Bedingungen. Es ist auch ganz banal: Das Verhältnis der Menschen zur Natur respektive Umwelt ist nicht gekennzeichnet durch den Vertrag, sondern durch den Ertrag. Ertrag und Erträglichkeit stehen da ganz sicher in einem engen Zusammenhang.

"Der Nachweis der Kausalität zwischen einem Schaden und einer Handlung eines bestimmten Schädigers gilt als Kardinalproblem der Umwelthaftung",[101] schreibt Monika Gimpel-Hinteregger. Nun, es ist nicht nur das Kardinalproblem, sondern vielmehr der Kardinalfehler, und zwar deshalb, weil die systemtranszendierende ökologische Frage in Begriffen und Kategorien der bürgerlichen Wertlogik diskutiert wird. Spielt die bürgerliche Ökonomie verrückt - und nichts anderes führt zu den ökologischen Krisenerscheinungen -, versucht man sie mit dem bürgerlichen Recht, der bürgerlichen Politik, einer neuen bürgerlichen Partei etc. in den Griff zu bekommen. Daß man vordergründig zu diesen bewährten Lösungsansätzen greift, ist naheliegend und verständlich. Trotz alledem zeigt sich gerade in dieser Frage, daß die herkömmlichen Muster allesamt immer weniger erfassen, daß mit diesen Begriffen immer weniger zu begreifen ist. Je mehr das offensichtlich wird, desto mehr klammern sich die ökologischen Reformisten aller Parteien an jene. Sie wollen nicht wahrhaben, daß die sich abzeichnenden Krisen den Ausdruck eines strukturellen Verfalls der bürgerlichen Formprinzipien insgesamt darstellen, daß deren Grenzen deutlich werden.

Auch wenn sie etwas anderes sagen, ja meinen: Die gesamte Debatte zeigt, daß auch die Grünen sich mit dieser Ökonomie und ihren regelmäßigen und sich zuspitzenden Folgeerscheinungen abgefunden haben. Worum es ihnen primär geht, ist Schadensminimierung und Schadensabgeltung. Dahinter, und das zeigen diese praktischen Konzepte am deutlichsten, ist überhaupt kein anderer gesellschaftlicher Wurf, ja nicht einmal mehr eine Ahnung davon, erkennbar. Reparatur und Monetarisierung sind das einzige, was ihnen heute einfällt. Ab und zu auch ein Verbot. Und in diesen scheinbar ideologiefreien Sachfragen gibt es auch keine Differenz zwischen Promis und Basis, Realos und "Fundis".

3. BASISDEMOKRATIE

Die Strukturfrage ist immer eine konzentrierte inhaltliche Frage. Form und Inhalt sind letztendlich nicht zu trennen, sie sind nur zwei verschiedene Momente des Ganzen. In den inneren und äußeren Kommunikationsnormen eines Kollektivs sind seine Wesensbestimmungen pointiert zusammengefaßt. 'Wie verhält sich eine Organisation in sich, zu sich und aus sich?' ist daher eine eminente Frage, deren Beantwortung unweigerlich zu einer Charakterisierung dieser oder jener gesellschaftlichen Kraft führen kann. *Organisation* ist die andauernde Zusammenfügung eines Kollektivs zu gemeinsamen Überlegungen, Entscheidungen und Handlungen. Ihr Ziel ist es, sich selbst dimensionierend, aber über sich selbst hinausgreifend, gesellschaftlich relevant zu werden. Organisation muß verstanden werden als ein spezifisches Ensemble von Partizipation, Transparenz und Effizienz.[1] Wobei diese Kriterien nicht nur stimmig ineinandergreifen, sondern sich auch partiell widersprechen können. Jede Organisation muß daher die ihr entsprechenden Kompromisse suchen, d.h. oft auch zugunsten oder zuungunsten eines Moments Entscheidungen treffen. Die Überbetonung eines einzelnen Elements kann so zur unerträglichen Minimierung anderer führen.

In den ersten Jahren der sich organisierenden Alternativbewegung ergab sich aus der unbegriffenen Hierarchie, die zuerst die Partizipation, dann die Transparenz und zuletzt die Effizienz setzte, daß Letztgenannte gegen Null tendierte. Kennzeichen der Grünen und Alternativen war oft genug, daß sich die Gewichtungen zufällig durchsetzten, nicht Ausfluß einer steuernden Planung gewesen sind. Erkannt wurde auch nicht, daß es Grenzen der Partizipationsmöglichkeiten und der Partizipationswilligkeit gibt,[2] daß Menschen nur über limitierte Zeitkapazitäten verfügen. Hier soll nicht einem heute üblich gewordenen billigen Konsumismus der Politik das Wort geredet werden, doch gilt es klar zu berücksichtigen, daß Partizipation ihre Schranken am Wollen und Können der einzelnen findet. Nicht alle können in alle Entscheidungsabläufe (noch dazu gleichwertig) eingebunden werden. Diese objektiven Begrenzungen gelten freilich nicht nur für die Basisdemokratie, sondern für die Demokratie insgesamt. Die Überlegungen der Grünalternativen waren gekennzeichnet von Forderungen nach einer anderen Demokratie. Der Inflationierung des Begriffs sollte durch einen Distanzbegriff entgegengetreten werden; einem jedoch, der sich - wie zu zeigen sein wird - von den Intentionen der Demokratie nicht verabschieden wollte, sondern sich vielmehr ausdrücklich zu ihr bekannte. Dieser Distanzbegriff wurde schließlich im Terminus der Basisdemokratie gefunden.

Wurzeln der Basisdemokratie lassen sich sowohl in der sozialistischen[3] als auch in der bürgerlichen[4] Tradition entdecken. Was aber hier nicht meint, daß man sich auch explizit auf diese Vorbilder bezogen hätte. Die Traditionsstränge waren verschüttet, lediglich als diffuse Ahnung latent. Unmittelbar rührt der Terminus aus der außerparlamentarischen Bewegung der späten sechziger Jahre,[5] von der ausgehend diverse Basisinitiativen und Basisgruppen im folgenden Jahrzehnt ihre Nischenkultur entfalten konnten. Als Gegenbegriff zur Basis kann aber hier nicht der Überbau gelten, sondern die subjektiv so empfundene Abgehobenheit von institutionellen Vertretern in Parteien und Verbänden. Diese Politiker wurden nicht als spezifischer Ausdruck ihrer jeweiligen Basis gesehen, sondern - so die allgemeine alternative Unterstellung - sie hätten sich von ihren Ursprüngen und Herkünften abgehoben. Als Grundgedanke der Basisdemokratie mußte umgekehrt gelten, daß ihre Mentoren von der Überzeugung ausgingen, daß die repräsentativ-demokratischen Körperschaften willentlich gegen ihre Basis Entscheidungen fällen und durchführen, daß von einer inhaltlichen und substantiellen Diskrepanz zwischen Repräsentanten und Repräsentierten gesprochen werden muß. Ziel der Basisdemokratie war es somit, die Entscheidungen an die Basis zurückzuholen. Diesen Überlegungen liegt zweifellos ein gewisse Fetischisierung des Volkes, des Mannes und der Frau von der Straße zugrunde, diesen wird partout unterstellt, daß sie eigentlich zu klügeren Entscheidungen als die Herrschenden fähig wären. Hier wird völlig naiv davon ausgegangen, daß die sogenannte Basis der Wähler eigentlich mehr von Politik versteht als die Politiker selbst. In einer Zeit, wo das Expertentum und die Expertenhörigkeit en vogue sind, gerade die Politik nicht den zuständigen Fachleuten, den Politikern, überlassen zu wollen ist in sich widersprüchlich. Zweifellos gilt, daß - wird die bürgerliche Trennung in verschiedene Sparten akzeptiert - die Politiker mehr von Politik verstehen als das Volk, auch wenn das Volk mehr vom Volk versteht als die Politiker. *"So fällt der typische Bürger auf eine tiefere Stufe der gedanklichen Leistung, sobald er das politische Gebiet betritt. Er argumentiert und analysiert auf eine Weise, die er innerhalb der Sphäre seiner wirklichen Interessen bereitwillig als infantil anerkennen würde. Er wird wieder zum Primitiven. Sein Denken wird assoziativ und affektmäßig."*[6]

Basisdemokratie als Schlagwort ist entstanden als erste vage Antwort auf die sinnlich wahrnehmbaren Defizite des offiziellen demokratischen Rituals. Diese Kritik aber war durch und durch idealistisch, maß Demokratie nicht an ihren objektiven Möglichkeiten, sondern an den subjektiven Wunschbildern der Opponenten etablierter Politik. Was sie kritisierte, analysierte sie nicht. Sie war getragen von einem moralischen Impetus, der verlangte, daß einfach nicht sein sollte, was war, ohne zu wissen, was weswegen ist. Die Partizipationswünsche wurden nicht auf die gesellschaftlichen Bedingungen bezogen bzw. aus ihnen abgeleitet, sondern plakativ kundgetan. Die Ausfüllung der offensichtlichen Defizite an Selbst- oder Mitbestimmung verblieben so in einer abstrakten Gegensetzung. Die Ablehnung des herrschenden demokratischen Rituals macht freilich noch keine Alternative. Ebenso folgt aus bloßen Postulaten noch keine funktionstüchtige Praxis.

Eine Theorie der Basisdemokratie suchen wir vergebens, es gibt sie nicht. *"Es gibt nicht nur keine Theorie von Basisdemokratie, es gibt auch kein gemeinsames Konzept und keinen Konsens über Maßstäbe, an denen sich selbstreflexive Prozesse der Demokratisierung orientieren könnten.*"[7] *"Das Bewußtsein, keine Theorie über Basisdemokratie oder eine tragfähige Alternative zu haben, ist verbreitet und wird in der Krise der Basisdemokratie als Mangel gesehen. Dies spiegelt nur die Tatsache wider, daß es weder parteiintern noch parteiextern eine positive Theorie der Basisdemokratie gibt,"*[8] schreibt Joachim Raschke. Basisdemokratie hat nicht einmal zu einem handlungsfähigen Konzept geführt, sie ist nie über einige Postulate hinausgekommen. Vage sind daher auch die Erläuterungen, die sich in den Grundsatzprogrammen der Grünen finden. Im Programm der ALÖ aus dem Jahr 1983 heißt es dazu ganz knapp: *"Demokratie soll zu dem gemacht werden, als was sie gedacht war: eine Organisationsform, in der die Menschen eigenverantwortlich über ihr Leben entscheiden, und an Beschlüssen, die sie betreffen, von der Basis her teilnehmen."*[9] Im Bundesprogramm der deutschen Grünen wird Basisdemokratie überhaupt mehr oder weniger auf direkte Demokratie reduziert: *"Basisdemokratische Politik bedeutet verstärkte Verwirklichung dezentraler, direkter Demokratie. Wir gehen davon aus, daß der Entscheidung der Basis prinzipiell Vorrang eingeräumt werden muß."*[10] Eine positive Charakterisierung oder Fundierung basisdemokratischer Postulate ist nirgends zu finden, hingegen setzte die Kritik von verschiedenster Seite bald sehr massiv ein. Daß dieser wunde Punkt vor allem von den Realos nahestehenden Vertretern aufgegriffen wurde, war von vornherein mit dem Ziel verbunden, die praktischen Versuche der Basisdemokratie zu kippen.[11]

Selbstredend wurde daher auch nie eine theoretische Ausweitung hin zu einem alternativen gesellschaftlichen Modell probiert. Obwohl anfänglich durchaus intendiert, hat Basisdemokratie den innerorganisatorischen Horizont nie verlassen. Das einzige, was hier übrigblieb, war das Prinzip der kleinen Einheiten. Bodo Zeuner schreibt: *"Für die Realisierung von Basisdemokratie auf gesamtgesellschaftlicher und staatlicher Ebene gibt es eine eindeutige Präferenz für Dezentralisierung, aber keine Konzeption für eine auf zentral zu fällende Entscheidungen einwirkende Zusammenfassung gesellschaftlicher Interessen und Initiativen. Insbesondere ist kein Konzept entwickelt, wie aus den dezentral-autonom-selbstbestimmten Basiseinheiten ein System gesamtgesellschaftlicher Planung und Entscheidung hervorgehen könnte."*[12]

Die zentrale Frage der Basisdemokratie lautet: Wer oder was ist die Basis? *"Kein Begriff wird in der Grün-Alternativen Wahlbewegung häufiger strapaziert als die 'Basis' bzw. die ' Basisdemokratie' - gleichwohl dürfte aber auch kaum ein Be griff weniger reflektiert und problematisiert sein."*[13] Wir gehen im folgenden von einem sehr differenzierten Basisbegriff aus, behaupten, der Realität entsprechend, verschiedenste Basen: Gemeint sein kann hier die Parteibasis (wobei weiters unterschieden werden muß in Mitgliederbasis, Delegiertenbasis, Aktivistenbasis; dazu noch die Basen verschiedenster Teil- oder Regionalorganistionen) oder die Bewegungsbasis (wobei auch hier wieder die Basen in verschiedenen Bewegungen oder Bewegungssegmenten lokalisiert werden können) oder die Wählerbasis. Darüber hinaus können auch noch nichtmenschliche Basen konstruiert werden: die Natur, die Umwelt, bestimmte Tiere etc. Kurzum: Die Basis schlechthin, die gibt es nicht. Womit auch schon das erste und alles entscheidende Dilemma der Basisdemokratie angerissen wäre: Je nach eigener Überzeugung läßt sich immer eine entsprechende Legitimationsbasis finden. Jede Einschätzung und jede Differenz kennt so ihre Basis. *"Die Grünen verwendeten alle Basis-Definitionen neben- und durcheinander"*,[14] schreibt Gudrun Heinrich. Als klassischer österreichischer Prototyp eines daraus resultierenden Konflikts kann die Auseinandersetzung und das Gezeter um die Kür der Wiener Nationalratskandidaten 1986 gelten, als Freda Meissner-Blau am legendären 4. Oktober gegen Andrea Komlosy im Kampf um den ersten Listenplatz deutlich unterlag und daraufhin das Versammlungsergebnis für ungültig erklärte, weil sie sich nach der Niederlage bei den Wiener Versammlungsteilnehmern plötzlich "ihrer" 260.000 Wähler bei der Bundespräsidentschaftswahl erinnerte (vgl. Kapitel II-4).[15] Die Konstatierung verschiedener Basen führt somit unweigerlich dazu, daß sich alle auf dementsprechende abstrakte Rechte berufen können. *"Da changieren die verschiedenen Personen und Fraktionen um die jeweiligen Basen, daß man leicht erröten könnte, schaffen sich die diversen Basisanbindungen und Basismandate, verweisen auf die diversen Basisarbeiten etc., um sich in machtpolitisch günstigere Ausgangspositionen zu bringen, und nicht zuletzt dient diese Basiskeule dazu, die innerparteilichen Gleichgewichte zu erhalten."*[16]

Das Problem, wie denn mit den verschiedensten Basen in einer Organisation umzugehen sei, welchen Stellenwert sie in dieser oder jener Frage haben sollten, wurde nie konstruktiv geklärt. Die Nichtbewältigung dieses Problems führte etwa in der ALÖ zur Gleichsetzung aller Bundesländerorganisationen im Delegiertenschlüssel. Jedes Bundesland, ob Wien oder Burgenland, Steiermark oder Kärnten, war, die jeweiligen Stärkeverhältnisse total verzerrend, pro forma mit 10 Delegierten auf den Bundeskongressen vertreten.[17] Basisdemokratie hieß somit Gleichstellung völlig unterschiedlicher Bundesländerorganisationen. Daß die kleinen Bundesländer kaum fähig waren, die zustehenden Delegierten zu schicken, somit das Bild wieder entzerrten, sollte über die Absurdität dieser Bestimmung nicht hinwegtäuschen. Solange die ALÖ real existierte, konnte dieser Delegiertenschlüssel nicht beseitigt werden. Ein dementsprechender Beschluß zu seiner Aufhebung auf dem Amstettner Bundeskongreß[18] konnte nicht mehr in die Praxis umgesetzt werden.

Mit dem Begriff der Basis ist also nicht viel gewonnen, er trägt nicht, was er verspricht. Verbindliche Definitionen sind in der gesamten Literatur nicht zu finden. Als Regel kann gelten, daß sich die linken Parteisegmente mehr auf einen engen und konkret faßbaren Basisbegriff stützen, der eben diese seine Basis in den Aktivisten findet. Wer das Projekt aktiv trägt, solle nach dieser Logik auch primär darüber entscheiden. Gemäßigtere Gruppen tendieren zu einem weiteren und abstrakteren Begriff, sie sehen die Basis der Partei vor allem in der Wählerschaft. Diese ist freilich weitgehend anonym und kann sich außer auf dem Wahlzettel nicht direkt einbringen. Außerdem kann sie heute da und morgen schon wieder woanders sein. Das gilt für die Grünen sogar überproportional, da sie einen sehr hohen Prozentsatz an Wechselwählern aufweisen.[19] Die Berufung auf den Wähler ist daher äußerst bequem, sie dient in erster Linie auch als Begründung für das freie Mandat des Abgeordneten.

Der Streit um einen bestimmten Basisbegriff ist freilich kontraproduktiv, da er nicht aufgelöst werden kann. Es gibt für die verschiedensten Argumentationsstränge gute, was meint entsprechende Gründe. Aus organisatorischem Eigeninteresse muß freilich die Frage geklärt sein, wo welche Beschlüsse gefaßt werden und wer im Fall des Falles die Kompetenzkompetenz ausübt. Ist dies nicht gewährleistet, dann sind lähmende Debatten über Verfahrensfragen und Legitimationsbasen vorgezeichnet. Für die österreichischen Grünalternativen war es bis 1986 und teilweise darüber hinaus kennzeichnend, daß die Strukturfrage meist im Mittelpunkt der innerparteilichen Auseinandersetzungen stand, was etwa für die bundesrepublikanischen Grünen nicht zutraf.[20]

Eine alternative Demokratietheorie - falls eine solche überhaupt möglich ist -, die von den Postulaten zu einer Theorie fortgeschritten wäre, hätte sich als Theorie einer Basendemokratie entwickeln müssen. Ihr Hauptaugenmerk hätte sie wie jede Konzeption von Demokratie auf das Austarieren der fragilen Beziehungen der einzelnen Basen richten müssen, wobei sie gleichzeitig festlegen hätte müssen, wo die letztendlich entscheidenden Entscheidungen fallen. Dahingehend ist Basisdemokratie auch nicht als Alternative, sondern bloß als Erweiterung oder Spezifizierung demokratischer Standards zu verstehen. Basisdemokratie muß daher als Zuspitzung der Demokratie verstanden werden, nicht als deren Überwindung. Über die Postulate ist man jedoch nie hinausgekommen. Sie wurden so lange affirmiert, bis sich die politische Praxis zuerst de facto durch die krude Realität, dann auch de jure durch den nachvollziehenden Beschluß der Basisdemokratie entledigte.

Daß Basisdemokratie nur eine erweiterte oder zugespitzte Form von Demokratie darstellt, zeigen auch die wenigen konkreten Ansätze, sie positiv zu fassen. Im Zuge der grünalternativen Einigung 1986 etwa gab es verschiedentlich Versuche, das, was unter Basisdemokratie denn konkret zu verstehen sei, zu präzisieren und verbindlich festzulegen. Die ALÖ tat dies auf ihrem Bundeskongreß im Februar des Jahres in Feldkirch. Die dort von Franz Schandl vorgelegten und mehrheitlich angenommen "12 Kriterien einer grünalternativen Organisation" (Feldkircher Beschlüsse) lauteten:

"1) Mitgliedergrundsatz: Entscheidungsträger in der grünalternativen Organisation sind deren Mitglieder. Sie verantworten die gemeinsame Politik, die sie selbst beschlossen haben.

2) Gleichheitsgrundsatz: Formal haben alle Mitglieder die gleichen Rechte; ein Mensch = eine Stimme. Einzelmitgliedschaft und davon abgeleiteter proportionaler Delegiertenschlüssel sind die Folge.

3) Verbindlichkeitsgrundsatz: Alle Mitglieder bekennen sich dazu, sich innerhalb der mehrheitlich beschlossenen Statuten und Geschäftsordnungen zu bewegen. Diese Verbindlichkeit ist Voraussetzung für das Funktionieren von innerparteilicher Demokratie bzw. der Organisation überhaupt.

4) Grundsatz der innerparteilichen Demokratie: Ist kein Konsens herstellbar, so wird mittels Mehrheitsentscheidung ein Beschluß herbeigeführt. Die Minderheit hat sich dem unterzuordnen, wenngleich man von ihr nicht verlangen darf, die beschlossene Politik aktiv mitzutragen.

5) Programmgrundsatz: Die Organisation benötigt ein verbindliches Programm, das alle gesellschaftlichen Bereiche umfaßt. Neben dem Konsensteil sind auch die jeweiligen Mehrheits- und Minderheitspositionen zu berücksichtigen.

6) Kompetenzgrundsatz: Alle relevanten Entscheidungen (Programme, Statuten, Wahl von Kandidaten und innerorganisatorischen Funktionsträgern etc.) müssen im breitesten Gremium der Organisation beschlossen werden. Die Kompetenzen der verschiedenen Gremien müssen genauestens festgelegt werden.

7) Grundsatz der Bindung von Funktionsträgern: Vorstände, Sprecher, Mandatare etc. sind an die Beschlüsse der Organisation gebunden.

8) Grundsatz der beschränkten Verweildauer: Die Verweildauer von inner- und außerorganisatorischen Funktionen ist zeitmäßig von der Organisation zu begrenzen.

9) Unvereinbarkeitsgrundsatz: Doppelfunktionen auf "höchster" Ebene (z.B. Landesvorstand und Abgeordneter gleichzeitig) müssen ausgeschlossen werden.

10) Pluralistischer Grundsatz: Innerhalb der Organisation sind verschiedene Plattformen erlaubt. Die Vielfalt kann sich somit auch innerparteilich organisieren.

11) Paritätischer Grundsatz: Alle Parteigremien, Vorstände, Kommissionen und insbesondere die Wahllisten sollen paritätisch von Frauen besetzt sein.

12) Autonomiegrundsatz: Die jeweiligen Landes-, Bezirks-, Orts- und Bereichsgruppen sind in ihrem Bereich autonom."[21]

Was sich heute auf den ersten Blick wie eine milde Mischung von demokratischen Selbstverständlichkeiten liest, hatte damals in dieser Ausformung sehr wohl seine Berechtigung und seinen politischen Hintergrund. Das Aktivistenprinzip (Kriterium 1) und der Gleichheitsgrundsatz (Kriterium 2) wurden gerade von der BIP als sich selbst kooptierender Zirkel unterlaufen. Kriterium 4 versuchte den vielfach erhobenen Vorwurf des demokratischen Zentralismus[22] zu entkräften. In Kriterium 5 wandte man sich gegen Nennings "Programm der Lücken",[23] in Kriterium 7 und 8 erfand man für das imperative Mandat und die Rotation gemäßigtere Ausdrücke, wobei die Bindung von Schandl als Möglichkeit, nicht als unbedingte Norm verstanden[24] und die Rotation nicht innerhalb einer Periode vorgegeben wurde. Die von der *Wiener* Linken in Form der "12 Kriterien" eingebrachten Vorstellungen konnten aber nicht unbedingt als Konzessionen und als Abgehen von ihren Prinzipien gewertet werden, da die Linke, im Gegensatz zu den *Grazer* Gründungsvätern, rigiden Organisationsformen niemals denselben Applaus zollte. Sehr deutlich illustrierte das auch die Strukturdebatte in der ALW aus dem ersten Halbjahr 1983, wo seitens der den *Grazer* nahestehenden Gruppierungen in der Bundeshauptstadt (Bezirksgruppe 13 um Robert Lukesch, Bezirksgruppe 9 um Jutta Sander) die Rotationsforderungen und Kontrollbestimmungen viel rigoroser ausgelegt wurden als von seiten der zurückhaltenden Linken.[25] Inzwischen hatten die *Grazer* freilich mehrheitlich vom imperativen zum freien Mandat übergewechselt und wollten auch von der Rotation nichts mehr wissen, ohne dies freilich theoretisch zu begründen. Das Ziel der Linken war in der Einigungsphase schon ein äußerst bescheidenes: eine demokratische Partei mit verbindlichen Rechten und Pflichten. Schandl dazu im Juli 1986: *"Wir wollen eine demokratische Organisation auf einem hohen Niveau rechtlicher Verbindlichkeiten."*[26] Was auch in der Grünen Alternative - abgesehen von der Betonung des freien Mandats - inzwischen zu einer Selbstverständlichkeit geworden ist, hatte damals freilich einen schweren Stand gegen die selbsternannte und sich selbst kooptierende Honoratioreninitiative "Bürgerinitiative Parlament".[27]

Am heißesten umstritten waren zweifellos das imperative Mandat und die Rotationsregelungen. In der Satzung der ALÖ aus dem Jahr 1983 heißt es dazu: *"Mandatare sind in ihrem Stimmverhalten an die Beschlüsse des Bundeskongresses gebunden, müssen sich in allen aktuellen Entscheidungen soweit als möglich auf die Meinungsbildung in den Landesorganisationen der ALÖ stützen, und sind verpflichtet, auf Wunsch jederzeit öffentlich Rechenschaft über ihre Arbeit zu geben. In besonders wichtigen und/oder strittigen Fragen ist gegebenenfalls eine Urabstimmung in den Landesorganisationen durchzuführen. Parlamentsmandatare, die sich im Laufe der Tätigkeit von der Basis entfernen und den obengenannten Richtlinien ständig zuwiderhandeln, können durch einen Bundeskongreß mit 2/3 Mehrheit auch vorzeitig zum Rücktritt aufgefordert werden. Jede/r Mandatar/in wird in Ausübung seines/ihres Mandats von einem/r weiteren Kandidaten/in unterstützt; diese/r soll nach einer halben Funktionsperiode sein/ihr Mandat übernehmen."*[28]

Das imperative Mandat meint also nichts anderes, als daß die in inner- und außerorganisatorischen Positionen vertretenen Mitglieder an die Beschlüsse der ihnen zugeordneten Basis gebunden sind. Die Repräsentanten haben die Repräsentierten zu repräsentieren. Die Repräsentation soll im imperativen Mandat keine fiktive, sondern eine tatsächliche sein. *"Dieses besteht in einer Bindung meist präventiver Natur des Beauftragten durch die Beauftragenden: der Beauftragte erhält von der Masse gebundene Marschroute, von der er sich nicht entfernen darf."*[29] Und es meint dies nicht bloß in einer möglichen Form, sondern ganz kategorisch. Die Repräsentanten haben das von ihrer Bezugsgruppe Vorgegebene nachzuvollziehen. Das Kollektiv als Viel-Ich geht vor dem Individuum, dem Ein-Ich. Frei sollen die Mitglieder in der Organisation sein, nicht aber deren Repräsentanten in ihrer Funktion. Dahingehend steht das imperative Mandat auch im Widerspruch zum sogenannten freien Mandat, das die Ungebundenheit zumindest der Mandatare behauptet. Freies und imperatives Mandat verhalten sich wie Markt und Staat, schreiten über diese Dichotomie nicht hinaus. Je nach Neigung oder gesellschaftlicher Dominanz wird das eine oder andere in der Theorie gefordert oder abgelehnt. In idealtypischer Ausformung sind sie unpraktikabel, in ihrer Konstruktion folgen sie beide dem bürgerlichen Repräsentationsprinzip, betonen durch die Stellung des Individuums bzw. des Kollektivs nur unterschiedliche Seiten eines Modells.

Allein, das Postulat sagt noch nichts über die Funktionsweise. Das imperative Mandat setzt etwa die allzeitige Erkennbarkeit der Interessen der zu vertretenden Personen voraus, benötigt eine korporative und permanente Organisation von Aktivisten, ja ist ohne diese nicht einmal denkbar. Es ist somit idealtypisch gekoppelt an eine andauernde Aktivierung der Aktivisten, an eine ständige Beschäftigung mit allen anstehenden Fragen. In dieser Rigidität konnte das imperative Mandat nur scheitern. Über das praktische Dilemma schrieb bereits Robert Michels: *"Die imperative Mandatur ist mithin ganz unelastisch, trägt neu auftretenden Momenten keine Rechnung. Soll aber der Beauftragte während der Unterhandlung bei seinen Auftraggebern stets neue Instruktionen einholen, so wirkt diese Notwendigkeit schleppend. Das Mittel der gebundenen Mandatur schwindet deshalb bei der Weiterentwicklung der Demokratie zumeist auf einen kärglichen Rest zusammen und wird in der neuesten Zeit auch deshalb immer weniger angewandt, da es der notwendigen Kohäsion in der Partei Abbruch tun und Unruhe und Unsicherheit in ihrer Leitung hervorrufen würde."*[30]

Praktisch, d.h. unabhängig von Zustimmung oder Ablehnung, mußte das imperative Mandat versagen: *"Das imperative Mandat in seiner strengen Form existierte nicht. (....) Die Partei war schon strukturell nicht in der Lage, hinreichend viele, inhaltlich präzisierte Mandate zu erteilen: ihr fehlte der Fachapparat zur qualifizierten Vorbereitung von Beschlüssen, sie hatte eine andere Zeitstruktur und insgesamt eine andere Arbeitsstruktur als die Fraktion"*,[31] schreibt Joachim Raschke. Auch ein linker Sozialwissenschafter wie Bodo Zeuner betont die Unmöglichkeit des imperativen Mandats: *"Das imperative Mandat findet nicht deshalb so selten statt, weil die Abgeordneten sich dadurch unterdrückt fühlen würden, sondern weil die jeweilige Basis Wichtigeres zu tun hat, als den Abgeordneten für die jeweilige Abstimmung über zwei Übel unter Bedingungen, die von der Basis nicht durchschaut werden, Weisungen zu erteilen."*[32] Michael Barg und Hubert Lommer zogen daher als linke Grüne schon 1983 folgenden Schluß: *"Wir plädieren deshalb dafür, Grünen und Alternativen Abgeordneten den 'Freiheitsspielraum', der ihnen im Alltagsverhältnis von parlamentarischer Arbeit und Grüner Partei zugewachsen ist, auch formal anzuerkennen, das imperative Mandat dagegen auf diejenigen 'harten' Konfliktfälle zu beschränken, für deren ausführliche Diskussion in der Partei auch faktisch die Möglichkeiten vorhanden sind."*[33] Ein solches imperatives Mandat ist freilich kein imperatives mehr, wenn auch kein freies. Es geht von einer relativen Bindung aus, die je nach Bedarf enger oder weiter gezogen werden kann, sie versteift sich somit auf keine formalen Kriterien, wenngleich sie weiterhin die Dominanz der Basis betont. Diese Debatte wurde aber weder von den deutschen noch den österreichischen linken Grünen wirklich aufgegriffen und weitergeführt. Im Gegenteil, man verschanzte sich immer mehr hinter den abbröckelnden basisdemokratischen Versatzstücken, bis von diesen fast nichts mehr übrigblieb.

Die radikale Kritik des imperativen Mandats soll freilich nicht mit einem Plädoyer für das freie verwechselt werden. Jedes Kollektiv, das sich selbst institutionalisiert, ist auf eine bestimmte Bindung ihrer Repräsentanten angewiesen. Die absolute Freiheit vom Kollektiv kann nur als Losigkeit verstanden werden, somit als Loslösung. Findet keine innere Bindung statt, dann führt dies bloß zu äußeren Verbindlichkeiten. Ebenso wie das imperative ist das freie Mandat in seiner idealtypischen Setzung reine Illusion. Schlägt in ersterem das etatistische Prinzip der Bürokratie durch, so in letzterem der freie Markt und der freie Bürger. Wenn auch überspitzt formuliert, so hat Claudia Pilhatsch recht, wenn sie über das freie Mandat schreibt, *"daß parteiliche Wahlversprechen, zu denen WählerInnen ihre Zustimmung gegeben haben, nach persönlichem Gewissen prinzipiell jederzeit brechbar sind."*[34] *"Die Geschichte der parlamentarischen Fraktionen besteht aus einer Kette gebrochener Parteitagsbeschlüsse."*[35]

Die freie Mandatur ist so gesehen bloß eine Übersetzung des freien Marktes in die Politik. *"Würden die Parteien ihre formelle oder informelle Verfügungsgewalt über die Mandatare verlieren oder aufgeben, dann wäre der nun 'freie' Abgeordnete - die Frage, wer ihn wähle, wollen wir hier einmal ausklammern - dem freien Spiel von Angebot und Nachfrage am politischen Markt unterworfen. (....) Auf die Parteien haben die Mitglieder zumindest formal, manchmal auch real Einfluß, auf wirtschaftliche und mediale Machtgruppen wäre er gleich Null. Der freie Markt ist nicht der Ort gleicher rechtlicher und politischer Möglichkeiten. Das 'freie Mandat' ist bloß eine Gedankenkonstruktion, hat fiktiven Charakter, es würde schnellstens den Sachzwängen, die natürlich nichts anderes als Systemzwänge sind, zum Opfer fallen. Ein Repräsentant, so würden wir meinen, so legt es auch der Begriff nahe, hat eine definierte Gruppe zu repräsentieren, was ein hohes Maß an Gebundenheit voraussetzt. Die (relative) Unfreiheit des Repräsentanten ist Voraussetzung für die (relative) Freiheit des Repräsentierten. Der Kampf um den freien Menschen scheint sinnvoll, der um den freien Abgeordneten ist abwegig. Jede Zurückdrängung der Parteien, als Orte einer (zwar unzureichenden) Vergesellschaftung der Politik, in der bürgerlichen Parteiendemokratie unter den Bedingungen des Status Quo, weist einen gefährlichen Weg. Die Durchsetzung des freien Mandats würde nichts anderes heißen als die Privatisierung des Mandats."*[36]

Entschieden abzugrenzen gilt es sich daher von Aussagen wie jener Kaspanaze Simmas, der über seine Erfahrungen mit der alternativen Basis schreibt: *"Die AL, der Prototyp der Nichtpartei, hat sich die Basisdemokratie auf die Fahne geschrieben - für manche dürfte das geheißen haben, daß Politikaktivisten die Entscheidungen für die anders gesellschaftlich Aktiven treffen und - so der AL-Idealfall - sozusagen von Abgeordneten-Puppen die Tonbänder in die Parlamente tragen lassen."*[37] Der bürgerliche Besitzindividualismus läßt Simma in seinem Mandat sein Mandat, nicht seine Mandatierung sehen. Er erkennt es als sein Eigentum, kann sich so erst gar nicht vorstellen, bloß Mandatar einer gesellschaftlichen Gruppe zu sein. Vorgaben einer solchen Institution muß er als Einmischung in seine Privatangelegenheiten wahrnehmen, schließlich ist er doch ein mündiger Bürger, *"denn nicht Parteien haben letztendlich zu entscheiden, sondern die Bürger."*[38] Es ist in dieser Logik geradezu bezeichnend, daß er *"Ich bin keine Figur!"*[39] schreit. So war Simmas Schritt von den basisdemokratischen Zwängen der Vorarlberger Alternative hin zu den konservativen VGÖ nur konsequent, denn diese nehmen *"nicht für sich in Anspruch, Mandatare als Knechte zu halten."*[40] Umgekehrt möchte Simma wohl die alternativen Basisaktivisten zu Knechten und Mägden degradieren, die seine Politik im Bregenzer Landhaus zwar kommentieren dürfen, aber über die alternative Politik in diesem Gremium eigentlich nichts zu entscheiden haben. Simma will nicht das Kollektiv ausdrücken, als dessen Exponent er gewählt wurde, sondern sich selbst. Seine Überlegungen führen dann schlußendlich zu einem vordemokratischen Credo, das sich in der Tendenz überhaupt gegen formale Abstimmungen wendet, denn: *"Dieses 'Abstimmen' ist ein ganz grundlegender Wert der Demokratie. Wer politische Veränderung auf demokratische Weise will, muß sich zentral um diese gesellschaftliche Abstimmung bemühen. Ich wünsche uns und unseren Anliegen, daß wir weniger in Parteigremien per Handheben abstimmen und mehr zur öffentlich gesellschaftlichen Abstimmung auch gerade als Prozeß, der in Köpfen und Herzen stattfindet, hinkommen."*[41] Die Freiheit der Mandatare kann jedenfalls nur aufbauen auf der Unfreiheit der sie Delegierenden. Der Abgeordnete muß, wenn er als Abgeordneter sein eigener Herr sein möchte, auch der Herr seiner Basis sein.

Bei Peter Pilz liest sich das so: *"Die Parteibasis bedarf aber eines mehrfachen Korrektivs, um die Interessen der Wähler wirklich zum Tragen kommen zu lassen. Eines davon ist das freie Mandat der Abgeordneten. Die Praxis hat gezeigt, daß die Abgeordneten in viel höherem Maß als die Funktionäre ein Gespür für die Anliegen der Wähler entwickeln. Ihre Freiheit ist eine der wenigen Möglichkeiten, daß sich die Wähler im Projekt wiederfinden. Natürlich wird sich die Partei zu Wort melden, wenn die Verletzung grüner Grundsätze im Raum steht. Aber alles, was nur entfernt nach imperativem Mandat duftet, hat in einem offenen, freien grünen Projekt nichts verloren."*[42] Banal formuliert, steckt hinter diesen Aussagen das "Gespür" des Abgeordneten, etwas "Besseres" zu sein. Dieser elitäre Gedanke unterscheidet so zwei Qualitäten von Grünen: Mandatare und Funktionäre, wobei folglich von einer

Gleichwertigkeit der Menschen, die das grüne Projekt tragen, abgegangen werden muß, soll der medial dimensionierte, in Meinungsumfragen zerhackte abstrakte Wählerwille zur Geltung kommen. Peter Pilz hat recht: Seine Wähler sind so dimensioniert, wie er sich verhalten will. Der Pilzsche Terminus des Funktionärs zur Charakterisierung des Basisaktivisten[43] ist in diesem Zusammenhang übrigens nicht zufällig, sondern abfällig. "Funktionär" hat in seiner heute gebräuchlichen Verwendung etwas Abwertendes an sich, einen negativen Beigeschmack. Der Begriff kommt schlecht an, eben deswegen wird er hier verwendet. Dabei kommt Pilz & Co. der Umstand zugute, daß aufgrund der äußerst schmalen Personaldecke bei den Grünen tatsächlich fast jedes Mitglied irgendwann einmal parteiinterne (Vorstandsposten) oder parteiexterne (Gemeinde- und Bezirksräte) Ämter bekleiden muß.

Rotation war vor allem dazu gedacht, die Konzentration von Macht in den grünalternativen Parteien zu verhindern, Politik nicht als Beruf, sondern als Berufung aufzufassen. Diese idealistischen Ansprüche lagen völlig quer zur herrschenden gesellschaftlichen Arbeitsteilung und zu den Möglichkeiten der Menschen, sich wirklich effektiv und aktiv in der Politik zu beteiligen. Die Rotation ist aktuell den praktischen Möglichkeiten ziemlich fern. Wenn es z.B. keine bezahlten politischen Parteiämter gibt, so kann diese Arbeit nur von Vertretern weniger Gruppen erledigt werden, z.B. Studenten, Beamten, Lehrern, Arbeitslosen, Freiberuflern, Wissenschaftlern, Pensionisten etc. Die Rotation kann vor allem eines nicht gewährleisten, was für die meisten Individuen aber unbedingt für sie und die Ihren notwendig ist: eine soziale Absicherung. Was unter den gegebenen Umständen als normal betrachtet wird, muß auch für die Politik gelten. Allen anderslautenden Gerüchten zum Trotz gilt: Die Politik erfordert den Politiker, der von dieser Tätigkeit auch leben können muß. Denn füllt ihn diese Tätigkeit aus, dann muß er im Normalfall für sie auch besoldet werden, will er sie sich leisten können.

"Die Rotation soll sicherstellen, daß es bei den GRÜNEN nicht möglich ist, daß eine Frau oder ein Mann sich entschließen, fortan 'Politiker zu werden'. Da sie eine andauernde Politikerexistenz unmöglich macht, soll sie im Ansatz die Entstehung eines 'Parteibonzentums' verhindern."[44] Das schrieb Antje Vollmer vor zehn Jahren, als bei den deutschen Grünen anläßlich der ersten Rotation im Bundestag die Rotationsdebatte anrollte. Ihr entgegnete damals der auch noch heute führende Realo Joschka Fischer in einem ausgezeichneten Beitrag: *"Berufspolitiker darf es bei den GRÜNEN keine geben, aber es wimmelt davon."*[45] *"Den/die grüne/-n Berufspolitiker/-in gibt es schon längst, und zwar trotz und mit Rotation. Anderslautende Behauptungen sind nichts anderes als geschönte Selbststilisierungen, hinter denen es gewaltig hervorstinkt."*[46] Und weiter: *"Schwache formelle Strukturen, d.h. auch formelle Verantwortlichkeit und Wählbarkeit, führen zu informellen Machtstrukturen, die in der Regel niemandem verantwortlich sind und bei denen Wählbarkeit durch Kooptation ersetzt wird. Diese informellen Strukturen sind keineswegs an Mandate gebunden."*[47] Fischer prophezeite richtig: *"Die Rotation wird fallen. Ich*

komme zu dem Schluß: Die Rotation bleibt für mich eine emanzipativ getarnte bürokratische Zwangsmaßnahme, die zudem ihren eigenen Ansprüchen nicht gerecht wird."[48]

Ein besonderes Gespenst ist die hier angesprochene Basisbürokratie.[49] Es wird immer dann gejagt, wenn man vollends unfähig geworden ist, Mechanismen und Strukturen zu begreifen und zu benennen. Bei Erich Kitzmüller hört sich das so an: *"Ein Mythos erspart die Aufklärung, es ist der Mythos von der Basis. Sie ist definiert als die gleichsam naturwüchsige Gegnerschaft zu Prominenten. Wer den Kopf heraussteckt, auch wenn sie oder er nur öfters in Zeitungen oder im Fernsehen aufscheint, muß mit einem Kübel Schlamm überschüttet werden, muß gemeuchelt werden. (....) Die Basisbürokratie ist keine Ursache, sie ist eine Folge."*[50] Wenn man das so liest, wird man den Verdacht nicht los, daß es hier primär darum geht, die Kontrahenten in der eigenen Organisation zu verunglimpfen, kurzum den Aktivistenprotest zu diskreditieren. Nicht die Debatte wird eröffnet, sondern das Abweichende stigmatisiert. Die Auseinandersetzung erfolgt nicht zufällig mit einem anonymen Schreckgespenst, obwohl die innerparteilichen Gegner doch Namen und Anschrift haben, wenngleich sie selten in der Presse stehen. Es geht gegen *"die zweite Garnitur also, die Parteileute, die sich als Basis fühlten,"*[51] wie Werner Vogt es ausdrückte.

Als Alternative zum bürokratischen Modell sehen die Grünen das anscheinend hierarchielose der Vernetzung oder des Netzwerks. Auch dabei handelt es sich wieder um so ein unausgefülltes Wort, hinter dem sich alles Mögliche verbergen kann. Das Netzwerk wirkt an sich sympathisch, weil es keine Normen kennt. Es erscheint originell, weil es die Regel durch die Individualität und Singularität ersetzt. Der Phantasie, was denn konkret Vernetzung sei, sind keine Schranken gesetzt. *"Vernetzung bedeutet hier wechselseitige Informierung, Unterstützung, Arbeitsteilung, Abstimmung etc. und die Abwesenheit von Hierarchie, Kontrolle, Sanktion. Vernetzung bezieht sich auf das nichthierarchische Koordinieren von Aktivitäten zwischen Projekten in einem Bereich (....). Zum anderen umfaßt die Vernetzung auch die Beziehungen zwischen Teilbewegungen.(....) Die potentielle Stärke der informellen Vernetzung liegt in der Flexibilität und fortlaufenden Beeinflußbarkeit durch Teilgruppen und Aktive."*[52] Raschke schreibt aber ebenfalls: *"Die Nicht-Bürokratisierung verursacht aber auch in erheblichem Maße zusätzliche Kosten, für die ausreichende Ressourcen häufig nicht zur Verfügung stehen. Die Praxis der Vernetzung ist deshalb generell prekär."*[53]

Die Hierarchie freilich ist nicht abwesend, sie ist in diesen Vorstellungen nur weggezaubert. Was man nicht sehen will, ist nicht. Die Hierarchielosigkeit von Beziehungen ist unter den herrschenden gesellschaftlichen Bedingungen eine Illusion. Die Idee des herrschaftsfreien Netzwerks erweist sich der Bürokratie hinsichtlich Partizipation, Transparenz und Effizienz als unterlegen. Als es deren Nachteile abzuschaffen versuchte, beseitigte es deren Vorzüge gleich mit,[54] ohne Adäquates an ihre Stelle zu setzen. *"Beim Netzwerk sind Regelungsdichte und Transparenz nicht nachvollziehbaren Kriterien überlassen. Das Netzwerk zeichnet sich durch Willkür aus, statt durch Verbindlichkeiten. Geht die Bürokratie von der Fälligkeit aus, Informationen weiterzugeben (oder auch für sich zu behalten), so beobachten wir im Netzwerk eine Zufälligkeit der Informationsweitergabe. An die Stelle formaler Herrschaft und Hierarchie setzt sie informelle Klüngel und Vetternwirtschaft. Minimiert die Bürokratie die informelle Herrschaft zugunsten der formellen, so maximiert das Netzwerk die informelle Herrschaft zuungunsten der formellen. Die oft behauptete Herrschaftslosigkeit war eine reine Farce und endete beim praktischen Versuch meist im Chaos oder in der Unterordnung unter originäre Führungspersönlichkeiten aus dem informellen Bereich oder unter von außen oktroyierte Führer (Promis). Das Netzwerk ist also im besten Fall undemokratisch und im schlechtesten Falle unbrauchbar. Es überträgt Regeln der individuellen Kommunikation (freier Meinungsaustausch, willkürliche Informationsweitergabe, Recht auf Geheimnisse, Bevorzugung bestimmter Individuen etc.) auf kollektive Gebilde."*[55]

Was viel interessanter wäre als die öffentliche Beschimpfung der Basis, worin deren Aufbegehren medial wirksam als Basisbürokratentum und Funktionärstum der zweiten Garnitur abgekanzelt wird, wäre die Frage, warum die Aktivistinnen und Aktivisten stets nach links abweichen. Was treibt die Praktiker des Organisationslebens dazu, sich radikaler als ihre Spitze zu gerieren. Der Unterschied liegt wohl darin, daß Parteispitze und Parteibasis in ihrem unmittelbaren Wirkungsfeld in gänzlich verschiedene Lebenswelten einbezogen sind. Die Abgeordneten verkehren täglich mit dem politischen und journalistischen Establishment, werden im Laufe dieser Auseinandersetzungen pragmatisch normiert, ja aufgesogen. Sie gehören zu dem, was in jüngster Zeit unter dem falschen Begriff der politischen Klasse firmiert. Die Basisaktivisten hingegen sind mit anderen Problemausformungen konfrontiert, sie neigen in ihrem moralischen Rigorismus - dessen Qualität natürlich noch gesondert hinterfragt werden müßte - zu prinzipialistischen Lösungen, die vor allem aus Solidarität mit allen Unterprivilegierten und Bedrängten dieser Erde rühren. So erklärt sich die alltägliche Abgrenzung vom Kompromißlertum der eigenen politischen Spitzen. Ihre Waffe ist das Entsetzen, nicht jedoch die Setzung einer anderen Politik.

Dieser Konflikt zeitigt auch jene groteske Erscheinung, die die maßgeblichen Parlamentarier und die von ihnen bestimmten Klubsekretariate dazu führt, grüne Basismitglieder weitgehend aus der Sekretariats- und Zuarbeiterebene auszuschließen. Bezüglich der BRD schreibt Raschke: *"Ämterpatronage entfiel bei den Grünen als ein Anreiz für Parteimitgliedschaft und -aktivität. Eher schon galt ein paradoxer, die Partei schwächender Anreiz: die Chancen für bestimmte Fachleute, etwas über die Grünen zu werden, waren bei der Nicht-Mitgliedschaft größer als bei Mitgliedschaft."*[56] *"Die Amtsprüderie ging einher mit einem merkwürdigen Fachleute-Mythos, sozusagen einer dritten Kategorie neben dem Beamten und dem Politi-*

ker."[57] Das trifft zweifellos auch auf die österreichischen Grünen zu. Um gut dotierte und interessante Jobs im Nationalrat oder den Landtagen zu erhalten, ist Parteimitgliedschaft nicht unbedingt ein Vorteil, man vertraut eher unabhängigen Fachleuten, Quereinsteigern von außen, als Personen, die in der Partei aktiv geworden sind. Gerade an diesem Beispiel läßt sich sehr schön zeigen, wie gestört die emotionalen und psychischen Verhältnisse zwischen Promis und Basis oft sind. Vertrauen die einen den anderen nicht, so bestrafen die anderen die einen mit Mißachtung. Von ihrer Basis halten grüne Promis wohl nicht viel mehr als der ihnen zu Hilfe eilende freie Schriftsteller Robert Schlesinger. Für ihn sind die Basisaktivisten einfach Leute, die *"am liebsten in Versammlungen sitzen, um dort eine politische Arbeit, zu der sie keinen Funken beigetragen haben, in den Dreck bzw. auf ihr Niveau herunterzuziehen, und um sich zu gebärden, als fände die nämliche politische Arbeit einzig in ihrem persönlichen Auftrag statt. Die Zeitgenossen heißt man gemeiniglich die grüne Basis. (....) Das wahre Problem ist die Basis. (....) 'Promis', die die Politik gestalten, müssen sich aussuchen können, wen sie mitentscheiden lassen wollen (....). Also werte Damen und Herren Grünpolitiker: Nehmen Sie einen nassen Fetzen und jagen Sie damit ihre Basis zum Teufel."*[58]

Als weiteres Moment der Basisdemokratie sei hier noch abschließend die Diätenregelung angeführt. Ging man ursprünglich davon aus, daß sich die Gehälter von Mandataren an einem österreichischen Durchschnittseinkommen orientieren sollten,[59] ist daraus in der Praxis der Grünen Alternative ein Bürgerinitiativenfonds geworden, in den die grünen Abgeordneten ihre Beiträge zu leisten haben. Die Schwierigkeiten mit der Zahlungsmoral der Abgeordneten sind freilich enorm. Im Klubprotokoll vom 15. September 1992 lesen wir dazu unter anderem: *"Manche Abgeordnete leisten gar keine Beiträge oder zahlen so viel weniger ein, daß es mit Unzufriedenheit über bestimmte Absetzbeträge nicht zu erklären ist. Es stellt sich also die Frage der Sanktion, und das ist die Transparenz, die bis zur öffentlichen Diskussion während des Bundeskongresses führen kann."*[60] Faktisch ist die Durchsetzung der Diätenregelung unmöglich und somit hinfällig geworden.[61] Obwohl verpflichtend, ist dieser Beschluß bei Widerwillen der einzelnen nicht zu exekutieren. Sanktionen sind nicht durchsetzbar, weil sie öffentlich das Bild des von seiner Partei drangsalierten Abgeordneten erzeugen würden. Was übrigbleibt, ist die Speisung eines Bürgerinitiativenfonds durch Beiträge von Abgeordneten, deren Höhe vom persönlichen Gutdünken abhängig ist. Das bürgerliche Individuum schlägt zurück: Das zentrale Dilemma liegt darin, daß die einzelnen Individuen aufgrund ihrer sozialen Dimensionierung nicht fähig sind, sich kollektiven Beschlüssen zu beugen, sondern in bornierter Manier ihre ureigensten finanziellen Interessen über die des gemeinsamen Klubs bzw. der Partei stellen. Dabei kokettieren sie ganz offensichtlich mit der Schwierigkeit der Sanktionsumsetzung. Jeder tut, was er oder was sie will. Vor allem anhand der Diätenregelung läßt sich sehr schön zeigen, daß sich das Neue vom Alten qualitativ überhaupt nicht unterscheidet, die Geldmonade sich beharrlich durch die Hintertür ihr obligates Recht verschafft. Die Folge davon sind ermüdende und lähmende Debatten, wie sie in den Klubprotokollen der grünen Parlamentspartei auch nachzulesen sind. Das kollektive Individuum setzt sich letztendlich gegen das individuelle Kollektiv durch. In den grünen Exponenten steckt somit nicht einmal im Ansatz so etwas wie der Typus eines "neuen Menschen", der sich zumindest in der Tendenz abseits der Ware-Geld-Beziehung solidarisch verhalten müßte.

Das Dilemma der Rotation,[62] der Unvereinbarkeiten und der Öffentlichkeit der Sitzungen ist darin zu erkennen, daß sie formale und reale Macht trennen. Wenn leitende Gremien mit zuwenig Macht und Kompetenz ausgestattet werden bzw. ein kontinuierliches Arbeiten durch zu kurze Fristen und personelle Fluktuationen nicht mehr möglich ist, verschanzen sich die wirklichen Meinungsträger in ihren Strömungen oder Klüngeln. Die Öffentlichkeit der Sitzungen führt unweigerlich zur Ausweitung informeller Treffen. Das Recht auf Geschlossenheit, ja Intimität einer gesellschaftlichen Gruppierung wird dann eben indirekt durchgesetzt, die geöffnete Sitzung dient bloß der Schaustellung. Von diesem Prinzip wurde daher auch bald abgegangen. Die Überstrapazierung der Transparenz schlägt in ihr Gegenteil um. Ein Grundproblem der Basisdemokratie liegt darin, daß reale und formale Führung nicht ausreichend identisch sind, was zur Folge hat, daß die reale Meinungsführerschaft kaum Kontrollen unterworfen ist, die formale über ein schwaches Vollzugsorgan nicht hinauskommt. Wohlgemerkt: *"Meinungsführer können nun einmal nicht zum 'Rotieren' gezwungen werden."*[63]

"Die basisdemokratischen Bastionen fielen meist im 'basisdemokratischen Dominoprinzip', von unten nach oben. In den Kreisverbänden spielten diese formalisierten Regelungen nie eine wesentliche Rolle",[64] schreibt Joachim Raschke über die bundesdeutschen Grünen. Ähnliches kann man auch für Österreich sagen. Das imperative Mandat oder die Rotation kamen kaum zur Anwendung, sieht man von Versuchen in der ersten ALG-Gemeinderatsperiode in Graz, bei den ALW-Bezirksräten (1983-1987) in Wien und in der Alternativen Liste Niederösterreich (AL-NÖ) ab. Teilweise auch deshalb, weil vielfach Basis einerseits und Funktionäre und Mandatare andererseits aufgrund der mangelnden Personaldecke personell sowieso weitgehend identisch waren. Die Basisdemokratie mußte fallen, so oder so. Was einflußreiche Realos wie der Frankfurter Roland Schaeffer schon 1983 vorschlugen,[65] den Weg hin zu einer normalen Partei zu gehen, ist inzwischen in Deutschland wie in Österreich Realität geworden. Von Basisdemokratie ist nicht viel mehr geblieben als ein Schlagwort. Auch der linke Kritiker Bodo Zeuner gab bereits vor mehr als zehn Jahren zu erkennen, daß die Grünalternativen die Basisdemokratie wohl ob ihrer Schwächen liquidieren werden: *"Meine These ist, daß diese Diskussionen einen Entwicklungsstand der grün-alternativen Wahlbewegung bezeichnen, an dem sich das Ungenügen rein dezentralistischer Basisdemokratiekonzepte unübersehbar zeigt und an dem zugleich rätedemokratische Konzepte nicht hinreichend weiterentwickelt und erprobt worden sind, um Auswege aus dem Dilemma zu weisen. Es ist zu*

befürchten, daß sich die Tendenz durchsetzt, für den Bereich der parlamentarischen Politik auf die gängigen Politikformen des Repräsentativsystems zurückzufallen und 'Basisdemokratie' auf eine für die 'große Politik' folgenlose Autonomie kleiner, unüberschaubarer Gruppen zu reduzieren."[66]

In Österreich wurde der letzte Schritt hin zur Normalpartei vor allem von Peter Pilz forciert. Sein zentrales Strategiepapier "Bitte eine Parteireform" (1992) kann heute als ideologischer Vorgriff auf zukünftige Zustände gelesen werden. Die *"projektorientierte Rahmenpartei"*,[67] die Pilz darin vorschlägt, geht sogar noch einen Schritt weiter zurück. Pilz fordert letztendlich die völlige Entmachtung des bisher höchsten Entscheidungsorgans, des Bundeskongresses; er soll bloß noch dem Palaver dienen, denn *"Abstimmungen sollen so weit wie möglich in den Bundesausschuß verlagert werden."*[68] Der Bundesausschuß als Machtzentrum soll zu einem kooptierten Gremium werden, das keinen direkten und allgemeinen Wahlen mehr unterworfen ist: *"Die Bundesausschußmitglieder sind fixe Delegierte der Landesvorstände (9), ein Landtagsabgeordneter pro Bundesland, des Parlamentsklubs (3) und des Gemeindevertretertags (3). Zwei Vertreter der GRÜBI, die Mitglieder des BV und der Bundesfinanzreferent gehören ihm mit beratender Stimme an."*[69] Dieses Gremium - wahrscheinlich wurde es auch deswegen so konstruiert - kennt keine gemeinsame Legitimationsbasis mehr, es ist, da es nur partiell verändert werden kann, konservierend im Sinne der Parteieliten. Noch konnte freilich nicht alles im Pilzschen Sinne geordnet werden, das Papier zeigt aber deutlich die Stoßrichtung des grünen Projekts auf organisatorischer Ebene.

Es stimmt, was Johannes Voggenhuber sagt: *"Von experimentellen Anfängen sind wir zu 'gewöhnlichen' Strukturen gekommen."*[70] Die Grünen sind so zu keiner Partei neuen Typs geworden,[71] sondern transformierten sich vielmehr in den Jahren ihrer Entwicklung zu einer Neuauflage tradierter Organisationsformen. Wer heute die Strukturen der Parlamentsparteien vergleicht, wird feststellen müssen, daß es nur graduelle, aber keine essentiellen Unterschiede mehr gibt. Bei den Grünen wiederholte sich die Normierung der organisatorischen Praxis wie der programmatischen Ziele von Opposition. Und da heute alles schneller geht, im Zeitraffer.

4. DEMOKRATIE UND PARLAMENTARISMUS

"Alle scheinen übereinzustimmen, daß Demokratie sein soll. Kaum jemand widerspricht der Vorstellung, Demokratie sei die bestmögliche Form der Gestaltung des politischen Systems."[1] Demokratie wird bekannt, nicht erkannt. Sie muß heute gelten als einer der unreflektiertesten Begriffe überhaupt. Alle haben dafür zu sein. Kein politisches Vokabel kommt so oft aus den Mündern wie dieses, sei es positiv als Bekenntnis, sei es negativ als Vorwurf, eben nicht demokratisch zu sein. Noch stärker als zu Kelsens Zeiten trifft dessen Aussage zu, daß der Begriff einem politischen Modezwang folgt, den man *"zu allen möglichen Zwecken und bei allen möglichen Anlässen benützen zu müssen glaubt, (es) nimmt dieser mißbrauchteste aller politischen Begriffe die verschiedensten, einander oft sehr widersprechenden Bedeutungen an, sofern ihm nicht die übliche Gedankenlosigkeit des vulgär-politischen Sprachgebrauches zu einer keinen bestimmten Sinn mehr beanspruchenden, konventionellen Phrase degradiert."*[2] Oder der reaktionäre Vilfredo Pareto: *"Zum Beispiel anerkennt heutzutage jedermann, daß die 'Demokratie' das politische Regime aller zivilisierten Völker zu werden neigt. Aber was ist die präzise Bedeutung dieses Terminus 'Demokratie'? Er ist noch unbestimmter als der höchst unbestimmte Terminus 'Religion'. Es ist deshalb erforderlich, daß wir ihn beiseite lassen und uns an das Studium der Tatsachen machen, die er verhüllt."*[3] Das soll in der Folge geschehen.

Es gilt, Demokratie als Kategorie von der Phrase zu lösen, sie zu einem Begriff zu machen, der historisch und politisch einordenbar ist. Demokratie ist uns eine politische Form des Kapitalismus. Sie geht in der Entwicklung mit ihm einher, entwickelt sich nur auf seinem Boden. Was die Warensubjekte in der Ökonomie, sind die freien Bürger in der Politik. Die Demokratie kann somit nicht von der Marktwirtschaft, vom Kapitalismus abgehoben werden, auch ihre emanzipatorischen Momente nicht. *"Mit dem Alltäglichwerden der Ware-Geld-Beziehung mußten auch die zu dieser Beziehung gehörenden formalen Elemente alltäglich werden und in den 'Besitz' eines jeden Menschen übergehen. Der moderne Mensch, dessen sämtliche Unternehmungen das Geld als die allgemeine Ware entweder voraussetzen oder zu ihrem Zwecke haben, weiß sich als Mensch immer schon innerhalb jener vom Staat garantierten Rechtsstruktur, die ihn frei und gleich macht, ohne daß ihm dies zu Bewußtsein käme."*[4] So betrachtet sind alle Versuche, wie sie vor allem seitens der Linken unternommen wurden, Demokratie mit anderen Inhalten zu füllen, zum Scheitern verurteilt. Das zeigte auch deutlich der grüne Versuch der Basisdemokratie (vgl. Kapitel III-3). Demokratie ist dem Kapitalismus immanent, was umgekehrt bedeutet, daß sie auch mit ihm verschwinden wird. Anders als Anton Pelinka meint, besitzt der Demokratiebegriff keine *"zeitlose[n] Bestandteile."*[5] Die Inflationierung des Begriffs geht in die Irre. Demokratie kann nur mit dem Kapitalismus, somit als bürgerliche Demokratie gedacht werden. Er ist der einzige gesellschaftliche Boden, auf dem sie gedeiht. Die abstrakten Möglichkeiten von Partizipation und Transparenz, Freiheit und Gleichheit sind nur auf der Grundlage seiner Produktivkraftentwicklung realisierbar. Demokratie ist die mögliche und weitgehend obligate Folge eines bestimmten ökonomischen Durchschnittsstandards. Demokratie ist somit nicht als Volksherrschaft definierbar.[6] Abgesehen davon, daß der soziologische Terminus der Herrschaft zwei Arten von Subjekten, eben Herrscher und Beherrschte, inkludiert,[7] handelt es sich bei der Volksherrschaft, wie wir weiter unten noch näher ausführen werden, nur um eine ideologische Fiktion. Wer die Herrschaft des Volkes voraussetzt, den Willen der bürgerlichen Subjekte als Modus movendi abfeiert, hat in der Analyse der modernen Demokratie schon Schiffbruch erlitten.

Die Demokratie ist - auch wenn sie unfraglich dem politischen Sektor zugehörig ist - nicht von der politischen Seite her dechiffrierbar, sondern nur von der ökonomischen. Politische Regeln - und nichts anderes ist die Demokratie, betrachten wir ihre formale Seite - erwachsen auf wirtschaftlichen Möglichkeiten. Die Demokratie ist ein logisches Produkt des Kapitalismus. Dagegen spricht auch nicht, daß sie eine subjektive Seite kennt, sie erkämpft, erobert, durchgesetzt werden mußte. Aber sie konnte eben nur durchgesetzt werden, weil sie durchsetzbar gewesen ist. So gesehen erkämpfte die Arbeiterbewegung als die letztendlich relevanteste soziale Bewegung des bürgerlichen Zeitalters die politische Demokratie nicht gegen den Kapitalismus, sondern für ihn in ihm. Die Demokratie im politischen Sektor ist die Transformierung formal gleicher Warensubjekte in eine abgeleitete Sphäre. Sie verbindet das konstante mit dem variablen Kapital gegen archaische Formen gesellschaftlicher Kommunikation. Demokratie ist eine bürgerliche Kategorie. Es gibt keine sozialistische oder alternative Demokratie. Da entstehen nur begriffliche Ungetüme wie Volksdemokratie, Arbeiterdemokratie oder Basisdemokratie. Wobei wir mit dieser Argumentation freilich auch uns selbst in inhaltliche Schwierigkeiten bringen, und diese Position nicht widerspruchsfrei durchgehalten werden kann. Das führt aktuell dazu, daß wir allgemein die Demokratie kritisieren und attackieren, andererseits sie gegen populistische Absonderungen und direktdemokratische Karikaturen verteidigen. Die hier getroffenen Einschätzungen sind somit nicht als Festlegungen, sondern als Hypothesen eines wissenschaftlich fragilen Durchgangsstadiums zu bezeichnen.

Demokratie ist, was bei uns Herrschaft ist. Sie ist das politische System der entwickelten bürgerlichen Gesellschaften in ihrem Inneren. Sie *"bedeutet an sich nur: daß keine formelle Ungleichheit der politischen Rechte zwischen den einzelnen Klassen der Bevölkerung besteht."*[8] Diese Realdefinition sträubt sich freilich gegen jedweden Versuch, der Demokratie etwas anderes zu unterstellen, als was sie wirklich ist. Robert Kurz schreibt: *"Demokratie und Marktwirtschaft alias Kapitalismus gehören zusammen als die zwei Seiten einer Medaille, darin haben die offiziellen Demokraten gegen ihre linken Stiefbrüder zweifellos recht. Die offizielle Demokratie sagt mehr, als sie weiß, wenn sie Liberalität, Individualität und Marktwirtschaft positiv identisch setzt. Denn in der Tat: diese Freiheit ist die Freiheit, als Warensubjekt auf dem Markt kaufen und verkaufen zu können, und die Freiheit, über die institutionelle Regulation und über die Rahmenbedingungen des Kaufens und Verkaufens 'verhandeln' zu können (Rechtssystem und Gesetze, Moderation warenförmiger Interessenvertretung, infrastrukturelle und soziale Transfers usw.); nicht jedoch die Freiheit, in einer anderen Gestalt als in der eines Warensubjekts (eines immerwährenden Verkäufers und Käufers) überhaupt ein Mensch sein zu können. Mit dem Verweis auf die Identität von Freiheit und Markt ist also implizit zugegeben, daß die demokratische Freiheit durch den Markt definiert und damit auch begrenzt ist. Deswegen ist es durchaus passend, zur besseren Kennzeichnung von 'Marktwirtschaftsdemokratie' zu sprechen, um diese strukturelle Identität hervorzuheben."*[9]

Die Unterschiebung eines zusätzlichen normativen Begriffs der Demokratie hat nur zur Folge, daß die reale Demokratie nur in ihren Erscheinungen, nicht in ihrem Wesen kritisiert wird. So gesehen sind uns Forderungen wie die (auch von uns früher vertretene[10]) Demokratisierung der Demokratie inzwischen obsolet. Auch Ulrich Beck schreibt: *"Demokratisierung läuft in diesem Sinne letzten Endes auf eine Art Selbstentmachtung und Entörtlichung der Politik, jedenfalls auf Ausdifferenzierung von Mitsprachen, Kontrollen und Widerstandsmöglichkeiten hinaus."*[11] Die Aufblähung von Partizipation und Transparenz vernichtet letztendlich die Effizienz, d.h., jene kennen objektive Grenzen. Der grassierende Partizipationismus, die Normierung und Einforderung permanenter Teilnahme an allen Planungs- und Entscheidungsprozessen, führt geradewegs in die Demokratiemüdigkeit; der Fetischismus der Transparenz, der Detailismus in all seinen Spielarten, läßt in der Fülle der Informationen und Benachrichtigungen nichts mehr erkennen, weil dieses Wissen das Denken erschlägt.

Die Demokratie ist nicht zu demokratisieren, ohne daß sie sich nach hinten (Diktatur) oder nach vorne (Sozialismus) aufhebt. Die Demokratie nähert sich diesen ihren Grenzen. *"Die Demokratie zerbricht an sich selbst."*[12] Die Demokratisierung der Demokratie mündet in ihre Aufhebung. So oder so. Demokratischer wird es nicht mehr. Auch reformistische Kräfte haben das inzwischen implizit einbekannt, indem sie im Vokabular von der "Demokratisierung" zur unverfänglicheren "Demokratiereform" übergegangen sind. Das macht freilich Angst, wenn der Begriff ausschließlich affirmativ verwendet wird, man von der Vorstellung ausgeht, daß wir am Ende der Geschichte angelangt sind, keine neuen Formationen und gesellschaftlichen Prinzipien mehr anstehen, Demokratie nicht als Durchgangspunkt, sondern als Resultat der Geschichte erscheint.

Zur Verklärung des Demokratiebegriffs, indem man ihn von einer bürgerlichen in eine sozialistische Kategorie überführen wollte, haben auch diverse linke Theoretiker ihr Scherflein beigetragen. Prototypisch sei hier der linke Sozialdemokrat Max Adler genannt, der bereits 1922 in seiner Kontroverse mit Hans Kelsen folgende Terminologie einführte: *"Ich schlage nun vor: da der Begriff der Demokratie sich erst in einer klassenlosen Gesellschaft realisiert, so wollen wir diese volle Demokratie, die ihrem Begriffe nach entsprechende Demokratie, die soziale Demokratie nennen, während wir alle anderen Formen, die sonst auch als Demokratie bezeichnet werden, die politische Demokratie nennen."*[13] *"Kurz, wir werden zu der Einsicht geführt: Die Demokratie, die wir haben, ist keine Demokratie, und die Demokratie, die es ist, haben wir noch nicht."*[14] Bei modernen linken Autoren hat das dann überhaupt zu einer Identifizierung von Sozialismus und Demokratie geführt. *"Sozialismus ist nichts anderes als die allseitige Verwirklichung dieses Gedankens der Demokratie, der aus einem System politischer Spielregeln zum inhaltlichen Prinzip der gesamten Gesellschaft, zur sozialen Demokratie erweitert wird"*,[15] meint Wolfgang Abendroth. Und Oskar Negt faßt das in der vordergründig griffigen Formel *"Keine Demokratie ohne Sozialismus, kein Sozialismus ohne Demokratie"*[16] zusammen. Demokratie wird hier zweifellos nicht als bürgerliches Formprinzip verstanden, vielmehr gehe es umgekehrt darum, die bürgerlichen Beschränkungen der Demokratie aufzuheben, indem man sie über den politischen Bereich hinaus erweitert. Das zeigt auch der in diesem Zusammenhang oft gebrauchte Begriff der "Wirtschaftsdemokratie" deutlich. Sozialismus wird in diesen Vorstellungen als Ausweitung der Demokratie, des politischen Sektors überhaupt gesehen, nicht aber als Umwälzung der ökonomischen Basis und ihrer Grundlagen, Wert und abstrakte Arbeit.

Auch die Gegenüberstellung von Demokratie und Diktatur ist heute eine allgemein anerkannte. In der gängigen Darstellung sind sie antagonistische, sich einander ausschließende Gegensätze. Die Unterscheidung Demokratie/Diktatur ist aber letztlich eine methodisch willkürliche, werden doch einige wenige Phänomene des politischen Sektors (Mehrparteiensystem, Wahlmöglichkeiten, Grundrechte) herausgegriffen, an deren Vorhandensein man Demokratie positiv bemißt bzw. bei deren Nichtvorhandensein man die Diktatur der Verurteilung preisgibt. Dieser Maßstab ist ungenügend, da er nur wenige Elemente der Herrschaft berücksichtigt, überhaupt nicht nach den spezifischen Grundlagen der aktuellen Standards fragt. Die außerpolitische Frage etwa, ob ein Betrieb demokratisch oder diktatorisch ist, ist mit diesem Instrumentarium nicht seriös behandelbar.

Die Charakterisierung eines Systems als "demokratisch" oder "diktatorisch" hat so eher agitatorischen denn analytischen Charakter. Sie verklärt mehr, als sie sagt. Das spezifische Ensemble der Entscheidungsfindung als subjektive Seite der Wertlogik wird nicht nur nicht von dieser Seite her erklärt, nein: Es fallen auch noch die innerpolitischen Konstellationen der Proklamation einiger Phänomene zum Opfer, die da sind: Hierarchie und Autonomie, Bürokratie als notwendige Kehrseite, vorgelagerte und nachgelagerte Entscheidungen etc. Die Komposition aus Partizipation, Transparenz und Effizienz, ihre notwendigen hierarchischen, autokratischen und bürokratischen Merkmale werden nicht in ihrer Gesamtheit debattiert, sondern losgelöst als jeweils zu korrigierende Erscheinungen behandelt.

Ebenfalls ausgeklammert bleibt, daß Mehrheiten und Minderheiten aus ihrer Lage heraus verschiedene Interpretationen der Demokratie leisten müssen, daß Effizienz und Partizipation hier streiten müssen, daß erstere mehr dem Zentralismus, letztere mehr dem Autonomismus zuneigen. Nach Demokratie, hier verstanden als Entscheidungspartizipation, schreien vor allem jene, die mit den vorgegebenen Entscheidungen, die ihr Handeln prägen sollen, nicht einverstanden sind, während jene, die sich damit identifizieren, den demokratischen Prozeß, ohne ihn abzulehnen, doch im konkreten als störend und hinderlich, weil aufwendig, empfinden. Nur die Abweichung fordert Entscheidungspartizipation, nicht die Zustimmung.

Das durchgesetzte Ideal des freien und mündigen Bürgers als Massenphänomen würde zum Ende jeder Demokratie, ja jeder Politik führen. Diese sind ohne autokratische Momente nicht handhabbar. Die idealtypische Demokratie ist nicht. So gesehen gilt es, auch Robert Kurz' umstrittener Passage zuzustimmen, wenn er schreibt: *"Die reine Demokratie ist insofern nichts anderes als die höchstentwickelte Form der Diktatur."* [17] Demokratie und Diktatur sind nicht streng voneinander zu trennen, sie sind vielmehr in sich eins, erst in ihren konkreten Auslegungen durch Betonung bestimmter Phänomene differenzierbar. Es ist so gesehen auch durchaus seriös, die bürgerliche Gesellschaft sowohl als parlamentarische Demokratie als auch als kapitalistische Diktatur zu bezeichnen. Dies ist kein Widerspruch, sondern vielmehr eine Entsprechung. Die Kennzeichnung des Gesellschaftssystems als demokratische Diktatur des Kapitals wäre zutreffend, wir nehmen nur deshalb davon Abstand, weil in dieser Lesart das subjektive Moment überbetont wird, geradeso als handele es sich um eine Willkürherrschaft, die sich herabläßt, uns demokratische Rechte zuzugestehen.

Die der Demokratie adäquate Ausformung ist der Parlamentarismus. Er ist die *"Bildung des maßgeblichen staatlichen Willens durch ein vom Volke auf Grund des allgemeinen und gleichen Wahlrechtes, also demokratisch, gewähltes Kollegialorgan nach dem Mehrheitsprinzip."* [18] *"Das zweite Element aber, das eine Analyse des Parlamentarismus ergibt (lautet): die Mittelbarkeit der Willensbildung, die Tatsache, daß der staatliche Wille nicht unbedingt durch das Volk selbst, sondern durch ein allerdings vom Volk geschaffenes Parlament erzeugt wird."* [19] Für Hans Kelsen, von dem diese Zitate stammen, ist der Parlamentarismus schlußendlich ein Kompromiß zwischen *"der demokratischen Forderung der Freiheit und dem sozialtechnischen Fortschritt bedingenden Grundsatz differenzierender Arbeitsteilung."* [20] Die Demokratie verwirklicht sich mittelbar im Parlamentarismus: *"Je größer die staatliche Gemeinschaft, desto weniger erweist sich das 'Volk' als solches imstande, die wahrhaft schöpferische Tätigkeit der Staatswillensbildung unmittelbar selbst zu entfalten, desto mehr ist es schon aus rein sozialtechnischen Gründen gezwungen, sich darauf zu beschränken, den eigentlichen Apparat der Staatswillensbildung zu kreieren und zu kontrollieren. Andererseits aber wollte man den Schein erwecken, als ob auch im Parlamentarismus die Idee der demokratischen Freiheit, und nur diese*

Idee, ungebrochen zum Ausdruck käme. Diesem Zwecke dient die Fiktion der Repräsentation, der Gedanke, daß das Parlament nur Stellvertreter des Volkes sei, daß das Volk seinen Willen nur im Parlament, nur durch das Parlament äußern könne, obgleich das parlamentarische Prinzip in allen Verfassungen ausnahmslos mit der Bestimmung verbunden ist, daß die Abgeordneten von ihren Wählern keine bindenden Instruktionen anzunehmen haben, daß somit das Parlament in seiner Funktion vom Volke rechtlich unabhängig ist."[21]

In dieser klassischen Sicht sind Parlamentarismus und Demokratie de facto identisch, Demokratie nur als Parlamentarismus vorstellbar. Die Trennung der Wähler von den Gewählten ist strukturell bedingt und kann auch aus sozialtechnischen Gründen nicht aufgehoben werden. Die Aufgabe der Parteien besteht darin, diese Diskrepanz zu schmälern. *"Die Demokratie ist notwendig und unvermeidlich ein Parteienstaat."*[22] Demokratie ist gleich Parlamentarismus ist gleich Parteienstaat. Was in der Substanz und dem Wesen nach sicher richtig ist, muß sich natürlich in den konkreten Ausformungen nicht immer in dieser Rigidität realisieren.

Kelsen erkennt auch die parlamentarische Demokratie als den idealen Ort zur Austragung der Klassenkonflikte: *"Und wenn es überhaupt eine Form gibt, die die Möglichkeit bietet, diesen gewaltigen Gegensatz, den man bedauern, aber nicht leugnen kann, nicht auf blutig revolutionärem Wege zur Katastrophe zu treiben, sondern friedlich und allmählich auszugleichen, so ist es die Form der parlamentarischen Demokratie, deren Ideologie zwar die in der sozialen Realität nicht erreichbare Freiheit, deren Realität aber der Friede ist."*[23] Kelsen hat hier in seiner positivistischen Sicht zweifellos mehr begriffen als die Hauptkontrahenten der Ersten Republik. Implizit faßt er den Klassengegensatz als keinen fundamentalen, sondern als einen immanenten auf, nur so kann er die politische Austragung des Konfliktes im Parlamentarismus in der von ihm vorgeschlagenen Weise deuten. Der Klassenkampf, so zeigt es die historische Erfahrung, ist demokratisch domestizierbar, der Parlamentarismus und seine vorgelagerten Entscheidungskanäle - etwa in der Sozialpartnerschaft - sein Betätigungsfeld.

Die Grünen, der Gegenstand unserer Untersuchung, sind von solchen Überlegungen weitgehend unberührt geblieben. Der Demokratie geht es dort wie der Ökologie, sie wird beklatscht und eingefordert, aber nicht wirklich aufgearbeitet und reflektiert. So nimmt es nicht wunder, daß statt Analysen Stereotype die Diskussionen beherrschen. Eine Staats- oder Demokratietheorie suchen wir bei den Grünen jedenfalls vergebens, wenngleich - und das soll in der Folge auch geschehen - implizite Verständnisse deutlich werden. Auch wenn die Frage des politischen Systems bisher bei den Grünen kaum diskutiert wurde, können wir feststellen, daß sie von einer unbedingten Brauchbarkeit, einer Instrumentalisierbarkeit staatlicher Einrichtungen und parlamentarischer Institutionen ausgehen. Den Ausformungen wird kein spezifischer Charakter unterstellt. In fast klassischer Manier trennen auch die Grünen

Herrschaftsinhalt von Herrschaftsform, die, als neutral gedacht, mit beliebigen politischen Inhalten ausgefüllt werden könne. Demokratie wird als höchste Form, nicht als spezifischer Inhalt verstanden. Durchgängig ist bei den Grünen auch die eingangs dargestellte Gegenüberstellung von realer und wirklicher Demokratie zu finden. Hier stehen sie in dieser unseligen linken Tradition, die einfach nicht wahrhaben will, was wirklich ist.

Daß die Grünen und Alternativen ins Parlament wollten, war von vornherein klar, was sie dort allerdings sollten, schon weniger. Was das Parlament sei, was repräsentative Vertretungskörperschaften bedeuten, wie der alternative Parlamentarismus denn auszusehen habe, darüber wurde a priori, ja sogar a posteriori kaum Rechenschaft abgelegt. *"Mea culpa"*, schreibt Pius Strobl an den Bundesvorstand, *"wir haben unsere Leute ins Parlament geschickt - zum zweiten Mal - ohne ihnen eine Definition unserer Erwartungen mitgegeben zu haben. Ebensowenig, wie das Mindestrüstzeug, um in diesem Job bestehen zu können."*[24]

Das Parlament gilt den Grünen als der wahre Entscheidungsträger der Gesellschaft. Und wo das in concreto nicht zutrifft, das Parlament sich vielmehr deutlich als bloßes Vollzugsinstrument offenbart, wird das Ideal geradezu beschwörend eingeklagt. Die illusionäre Sicht des Parlamentarismus wird somit nicht zerstört, sondern geradezu wider seine Realität immer wieder von neuem errichtet. Evidente Defizite der parlamentarischen Praxis werden einer Okkupation der Demokratie durch dunkle Kräfte in der Sozialpartnerschaft und in der Bürokratie zugeschrieben. In der alternativen Regierungserklärung der ersten Parlamentsfraktion heißt es dazu: *"Dementsprechend wird der Parlamentarismus mehr und mehr ausgehöhlt, weil die wirklichen Entscheidungen längst woanders gefallen sind. Wir wollen deshalb für ein lebendiges Parlament kämpfen, das wirklich wieder zum Ort der Gesetzgebung wird."*[25] Wann das je der Fall war und wann der Sündenfall stattgefunden hat, sagen uns die Autoren freilich nicht. Sie würden sich auch schwertun.

In seiner ersten Nationalratsrede verlangt der ehemalige grüne Klubobmann Johannes Voggenhuber, das *"zum Handlanger degradierte Parlament zu einem Arbeitsparlament zu machen. (...) Es ist wirklich nichts dabei, heute in Österreich nachzuweisen, daß die Gesetzgebung nicht in diesem Hause stattfindet, daß die Kontrolle von Administration und Regierung nicht in diesem Hause stattfindet, daß die politische Willensbildung in diesem Land nicht in diesem Hause stattfindet und daß die Unabhängigkeit der Mandatare nicht gegeben ist. Dafür haben sie jahrzehntelang gesorgt."*[26] Ja, Voggenhuber geht noch weiter, wirft den anderen Parteien vor, daß sie *"eine parlamentarische Demokratie in Österreich nicht zugelassen"*[27] haben, und: *"Dieses Parlament ist gar nicht imstande, Gesetzgebung zu machen. Dieses Parlament ist angewiesen auf die Ministerialbürokratie zur Erstellung seiner Gesetze."*[28] Wie sollten etwa wirklich 183 Abgeordnete alleine diese ganze komplexe

Gesetzesflut bewältigen? Wozu sollte die Ministerialbürokratie sonst da sein? Und warum sollte der politische Willensbildungsprozeß eigentlich nur im Hohen Haus stattfinden?

Auch Monika Langthaler weiß zum Thema: *"Es wissen die Journalisten, es wissen Sie, es wissen die Leute auf der Galerie, es weiß hoffentlich bald die ganze Öffentlichkeit, daß nicht dieses Parlament das Budget erstellt oder die Budgethoheit hat, sondern daß es von der Regierung vorgelegt wird. Die Abgeordneten im Parlament dürfen hier nur aufstehen, sich niedersetzen, und ihre Abgeordneten machen brav das, was von der Regierung verlangt wird."*[29] Absurd wäre vielmehr, wäre es umgekehrt. Die Aufgabe der Regierung ist eben das Regieren, parlamentarische Mehrheiten müssen ihr zwangsweise zugeordnet und auch untergeordnet sein, soll jene ihre Möglichkeiten entfalten. Langthalers Idealbild des sich mit allen Problemen und Fragen beschäftigenden Abgeordneten ist völlig unrealistisch. *"Daß das die freien Mandatare des österreichischen Parlaments sind, das ist wirklich ein Skandal!"*[30] ruft sie. Ihre Vorschläge würden zu nichts anderem führen als zur Unregierbarkeit.

Was sich im Parlament realisiert, kann gar nicht dort geschaffen werden. Politik justiert nur Nuancen gesellschaftlicher Zwänge, verteilt um, schwächt ab oder fördert. Sie ist im wahrsten Sinne des Wortes dazu angehalten die Bedingungen der Kapitalverwertung einerseits zu garantieren, andererseits die ökologisch bedenklichsten und sozial unverträglichsten Entwicklungen abzustellen oder zu mildern. Auch gegen diese oder jene Kapitalinteressen. Dies gleicht natürlich einem Eiertanz, bei dem die Politik immer im Hintertreffen ist, in ein Fettnäpfchen nach dem anderen tritt, an der Komplexität der Detaillösungen oft verzweifelt und außerdem noch die medialen Prügel bezieht. Regieren kommt jedenfalls von Reagieren. Auch wenn das etymologisch nicht stimmt, chronologisch ist es richtig. Die Probleme, die auf die Politik zukommen, hat sie in den seltensten Fällen selbst gemacht, aber weil sie diese verwaltet und da und dort mit einem Gesetz, mit einer Förderung, mit einem Appell einspringt, sieht es so aus, als sei sie die Urheberin, als sei etwa die ökologische oder die soziale Misere Folge von Umwelt- und Wirtschaftspolitik und nicht die einer kapitalistischen Wirtschaft und ihrer Zwangslogiken. Dadurch, daß Politik die Gesellschaft moderiert, erscheint sie als wahres Zentrum, gar als jenes, das eigentlich die Gesellschaft leitet. *"In anderen Bildern nahm sie die Position der Spitze oder des Zentrums des Systems ein: Noch heute wird gesellschaftliche Integration oder Lösung aller anderswo nicht lösbaren Probleme zentral von der Politik erwartet."*[31] Die sich wiederholenden Enttäuschungen, die die Politik dann liefert, gründen darauf, daß man ihr und sie sich selbst permanent eine Lösungskapazität bescheinigt, die sie ganz einfach nicht hat. Sie kann nicht, was sie verspricht.

So gesehen ist Politik, auch auf höchster Ebene, in weiten Bereichen bloß Verwaltung, nicht Gestaltung und kann auch nicht mehr sein. Politik ist eben nicht praktizierte Staatsbürgerkunde, sondern Über- und Umsetzung gesellschaftlicher Notwendigkeiten, die bestimmten Basislogiken und darauf aufbauend Basisbewegungen folgen, in die Sprache des Geldes (Budget) und des Rechts (Gesetzgebung). Der demokratische Parlamentarismus lenkt gerade dadurch, daß er für alle so offensichtlich Entscheidungen fällt, immer wieder alle Wünsche, Begierden und Kritiken an seine Adresse. Er wird als die Instanz gesehen, bei der interveniert werden kann. Wir müssen insofern von einer grenzenlosen Überschätzung der politischen Sphäre ausgehen. Sie dient als der falsche Reibebaum gesellschaftlicher Interessen, ihre Allzuständigkeit ist fiktiv.

Auch Peter Pilz beklagt im Parlament folgendes: *"Wir sehen uns einem Budget gegenüber, das das Produkt großer Verbände, großer Interessensorganisationen und der ihnen nahestehenden und verbundenen Bürokratie ist."*[32] Ja noch schlimmer, *"dieses Budget ist bereits ganz woanders beschlossen worden, nicht nur in der Regierung, sondern auch in der Bürokratie und den ihr nahestehenden Interessensverbänden."*[33] Wir wollen hier einmal die Bürokratie-Phobie übergehen und uns auf folgende Frage stürzen: Wie kommt eigentlich Pilz dazu, ein anderes Budget für denkbar zu halten und zu fordern, eines, das eben nicht von den mächtigen Institutionen, Verbänden, Bürokratien etc. bestimmt wird? Wie sollte dieses möglich sein, wer sollte es durchsetzen und tragen? Auch der Einwand, daß woanders Entscheidungen getroffen werden, die eigentlich de jure nur dem Parlament zustehen, geht in die Irre, weil es den Charakter des Parlaments als demokratischer Vollzugsmaschine vorgelagerter Zwänge nicht erkennen will, sondern einen hehren Demokratismus gegen den realen behauptet. Eine wahrhafte Demokratie wird der wirklichen Demokratie gegenübergestellt, die österreichische Demokratie lediglich als *"Torso"*[34] begriffen. Diese Sicht verstellt freilich jede emanzipatorische Kritik an Demokratie und Parlamentarismus, weil sie die Ausformung der Demokratie als deren Deformierung, nicht als deren Verwirklichung auffaßt. Es ist geradezu ein Kennzeichen der westlichen Demokratie, daß die wichtigsten Entscheidungen nicht im Parlament fallen. Dieses ist primär dazu da, diese nachträglich zu legitimieren. Wobei schon das Wort "Entscheidungen" eine Übersteigerung darstellt, unterstellt es doch eine bewußte Wahlmöglichkeit. Was das Subjekt jedoch in der gesellschaftlichen Sphäre verwirklicht und wofür es sich entscheidet, ist weitgehend von seinem Willen unabhängig, ist vielmehr bedingt durch die sich in Möglichkeiten übersetzenden gesellschaftlichen Notwendigkeiten.

So sahen das auch die klassischen bürgerlichen Denker Kant und Hegel. Für Kant *"ist der Wille nichts anderes, als die praktische Vernunft. Wenn die Vernunft den Willen unausbleiblich bestimmt, so sind die Handlungen eines solchen Wesens, die als objektiv notwendig erkannt werden, auch subjektiv notwendig, d.i. der Wille ist ein Vermögen, nur dasjenige zu wählen, was die Vernunft, unabhängig von der Neigung, als praktisch notwendig, d.i. als gut erkennt."*[35] Daß die bürgerliche Freiheit mit Willkür nichts zu schaffen hat, wußte auch Hegel: *"Wenn man sagen hört, die*

Freiheit sei das, was man wolle, so kann solche Vorstellung nur für gänzlichen Mangel an Bildung des Gedankens genommen werden (....)."[36] Es ist dies sozusagen das Selbstmißverständis des freien Bürgers, eine Einbildung par excellence. *"Da der Ausgangspunkt all seiner Entschlüsse sein freier Wille ist, wird ihm dieser zur ursprünglichen Kategorie. Der freie Wille erscheint nicht als Moment und Resultat der gesellschaftlichen Entwicklung, sondern als deren Voraussetzung."*[37] *"Das linksdemokratische Denken begreift nicht, daß die demokratische Diskursform in allen ihren denkbaren Institutionalisierungen ihrem Wesen nach keine 'Freiheit' (Entscheidungsfreiheit) schlechthin, sondern immer nur einen Entscheidungszwang innerhalb der Formzwänge der Warengesellschaft darstellt. Die demokratische Freiheit ist identisch mit dem diktatorischen Zwang, den sogenannten 'freien Willen' bis ins Unendliche in der Form einer Verwertung von abstraktem Wert geltend zu machen, deren 'Gesetze' das demokratische Universum begrenzen wie die Lichtgeschwindigkeit das physikalische Universum."*[38]

Je mehr die Demokratie zu sich kommt, desto höher wird sie als Ideal beschworen. Je deutlicher sie sich verwirklicht, desto weniger wird ihr diese Wirklichkeit unterstellt. Das abstrakte Prinzip wird ideologisch seiner Konkretisierung beraubt, geradeso, als hätten beide nichts miteinander zu tun. Die inhaltliche Kritik der Gesellschaft wird zur Unmöglichkeit, wenn man sie von ihren Werten und Begriffen entkoppelt, ja vor allem diese gegen die Gesellschaft ins Treffen führt. Die Grünen fragen so erst gar nicht, warum es so sein muß, wie es ist, sondern huldigen in ihrem Voluntarismus den unbegrenzten Möglichkeiten der Politik. Sie gehen wahrlich davon aus, daß es anders sein könnte, ließe man sie nur machen.

Das Einklagen der Diskrepanzen zwischen Realdemokratie und Verfassung gehört überhaupt zu einem Sport österreichischer Intellektueller, ist also nicht primär ein grünes Phänomen, wenngleich der dort vorgetragene Refrain kanonisiert wird wie kaum anderswo. Josef Haslinger etwa, der sich als sozialliberales Gewissen der Nation versteht, schreibt: *"Das Parlament ist in Österreich schon jahrzehntelang nur das Vorzimmer der eigentlichen Entscheidungsgremien. Man läßt Gesetze beschließen, über die man sich im Hinterzimmer längst geeinigt hat. Die parlamentarische Demokratie, im alten emphatischen Sinne der Ort öffentlicher und freier Auseinandersetzung und Entscheidung der Volksvertreter, ist durch die Sozialpartnerschaft lahmgelegt. Damit im Vorzimmer nichts Unerwartetes geschehen kann, haben die Großparteien den Klubzwang eingeführt."*[39] Oder auch Robert Menasse: *"Seiner Verfassung nach ist Österreich eine parlamentarische Demokratie. Das ist allerdings nicht die Wirklichkeit. Denn alle wesentlichen Entscheidungen werden nicht von gewählten Volksvertretern im Hohen Haus getroffen, sondern von demokratisch nicht legitimierten Funktionären in den Gremien der Sozialpartnerschaft."*[40] Diese Autoren fallen allesamt auf das Selbstmißverständnis der Demokratie herein, nehmen ihre Ideologie für bare Münze. Die Konstruktion eines Spannungsverhältnisses zwischen Norm und Wirklichkeit ist aber sekundär, primär dient sie einer Tabuisierung des Gegenstands selbst. Dieser wird der Kritik entzogen, denn was die Demokratie sein könnte, darüber sind sich Kritiker wie Verwirklicher ja einig.

Da waren der schlaue Kelsen und seine Bundesgenossen in der Formulierung der Bundesverfassung schon weiter. Der Artikel 1 lautet nicht von ungefähr: *"Österreich ist eine demokratische Republik. Ihr Recht geht vom Volk aus."* Die Kelsensche Fiktion der Repräsentation übersetzt in die Fiktion der Selbstherrschaft des Volkes hat darin ihren Eingang gefunden. Denn: Wenn etwas wovon ausgeht, heißt es ja, daß es nicht dort ist! In dieser Hinsicht ist dieser Satz als durchaus genial zu bezeichnen, da er in seiner grammatikalischen Konstruktion einerseits den Anspruch festhält, andererseits die Wirklichkeit korrekt wiedergibt. *"Das Volk wird über Volksvertretungen politisch relevant"*,[41] schreibt Niklas Luhmann. Das Volk kann also nur fiktiver Bezug sein, es selbst kann nicht oder doch nur sehr begrenzt Recht schaffen.[42]

Das Parlament dient auch als Normierungs- und Standardisierungsmaschine gesellschaftlich relevanter Opposition. Mit dem Einzug in die repräsentativen Körperschaften kann nichts so bleiben wie vorher. Die Vertretungskörperschaften bestimmen deutlicher ihre Vertretungen als diese jene. Ihre Form läßt nur dieser Form entsprechende Inhalte zu. Joachim Raschke etwa benennt als für ihn positive Momente der Fremdstrukturierung den Professionalisierungsdruck, den Komplexitätsdruck, den Konkretisierungsdruck, den Öffnungsdruck, den Effizienzdruck und den Einigungsdruck.[43] Die Anforderungen parlamentarischer Tätigkeit richten die Opposition nach jenen Kriterien aus. Wir kennen keinen Fall, wo es wirklich gelungen ist, diese Fremdstrukturierung zu durchbrechen. Sie ist ehernes Gesetz des Parlamentarismus. Parlamentarismus heißt Parlamentarisierung. Parlamentarische Opposition ist nur im System möglich, nicht zum System. Ein revolutionärer Parlamentarismus, wie er etwa Lenin vorschwebte,[44] ist eine Unmöglichkeit. Die deklamatorischen Auftritte radikaler Oppositioneller beschränken sich so meist auf ihre Frühzeit und Extremsituationen. Nachdem sie stattgefunden haben, wird zur Tagesordnung übergegangen, gerade so, als hätten sie gar nicht stattgefunden. Der Reformismus ist dem Parlamentarismus immanent, das Revolutionäre hingegen ist ihm wesensfremd. Es ist nicht kompatibel, was meint, daß es parlamentarisch zum Untergang verurteilt ist. Deshalb war auch der revolutionäre, nicht sachlich-konstruktiv orientierte Ansatz grüner Parlamentspolitik zum Scheitern verurteilt.

Ebenso typisch für die Parteiengeschichte des 20. Jahrhunderts ist die stets dominante Stellung der Abgeordnetenfraktionen in den Organisationen. *"Der Parlamentsklub ist die Grüne Alternative"*,[45] schreibt Sonja Puntscher-Riekmann. Aus der öffentlichen Identifizierung macht sie eine tatsächliche. Doch sie hat so unrecht nicht. Mit der Etablierung der Fraktion ordnete diese einerseits sich dem Parlamentarismus unter, ordnete sich aber andererseits der Parteiorganisation über. Das delegierende Gremium wird durch das delegierte Gremium seinerseits dem Parlamentarismus ausgeliefert. Insofern spielen die Fraktionen den dynamischen und die Parteiorganisationen den bremsenden Faktor bei der Reintegration oppositioneller Gelüste ins System. Lenins Beobachtung trifft dahingehend auch auf die Grünparteien zu: *"In allen Ländern der Welt beobachtet man in der Regel, daß die Zusammensetzung der parlamentarischen Vertretungen der Arbeiterparteien im Vergleich zur Zusammensetzung der Arbeiterparteien selbst opportunistischer ist."*[46] Dieser Opportunismus als Gelegenheitsvernunft ist strukturell bedingt, hat wenig mit Verrat oder Bestechung zu tun. Die Partei ist dem Klub jedenfalls hilflos ausgeliefert, er gibt Tempo und Richtung vor, während die Parteiorganisation (und da vor allem ihre mittleren Gliederungen) nur Rückzugsgefechte liefert. Es ist ein furchtbar ungleicher Kampf, bei dem die infrastrukturelle Macht über jeden zuwiderlaufenden Parteitagsbeschluß letztendlich obsiegt. *"Profis gegen Amateure - dies beschrieb bald das Grundverhältnis zwischen Bundestagsfraktion und Parteigremien (....)."*[47] Die Bundesvorständler bezeichnet daher Hubert Kleinert richtigerweise als *"arme Verwandtschaft."*[48] Und Andrea Komlosy schreibt: *"Alle Macht und Mittel der Austrogrünen konzentriert sich in den Händen der Fraktion. Die Partei ist ihr untergeordnet, finanziell abhängig und zu eigenständigen Aktivitäten (....) nicht ermächtigt."*[49] Dahingehend unterstützend wirken auch die in westlichen Demokratien installierten Parteifinanzierungssysteme, die, an Wahlen gekoppelt, die Parteiapparate über ihre Klubs von Staatsgeldern abhängig machen, wobei sie in ihrer Logik zusätzlich den Klub höher gewichten als die Apparate. Die Politik der Klubs und Sekretariate orientiert sich primär an der Selbsterhaltung bzw. Selbstausweitung. Allem, was dieses Interesse fördert, wird instinktiv nachgegangen, alles, was stört, bekämpft. Zum höchsten Maßstab parlamentarischer Politik werden so die Wählerstimmen, eben weil über sie vermittelt abgerechnet wird. Sie sind das Seinskriterium bürgerlicher Politik schlechthin. Insofern erscheint die Übersetzung von Profitmaximierung in Stimmenmaximierung auch richtig.

Das bürgerliche Repräsentativsystem wird mittlerweile von den realpolitischen Mehrheitsströmungen positiv affirmiert. Über die Etablierung der deutschen Grünen schreibt ihr ehemaliger parlamentarischer Geschäftsführer Kleinert: *"Es läßt auf die Funktionsfähigkeit des pluralistischen Systems in einer repräsentativen Demokratie schließen. Wo die anderen Parteien eine in der Gesellschaft immer stärker für notwendig erachtete Reformleistung nicht mehr zu erbringen vermochten, entstand der Raum für einen neuen parteipolitischen Konkurrenten."*[50] Als grüner Konsens kann heute gelten, was der ökolibertäre[51] Chefideologe Thomas Schmid schon vor einem Jahrzehnt forderte, nämlich ein klares Bekenntnis zum Parlamentarismus: *"Es gäbe dann keinen Sinn mehr, in das Hohngelächter über ihre Machtlosigkeit einzustimmen, es wäre vielmehr wünschenswert, die Parlamente als politische und gesellschaftliche Organe aufzuwerten. Man sollte ihnen nicht die fehlende Befugnis vorhalten, sondern ihnen neue Befugnis erkämpfen."*[52] Auch Peter Pilz fordert: *"Mehr Parlament."*[53] Und Andreas Wabl erlebt dort schon *"Sternstunden der österreichischen Demokratie."*[54]

Demzufolge haben die Grünen auch den Anspruch, die besten Parlamentarier zu sein. Sie halten pro Abgeordneten die meisten Reden, formulieren die meisten Anfragen, sind eifrig in den Ausschüssen; kurzum für alles zu haben, was vorgegeben ist. Die ehemalige Hinterbänklerin Holda Harrich beschreibt die Dynamik der Klublinie so: *"Wir sind präsent, doppelt und dreifach. Man muß einfach zu jedem Thema etwas sagen, mindestens einer, möglichst aber drei."*[55] Demonstriert soll damit werden, daß man den Parlamentarismus ernster nimmt als die anderen, oder anders ausgedrückt: daß man die meisten Illusionen über ihn hat.

Der grüne oberösterreichische Abgeordnete Rudi Anschober ist wohl einer der fleißigsten. Seine Emsigkeit kennt keine Grenzen. 1991 brachte er alleine 167 Anfragen ein, 1992 waren es gar 183.[56] Die Klubobrau Madeleine Petrovic hält nach dem ersten Halbjahr 1994 bei gezählten 86. Letztendlich sind solche Tätigkeiten in dieser Quantität nur noch reine Beschäftigungstherapie, was bedeutet:

o der Abgeordnete erarbeitet die Anfragen bzw. bearbeitet und redigiert sie;

o Mitarbeiter des Klubs besorgen das Abtippen, das Kopieren, das Einreichen, das Computerisieren, das Beschlagworten etc.

o Bürokratien beantworten die Fragen, verdoppeln die im vorigen Punkt angeführten Tätigkeiten;

o Schließlich landen die Anfragen und die Beantwortungen im Protokoll bzw. in dessen Beilagen, finden dort ihr papierenes Grab.

Im Himmel mag solche Artigkeit ihre Belohnung finden, auf Erden müssen wir jedoch ihre Sinnhaftigkeit diskutieren. Stunden, Tage, Wochen, Monate, Jahre von Arbeitsverausgabung verlaufen sich in Protokollen, Ordnern und Computern. Politische Arbeit wird hier auf das Niveau eines Katalogisierens gebracht. Abstrakte Arbeitsverausgabung ohne konkreten Sinn dominiert auch das politische Geschäft. Nur in den seltensten Fällen wird auf diese oder jene Anfrage bzw. ihre Beantwortung zurückgegriffen werden. In ihrer Substanz sind diese Arbeiten reine Makulatur. Der Aufwand steht in keinem sinnvollen Verhältnis zum Ergebnis. Die unzähligen menschlichen Arbeitsstunden, die hierfür vernutzt werden, könnten anderweitig viel produktiver und kreativer gestaltet werden. Doch ist dieses Verhalten nur vordergründig auf Charaktereigenschaften ihrer Träger zurückzuführen, primär schnappt hier das zu, was wir auf der Erscheinungsebene Parlamentarismusfalle nennen. Die Kriterien des parlamentarischen Betriebs werden zu den Kriterien der in ihnen vertreten Klubs. Das Verhältnis kehrt sich um: Nicht die Grünen benutzen das Parlament, sondern das Parlament benutzt die Grünen. Sie stellen sich nicht mehr die Frage: Was wollen wir?, sondern: Was haben wir zu wollen? Nicht: Was tun wir?, sondern: Was ist zu tun? Das Passiv frißt das Aktiv, und die Tätigkeiten verewigen sich in der Leideform. In ihrem Hang, die besten Parlamentarier zu sein, erkennen sie nicht die Fatalität dieses Wunsches. Sie begeben sich als kleine Fraktion in die Mühlen des Systems, dessen Bestandteil sie werden, ein Rädchen im Getriebe. Die quantitative Brillanz ist letztendlich unergiebig, sie vergeudet Energie, Kraft und Nerven. Sie zehrt an der Substanz, ohne dem Kollektiv äquivalent etwas einzubringen. Die Leistungen grüner Politik können nicht an den durch sie verursachten Zentimetern der Beilagen der Parlamentsprotokolle gemessen werden. Anschober und Kollegen können heute und später in den Akten blättern und sich ihres Fleißes erfreuen, wirklich interessieren wird das sonst niemanden, und zu Recht. *"Die Hitparaden der Emsigkeit sind nichts anderes als historische Humoresken, die sich an den abgeordneten Subjekten realisieren."*[57]

Das permanente Reden für das Protokoll (inklusive die Verfertigung von Schriftstücken für dessen Beilagen) ist ein Kennzeichen des Parlamentarismus. Würde man die Sitzungen öffentlich übertragen, wie das die Grünen fordern,[58] würden vorerst, d.h. bis zur Abstumpfung der Zuhörer und Zuseher, die Sitzungen noch länger dauern, da es nun noch zwingender würde, am Rednerpult zu erscheinen, um den Wählern die Botschaft mitzuteilen, daß man die Sache ernst nimmt, für ihre Interessen da sei. Die Redner spielen Redner. Was sie sagen, interessiert, außer in Ausnahmefällen, kaum. Die Aussagen sind meistens schon bekannt, erklingen nur in der x-ten Auflage. Es ist daher zu fragen, ob das parlamentarische Spiel eine Tätigkeit ist oder nicht doch vielmehr bloß eine Betätigung. Nicht ganz zu Unrecht wird sie daher sowohl in der antiken als auch in der modernen Kritik als *"Trödelbude"*[59] (Platon) oder als *"Quatschbude"*[60] (Lenin) begriffen. Das Parlament ist eine Scheinwelt: Es wahrt den Schein von Repräsentation und freiem Willen. Denn nichts anderes kann die Demokratie sein, denken wir z.B. Kelsen zu Ende: die scheinbare Herrschaft des Volkes über sich selbst.

Kritik an der eigenen Emsigkeit gab es natürlich auch bei den Grünen selbst, wenngleich daraus keine Konsequenzen gezogen werden konnten. Marieluise Beck-Oberdorf, eine der ersten Fraktionssprecherinnen der bundesrepublikanischen Grünen, schreibt 1984 im ersten Fraktionsbericht: *"Bienenfleiß im Detail ersetzt keine Strategie, ein Warenhauskatalog begründet keine langfristige politische Linie - und dies kennzeichnet unser Dilemma. Hier rächt es sich, daß wir in gewisser Weise nur 'losgewurschtelt' haben, ohne grundsätzliche Vorüberlegungen auch durch die Partei, welche Rolle der parlamentarischen Arbeit, der Arbeit einer Fraktion zukommen soll."*[61] Oder Johannes Voggenhuber: *"Durch das ständige Reagieren auf Tagespolitik und Parlament entsteht eine (entbehrliche) Scheinbetriebsamkeit."*[62] Aber gerade daß diese nicht durchbrochen werden kann, zeigt doch, daß es sich hier um einen politischen Zwang, ein gesellschaftliches Gesetz handelt. Nur so kann erklärt werden, daß Wollen und Handeln keine Einheit in der parlamentarischen Praxis finden. Dieser Widerspruch ist freilich auf Dauer nicht durchzustehen, niemand kann zusehen, wie sich die Absichten laufend an der Realität blamieren. So passen sich dann meist die Absichten der Realität an. Der Renitenz folgen Abgeklärtheit und Zynismus. So weit sind freilich die Grünen noch nicht, doch der Weg ist vorgezeichnet.

Grüne Politik befindet sich aber auch in dem Dilemma, daß einerseits eine Normierung der Inhalte angelegt ist und erzwungen wird, andererseits ein dazu passender moderater Tonfall die Grünen aus sämtlichen Schlagzeilen bringen würde, weil sie sich doch dann zu deutlich auf das reduzieren würden, was sie sind: eine zusätzliche Allerweltspartei. Es gilt daher, die Spurenelemente der Differenzen aufzubauschen, jede Mücke wird ein Elefant. Was folgt, ist die Überfrachtung der Kommunikation durch Reizwörter. Die wirkliche Differenz und die tatsächliche Wortwahl liegen so weit auseinander, daß man von einer Maßlosigkeit der Artikulation sprechen muß. Diese Maßlosigkeit führt unweigerlich dazu, daß die spezifische Größe der Konflikte innen und außen nicht mehr adäquat nachvollzogen werden kann. So korrespondieren bei den Grünen Entradikalisierung und Rabiatisierung in einer sehr eigentümlichen Inszenierung, die zwischen Verdammnis und Schönfärberei alle Register zieht. Da erlebt der eine Klubobmann Sternstunden der Demokratie, wo der andere gar keine sieht. Und obwohl sich das augenscheinlich widerspricht, widerspricht es sich nicht.

Je mehr die Grünen sich anpassen, desto frecher werden manche Exponenten. So ertönt dort ein lautes Geschrei, wo es bloß um Nuancen geht. Oft könnte man meinen, die Welt bricht zusammen. Aber auch die Maßlosigkeit des Stils, diese Entkoppelung von politischer Aussage und formalem Auftreten, ist auf die Dauer nicht durchhaltbar. Auch die Grünen selbst debattieren über ihren politischen Stil. In den Klubprotokollen liest sich das so:

"Peter Pilz: Der politische Stil des Klubs mißfällt. Es wird allgemein so empfunden, daß wir immer gleich, nämlich aggressiv, reagieren. Die reine Verweigerungsstrategie ist ausgereizt. (....)

Andreas Wabl: Wir treten als die grünen Oberaufklärer der Nation auf und agieren ständig mit dem höchsten Maß an Schärfe. (....) Es wird Zeit, daß wir differenzierter agieren. (....)

Christoph Chorherr: Die Stilfrage ist in zweiter Linie interessant, in erster Linie die inhaltliche. Die politische Marktlücke, aufmerksam zu machen, haben wir gefüllt, doch diese Zeit ist vorbei. Jetzt wäre es primär wichtig, Problemlösungskapazität zu vermitteln und gewisse grüne Reflexe zu überwinden, auch eine gewisse Sprache. (....)

Franz Floss: In der Partei gibt es sowohl positive als auch negative Reaktionen in bezug auf den Klub. Der Stil wird durchgehend als zu scharf und überzogen empfunden. Der Spielraum ist enger geworden. Wir sind hauptsächlich verbal, nicht politisch schärfer geworden, und es tut not, inhaltlich zu konkretisieren statt verbale Attacken zu reiten.

Johannes Voggenhuber: Diese Debatte kenne ich seit 1977. Nachträglich läßt sich sagen, daß jene die erfolgreichsten Zeiten waren, in denen eine Polarisierung stattgefunden hat. Es ist nicht sinnvoll, sich die Latte in Auseinandersetzungen immer niedriger zu legen. Es hat sich bewährt, bis zu dem Punkt zu eskalieren, an dem Entscheidungen fallen müssen, und wir sind hier im Parlament nahe davor. Natürlich wird alles mobilisiert inklusive Kommentatoren in den Medien, um uns auszuschalten. (....)

Andreas Wabl: Die Botschaft, die von uns vermittelt wird: alle - außer uns - sind Lumpen. Sind 80% der Bevölkerung, die diese gewählt haben, also so dumm und fehlgeleitet? Wir halten einen ständigen, hohen Anklage- und Angriffpegel. Diese Angriffe müssen nuanciert werden. (....)

Manfred Srb: 'Grünbeschimpfung' auf dem Bundeskongreß durch Voggenhuber und im profil-Artikel durch Pilz ist ein weit größerer Schaden. Hauptverantwortliche für diesen Stil sind Pilz und Voggenhuber."[63]

"Im Kabinett der Zyniker erscheinen keine individualisierten Persönlichkeiten, sondern Typen, das heißt Zeit und Sozialcharaktere."[64] Der Sloterdijksche Begriff des "Kabinetts der Zyniker" trifft auf das Parlament in hohem Ausmaße zu. Desillusionierte Abgeordnete, großgeworden beim Hauen und Stechen, die zusehends vom Mittel zum Selbstzweck, d.h. Ziel geworden sind, schenken sich nichts. Das Ritual der Beschimpfung geht oft bruchlos und klaglos über in jenes der gegenseitigen Beweihräucherung und des Schulterklopfens. In der Öffentlichkeit sind diese abrupten Stimmungswechsel natürlich schwer nachvollziehbar, verfestigen vielmehr bestehende Vorurteile. Politiker werden als Lumpen wahrgenommn, die sie zweifellos nicht sind. Wir würden sogar eher umgekehrt annehmen, daß kaum ein Bevölkerungssegment hinsichtlich seiner gesellschaftlichen und individuellen Möglichkeiten so kreuzbrav und gesetzestreu ist wie die Politiker, und zwar deshalb, weil es kaum jemanden gibt, dem mehr auf die Finger und neuerdings auch unter die Tuchent geschaut wird als den Volksvertretern. Ihre Skandalanfälligkeit ist gesellschaftlich inszeniert, nicht individuell bedingt.

An einigen konkreten Beispielen wollen wir jetzt noch demonstrieren, daß das grüne Demokratieverständnis dem obligaten demokratischen Konsens entspricht, keine prinzipiellen Unterschiede zur etablierten Politik auszunehmen sind, die Differenzen allesamt graduellen Charakter haben.

Eine der zentralen grünen Parolen ist etwa die Forderung nach mehr unmittelbarer oder direkter Demokratie. Diese wird oft als Ergänzung, manchmal sogar als Alternative zur repräsentativen Demokratie gesehen. Von den Grünen wird daher durchgängig die Erweiterung direktdemokratischer Spielräume (Volksabstimmungen, Volksbefragungen, Volksbegehren etc.) verlangt, wenngleich diese Forderungen schwerpunktmäßig allmählich zurückgedrängt werden.[65] Die Schwachpunkte der direkten Demokratie sind hingegen kaum Gegenstand der Debatte, der progressive Grundcharakter plebiszitärer Formen scheint den Grünen als selbstverständlich gegeben. Als Probleme seien hier unsererseits genannt:

o Problem der Fragestellung: Diese muß von einem repräsentativen Gremium vorentschieden werden, sei es durch das Parlament, eine Partei, eine Bürgerinitiative oder einzelne Privatpersonen; sie kann also nicht direktdemokratisch bestimmt werden.[66]

o Problem der Ergänzungsfragen: Im Prinzip sind direktdemokratisch nur Entscheidungsfragen, d.h. Fragen, die nur die Antworten "Ja" oder "Nein" zulassen, statthaft und seriös.[67] Die meisten zu treffenden Entscheidungen sind jedoch viel komplexer, würden also in ihren Anforderungen das Wahlvolk überlasten.

o Problem der Transparenz: Entscheidungen durch den Wähler bedürfen ausreichender Information und Aufnahmebereitschaft. Beide Momente können nicht beliebig ausgeweitet werden. Es ist vielmehr heute davon auszugehen, daß ihre Grenzen enger sind als angenommen. Übersättigende Transparenz und Partizipation schlagen oft in ihr Gegenteil um.

o Problem des Populismus: Um ausreichend mobilisieren zu können, müssen maßgebliche und geldkräftige gesellschaftliche Konglomerate direktdemokratische Initiativen tragen oder unterstützen.[68] Die praktischen Beispiele der letzten Jahre zeigen, daß etwa bei Volksbegehren Basisinitiativen (z.B. das Anti-Abfangjäger-Volksbegehren 1985), ja sogar die FPÖ letztendlich äußerst schlecht abschneiden. Als wirksames Instrument bleibt es so wenigen Kräften vorbehalten.

o Problem der Wahlbeteiligungen: Auch hier ist davon auszugehen, daß bei einer quantitativen und qualitativen Überfrachtung direktdemokratischer Formen die Beteiligung stark rückläufig sein wird bzw. von keinen repräsentativen Ergebnissen mehr gesprochen werden kann.[69]

Die Bürgerbeteiligung - in welcher Form auch immer, seien es Parteistellungen oder plebiszitäre Momente - wird nur den veränderten Legitimationskriterien gerecht, ohne substantielle Veränderungen zu beinhalten. Direktdemokratische Entscheidungsformen werfen jedenfalls mehr Probleme auf, als sie lösen. *"Überhaupt stellt sich die Frage, inwiefern Plebiszite verläßliche Instrumente der erweiterten Partizipation sein können. Können sie sich nicht auch eher zu Instrumenten der Partizipationsabwehr entwickeln, da sie letztendlich eindeutig Minderheiten feststellen können und somit außerparlamentarischen Initiativen die Legitimation zur politischen Aktivität entziehen."*[70] In der ersten Republik stand man auf der linken Seite diesen Formen auch mehr als reserviert gegenüber. Max Adler schreibt: *"Zeigt uns ja auch die Geschichte, daß gerade die Demokratie in dieser ihrer unechten Form in der Hand gewaltiger Demagogen ein mächtiges Mittel war, im Wege angeblicher Volksabstimmungen die eigene Macht zu begründen. Alle 'Plebiszite' von der Art, wie sie das Kaisertum Napoleons III. oder die Macht Mussolinis begründen, sind dafür eindrucksvolle Beispiele."*[71] Hans Kelsen hält sie schlichtweg für eine *"primitive Form"*,[72] und Karl Renner sieht in ihnen gar *"die kühnste Fälschung der Demokratie."*[73] Unsere Kritiker haben hier zweifellos alle recht, doch impliziert ihr Standpunkt auch, daß die Zuspitzung der Demokratie, die reine Demokratie, nichts anderes als die Diktatur sein kann, sie somit beschnitten werden muß, will sie sich nicht selbst aufheben. Es ist auch kein Zufall, daß die vehementesten Vertreter direktdemokratischer Formen sich heute in rechtspopulistischen Parteien und Medienprodukten tummeln. Und doch sollten alle Freunde der Demokratie eines nicht vergessen, wenn sie die rigide Auffassung eines Kelsen oder Renner tadeln. Was auf griechisch demos heißt, heißt lateinisch populus. Der konsequente Demokratismus ist der Populismus, was bedeutet: den Leuten auf den Mund schauen, ihren Stimmungen nachgeben. Das geht freilich nur begrenzt, sind doch diese Gemütslagen singulär bedingt, d.h. in ihrer Summe nicht konsistent und somit nicht verwirklichbar. Der Populismus kann so nicht bedingungslos dem Volk folgen. Will der Populist an der Macht bleiben, muß er den Populismus in die Diktatur transformieren.

Nur noch graduelle Differenzen charakterisieren auch das Staatsverständnis der Grünen. Ihre Sicht von Rechtsstaat und Gewaltmonopol läßt keine substantiellen Unterschiede zum herrschenden Konsens erkennen. Schon bald nach ihrem Einzug in den Nationalrat wurden die Grünen zu einem umfassenden Bekenntnis gezwungen. Die Opernballdemonstration 1987, zu der sie aufgerufen hatten und die zu tätlichen Auseinandersetzungen zwischen Polizisten und Teilnehmern führte, hatte auch ein parlamentarisches Nachspiel. In ihm ging es den etablierten Fraktionen darum, die Grünen ohne Wenn und Aber auf das staatliche Gewaltmonopol festzulegen. *"Ich glaube"*, sagte Josef Cap, *"daß die heutige Diskussion kommen mußte. Es war völlig klar, daß wir irgendwann einmal hier die Staatsdebatte haben werden, die Frage des Gewaltmonopols zu diskutieren haben werden."*[74] Und Andreas Khol, an die Adresse der Grünen: *"Wir debattieren heute Grundfragen unserer Demokratie. Ich möchte sagen: Wehret den Anfängen! Wir müssen uns heute fragen, und ich richte diese Fragen insbesondere an die Grün-Alternativen und an den Grünen Klub: Gibt es noch einen Basiskonsens in diesem Lande, sodaß wir Konflikte vor den Gerichten und im Parlament austragen? Gibt es noch den Basiskonsens, daß wir die Gesetze beachten, daß wir an den Rechtsstaat glauben? Gibt es noch den Basiskonsens, daß das Gewaltmonopol beim Staat liegt, oder suchen wir das Recht auf der Straße und nehmen das Recht in die eigene Hand?"* [75] In der Folge stellt Khol fünf Fragen an die Grünen, die sich allesamt um das Verhältnis der Grünen zu Gewalt und Rechtsstaat drehen.[76] Die Grünen werden darin vorgeführt wie die schlimmen Buben in der Schule. Der Tiroler ÖVP-Abgeordnete verlangt nicht weniger als ein Bekenntnis zum und eine Kapitulation vor dem demokratischen Konsens. Anstatt grünerseits die Gelegenheit zu einer wirklich differenzierten Staatsdebatte zu ergreifen, erhält er diese und jenes prompt. Im Original von Andreas Wabl hört sich das so an: *"Es wird in diesem Haus immer wieder verlangt, daß sich die Grünen distanzieren sollen. Ich glaube, jede Wortmeldung heute von seiten der Grünen war eine eindeutige Distanzierung von Gewaltanwendung von Personen an diesem Abend. Ich kann mich nicht erinnern, daß einer der Redner von der grünen Fraktion das nicht immer wieder wiederholt hätte. Ich kann mich nicht erinnern, daß hier irgend jemand die Gewalt relativiert hätte. (....) Ich distanziere mich von jeder Gewalt. (....) Ich betone noch einmal: Ich finde, daß kein Anlaß besteht, am Gewaltmonopol des Staates zu zweifeln. (....) Das Gewaltmonopol des Staates ist für uns zweifelsfrei nicht anzutasten. Dazu besteht in der heutigen Situation Österreichs kein Anlaß. Der Rechtsstaat ist für uns unverbrüchlich. Wir werden die Verfassung beachten, und wir haben keinen Grund die Verfassung nicht zu beachten. Die Frage, ob der Zweck die Mittel heiligt: Das ist für uns auszuschließen."*[77] Die Fragen 'Warum müssen wir uns distanzieren? Warum müssen wir uns bekennen?' kommen den Grünen erst gar nicht in den Sinn. Dies ist aus ihrer Welt. Die Selbstverständlichkeit des demokratischen Rituals wird so ihrerseits nicht in Frage gestellt bzw. gar durchbrochen.

Die Gretchenfrage: 'Wie hältst Du es mit dem Gewaltmonopol des Staates?' ist nicht eindeutig und endgültig zu beantworten. Hier sind alle Parolen, das grüne "Hoch das...." ebenso wie das autonome "Weg mit...", unangebracht. Faktum bleibt, daß alle Bewegungen, wollten sie erfolgreich sein, das Gewaltmonopol antasten mußten, von der Arbeiterbewegung, als sie das Streikrecht oder die Koalitionsfreiheit erkämpfte, bis zur Ökologiebewegung, als es etwa an die Besetzung der Stopfenreuther Au ging. In bestimmten Kämpfen ist es angebracht, über die Grenzen des Rechtsstaates hinwegzuschreiten, und das ist auch gängige Praxis.[78] Legitimität und Legalität sind nicht eins. Auch der Rechtsstaat und das Gewaltmonopol sind relative Werte, können nicht ontologisiert werden. Was nicht als ein prinzipieller Aufruf verstanden werden darf, das Gewaltmonopol zu beseitigen. Daß solches Denken als staatsgefährdend gilt, ist ebenso klar wie, daß staatliche Organe und ideologische Staatsapparate auf Bekenntnis und Gehorsam pochen. Das ist ihre Aufgabe,[79] alles andere wäre Selbstaufgabe. *"'Gehorsam' soll bedeuten: daß das Handeln des Gehorchenden im wesentlichen so abläuft, als ob er den Inhalt des Befehls um dessen selbst willen zur Maxime seines Verhaltens gemacht habe, und zwar lediglich um des formalen Gehorsamsverhältnisses halber, ohne Rücksicht auf die eigene Ansicht über den Wert und den Unwert des Befehls als solchen."*[80]

Was ist nun das Gewaltmonopol? Max Weber schreibt dazu: *"Staat ist diejenige menschliche Gemeinschaft, welche innerhalb eines bestimmten Gebietes - dies: das 'Gebiet', gehört zum Merkmal - das Monopol legitimer physischer Gewaltsamkeit für sich (mit Erfolg) beansprucht. Denn das der Gegenwart Spezifische ist, daß man allen anderen Verbänden oder Einzelpersonen das Recht zur physischen Gewaltsamkeit nur soweit zuschreibt, als der Staat sie von ihrer Seite zuläßt: er gilt als alleinige Quelle des 'Rechts' auf Gewaltsamkeit."*[81] Wohlgemerkt: *"Auch in Max Webers Verständnis bedeutet Gewaltmonopol nicht, daß der Staat keine Gewaltanwendung außer der eigenen duldet. Es geht vielmehr darum, daß Gewaltsamkeit - anders als im Mittelalter - nur noch insoweit als legitim gilt, als die staatliche Ordnung sie zuläßt oder vorschreibt."*[82] Behauptet wird also nicht schlichtweg ein Gewaltmonopol des Staates - das würde auch nicht der Realität entsprechen, geht doch weit mehr Gewalt von der Gesellschaft aus als von seinem staatlichen Sektor -, sondern daß Gewalt nur dann legal ist, wenn sie staatlich angewandt, toleriert, gefördert oder zugelassen wird. Der Staat mit seinen Gewaltapparaten hat nicht die Gewalt monopolisiert, er ist vielmehr dazu da, gesellschaftliche Macht und Gewalt in letzter Instanz zu garantieren und abzusichern, d.h. erst dann einzugreifen, wenn in der Gesellschaft die Selbstherrschaft aus verschiedensten Gründen nicht mehr greift.

Gewalt ist so nicht ein Gegensatz zum Recht, sondern sie sind sich gegenseitig Mittel und Zweck. Will das Recht sich durchsetzen, benötigt es die Gewalt, will die Gewalt in hochentwickelten Gesellschaften Bestand haben - und sie muß Bestand haben, sonst haben die Gesellschaften keinen Bestand -, benötigt sie die zivilisierte Form des Rechts. Gewalt ist die unabdingbare Voraussetzung des Rechts. Das mag man für bedauerlich halten, verschweigen sollte man es nicht. Recht ist, so gesehen, auch nur oberflächlich die Begrenzung der Gewalt, in der Form staatlicher und zusehends überstaatlicher Gewaltmonopole hat es die Gewalt in Extremsituationen entgrenzt. Noch nie war das Recht so gewaltig wie jetzt, das heißt auch, daß noch nie die Gewalt so gewaltig war. Der Schlüssel zur Überwindung des staatlichen Gewaltmonopols liegt jedenfalls nicht in seiner Rücknahme, sondern in seiner dialektischen, was meint positivierenden wie negatorischen Weiterentwicklung. Nicht die Unterwerfung unter die These ist angesagt, sondern deren permanente Synthetisierung. Im Prinzip können wir heute die Entwicklung vom staatlichen zum überstaatlichen Gewaltmonopol beobachten. Das sich ankündigende Ende der nationalen Souveränitäten weist den Weg. Grundsätzlich ist dies konstruktiv und geht in die richtige Richtung, wenngleich die aktuellen Ausformungen vom Golfkrieg bis zum Integrationsprozeß in Europa als wenig sympathisch erscheinen.

Auch folgende Erkenntnis bleibt den Grünen verborgen: Ein Gewaltmonopol kann es strenggenommen gar nicht geben. Es kann nur und muß postuliert werden. Wäre es Realzustand, wäre es überflüssig. Denn wäre es, wogegen könnte es sein? Eine Gewalt ist keine Gewalt. Das Monopol der Gewalt muß eben deswegen behauptet werden, da es diverse Spielarten nichtlegitimierter Gewalt und Gewaltbereitschaft in der Gesellschaft gibt. Es richtet sich gegen "illegale" Gewalten in der Gesellschaft. Wer "Gewaltmonopol" sagt, gibt zu, daß es andere Gewalten gibt. Gewaltmonopol behauptet: Es soll nicht sein, was ist. Es geht dabei also um die Beseitigung und um die Sanktionierung illegaler Gewalten.

Die Zwischenfälle bei der Opernballdemonstration waren jedenfalls ausgezeichnet geeignet, die Grünen zur Raison zu bringen. Interessant war nur, wie friktionsfrei das - etwa im Gegensatz zur Bundesrepublik[83] - über die Bühne ging. Wovor man auf etablierter Seite Angst hatte, hat der ÖVP-Abgeordnete Felix Ermacora deutlich ausgesprochen: *"Sie müssen einer dialektischen Widerstandsauffassung abschwören, sich tatsächlich offen zur Gewaltlosigkeit in der Demokratie bekennen und nicht zugleich sagen, daß Sie sich dennoch zum Recht auf Widerstand bekennen."*[84] So bedarf es anscheinend eines konservativen Rechtsprofessors, um das latente Gefühl mancher Grüner auf den Begriff zu bringen. Genau vor dieser *"dialektischen Widerstandsauffassung"*, die einerseits das Gewaltmonopol als historischen Fortschritt erkennt und begrüßt und andererseits die Notwendigkeit betont, es in Streiks, Demonstrationen, Besetzungen immer wieder in Frage zu stellen, sodaß Legitimität Legalität bricht, haben die Metaphysiker der Demokratie viel Furcht.

Auch rechtsstaatliche Gewalt ist Gewalt. Das Bekenntnis zum Gewaltmonopol ist unfraglich ein Bekenntnis zu einer bestimmten Gewalt bzw. Gewaltzulassung, es mit einem Bekenntnis zur Gewaltlosigkeit gleichzusetzen intellektuell unredlich, *"gedankliche Barbarei"*,[85] wie die ehemaligen grünen Ökosozialisten Michael Stamm und Jürgen Reents es einmal bezeichneten. Oder Günther Anders an die herrschende Adresse: *"Gegen Gewalt als solche haben sie gar nichts. Allein etwas gegen jede Störung ihres Gewaltmonopols, gegen jede (gegen ihre Gewalt eingesetzte) Gegengewalt."*[86]

Der zweite Akt zur staatspolitischen Domestikation der Grünen Alternative war dann eine vom Ministerium für Landesverteidigung vorgelegte Studie, in der man sich unter anderem auch mit dem Friedensprogramm der Alternativen Liste Österreich (ALÖ) aus dem Jahre 1984 auseinandersetzte. Dem damaligen ÖVP-Minister Robert Lichal gelang es, durch das Rezitieren einiger Passagen die Grünen vollends aus der Fassung zu bringen.[87] Gestoßen hat man sich an zwei Formulierungen: *"Der Staat, der nicht die Interessen der Mehrheit der Bevölkerung vertritt, ist nicht 'unser' Staat, sein Krieg kann nicht 'unser' Krieg sein."*[88] Und: *"Der herrschenden Gewalt wollen wir auf vielfache Weise Widerstand leisten: von Friedensappellen, denen manifeste Unterstützung zuteil wird bis zur gewerkschaftlich orientierten Arbeit in der Armee, die eine Demokratisierung fordert, von Sabotageakten in und vor Rüstungsbetrieben (....)."*[89] Auch dieser Diskussion sind die Grünen ausgewichen. Peter Pilz lapidar: *"Ich stelle fest und richtig: Sie haben aus einem Programm der Alternativen Liste Österreich zitiert. (....) Wie sich vielleicht bis zu Ihnen schon herumgesprochen hat, sind wir der Parlamentsklub der Grünen Alternative."*[90] Die ganze Debatte verdeutlicht wiederum nur, wie wenig sich die Grünen Gedanken über Staat und Demokratie, Gewalt und Recht gemacht haben. So geraten die 6. oder die 89. Sitzung der XVII. Gesetzgebungsperiode zu Nachhilfestunden in Staatsbürgerkunde. Schon die 6. endet pflichtgemäß mit einer umfassenden Kapitulationserklärung des Abgeordneten Wabl.[91]

Fassen wir noch einmal zusammen: Die Krise der Demokratie ist offensichtlich. Die Kritik ist von einer Kritik der Entscheidungen zu einer Kritik der Entscheidungsprämissen[92] vorgedrungen. So gesehen ist die Demokratie- und Politikverdrossenheit nicht eine, die sich nur gegen bestimmte Ausdrucksformen richtet, sondern sie ist strukturell angelegt, mit einer Tendenz zur Verallgemeinerung. Fast alles, was die Demokratie trägt (im Sinne von 'beinhalten' wie 'konstituieren'), ist in Verruf gekommen: Parteien, Politiker, Bürokratien, der Parlamentarismus, die Gesetzgebung, der Proporz.[93] Bejaht, und das dafür umso frenetischer, wird lediglich die leere Hülle, das Füllwort, in dem sich nun aber nichts mehr befindet. Diese Kritik ist somit antidemokratisch, aber nicht in einem progressiven Sinn, sondern in einer reaktionären Variante, die davon ausgeht, man könnte Demokratie von ihren gesellschaftlichen Inhalten säubern, jene jedoch gleichzeitig erhalten, ja verbessern. Der Kampf gegen den Parlamentarismus und seine Ausformungen, da hat der alte Kelsen schon recht, ist nichts anderes als ein Kampf gegen die Demokratie.[94] Und das unabhängig davon, ob seine Träger das wollen oder nicht. Das Verquere an der aktuellen Situation ist nun, daß in einer Zeit, wo die Demokratie sich selbst destabilisiert, weil destabilisieren muß, die subjektiven Träger alternativer Ansätze gerade zu ihrer Rettung antreten, sich nicht überlegen, was nachher kommt, sondern wie sie die Form erhalten, ja erweitern können. Um uns nicht mißzuverstehen: *"Niemand wird die historische Notwendigkeit der Demokratie und ihre große Bedeutung für ein Hinauskommen über die Enge der ständischen Agrargesellschaft bestreiten. Aber auf diesen Lorbeeren kann sich die Menschheit nicht für immer zur Ruhe setzen. Daß die Demokratie selbst, wie ihr Name schon sagt (Volks-Herrschaft), nur die bisher modernste Form der Diktatur einer zwanghaften gesellschaftlichen Form über die Entwicklung menschlicher Bedürfnisse und Beziehungen ist, kann das absolut in dieser Form befangene demokratische Räsonnement nicht einmal im Traum realisieren."*[95]

Die bürgerliche Demokratie ist nicht mehr entwickelbar, sie ist ein Auslaufmodell, das die besten Zeiten hinter sich hat. Der unerträgliche Promi-Kult verdrängt die letzten Inhalte, aber er verdrängt etwas, wo es fast nichts mehr zu verdrängen gibt, seit sich der Typus der Volkspartei durchgesetzt hat. Es ist alles eins, die bürgerliche Politik löst sich auf, weil es um nichts mehr geht außer Nuancen. Die Differenzen sind inszeniert, ein mediales Spektakel, nicht mehr. Keine Demokratiereform erweitert mehr die realen Möglichkeiten der Menschen. Die direktdemokratischen Ergänzungen etc. sind populistische Überspitzungen der parlamentarischen Demokratie. Sie sind Zeichen der Krise, nicht eines Aufbruchs, Zeichen eines unsicher gewordenen politischen Systems, das der Populismus reitet.

5. GRÜNE PROGRAMME

Die Verfassung von Programmen, noch dazu von Parteiprogrammen, gehört zweifellos zu den schwierigsten intellektuellen Aufgaben, die es gibt. Ein Programm darf nicht lang sein, es soll nicht dumm sein, es erfordert Prägnanz und Stimmigkeit und muß für jedermann und jedefrau lesbar sein. Es hat die Dinge auf das Wesentliche zu beschränken, ohne banal und nichtssagend zu werden. Es hat Parteimitgliedern als Handlungsanleitung und Außenstehenden als inhaltliches Angebot zu dienen. Unter *Programmen* verstehen wir wesentliche Dokumente der konzentrierten inhaltlichen Selbstdarstellung, womit weiters also das *Parteiprogramm* als das grundlegende Dokument einer politischen Kraft gelten muß. Neben den Prinzipien müssen zentrale Aussagen und Forderungen formuliert werden, die nicht bloß aktuellen Charakter aufweisen. Kürze und Präzision sind hier gefragt. Die Mitglieder sollen sich akzentuiert wiederfinden. Ein solches Dokument ist kein Jahrmarkt der Relativitäten, sondern bezieht eindeutig Stellung. Sein Modus ist der Indikativ. Fragen wie: Was ist die Welt? Wie charakterisieren wir das Wesen der Gesellschaft? Wer sind wir? Wohin wollen wir? Was ist unsere Rolle in der Geschichte? Wie gehen wir es an? Wie setzen wir es durch? werden hier normalerweise beantwortet. Programm meint eine eigenartige Mischung aus Erkenntnis und Bekenntnis, aus Grundsatz und Ansatz.

Soweit die klassische Sicht. - Die Tendenz zur Programmerstellung folgt heute aber allgemein mehr einem politischen Usus denn einem wirklichen Antrieb zur Erstellung knapper, fundierter Einschätzungen. Politik und Programmatik sind sich fremd geworden. Letztere wird auf das Niveau ideologischer Versatzstücke reduziert, erstere auf die Ebene von Sachpolitik heruntergebracht. Das gilt für die Grünen wie für ihre Widersacher. Programme werden immer unbedeutender, werden zu Nebensachen, auf die zu verzichten man noch nicht genügend Mut aufbringt. Was auch dem grünen Politikverständnis viel mehr entsprechen würde, wären Konzepte und Handlungsanleitungen, die sich auf Tagesforderungen konzentrieren. Die (nicht vorhandene) langfristige Perspektive könnte hier problemlos hinter den kurzfristigen Überlegungen verschwinden. Dort, wo keine unterschiedlichen Ziele mehr auszumachen sind, sich die gesamte Politik unter dem positivistischen Anspruch von Sachlichkeit und Konstruktivität versammelt hat, wirken Programme nur noch vorgestrig, als antiquierte Pflichtübungen einiger Unentwegter.

Politische Auseinandersetzungen im grünalternativen Parteibildungsprozeß wurden natürlich auch über programmatische Fragen und Positionierungen der Grünen oder Alternativen geführt. Wie sich einerseits darauf die innerparteilichen Differenzen zwischen der *Grazer* und der *Wiener* Strömung in der Alternativen Liste Österreich (ALÖ) erstreckten, so mußten sie andererseits ebenso zur Abgrenzung zwischen ALÖ und Vereinten Grünen herhalten, wenn wiederholt das politisch gewollte

Scheitern von Wahlbündnisgesprächen zu legitimieren war. Daraus erhellt aber, daß all diese Auseinandersetzungen inhaltlicher Natur immer mit einer starken taktischen Komponente verbunden waren, genauer noch waren sie letztendlich immer strategischen und taktischen Erwägungen im Verlauf des Parteibildungsprozesses untergeordnet.

Die grünalternative Wahlbewegung, deren politischer Ausdruck in der ersten Formierungsphase die linksalternative ALÖ und die konservativen Vereinten Grünen waren, war eine Bewegung mit stark praktizistischer Veranlagung. Grundsatzprogramme können wir in dieser frühen Phase daher nicht finden. Die "grüne Einigung" war eine politisch geführte Auseinandersetzung um die Vereinheitlichung dieser Wahlbewegung, die die entsprechende ideologische Positionierung zwar im politischen Reisegepäck mit sich führte, aber — und dies ist der interessante Punkt — letztlich keine Kontinuität in den vertretenen Inhalten erkennen ließ, sondern umgekehrt einen ausgeprägten Bruch, die dezidierte Aufgabe leitender alternativer Parameter. Dieser Bruch hat aber zu einer programmatischen Annäherung zwischen den grünen und gemäßigt alternativen Hauptströmungen einerseits wie auch gegenüber den herrschenden gesellschaftlichen Normen andererseits geführt. An ihrer programmatischen Entwicklung kann solchermaßen ein insgesamter bewußtseinsmäßiger Wandel der Grünen und Alternativen nachvollzogen werden, woraus sich wiederum Erklärungen über den gesellschaftlichen Charakter des politischen Ausdrucks der Ökologiebewegung ableiten lassen.

Im folgenden bieten wir daher zunächst einen Vergleich zwischen drei Programmen aus der Phase der Parteibildung, dem ersten Wahlprogramm der Alternativen Liste Österreich zu den Nationalratswahlen 1983, nach seinem Verfasser als "Kitzmüller-Programm"[1] bezeichnet, weiters dem Grundsatzprogramm der Vereinten Grünen[2] von 1984 und dem Nationalratswahlprogramm der Grünen Alternative[3] aus dem Jahr 1986. Abschließend analysieren wir das erste umfangreiche Parteiprogramm der Grünen Alternative aus dem Jahr 1990 und zeichnen die friedenspolitische Wende der Grünen hinsichtlich ihrer Stellung zur Landesverteidigung nach.

Das "Kitzmüller-Programm" der ALÖ basierte im wesentlichen auf den inhaltlichen Positionen des sogenannten "Gföhler Kreises" innerhalb der Alternativen Liste. Der "Gföhler Kreis" war eigentlich ein Wirtschaftsarbeitskreis der in Formierung befindlichen ALÖ, in dem sich vor allem die Gründungsväter der Alternativpartei in einem informellen Zusammenschluß nicht nur über die politische Strategie und Taktik, sondern auch über inhaltliche und programmatische Positionen verständigten. Erich Kitzmüller, das ideologische Haupt dieser Strömung, erstellte denn auch das offizielle Wahlprogramm der Alternativen Liste Österreich für die Nationalratswahlen 1983. Sein Entwurf wurde von der Partei im wesentlichen unverändert angenommen. Nicht nur auf politischer, sondern auch auf programmatischer Ebene spiegelte sich daher die Dominanz der *Grazer* Strömung in der ALÖ wider, deren politischen Nukleus die *Gföhler* darstellten. Die Positionen der zweiten, späteren großen Parteiströmung, der *Wiener*, fanden in dieses Wahlprogramm keinerlei Eingang.

Das "Kitzmüller-Programm" ist das wichtigste inhaltliche Dokument der ersten Parteibildungsphase, in der die Alternative Liste Österreich als linksalternative Partei etabliert wurde. Als Wahlprogramm gab sich das Papier vergleichsweise gemäßigt und moderat, und dies war denn auch der primäre Ansatzpunkt der von der *Wiener* Strömung innerparteilich vorgetragenen Kritik, wie auch sonst die politische Praxis der Alternativen in weiten Bereichen etwas weiter links angesiedelt war, als dies in diesem Wahlprogramm zum Ausdruck kam. Nichtsdestotrotz kam aber auch hier der genuine Charakter der Alternativpartei zum Ausdruck. Das "Kitzmüller-Papier" zeichnete sich so zwar durch geglättete Positionen aus, war aber insgesamt repräsentativ für die Haltung der Partei. Selbst die Kritik des linken Parteiflügels rüttelte nie an den grundlegenden alternativen Postulaten, entwickelte keinen originären Ansatz und war in ihren Grundzügen meist affirmativ, auch wenn die Heftigkeit des Streits einen anderen Eindruck hervorrufen mochte.

Das im Frühjahr 1984 fertiggestellte Grundsatzprogramm der Vereinten Grünen Österreichs war Teil der nach dem Abgang des Parteivorsitzenden Alexander Tollmann vorgenommenen Parteireform und markierte den Übergang der Vereinten Grünen von einer bürgerlich-konservativen Honoratiorenliste zu einer regulären Partei. In ihrem Grundsatzprogramm ließen sich erstmals konsistente Positionen dieser bürgerlichen Grünpartei ablesen, denn das bis dahin einzig vorgelegene Wahlprogramm zu den Nationalratswahlen 1983 war über die Aneinanderreihung einiger weniger griffiger Slogans und Propagandafloskeln nicht hinausgekommen und daher zur Beurteilung der inhaltlichen Positionen der Partei kaum geeignet. Dies muß freilich mit Einschränkungen auch vom Grundsatzprogramm behauptet werden. Hier wurde der Versuch gemacht, die VGÖ, die in ihrer praktischen Politik häufig mit sehr konservativen und bisweilen reaktionären Aussagen — gerade auch der Parteiführung — auffielen, programmatisch auf einen moderaten, staatstragenderen Kurs zu bringen und den in der Partei durchaus vertretenen bürgerlich-reaktionären Antidemokratismus zugunsten liberalerer Auffassungen zurückzudrängen.

Als Grundsatzprogramm hatte das VGÖ-Papier den Vorteil, in seinem inneren Aufbau systematisiert und in sich logisch strukturiert zu sein — eine Feststellung, die auf das Wahlprogramm der "Grünen Alternative" zu den Nationalratswahlen 1986 in keinster Weise zutrifft. Die Grüne Alternative konnte zu den Wahlen nur ein sogenanntes "Offenes Kurzprogramm" mit zum Teil nur vorläufigen, unausgefeilten Positionen präsentieren. Dies war ein direkter Ausfluß der tiefgreifenden Spaltung der Wahlbewegung knapp vor den Nationalratswahlen. Entsprechend mangelhaft war auch die Konzeption dieses Wahlprogramms, das sich in seinem Aufbau durch eine beliebige Aneinanderreihung prinzipieller Auffassungen und bloßer "sachbezogener" Forderungen auszeichnete. Grundsätzliche Aussagen über grüne Positionen traten dabei insgesamt hinter einer katalogartigen Auflistung einzelner Forderungen zurück. Das "Offene Kurzprogramm" basierte in seinen Grundzügen auf der Arbeit der ehemaligen Arbeitskreise der "Bürgerinitiative Parlament". Deutlich fanden die Positionen der ökosozialen Modernisierer und späteren Referenten des grünen Klubs, Toni Kofler und Christoph Chorherr, ihren Niederschlag. Daneben konnten aber auch die "Rosagrünen" und die *Gföhler* ihre inhaltlichen Vorstellungen im Programm unterbringen. Was auffällig war und das grüne Wahlprogramm trotz seiner Inkonsistenzen für Vergleiche interessant macht, war einerseits die programmatische Annäherung, ja sogar weitgehende Identität in bezug auf Forderungen, wie sie sich im Grundsatzprogramm der Vereinten Grünen fanden, umgekehrt aber auch das vollkommene Kappen des inhaltlichen Rekurses auf die neuen sozialen Bewegungen, wie sie noch das "Kitzmüller-Programm" deutlich geprägt hatten.

In diesem Papier waren die Alternativen Listen geradezu als Ausdruck der "neuen sozialen Bewegungen", der Friedens- und der Alternativbewegung, des ökologischen Widerstands etc. definiert worden.[4] Die Alternativen Listen galten hier noch als Werkzeug der Befreiungsbewegung in ihren vielfältigen Ausformungen, als die zeitgemäße Form dieser Bewegung,[5] die den Schritt von der Betroffenheit zum Widerstand reflektiert hatte.[6] Aus diesem Selbstverständnis erklärten sich auch die ganz spezifisch an der alternativen Bewegungsklientel — denn natürlich waren die Alternativen Listen jenseits der Ideologie viel mehr als ein Werkzeug der Bewegungen, die sie als politische Organisation eigentlich subsumierten — orientierten Forderungen mit ihrem eindeutigen Konnex zu den neuen sozialen Bewegungen und den alternativen Milieus. Das alternative Wahlprogramm war solcherart gespickt mit Versatzstücken der politischen Anliegen dieser Bewegungen — "small is beautiful", Dezentralisierung, Regionalförderung, Selbstverwaltung, Dualwirtschaft, Befreiung der Sinnlichkeit, soziale Verteidigung usw. —, die andererseits aber auch nur die Beschränktheit dieser Bewegungen verkörperten. Sie waren schlechte Utopie, keine Szenarien einer positiven Aufhebung der bestehenden gesellschaftlichen Verhältnisse, die weithin nur durch die alternativen Forderungen konterkariert wurden. Darin kam ein ganz spezifischer Analyseansatz zum Ausdruck, welcher sich bis heute in der grünen Ideologie erhalten hat und darin besteht, daß wie in einem Schwarz-Weiß-Spiel die Negativa gesellschaftlicher Zustände und Entwicklungen angekreidet werden (Parteienstaat, Macht der Konzerne, Zentralisierung, Bürokratie etc.), nicht aber die Positiva menschlicher Emanzipation, die im Ensemble der Verhältnisse in den entwickelten Gesellschaften ebenso ihren Ausdruck finden (Produktivkraftentwicklung, bürgerliche Gleichheit, Errungenschaften der Arbeiterbewegung, Erweiterung von Bedürfnissen und Bedürfnisbefriedung etc.). Die Analyse schwang sich solcherart nicht zu Erklärungsversuchen gesellschaftlicher Entwicklungen auf, sondern verblieb im Gestus der Betroffenheit, der einem theorielosen Praktizismus der Unmittelbarkeit entsprach, welcher bloß vom staatlichen Überbau monetär bedient sein wollte.

Angesichts ihrer grundsätzlichen Affirmation des bestehenden Gesellschaftssystems hatten die Vereinten Grünen hingegen keine Schwierigkeiten, ihre Strategie auch programmatisch abzusichern. Diese sollte sich auf dem Boden der Bundesverfassung bewegen, ließ aber gewaltfreien Widerstand dort gerechtfertigt erscheinen, *"wo bestehendes Recht den Zielen des ökologischen Humanismus zuwiderläuft"*.[7] Neben der Absicht, parlamentarisch für Veränderungen zu wirken, wurde im Parteiprogramm der VGÖ außerparlamentarischen Aktivitäten — in der Regel verstanden als Ausweitung der Formen direkter Demokratie — gleichrangige Bedeutung beigemessen.[8] Auch beim konservativen Strang des grünalternativen Lagers war in dieser Hinsicht noch eine starke Prägung durch die Bewegungs- und Mobilisierungsphase zu bemerken, wenngleich dieser Rekurs viel weniger deutlich ausfiel, weil die bürgerlichen VGÖ mit den radikalisierteren Potentialen der neuen sozialen Bewegungen kein Auskommen finden konnten; sie waren ja auch nicht einmal in Ansätzen aus diesen hervorgegangen.

Markant war schließlich aber, daß sich im Wahlprogramm der grünen Mitte, also der im Zuge der grünen Einigung hegemonial gewordenen Partei "Die Grüne Alternative", ein expliziter Bezug auf die neuen sozialen Bewegungen nicht mehr fand. Die Partei hatte sich von diesem spezifischen alternativen Politizismus gereinigt, auch wenn die alten Forderungen teilweise aufrecht geblieben waren. Für die arrivierte rosagrüne Strömung, die sich in der Grünen Alternative einflußreich verankern konnte, war eben der Konnex zur "Bewegung" nie so eindeutig gewesen wie für die genuin alternativen Flügel in der Phase der Parteibildung.[9] Das fällt nicht nur beim Bezug auf die sozialen Substrate der Parteiwerdung auf, die sich in diesem Prozeß verlagert hatten, indem die alternativen Milieus und Bewegungen durch ein soziologisch als Segment der neuen Mittelschichten erfaßtes Wählerpotential überholt worden waren, sondern auch hinsichtlich der politischen Leitbegriffe dieses neuen Lagers. In Anlehnung an die schon weiter entwickelten deutschen Grünen fand die Selbstbeschreibung der Alternativen Listen mit den Leitbegriffen "ökologisch", "basisdemokratisch", "solidarisch" und "gewaltfrei" auch im Wahlprogramm 1983 ihren Ausdruck. Der ökologische Ansatz richtete sich gegen die Zerstörung der Natur, die, hier noch (relativ) deutlich benannt, *"von einem auf maximales Ausnützen, auf Profit- und Machtstreben gerichteten Wirtschaftssystem"* ihren Ausgang nähme.[10] Der basisdemokratische Grundsatz stellte den bloß formellen Partizipationsmechanismen der repräsentativen Demokratie *"eine Organisationsform, in der die Menschen eigenverantwortlich über ihr Leben entscheiden, und an Beschlüssen, die sie betreffen, von der Basis her teilnehmen"*[11], gegenüber — obwohl damit die repräsentative Demokratie als solche, zumindest in diesem Programm, nicht negiert wurde und sich auch eine Konkretisierung basisdemokratischer Vorstellungen auf der Ebene gesamtgesellschaftlicher Organisation in den alternativen Programmen nirgends finden läßt. Der solidarische Grundsatz zielte auf eine Gesellschaft, die auf "*überschaubaren, menschengerechten Lebensformen aufbauen*"[12] sollte, in denen "*die Menschen selber bestimmen, was, wozu und wie produziert wird.*"[13] — Man kann das wohl als eine wenngleich rohe und unbewußte Negation der kapitalistischen Ware-Geld-Vergesellschaftung auffassen. Obzwar der antikapitalistische Gestus im Kitzmüller-Programm keinen expliziten Niederschlag fand, determinierte er dennoch die Positionen auch der *Grazer* Strömung zumindestens in ihren Anfängen.[14] Der gewaltfreie Grundsatz, innerparteilich im Strömungskampf zwischen *Grazern* und *Wienern* am heftigsten umfehdet, meinte zuletzt eine Austragung von Konflikten mit friedlichen Mitteln, schloß aber nicht das Recht aus, "*aktiv Widerstand zu leisten gegen Unrecht und lebensbedrohende Aggression*".[15]

Die Vereinten Grünen stellten diesen alternativen Leitbegriffen ihr Prinzip des "*ökologischen Humanismus*"[16] entgegen, das ebenfalls von den deutschen Grünen, nämlich ihrem rechten, realpolitisch-ökolibertären Spektrum, entlehnt worden war. Der "*ökologische Humanismus*" verstand sich "*als Einsicht in das Zusammenwirken unabänderlicher Naturgesetze mit den menschlichen Eigenschaften*",[17] aus der die Forderung nach einer eigenverantwortlichen Führung des Lebens im Einklang mit Natur und Gesellschaft abgeleitet wurde.[18] Während die Ökologiebewegung im Verständnis der Alternativen eine Sozialbewegung darstellte, einen kulturrevolutionären Reflex auf gesellschaftliche Entwicklungen, befand sich das Ökologieverständnis der Vereinten Grünen ganz im Einklang mit der tradierten bürgerlichen Kultur- und Zivilisationskritik, welche die Natur, oder was in dieser Sichtweise jedenfalls als solche interpretiert wurde, als Vorbild für soziales Verhalten schlechthin heranzog. Leben im Verständnis der Vereinten Grünen stellte sich als Wandel, Kreislauf, Zweckmäßigkeit und Vielfalt dar,[19] und in einem dem entsprechenden positiven Rekurs auf die Gesetze der Natur sollte der ökologische Humanismus "*unbelastet von Ideologien und Heilslehren drängende Existenzsorgen der Menschheit lösen*".[20] Auch in der insgesamt stark naturwissenschaftlichen Färbung der Argumentation kam die ungeteilte Affinität der Vereinten Grünen zur bürgerlichen Ökologie zum Ausdruck. Der Rekurs auf Betroffenheit war in dieser Sichtweise einer nüchternen, objektiven wissenschaftlichen Klarheit, freilich im Sinne eines naturwissenschaftlich reduzierten Positivismus, gewichen, die mit den Attributen sachlich und kompetent ihren Siegeszug antrat und zwischenzeitlich zur dominanten gesellschaftlichen Auffassung von Ökologie avancieren konnte.

In das Wahlprogramm der Grünen Alternative fand hingegen kein allgemeiner Leitbegriff Aufnahme. Das Programm krankte insgesamt daran, daß die auseinanderflatternden und durcheinanderkullernden Forderungen in keinen schlüssigen Zusammenhang gebracht werden konnten. Dieses Vakuum hatte Gründe. Mit der Spaltung der Wahlbewegung im Herbst 1986 war ein expliziter Bezug auf die neuen sozialen Bewegungen und die alternative Szene nicht mehr möglich — diese unterstützten in der Bundeshauptstadt Wien nahezu geschlossen die linke Separatkandidatur der "Grünalternativen - Demokratischen Liste" (GAL) zu den Nationalratswahlen im November 1986 — und vielfach auch nicht mehr gewollt, weil sich mit den neuen (rosagrünen) Akteuren in der Partei auch Strömungen etablierten, die sich in ihrem Agieren eben durch einen viel geringeren Bewegungsbezug auszeichneten. Ein Bekenntnis zu anderen Leitbegriffen — wie später zum "*ökosozialen Umbau der Industriegesellschaft*" — ließ die noch wenig elaborierte Frage der grundsätzlichen programmatischen Orientierung ebenfalls nicht zu.

Auf der Ebene der inhaltlichen Positionen in den einzelnen Programmbereichen ist der Bruch der grünen Parlamentspartei mit den genuin alternativen Auffassungen auch im einzelnen nachweisbar, wenngleich die spezifischen Entwicklungen hier durchaus unterschiedlich und uneinheitlich sein konnten. Durch den Wegfall der meisten alternativen Programmprinzipien kam die bestehende Affinität zwischen Forderungen der Vereinten Grünen und der Grünen Alternative vor allem in sogenannten "sachpolitischen" Themenfeldern, etwa der gesamten Ökologiefrage, besonders deutlich zum Ausdruck.

Die demokratiepolitischen Aussagen des Kitzmüller-Programms befanden sich noch unter dem Postulat der "Basisdemokratie" und waren damit in eine Utopie umfassender gesellschaftlicher Selbstbestimmung und Selbstverwaltung eingebettet. In ihrer Konkretisierung bedeutete dies etwa eine Forderung nach häufiger Politikerrotation[21] und nach Unvereinbarkeiten zwischen leitenden Funktionen in Politik und Wirtschaft.[22] Konkrete Parameter basisdemokratischer Vorstellungen fanden so im Wahlprogramm der Alternativen Liste ihren expliziten Niederschlag, wenngleich insgesamt das Verhältnis zwischen Basisdemokratie und repräsentativer Demokratie nicht geklärt war. Letztere wurde durchaus affirmiert,[23] sodaß die *Wiener* Parteilinke der *Grazer* Mehrheitsströmung vorwerfen konnte, sie reduziere die Basisdemokratie bloß auf ein untergeordnetes, ergänzendes Moment der repräsentativen Demokratie. Im Wahlprogramm der Grünen Alternative wurde die Basisdemokratie in keiner Weise mehr erwähnt. Die hier präsentierten Demokratisierungsforderungen gaben sich eindeutig als affirmierende Verbesserungsvorschläge der repräsentativen Demokratie zu erkennen, wobei einzelne Forderungen — etwa jene nach der Direktwahl der Bezirkshauptleute[24] — zu vielleicht weder beabsichtigten noch erkannten demokratiepolitischen Implikationen führen mochten. Der Grundzug ihres 86er-Parteiprogramms war Demokratiereform anstelle von Basisdemokratie, die inhaltlichen Positionen unterschieden sich somit nur graduell von jenen der Vereinten Grünen. Beide Programme verlangten eine Aufwertung der Instrumentarien direkter Demokratie (Volksabstimmung und Volksbegehren)[25] — auch hier ohne die Problematik ihrer Inflationierung zu reflektieren —, und auch sonstige Forderungen wie die nach Halbierung der staatlichen Parteiensubventionierung,[26] Demokratisierung von Verwaltung, Kammern und Sozialversicherungsträgern,[27] Gesetzen gegen Parteibuchwirtschaft[28] usw. waren infolge ihrer Vagheit zwischen Grünen und Alternativen und selbst noch zwischen diesen und Teilen der etablierten Parteien kompatibel.

Ein spezifischer Bruch mit genuin alternativen Positionen zeigte sich auch in den Vorstellungen von Wirtschaftspolitik, wenngleich hier die Positionswechsel weg von den alternativen hin zu den grünalternativen Postulaten eine zwar systemimmanente, aber dennoch fortschrittliche Komponente aufwiesen, indem sie erstere von ihrem reaktionär-romantischen Utopismus reinigten. Erich Kitzmüllers Wahlprogramm war dominiert von Postulaten der sogenannten Dualwirtschaft, die auf den französischen Publizisten André Gorz, einen konvertierten Linksradikalen, zurückging[29] (wie sich auch unter den *Gföhlern* selbst etliche ehemalige Maoisten befanden). Die Theorie der "Dualwirtschaft" zergliederte die Gesellschaft in einen sogenannten "formellen" und einen "informellen" Sektor, wobei der erste im wesentlichen mit dem herrschenden Produktionssektor und seinem staatlichen Überbau ident war, der informelle hingegen ein Konglomerat aller denkbaren gesellschaftlichen Nischen aus dem subsidiären Produktions- und Reproduktionsbereich umfaßte (alternative und selbstverwaltete Betriebe, unbezahlte Arbeit wie Hausarbeit und Nachbarschaftshilfe etc.). Die Ambitionen der Dualwirtschaftler richteten sich nun auf eine sukzessive Ausweitung des informellen auf Kosten des formellen Sektors, der sich schlußendlich nur noch auf Bereiche reduzieren sollte, die sinnvollerweise nicht "informell" zu gewährleisten waren. Die Orientierung auf den informellen Sektor bedeutete für die wirtschaftspolitischen Positionen der Dualwirtschaftler im Hinblick auf den formellen Sektor im wesentlichen die Beibehaltung des tradierten etatistischen Instrumentariums. Vor allem durch eine Umorientierung der Steuerpolitik sollte hier eine Konversion hin zu einer möglichst ökologieverträglichen Produktion geschehen. Schrumpfung, Nullwachstum oder wirtschaftliches Wachstum sollte sich am Grad der sozialen und ökologischen Nützlichkeit bzw. Schädlichkeit der Produktion orientieren.[30]

Theoretisch konnte sich der dualwirtschaftliche Ansatz der *Gföhler* in den programmatischen Überlegungen der Grünalternativen letztendlich nicht halten. Manche der praktisch daran anschließenden Forderungskataloge nach Bevorzugung gesellschaftlicher Produktions- und Reproduktionsnischen hingegen, Selbstverwaltung, Dezentralisierung oder Regionalförderung, schlossen in abgeschwächter Form (als Konzession an die alternative Bewegungs- und Szeneklientel) an die arrivierte alternative Nischenkultur an, welche sich dadurch auszeichnete, ein vergleichsweise höheres Augenmerk auf die devianten Erscheinungsformen von Produktions- und Reproduktionszusammenhängen zu legen als auf eine grundsätzliche Kritik der dominierenden. Im Wahlprogramm der Grünen Alternative von 1986 fand sich so noch die Forderung nach dem "*Abbau aller rechtlichen und faktischen Diskriminierungen alternativer Betriebe und Arbeitsformen, ihre Einbeziehung in alle Förderungsprogramme*".[31] In den programmatischen Aussagen der Grünen Alternative zur verstaatlichten Industrie lebte dieser dualwirtschaftliche Dezentralismus noch fort, wenn gefordert wurde, die Verstaatlichte als Kernmodell einer "*ökologischen Kreislaufwirtschaft*" in dezentralen, selbständigen und überschaubaren Einheiten unter einer zentralen Holding (!) zu reorganisieren.[32] Insgesamt blieb der Komplex der wirtschaftspolitischen Aussagen alternativer Provenienz von einem kruden Irrationalismus gespeist, der seine Parameter von der Vorstellung eines alternativen Gartens Eden ableitete und nicht von der Analyse der faktischen ökonomischen Bewegungsgesetze. Im Zeitalter der Ware-Wert-Vergesellschaftung auf Weltmarktniveau kann die Auffassung: "*Die Alternative heißt: Nicht vom Weltmarkt leben sondern aus den eigenen Kräften*",[33] nur um den Preis der eigenen Lächerlichkeit vertreten werden. Derartige inhaltliche Substanzlosigkeit konnte die Mutation der einstigen alternativen Romantizisten hin zu empirisch-positivistischen Realpolitikern nur beschleunigen.

Während so einerseits die genuin alternative Wirtschaftspolitik restlos kapitulierte, und sich andererseits bei der Grünen Alternative als Nachwirkung der sozialistischen oder kommunistischen Vergangenheit vieler ihrer führenden Repräsentanten nur verschämt und allmählich ein dezidiertes Bekenntnis zur (ökologisch-sozialen) Marktwirtschaft Bahn brach, war diese für die Vereinten Grünen a priori der Bezugsrahmen ihrer wirtschaftspolitischen Überlegungen. Die VGÖ sprachen sich für ökonomischen Wertzuwachs bei gleichzeitig sinkendem Naturverbrauch und sinkenden gesellschaftlichen Nebenkosten aus.[34] Wichtigstes Mittel dafür war auch für sie eine Änderung der Steuerpolitik. Der Faktor Arbeit sollte steuerlich entlastet, Energie und Rohstoffe bzw. Produkte hingegen besteuert werden,[35] wovon man sich erhoffte, das Rationalisierungsverhalten der Wirtschaft grundlegend verändern zu können. Nicht weniger Arbeit wurde in Verbindung damit als Ziel proklamiert, wie dies etwa die ALÖ oder die Grüne Alternative taten — letztere propagierte die 35-Stunden-Woche bei vollem Lohnausgleich, bei der ALÖ fand sich diese viel zu sehr auf den formellen Sektor zugeschnittene Forderung nicht — , sondern es ging den VGÖ tatsächlich darum, "*die politischen Rahmenbedingungen so zu setzen, daß mehr und nicht weniger Arbeit entsteht.*"[36]

Die Vereinten Grünen versuchten hier wahrhaft, das Kunststück zu bewerkstelligen, durch einen politischen Eingriff das kapitalistische Wertgesetz zu planen — ein Unterfangen, an dem sich schon der reale Sozialismus mit den bekannten Folgen versucht hat. Nicht anders als die ehemaligen kommunistischen Nachbarn waren die Vereinten Grünen versucht, der wachsenden Produktivität der Arbeit, wie sie sich im relativen Sinken des Anteils des variablen Kapitals (Arbeitskraft) in der Wertzusammensetzung des Kapitals ausdrückt, einen politischen Riegel vorzuschieben, die Abschöpfung des relativen Mehrwerts (Steigerung der Produktivität) durch eine Steigerung des absoluten (Steigerung der Arbeitszeit) zu behindern.[37] Ausgerechnet im Zeitalter der Kapitalisierung der letzten gesellschaftlichen Nischen und der letzten "freien" Ressourcen schlugen die Vereinten Grünen vor, das Kapital in seinem

Verwertungsdrang aus gewissen Bereichen auszusperren. An Absurdität fiel diese aus einer naiven Unkenntnis der politischen Ökonomie resultierende Vorstellung allerdings keineswegs hinter die romantizistischen Verbrämungen der Alternativen zurück.

Wen wundert es da, daß letztlich erneut staatlicher Protektionismus angerufen wurde, der — nicht näher ausgeführte — flankierende Maßnahmen setzten sollte, um die Konkurrenzfähigkeit der heimischen Wirtschaft auch unter diesen neuen Aspekten zu sichern.[38] Die primär auf der ökologischen Ebene erfahrenen Destruktionspotenzen der kapitalistischen Wertvergesellschaftung waren für die ganz in der bürgerlichen Subjektillusion befangenen Vorstellungen der Vereinten Grünen denn auch der Ausfluß "*einer unkontrollierten Entfesselung des Egoismus*",[39] dem mit einer Art Wiederbelebung des frühbürgerlich-protestantischen Arbeitsethos entgegenzutreten wäre. Das historische "*Erbe des staatlichen und des privaten Kapitalismus und der nicht sozialverpflichteten Marktwirtschaft*"[40] sollte durch einen vorrangig steuerpolitisch verfahrenden Etatismus bewältigt werden, der die "*Rahmenbedingungen für eine am Gemeinwohl orientierte Marktwirtschaft*"[41] schaffen könnte.

Nicht nur in wirtschaftspolitischer Hinsicht versuchten die Vereinten Grünen, dem Wertgesetz ein systemimmanentes Bein zu stellen, auch den gesellschaftlichen Überbau trachteten sie mit dem von ihnen verfochtenen Regiment des "Umweltgesetzes" in einer Weise zu reglementieren, der es, rein phänomenologisch betrachtet, an struktureller Affinität zum aus dem Realsozialismus bekannten und ansonsten verspotteten Versuch politischer Zwangsvergesellschaftung nicht mangelte. In der von dieser bürgerlichen Kaderpartei favorisierten gesellschaftlichen Ordnungspyramide stand Umweltrecht ohne Wenn und Aber über dem Eigentumsrecht.[42] Die programmatischen Forderungen in der Ökologiefrage erhoben sich weder bei der Alternativen Liste noch bei der Grünen Alternative über den systemimmanenten Horizont der Vereinten Grünen, bei denen die entsprechenden Punkte allerdings schon frühzeitig in größerer Reinheit aufgeführt waren. Die politische und gesellschaftliche Verträglichkeit der hier konkret postulierten Maßnahmenkataloge offenbarte sich schlußendlich darin, daß diese mittlerweile in der gesellschaftlichen Resonanz auf das ökologische Problem zum Gemeingut avancieren konnten.

Auf der wirtschafts- und finanzpolitischen Ebene betraf dies das Eintreten für eine Umstellung des Steuersystems auf die Besteuerung knapper Ressourcen (Rohstoffe, Energie) im Einklang mit einer entsprechenden Entlastung des Faktors Arbeit, für die Einführung von Emissionszertifikaten, des Vorsorge- und Verursacherprinzips.[43] Auf der rechtlichen Schiene waren die Forderungen etwa nach Schaffung einer den wirtschaftlichen Planungsvorhaben vorgeschalteten Umweltverträglichkeitsprüfung,[44] der Parteienstellung für Bürgerinitiativen, einer ökologischen Verbandsklagemöglichkeit,[45] ökologischer Beweislastumkehr,[46] Installation einer "Umweltanwaltschaft",[47] staatlicher Verbotspolitik in der Müllfrage[48] etc. gleichermaßen mit dem politischen Mainstream kompatibel. Die Vereinten Grünen gingen pionierhaft sogar so weit, die Einrichtung eines eigenen bundesweiten *"Umweltgerichts"*[49] zu fordern.

Nach dem Wegfall jener spezifisch alternativen programmatischen Eigenheiten, die hauptsächlich als Reflex einer szeneorientierten Affirmation devianter Lebenswelten zu bewerten waren, erwiesen sich die inhaltlichen Differenzen zwischen den Grünen und Alternativen nur noch als graduell, vergleichbar dem Konflikthorizont, der sich um die bürgerlichen Parteien, hießen sie nun SPÖ oder ÖVP, spannte. Mit ihrer gemeinschaftlichen Einfindung im "Konsens der Demokraten" reduzierte sich auch hier die Alternative auf "schwarz-" oder "rotgrüne" Demokratiepolitik, Sozialpolitik, Ökologiepolitik etc. Vollkommen deutlich wurde das im vermeintlichen Kernbereich grüner Kompetenz, nämlich der Ökologiefrage. Hier waren wirklich kaum Differenzen auszumachen, allenfalls noch im Stellenwert dieses Themenkomplexes, wie er in der mehr oder weniger ausführlichen Würdigung in den einzelnen Programmen zum Ausdruck kam. Im alternativen Wahlprogramm wurde die Ökologiefrage vergleichsweise nachrangig abgehandelt, ganz im Einklang mit dem Verständnis der ALÖ als Partei einer Befreiungsbewegung, die über die ökologische Frage weit hinausgreifen wollte. Bei den Vereinten Grünen stand sie hingegen vollkommen im Zentrum, bei der Grünen Alternative reduzierte sie sich auf die konsistenzlose Aneinanderreihung einzelner nicht weiter ausgeführter Forderungen, von der Ausrufung eines Notstands zur Waldrettung[50] bis zu bloßen Deklamationen von der Sorte: *"Das Sondermüllproblem muß endlich gelöst werden."*[51]

Grünalternative Normalisierung war auch hinsichtlich der programmatischen Aussagen zum Bereich Staat und Soziales angesagt. Mit dem Untergang der genuin alternativ gefärbten utopischen Subsidiaritätspostulate reduzierte sich die Spannung innerhalb des grünalternativen Ideenhorizontes auf die staatliche Rollenzuschreibung zwischen egalitärer sozialer Versorgung und Garantie individuell-bürgerlicher Eigenverantwortlichkeit. In dieser Hinsicht war die Nuancierung strittig, die prinzipiellen Postulate zur Förderung von Subsidiarität, Dezentralisierung, Regionalisierung etc. standen aber außer Frage. Ob alternativ, ob grün, ob grünalternativ, die Forderungen gingen einhellig in Richtung einer Umorientierung staatlicher Reglementierung weg von Zentralisierung, Bürokratisierung, abstrakter Vergesellschaftung hin zu entsprechend ausgestalteter Überschaubarkeit. Das staatliche Form- und Strukturprinzip blieb unangetastet, die inhaltlichen Anliegen dieses gesellschaftlichen Meta-Subjekts sollten sich ändern. Die staatliche Garantie eines "small is beautiful" bei gleichzeitiger Autonomie der protegierten Einheiten sollte etwa in alternativer Sicht *"einen Rahmen schaffen, in dem die vielen nötigen Befreiungsschritte begünstigt sind."*[52] Die alternative Auffassung von individueller Selbstverwirklichung konnte dabei durchaus mit dem grünen Arbeits- und Leistungsethos der Vereinten Grünen kongruieren. In allen drei Programmen fanden sich, wenngleich in unterschiedlicher Terminologie, Forderungen nach Einführung einer sozialen Grundsicherung aller Staatsbürger (alternatives "*Basisgehalt*"[53], "*Bürgergeld*"[54] bei den VGÖ, "*soziale Grundsicherung*"[55] bei der Grünen Alternative).

In dem Maße, als die selbst noch rohen alternativen Utopien auf dem Altar der gesellschaftlichen Relevanzen geopfert wurden, manifestierte sich in der Entwicklung grünalternativer Programmatik ein Prozeß der Renormalisierung sozialer Widerstandshaltungen, wie er letztendlich von der positivistischen bürgerlichen Systemtheorie analytisch treffend erfaßt wurde: "*Das System immunisiert sich nicht gegen das Nein, sondern mit Hilfe des Nein; es schützt sich nicht gegen Änderungen, sondern mit Hilfe von Änderungen gegen Erstarrung in eingefahrenen, aber nicht mehr umweltadäquaten Verhaltensmustern. Das Immunsystem schützt nicht die Struktur, es schützt die Autopoiesis, die geschlossene Selbstreproduktion des Systems.*"[56] Der Prozeß der grünalternativen Parteiwerdung zeitigte auch auf der inhaltlich-programmatischen Ebene als wesentliches Merkmal die Ausschaltung "systemisch" querliegender Positionen zugunsten solcher, die letztlich bloß im Ausspielen gradueller Differenzen bei gleichzeitiger prinzipieller Affirmation des Gesellschaftssytems die Schichtung des gesellschaftlichen Kosmos in Grün widerspiegelten.

Die Vereinten Grünen hatten in dieser Entwicklung bloß das Pech, mit der Position einer nüchternen Affirmation der Marktwirtschaft zwar die faktische Norm der kapitalistischen Gesellschaftsformation ungebrochen zu reflektieren, doch mit ihrem quasi-calvinistischen Sozialethos, welches die abstrakt-universalistische Modernisierung des gesellschaftlichen Überbaus als linke oder "sozialistische" Ideologie denunzierte, hinter die immanenten Potentiale der Entfaltung des kapitalistischen Wert-Verhältnisses zurückzufallen. Die "Rosagrünen" hingegen vermochten letztlich deswegen zu reüssieren, weil sie ebenso auf einer adäquaten Modernisierung des Überbaus insistierten und hier trotz aller schüchternen Verbrämung ihrer erst später zaghaft ausgesprochenen Affirmation der "öko-sozialen Marktwirtschaft" weniger "schlechte Ideologie" verkörperten. Als bürgerliche Avantgarde sah sich die Sozialdemokratie — somit in ihrer Tradition auch die "Rosagrünen" — letztlich in der spezifischen Vorreiterrolle, der ökonomisch fundierten Wert-Vergesellschaftung auch im Überbau zum Durchbruch zu verhelfen, indem sie hier den Motor darstellte, der die vorbürgerlichen (ständischen) und reaktionär gewordenen bürgerlichen Schlacken zentrifugierte und der abstrakten Universalisierung des Sozialen Vorschub leistete. Die Wendung des grünalternativen Hauptstranges hin zur Einklagung klassisch linkssozialdemokratischer Forderungen war solchermaßen bloß ein Reflex auf deren als nicht weitreichend genug empfundene Realisierung, sei es in Fragen der Demokratisierung der Arbeitswelt, der Verstaatlichten, der Entwicklungshilfe oder der Frauenemanzipation. So wurde im Wahlprogramm der Grünen Alternative, obzwar verschämt, die Fristenlösung verteidigt und die Strafbarkeit der Vergewaltigung in der Ehe gefordert;[57] solche Positionen kamen eindeutig aus der Sozialdemokratie. Bei einem Gutteil der *Grazer* Alternativen, die die Grünen als "Lebenspartei" verstanden, wäre die Akzeptanz der Abtreibung in dieser Form undenkbar gewesen.

Wenn Unterschiede in den programmatischen Bezügen existierten, so waren diese zum überwiegenden Teil bloß oberflächlicher Natur. Zwischen den Forderungen der Alternativen Liste und jenen der VGÖ und der Grünen Alternative tat sich der Graben der "sozialen Bewegungen" auf. Die Forderungen der ALÖ waren viel stärker einem Bewegungskonnex verhaftet als jene der anderen Grünparteien. Dies kam nicht zuletzt in der von der Grünen Alternative massiv vertretenen Forderung nach einer Aufwertung des Parlaments zum Ausdruck.[58] Ein Spezifikum der Vereinten Grünen war es, daß die Thematisierung der Felder Minderheitenpolitik, Behinderte, Sexualität[59] zur Gänze fehlte. Eine offensive Verteidigung der Verstaatlichten oder das Aufgreifen gewerkschaftspolitischer Forderungen fehlte bei den Vereinten Grünen im Gegensatz zur Grünen Alternative.[60] Selbst in einer sensiblen Materie wie der Landesverteidigung waren die Unterschiede gradueller Natur. Alle drei Parteien sprachen sich für eine Aufwertung bzw. Ausweitung des Zivildienstes, den Wegfall der Gewissensprüfungskommission,[61] Forcierung der zivilen und sozialen Verteidigung,[62] sofortigen Stopp von Rüstungsexporten, Abbau bzw. gänzlichen Stopp auch der Rüstungsproduktion[63] aus. Die Differenz lag einzig darin, daß die Vereinten Grünen stets ein prinzipielles Bekenntnis zur Landesverteidigung ablegten[64] — diese sollte aber nur eine Komponente neben der zivilen und sozialen Verteidigung und dieser nicht übergeordnet sein —, die beiden anderen Parteien hingegen nicht. Doch auch dieser Unterschied sollte sich, wie wir weiter unten noch zeigen werden, verflüchtigen.

Die inhaltlichen Differenzen im grünalternativen Spannungsfeld erwiesen sich letztendlich als nicht so stark, daß sie in programmatischer Hinsicht einer Integration von grünen und postalternativen Ideologiegehalten im Wege hätten stehen können. Die tatsächlichen Differenzen zwischen Vereinten Grünen und Grüner Alternative ließen sich somit auf Aspekte eines politisch-taktischen Utilitarismus reduzieren. Die Schnittlinie einer prinzipiellen Differenz wie in der ursprünglichen Konfrontation zwischen Grünen und Alternativen gab es zwischen ihnen nicht mehr. Programmatisch sprach daher ab 1986 und in den Jahren danach wenig, ja immer weniger gegen eine Einigung der beiden Grünparteien.

Das von Sonja Puntscher-Riekmann koordinierte Parteiprogramm der Grünen Alternative aus dem Wahljahr 1990 besteht eigentlich aus drei Teilen, und zwar zu den Themen Umwelt, Demokratie und Soziales.[65] Gleich zu Anfang heißt es: *"Ziel des ökologischen Denkens ist die Schönheit. Diese ist eine zweigesichtige Wirklichkeit: sie ist die Erfahrung der Übereinstimmung des Menschen mit der Welt, in der er sich vorfindet, und die Erfahrung, durch das nur ihm eigentümliche Eingreifen ihre verborgene Potentialität zu entfalten. In diesem ständigen Ergriffenwerden und*

Ergreifen entsteht Kultur. Jede Veränderung der Haltung des Menschen zu seiner Umwelt ist eine kulturelle Leistung, die ökologische Krise daher eine kulturelle Krise. Deshalb kann gerade ein Grünes Programm kein Appell für den Rückzug aus der Natur sein, nicht einfach auf ein Sich-selbst-Überlassen der Natur zielen und nicht den technischen Umgang mit ihr dämonisieren. Unerläßlich ist es vielmehr zu zeigen, daß der Eingriff in die Strukturen der Welt unter dem totalitären Anspruch der Nutzenmaximierung die Übereinstimmung des Menschen mit der Wirklichkeit zerbricht und diese, anstatt sie zu entfalten, der Zerstörung preisgibt."[66] Schon aus dieser Einleitungspassage wird deutlich, wie wenig die Verfasser über eine emanzipatorische Ökologie nachgedacht haben. Ziel ökologischen Denkens kann es doch nur sein, über die ökologischen Zusammenhänge Bescheid zu wissen und diese in eine gesellschaftliche Theorie und in eine politische Praxis einzubringen. Ziel des Denkens kann somit nur Klarheit und Aufklärung sein, nie aber die Schönheit. Schönheit ist keine politische Kategorie, sie ist bloß eine individuelle und relative Größe, kein analytischer Begriff. Auch eine Aussage, die behauptete, daß das Ziel ökologischer Politik die Schönheit sei, wäre bloß grammatikalisch richtiger, nicht jedoch inhaltlich. Ziel einer emanzipatorischen ökologischen Politik kann doch nur sein, die Naturbearbeitung und somit die Kultur des Menschen so zu gestalten, daß ein sinnerfülltes Leben ohne permanente Gefährdung existentieller Grundlagen entfaltet werden kann.

Ökologisches Denken darf auch nicht auf die Erfahrung reduziert werden. Wie jedes (emanzipatorische) Denken müßte es auf Erkenntnis und Bewußtwerdung orientiert sein. Natur ist weder schön noch häßlich, sie kennt diese Bewertungen nicht. Es ist daher ein Nonsens, vom *"Respekt vor der Schönheit des Mysteriums der Welt"*[67] zu sprechen. Ebenso unsinnig ist es, die Schönheit als zweigesichtige Wirklichkeit zu präsentieren. Warum eigentlich soll *"die Erfahrung der Übereinstimmung des Menschen mit der Welt"* eine Schönheit sein, warum die Erfahrung des ihm eigentümlichen Eingreifens? Schönheit ist weder eine Erfahrung (oder zwei), noch eine zweigesichtige Wirklichkeit. Höchst interessant ist in diesem Zusammenhang auch, daß wir das, was die Grünen als Schönheit definieren, als Dummheit identifizieren. Beinahe die grünen Formulierungen vorausahnend, schrieben wir schon 1988: *"Dummheit ist uns eine politische Kategorie. Unter Dummheit verstehen wir die prinzipielle Einstimmung auf den äußeren Schein der Welt."*[68] Vor uns liegt ein verführerisches Kauderwelsch, das weder inhaltlich noch grammatikalisch stimmig ist. Weder sind die grundlegenden Begriffe erklärt, noch sind diese in ihrer spezifischen Beziehung zueinander verständlich.

Das grüne Programm unterscheidet z.B. nicht zwischen Natur und Umwelt, zumindest werden diese beiden Begriffe nicht differenziert, sondern synonym verwendet. Doch Natur ist nicht Umwelt. Natur ist, was ohne spezifisch menschliches Handeln entsteht und vergeht. Die menschliche Umwelt ist hingegen gesellschaftlich dimensioniert. Sie ist keine natürliche, weil eben vom Menschen geschaffen. Der

Mensch ist zwar aus der Natur entstanden, hat sich jedoch im Prozeß der Menschwerdung über sie erhoben. Das Interesse der Ökologiebewegung ist daher der Umweltschutz und nicht der Naturschutz. Mit dem Schutz der Umwelt verteidigt sie ein Stück menschlicher Kultur, nicht jedoch Natur schlechthin. Fast alles, was gewöhnlich für Natur gehalten wird, ist Menschenwerk, Kultur. Mensch sein heißt Natur verändern. Sobald der Mensch in die Natur eingreift, ist es mit ihr vorbei, selbst wenn er ein ökologisches Gleichgewicht (was immer sich hinter dieser Zauberformel verbirgt) herstellen will. Die Frage lautet daher nicht: 'Welche Natur braucht der Mensch?', sondern: 'Welche Naturbearbeitung ist für den Fortbestand wie das Fortkommen des Menschen notwendig?' Naturbearbeitung schließt Kultivierung wie Zerstörung mit ein. Das eigentliche Wesen des Menschen ist die Kultur, d.h. seine relative Freiheit von der Natur. Diese Freiheit von der Natur - eine Freiheit, die nur den Menschen auszeichnet - ist somit das spezifische Merkmal des Menschen, sein allgemeines Charakteristikum, jedoch gilt, daß er ebenso Teil der Natur ist wie alles, was ist. Er ist so Teil und Gegenteil der Natur (vgl. Kapitel III-1).

Die ökologische Krise ist vor allem dadurch gekennzeichnet, daß sein Spezifikum, die Kultur, seine Grundlage, die Natur, bedroht. Der Mensch kann seine spezifischen Interessen mit seinen allgemeinen Bedürfnissen nicht mehr in Einklang bringen. Die Natur verträgt seine Kultur nicht mehr. Seine konstruktive Tätigkeit, die Arbeit, entwickelt unter den gegebenen Produktions- und Distributionsverhältnissen immer deutlicher destruktive Züge. Diese sind von Nebenerscheinungen zu Hauptfolgen geworden. Die Schäden lösen den Nutzen zusehends ab. Es ist auch irreführend, von einem *"totalitären Anspruch der Nutzenmaximierung"* zu sprechen. Eine allgemeine Nutzenmaximierung, d.h. eine, wo der Nutzen quantitativ wie qualitativ den Schaden überwiegt und beide gesellschaftlich und international gerecht aufgeteilt, d.h. diese nicht privatisiert, sondern sozialisiert werden, ist keineswegs abzulehnen, schon gar nicht als totalitär, weil dies die Bedingung eines ökologischen Planens und Wirtschaftens wäre. Nicht die Nutzenmaximierung ist zu kritisieren, sondern das der Marktwirtschaft immanente Konkurrenz- und Profitprinzip, das die Unternehmen geradezu zwingt, Mensch und Natur schrankenlos auszubeuten, die Gewinne zu privatisieren und die Social costs zu externalisieren, d.h. auf die Allgemeinheit abzuwälzen.

Zutiefst im konservativen Denken befangen ist auch jener Satz, der beklagt, daß *"die Übereinstimmung des Menschen mit der Wirklichkeit zerbricht."* Gerade das war doch immer eine vordringliche Aufgabe jeder emanzipatorischen Bewegung. Es galt, die ideologische Übereinstimmung der Menschen mit der aktuellen Wirklichkeit aufzuheben, um diese dann auch praktisch überwinden, d.h. eine andere Wirklichkeit schaffen zu können. Und um gleich bei dieser Textstelle auszuharren: Wie entfaltet man die Wirklichkeit, noch dazu, wo sie das zweigesichtige Ziel ökologischen Denkens, genannt Schönheit, ist? Hinter großen Wörtern und gestelzten Formulierungen verbirgt sich wenig. Wohlgemerkt, es soll ein Programm sein, keine wissenschaftliche Abhandlung. Die sprachliche Zubereitung dient weniger dem

Erkenntnisgewinn als der Abschottung der Inhalte gegenüber der eigenen Basis wie der Öffentlichkeit. Noch viel mehr stört aber, daß die zentralen Kategorien, mit denen die hauptverantwortlichen Autoren, Sonja Puntscher-Riekmann und Johannes Voggenhuber, so locker verfahren (z.b. Ökologie, Natur, Umwelt, Wirklichkeit, Kapitalismus, Erfahrung etc.) nicht erklärt, geschweige denn definiert werden. Das Programm schließt so bloß an das (vor)herrschende Verständnis, an die schlampige Terminologie des Alltags an.

Besonders deutlich wird das auch im letzten Absatz der eingangs zitierten Umwelt-Präambel. Dort heißt es: *"Grüne Politik ist kultureller Widerstand, der auf allen Ebenen der Gesellschaft geleistet werden muß. Er soll die Hegemonie einer brutalisierten, ausschließlich ökonomisch bestimmten Kultur brechen, um die ganze Wirklichkeit des Menschen (sic!) und der Natur (sic!) zurückzugewinnen und die Politik zu deren Wahrnehmung zu zwingen."*[69] Auch das muß man sich erst auf der Zunge zergehen lassen. Abgesehen davon, daß sich - siehe oben - die Wirklichkeiten (besser: die Verwirklichungen) von Mensch und Natur in vielerlei Hinsicht diametral gegenüberstehen, sich also nicht ergänzen, geschweige denn übereinstimmen, sondern gegenseitig ausschließen, kann es doch kein Ziel sein, den grenzenlosen Möglichkeiten von Mensch und Natur zum Durchbruch zu verhelfen. Emanzipation ohne Begrenzung ist unmöglich. Mensch und Natur schreien nicht nur nach menschlicher Entfaltung, sondern auch nach menschlicher Begrenzung. Entfaltung darf jedenfalls nicht mit Schrankenlosigkeit gleichgesetzt werden. Der Mensch ist also nicht bloß gefordert, seine wie die äußere Natur in die Schranken zu weisen, er muß das auch hinsichtlich seiner Kultur tun, will er ihre Substanz erhalten und nicht alle möglichen Bestimmungen auslöschen, wenn er ihre stoffliche Beschaffenheit zerstört. Historisch wie aktuell betrachtet, war und ist es des Menschen Hauptaufgabe, die ganze schreckliche Wirklichkeit seiner selbst durch Zivilisierung, die ganze schreckliche Wirklichkeit der Natur durch Kultivierung zu überwinden. Auch heute kann es doch nur darum gehen, bestimmte Seiten des Menschseins zu fördern und andere zurückzudrängen. Detto bei der zur Umwelt gewordenen Natur.

Trotz alledem ist die Präambel des grünen Umweltprogramms noch von höherer Güte als der nachfolgende Spezial- und Forderungsteil. Die konkreten Forderungen versinken oft in lächerlichen Details (etwa legt man uns die Erweiterung des § 5 der Statuten der Verbundgesellschaft[70] ans Herz) oder in einem unübersichtlichen Zahlenmeer. Im Kapitel Energie wird der Leser folgendermaßen erstickt: *"80% aller Luftemissionen entstehen aus der Energieumwandlung, der Verkehr und der Hausbrand produzieren den Großteil der Schadstoffe. Der Anteil des Verkehrs am Energieverbrauch beträgt 23%, jener für Warmwasser und Beheizung ca. 36%. Der tatsächliche Wirkungsgrad eines Automobils im Verhältnis zur eingesetzten Energie beträgt 3 bis 5%, der Rest sind Abwärme und Emissionen. Seit dem drastischen und ökologisch fatalen Fall der Öl- und Energiepreise in den Jahren 1985 und 1986 hat sich der österreichische Treibstoffverbrauch erstmals wieder gewaltig erhöht: er wuchs von 1985 bis 1987 um 4,5% und von 1987 bis 1988 um 6,5%. Auch die jährlich gefahrene Kilometerleistung eines KFZ stieg von 12.000 auf 15.000 km. Die Investitionen in Autobahnen und Bundesstraßen sind wieder zu jenen Wachstumsraten zurückgekehrt, die vor dem ersten Erdölschock vor 1973 galten: + 9% pro Jahr bei den Autobahnen und + 5% pro Jahr bei den Bundesstraßen."*[71] Wir wollen es dabei bewenden lassen.

Das grüne Demokratieprogramm zeigt sehr deutlich den Friedensschluß mit dem real existierenden Kapitalismus. Für die Grünen gibt es *"heute einen weitreichenden Konsens, daß Demokratie die beste aller Staatsformen sei."*[72] Abgesehen von diesem für ein Programm unmöglichen Konjunktiv - entweder ist sie es, oder sie ist es nicht -, der sich nicht selten in die Formulierungen eingeschlichen hat, bringen die Grünen ihre Sicht der Demokratie auf das Niveau eines Mittelschullehrbuchs. Alternativen zur bürgerlichen Demokratie haben nach dieser eindeutigen Bejahung des herrschenden Konsenses keinen Platz. Auch Grüne meinen, daß wir im besten aller Systeme leben. Sie reduzieren Demokratie auf eine Staatsform, ganz neutral gedacht als *"jene Organisation der Macht, die der Gestaltung einer gerechten Gesellschaftsordnung dient und Herrschaftsabbau zum Ziel hat."*[73] Sie unterziehen die bürgerliche Demokratie und den Rechtsstaat keiner prinzipiellen Kritik, sondern wollen ihnen vollends zum Durchbruch verhelfen. Beklagt werden dann bloß die Auswüchse und Abweichungen, gemeinhin unter dem Schlagwort Skandal bekannt.

Für Sonja Puntscher-Riekmann ist Politik ein Mittel zum Zweck der Macht: *"Wer Politik treibt, will Macht, sei es im Namen eines Zieles, sei es um ihrer selbst willen."* Oder: *"Die Substanz der Politik (....) ist der Wille zur Macht, das heißt der Wille zur Tat, zur Durchsetzung von gesellschaftlichen Zielen."*[74] Und gleich weiter in diesem kleinen Einmaleins der großen, etablierten Politik der Machterhaltung und Machtverteilung, weiß sie auch, wie man zu dieser Macht gelangt: *"In demokratischen Verhältnissen wohl nur durch Wählerstimmenmaximierung."*[75] Gewöhnlicher läßt sich das gar nicht mehr beschreiben. Noch dazu stimmt es nicht. Die entscheidenden Verschiebungen und Ausformungen der Macht folgen keineswegs dem parlamentarischen Kräfteverhältnis. Dieses ist nur einer der vielen abgeleiteten Indikatoren gesellschaftlicher Basisprozesse. Die wichtigsten Entscheidungen fallen außerparlamentarisch. Selbst die Grünen können - auch wenn sie gar nicht wollen - ihr politisches Betätigungsfeld nicht auf Wahlen und parlamentarische Vertretungen reduzieren. Man braucht hier nicht einmal an Hainburg oder Zwentendorf zu denken.

Das staatlich eingeschränkte Politikverständnis und der Standpunkt der Programmkoordinatorin sind jedenfalls eins geworden. Macht hat als Ziel keine emanzipatorische Seite und als Mittel nur eine bedingte. *"Macht bedeutet jede Chance, innerhalb einer sozialen Beziehung den Willen auch gegen Widerstreben durchzusetzen, gleichviel worauf diese Chance beruht"*,[76] wissen wir mit Max Weber. Macht schließt also die Kraft zur Überwindung der Gegner mit ein, hat deren Unterwerfung zu gewährleisten. Das mag oft notwendig und nicht auszuschließen sein, als Ziel alternativer Politik wirkt es jedoch äußerst befremdlich. Emanzipation kann doch bloß bedeuten, daß Macht von Menschen über Menschen zurückgedrängt und überflüssig wird. Aus einem aktuell unausweichlichem Mittel der Politik konstruiert Puntscher-Riekmann gleich ein Ziel. Macht ist ihr nicht Machtmittel, sondern Selbstzweck. Wir wollen Sonja Puntscher-Riekmann natürlich nicht vorwerfen, daß sie das obligate Spiel der Macht begriffen hat, wobei selbst hier eingeschränkt werden muß, daß parlamentarische Stärke nur dann Macht ist, wenn sie mit der gesellschaftlichen Macht korreliert. Was stört, ist diese selbstbewußte Alternativlosigkeit, mit der da argumentiert wird.

Puntscher-Riekmann und andere geben mit ihrer Betonung des Parlamentarismus (*"Aufwertung der Parlamente und der ParlamentarierInnen"*[77] lautet eine Zwischenüberschrift) nur die Richtung vor.

Obwohl sie den Widerstand nicht nur auf den legalen Rahmen beschränkt sehen wollen,[78] verstehen sie die außerparlamentarische Tätigkeit bloß *"als Ergänzung zu dem institutionellen demokratischen Rahmen."*[79] Peter Pilz' Vorstellungen von grüner Kommunikation kommt das schon verdächtig nahe: *"Ein gut organisiertes parlamentarisches Projekt als grüner Kern und eine in loser Organisationsstruktur vernetzte Avantgarde, die ihre gesellschaftlichen Fühler ausstreckt, Anstöße gibt und Projekte betreibt."*[80]

Dazu paßt auch die vehemente Forderung nach dem freien Mandat.[81] Innerhalb nur weniger Jahre haben die Grünen hier eine vollständige Kehrtwendung vollzogen (vgl. Kapitel III-3). Pochten sie ursprünglich auf eine enge Anbindung der öffentlichen Repräsentanten (imperatives Mandat), so wenden sie sich heute immer bestimmter gegen jede Reglementierung parlamentarischer Politik durch die Parteibasis. Basisdemokratie und freies Mandat sind jedoch nicht vereinbar. Eine Organisation kann letztendlich nur einer Freiheit gerecht werden: der Freiheit der Repräsentierten, d.h. der Mitglieder, oder der Freiheit der Repräsentanten, d.h. der Mandatare. Die freiwillige Unterordnung der Mandatare unter die Beschlüsse eines Klubs (allgemein Klubzwang genannt) bezeichnen sie gar als verfassungswidrig und verlangen daher eine Verankerung des freien Mandats im Amtseid des Abgeordneten.[82] Dabei geht das Argument, das da immer wieder ein Auseinanderklaffen von *"Verfassungsideal und Verfassungswirklichkeit"*[83] beklagt, in jeder Hinsicht in die Irre, folgen wir den Klassikern, Hans Kelsen etwa. *"Die Demokratie ist notwendig und unvermeidlich ein Parteienstaat"*,[84] schreibt dieser. Die höchstentwickelte Form des Parlamentarismus ist für Kelsen die Parteiendemokratie, er selbst war ein entschlossener Vertreter der straffen Parteiorganisation und des imperativen Mandats.[85] Nur so könne der von ihm konstatierte fiktive Charakter des Repräsentationsprinzips[86] zumindest relativiert werden. Kelsen plädierte gar für die Abberufbarkeit der

Abgeordneten durch die Parteien[87] und wollte die Parteien und das imperative Mandat in der Verfassung verankert sehen.[88] Der Artikel 56 der Österreichischen Bundesverfassung wird daher unserer Ansicht nach immer fälschlich als Normierung des freien Mandats gesehen: *"Die Mitglieder des Nationalrates und die Mitglieder des Bundesrates sind bei der Ausübung dieses Berufes an keinen Auftrag gebunden"*, so seine Formulierung, bedeutet nur, daß es im Gegensatz zum monarchischen Österreich keine obrigkeitsstaatlichen Weisungen und Verpflichtungen zu einem bestimmten Verhalten geben kann und darf. Der Kelsensche Abgeordnete war staatsfrei, aber nicht parteifrei.

Gemeinsam mit den tonangebenden "unabhängigen" Medien betreiben die Grünen die Privatisierung der Abgeordneten. Der Mandatar soll gerade deswegen aus seinen alten bürokratischen Zwängen befreit werden, um den neuen Meinungs-, Informations- und Machthabern hilflos ausgeliefert zu sein. Der freie Abgeordnete ist der am Markt frei verfügbare. Käufer stehen schon bereit. Wer also meint, daß ein Persönlichkeitswahlrecht - wie es die Grünen ebenfalls in einem äußerst komplizierten Vorschlag zur Wahlrechtsreform[89] (vgl. Kapitel III-4) fordern - und die Beseitigung des Klubzwangs nun den freien und unabhängigen Abgeordneten bescheren, der irrt.

In die gleiche Richtung zielt auch die von den Grünen mitgetragene blau-schwarze Forderung nach der Aufhebung der Zwangsmitgliedschaft in den Kammern.[90] In den Salzburger Nachrichten bezeichnet Johannes Voggenhuber sie gar als *"Diktaturen in der Demokratie"*.[91] Das zielt vor allem auf die Arbeiterkammer. Ihre Beseitigung wäre gleichzeitig ein Schlag gegen die historischen Errungenschaften der österreichischen Arbeiterbewegung. Alle Service- und Dienstleistungen, vom Konsumenten- über den Mieterschutz, von der Rechtshilfe bis zu den Forschungsaufträgen, von Stipendien bis zur kostenlosen Information und Beratung, wären damit in Frage gestellt. In den Jahren der globalen, alle gesellschaftlichen Bereiche umfassenden marktwirtschaftlichen Restauration soll wohl noch der allerletzte Revolutionsschutt von 1918-20 beseitigt werden.

Im ursprünglichen Programmentwurf wurde auch einer Stärkung (statt der Abschaffung) des Bundesrates das Wort geredet. Jedes Bundesland sollte dort gar mit fünf Mandataren vertreten sein, die noch dazu nach einem Persönlichkeitswahlrecht zu wählen wären.[92] Eine satte Mehrheit der ÖVP wäre die Folge. Nun, diese Forderung wurde stillschweigend fallengelassen, nicht jedoch jene, die das Recht der Eltern, am Schulunterricht teilzunehmen, festschreibt.[93] Daß gerade ein Verein, der überdurchschnittlich viele kritische Lehrer organisiert hat, einer Lehrerüberwachungsbürgerinitiative das Wort redet, ist schleierhaft. Eine Umsetzung würde zwei Klassen von Eltern schaffen: Bürger, die teilnehmen, und Nichtbürger, die gerade lohnarbeiten. Die psychische Belastung in den Klassenzimmern würde nicht abnehmen, sondern zunehmen. Völlig daneben greift auch die Forderung nach öffentlicher

Finanzierung der Bürgerinitiativen.[94] Man nehme nur das Beispiel Ostautobahn: Sowohl jene gegen als auch jene für den Ausbau der A 4 hätten hier unterstützt werden müssen. Oder sollen nur echte, gute und ökologisch verträgliche, von den Grünen genehmigte Bürgerinitiativen in den Genuß dieser Gelder kommen?

Auch die Rotation war 1990 noch in Spurenelementen vorhanden. Die österreichischen Grünen verlangten, daß die Mandatsausübung auf maximal zwei Perioden beschränkt werden soll.[95] *"Wir wissen heute schon, wann diese Forderung fallen wird, dann nämlich, wenn die ersten grünen Mandatare vor ihrer dritten Periode stehen",*[96] schrieb Franz Schandl 1990 in seiner Kritik am Parteiprogramm der Grünen. Dem ist auch so, wenngleich das nicht schwierig vorauszusagen war. Andreas Wabl ist seit Herbst 1994 die dritte Periode in ununterbrochener Reihenfolge Mitglied des österreichischen Nationalrats. Weitere werden folgen.

Nicht nur der Konjunktiv treibt sein fatales Spiel im grünen Programm, auch der Konditionalsatz darf auf gänzlich fremdem Terrain auftreten. Das liest sich dann so: *"Wenn es wahr ist, daß der Kapitalismus gesiegt hat - und dieser Befund ertönt nunmehr aus allen Ecken -, dann müssen wir diesen Sieg ernst und den Sieger selbst in die Pflicht nehmen."*[97] Unsere Programmschreiber fällen kein Urteil, sondern geben bloß zu bedenken. Sie sagen also nicht, daß der Kapitalismus gesiegt hat - auch wenn viele ihrer Ansichten diesen Schluß nahelegen -, sie sagen auch nichts über die Bedeutung des Sieges - ist es gar der Endsieg? -, beziehen keinen Standpunkt, sondern verweisen auf alle Ecken, deren Exponenten doch nicht so unrecht haben können. Nichts Genaues weiß man nicht. Nach vehementen Protesten in der Partei wurde dieser Satz schließlich zurückgenommen. Womit wir jetzt nicht einmal mehr wissen, ob der Kapitalismus laut grüner Spitze gewonnen hat oder nicht, sondern höchstens, daß es die grüne Basis nicht wahrhaben will. Auch an anderer Stelle wollte man nicht auf einen Konditionalsatz verzichten. Dort, wo es um eine so bescheidene Frage wie den Stellenwert der Lohnarbeit in der Gesellschaft geht, lesen wir: *"Wenn es wahr ist, daß heute Erwerbsarbeit das Zentrum gesellschaftlicher Beziehungen darstellt, so muß diese für alle und unter gleichen Bedingungen zugänglich sein."*[98] Was heißt das nun wieder? Ist der Konflikt Lohnarbeit versus Kapital zentral oder marginal? Gibt es gar einen Klassenkampf, und welche Rolle spielt er in der Gesellschaft? Wenn es wahr ist, daß es ihn gibt, dann hätte man ihn vielleicht berücksichtigen sollen. Wie ordnen die Grünen die Erwerbsarbeit ein? Wie soll der siegreiche Kapitalismus als Gesellschaftsformation, die sich ja gerade in der Differenzierung, sei sie international oder regional, geschlechtlich oder rassisch, ausdrückt, gleiche Bedingungen für alle schaffen? Ob da *"in die Pflicht nehmen"* reicht, darf bezweifelt werden.

Natürlich ist auch die herrschende Sozialpolitik für die Grünen ein *"Skandal"*.[99] Da wird nicht erklärt, warum welche Interessen sich mehr bzw. weniger durchsetzen können, warum jemand für oder gegen etwas eintritt. Oder gar noch weiter gehend, daß es einen Sozialstaat nur deswegen zu geben hat, weil es die soziale Gesellschaft unter kapitalistischen Bedingungen eben nicht gibt, d.h., daß die marktwirtschaftlichen Kriterien keinen sozialen Mechanismus besitzen. Da wird weniger beurteilt als verurteilt. Die Grünen ziehen spektakuläre Herangehensweisen analytischen Anstrengungen vor. Sie erklären im Blindflug ihre Vorstellungen zur eigentlichen gesellschaftlichen Norm, unterschieben der Allgemeinheit das grüne Verständnis der Welt und tadeln jede Abweichung. Alles, was ihnen paßt, nennen sie normal, alles, was ihnen nicht paßt, nennen sie Skandal. Interessant ist wiederum, was im Sozialprogramm der Grünen Alternative fehlt. Zur erwerbsunabhängigen Volkspension, zur Vereinheitlichung der Sozialversicherungsanstalten, zur Flexibilisierung der Arbeitszeit bzw. zur immer aktuellen Ladenschlußdebatte fällt ihnen gar nichts oder doch sehr wenig ein. Eindeutige Positionen sind der Grünen Sache nicht. Sie schützen sich davor mit Konditionalsätzen, Nullaussagen und Konjunktiven. Quer durch alle Programmabschnitte.

Gänzlich aus dem Rahmen fällt der in Thesen formulierte Gesundheitsteil. Grün will:

o *"Die Sicherung einer gesunden Umwelt*

o *Die Schaffung menschengerechter Arbeitsverhältnisse*

o *Die Verbesserung der Wohnsituation*

o *Die Verstärkung der Bemühungen zur Unfallverhütung, insbesondere im Straßenverkehr, aber auch in der Arbeitswelt*

o *Die Verbesserung der Gestaltungsmöglichkeiten im persönlichen Umfeld (....)."*[100]

Wir brechen hier die Aufzählung ab. Natürlich ist es nicht leicht, ein Programm ohne Nullaussagen zu fertigen. Eine derartige Aneinanderreihung ist uns aber bisher noch selten untergekommen. Eine *Nullaussage* ist übrigens eine Aussage, deren Gegenteil nicht vertretbar ist. *"Immerhin eine Phrase, gegen die, weil sie nichts sagt, auch nichts zu sagen wäre."*[101] Niemand kann etwa für die Schaffung einer krank machenden Umwelt, die Schaffung ausbeuterischer und ungerechter Arbeitsverhältnisse oder die Verschlechterung der Wohnsituation eintreten, um bei den obigen Beispielen zu bleiben. Vertretbar sind solche Aussagen nicht, machbar sind solche Zustände aber allemal, wie wir wissen. Von den drei Programmteilen ist der zur Sozial- und Gesundheitspolitik der dürftigste.

Doch die mediale Öffentlichkeit war mit der grünen Programmpräsentation zufrieden. In der "Wochenpresse" stand über das grüne Programm von 1990 zu lesen: *"Die einzelnen Forderungen in den drei Papieren sind relativ zahmer Art: Die Grünen sind kein Bürgerschreck mehr und - auch wenn Teile der ehemaligen Bewegung nichts davon wissen wollen - bereits auf dem besten Weg in eine kleine Koalition."*[102] Wenn man die heimischen Medien verfolgt, dann kommt man unweigerlich zu der Einschätzung, daß diese mit der Grünen Alternative und vor allem mit deren führenden Exponenten eigentlich mehr als zufrieden sind. Vorbei sind die Zeiten, wo man Grüne ins linke Eck drängen wollte oder ihnen Politikunfähigkeit vorwarf. *"Die Grünen beginnen dem Trotzalter zu entwachsen"*,[103] die mediale Aufzucht scheint zu gelingen. Die Grünen sind also groß geworden, so der Tenor der Erfolgsmeldungen in Presse und ORF. Man muß Anton Pelinka entschieden widersprechen, wenn er bei den Grünen *"mangelnden Relativismus"* oder gar *"Fundamentalismus"*[104] ausmacht. Wer die Geschichte der Grünen kennt, weiß - nicht erst nach Vorlage der Reformprogramme -, daß die Grünen so gut wie alle ihre Positionen relativiert, so gut wie alle ihre Radikalismen (nicht zu verwechseln mit irgendwelchen rabiaten Auftritten in Ausschüssen und vor der Kamera) abgelegt haben. Wenn Gerhard Bollardt in oben zitiertem "Wochenpresse"-Artikel unter dem Titel "Grüne Mutation" schon im Vorspann meint: *"Mit ihrem ersten Parteiprogramm verabschieden sich die heimischen Alternativen von ihrer Herkunft"*,[105] hat der Mann so unrecht nicht. Auch Voggenhuber grenzt sich deutlich nach links ab: *"Wenn uns verdeckter Sozialismus vorgeworfen wird, muß man doch sagen: Unsere Programme liegen auf dem Tisch, und dort wird man nichts von 'Vergesellschaftung der Produktionsmittel' und 'demokratischem Zentralismus' oder gar 'Revolution' finden."*[106]

Die Reformprogramme der Grünen bleiben so innerhalb des gesellschaftlich Erlaubten und Tolerierten. Sie konstatieren Mißstände, ohne deren Umstände zu benennen, sie suchen Schuldige anstatt Ursachen. Fehlverhalten wird aus seinen strukturellen Zusammenhängen gerissen, wird individualisiert und kriminalisiert. Die Autoren unterlassen es außerdem, zwischen einem Programm und einem Konzept zu unterscheiden. Legt erstes die abstrakte Ausrichtung auf Grundlage von prinzipiellen Werten fest, so liefert das zweite ein konkretes Angebot an die Gesellschaft, zeichnet eine Stoßrichtung vor und deutet Umsetzung an. Ein Programm wäre somit erkenntnisorientiert, ein Konzept umsetzungsorientiert. Da die Grünen ersteres kaum, zweiteres aber nachdrücklich sind, ist klar, was da auf der Strecke bleibt.

Es stimmt schon: Die Grünen geben heute oftmals die Themen vor. Sie selbst haben aber außer einigen Sachargumenten zur jeweiligen Problematik nichts vorzubringen. Sie scharren an den Oberflächen, sind blind für die Zusammenhänge und Tiefen der anstehenden Probleme. Ihre thematischen Vorgaben sind so keine programmatischen Vorhaben, sondern bloß Eingaben an die etablierte Politik. Wollen sie praktisch werden, dann müssen sie sich dahingehend normieren. Sehr plastisch läßt sich diese Normierung der Grünen anhand der Stellung zum Bundesheer nachzeichnen.[107] Der ursprüngliche Standpunkt war jener der Abschaffung: *"Für die Sicherheit der Menschen in unserem Land ist das Bundesheer überflüssig. Für das Gleichgewicht zwischen beiden militärischen Blöcken ist es eine vernachlässigbare Größe. Für die Demokratie ist es eine Bedrohung. Für die jungen Männer, die in ihm gebrochen werden sollen, ist es ein großer persönlicher Schaden. Und für das Budget ist es genau um die 18 Milliarden, die es Jahr für Jahr kostet, zuviel."*[108] Das Ende des Kalten Kriegs schien diesen Standpunkt vorerst noch zu bekräftigen: *"Die militärische Landesverteidigung ist am Ende. Keiner braucht sie, immer weniger wollen sie (....) ich stell mir vor, wir sind ganz einfach vernünftig und schaffen das Bundesheer ab"*,[109] schreibt Peter Pilz. Oder noch deutlicher Ende 1989 im Nationalratsplenum: *"Ich habe große Hoffnung und ich sehe sehr große Chancen, daß wir in Österreich eine Mehrheit der Vernunft zur Abschaffung des österreichischen Bundesheeres finden werden."*[110] Mit den Ereignissen im Irak[111] bzw. dem Ausbrechen des jugoslawischen Bürgerkriegs[112] krachten bei den Grünen letztendlich auch der Pazifismus und der Antimilitarismus zusammen. Viel Substanz kann also in diesen Positionen nicht gesteckt haben, wenn sie bei der ersten Erschütterung schon das Zeitliche segnen. Auch hier haben die Grünen sich in den demokratischen Konsens eingefunden.

Die Grünen präsentieren sich auch programmatisch als ökologische und sozialliberale Reformpartei, als Avantgarde der fälligen ökologischen Modernisierung und nicht als Alternative zu diesem neuen kapitalistischen Innovationsschub, wie Rudolf Burger schon treffend bemerkte.[113] Die Grünen sind zur vierten etablierten Partei geworden. Unumkehrbar. Der Parteibildungsprozeß ist - trotz Gegenkandidaturen der VGÖ - abgeschlossen. Die Grünen sind gezähmt und zu einem bedeutenden Faktor der gesellschaftlichen Integration sozialer Bewegungen geworden. Wer sollte denen sonst Glaubwürdigkeit in die und in der Politik vermitteln, wenn nicht die Grünen? Die Grünen sind eine systemimmanente Kraft, deren Aufgabe nicht der gesellschaftliche Fortschritt, sondern die ökologische Modernisierung ist. Daher betreiben sie Politik: *"Nur unter dem Primat der Politik kann von einer ökologischen Modernisierung innerhalb des kapitalistischen Systems gesprochen werden."*[114] Auf letzteres wollen sie hinaus. Denn das steht kurzfristig an.

6. MEDIEN UND GRÜNE

Befragt über das Verhältnis zwischen Grünen und Medien, geben die Exponenten der Ökopartei illusionslos Auskunft: "*Ja gut, wir sind groß geworden als von Medien gemachte Partei und von Medien unterstützte Partei. Und da wir keinen Apparat haben, waren und sind wir auf sie angewiesen. Also, wenn du uns alle Medien wegnimmst (...), dann bleibt Dir nicht sehr viel über, sage ich jetzt einmal. In der öffentlichen Wirksamkeit.*"[1] So etwa die diesbezügliche Antwort des grünen Wiener Stadtrats Christoph Chorherr. Und auch der ehemalige Bundesgeschäftsführer der Grünen Alternative, Franz Floss, bekannte: "*Also, eines der wesentlichen politischen Ausdrucksmittel der Grünen sind die Medien. Was haben sie denn sonst? Sie haben keine eigene große politische Zeitung, sie haben nicht die Kultur der großen Flugblätter und der großen Plakate überall. Das heißt, politischer Transport von Inhalten geschieht über die Medien. Und in der Hinsicht sind die Grünen eine Medienpartei und in der Hinsicht sind sie den Medien unterworfen auch, diesen Medienspielregeln. Das heißt, sie leiden unter den Medien, zum Teil werden gewisse Personen bevorzugt, zum Teil aber nicht. Trotzdem ist es nicht so, daß die Medien jetzt die Politik machen oder die grüne Partei machen. Nur, die Partei ist von den Medien abhängig.*"[2]

Die Medien, seien es Rundfunk, TV oder die große Zeitungspresse, erscheinen im grünen Politikverständnis zusehends als unhinterfragte Voraussetzung politischen Handelns, sie sind hier das notwendige Fluidum, wie den Fischen das Wasser und uns die Luft zum Atmen. Das Betreiben grüner Politik zentriert sich dementsprechend um die Kunst, den rechten Umgang mit diesen Vermittlungsinstanzen zu pflegen, Brücken zu gewissen Zeitungen, TV- und Rundfunkprogrammen, wohlgesonnenen Journalisten zu schlagen, über die entsprechende Kontaktpflege grüne Themen zu propagieren oder - nicht zuletzt - die eigene grüne Karriere abzusichern bzw. zu entwickeln.[3] Wie schrieb einmal der den Grünen zugeordnete Parlamentsangestellte Erich Auer: "*Ein gutgesinnter ORF ist für uns ein halbes Leben.*"[4]

Andere Formen politischer Vermittlung als die massenmediale konnten sich bei den Grünen nie etablieren und führen so ein vollkommen untergeordnetes Dasein. Das ist aber nicht nur den subjektiven Defiziten der Partei zuzuschreiben, sondern auch den objektiven Gegebenheiten zuzuschreiben. Politische Straßenagitation beispielsweise, die ja bei den Parteien der Ersten und der frühen Zweiten Republik und zuletzt noch bei den neuen sozialen Bewegungen einen zentralen Stellenwert eingenommen hatte, hat sich im parteipolitischen Ableger dieser Bewegungen kaum oberhalb der Wahrnehmungsgrenze bewegt. Die linksalternative Separatkandidatur zu den Nationalratswahlen 1986 ("Die Grünalternativen - Demokratische Liste") etwa erlebte mit ihrem auf derartiger Agitation aufbauenden Wahlkampf ein Waterloo, das diesen Modus des politischen Vermittlungsversuchs für alle Zukunft hoffnungslos antiquiert erscheinen ließ. Auch die Kampagnefähigkeit der grünen

Parlamentspartei erwies sich wiederholt als nicht ausreichend für diese unmittelbare Form der politischen Artikulation. Die Partei selbst entbehrte einfach der Substanz, welche nötig gewesen wäre, um über eine bloß kurzfristige und bescheidene Mobilisierung hinauszukommen. Die mit großen Anlaufschwierigkeiten verbundenen Anti-EU-Kampagnen der Grünen etwa, die immerhin zu ihren zentralen politischen Projekten in den frühen neunziger Jahren zählten, haben dies schlagend bewiesen.

Andererseits haben es die Grünen nicht zuwege gebracht, sich ein zentrales parteieigenes Medium zu schaffen, das Chancen gehabt hätte, über den eigenen Funktionärs- und Klientelbereich hinaus auszustrahlen. Die Parteizeitung "Impuls" (vormals "Impuls Grün") konnte trotz mehrerer Reformen diesem Anspruch nie gerecht werden. Sie wurde Ende 1994 eingestellt. Es besteht eben in der Öffentlichkeit kein Bedarf nach authentischer Vermittlung grüner Vorstellungen, zumal dies in den etablierten Presse- und Medienprodukten ohnehin in gewisser Hinsicht geschieht. Was eine empirisch-analytische Untersuchung zutage förderte, ist symptomatisch, braucht aber nicht zu überraschen: *"Grüne und Journalisten haben denselben Sprachgebrauch."*[5] Öffentlichkeitsarbeit bei den Grünen bedeutet primär nichts anderes, als in die Massenmedien zu kommen.[6] *"Daß politischer Erfolg in der Mediengesellschaft immer stärker von öffentlicher Imageproduktion und dem Bild bestimmt wird, das von einer Partei über die Medien verbreitet wird, kann als gesichert unterstellt werden."*[7]

Die Orientierung der Politik auf den Rhythmus der Nachrichtensendungen und Presseperiodika ist bei den Grünen von allen Parteien am stärksten entwickelt. Die Grünen sind in jeder Hinsicht die medienabhängigste aller Parteien. Es scheint gar nicht überspitzt, von einer regelrechten Medien(ge)hörigkeit der Grünen zu sprechen, die so in mancherlei Hinsicht als der direkte politische Arm der bürgerlichen Medien erscheinen. An den Grünen lassen sich daher die politischen Einflußnahmen seitens und über die Massenmedien besonders augenfällig studieren. Die Grünen gehen den Themen nach, die die Medien inhaltlich bestimmen: *"Es steht fest, daß die grüne Medienpolitik und die mediale Grünpolitik sich nicht konkurrenzieren, sondern kongruenzieren."*[8] Was Joachim Raschke für die Bundesrepublik sagt, auch hinsichtlich der politischen Gewichtung der Medien, gilt uneingeschränkt für Österreich: *"Gerade in dieser Situation konnte es sich zwar innerparteilich nur nachteilig auswirken, daß wesentlich mehr über die Medien als gegen die Medien gestritten wurde. Aber ein entschiedener medienpolitischer Kampf der Grünen gegen die etablierten Medien wäre vermutlich höchst nachteilig für die weiteren Chancen der Grünen als politische Kraft in der Gesellschaft gewesen. Vor dem Hintergrund dieses grundsätzlichen Dilemmas ist die Politikabstinenz im Bereich der Medienpolitik verständlich. (....) Die medienpolitische Abstinenz muß als Zeichen gewertet werden, daß auch bei den Grünen wie bei den anderen Parteien hinsichtlich der Medien keine Neigung zu 'politischem Selbstmord' besteht. Man schätzt offensichtlich die Medien realitätsgerecht als so mächtig ein, daß eine entschiedene Medienpolitik, etwa der aktive Einsatz für die Entwicklung eines 'Medien-Umbauprogramms' eine ebenso entschiedene Gegnerschaft der Medienunternehmen und eine Erhöhung von Medienbarrieren für grüne Politik zur Folge hätte."*[9] Kurzum: *"Für die Grünen wurde nach ihrem Einzug in den Bundestag denn auch nach kurzer Zeit fast ausschließlich die 'veröffentlichte Meinung' der Massenmedien zur relevanten Öffentlichkeit."*[10] Grüne und Medien sind kongruent, weil die vierte Kraft zu einem erheblichen Teil über die durch sie eingegebenen und vorgegebenen Äußerungsformen die relevanten Ausformungen der vierten Partei mitrealisiert hat. Die Gründe für diese eigenartige Symbiose sind vielschichtig. Unter anderem haben sie mit einer gestiegenen politischen Bedeutung des Medienapparats selbst zu tun.

Diese Medien(ge)hörigkeit findet in grünen Exponenten durchaus ihre subjektive politische Umsetzung und Entsprechung. Als Prototyp eines medial dimensionierten Politikers muß der ehemalige Parteisprecher der Grünen Alternative, Peter Pilz, gelten. Was vordergründig als ein gelungenes Spiel auf der Medienklaviatur erscheint, ist umgekehrt gerade als mediale Figurierung des politischen Exponenten zu dechiffrieren. Nicht zufällig ergeht sich Pilz daher geradezu in Lobeshymnen, wenn es um seine medialen Bekannten oder journalistischen Freunde geht. Die modischen Monaden des neuen Verwertungsschubs erscheinen für Pilz und seine Freunde gar als positiv gesetzte Avantgarde des gesellschaftlichen Wandels.[11] Nach dem Motto "Politiker böse, Journalisten gut" gibt er im Nationalrat folgendes zum besten: *"Ich bin wahrlich dankbar, daß es nicht nur Leute wie Sie gibt, sondern auch noch Magazine wie 'Basta' und ähnliche, denen Sie noch nicht Ihre Vorschreibungen machen können, die Sie noch nicht unter Kontrolle haben. Das sind noch kleine Lichtblicke in diesem Österreich: daß es einen engagierten Journalismus gibt, der noch nicht völlig unter den Fesseln der Parteien, der Großparteien ist (....)."*[12] Ja, Pilz geht sogar in seiner Verallgemeinerung der Aufgabe der Medien noch ein großes Stück weiter, wenn er bezüglich des Aufdeckens meint: *"Dazu brauchen wir in Österreich Journalisten, das bringt unsere Polizei nicht zusammen, das bringt auch die Staatsanwaltschaft nicht zusammen."*[13] Unbewußt hat Pilz hier die Rolle des investigierenden Journalismus offengelegt: Polizei und Staatsanwaltschaft haben sie zu substituieren. Pilz fordert nichts anderes als die Medienjustiz. Und da diese sich immer deutlicher abzeichnet, ist das eine sehr modische und anschlußfähige Forderung.

Völlig unkritisch sieht Pilz daher auch die Verschiebungen im Kräfteverhältnis zwischen Politik und Medien: *"Im Gegensatz zur alten Medienlandschaft in Österreich, wo man eigentlich bei jedem Journalisten gewußt hat, ob er ein roter oder ein schwarzer Journalist ist, und wo dieses Land auch medienpolitisch haarscharf in zwei Lager geteilt war, gibt es seit ungefähr 15 Jahren einen Aufbruch in der Medienlandschaft. Mit dem Zerbröseln der traditionellen politischen Lager ist auch so etwas wie eine neue Freiheit in viele der wichtigen Zeitungen und Medienunternehmen - eigentlich in fast alle - eingekehrt. Es gibt immer mehr kritische Journali-*

sten, die sich nicht vorschreiben lassen, was ihre Eigentümer denken und schreiben lassen wollen. Es gibt so etwas wie Medienfreiheit, und es haben sich Journalisten in diesem Land sehr viel erkämpft."[14] Hier handelt es sich um eine typisch zeitgeistige Fetischisierung des freien Journalismus.[15] Was sich in den letzten Jahren geändert hat, ist, daß eine unmittelbare Anbindung gegen eine andere ausgetauscht wurde, nach den parteipolitischen Standardisierungen (Plural!) eine liberalistische Standardisierung (Singular!) deren Platz eingenommen hat. Wo "unabhängig" draufsteht, steht Liberales[16] drin. Das ist auch Folge des Relevanzverlustes der Parteien in der Gesellschaft, Folge von Umgruppierungen in der ökonomischen Basis und deren ideologischem und politischem Überbau. Der Stellenwert der Medien, von denen es ja zwischenzeitlich nur noch "unabhängige" gibt, d.h. solche, die nicht außerhalb des großen Kapitals anzusiedeln sind, hat auf der Erscheinungsebene zugenommen. Die mediale Kritik an den Parteien wird von Pilz wohl gar als Gesellschaftskritik mißverstanden, obwohl sie nichts anderes ist als eine Kritik institutionalisierter Apparate des Überbaus an anderen Apparaten desselben. Kritik erhält hier eine fatale Schlagseite, weil sie den Medien die Rolle des kritischen und objektiven Schiedsrichters zugesteht, sie zur moralischen und politischen Instanz par excellence macht. Ähnlich dem guten alten Obrigkeitsstaat werden sie heute zum ideellen Gesamtmoralisten, der die Gesellschaft am Gängelband führt. Der Unterschied liegt in der Ausformung hauptsächlich darin, daß die Medien ihre Standardisierung, die ideologische und politische Formatierung der Bevölkerung, ganz ohne Zwangsmaßnahmen und Drangsalierungen durchsetzen können, das Vermittelte somit den Konsumenten nicht oktroyiert erscheint.

Peter Pilz definiert Freiheit inzwischen ebenfalls über den Markt. Ganz planwirtschaftlich gilt es, den freien Markt für Pilz über die Politik durchzusetzen. Dort, wo Adam Smiths "invisible hand" versagt, soll die "helping hand" des Vaters Staat nachhelfen. Im Nationalratsplenum hört sich das so an: *"Wir sind diejenigen - und es gibt niemanden außer uns -, welche die Voraussetzungen schaffen müssen, daß es Marktprinzipien im Medienbereich gibt, daß es einen freien, offenen Markt gibt."*[17] Wann immer der Markt sich in Monopolen verwirklicht hat, rufen die Ritter des wahren Marktes dazu auf, das freie Spiel von Angebot und Nachfrage per Dekret wiederherzustellen, obwohl doch gerade diese Ausgangsbasis jene Folgen geschaffen hat. Es stellt sich außerdem die Frage, ob mehr Zeitungen und Zeitschriften wirklich eine größere Vielfalt bringen, sie etwas anderes sind als die Vervielfältigung der Einfalt unter verschiedenen Bezeichnungen. Was in den letzten Jahren etwa auf dem zeitgeistigen Markt auf uns zugekommen ist, legt diese Vermutung jedenfalls nahe.

Auch Pilz' diesbezüglicher Angriff auf den ÖVP-Abgeordneten Helbich, dieser solle seine Mehrheit bei der Kurier AG verkaufen, da er sich persönlich disqualifiziert habe,[18] geht daher in die Irre. Zur Erinnerung: Der ÖVP-Abgeordnete Helbich versuchte vor mehr als einem Jahrzehnt, einem Journalisten für wohlmeinende Berichterstattung 100.000 Schilling zuzustecken. Dieser ließ ihn jedoch auffliegen, sodaß Helbich seine parlamentarische Karriere für einige Jahre unterbrechen mußte. Die Frage, die man sich abseits dieses moralischen Impetus heute stellen muß, ist jene: Was ist an einer solchen Vorgangsweise, am Einkauf eines Journalisten, verwerflich, folgt man den Gesetzen und der Logik der Marktwirtschaft? Nichts, würden wir meinen. Es ist doch eigentlich obligat, jemandem Geld für eine bestimmte Leistung - sei es auch bloß eine Haltung oder gar eine Unterlassung - anzubieten und zu zahlen. Wo alles Ware wird, hat alles seinen Tauschwert in Form des Preises. Insofern kann der Kapitalismus keinen Unterschied machen zwischen Artikeln, die in Zeitschriften erscheinen, und Artikeln, die in Lebensmittelregalen stehen. Der Wert ist blind gegenüber dem stofflichen Unterschied. Nach den Prinzipien der Warenwirtschaft ist der Verkauf und Kauf des einen nicht "unmoralischer" als des anderen, wenngleich der gesunde Menschenverstand es anders empfindet. Letzterer gibt damit übrigens nichts anderes zu, als daß er nicht weiß, auf welcher Basis er steht und aufbaut, sodaß er nichtkapitalistische Bruchstücke seiner Konstitution gegenüber seiner Grundlage durch ideologische Verzerrung überhöht. Der ökonomische Erfolg von Personen wie Helbich ist gerade darauf zurückzuführen, daß er - unabhängig davon, ob er die gesellschaftliche Logik in ihrer Substanz begriffen hat oder nicht - dieser doch instinktiv folgt, ja sie zu seiner zweiten Natur, seiner Kultur geworden ist. Kein Wunder, daß jene Charaktermasken am erfolgreichsten sind, die alle humanistischen und moralischen Gedanken und Bedenken skrupellos über Bord geworfen haben. Erfolg stellt sich für diese Leute umso eher ein, je besser sie den gesellschaftlichen Gesetzen folgen. Die deutsche Sprache drückt es in ihren Begriffen ganz konträr zu landläufigen Vorurteilen sehr schön aus - Erfolg meint: er folgt!

Pilz mag also Helbich für disqualifiziert halten. Die Qualifikation des Herrn Helbich liegt ja sowieso auf einer anderen, tieferen Ebene als die Einwände des Peter Pilz. Im Zentrum der Kritik können nicht die Charaktermasken stehen, an denen das System sich zugespitzt verwirklicht. Hier mit Begriffen wie Ehre und Anstand zu operieren verfehlt den Gegenstand. Vilfredo Pareto, der große rechte Soziologe, schrieb dazu: *"Zuweilen ist der Kaufmann, der Konkurs macht, ehrenvoller als der, der es zu Reichtum bringt. Ähnlich ist es häufig bei den Politikern so, daß die Erwischten zu den weniger Schuldigen gehören. Es kann sie bloß Mißgeschick getroffen oder sie können es nur an Talent, Energie, Beherztheit zu der Schlechtigkeit, die sie hätte retten können, haben fehlen lassen."*[19] Vielmehr müßte man also zeigen, warum jene idealistischen Begriffe völlig obsolet werden, nur noch in Randbereichen dürftige Entfaltung finden können. Sie gegen die Realität anzuführen mag heute vielfach einleuchtend sein, zeugt aber von Hilflosigkeit. Und noch etwas: Die Kräfte, die ein Pilz beschwört, die wendet ein Helbich nur konsequent an.

Summierend muß heute davon ausgegangen werden, daß die externe mediale Intervention ihre internen Agenten in Personen wie Pilz, Chorherr oder Langthaler gefunden hat, diese als Transmissionsriemen gelten können. Sie verfolgen wahrlich ihre Partei als mediale Kronzeugen. Der Organisationscharakter der Grünen selbst erleichtert es, als externer Faktor in ihre Politik zu intervenieren. Zum Teil wird diese Interventionsmöglichkeit, etwa in Form der "offenen Versammlungen" mit Kompetenz zu Beschlußfassung in sämtlichen Parteiangelegenheiten, von den Grünen selbst forciert und affirmiert. In ihrer Parteistruktur lassen die Grünen wenig eigene Stabilität erkennen. Sie sind keine Mitgliederpartei, die Organisationsdichte ist die geringste innerhalb der gesamten Parteienlandschaft, die finanzielle Abhängigkeit vom Staat umgekehrt die größte. Die Grünen leiden nicht darunter, daß ihre Patronagemöglichkeiten zu eng begrenzt wären, ihr Problem ist vielmehr fast schon ein Überschuß an freien Stellen etwa in den Kommunalvertretungen. Mitgliedschaft und (wenigstens zeitweise) Ausübung einer Parteifunktion sind bei den Grünen nahezu ident. All dies sind Faktoren, die nahelegen, daß die österreichischen Grünen gewisser Stützen von außen bedürfen, um gesellschaftlichen Halt zu bekommen. Konkret bedeutet das etwa auch, daß die grünen Kandidaten fast ausschließlich medial gemacht werden. Die grüne Basis wird so degradiert zum Erfüllungsgehilfen vorgegebener Wünsche. Diese Präparierung der Kandidaten verlangt sowohl einen vorauseilenden als auch einen hinterherhechelnden Gehorsam, ja noch weiter gehend: die permanente Selbstdemütigung des Basisaktivismus.[20] Nicht: 'Was denkt oder was tut der Kandidat?' ist gefragt, sondern: 'Wie kommt er an?' Dementsprechend gilt es, ihn oder sie auszustopfen und aufzumachen. Die Form frißt den Inhalt. Schon Monate vorher werden die Namen der in Frage kommenden Personen kolportiert, werden die Listen der medienkompatiblen Promis publiziert. Es wäre unvorstellbar, würden die Favoriten der Medien mehrheitlich durchfallen. Das Ende des grünen Projekts wäre nahe. Man denke hier nur an das entwürdigende und erniedrigende Gezeter im Blätterwald, als der mediale Wunschkandidat Christoph Chorherr gegen Schani Margulies um den vierten Platz auf der Liste zur Wiener Gemeinderatswahl 1991 unterlag. Das mediale Trommelfeuer, das der Schon-lange-nicht-mehr-Kommunist Margulies über sich ergehen lassen mußte, zwang ihn schließlich, sich auf einen aussichtslosen Vorzugsstimmenwahlkampf gegen Chorherr einzulassen. Nur das gute Abschneiden der Grünen Alternative bei der Gemeinderatswahl machte den programmierten Sieg Chorherrs dahingehend obsolet, daß beide ihr Mandat erhielten.[21]

Geschichtlich besehen ist die symbiotische Kongruenz von Grünen und Medien Folge des spezifischen Formierungs- und Parteiwerdungsprozesses in den siebziger und achtziger Jahren. Die Grünen sind eine neue politische Kraft, deren Formierungsprozeß in eine Zeit fiel, wo auch die Medien bereits die ökologische Melodie spielten. Die Grünen und Alternativen konnten dem Medienkomplex daher nicht als schon gefestigter Apparat entgegentreten, sondern lagen mehr oder weniger offen vor diesem. Es darf nicht vergessen werden, daß die Erfolge vieler sogenannter Bürgerinitiativen der siebziger Jahre im ökologischen Bereich nur mit vehementer Medienunterstützung möglich gewesen waren. Von Anfang an herrschte daher zwischen Medien und Ökologiebewegung Themenkonkurrenz, die in ihrer symbiotischen

Auflösung hin zur Themenkongruenz drängte. Die Bedeutung des Ökologiethemas für die Medien lag nämlich auch darin, generell eine Einflußschneise in das Parteiensystem zu schlagen, jenes als ihr ureigenstes Thema zu entwickeln, das die politischen Parteien mit Ausnahme der Grünen eben nicht zu besetzen vermochten oder dies auch gar nicht wollten. Die Spur ökologischer Erfolge in Österreich kann nicht zuletzt als Fährte der Zeitungspresse entziffert werden. Von der Verhinderung der Verbauung des Wiener Sternwarteparks anno 1973 (die Causa sollte den damaligen sozialdemokratischen Wiener Bürgermeister Felix Slavik den Kopf kosten) über den Erfolg der Zwentendorf-Bewegung bis hin zur Hainburger Aubesetzung - immer spielte die Presse in diesen "ökologischen Sternstunden" die erste Geige.

Zuletzt weist der Journalist als Berufsstand eine besondere Affinität zu grünen Themen auf, die einer eingehenderen Betrachtung wert scheint. Der Journalist steht unter einem besonderen Druck zur positiven Affirmation, weil es seine Aufgabe ist, als Schnittstelle sozialer Kommunikation jene herrschenden abstrakten Werte zu vermitteln, mit denen sich ein gegebenes Gesellschaftssystem ideologisch zu legitimieren trachtet. Die Propagierung von Werten wie Demokratie, Freiheit, Marktwirtschaft, die je nach Konjunkturlage mit ethischen und moralischen Standards wie Leistung, Eigeninitiative, Humanität, Sachlichkeit, sozialer Absicherung etc. angereichert werden, schwingt daher bei jedem Thema mit, über das ein Journalist zu informieren hat. Wie sagt doch der unvergleichlich nüchterne Systemanalytiker Niklas Luhmann: *"Themen diskriminieren die Beiträge und damit auch die Beiträger."*[22]

Als Generalist, der in vielen Gebieten der Tagesaktualität beheimatet sein muß, ist der Journalist — und das verbindet ihn mit dem Politiker — der durchgängige Internalisierer. Wie dieser muß er über vergegenständlichte gesellschaftliche Fragen sprechen, in denen er nicht sattelfest ist.[23] Er kann nicht gegen seine Überzeugung schreiben, und weil er über vieles schreiben können muß, muß er von allem irgendwie überzeugt sein. Im Zeitalter der Spezialisierung ist der Journalist ein Prototyp des halb- oder gar viertelgebildeten Kosmopoliten. Er muß von allem etwas wissen, kann aber genau deswegen auch wenig begreifen. Als Mittler abstrakter Werte braucht er dies auch gar nicht, weil er ohnehin immer nur der Idealität den Vorzug vor ihrer schlechten Anreicherung in der Realität geben muß. Als Minimalist muß er überdies noch jedes übergreifende, komplexe Thema in linearer Tagesaktualität auflösen können. Freilich kann er dabei fortwährend erkennen, daß das Affirmierte der postulierten abstrakten Werte-Idealität nie und nimmer gerecht wird, daß die Komplexität des Vermittelten nie in diesem spezifischen Modus linearer Vermittlung aufgehen kann. Laufend muß der Journalist Zusammenhänge für das sinnliche Alltagsbewußtsein aufbereiten, Komplexitäten nivellieren, Zusammenhänge in Fakten zerstückeln. Diskrepanzen innerhalb dieses Universums seiner eigenen Affirmation kann er daher nie grundsätzlich auflösen, er ist dabei immer an "Systemgrenzen" verwiesen, wobei seine "äußere Systemkritik" ebenfalls zwangsläufig mit seinem affirmierten inneren Wertehimmel infiziert sein muß. Die "Systemstruktur" einer als feindlich erkannten Umwelt kann und muß er in ihrer Totalität als die allgemeine Wurzel des manifesten Übels bloßlegen — als Beispiele der jüngsten Geschichte drängen sich der Reale Sozialismus oder der islamische Fundamentalismus auf, für deren schlechte Wirklichkeit Ideologien als solche einzustehen haben.

An der Systemgrenze freilich hat der Umschlag von der Kritik des Totalitarismus zum Partikularismus der Kritik wieder stattzufinden. Die systemimmanente Auflösung interner Diskrepanzen hat noch dazu nach einem Modus zu geschehen, der über die Notwendigkeit tagesaktueller Informationssequenzen vermittelt werden kann. Dies erklärt den Drang journalistischen Ausdrucks hin zu Skandalisierung und Personalisierung. Beide Modi entsprechen dem so geformten Bedürfnis nach Reduktion der Komplexität gesellschaftlicher Verhältnisse aufs idealste. "*Eine empirische Erhebung von Skandalgeschichten*", schreibt der Systemtheoretiker Luhmann, "*würde vermutlich leicht feststellen können, daß ökologische Interessen auch in dieser Form zunehmen, also skandalfähig geworden sind — sei es, daß die Gesamtmenge der Skandale dadurch zunimmt, sei es, daß die Verteilung innerhalb dieser Menge sich verschiebt — etwa von Moral zu Ökologie. Die Moralisierung ökologischer Themen mag dann nicht zuletzt die Funktion haben, sie mit Skandalfähigkeit auszustatten.*"[24] Gerade hier mußten auch die Grünen ansetzen. Ihre größten politischen "Erfolge" konnten sie mit Skandalthemen erringen, etwa im "Fall Lucona", der die Grünen - korrekter noch: ihren neuen Star Peter Pilz - 1988 nach einer Phase gezielten medialen Totschweigens wieder ins Rampenlicht der Öffentlichkeit katapultierte.[25] Die Grünen verfügen auch über gar keine anderen Möglichkeiten, sich jenseits von Skandalisierung und Personalisierung merkbare Öffentlichkeit zu verschaffen. Sie sind kein Machtfaktor, der an der gesellschaftlichen Oberfläche ein abgezirkeltes Territorium in Beschlag genommen hätte. In ihrem Reagieren auf das von den Medien forcierte ökologische Skandalisierungspotential sind sie die abhängige Variable.

Personalisierung meint die Idealisierung und Privatisierung der Person hin zu einer allgemein anzuerkennenden Besonderheit, kurz Persönlichkeit genannt. Sie ist nichts anderes als die Ausformung marktwirtschaftlichen Denkens betreffend das Individuum, wodurch einige erhöht und viele erniedrigt werden sollen. Das *"basisdemokratische Unbehagen"*[26] gegenüber den Promis wird daher in den Medien ganz einfach abgekanzelt, indem man dieser Haltung niedrige Beweggründe unterstellt. Der ehemalige AZ-Chefredakteur Peter Pelinka etwa schreibt: *"Das ist eine - nicht nur bei den Grünen feststellbare - Aversion gegen alle, die bei den Medien gut 'ankommen', eine Aversion gegen Profitum und Kompetenz. So berechtigt die Abneigung gegen Sesselkleber und Multifunktionäre auch ist, so unsinnig ist die generelle Abneigung gegen 'Stars' und 'Quereinsteiger', gegen die Personalisierung der Politik."*[27] Rekapitulieren wir: Profitum und Kompetenz sind also jene Größen, die bei den Medien gut ankommen; somit auch gut wegkommen. Die Medien werden hier ganz offensichtlich zur Instanz, die entscheidet, wer als etwas zu gelten hat und wer nicht. Profiliert sein heißt für manche Grüne dann, im "Profil" erwähnt zu werden. Prominenz ist gleich Kompetenz ist gleich Medienpräsenz, so die griffige Formel. Eine schwammigere Definition mag es kaum noch geben. Nur wer in den Gazetten und auf den Bildschirmen erscheint, hat als etwas zu erscheinen. Warum jemand in den Medien ankommt und warum nicht, da wollen all die liberalisierten Kommentatoren keine politische Begründung mehr geben, sondern sprechen von Güte und Qualität, von Kompetenz und Profitum, die z.B. bei den Grünen selbstverständlich immer bei der aktuell moderatesten realpolitischen Tendenz anzutreffen sind.

Als Prominente können im Normalfall Menschen gelten, deren Kenntnis einem gesellschaftlich aufgezwungen wird, ohne daß sie einem wirklich bekannt sind. Von deren Existenz und Wirken erfahren wir nicht durch freie Wahl, sondern durch medial vorselektierte Entscheidungen. Prominent ist, wer dem Bürger bekannt zu sein erlaubt ist; oder umgekehrt: Prominent ist, wen der Bürger gehorsamst zu kennen hat. Kurzum: Er kennt sie, ohne sie zu kennen. Tatsächliche Kenntnis und wirkliche Unkenntnis gehören dabei zusammen. Man sollte sich nicht einbilden, daß die Anonymität verlorengeht, nur weil man eine Person aus den Medien zu kennen glaubt. Der Prominente ist sozusagen der mediale Scheinbekannte. Schon Hegel wußte: *"Das Bekannte überhaupt ist darum, weil es **bekannt** ist, nicht **erkannt**. Es ist die gewöhnlichste Selbsttäuschung wie Täuschung anderer, beim Erkennen etwas als bekannt vorauszusetzen und es sich ebenso gefallen zu lassen; mit allem Hin- und Herreden kommt solches Wissen, ohne zu wissen wie ihm geschieht, nicht von der Stelle."*[28]

An der grünen Basis ist man verärgert, weil die Aktivisten andauernd der Diskrepanz von innerer Verbindlichkeit und äußerer Wirkung ausgesetzt sind. Bei ersterer können sie mitbestimmen, bei zweiterer sind sie völlig wehrlos ihren Führern, oder besser: ihren bei den Medien anerkannten Führern ausgeliefert. Jedes kumpelhafte Geplauder zwischen einem Grünpromi und einem Journalisten hat eindeutig mehr Gewicht als die mühsame Erarbeitung von Programmen, Beschlüssen oder Vorhaben. Gerade die maßlose Brechung andersgearteter Basisanliegen durch die Sonderinteressen der medial abgesicherten Grünpromis wird immer wieder zu handfesten Konflikten mit der eigenen Parteibasis führen. Aber auch die grünen Parteispitzen streiten ob ihres Verhältnisses zu den Medien. Immer wieder gibt es Debatten darüber, wer was in der Öffentlichkeit sagen darf und wer was nicht. Die medialen Inszenierungen der Grünen führen dann immer wieder zu Konflikten in Klub und Partei. In den Protokollen liest sich das dann so: *"Madeleine Petrovic: Es ist sehr peinlich, wenn man aus der Presse erfährt, was der Klubobmann zu welchen Themen gesagt hat. Johannes Voggenhuber: Dies ist meine persönliche Meinung. Franz Renkin: Bei Pressekonferenzen gibt es keine Privatmeinung; wenn eine Meinung außerhalb des Programms liegt, dann muß Rücksprache gehalten werden. (....) Sepp Brugger ist absolut dagegen, daß die Debatte über die Medien geführt wird; es kommt nur Widersprüchliches heraus."*[29]

Die generelle Tendenz hin zu einer stärkeren Personalisierung ist aber auch bei den Grünen nicht aufzuhalten: *"Allgemein ist eine starke Personalisierung der Politik zu beobachten, während in der grünen Basis gegensätzliche Tendenzen herrschen"*,[30] beklagt ein grüner Realist wie Pius Strobl diese Situation. Ein grüner Realissimo wie Stefan Schennach vermag Einwände gegen die Personalisierung nur noch so zu kommentieren: *"Die Grünen sind keine moderne 90er-Jahre Partei. SPÖ und FPÖ haben die Modernität geschafft, das Gesamterscheinungsbild der Grünen ist nicht zeitgemäß. In den 90er Jahren wird keine Partei gewählt, deren Leute man nicht kennt, das zum Thema 'Kopfplakate'. Die Funktionärskaste hat mit den Wählerschichten nichts mehr zu tun, die Grünen sind auf dem Weg zum Auslaufmodell (....)."*[31] Was die Medien nicht vorgeben, ist ihm nicht einmal mehr einen Gedanken wert. Tatsächlich sieht die grüne Zukunft so aus, wie Hubert Kleinert sie für die BRD beschreibt: *"Für künftige Bundestagswahlen wird inzwischen an Spitzenkandidaten gedacht, die öffentlich auch entsprechend herausgestellt werden sollen. Der Landesverband Hessen hat im Landtagswahlkampf 1991 sogar erstmals großflächig mit Personenplakaten geworben."*[32]

Die Forderung nach den sogenannten Persönlichkeiten stellt ab auf das abstrakte Individuum. Gehuldigt wird einem abstrakten Individualismus, der die Person in Form der Persönlichkeit zum Fetisch erhebt. Nicht der konkrete Mensch in seiner Vielzahl ist Ursprung und Ziel dieser Überlegungen, sondern seine idealistische Überhöhung. Theodor W. Adorno schreibt über die Tücken des Personalismus: *"Person, als Absolutes, negiert die Allgemeinheit, die aus ihr herausgelesen werden soll, und schafft der Willkür ihren fadenscheinigen Rechtstitel. Ihr Charisma ist erborgt von der Unwiderstehlichkeit des Allgemeinen, während sie, irre geworden an dessen Legitimität, in der Not des Gedankens sich auf sich zurückzieht."*[33] Die potentielle Stärke des Ichs negiert sich in der Personalisierung durch ihre Außer-sich-Setzung in einem Anderen. Das Gespür für die Unmöglichkeit der eigenen Selbstverwirklichung korrespondiert nicht mit einer Negation der Verhältnisse, sondern mit der Positivsetzung dieses Wunsches durch Transponierung auf andere Personen. *"Persönlichkeit ist die Karikatur der Freiheit"*,[34] sagt Adorno. Ganz apodiktisch stellt er fest: *"Die Menschen, keiner ausgenommen, sind überhaupt noch nicht sie selbst."*[35] Der heute wieder einreißende Personenkult - so der alte, unfreundlichere Begriff der Personalisierung - hat gerade die spürbare Nichtigkeit des Individuums zur Bedingung. Was es in sich nicht spürt, aber spüren will, projiziert es in die großen Männer, die Leitfiguren, zu denen es dann aufschauen will. Der Populist und der Demagoge gedeihen auf diesem Boden. So gesehen ist dieses Phänomen nur die demokratisch domestizierte Stufe des Führerkults. Personalismus meint fiktive Fremdentfaltung, aufbauend auf individueller Ohnmacht. Er spiegelt nichts anderes als die historische Unreife der gesamten Gattung wieder. *"Unglücklich das Land, das keine Helden hat!"* sagt der Knabe Andrea zu Galilei. Doch dieser entgegnet: *"Nein. Unglücklich das Land, das Helden nötig hat."*[36]

Die negative Kehrung der Personalisierung ist die Skandalisierung. *"Ein politischer Skandal soll (uns) heißen ein komplexes soziales Ereignis, bei dem ein sozial signifikantes, kontextual gebundenes, öffentlich-politisches 'Ärgernis' in personalisierter und dramatisierter Form (re)präsentiert wird und medial verbreitet wird."*[37] Der Skandal stilisiert bestimmte Erscheinungen des Systems, reißt sie aus ihren struktiven Zusammenhängen und erschwert in seiner medialen Aufbereitung gezielt den Blick aufs Ganze. Das Allgemeine soll verborgen bleiben, darf nicht zur Frage oder gar zum Problem werden. Es verschwindet hinter den personalisierten Absonderlichkeiten. Der Skandal kann jedenfalls nur als Skandal benannt werden, wenn die Normalität als normal betrachtet wird. Ein Skandal ist eine gröbliche Abweichung von der Norm, die aber die Anerkennung ebendieser voraussetzt. Skandalisieren meint Lärm erzeugen, Lärm, in dem unweigerlich die feinen und permanenten Geräusche des Systems untergehen. Der Skandal übertönt die Hörbarkeit des Normalen. Aufdecken meint das Zur-Schau-Stellen von öffentlich anerkannten Blößen; aufklären hingegen bedeutet, die struktiven Zusammenhänge von Ereignis und Gesellschaft zu verdeutlichen und erkennbar zu gestalten.

Skandale aufzudecken ist somit ein nicht zu unterschätzender Bestandteil des politischen Systems, lassen sich doch dadurch Systemkorrekturen lautstark demonstrieren. *"Der Verbrecher unterbricht die Monotonie und Alltagssicherheit des bürgerlichen Lebens. Er bewahrt es damit vor Stagnation und ruft jene unruhige Spannung und Beweglichkeit hervor, ohne die selbst der Stachel der Konkurrenz abstumpfen würde."*[38] Der Skandal folgt bürgerlichen Denkmustern. Es geht in ihm darum, was geschieht, aber nicht, warum es geschieht. Im Skandal inszeniert ein System seine Bedrohung, werden die inkriminierten Handlungen als wider seine Logik behauptet. Die Werte werden durch die öffentliche Vorführung der personalisierten Delinquenz verfestigt. Karl Marx dazu ganz trocken: *"Der Verbrecher produziert einen Eindruck, teils moralisch, teils tragisch, je nachdem, und leistet so der Bewegung der moralischen und ästhetischen Gefühle des Publikums einen 'Dienst'."*[39] Skandal meint Anregung zur Aufregung, ist eine Erregung, ohne auf relevanten gesellschaftlichen Bewegungen aufzubauen. Karl Kraus schrieb schon 1914: *"Die Wahrheit ist, daß die Zeitung keine Inhaltsangabe ist, sondern ein Inhalt, mehr als das: ein Erreger."*[40]

Daß die Präsentation des Skandals und seiner personellen Zuschreibung nicht nur die ökonomisch verwertbare Gier der Massen reflektiert und saturiert, kann schon daraus erschlossen werden, daß die Versorgung des zugänglichen Publikums mit skandalträchtigen Aufbereitungen mittlerweile bereits in eine Überproduktionskrise geschlittert ist. Der Skandal ist im medialen Menü schon zur Normalität geronnen, er erschüttert keine und keinen mehr. Nicht nur verlangt das Massenpublikum nach sinnlich wahrnehmbarer Zubereitung des Weltgeschehens, die sinnliche Präsentation des Weltstoffes ist in ebensolchem Maße eine Not der Medienarbeiter selbst. Die Feststellung: *"Das Wesen unserer gesamten Öffentlichkeit ist, daß Skandale leicht konsumierbare Issues sind"*,[41] ist daher nur die halbe Wahrheit.

Die Ökologie als wahrnehmbare Katastrophen-Objektivität par excellence ist für den Journalisten ein besonders willkommenes systeminternes Ventil. Weil hier die sozialen Ordnungskapazitäten allgemeiner Instanzen des gesellschaftlichen Überbaus (die Parteien, die Verbände, die Wirtschaft, die Politik) notwendigerweise versagen müssen, weil die fehlende Rücksichtnahme auf die stoffliche Seite des Produktionsprozesses nur die Kehrseite eines ökonomischen Prozesses ist, in dem sich abstrakter Wert auf immer erweiterter Stufenleiter realisiert, ist das Thema Ökologie ein Faß ohne Boden, das beliebige Anknüpfungspunkte für Skandalisierung bietet. Das Thema ist weiters relativ neu; seit Anbeginn mehr eine Domäne der medialen Aufdeckung denn der politischen Administration, taugt es besser als sonstige ideologisch oder parteipolitisch besetzte Gefilde zur funktionellen Instrumentalisierung von Betroffenheit. Die Ökologie ist die zeitgemäße politische Melodie von Informationspolitik, weil diese hier nicht nur über den Modus, sondern auch über das Copyright des Themas verfügt.

Der "freie Journalist" und die "unabhängige Zeitung" sind ja als durchsichtige Fiktion einer Gesellschaftsformation, die, obzwar sie den Leitwert der Freiheit auf ihre Fahnen geheftet hat, ja doch nicht von ihren Notwendigkeiten lassen kann, bereits seit längerem Gegenstand aufgeklärter Witze geworden. Es gilt freilich ganz profan, die Imperative auszumachen, von denen sich die Imperative der Freiheit der vierten Kraft ableiten. Immer muß auch das ideologische Moment Implement der Vermittlungstheorie sein. In solcher Hinsicht wird ein Begriff, der das Medium nur als Medium zu fassen trachet, in dem Maße obsoleter, in dem sich das demokratische Universum medialer Instanzen ausdifferenziert. *"Kein Mittel ist nur Mittel."*[42]

Als systemische Schnittstelle - es ist ja strategisch alles andere als gleichgültig, daß die Medien gerade an den Bruchstellen der Kommunikation ansetzen[43] - sind sie alles andere als gleichgültig gegenüber den von ihnen transportierten Inhalten. Und das betrifft nicht nur die formale Adaptierung der Nachrichten an die Informationskanäle. Kommunikation ist ein dreistelliger Selektionsprozeß: *"Es geht nicht nur um Absendung und Empfang mit jeweils selektiver Aufmerksamkeit; vielmehr ist die Selektivität der Information selbst ein Moment des Kommunikationsprozesses."*[44] Ein gesetzliches Verbot der Zensur - positiv schon weit weniger überzeugend als Garantie der Freiheit der Meinungsäußerung formuliert - tangiert ja den Umstand, daß die Auswahl und Formung von Nachrichten auch nach anderen Imperativen geschieht als durch den offen administrativen Zwangseingriff, in keinster Weise. Die Demokratisierung der Nachricht verbaut allerdings den Blick auf das Wesen dieser Prägeleistungen. In einer warenproduzierenden Gesellschaft ist jedenfalls davon auszugehen, daß die kommerzialisierenden Imperative weitaus stärker gewichtet werden müssen als die politischen. Im Journalismus dimensioniert sich Information als Ware, nicht als Gut. Die Frage nach der Story ist eine nach der Verkäuflichkeit, nicht eine nach Inhalten. An der Geschichte selbst interessiert nicht das sie Ausmachende, sondern das an ihr Verwertbare. Georg Lukács schrieb schon Anfang der zwanziger Jahre: *"Am groteskesten zeigt sich diese Struktur im Journalismus, wo gerade die Subjektivität selbst, das Wissen, das Temperament, die Ausdrucksfähigkeit zu einem abstrakten, sowohl von der Persönlichkeit des 'Besitzers' wie von dem materiell-konkreten Wesen der behandelten Gegenstände unabhängigen und eigengesetzlich in Gang gebrachten Mechanismus wird. Die 'Gesinnungslosigkeit' der Journalisten, die Prostitution ihrer Erlebnisse und Überzeugungen ist nur als Gipfelpunkt der kapitalistischen Verdinglichung begreifbar."*[45]

Die Medien stellen heute für jeden Versuch einer Emanzipationstheorie ein nicht zu unterschätzendes Problem dar, das sich bei weitem nicht in der Frage des entsprechenden Zugangs und der Verfügung über die Medienkanäle auflösen läßt. Es ist viel tiefreichender, weil es das grundsätzliche Verhältnis zwischen Emanzipation und Bewußtsein berührt. Medien leisten Induktion und Vermittlung von Bewußtsein.[46] Welches Bewußtsein? wäre zu fragen. Bewußtsein auch nicht in dem Sinne gemeint, daß es sich aus einem wie auch immer ausgeprägten Verstehen von mitgeteilten Informationen ableiten ließe, sondern Bewußtsein gemeint jenseits derartiger Ideologisierungsleistungen als "formatisiertes Bewußtsein".

Es liegt in der Logik der Nachricht, daß die gelieferten Informationen immer schon Vor-Ur-Teile, Präjudizien sind.[47] Dies schränkt die Möglichkeiten der Rezeption a priori auf das Selektierte ein, würde aber ein Begreifen-Können des so Vermittelten noch nicht verhindern. Welchen Charakter aber kann mediales Begreifen abgesehen von der Selektion der Informationen annehmen? - *"Wären überhaupt die Dinge das, was man ihnen sofort ansieht, so müßten jede Untersuchung und Wissenschaft sich erübrigen."*[48] Wissenschaft, präziser gesprochen: Geisteswissenschaft, die ohne begriffliches Denken kein Auskommen findet, ist so die Methode des zweiten Blicks, der hinter die Dinge gehen muß, um über sie das Wesentliche zu erfahren. Die Medien können solchen Begriff aber nicht vermitteln. Begriffliches Denken als Reflexion der Identität des Allgemeinen und Besonderen[49] müßte eben an der Identität *und* Verschiedenheit von Gegenstand und Reflexion ansetzen.[50] Wie aber ließe sich diese Differenz und ihre Integration im linearen Modus medialer Vermittlung gewährleisten, die doch die Dinge auf sich selbst reduziert, um sie nach den Erfordernissen von Aktualität und serieller thematischer Zuordnung zu gruppieren? *"Der Empirismus der Medien duldet nur isolierte Berichte, und diese Isolation ist wirkungsvoller als jede Zensur, weil sie dafür sorgt, daß das, was zusammengehört, nicht zusammenkommt und auch in den Köpfen der Menschen nur schwerlich sich findet."*[51]

Die Medien müssen die Dinge aus ihrem Zusammenhang reißen, um sie in der Berichterstattung aneinanderreihen zu können. An die Stelle gesellschaftlicher Verhältnisse in ihrer wechselseitigen Bezogenheit und Determinierung tritt eine Gruppierung und Reformation bloßer Fakten, die als solche nicht einmal als begrenzte Ausschnitte der Realität aufgefaßt werden können. Es ist die typische Leistung der Massenmedien, "*die Wirklichkeit zu entdialektisieren.*"[52] Waren die Dinge und Umstände in ihren Verhältnissen vielseitig, so stehen sie jetzt nur noch für sich. Eins neben dem anderen, sind sie sich einerlei und sind sie alle gleich. "*Die unerschöpfliche 'Ordnungs'kapazität der Massenmedien*", schreibt Peter Sloterdijk, "*gründet in ihrem additiven 'Stil'. Nur weil sie sich auf dem Nullpunkt gedanklicher Durchdringung festgesetzt haben, können sie alles geben und alles sagen, und dies wiederum alles auf einmal. Sie haben nur ein einziges intelligibles Element: das 'Und'. Mit diesem 'Und' läßt sich buchstäblich alles zu Nachbarn machen.*"[53] Die Massenmedien können kein Ding dieser Welt auf den Begriff bringen, weil jeder wirkliche Begriff als gedankliche Abstraktionsleistung über eine bloß deskriptive Bezogenheit auf besondere Tatsachen hinausgehen müßte.[54]

Nicht Information wird geboten, sondern Entformierung. Zur Begrifflichkeit: *Informierung* ist etwas sich Zusammenfügendes, *Information* ist etwas Festgefügtes. *Entformierung* ist die Auflösung und Zerstückelung des sich potentiell Zusammenfügenden, *Entformation* ist das festgefügte Aufgelöste, die erstarrte Zersplitterung. Das Bewußtsein kann sich durch die Entformierung nicht formen, sondern wird in Stimmungslagen deformiert. Eine ordinäre Desinformation konnte durch Gegenmeldung, Gegenerfahrung und Gegenerkenntnis noch identifiziert und somit falsifiziert werden. Viel schwieriger ist das bei der heute gebräuchlichen Entformierung. Die Wirklichkeit wird nicht umgelogen, sondern in Tatsachen entmischt, eben entformiert. Die meisten Meldungen sind daher, wenn auch inhaltlich falsch, so doch sachlich richtig, weil keiner Lüge überführbar und einzeln auch nicht widerlegbar. Durch die Loslösung des Sachverhalts aus den gesellschaftlichen Verhältnissen kann dieser nicht mehr gewichtet und eingeordnet werden. Nur der gesellschaftliche Kontext erlaubt es, die Lüge in der Wahrheit zu erkennen. Die Fülle der auf sie einstürzenden Meldungen überfordert und überfährt jedes elementare Aufnahmevermögen, macht die Menschen apathisch und ohnmächtig.

Stimmung statt Bewußtsein prägt den heutigen Medienkonsumenten. Das bringen die Meinungsumfragen - so unseriös sie auch prinzipiell sein mögen - denn doch deutlich zum Ausdruck. Nur so sind die eklatanten Schwankungen in diesen und jenen Fragen überhaupt erklärbar. Meinungen werden zusehends beliebiger, richten sich nach Zufälligkeiten, denen sie in ihrer Dimensionierung hilflos ausgeliefert sind. Die Menschen wissen immer weniger, was sie eigentlich wollen. Ihre Bewußtseinslagen sind äußerst labil, eben weil sie bloß Stimmungslagen sind. Sie reagieren oftmals nur noch wie stupide Durchlaufreaktoren: Emissionen und Immissionen sind in ihren Missionen substantiell gleich. Ihre Meinungen werden immer flexibler, auch wenn das Gestrige und das Morgige wesensmäßig sich nicht unterscheiden. Die freie Meinungsäußerung ist von diesem unserem Gesichtspunkt daher auch völlig anders zu interpretieren. Die meisten Menschen haben überhaupt keine Chance auf eine freie Meinung, wenn wir darunter ein sich selbst in ihnen formendes doppelt-reflexives Bewußtsein verstehen. Freiheit der Meinung heißt Freiheit von der Meinung, somit Meinungslosigkeit. Und diese realisiert sich über die Medien.

Mediale Berichterstattung reduziert den Weltzusammenhang auf pure Faktizität, die in ihrer gleichgültigen Aneinanderreihung abstrakte Faktizität ist. *"Eine Sache ist eine Sache, und mehr läßt das Medium nicht zu. Zusammenhänge zwischen 'Sachen' herzustellen, das hieße ja Ideologie zu betreiben. Darum: wer Zusammenhänge herstellt, fliegt raus. Wer denkt, muß aussteigen. Wer bis drei zählt, ist ein Phantast. Der Empirismus der Medien duldet nur isolierte Berichte, und diese Isolation ist wirkungsvoller als jede Zensur, weil sie dafür sorgt, daß das, was zusammengehört, nicht zusammenkommt und auch in den Köpfen der Menschen nur schwerlich zu sich findet."*[55] Nicht nur das Allgemeine hat die mediale Präsentation hinter der Serialität ihrer Themen verschwinden lassen, auch das Besondere, Konkrete in der aufbereiteten Faktizität ist zur blutleeren, toten Form geronnen. Hier kann die Ideologisierung der gesendeten Information ansetzen, indem diese bar ihrer Konkretion nicht mehr für sich selbst sprechen kann und - eben aus ihrem Kontext gerissen - in den Medienkanälen neu kontextualisiert wird. Selbst das konkret an sich sinnlich Wahrnehmbare tritt in seiner Verknüpfung zu einer endlosen Reihe an Bedeutung hinter seiner ideologischen Kontextualisierung zurück. *"Irgendwann im zwanzigsten Jahrhundert wurde die Information abgeschafft. (...) Seitdem leben wir im Märchen. Kapiert? Alles geschieht durch Zauberhand. Wir Märchenfiguren haben keinen Schimmer, was vorgeht"*,[56] schreibt Salman Rushdie.

Die mediale Aufbereitung der Welt leistet insofern viel mehr als nur die Universalisierung des Alltagsdenkens, dem es das Geschäft der Anschauung nicht alleine überläßt. Die eigentliche Botschaft verbirgt sich gewissermaßen hinter den gesendeten Fakten, die sich selbst nur in nackter Bezugslosigkeit aneinanderdrängen. *"Die Flut von Einzelbildern soll verhindern, daß wir zu einem Weltbild überhaupt kommen und daß wir das Fehlen des Weltbildes überhaupt spüren"*,[57] schreibt Günther Anders. Konnte früher einmal die Losung ausgegeben werden, daß Wissen Macht sei, weil sich das Wissen wie selbstverständlich in einem ideologischen Bezugshorizont gesellschaftlicher Totalität bewegte, so hat sich dies heute zur Ohnmacht des Wissens verkehrt. Man mag zwar ein immer größeres Quantum an Wissen mit sich oder in seinen technischen Speichermedien abrufbereit halten, dieses Wissen ist aber an die Fakten genagelt und erscheint damit so beliebig wie diese. *"Die Massenmedien erst haben eine Kapazität entwickelt, die keine rationalistische Enzyklopädie, kein Kunstwerk und keine Lebensphilosophie in diesem Ausmaße gekannt hat: mit unermeßlicher Fassungskraft steuern sie auf das zu, wovon die große Philosophie immer nur träumen konnte: die Totalsynthese - freilich auf dem Nullpunkt der Intelligenz, in Gestalt einer Totaladdition."*[58]

Die Modalität medieninduzierter Wahrnehmung erschöpft sich allerdings nicht im bezugslosen Partikularismus der Rezeption, jener ikonisch-fragmentarischen Wahrnehmungsweisen,[59] zu der die Bildanschauung keine Alternative bietet. Die Massenmedien verändern die Phänomenologie des menschlichen Weltbezugs als solchen und damit auch die Formen und Erscheinungen auf dieser Welt. Das heißt aber gerade nicht, daß sich die Totalität der Welt faktisch in partikuläre Bereiche von postmoderner Bezügelosigkeit auflösen ließe, die die Welt, ähnlich ihrer informationstechnologischen Zubereitung, nur noch als Komposition von Differenzen und Heterogenität statt als deren Integration zu betrachten vermag. Das Heterogenitäts"denken" der Postmoderne ist wohl der größte pseudo-wissenschaftliche Schwindel der Neuzeit, die Kapitulation jeglichen Anspruchs auf begriffliches Denken vor einer zum Mahnmal der Freiheit hochstilisierten Apotheose der Beliebigkeiten. Die neue Unübersichtlichkeit ist jedenfalls nur an der Oberfläche dieser Welt bemerkbar.

Es ist das Verdienst Günther Anders', auf phänomenologischer Ebene die Prägeleistungen der modernen Informationstechnologien schon zu einem Zeitpunkt in nach wie vor seltener Klarheit analysiert zu haben, als der Prozeß ihrer Ausdifferenzierung erst anlief. Er faßte diese spezifischen Prägeleistungen schon in den fünfziger Jahren, als das Fernsehen noch keineswegs ein verbreitetes Medium der Unterhaltung und Information darstellte, unter Kategorien wie "Passivierung" oder "Verbiederung" zusammen.[60] Danach habe, laut Anders, ein modaler Umschlag im menschlichen Weltbezug stattgefunden, der die traditionelle Subjekt-Objekt-Dichotomie zwischen Mensch und äußerer Umwelt geradezu verkehrte. Einen zentralen Stellenwert in jenem Prozeß der Passivierung nimmt dabei die Kategorie des "Bildes" ein, die spätestens mit der flächendeckenden Durchsetzung des Fernsehens zu einer Bebilderung der Welt geführt hat. Jedes Wirkliche kann jederzeit und nahezu unmittelbar als naturgetreues Abbild wiedergegeben und beliebig reproduziert werden. Bilder sind nicht mehr die Ausnahmen in unserer Welt, sondern eine Hauptkategorie der Gegenstände unserer Wahrnehmung. *"Früher hatte es Bilder in der Welt gegeben, heute gibt es 'die Welt im Bild', richtiger: die Welt als Bild, als Bilderwand, die den Blick pausenlos fängt, pausenlos besetzt, die Welt pausenlos abdeckt."*[61]

Was für Information allgemein gilt, trifft natürlich auch auf die Bildinformation zu, sogar noch in einer Weise, die hinsichtlich ihrer erkenntnistheoretischen Implikationen über jene der textlichen oder sprachlichen Informationsvermittlung hinausreicht. Das Primat der Bildvermittlung impliziert eher eine sinnliche Anschauung denn analytische Wahrnehmung. Ungleich Texten, geschweige denn Kontexten, wo eine Befassung noch auf begriffliches Verstehen abzielen kann, weil die textliche Rezeption immer auf Abstraktionsleistungen fußt, mögen diese auch noch so gering sein, zielt die Bildwahrnehmung vorrangig auf eine bloß sinnliche Anschauung. Bildliche Auffassung - Anders spricht hinsichtlich der Belieferungsmethode der Zuschauer durch Rundfunk und Fernsehen von *"Einflößung"*,[62] ganz ohne dies metaphorisch zu meinen - impliziert einen ungleich höheren Grad an Ausgeliefert-

Sein als textliche Wahrnehmung. Die Allgegenwart bildlicher Aufbereitung schafft ein Primat der Bilder vor dem Wirklichen,[63] das in seinen kulturellen Dimensionen kaum überschätzt werden kann. Herbert Marcuse hat darauf hingewiesen, daß der Bebilderungsstil auch die Sprache infiziert hat. Er schreibt: "*Dieser Stil ist von einer überwältigenden Konkretheit. Das 'mit seiner Funktion identifizierte Ding' ist realer als das von seiner Funktion unterschiedene, und der sprachliche Ausdruck dieser Identifikation (im funktionalen Substantiv und in den vielen Formen syntaktischer Abkürzung) schafft ein grundlegendes Vokabular und eine Syntax, die einer Differenzierung, Trennung und Unterscheidung im Wege stehen. Diese Sprache, die den Menschen unausgesetzt Bilder aufnötigt, widersetzt sich der Entwicklung und dem Ausdruck von Begriffen.*"[64]

Soziales Verhalten, eben weil die Welt und was auf ihr geschieht permanent durch mediale Kanäle passiert wird, bestimmt sich zunehmend als Idolatrie. Die Zeitgenossen anerkennen das ganz profan und sachlich als gegebene und nicht überschreitbare "Mediengesetzlichkeit." Daß sich Politik primär nur noch im Äther der Tagesaktualität vermitteln kann, der Rhythmus ihrer Manifestationen den Sende- und Druckterminen angepaßt werden muß, die Qualität dieser Manifestation sich nach dem Nachrichtenwert zu bemessen hat,[65] erscheint heute bereits als selbstverständliche Norm, die anders gar nicht sein könnte.[66] Was sich in der sozialen Wirklichkeit ereignet, ist als reelles Geschehen formell wie inhaltlich schon möglichst auf seine optimale Reproduktionseignung hin standardisiert. "*Das Wirkliche - das angebliche Vorbild - muß also seinen eventuellen Abbildungen angemessen, nach dem Bilde seiner Reproduktionen umgeschaffen werden. Die Tagesereignisse müssen ihren Kopien zuvorkommend nachkommen.*"[67] Politik tritt in diesem Schema weithin nur noch als Serie regelmäßiger Pressekonferenzen und Presseaussendungen in Erscheinung. Ein Konnex, der vor wenigen Jahrzehnten noch vollkommen absurd erscheinen hätte müssen, ist heute zur Normalität geworden. Vor allem die Grünen sind nachgerade gezwungen, ihre Politik als Pressekonferenz und zeitgerechte Bedienung des Fernschreibers zu betreiben. Ohne einen gesellschaftlich relevanten Bereich eigenständiger grüner Kultur - der Mangel an innerparteilicher inhaltlicher Diskussion wird bei den Grünen durchwegs bedauert, der Zustand aber als Faktum hingenommen - und ohne institutionalisierte Macht bleibt ihnen realistischerweise kein anderer Weg offen.

Allerdings liefert die phänomenologische Medienkritik Beobachtungen, die den Horizont bürgerlicher Kulturkritik nicht transzendieren.[68] Sie operiert mit einem technikkritischen Ansatz, ohne freilich den Bedingungszusammenhang der kritisierten technologischen Rationalität mit zu reflektieren. Über eine moderne, prosaische Beschwörung der Geschichte vom Zauberlehrling kommt sie solcherart nicht hinaus. Für den Kulturpessimismus infiziert die technologische Rationalität die gesellschaftliche Totalität und unterjocht sich das Subjekt dergestalt, daß jegliches vorwärtsgewandte Denken als ausweglos erscheinen muß. So tut sich die phänomenologische

Betrachtung gegenüber Einwänden, es habe ja nur ein instrumenteller Wandel technischer Prägeleistungen stattgefunden, der sozio-kulturelle Verhaltensweisen eben in neuer Form induziere oder determiniere, eigentümlich schwer. Ihre Replik lautet, daß mit der quantitativen Ausweitung von Prägeleistungen ein qualitativer Umschlag hinsichtlich des menschlichen Weltbezugs stattgefunden habe, der in Subjektverlust, Passivierung, sozialer Atomisierung etc. seinen Niederschlag finde. Aber gerade dies ist die Frage. Oder genauer: Ist nicht der qualitative Umschlag schon eine Schicht tiefer anzusetzen? Ist nicht die mediale Prägeleistung ihrerseits einer "Prägung" unterworfen, welche nicht nur die Individuen, sondern auch die Formbestimmtheit des gesellschaftlichen Entwicklungsprozesses determiniert?

Der alte Ausdruck der "Charaktermaske", der die Individuen in ihrer funktionellen gesellschaftlichen Positionierung im Produktionsprozeß und der ihr entsprechenden Rollenübung erfassen wollte, verweist auf diese Schicht. Die soziale "Charaktermaske" stammt aus einer Zeit, wo die Empirie über gesellschaftliche Großgruppen als Meta-Subjekte sozialen Wandels geradezu stolpern mußte und diesen Befund in eine soziologische Klassen- bzw. Lagertheorie umsetzte. Doch im Fortschreiten der Entwicklung gesellschaftlicher Produktivkraft entpuppten sich diese Lager nur als vorübergehendes Moment an der Oberfläche der warenproduzierenden Gesellschaft, in dem allerdings die sozialen Widersprüche als Klassenkonflikte noch klar objektivierbar waren. Als systemimmanente ideologische Reflexe, wie sie in den klassenspezifischen Verteilungskämpfen ihren Ausdruck fanden, mußten sie freilich mit zunehmender Produktivkraftentwicklung und der ihr entsprechenden Möglichkeit zur Verteilung des ausgeweiteten gesellschaftlichen Produkts stetig geringer werden - was bekanntermaßen zuletzt die Revolutionstheorie der "neuen Linken" zu den seltsamsten Kapriolen nötigte.

Ausschlaggebend ist nun aber, daß die beim technizistischen Pessimismus ansetzende Kulturkritik und mit ihr die Theorie medialer Prägung ihrem ontologisierenden Gestus zum Trotz selbst nur einen Reflex auf die Auflösung dieser spezifischen sozialen Konstellation darstellt. Dieser ist sie nämlich verhaftet, nicht unähnlich der im bürgerlichen Kulturpessimismus auf verwandter Ebene geübten Praxis, den bildungsbürgerlichen Idealen des 19. Jahrhunderts nachzuweinen. Schlichtweg möchte sie deren Prägestempel den Vorzug geben vor jenem der Verflachung, wie sie aus dieser Perspektive in der entwickelten Massendemokratie zum Ausdruck komme. Nur vor dem Hintergrund jener Auflösung gesellschaftlicher Meta-Subjekte, die sich selbst als am Steuerrad eines welthistorischen Entwicklungs- oder gar Transformationsprozesses wähnten, kann die bürgerliche Theorie ihre Auffassung vom Umschlag der Bemeisterung technologischer Rationalität in soziale Passivierung und Atomisierung entwickeln. Ein Ersatz für die untergegangenen Groß-Subjekte ist in der entwickelten bürgerlichen Gesellschaft nicht mehr zu finden.

Der Zerfall der sozialen Großgruppen markiert keinen qualitativen Umschlag. Im fortschreitenden Prozeß "negativer Vergesellschaftung" kommt bloß zusehends unverblümter zum Ausdruck, daß die Menschen noch nie die Herren ihres sozialen Zusammenhangs waren. Ein Primat der Politik über die Ökonomie hat sich historisch gesehen allenfalls phasenweise und partikulär zu behaupten vermocht, konnte aber als objektive geschichtliche Tendenz nie nachhaltig konstitutiv werden. "*Bezogen auf ihren gesellschaftlichen Zusammenhang sind die Menschen bis heute nicht zum Subjektstatus durchgestoßen.*"[69] Daher sind die von der Medienkritik beschriebenen kulturkritischen Phänomene nichts qualitativ Neues, sondern reflektieren ihrerseits nur an der gesellschaftlichen Oberfläche ein tieferliegendes Verhältnis. Das bürgerliche Subjekt-Denken durchschaut den Konstitutionszusammenhang nicht, der die Individuen als belebtes Aggregat eines Verwertungsprozesses abstrakter Arbeit an der Leine führt. Die konstitutive gesellschaftliche Form des abstrakten Werts - im Sinne der von Karl Marx in seiner Kritik der politischen Ökonomie angelegten Begrifflichkeit - herrscht ihnen die Gesetze ihres Handelns ebenso auf, wie sie sich gleichgültig gegenüber der stofflichen Seite der im Verwertungsprozeß des Geldes umgewälzten Ressourcen verhält. "*Als Form ist der 'Wert', der verdinglichte Gesellschaftszusammenhang, immer auch gleichzeitig Bewußtseinsform.*"[70] Vom "Wert", dem automatischen Subjekt[71] als Motor der Entwicklung des kapitalistischen Gesellschaftsverhältnisses, sind eben auch die Individuen in ihrer Fungibilität im Verwertungsprozeß vollends durchdrungen. Nur in einer soziologistischen Verkehrung von Wesen und Oberfläche der bürgerlichen Gesellschaft kann das Agens als Konstituens aufgefaßt werden.

Die laufende Adaptierung der sozialen Aggregate der Selbstbewegung des Werts auf gegebener Stufe der Entwicklung der gesellschaftlichen Produktivkräfte entspringt den Notwendigkeiten dieses Prozesses selbst. Daß der Prozeß negativer Vergesellschaftung die Realisierung der bürgerlichen Leitwerte von Freiheit und Gleichheit nur auf dem Niveau entleerter, abstrakter Subjektivität bewerkstelligen konnte, liegt in der Logik des Gesamtverhältnisses. Die Reduzierung der Individuen auf abstrakte Geld-Monaden - wer mochte meinen, daß das Leibnizsche fensterlose Wesen[72] sich einmal zu dezidierter Wirklichkeit aufschwingen würde - war dem Bedarf an fungiblen und flexiblen menschlichen Agentien im Verwertungsprozeß geschuldet, der auf dem erreichten Niveau realer stofflicher Vergesellschaftung dauerhafte, tradierte Bindestrukturen und soziale Rollenzuschreibungen nicht mehr tolerieren kann. Die Konstitution abstrakter Subjektivität ist für die Entfaltung des Kapitalverhältnisses auf gegebenem Niveau der Entwicklung gesellschaftlicher Produktivkraft Conditio sine qua non. Sie sorgt dafür, "*daß die abstrakten Individuen schnellstmöglich - d. h. ohne den Verzug, der mit der ständischen Umständlichkeit und Bedenklichkeit notwendigerweise verbunden war - auf die von der Geldbewegung benötigten Einsatzorte verteilt werden.*"[73]

Nicht technische Rationalität und mit ihr die Medien passivieren und atomisieren den Menschen. Dieser selbst ist vielmehr im Prozeß negativer Vergesellschaftung bis auf die inhaltsleere Form abstrakter Subjektivität entkleidet worden, die ihn erst zu sozialen Verhaltensweisen disponiert, die die Medien als ein geprägter Ausdruck technologischer Rationalität vermitteln. Die fortschreitende Verdinglichung des Subjekt-Objekt-Zusammenhangs im Realisierungsprozeß des Werts schlägt auf gegebener Stufenleiter der Produktivkraftentwicklung notwendig auf die Wahrnehmung des gesellschaftlichen Zusammenhangs oder vielmehr als Verlust der einstigen Wahrnehmungsfähigkeit (Stichwort: neue Unübersichtlichkeit) zurück. Daher muß von einer doppelten Prägung gesprochen werden, bei der jene der Medien zwar am besten faßbar ist, aber nur deshalb, weil sie an der gesellschaftlichen Oberfläche stattfindet. Nie aber kann Technologie als solche die Individuen disponieren, die Individuen müssen ihrerseits dafür disponiert sein. Soziale Passivierung und Atomisierung sind daher nur Ausdruck einer bereits abstrakt konstituierten Subjektivität.

An den Grünen wiederholt sich in actu bloß die Blamage des bürgerlichen Subjektdenkens im Zeitraffer. Innerhalb kürzester Zeit ist diese Bewegung vom Gestus emotionell-antikapitalistischer Systemverweigerung zur Einforderung des Primats der Politik über die Ökonomie geschritten, die sich ihrerseits zuletzt als schlichte Administration des Kapitalverhältnisses zu erkennen gibt. Die praktische Entwicklung der Grünen reflektiert in Kürze, daß die Subjektlosigkeit des geschichtlichen Prozesses wider die bürgerliche Illusion auch im auslaufenden zwanzigsten Jahrhundert nicht transzediert werden konnte. Den Schrittmacher der grünen Entwicklung von der emotionalen Negation zur realpolitischen Administration spielten die bürgerlichen Medien.

7. STRATEGIEN UND BÜNDNISPOLITIK

Jede politische Kraft bedarf des Bündnisses, um eigene Vorstellungen zu verwirklichen bzw. andersgelagerte Interessen zu vereiteln. Eine erfolgreiche Bündnispolitik ist somit eine Grundbedingung, um gesellschaftliche Kämpfe zu einem günstigen Ergebnis zu bringen. *Bündnis* meint den zeitlich und räumlich begrenzten Zusammenschluß mit einem Äußeren, ist die Ermöglichung des gemeinsamen Vorgehens mit einem nichtidenten Partner. Es ist ein Zusammenschluß zur Durchsetzung konkreter Ziele durch die Potenzierung verschiedener Kräfte zu einer Kraft. Die Bündnispolitik wird anhand bestimmter Zwecke entwickelt, die ideologischen und theoretischen Grundlagen bleiben untergeordnet. Mit dem Bündnis sollen gesellschaftliche und politische Mehrheiten geschaffen oder verhindert werden. Schon Carl von Clausewitz bezeichnete die Überlegenheit der Zahl als *"das allgemeinste Prinzip des Sieges"*,[1] schränkte aber wie selbstverständlich ein, daß diese *"nur einer der Faktoren ist, aus welchem der Sieg gebildet wird."*[2] Der bedeutendste deutsche Kriegstheoretiker schreibt: *"In dieser Beziehung muß man einräumen, daß die Überlegenheit der Zahl der wichtigste Faktor in dem Resultat eines Gefechts ist, nur muß sie groß genug sein, um den übrigen mitwirkenden Umständen das Gleichgewicht zu halten. Die unmittelbare Folge davon ist, daß man die größtmögliche Zahl von Truppen auf den entscheidensten Punkt ins Gefecht bringen müsse."*[3] Genau darum geht es: um die momentane Konzentration der inneren und äußeren Kräfte.

Wobei natürlich berücksichtigt werden muß, daß "Sieg" als Begriff der Politik wenig tauglich ist. Dahingehend ist sie komplizierter als ihre roheste und zugespitzteste Form, der Krieg. In der Politik geht es vornehmlich um den Gewinn (Wahlgewinn, Bewegungsgewinn, Terraingewinn, Themengewinn etc.), um ein quantitatives Mehr oder Weniger, nicht um ein qualitatives Ja oder Nein. Demokratische Politik dreht sich um Gewinn und Verlust, nicht um Sieg oder Niederlage. Parteien sind, wie schon der Name sagt, Teile, d.h. Umverteilungsinstrumente politischer Einflußmöglichkeiten. Ein Gewinn kann auch schon darin bestehen, wenn man etwa trotz obligater parlamentarischer Abstimmungsniederlagen doch seinen Einfluß dahingehend geltend macht, daß andere Kräfte ihnen fremde Überlegungen und Wünsche in ihren Vorhaben berücksichtigen müssen, also nicht einfach über sie hinwegschreiten können. In dieser Beziehung ist die grüne Politik keineswegs erfolglos. Mißt man sie an den zwischenzeitlich deutlich relativierten Zielen, ist sie sogar relativ erfolgreich. Mehrheit und Minderheit sind nur sekundär quantitative Begriffe, primär sind sie qualitativ zu deuten, d.h., wer kann wo in den entscheidenden Situationen für sich am meisten mobilisieren. Einfluß hängt somit mehr von der Aktivitätsbereitschaft ab als von irgendeiner zusammengefragten Kopfzahl, weiters von der Kombination innerer Geschlossenheit und Offenheit nach außen. Die Kunst der Mobilisierung für ein konkretes Anliegen ist höher einzuschätzen und zu gewichten als die stupide

Akkumulation von Stimmen unbeteiligter Wähler. In letzterem Fall geben sie ihre Stimme nur ab, in ersterem erheben sie sie. Es ist daher auch immer nach der Qualität des Wahlvolks zu fragen, nicht nur nach der Quantität der Stimmen. Das macht Stimmen und Stimmen auch schwer vergleichbar. Stimmen müssen mit Stimmen nicht übereinstimmen. Wenngleich das parlamentarische Verständnis hier eine Einheit von Quantität und Qualität unterstellt, ist dieser Maßstab trügerisch.

An die Bündnispolitik unmittelbar schließt die ganze Problematik von Weg und Ziel, Mittel und Zweck an. *Ziel* kennt als Zeit nur die Zukunft. Es ist unterschieden vom Hier und Jetzt. Ein erreichtes Ziel ist keines mehr. Ziel und Gegenwart schließen sich aus. *Weg* heißt, nicht mehr hier sein zu wollen, ohne schon dort sein zu können. Weg ist das Dazwischen und dadurch ein Immer. Weg ist Unruhe, Bewegung, eine ewige Mitte.

Zur Zweck-Mittel-Dialektik gilt es folgendes festzuhalten: Auch wenn Momente des Ziels im Weg vorweggenommen sein müssen - nur so ist das Ziel spürbar -, ist der Weg nicht das Ziel. Was natürlich auch heißt, daß dem Ziel völlig wesensfremde Momente in den Weg einfließen können und müssen. Wäre das nicht der Fall, dann wäre das Ziel ja beseitigt, weil der Weg zu diesem geworden. Insofern ist es auch wieder an der Zeit, sich von den Stehsätzen, daß der Zweck nicht die Mittel heilige (vgl. Andreas Wabl in Kapitel III-4), abzusetzen. Die Entkoppelung von Zweck und Mittel ist nicht nur unlogisch und unmöglich, sondern auch verlogen. Der Zweck rechtfertigt alle Mittel, die dem Zweck nicht schaden, oder: Der Zweck heiligt die Mittel, die den Zweck heiligen. Sobald also Mittel den Zweck zerstören, sind sie nicht mehr zweckmäßig. Hegel dazu: *"Der Zweck schließt sich durch ein Mittel mit der Objektivität und in dieser mit sich selbst zusammen. Das Mittel ist die Mitte des Schlusses. Der Zweck bedarf eines Mittels zu seiner Ausführung, weil er endlich ist, - eines Mittels, d. h. einer Mitte, welche zugleich die Gestalt eines äußerlichen, gegen den Zweck selbst und dessen Ausführung gleichgültigen Daseins hat."*[4] Das Mittel muß dem Zweck, diesen erfüllend und aufhebend, entsprechen. Subjektiver Zweck, Mittel und ausgeführter Zweck bilden eine Totalität. *"Diese Reflexion aber, daß der Zweck in dem Mittel erreicht und im erfüllten Zwecke das Mittel und die Vermittlung erhalten ist, ist das letzte Resultat der äußerlichen Zweckbeziehung, worin sie selbst sich aufgehoben und das sie als ihre Wahrheit dargestellt hat."*[5] *"Man kann daher von der teleologischen Tätigkeit sagen, daß in ihr das Ende der Anfang, die Folge der Grund, die Wirkung die Ursache sei, daß sie ein Werden des Gewordenen sei, daß in ihr nur das schon Existierende in die Existenz komme usf. (....)."*[6]

Von einer systematischen und stringenten Bündnispolitik kann bei den Grünen aber nicht gesprochen werden. Diese ist meist taktisch reduziert und orientiert sich an unmittelbaren Vorteilen. Das demonstriert vor allem der jahrelange, außen kaum nachvollziehbare Kurs gegenüber der zweiten Grünpartei, den Vereinten Grünen Österreichs (VGÖ). Dieser war jedenfalls ausschließlich bestimmt von wahlarithmetischen Überlegungen. Alleine sie bestimmten Annäherung wie Distanzierung sowie den Umgangston. Für Konfliktstoffe sorgte primär, ja fast ausschließlich die Verteilung von Mandaten und Geld, niemals jedoch irgendwelche programmatischen Differenzen, auch wenn diese zeitweilig vorgeschoben wurden. So kam es im Herbst 1993 nach Jahren der unfreundlichen Distanz wieder zur Konstruktion eines Wahlbündnisses zur bevorstehenden Nationalratswahl.[7] Nach einigen Tagen brach jenes allerdings schon wieder auseinander, da sich herausstellte, daß der VGÖ-Generalsekretär Wolfgang Pelikan auch mit der FPÖ über Mandate verhandelt hatte.[8]

Grüne Politik ist strategielos. Eine *"Theorie der organisatorischen Praxis"*,[9] wie Hans-Jürgen Krahl Strategie definiert, ist nicht auszunehmen. Eine Differenzierung zwischen Taktik und Strategie ist bei ihnen nirgendwo zu finden, vielmehr scheint man davon auszugehen, daß sich aus der Summe der taktischen Schritte eine richtige Strategie ergibt. Mit Clausewitz sind Taktik und Strategie wie folgt zu unterscheiden: *"Es ist also nach unserer Einteilung die Taktik die Lehre vom Gebrauch der Streitkräfte im Gefecht, die Strategie die Lehre vom Gebrauch des Gefechtes zum Zwecke des Krieges."*[10] In der Politik meint Taktik das situative Verhalten in einem bestimmten Moment, während Strategie als das methodische Verhalten hinsichtlich langfristiger Ziele bezeichnet werden kann. So gesehen können sich Strategie und Taktik in konkreten Äußerungsformen auch partiell widersprechen, nicht jedoch in Permanenz. *"Taktik und Strategie sind zwei in Raum und Zeit sich einander durchdringende, aber doch wesentlich verschiedene Tätigkeiten."*[11] Die Summe der Taktik macht jedenfalls keine Strategie.

"Unter Strategie werden die Grundregeln des Handelns in einer Vielzahl von Situationen verstanden. Taktik ist das Verhalten in einer konkreten Situation. Strategie erfaßt also das unterschiedliche Handlungen politischer Akteure strukturierende Prinzip."[12] Strategie ist generalisierend, Taktik ist spezifizierend. Will Taktik aber einen langfristigen Sinn haben, dann muß sie sich der übergeordneten Strategie unterordnen, darf strenggenommen kein Eigenleben führen. Systematische Überlegungen in diese Richtung finden wir heute eher selten. Politik ist ein Tagwerk geworden, sie ist schnellebig, läßt keinen Platz und keine Zeit für weitergehende Reflexionen. Weiteres Denken gefährdet die unmittelbar anstehenden Aufgaben, muß daher - ob die Akteure wollen oder nicht - zurückgedrängt werden. Der Erfolg wird nur noch in seiner unmittelbaren Dimension gesehen.

"Die Mehrzahl unserer SpitzenpolitikerInnen interessieren weder strategische Überlegungen, politische Konzepte noch der (mühsame und langwierige) Aufbau der Themenführerschaften. Sie orientieren sich an der Tages-Schlagzeile",[13] schreibt Pius Strobl in einem Brief an den Bundesvorstand. Die heutige Politik ist meist - und das trifft auch auf die Grünen zu - taktizistisch geprägt. Die Grundlage des Taktizismus ist, daß der Politik insgesamt langfristige Ziele und Überlegungen abhanden gekommen sind, sie sich immer ausschließlicher auf den Augenblick konzentriert.

Erfolg ist nur noch, was unmittelbar folgt. Die Strategie wird somit reduziert auf die Aneinanderreihung taktischer Schachzüge, sie folgt keiner bewußten Logik, ist horizontlos. Weil: Es ist kein spezifisches Ziel mehr auszumachen, das sich in der Substanz von der heutigen Gesellschaft unterscheidet.

Dieser Logik bereitwillig folgend, reduziert Joachim Raschke Erfolg auf Wahlerfolg und Strategie auf Wahlstrategie. Alles andere ist dieser postmodernen Rationalität nicht mehr zugänglich. Er schreibt: *"Eine in diesem Sinne rationale, d.h. am Wahlerfolg orientierte Wahlstrategie wird eindeutig durch die wählersoziologische Analyse gestützt. (....) Es ist analytisch sinnvoll, sich zwischen inklusiver und exklusiver Strategiewahl zu entscheiden."*[14] Was Raschke hier vorschlägt, ist nichts anderes als die Normierung des Zieles, das sich von denen der anderen Parteien gar nicht mehr unterscheiden soll. Dort, wo es bloß um Wählerstimmenmaximierung geht, müssen Inhalte und Formen der Politik sich ebenfalls angleichen, ideologische Versatzstücke immer mehr in der Versenkung verschwinden. Die Wahlstrategie ist die Abschaffung der Strategie überhaupt, sie ist Taktik pur, weil sie sich bloß von Stimmenfang zu Stimmenfang hantelt. Einem Joachim Raschke geht es darum, die Grünen zu standardisieren. Alle seine Forderungen, sei es die ausschließliche Orientierung an Wahlen, sei es das Einlassen auf Werbeagenturen und auf Meinungsumfragen,[15] gehen in diese Richtung. Und es ist heute auf der politischen Ebene auch gar nichts anderes möglich, wenngleich diese Ebene selbst immer unmöglicher wird.

Auch wenn wir etwa Peter Pilz' programmatisches Buch anschauen, dann finden wir hinsichtlich der Strategie sehr wenig. Er kreiert zwar fünf strategische Begriffe: *"Natur, Leben, Heimat, Freiheit und Vernetzung - prägen die grüne Debatte",*[16] schreibt er, zu merken ist davon allerdings nichts. Im Gegenteil, alle diese Termini werden ausschließlich auf der Schlagwortebene gebraucht, sie sind weder hinterfragt worden, noch sind sie fundiert. Sie dienen als inflationäre Floskeln, darüberhinaus ist nichts zu erkennen. Nichts finden wir auch hinsichtlich einer Einschätzung der Bürgerinitiativen, der Bewegungen, der Gewerkschaften oder anderer Parteien. Darüberhinaus gibt es vage Koalitionsaussagen, die sich so lesen: *"Für ein rot-grünes Bündnis auf Bundesebene ist es jedenfalls noch zu früh. Die Roten müssen erst reifen."*[17] Das ist wieder einmal diese maßlose Selbstüberschätzung, die das Umgekehrte umgekehrt sieht. Den österreichischen Grünen wird es so gehen wie den hessischen Grünen, sie haben zu reifen, um in die Koalition genommen zu werden. Von deren zentralen Forderungen (Ausstieg aus der Atomkraft, keine Flughafenerweiterung - Startbahn West - in Frankfurt) ist nichts übriggeblieben. Der damalige hessische Ministerpräsident Börner stellte klar: *"Die weitere Nutzung der in Hessen vorhandenen Kernkraftwerke ist notwendig (....), und Überlegungen, daß der Weiterbetrieb (....) politischen Überlegungen geopfert werde, sind völlig unbegründet. (....) Die Grünen haben vielmehr die Haltung der SPD, mit der die Notwendigkeit eben dieses Weiterbetriebs unterstrichen wird, hingenommen."*[18] Börner sagte bereits 1984, was der erste österreichische Bundeskanzler einer Koalition unter Einschluß der Grünen sagen wird: *"Ich betrachte das als staatspolitisch wichtigen Schritt eines Integrationsprozesses."*[19] Sobald man hierzulande die Grünen nimmt, wird man natürlich Gründe auf beiden Seiten finden. Doch diese gegenseitigen Schutzbeteuerungen ersetzen keine Analyse. Wie sagte doch Graf Leinsdorf in Robert Musils monumentalem Roman über die Voggenhuber und Pilz: *"Man braucht sich vor den wilden Männern nämlich nie zu fürchten. Je mehr wirklich in ihnen steckt, desto eher bequemen sie sich den wirklichen Verhältnissen an, wenn man ihnen Gelegenheit dazu gibt. Ich weiß nicht, ob ihnen das auch schon aufgefallen ist, aber es hat noch nie eine Opposition gegeben, die nicht aufgehört hätte, Opposition zu machen, wenn sie ans Ruder gekommen ist; das ist nämlich nicht bloß so, wie man glauben könnte, daß es sich von selbst versteht, sondern das ist etwas sehr Wichtiges, denn daraus entsteht, wenn ich mich so ausdrücken darf, das Tatsächliche, Verläßliche und Kontinuierliche in der Politik."*[20] Der Romancier hat hier den bürgerlichen Grundcharakter der Politik besser begriffen als Heerscharen von Marxisten und Grünen in ihrer Überschätzung dieser.

Der Parlamentarismus inkludiert ein spezifisches Verhalten jeder parlamentarischen Kraft zur Regierung. Die reine Negation und Opposition mag zwar in den Anfängen angehen und geduldet werden, das Neinsagen erschöpft sich jedoch bald im parlamentarischen Betrieb und seiner Logik.[21] Es ist die Leistung der sogenannten Realos, dies schon frühzeitig erkannt zu haben oder, anders ausgedrückt, sich diesen Gesetzen unterworfen zu haben. In Fischers Worten: *"Die Grundtendenz läuft auf Parlamentarisierung, Bündnis und Kompromiß. Wer dies aufhalten will, der kann die Partei nur noch kaputtmachen, anders wird sich diese Grundströmung nicht mehr aufhalten lassen."*[22] Oder Joseph Huber: *"Will man nicht in die Bedeutungslosigkeit zurückfallen, wird es ab einem bestimmten Punkt unumgänglich werden, offensiv und konstruktiv eine Beteiligung an der politischen Führung des Staates anzustreben."*[23] Auch für die Klubobfrau der Grünen Alternative, Madeleine Petrovic, ist klar: *"Opposition kann und darf kein grüner Lebenszweck sein. Wenn wir auf Bundesebene erkennen, daß es die ehrliche Bereitschaft gibt, mit uns über eine Regierungsbeteiligung nachzudenken, werden wir uns nicht in der Oppositionsrolle eingraben."*[24]

"Das Allgemeine sorgt dafür, daß das ihm unterworfene Besondere nicht besser sei als es selbst. Das ist der Kern aller bis heute hergestellten Identität",[25] schreibt Theodor W. Adorno. Die Dynamik des Parlamentarismus, seine Dominanz über die in ihm versammelten gesellschaftlichen Kräfte, kommt deutlich zum Ausdruck. Die prinzipielle Frage "Koalition - ja oder nein?" ist - hat man sich auf den Parlamentarismus eingelassen - schon falsch gestellt. Sie kann nur noch taktisch, nach kurz- und mittelfristigen Zweckmäßigkeiten beantwortet werden. Das Parlament ist jener Ort, wo jede Opposition - unabhängig von ihren Intentionen - auf eine beliebige Reformkraft reduziert wird. Schon Lenin wußte: *"Wenn die Sozialdemokratie im Grunde genommen einfach eine Reformpartei ist und den Mut haben muß, dies offen zu bekennen, dann hat ein Sozialist nicht nur das Recht, sondern muß sogar stets danach*

streben, in ein bürgerliches Kabinett einzutreten."[26] Das trifft uneingeschränkt auch auf die Grünen zu, denn was sollten sie sonst sein als eine Reformpartei. Joachim Raschke geht in dem ihm eigentümlichen kruden Realismus noch weiter und schreibt: "Man regiert mit, weil man Partei ist. *Den relativ größten Einfluß im parlamentarischen System gewinnt man über Mit-Regieren. Natürlich gibt es außerhalb des Parlaments relevanten Einfluß - dafür braucht man aber keine Partei. Wer eine Partei gründet, muß nach dem Gesetz an Wahlen teilnehmen und will sich an Regierungen beteiligen. Es brauchte ein paar Jahre, bis die Grünen dieses ABC des Parlamentarismus gelernt hatten.*"[27]

Die Koalitionsfrage bildete auch den eigentlichen chronischen Konfliktstoff zwischen den beiden westdeutschen grünen Hauptströmungen, die in der öffentlichen Debatte unter den Begriffen "Realpolitiker" versus "Fundamentalisten" firmieren. Anhand der Entwicklung des Strömungskampfes innerhalb der deutschen Grünen wollen wir in der Folge diese Auseinandersetzung kursorisch nachvollziehen.

Das Begriffspaar Realos und Fundis stammt aus der bundesrepublikanischen Diskussion und datiert ungefähr aus den Jahren 1983/84. Damals kam es im Zuge der ersten grünen Tolerierung einer SPD-Minderheitsregierung in Hessen zur Ausdifferenzierung der beiden Hauptströmungen in der Partei,[28] die einander in den folgenden Jahren immer entschiedener gegenüberstehen sollten. Wichtig ist es aber, darauf hinzuweisen, daß das Begriffspaar schon a priori einen denunziatorischen Charakter hatte, es ideologisch nur für die Realos Sinn machte. Sie sind es, die darauf ebenso stolz sind wie der Graf Leinsdorf in "Der Mann ohne Eigenschaften", *"denn Se. Erlaucht legte großen Wert darauf, kein Ideologe, sondern ein erfahrener Realpolitiker zu sein.*"[29] Jene bekannten und bekennen sich auch ausdrücklich zu diesem ihren Terminus, während die sogenannten grünen Fundis, von wenigen Ausnahmen wie Rudolf Bahro einmal abgesehen, sich als Ökosozialisten (Rainer Trampert, Thomas Ebermann, Christian Schmidt, Michael Stamm, Jürgen Reents) oder als Radikalökologen (Jutta Ditfurth, Manfred Zieran, Jan Kuhnert) bezeichneten. Der Hamburger Parteitag im Dezember 1984[30] war der erste, der ganz im Zeichen des Strömungskonflikts stand.[31] Seit einem Jahrzehnt ist diese Begrifflichkeit jedenfalls aus dem grünen Diskurs nicht mehr wegzudenken, sie hat zwischenzeitlich sogar grünes Territorium verlassen, wird relativ beliebig angewandt, wobei jedoch eines durchgängig auffällig ist: Realpolitik wird affirmiert, Fundamentalismus denunziert.

Interessant für die damalige Differenzierung war auch der Umstand, daß die radikalere Strömung in der Partei über Mehrheiten verfügte (was sich vor allem in der Zusammensetzung des Bundesvorstands dokumentierte), während die realpolitische Strömung von der Wählerschaft eindeutig favorisiert wurde (was auch in der Zusammensetzuung der Bundestags- und Landtagsfraktionen ihren Ausdruck fand).[32] Die Realos setzten also schon damals eindeutig auf die Wählerbasis, distanzierten sich ehebaldigst vom Bewegungs- und Basismythos.[33] Realpolitik bedeutet nichts anderes als Pragmatismus. Grüne Realpolitik verabschiedete sich jedenfalls bald - zuerst verschämt, dann offen - von den ursprünglichen Intentionen der Partei.[34] Heute bekennen sich die führenden grünen Realos uneingeschränkt zu den Prinzipien von Kapitalismus und Marktwirtschaft, Rechtsstaat und Gewaltmonopol, sie affirmieren überhaupt alle Werte, deren Kritik einstmals die Grünen auszeichnete, ja in ihren ersten Jahren ideologisch konstituierend gewesen war. Im Originalton von Joschka Fischer: *"Was bleibt vom linken Antikapitalismus? Nichts, wenn man die radikale sozialistische Alternative zum Maßstab nimmt und nicht die sozialreformerische Zügelung des privaten Kapitalismus hin zum modernen Sozialstaat. Der große Epochenstreit um die bessere, die gerechtere, die humanere Wirtschaftsform der Moderne ist mit dem Ende des Kalten Krieges definitiv entschieden, der sozialstaatlich domestizierte Kapitalismus und eben nicht der Sozialismus hat sich durchgesetzt."*[35] Solche Kehrtwendungen der politischen Aussagen hätten vor 15 Jahren noch als undenkbar gegolten. Den Realos geht es nicht mehr darum, Neues zu verwirklichen, sondern bloß darum, das Vorgegebene zu realisieren. Da ist jeder Funken Utopie erloschen. Möglichkeit wird mit Machbarkeit übersetzt. Und was ist leichter machbar als das bereits Eingemachte: *"Die Vernunft der Selbsterhaltung ist die Vernunft der entzauberten Moderne nach dem Ende der Utopie."*[36]

Was ist nun eigentlich die vielbeschworene Realität? *"Die Qualität als seiende Bestimmtheit gegenüber der in ihr enthaltenen, aber von ihr unterschiedenen Negation ist Realität"*,[37] schreibt Hegel. Im Unterschied zur Wirklichkeit ist sie das die Negation ausschließende Dasein, *"die Realität gilt daher nur als etwas Positives, aus welchem Verneinung, Beschränktheit, Mangel ausgeschlossen sei."*[38] *"Was real möglich ist, ist also nach seinem Ansichsein ein formelles Identisches, das nach seiner einfachen Inhaltsbestimmung sich nicht widerspricht; aber auch nach seinen entwickelten und unterschiedenen Umständen und allem, womit es im Zusammenhang steht, muß es als das mit sich Identische sich nicht widersprechen. Aber zweitens, weil es in sich mannigfaltig und mit anderem in mannigfaltigem Zusammenhange ist, die Verschiedenheit aber an sich selbst in Entgegensetzung übergeht, ist es ein Widersprechendes."*[39] Daraus folgt: a) Auch die Realität ist etwas Widersprüchliches, wenngleich das ihr Widersprechende aus ihr ausgeklammert wird; und b) Nicht alles Wirkliche ist auch real.[40] Die Wirklichkeit muß als sich stets aufhebende "Wirkungswirklichkeit", d.h. als Verwirklichung verstanden werden. Die Realität ist also die unaufgehobene Wirklichkeit, der Versuch des Sich-selbst-Verfestigens. Wirklichkeit ist so die dynamische, Realität die statische Größe des Daseins.

Genau darin liegt auch der Kern von Aufrufen, positiv zu denken oder realistisch zu sein. *"Denn primär bezeichnet dieses Wort nicht die getreue Darstellung des Wirklichen, sondern eine bestimmte Stellungnahme gegenüber dem Wirklichen: nämlich die Stellungnahme derer, die die Welt, unbekümmert um deren moralische Qualität, einfach deshalb, weil sie ist, wie sie ist, d.h.: weil sie Macht ist, bejahen und fördern. Also die Stellungnahme der Opportunisten und Komplizen, deren*

Maxime lautet: 'Seien wir realistisch'."[41] Diese Art von Realismus ist freilich nichts anderes als die Affirmation des Gegebenen. Realistisch ist den Realos, was real ist. Das klingt freilich sehr überzeugend, obwohl es in jeder Hinsicht wirklichkeitsfremd ist. Wirklichkeit wird nicht in ihrer Potentialität erkannt, sondern Realität in ihrer Faktizität wahrgenommen. Gestaltung geht vor Entfaltung. Nicht die Frage nach dem Warum der Wirklichkeit ist interessant, sondern das Grundbekenntnis zu einem metaphysischen Begriff der Realität, nach dem es sich zu richten gilt, steht im Zentrum dieser Sichtweise. Der Realismus ist letztendlich konservativ, weil er das Gegebene mit dem Vorgegebenen gleichsetzt. Seine Perspektive ist das Fortschreiben des Vorhandenen durch seine Nuancierung. Aber diese Abschätzung des Realismus korrespondiert auch mit seinen relativen Erfolgen. Erfolge, die außerhalb großer historischer Brüche und Kulminationspunkte klein, aber doch unkonkurrenziert sind. Wie sagte doch Graf Leinsdorf: *"Realpolitik heißt: Gerade das nicht zu tun, was man gerne möchte; dagegen kann man die Menschen gewinnen, indem man ihnen kleine Wünsche erfüllt!"*[42] Auch der ehemalige Parteisprecher der deutschen Grünen, Ludger Volmer, wußte vor Jahren noch über die Realos zu sagen: *"Es wird nicht mehr gemacht, was wünschbar ist, sondern gewünscht, was machbar erscheint."*[43]

Eine seriöse Begrifflichkeit, was Fundamentalismus im allgemeinen bzw. grüner Fundamentalismus im besonderen sei, suchen wir freilich vergebens.[44] Der Terminus des Fundamentalismus muß so weniger zur Charakterisierung als zur Stigmatisierung herhalten. Er ist ein Totschlagargument. Der Fundi-Fund ist daher (vor allem medial) ein beliebtes Spiel, um unliebsame gesellschaftliche Strömungen zu diskreditieren. Alles, was nicht in die kapitalistische Modernisierung paßt, von ihr nicht adaptierbar ist, ist des Fundamentalismus verdächtig. Thomas Meyer definiert ihn so: *"Fundamentalismus ist der selbstverschuldete Ausgang aus den Zumutungen des Selberdenkens, der Eigenverantwortung, der Begründungspflicht, der Unsicherheit und der Offenheit aller Geltungsansprüche, Herrschaftslegitimationen und Lebensformen, denen Denken und Leben durch Aufklärung und Moderne unumkehrbar ausgesetzt sind, in die Sicherheit und Geschlossenheit selbstkoronerer absoluter Fundamente. (....) Politischer Fundamentalismus ist Metapolitik, die aus einer absoluten Wahrheit von oben oder von innen her das Recht beansprucht, den Regeln der Demokratie, des politischen Relativismus, der Unantastbarkeit der Menschenrechte, den Gesetzen der Toleranz, des Pluralismus und der Irrtumsfähigkeit enthoben zu sein."*[45] In der gleichen Kategorie finden sich dann Pol Pot und Günther Anders, Ayatollah Chomeini und Thomas Ebermann wieder. Die entsprechende Vorgangsweise ist durchaus als haltlos zu bezeichnen, d.h., sie kennt keine Grenzen, mißt sich keineswegs an ihren Objekten, sondern ausschließlich an den eigenen Zielvorgaben.[46] Eine weitere Zuspitzung fand diese Terminologie noch in der Gleichsetzung von Fundis und Irrealos[47] durch führende deutsche Medien,[48] wo bereits im Wort die Verurteilung mitgeliefert wird. Und Joachim Raschke, dessen tausendseitiger Band über die deutschen Grünen nur so strotzt von Verächtlichkeiten gegenüber den linken Grünen[49] bei gleichzeitigem Bauchpinseln der Realos,[50] hat sogar versucht, diesen Vorwurf in eine wissenschaftliche Sprache zu übersetzen, indem er den Hamburger Ökosozialismus als *"grundlegende Pathologie"*[51] begreift. Der Widerstand gegen die realpolitische Ausrichtung der Grünen wird als psychopathisch diskreditiert, seine Träger erscheinen nicht mehr als ernstzunehmende Kontrahenten, sondern einfach krank im Kopf. Raschkes gut recherchiertes Werk leidet übrigens stark unter dieser Form von Fraktionsgeschichtsschreibung, und zwar nicht, weil das Buch aus realpolitischer Sicht geschrieben wurde, sondern weil es zur Festschrift für Fischer, Kleinert & Co. gerät, eine unkritische Apologetik vorherrscht.

Grob zusammenfassend kann man sagen, daß die linken Grünen stets ihre Opposition zum System betonten, den Kapitalismus als Grundlage der ökologischen Zerstörung ansahen, alle Varianten des Reformismus als gescheitert betrachteten[52] und Koalitionen strikt ablehnten. In ihrer Mehrheit waren sie zweifellos sozialistisch orientiert. Thomas Ebermann und Rainer Trampert schrieben: *"Die Charakterisierung der gegenwärtigen ökologischen Krise als Problem für das Überleben der Menschheit verdeckt keineswegs die Tatsache, daß die kapitalistische Gesellschaftsformation überwunden werden muß. Die gegenwärtige Zerstörung der natürlichen Lebensgrundlagen der Menschheit hängt mit den inneren Gesetzmäßigkeiten der kapitalistischen Produktionsweise zusammen. Der ihr eigene durch die Weiterentwicklungen im 20. Jahrhundert nur immer noch verstärkte Zwang zum Wachstum, zur gegenüber dem Menschen und der äußeren Natur rücksichtslos vorangetriebenen Kapitalakkumulation, entspringt nicht dem - mehr oder minder beeinflußbaren - Willen der kapitalistischen Unternehmer und der ihre Interessen vertretenen Politiker, sondern den Erfordernissen der kapitalistischen Konkurrenz. Ohne eine Überwindung der Konkurrenz - und damit der Marktwirtschaft als des letztlich entscheidenden gesellschaftlichen Zusammenhangs - ist diesem Prozeß der Zerstörung der Naturgrundlagen des menschlichen Lebens nicht mehr Einhalt zu gebieten."*[53] Über die oft zitierte "Kraft der Negation" freilich kamen diese Ansätze nicht hinaus.[54] Dieser wunde Punkt wurde von den Realos auch breit ausgeschlachtet. Hubert Kleinert urteilte schon 1986 über die Parteilinke: *"Nirgends finden sich auch nur Umrisse eines positiv angedeuteten gesellschaftlichen Entwurfs, für den die GRÜNEN stehen. Nirgends auch nur ein genauerer Hinweis darauf, wie die Wirtschafts- und Sozialverfassung der grünen Republik aussehen sollte, wie sie ihre politischen Willensbildungsprozesse organisierte, und nirgends auch nur eine Andeutung einer politischen Strategie (....)."*[55] *"Ebermann und Trampert entwickelten in ihrem Buch kein Handlungskonzept (allenfalls eine Mobilisierungsfolie); sie haben sich teils geweigert, teils sind sie daran gescheitert, ein mittelfristiges Perspektivprogramm ihrer Gruppe auszuarbeiten",*[56] schreibt Joachim Raschke.

Das Imperfekt im vorangegangenen Absatz ist übrigens alles andere als zufällig, heute finden wir jedenfalls in Deutschland und Österreich keine aktiven linksalternativen Strömungen mehr, höchstens Einzelpersonen, die eher am Rande ihrer Partei stehen. Der Abgang der *Wiener* Linken im Gefolge der Ereignisse im Vorfeld der Nationalratswahl 1986 bzw. der Hamburger Ökosozialisten 1990 erledigte endgültig jede organisierte radikale linke Position innerhalb der Grünen. Was in der Zwischenzeit alles beliebig mit der Punze des Fundamentalismus versehen wird, hat daher mit Ausdifferenzierungen der grünen Realpolitik zu tun, nicht jedoch mit einer neuerlichen Hinwendung bedeutender Parteisegmente zur Systemopposition. Diese Konflikte sind außerdem meist sehr personalistisch reduziert, d.h., entlang der Konfliktlinien geraten Einzelpersonen (Promis) aneinander (Pilz-Voggenhuber, Voggenhuber-Langthaler etc.), nicht jedoch Strömungen oder gar stabilere Parteiblöcke. Dahingehend sind auch bei den österreichischen Grünen keine innerparteilichen Gruppierungen oder gar Fraktionen mehr auszumachen. Die Mitglieder an der Basis wie an der Parteispitze haben sich weitgehend politisch individualisiert, feste Zugehörigkeiten werden immer seltener. Ebenso wird es aufgrund der flexiblen individuellen Haltungen immer unmöglicher einzuschätzen, welche Proponenten nun mehr links oder rechts im Spektrum der Grünen angesiedelt sind.

Joschka Fischer wußte es bereits 1983: *"Politisch bleibt der grüne Fundamentalismus eine einzige politische Unmöglichkeit und führt unmittelbar in den ganzen Widersinn der alten sozialistisch-kommunistischen Reform- und Revolutions-Debatten, nur daß die Entscheidung der Grünen mit der Bildung einer parlamentarischen Partei und der Akzeptanz der Parlamente de facto bereits gefallen ist."*[57] Und sein Kompagnon Hubert Kleinert ergänzt: *"Der endgültige Sieg der Fundis über die Realos war nie eine realistische Alternative. Auf Dauer konnte der Ditfurth-Flügel schon deshalb nie das operative Zentrum einer bundespolitisch erfolgreichen Partei sein, weil er in seinen Realitätsdeutungen und politischen Handlungsangeboten den Bedürfnissen von Umfeld und Anhängerschaft der GRÜNEN jenseits gelegentlicher Demonstrationen von vermeintlich aufrichtiger Gesinnungsradikalität und provokatorischer Fähigkeit zur Zuspitzung nie entsprochen hat. Denn entweder wäre die Partei danach auf den Status einer Politsekte abgerutscht oder es hätten sich immer neue Kerne von Realos gebildet. Dafür hätte schon die Beschaffenheit des politischen Systems und die wachsende Nachfrage der grünen Parlamentspolitiker auf allen Ebenen nach realitätsnahen Politikangeboten gesorgt. Zu besiegen waren immer nur einzelne Personen, nie die Realos selbst. Die definitive Niederlage ihres Politikansatzes wäre nur als Niederlage der ganzen Partei möglich gewesen."*[58] Diesen Diagnosen ist kaum zu widersprechen, man muß sich freilich fragen, was sie bedeuten bzw. ob die radikalökologische und ökosozialistische Kritik an den Realos damit auch gleich miterledigt ist. Zweifellos aber haben die Realos den Charakter der modernen Politik insgesamt und deren Aufgaben in der Gesellschaft korrekter erfaßt als ihre Gegenspieler.

Der Konflikt zwischen Parteispitze und Parteibasis, der - obzwar in abnehmender Vehemenz und Bedeutung - auch in Österreich des öfteren das grüne Sitzungsgeschehen beherrscht, ist aber nur am Rande als Fundi-Realo-Auseinandersetzung deutbar.

Er folgt weniger der vertikalen Strömungsachse als den horizontalen Hierarchien in der Partei, ist ein Streit zwischen oben und unten. Die Funktionärsbasis verharrt oftmals in einem bloß bekennerischen Scheinradikalismus. Dessen Dilemma offenbart sich darin, daß er sich in allen sogenannten Sachfragen nicht äußert, diese den Fachleuten und den zuarbeitenden Apparaten (Klubsekretariaten) überläßt. Er hat keine Alternativen, sondern bloß ein schlechtes Gefühl dabei, was Promis und Experten so von sich geben. Der Vorwurf, eigentlich nicht politikfähig zu sein, wie er von den grünen Promis gegenüber der grünen Basis immer wieder geäußert wird, ist nicht von der Hand zu weisen, er stimmt. Freilich gilt es dabei aber auch andersherum zu betonen, daß seitens der Promis kaum Anstrengungen unternommen werden, die Basis in ihrem Sinne "politikfähiger" zu machen. Diesen mühsamen Prozeß scheuen sie, er wäre konfliktreich, und man wüßte nicht, was hinten herauskäme. Außerdem, wer liebt schon zusätzliche Konkurrenz beim Gerangel um die Mandate? So verhalten sich die grünen Promis gegenüber der grünen Basis mit traditioneller Arroganz. Nach der Methode: "Friß Vogel, oder stirb!" wird da mit dem Fußvolk verfahren.

So stehen Promis und Basis des öfteren auf Kriegsfuß miteinander, aufeinander angewiesen, machen sie sich gegenseitig das Leben schwer. Die Basis ist nicht ganz verzichtbar, geschweige denn vernichtbar. Nicht alle untergeordneten Tätigkeiten können monetarisiert, auf weisungsgebundene Angestellte abgewälzt werden. Die Basisfunktionäre sind die eingelagerten Gratisarbeiter, ihr politisches Dasein ist vergleichbar den Arbeitsbienen. Weiters werden sie benötigt als Manövriermasse und Legitimationsinstanz bei Kämpfen im Parteiestablishment. Vor allem Mitglieder der Elite, die dort an den Rand gedrängt werden, besinnen sich in solchen Momenten der Parteibasis, bitten sie um Hilfe und Intervention (z.B. Johannes Voggenhuber nach seinem Sturz als Klubobmann). Ihre Mobilisierung trügt jedoch, sie trägt nicht das, was von ihr beschlossen werden kann. Im Gegenteil, die Basisaufstände, so erfolgreich sie auch manchmal erscheinen, sind meist Rückzugsgefechte, zeigen nur an, daß der Durchschnittsaktivist mit der Geschwindigkeit der Anpassung nicht schritthalten kann und will, obwohl er dann doch muß. An der Richtung ändert das nie etwas. Objektiv sind die Basismitglieder daher Bremsklötze, auch wenn sie subjektiv meinen, Alternativen zum herrschenden Kurs der Parteispitze zu besitzen. Setzen sie Abstimmungssiege in wichtigen Fragen durch, so sind ihre Beschlüsse und Resolutionen meist nicht einmal das Papier wert, auf dem sie stehen. Schon die nächste Presseaussendung kann über sie hinwegschreiten, als sei nichts gewesen. Ohne die Promis sind die Basisaktivisten aber nichts, nur mit ihnen gemeinsam können sie bestehen. Daher ist auch die gegenseitige Abhängigkeit keine gleichgewichtige. Fluktuationen und Reibereien in der Promi-Riege erschüttern die grüne Partei zweifellos mehr als Eliminierungen oder Substitutionen von Basissegmenten. Letzteres steckt die Grüne Alternative ohne weiteres weg. Innere Attraktivität und äußere Attraktivität der Partei müssen sich keineswegs entsprechen.

Für die österreichische Debatte rund um die Grünen und ihre Politik hilft die Einteilung in Realpolitiker und Fundamentalisten kaum weiter, schon alleine deshalb, weil es letztere nicht gibt, obwohl man sie immer wieder findet. Wenn überhaupt, dann können wir nur lose Cliquen ausnehmen. Im Zuge der Debatten um die letzte Parteireform führte das zur Herausbildung zweier Tendenzen, der Promigruppe und der Funktionärspartie. Die Personifikation der Promipartie ist Peter Pilz, hinter dem die Mehrheit des Parlamentsklubs steht. Wobei man diese Strömung nicht als Fraktion denken darf. Pilz regiert hier eher bonapartistisch über die Medien, als daß er konspirativ einen Kurs vorgibt. Ihr Ziel ist die linksliberale ökologische Honoratioreninitiative. Es gilt, die Partei zugunsten einzelner Projekte und Aktionen, die von einigen wenigen Führern ausgesucht und präsentiert werden, zurückzudrängen. Dagegen wehren sich Johannes Voggenhuber und einige gewichtige Bundesfunktionäre wie Franz Floss oder Doris Pollet-Kammerlander. Ihre inhaltliche Ausrichtung ist zu der von Pilz nicht so verschieden, sie vertreten aber ein konventionelles Parteikonzept, das sich nach Statuten und Geschäftsordnungen richtet und auch die Mitsprache der Aktivistenbasis weiterhin gewährleisten will. Nicht zu Unrecht orten sie im Gros der Parteileute, der Funktionäre, auch ihre eigene Stärke.

Daß die österreichischen Grünen keine Fundis sind, hat sich zwischenzeitlich auch schon in der Sozialwissenschaft herumgesprochen,[59] daß die Medien (aber auch andere gesellschaftliche Kräfte) immer wieder ihre Fundis brauchen, auch um erfolgreich in bestimmte Entscheidungen der Grünen Alternative einzugreifen, steht auf einem anderen Blatt. *"Der Fundi-Feind ist eine beliebte Zielscheibe, der Fundi-Fund eine selbstverständliche mediale Pflicht. Und sie werden immer fündig. Ganz fad wäre es, könnte nicht irgendwo eine oder einer ausgemacht werden. Wer da nicht schon aller vor und nach dem Schani (Margulies) zum Handkuß gekommen ist: Haslauer, Srb, Gronner und jetzt sogar Voggenhuber. Man glaubt es kaum. Es ist nicht ernst zu nehmen. Aber es steht geschrieben."*[60]

8. DIE GRÜNEN ALS ÜBERGANGSPROJEKT

Die abschließende Frage ist jene nach dem gesellschaftlichen Charakter der Grünen. Was sind die Grünen? Wie sind sie historisch einzuordnen? Wo liegen ihre Möglichkeiten, wo ihre Grenzen?

Bevor wir die Grünen nun einschätzen, ist es wichtig zu klären, was wir unter Emanzipation und gesellschaftlichem Fortschritt verstehen. *Emanzipation* bedeutet für uns die Befreiung von äußeren Zwängen, eine Transformation dieser hin zu gesellschaftlichen Gesetzen. Emanzipation ist als qualitative Möglichkeitserweiterung zu verstehen. Es geht in ihr um eine Aufwertung des Subjekts im objektiven Geschehen. Dialektik des Fortschritts meint, daß die neuen Möglichkeiten wieder zu Notwendigkeiten werden, Freiheit und Zwang sich überschneiden, es das eine ohne das andere real nicht gibt. *"Freiheit ist einzig in bestimmter Negation zu fassen, gemäß der konkreten Gestalt von Unfreiheit. Positiv wird sie zum Als ob."*[1] Freiheit ist nur als Befreiung möglich. *"Als Möglichkeit des Subjekts ist der intelligible Charakter wie die Freiheit ein Werdendes, kein Seiendes. Er wäre verraten, sobald er dem Seienden durch Deskription, auch die vorsichtigste, einverleibt würde."*[2] Aber trotzdem kann die Freiheit sich nie über die Einsicht in eine bestimmte Notwendigkeit erheben, sie ist immer eine mögliche Sollpflicht, nicht Willkür. *"Die Freiheit kann auch abstrakte Freiheit ohne Notwendigkeit sein; diese falsche Freiheit ist die Willkür, und sie ist eben damit das Gegenteil ihrer selber, die bewußtlose Gebundenheit, leere Meinung von Freiheit - bloß formelle Freiheit."*[3]

Und doch gibt es kein Zurück hinter den erreichten Fortschritt, mag man seine destruktiven Momente, ja Prinzipien auch zu Recht kritisieren. Die Menschheit muß durch diese hindurch, ihre Ziele liegen dahinter, nicht davor. Darin besteht auch der qualitative Unterschied zwischen Fortschritt und Modernisierung. *Fortschritt* meint ein Darüberhinausgehen, *Modernisierung* hingegen bedeutet ein bloßes Weitermachen. Ersterer betont die qualitative Dimension der Zeit, letztere die quantitative. Fortschritt ist auch heute noch, und das trotz aller dialektischen Brechungen, in der gleichen emphatischen Weise zu formulieren wie dies einer der ersten großen Denker der abendländischen Aufklärung, Gottfried Wilhelm Leibniz, getan hat. Dieser schreibt: *"Es muß im Ganzen auch ein gewisser stetiger und durchaus freier Fortschritt des ganzen Universums zur Schönheit und Vollkommenheit aller göttlichen Werke anerkannt werden, so daß die Kultur immer höher wird, wie ja in unserer Zeit ein großer Teil unserer Erde Kultur erhalten hat und mehr und mehr erhalten wird. Und wenn es auch wahr ist, daß mitunter manches wieder ins Holz wächst oder wieder zerstört und unterdrückt wird, so muß man dies doch so auffassen, wie wir wenig vorher die Schicksalsschläge gedeutet haben, daß nämlich die Zerstörung und Unterdrückung zur Erreichung eines Höheren führt, so daß wir auf gewisse Weise selbst aus dem Schaden Nutzen ziehen. Wenn man aber einwenden könnte, auf diese*

Weise müßte die Welt offenbar schon längst ein Paradies geworden sein, so ist darauf die Antwort zu geben: Wenn auch viele Substanzen schon zu großer Vollkommenheit gelangt sind, so sind doch - wegen der unendlichen Teilbarkeit des Kontinuums - die im Abgrunde der Dinge noch schlafenden Teile zu erwecken und zu etwas Größerem und Besserem, mit einem Worte: zu einer besseren Kultur hinzuführen. Folglich wird der Fortschritt nie zu einem Ende gelangen."[4]

Die Bewegungen substantiell neuer Qualitäten sind schon in Ansätzen da, sie wissen nur noch nichts von ihren Aufgaben, ihrer historischen Mission. Sie suchen vorerst ihr Heil in Neuauflagen des Alten, ihr Denken und Handeln ist völlig im bürgerlichen Horizont und seinen Kategorien befangen. Über den gesunden Menschenverstand kommen sie nicht hinaus. Sie verstehen es nicht, die neuen Widersprüche zu verinhaltlichen, d.h. ihre Momente in der Dimension ihrer gesellschaftlichen Beinhaltungen zu erkennen und zu formulieren. Sie kämpfen gegen Phänomene, die sie ganz metaphysisch abstellen möchten. Neuartigkeit und Vehemenz der Probleme äußern sich aber auch darin, daß es erstmals einer Institutionalisierung dieser Bewegungen und ihrer politischen Ausformungen in den parlamentarischen Gremien bedurfte. Der Integrationsaufwand, auch wenn er sich zwingend vollzog, war nach dem 2. Weltkrieg noch nie so groß. Dahingehend sind die Grünen eine Kraft, die nicht mehr außerparlamentarisch, d.h. ausschließlich medial oder ideologisch integriert und erledigt werden konnte. Daraus ist aber bloß eine neue Qualität der ökologischen Dimension, nicht aber ihres politischen Arms, der Grünen, abzuleiten. Insofern liegt in der Ökologiebewegung und ihren politischen Ausdrücken mehr Substanz als in allen anderen gesellschaftlichen Bewegungen der Nachkriegszeit, die ja nur Abkömmlinge und Nachläufer der Arbeiterbewegung gewesen sind (vgl. Kapitel I-4). Eine Schwäche des Systems äußert sich darin, daß mit den Grünen eine neue Partei zugelassen werden mußte, die Resorptionsfähigkeit der alten Institutionen nicht mehr ausreichend war, ja daß sogar Jahre vergingen, die Grünen zweckentsprechend zu standardisieren, sie zu einer absolut gesellschaftskonformen, systemimmanenten Kraft umzuformen. Was wir also konstatieren, ist nicht nur die Zwangsgesetzlichkeit dieser Normierung, sondern auch die besondere Mühsal dieses Prozesses. Das Arsenal, das dafür aufgeboten werden mußte, war beträchtlich.

Sind die Grünen nun eine emanzipatorische Kraft oder nicht? Die Beantwortung dieser Frage hängt vom Begriff der Emanzipation ab. Innerhalb der bürgerlichen Gesellschaft spielen die Grünen eine durchaus progressive Rolle, sind ihre reformerischen Leistungen nicht zu leugnen und nicht zu unterschätzen. Sie sind auf alle Fälle die politische Übersetzung dynamischerer Momente der gesellschaftlichen Bewegung. Sie sind weiters die offenste und interessanteste Gruppierung des gegenwärtigen politischen Systems, unterstützen und finanzieren wichtige Projekte, sind zentrale Anlaufstelle für relevante Beschwerden und Anliegen, versorgen eine Menge kritischer Leute mit Jobs. Damit ist der Lobgesang aber schon zu Ende, auch deshalb, weil in den obigen Zeilen nur der progressive Charakter, nicht der integrative zenarios herausgehoben wurde. Darüberhinaus jedenfalls haben die Grünen absolut nichts zu bieten, wesentliche Unterschiede zu etablierten ... , Werten und Herangehensweisen sind nicht feststellbar. Jeder, der ... rdert, ist an der falschen Adresse. Die Grünen sind, immanent betrachtet, eine reformerische und progressive Formation, während eine historische Sichtweise sie als konservativ einstufen muß.

Was die Grünen kennzeichnet, ist die mehrmals schon angesprochene (vgl. Kapitel III-4, III-5, III-7) grenzenlose Hochschätzung und Überschätzung der Politik als Formprinzip gesellschaftlicher Kommunikation, und das gerade in einer Phase, wo deren Hilflosigkeit und Unzuständigkeit immer deutlicher wird. Die Grünen sind politikgläubig. Grundlage davon ist eine völlig idealistische Sicht des menschlichen Individuums. Sie nehmen das Gute im Wollen der Menschen für bare Münze, glauben, daß die Absichten die die Menschen bewegenden Momente sind, daß jene nicht bloß abgeleitete und umgeleitete Versatzstücke des ideologischen Überbaus darstellen. Ohne materielle Basis scheitert freilich jedes Wollen am Können. Dieser dem bürgerlichen Individuum immanente und notwendige Selbstbetrug wird von den Grünen wahrlich nicht durchschaut. So sind dann auch dicke Broschüren des Parlamentsklubs erklärbar, in denen auf unzähligen Seiten den etablierten Politikern nachgewiesen wird, daß Absicht und Handeln bei diesen nicht zusammengehen. Das Ganze trägt den bezeichnenden Titel "Versprochen und gebrochen".[5] Schon Machiavelli wußte über die Grundsätze der Politik: *"Ein kluger Machthaber kann und darf daher sein Wort nicht halten, wenn ihm dies zum Schaden gereichen würde und wenn die Gründe weggefallen sind, die ihn zu seinem Versprechen veranlaßt haben."*[6] Interessanter als anzuklagen, daß Absicht und Handeln einander nicht entsprechen, wäre zu zeigen, warum sie sich oft nicht entsprechen können bzw. warum sie sich widersprechen müssen. Ideologie wird bei den Grünen ausschließlich als Entsprechung, nicht als falsches Bewußtsein erfaßt. Für Erich Kitzmüller, der hier sicher für die Grünen insgesamt spricht, ist die Politik jedenfalls keine abhängige Größe, sondern Ursache, *"die einzige Quelle einer praktikablen Freiheit."*[7] Wer Politik so positioniert, der ist von ihrer Allmacht und Allzuständigkeit zutiefst überzeugt.

Fassen wir hier noch einmal unsere Sicht der Politik zusammen: Politik ist jenes Medium, das die gesellschaftlichen Ergebnisse und Resultate in rechtliche und budgetäre Formen gießt, natürlich auch Korrekturen vornimmt, kurzum ein Ausloten der Möglichkeiten rund um die Notwendigkeiten. Diese Möglichkeiten verlassen jedoch nie den vorgegebenen Rahmen der Notwendigkeiten, können ihn nicht sprengen. Politik ist die allgemeinste Form des staatlichen Reinterventionismus. Reinterventionismus deshalb, weil dieser primär reaktiv, nicht aktiv vollzogen wird. Primär gilt: Politik folgt der Gesellschaft, nicht umgekehrt. In den unterschiedlichsten Ausformungen eines akzentuierten Wollens (Parteien, Verbände, Bewegungen etc.) fluktuiert sie stets um die realfiktive gesellschaftliche Gesamtnotwendigkeit. Politik, in welcher Weise auch immer, ist nichts anderes als die Festsetzung von geringfügigen Abweichungen gesellschaftlicher Vorgaben. Dieser Umstand kommt heute immer mehr zu sich, wurde bisher allzusehr durch die Scheindominanz verschiedenster Ideologien verschleiert. Politik kann als Form gar nicht "grundsätzlich" oder "prinzipialistisch" sein, sie ist a priori Kompromiß. Dahingehend hat Hubert Kleinert schon recht, wenn er meint, es gehe nicht an, *"Politik ständig als Kampfplatz von Prinzipien zu mißdeuten."*[8] Aber nicht so sehr, weil es eben verschiedenste politische Kräfte gibt (die ja selbst nichts anderes sind als der Ausdruck dieser Fluktuationen), sondern weil die gesellschaftliche Dominanz so determinierend ist, daß sie nur geringfügige Abweichungen duldet. Lassen wir politische Absonderlichkeiten wie den Obskurantismus und das Sektenwesen beiseite - deren Politik kommt ja letztlich nie durch eine Praxis zu sich, bleibt rein deklamatorisch -, dann sind politische Differenzen überhaupt nichts anderes als verschiedene Umschreibungen von normativen gesellschaftlichen Zwängen. Eine prinzipiell andere Politik ist somit ausgeschlossen, ein Widerspruch in sich. Revolutionäre oder emanzipatorische Politik ist unmöglich, kann es strenggenommen per definitionem nicht geben. Eine grundsätzlich andere Kommunikationsform hat somit erst Chancen, wenn die gesellschaftlichen Zustände sich selbst umwälzend aufheben. Alles andere sind voluntaristische Proklamationen, die sich stets an der Realität blamieren. Was den deutschen und österreichischen Linksgrünen auch unübersehbar passiert ist. Das Tun des Politikers ist ein Können, kein Wollen. Mehr Fertigkeit denn Handlung, mehr Handwerk denn Kreation, mehr Verwaltung denn Gestaltung. Instinktiv haben die meisten Politiker das auch begriffen, selbst wenn das Subjekt die deutliche Kapitulation vor den Verhältnissen nicht reflektieren will. So ist es auch verständlich, daß der Durchschnittspolitiker, der oft aus durchaus idealistischen Motiven in die Politik eingetreten ist, meist zu einem abgeklärten und zynischen Typus Mensch wird. Es ist die unreflektierte Ohnmacht, die er empfindet und doch nicht wahrhaben will. Freiheit und Gewissen, zumindest wie er sie zu denken gelernt hat, sind somit Schimären, nicht Wirklichkeit.

Zweifellos: Keine Partei hat in den letzten Jahren die Themen so bestimmt wie die Grünen. Oder korrekter: Was die Grünen bestimmte, bestimmte ebenfalls die Fragen der Politik. Dagegen spricht übrigens auch nicht, daß konjunkturell sich andere Themen (EU-Beitritt, Jugoslawischer Sezessionskrieg, Ausländerfrage etc.) vorschieben, strukturell werden die ökologischen Fragen trotz aller medialen Unterbrechungen immer beherrschender. Die Grünen geben die Themen vor, aber sie geben nicht die Inhalte an. Außer einigen Sachargumenten haben sie nichts vorzubringen. Ihre thematischen Vorgaben sind nur konzeptionelle Eingaben an die Politik, und daher auch leicht zu übernehmen. *"Die traditionellen Parteien begannen die von den Grünen aufgebrachten Themen aufzunehmen und teilweise in sehr halbherzige Reformschritte umzusetzen",*[9] schreibt Luise Gubitzer. Abgesehen davon, daß nicht die Grünen die Themen, sondern die Themen die Grünen aufgebracht haben, was soll dieser Vorwurf eines Themenraubs? Themen haben a priori einen gesellschaftlichen, was meint: sozialisierten Charakter, sie gehören niemand Bestimmtem. Eigen können fürs erste nur Antworten sein. Wenn die grünen Antworten nun so obligat und anschlußfähig waren, daß sie beliebig enteignet und zurechtgestutzt werden konnten, so spricht das ja nur gegen die Potenz ebenjener. Eine Partei kann jedenfalls nicht davon ausgehen, daß ihr Themen gleich Nachtkästchen gehören, daß bunte Federn ausschließlich grüne Köpfe zieren. Grüne Antworten sind jedenfalls von der Beschaffenheit, daß sie auch rote, schwarze und blaue sein könnten. Dahingehend ist auch der Schritt hin zu einer *"rot-grün-schwarz-blau gemusterten oppositionellen Sammelpartei",*[10] wie der Journalist Josef Votzi sie bezeichnete, durchaus ein schlüssiger. In den elementaren Bereichen der Werte und Sichtweisen sind jedenfalls keine essentiellen Differenzen zwischen den Grünen und den anderen politischen Kräften auszumachen. So das banale Ergebnis dieses Abschnittes.

"Grün ist links? Grün ist alternativ? Das ist Unsinn! Grün ist die berechtigte Kritik an den Mißständen in der Industriegesellschaft. Grün ist die radikale Reform zugunsten der Menschen und der Umwelt."[11] Soweit Peter Pilz, der "*ehemalige Linke*"[12] (Eigendefinition), im Wiener Gemeinderatswahlkampf 1991. Grüne Kritik orientiert sich zweifelsfrei an den Mißständen, nicht an den Zuständen. Im grünen Gedankenspiel, das immer zwischen den Polen von Norm und Wirklichkeit pendelt und deren fehlende Identität zum Anlaß nimmt, permanent "Skandal" zu schreien, geht jedes mögliche Denken über die aktuelle Notwendigkeit der momentanen Wirklichkeit unter. Ganz idealistisch hält man der Gesellschaft und ihrer Politik die staatsbürgerlichen Selbstbeschreibungen vor. Die Programmatik verflüchtigt sich im grünen Alltagsgeschäft, wird ersetzt durch das Investigieren. "Wo können wir etwas aufdecken?" ist spätestens seit dem Lucona-Ausschuß 1989 die primäre Frage grüner Akteure. Jeder wäre gern ein politischer Worm, doch nur der Pilz hat es bisher geschafft. Dieses rein phänomenologische Suchen blendet stets die bestimmenden Kriterien des zu Findenden aus. Die Gesellschaftskritik wird dadurch einseitig und nutzlos, eben weil sie sogar hinter den Erfahrungshorizont der Menschen zurückfällt und ihn nicht, was ein emanzipatorischer Anspruch sein müßte, erweitert. Die Dialektik von Konstruktivität und Destruktivität der Gesellschaft wird in dieser Form nicht wahrgenommen. Entweder man ist dafür, oder man ist dagegen, lautet das allgemeine metaphysische Credo des grünen Politikverständnisses. Eindeutigkeiten werden erfaßt, wo nichts eindeutig ist. Keinen Deut kümmert man sich um die Vielseitigkeit der uns bewegenden Basisprozesse und des Überbaus. Die Realität rächt sich an diesem Unverständnis bitter. Es ist kein Zufall, daß mit fortschreitender Etablierung hinter dem radikalen Negierer und Nestbeschmutzer - und wiederum unvermittelt - der metropolitane Yuppie hervorblickt; und in der Folge sich Sprachgebrauch, Habitus und Inhalte der etablierten Politik anpassen. Man denke bloß an Joschka Fischer oder Peter Pilz. Grüne kennen nur Positivierung und Negation in ihrer Sichtweise. Beide Seiten begreifen Momente der gesellschaftlichen Wirklichkeit, moderieren Mosaiksteine derselben, manchmal sogar zu schlüssigen Wahrheiten

hin. Aber eben unvermittelt, nicht aufgehoben in einem höheren Dritten - einer radikalen Gesellschaftskritik auf hohem theoretischen Niveau -, verkommen diese zu reinen Banalitäten, die, selbst wenn sie stimmen, nicht weiterhelfen. Die obligaten Antworten desavouieren dann oftmals die gestellten Fragen. Die Politik der Grünen ist geprägt von moralischem Praktizismus. Strukturen werden nicht erklärt, sondern Tatsachen bejammert; Institutionen nicht in ihrer Funktion begriffen, sondern angeprangert. Ihre Kritik kommt über das Räsonieren, über die Freiheit vom Inhalt und die Eitelkeit über ihn, wie Hegel es treffend bezeichnete,[13] nicht hinaus.

Über den gesellschaftlichen Charakter der *Grünen* ist man sich heute im wesentlichen einig. Unterschiedlichste Autoren kommen zu ähnlichen Ergebnissen. Für Robert Kurz sind die *Grünen* der letzte Ausläufer der 68er-Bewegung, die negative Auflösung derselben: *"Der wahre Inhalt jener vorgeblichen Organisations- und Klassenfrage enthüllte sich dann Ende der 70er Jahre in der beschleunigten Metamorphose zum grünen Kleintierzüchterverein mit allen Attributen der bürgerlichen Rechts- und Politikform; bis hin zur Lächerlichkeit ein grün angestrichenes Revival des alten Sozialdemokratismus unter neuen Bedingungen."*[14] Was Robert Kurz hier kritisch kommentiert, unterscheidet sich wenig von dem, was auch Hubert Kleinert feststellt, wenngleich dieser für den Prozeß der Normalisierung nur lobende Worte finden kann. Kleinert positioniert die *Grünen* jedenfalls unmittelbar in der Nähe der Sozialdemokratie, schreibt: *"Die Grenzen zwischen SPD und GRÜNEN sind in den letzten Jahren eher noch fließender geworden."*[15] Sozialpolitisch etwa haben die Grünen, so Kleinert bereits 1986, nur radikalisierte sozialdemokratische Varianten zu bieten.[16] Die Affinität zur Sozialdemokratie ist unübersehbar, sie reicht sogar weit in den Bereich der persönlichen Kommunikation.[17] Die Wähler sehen so auch zu Recht keine fundamentale Differenz mehr zwischen SPD und Grünen.[18] Legt man dem eine konventionelle Terminologie zugrunde, so könnte man sagen: Die Grünen sind eine linksliberale ökologische Partei. Gerade darin liegt auch die bescheidene politische Perspektive der Grünen, eben in einer Koalition mit der Sozialdemokratie. Schwarz-grün bzw. Ampelkoalitionen (rot-gelb-grün) sind damit nicht ausgeschlossen, sie werden jedoch die Ausnahme von der Regel bleiben. Über kurz oder lang werden die Grünen in die Rolle des klassischen Mehrheitsbeschaffers schlüpfen.

Joachim Raschke schreibt treffend: *"Die Grünen sind eine Wählerpartei. Der Anteil der Mitglieder an den Wählerinnen betrug 1987 1,3% - der niedrigste Organisationsgrad aller im Bundestag vertretenen Parteien."*[19] Das trifft auch uneingeschränkt auf die Grüne Alternative zu. Nicht jedoch teilen möchten wir die folgende Feststellung Raschkes: *"Die Mitgliederfrage ist für die Grünen ein Überlebensproblem."*[20] Was die Grünen brauchen, sind stabile Apparate (Sekretariate, Experten, Zuarbeiter), jedoch keine klassische Mitgliederbasis. Wie sich zeigte, ist diese den realpolitischen Vorhaben eher hinderlich. Aus dem Umstand heraus, daß die Grünen Menschen brauchen, ist jedenfalls nicht zu schließen, daß sie bedürftig nach Mitgliedern sind. Je loser die Zusammenhänge unterhalb (nicht zu verwechseln mit: innerhalb) der Parteieliten sind, desto günstiger für diese. Die Grünen sind weder Mitgliederpartei noch Volkspartei, sondern eben Wählerpartei und Rahmenpartei. Über letztere schreibt Raschke: *"Rahmenpartei charakterisiert eine 'schwache' Partei im Verhältnis zu einer 'starken' Klientel-Umwelt, über die sie wenig Kontrolle hat. (....) Sie ist keine Integrationspartei, kein Gehäuse, sondern eine Brücke zwischen einem spezifischen, in besonderer Weise mobilisierten Sektor der Gesellschaft und den zentralen Politikstrukturen."*[21] Die Grünen sind für ihn ein *"postindustrielles Korrektiv"*,[22] *"ihre Chance liegt in der Korrektur und Gegensteuerung."*[23] *"Die postindustrielle Rahmenpartei ist keine in irgendeinem Sinne revolutionierende oder Jahrhundertpartei. Sie ist und bliebe auch als Partei mittlerer Größe Sektoralpartei."*[24] Kurzum: *"Die Grünen sind ein Umbau-, kein Neubau-Projekt der Gesellschaft."*[25] Sieht man vom postmodernen Vokabular ab, dann ist dieser Beschreibung weitgehend beizupflichten. Die Aufgaben der Grünen haben beschränkten Charakter, ihre historische Rolle ist beschränkt, sie sind eine interessante Fußnote am Ende des ausgehenden bürgerlichen Zeitalters. Die Grünen sind kein neues gesellschaftliches Lager, allerhöchstens ein Zeltlager am Rande der Metropolen.

Ali Gronner war übrigens einer der ersten innerhalb der österreichischen Grünen, der dies auch dezidiert ausgesprochen hat. Er konstatierte bereits 1988: *"Die Grünen sind zur vierten etablierten Partei geworden. (....) Der Entschluß zur Teilnahme an Wahlen (....) bedingt bereits die Unterwerfung unter die Logik von Wahlkämpfen, als da sind Ziel der Stimmenmaximierung, Akzeptanz gesetzlich regulierter Modalitäten, Entscheidung zur Organisationsform der Partei etc. Mit dem Durchbruch, den das Erreichen einer parlamentarischen Vertretung darstellt, hat sich die Entwicklung hin zu einer 'normalen' etablierten Partei gewaltig beschleunigt."*[26] Da hilft es wahrlich wenig, wie das der Parteilinke Dieter Schrage getan hat, dem trotzig entgegenzuhalten: *"Ich mag nicht bis '4' zählen!"*[27] Gronners Positionierung der Grünen als *"die liberal-alternative Partei der radikalen Mitte"*[28] ist trotz ihres sperrigen Titels ungefähr zutreffend, einzig das Wort "alternativ" könnte zu Mißverständnissen führen. Dieser Begriff ist alles andere als eindeutig, er wurde und wird so inflationär und beliebig verwendet, daß man sich vor ihm hüten sollte (vgl. Abschnitt IV.).

Ein weiteres Charakteristikum der Grünen ist ihre äußere Abhängigkeit. Nicht, daß die anderen Parteien das nicht auch wären, soll hier behauptet werden, doch ist deren Abhängigkeit viel mittelbarer, nicht so unmittelbar wie jene der Grünen. Die Leine, an der diese hängen und die auf den ersten Blick als die mediale ins Auge sticht, ist besonders kurz. Weniger als andere politische Kräfte gehören sie sich selbst. Mehr als die anderen sind sie politisch und ideologisch an die Medien gekoppelt wie materiell vom Staat abhängig. Letzteres meint, daß keine Partei in ihren Finanzen prozentuell so von staatlichen Geldern abhängig ist wie die Grünpartei. Gäbe es keine Parteienfinanzierung - eine Forderung, wie sie die Grünen in populistischer Manier früher oftmals stellten -, könnte die grüne Partei wahrscheinlich nicht einmal einen

Notbetrieb aufrechterhalten. Was ja wiederum nur dokumentiert, daß ihre Autonomie von Medien und Staat, von Markt und Politik nicht einmal mehr eine relative ist. Die Grünen sind fester Bestandteil: Pars toti und somit natürlich auch pro toto.

Was für uns in diesem Abschnitt besonders wichtig war, war so nicht die Herausarbeitung der quantitativen Differenzen zwischen den Grünen und ihren Kontrahenten, sondern die Betonung der qualitativen oder substantiellen Identität ihrer Politiken. Das Integrative stand so im Zentrum der Analyse. Bereits mehrmals konstatiert wurde die strikte Immanenz des grünen Projekts in seinem Verhältnis zu der es bildenden Gesellschaftsformation. Nichts, aber auch gar nichts verwies bei der inhaltlichen Aufarbeitung darauf, daß sich aus dieser politischen Kraft fundamental neue Ansätze entwickeln könnten bzw. diese dort zumindest auf der theoretischen Ebene antizipiert werden. Sowohl was Programmatik als auch was Struktur betrifft, war es wichtiger, das Gemeinsame zu betonen als die geringfügigen Differenzen ausführlich zu exemplifizieren.

Die parlamentarische Existenz der Grünen kann vorerst als gesichert gelten. Sie leben von den kleinen und großen ökologischen Mißständen, nicht jedoch, weil sie neuartige Konzepte oder Programme zu bieten hätten. Mittelfristig sind sie der Garant unausweichlicher ökologischer Systemkorrekturen. Historisch sind die Grünen freilich ein spätes Kind des Parlamentarismus, ein Nachzügler, der nicht mehr groß und alt werden kann. Die grüne Partei ist ein Verschleißprojekt des ausgehenden bürgerlichen Zeitalters, ein Übergangsphänomen (und somit auch ein Untergangsphänomen!) von der alten Epoche in eine neue, deren Konturen sich freilich erst unscharf abzeichnen, deren Momente sich erst allmählich aus der alten Hülle herausbilden können (vgl. Kapitel I-2). Die Resonanz der Grünen ist so eine doppelte: Sie sind einerseits aktuell durch keinerlei taktische Schachzüge eliminierbar, was meint: ihre konjunkturelle Größe ist gesichert; andererseits spricht nichts dafür, daß sie Zukunft haben, d.h. eine Qualität aufweisen, die Künftiges praktisch oder theoretisch vorwegnimmt. Wie es heute unmöglich ist, die Grünen aus dem politischen Spiel zu beseitigen, so ist ihr Ende nicht aufhaltbar. Dieses Finale wird aber zweifellos nicht nur die Grünen betreffen, sondern ist Ausdruck des Verfalls von Parteien und Politik, Parlamentarismus und Demokratie überhaupt.[29] Die Grünen sind jedenfalls keine konstituierende Größe einer nachkapitalistischen Gesellschaftsordnung. Dahingehend sind sie auch kein Zwitterwesen, dessen gesellschaftlicher Charakter noch nicht entschieden wäre oder sich gegebenenfalls wandeln könnte.

Die Domestizierung der Grünen ist jedenfalls in ihrer Endphase, kann als weitgehend abgeschlossen gelten. Ihre Kompatibilität zum Gesellschaftssystem steht außer Zweifel. Die Grünen sind weder originär noch originell. Es gibt keine eigenständige grüne Identität, so authentisch manche Träger auch erscheinen. Die Grünen sind identisch mit dem Herkömmlichen, eine Variante desselben, Korrektiv und Nuance. Ganz unzufällig erleben wir zur Zeit auch die Übersetzung dieser objektiven Identität in subjektive Identifizierungen. Die Grünen sind Avantgarde der kapitalistischen Modernisierung, nicht Alternative zu ihr. Sie sind die Partei der historischen Reprisen, die letzte Ausgabe des Alten, nicht die erste Auflage des Neuen, nicht das andere Österreich, sondern dasselbe in Grün.

IV. ABSCHNITT
METHODOLOGISCHE NACHGEDANKEN ÜBER GEGENSTAND, FORSCHUNG UND INHALT

1. CHARAKTER DER ARBEIT

Unsere Studie unterscheidet sich fundamental von der obligaten Parteienforschung und Parteiengeschichtsschreibung in Österreich.

Wir wollen in der Folge die Arbeit noch einmal reflektieren, unsere Vorgangsweise erläutern und methodische Differenzen begründen. Eine umfassende und systematische Methodenkritik der österreichischen Parteienforschung konnte hier nicht explizit geleistet werden, ist aber exemplarisch im Text durchaus nachzuvollziehen. Was uns an ihr am meisten stört, ist die rein empirische Aufarbeitung, die hauptsächlich darin besteht, Tabellen zu veröffentlichen und sie anschließend nachzuerzählen, kurzum: die Trockenheit dieser bescheidenen Wissenschaft. Abgrenzen wollten wir uns sowohl von der positivistischen Normierung von Wissenschaft wie auch von der früher üblichen marxistisch geprägten Ideologiekritik. Wir gehen davon aus, daß diese beiden Stränge abendländischen Wissenschaftsverständnisses allmählich obsolet werden, sich nur noch in faden Ergüssen reproduzieren und außer auf der Mikroebene, in die sie sich zunehmend flüchten, ja flüchten müssen, wenig anzubieten haben. Die Inflationierung wissenschaftlicher Detailanalysen verdeutlicht die Krise der Sozial- und Geisteswissenschaften schlechthin. Wobei die Krise des Marxismus offensichtlich ist, während seine Gegenspieler sich irrtümlicherweise eines ideologischen und theoretischen Sieges erfreuen.

Was uns vornehmlich interessierte, war die Makroebene des gesellschaftlichen Daseins anhand des spezifischen Gegenstands der Forschung. Unsere Studie will den Dingen auf den Grund gehen, was nichts anderes heißen kann, als die Dinge von ihrer Dinglichkeit zu befreien, sie aufzulösen in einem Totalitätsverständnis, kurzum zu erklären versuchen, warum was ist. Methode meint zu wissen, warum man etwas weiß. Nur sie führt von der Praxis zur Theorie.[1] Und nur Theorie läßt uns das *Was* und das *Warum* erkennen, die Praxis, die Wirklichkeit zeigt uns nur das *Daß*. Daß etwas ist, sagt noch nicht, was etwas ist, geschweige denn warum etwas ist. Dahingehend gilt es, Übersicht zu schaffen, nicht irgendeiner neuen Übersichtlichkeit zu huldigen, die Kapitulation vor den Phänomenen zu durchbrechen, Wissenschaft nicht bloß auf eine detailreiche Beschreibung ebendieser zu beschränken. Die Aufgabe, die wir uns stellten, war keine leichte: Wir wollten die Grünen, ihre Handlungen und Ansichten aus der gesellschaftlichen Bewegung ableiten, die sie konstituierenden Momente in der kapitalistischen Produktivkraftentwicklung, dem Wertgesetz und ihren Folgen suchen. Wir haben sie dort auch gefunden. Diese Ableitung, mit der sich der erste Abschnitt beschäftigt, mußte vorläufig freilich relativ abstrakt bleiben, nicht nur weil die esoterischen Transzendierungen von der gesellschaftlichen in eine soziale, von einer sozialen in eine politische Bewegung nicht unmittelbar einsichtig sind, sondern weil wir uns hier auch bewußt auf Neuland befinden. Die Schwierigkeit liegt im Setzen von Bezügen, nicht im obligaten Nebeneinanderstellen von Ökonomie und Politik. So bleiben Bereiche zwar hypothetisch, können zwar konstruiert und gedanklich aufbereitet werden, nicht aber empirisch überprüft. Darin sehen wir aber vorerst keinen Nachteil. Weitere Forschungen werden diesen Ergebnissen Material nachliefern, sie stofflich auffetten und konkretisieren.

2. HISTORISCHE WISSENSCHAFT

Was subjektive Geschichte ist, ist nicht identisch mit dem, was objektiv Geschichte geworden ist.[2] Was subjektive Geschichte werden kann, hängt davon ab, was von ihren Phasen aufgehoben werden konnte. Die Erinnerung bedarf der Entäußerung. Soll jene erhalten werden, dann darf sie nicht innen bleiben, sondern muß ein Außen finden, dem es sich vermittelt. Was z.B. die Geschichte der österreichischen Grünen in ihren Anfängen betrifft, ist in beträchtlichem Ausmaß von unseren Forschungen abhängig.

In der Geschichte geht es primär darum, der Bewegung der Entwicklung ansichtig zu werden, nicht jedoch das Handeln der Menschen festzuhalten. Da jedoch zweiteres leichter ist, dies vor allem aber auch der bürgerlichen Sicht des frei handelnden Individuums entspricht, dominiert es. Geschichte reduziert sich also allzuoft und allzuleicht auf eine Abfolge von Ereignissen, auf politische Geschichte. Diese drängt sich immer wieder in den Vordergrund, scheint am interessantesten. Die Begründungen der klassischen Geschichtswissenschaft lesen sich dann in etwa so wie bei Alfred Heuß: *"Geschichte hat es primär mit Geschehen zu tun, und Geschehen vollzieht sich in erster Linie im Handeln. Deshalb ist der Kern jeder Geschichte die Politik. Sie ist die Form, in der politisch gehandelt und gelitten wird. Entscheidungen eines auf äußeres Handeln gerichteten Willens gibt es nur in der Politik."*[3] Geschichte wird also gesehen als Abfolge relevant gewordener politischer Handlungen. Wir hingegen, die diesen Gesichtspunkt nicht ausklammern, wenden uns doch gegen dessen Ausschließlichkeit bzw. Dominanz. Wir wollen politische Geschichte einschränken, sie einfügen in die Totalität gesellschaftlicher Prozesse, das politische Handeln der Akteure aus ihren spezifischen Handlungsbedingungen erklären. Das politische Geschehen erhält dadurch eine andere Dimension, wird vom treibenden Faktor zum angetriebenen. Es gilt, Bewegtes und Bewegendes auseinanderzuhalten, so sehr das erste sich auch scheinbar bewegt, so tatsächlich das letzte in seiner Bewegung auch unsichtbar bleibt, oder wie es der große österreichische Romancier ausdrückt: *"Der Zug der Zeit ist ein Zug, der seine Schienen vor sich her rollt. Der Fluß der Zeit ist ein Fluß, der seine Ufer mitführt. Der Mitreisende bewegt sich zwischen festen Wänden auf festem Boden; aber Boden und Wände werden von den Bewegungen der Reisenden unmerklich und aufs lebhafteste mitbewegt."*[4]

Analysieren bedeutet, den Forschungsgegenstand auf dieses bewegende Ganze auszurichten, auf den fahrenden Zug aufzuspringen. Aber der Zug kennt eine Richtung. Man verunglimpfe daher das Ganze nicht als zufälliges Spiel der Interdependenzen, etwa daß alles auf jedes einwirkt und umgekehrt. Diese Aussage ist zwar richtig, aber nichtig, da sie keinen weiteren Schritt der Erkenntnis mehr erlaubt. Sie stellt ab auf das Bestaunen der tatsächlichen Zufälligkeiten, anstatt diese in ihrer struktiven Entwicklung zu begreifen. Wissenschaft wird damit antisubstantiell, versinkt in plumpe Gefälligkeit, reproduziert sinnliche Gewißheiten, ist augen- und ohrenfällig. Solche Wissenschaft ist außerdem meist fad und trostlos, man vertrocknet bei ihrer Lektüre in den Seiten, erstickt am Papier beim Umblättern. Sie ist nicht angereichert, sondern wirkt ausgeräuchert, unabhängig davon, wieviel sie zu erzählen weiß. Gegenüber den Postmodernisten gilt es aber festzuhalten: Wissenschaft ist keine Erzählung, auch wenn sie als solche erscheint.

Wissenschaftliche Forschungsergebnisse vermitteln oft das Bild einer kahlgeschlagenen Landschaft. Da ist nichts Lebendiges mehr spürbar. Ihr Eingriff war eher sezierender denn analytischer Natur. Die üppige Vegetation des Gesellschaftlichen wird abgeschnitten und abgemäht, niedergebrannt und umgegraben, drainagiert und begradigt, trockengelegt und überschwemmt. Je ausgetrockneter die Erkenntnis, desto deutlicher überschwemmt uns ein Meer von Zahlen. Nicht das Begreifen von Zusammenhängen ist das Ziel, sondern eine selektive Verfügbarkeit von Daten. Wo sich der Begriff der Datenbank durchgesetzt hat, soll Wissen zu einer ökonomischen Größe gemacht werden. Wissenschaft hat sich in diesem Szenario nicht bereichernd eingebracht, sondern hat rein funktionales Wissen konstruiert und entzogen, um eben bestimmte Maßnahmen setzbar zu machen. So wird Wissenschaft deformiert. Grundlage dieser Deformation ist, daß die Gesetze der kapitalistischen Ökonomie auch vor Forschung und Lehre nicht haltmachen können, Forschungsergebnisse, oder besser: Forschungsbrocken, gleich Waren auf dem Markt zu erscheinen haben. Nicht erkenntnisorientiert, verwertungsorientiert hat diese Wissenschaft zu sein. Nicht zufällig hat sich in den letzten Jahren der Terminus "Forschungsbetrieb" eingeschlichen. Interessant ist in diesem Zusammenhang auch, daß Gegensteuerungen, die bescheidene wissenschaftliche Nischen schaffen, fast ausschließlich von staatlichen oder quasi-staatlichen Institutionen geleistet werden, also die sogenannten wissenschaftlichen Freiheiten sich eben nicht zivilgesellschaftlich ergeben, sondern ordnungsstaatlich abgesichert, ja gegen den Markt durchgesetzt werden müssen.

Selbstverständlich hat auch Wissenschaft eine funktionale Komponente zu haben, ihre Dimension kann aber nicht ausschließlich funktionalistisch sein, will sie Wissenschaft bleiben. Sie ist natürlich letztendlich niemals frei, auch wenn viele Wissenschaftler dieser Illusion bedürfen. Diese Fiktion steigert zweifellos das Selbstwertgefühl, nicht jedoch die Erkenntnis. Es soll hier also nicht irgendeiner reinen oder freien Wissenschaft das Wort geredet werden, die nur dem eigenen Wollen folgt. Das wäre vermessen und somit falsch, subjektiv verlogen wie objektiv unmöglich. Es stellt sich aber immer die Frage, wann der funktionale Bezug greift und wie er eingreift. Ist er a priori vorgegeben, so beschränkt (in doppeltem Wortsinn) er die Forschung, vermindert ihren Gebrauchswert, so sehr er ihren Tauschwert auch steigert. Die Wissenschaft hat Ziele vor Augen, aber sie hat sich dagegen zu sträuben, daß sie nur bestimmte Ziele vor Augen haben darf.

Es ist freilich ein Irrtum anzunehmen, daß man zu einem Problem, einem Gegenstand der Erkenntnis eine Beziehung entwickeln könne, ohne einen Standpunkt einzunehmen. Es gibt keinen objektiven Standpunkt, man kann höchstens einen bestimmten Standpunkt zu einem objektiven erklären. Wir halten das aber für unseriös. Der Wissenschaftler kann nicht objektiv sein, er muß aber objektivieren. Es geht nicht an, einfach seine Meinung niederzuschreiben, es gilt vielmehr, diese, will sie Erkenntnis werden, durch das Fegefeuer unzähliger Reflexionen, Kritiken und Einwände zu schicken. So betrachtet ist auch Max Webers strikte Trennung des denkenden Forschers vom wollenden Menschen zurückzuweisen, ja abzuleugnen. *"Die stete Vermischung wissenschaftlicher Erörterung der Tatsachen und wertender Raisonnements"*,[5] die er ablehnt, ist hingegen eine Selbstverständlichkeit. Schon Webers Annahme wertfreier Tatsachen ist ein solches Werturteil par excellence. Wissenschaft muß bewerten und beurteilen. Jede Bewertung ist eine Wertung, jede Beurteilung ein Urteil. Der objektivierende Anspruch kann vom Wissenschaftler nur verlangen, daß aus der Wertung keine Verwertung, aus dem Urteil keine Verurteilung wird. Der Wissenschaftler hat den Gegenstand hart anzugreifen, er darf sich jedoch nicht an ihm vergreifen.

3. DABEISEIN

Das besondere Problem, das sich uns als Verfassern dieser Studie stellte, war, daß wir für eine bestimmte Phase als dem Forschungsgegenstand zugehörig gelten müssen, dort einen spezifisch akzentuierten linksalternativen Standpunkt eingenommen haben, ja sogar in führender Stellung tätig gewesen sind.[6] Es geht also auch um die spezifische Reflexion unseres damaligen Dabeiseins, unseres Bruchs wie unserer späteren Distanzierung. Aus diesem Umstand ergeben sich zahlreiche Vor- und Nachteile für die Forschung. Von Vorteil waren sicherlich die kontinuierliche Sammeltätigkeit betreffend grünalternatives Material, die bereits Ende 1982 aufgenommen wurde; das immense Wissen über bestimmte interne, ja intime Abläufe bei den Grünen; der amikale Zugang zu vielen Personen aus diesem Bereich und seines Umfeldes etc. Das Dabeisein läßt also recht unterschiedliche Sichten von Fakten - denn hier geht es nicht um Einschätzungen - zu. Dabeisein schützt vor Durcheinanderkommen nicht. Manchmal führte dies gar zu kuriosen Szenen, etwa folgender zwischen Pius Strobl und Franz Schandl, wo die Erstellung der Wiener Kandidatenliste 1986 aufgerollt wurde: "*Schandl: ....die Dinge sind kompliziert. Wir sind jetzt ein bißchen auf der Gerüchteebene. Strobl: Na, ich war ja dabei. Schandl: Dabei war ich auch, Pius......*"[7] Ein Vorteil war sicher, manche grünen Akteure in ihrem politischen Auftreten vor und hinter den Kulissen erlebt zu haben, sie nicht ausschließlich medial oder von ihrem Schriftgut her zu kennen. Die direkte Teilnahme kann dahingehend durch keine noch so gründliche Lektüre ersetzt werden.

Das Dabeisein macht es möglich, saloppen Umgang mit Fakten, der nicht immer nur aus einer schwachen Erinnerung resultiert, als solchen darzustellen. Falsche Aussagen müssen als solche gekennzeichnet werden. So bekamen wir im Zuge unserer Literaturrecherche folgende Interviewpassage des grünen Nationalrates Johannes Voggenhuber zu Gesicht: "*Na ja, ich selbst, wenn ich das einmal auf die Person reduzieren darf, war ja über große Strecken Vorsitzender oder Gesprächsleiter oder Verhandlungsleiter des Hainburger Einigungskomitees, in der diese Einigung dann zustande kam, und die Plattform für die Wahl ...*"[8] Richtig war vielmehr, daß der Salzburger Stadtrat im Hainburger Einigungskomitee kaum eine Rolle spielte, sieht man von einigen wenigen chaotischen Auftritten ab.[9] Aussagen wie jene Voggenhubers können nur unbedarften Interviewpartnern aufgetischt werden.

Jeder Forscher befindet sich im Dilemma zwischen Distanz und Nähe zu "seinem" Forschungsobjekt. Sowohl Teilnahme wie auch Nichtteilnahme haben spezifische Vorteile und Nachteile. So ist es auch schwierig, von sich in dritter Person zu schreiben, sich einerseits aus falscher Bescheidenheit nicht zu unterschlagen, andererseits aber auch nicht in das Gegenteil zu verfallen, die eigene Rolle über Gebühr aufzublasen. Obwohl das eine Binsenweisheit ist, sei sie trotzdem gesagt: In den nachgezeichneten Konflikten stehen wir uns selbstverständlich näher als den anderen. Distanz oder Nähe zum Gegenstand ergibt sich in unserem Fall somit nicht aus der Forschung selbst, sondern ist eine vorbestimmte. Ähnliche Vorbestimmtheiten gibt es freilich auch an Gegenständen, an denen man nicht beteiligt gewesen ist bzw., was für Historiker besonders wichtig ist, überhaupt nicht beteiligt sein konnte. Man kann etwa bei den Punischen Kriegen weder zuschauen noch mitkämpfen.

Nähe und Ferne ergeben sich nicht ausschließlich aus der Teilnahme oder Nichtteilnahme, kennen auch noch andere sie konstituierende Momente. Wir glauben aber doch, daß unsere Beurteilungen treffen, unabhängig von persönlichen Sympathien und Antipathien, die übrigens nicht immer mit den politischen übereinstimmen müssen. Einschätzungen orientieren sich nicht an ehemaligen Strömungszugehörigkeiten, wir tragen keinen alten Streit nach, wenngleich wir auf der theoretischen Ebene einige neue Bruchlinien deutlich aufzeigen wollen. Wir gehen davon aus, daß alle diese Umstände der Seriosität der Arbeit kaum geschadet haben, ihrer Lebendigkeit haben sie sicher genützt.

Die eigene Strömung der Linksalternativen, die bis Herbst 1986 erheblichen Einfluß auf die Aktivistinnen und Aktivisten hatte, kommt übrigens nicht viel besser weg als die sich durchsetzenden realpolitischen Cliquen. Unsere Rolle und die Stärke unserer Strömung schätzten wir freilich Mitte der achtziger Jahre viel positiver ein als heute. Glaubten wir damals, eine gestaltende Kraft innerhalb der Grünen werden zu können, so sehen wir uns heute bloß als historische Schlacke ihres Differenzierungs- und Integrationsprozesses. Teilnahme fördert zwar die Erkenntnis und das Gespür für innere Zusammenhänge, macht einen jedoch oft blind für äußere Umstände. Das einzige, worin wir jetzt noch an unsere Einschätzungen früherer Phasen anknüpfen konnten, war die vehemente Kritik der Normalisierung, wenngleich diese von ihren moralisierenden und idealisierenden Komponenten gesäubert werden mußte. In ihren Positionen waren die Linksalternativen nicht weiter als ihre Kontrahenten.[10]

4. MATERIAL UND WIRKLICHKEIT

Die Wirklichkeit erlebt man, die Wahrheit erkennt man. Die Wirklichkeit muß man erleben, die Wahrheit kann man erkennen, man muß nicht. Der Wahrheit kann man entgehen, der Wirklichkeit nicht. Wirklichkeit ist eine Kategorie des Seins, Wahrheit ist eine Kategorie des Denkens. Die Wahrheit ist ein richtiger Aspekt von der Wirklichkeit. Über die Richtigkeit entscheiden die Kriterien der Praxis. Es gibt also viele Wahrheiten von der Wirklichkeit, sogar die einander widersprüchlichsten. Wahrheiten sind sagbar. Die ganze Wahrheit ist die Wirklichkeit. Doch die Wirklichkeit ist nicht sagbar, somit auch nicht die ganze Wahrheit. Wahrheit bedeutet die gedankliche Herauslösung des Nichtherauslösbaren. Sie ist eine metaphysische, keine dialektische Größe. Darin liegt auch ihre Beschränkung. Die Wahrheiten sind so immer einfältiger als die Wirklichkeiten, von denen sie handeln. Wirklichkeit ist das, was, sich verwirklichend, Dasein schafft, sich hinterläßt, Wahrheit das, was wir davon richtig wissen. Verschiedene Wahrheiten - auf den ersten Blick gänzlich widersprechende - werden dadurch geschaffen, daß verschiedene Momente der Wirklichkeit zu einer bestimmten Wahrheit in ihr vereinigt werden. Alles Wahre *"kann nur spekulativ gedacht werden."*[11] Und Spekulation kennt keine bestimmte Vorgabe, kein spezifisches Ziel. Aus dem objektiv Vorhandenen läßt sich jedenfalls keine objektive Wahrheit konstruieren, bestenfalls eine verallgemeinerbare. Wahrheit ist immer subjektiv, kennt jedoch unterschiedliche Grade der Objektivierung. Daher ist (Sozial)Wissenschaft auch mehr als die *"denkende Ordnung der Tatsachen"*,[12] sie ist vielmehr systematische Anordnung von Wissen, aus der Erkenntnis folgt. Wissenschaft ist also eine Synthese von Wissen und Denken innerhalb eines theoretischen Rahmens. Und sie bleibt damit immer Wahrheitswissenschaft, kann niemals, wie Max Weber weiter meint, *"Wirklichkeitswissenschaft"*[13] werden.

Aus Wahrheiten alleine folgt also noch keine Wissenschaft, wenngleich jene diese auszeichnen sollen. Viele Wahrheiten ergeben also höchstens ein Wissen. Wissenschaft bedarf gewichteter Verdichtungen, vor allem aber des Fortschritts von der Erfahrung zur Erkenntnis. Erfahrung ist nicht mehr als angehäuftes Wissen. Erkenntnis ist keine Ansammlung von Gewußtem und Gedachtem, sondern eine Ordnung desselben. Erfahrung ist Reflektiertes, Erkenntnis ist reflektiertes Reflektiertes, ein Denken höherer Ordnung, Ordnung des Wissens und auch Vermutens in einem struktiven Zusammenhang, denn *"in der Wissenschaft ist der Inhalt wesentlich an die Form gebunden."*[14] Man kann jedenfalls mehr erkennen, als man erfahren kann. Und man sollte auch.

5. EMPIRIE UND STATISTIK

Über den Zahlenfetischismus als Regression der Wissenschaft wußte schon der ganz junge Marx Richtiges zu sagen: *"Es ist bekannt"*, schreibt er, *"daß die erste theoretische Tätigkeit des Verstandes, der noch halb zwischen Sinnlichkeit und Denken schwankt, das Zählen ist. Das Zählen ist der erste freie theoretische Verstandesakt des Kindes. Laßt uns zählen, ruft die 'Preußische Staats-Zeitung' ihren Schwestern zu. Die Statistik ist die erste politische Wissenschaft! Ich kenne den Kopf eines Menschen, wenn ich weiß, wieviel Haare er produziert."*[15]

Die durchgeweichtesten Statistiken sind zweifellos die Meinungsumfragen. In ihnen werden subjektive Momentausdrücke verdatet. Sie haben mit Wissenschaft nur noch am äußersten Rande zu tun, auch wenn sie heute als die vorherrschende Gesellschaftswissenschaft erscheinen. Wem entgehen schon die Schaubilder in "Spiegel" und "Profil"? Die Meinungsumfrage ist Ausdruck der Faulheit des Denkens, sie ist der Small talk bürgerlicher Theorie. In ihr wird das Leben abgeschnitten, proportioniert und als wahrer Zahlensalat aufgetischt. Wer so sehr auf die Zahl zählt, kapituliert vor der Wirklichkeit, zeigt, daß er sie zu fassen nicht imstande ist. *"Die Zahl ist die toteste, begrifflose, gleichgültige, unentgegengesetzte Kontinuität"*,[16] erkannte schon Hegel.

Es ist meist nur das Vorgestellte, was die Leute sich vorstellen können. Uns interessiert aber weniger, was die Leute sich vorstellen können - auch selbst das kommt in Meinungsumfragen ungenügend zum Ausdruck -, sondern vielmehr, was sie anstellen werden. Weniger die Meinung, die oft einer bloßen Stimmung folgt, als die Haltung. Das mag zur qualitativen Spekulation werden, aber sie ist uns um vieles niveauvoller als die quantitative Spekulation, die glaubt, durch Zahlen und Daten einen wissenschaftlichen Vorsprung zu haben. Die Crux liegt schon darin, daß von einer stillschweigenden Übereinstimmung von Meinung und Handlung ausgegangen wird, Situationen gleichgesetzt werden, die nie und nimmer gleich sind. Weiters, daß Meinung gleich Meinung ist, nur weil sie statistisch gleichgemacht werden. Situative Stimmungslagen werden zu einem Absolutum erhoben. Theodor W. Adorno hat auf folgenden Widerspruch aufmerksam gemacht: *"Allgemein ist die Objektivität der empirischen Sozialforschung eine der Methoden, nicht des Erforschten. Durch die statische Aufbereitung werden aus Ermittlungen über mehr oder minder zahlreiche einzelne Personen Aussagen abgeleitet, die, nach den Gesetzen der Wahrscheinlichkeitsrechnung, generalisierbar und von individuellen Schwankungen unabhängig sind. Aber die gewonnenen Durchschnittswerte, mag auch ihre Gültigkeit objektiv sein, bleiben meist doch objektive Aussagen über Subjekte; ja darüber, wie die Subjekte sich und die Realität sehen. Die gesellschaftliche Objektivität, den Inbegriff all der Verhältnisse, Institutionen, Kräfte innerhalb dessen die Menschen agieren, haben die empirischen Methoden: Fragebogen, Interview und was immer an deren*

Kombination und Ergänzung möglich ist, ignoriert, allenfalls sie als Akzidenzien berücksichtigt."[17] Und: *"Alle Meinungen gelten ihnen virtuell gleich, und so elementare Differenzen wie die des Gewichts von Meinungen je nach der gesellschaftlichen Macht fangen sie lediglich in zusätzlichen Verfeinerungen, etwa der Auswahl von Schlüsselgruppen, auf."*[18] Wissenschaft wird hier zu einem einfachen und doch undurchsichtigen Zahlenspiel heruntergebracht. Computersimulationen ersetzen Analysen. Quantitäten, die noch dazu in ihren Maßen nicht übereinstimmen, werden mit Qualitäten verwechselt. Die positivistische Zahlenspielerei erscheint gar als Inbegriff der Wissenschaftlichkeit, alles andere wird von der metaphysischen Zahlenspekulation als unwissenschaftlich abgetan. Nicht Abstraktionskraft ist angesagt, sondern Konkretisierungsfetischismus.

Die Statistik als Ausdruck der reinen Empirie ist daran interessiert, Prozesse statisch zu machen. Ihre Zahlen, Daten und Fakten behaupten Ausschließlichkeiten, sie schneiden ab, grenzen aus, denken weg. Wissenschaft scheint dann das zu sein, wo Tabellen und Grafiken nacherzählt werden. Mit dieser Unart haben wir nichts zu tun. Factum est: Wer Fakten, Fakten, Fakten schreit, gibt damit bloß zu verstehen, daß er mit Wissen die Erkenntnis ersticken will.

6. KOMPLEXITÄT

Daß alles so komplex ist, ist eine der Standardformeln des modernen Soziologismus. Er geht damit Lösungen wie Losungen gleichermaßen aus dem Weg. Nur kleine Nuancierungen scheinen dieser kleinen Nuancierung des Positivismus angebracht. Mit der Formel der Komplexität - die ja in ihrer Banalität so richtig ist, und doch nichts aussagt - stiehlt sich diese Wissenschaft aus der gesellschaftlichen Verantwortung. Sie will daher auch nur noch aufbereiten. Postmoderne Erzählungen sind dann die letzte Folge dieses Unverständnisses. In dem Getöse der Komplexität verschleiern sie jede Basislogik des gesellschaftlichen Systems, lösen es auf in den reinen Interdependenzen. "Alles wirkt auf alles", auf diesen tautologischen Grundsatz ist der Soziologismus zu reduzieren. Er stellt sich weder der Anstrengung des Begriffs noch einer systematischen Aufarbeitung gesellschaftlicher Inhalte. Sein Nenner ist, wie so oft, der gesunde Menschenverstand, der sich immer wieder frisch proportioniert und variantenreich reproduziert.

An der Komplexität scheint heute die gesamte Sozialwissenschaft zu zerbrechen. Eben weil sie sich sehr erfolgreich weigert, Basisprinzipien und Gesamtlogiken zu suchen, verbeißt sie sich in die Konkretisierung von Phänomenen. Diese Untersuchungen mögen von Fall zu Fall sogar aufschlußreich sein, doch ist ihr Bezugsrahmen so eng, daß er schon für die unmittelbar angrenzenden Probleme kaum etwas hergibt. Die Wissenschaftler werden tendenziell immer mehr zu Mikrobenforschern. Sie verstehen nichts, aber in ihrem Bereich, in diesem kleinen abgelegenen Winkerl, da kennen sie sich aus.

Selbstverständlich sind Probleme komplex, doch Wissenschaft muß gerade dieses fragile Gleichgewicht ergründen, die Faktoren benennen und vor allem gewichten, die Tendenz erkennen und erläutern. Komplexität löst sich sodann auf in stärkere und schwächere Variablen. Durch das Verdichten der stärkeren und dem Vergleich verschiedener Problemprozesse sind bestimmte Basislogiken zu erkennen, ist Unabhängigeres von Abhängigerem zu unterscheiden, Struktur von Superstruktur, Basis von Überbau zu trennen. Dem postmodernen "anything goes" ist entschieden entgegenzutreten.

Das Problem der Komplexität ist wie folgt zu lösen: Was auf der Erscheinungsebene komplexer wird, sind die Ausformungen einfacher gesellschaftlicher Prinzipien (Produktivkraftentwicklung, Abstrakte Arbeit, Wertgesetz); die Grundstruktur des Kapitalismus ist alles andere als kompliziert oder vielfältig, ihre Zelle ist die Ware (vgl. Kapitel I-1). Was jedoch erscheint, sind die mannigfachen Ausgestaltungen, nicht aber die sie konstituierenden Basiskategorien selbst. Auch für den Kapitalismus gilt: *"Jeder sieht, was du scheinst, und nur wenige fühlen, was du bist."*[19] Betreffend seiner Analyse der kapitalistischen Ökonomie bemerkte Marx einmal: *"Andererseits verdunkeln die Zerspaltung des Mehrwerts und die vermittelnde Bewegung der*

Zirkulation die einfache Grundform des Akkumulationsprozesses. Seine reine Analyse erheischt daher vorläufiges Wegsehn von allen Phänomenen, welche das innere Spiel seines Mechanismus verstecken."[20] In der Analyse geht es darum, die sekundären Phänomene vom wesentlichen Prozeß abzuscheiden, sich primär auf diesen zu konzentrieren. Die Reste müssen von der Substanz abgehoben werden. Nicht die Reichhaltigkeit gilt es zu studieren, sondern die einfachste Bewegungsform, und den einfachsten Bewegungsinhalt zu erkennen. Die konstatierten Komplexitäten sind nichts anderes als die zeitgenössischen Übersetzungen des Scheins: *"Die ersteren reproduzieren sich unmittelbar spontan, als gang und gäbe Denkformen, der andre (substantielle Gehalt, F.S.) muß durch die Wissenschaft erst entdeckt werden."*[21] Dieser Schein, der nicht das Wesen ist, sondern das Unwesen, wie Hegel treffend bemerkte,[22] betreibt die Komplexitäten. *"Das Sein des Scheins besteht allein in dem Aufgehobensein des Seins, in seiner Nichtigkeit; diese Nichtigkeit hat es im Wesen, und außer seiner Nichtigkeit, außer dem Wesen ist er nicht. Er ist das Negative gesetzt als Negatives. Der Schein ist der ganze Rest, der noch von der Sphäre des Seins übriggeblieben ist."*[23] Vor diesem Rest nun verbeugt sich der Großteil der zeitgenössischen Wissenschaft, reduziert sich somit selbst zur Restlverwertungs-AG, indem sie jenen in endloser Manie immer wieder in den verschiedensten Varianten aufbereitet. Jedes Denken, das darüber hinausgeht, ist ihr fremd, ein Hasardieren außerhalb der Grenzen des Erlaubten. *"Der Schein hat sich so konzentriert, daß ihn zu durchschauen objektiv den Charakter der Halluzination gewinnt."*[24]

Die Konzentration auf den Schein muß in Zeiten, wo immer mehr erscheint, die Phänomene immer vielfältiger werden, zur Kapitulation vor allen größeren Würfen führen. Wissenschaft erfreut sich daher heute einer redseligen Bescheidenheit. Man beklagt die *"Überkomplexität"*[25] (Joachim Raschke) und warnt gleichzeitig vor einfachen Denkmustern und Lösungen.[26] Und Sonja Puntscher-Riekmann schreibt: *"Die Geschichte der Grünen ist ein Bündel von Erzählungen, die nur wenige Gewißheiten vermitteln. Verschiedene Akteure und Autoren innerhalb und außerhalb der Grünen erzählen sie auf verschiedene Weise. Sie heute zu schreiben, muß Schreiben über Differenzen sein."*[27] Die Folge ist dann der wissenschaftliche Sport des Differenzierens. Differenzieren heißt, Sachen auseinanderzuhalten, ja auseinanderzunehmen. Hier gilt, was Robert Kurz sagt: *"Das zu einer Art Suchtverhalten gesteigerte sogenannte Ausdifferenzieren scheint die sozialen und historischen Gegenstände bis zur Unkenntlichkeit aufzulösen."*[28] Wer zuviel zerlegt, zergliedert, zerteilt, der zerreißt und zerstört letztendlich seinen Forschungsgegenstand.

7. INHALTLICHE METHODE

Differenzieren macht nur Sinn, wenn es in Wechselwirkung mit dem Integrieren steht. Dazu Hegel an einer Stelle, wo er sich kurz vorher wieder einmal vom gemeinen Menschenverstand distanziert hat: *"Die schon namhaft gemachte Reflexion ist dies, über das konkrete Unmittelbare hinauszugehen und dasselbe zu bestimmen und zu trennen. Aber sie muß ebensosehr über diese ihre trennenden Bestimmungen hinausgehen und sie zunächst beziehen. Auf dem Standpunkte dieses Beziehens tritt der Widerstreit derselben hervor. Dieses Beziehen der Reflexion gehört an sich der Vernunft an; die Erhebung über jene Bestimmungen, die zur Einsicht des Widerstreits derselben gelangt, ist der große negative Schritt zum wahrhaften Begriffe der Vernunft."*[29] Das wissenschaftliche Denken kennt hier folgende Bestimmungsstücke:

1) Zu betrachten ist nicht nur das *"konkrete Unmittelbare"*, sondern auch das, was darüber hinausgeht, mit dem es aber zusammenhängt;

2) Zu bestimmen ist nicht bloß der Gegenstand, sondern auch das Allgemeine;

3) Besonderes und Allgemeines sind aufeinander und ineinander sowohl zu trennen als auch zu beziehen;

4) Die Widersprüche sowie ihr harmonisches Zueinander sind zu thematisieren und zu diskutieren.

Die inhaltliche Methode kann als Dialektik von Integrieren und Differenzieren gelten. Inhaltlich meint, nicht bloß nach dem Gegenstand zu fragen, sondern nach dem Gegenstand in seinem gesellschaftlichen Umfeld. Sein Besonderes ist an diesem Allgemeinen zu entwickeln, wie das Allgemeine an diesem Besonderen zu zeigen ist. Inhaltlich meint, den Gegenstand nicht zu isolieren, sondern ihn vielmehr aus seiner sachlichen Isolation zu befreien und ihn im Zusammenhang des Ganzen zu erkennen. Inhaltlich meint, die Substanz des Gegenstands im Prozeß des Werdens und Vergehens in seinen spezifischen Ausgestaltungen zu referieren. Die Benennung und Charakterisierung von Beziehung und Bewegung zwischen Besonderem und Besonderem bzw. zwischen Besonderem und Allgemeinem sowie die Herausarbeitung des Wesentlichen im Unterschied zur bloßen Erscheinung kennzeichnen dieses Vorhaben. Mit Hilfe des Begriffs soll der Gegenstand in und aus seiner Welt beschrieben und erklärt werden. Es gilt, das Objekt zu positionieren, Entwicklung, Dynamik und Richtung zu erkennen, von Notwendigkeiten, Wahrscheinlichkeiten und Möglichkeiten zu sprechen und auch Prognosen zu erstellen. Uns interessiert nicht der Gegenstand als Gegenstand, sondern als Gegenstand der Welt und als Welt im Gegenstand. Inhaltlich heißt für uns vornehmlich dialektisch. In der Wissenschaft geht es um das Besondere am Allgemeinen und um das Allgemeine am Besonderen, nicht jedoch um das Allgemeine und um das Besondere an sich. Erst in der Beziehung von Allgemeinem und Besonderem entsteht Erkenntnis, dessen Systematisierung sich die Wissenschaft zur Aufgabe setzen muß. Schon Platon nannte sinngemäß die Dialektik die Krönung und den Schlußstein des Wissens.[30]

Dialektische Einheit meint, daß das eine nie ohne das andere sein könnte, ohne daß damit das eine auch das andere wäre. Der Teil kann somit nur mit seinem Gegenteil in Untrennbarkeit koexistieren. Verschiedene Momente, ja sich widersprechende sind notwendig, um etwas überhaupt in seiner Konkretion erscheinen zu lassen. *"Die dialektische Methode unterscheidet sich vom bürgerlichen Denken nicht bloß darin, daß sie allein zur Erkenntnis der Totalität befähigt ist, sondern diese Erkenntnis ist nur darum möglich, weil die Beziehung des Ganzen zu den Teilen eine prinzipiell andere geworden ist, wie für das Denken in Reflexionsbestimmungen. Kurz gesagt: das Wesen der dialektischen Methode besteht - von diesem Gesichtspunkt aus gesehen - darin, daß in jedem dialektisch richtig erfaßten Moment die ganze Totalität enthalten, daß aus jedem Moment die ganze Methode zu entwickeln ist."*[31]

Der *Inhalt* besteht aus Beinhaltungen, eben aus Haltungen unseres Gegenstands zum Ganzen. Er ist Teil und bestimmte Konkretion, die Bestimmtheit der Konkretion läßt sich erklären aus seinen Haltungen. Inhalt kann also nie das bloß Flüchtige, Zufällige oder Absonderliche am Gegenstand sein, sondern nur das, was ihn in ihm hält. Er hat innerliche wie äußerliche Momente. Inhalt meint sowohl, was den Gegenstand in sich zusammenhält, ihm Dauer verleiht, als auch, was ihn in der Welt erhält, ihm Bezug und Haltung verleiht. So ist in und aus der Welt, was ihn erhält. Er muß verhalten sein, um sich von der Welt zu repellieren, andererseits aber auch enthalten sein, denn kurzum nichts, was ist, ist nicht von dieser Welt. Der Gegenstand trägt die Spuren des Ganzen in sich, auch wenn er sich abzustoßen vermag.

8. WAS IST SACHE?

Analyse ist somit niemals nur mit Differenzierungsvermögen und Differenzierungsprägnanz gleichzusetzen, sondern reicht weit über sie hinaus und hindurch. Zu feine Gliederungen scheinen uns jedenfalls unbrauchbar, deuten nur an, daß sich die Forscher in die Mikroebene flüchten, mit der Vielzahl der kleinen Antworten sich um die großen Fragen drücken wollen. Bleibt das Erkennen wirklich in seinen sachlichen Beschränkungen hängen, dann tendiert es unweigerlich zur "neuen Unübersichtlichkeit". Der Differenzierungfetischismus versinkt im Gatsch der Empirie. Dort, wo sie die Wissenschaft bemeistert, verliert diese ihren wissenschaftlichen Charakter. Umgekehrt gilt es, die Empirie inhaltlich, d.h. selektiv zu gebrauchen.

Wer nun meint, unsere Arbeit sei unsachlich, den können wir beunruhigen: Die Studie ist durch und durch unsachlich. Noch einmal, damit ja niemand meint, das sei ein Tipp-, Satz- oder Schreibfehler: Wir sind unsachlich! Schon unser Anspruch kann gar kein anderer sein. Wir wollen hier den offenen Bruch vollziehen. Sachlichkeit hatte ihren Sinn für die bürgerliche Aufklärung und das Denken, das ihr folgte. Ihre historische Leistung bestand im Kampf gegen das vorsachliche, hauptsächlich theologisch orientierte Denken. Wir wollen selbstverständlich nicht vor die Sachlichkeit zurückfallen, vielmehr ihren bescheidenen Horizont sprengen, ihre Beschränkungen hinter uns lassen. Dem Fetisch der Sachlichkeit mögen andere huldigen, wir brauchen diesen Gott nicht.

Die Studie ist nicht sachlicher, sondern inhaltlicher Natur. Sachen sind uns bloß gedanklich isolierte und zur Erstarrung gebrachte Wahrnehmungen des sich andauernd verändernden Daseins. Sachen zu erkennen und dingfest zu machen ist eine nicht zu verachtende Voraussetzung menschlicher Erkenntnis, doch wäre es fatal, das Denken auf eben diese banale Notwendigkeit zu reduzieren. Sachlich denken heißt, in gegenübergestellten Ausschließlichkeiten zu denken. Gerade das gilt es zu überwinden. Wer bloß sachlich denkt, wird nie über den schmalen Horizont des Alltagsverständnisses hinauskommen. Emanzipatorisches Denken ist dialektisch.

9. SPRACHE UND BEGRIFF

Will der Gedanken sich äußern - und er muß sich äußern, wenn er sein will -, dann ist jeder Gedanke Sprache. Ohne diese Form ist sein Inhalt bloß latente Substanz. Ohne die Sprache zerrinnen die Gedanken in Unkenntlichkeit. Es ist nicht alles auf einmal sagbar, was auf einmal ist. Die Sprache zerlegt das Einheitliche in Worte und Bestimmungen, und zwar hintereinander. Die Einheit des Denkens wird in der Sprache aufgelöst, das Ganze verkommt in der Sprache zu Sequenzen. Was durch die Sprache zusammengesetzt wird, hat mit dem zu tun, worüber gesprochen wird, aber es ist etwas anderes. Und doch muß Sprache so nahekommen, als es ihr nur irgendwie möglich ist. Wir sind daher andauernd um sprachliche Präzision und Prägnanz bemüht. Je fester die Sätze stehen, desto mehr Zittern und Beben ist ihnen oft vorausgegangen und in sie eingegangen; erst ein nervöses Justieren hat sie haltbar gemacht.

Besonders wichtig ist uns die Assoziationsübereinstimmung mit den Lesern. Sie sollen sich vorstellen, was wir ihnen vorstellen. Dazu bedarf es ausgewiesener Begriffsdefinitionen. Die kategorialen Vorleistungen und Vorschläge, die diese Arbeit anbietet, waren notwendig, ja unumgänglich. Erst diese Ausführungen geben den Lesern überhaupt die Möglichkeit zu wissen, wovon man spricht. Was wir in dieser Arbeit zeigen, ist ja doch nicht geläufig, sondern äußerst fremd. Was heute vorherrscht, ist vielmehr eine grassierende Begriffslosigkeit. Nur terminologische Strenge erlaubt gedankliche Elastizität, die keine Beliebigkeit ist. Das Problem der Begriffsbildung ist, um es mit Karl Kraus auszudrücken: *"Je näher man ein Wort ansieht, desto ferner sieht es zurück."*[32] *"Die Anstrengung des Begriffs"*[33] haben wir trotz aller Mühen aber gerne und bewußt auf uns genommen. *"Jede neue Auffassung einer Wissenschaft schließt eine Revolution in den Fachausdrücken dieser Wissenschaft ein"*,[34] schreibt Friedrich Engels. Und Hegel sagt: *"Wahre Gedanken und wissenschaftliche Einsicht ist nur in der Arbeit des Begriffs zu gewinnen. Er allein kann die Allgemeinheit des Wissens hervorbringen (....)."*[35] Der Begriff steht gegen die Beliebigkeit oder, wie Hegel sie nannte, die bloß *"sinnliche Zerstreuung."*[36]

In der Analyse sind aber nicht nur Begriffe zu gewinnen, manchmal verliert man auch welche. Je tiefer wir in unser Forschungsobjekt vordrangen, desto mehr verflüchtigte sich der Begriff des "Alternativen". Nicht zufällig wollen ihn ja auch die Grünen selbst loswerden. Am Ende angekommen, wissen wir weniger denn je, was mit dieser Kategorie bezüglich unseres Gegenstands anzufangen ist. Wenn die Alternativen keine Anderen sind, sondern bloß die grünen Gleichen, dann hat der Begriff jeden analytischen Sinn verloren. Dort, wo Differenzen nur noch Nuancen sind, sollte man Worte wie "neu" oder "alternativ" aus dem wissenschaftlichen

Vokabular eliminieren. Daß der Terminus anfänglich so hoch im Kurs stand, diente wohl eher der Selbstübertreibung denn der Selbstbeschreibung. *"Grün ist alternativ? Das ist Unsinn!"*[37] müssen auch wir heute mit Peter Pilz erkennen.

10. EMANZIPATORISCHES DENKEN

Mit jeder neuen Erkenntnis gewinnen wir nicht nur Sicherheit, sondern verlieren sie auch wiederum. So ist das Sichere nie gesichert, sondern wie alles relativ in Zeit und Raum. So kann das Denken auch nie zu einem Abschluß kommen, ebensowenig wie die Geschichte. Denken ist ein ontologischer Begriff des Menschen, eine seiner Metakategorien. Es kennt zwei Zielsetzungen: Abstrahieren und Konkretisieren. Abstrahieren heißt, aus dem Konkreten die Substanz zu ziehen, das Wesentliche abzuheben. Abstrahieren ist das Ableiten von vergegenständlichten Prozessen, Konkretisieren ist das Zuleiten zu diesen. Und doch sind Abstrahieren und Konkretisieren nur zwei Typen, die unabhängig voneinander nicht bestehen können. Abstrahieren und Konkretisieren können nicht frei von Momenten des anderen sein. Nur in der Abstraktion ist aber das Wesentliche bestimmbar, das Konkrete hingegen erscheint immer *"vermischt mit außerwesentlichen Formen."*[38] Über die Probleme der Abstraktion schreibt Hegel: *"Das Sein, das Eine, die Substanz, das Unendliche, das Wesen ist das Erste; gegen dieses Abstraktum kann das Zweite, alle Bestimmtheit, überhaupt nur als das Endliche, nur Akzidentelle, Vergängliche, Außer- und Unwesentliche usf. ebenso abstrakt zusammengefaßt werden, wie in dem ganz formalen Denken gewöhnlich und zunächst geschieht. Aber es drängt sich zu sehr der Zusammenhang dieses Zweiten mit dem Ersten auf, um es nicht zugleich in einer Einheit mit demselben zu fassen (....)."*[39]

"Das Denken gehört zu den größten Vergnügungen der menschlichen Rasse",[40] sagt Brechts Galilei. Dem wollen wir uns hingeben, so sehr es uns auch hernimmt. Denken kann durch nichts ersetzt werden.

ARCHIVVERZEICHNIS

Die im Zuge des Forschungsprojekts zusammengetragenen Quellenmaterialien wurden von uns systematisiert und als "**GRÜN-ALTERNATIVE SAMMLUNG**" dem Institut für Zeitgeschichte der Universität Wien überlassen. Im einzelnen setzt sich diese Sammlung aus Materialbeständen der
Alternativen Liste Österreich (ALÖ), der
Bürgerinitiative Parlament (BIP) und des
Konrad Lorenz-Volksbegehrens (KL-VB) sowie der
Grünen Alternative Österreich zusammen.
Wesentliche Bestände der Bürgerinitiative Parlament und des Konrad Lorenz-Volksbegehrens beinhaltet die *Sammlung Günther Nennings*, die wir unverändert übernommen haben.
Unsererseits wurde weiters eine eigene Dokumentation zur sogenannten
"**Grünen Einigung**" des Jahres 1986 erstellt sowie greifbare Unterlagen der
Vereinten Grünen Österreichs zusammengetragen. Darüberhinaus wurden
grüne Programme (inklusive umfangreicher Materialien der deutschen Grünen),
grüne Zeitschriften und
grüne Plakate gesammelt sowie eine
Pressedokumentation erstellt.

Die wichtigsten Dokumente zur Geschichte der österreichischen Grünalternativen wurden zusätzlich in einem eigenen **Materialienband** zusammengestellt. Die im Zuge des Forschungsprojekts vorgenommenen **Interviews** mit ausgewählten Vertretern der österreichischen Grünen befinden sich ebenfalls in gebundener Form bei der Sammlung Grün-Alternative des Instituts für Zeitgeschichte.

ORDNER DER SAMMLUNG GRÜN-ALTERNATIVE

Die einzelnen Archivordner sind fortlaufend, von Nr. 1 beginnend, bis Nr. 121 numeriert.

ALTERNATIVE LISTE

01 Ordner AL-NÖ Adressen
02 Ordner AL-NÖ Basisgruppen
03 Ordner AL-NÖ "Causa Zaun"
04 Ordner AL-NÖ Dokumentation
05 Ordner AL-NÖ GA Protokolle. Interna u.ä., GA-Korrespondenz
06 Ordner AL-NÖ Post Ausgang
07 Ordner AL-NÖ Post Eingang

08 Ordner AL-NÖ Protokolle. VV Vollversammlung. DT Delegiertentreffen
09 Ordner AL-NÖ Sonstiger Posteingang. Vereine. Gruppen. Veranstaltungen

10 Ordner ALÖ Dokumentation
11 Ordner ALÖ Landesorganis. Dokumentation, Protokolle
12 Ordner ALÖ Protokolle. Bundeskongreß. Bundeskoordinationsausschuß. FB Frauenbasiskongreß
13 Ordner ALÖ Wahl-, Parteiprogramme

14 Ordner ALW Bezirksgruppen + AGs. Frauengruppe. Protokolle, Anträge, Flugblätter etc.
15 Ordner ALW Dokumentation
16 Ordner ALW GA. Protokolle, Korrespondenz. 1983-1987
17 Ordner ALW Korrespondenz
18 Ordner ALW Kundgebungsanmeldungen, Mahnungen, Rechnungen, Postbescheide
19 Ordner ALW Post. Sonstiger Eingang
20 Ordner ALW Presseaussendungen 12/82-7/87
21 Ordner ALW Protokolle. Plena. KOA Koordinationsausschuß. DR Delegiertenrat. AK Aktivistenkongreß
22 Karton ALW Sonstiges. Büro, hs. Notizen, hs. Mitschriften
23 Ordner AL Unterstützungserklärungen. AL-NÖ LTW 83 Waldviertel, Resolution "Grünalternativ 1987", AL-NÖ LTW 88

KONRAD LORENZ-VOLKSBEGEHREN

24 Ordner KL-VB Doku.
25 Ordner KLVB/Hainburg, Presseberichte von 1981-88

Sammlung Nenning
26 Ordner KL-VB. VB Hainburg. (Slg. Nenning)
27 Karton KL-VB. Mappen, Diverses, Handkassa, Off. Rechn., IÖ 2025 Protokolle
28 Ordner KL-VB 84. Bez. Rechnungen
29 Ordner KL-VB. SZ 84
30 Ordner KL-VB 84. Rechnungen + Spenden
31 Ordner KL-VB 84. Handkassa
32 Ordner KL-VB 84 Handkasse, Abrechn., Bewegungen, Belege
33 Ordner KL-VB CA (IÖ 2025) 88
34 Ordner IÖ 2025 (KL-VB) PSK 85
35 Ordner KL-VB 1984. Rechnungen
36 Ordner KL-VB 84. Korrespondenz
37 Ordner KL-VB "Copien. Off. Re" 84, sonst. Akten 84
38 Ordner KL-VB Werkverträge 84/85. Kto. Beweg. 84/85, Rechn. + Handkasse 85

39 Ordner KL-VB SZ. Rechn. 84/85
40 Ordner KL-VB Bankauszüge 1. 7. - 31.1 2. 85
41 Ordner KL-VB Korresp. auch Buchhaltung und Konten 85.
42 Ordner KL-VB Bankauszüge 21. 5. - 28. 6. 85
43 Ordner KL-VB Handkassa 85
44 Ordner KL-VB SZ. 85 und Abschluß 85
45 Ordner KL-VB bez. Rechn. 85
46 Ordner KL-VB CA 86
47 Ordner KL-VB CA, IÖ 2025 87
48 Ordner Hainburg Rechtsfragen 1984/85
49 Ordner Internat. Hainburgbew. 1984, Gewerkschaft Hainburg 1985, Hainburg Gutachten 1984, Prozesse Hainburg

BÜRGERINITIATIVE PARLAMENT

Sammlung Nenning
50 Karton BIP + Grüne Einigung. Mappen aus der Sammlung Nenning. 1) BIP-Protokolle, 2) Dokumente der Einigung, 3) IA, 4) KG, Mappe HEK, 5) VGÖ Prozeß
51 Ordner BIP 1/86-8/86
52 Ordner BIP 10. 3. 86 - 16. 5. 86
53 Ordner BIP vom 16. 5. 86 - 21. 6. 86
54 Ordner BIP vom 21. 6. 86 - 23. 9. 86
55 Ordner BIP 86, vom 24. 9. 86 -
56 Ordner BIP Belege 86, 87, 88
57 Ordner BIP Darlehen und Abrechn. 86/87
58 Ordner BIP März - Oktober 86. Kassa
59 Ordner BIP Korrespondenz. Finanzaufstellungen 86
60 Ordner BIP 86. Selbstverwaltete Bürogem. Korrespondenz 1/86 - 10/86
61 Ordner BIP Presseecho v. 14. 9. - 13. 10. 86
62 Ordner PSK BIP. PSK Ausz. 1-78
63 Ordner PSK BIP. PSK Ausz. 79-124
64 Ordner PSK BIP. PSK Ausz. Nr. 125-133
65 Ordner PSK BIP. PSK Ausz. Nr. 134-141
66 Ordner PSK BIP. PSK Ausz. Nr. 142-179
67 Ordner PSK BIP 87. 1. 1.- 3. 4.
68 Ordner PSK BIP 87. 6. 4. - 12. 5.
69 Ordner PSK BIP 87. 13. 5. - 4. 9.
70 Ordner PSK BIP 87. 7. 9. - 31. 12. 87
71 Ordner PSK BIP 1. 1. 88 - 4. 12. 90 (geschlossen)

GRÜNE EINIGUNG 1986

72 Ordner BIP Dokumentation I 1985 - Ende Mai 1986

73 Ordner BIP Dokumentation II Juni 1986 ff.
74 Ordner BIP Protokolle. Plenum, Initiativausschuß, diverse andere
75 Ordner BIP-NÖ. BIP/GAL-NÖ

76 Ordner GAL - Die Grünalternativen - Demokratische Liste 1986
77 Ordner GRAS Öst. 1985-86
78 Ordner GRAS Wien inkl. GAL-Projekt 1985
79 Ordner Grün-alternative Listenbündnisse. GABL Sbg, GAL OÖ, LAT T, AL/VG Stmk

80 Ordner Grüne Einigung + Grundsatzvertrag I, 1986
81 Ordner Grüne Einigung + Grundsatzvertrag II, 1986

82 Ordner GVV. Grünalternative Gemeindevertreterverbände NÖ. Protokolle, Statut, Dokumentation
83 Ordner HEK. Hainburger Einigungskomitee. Protokolle, Dokumente
84 Ordner Meissner-Blau Wahlbewegung BPW 1986. Bundespräsidentschaftswahl 1986

GRÜNE ALTERNATIVE

85 Ordner Grüne Alternative Österreich Dokument. 1986
86 Ordner Grüne Alternative Protokolle. BA Bundesausschuß. BKG Bundeskoordinationsgruppe Sept. 86
87 Ordner Grüne Alternative Protokolle, BV Bundesvorstand Dezember 1986 - Dezember 1989
88 Ordner Grüne Alternative Öst. (Bund), Protokolle, BV Bundesvorstand, Januar 1990
89 Ordner Grüne Alternative Protokolle, Buko Bundeskongreß, Februar 1987 - Oktober 1992
90 Mappe 3. (Programm)Buko Grüne Alternative 8. - 10. 12. 1989
91 Ordner Grüne Alternative Öst. (Bund) Protokolle, EBV ab 11/92
92 Ordner Grüne Alt. Protok. Sonstige Vers. Bundestagung, Wahlkampfkoordination, Wahlkonf., (Modi für Listenerstellung)
93 Ordner Grüne Alternative Landesorg. Dokument.
94 Ordner Grüne Alternative Landesorg. Dokument.
95 Ordner Grüne Alternative Landesorg. Protokolle
96 Ordner Grüne Alternative Programme

97 Karton Grüne Alternative Klub, Broschüren
98 Ordner Grüne Alternative Klub im Nationalrat
99 Ordner Grüner Klub. Anfragen, Anträge, etc.
100 Ordner Grüner Klub. Protokolle
101 Ordner Grüner Klub. Stenog. Protokolle XVII., XVIII. GP: Parlamentsreden (Auszüge)

102 Ordner GRÜBI (Grüne Bildungswerkstatt) Protokolle. BV. Dokument.

VEREINTE GRüNE

103 Karton VGÖ
104 Karton VGÖ

SONSTIGES

105 Karton Die Grünen BRD, D. Programme, Broschüren
106 Karton Die Grünen BRD, D. Programme, Broschüren
107 Ordner Europäische Grüne, diverser Eingang an ALW; Internat. Sekretär der Grünen Alternative. Unterlagen
108 Ordner Flugblätter, Linke, Neue Soz. Bew., Universität
109 Karton Grüne Glücksritter, GE, KEL u.a. Mappen

110 Ordner Presseber. Alternativbew./Grüne bis 1985
111 Ordner Presseber. Alternative u. Grüne bis 6/86 vom Jänner 1985 bis Ende Juni 1986
112 Ordner Presseber. Grün-Alternative bis 6/87 vom Juli 86 bis Ende Juni 1987
113 Ordner Presseber. Grün-Alternative bis 9/88 vom Juli 1987 bis Ende September 88
114 Ordner Presseber. Grün-Alternative vom Oktober 1988
115 Ordner Presseber. Grüne BRD, D.

116 Karton soz. Bew. Friedensb., Abfangjägervolksbegehren, Anti-AKW-Bew.
117 Ordner Satzungen grünalternativer Parteien. Bürgerinitiativen u.ä.
118 Ordner Wahlergebnisse. Wahlberichterstattung

LITERATURVERZEICHNIS

I. QUELLEN

Wir beschränken uns bei der Auflistung des Quellenmaterials im wesentlichen auf **Protokolle** und **Programme**, ohne das sonstige verwendete Material (Korrespondenzen, Flugblätter, handschriftliche Notizen, Konzepte, Anträge etc.) hier nochmals extra aufzulisten. Sie sind im wesentlichen leicht in den entsprechenden Ordnern aufzufinden. Bei der nachfolgenden Aufstellung sind jeweils die Ordner angegeben, in denen sich die Protokolle befinden, bzw. wird in Klammer auf Publikationen verwiesen, in denen eine regelmäßige oder unregelmäßige Veröffentlichung der entsprechenden Protokolle praktiziert wurde.

A. PROTOKOLLE

ALTERNATIVE LISTE ÖSTERREICH

PROTOKOLLE DER LANDESPARTEIEN

BURGENLAND
Vollversammlung der Alternativen Liste (Info der Alternativen Liste Burgenland)

NIEDERÖSTERREICH
Delegiertentreffen der AL-NÖ, Ordner **08**; komplett; (Informationsblatt der Alternativen Liste Niederösterreich)
Geschäftsführender Ausschuß der AL-NÖ, Ordner **05**; komplett
Kommunalpolitische Seminare der AL-NÖ (Informationsblatt der Alternativen Liste Niederösterreich)
Vollversammlungen der AL-NÖ, Ordner **08**; komplett; (Informationsblatt der Alternativen Liste Niederösterreich, Wurzelwerk, Alternative Liste Baden)

OBERÖSTERREICH
Delegiertentreffen der AL-OÖ, Ordner **11** (Regenbogen)
Geschäftsführender Ausschuß der AL-OÖ (Regenbogen)
Landeskongreß bzw. -versammlung der AL-OÖ, Ordner **11** (Regenbogen)

SALZBURG
Mitgliederversammlung der ALS (Alternativenrundbrief, Zeitung, ALS, Gabl)

STEIERMARK
(Mitglieder)Vollversammlung der AL Graz (ALG-Info)
Mitgliederversammlung der AL Steiermark (ALG-Info)
Vorstand der AL Steiermark (ALG-Info)

TIROL
Landesversammlungen der AL Tirol (Alternativenrundbrief, Alternativinfo)

VORARLBERG
Landestreffen der ALV (Vorarlberger Alternativenrundbrief)

WIEN
Aktivistenkongreß der ALW, Ordner 21, komplett; (Akin, Info der ALW)
Delegiertenrat der ALW, Ordner 21, komplett; (Akin, Info der ALW)
Frauenplenum der ALW, Ordner 14 (Netzwerk, Info der ALW, Akin)
Geschäftsführender Ausschuß der ALW, Ordner 16
Koordinationsausschuß der ALW, Ordner 21, komplett; (Netzwerk, Alternativenrundbrief)
Koordinationsausschuß der Kommunalpolitischen Initiative (Netzwerk)
Plenum der ALW, Ordner 21, komplett; (Netzwerk, Alternativenrundbrief)
Plenum der Kommunalpolitischen Initiative (Netzwerk)
Treffen der Linken in der ALW (Privatarchiv der Verfasser)

PROTOKOLLE DER BUNDESPARTEI

Bundeskongreß der ALÖ, Ordner 12, komplett; (Alternativenrundbrief)
(Bundes)Koordinationsausschuß der ALÖ, Ordner 12, komplett; (Alternativenrundbrief, Vorarlberger Alternativenrundbrief)
Fachkongresse der ALÖ (Alternativenrundbrief)
Frauenbasiskongreß der ALÖ, Ordner 12 (Alternativenrundbrief)
Gesamtösterreichische Alternativentreffen (Alternativenrundbrief)

KONRAD LORENZ-VOLKSBEGEHREN

Bundeskongreß des Konrad Lorenz-Volksbegehrens (Österreichischer Presse-Dienst)
Plenum des Konrad Lorenz-Volksbegehrens (Österreichischer Presse-Dienst)

BÜRGERINITIATIVE PARLAMENT

Initiativausschuß der Bürgerinitiative Parlament, Ordner **74**, komplett
Plenum der Bürgerinitiative Parlament, Ordner **74**, komplett

GRÜNE EINIGUNG

PROTOKOLLE AUF LANDESEBENE

KÄRNTEN
Landestreffen der Bürgerinitiative Parlament (Alternativenrundbrief)

NIEDERÖSTERREICH
Delegiertentreffen der Bürgerinitiative Parlament, Ordner **75**, komplett (hs. Mitschriften Privatarchiv Gerhard Schattauer)
Vorstand der Bürgerinitiative Parlament, Ordner **75** (hs. Mitschriften Privatarchiv Gerhard Schattauer)
Landesversammlung der Bürgerinitiative Parlament, Ordner **75**, komplett (hs. Mitschriften Gerhard Schattauer)
Vorstand der Bürgerinitiative Parlament/Die Grünalternativen Niederösterreich, Ordner **75**, komplett
Landeskongreß der Bürgerinitiative Parlament/Die Grünalternativen Niederösterreich, Ordner **75**, komplett (Grünalternative Nachrichten)

OBERÖSTERREICH
diverse Versammlungen der Bürgerinitiative Oberösterreich (Die Grünalternativen, Alternativenrundbrief)
Landesversammlung (Landestreffen) der Grünalternativen Oberösterreich (Die Grünalternativen, Alternativenrundbrief)

SALZBURG
Mitgliederversammlung der Grünalternativen Bürgerliste Salzburg (Alternativenrundbrief, Die Gabl)

TIROL
Landeskongreß der Liste für ein anderes Tirol (Alternativinfo)

WIEN
Vorbereitungskomitee der Grünalternativen Sammlung Wien, Ordner GRAS Wien, komplett
Vorstand der Grünalternativen Sammlung Wien, Ordner GRAS Wien

PROTOKOLLE AUF BUNDESEBENE

Treffen der Grünalternativen Sammlung Österreich, Ordner GRAS Öst. (Neues Österreich, Grüne Demokraten, hs. Mitschriften Privatarchiv der Verfasser, Gras-Info)
Hainburger Einigungskomitee, Ordner **83**, komplett (BIP-Press, hs. Mitschriften Privatarchiv der Verfasser)
Treffen der Wahlkreisverbandsversammlung Ost (hs. Mitschriften Privatarchiv der Verfasser)

VEREINTE GRÜNE

(Originale im Bundesbüro der VGÖ, Linz)
Bundesausschuß der VGÖ (Blätter der VGÖ)
Bundesversammlung (Mitgliederversammlung) der VGÖ (Blätter der VGÖ, Alternativenrundbrief)

GRÜNE ALTERNATIVE

PROTOKOLLE DER LANDESPARTEIEN

BURGENLAND
(Originale im Landesbüro der Grünen Alternative, Eisenstadt)
Koordinationsausschuß, Ordner **95**
Landesvorstand, Ordner **95**
Landesversammlung, Ordner **95**

KÄRNTEN
Landeskongreß, Ordner **95**

NIEDERÖSTERREICH
Landesausschuß, Ordner **95**
Landesversammlung, Ordner **95** (Alternativenrundbrief)
Landeskongreß, Ordner **95**
Landesplenum, Ordner **95**
Landesvorstand, Ordner **95**

OBERÖSTERREICH
(Originale in den Landesbüros der Grünen Alternative, Linz und Schwanenstadt)
Landesvorstand, Ordner **95**
Landesversammlung, Ordner **95** (Alternativenrundbrief, Grüner Rundbrief)

SALZBURG
(Originale im Landesbüro der Bürgerliste Salzburg-Land, Salzburg)
Landesausschuß, Ordner **95**
Landesversammlung, Ordner **95**
Landesvorstand, Ordner **95**

STEIERMARK
(Originale im Landesbüro der Grünen Alternative, Graz)
Landesversammlung, Ordner **95**

TIROL
(Originale im Landesbüro der Grünen Alternative, Innsbruck)
Landesausschuß, Ordner **95**
Landesversammlung, Ordner **95**

VORARLBERG
Landesversammlung, Ordner **95**

WIEN
(Originale im Landesbüro der Grünen Alternative, Wien)
Landesausschuß, Ordner **95** (Bezirksgruppenrundbrief)
Landesversammlung, Ordner **95** (Bezirksgruppenrundbrief)
Landesvorstand, Ordner **95** (Bezirksgruppenrundbrief)

PROTOKOLLE DER BUNDESPARTEI

(Originale im Landesbüro der Grünen Alternative, Wien)
Bundesausschuß, Ordner **86**, komplett 1987-92 (Grüner Rundbrief, Bezirksgruppenrundbrief der GA Wien, Bundesgeschäftsführerrundbrief)
(Bundes)Koordinationsgruppe, Ordner **86**, komplett 1986
Bundeskongreß, Ordner **89**, komplett 1987-93 (Grüner Rundbrief)
Bundestagung, Ordner **92**
Bundesvorstand, Ordner **87, 88**, komplett 1987-92
Erweiterter Bundesvorstand, Ordner **91**
Sitzungen des Parlamentsklubs, Ordner **100**

GRÜNE BILDUNGSWERKSTATT

Bundesversammlung, Ordner **102**
Bundesvorstand, Ordner **102**
Generalversammlung, Ordner **102**

B. PROGRAMME

ALTERNATIVE LISTE ÖSTERREICH

BUNDESPROGRAMME

Programme der ALÖ, Alternativenrundbrief, Nr. 6/86

PROGRAMME DER LANDESORGANISATIONEN

Damit der grüne Faden nicht verloren geht. Alternative Liste Niederösterreich (Landtagswahlprogramm 1983), Ordner **13**
Ökopax: Dokumente der Österreichischen Alternativbewegung, hg. von Sepp Brugger, Helmut Stockhammer, Ilse Wagner anläßlich der Kärntner Landtagswahlen 1984, Ordner **13**
Die Grünalternativen (Programm zur oberösterreichischen Landtagswahl 1985), Ordner **79**
Alternative Liste Innsbruck. Gemeinderatswahl 25. Sept. 83, Ordner **13**
Alternative Liste Wien. Programm Verkehr, Ordner **13**
Stadtentwicklung und Wohnen. Programm der Alternativen Liste Wien, Ordner **13**
Wohnstraßen, Programm der Alternativen Liste Wien, Ordner **13**
Friedensprogramm Alternative Liste Wien, Ordner **13**
Manifest der Alternativen Liste Wien, (Gemeinderatswahl 1983), Ordner **13**

DIE GRÜNALTERNATIVEN - DEMOKRATISCHE LISTE

Die Grünalternativen - Demokratische Liste, Ein Kurzprogramm, (Nationalratswahl 1986), Ordner **76**

GRÜNE ALTERNATIVE

BUNDESPROGRAMME

Entwurf: Wahlprogramm der "Grünen Einigung", Liste Meissner Blau, (Nationalratswahl 1986), Ordner **96**
Die Grüne Alternative - Liste Freda Meissner-Blau. Diskussionsentwurf. Stand 1.10.1986, (Nationalratswahl 1986), Ordner **96**
Grüne Alternativen für ein neues Österreich. Offenes Kurzprogramm. Die Grüne Alternative: Liste Freda Meissner-Blau, (Nationalratswahl 1986), Ordner **96**
Grüne Alternativen für ein neues Österreich. Das Grüne Landwirtschaftsprogramm. Die Grüne Alternative - Liste Freda Meissner-Blau (Nationalratswahl 1986), Ordner **96**

Reformprogramm der GRÜNEN. Fünf Schritte zu mehr sozialer Gerechtigkeit. August 1989. Diskussionsentwurf zu einer grünen Sozialpolitik für die nächsten fünf Jahre (Grün-Alternativ-Press Nr. 69)
Erweitertes Europamanifest. Stand April 1990. Wirklichkeit, Möglichkeit, Visionen, Ordner **96**
Leitlinien grüner Politik zu den Themen Umwelt, Demokratie, soziale Gerechtigkeit (Impuls Grün, Nr. 7 und 8/90) (= Programm der Grünen Alternative 1990)
Ja zu Europa. Nein zur EG (Impuls, Nr. 6-7b/93)
Aufhalten und Ankommen. Das grüne Integrationsprogramm (Impuls, Nr. 9b/93)
Arbeit durch Umwelt. Das grüne Investitionsprogramm (Impuls, Nr. 10b/93)
Landwirtschaft. Ein Programm der Grünen (Impuls, Nr. 1a/94)

PROGRAMME DER LANDESORGANISATIONEN

Anders Denken - Anders Handeln. Das Grüne Programm (Grüne Alternative NÖ 1988), Ordner **96**
Die Grüne Alternative Wien, (Gemeinderatswahl 1987), Ordner **96**
Grüne Alternative Wien zur Gesundheitspolitik, Ordner **96**
Grüne Alternative Wien zur Sozialpolitik, Ordner **96**
Grüne Alternative Wien zur Schulpolitik, Ordner **96**
Entwurf zum Frauensozialprogramm. Die Grüne Alternative Landesorganisation Wien, Ordner **96**

VEREINTE GRÜNE

Programm der Vereinten Grünen Österreichs (VGÖ). 1. Gesamtentwurf, erstellt am 5. 2. 1984, Karton VGÖ (Nr. **103**)
Vereinte Grüne Österreichs. Grundsatzprogramm (Stand 29. 4. 1984) (Blätter der Vereinten Grünen Österreichs, Folge 4/1984)
Vereinte Grüne Österreichs. Grundsatzprogramm 1990, Karton VGÖ (Nr. **103**)

DIE GRÜNEN, BRD

Die GRÜNEN, Das Bundesprogramm, o.O., O.J. (1980)
Die GRÜNEN. Sinnvoll arbeiten — solidarisch leben. Gegen Arbeitslosigkeit und Sozialabbau, verabschiedet auf der Bundesdelegiertenversammlung am 15./16. Januar 1983 in Stuttgart-Sindelfingen, Bonn 1983
Die GRÜNEN, Programm zur Bundestagswahl 1987, Bonn 1986
Die GRÜNEN, Umbau der Industriegesellschaft. Schritte zur Überwindung von Erwerbslosigkeit, Armut und Umweltzerstörung (= Umbauprogramm). Als Programm verabschiedet von der Bundesdelegiertenkonferenz der Grünen in Nürnberg 26.-28. September 1986, Bonn o.J. (1987)
Die GRÜNEN, Auf dem Weg zu einer ökologisch-solidarischen Weltwirtschaft. Konzept für eine grüne Außenwirtschaftspolitik, Bornheim-Roisdorf 1992

C. INTERVIEWS

(Typoskripte und Bandaufnahmen in der Sammlung Grün-Alternative am Institut für Zeitgeschichte der Universität Wien. Die Ziffern in eckiger Klammer im Fußnotenapparat verweisen auf das Zählwerk der Bandaufnahmen.)

Typoskript des Interviews mit Christoph Chorherr vom 13. und 20. Oktober 1993
Typoskript des Interviews mit Franz Floss vom 13. Jänner 1994
Typoskript des Interviews mit Holda Harrich vom 7. November 1992
Typoskript des Interviews mit Schani Margulies vom 20. Oktober 1993
Typoskript des Interviews mit Günther Nenning vom 19. Oktober 1993
Typoskript des Interviews mit Wolfgang Pelikan vom 22. März 1994

Typoskript des Interviews mit Doris Pollet-Kammerlander vom 12. Oktober 1993
Typoskript des Interviews mit Pius Strobl vom 20. Oktober 1993
Typoskript des Interviews mit Andreas Wabl vom 20. und 21. Oktober 1993

D. SONSTIGE QUELLEN

Der Grüne Klub, "Ein morsches Haus braucht neue Fundamente", o.O., o.J. (Wien 1987)
(= Alternative Regierungserklärung 1987)

Bezirksgruppenrundbrief [internes Informationsbulletin der Grünen Alternative Wien]

BGF-Rundbrief [internes Informationsbulletin der Bundesgeschäftsführung der Grünen Alternative]

Mackwitz, Hans-Werner, Alptraum Abfall oder Das Spiel mit dem Feuer. Hearing zur Sonderabfallverbrennung am 24. Jänner 1990 (unveröffentlichtes Manuskript). In: Ordner Grüner Klub. Anfragen, Anträge etc., Sammlung Grün-Alternative am Institut für Zeitgeschichte der Universität Wien

Günter Ofner, Grüne Schattierungen. Die Geschichte der VGÖ, unveröffentlichtes Typoskript. In: Karton "VGÖ"
(Nr. **103**), Sammlung Grün-Alternative am Institut für Zeitgeschichte der Universität Wien

Günter Ofner, Die Geschichte der VGÖ/Die Grünen. Die ersten 11 Jahre (1982-1993). Entwurf (unveröffentlichtes Typoskript). In: Karton VGÖ (Nr. **103**), Sammlung Grün-Alternative am Institut für Zeitgeschichte der Universität Wien

Stenographisches Protokoll des Nationalrats, XVII. Gesetzgebungsperiode

Stenographisches Protokoll des Nationalrats, XVIII. Gesetzgebungsperiode

II. ZEITSCHRIFTEN

A. GRÜNE UND ALTERNATIVE ZEITSCHRIFTEN

Akin. Aktuelle Informationen herausgegeben von der Bewegung für Sozialismus, 1983 ff.
ALG-Info [Zeitschrift der Alternativen Liste Graz/Steiermark], 1982 ff.
ALK-Info [AL Kärnten], 1984
Alternative. Monatszeitschrift der Gewerkschaftlichen Einheit, 1983 ff.
Alternative Kommunalpolitik, Bielefeld, div. Jahrgänge
Alternative Liste Burgenland Info, 1985 ff.
Alternativenrundbrief, 1978-84
Alternativenrundbrief [Neue Folge], 1985-88
Alternativinfo. Mitteilungsblatt der AL Tirol, 1983 ff.
Die Andere. Zeitung der Bürgerliste Salzburg-Land, 1988 ff.

Basis. Die Grüne Alternative für Niederösterreich, 1988 ff.
BIP-Press, 1986
Blatt der Vereinten Grünen Österreichs. Landesverband Oberösterreich, 1983 ff.
Blätter der Bürgerlichen Grünen Österreichs, 1994 ff.
Blätter der Vereinten Grünen Österreichs, 1983 ff.
Blätter der Vereinten Grünen Österreichs. Ausgabe Wien, 1986 ff.
Blätter der Vereinten Grünen Österreichs. Liste Tollmann, 1982/83
Blätter der Vereinten Grünen Österreichs. Schnellinfo, 1985 ff.
Blätter der VGÖ. Landesverband Wien, 1984-1986
Bürger aktiv. Damit es uns auch morgen noch gut geht [Weltbund zum Schutz des Lebens], div. Ausgaben

Die GABL. Zeitung für Landespolitik [GABL Salzburg], 1983-1988
GAL-Rundbrief, Hamburg, div. Ausgaben
GAL Information. GrünAlternative Bürgerliste Linz, 1986 ff.
GA-Press — siehe Grün-alternativ-Press
GRAS-Info [Zeitschrift der Grünalternativen Sammlung Wien] 1986
Grün-alternativ-Press [Zeitschrift der Grünen Alternative Wien/Österreich] 1987 ff.
Die Grünalternativen. Zeitung der Grün-Alternativen Oberösterreichs, 1985 ff.
Die Grünalternativen Nachrichten [GAL-DL Niederösterreich], 1986-1987
Grün + alternativ. Organ der Vereinigten Österreichischen Grünalternativen [VÖGA], 1986-1987
Grüne Nachrichten. Grüne Alternative Burgenland, 1989 ff.
Der Grüne Rundbrief. Grüne Alternative Tirol, 1992 ff.

Die Grüne. VGÖ. Mitteilungen der Vereinten Grünen Österreichs, Landesverband Niederösterreich, 1983 ff.
Grüne Wege. Blätter der Grün-Alternativen Landtagsfraktion [VGÖ-AL Vorarlberg], 1986 ff.
Die Grünen. Grüne Alternative Burgenland, 1987
Die Grünen. Mitteilungen der Österreichischen Umweltschutzbewegung USB, 1982 ff.
Die Grünen Demokraten, 1983-1988; 1988 umbenannt in: Umfeld
Grüner basis-dienst, Bonn, 1983 ff.
Grünes Bulletin. Die Grünen im Bundestag, Bonn, 1984-90
Grünes Info-Service der VGÖ Linz. div. Ausgaben
Grün-Press [Zeitschrift der Grünen Alternative], 1986-87

Impuls Grün [Zeitschrift der Grünen Alternative], 1988-92; 1993 umbenannt in: Impuls
Info der Alternativen Liste Wien, 1982 ff.
Info GE. Berichte. Diskussionen. Mitteilungen [Gewerkschaftliche Einheit], 1983 ff.
Informationsblatt der Alternativen Liste Niederösterreich, 1983-1990

LAL. Links. Alternativ. Listig. Linke Alternative Liste an der Universität Wien, 1984-1987

Mensch und Umwelt. Zeitschrift für ökologischen Humanismus, 1986 ff.

Netzwerk [Zeitschrift der Alternativen Liste Wien], 1980-88
Neue Argumente. Mitteilungen des Interessensverbandes Arbeitsgemeinschaft Nein zu Zwentendorf, div. Ausgaben
Neues Österreich (mit Partei Neues Österreich Informationen), 1982 ff.
Notizen. Österreichisches Ökologie-Institut für angewandte Umweltforschung, div. Ausgaben

Öko-Initiative [AL-OÖ], 1983-1985
ÖPD. Österreichischer Pressedienst [Öst. Hochschülerschaft, tw. KL-VB], div. Ausgaben

Passant. Vorarlberger Zeitschrift für Leben und Politik, 1986-1988

Regenbogen [Zeitschrift der Alternativen Liste Oberösterreich] 1983-85

Saublume [Zeitschrift der Grünen Alternative Vorarlberg], 1987 ff.
SOL. Zeitschrift für Umweltschutz und Menschenrechte [Friends of the Earth], div. Ausgaben

Umfeld. Österreichische Unabhängige Zeitung [Grüne Demokraten], 1988 ff.

Vorarlberger Alternativen Rundbrief [Zeitschrift der Alternativen Liste Vorarlberg], 1983 ff.

Die Wahl im Mai [Meissner-Blau-Wahlbewegung], 1986
Wurzelwerk. Zeitschrift für Ökologie und Poesie, div. Ausgaben

Zeitung. Salzburger Gegenöffentlichkeit, div. Ausgaben
Zeitung für ein anderes Tirol [Liste für ein anderes Tirol], div. Ausgaben

B. SONSTIGE ZEITUNGEN UND ZEITSCHRIFTEN

Ak [vormals Arbeiterkampf], Hamburg, div. Jahrgänge
Das Argument, Berlin (West), div. Ausgaben
Ästhetik und Kommunikation, Berlin, div. Ausgaben
AZ, div. Ausgaben

Basta, Wien, div. Ausgaben

Fakblatt, Zeitschrift der Studienrichtungsvertretung der Grund- und Integrativwissenschaftlichen Fakultät der Universität Wien, div. Ausgaben
Falter, div. Ausgaben
FORVM. Internationale Zeitschrift für kulturelle Freiheit, politische Gleichheit und solidarische Arbeit, div. Ausgaben

Journal für Sozialforschung, div. Ausgaben
Juridikum. Zeitschrift im Rechtsstaat, div. Ausgaben

Kommune. Forum für Politik, Ökonomie und Kultur. Monatszeitschrift, Frankfurt, 1984-88
Konkret, Hamburg, div. Ausgaben
KRISIS. Zeitschrift für revolutionäre Theorie bzw. Beiträge zur Kritik der Warengesellschaft, [vormals: Marxistische Kritik], Nürnberg, div. Ausgaben
Kurier, div. Ausgaben

Die Linke, herausgegeben von der Gruppe Revolutionärer Marxisten [später Sozialistische Alternative],österreichische Sektion der IV. Internationale, div. Ausgaben

Moderne Zeiten (MOZ), Hannover, 1981-84
Moderne Zeiten, Wien, 1991-92

MOZ bzw. Monatszeitung. Alternative Monatszeitschrift für Politik, Wirtschaft und Kultur, 1984-1990

Nawi-Info, Zeitschrift der Studienrichtungsvertretung der naturwissenschaftlichen Fakultät an der Universität Wien, div. Ausgaben
Neue Kronen Zeitung, div. Ausgaben
News, div. Ausgaben

Oberösterreichische Nachrichten, div. Ausgaben
Österreichische Zeitschrift für Politikwissenschaft, div. Ausgaben
Österreichisches Jahrbuch für Politik, div. Jahrgänge

Die Presse, div. Ausgaben
Profil, div. Jahrgänge
PROKLA, Berlin (West), div. Ausgaben

Salto, div. Ausgaben
Salzburger Nachrichten, div. Ausgaben
Der Spiegel, div. Ausgaben
Der Standard, div. Ausgaben
SWS-Rundschau, 1987 ff.

Transatlantik. Das Kulturmagazin, Nr. 2/1989
Trend, div. Ausgaben

Vorarlberger Nachrichten, div. Ausgaben

Weg und Ziel, div. Ausgaben
Wiener, div. Ausgaben
Wochenpresse, div. Ausgaben
Zukunft, div. Ausgaben

III. BÜCHER, BROSCHÜREN, AUFSÄTZE

Abendroth, Wolfgang, Demokratie als Institution und Aufgabe. In: Ulrich Matz (Hg.), Grundprobleme der Demokratie, Darmstadt 1973

Abendroth, Wolfgang, u.a., Nicht links, nicht rechts? Über die Zukunft der Grünen, Hamburg 1983.

Abfallerhebung in den Gemeinden 1984, Wien 1985

Abfallerhebung 1984 in den Betrieben, Wien 1986

Adamaschek, Helmut/Alexander Sprau (Hg.), Die Macht und ihr Preis. Grün-alternative Bewegung und Parlamentarismus, Berlin 1984

Adler, Max, Die Staatsauffassung des Marxismus. Ein Beitrag zur Unterscheidung von soziologischer und juristischer Methode, Wien 1922

Adler, Max, Politische oder soziale Demokratie, Wien 1926

Adler, Max, Natur und Gesellschaft, Wien 1964

Adorno, Theodor W., Einleitung. In: Ders. u.a., Der Positivismusstreit in der deutschen Soziologie, Darmstadt und Neuwied, 9. Aufl. 1979, S. 7-79

Adorno, Theodor W., Soziologie und empirische Forschung. In: Ders. u.a., Der Positivismusstreit in der deutschen Soziologie, Darmstadt und Neuwied, 9. Aufl. 1979, S. 81-101

Adorno, Theodor W., Negative Dialektik (1966), Frankfurt am Main, 7. Aufl. 1992

Adorno, Theodor W., Gesellschaftstheorie und Kulturkritik, Frankfurt am Main 1975

Altes Testament

Althusser, Louis/Etienne Balibar, Das Kapital lesen, 2 Bde., Reinbek 1972

Amery, Carl, Natur als Politik. Die ökologische Chance des Menschen, Reinbek 1976

Anders, Günther, Die Antiquiertheit des Menschen, Band I: Über die Seele im Zeitalter der zweiten industriellen Revolution, München 1956

Anders, Günther, Die Antiquiertheit des Menschen, Band II: Über die Zerstörung des Lebens im Zeitalter der dritten industriellen Revolution, München 1980

Anders, Günther, Hiroshima ist überall, München 1982

Anders, Günther, Gewalt - ja oder nein. Eine notwendige Diskussion, München 1987

Anders, Günther, Die molussische Katakombe, München 1992

Aristoteles, Nikomachische Ethik (v.u.Z.), Stuttgart 1983

Bahro, Rudolf, Die Alternative. Zur Kritik des real existierenden Sozialismus (1977), Reinbek 1980

Bahro, Rudolf, Elemente einer neuen Politik. Zum Verhältnis von Ökologie und Sozialismus, Berlin(West) 1980

Bahro, Rudolf, Wahnsinn mit Methode. Über die Logik der Blockkonfrontation, die Friedensbewegung, die Sowjetunion und die DKP, Berlin(West) 1982

Bahro, Rudolf, Hinein oder Hinaus? Wozu steigen wir auf? Rede auf der Bundesdelegiertenkonferenz der Grünen [Hamburg, Dezember 1994]. In: Kommune, 3. Jg., Nr. 1, 18. Januar 1985, S. 40-48

Bateson, Gregory, Ökologie des Geistes. Anthropologische, psychologische, biologische und epistemologische Perspektiven (1972), Frankfurt am Main, 3. Aufl. 1990

Bätzing, Werner, Umweltkrise und reproduktive Arbeit. Mensch-Natur-Beziehung am Beispiel des Alpenraumes. In: Kommune, 6. Jg., Nr. 5, Mai 1988, S. 69-79

Beck, Ulrich, Risikogesellschaft. Auf dem Weg in eine andere Moderne, Frankfurt am Main 1986

Beckenbach, Frank/Jo Müller/Reinhard Pfriem/Eckhart Stratmann, Grüne Wirtschaftspolitik. Machbare Utopien, Köln 1985.

Becker, Egon, Natur als Politik?. In: Thomas Kluge (Hg.), Grüne Politik. Der Stand einer Auseinandersetzung, Frankfurt am Main 1984, S. 109-122

Bickerich, Wolfram, SPD und Grüne. Das neue Bündnis? Reinbek 1985

Bolaffi, Angelo/Otto Kallscheuer, Die Grünen: Farbenlehre eines politischen Paradoxes. Zwischen neuen Bewegungen und Veränderungen der Politik. In: PROKLA 51, Juni 1993, S. 62-105

Bonus, Holger, Ökologische Marktwirtschaft. In: Hubert Markl (Hg.), Natur und Geschichte, München/Wien 1983, S. 289-327

Bookchin, Murray, Die Ökologie der Freiheit. Wir brauchen keine Hierarchien, Weinheim und Basel 1985

Brand, Karl-Werner/Detlev Büsser/Dieter Rucht, Aufbruch in eine andere Gesellschaft. Neue soziale Bewegungen in der Bundesrepublik, Frankfurt-New York 1983.

Brecht Bertolt, Das Leben des Galilei. Schauspiel (1938/39). In: Ders., Gesammelte Werke, Band 3, Frankfurt am Main 1967, S. 1229-1345

Brun, Rudolf (Hg.), Der grüne Protest, Frankfurt 1978

Bundesministerium für Inneres (Hg.), Die Nationalratswahl vom 24. April 1983, Wien 1984

Burkart, Roland, Das Konrad-Lorenz-Volksbegehren in der Tagespresse Österreichs (Beiträge zur Kommunikationswissenschaft 3), Wien 1985

Burkart, Roland/Angela Fritz, Informationsvermittlung im Wahlkampf. Das Kommunikationsverhalten der Österreicher im Nationalratswahlkampf 1986 am Beispiel der grün-alternativen Bewegung (Beiträge zur Kommunikationswissenschaft 7), Wien 1988

Bürklin, Wilhelm, Grüne Politik. Ideologische Zyklen, Wähler und Parteiensystem, Opladen 1984

Capra, Fritjof, Wendezeit. Bausteine für ein neues Weltbild, Bern-München-Wien 1985

Castoriadis, Cornelius, Gesellschaft als imaginäre Institution. Entwurf einer politischen Philosophie (1975), Frankfurt am Main 1990

Cerroni, Umberto, Gramsci-Lexikon. Zum Kennen- und Lesen lernen, Hamburg 1980

Christian, Reinhold/Peter A. Ulram, Grün-alternative Parteien in österreichischen Gemeinden (Forschungsbericht Nr. 47/88 der Politischen Akademie), Wien 1988

Chylik, Ruth, Öffentlichkeitsarbeit der Grünen Alternative. Dargestellt am Beispiel der Ausländer/Innen/politik der Landesorganisation Wien, Diplomarbeit, Wien 1994.

Clausewitz, Carl von, Vom Kriege (1832). Auswahl, Stuttgart 1980

Conti, Christopher, Abschied vom Bürgertum. Alternative Bewegungen in Deutschland von 1890 bis heute, Reinbek 1983

Dachs, Herbert, Eine Renaissance des "mündigen Bürgers"? Über den Aufstieg der Salzburger Bürgerliste. In: Österreichische Zeitschrift für Politikwissenschaft, Nr. 3/1983, S. 31 ff.

Dachs, Herbert, Grünalternative Parteien. In: Herbert Dachs/Peter Gerlich/Herbert Gottweis u.a. (Hg.), Handbuch des politischen Systems Österreichs, Wien 1991

Dachs, Herbert/ Peter Gerlich/ Herbert Gottweis u.a. (Hg.), Handbuch des politischen Systems Österreichs, Wien 1991

Dachs Herbert (Hg.), Parteien und Wahlen in Österreichs Bundesländern 1945-1991. Österreichisches Jahrbuch für Politik, Sonderband 4, Wien/München 1992

Demirovic, Alex, Demokratie, Ökologie, Ökologische Demokratie. Demokratievorstellungen und -konzepte der neuen sozialen Bewegungen und der Partei "Die Grünen", Frankfurt am Main 1989

Deutz, Monica/Lothar Kolenberger/Klaus Schroeder/Hans-Albrecht Schwarz, Alternativ oder konservativ? Zur jüngeren Geschichte der Alternativbewegung. In: Ästhetik und Kommunikation, Heft 36, Jg. 10, Juni 1979, S. 29-42

Ditfurth, Jutta, Radikal und phantasievoll gesellschaftliche Gegenmacht organisieren! Skizzen einer radikalökologischen Position. In: Thomas Kluge (Hg.), Grüne Politik. Der Stand einer Auseinandersetzung, Frankfurt am Main 1984, S. 57-69

Ditfurth, Jutta, Lebe wild und gefährlich. Radikalökologische Perspektiven, Köln 1991

Ditfurth, Jutta, Feuer in die Herzen. Plädoyer für eine ökologische linke Opposition, Hamburg 1992

Dokumentationsarchiv des Österreichischen Widerstandes (Hg.), Rechtsextremismus in Österreich nach 1945, Wien, 5. Aufl. 1981

Dokumentationsarchiv des österreichischen Widerstandes (Hg.), Handbuch des österreichischen Rechtsextremismus, Wien 1993

Dörschel, Jens, Ökologie und Marktwirtschaft, Braunschweig 1993

Dräger, Klaus/Werner Hülsberg, Aus für Grün? Die grüne Orientierungskrise zwischen Anpassung und Systemopposition, Frankfurt 1986

Ebbinghausen, Rolf/Sieghard Neckel (Hg.), Anatomie des politischen Skandals, Frankfurt am Main 1989

Ebermann, Thomas/Rainer Trampert, Worauf es ankommt. In: Thomas Kluge (Hg.), Grüne Politik. Eine Standortbestimmung, Frankfurt am Main 1984, S. 36-56

Ebermann, Thomas/Rainer Trampert, Die Zukunft der Grünen. Ein realistisches Konzept für eine radikale Partei, Hamburg 1984

Ebermann, Thomas/Rainer Trampert, Versöhnen oder spalten - Die Grünen in ihrer tiefsten Krise seit der Gründung. In: Grünes und alternatives Jahrbuch 1988, Köln 1988, S. 131-148

Edda, Die. Göttersagen, Heldensagen und Spruchweisheiten der Germanen, Wiesbaden 1987

Ehalt, Hubert Ch. (Hg.), Zwischen Natur und Kultur. Zur Kritik biologistischer Ansätze, Wien-Köln-Graz 1985

Eitel, Karin/ Waltraud Fasching/Simone Mesner, Aufstieg und Ende der Bürgerinitiative Parlament, politikwissenschaftliche Seminararbeit, Wien 1986 (im Privatarchiv d. Verf.)

Elias, Norbert, Über den Prozeß der Zivilisation. Soziogenetische und psychogenetische Untersuchungen. Erster Band: Wandlungen des Verhaltens in den weltlichen Oberschichten des Abendlandes (1936), Frankfurt am Main, 7. Aufl. 1980

Elias, Norbert, Über den Prozeß der Zivilisation. Soziogenetische und psychogenetische Untersuchungen. Zweiter Band: Wandlungen der Gesellschaft. Entwurf zu einer Theorie der Zivilisation (1936), Frankfurt am Main, 7. Aufl. 1980

Enzensberger, Hans-Magnus, Zur Kritik der Politischen Ökologie. In: Kursbuch 13, Oktober 1973

Eppler, Erhard, Ende oder Wende. Von der Machbarkeit des Notwendigen, Stuttgart 1975

Fehlinger, Friedrich, Beiträge zur Geschichte der österreichischen Anti-Atomkraftwerks-Bewegung, Diplomarbeit, Linz 1979

Fichte, Johann Gottlieb, Der geschloßne Handelsstaat. Ein philosophischer Entwurf als Anhang zur Rechtslehre und Probe einer künftig zu liefernden Politik mit einem bisher unbekannten Manuskript Fichtes "Ueber StaatsWirthschaft" (1800), Hamburg 1979

Fischer, Joschka, Für einen grünen Radikalreformismus. In: Wolfgang Kraushaar (Hg.), Was sollen die Grünen im Parlament?, Frankfurt am Main 1983, S. 35-46

Fischer, Joschka, Identität in Gefahr!. In: Thomas Kluge (Hg.), Grüne Politik. Der Stand einer Auseinandersetzung, Frankfurt am Main 1984, S. 20-35

Fischer, Joschka, Niemand kann gegen seinen Willen zur Rotation gezwungen werden. Wider die leidige Rotationskiste!. In: grüner basis-dienst, Doppelheft 7-8/84, S. 17-25.

Fischer, Joschka, Von grüner Kraft und Herrlichkeit, Reinbek bei Hamburg 1985

Fischer, Joschka, Der Umbau der Industriegesellschaft. Plädoyer wider die herrschende Umweltlüge, Frankfurt am Main 1989

Fischer, Joschka, Die Linke nach dem Sozialismus, Hamburg 1992

Forum Alternativ (Hg.), Dokumentation Parallelkonferenz zur UN Konferenz über Wissenschaft und Technik im Dienste der Entwicklung UNCST vom August 1979, Wien 1980

Froschauer, Ulrike, Zur Struktur und Dynamik der Ökologiebewegung, Dissertation, Wien 1992

GA-Verlag (Hg.), Die Neue WeltUNordnung. Texte zur Weltaufteilung, Wien 1992

Gföhler Kreis (Hg.), Mehr sein, mehr wagen. Einstieg in eine grün-alternative Wirtschaftsdiskussion, Graz 1985

Giller, Joachim, Sozialer Bewußtseins- und Wertewandel in Österreich. Vom "Studentenbewußtsein" zu den "Grünen" und "Alternativen", Dissertation, Wien 1983.

Glauber, Hans/Reinhard Pfriem (Hg.), Ökologisch wirtschaften. Erfahrungen, Strategien, Modelle, Frankfurt am Main 1992

Goldberg, Jörg, Grünalternative Wirtschaftskonzeptionen: Analyse und Kritik, Frankfurt 1982

Gorz, André, Abschied vom Proletariat. Jenseits des Sozialismus, Reinbek 1983

Gorz, André, Wege ins Paradies. Thesen zur Krise, Automation und Zukunft der Arbeit, Berlin(West) 1983

Grassmuck, Volker/Christian Unverzagt, Das Müll-System. Eine metarealistische Bestandsaufnahme, Frankfurt am Main 1991

Grisebach, Manon Maren, Philosophie der Grünen, München 1982

Gronner, Ali, VGÖ und ALÖ - grün-alternative Gruppierungen in Österreich. In: Umdenken. Analysen grüner Politik in Österreich, Wien 1984, S. 79-96

Gronner, Ali, Eckpfeiler grüner Politik. In: Lind, Karl (Hg.), Nur kein Rhabarber! Auseinandersetzungen mit grüner Politik in Österreich, Wien 1988, S. 61-77

Gronner, Ali/Erich Kitzmüller (Hg.), Grüne Ausblicke. Beiträge zu einer Politik der GRÜNEN, Wien 1988

Gronner, Ali, Die Grünen - Reformpartei der Radikalen Mitte. In: Gronner, Ali/Erich Kitzmüller (Hg.), Grüne Ausblicke. Beiträge zu einer Politik der GRÜNEN, Wien 1988, S. 8-21

Gruhl, Herbert, Ein Planet wird geplündert. Die Schreckensbilanz unserer Politik, Frankfurt am Main 1978

Grüne Bildungswerkstatt (Hg.), Die Republik im Fieber. Erste Diagnose - Ein Jahr Grün-Alternative im Parlament, Graz o. J. (1988)

Die GRÜNEN, GRÜNE Perspektiven. Von der Mühsal der Ebenen und der Lust der Höhen ...? Bonn 1988

Grünes und alternatives Jahrbuch 1986/87, Berlin(West) 1986

Grünes und alternatives Jahrbuch 1988, Köln 1988

Es grünt so rot. Alternativen zwischen Mode und Modell, Hamburg 1982

Gubitzer, Luise, Grünes Selbstverständnis: Brauchen wir eine grün-alternative Partei? Wenn ja - wozu? In: Ali Gronner/Erich Kitzmüller (Hg.), Grüne Ausblicke. Beiträge zu einer Politik der GRÜNEN, Wien 1988, S. 40-62

Guggenberger, Bernd, Bürgerinitiativen in der Parteiendemokratie. Von der Ökologiebewegung zur Umweltpartei, Stuttgart-Berlin-Köln-Mainz 1980

Guggenberger, Eduard/Roman Schweidlenka, Mutter Erde, Magie und Politik. Zwischen Faschismus und neuer Gesellschaft, Wien 1987

Gutmann, Raimund, Bürgernähe als neues Handlungsmuster lokaler Politik am Beispiel der Stadt Salzburg unter besonderer Berücksichtigung von Bürgerbeteiligung an Planungsprozessen, Dissertation, Salzburg 1983.

Gutmann, Raimund/Werner Pleschberger, Die Bürgerliste - grüne Mitte in Salzburg. In: Umdenken. Analysen grüner Politik in Österreich, Wien 1984, S. 106-124

Haeckel, Ernst, Die Welträtsel. Gemeinverständliche Studien über monistische Philosophie, Bonn 1903

Hämmerle, Kathrin, Von der Bewegung zur Partei: Entstehung grüner Parteien sowie deren Parlamentarisierung am Beispiel der Grünen Alternative Tirol, Diplomarbeit, Innsbruck 1993

Haiden, Susanne, Von der grünen Bewegung zur grünalternativen Partei. Die Geschichte des grünalternativen Parteibildungsprozesses in Österreich bis zur Nationalratswahl 1986, Diplomarbeit, Klagenfurt 1989.

Hainburg. Versuch einer sachlichen Information der Österr. Hochschülerschaft an der Universität für Bodenkultur für die Aktionsgemeinschaft gegen das Kraftwerk Hainburg, Wien 1985

Hallensleben, Anna, Von der grünen Liste zur grünen Partei? Die Entwicklung der Grünen Liste Umweltschutz von ihrer Entstehung in Niedersachsen 1977 bis zur Gründung der Partei DIE GRÜNEN, Dissertation, Göttingen 1984

Harich, Wolfgang, Kommunismus ohne Wachstum? Babeuf und der "Club of Rome". Sechs Interviews mit Freimut Duve und Briefe an ihn, Reinbek bei Hamburg 1978

Hase, Friedhelm, Die GRÜNEN im Rechtsstaat. Basis-, repräsentative und pluralistische Demokratie. In: Thomas Kluge (Hg.), Grüne Politik. Der Stand einer Auseinandersetzung, Frankfurt am Main 1984, S. 142-153

Haslinger, Josef, Politik der Gefühle. Ein Essay über Österreich, Darmstadt und Neuwied 1987

Hegel, Georg Wilhelm Friedrich, Werke, Frankfurt am Main 1986. Darunter im speziellen:
- Enzyklopädie der philosophischen Wissenschaft im Grundrisse. Erster Teil. Die Wissenschaft der Logik. Mit mündlichen Zusätzen (1830). In: Bd. 8.
- Phänomenologie des Geistes (1807). In: Bd. 3.
- Wissenschaft der Logik I (1813/1831). In: Bd. 5.
- Wissenschaft der Logik II (1816). In: Bd. 6.
- Grundlinien der Philosophie des Rechts (1821). In: Bd. 7.
- Vorlesungen über die Philosophie der Geschichte (1832). In: Bd. 12.
- Vorlesungen über die Ästhetik I. In: Bd. 13.
- Vorlesungen über die Geschichte der Philosophie I (1817). In: Bd. 18.

Heidegger, Doris/Fridolin Meyer, Die Grüne Bildungswerkstatt. Ausdruck einer Normalisierungstendenz der "Grünen" oder Forum für ein neues Politikverständnis? Diplomarbeit, Innsbruck 1992

Heuß, Alfred, Einleitung. In: Propyläen Weltgeschichte III.1: Griechenland. Die hellenistische Welt, Frankfurt am Main-Berlin-Wien 1962, S. 9-24

Hofbauer, Hannes, Zwang und Bedürfnis, grün zu sein. Erlebnisse aus 10 Jahren. In: Lind, Karl (Hg.), Nur kein Rhabarber! Auseinandersetzungen mit grüner Politik in Österreich, Wien 1988, S. 35-59

Höllrigl, Bernadette, Demokratiekritik in der Grün-Alternativen Bewegung und Partei, Diplomarbeit, Innsbruck 1990

Horkheimer, Max, Traditionelle und kritische Theorie. Vier Aufsätze, Frankfurt am Main 1968

Horkheimer, Max/Theodor W. Adorno, Dialektik der Aufklärung. Philosophische Fragmente (1947), Frankfurt am Main 1991

Huber, Joseph, Wer soll das alles ändern? Die Alternativen der Alternativbewegung, Berlin 1980

Huber, Joseph, Basisdemokratie und Parlamentarismus. In: Wolfgang Kraushaar (Hg.), Was sollen die Grünen im Parlament? Frankfurt am Main 1983, S. 68-84

Huber, Joseph, Die Regenbogengesellschaft. Ökologie und Sozialpolitik, Frankfurt am Main 1985

Huber, Markus, Zur Geschichte der Vereinten Grünen Österreichs (VGÖ) bis zu den Nationalratswahlen im April 1983, Diplomarbeit, Wien 1991

Immler, Hans, Vom Wert der Natur. Zur ökologischen Reform von Wirtschaft und Gesellschaft, Opladen, 2. Aufl. 1990

Jäger, Brigitte/Claudia Pinl, Zwischen Rotation und Routine. Die Grünen im Bundestag, Köln 1985

Jaeggi, Urs, Kapital und Herrschaft in der Bundesrepublik. Elemente einer gesellschaftlichen Analyse, Frankfurt am Main 1973

Kant, Immanuel, Werkausgabe, Frankfurt am Main 1977. Darunter im speziellen:
- Grundlegung der Metaphysik der Sitten (1785). In: Bd. 7.
- Prolegomena zu einer jeden künftigen Metaphysik die als Wissenschaft wird auftreten können (1783). In: Bd. 9.
- Über den Gemeinspruch: Das mag in der Theorie richtig sein, taugt aber nicht für die Praxis (1793). In: Bd. 11.

Kapp, K. William, Soziale Kosten der Marktwirtschaft. Das klassische Werk der Umwelt-Ökonomie, Frankfurt am Main 1979

Karmasin, Fritz, Die Neuen Werte. Zur Konstruktion von Einstellungsmustern am Beispiel alternativen Gedankenguts, Habilitation, Wien 1984

Karrer, Ernst/ Ernst Schuller, Alternativbewegung in Oberösterreich, Diplomarbeit, Linz 1981

Käsler, Dirk u.a., Der politische Skandal. Zur symbolischen und dramaturgischen Qualität der Politik, Opladen 1991

Kelsen, Hans, Das Problem des Parlamentarismus, Wien und Leipzig 1925

Kelsen, Hans, Vom Wesen und Wert der Demokratie, Tübingen, 2. Aufl. 1929

Kelsen, Hans, Der Staat der Integration, Wien 1930

Kelsen, Hans, Reine Rechtslehre (1934), Wien, 2. Aufl. 1960

Kessel, Hans/Wolfgang Tischler, Umweltbewußtsein. Ökologische Wertvorstellungen in westlichen Industrienationen, Berlin 1984

Keynes, John Maynard, Allgemeine Theorie der Beschäftigung, des Zinses und des Geldes, Berlin 1936

Kitzmüller, Erich, Wo entsteht die Grüne Partei in Österreich? In: Alternativenrundbrief, Nr. 100, Oktober 1984, S. 12-24

Kitzmüller, Erich, Grüne heben den Blick. In: Ali Gronner/Erich Kitzmüller (Hg.), Grüne Ausblicke. Beiträge zu einer Politik der GRÜNEN, Wien 1988, S. 22-39

Klein, Peter, Demokratie und Sozialismus. Zur Kritik einer linken Allerweltsphrase. In: Marxistische Kritik, Nr. 7, August 1989, S. 94-146

Klein, Peter, Demokratendämmerung. Das Ende von Freiheit und Gleichheit. In: Krisis, Nr. 11, August 1991, S. 162-199

Kleinert, Hubert, Was ist der Grünen Identität? Annäherungen an einen problematischen Begriff. In: Grünes und alternatives Jahrbuch 1986/87, Berlin(West) 1986, S. 21-41.

Kleinert, Hubert, Aufstieg und Fall der Grünen. Analyse einer alternativen Partei, Bonn 1992

Kluge, Thomas (Hg.), Grüne Politik. Der Stand einer Auseinandersetzung, Frankfurt am Main 1984

Koch, Bernhard, Die Grüne Alternative im Parlament. Umfeld, Einflußchancen, Erfahrungen, Strategien, Diplomarbeit, Innsbruck 1989

Kofler, Leo, Zur Kritik der "Alternativen", Hamburg 1983

Kofler, Toni/Oskar Stocker, Öko-Insel Österreich? Umweltpolitik auf dem Prüfstand, Wien-Köln-Graz 1985

Kolenberger, Lothar, Die alternative Bewegung in West-Berlin — eine Bestandsaufnahme, Berlin (West) 1982

Kongreßbüro "Zukunft der Arbeit" (Hg.), Kongreß Zukunft der Arbeit. Wege aus Massenarbeitslosigkeit und Umweltzerstörung. Materialienband, Bielefeld 1983.

Kostede, Norbert, Paternoster: die Folgen des Rotationsprinzips. In: Kursbuch 74: Zumutungen an die Grünen, Dezember 1983, S. 95-103

Krahl, Hans-Jürgen, Konstitution und Klassenkampf. Schriften und Reden 1966-70, Frankfurt, 4. Auflage 1985

Krämer, Walter, So lügt man mit Statistik, Frankfurt/Main-New York, 4. Aufl. 1992

Kraus, Karl, Die Fackel, div. Jg.

Kraus, Karl, Über die Sprache. Glossen, Aphorismen und Gedichte, München 1977

Kraushaar, Wolfgang, Autonomie oder Ghetto? Kontroversen über die Alternativbewegung, Frankfurt am Main 1978

Kraushaar, Wolfgang (Hg.), Was sollen die Grünen im Parlament?, Frankfurt am Main 1983

Kugler, Christine, Die neuen sozialen Bewegungen in der Bundesrepublik Deutschland und die Partei "Die Grünen", Dissertation, Wien 1987

Kursbuch 33. Ökologie und Politik oder Die Zukunft der Industrialisierung, Berlin, Oktober 1973

Kursbuch 74. Zumutungen an die Grünen, Berlin, Dezember 1983

Kurz, Robert, Die Krise des Tauschwerts. In: Marxistische Kritik, Nr. 1, März 1986, S. 7-48

Kurz, Robert, Die Herrschaft der toten Dinge. Kritische Anmerkungen zur neuen Produktivkraft-Kritik und Entgesellschaftungs-Ideologie. In: Marxistische Kritik, Nr. 2, Januar 1987, S. 7-68 und Nr. 3, Juni 1987, S. 53-113

Kurz, Robert, Abstrakte Arbeit und Sozialismus. Zur Marx'schen Werttheorie und ihrer Geschichte. In: Marxistische Kritik, Nr. 4, Dezember 1987, S. 57-108

Kurz, Robert, Glanz und Elend des Antiautoritarismus. Streiflichter zur Ideen- und Wirkungsgeschichte der "Neuen Linken". In: Marxistische Kritik, Nr. 5, Dezember 1988, S. 11-37

Kurz, Robert/Ernst Lohoff, Der Klassenkampffetisch. Thesen zur Entmythologisierung des Marxismus. In: Marxistische Kritik, Nr. 7, August 1989, S. 10-41

Kurz, Robert, Aschermittwoch des Marxismus. Der Abgesang der Linken und die Kritik der politischen Ökonomie. In: Krisis Nr. 8/9, Mai 1990, S. 93-116

Kurz, Robert, Die verlorene Ehre der Arbeit. Produzentensozialismus als logische Unmöglichkeit. In: Krisis, Nr. 10, Januar 1991, S. 11-51

Kurz, Robert, Geschichtsverlust. Der Golfkrieg und der Verfall des marxistischen Denkens. In: Krisis, Nr. 11, August 1991, S. 16-39

Kurz, Robert, Der Kollaps der Modernisierung. Vom Zusammenbruch des Kasernensozialismus zur Krise der Weltökonomie, Frankfurt am Main 1991

Kurz, Robert, Die Intelligenz nach dem Klassenkampf. Von der Entbegrifflichung zur Entakademisierung der Theorie. In: Widerspruch. Münchner Zeitschrift für Philosophie, 12. Jg. (1992), Nr. 22, S. 11-26.

Kurz, Robert, Die Demokratie frißt ihre Kinder. Bemerkungen zum neuen Rechtsradikalismus. In: Rosemaries Babies. Die Demokratie und ihre Rechtsradikalen, Unkel/Rhein und Bad Honnef 1993, S. 11-87

Kurz, Robert, Der Letzte macht das Licht aus. Zur Krise von Demokratie und Marktwirtschaft, Berlin 1993

Kurz, Robert, Der Ausnahmewohlstand droht. Zum Legitimitätsproblem in der Krise der Arbeitsgesellschaft. In: Juridikum, Nr. 2/94, S. 23-26

Lalonde, Brice/Claus Leggewie, Es lebe der Ökoliberalismus. In: Thomas Kluge (Hg.), Grüne Politik. Der Stand einer Auseinandersetzung, Frankfurt am Main 1984, S. 81-89

Langenbucher, Wolfgang R./ Manfred Bobrowsky (Hg.), Wege zur Kommunikationsgeschichte, München 1987

Langguth, Gerd, Der grüne Faktor. Von der Bewegung zur Partei, Zürich 1984

Langner, Manfred, Die Grünen auf dem Prüfstand. Analyse einer Partei, Bergisch Gladbach 1987

Leibniz, Gottfried Wilhelm, Fünf Schriften zur Logik und Metaphysik, Stuttgart 1987

Leibniz, Gottfried Wilhelm, Monadologie (1714), Stuttgart 1990

Leipert, Christian, Sozialkosten in der Industriegesellschaft. In: Michael Opielka (Hg.), Die ökosoziale Frage. Alternativen zum Sozialstaat, Frankfurt am Main 1985, S. 107-130

Leipert, Christian, Die heimlichen Kosten des Fortschritts. Wie Umweltzerstörung das Wirtschaftswachstum fördert, Frankfurt am Main 1989

Lenin, Wladimir I., Werke, Bd. 1-40 und 2 Ergänzungsbände, Berlin(Ost) 1956 ff.

Lind, Karl (Hg.), Nur kein Rhabarber! Auseinandersetzungen mit grüner Politik in Österreich, Wien 1988

Lind, Karl, Von der Mühsal der Ebenen und der Lust der Höhen. Die Geschichte einer Grünen Bewegung. In: Ders. (Hg.), Nur kein Rhabarber! Auseinandersetzungen mit grüner Politik in Österreich, Wien 1988, S. 9-33

Lindtner, Harald, "Die Vierte Fraktion" - Die Grüne Alternative als neue politische Partei in Österreich. Entstehung, Entwicklung und Darstellung der grünen Parlamentspartei in Österreich, Diplomarbeit, Wien 1991

Linse, Ulrich, Ökopax und Anarchie. Eine Geschichte der ökologischen Bewegungen in Deutschland, München 1986

Lohoff, Ernst, Die Privatisierung des Politischen oder: Neue soziale Bewegungen und abstraktes Individuum. In: Marxistische Kritik, Nr. 4, Dezember 1987, S. 31-55

Lohoff, Ernst, Staatskonsum und Staatsbankrott - Profitrate und Profitmasse. Die Absorption lebendiger Arbeit als Grundlage des kapitalistischen Krisenzyklus. In: Marxistische Kritik, Nr. 6, 1989, S. 42-84

Ernst Lohoff, Die Wechseljahre der Republik. Über die Volksparteien und ihre ungewollten Kinder. In: Marxistische Kritik, Nr. 7, August 1989

Lohoff, Ernst, Das Ende des Proletariats als Anfang der Revolution. In: Krisis, Nr. 10, Januar 1991, S. 74-116

Lohoff, Ernst, Brüderchen und Schwesterchen. In: Krisis, Nr. 11, August 1991, S. 87-126

Luhmann, Niklas, Positives Recht und Ideologie. In: Archiv für Rechts- und Sozialphilosophie 63, Wiesbaden 1967

Luhmann, Niklas, Legitimation durch Verfahren (1969), Frankfurt am Main 1983

Luhmann, Niklas, Politische Theorie im Wohlfahrtsstaat, München-Wien 1981

Luhmann, Niklas, Soziale Systeme. Grundriß einer allgemeinen Theorie, Frankfurt am Main 1987

Luhmann, Niklas, Ökologische Kommunikation. Kann die moderne Gesellschaft sich auf die ökologischen Gefährdungen einstellen?, Opladen, 3. Aufl. 1990

Lukács, Georg, Geschichte und Klassenbewußtsein. Studien über marxistische Dialektik (1923), Darmstadt und Neuwied 1970

Lyotard, Jean-Francois, Das postmoderne Wissen. Ein Bericht, Graz-Wien 1986

Niccolo Machiavelli, Der Fürst (1513/1532), Stuttgart 1978

Mandel, Ernest, Der Spätkapitalismus. Versuch einer marxistischen Erklärung, Frankfurt am Main 1972

Mandel, Ernest, Revolutionäre Strategien im 20. Jahrhundert. Politische Essays, Wien-München-Zürich 1978

Marcuse, Herbert, Der eindimensionale Mensch. Studien zur Ideologie der fortgeschrittenen Industriegesellschaft, Neuwied und Berlin (West) 1967

Marx, Karl/Friedrich Engels, Werke, Berlin/DDR 1956 ff. (MEW)
Darunter im speziellen:
- Friedrich Engels, Herrn Eugen Dührings Umwälzung der Wissenschaft ("Anti-Dühring") (1877/78). In: Bd. 20.
- Friedrich Engels, Die Entwicklung des Sozialismus von der Utopie zur Wissenschaft (1880). In: Bd. 19.
- Friedrich Engels, Dialektik der Natur (1873/1883). In: Bd. 20.
- Karl Marx/Friedrich Engels, Die deutsche Ideologie (1845/46). In: Bd. 3.
- Karl Marx/Friedrich Engels, Manifest der Kommunistischen Partei (1848). In: Bd. 4.
- Karl Marx, Thesen über Feuerbach (1845). In: Bd. 3.
- Karl Marx, Lohnarbeit und Kapital (1849). In: Bd. 6.
- Karl Marx, Der achtzehnte Brumaire des Louis Bonaparte (1852). In: Bd. 8.

- Karl Marx, Grundrisse der Kritik der politischen Ökonomie (1857/1858). In: Bd. 42.
- Karl Marx, Zur Kritik der Politischen Ökonomie (1859). In: Bd. 13.
- Karl Marx, Lohn, Preis und Profit (1865). In: Bd. 16.
- Karl Marx, Das Kapital. Kritik der politischen Ökonomie, Erster Band: Der Produktionsprozeß des Kapitals (1867). In: Bd. 23.
- Karl Marx, Kritik des Gothaer Programms (1875). In: Bd. 19.
- Karl Marx, Das Kapital. Kritik der politischen Ökonomie, Zweiter Band: Der Zirkulationsprozeß des Kapitals (1885). In: Bd. 24.
- Karl Marx, Das Kapital. Kritik der politischen Ökonomie, Dritter Band: Der Gesamtprozeß der kapitalistischen Produktion (1894). In: Bd. 25.
- Karl Marx, Theorien über den Mehrwert. Erster Teil. In: Bd. 26.1
- Karl Marx, Theorien über den Mehrwert. Zweiter Teil. In: Bd. 26.2.

Matjan, Gregor, Grün-Alternative politische Kultur und Organisation. Eine Analyse am Beispiel der Wiener Landesorganisation der Grünen Alternative, Diplomarbeit, Wien 1992

Matz, Ulrich (Hg.), Grundprobleme der Demokratie, Darmstadt 1973

Mayer-Tasch, Peter Cornelius, Aus dem Wörterbuch der Politischen Ökologie, München 1985

Mayreder, Rosa, Der typische Verlauf sozialer Bewegungen, Wien-Leipzig, 2., verbesserte Auflage 1925

Meadows, Dennis/ Donella Meadows/ Erich Zahn u.a., Die Grenzen des Wachstums. Bericht des Club of Rome zur Lage der Menschheit, Reinbek 1974

Mehte, Wolfgang, Ökologie und Marxismus. Ein Neuansatz zur Rekonstruktion der politischen Ökonomie unter ökologischen Krisenbedingungen, Hannover, 2. Aufl. 1983

Menasse, Robert, Das Land ohne Eigenschaften. Essay zur österreichischen Identität, Wien 1992

Merli, Franz/Meinrad Handstanger, Die Alternative Liste Graz als Erweiterung des kommunalpolitischen Spektrums. In: Österreichisches Jahrbuch für Politik 1983, Wien 1983, S. 295 ff.

Mettke, Jörg, Die GRÜNEN. Regierungspartner von Morgen? Reinbek 1982

Meyer, Marlies (Hg.), Haftung und Pflichtversicherung für Umweltschäden. Referate und Diskussionen von einer Enquete der Grünen, Linz 1991

Meyer, Thomas, Fundamentalismus. Aufstand gegen die Moderne, Reinbek 1989

Mez, Lutz (Hg.), Der Atomkonflikt, Berlin 1981

Michels, Robert, Zur Soziologie des Parteiwesens in der modernen Demokratie. Untersuchungen über die oligarchischen Tendenzen des Gruppenlebens (1911), Stuttgart, 4. Aufl. 1989

Mill, John Stuart, Über die Freiheit (1859), Stuttgart 1988

Mitschka-Kogoj, Edeltraud, Ein Modell grüner Politik. Die Alternative Liste Graz, Diplomarbeit, Wien 1990

Mittelstraß, Jürgen, Der idealistische Naturbegriff. In: Heinz-Dieter Weber (Hg.), Vom Wandel des neuzeitlichen Naturbegriffs, Konstanz 1989, S. 159-175

Mittermüller, Hans G., Ideologie und Theorie der Ökologiebewegung. Zur Konzeption einer "ökologischen Philosophie", Frankfurt am Main-Bern-New York-Paris 1987

Moscovici, Serge, Versuch über die menschliche Geschichte der Natur, Frankfurt am Main 1984

Musil, Robert, Der Mann ohne Eigenschaften (1930), Reinbek 1987

Negt, Oskar, Keine Demokratie ohne Sozialismus, kein Sozialismus ohne Demokratie. In: Das Argument 98, 18. Jg., Juli/August 1976, S. 595-618

Nullmeier, Frank/ Frauke Rubart / Harald Schultz, Umweltbewegungen und Parteiensystem. Umweltparteien in Frankreich und Schweden, Berlin(West) 1983

Opielka, Michael (Hg.), Die ökosoziale Frage. Alternativen zum Sozialstaat, Frankfurt am Main 1985

Ostini, Petra, Erfahrungen Grün-Alternativer Kommunalpolitikerinnen zu Politik- und Umgangsformen, Diplomarbeit, Innsbruck 1992

Pareto, Vilfredo, Ausgewählte Schriften, Frankfurt/Main-Berlin-Wien 1975

Paris, Rainer, Soziale Bewegung und Öffentlichkeit. In: PROKLA 43, Juni 1981, S. 103-128

Pelinka, Anton, Politik und moderne Demokratie, Kronberg/Ts. 1976

Pelinka, Anton, Bürgerinitiativen - gefährlich oder notwendig?, Freiburg-Würzburg 1978

Pelinka, Anton, Bürgerinitiativen und Ökologiebewegung. In: Umdenken. Analysen grüner Politik in Österreich, Wien 1984, S. 149-155

Pelinka, Anton/Erich Reiter/Manfried Welan, Grün-alternative Aspekte in Ideologie und Programmatik der Parteien, Wien 1986 (Sozialwissenschaftliche Schriftenreihe, Heft 9)

Pelinka, Anton, Die Grünen in Österreich - Anspruch und Widerspruch. In: Ali Gronner/Erich Kitzmüller (Hg.), Grüne Ausblicke. Beiträge zu einer Politik der GRÜNEN, Wien 1988, S. 76-85

Pelinka, Anton, Grüne Alternative und Landesverteidigung. In: Österreichisches Jahrbuch für Politik 1992, S. 525-535

Pelinka, Anton, Demokratie zwischen Utopie und Wirklichkeit. Grundsätzliche Problembereiche und Überlegungen zur Demokratie. In: Informationen zur Politischen Bildung, Nr. 7 (1994), S. 7-14

Peters, Jan (Hg.), Alternativen zum Atomstaat. Das bunte Bild der Grünen. Standpunkte, Widersprüche, Hoffnungen in der Ökologie- und Alternativbewegung, Berlin 1979

Petrovic, Madeleine, Das Grüne Projekt. Zwischen Ernüchterung und Hoffnung, Wien 1994

Pfeiffer, Erna, Rationalität und Emotionalität: Ein Scheindilemma der Grünen Bewegung oder: Die vergessene psychologische Dimension. In: Ali Gronner/Erich Kitzmüller (Hg.), Grüne Ausblicke. Beiträge zu einer Politik der GRÜNEN, Wien 1988, S. 86-95

Pfisterer, Eva, Die ersten Reaktionen politischen Denkens auf die ökologische Krise, Diplomarbeit, Linz 1977

Pilhatsch, Claudia, Auf der Suche nach einem grünen Wirtschaftskonzept. In: Lind, Karl (Hg.), Nur kein Rhabarber! Auseinandersetzungen mit grüner Politik in Österreich, Wien 1988, S. 79-96

Pilz, Peter, Grün ist anders. Oder nicht. In: Ali Gronner/Erich Kitzmüller (Hg.), Grüne Ausblicke. Beiträge zu einer Politik der GRÜNEN, Wien 1988, S. 96-111

Pilz, Peter, Land über Bord. Kein Roman, Wien 1989

Pilz, Peter, Bitte eine Parteireform. In: Bezirksgruppen-Rundbrief, Nr. 6, Februar 1992. S. 6-17.

Platon, Der Staat (v.u.Z.), Leipzig 1978

Praschl, Bernhard, Kommunalpolitik in Österreich. Möglichkeiten einer alternativen Kommunalpolitik, Dissertation, Wien 1984

Pritz, Peter, Skizzen der Alternativenbewegung. In: Alternativenrundbrief, Nr. 22, 19. Juni 1980, S. 5–11

Puntscher-Riekmann, Sonja, Die Grüne Alternative. In: Wolfgang Mantl (Hg.), Politik in Österreich. Die Zweite Republik: Bestand und Wandel, Wien-Köln-Graz 1992, S. 405-428

Puntscher-Riekmann, Sonja, Demokratie im Cyberspace? Über Demokratie, nationale Souveränität und Weltmarkt. In: Informationen zur Politischen Bildung, Nr. 7 (1994), S. 15-24

Die Radikale Linke. Reader zum Kongreß vom 1.-3. Juni 1990 in Köln, hg. von der Kongreßvorbereitungsgruppe, Hamburg 1990

Rammstedt, Otthein, Soziale Bewegung, Frankfurt am Main 1977

Raschke, Joachim, Soziale Bewegungen. Ein historisch-systematischer Abriß, Frankfurt/Main-New York 1985

Raschke, Joachim, Die Grünen. Wie sie wurden, was sie sind. Mit Beiträgen von Gudrun Heinrich, Christian Hohlfeld, Björn Johnsen, Manfred Knoche, Monika Lindgens, Frank Nullmeier, Jürgen Oetting, Peter Raschke, Roland Roth, Helmut Wiesenthal, Köln 1993

Reissnegger, Kurt, Anspruch und Wirklichkeit roter und grüner Verhältnisse. Eine dokumentarische Recherche an Hand dreier Fallstudien, Dissertation, Wien 1987.

Reiter, Erich/Joachim Giller, Technikskepsis und neue Parteien. Politische Folgen eines "alternativen" Technikbildes in Österreich, Wien-Köln-Graz 1987

Renner, Karl, Mensch und Gesellschaft, Wien 1952

Renoldner, Severin, Politik als Ankündigung neuer Chancen. In: Ali Gronner/Erich Kitzmüller (Hg.), Grüne Ausblicke. Beiträge zu einer Politik der GRÜNEN, Wien 1988, S. 133-147

Ricardo, David, Über die Grundsätze der politischen Ökonomie und der Besteuerung (1821), Marburg 1994

Roberts, Charles C., Die Grünen - Retter des Spätkapitalismus? In: Kursbuch 74: Zumutungen an die Grünen, Dezember 1983, S. 117-135

Rosemaries Babies. Die Demokratie und ihre Rechtsradikalen, Unkel/Rhein und Bad Honnef 1993

Rushdie, Salman, Die Satanischen Verse, o.O. 1989

Sapper, Anton/ Georg Schadt, Möglichkeiten und Grenzen der Ökologisierung von Abwasser- und Abfallgebühren, Wien 1993 (Informationen zur Umweltpolitik 96)

Schäfer, Wolf (Hg.), Neue soziale Bewegungen: Konservativer Aufbruch in buntem Gewand? Frankfurt 1983

Schaeffer, Roland, Basisdemokratie oder: Wenn der Löwenzahn nicht wachsen will, müssen wir eben Kopfsalat essen. In: Kursbuch 74: Zumutungen an die Grünen, Dezember 1983, S. 77-93

Schandl, Franz, Radikal und Seriös: Welche Partei brauchen wir? Teil 1. In: Alternativenrundbrief, Nr. 4/86, S. 32-64; Teil 2. In: Alternativenrundbrief Nr. 6/87, S. 5-18

Schandl, Franz, Freiheitlich demokratische Grünzeug-Ordnung. In: FORVM, Jg. 34, Heft 397/398, 13. März 1987, S. 52-56

Schandl, Franz, Schweinchenrosaszenario. In: FORVM, Jg. 34, Heft 401-405, 1. Juli 1987, S. 9-11

Schandl, Franz, Die grüne Medienmacht. In: FORVM, Jg. 34, Heft 406-408, 20. Oktober 1987, S. 42

Schandl, Franz, Links wie normal. In: FORVM, Jg. 35, Heft 413/414, Mai/Juni 1988, S. 49-57

Schandl, Franz, Die grüne Ideologie. In: Karl Lind (Hg.), Nur kein Rhabarber! Auseinandersetzungen mit grüner Politik in Österreich, Wien 1988, S. 141-192

Schandl, Franz, Aufdeckhengste und Kopfgeldjäger. In: MOZ, Nr. 41, Mai 1989, S. 8-11

Schandl; Franz, Die Achtziger am Ende. No Sex, No Drugs, No Rock'n Roll. In: Monatszeitung, Nr. 47, Dezember 1989, S. 51-56

Schandl, Franz, The same in Gruen. In: FORVM, Jg. 37, Nummer 442/443, Oktober/November 1990, S. 33-37

Schandl, Franz, Demos und Büros. 30 Thesen über Bürokratie und Staat, Freiheit und Sozialismus. In: FORVM, Jg. 38, Nr. 452-454, 2. Juli 1991, S. 64-73

Schandl, Franz, Journaille an der Front oder: Ein Fall für Theweleit. In: Moderne Zeiten, Nr. 2, Juni/Juli 1991, S. 14-20

Schandl, Franz, Organisation und Revolution. Zur Entwicklung der politischen Theorie bei Wladimir I. Lenin, Dissertation, Wien 1992

Schandl, Franz, Die neuen Klingonen oder: Morden darf nur der Norden. Szenarien der neuen Weltordnung. In: GA-Verlag (Hg.), Die neue WeltUNordnung. Texte zur Weltaufteilung, Wien 1992, S. 128-143

Schandl, Franz, Von der Utopie zur Idiotie und zurück. Gegen Weltausbesserung. In: Juridikum, Nr. 2/93, S. 23-26 und Nr. 3/93, S. 26-28

Schandl, Franz, Vierzehn Hypothesen zum Finale des Rechts. In: Juridikum, Nr. 4/94, S. 25-27

Schandl, Franz, Politik — Zur Kritik eines bürgerlichen Formprinzips. In: Weg und Ziel, Nr. 2, Mai 1995, S. 17-24

Schattauer, Gerhard, Zur Rolle der Alternativen Liste Österreich (ALÖ) im grünalternativen Parteibildungsprozeß. Von der Vorgeschichte des ökologischen Protestes über die Neuen Sozialen Bewegungen bis zum Absamer Bundeskongreß der ALÖ im Februar 1985, Diplomarbeit, Wien 1988

Schattauer, Gerhard, Die Grüne Einigung. Die Grünalternativen zwischen Organisation und Kandidatur. Zur Auseinandersetzung um den politischen Charakter der österreichischen Grünalternativen von der Hainburgbewegung bis zu den Nationalratswahlen 1986, Dissertation, Wien 1992

Schmid, Thomas, Plädoyer für einen reformistischen Anarchismus. In: Thomas Kluge (Hg.), Grüne Politik. Der Stand einer Auseinandersetzung, Frankfurt am Main 1984, S. 73-80

Schneckenleitner, Peter, Politische PR der Grünen Alternative, Diplomarbeit, Wien 1993.

Schöller, Andreas, Formen und Inhalte alternativer Politik, Diplomarbeit, Wien 1985.

Schrage, Dieter, Ich mag nicht bis "4" zählen! Anmerkungen, Thesen und Exkurse zur grün-alternativen Identität. In: Ali Gronner/Erich Kitzmüller (Hg.), Grüne Ausblicke. Beiträge zu einer Politik der Grünen, Wien 1988, S. 164-174

Schramm, Engelbert (Hg.), Ökologie-Lesebuch. Ausgewählte Texte zur Entwicklung ökologischen Denkens. Vom Beginn der Neuzeit bis zum "Club of Rome" (1971), Frankfurt am Main 1984

Schroeren, Michael, Die Grünen. 10 bewegte Jahre, Wien 1990

Schumpeter, Joseph A., Kapitalismus, Sozialismus und Demokratie (1942), Tübingen, 6. Aufl. 1987

Shakespeare, Macbeth, Englisch/Deutsch, Stuttgart 1983

Simma, Kaspanaze, Leidenspfade und Laternenpfähle. In: Ali Gronner/Erich Kitzmüller (Hg.), Grüne Ausblicke. Beiträge zu einer Politik der GRÜNEN, Wien 1988, S. 175-183

Sloterdijk, Peter, Kritik der zynischen Vernunft, 2 Bde., Frankfurt am Main 1983

Smith, Adam, Der Wohlstand der Nationen. Eine Untersuchung seiner Natur und seiner Ursachen (1776), München 1978

Smudits, Alfred, Von der Opus-Kultur zur Passus-Kultur? Veränderungen im Objektbereich der Kulturforschung. In: Manfred Bobrowsky/Wolfgang R. Langenbucher (Hg.), Wege zur Kommunikationsgeschichte, München 1987, S. 515-544

Sohn-Rethel, Alfred, Soziologische Theorie der Erkenntnis (1936), Frankfurt am Main 1985

Sohn-Rethel, Warenform und Denkform mit zwei Anhängen (1937), Frankfurt am Main 1978

Sophokles, Antigone, Stuttgart 1955

Stammer, Sabine (Hg.), Von der Machbarkeit des Unmöglichen. Politische Gespräche über grüne Praxis und grüne Perspektiven, Hamburg 1985

Stone, Christopher D., Umwelt vor Gericht. Die Eigenrechte der Natur (1972), München 1987

Stöss, Richard, Konservative Aspekte der Ökologie- bzw. Alternativbewegung. In: Ästhetik und Kommunikation, Heft 36, Juni 1979, S. 19-28.

Swift, Jonathan, Gullivers Reisen (1726), Berlin(Ost) 1985

Trampert, Rainer, Der harte Kern der Wirtschaft als Zentralproblem grüner Strategie. Redigierte Fassung des Rechenschaftsberichts von der 8. Bundesdelegiertenversammlung der GRÜNEN in Offenbug, 13.-15.12.1985. In: Grünes und alternatives Jahrbuch 1986/87, Berlin(West), S. 72-85

Trepl, Ludwig, Ökologie - eine grüne Leitwissenschaft? In: Kursbuch 74: Zumutungen an die Grünen, Dezember 1983, S. 6-27

Trepl, Ludwig, Vom Nutzen der Ökologie für eine emanzipatorische Bewegung oder: Haben wir eine neue Leitwissenschaft entdeckt? In: Kommune, 3. Jg., Nr. 4, 15. April 1985, S. 55-62

Trotzki, Leo, Der Arbeiterdeputiertenrat und die Revolution. In: Die Neue Zeit, 25. Jg., 2. Bd. (1906-1907), Nr. 29, S. 76-86

Ucakar, Karl, Demokratie und Wahlrecht in Österreich. Entwicklung von politischer Partizipation und staatlicher Legitimationspolitik, Wien 1985

Ucakar, Karl, Demokratie und Wahlrecht in Österreich. Ein historischer Abriß. In: Informationen zur Politischen Bildung, Nr. 7 (1994), S. 25-44

Umweltbericht Abfall, Wien 1989

Ullrich, Otto, Technik und Herrschaft. Vom Hand-Werk zur verdinglichten Blockstruktur industrieller Produktion, Frankfurt am Main 1979

Ullrich, Otto, Weltniveau. In der Sackgasse des Industriesystems, Berlin(West) 1979

Umdenken. Analysen grüner Politik in Österreich, Wien 1984

Umweltmanifest. Unter Mitwirkung des "Forums Österreichischer Wissenschaftler für Umweltschutz", Zusammengestellt von Hans Peter Aubauer, Wien o.J. (1987)

Unterberger, Andreas (Hg.), A ... wie alternativ. Alternative Lebensformen in Österreich, Wien-München 1981

Verbindungsstelle der Bundesländer beim Amt der Niederösterreichischen Landesregierung (Hg.), Die Wahlen in den Bundesländern seit 1945. Nationalrat und Landtag, Wien 1990

Vogt, Werner, Kritische Solidarität. In: Ali Gronner/Erich Kitzmüller (Hg.), Grüne Ausblicke. Beiträge zu einer Politik der GRÜNEN, Wien 1988, S. 184-195

Vollmer, Antje, Bericht zur Lage der Rotation. In: grüner basis-dienst, Doppelheft 7-8/84, S. 12-16

Volmer, Ludger, Gegen Realo, gegen Fundamentalo, für eine starke Zentralo-Fraktion. Versuch, einem grünen Dilemma zu entrinnen. In: grüner basis-dienst, Heft 4/85, S. 39-44

Weber, Max, Der Sozialismus, Wien 1919

Weber, Max, Schriften zur Wissenschaftslehre (1904 ff.), Stuttgart 1991

Weber, Max, Wirtschaft und Gesellschaft. Grundriß der verstehenden Soziologie (1922), Tübingen, 5. Aufl. 1972

Weber, Roswitha, Politische Partizipation in Österreich — Bürgerbeteiligung in Graz, Dissertation, Wien 1985

Weish, Peter, Grüne Ideale und die Wirklichkeit in der Kommunikation. In: Ali Gronner/Erich Kitzmüller (Hg.), Grüne Ausblicke. Beiträge zu einer Politik der GRÜNEN, Wien 1988, S. 196-205

Welan, Manfried/Wedl, Kurt (Hg.), Der Streit um Hainburg in Verwaltungs- und Gerichtsakten. Gutachten, - Bescheide, - Erkenntnisse, Wien 1988

Werlhof, Claudia von, Der weiße Mann versucht noch einmal durchzustarten. Zur Kritik dualwirtschaftlicher Ansätze in der neueren Diskussion über die "Zukunft der Arbeit", den "informellen Sektor" und eine "alternative Ökonomie" oder: mit Orwell ins Paradies? In: Kommune, 2. Jg., Nr. 11, 2. 11. 1984, S. 61-70

Wostry, Nikolaus, Die Beziehungen zwischen Rousseaus politischer Philosophie und den Gesellschaftsvorstellungen der "Grünen", Dissertation, Wien 1992.

Zeuner, Bodo, Aktuelle Anmerkungen zum Postulat der "Basisdemokratie" bei den Grünen/Alternativen. In: PROKLA 51, Juni 1983, S. 106-117

Zeuner, Bodo, Parlamentarisierung der Grünen. In: PROKLA 61, Dezember 1985, S. 5-22

ABKÜRZUNGSVERZEICHNIS

AL	Alternative Liste
ALB	Alternative Liste Burgenland bzw. Baden
ALG	Alternative Liste Graz
ALH	Alternative Liste Heidenreichstein
ALI	Alternative Liste Innsbruck
ALK	Alternative Liste Kärnten
ALNÖ, AL-NÖ	Alternative Liste Niederösterreich
AL-OÖ	Alternative Liste Oberösterreich
ALÖ	Alternative Liste Österreich
ALS	Alternative Liste Salzburg
ALSt	Alternative Liste Steiermark
ALT	Alternative Liste Tirol
ALV, AL-V	Alternative Liste Vorarlberg
ALW	Alternative Liste Wien
ARB	Alternativenrundbrief
AZ	Arbeiter Zeitung
BA	Bundesausschuß
BfS	Bewegung für Sozialismus
BG	Bezirks- bzw. Basisgruppe
BGF	Bundesgeschäftsführung/führer
BI	Bürgerinitiative
BIO	Bürgerinitiative Oberösterreich
BIP	Bürgerinitiative Parlament
BIP-NÖ	Bürgerinitiative Parlament - Niederösterreich
BK	Bundeskongreß
BKOA, BUKOA	Bundeskoordinationsausschuß (ALÖ)
BL	Bürgerliste
BUKO	Bundeskongreß
BV	Bundesversammlung (VGÖ), Bundesvorstd. (Grüne Alternative)
CV	Cartellverband
DFP	Demokratisch-Fortschrittliche Partei
DGÖ	Die Grünen Österreichs (Faschisten)
DoKW	Donaukraftwerke AG
DR	Delegiertenrat (ALW)
DT	Delegiertentreffen (AL)

EBV	Erweiterter Bundesvorstand (Grüne Alternative)
EvG	Erklärung von Graz
FOE	Friends of the Earth
FÖJ	Freie Österreichische Jugend
FPÖ	Freiheitliche Partei Österreichs
GA	Geschäftsführender Ausschuß (ALÖ)
GABL	Grün-Alternative Bürgerliste
GAGV	Grün-Alternativer Gemeindevertreterverband
GAL	Grün-Alternative Liste oder Die Grünalternativen
GAL-DL, GAL/DL	Die Grünalternativen/Demokratische Liste
GALL	Grün-Alternative Liste Linz
GAL-NÖ	Die Grünalternativen Niederösterreich
GE	Gewerkschaftliche Einheit
GO	Geschäftsordnung
GR	Gemeinderat
GRAS	Grün-Alternative Sammlung
GRUWI	Grund- und Integrativwissenschaftliche Fakultät
GVB, GVV	Gemeindevertreterverband
HEK	Hainburger Einigungskomitee
IA	Initiativ-Ausschuß (BIP)
IKL	Internationale Kommunistische Liga
IÖAG	Initiative Österreichischer Atomkraftwerksgegner
JES	Junge Europäische Studenteninitiative (ÖVP)
JVP	Junge Volkspartei (ÖVP)
KB, KBÖ	Kommunistischer Bund Österreich
KEL	Kärntner Einheitsliste
KI	Kommunalpolitische Initiative
KLVB, KL-VB	Konrad Lorenz-Volksbegehren
KOA	Koordinationsausschuß (ALÖ)
KPÖ	Kommunistische Partei Österreichs
K-Gruppen	(Linksradikale) Kader-Gruppen
LAL	Linke Alternative Liste
LAT	Liste für ein Anderes Tirol
LIAB	Liste für ein anderes Burgenland
LT	Landestreffen
LV	Landesversammlung
NAWI	Naturwissenschaftliche Fakultät
NR	Nationalrat

NRW	Nationalratswahl
ÖAAB	Österreichischer Arbeiter- und Angestelltenbund (ÖVP)
ÖGB	Österreichischer Gewerkschaftsbund
ÖH	Österreichische Hochschülerschaft
ÖIAG	Österreichische Industrieverwaltungs AG (Verstaatlichte)
ÖMV	Österreichische Mineralölverwaltung
ÖNB	Österreichischer Naturschutzbund
ÖPD	Österreichischer Pressedienst
ORF	Österreichischer Rundfunk
ÖVP	Österreichische Volkspartei
PNÖ	Partei Neues Österreich (L. Kendöl)
RAF	Rote Armee Fraktion
Red.kom., REK	Redaktionskomitee des Hainburger Einigungskomitees
REFA	Reichsausschuß für Arbeitszeitermittlung
SBU	Steyregger Bürgerinitiative Umweltschutz
SOAL	Sozialistische Alternative
SP	Sozialistische Partei
SPÖ	Sozialistische Partei Österreichs
TOP	Tagesordnungspunkt
TdL, TDL	Treffen der (WIENER) Linken (ALW)
USB	Österreichische Umweltschutzbewegung
VB	Volksbegehren
VG	Vereinte Grüne
VG-NÖ	Vereinte Grüne Niederösterreich
VGÖ	Vereinte Grüne Österreichs
VGOÖ, VG-OÖ	Vereinte Grüne Oberösterreichs
VN	Vorarlberger Nachrichten
VÖGA	Vereinigte Österreichische Grünalternative
VSStÖ	Verband Sozialistischer Studenten Österreichs (SPÖ)
v.u.Z.	vor unserer Zeitrechnung
VV	Vollversammlung
WBU	Wahlgemeinschaft für Bürgerinitiativen und Umweltschutz
WK	Wahlkreis
WKV	Wahlkreisverband
WOGA	Wiener Organisation gegen Atomkraftwerke
WSL	Weltbund zum Schutz des Lebens
WWF	World Wildlife Fund

Fußnoten

1 Georg Wilhelm Friedrich Hegel, Phänomenologie des Geistes (1807). In: Ders., Werke, Bd. 3, Frankfurt am Main 1986, S. 13-14.
2 Georg Wilhelm Friedrich Hegel, Wissenschaft der Logik I (1813/1831). In: Ders., Werke, Bd. 5, Frankfurt am Main 1986, S. 34.

1 Georg Wilhelm Friedrich Hegel, Wissenschaft der Logik I, S. 70.
2 Karl Marx/Friedrich Engels, Die deutsche Ideologie (1845/46). In: Karl Marx/Friedrich Engels, Werke (im folgenden abgekürzt als MEW), Bd. 3, Berlin/DDR 1958, S. 21.
3 Alfred Sohn-Rethel, Soziologische Theorie der Erkenntnis (1936), Frankfurt am Main 1985, S. 42.
4 Karl Marx, Das Kapital. Kritik der politischen Ökonomie, Dritter Band: Der Gesamtprozeß der kapitalistischen Produktion (1894). In: MEW, Bd. 25, S. 856.
5 Karl Marx, Das Kapital. Kritik der politischen Ökonomie, Zweiter Band: Der Zirkulationsprozeß des Kapitals (1885). In: MEW, Bd. 24, S. 42.
6 Ulrich Beck, Risikogesellschaft. Auf dem Weg in eine andere Moderne, Frankfurt am Main 1986, S. 368.
7 Zur Dialektik von Freiheit und Notwendigkeit siehe: Georg Wilhelm Friedrich Hegel, Enzyklopädie der philosophischen Wissenschaft im Grundrisse. Erster Teil: Die Wissenschaft der Logik. Mit mündlichen Zusätzen (1830). In: Ders., Werke, Bd. 8, Frankfurt am Main 1986, S. 288 f.
8 Karl Marx, Einleitung zur Kritik der politischen Ökonomie (1857/58). In: MEW, Bd. 13, S. 624.
9 Günther Anders, Die Antiquiertheit des Menschen, Band I: Über die Seele im Zeitalter der zweiten industriellen Revolution, München 1956, S. 39.
10 Ebenda, S. 172.
11 Karl Marx, Das Kapital, Dritter Band, S. 887.
12 John Maynard Keynes, Allgemeine Theorie der Beschäftigung, des Zinses und des Geldes, Berlin 1936, S. 41.
13 Adam Smith, Der Wohlstand der Nationen. Eine Untersuchung seiner Natur und seiner Ursachen (1776), München 1978, S. 558. Interessant ist hier noch zu vermerken, daß Smith sich in der dem Zitat folgenden Passage gleich selbst relativieren muß, er schreibt: "*In der merkantilistischen Wirtschaftsordnung aber wird das Wohl des Verbrauchers beinahe ständig dem Interesse des Produzenten geopfert, und man betrachtet offenbar die Produktion und nicht den Konsum als letztes Ziel oder Objekt allen Wirtschaftens und Handelns.*" (Ebenda.) So wird der Apologet des abstrakten Kapitals zu einem Kritiker des konkreten.
14 Karl Marx, Das Kapital. Kritik der politischen Ökonomie, Erster Band: Der Produktionsprozeß des Kapitals (1867). In: MEW, Bd. 23, S. 201.
15 Thomas Ebermann/Rainer Trampert, Die Zukunft der Grünen. Ein realistisches Konzept für eine radikale Partei, Hamburg 1984, S. 221.
16 Ebenda, S. 274-277.
17 Robert Kurz, Der Kollaps der Modernisierung. Vom Zusammenbruch des Kasernensozialismus zur Krise der Weltökonomie, Frankfurt am Main 1991, S. 19.
18 Robert Kurz, Die verlorene Ehre der Arbeit. Produzentensozialismus als logische Unmöglichkeit. In: Krisis, Nr. 10, Januar 1991, S. 30-31.
19 Robert Kurz, Aschermittwoch des Marxismus. Der Abgesang der Linken und die Kritik der politischen Ökonomie. In: Krisis, Nr. 8/9, Mai 1990, S. 108-109.
20 Vgl. Karl Marx, Das Kapital, Dritter Band, S. 99.
21 Luise Gubitzer, Grünes Selbstverständnis: Brauchen wir eine grün-alternative Partei? Wenn ja - wozu? In: Ali Gronner/Erich Kitzmüller (Hg.), Grüne Ausblicke. Beiträge zu einer Politik der GRÜNEN, Wien 1988, S. 56-57.
22 Ebenda, S. 57.
23 Ebenda.
24 Karl Marx, Das Kapital, Erster Band, S. 12.
25 Robert Kurz, Die Intelligenz nach dem Klassenkampf. Von der Entbegrifflichung zur Entakademisierung der Theorie. In: Widerspruch. Münchner Zeitschrift für Philosophie, 12. Jg. (1992), Nr. 22, S. 19.
26 Karl Marx, Das Kapital, Erster Band, S. 105.

27 So auch von Karl Marx, der in einer seiner populären Schriften folgendes schreibt: *"(....) und wo ich vom Wert spreche, ist immer vom Tauschwert die Rede (....)"*. (Karl Marx, Lohn, Preis und Profit (1865). In: MEW, Bd. 16, S. 120.) Nach einer intensiven Kapital-Studie ist dieses Urteil freilich nicht aufrechtzuerhalten, Marx hat diese Differenzierung zuwenig herausgearbeitet.

28 Karl Marx, Das Kapital, Zweiter Band, S. 110.

29 Man kann nicht sagen, daß der Wert, will er zu sich kommen, unbedingt Tauschwert werden muß. Das gilt nur für den zum individuellen Konsum bestimmten Teil. Der Wert, der unmittelbar in der gleichen Produktion in das konstante Kapital eingeht, also die produktive Konsumtion des eigenen Werts, braucht keinen Umweg über Tauschwert und Geld, Markt und Preis auf sich nehmen. Er verwertet sich somit, ohne jemals Wertform oder Geldform angenommen zu haben. Hier sei er nur der Vollständigkeit halber erwähnt, seine reale Bedeutung im Verwertungsprozeß ist relativ gering.

30 Robert Kurz, Abstrakte Arbeit und Sozialismus. Zur Marx'schen Werttheorie und ihrer Geschichte. In: Marxistische Kritik, Nr. 4, Dezember 1987, S. 57-108.

31 Karl Marx/Friedrich Engels, Manifest der Kommunistischen Partei (1848). In: MEW, Bd. 4, S. 476.

32 Karl Marx, Das Kapital, Dritter Band, S. 620-621.

33 Karl Marx/Friedrich Engels, Manifest der Kommunistischen Partei, S. 493.

34 Der Umgang der Marxisten mit dem Marxschen Hauptwerk ist überhaupt als äußerst dürftig zu bezeichnen. Lieber konzentrierte man sich auf einfachere Schriften aus Marx' oder Engels' Hand, anstatt sich der anstrengenden Lektüre des "Kapitals" wirklich zu unterziehen. Daher existierte es für die meisten Marxisten nur in Form weniger Standardzitate.

35 Karl Marx, Das Kapital, Erster Band, S. 53. Die Marxsche Arbeitswertlehre geht zurück auf David Ricardo. Dieser schreibt unmißverständlich: *"Der Wert einer Ware oder die Quantität einer anderen Ware, gegen die sie ausgetauscht wird, hängt ab von der verhältnismäßigen Menge an Arbeit, die zu ihrer Produktion notwendig ist, nicht aber von der höheren oder geringeren Entgelt, das für diese Arbeit gezahlt wird."* (David Ricardo, Über die Grundsätze der Politischen Ökonomie und der Besteuerung (1821), Marburg 1994, S. 5.)

36 Karl Marx, Das Kapital, Erster Band, S. 88.

37 Karl Marx, Zur Kritik der Politischen Ökonomie (1859). In: MEW, Bd. 13, S. 17. Vgl. in diesem Zusammenhang auch Friedrich Engels' Fußnote im Marxschen "Kapital", wo er sich darüber beklagt, daß die deutsche Sprache für diese verschiedenen Arbeiten nur einen undifferenzierten Begriff kennt, während etwa das Englische diesbezüglich zwei aufzuweisen hat: *"Die Arbeit, die Gebrauchswerte schafft und qualitativ bestimmt ist, heißt work, im Gegensatz zu labour; die Arbeit, die Wert schafft und nur quantitativ gemessen wird, heißt labour, im Gegensatz zu work."* (Friedrich Engels in: Karl Marx, Das Kapital, Erster Band, S. 62.)

38 Karl Marx, Zur Kritik der Politischen Ökonomie, S. 18.

39 Ebenda, S. 21.

40 Ebenda, S. 23

41 Vgl. Karl Marx, Theorien über den Mehrwert (1905/10). Zweiter Teil. In: MEW, Bd. 26.2, S. 529-530.

42 Robert Kurz, Abstrakte Arbeit und Sozialismus, S. 79.

43 Karl Marx, Das Kapital, Erster Band, S. 85.

44 Karl Marx, Das Kapital, Dritter Band, S. 405.

45 Theodor W. Adorno, Einleitung. In: Ders u.a., Der Positivismusstreit in der deutschen Soziologie, Darmstadt und Neuwied, 9. Aufl. 1979, S. 21.

46 Karl Marx, Das Kapital, Erster Band, S. 195.

47 Karl Marx, Das Kapital, Dritter Band, S. 324.

48 Peter Pilz, Land über Bord. Kein Roman, Wien 1989, S. 181.

49 Erich Kitzmüller. In: Alternativenrundbrief, Nr. 53/1982, S. 18.

50 Theodor W. Adorno, Gesellschaftstheorie und Kulturkritik, Frankfurt am Main 1975, S. 171.

51 Georg Lukács, Geschichte und Klassenbewußtsein. Studien über marxistische Dialektik (1923), Darmstadt und Neuwied 1970, S. 171.
52 Karl Marx, Das Kapital, Dritter Band, S. 886-887.
53 Ebenda, S. 887-888.
54 Karl Marx, Das Kapital, Zweiter Band, S. 119-120.
55 Karl Marx, Theorien über den Mehrwert. Erster Teil. In: MEW, Bd. 26.1, S. 137.
56 Ebenda, S. 13-14.
57 Karl Marx, Das Kapital, Erster Band, S. 229.
58 Ebenda, S. 223.
59 Karl Marx, Das Kapital, Zweiter Band, S. 222.
60 Alfred Sohn-Rethel, Soziologische Theorie der Erkenntnis, S. 142.
61 Karl Marx, Das Kapital, Erster Band, S. 609.
62 Ebenda, S. 559.
63 Karl Marx, Grundrisse der Kritik der politischen Ökonomie (1857/1858). In: MEW, Bd. 42, S. 91.
64 Max Weber, Wirtschaft und Gesellschaft. Grundriß der verstehenden Soziologie (1922), Tübingen, 5. Aufl. 1972, S. 382.
65 Ebenda, S. 383.
66 Alfred Sohn-Rethel, Soziologische Theorie der Erkenntnis, S. 106-107.
67 Günther Anders, Die Antiquiertheit des Menschen, Band I, S. 33.
68 Karl Marx, Grundrisse der Kritik der politischen Ökonomie, S. 174.
69 Immanuel Kant, Über den Gemeinspruch: Das mag in der Theorie richtig sein, taugt aber nicht für die Praxis (1793). In: Ders., Werkausgabe, Bd. 9, Frankfurt am Main 1991, S. 151.
70 Georg Wilhelm Friedrich Hegel, Phänomenologie des Geistes, S. 265.
71 Karl Marx, Das Kapital, Erster Band, S. 407.
72 Ebenda, S. 445-446.
73 Robert Kurz, Abstrakte Arbeit und Sozialismus, S. 99-100.
74 Alfred Sohn-Rethel, Soziologische Theorie der Erkenntnis, S. 39.
75 Ebenda.
76 Robert Kurz, Der Kollaps der Modernisierung, S. 85-86.
77 Louis Althusser/Etienne Balibar, Das Kapital lesen, Bd. 2, Reinbek 1972, S. 313 f.
78 Karl Marx, Das Kapital, Dritter Band, S. 888.
79 Günther Anders, Die Antiquiertheit des Menschen, Band II: Über die Zerstörung des Lebens im Zeitalter der dritten industriellen Revolution, München 1980, S. 16.
80 Karl Marx, Das Kapital, Dritter Band, S. 655.
81 Ebenda, S. 233.
82 Otto Ullrich, Technik und Herrschaft. Vom Hand-Werk zur verdinglichten Blockstruktur industrieller Produktion, Frankfurt am Main 1979, S. 96. Vgl. ähnlich argumentierend auch S. 369.
83 Ebenda, S. 121.
84 Otto Ullrich, Technik und Herrschaft, S. 461.
85 Zu Ullrich und anderen vergleiche ausführlich: Robert Kurz, Die Herrschaft der toten Dinge. Kritische Anmerkungen zur neuen Produktivkraft-Kritik und Entgesellschaftungs-Ideologie. In: Marxistische Kritik, Nr. 2, Januar 1987, S. 7-68; Nr. 3, Juni 1987, S. 53-113.
86 Otto Ullrich, Technik und Herrschaft, S. 400 ff.
87 Otto Ullrich, Weltniveau. In der Sackgasse des Industriesystems, Berlin(West) 1979, S. 54.
88 Ebenda, S. 119.
89 Ebenda, S. 120.
90 Ebenda, S. 20-21, 56-57.

91 Ebenda, S. 102.

92 Robert Kurz, Aschermittwoch des Marxismus, S. 99-100.

93 Zur Unterscheidung in produktive und unproduktive Arbeit siehe: Adam Smith, Der Wohlstand der Nationen, S. 272 ff.; Karl Marx, Theorien über den Mehrwert, Erster Teil, S. 122 ff.

94 Karl Marx, Das Kapital, Erster Band, S. 640 bzw. Dritter Band, S. 154 ff.

95 Karl Marx, Das Kapital, Erster Band, S. 651-652. Vgl. dazu auch Ernest Mandel, Der Spätkapitalismus. Versuch einer marxistischen Erklärung, Frankfurt am Main 1972, S. 104 ff.

96 Karl Marx, Das Kapital, Zweiter Band, S. 121.

97 Karl Marx, Das Kapital, Dritter Band, S. 768.

98 Ebenda, S. 222.

99 Robert Kurz/Ernst Lohoff, Der Klassenkampffetisch. Thesen zur Entmythologisierung des Marxismus. In: Marxistische Kritik, Nr. 7, S. 23-24.

100 Ebenda, S. 21.

101 Ebenda, S. 35.

102 Ebenda, S. 36.

103 Karl Marx/Friedrich Engels, Die deutsche Ideologie (1845/46). In: MEW, Bd. 3, S. 26.

104 Karl Marx, Lohn, Preis und Profit, S. 152.

105 Günther Anders, Die Antiquiertheit des Menschen, Band I, S. 289-290.

106 Max Horkheimer/Theodor W. Adorno, Dialektik der Aufklärung. Philosophische Fragmente (1947), Frankfurt am Main 1971, S. 36.

107 Herbert Marcuse, Der eindimensionale Mensch. Studien zur Ideologie der fortgeschrittenen Industriegesellschaft, Neuwied und Berlin(West) 1967, S. 31.

1 So etwa der grüne hessische Umweltminister Joschka Fischer, der behauptet, daß der Kapitalismus *"unwiderruflich gewonnen"* hat. (Joschka Fischer, Der Umbau der Industriegesellschaft. Plädoyer wider die herrschende Umweltlüge, Frankfurt am Main 1989, S. 59.) In diesen Bekenntnissen zur Marktwirtschaft sind die gewendeten Ex-Linken deutlich eifriger und unvorsichtiger als gesetzte Konservative oder Liberale.

2 Karl Marx, Das Kapital, Erster Band, S. 658.
3 Ebenda, S. 662.
4 Ebenda, S. 455.
5 Ebenda, S. 464-465.
6 Ebenda, S. 642.
7 Karl Marx, Das Kapital, Dritter Band, S. 232-233.
8 Ulrich Beck, Risikogesellschaft, S. 228-229.
9 Friedrich Engels in: Karl Marx, Das Kapital, Dritter Band, S. 453.
10 Karl Marx, Das Kapital, Dritter Band, S. 254-255.
11 Karl Marx, Zur Kritik der Politischen Ökonomie (1859). In: MEW, Bd. 13, S. 120.
12 Karl Marx, Das Kapital, Dritter Band, S. 267.
13 Alfred Sohn-Rethel, Warenform und Denkform, Frankfurt am Main 1978, S. 41.
14 Karl Marx, Kritik des Gothaer Programms (1875). In: MEW, Bd. 19, S. 19-20.
15 Robert Kurz, Der Kollaps der Modernisierung, S. 78-79.
16 Eine Auseinandersetzung mit dem gegenwärtigen Liberalismus findet sich bei: Franz Schandl, Von der Utopie zur Idiotie und zurück. Gegen Weltausbesserung. In: Juridikum, Nummer 2/93, S. 23-26.
17 Karl Marx, Das Kapital, Erster Band, S. 476.
18 Karl Marx, Das Kapital, Zweiter Band, S. 464.
19 Karl Marx, Das Kapital, Dritter Band, S. 532.
20 Karl Marx, Das Kapital, Erster Band, S. 670.
21 Johann Gottlieb Fichte, Der geschloßne Handelsstaat. Ein philosophischer Entwurf als Anhang zur Rechtslehre und Probe einer künftig zu liefernden Politik mit einem bisher unbekannten Manuskript Fichtes "Ueber StaatsWirthschaft" (1800), Hamburg 1979, S. 71-72.
22 Karl Marx, Das Kapital, Erster Band, S. 673-674.
23 Thomas Ebermann/Rainer Trampert, Die Zukunft der Grünen, S. 109-110.
24 Karl Marx, Das Kapital, Dritter Band, S. 226.
25 Ebenda, S 242-250.
26 Karl Marx, Das Kapital, Erster Band, S. 429.
27 Karl Marx, Das Kapital, Dritter Band, S. 229.
28 Ernst Lohoff, Staatskonsum und Staatsbankrott. In: Marxistische Kritik, Nr. 6/89, S. 43-45.
29 Karl Marx, Das Kapital, Zweiter Band, S.109.
30 Karl Marx, Das Kapital, Dritter Band, S.260.
31 Dennis Meadows/Donella Meadows/Erich Zahn/Peter Milling, Die Grenzen des Wachstums. Bericht des Club of Rome zur Lage der Menschheit, Reinbek 1973, S. 154.
32 Günther Anders, Die Antiquiertheit des Menschen, Band I, S. 18.
33 Ebenda, S. 6.
34 Ebenda, S. 45.
35 Carl Amery, Natur als Politik. Die ökologische Chance der Menschen, Reinbek 1976, S. 10.
36 Thomas Ebermann/Rainer Trampert, Die Zukunft der Grünen, S. 209.
37 Ulrich Beck, Risikogesellschaft, S. 29.
38 Ebenda.
39 Ebenda, S. 28.
40 Ebenda, S. 35.

41 Ebenda, S. 46.
42 Ebenda, S. 48.
43 Ebenda, S. 43; vgl. auch S. 300.
44 Karl Marx, Das Kapital, Dritter Band, S. 274.
45 Robert Kurz, Die Krise des Tauschwerts. In: Marxistische Kritik, Nr. 1, März 1986, S. 33.
46 Ebenda, S. 32.
47 Ebenda.
48 Robert Kurz, Der Kollaps der Modernisierung, S. 262-263.
49 Ebenda, S. 265.
50 Ebenda, S. 260.
51 Karl Marx, Das Kapital, Dritter Band, S. 92.
52 Ebenda, S. 114.
53 Ernest Mandel, Revolutionäre Strategien im 20. Jahrhundert. Politische Essays, Wien-München-Zürich 1977, S. 18.
54 Max Weber, Wirtschaft und Gesellschaft, S. 382.
55 Voraussetzung wird hier als Kategorie des Werdens, Bedingung als Kategorie des Bestehens aufgefaßt. (Vgl. Karl Marx, Grundrisse zur Kritik der politischen Ökonomie (1857/58). In: MEW, Bd. 42, S. 372.)
56 Karl Marx, Zur Kritik der Politischen Ökonomie. In: MEW, Bd. 13, S. 9.

1 Friedrich Engels, Herrn Eugen Dührings Umwälzung der Wissenschaft ("Anti-Dühring") (1877/78). In: MEW, Bd. 20, S. 106.
2 Ebenda.
3 Georg Wilhelm Friedrich Hegel, Phänomenologie des Geistes, S. 27.
4 Cornelius Castoriadis, Gesellschaft als imaginäre Institution. Entwurf einer politischen Philosophie (1975), Frankfurt am Main 1990, S. 77.
5 Ebenda, S. 78.
6 Karl Marx, Das Kapital, Erster Band, S. 218. In dem ihm eigenen Ton merkt Marx gleich weiter an: *"Man sieht aber keinem Menschen genau an, wieviele Tage er bereits verstorben ist."*
7 Günther Anders, Die Antiquiertheit des Menschen, Band II, S. 9.
8 Zum Begriff der Monade siehe Gottfried Wilhelm Leibniz, Monadologie (1714), Stuttgart 1979, S. 13 ff.
9 Max Horkheimer/Theodor W. Adorno, Dialektik der Aufklärung, S. 15.
10 Georg Wilhelm Friedrich Hegel, Wissenschaft der Logik I, S. 225.
11 Karl Marx, Zur Kritik der Politischen Ökonomie (1859). In: MEW, Bd. 13, S. 21.
12 Günther Anders, Die Antiquiertheit des Menschen, Band I, S. 286.
13 Günther Anders, Die Antiquiertheit des Menschen, Band II, S. 201.
14 Ulrich Beck, Risikogesellschaft, S. 119.
15 Ebenda. Vgl. auch S. 210.
16 Otthein Rammstedt, Soziale Bewegung, Frankfurt am Main 1978, S. 27-31, 76.
17 Rainer Paris, Soziale Bewegung und Öffentlichkeit. In: PROKLA 43. Zeitschrift für politische Ökonomie und sozialistische Politik, 11. Jg., 1981, Nr. 2, S. 103.
18 Ebenda, S. 106.
19 Joachim Raschke, Soziale Bewegung. Ein historisch-systematischer Abriß, Frankfurt/Main-New York 1985, S. 186.
20 Otthein Rammstedt, Soziale Bewegung, S. 130.
21 Georg Wilhelm Friedrich Hegel, Wissenschaft der Logik I., S. 221.
22 Georg Wilhelm Friedrich Hegel, Wissenschaft der Logik II. (1816). In: Ders., Werke 6, Frankfurt am Main 1986, S. 513.
23 Georg Wilhelm Friedrich Hegel, Vorlesungen über die Philosophie der Geschichte (1832). In: Ders., Werke 12, Frankfurt am Main 1986, S. 70.
24 Otthein Rammstedt, Soziale Bewegung, S. 211.
25 Joachim Raschke, Soziale Bewegungen, S. 77.
26 Ebenda, S. 18.
27 Otthein Rammstedt, Soziale Bewegung, S. 138.
28 Robert Kurz, Die Intelligenz nach dem Klassenkampf, S. 11.
29 Rosa Mayreder, Der typische Verlauf sozialer Bewegungen, Wien-Leipzig, 2., verbesserte Auflage 1925.
30 Ebenda, S. 10 f.
31 Ebenda, S. 20 f.
32 Ebenda, S. 26.
33 Karl Marx/Friedrich Engels, Die deutsche Ideologie (1845/46). In: MEW, Bd. 3, S. 73.
34 Vgl. Ernst Lohoff, Die Privatisierung des Politischen, oder: Neue soziale Bewegungen und abstraktes Individuum. In: Marxistische Kritik, Nr. 4, Dezember 1987, S. 40.
35 Karl Marx, Thesen über Feuerbach (1845). In: MEW, Bd. 3, S. 6.
36 Rainer Paris, Soziale Bewegung und Öffentlichkeit, S. 112.
37 Das Dorfertal etwa, das im Gegensatz zum Gelsenparadies in der Stopfenreuther Au die Bezeichnung Naturlandschaft durchaus verdient, war für Promis und Journalisten, Ökologen wie Studenten zu weit aus der Welt.

38 Georg Wilhelm Friedrich Hegel, Wissenschaft der Logik II, S. 205.
39 Georg Wilhelm Friedrich Hegel, Wissenschaft der Logik I, S. 187.
40 Ebenda, S. 197.
41 Ebenda, S. 191.
42 Ebenda, S. 207
43 Den Begriff *Reformierung* ziehen wir aus zwei Gründen dem der *Reform* vor: Erstens drückt er den Prozeßcharakter besser aus; zweitens ist er nicht unbedingt mit einer progressiven Stoßrichtung verbunden, wie das der Begriff Reform nahelegt. Reform ist somit der engere und konkretere, Reformierung der weitere und allgemeinere Begriff.
44 Karl Marx, Zur Kritik der Politischen Ökonomie (1859). In: MEW, Bd. 13, S. 9.
45 Niklas Luhmann, Soziale Systeme, Frankfurt am Main 1987, S. 507.
46 Ebenda, S. 504.

1 Joachim Raschke, Soziale Bewegungen, S. 412.
2 Ebenda, S. 416.
3 Ernst Lohoff, Die Privatisierung des Politischen, S. 45.
4 Ebenda, S. 53.
5 Wladimir I. Lenin, Entwurf eines Programms unserer Partei (1899). In: Ders.,Werke, Bd. 4, Berlin/DDR 1977, S. 230.
6 Karl Marx, Der achtzehnte Brumaire des Louis Bonaparte (1852). In: MEW, Bd. 8, S. 115.
7 Ebenda, S. 117.
8 Karl Marx, Das Kapital, Dritter Band, S. 790.
9 Klaus Dräger/Werner Hülsberg, Aus für Grün? Die grüne Orientierungskrise zwischen Anpassung und Systemopposition, Frankfurt am Main 1986, S. 110.
10 Josef Huber, Basisdemokratie und Parlamentarismus. Zum Politikverständnis der Grünen. In: Wolfgang Kraushaar (Hg.), Was sollen die Grünen im Parlament?, Frankfurt am Main 1983, S. 69.
11 Luise Gubitzer, Grünes Selbstverständnis, S. 41.
12 Eigentlich tut es uns ja in der Seele weh, die Begriffe *Materialismus* und *Idealismus* in diesem Alltagsverstandnis verwenden zu müssen, gänzlich anders als Kant, Hegel oder Marx uns diese Kategorien nahegebracht haben. Die schwere Trägheit des Alltagsbewußtseins schlägt hier voll durch, und wir haben hier nicht Zeit, Platz und Muße, das dumme Begriffspaar zu entzaubern. Die Aversion sei aber der Vollständigkeit halber angemerkt.
13 Joachim Raschke, Die Grünen. Wie sie wurden, was sie sind, Köln 1993, S. 885.
14 Ebenda, S. 847.
15 Ebenda, S. 856.
16 Georg Wilhelm Friedrich Hegel, Vorlesungen über die Geschichte der Philosophie I. (1817). In: Ders., Werke 18, Frankfurt am Main 1986, S. 29.
17 Hubert Kleinert, Aufstieg und Fall der Grünen. Analyse einer alternativen Partei, Bonn 1992, S. 238.
18 Merkbarkeit ist hier nicht identisch zu setzen mit sinnlicher Wahrnehmung; auch Meßbarkeit oder analytische Schlüssigkeit sind uns Formen von Merkbarkeit.
19 Ernst Lohoff, Die Wechseljahre der Republik. Über die Volksparteien und ihre ungewollten Kinder. In: Marxistische Kritik, Nr. 7, August 1989, S. 67.
20 Vgl. dazu auch Ulrich Beck, Risikogesellschaft, S. 104.
21 Georg Wilhelm Friedrich Hegel, Phänomenologie des Geistes, S. 56.
22 Ernst Lohoff, Die Privatisierung des Politischen, S. 43.
23 Otthein Rammstedt, Soziale Bewegung, Frankfurt am Main 1978, S. 156.
24 Anton Pelinka, Bürgerinitiativen und Ökologiebewegung in Österreich. In: Umdenken. Analysen grüner Politik in Österreich, Wien 1984, S. 151.
25 Gerhard Schattauer, Die Grüne Einigung. Die Grünalternativen zwischen Organisation und Kandidatur. Zur Auseinandersetzung um den politischen Charakter der österreichischen Grünalternativen von der Hainburgbewegung bis zu den Nationalratswahlen 1986, Dissertation, Wien 1993, S. 51.
26 Typoskript des Interviews mit Christoph Chorherr, S. 32 [226]. Chorherr, der uns von den Interviewpartnern politisch eher fern steht, ist deshalb einer der interessantesten Mentoren der Grünen, weil sein Konzept in sich relativ geschlossen ist, nicht wie bei vielen anderen Grünpolitikern auf billigen, nicht zueinander passenden Versatzstücken aufbaut.
27 Vgl. Franz Schandl, Je unpolitischer, desto besser. In: Monatszeitung, Nr. 52, Mai 1990, S. 24.
28 Peter Pilz, Grün ist anders. Oder nicht. In: Ali Gronner/Erich Kitzmüller (Hg.), Grüne Ausblicke, S. 108. Vgl. dazu auch Peter Pilz, Land über Bord, S. 195-196.
29 Typoskript des Interviews mit Günther Nenning, S. 8 [304].
30 Ebenda, S. 7 [304].

31 Günther Nenning, Eine Partei ist eine Partei ist eine Partei. In: FORVM, Nr. 381/383, 1985/86, S. 14.
32 Typoskript des Interviews mit Günther Nenning, S. 8 [304].
33 Ebenda, S. 9 [304].
34 Joachim Raschke, Die Grünen, S. 486.
35 Ebenda.
36 Ernst Lohoff, Die Privatisierung des Politischen, S. 44.
37 Vgl. Joachim Raschke, Die Grünen, S. 524-525.
38 Joschka Fischer, Identität in Gefahr! In: Thomas Kluge (Hg.), Grüne Politik. Der Stand einer Auseinandersetzung, Frankfurt am Main 1984, S. 32.
39 Hubert Kleinert, Aufstieg und Fall der Grünen, S. 317.
40 Thomas Ebermann/Rainer Trampert, Die Zukunft der Grünen, S. 273. Vgl. dazu auch Bodo Zeuner, Parlamentarisierung der Grünen. In: Prokla 61, 15. Jg., Dezember 1985, Nr. 4, S. 18-19.
41 Thomas Ebermann/Rainer Trampert, Die Zukunft der Grünen, S. 245.
42 Joachim Raschke, Die Grünen, S. 28.
43 Ebenda, S. 39-40.
44 Georg Wilhelm Friedrich Hegel, Wissenschaft der Logik II, S. 17.
45 Ebenda, S. 19.

1 Franz Schandl, Die grüne Ideologie. In: Karl Lind (Hg.), Nur kein Rhabarber! Auseinandersetzungen mit grüner Politik in Österreich, Wien 1988, S. 141-192.
2 Niklas Luhmann, Positives Recht und Ideologie. In: Archiv für Rechts- und Sozialphilosophie 63, Wiesbaden 1967, S. 556-557.
3 Vgl. dazu Franz Schandl, Demos und Büros. 30 Thesen über Bürokratie und Staat, Freiheit und Sozialismus. In: FORVM, Nummer 452-454, 2. Juli 1991, S. 64.
4 Ex 20; Dtn 5,6-22.
5 Vgl. Hans Kelsen, Reine Rechtslehre (1934), Wien 1992, S. 4.-5. Bei Kelsen findet sich die von uns oben angeführte weitergehende Differenzierung übrigens nicht. (Vgl. auch ebenda, S. 81.)
6 Karl Marx, Das Kapital, Zweiter Band, S. 409.
7 Leo Kofler, Zur Kritik der "Alternativen", Hamburg 1983, S. 41.
8 Peter Klein, Demokratie und Sozialismus. Zur Kritik einer linken Allerweltsphrase. In: Marxistische Kritik, Nr. 7/89, S. 98.
9 Antonio Gramsci, Gefängnishefte; zit. nach Umberto Cerroni, Gramsci Lexikon. Zum Kennen- und Lesenlernen, Hamburg 1980, S. 45.
10 Peter Pilz, Land über Bord, S. 189.
11 Peter Pilz, ORF-Pressestunde, 25. Oktober 1992.
12 Ebenda.
13 Joachim Raschke, Die Grünen, S. 857. Raschke bemerkt das übrigens nicht kritisch, sondern zustimmend.
14 Wladimir I. Lenin, Zwei Welten (1910). In: Ders., Werke, Bd. 16, S. 313.
15 Immanuel Kant, Prolegomena zu einer jeden künftigen Metaphysik die als Wissenschaft wird auftreten können (1783). In: Ders., Werkausgabe, Bd. 5, Frankfurt am Main 1988, S. 137.
16 Platon, Der Staat (v.u.Z.), Leipzig 1978, S. 254 [475E-477B].
17 Ebenda, S. 255 [477C-478D].
18 Ebenda, S. 256 [477C-478D].
19 Ebenda.
20 Ebenda, S. 257 [477C-478D].
21 Gottfried Wilhelm Leibniz, Monadologie, S. 19.
22 Johann Gottlieb Fichte, Der geschloßne Handelsstaat, S. 62-63.
23 Georg Wilhelm Friedrich Hegel, Phänomenologie des Geistes, S. 64.
24 Ebenda, S. 241.
25 Ebenda, S. 242.
26 Georg Wilhelm Friedrich Hegel, Wissenschaft der Logik I, S. 85. Vgl. dazu auch Adorno, der ebenfalls einen *"durch seine Gesundheit erkrankte[n] Menschenverstand"* konstatiert. (Theodor W. Adorno, Negative Dialektik (1966), Frankfurt am Main, 7. Aufl. 1992, S. 295.)
27 Friedrich Engels, Die Entwicklung des Sozialismus von der Utopie zur Wissenschaft (1880). In: MEW, Bd. 19, S. 203-204.
28 Es ist übrigens kein Zufall, daß die abgekürzte Form des "Darin-Aufgehens" nur das "Draufgehen" sein kann.
29 Robert Musil, Der Mann ohne Eigenschaften, Bd. 1 (1930), Reinbek 1987, S. 305.
30 Friedrich Engels, Einleitung zur englischen Ausgabe "Die Entwicklung des Sozialismus von der Utopie zur Wissenschaft" (1892). In: MEW, Bd. 19, S. 543.
31 Georg Friedrich Wilhelm Hegel, Grundlinien der Philosophie des Rechts (1821). In: Ders., Werke, Bd. 7, Frankfurt am Main 1986, S. 26.
32 Vgl. Theodor W. Adorno, Gesellschaftstheorie und Kulturkritik, Frankfurt am Main 1975, S. 154.
33 Theodor W. Adorno, Soziologie und empirische Forschung. In: Ders. u.a., Der Positivismusstreit in der deutschen Soziologie, S. 101.

34 Theodor W. Adorno, Einleitung. In: Ders. u. a., Der Positivismusstreit in der deutschen Soziologie, S. 42.
35 Stenographisches Protokoll des Nationalrats, XVII. Gesetzgebungsperiode, 101. Sitzung, 26. April 1989, S. 11696.
36 Georg Lukács, Geschichte und Klassenbewußtsein, S. 198.
37 Ebenda, S. 199.
38 Ebenda, S. 305.
39 Ebenda, S. 338.
40 Karl Marx, Das Kapital, Erster Band, S. 616.
41 Karl Marx, Das Kapital, Zweiter Band, S. 101.
42 Joseph Dietzgen; zit.: nach: Wladimir I. Lenin, Materialismus und Empiriokritizismus (1908). In: Ders., Werke, Bd. 14, S. 153.
43 Georg Lukács, Geschichte und Klassenbewußtsein, S. 319.
44 Theodor W. Adorno, Negative Dialektik, S. 189.
45 Auf die Unterscheidung von *Sache* und *Ding* kann hier nicht weiter eingegangen werden. Sie ist für unseren Belang auch von untergeordneter Bedeutung und vernachlässigbar. Der Vollständigkeit halber sei *Ding* als ein unbestimmtes Etwas, *Sache* als ein bestimmtes Etwas benannt. *"Mit dieser Einführung des Inhalts in die logische Betrachtung sind es nicht die Dinge, sondern die Sache, der Begriff der Dinge, welcher Gegenstand wird."* (Georg Wilhelm Friedrich Hegel, Wissenschaft der Logik I, S. 29.)
46 Ebenda, S. 129.
47 Max Weber, Die "Objektivität" sozialwissenschaftlicher Erkenntnis (1904). In: Ders., Schriften zur Wissenschaftslehre (1904 ff.), Stuttgart 1991, S. 35.
48 Ebenda, S. 44.
49 Georg Wilhelm Friedrich Hegel, Phänomenologie des Geistes, S. 100-101.
50 Ebenda, S. 93.
51 Ebenda, S. 102.
52 Ebenda, S. 104.
53 Herbert Fux, Interview in: Wurzelwerk. Zeitschrift für Ökologie und Poesie, Nr. 11-12/82, S. 7. Für sich mag Fux da übrigens schon recht haben. Man sollte nur nicht so voreilig auf andere schließen.
54 Zur Typologie des Experten siehe Otto Ullrich, Technik und Herrschaft, S. 224ff.; Urs Jaeggi, Kapital und Herrschaft in der Bundesrepublik. Elemente einer gesellschaftlichen Analyse, Frankfurt am Main 1973, S. 270ff.
55 Vgl. etwa Ulrich Beck, Risikogesellschaft, S. 319; Otto Ullrich, Technik und Herrschaft, S. 359.
56 Stenographisches Protokoll des Nationalrats, XVII. Gesetzgebungsperiode, 3. Sitzung, 29. Jänner 1987, S. 99.
57 Max Horkheimer/Theodor W. Adorno, Dialektik der Aufklärung, S. 4.
58 Georg Wilhelm Friedrich Hegel, Vorlesungen über die Ästhetik I. In: Ders., Werke, Bd. 13, Frankfurt am Main 1986, S. 187.
59 Vgl. Georg Lukács, Geschichte und Klassenbewußtsein. Der Begriff war freilich im Deutschen der Vorkriegszeit, zumindest bei intelligenten Denkern, eine Selbstverständlichkeit. Einer, der ihn auch verwendete, war Robert Musil (vgl. Robert Musil, Der Mann ohne Eigenschaften, Bd. 1, S. 453). Sein Hauptwerk ist übrigens nicht nur von literarischem Interesse, sondern folgt einem hochtheoretischen Anspruch. Und es ist eines der wenigen literarischen Bücher, wo dieser auch eingelöst werden kann.
60 Fritz Karmasin, Die Neuen Werte. Zur Konstruktion von Einstellungsmustern am Beispiel alternativen Gedankenguts, Habilitationsschrift, Wien 1984, S. 194.
61 Joachim Raschke, Die Grünen, S. 857.
62 Leo Kofler, Zur Kritik der Alternativen, S. 9.
63 Vgl. etwa Joachim Raschke, Die Grünen, S. 134.

64 Niklas Luhmann, Ökologische Kommunikation. Kann die moderne Gesellschaft sich auf ökologische Gefährdungen einstellen?, Opladen, 3. Aufl. 1990, S. 19.

65 Dennis Meadows/Donella Meadows/Erich Zahn/Peter Milling, Die Grenzen des Wachstums, S. 69. Sätze wie der zitierte finden sich in der Studie zahlreichst.

66 Niklas Luhmann, Ökologische Kommunikation, S. 8.

67 Ebenda, S. 234.

68 Ebenda, S. 235. Luhmann gibt freilich auch unumwunden zu, daß es der Systemtheorie um die Disziplinierung der Vorwürfe an die Gesellschaft gehe (vgl. S. 20). Diese Disziplinierung würden wir freilich nicht nur wissenschaftlich verstehen, selbst wenn sie so gemeint sein sollte.

69 Immanuel Kant, Über den Gemeinspruch. In: Ders., Werkausgabe, Bd. 11, Frankfurt am Main 1991, S. 127.

70 Peter Pilz, Land über Bord, S. 105.

71 Leo Kofler, Zur Kritik der Alternativen, S. 16.

72 Ebenda, S. 73.

73 Günther Anders, Die molussische Katakombe, München 1992, S. 311.

1 Die Titulierung "Rotgrüne" wollen wir hingegen explizit für Strömungen in der Alternativbewegung reservieren, deren Protagonisten vielfach linksradikaler Herkunft waren und für das Projekt einer nicht reformistischen alternativen Linkspartei eintraten.

2 Wolfgang Kraushaar, Autonomie oder Ghetto? Kontroversen über die Alternativbewegung, Frankfurt/Main 1978, S. 14.

3 Eine Recherche zu den Traditionsbezügen der ökologischen Rechten findet sich bei: Markus Huber, Zur Geschichte der Vereinten Grünen Österreichs (VGÖ) bis zu den Nationalratswahlen im April 1983, Diplomarbeit, Wien 1991. Siehe dazu auch: Ulrich Linse, Ökopax und Anarchie. Eine Geschichte der ökologischen Bewegungen in Deutschland, München 1986.

4 Zu diesem Komplex siehe eingehender: Gerhard Schattauer, Die Grüne Einigung, S. 139-157.

5 Herbert Gottweis, Neue soziale Bewegungen in Österreich. In: Herbert Dachs/Peter Gerlich/Herbert Gottweis u.a. (Hg.), Handbuch des politischen Systems Österreichs, Wien 1991, S. 314. Gottweis' Beitrag ist auch sonst nicht unproblematisch, teils im Hinblick auf die verwendete Terminologie ("Bürgerinitiativbewegung"), teils bezüglich einer vollkommenen Überschätzung des Einflusses sogenannter "Bürgerinitiativen", etwa in der Grazer Kommunalpolitik (ebenda).

6 Im Gespräch mit Johannes Voggenhuber. In: Falter, Nr. 2/1984, S. 7.

7 Raimund Gutmann/Werner Pleschberger, Die Bürgerliste - grüne Mitte in Salzburg. In: Umdenken. Analysen grüner Politik in Österreich, S. 120.

8 Die Bürgerliste informiert, Postwurfsendung, November 1981. In: Zeitschriftenmappe "Rettet Salzburg", Sammlung Grün-Alternative am Institut für Zeitgeschichte der Universität Wien.

9 Raimund Gutmann/Werner Pleschberger, Die Bürgerliste, S. 116.

10 Peter Pritz, Skizzen der Alternativenbewegung. In: Alternativenrundbrief, Nr. 22, 19. 6. 1980, S. 7.

11 Ebenda, S. 9.

12 Ebenda, S. 6.

13 Eine umfassende Darstellung der österreichischen Anti-AKW-Bewegung liefert Friedrich Fehlinger, Beiträge zur Geschichte der österreichischen Anti-Atomkraftwerks-Bewegung, Diplomarbeit, Linz 1979. Einen Überblick geben Lidia Brandstätter/Michael Grosser/Hannes Werthner, Die Anti-AKW-Bewegung in Österreich. In: Umdenken. Analysen grüner Politik in Österreich, S. 156-177.

14 Eine Charakteristik des "Dichtersteins" gibt das Dokumentationsarchiv des österreichischen Widerstandes (Hg.), Handbuch des österreichischen Rechtsextremismus, Wien 1993, S. 205 ff.

15 Lidia Brandstätter/Michael Grosser/Hannes Werthner, Die Anti-AKW-Bewegung in Österreich, S. 169.

16 Ganz ähnlich sieht es Peter A. Ulram, Grüne Politik in der Volkspartei. In: Umdenken, S. 44.

17 Frauke Rubart, Schweden: Die "grüne" Zentrumspartei und die neue(n) Umweltpartei(en). In: Frank Nullmeier/Frauke Rubart/Harald Schultz, Umweltbewegungen und Parteiensystem. Umweltgruppen und Umweltparteien in Frankreich und Schweden, Berlin(West) 1983, S. 105.

18 Markus Huber, Zur Geschichte der Vereinten Grünen Österreichs, S. 44.

19 Dokumentationsarchiv des österreichischen Widerstandes (Hg.), Rechtsextremismus in Österreich nach 1945, Wien, 5. Aufl. 1981, S. 222.

20 Eine Anspielung auf die geläufigerweise als Raubritter verunglimpfte mittelalterliche Adelsdynastie der Kuenringer.

21 WBU. Die Grüne Liste. Wahlaufruf und Wahlprogramm der WBU zur Landtagswahl 1979, S. 3. In: Grüne Mappe "Grüne Glücksritter", Karton "Grüne Glücksritter; GE; KEL u.ä.", Sammlung Grün-Alternative am Institut für Zeitgeschichte der Universität Wien.

22 Günter Ofner, Grüne Schattierungen. Die Geschichte der VGÖ, unveröff. Typoskript, S. 65. In: Karton VGÖ, Sammlung Grün-Alternative am Institut für Zeitgeschichte der Universität Wien.

23 WBU. Die Grüne Liste. Wahlaufruf und Wahlprogramm der WBU zur Landtagswahl 1979, S. 9 f. In: Grüne Mappe "Grüne Glücksritter", Karton "Grüne Glücksritter; GE; KEL u.ä.", Sammlung Grün-Alternative am Institut für Zeitgeschichte der Universität Wien.

1 Dieser Höhepunkt der alternativen Bewegungsphase ist dokumentiert in: Forum Alternativ, dokumentation parallelkonferenz zur UN konferenz über wissenschaft und technik im dienste der entwicklung UNCST vom august 1979, Wien 1980.
2 Ernst Karrer/Ernst Schuller, Alternativbewegung in Oberösterreich, Diplomarbeit, Linz 1981, S. 163
3 Peter Stepanek, AL/KI - Wie geht es weiter? In: Netzwerk, Nr. 18 (1982), S. 15 f.
4 Plenum vom 18. 1. 1982, Bericht in: Falter, Nr. 2/1982.
5 Siehe dazu das Typoskript des Interviews mit Doris Pollet-Kammerlander, S. 3 f [91].
6 André Gorz, Abschied vom Proletariat. Jenseits des Sozialismus, Reinbek 1983. Das Buch kann als die Bibel der Dualwirtschaftler angesehen werden.
7 Peter Pritz, Skizzen der Alternativenbewegung, S. 5-11.
8 Ebenda, S. 6.
9 Ebenda, S. 8.
10 Ebenda, S. 9.
11 Peter Pritz, Alternativen und neuer Lebensstil. In: Alternativenrundbrief, Nr. 33, 16. 1. 1981, S. 2-5.
12 Peter Pritz, Skizzen der Alternativenbewegung, S. 10.
13 Ebenda, S. 11.
14 Peter Pritz, ca. 10 Thesen zu einer möglichen NR-Kandidatur der Alternativen. In: Alternativenrundbrief, Nr. 49, November 1981, S. 8.
15 Ebenda.
16 Ebenda.
17 Peter Pritz, Alternativen und neuer Lebensstil, S.4.
18 Alternativenrundbrief, Nr. 49, S.3.
19 "Erklärung der Alternativen Liste Österreich. In: Alternativenrundbrief, Nr. 53, S.11.
20 Die wirtschaftspolitischen Positionen der Gföhler sind nachzulesen in: Politische Ökonomie der Alternativenbewegung in Österreich - Tagungsbroschüre. In: Alternativenrundbrief, Nr. 60; bzw. in: Gföhler Kreis (Hg.), Mehr sein, mehr wagen. Einstieg in eine grün-alternative Wirtschaftsdiskussion, Graz 1985.
21 Josef Huber, Soziale Ökologie und Dualwirtschaft. In: Kongreßbüro "Zukunft der Arbeit" (Hg.), Kongreß Zukunft der Arbeit. Wege aus Massenarbeitslosigkeit und Umweltzerstörung. Materialienband, Bielefeld 1983, S. 57.
22 Siehe dazu den lesenswerten Artikel von Claudia von Werlhof, Der weiße Mann versucht noch einmal durchzustarten. Zur Kritik dualwirtschaftlicher Ansätze in der neueren Diskussion über die "Zukunft der Arbeit", den "informellen Sektor" und eine "alternative Ökonomie" oder: mit Orwell ins Paradies? In: Kommune, 2. Jg., Nr. 11, 2. 11. 1984, S. 61-70.
23 Typoskript des Interviews mit Franz Floss, S. 8 [244].
24 Ebenda.
25 Ebenda, S. 7 [204].
26 Statuten der Alternativen Liste Österreich, § 4. In: Ordner Satzungen, Sammlung Grün-Alternative am Institut für Zeitgeschichte der Universität Wien.
27 Protokoll aus Graz. In: Alternativenrundbrief, Nr. 69, 11. 1. 1983, S. 15.
28 Ebenda.
29 Die Grünen Alternativen. Ein kurzes Programm der Alternativen Liste Österreichs. In: Alternativenrundbrief, Nr. 6/86, S. 4-13. In dieser Ausgabe des Alternativenrundbriefs sind sämtliche beschlossenen Programme der ALÖ publiziert.
30 Ebenda, S. 7.
31 Ebenda, S. 12.
32 Ebenda, S. 13.
33 Protokoll vom 1. Wiener Regionaltreffen der AL-Österreich. In: Alternativenrundbrief, Nr. 53a, S. 2.

34 Netzwerk, Nr. 21, S. 2.
35 Beschluß des Montag-Plenums 24. 5. 1982: Donnerstag als autonome Arbeitsgruppe aufgenommen. In: Netzwerk, Nr. 22 (1982).
36 Statut der Alternativen Liste Wien. In: Netzwerk, Nr. 22a (1982), § 4 und 5.
37 Plenum vom 21. Juni 1982, ebenda.
38 Das Abstimungsergebnis lautete 36:4 bei 65 Anwesenden - der Großteil der Linken enthielt sich der Stimme (Protokoll Plenum 10. 1. 1983. In: Ordner ALW Protokolle, Sammlung Grün-Alternative am Institut für Zeitgeschichte der Universität Wien).
39 GA-Rundbrief Nr. 5. In: Ordner ALW, GA-Protokolle, ebenda.
40 Erklärung der Donnerstaggruppe, Jänner 1983. In: Ordner ALW-Dokumentation, ebenda. Nur der Wahlkampf und das Sammeln der notwendigen Unterstützungserklärungen sollte gemeinsam vorgenommen werden!
41 Die Aufnahmeanträge bezogen in jeweils verklausulierter Form die gegnerische Gruppe mit ein. Siehe dazu näher: Gerhard Schattauer, Zur Rolle der Alternativen Liste Österreich (ALÖ) im grünalternativen Parteibildungsprozeß. Von der Vorgeschichte des ökologischen Protestes über die Neuen Sozialen Bewegungen bis zum Absamer Bundeskongreß der ALÖ im Februar 1985, Diplomarbeit, Wien 1988, S. 180 f.
42 Typoskript des Interviews mit Doris Pollet-Kammerlander, S. 3 f. [91].
43 Typoskript des Interviews mit Andreas Wabl, S. 23 f. [694].
44 Markus Huber, Zur Geschichte der Vereinten Grünen Österreichs, S. 84.
45 Koordinationsgruppe, Protokoll der Sitzung vom 5. 12. 1982. In: Netzwerk, Nr. 28 (1982), S. 15.
46 Telex der VGÖ vom 13. 12. 1982. In: Netzwerk, Nr. 28, S. 21.
47 Protokoll BKOA 6. 1. 1983, Berichte aus den Bundesländern. In: Ordner ALÖ-Protokolle, Sammlung Grün-Alternative am Institut für Zeitgeschichte der Universität Wien.
48 Brief von Dan Jacubowicz an Peter Pritz, Wien, 21. 12. 1982, ebenda.
49 Zur Vorgeschichte der Vereinten Grünen bis hin zu ihren ideologischen Traditionssträngen seit der Jahrhundertwende siehe Markus Huber, Zur Geschichte der Vereinten Grünen Österreichs. Eine minutiöse Schilderung der frühen VGÖ-Parteigeschichte bis zur Nationalratswahl 1983 gibt Günter Ofner, Grüne Schattierungen.
50 Detailliertes Material dazu bei Markus Huber, Zur Geschichte der Vereinten Grünen Österreichs.
51 Profil, Nr. 5, 1. 2. 1982, S. 14. Huber berichtet, daß auch der Salzburger Bürgerlistenstadtrat Johannes Voggenhuber peripher in die Parteibildungsgespräche involviert gewesen sei (Markus Huber, Zur Geschichte der Vereinten Grünen Österreichs, S. 60).
52 Für die Zukunft unseres Landes! Blätter der Vereinten Grünen Österreichs. Liste Tollmann, Nr. 1/1982.
53 Siehe dazu näher: Markus Huber, Zur Geschichte der Vereinten Grünen Österreichs, S. 58f.
54 Das Gremium versammelte unter anderem den Parteivorsitzenden, den Generalsekretär, deren Stellvertreter und die Obmänner der Landesparteiorganisationen (Statuten der Vereinten Grünen Österreichs. In: Netzwerk, Nr. 28 (1982/83), S. 16 f.).
55 Markus Huber, Zur Geschichte der Vereinten Grünen Österreichs, S. 90.
56 Eine detailliertere Kritik des Statuts findet sich bei Gerhard Schattauer, Zur Rolle der Alternativen Liste Österreich (ALÖ) im grünalternativen Parteibildungsprozeß, S. 196 ff.
57 Günter Ofner, Grüne Schattierungen, S. 18.
58 Markus Huber, Zur Geschichte der Vereinten Grünen Österreichs, S. 94 f.
59 Ebenda, S. 98.
60 Siehe dazu das Typoskript des Interviews mit Holda Harrich, S. 3 [81].
61 Markus Huber, Zur Geschichte der Vereinten Grünen Österreichs, S. 78.
62 Ebenda, S. 111.
63 Typoskript des Interviews mit Wolfgang Pelikan, S. 6 [173].
64 Ebenda, S. 109 f.

65 Genaueres dazu ebenda, S. 116 f.
66 Ebenda, S. 92.
67 Ofner fand Ende der achtziger Jahre wieder zu seiner alten Partei zurück, wo er, ein talentierter Organisator, auch zahlreiche Gegenkandidaturen der VGÖ gegen die Grüne Alternative managte. Als Wiener Landesvorsitzender spaltete Ofner anläßlich der Wahlbündnisfrage 1994 - es waren informelle Kooperationsgespräche zwischen der VGÖ-Spitze und Haiders FPÖ bekanntgeworden - erneut die Partei.
68 Basta, Nr.1, April 1983, S. 3 f.
69 Günter Ofner, Grüne Schattierungen, S. 51.
70 VGÖ-Grundsatzprogramm. In: Blätter der Vereinten Grünen Österreichs. Liste Tollmann, Nr. 1/1983, S. 3-6.
71 Siehe dazu: Bundesministerium für Inneres (Hg.), Die Nationalratswahl vom 24. April 1983, Wien 1984.
72 Eine Wahlanalyse bieten Franz Merli/Meinrad Handstanger, Die Alternative Liste Graz als Erweiterung des kommunalpolitischen Spektrums. In: Österreichisches Jahrbuch für Politik 1983, Wien 1983, S. 295 ff.

1 Protokoll des Bundeskongresses der ALÖ (Salzburg 19./20. 11. 1983). In: Alternativenrundbrief, Nr. 88, 5. Dezember 1983, S. 6.

2 Protokoll 6. Bundeskongreß der ALÖ in Wien/Dramatisches Zentrum 19./20. 5. 1984. In: Akin, Nr. 23 vom 5. Juni 1984.

3 Zur Rolle der ALÖ in der Friedensbewegung und zum ALÖ-Friedensprogramm siehe ausführlichst bei Gerhard Schattauer, Zur Rolle der Alternativen Liste Österreich (ALÖ) im grünalternativen Parteibildungsprozeß, S. 309-344.

4 Die Sozialimperialismus-Theorie war der ideologische Reflex auf die Entzweiung zwischen China und der UdSSR. Sie behauptet eine imperialistische Politik der Sowjetunion, welche schlimmer noch als jene der USA auf Unterdrückung der Völker der Dritten Welt und militärische Erlangung der Weltherrschaft gerichtet sei.

5 Siehe dazu das Typoskript des Interviews mit Doris Pollet-Kammerlander, S. 12 [383].

6 Sie verbesserte ihren Stimmanteil von 0,3 auf 0,8 Prozent (ca. 10.500 Stimmen).

7 Erich Kitzmüller, Eine Alternative Liste für Österreich. In: Alternativenrundbrief, Nr. 85 vom 17. 10. 1983, S. 21.

8 Protokoll des 5. Bundeskongresses der ALÖ vom 19./20. 11. 1983 in Salzburg. In: Alternativenrundbrief, Nr. 88, Top 4, S. 4.

9 Erich Kitzmüller, Eine Alternative Liste für Österreich. In: Alternativenrundbrief, Nr. 85 vom 17. 10. 1983, S. 21.

10 Vgl. Gerhard Schattauer, Zur Rolle der Alternativen Liste Österreich (ALÖ) im grünalternativen Parteibildungsprozeß, S. 378-402.

11 Siehe beispielsweise die Ausgaben Nr. 99/Juni 1984 und Nr. 100/Oktober 1984.

12 Franz Schandl, Es wird Zeit, daß man was davon versteht. Referat über die Alternative Liste Österreich. In: Alternativenrundbrief, Nr. 96-97 vom 30. 4. 1984, S. 24-25.

13 Erich Kitzmüller, Wo entsteht die Grüne Partei in Österreich? Versuch einer Zwischenbilanz nach zwei Jahren. In: Alternativenrundbrief, Nr. 100 vom Oktober 1984, S. 12-24.

14 Ebenda, S. 16.

15 Ebenda, S. 14.

16 Ebenda, S. 12.

17 Ebenda, S. 16.

18 Ebenda, S. 17.

19 Ebenda, S. 17.

20 Ebenda.

21 Siehe dazu ausführlicher Franz Schandl, Radikal und seriös: Welche Partei brauchen wir? Anmerkungen zur grünalternativen Wahlbewegung und zur innergrünalternativen Diskussion in Österreich. In: Alternativenrundbrief, Nr. 4/1986, S. 45 f.

22 Organisationsstatut der Vereinten Grünen Österreichs (VGÖ). In: Ordner Satzungen, Sammlung Grün-Alternative am Institut für Zeitgeschichte der Universität Wien.

23 Im Bundesausschuß (BA) der Partei saßen neben dem Bundesvorsitzenden, dem Generalsekretär, dem Bundesfinanzreferenten und deren Stellvertretern auch die neun Landesvorsitzenden sowie weitere Ländervertreter.

24 Vereinte Grüne Österreichs, Grundsatzprogramm (Stand 29. 4. 1984). In: Blätter der Vereinten Grünen Österreichs, Folge 4/1984.

25 Ali Gronner, Die VGÖ. Das unbekannte Wesen. In: Alternativenrundbrief, Nr. 101, November 1984, S. 6 f.

26 Fritz Karmasin, Die Neuen Werte, S. 124.

27 Statuten der Grün-Alternativen Bürgerliste Salzburg. In: Alternativenrundbrief, Nr. 86, S. 25 f.

28 Protokoll der 2. Mitgliederversammlung am 2. 10. 1983. In: Die Gabl, Information der Grün-alternativen Bürgerliste Salzburg, Nr. 1.

29 Eva Köckeis u.a., Grünalternative Liste - Bewegung für ein anderes Tirol. Wie wir uns die bundesweite Bündelung grünalternativer Bestrebungen zu einer gemeinsamen politischen Kraft vorstellen und wünschen, beigeheftet in: Vorarlberger Alternativen Rundbrief, Nr. 23c/1985.

30 Eine genaue und äußerst aufschlußreiche Dokumentation und Chronologie dieser Entwicklungen findet sich im Alternativenrundbrief, Nr. 1/88, S. 3-19.

31 Zit. nach Profil, Nr. 26, 24. 6. 1985, S. 18.

32 Satzung der Grünalternativen. In: die grünalternativen, Nr. 1/85, S. 3.

33 Vgl. Verbindungsstelle der Bundesländer beim Amt der niederösterreichischen Landesregierung (Hg.), Die Wahlen in den Bundesländern seit 1945. Nationalrat und Landtage, Wien 1986.

34 Typoskript des Interviews mit Doris Pollet-Kammerlander, S. 13 f. [438] bzw. des Interviews mit Andreas Wabl, S. 32 f. [266].

35 Typoskript des Interviews mit Andreas Wabl, S. 33 [269].

36 Protokoll der Plattformsitzung vom 6. 8. 1986 bzw. Brief der Alternativen Liste Steiermark vom 5. 12. 1986. In: Ordner Grün-alternative Listenbündnisse, Sammlung Grün-Alternative am Institut für Zeitgeschichte der Universität Wien. Der Wortlaut des Übereinkommens ist dokumentiert in: Akin, Nr. 34/1985.

37 Karl Lind, Transkription eines Interviews mit Andreas Wabl, Wien, Juli 1988. In: Karton Interviews, Sammlung Grün-Alternative am Institut für Zeitgeschichte der Universität Wien.

38 Beschluß der Mitgliederversammlung vom 14. 11. 1987, bei Einladung zur Mitgliederversammlung vom 11. 12. 1987. In: Ordner Grün-alternative Listenbündnisse, Sammlung Grün-Alternative am Institut für Zeitgeschichte der Universität Wien.

39 Siehe dazu ALG-Info, Nr. 55, S. 2.

1 Typoskript des Interviews mit Andreas Wabl, S. 13 [445].
2 Kronen Zeitung vom 9. 8. 1984, S. 11. Die Gutachten zum Kraftwerksprojekt sind dokumentiert in Manfried Welan (Hg.), Der Streit um Hainburg in Verwaltungs- und Gerichtsakten. Gutachten. Bescheide. Erkenntnisse, Wien 1988.
3 Vorstandsprotokoll der Initiative Österreich 2025 vom 10. 1. 1986. In: Sammlung Nenning, Ordner KLVB. IÖ 2025, 84 ff., Sammlung Grün-Alternative am Institut für Zeitgeschichte der Universität Wien.
4 Brief Nennings 04/12/85 an Prof. Dr. A. Festetics. In: Sammlung Nenning, Ordner KLVB Korrespondenz, auch Buchh. & Konten, ebenda.
5 Brief Konrad Lorenz an KLVB/Nenning, ohne Datum (vor dem 9. Jänner 1984). In: Ebenda.
6 Eine inhaltliche Auseinandersetzung mit den Ansichten von Konrad Lorenz wurde beispielsweise in der Netzwerk-Zeitung geführt. Siehe dazu Robert Lukesch, 80 Jahre Konrad Lorenz. In: Netzwerk, Nr. 9+10/1983, S. 22-24 und den gegen Lukesch argumentierenden Wolfgang Brückner, Gerechtigkeit für Konrad? In: Netzwerk, Nr. 1/1984, S. 18 f.
7 Wochenpresse, Nr. 50, 11. 12. 1984, Titel und S. 16 ff.
8 Kurier, 18. 12. 1984.
9 Eine Partei ist eine Partei ist eine Partei, Rundfunk-Interview mit Günther Nenning. In: FORVM, Nr. 381/383, Dezember 1985/Jänner 1986, S. 15.
10 Siehe dazu näher bei: Gerhard Schattauer, Zur Rolle der Alternativen Liste Österreich (ALÖ) im grünalternativen Parteibildungsprozeß, S. 37ff.
11 Brief "Heiliger Vater", 2. 10. 1984. In: Sammlung Nenning, KL-VB 84, Ordner Korrespondenz, Sammlung Grün-Alternative am Institut für Zeitgeschichte der Universität Wien. Rom lehnte dies als Einmischung in innenpolitische Angelegenheiten ab.
12 Günther Nenning, Wer ist national? In: Profil, Nr. 7, 11. 2. 1985, S. 42.
13 Zitiert nach Gerhard Oberschlick, "Instinkt und Charakter". In: Wochenpresse, Nr. 3, 15. Jänner 1985, S. 17. Das Schreiben datiert vom 26. Juli 1984.
14 Typoskript des Interviews mit Andreas Wabl, S. 20 [628].
15 Ebenda, S. 21.
16 Ebenda.
17 Karin Eitel/Waltraud Fasching/Simone Mesner, Aufstieg und Ende der Bürgerinitiative Parlament, politikwissenschaftliche Seminararbeit, Wien 1986, S. 24.
18 Bürgerinitiative Parlament. Treffen des Plenums am 6. Jänner 1986 in Graz (Protokoll). In: Ordner BIP-Protokolle, Sammlung Grün-Alternative am Institut für Zeitgeschichte der Universität Wien.
19 Ebenda.
20 Ebenda.
21 Ebenda.
22 Typoskript des Interviews mit Pius Strobl, S. 6 [134].
23 Bürgerinitiative Parlament. Treffen des Plenums am 6. Jänner 1986 in Graz (Protokoll). In: Ordner BIP-Protokolle, Sammlung Grün-Alternative am Institut für Zeitgeschichte der Universität Wien.
24 Ebenda.
25 Siehe zu diesem Komplex: Erklärung der Mitglieder des Initiativausschusses der Bürgerinitiative Parlament, Graz, 21. Jänner 1986. In: Ordner BIP I bzw. Erich Kitzmüller, Eine BIP-Aktion noch vor Röthelstein, o.D. (Jänner 1986). In: Ebenda, Sammlung Grün-Alternative am Institut für Zeitgeschichte der Universität Wien.
26 Nach dem auf Wunsch der BIP erfolgten Rückzug als Geschäftsführer nahm diese Position eine Mittelsperson Nennings ein.
27 Statut der Bürgerinitiative Parlament (2. Fassung, Februar 1986). In: Ordner Satzungen, ebenda.
28 Kurier, 18. 4. 1986, S. 2.

29 "Eine hinige Partie", Interview mit Günther Nenning. In: Profil, Nr. 10, 3. März 1986, S. 12.
30 Alternativinfo, Nr. 22, Februar 1985, S. 4.
31 Andreas Wabl/Fritz Zaun, Anmerkungen zum grün-alternativen Koordinationstreffen am 21. September in Linz. In: Ordner GRAS Öst., Sammlung Grün-Alternative am Institut für Zeitgeschichte der Universität Wien.
32 Franz Schandl, Referat am 27. Oktober 1985, Gruwi-Fakultät in Wien, handschriftliches Manuskript, S. 20. In: Privatarchiv der Verfasser.
33 Eine genauere Darstellung der Abläufe gibt Gerhard Schattauer, Zur Rolle der Alternativen Liste Österreich (ALÖ) im grünalternativen Parteibildungsprozeß, S. 75 ff.
34 Helga Hauser, Nenning-Plausch über die "Bürgerinitiative Parlament", Innsbruck, 7. Nov. 1985. In: Alternativenrundbrief, Nr. 1/85, S. 18.
35 Auf zur Sammelpartei? In: ALG-Info, Nr. 31, Mai 1985, S. 11.
36 Siehe dazu ausführlicher: Gerhard Schattauer, Zur Rolle der Alternativen Liste Österreich (ALÖ) im grünalternativen Parteibildungsprozeß, S. 106-109.
37 Das waren vor allem Tiroler Alternative wie etwa Friedrich Margreiter oder Eva Köckeis, der Kärntner Seppl Brugger sowie Mitglieder der aus der Alternativen Liste und einer Abspaltung der Vereinten Grünen hervorgegangenen Sammelpartei "Die Grünalternativen Oberösterreichs" (GAL-OÖ).
38 Kurzprotokoll, Sitzung BIP-Non-BIP zur Vorbereitung des Wiener Kongresses, 29. 1. 86, Alserstraße 37. In: Ordner GRAS Wien, Sammlung Grün-Alternative am Institut für Zeitgeschichte der Universität Wien.
39 Beschlußprotokoll, Vorbereitungskomitee für den Wiener Kongreß, 12. 2. 86, 1080, Alserstr. 37. In: Ebenda.
40 Beschluß- und Ablaufprotokoll Nr. 3, Sitzung des IA am 24. 2. 1986 im Goethe-Hof bei Peter Pilz, Top 18. In: Ordner BIP-Protokolle, ebenda.
41 Statut der GRAS-WIEN, § 2.3.2. In: Ordner Satzungen, Sammlung Grün-Alternative am Institut für Zeitgeschichte der Universität Wien.
42 Ebenda, § 11.3.
43 Protokoll des Gründungskongresses der GRAS-WIEN 6. 4. 1986 im Albert-Schweitzer-Haus. In: GRAS-Info, Nr. 2/86.
44 Im Mandatszuteilungsverfahren zu den Nationalratswahlen faßten der Wahlkreisverband Ost und der Wahlkreisverband West mehrere Wahlkreise, die ident mit den österreichischen Bundesländern waren, zur Vergabe der Reststimmen-Mandate zusammen.
45 Alternativenrundbrief, Nr. 2/86, S. 14.
46 Protokoll der Mitgliederversammlung der AL Steiermark vom 6. 7. 1986. In: Ordner ALÖ Landesorganis. Dokumentation, Sammlung Grün-Alternative am Institut für Zeitgeschichte der Universität Wien.
47 Resolution Grünalternativ 1987 (Hainburger Manifest), März 1986. In: Alternativenrundbrief, Nr. 3/86, S. 12.
48 Beschluß- und Ablaufprotokoll Nr. 3, Sitzung des IA am 24. 2. 1986 im Goethe-Hof bei Peter Pilz, Top 18. In: Ordner BIP-Protokolle, Sammlung Grün-Alternative am Institut für Zeitgeschichte der Universität Wien.
49 Beschluß- und Ablaufprotokoll, 6. Sitzung des IA, bei Michael Schallaböck, Salzburg, Fr. 4. 4. & Sa 5. 4. 86. In: Ebenda.
50 Brief Nenning an Voggenhuber, 24/3/86. In: Sammlung Nenning, Ordner Selbstverwaltete Bürogem. Korrespondenz 1/86-10/86, ebenda.
51 Einigung zwischen Bürgerinitiative Parlament und VGÖ, Pkt. 4 bei: Beschluß- und Ablaufprotokoll, 8. IA-Sitzung, So. 27.4.86, Museumstraße. In: Ordner BIP Dokumentation I, ebenda.
52 Das Originaldokument des BIP-VGÖ-Paktes befindet sich in der Sammlung Nenning, ebenda.
53 Arbeitsblatt für IA, Sitzung 12. 2. In: Ordner BIP Dokumentation I, ebenda.

54 Brief Nenning an Ridi Unfried, 24/3/86. In: Sammlung Nenning, Ordner Selbstverwaltete Bürogem. Korrespondenz 1/86 - 10/86, ebenda.

55 Originalton Nenning in diverser Korrespondenz mit BIP- und VGÖ-Grünen, beispielsweise in einem Schreiben an Josef Buchner, 24/3/86. In: Sammlung Nenning, Ordner Selbstverwaltete Bürogem. Korrespondenz 1/86-10/86, ebenda.

56 Gerhard Nikodim, Versuch einer Analyse. In: Schnellinfo, Nr. 26, 22. 12. 1986, S. 5.

57 Typoskript des Interviews mit Günther Nenning, S. 20 [137].

58 Typoskript des Interviews mit Franz Floss, S. 9 [267].

59 Erich Kitzmüller, Ernte '86: Der Erfolg bei den Nationalratswahlen. In: ALG-Info, Nr. 52a, S. 8.

60 Karl Lind, Transkription eines Interviews mit Pius Strobl, März 1988. In: Privatarchiv der Verfasser.

61 Petra Kelly/Gert Bastian, Freda Meissner-Blau for President! Offener Brief an Freundinnen und Freunde, 12. 2. 1986. In: Ordner Meissner-Blau Wahlbewegung, Sammlung Grün-Alternative am Institut für Zeitgeschichte der Universität Wien.

62 Brief Pius Strobl an Lukas Beckmann, 2. 1. 1986. In: Ordner Deutsche Grüne bzw. Brief Freda Meissner-Blaus an Petra Kelly, Ende Jänner 1986. In: Ebenda.

63 Gerd Leitgeb, Wer soll Meissner-Blau jetzt noch wählen? In: Kurier, 9. 2. 1986, S. 3.

64 Die Linke, Nr. 7 vom 23. 4. 1986, S. 4.

65 Siehe dazu genauer bei: Gerhard Schattauer, Zur Rolle der Alternativen Liste Österreich (ALÖ) im grünalternativen Parteibildungsprozeß, S. 179 ff.

66 In einem Profil-Gespräch im Jänner 1986 hatte sie gemeint, 250.000 Stimmen wären ein "*bescheidenes Ergebnis*" (Profil, Nr. 4 vom 20. 1. 1986, S. 29).

67 Die Grüne Einigung. Konsensprotokoll, 1. Vorbereitungstreffen für den Hainburger Kongreß, 17. 5. 86, Linz; bzw. "Vorbereitungskomitee Hainburg" (Einigungskomitee) (Stand 15. 6. 86). In: Ordner HEK Protokolle, Sammlung Grün-Alternative am Institut für Zeitgeschichte der Universität Wien. Siehe dazu ferner auch die folgenden HEK-Protokolle, ebenda.

68 Die Grüne Einigung. Konsensprotokoll, 1. Vorbereitungstreffen für den Hainburger Kongreß, 17. 5. 86, Linz. In: Ordner BIP Dokumentation I, ebenda.

69 Protokoll des Hainburg-Vorbereitungskomitees vom 29. 5. 1986. In: Ordner HEK-Protokolle, ebenda.

70 Typoskript des Interviews mit Günther Nenning, S. 16 [727].

71 Günther Nenning, Einladung für den 2. Juni 1986. In: Sammlung Nenning, Ordner BIP 16. 5. - 21. 6. 86, Sammlung Grün-Alternative am Institut für Zeitgeschichte der Universität Wien.

72 Beilage einer Aussendung der "Gemeinsamen Erklärung" vom 11/5/86 an die BIP-Vorstandsmitglieder. In: Sammlung Nenning, Ordner BIP 10. 3. 86 - 16. 5. 86, ebenda.

73 Handschriftliche Mitschrift Wahlkreisverband (WKV) Ost, 1. Treffen, o. D. (Mai 1986), Heft 4, S. 15. In: Privatarchiv Gerhard Schattauer.

74 Vgl. Resolution der Alternativen Liste Österreich (ALÖ) zur grün-alternativen Einigung. In: Alternativenrundbrief, Nr. 5/86, S. 13 bzw. "*12 Kriterien einer grünalternativen Organisation*". In: Alternativenrundbrief, Nr. 2/86, S. 14.

75 Bericht von Leopold Kendöl von einem Gespräch mit Günther Nenning, nach: handschriftliche Mitschrift, WKV-Bericht, BIP-Delegiertentreff 27. Mai 86 Steinegg, Heft 4, S. 33. In: Privatarchiv Gerhard Schattauer.

76 Grundsatzvertrag 6/7/86, Pkt. 7.3. In: Ordner Grüne Einigung + Grundsatzvertrag I, Sammlung Grün-Alternative am Institut für Zeitgeschichte der Universität Wien.

77 Grundsatzvertrag & Zusätze, § 7, o. D. (Ende September 1986). In: Ordner Grüne Einigung + Grundsatzvertrag II, ebenda.

78 Grundsatzvertrag, § IIIb. §1. In: Ebenda.

79 Grundsatzvertrag & Zusätze, IIIb, § 2. In: Ebenda.

80 Beschlußprotokoll, So. 7. 9. 86, 15. IA plus Vorstand. In: Ordner BIP Protokolle, Sammlung Grün-Alternative am Institut für Zeitgeschichte der Universität Wien.

81 Erich Kitzmüller, im September 86, eine Anregung: GAP (vulgo "BIP"). Grüne Alternative im Parlament, bzw. das dazugehörige Begleitschreiben vom 22. 9. 1986. In: Ordner Grüne Einigung + Grundsatzvertrag II, ebenda.
82 Ebenda, B-3.
83 Ebenda, C-3.
84 Erich Kitzmüller, Begleitschreiben zu GAP, datiert vom 22. 9. 86. In: Ordner Grüne Einigung + Grundsatzvertrag II, ebenda.
85 Erich Kitzmüller, im September 86, eine Anregung: GAP (vulgo "BIP"). Grüne Alternative im Parlament. In: Ordner Grüne Einigung + Grundsatzvertrag II, ebenda.
86 Typoskript des Interviews mit Andreas Wabl, S. 25 [B 3].
87 Typoskript des Interviews mit Pius Strobl, S. 12 [309].
88 Ebenda.
89 Ebenda, S. 17 [419].
90 Ebenda.
91 Brief Nenning an Meissner-Blau, 6. 5. 1986. In: Sammlung Nenning, Ordner Selbstverw. Bürogem. Korrespondenz 1/86-10/86, Sammlung Grün-Alternative am Institut für Zeitgeschichte der Universität Wien.
92 "Waldheim ist das kleinere Übel", Interview mit Werner Vogt. In: Profil, Nr. 23, 2. Juni 1986, S. 23.
93 Typoskript des Interviews mit Doris Pollet-Kammerlander, S. 21 [592].
94 Grüne Einigung. Offene Fragen, bei: Ergänzung zum Isolapapier, am 30. 7. von W. Pelikan an BIP übergeben. In: Ordner BIP Dokumentation II, Sammlung Grün-Alternative am Institut für Zeitgeschichte der Universität Wien.
95 Beschlußprotokoll, So. 7. 9. 86, 15. IA plus Vorstand, Top. 6.6. In: Ordner BIP Protokolle, ebenda.
96 Beilage zum Prot. des IA plus Vorstand, 7. 9. 86, Sbg. verfaßt von Bernd Stein. In: Ordner Grüne Einigung + Grundsatzvertrag II, ebenda.
97 Ebenda.
98 Josef Votzi, Promis vor. In: Profil, Nr. 39, 22. 9. 1986, S. 20.
99 Chronologie der Ereignisse um die grün-alternative Einigung. In: Alternativenrundbrief, Nr. 8/86.
100 Josef Votzi, Promis vor. In: Profil, Nr. 39, 22. September 1986, S. 20.
101 Presseaussendung von Mitgliedern des grün-alternativen Einigungskomitees, Wien, den 19. 9. 1986. In: Alternativenrundbrief, Nr. 9/86, S. 8. Das Telex war gezeichnet von Doris Eisenriegler (ALÖ), Werner Haslauer (ALÖ), Hannes Hofbauer (GRAS-Wien), Leopold Kendöl (PNÖ, BIP-NÖ), Rene Kaudelka (BIP-NÖ) und Günter Ofner (VÖGA).
102 Pilz wollte tatsächlich Günther Nenning weitere Verhandlungen mit den Linken verbieten. Siehe dazu ausführlicher bei: Gerhard Schattauer, Zur Rolle der Alternativen Liste Österreich (ALÖ) im grünalternativen Parteibildungsprozeß, S. 235 ff.
103 So will es jedenfalls Franz Schandl beobachtet haben.
104 Resolution der am 20. September in Wien Westbahnhof versammelten Vertreter von ALÖ, BIP, VGÖ, sowie unabhängiger Gruppen und Gemeinderäte. In: Ordner Grüne Einigung + Grundsatzvertrag I, Sammlung Grün-Alternative am Institut für Zeitgeschichte der Universität Wien.
105 An einleitender Stelle des Dokumentes hieß es sogar: "*Wir stimmen in den folgenden Punkten überein, deren Vollzug (!!) wir dem Hainburger Einigungskomitee am 27. d.M. vorschlagen werden.*" (Ebenda).
106 Offiziell wurde die Koordinationsgruppe vom HEK am 7./8. Oktober 1986 bestätigt. Diese bestellte dann am 20. Oktober Bernd Stein (Kommune Friedrichshof) und Werner Moidl zu Finanzreferenten; als Koordinator der Wahlbewegung wurde Pius Strobl bestätigt.
107 Position der BIP zum HEK 27. 9. 86, teilweise handschriftlich von Günther Nenning. In: Ordner Grüne Einigung + Grundsatzvertrag I, Sammlung Grün-Alternative am Institut für Zeitgeschichte der Universität Wien.

108 Siehe dazu genauer bei Gerhard Schattauer, Die grüne Einigung, S. 251-253 bzw. Franz Schandl, Radikal und seriös, Teil 2. In: Alternativenrundbrief, Nr. 6/87, S. 9.

109 Protokoll des Vorstandes der GRAS-Wien vom 30. Sept. 1986, Schadinag. In: Ordner GRAS Wien, Sammlung Grün-Alternative am Institut für Zeitgeschichte der Universität Wien.

110 Niederschrift von der Video-Kassette, Wiener Landesversammlung, 4. 10. 86. In: Ebenda.

111 Bericht G.(ünther) N.(enning) über Wr. Landesversammlung, 4. 10. 86. In: Ordner GRAS Wien, ebenda.

112 Presseaussendung von Freda Meissner-Blau, 5/10/86. In: Ordner BIP Dokumentation II, ebenda.

113 Detailliert aufgearbeitet bei: Gerhard Schattauer, Zur Rolle der Alternativen Liste Österreich (ALÖ) im grünalternativen Parteibildungsprozeß, S. 248-255.

114 Erklärung der Initiativgruppe "Die Grüne-alternative Liste FMB-Wien", Wien 6. 10. 86. In: Akin, Nr. 30 vom 7. Okt. 1986.

115 Erich Kitzmüller, Ernte '86: Der Erfolg bei den Nationalratswahlen. In: ALG-Info, Nr. 52a, S. 4-8.

116 Ebenda, S. 5.

117 Ebenda, S. 7.

118 Typoskript des Interviews mit Andreas Wabl, S. 14 f. [486].

119 Erich Kitzmüller, Ernte '86: Der Erfolg bei den Nationalratswahlen. In: ALG-Info, Nr. 52a. S. 8.

120 Pius Strobl, Brief an Freda Meissner Blau, 5. 10. 1986. In: Alternativenrundbrief, Nr. 9/86, S. 15.

121 Meinungsbild 8. HEK, Linz, 7/10/86. In: Ordner HEK Protokolle, Sammlung Grün-Alternative am Institut für Zeitgeschichte der Universität Wien.

122 Daneben übten im HEK auch Personen in alternierender Vertretung der jeweiligen Landesorganisationen Stimmrecht aus, ohne aber formell aufgenommen worden zu sein.

123 Siehe dazu Einladung zum 9. Hainburger Einigungskomitee, Samstag, 18. Oktober 1986, Cafe Objektiv. In: Ordner HEK Protokolle, Sammlung Grün-Alternative am Institut für Zeitgeschichte der Universität Wien.

124 Günther Nenning, Zusätze zum Statut der GRAS-W. In: Ordner GRAS Wien, ebenda.

125 Franz Schandl, Radikal und Seriös, Teil 2. In: Alternativenrundbrief, Nr. 6/87, S. 10.

126 Peter Pilz bei einem informellen Gespräch am 6. 1. 1987 im Cafe Haag, zitiert nach Kurt Reissnegger, Anspruch und Wirklichkeit roter und grüner Verhältnisse. Eine dokumentarische Recherche an Hand dreier Fallstudien, Dissertation, Wien 1987, S. 480.

127 Typoskript des Interviews mit Andreas Wabl, S. 18 [566].

128 Günther Nenning, Handschrift, Pressekonferenz Di 8/10/86, Linz. In: Ordner BIP Dokumentation II, Sammlung Grün-Alternative am Institut für Zeitgeschichte der Universität Wien.

129 Günther Nenning, Handschrift, Anruf Johannes Voggenhuber, 16 Uhr, Di 8/10/86. In: Ordner Grüne Einigung + Grundsatzvertrag II, ebenda.

130 Typoskript des Interviews mit Franz Floss, S. 12 [369].

131 Grün-Spaltung kaum überbrückbar: Blau will eigene Wiener Liste. In: AZ, 10. Oktober 1986, S. 3.

132 Günther Nenning, Liebe Freundinnen & Freunde (handschriftliche Erklärung), 31/10/86. In: Ordner Grüne Einigung + Grundsatzvertrag II, Sammlung Grün-Alternative am Institut für Zeitgeschichte der Universität Wien.

133 Typoskript des Interviews mit Franz Floss, S. 6 [112].

134 Typoskript des Interviews mit Pius Strobl, S. 19 [465].

1 Siehe dazu beispielsweise das Typoskript des Interviews mit Christoph Chorherr, S. 26 ff. [B 0].
2 Protokoll Bundeskoordinationsgruppe 3. 11. 1986. In: Ordner Grüne Alternative, Protokolle, BA Bundesausschuß. BKG Bundeskoordinationsgruppe, Sammlung Grün-Alternative am Institut für Zeitgeschichte der Universität Wien.
3 Typoskript des Interviews mit Pius Strobl, S. 23 [524].
4 Delegiertenkongreß/Provisorischer Bundesausschuß am 25. 11. 1986, Wien I., Schreyvogelgasse 4 - Schubertstüberl. In: Ordner Grüne Alternative, Protokolle, BA Bundesausschuß. BKG Bundeskoordinationsgruppe, Sammlung Grün-Alternative am Institut für Zeitgeschichte der Universität Wien.
5 Ebenda.
6 Geschäftsordnungs-Entwurf. In: Alternativenrundbrief, Nr. 1/87, S. 36. Eine automatische Verlängerung der Periode war gleichfalls vorgesehen, es sei denn, ein Drittel der Bundeskongreßdelegierten stellte die Vertrauensfrage!
7 Gerald Lichtenegger, Das Böse ist immer und überall ... In: ALG-Info, Nr. 54a, S. 3.
8 Brief von Pius Strobl, An die Menschen des prov. Bundesvorstandes der "Grünen Alternative", Mattersburg, am 8. 12. 1986. In: Ordner Grüne Alternative, Protokolle, BV Bundesvorstand, Sammlung Grün-Alternative am Institut für Zeitgeschichte der Universität Wien.
9 Blitzlichter vom provisorischen Bundesvorstand der Grünen Alternative - Liste Freda Meissner-Blau vom 10. 1. 1987. In: Alternativenrundbrief, Nr. 1/87, S. 30 f.
10 Protokoll Bundesausschuß vom 11. 1. 1987. In: Ordner Grüne Alternative, Protokolle, BA Bundesausschuß. BKG Bundeskoordinationsgruppe, Sammlung Grün-Alternative am Institut für Zeitgeschichte der Universität Wien.
11 Protokoll prov. BA, Hotel Regina, 25. 11. 1986, "Zukunftssitzung". In: Grüner Rundbrief, Nr. 1 (Grünalternativen, Nr. 2/87), S. 2 f.
12 Ebenda, S. 3.
13 Erich Kitzmüller, Ernte '86: Der Erfolg bei den Nationalratswahlen. In: ALG-Info, Nr. 52a, S. 5.
14 Ebenda, S. 7.
15 Ebenda.
16 Ebenda.
17 Ebenda. Zur kontroversen Debatte in der Steiermark siehe auch den Artikel von Christian Stenner, Aus Wahlulisos Gedanken, Ein paar Worte zum Wahlergebnis. In: Ebenda, S. 9-11.
18 Erich Kitzmüller, Ernte '86: Der Erfolg bei den Nationalratswahlen. In: Ebenda, S. 7.
19 Und nicht gewählt, wie Andreas Wabl zu betonen wußte (vgl. ALG-Info, Nr. 54a).
20 Sitzungsprotokoll der prov. Bundesgeschäftsführung vom 26. 11. 1986. In: Ordner Grüne Alternative, Protokolle BV; bzw. Protokoll 2. Klubsitzung 1. 12. 1986. In: Ordner Grüner Klub, Protokolle, Sammlung Grün-Alternative am Institut für Zeitgeschichte der Universität Wien.
21 Protokoll 2. Klubsitzung 1. 12. 1886. In: Ordner Grüner Klub, Protokolle, ebenda.
22 Typoskript des Interviews mit Andreas Wabl, S. 48 [707].
23 Beschlüsse des Bundesausschuß vom 10. 1. 1987. In: Ordner Grüne Alternative, Protokolle, BA Bundesausschuß. BKG Bundeskoordinationsgruppe bzw. Protokoll Bundesvorstand vom 10. 1. 1987. In: Ordner Grüne Alternative, Protokolle, BV, Sammlung Grün-Alternative am Institut für Zeitgeschichte der Universität Wien.
24 Protokoll 2. Klubsitzung 1. 12. 1986. In: Ordner Grüner Klub, Protokolle, ebenda.
25 Delegiertenkongreß/Provisorischer Bundesausschuß am 25. 11. 1986, Wien I., Schreyvogelgasse 4 - Schubertstüberl. In: Ordner Grüne Alternative, Protokolle, BA Bundesausschuß. BKG Bundeskoordinationsgruppe, ebenda.
26 Vgl. dazu Grundsatzvertrag, IIIb., § 3. Abgeordnete und Satzungen der politischen Partei "Die Grüne Alternative". In: Grüner Rundbrief, Nr. 4 (Grünpress, Nr. 64), S. 9-15.
27 Protokoll Bundesvorstand 31. 1. 1987, S. 2. In: Ordner Grüne Alternative, Protokolle, BV, Sammlung Grün-Alternative am Institut für Zeitgeschichte der Universität Wien.

28 Protokoll Bundesvorstand 31. 2. 1987, S. 3. In: Ordner Grüne Alternative, Protokolle, BV, ebenda.
29 Alternative Regierungserklärung 1987. In: Grüner Rundbrief, Nr. 2 (Grünpress, Nr. 47), S. 9-16.
30 Zur Entwicklung der GRÜBI siehe eingehender: Doris Heidegger/Fridolin Meyer, Die Grüne Bildungswerkstatt. Ausdruck einer Normalisierungstendenz der "Grünen" oder Forum für ein neues Politikverständnis?, Diplomarbeit, Innsbruck 1992.
31 Typoskript des Interviews mit Pius Strobl, S. 28 [629].
32 Johannes Voggenhuber, Der Stein des Sisyphos ist zurückgerollt. In: Impuls Grün, Nr. 10, Dezember 1990, S. 16.
33 Protokoll prov. Bundesausschuß, Hotel Regina, 25. 11. 1986. In: Ordner Grüne Alternative, Protokolle, BA Bundesausschuß. BKG Bundeskoordinationsgruppe, Sammlung Grün-Alternative am Institut für Zeitgeschichte der Universität Wien.
34 Protokoll Bundesvorstand 31. 1. 1987, Top. Länderberichte. In: Ordner Grüne Alternative, BV, ebenda.
35 Grüner Rundbrief, Nr. 5/88 (Grünpress, Nr. 88), S. 10. Auf der Jahreshauptversammlung der Grünen Alternative vom 19. März 1988, die diese Resolution verabschiedete, waren gerade 17 stimmberechtigte Mitglieder anwesend (vgl. Schnellinfo, Blätter der Vereinten Grünen Österreichs, Nr. 8/1988, S. 2).
36 Bericht Bundesausschuß, 27./28. 8. 1988. In: Bezirksgruppen-Rundbrief, Nr. 29/88.
37 Protokoll Bundesausschuß 3./4. 6. 1989. In: Ordner Grüne Alternative, Protokolle, BA Bundesausschuß. BKG Bundeskoordinationsgruppe, Sammlung Grün-Alternative am Institut für Zeitgeschichte der Universität Wien.
38 Protokoll Bundesausschuß 7./8. 2. 1987, S. 3. In: Ebenda.
39 Siehe dazu das Typoskript des Interviews mit Holda Harrich, S. 10 [460].
40 Schreiben der Grünen Alternative Niederösterreich an die Unterstützer, Baden, 5. Januar 1987. In: Ordner Grüne Alternative Länder, NÖ, Sammlung Grün-Alternative am Institut für Zeitgeschichte der Universität Wien. Im Vorstand saßen Walter Painer, Helga Erlinger, Rainer Ernstberger, Fritz Zaun und Josef Kodym.
41 Ebenda.
42 Grünpress, Nr. 83.
43 Im August 1988 hatte die Partei, so die Angaben stimmen, 110 Mitglieder. In der GAL NÖ waren es 1986 mehr als doppelt so viele gewesen (Bericht Bundesausschuß 27./28. 8. 1988. In: Bezirksgruppen-Rundbrief, Nr. 29/88).
44 Eine Satzungskritik dazu findet sich im Informationsblatt der Alternativen Liste Niederösterreich, Nr. 1/87.
45 Typoskript des Interviews mit Schani Margulies, S. 12 [392].
46 Protokoll der 1. ordentlichen Wiener Landeskonferenz. In: Ordner Grüne Alternative, Protokolle, Länder, Wien, Sammlung Grün-Alternative am Institut für Zeitgeschichte der Universität Wien.
47 Ebenda. An der ersten Landesversammlung nahmen insgesamt 163 Mitglieder teil, an den Wahlen beteiligten sich jedoch nur 130 (ebenda).
48 Franz Schandl, Radikal und Seriös. Welche Partei brauchen wir? Teil 2. In: Alternativenrundbrief, Nr. 6/87, S. 17.
49 Ebenda, S. 13.
50 Protokoll des Erweiterten Bundesvorstandes vom 3./4. 4. 1993. In: Ordner Grüne Alternative, Protokolle, EBV, Sammlung Grün-Alternative am Institut für Zeitgeschichte der Universität Wien.
51 Vorschlag für Statuten (bzw. Geschäftsordnung) der GAL Steiermark, §. 10.4. In: ALG-Info, Nr. 53a.
52 Ebenda, § 8.4.
53 Ebenda, § 8.7.
54 AZ, 10. 2. 1987, S. 2.

55 Protokoll Grüner Rundbrief, Nr. 4 (Grünpress, Nr. 64), S. 16.
56 Protokoll Bundeskongreß 13./14. 2. 87 in Klagenfurt. In: Grüner Rundbrief, Nr. 4 (Grünpress, Nr. 64), S. 7 f.
57 Satzungen der politischen Partei "Die Grüne Alternative", § 8.1. In: Grüner Rundbrief, Nr. 4 (Grünpress, Nr. 64), S. 11.
58 Ebenda, § 8.8.
59 Ebenda, § 9., S. 12 f.
60 Ebenda, § 10.1., S. 13.
61 Ebenda, § 10. 7.
62 Ebenda, S. 17.
63 Siehe dazu: 1. Bundeskongreß der "Grünen Alternative" (Grüne) am 14./15. 2. in Klagenfurt/Celovec. Ein Bericht von Christian Stenner. In: Grüner Rundbrief, Nr. 3 (Grünpress, Nr. 57), S. 6-7.
64 Protokoll. In: Grüner Rundbrief, Nr. 4 (Grünpress, Nr. 64), S. 16. Die beiden konnten sich mit je 90 Stimmen gegen Eva Hauk (76) und Sepp Brugger (56) durchsetzen.
65 Typoskript des Interviews mit Pius Strobl, S. 27 [609].
66 Typoskript des Interviews mit Franz Floss, S. 22 [640].
67 Siehe dazu den Bericht vom Bundesausschuß der VGÖ am 9. 12. 1986. In: Schnellinfo, Blätter der Vereinten Grünen Österreichs, Nr. 1 vom 12. 1. 1987, S. 2.
68 Kleine Zeitung, 18. 1. 1987; Faksimile in: Schnellinfo, Blätter der Vereinten Grünen Österreichs, Nr. 2 vom 21. 1. 1987, S. 10.
69 So wurde der Grundsatzvertrag gebrochen. In: Schnellinfo, Blätter der Vereinten Grünen Österreichs, Nr. 5 vom 5. 3. 1987, S. 4.
70 So beispielsweise Pius Strobl in einer Replik auf die von Wolfgang Pelikan am ersten Bundeskongreß vorgetragenen Wünsche der VGÖ. Vgl. Protokoll Bundeskongreß 13./ 14. 2. 1987 in Klagenfurt. In: Grüner Rundbrief, Nr. 4 (Grünpress, Nr. 64), S. 7.
71 Typoskript des Interviews mit Pius Strobl, S. 23 [524].
72 Protokoll Bundesvorstand 12. 12. 1986. In: Ordner Grüne Alternative, Protokolle, BV, Sammlung Grün-Alternative am Institut für Zeitgeschichte der Universität Wien.
73 Der Bruch. In: Schnellinfo, Blätter der Vereinten Grünen Österreichs, Nr. 3 vom 3. 2. 1987, S. 3.
74 Vergleiche Gerhard Nikodim, Ein getreuer Paladin .... In: Schnellinfo, Blätter der Vereinten Grünen Österreichs, Nr. 7 vom 3. 4. 1987, S. 6.
75 Schnellinfo, Blätter der Vereinten Grünen Österreichs, Nr. 1 vom 12. 1. 1987, S. 2.
76 Anträge an den provisorischen Bundesausschuß der Grünen Alternative. In: Schnellinfo, Blätter der Vereinten Grünen Österreichs, Nr. 1 vom 12. 1. 1987, S. 5.
77 Ebenda, S. 6 f.
78 Interview mit Peter Pilz und Josef Buchner. In: Wochenpresse, Nr. 7 vom 13. 2. 1987, S. 19.
79 Schnellinfo, Blätter der Vereinten Grünen Österreichs, Nr. 5 vom 5. 3. 1987, S. 4.
80 Ebenda.
81 Siehe dazu den Grundsatzvertrag, IIIB, § 1.4.
82 Protokoll der Koordinationssitzung vom 29. 10. 1986. In: Ordner Grüne Alternative, Protokolle, BA Bundesausschuß. BKG Bundeskoordinationsgruppe, Sammlung Grün-Alternative am Institut für Zeitgeschichte der Universität Wien.
83 Erklärung der Vereinten Grünen Österreichs, Klagenfurt, am 14. 2. 1987. In: Schnellinfo, Blätter der Vereinten Grünen Österreichs, Nr. 4 vom 20. 2. 1987, S. 2.
84 Klagsschrift der Vereinten Grünen Österreichs, datiert 13. 2. 1987. In: Ordner Grüne Einigung II, Sammlung Grün-Alternative am Institut für Zeitgeschichte der Universität Wien.
85 Grüner Rundbrief, Nr. 2 (Grünpress, Nr. 47), S. 6.
86 Kurier, 3. 1. 1987.

87 "Nach Wirbel um 'Neujahrsaufruf' schwächt grüner Abgeordneter ab". In: Oberösterreichische Nachrichten, 3. 1. 1987.
88 Ebenda.
89 Die Presse, 3. 1. 1987.
90 Ebenda.
91 Bericht vom 2. Prov. Bundesausschuß in Salzburg am 11. 1. 1987. In: Grüner Rundbrief, Nr. 2 (Grünpress, Nr. 47), S. 2.
92 "Meissner-Blau distanziert sich von Demonstrations-Rowdies". In: Die Presse vom 2. 3. 1987.
93 Peter Pilz, Leserbrief zur "Gewaltdiskussion". Gewalt, Polizei und Ignoranz. In: Alternativenrundbrief, Nr. 4/87, S. 31.
94 Ebenda. Zander hieß der zuständige Einsatzleiter der Wiener Polizei.
95 Peter Pilz, Leserbrief zur "Gewaltdiskussion". Gewalt, Polizei und Ignoranz. In: Alternativenrundbrief, Nr. 4/87, S. 31.
96 Polityuppies des Postmaterialismus. Wiens Alternativszene, fünf Monate nach dem 4. Oktober. In: MOZ, Nr. 18, April 1987, S. 9.
97 So etwa der politische Sekretär der Grünen Alternative Wien, Herbert Brunner, in einem Leserbrief zur "Gewaltdiskussion". Vgl. Akin, Nr. 13/1987.
98 Stenographisches Protokoll des Nationalrats, XVII. Gesetzgebungsperiode, 6. Sitzung, 4. März 1987, S. 642-645.
99 Josef Cap, in: Ebenda, S. 614-618 bzw. Andreas Khol, in: Ebenda, S. 622-624.
100 AZ 28. 2. 1987, Kurier, 28. 2. 1987.
101 Stenographisches Protokoll des Nationalrats, XVII. Gesetzgebungsperiode, 17. Sitzung, 14. März 1987, S. 2009. Die Rede ist wiedergegeben im Alternativenrundbrief, Nr. 5/87, S. 12-19 und auch in der von der Grünen Bildungswerkstatt herausgegebenen Dokumentation: Die Republik im Fieber. Erste Diagnose - Ein Jahr Grün-Alternative im Parlament, Graz o.J. (1988), S. 169-179.
102 Stenographisches Protokoll des Nationalrats, XVII. Gesetzgebungsperiode, 17. Sitzung, 14. März 1987, S. 2009f.
103 Brief Freda Meissner-Blaus, Wien, 19. Mai 1987. In: Alternativenrundbrief, Nr. 5/87, S. 26.
104 Steyregg nützen heißt Umwelt schützen, Folge 69; Faksimile in: Alternativenrundbrief, Nr. 5/87, S. 27.
105 Presseaussendung: VGÖ fordern Konsequenzen: Wabl oder Buchner. In: Schnellinfo, Blätter der Vereinten Grünen Österreichs, Nr. 11 vom 26. 5. 1987, S. 10.
106 Typoskript des Interviews mit Andreas Wabl, S. 38 [441].
107 Ebenda.
108 Presseaussendung des Bundesvorstands der Grünen Alternative vom 15. 5. 1987. In: Grüner Rundbrief, Nr. 5/88 (Grünpress, Nr. 88), S. 12.
109 Alternativenrundbrief, Nr. 5/87, S. 25.
110 Resolutionen vom 13. Bundeskongreß der ALÖ vom 23./24. Mai 1987 in Wien. In: Alternativenrundbrief, Nr. 5/87, S. 38.
111 Grüne Bildungswerkstatt (Hg.), Die Republik im Fieber, S. 176.
112 Typoskript des Interviews mit Christoph Chorherr, S. 46 [600].
113 Typoskript des Interviews mit Pius Strobl, S. 39 [B 195].
114 Ebenda, S. 34.
115 Siehe dazu etwa Josef Votzi, Grüne neue Welt. Annäherung an "1 Jahr Grüne im Parlament" in 7 Sätzen. In: Grüne Bildungswerkstatt (Hg.), Die Republik im Fieber, S. 334 f.
116 Günther Nenning zu: 1 Jahr Grüne im Parlament. In: Wiener, November 1987, S. 38.
117 Typoskript des Interviews mit Christoph Chorherr, S. 43 [B 506].
118 Zitiert nach Josef Votzi, Grüne neue Welt. S. 334.

119 Presseaussendung vom 17. 1. 1987. In: Grüner Rundbrief, Nr. 2 (Grünpress, Nr. 47), S. 6.
120 Typoskript des Interviews mit Christoph Chorherr, S. 49 [B 647].
121 "Grüne Politiker im Gespräch: 'Ganz verstehe ich das alles nicht'". In: Falter, Nr. 47/1987, S. 4.
122 Bundeskoordinationsausschuß der ALÖ vom 24. 4. 1987 in Amstetten. In: Alternativenrundbrief, Nr. 4/87, S. 14.
123 Presseaussendung der VGÖ. In: Schnellinfo, Blätter der Vereinten Grünen Österreichs, Nr. 12 vom 7. 6. 1987, S. 7.
124 Schnellinfo, Blätter der Vereinten Grünen Österreichs, Nr. 8 vom 17. 4. 1987, S. 2. Auch eine dahin lautende Presseaussendung war verfaßt worden (ebenda, S. 6).
125 Schnellinfo, Blätter der Vereinten Grünen Österreichs, Nr. 9 vom 1. 5. 1987, S. 6.
126 Ebenda, S. 9. Siehe auch die Sachverhaltsdarstellung in: Schnellinfo, Blätter der Vereinten Grünen Österreichs, Nr. 11 vom 26. 5. 1987, S. 8.
127 Protokoll der Sitzung des Bundesausschusses 6. 1. 1988, S. 10. In: Ordner Grüne Alternative, Protokolle, BA Bundesausschuß. BKG Bundeskoordinationsgruppe, Sammlung Grün-Alternative am Institut für Zeitgeschichte der Universität Wien.
128 Presseaussendung. In: Schnellinfo, Blätter der Vereinten Grünen Österreichs, Nr. 16 vom 17. 8. 1987, S. 11.
129 Schnellinfo, Blätter der Vereinten Grünen Österreichs, Nr. 21 vom 29.10. 1987, S. 10 f.
130 Bei der Nationalratswahl 1986 waren es noch 6,09 Prozent gewesen.
131 Akin, Nr. 32 vom 18. 11. 1987.
132 Grüne Demokraten, Nr. 1/1988, S. 12.
133 Einladung zur Mitgliederversammlung, 11. 12. 1987. In: ALG-Info, Nr. 64a.
134 Pressemitteilung 14. 9. 1987. In: Akin, Nr. 23 vom 15. 9. 1987.
135 Akin, Nr. 25 vom 29. 9. 1987.
136 Selbstdarstellung in Grün-alternativ-Press, Nr. 5/87.
137 Josef Votzi, Grüne neue Welt. Annäherung an "1 Jahr Grüne im Parlament" in sieben Sätzen. In: Grüne Bildungswerkstatt (Hg.), Die Republik im Fieber, S. 333.
138 Kurier, 9. 11. 1987, S. 2.
139 Gerhard Jordan, Wiener Gemeinderatswahlen 8. November 1987. In: Grüne Bildungswerkstatt (Hg.), Die Republik im Fieber, S. 358.
140 Typoskript des Interviews mit Pius Strobl, S. 46 [B 416].
141 Herbert Brunner, Erster Versuch einer Einschätzung und Anreiz zur Diskussion. In: Grün-alternativ-Press, Nr. 45/1987.
142 Peter Pilz, Christoph Chorherr, Toni Kofler, Nach den Wahlen - wie weiter? In: Grün-alternativ-Press, Nr. 57/1987.
143 Friedrun Huemer im Interview. In: Falter, Nr. 47/1987, S. 3.
144 Siehe dazu Franz Schandl, Stagnation und Fall. Die Grüne Alternative und die Wahlniederlagen. In: Netzwerk, Nr. 1/88, S. 3-6.
145 ALG-Info, Nr. 62, S. 11.
146 Das dritte Mandat wurde freilich nur knapp, um 150 Stimmen, verfehlt.
147 ALG-Info, Nr. 66 I, S. 2.
148 ALG-Info, Nr. 68, S. 2.
149 Erklärung GAL Steiermark. In: ALG-Info, Nr. 65g.
150 Die Presse, 4. 1. 1988.
151 Basis, Nr. 17/1988.
152 Protokoll Bundesausschuß 27./28. 8. 1988, S. 6. In: Ordner Grüne Alternative, Protokolle, BA Bundesausschuß. BKG Bundeskoordinationsgruppe, Sammlung Grün-Alternative am Institut für Zeitgeschichte der Universität Wien.
153 Siehe dazu das Typoskript des Interviews mit Pius Strobl, S. 25 f. [582].

154 Ebenda, S. 50 [B 510].
155 Parteienfinanzierung. In: Grüner Rundbrief, Nr. 3 (Grünpress, Nr. 57), S. 8 f.
156 Thomas Steininger, Grüner Wasserkopf. In: Die Linke, Nr. 6, 2. 4. 1987, S. 4.
157 Doris Pollet-Kammerlander, Bericht der Bundesausschuß-Sprecherin, Protokoll Bundesausschuß 17. 10. 1987, Beilage 2. In: Ordner Grüne Alternative, Protokolle, BA Bundesausschuß. BKG Bundeskoordinationsgruppe, Sammlung Grün-Alternative am Institut für Zeitgeschichte der Universität Wien.
158 Protokoll Bundesvorstand 5. 1. 1988. In: Ordner Grüne Alternative, Protokolle, BV, ebenda.

1 Peter Pilz/Christoph Chorherr/Toni Kofler, Nach den Wahlen - wie weiter? In: Grün-alternativ-Press, Nr. 57/1987.
2 Ebenda. Ganz ähnlich auch die Argumentation der drei in: Grüner Rundbrief, Nr. 1/88 (Grün-alternativ-Press, Nr. 10/1988), S. 10.
3 Ebenda.
4 Mit der Propagierung und konkreteren Ausgestaltung des Modells wurden Toni Kofler, Werner Vogt und Ulrich Gabriel beauftragt (Schreiben vom 17. Dezember 1987. In: Ordner Grüne Alternative, Dokumentation, Sammlung Grün-Alternative am Institut für Zeitgeschichte der Universität Wien).
5 Neues Grün, Vorschlag für die offene neue Struktur. In: Grüner Rundbrief, Nr. 1/88, S. 8.
6 Christoph Chorherr/Toni Kofler, Von alternativer Lebensgestaltung keine Spur. In: MOZ, Nr. 26, Jänner 1988, S. 19.
7 Erläuterung zum Modell "Neues Grün", Beilage zu: Toni Kofler/Werner Vogt/Ulrich Gabriel, Schreiben vom 17. Dezember 1987. In: Ordner Grüne Alternative, Dokumentation, Sammlung Grün-Alternative am Institut für Zeitgeschichte der Universität Wien.
8 Neues Grün, Vorschlag für die offene neue Struktur. In: Grüner Rundbrief, Nr. 1/88, S. 8.
9 Antrag der Landesorganisationen Burgenland und Steiermark auf Änderung der Satzung der GRÜNEN ALTERNATIVE. In: Ordner Grüne Alternative, Protokolle, Buko, Sammlung Grün-Alternative am Institut für Zeitgeschichte der Universität Wien. Siehe diesbezüglich auch das Beschlußprotokoll (ebenda).
10 Protokoll Bundesausschuß 18./19. 3. 1989. In: Ordner Grüne Alternative, Protokolle, BA und BKG, ebenda. Im Dezember 1990 wurde sie ordentliches Vorstandsmitglied.
11 Statutenänderungen. In: Grüner Rundbrief, Nr. 9/88, S. 4.
12 Ebenda.
13 Profil, Nr. 3 vom 18. 1. 1988, S. 14.
14 AZ, 8. 4. 1988, S. 4. Siehe auch Schreiben von Mitgliedern des Bundesvorstandes vom 11. 4. 1988. In: Grüner Rundbrief, Nr. 6/1988 (Grün-alternativ-Press, Nr. 57/1988), S. 2.
15 Aus der Gerüchteküche. Sachverhaltsdarstellung von Werner Haslauer. In: Akin, Nr. 12 vom 12. 5. 1988.
16 Doris Pollet-Kammerlander, Rechenschaftsbericht des Bundesausschuß, 17. 9. 1992. In: Ordner Grüne Alternative, Protokolle, BA und BKG, Sammlung Grün-Alternative am Institut für Zeitgeschichte der Universität Wien.
17 Die Wahlergebnisse lauteten im 1. Wahlgang: 115 Stimmen für Voggenhuber, 39 für Haslauer, 16 für Strobl und 5 für Zaun; im 2. Wahlgang 73 für Strobl, 59 für Haslauer und 40 für Zaun (Protokoll des 2. Bundeskongresses der Grünen Alternative (GRÜNE) am 14. und 15. Mai 1988 in Röthelstein/Stmk, S. 8. In: Ordner Grüne Alternative, Protokolle, Buko, Sammlung Grün-Alternative am Institut für Zeitgeschichte der Universität Wien).
18 Grüner Rundbrief, Nr. 9/88, S. 3.
19 Der Standard, 11. 11. 1988.
20 Ebenda.
21 Typoskript des Interviews mit Andreas Wabl, S. 39 [B 463].
22 Ebenda, S. 56 f.
23 Typoskript des Interviews mit Christoph Chorherr, S. 41 [B 469].
24 Typoskript des Interviews mit Andreas Wabl, S. 58 [C 332].
25 AZ, 15. 11. 1988.
26 Kurier, 16. 11. 1988.
27 Protokoll Bundesausschuß 27. 11. 1988, Beilage 8. In: Ordner Grüne Alternative, Protokolle, BA und BKG, Sammlung Grün-Alternative am Institut für Zeitgeschichte der Universität Wien.
28 Ridi Unfried nahm dies in der Folge ihrerseits zum Anlaß, aus dem Bundesvorstand zurückzutreten. (Vgl. ebenda)
29 Interview mit Josef Buchner. In: Der Standard, 17. 11. 1988.

30 Die Presse, 28. 11. 1988.
31 Die andere, Nr. 6/93.
32 Presseaussendung vom 21.12. 1988. In: Ordner Presseberichte, Sammlung Grün-Alternative am Institut für Zeitgeschichte der Universität Wien.
33 Kurier, 15. 11. 1988, S. 2.
34 Typoskript des Interviews mit Andreas Wabl, S. 59 [C 349].
35 So etwa bei der Bezüge-Debatte auf der Klubsitzung vom 15. 9. 1992, Protokoll, ebenda.
36 Typoskript des Interviews mit Pius Strobl, S. 30 [669].
37 Postwurfsendung "Pröll-Aktuell", Mai 1993. In: Ordner Presse.
38 Der Standard, 9./10. 12. 1989.
39 Peter Pilz/Christoph Chorherr/Toni Kofler, Nach den Wahlen - wie weiter? In: Grün-alternativ-Press, Nr. 57/1987.
40 Ulrich Gabriel, Schreiben vom 10. 11. 87, Beilage zum Protokoll der Bundesvorstandssitzung vom 5. 12. 1987, S. 4. In: Ordner Grüne Alternative, Protokolle, BV, Sammlung Grün-Alternative am Institut für Zeitgeschichte der Universität Wien.
41 Erläuterung zum Modell "Neues Grün", Beilage zu: Toni Kofler/Werner Vogt/Ulrich Gabriel, Schreiben vom 17. Dezember 1987. In: Ordner Grüne Alternative, Dokumentation, ebenda.
42 Protokoll Bundesausschuß 27. 11. 1988. In: Ordner Grüne Alternative Österreich, Protokolle, BA und BKG, ebenda.
43 Grüner Rundbrief, Nr. 6/1988 (Grün-alternativ-Press, Nr. 57/1988).
44 Doris Pollet-Kammerlander, Rechenschaftsbericht des Bundesausschuß, 17. 9. 1992. In: Ordner Grüne Alternative, Protokolle, BA und BKG, Sammlung Grün-Alternative am Institut für Zeitgeschichte der Universität Wien.
45 Pius Strobl, Für eine neue Sachlichkeit. In: Impuls Grün, Nr. 10, Dezember 1991, S. 18.
46 Impuls Grün, Nr. 2/89, S. 2-7.
47 Protokoll Bundesvorstand 22. 8. 1991. In: Ordner Grüne Alternative, Protokolle, BV, Sammlung Grün-Alternative am Institut für Zeitgeschichte der Universität Wien..
48 Peter Pilz/Christoph Chorherr/Toni Kofler, Nach den Wahlen - wie weiter? In: Grün-alternativ-Press, Nr. 57/1987.
49 "Der Inquisitor aus Kaisermühlen". In: Profil, Nr. 3 vom 16. 1. 1989.
50 Ebenda, S. 10.
51 Ebenda.
52 Ebenda.
53 Franz Schandl, Aufdeckhengste und Kopfgeldjäger. In: MOZ, Nr. 41, Mai 1989, S. 9.
54 "Der Inquisitor aus Kaisermühlen". In: Profil, Nr. 3 vom 16. 1. 1989, S. 10.
55 Franz Schandl, Medien und Grüne: The Act of Domestication. In: MOZ, Nr. 52, Mai 1990, S. 10.
56 Andreas Wabl. In: MOZ, Nr. 41, Mai 1989, S. 17.
57 Franz Schandl, Medien und Grüne: The Act of Domestication. In: MOZ, Nr. 52, Mai 1990, S. 11.
58 Typoskript des Interviews mit Christoph Chorherr, S. 26 [695].
59 Ebenda, S. 24 [663].
60 Werner Pleschberger/Kurt Reissnegger, Die Krise der Grünen. Wer sind die Grünen als Partei? In: Zukunft, Nr. 4, April 1988, S. 14.
61 Protokoll des Bundesvorstands vom 7. - 9. 11. 1993. In: Ordner Grüne Alternative, Protokolle, BV, Sammlung Grün-Alternative am Institut für Zeitgeschichte der Universität Wien.
62 Typoskript des Interviews mit Christoph Chorherr, S. 51 [682].
63 Ebenda, S. 55 [C 103].
64 Ebenda, S. 57 [C 156].

65 Ebenda, S. 57 [C 187].
66 Bericht Bundesausschuß 27./28. 8. 1988. In: Bezirksgruppen-Rundbrief, Nr. 29/88.
67 Impuls Grün, Nr. 4/89, S. 12 bzw. Protokoll Bundesausschuß 3./4. 6. 1989. In: Ordner Grüne Alternative, Protokolle, BA und BKG, Sammlung Grün-Alternative am Institut für Zeitgeschichte der Universität Wien.
68 Saublume, Nr. 7/91, S. 7.
69 Saublume, Nr. 3, März 1990.
70 Ergebnisse der VGÖ in Kleinschrift.
**) Kandidatur der Wahlplattform "Grün-Alternative Bürgerliste" (GABL).
***) Gemeinsame Kandidatur der Wahlplattform "Alternative Liste/Vereinte Grüne Österreichs".
71 Protokoll Bundesvorstand 10. 2. 1989. In: Ordner Grüne Alternative, Protokolle, BV, Sammlung Grün-Alternative am Institut für Zeitgeschichte der Universität Wien.
72 Bericht vom Bundesausschuß vom 3/4. Juni 89. In: Ordner Grüne Alternative, Protokolle, BA und BKG, ebenda.
73 Typoskript des Interviews mit Pius Strobl, S. 39-41 [B 219].
74 Ebenda, S. 39 f.
75 Antrag Strobl, Protokoll des 3. Bundeskongresses der Grünen Alternative (GRÜNE) 8. bis 10. 12. 1989, Gmunden, S. 1. In: Ordner Grüne Alternative, Protokolle, BUKO, Sammlung Grün-Alternative am Institut für Zeitgeschichte der Universität Wien.
76 Zusatzantrag der Ethnischen Minderheiten, S. 3. In: Ebenda.
77 Pius Strobl/Ekkehard Muther, Zusatzantrag für einen Kandidatenfindungsmodus, Pkt. 3. In: Ebenda; Beilage 1 bzw. Antrag Unfried, Top 1, Pkt. 3, S. 2. In: Ebenda.
78 Ebenda, Pkt. 6 und Pkt. 8, Variante 7.1., Beilage 1.
79 Der Standard, 11. 12. 1989.
80 Zit. nach Der Standard, 11. 12. 1989.
81 Antrag Schani Margulies, Protokoll 3. Bundeskongreß der Grünen Alternative (GRÜNE), 8. bis 10. 12. 1989, Gmunden, S. 3. In: Ordner Grüne Alternative, Protokolle, Buko, Sammlung Grün-Alternative am Institut für Zeitgeschichte der Universität Wien.
82 Siehe dazu die Stellungnahmen Marian Sturms vom SPÖ-nahen slowenischen "Zentralverband", Protokoll Bundesvorstand 5. 1. 1988. In: Ordner Grüne Alternative, Protokolle, BV, ebenda.
83 Brief Doris Pollet-Kammerlanders an Andreas Wabl vom 22. 3. 1990. In: Ordner Grüne Alternative, Protokolle, BA und BKG, ebenda.
84 Protokoll Minderheitenkongreß 8. 4. 1990. In: Ordner Grüne Alternative, Protokolle, Buko, ebenda.
85 Beschluß-Protokoll 4. Bundeskongreß der Grünen Alternative, 20. bis 22. April 1990 in Goldegg/Sbg., Top 4, S. 4 f. In: Ebenda.
86 Der Standard, 14. 8. 1989.
87 Grünalternative Kandidaten für die Nationalratswahl 1990. In: Akin, Nr. 9 vom 6. 3. 1990.
88 Zahlenangaben nach: Nachbesprechung 8. Landesversammlung, Protokoll Landesvorstand 5. 3. 1990. In: Bezirksgruppen-Rundbrief, Nr. 10/90.
89 Franz Schandl, Die Geschlagenen. Eine selektive Nachlese zur Nationalratswahl. In: MOZ, Nr. 57, November 1990, S. 19.
90 Typoskript des Interviews mit Holda Harrich, S. 10 [460].
91 Franz Floss, Bericht an den Bundeskongreß am 29/30/31 Mai 1992. In: Ordner Grüne Alternative, Protokolle, Buko, Sammlung Grün-Alternative am Institut für Zeitgeschichte der Universität Wien.
92 Bezirksgruppen-Rundbrief, Nr. 12 vom 28. 6. 1991.
93 Pius Strobl, Warme Parlamentsstuben. In: Impuls Grün, Nr. 10, Dezember 1992, S. 24.

94 Protokoll der 28. Klubsitzung vom 25. Juni 1991, Top 4. In: Ordner Grüner Klub, Protokolle, Sammlung Grün-Alternative am Institut für Zeitgeschichte der Universität Wien.
95 Ebenda.
96 Typoskript des Interviews mit Pius Strobl, S. 48 [B 462].
97 Protokoll der 28. Klubsitzung vom 25. Juni 1991, Top 4. In: Ordner Grüner Klub, Protokolle, Sammlung Grün-Alternative am Institut für Zeitgeschichte der Universität Wien.
98 Typoskript des Interviews mit Franz Floss, S. 45 [B 628].
99 Schwachstellenanalyse. Punktation von Stefan Schennach und Pius Strobl im Auftrag des Bundesvorstandes, Beilage zum Protokoll des Erweiterten Bundesvorstandes vom 6. Juni 1993. In: Ordner Grüne Alternative, Protokolle, EBV, Sammlung Grün-Alternative am Institut für Zeitgeschichte der Universität Wien.
100 Landesversammlung 4. 3.1989, Bericht in: MOZ, Nr. 4/89, S. 67.
101 Akin, Nr. 33 vom 27. 11. 1990.
102 Profil, Nr. 44 vom 28. Oktober 1991, S. 24.
103 Bericht von Herbert Brunner, Wiener Grüne wählten ihre Kandidaten/innen für den Gemeinderat. In: Akin, Nr. 26 vom 1. 10. 1991.
104 Doris Pollet-Kammerlander, Rechenschaftsbericht des Bundesausschuß, 17. 9. 1992. In: Ordner Grüne Alternative, Protokolle, BA und BKG, Sammlung Grün-Alternative am Institut für Zeitgeschichte der Universität Wien.
105 Ebenda.
106 Typoskript des Interviews mit Christoph Chorherr, S. 50 [B 669].
107 Typoskript des Interviews mit Andreas Wabl, S. 66 [C 058].
108 Typoskript des Interviews mit Christoph Chorherr, S. 63 [C 369].
109 Pius Strobl, Für eine neue Sachlichkeit. In: Impuls Grün, Nr. 10, Dezember 1991, S. 18.
110 Ebenda, S. 19.
111 Ebenda.
112 Ebenda.
113 AZ, 6. 8. 1991.
114 Ebenda.
115 Ebenda.
116 AZ, 7. 8. 1991.
117 AZ, 8. 8. 1991.
118 Interview mit Christoph Chorherr, Typoskript, S. 22 [614].
119 Peter Pilz, Bitte eine PARTEIREFORM. In: Bezirksgruppen-Rundbrief, Nr. 6, Februar 1992, S. 15.
120 Ebenda, S. 14.
121 Ebenda.
122 Typoskript des Interviews mit Christoph Chorherr, S. 5 [135].
123 Peter Pilz, Bitte eine PARTEIREFORM, S. 17.
124 Joachim Raschke, Die Grünen, S. 865.
125 Ebenda, S. 867.
126 Franz Floss über seinen Parteikollegen, Typoskript des Interviews mit Franz Floss, S. 67 [C 577].
127 Franz Renkin & Pius Strobl, Statutenanträge an den 7. Bundeskongreß der Grünen Alternative, 29. bis 31. Mai 1992, Gmunden, OÖ. In: Ordner Gründe Alternative, Protokolle, Buko, Sammlung Grün-Alternative am Institut für Zeitgeschichte der Universität Wien.
128 Ebenda, S. 3.
129 Ebenda, S. 4.
130 Ebenda, S. 10.
131 Ebenda, S. 5.

132 Vgl. die Tabelle in: ebenda, S. 10 f.
133 Ebenda.
134 Ebenda, S. 13 f.
135 Ebenda, S. 6.
136 Satzungen der politischen Partei Die Grüne Alternative (Grüne), Stand 21. 9. 1992. In: Ordner Satzungen, ebenda.
137 Typoskript des Interviews mit Pius Strobl, S. 38 [B 151].
138 Siehe dazu Protokoll 7. Bundeskongreß der Grünen Alternative. Strategien und Strukturen, 29. - 31. Mai 1992, Gmunden. In: Ordner Grüne Alternative, Protokolle, Buko, Sammlung Grün-Alternative am Institut für Zeitgeschichte der Universität Wien.
139 Protokoll Bundesausschuß 1.-3. 11. 1991. In: Ordner Grüne Alternative, Protokolle, BA und BKG, ebenda.
140 Protokoll 7. Bundeskongreß der Grünen Alternative. Strategien und Strukturen, 29. - 31. Mai 1992, Gmunden, Top 9, Hauptantrag § 10.7. In: Ordner Grüne Alternative, Protokolle, Buko, ebenda.
141 Protokoll des 8. Bundeskongresses der Grünen Alternative, 9. - 11. Oktober 1992 Bad Gleichenberg. In: Ebenda.
142 Protokoll Erweiterter Bundesvorstand 3./4. 4. 1993. In: Ordner Grüne Alternative, Protokolle, EBV, ebenda.
143 Ebenda, S. 15.
144 Ebenda.
145 Peter Pilz, Bitte eine PARTEIREFORM. In: Bezirksgruppen-Rundbrief, S. 15.
146 Protokoll des 8. Bundeskongresses der Grünen Alternative. In: Ordner Grüne Alternative, Protokolle, Buko, Sammlung Grün-Alternative am Institut für Zeitgeschichte der Universität Wien.
147 Typoskript des Interviews mit Pius Strobl, S. 37 [B 142].
148 Typoskript des Interviews mit Christoph Chorherr, S. 9 und 10 [300].
149 Peter Altendorfer, Die Stagnation des grünen Projekts, Beilage zum Protokoll des EBV, 6. 6. 1993. In: Ordner Grüne Alternative, Protokolle, EBV, Sammlung Grün-Alternative am Institut für Zeitgeschichte der Universität Wien.
150 Typoskript des Interviews mit Franz Floss, S. 7 [195]. Siehe auch S. 12 f. [369].
151 Zu einem gezielten Entrismus der SOAL in die Grünpartei kam es nicht, dazu fehlte ihr bereits die Substanz (ebenda, S. 13 f.).
152 Franz Floss, Kandidatur für den Bundesvorstand, Tagungsmappe 3. (Programm)Bundeskongreß der Grünen Alternative (Grüne), 8.-10. Dezember 1989 in Gmunden. In: Sammlung Grün-Alternative am Institut für Zeitgeschichte der Universität Wien.
153 Ebenda.
154 Franz Floss, Einladung zur Bundestagung 6.-8.12.1991. In: Ebenda.
155 Franz Floss im Interview mit Moderne Zeiten, Nr. 4, Oktober/November 1991, S. 23.
156 Etwa zum Golfkrieg, siehe Impuls Grün, Nr. 1/91, S. 2.
157 Franz Floss, Die Grüne Alternative nach der Burgenland-Wahl. In: BGF-Rundbrief, 28. 6. 1991, Ausgabe 12/91, S. 3 und 4.
158 Ebenda, S. 2.
159 Peter Pilz, Bitte eine PARTEIREFORM, S. 11-17.
160 Der Standard, 24. 1. 1992.
161 Peter Pilz, Bitte eine PARTEIREFORM, S. 11.
162 Ebenda, S. 13.
163 Außer Strobl und Voggenhuber selbst votierten für den Salzburger vermutlich die Abgeordneten Pilz, Stoisits, Heindl und Langthaler; für Petrovic entschieden sich neben dieser auch Wabl, Grandits, Srb und Anschober.

164 Protokoll Klubsitzung 2. 4. 1991. In: Ordner Grüner Klub, Protokolle, Sammlung Grün-Alternative am Institut für Zeitgeschichte der Universität Wien.
165 Siehe dazu etwa das Typoskript des Interviews mit Andreas Wabl, S. 68 [D 146].
166 Typoskript des Interviews mit Pius Strobl, S. 31 [684]. Siehe auch das Typoskript des Interviews mit Franz Floss, S. 52 [C 105].
167 Primadonna unter Parias. In: Profil, Nr. 4 vom 20. Jänner 1992, S. 10.
168 "Ich habe manche überfordert", Johannes Voggenhuber im Interview. In: Falter, Nr. 4 vom 24. 1. 1992, S. 10.
169 Ebenda.
170 Protokoll der 4. Klubsitzung vom 5. Februar 1991. In: Ordner Grüner Klub, Protokolle, Sammlung Grün-Alternative am Institut für Zeitgeschichte der Universität Wien.
171 Ebenda.
172 Protokoll ao. Bundesausschuß 19. 1. 1992. In: Ordner Grüne Alternative, Protokolle, BA und BKG, ebenda.
173 BGF-Rundbrief, Ausgabe 1/92 vom 17. 1. 1992.
174 Schreiben der Vorstandssprecher Thomas Prader und Karin Zukal. In: BGF Rundbrief vom 17. 1. 1992, Ausgabe 1/92.
175 BGF-Rundbrief, Nr. 2 vom 24. 1. 1992, zitiert Standard vom 24. 1. 1992.
176 Ein herausragendes Ergebnis wurde mit 6,3 Prozent nur im Bundesland Salzburg erzielt - prozentuell mehr als doppelt so gut wie das zweitbeste Prozentergebnis im Bundesland Wien. Dies ein Hinweis, daß auch der schlechten Umsetzung der Kampagne in den meisten Landesorganisationen ein relevanter Anteil am mageren Abschneiden zukam.
177 Franz Floss, Bericht an den Bundeskongreß am 29/30/31 Mai 1992. In: Ordner Grüne Alternative, Protokolle, Buko, Sammlung Grün-Alternative am Institut für Zeitgeschichte der Universität Wien.
178 Ebenda.
179 Eine Auflistung des Ergebnisses findet sich in Impuls Grün, Nr. 4/1992, S. 27.
180 Protokoll Bundesausschuß 1. 5. 1992. In: Ordner Grüne Alternative, Protokolle, BA und BKG, Sammlung Grün-Alternative am Institut für Zeitgeschichte der Universität Wien.
181 Typoskript des Interviews mit Christoph Chorherr, S. 67 f. [510].
182 Typoskript des Interviews mit Franz Floss, S. 53 [C 134].
183 Ebenda, S. 61 [C 429].
184 Jürgen Brües, Der gute Mensch von Döbling. In: Impuls, Nr. 6/7, September 1993, S. 9-10.
185 Vgl. etwa: Thomas Hohenberger, Nicht handgestrickt. In: Impuls, Nr. 9, November 1993, S. 18.
186 Alexandra Grassl, Frau mit Leidenschaft. In: Impuls, Nr. 8, November 1994, S. 8.
187 Vgl. ausführlich dazu: Franz Schandl, Politik. Zur Kritik eines bürgerlichen Formprinzips. In: Weg und Ziel, Nr. 2, Mai 1995, S. 17-24.
188 Madeleine Petrovic, Das Grüne Projekt. Zwischen Ernüchterung und Hoffnung, Wien 1994.
189 Ebenda, S. 38.
190 Ebenda, S. 98.
191 Ebenda, S. 236.
192 Dora Körner (Pseudonym), "Schafft sieben, acht, 17 Madeleines". In: Volksstimme, Nr. 49, 7. Dezember 1994, S. 7.
193 Franz Bittner, Wenig Erfreuliches. Trotz Wahlerfolg. In: Impuls, Nr. 8, November 1994, S. 13.
194 Typoskript des Interviews mit Christoph Chorherr, S. 4 f. [89].

1 Georg Wilhelm Friedrich Hegel, Vorlesungen über die Geschichte der Philosophie I, S. 51.
2 Wenn man das so liest, könnte man es vorschnell das männliche Prinzip wider die Natur nennen. Die Wortwahl ist verführerisch, aber nicht zufällig. Der Mensch muß zweifellos die Erde begatten, will er seine und ihre Substanz entfalten. Der Begriff der Mutter Erde hat so durchwegs einen Sinn.
3 Theodor W. Adorno, Negative Dialektik , S. 184.
4 Karl Marx, Grundrisse der Kritik der politischen Ökonomie (1857/58). In: MEW, Bd. 42, S. 95.
5 Günther Anders, Die Antiquiertheit des Menschen, Band I, S. 309.
6 Georg Wilhelm Friedrich Hegel, Wissenschaft der Logik II, S. 452.
7 Ebenda, S. 453.
8 Georg Wilhelm Friedrich Hegel, Phänomenologie des Geistes, S. 506-507.
9 Max Horkheimer/Theodor W. Adorno, Dialektik der Aufklärung, S. 15.
10 Vgl. Karl Marx, Das Kapital, Erster Band, S. 393.
11 Karl Marx/Friedrich Engels, Die deutsche Ideologie (1845/46). In: MEW, Bd. 3, S. 21. Vgl. auch Karl Marx, Das Kapital, Erster Band, S. 198.
12 Friedrich Engels an Pjotr Lawrowitsch Lawrow (1875). In: MEW, Bd. 34, S. 170.
13 Georg Wilhelm Friedrich Hegel, Phänomenologie des Geistes, S. 94.
14 Herbert Marcuse, Der eindimensionale Mensch, S. 249.
15 Günther Anders, Die Antiquiertheit des Proletariats. In: FORVM, Nummer 462-464,   Jg. 39, Juli 1992, S. 9.
16 Georg Wilhelm Friedrich Hegel, Vorlesungen über die Philosophie der Geschichte, S. 106.
17 Friedrich Engels, Herrn Eugen Dührings Umwälzung der Wissenschaft (1876/1878). In: MEW, Bd. 20, S. 75.
18 Günther Anders, Die Antiquiertheit des Proletariats, S. 9.
19 Georg Wilhelm Friedrich Hegel, Wissenschaft der Logik I, S. 132-133.
20 Georg Wilhelm Friedrich Hegel, Grundlinien der Philosophie des Rechts, S. 46-47.
21 Georg Wilhelm Friedrich Hegel, Wissenschaft der Logik I, S. 133.
22 Ebenda, S. 133-134.
23 Gen 1, 26-29.
24 Gen 9,1-3.
25 Gen 9,12.
26 Serge Moscovici, Versuch über die menschliche Geschichte der Natur, Frankfurt am Main 1984, S. 38.
27 Karl Marx, Einleitung zur Kritik der Politischen Ökonomie (1857/58). In: MEW, Bd. 13, S. 619.
28 Gregory Bateson, Ökologie des Geistes. Anthropologische, psychologische, biologische und epistemologische Perspektiven, Frankfurt am Main 1985, S. 634.
29 Leo Kofler, Zur Kritik der "Alternativen", Hamburg 1983, S. 48.
30 Norbert Trenkle, Die vergebliche Suche nach dem unverdinglichten Rest. In: Krisis,   Nr. 10, Jänner 1991, S. 123.
31 Ernst Lohoff, Brüderchen und Schwesterchen. In: Krisis, Nr. 11, August 1991, S. 126.
32 Ernst Lohoff, Das Ende des Proletariats als Anfang der Revolution. Über den logischen Zusammenhang von Krisen- und Revolutionstheorie. In: Krisis, Nr. 10, Jänner 1991, S. 111.
33 Siehe dazu Robert Kurz, Die verlorene Ehre der Arbeit.
34 Robert Kurz, Aschermittwoch des Marxismus., S. 103
35 Christopher D. Stone, Umwelt vor Gericht. Die Eigenrechte der Natur, München 1987, S. 38-39.
36 Ebenda, S. 48.

37 Karl Bosselmann, Einführung: Vom Umweltrecht zum ökologischen Recht; in: Christopher D. Stone, Umwelt vor Gericht, S. 14.
38 Niklas Luhmann, Ökologische Kommunikation, S. 132.
39 Ebenda, S. 132-133.
40 Zitiert nach Engelbert Schramm (Hg.), Ökologie-Lesebuch, Ausgewählte Texte zur Entwicklung ökologischen Denkens. Vom Beginn der Neuzeit bis zum "Club of Rome" (1971), Frankfurt am Main 1984, S. 154.
41 Eine leicht faßliche Überblicksliteratur zur Ökologiegeschichte bieten: Engelbert Schramm (Hg.), Ökologie-Lesebuch; Ludwig Trepl, Ökologie — eine grüne Leitwissenschaft? Über Grenzen und Perspektiven einer modischen Disziplin. In: Kursbuch, Nr. 74, Dezember 1983, S. 6-26.
42 Siehe dazu Steve Weisman, Die Bevölkerungsbombe ist ein Rockefeller-Baby. In: Kursbuch, Nr. 33, Oktober 1977, S. 81-94.
43 Massachusetts Institute of Technology; die Forschungsarbeiten wurden von der Stiftung Volkswagenwerk gefördert. Der "Club of Rome" war ein informeller Zusammenschluß honoriger internationaler Wissenschaftler, seine ersten Publikationen wurden von der Agnelli-Stiftung (Fiat) finanziert. Eine kritische Bestandsaufnahme des "Club of Rome" findet sich bei Jutta Ditfurth, Feuer in die Herzen. Plädoyer für eine ökologische linke Opposition, Hamburg 1992, S. 78-89.
44 Dennis Meadows u.a., Die Grenzen des Wachstums, Reinbek 1974.
In späteren Publikationen zum Thema revidierten die Autoren die Schlußfolgerungen ihrer ersten Studie in einem erheblichen Ausmaß.
45 Erhard Eppler, Ende oder Wende. Von der Machbarkeit des Notwendigen, Stuttgart 1975; Herbert Gruhl, Ein Planet wird geplündert. Die Schreckensbilanz unserer Politik, Frankfurt am Main 1978; Wolfgang Harich, Kommunismus ohne Wachstum? Babeuf und der 'Club of Rome', Sechs Interviews mit Freimut Duve und Briefe an ihn, Reinbek 1978.
46 Hans G. Mittermüller, Ideologie und Theorie der Ökologiebewegung. Zur Konzeption einer "ökologischen Philosophie", Frankfurt am Main-Bern-New York-Paris 1987, S. 122.
47 Friedrich Engels, Dialektik der Natur (1873/1883). In: MEW, Bd. 20, S. 322.
48 Ludwig Trepl, Vom Nutzen der Ökologie für eine emanzipatorische Bewegung. In: Kommune, 3. Jg., Nr. 4, April 1985, S. 56.
49 Peter Cornelius Mayer-Tasch, Aus dem Wörterbuch der Politischen Ökologie, München 1985, S. 9.
50 Ebenda, S. 12.
51 Ebenda, S. 13.
52 Ebenda, S. 14.
53 Ebenda, S. 28.
54 Herbert Marcuse, Der eindimensionale Mensch, S. 248.
55 Ebenda, S. 248-249.
56 Ebenda, S. 247.
57 Wolfgang Mehte, Ökologie und Marxismus. Ein Neuansatz zur Rekonstruktion der politischen Ökonomie unter ökologischen Krisenbedingungen, Hannover, 2. Aufl. 1983, S. 61.
58 Vgl. Karl Marx, Das Kapital, Erster Band, S. 530, 630; Karl Marx, Kritik des Gothaer Programms (1875). In: MEW, Bd. 19, S. 15.
59 Herbert Marcuse, Der eindimensionale Mensch, S. 241.
60 Rudolf Bahro, Die Alternative. Zur Kritik des real existierenden Sozialismus, Reinbek 1980, S. 212.
61 Robert Kurz, Der Kollaps der Modernisierung, S. 100.
62 Peter Pilz, Land über Bord, Wien 1989, S. 21.
63 Peter Weish, Grüne Ideale und die Wirklichkeit in der Kommunikation. In: Ali Gronner/Erich Kitzmüller (Hg.), Grüne Ausblicke, S. 199.
64 Joachim Raschke, Die Grünen, S. 75.

65 Peter Pilz, Grün ist anders, S. 111.
66 Peter Pilz, Land über Bord, S. 149.
67 Ebenda, S. 151.
68 Brice Lalonde laut Frank Nullmeier/Harald Schultz, Politische Strategien der Ökologiebewegung in Frankreich. In: Frank Nullmeier/Rubart Frauke/Harald Schultz, Umweltbewegungen und Parteiensystem, S. 27.
69 Umweltmanifest. Unter Mitwirkung des "Forums Österreichischer Wissenschaftler für Umweltschutz", zusammengestellt von Hans Peter Aubauer, Wien, o.J.
70 Ebenda, S. 7.
71 Ebenda.
72 Ebenda, S. 6.
73 Ebenda, S. 7.
74 Ebenda, 21.
75 Ebenda.
76 Ebenda, S. 7.
77 Ebenda.
78 Ebenda, S. 18.
79 Ebenda, S. 15-16.
80 Ebenda, S. 23.
81 Ebenda, S. 11.
82 Modeideologe oder Modedenker meint, daß einer, der einmal überproportional aufgefallen ist, in einigen Jahren nicht einmal mehr der Rede wert sein wird.
83 Joseph Huber, Die Regenbogengesellschaft. Ökologie und Sozialpolitik, Frankfurt am Main 1988, S. 76.
Die Aussage hat übrigens ähnliche Qualität wie jene, daß wir alle in einem Boot sitzen; das Hemd einem näher ist als der Rock; man den Ast nicht absägen darf, auf dem man sitzt etc. Sie sind allesamt nicht falsch, sie sagen nur, weil sachlich isoliert, inhaltlich wenig bis nichts aus.
84 Joachim Raschke, Die Grünen, S. 68-69.
85 Niklas Luhmann, Ökologische Kommunikation, S. 66-67.
86 Georg Wilhelm Friedrich Hegel, Vorlesungen über die Philosophie der Geschichte (1822/23), S. 74.
87 Murray Bookchin, Die Ökologie der Freiheit. Wir brauchen keine Hierarchien, Weinheim und Basel 1985, S. 51.
88 Peter Sloterdijk, Kritik der zynischen Vernunft, Bd. 1, Frankfurt am Main 1983, S. 130.
89 Günther Anders, Die Antiquiertheit des Menschen, Band I, S. 351.
90 Max Horkheimer/Theodor W. Adorno, Dialektik der Aufklärung, S. 227.
91 Egon Becker, Natur als Politik? In: Thomas Kluge (Hg.), Grüne Politik, S. 116.
92 Niklas Luhmann, Ökologische Kommunikation, S. 38-39.
93 Theodor W. Adorno, Negative Dialektik, S. 242.
94 Karl Marx, Das Kapital, Dritter Band, S. 784.
95 Umweltbericht Abfall, Wien 1989, S. 29, 31, 185.
96 Volker Grassmuck/Christian Unverzagt, Das Müll-System. Eine metarealistische Bestandsaufnahme, Frankfurt am Main 1991, S. 254.
97 Ebenda, S. 67.
98 Georg Wilhelm Friedrich Hegel, Phänomenologie des Geistes, S. 13.
99 Günther Anders, Gewalt - ja oder nein. Eine notwendige Diskussion, München 1987, S. 136-138.
100 Marilies Flemming; in: Stenographisches Protokoll des Nationalrats, XVII. Gesetzgebungsperiode, 50. Sitzung, 24. Februar 1988, S. 5700.

101 Peter Pilz, in: Stenographisches Protokoll des Nationalrats, XVII. Gesetzgebungsperiode, 68. Sitzung, 23. Juni 1988, S. 7842.

102 Stenographisches Protokoll des Nationalrats, XVII. Gesetzgebungsperiode, 145. Sitzung, 6. Juni 1990, S. 16733.

103 Ebenda, S. 16734.

104 Ebenda, S. 16735.

105 Hanswerner Mackwitz, Alptraum Abfall oder Das Spiel mit dem Feuer. Hearing zur Sonderabfallverbrennung am 24. Jänner 1990 (unveröffentlichtes Manuskript). In: Ordner Grüner Klub. Anfragen, Anträge etc., Sammlung Grün-Alternative am Institut für Zeitgeschichte der Universität Wien.

106 Ebenda, S. 6.

107 Ebenda, S. 7.

108 Ebenda, S. 11.

109 Niklas Luhmann, Ökologische Kommunikation, S. 225.

110 Günther Anders, Die Antiquiertheit des Menschen, Band II, S. 50.

111 Ebenda, S. 46.

112 Karl Marx, Das Kapital, Zweiter Band, S. 185.

113 Vgl. dazu unsere Einschätzungen basierend auf der Abfallerhebung 1984: Franz Schandl/Gerhard Schattauer, Der Müll, das Land, die Partei. In: Alternativenrundbrief, Nr. 1/88, S. 28.

114 Darüber beklagen sich auch selbstredend die Autoren des Umweltberichts 1989. Vgl.: Umweltbericht Abfall, Wien 1989, S. III-IV, 37.

115 Abfallerhebung 1984 in den Betrieben, Wien 1986, S. 260.

116 Stenographisches Protokoll des Nationalrats, XVII. Gesetzgebungsperiode, 68. Sitzung, 23. Juni 1988, S. 7850.

117 Stenographisches Protokoll des Nationalrats, XVII. Gesetzgebungsperiode, 50. Sitzung, 24. Februar 1988, S. 5700.

118 Hier melden inzwischen aber auch die Grünen Kritik an; vgl. Monika Langthaler; in: Stenographisches Protokoll des Nationalrats, XVIII. Gesetzgebungsperiode, 136. Sitzung, 10. November 1993, S. 15663: *"Es ist nicht einzusehen, warum die Konsumenten nicht nur mehr zahlen, sondern auch trennen in viele, viele Fraktionen...."*

119 Anton Sapper/Georg Schadt, Möglichkeiten und Grenzen der Ökologisierung von Abwasser- und Abfallgebühren, Wien 1993 (=Informationen zur Umweltpolitik; 96), S. 89.

120 Vgl. Volker Grassmuck/Christian Unverzagt, Das Müll-System, S. 97.

1 Der Einwand, daß im ehemaligen real-existierenden Sozialismus die ökologischen Schäden noch größer waren als in den kapitalistischen Zentren, stimmt schon. Nur er belegt nicht das, was er demonstrieren will. Diese Staaten konnten sich aufgrund der niedrigeren Produktivkraftentwicklung und des Eingebundenseins in den kapitalistischen Weltmarkt nie dem Wertgesetz entziehen. Der noch schonungslosere Umgang ist also der spezifische Ausdruck der Folgen der internationalen Kapitallogik, nicht der eines sozialistischen Gesellschaftsmodells.

2 Karl Marx, Das Kapital., Dritter Band, S. 99.

3 Ebenda, S. 97.

4 Karl Marx, Das Kapital, Erster Band, S. 529.

5 Ebenda, S. 529-530.

6 Christian Leipert, Die heimlichen Kosten des Fortschritts. Wie Umweltzerstörung das Wirtschaftswachstum fördert, Frankfurt am Main 1989, S. 87.

7 Christian Leipert, Sozialkosten in der Industriegesellschaft. In: Michael Opielka (Hg.), Die ökosoziale Frage. Alternativen zum Sozialstaat, Frankfurt am Main 1985, S. 109-110.

8 Vgl. Christian Leipert, Die heimlichen Kosten des Fortschritts, S. 92.

9 Ja zu Europa, Nein zur EG. In: Impuls, Nr. 6/7b, September 1993, S. 38.

10 Ebenda, S. 37.

11 Michael Cerveny, Alle Mühe umsonst? Strategien gegen "Schlechter". In: Gföhler Kreis (Hg.), Mehr sein, mehr wagen, S. 31.

12 Ebenda, S. 30.

13 Ebenda.

14 William Shakespeare, Macbeth, Stuttgart 1983, S. 10.

15 Niklas Luhmann, Ökologische Kommunikation, S. 101. Vgl. auch S. 178.

16 Ebenda, S. 104.

17 Christian Leipert, Die heimlichen Kosten des Fortschritts, S. 61.

18 Ebenda, S. 164.

19 Ebenda, S. 154.

20 Joseph Huber, Die Regenbogengesellschaft, S. 179, 186.

21 Helmut Kukacka, Interview mit der oberösterreichischen Zeitschrift Saurüssel (Sommer 1987). Zit. nach: Die Grünen DemokratInnen, Heft 1, Jänner/Februar 1988, S. 15.

22 Erich Kitzmüller, Wirtschaft selber machen. In: Gföhler Kreis (Hg.), Mehr sein, mehr wagen, S. 21.

23 Ebenda.

24 Typoskript des Interviews mit Christoph Chorherr, S. 27.

25 Zit. nach: Alexandra Grassl, Versuch einer Annäherung. In: Impuls, Nr. 8, Oktober 1993, S. 8.

26 Ja zu Europa, Nein zur EG, S. 38.

27 Die GRÜNEN, Auf dem Weg zu einer ökologisch-solidarischen Weltwirtschaft. Konzept für eine grüne Außenwirtschaftspolitik, Bornheim-Roisdorf 1992, S. 7.

28 Madeleine Petrovic, Zur Änderung zwingen (Interview). In: Impuls, Nr. 1, Februar 1994, S. 5.

29 Zit. nach: Alexandra Grassl, Versuch einer Annäherung, S. 9.

30 Vgl. Michael Cerveny, Alle Mühen umsonst?, S. 36-39; bzw. Info der Alternativen Liste Wien, Nr. 2, Jänner 1982.

31 Michael Cerveny, Alle Mühen umsonst?, S. 36.

32 Ebenda, S. 38.

33 Stenographisches Protokoll des Nationalrats, XVIII. Gesetzgebungsperiode, 13. Sitzung, 30. Jänner 1991, S. 807.

34 Ebenda, S. 808.

35 Stenographisches Protokoll des Nationalrats; XVII. Gesetzgebungsperiode, 3. Sitzung, 29. Jänner 1987, S. 99.

36 Arbeit durch Umwelt. Das Grüne Investitionsprogramm. In: Impuls, Nr. 10 b, Dezember 1993, S. 34. Auch das Volk ist - so scheint's - laut Meinungsumfrage schon dafür: *"89 Prozent der Befragten sprachen sich für mehr Investitionen in den Umweltschutz aus.(...)"*(ebenda).
37 Peter Pilz, Die Chancen der Krise. In: Arbeit durch Umwelt, S. 3.
38 Ebenda, S. 4.
39 Ebenda.
40 Ebenda, S. 3. Das Lob, das etwa der Generalsekretär der Industriellenvereinigung, Franz Ceska, dem grünen Programm "Arbeit durch Umwelt" ausspricht, könnte man freilich auch gänzlich anders interpretieren, nämlich als einen Seitenwechsel der grünen Führungsgarnitur. (Vgl. Franz Ceska, Eine wertvolle Bereicherung. In: Impuls, Nr. 8, S. 8.)
41 Ebenda, S. 4. "Nein sagen" tut auf jeden Fall die Basis. Vgl. die doch vehemente Kritik von Thomas Schmidinger, Wenn Grüne investieren. Ein Blick in das grüne Wirtschaftsprogramm. In: Saublume, Nr. 4, 30. März 1994, S. 13.
42 Peter Pilz, Land über Bord, S. 155.
43 Ebenda.
44 Der Spiegel, Nr. 16/89, S. 90-106.
45 Christian Leipert, Die heimlichen Kosten des Fortschritts, S. 31-32.
46 Ulrich Beck, Risikogesellschaft, S. 75.
47 Die GRÜNEN, Umbau der Industriegesellschaft. Schritte zur Überwindung von Erwerbslosigkeit, Armut und Umweltzerstörung. Als Programm verabschiedet von der Bundesdelegiertenkonferenz der Grünen in Nürnberg (26.-28. September 1986), S. 103.
48 Ebenda, S. 112-117.
49 Vgl. Walter Geyer, in: Stenographisches Protokoll des Nationalrats, XVII. Gesetzgebungsperiode, 54. Sitzung, 22. März 1989, S. 6240.
50 Stenographisches Protokoll des Nationalrats, XVII. Gesetzgebungsperiode, 54. Sitzung, 22. März 1989, S. 6245.
51 Ebenda.
52 Obwohl auch dieser Grundsatz mit der rapiden Entwicklung hin zu pragmatischen Positionen brüchig wird. *"Die Frage lautet nicht, Wachstum ja oder nein, sondern Wachstum mit Atomkraft oder Kollektoren"*, verlautbarte erst kürzlich der für seine Tabubrüche bekannte Christoph Chorherr. (Hier zit. nach: Alexandra Grassl, Versuch einer Annäherung, S. 9.)
53 Stenographisches Protokoll des Nationalrats, XVII. Gesetzgebungsperiode, 54. Sitzung, 22. März 1988, S. 6238.
54 Karl Marx, Lohnarbeit und Kapital (1849). In: MEW, Bd. 6, S. 403.
55 Vgl. Georg Wilhelm Friedrich Hegel, Wissenschaft der Logik I., S. 387 ff.
56 Peter Pilz, Land über Bord, S. 148.
57 Ebenda, S. 162.
58 Ebenda, S. 159.
59 Ebenda, S. 160.
60 Stenographisches Protokoll des Nationalrats, XVII. Gesetzgebungsperiode, 26. Sitzung, 2. Juli 1987, S. 3053.
61 Stenographisches Protokoll des Nationalrats, XVII. Gesetzgebungsperiode, 66. Sitzung, 9. Juni 1988, S. 7462.
62 Ebenda.
63 Monika Gimpel-Hinteregger, Braucht Österreich ein Umwelthaftgesetz? In: Marlies Meyer (Hg.), Haftung und Pflichtversicherung für Umweltschäden. Referate und Diskussionen von einer Enquete der Grünen, Linz 1991, S. 20.
64 Vgl. ebenda, S. 22.
65 Vgl. Joschka Fischer, Der Umbau der Industriegesellschaft, S. 93.
66 Josef Buchner; in: Stenographische Protokolle des Nationalrats, XVII. Gesetzgebungsperiode, 6. Sitzung, 4. März 1987, S. 573.

67 Kurier, 17. März 1985; hier zit. nach VGÖ-Schnellinfo Nr. 1/85.
68 Stenographisches Protokoll des Nationalrats, XVII. Gesetzgebungsperiode, 106. Sitzung, 7. Juni 1989, S. 12308.
69 Stenographisches Protokoll des Nationalrats, XVIII. Gesetzgebungsperiode, 7. Sitzung, 18. Dezember 1990, S. 334.
70 Christian Leipert, Die heimlichen Kosten des Fortschritts, S. 100.
71 Ebenda, S. 74.
72 Ebenda.
73 Ebenda, S. 140.
74 Ebenda, S. 91.
75 Anton Sapper/Georg Schadt, Möglichkeiten und Grenzen der Ökologisierung von Abwasser- und Abfallgebühren, S. 88.
76 Vgl. Karl Marx, Das Kapital, Dritter Band, S. 636, 660-661, 753-754.
77 Eine Typologisierung der Arbeit kann hier freilich nicht geleistet werden. Eine Differenzierung müßte unterscheiden in folgende Arbeiten: konkrete-abstrakte, positive-negative, selbstbestimmte-entfremdete, besondere-allgemeine, geistige-körperliche, notwendige-Mehrarbeit, private-gesellschaftliche, produktive-unproduktive, lebendige-vergegenständlichte, bezahlte-unbezahlte. Wobei selbstverständlich zu beachten ist, daß unsere Gegenüberstellungen keine antagonistischen Ausschließlichkeiten darstellen.
78 Vgl. dazu die Kritik von Christof Parnreiter, Ökosteuern: Ausweg aus der Umweltkrise? In: MOZ, Nr. 58, Dezember 1990, S. 10-14.
79 Umweltmanifest, S. 11.
80 Michael Cerveny, Alle Mühen umsonst?, S. 35.
81 Thomas Ebermann/Rainer Trampert, Die Zukunft der Grünen, S. 210-211.
82 Georg Wilhelm Friedrich Hegel, Wissenschaft der Logik I, S. 66.
83 Jonathan Swift, Gullivers Reisen (1726), Berlin(Ost) 1985, S. 141.
84 Otto Ullrich, Weltniveau, S. 82.
85 Niklas Luhmann, Ökologische Kommunikation, S. 180-181.
86 Antrag der Abgeordneten Wabl und Freunde, betreffend ein Bundesgesetz über die Haftung für Schäden aus Bestand und Betrieb umweltgefährdender Anlagen (Umweltschädenhaftpflichtgesetz -Umwelt-HG), No. 376, XVII. Gesetzgebungsperiode, 4. April 1990, Begründung, S. 32. In: Ordner Grüner Klub. Anfragen, Anträge, etc., Sammlung Grün-Alternative am Institut für Zeitgeschichte der Universität Wien.
87 Thomas Höhne; in: Marlies Meyer (Hg.), Haftung und Pflichtversicherung für Umweltschäden, S. 75.
88 Vgl. Ja zu Europa, Nein zur EG, S. 37; bzw. Die GRÜNEN, Umbau der Industriegesellschaft, S. 10. Das Umbauprogramm der bundesrepublikanischen Grünen begründet das Verursacherprinzip nicht einmal mehr weiter. Es ist vorausgesetzte Selbstverständlichkeit.
89 Auf die Tücken und Grenzen dieser Versicherungssysteme kann hier nicht mehr eingegangen werden. Vgl. dazu die Referate und die Diskussion zur Pflichtversicherung in Marlies Meyer (Hg.), Haftung und Pflichtversicherung für Umweltschäden, S. 77-131.
90 Ulrich Beck, Risikogesellschaft, S. 83-84.
91 Niklas Luhmann, Ökologische Kommunikation, S. 115.
92 Ebenda, S. 29.
93 Ebenda, S. 103.
94 Christian Leipert, Die heimlichen Kosten des Fortschritts, S. 239.
95 Max Weber, Wirtschaft und Gesellschaft, S. 817.
96 Vgl. Franz Schandl, Vierzehn Hypothesen zum Finale des Rechts. In: Juridikum, Nr. 4/94, S. 25-27.,
97 Marlies Meyer, Umwelt, vertrag Dich! Das Umweltverträglichkeitsprüfungsgesetz. In: Juridikum, Nr. 2/93, S. 15.

98 Niklas Luhmann, Ökologische Kommunikation, S. 136.
99 Ulrich Beck, Risikogesellschaft, S. 85.
100 Ebenda.
101 Monika Gimpel-Hinteregger, Braucht Österreich ein Umwelthaftungsgesetz?, S. 30.

1 Vgl. Joachim Raschke, Die Grünen, S. 543.
2 Vgl. ebenda, S. 544.
3 Vgl. etwa Karl Marx, Der Bürgerkrieg in Frankreich (1871). In: MEW, Bd. 17, S. 339-343; Wladimir I. Lenin, Unsere Aufgaben und der Sowjet der Arbeiterdeputierten (Brief an die Redaktion) (1905). In: Ders., Werke, Bd. 10, S. 3-12; Leo Trotzki, Der Arbeiterdeputiertenrat und die Revolution. In: Die Neue Zeit, 25. Jg., 2. Bd. (1906-1907), Nr. 29, S. 76-86.
4 Vgl. etwa Max Weber, Wirtschaft und Gesellschaft, S. 169 f.; Hans Kelsen, Das Problem des Parlamentarismus, Wien und Leipzig 1925, S. 13-19.
5 Joseph Huber, Basisdemokratie und Parlamentarismus. In: Wolfgang Kraushaar (Hg.), Was sollen die Grünen im Parlament?, S. 69.
6 Joseph A. Schumpeter, Kapitalismus, Sozialismus und Demokratie (1942), Tübingen, 6. Aufl 1987, S. 416-417.
7 Joachim Raschke, Die Grünen, S. 577.
8 Ebenda, S. 576.
9 Die Grundsätze der Alternativen Listen (Programm der ALÖ 1983). In: Alternativenrundbrief, Nr. 6/86, S. 4.
10 Das Bundesprogramm der BRD-GRÜNEN, o.O., o.J. (1980), S. 5.
11 Vgl. dazu etwa Joseph Huber, Basisdemokratie und Parlamentarismus. In: Wolfgang Kraushaar (Hg.), Was sollen die Grünen im Parlament?, S. 69-73; Angelo Bolaffi/Otto Kallscheuer, Die Grünen: Farbenlehre eines politischen Paradoxes. Zwischen neuen Bewegungen und Veränderungen der Politik. In: PROKLA 51, Juni 1983, S. 63; Peter-Cornelius Mayer-Tasch, Ökologie und Basisdemokratie. In: Natur 7/83, S. 84-87; Roland Schaeffer, Basisdemokratie oder: Wenn der Löwenzahn nicht wachsen will, müssen wir eben Kopfsalat essen. In: Kursbuch 74, Dezember 1983, S. 79 ff.
12 Bodo Zeuner, Aktuelle Anmerkungen zum Postulat der "Basisdemokratie" bei den Grünen/Alternativen. In: PROKLA 51, Juni 1983, S. 107.
13 Hubert Lommer/Michael Barg, Nichts als Ärger mit der Rotation. In: Moderne Zeiten. Sozialistisches Monatsmagazin, Nr. 8/83, S. 28.
14 Gudrun Heinrich; in: Joachim Raschke, Die Grünen, S. 492.
15 Vgl. weiters und ausführlicher: Gerhard Schattauer, Die Grüne Einigung, S. 254-267; Franz Schandl, Radikal und Seriös. Welche Partei brauchen wir? In: Alternativenrundbrief, Nr. 6/87, S. 9-11.
16 Joschka Fischer, Für einen grünen Radikalreformismus. In: Wolfgang Kraushaar (Hg.), Was sollen die Grünen im Parlament?, S. 39.
17 Protokoll des ALÖ-Bundeskongresses. In: Alternativenrundbrief Nr. 75, S. 3.
18 Kurzprotokoll des 11. Bundeskongresses der ALÖ am 7. und 8. Juni '86 in Amstetten. In: Alternativenrundbrief, Nr. 5/86, S. 15.
19 Die Grünen kennen freilich nicht nur den Wechselwähler, sondern auch den Wechselaktivisten. Und doch gibt es hier einen qualitativen Unterschied: Letzterer ist greifbar, weil aktuell und konkret vorhanden.
20 Vgl. Gudrun Heinrich in Joachim Raschke, Die Grünen, S. 496.
21 Franz Schandl, 12 Kriterien einer grünalternativen Organisation. In: Alternativenrundbrief, Nr. 6/86, S. 63; bzw. Protokoll vom 10. Bundeskongreß der ALÖ am 15./16. Feber 1986 in Feldkirch, Vorarlberg. In: Alternativenrundbrief, Nr. 2/86, S. 8 bzw. 14. Zur weiteren Konkretion siehe auch Franz Schandls Leitantrag am Amstettner Bundeskongreß der ALÖ im Juni 1987: Resolution der Alternativen Liste Österreich (ALÖ) zur grün-alternativen Einigung. In: Alternativenrundbrief Nr. 6/86, S. 64.
22 Zur Konzeption des demokratischen Zentralismus siehe Franz Schandl, Organisation und Revolution. Zur Entwicklung der politischen Theorie bei Wladimir I. Lenin, Dissertation, Wien 1992, S. 196-211.
23 Günther Nenning laut Helga Hauser, Nenning-Plausch über die "Bürgerinitiative Parlament", Innsbruck, 7. Nov. 85. In: Alternativenrundbrief, Nr. 1/85, S. 18.

24 Das wurde seitens anderer linker Strömungsvertreter auch kritisiert. Vgl. Anton Distelberger, Basisdemokratie - Anspruch und Wirklichkeit. In: Informationsblatt der Alternativen Liste Niederösterreich, Nr. 5/88, S. 13.

25 Vgl. das hiezu sehr aufschlußreiche Info der Alternativen Liste Wien, Nr. 32, Juni 1983.

26 Franz Schandl, Demokratie - Innen und Außen. In: Alternativenrundbrief, Nr. 2/87, S. 5.

27 Zum Demokratieverständnis der BIP siehe: Karin Eitel/Waltraud Fasching/Simone Mesner, Aufstieg und Ende der Bürgerinitiative Parlament, S. 49-56.

28 Satzungen der Alternativen Liste Österreich (ALÖ). In: Alternativenrundbrief Nr. 6/86, S. 68.

29 Robert Michels, Zur Soziologie des Parteienwesens in der modernen Demokratie. Untersuchungen über die oligarchischen Tendenzen des Gruppenlebens (1911), Stuttgart, 4. Aufl. 1989, S. 37.

30 Ebenda, S. 38.

31 Joachim Raschke, Die Grünen, S. 600.

32 Bodo Zeuner, Aktuelle Anmerkungen zum Postulat der "Basisdemokratie" bei den Grünen/Alternativen, S. 116. Vgl. auch Bodo Zeuner, Parlamentarisierung der Grünen, S. 14 ff.

33 Hubert Lommer/Michael Barg, Nichts als Ärger mit der Rotation, S. 29.

34 Claudia Pilhatsch, Auf der Suche nach einem grünen Wirtschaftskonzept. In: Karl Lind (Hg.), Nur kein Rhabarber!, S. 84.

35 Robert Michels, Zur Soziologie des Parteiwesens in der modernen Demokratie, S. 138-139.

36 Franz Schandl, Links wie normal. In: FORVM, Heft 413/414, Mai/Juni 1988, S. 56.

37 Kaspanaze Simma, Leidenspfade und Laternenpfähle; in: Ali Gronner/Erich Kitzmüller (Hg.), Grüne Ausblicke, S. 176-177.

38 Ebenda, S. 178.

39 Ebenda, S. 179.

40 Ebenda, S. 177.

41 Ebenda, S. 180-181.

42 Peter Pilz, Bitte eine Parteireform, S. 6.

43 Ebenda.

44 Antje Vollmer, Bericht zur Lage der Fraktion. In: Grüner Basis-Dienst, Doppelnummer 7-8/84, S. 13-14. Inzwischen hat Vollmer von ihrem "linken" Standpunkt aber Abschied genommen. Sie steht heute an der Spitze der Aufbruch-Gruppe, d.h. am rechten Flügel der BRD-GRÜNEN.

45 Joschka Fischer, Niemand kann gegen seinen Willen zur Rotation gezwungen werden. Wider die leidige Rotationskiste. In: Grüner Basis-Dienst, Doppelnummer 7-8/84, S. 20.

46 Ebenda, S. 21.

47 Ebenda.

48 Ebenda, S. 25.

49 Vgl. Luise Gubitzer, Grünes Selbstverständnis. In: Ali Gronner/Erich Kitzmüller (Hg.), Grüne Ausblicke, S. 50; Severin Renoldner, Politik als Ankündigung neuer Chancen. In: Ebenda, S. 145

50 Erich Kitzmüller, Grüne heben den Blick. In: Ebenda, S. 31.

51 Werner Vogt, Kindische Solidarität. In: Ebenda, S. 190.

52 Joachim Raschke, Soziale Bewegungen, S. 257.

53 Ebenda.

54 Elemente einer Theorie der Bürokratie sind grundgelegt in: Franz Schandl, Demos und Büros, S. 64-69.

55 Ebenda, S. 69.

56 Joachim Raschke, Die Grünen, S. 827.

57 Ebenda.

58 Robert Schlesinger, Alternative Politik: Wie schön wäre Grün ohne Basis. In: Der Standard, 5. u. 6. Oktober 1991, S. 31.
59 Satzung der Alternativen Liste Österreich (ALÖ). In: Alternativenrundbrief, Nr. 6/86, S. 68.
60 Marlies Meyer; in: Protokoll der 59. Klubsitzung vom 15. September 1992; vgl. auch das Protokoll der 18. Klubsitzung vom 2. April 1991 oder das Protokoll der 28. Klubsitzung vom 25. Juni 1991. In: Ordner Grüner Klub. Protokolle, Sammlung Grün-Alternative am Institut für Zeitgeschichte der Universität Wien.
61 Was für Österreich gilt, gilt auch für Deutschland. Vgl. dazu Joachim Raschke, Die Grünen, S. 725.
62 Was ebenfalls nicht verhindert werden konnte, ist die optische Rotation, die darin besteht, daß man von einer Funktion in die andere rotiert bzw. durch Kunstpausen seine Rotationspflicht erfüllt. Vgl. Hubert Lommer/Michael Barg, Nichts als Ärger mit der Rotation, S. 28; bzw. Norbert Kostede, Paternoster: die Folgen des Rotationsprinzips. In: Kursbuch 74, Dezember 1983, S. 102.
63 Bodo Zeuner, Aktuelle Anmerkungen zum Postulat der "Basisdemokratie", S. 110.
64 Joachim Raschke, Die Grünen, S. 498.
65 Roland Schaeffer, Basisdemokratie, S. 90 f.
66 Bodo Zeuner, Aktuelle Anmerkungen zum Postulat der "Basisdemokratie", S. 106.
67 Peter Pilz, Bitte eine Parteireform, S. 5f. Vgl. dazu auch das Typoskript des Interviews mit Christoph Chorherr, S. 10f [326].
68 Peter Pilz, Bitte eine Parteireform, S. 5.
69 Ebenda.
70 Protokoll der Klubklausur vom 29./30./31. Oktober 1990 in Neuwaldegg. In: Ordner Grüner Klub. Protokolle, Sammlung Grün-Alternative am Institut für Zeitgeschichte der Universität Wien.
71 Bodo Zeuner, Parlamentarisierung der Grünen, S. 20.

1 Anton Pelinka, Demokratie zwischen Utopie und Wirklichkeit. In: Informationen zur Politischen Bildung, Nr. 7 (1994), S. 7.

2 Hans Kelsen, Vom Wesen und Wert der Demokratie, Tübingen, 2. Aufl. 1929, S. 1.

3 Vilfredo Pareto, Das soziale System. In: Ders., Ausgewählte Schriften, Frankfurt/Main-Berlin-Wien 1975, S. 278.

4 Peter Klein, Demokratie und Sozialismus, S. 115.

5 Anton Pelinka, Politik und moderne Demokratie, Kronberg/Ts. 1976, S. 27.

6 Grünerseits wird dieser Standpunkt in aller Beharrlichkeit von Johannes Voggenhuber und Sonja Puntscher-Riekmann vorgetragen. Vgl. etwa Sonja Puntscher-Riekmann, Demokratie als Cyberspace? Über Demokratie, nationale Souveränität und Weltmarkt. In: Informationen zur Politischen Bildung, Nr. 7 (1994), S. 15.

7 Vgl. Max Weber, Wirtschaft und Gesellschaft, S. 28, 541 ff.

8 Max Weber, Der Sozialismus, Wien 1918, S. 4.

9 Robert Kurz, Die Demokratie frißt ihre Kinder. Bemerkungen zum neuen Rechtsradikalismus. In: Rosemaries Babies. Die Demokratie und ihre Rechtsradikalen, Unkel/Rhein und Bad Honnef 1993, S. 18.

10 Vgl. Franz Schandl, Demokratiereform als neueste Variation herrschender Politik. In: Alternativenrundbrief, Nr. 3/87, S. 11-12.

11 Ulrich Beck, Risikogesellschaft, S. 314. Vgl. auch S. 365 f.

12 Robert Kurz, Die Demokratie frißt ihre Kinder, S. 78.

13 Max Adler, Die Staatsauffassung des Marxismus. Ein Beitrag zur Unterscheidung von soziologischer und juristischer Methode, Wien 1922, S. 126.

14 Max Adler, Politische oder soziale Demokratie, Wien 1926, S. 52.

15 Wolfgang Abendroth, Demokratie als Institution und Aufgabe. In: Ulrich Matz (Hg.), Grundprobleme der Demokratie, Darmstadt 1973, S. 170.

16 Oskar Negt, Keine Demokratie ohne Sozialismus, kein Sozialismus ohne Demokratie. In: Das Argument 98, 18. Jg., Juli/August 1976, S. 595.

17 Robert Kurz, Der Ausnahmewohlstand droht. Zum Legitimitätsproblem in der Krise der Arbeitsgesellschaft. In: Juridikum, Nr. 2/94, S. 24.

18 Hans Kelsen, Das Problem des Parlamentarismus, S. 6.

19 Ebenda, S. 7.

20 Ebenda.

21 Hans Kelsen, Vom Wesen und Wert der Demokratie, S. 30.

22 Ebenda, S. 20.

23 Ebenda, S. 68.

24 Pius Strobl, Für den Bundesvorstand. Ein Diskussionspapier, 30.10.1992 (unveröffentlichtes Manuskript), S. 4. In: Ordner Grüne Alternative Öst. (Bund), Protokolle, BV Bundesvorstand, Jannuar 1990, Sammlung Grün-Alternative am Institut für Zeitgeschichte der Universität Wien.

25 Der Grüne Klub, "Ein morsches Haus braucht neue Fundamente". Visionen trotz(en) der Großen Koalition, o.O., o.J., (Wien 1987), S. 17.

26 Stenographisches Protokoll des Nationalrats, XVIII. Gesetzgebungsperiode, 3. Sitzung, 22. November 1990, S. 144.

27 Ebenda, S. 145.

28 Ebenda. Vgl. auch die gleiche Argumentation bei Johannes Voggenhuber; in: Stenographisches Protokoll des Nationalrats, XVIII. Gesetzgebungsperiode, 126. Sitzung, 17. Juni 1993, S. 14476-14479.

29 Stenographisches Protokoll des Nationalrats, XVIII. Gesetzgebungsperiode, 18. Sitzung, 13. März 1991, S. 1285.

30 Stenographisches Protokoll des Nationalrats, XVIII. Gesetzgebungsperiode, 8. Sitzung, 19. Dezember 1990, S. 462.

31 Niklas Luhmann, Ökologische Kommunikation, S. 167-168; vgl. auch S. 124-125, S. 169-171, S. 225.

32 Peter Pilz; in: Stenographisches Protokoll des Nationalrats, XVII. Gesetzgebungsperiode, 6. Sitzung, 4. März 1987, S. 552.

33 Ebenda, S. 552-553.

34 Sonja Puntscher-Riekmann, Die österreichische Demokratie. Ein Torso. In: Impuls Grün, Nr. 5 + 6/90, S. 2.

35 Immanuel Kant, Grundlegung der Metaphysik der Sitten (1785). In: Ders., Werkausgabe, Bd. 7, Frankfurt am Main 1991, S. 41.

36 Georg Wilhelm Friedrich Hegel, Grundlinien der Philosophie des Rechts, S. 66.

37 Peter Klein, Demokratie und Sozialismus, S. 116.

38 Robert Kurz, Die Demokratie frißt ihre Kinder, S. 17.

39 Josef Haslinger, Politik der Gefühle. Ein Essay über Österreich, Darmstadt und Neuwied 1987, S. 114. Eine ausführliche Kritik Haslingers unsererseits findet sich in Franz Schandl, Links wie normal. In: FORVM, Heft 413/414, Mai/Juni 1988, S. 54-57.

40 Robert Menasse, Das Land ohne Eigenschaften. Essay zum österreichischen Geist, Wien 1992, S. 81.

41 Niklas Luhmann, Politische Theorie im Wohlfahrtsstaat, München-Wien 1981, S. 14.

42 Vgl. dazu auch Joseph A. Schumpeter, Kapitalismus, Sozialismus und Demokratie, S. 389.

43 Joachim Raschke, Die Grünen, S. 630-632.

44 Wladimir I. Lenin, Der "linke Radikalismus", die Kinderkrankheit im Kommunismus (1920). In: Ders., Werke, Bd. 31, S. 85-86: *"Die Kommunisten in Westeuropa und in Amerika müssen es lernen, einen neuen, andersartigen Parlamentarismus hervorzubringen, der mit Opportunismus und Karrierismus nichts zu tun hat."*

45 Sonja Puntscher-Riekmann, Die Grüne Alternative. In: Wolfgang Mantl (Hg.), Politik in Österreich. Die Zweite Republik: Bestand und Wandel, S. 425.

46 Wladimir I. Lenin, Die Arbeiterklasse und ihre "parlamentarische" Vertretung (1912). In: Werke, Bd. 18, S. 431.

47 Hubert Kleinert, Aufstieg und Fall der Grünen, S. 310.

48 Ebenda, S. 312.

49 Andrea Komlosy, Mit einem lachenden und einem weinenden Auge. In: MOZ, Nummer 26, Jänner 1988, S. 17.

50 Hubert Kleinert, Aufstieg und Fall der Grünen, S. 305.

51 Die Ökolibertären sind der äußerste rechte Flügel bei den deutschen GRÜNEN.

52 Thomas Schmid, Plädoyer für einen reformistischen Anarchismus. In: Thomas Kluge (Hg.), Grüne Politik, S. 78.

53 Peter Pilz, Land über Bord, S. 188.

54 Stenographisches Protokoll des Nationalrats, XVII. Gesetzgebungsperiode, 152. Sitzung, 5. Juli 1990, S. 17660.

55 Typoskript des Interviews mit Holda Harrich, S. 14.

56 Vgl. Ordner Anschober Anfragen - Beantwortung I-IX, Grünes Archiv im Parlament.

57 Franz Schandl, Die Grünen in Österreich, Wien 1995, S. XXX.

58 Herbert Fux; in: Stenographisches Protokoll des Nationalrats, XVII. Gesetzgebungsperiode, 20. Sitzung, 15. Mai 1987, S. 2231.

59 Platon, Der Staat (v.u.Z.), S. 360 [557A-558C].

60 Wladimir I. Lenin, Staat und Revolution (1917). In: Ders., Werke, Bd. 25, S. 437. Der obligate "Totalitarismus"-Vorwurf, der auf eine solche Aussage folgt, ist übrigens rein demagogisch, er kann nicht entkräften, was Inhalt ist. Nur weil die Faschisten das gleiche erkannten, heißt das noch nicht, daß die Feststellung unrichtig ist.

61 Marieluise Beck-Oberdorf; zit. nach Joachim Raschke, Die Grünen, S. 605.

62 Johannes Voggenhuber; in: Protokoll der 1. Klubsitzung vom 9. 10. 1990. In: Ordner Grüner Klub, Protokolle, Sammlung Grün-Alternative am Institut für Zeitgeschichte der Universität Wien.

63 Protokoll der 4. Klubsitzung vom 5. Februar 1991. In: Ordner Grüner Klub, Protokolle, Sammlung Grün-Alternative am Institut für Zeitgeschichte der Universität Wien.

64 Peter Sloterdijk, Kritik der Zynischen Vernunft, Bd. 1, S. 294.

65 Vgl. dazu, auch die angezeigte Entwicklung sehr deutlich ausdrückend, das Programm der Grünen Alternative 1990. In: Impuls Grün, Nr. 7-8/1990, S. 35-41.

66 Daß dies nicht nur ein hypothetisches Problem ist, bewies die gefinkelte Fragenkombination anläßlich der Volksbefragung betreffend eine Landeshauptstadt für Niederösterreich 1986. Nur die vorgegebenen Koppelungen führten letztendlich die gewünschte Mehrheit herbei. Vgl. dazu Rene Kaudelka, Nachlese Volksbefragung Landeshauptstadt. In: Informationsblatt der Alternativen Liste Niederösterreich, Nr. 5/86, S. 1-2.

67 Vgl. Max Weber, Wirtschaft und Gesellschaft, S. 865.

68 Ebenda. Weber sprach in diesem Zusammenhang auch von einer *"cäsaristischen Wendung"* der Parteiendemokratie (ebenda, S. 862).

69 Vgl. dazu auch Karl Ucakar, Demokratie und Wahlrecht in Österreich. Entwicklung von politischer Partizipation und staatlicher Legitimationspolitik, Wien 1985, S. 583 ff.; Tilman Evers, Qualitative oder substantielle Demokratie? Skeptisches zum Volksentscheid. In: Kommune, Nr. 4/86, S. 42-48.

70 Karin Eitel/Waltraud Fasching/Simone Mesner, Aufstieg und Ende der Bürgerinitiative Parlament, S. 54.

71 Max Adler, Politische oder soziale Demokratie, S. 84.

72 Hans Kelsen, Vom Wesen und Wert der Demokratie, S. 30.

73 Karl Renner, Mensch und Gesellschaft, Wien 1952, S. 312.

74 Stenographisches Protokoll des Nationalrats, XVII. Gesetzgebungsperiode, 6. Sitzung, 4. März 1987, S. 614.

75 Stenographisches Protokoll des Nationalrats, XVII. Gesetzgebungsperiode, 6. Sitzung, 4. März 1987, S. 622.

76 Ebenda, S. 623-624.

77 Stenographisches Protokoll des Nationalrats, XVII. Gesetzgebungsperiode, 6. Sitzung, 4. März 1987, S. 642-644. Als die Zwischenrufe (vor allem seitens der FPÖ) nicht abreißen, läßt sich Wabl zu folgender wirklich bezeichnender Bemerkung hinreißen: *"Was wollen Sie denn haben? Wollen Sie haben, daß wir auf die Knie gehen?"* (Ebenda, S. 643.) Genau das.

78 Vgl. dazu den recht aufschlußreichen Artikel von Peter Bossew, Der Krampf mit der Gewalt. In: Alternativenrundbrief, Nr. 5/87, S. 6-11.

79 Vgl. dazu Franz Schandl, Freiheitlich demokratische Grünzeug-Ordnung. In: FORVM, Heft 397/398, März 1987, S. 52-56.

80 Max Weber, Wirtschaft und Gesellschaft, S. 123.

81 Ebenda, S. 822.

82 Thomas Ebermann/Michael Böttcher, Gewaltmonopol und Rechtsstaat. Eine Polemik gegen Joscha Schmierers Artikel "Gewaltmonopol" in Kommune 1-2/86. In: Kommune, Nr. 5/86, S. 78.

83 Vgl. dazu die Diskussion in Konkret 12/85 zwischen Otto Schily und Thomas Ebermann. Wiederabgedruckt als: Ist dieser Staat noch unser Staat. Dialog zwischen Thomas Ebermann und Otto Schily; in: Die Grünen, GRÜNE Perspektiven. Von der Mühsal der Ebenen und der Lust der Höhen....?, Bonn 1988, S. 82-90.

84 Stenographisches Protokoll des Nationalrats, XVII. Gesetzgebungsperiode, 6. Sitzung, 4. März 1987, S. 642.

85 Jürgen Reents/Michael Stamm, Bekenntnisse zur Gewaltfrage oder: Welche Gewalt ist erlaubt? In: Die Grünen, GRÜNE Perspektiven, S. 78. Die Hamburger Reents und Stamm sind zwischenzeitlich von den Grünen zur PDS gewechselt.

86 Günther Anders, Gewalt - Ja oder nein. Eine notwendige Diskussion, München 1987, S. 143.

87 Stenographisches Protokoll des Nationalrats, XVII. Gesetzgebungsperiode, 89. Sitzung, 15. Dezember 1988, S. 10344 f.

88 Friedensprogramm der Alternativen Liste Österreich, S. 5; zit. nach Alternativenrundbrief, Nr. 6/86. Dieses Programm wurde hauptsächlich von den Wiener Alternativen Andrea Komlosy und Hannes Hofbauer ausgearbeitet, von den Tiroler Alternativen um Severin Renoldner teilweise umgeschrieben, was meint: entschärft. Auf dem Wiener Bundeskongreß der ALÖ im Frühjahr 1984 wurde es mit großer Mehrheit angenommen.

89 Ebenda, S. 8.

90 Stenographisches Protokoll des Nationalrats, XVII. Gesetzgebungsperiode, 89. Sitzung, 15. Dezember 1988, S. 10347.

91 Vgl. dazu das Typoskript des Interviews mit Andreas Wabl, S. 39-46 [484] bzw. die Dokumentationen in: Alternativenrundbrief, Nr. 4/87, S. 27-39; Akin, Nr. 13/87 u. 14/87; Die Linke, 8. Jg., Nr. 5, 11.3.1987, S. 7-9.

92 Zur Unterscheidung von Entscheidungen und Entscheidungsprämissen siehe Niklas Luhmann, Legitimation durch Verfahren (1969), Frankfurt am Main 1983, S. 31.

93 Auch die heute unüberhörbaren Einwände gegen den Proporz sind mit Vorsicht zu genießen. Dort, wo er nicht greift, ist meistens ein noch unerträglicherer Majorz die Folge (z.B. bei den Beamten des Landes Niederösterreich).

94 Hans Kelsen, Der Staat der Integration, Wien 1930, S. 82.

95 Robert Kurz, Die Demokratie frißt ihre Kinder, S. 14.

1 Die Grünen Alternativen. Ein kurzes Programm der Alternativen Liste Österreichs. In: Alternativenrundbrief, Nr. 6/86; im folgenden kurz: Programm der ALÖ 1983.
2 Vereinte Grüne Österreichs, Grundsatzprogramm (Stand 29. 4. 1984), publiziert als Blätter der Vereinten Grünen Österreichs, Folge 4/1984; im folgenden kurz: Programm der VGÖ 1984.
3 Die Grüne Alternative - Liste Freda Meissner-Blau, Grüne Alternativen für ein neues Österreich. Offenes Kurzprogramm, beigeheftet in: Akin, Nr. 33 vom 28. 10. 1986; im folgenden kurz: Programm der Grünen Alternative 1986.
4 Programm der ALÖ 1983, S. 2.
5 Ebenda, S. 5.
6 Ebenda, S. 3.
7 Programm der VGÖ 1984, S. 2.
8 Ebenda.
9 Erst in der Hainburg-Bewegung begannen sich die Rosagrünen ansatzweise als eigene Strömung zu formieren.
10 Programm der ALÖ 1983, S. 4.
11 Ebenda.
12 Ebenda.
13 Ebenda.
14 In den frühen Positionspapieren von Exponenten der *Grazer* Strömung, allen voran des Steirers Peter Pritz, der gemeinsam mit Erich Kitzmüller zu den wichtigsten Repräsentanten dieses Parteiflügels zählte, kommt dies mehr als deutlich zum Ausdruck. Siehe dazu etwa: Peter Pritz, Skizzen der Alternativenbewegung. In: Alternativenrundbrief, Nr. 22, Juni 1980, S. 5-11.
15 Programm der ALÖ 1983, S. 4. Zu den strömungspolitischen Differenzen zwischen *Grazern* und *Wienern* hinsichtlich der friedenspolitischen Programmpositionen und insbesondere in der Gewaltfrage siehe Gerhard Schattauer, Zur Rolle der Alternativen Liste Österreich (ALÖ) im grünalternativen Parteibildungsprozeß, Diplomarbeit, Wien 1988, S. 325-344.
16 Programm der VGÖ 1984, S. 1.
17 Ebenda, S. 2.
18 Ebenda.
19 Ebenda, S. 1.
20 Ebenda, S. 2.
21 Programm der ALÖ 1983, S. 12.
22 Ebenda.
23 Etwa fand sich auch im "Kitzmüller-Programm" ein dezidiertes Verfassungsbekenntnis, Programm der ALÖ 1983, S. 12.
24 Programm der Grünen Alternative 1986, S. 10.
25 Programm der VGÖ 1984, S. 22, Programm der Grünen Alternative 1986, S. 10.
26 Programm der Grünen Alternative 1986, S. 10.
27 Ebenda.
28 Programm der ALÖ 1983, S. 12.
29 Die zentrale Publikation zur Dualwirtschaft ist Gorz' 1980 erschienenes Buch "Abschied vom Proletariat. Jenseits des Sozialismus", Frankfurt am Main 1984.
30 Programm der ALÖ 1983, S. 9.
31 Programm der Grünen Alternative 1986, S. 9.
32 Ebenda, S. 6.
33 Programm der ALÖ 1983, S. 10.
34 Programm der VGÖ 1984, S. 8.
35 Ebenda.
36 Ebenda, S. 9.

37 Karl Marx, Das Kapital, Erster Band, S. 650 f.
38 Programm der VGÖ 1984, S. 8.
39 Ebenda, S. 10.
40 Ebenda.
41 Ebenda, S. 11.
42 Programm der VGÖ 1984, S. 22.
43 Programm der ALÖ 1983, S. 11, Programm der VGÖ 1984, S. 3, 9 und 10, Programm der Grünen Alternative 1986, S. 8.
44 Programm der VGÖ 1984, S. 3, Programm der Grünen Alternative 1986, S. 11.
45 Programm der VGÖ 1984, S. 5, Programm der Grünen Alternative 1986, S. 4.
46 Programm der VGÖ 1984, S. 22, Programm der Grünen Alternative 1986, S. 3.
47 Programm der Grünen Alternative 1986, S. 11, Programm der VGÖ 1984, S. 22.
48 Programm der Grünen Alternative 1986, S.4, Programm der VGÖ 1984, S. 4.
49 Programm der VGÖ 1984, S. 22.
50 Programm der Grünen Alternative 1986, S. 3.
51 Ebenda, S. 4.
52 Programm der ALÖ 1983, S. 7.
53 Ebenda, S. 7.
54 Programm der VGÖ 1984, S. 8.
55 Programm der Grünen Alternative 1986, S. 6.
56 Niklas Luhmann, Soziale Systeme, S. 507.
57 Programm der Grünen Alternative 1986, S. 13.
58 Ebenda, S. 8 und 10.
59 Vgl. Programm der ALÖ 1983, S. 7.
60 Programm der Grünen Alternative 1986, S. 7, 8 und 11.
61 Programm der ALÖ 1983, S. 5, Programm der VGÖ 1984, S. 21, Programm der Grünen Alternative 1986, S. 15.
62 Programm der ALÖ 1983, S. 5, Programm der VGÖ 1984, S. 21.
63 Programm der ALÖ 1983, S. 8, Programm der VGÖ 1984, S. 21, Programm der Grünen Alternative 1986, S. 15.
64 Programm der VGÖ 1984, S. 21.
65 Leitlinien zu grüner Politik zu den Themen Umwelt, Demokratie, soziale Gerechtigkeit (= Programm der Grünen Alternative 1990). In: Impuls Grün, Nr. 7-8, September 1990.
66 Ebenda, S. 2. Schönheitliche Formulierungen haben bei den Grünen übrigens Tradition. Günther Nenning etwa faßte in einem Programmentwurf zur Nationalratswahl 1986 die Sicht von Demokratie und Ästhetik zu folgender griffigen wie obskuren Forderung zusammen: *"Grundrecht jeder Bürgerin und jedes Bürgers auf Gesundheit, Natur, Schönheit. Dieses Grundrecht muß für jede(n) Einzelne(n) rasch, einfach und kostenlos durchsetzbar sein bei Verwaltung und Gerichten."* (Arbeitskreis Demokratie, Entwurf: Kurzfassung Programmabschnitt Demokratie. In: Ordner BIP Dokumentation II Juni 86, Sammlung Grün-Alternative am Institut für Zeitgeschichte der Universität Wien.)
67 Programm der Grünen Alternative 1990, S. 2.
68 Franz Schandl, Die grüne Ideologie. In: Karl Lind (Hg.), Nur kein Rhabarber! S. 172.
69 Programm der Grünen Alternative 1990, S. 5.
70 Ebenda, S. 14.
71 Ebenda, S. 12.
72 Ebenda, S. 30.
73 Ebenda.
74 Sonja Puntscher-Riekmann, Ämterkumulierung von Politikern aus grün-alternativer Sicht. In: Der Standard, 11. Mai 1990.

75 Falter, Nr. 25/89.
76 Max Weber, Wirtschaft und Gesellschaft, S. 28.
77 Programm der Grünen Alternative 1990, S. 39.
78 Ebenda, S. 37.
79 Ebenda, S. 36.
80 Profil, Nr. 30, 23. Juli 1990, S. 16.
81 Programm der Grünen Alternative 1990, S. 39 f.
82 Ebenda, S. 39.
83 Programm der Grünen Alternative 1990, S. 36. Vgl. dazu auch Franz Schandl, Freiheitlich demokratische Grünzeug-Ordnung. In: FORVM, Heft 397/398, März 1987, S. 52-56; Leopold Kendöl, Leserbrief zur Kolumne Günther Nennings. In: Profil, Heft 30/86; "Große Opposition". In: Alternativenrundbrief, Nr. 7/86, S. 3-4.
84 Hans Kelsen, Vom Wesen und Wert der Demokratie, S. 20.
85 Ebenda, S. 40.
86 Ebenda, S. 30.
87 Ebenda, S. 44.
88 Ebenda.
89 Programm der Grünen Alternative 1990, S. 37-38.
90 Ebenda, S. 50.
91 Salzburger Nachrichten, 29. Juni 1990.
92 Demokratieprogramm (Entwurf). In: Impuls Grün, Nr. 7/89, S. 11.
93 Programm der Grünen Alternative 1990, S. 50.
94 Ebenda, S. 37.
95 Ebenda, S. 39.
96 Franz Schandl, The Same in Gruen. In: FORVM, Nummer 442/443, Oktober/November 1990, S. 36.
97 Sozialprogramm (Entwurf), Impuls Grün, Nr. 6/89, S. 3.
98 Programm der Grünen Alternative 1990, S. 64.
99 Ebenda, S. 54.
100 Ebenda, S. 68.
101 Hans Kelsen, Der Staat als Integration, Wien 1930, S. 46.
102 Gerhard Bollardt, Grüne Mutation. In: Wochenpresse, Nr. 29, 20. Juli 1990, S. 16.
103 Josef Votzi, "Interessanter und lebhafter". In: Profil, Nr. 30, 23. Juli 1990, S. 14.
104 Anton Pelinka laut Josef Votzi, "Interessanter und lebhafter", S. 14.
105 Gerhard Bollardt, Grüne Mutation, S. 16.
106 Profil, Nr. 16, 17. April 1990, S. 21.
107 Vgl. Anton Pelinka, Grüne Alternative und Landesverteidigung. In: Österreichisches Jahrbuch für Politik 1992, S. 525-535.
108 Peter Pilz, Land über Bord, S. 182.
109 Peter Pilz, Nullösung - was sonst? (Unveröffentlichtes Manuskript), zit. nach Anton Pelinka, Grüne Alternative und Landesverteidigung, S. 527.
110 Peter Pilz; in: Stenographisches Protokoll des Nationalrates, XVII. Gesetzgebungsperiode, 121. Sitzung, 30. November 1989, S. 14344.
111 Vgl. dazu Thomas Mayer/Helmut Spudich, Grüne zweifeln am Sinn eines Waffenstillstands. Voggenhuber und Wabl befürchten Chaos in Nahost als Folge. In: Der Standard, 15. Februar 1991, S. 5.
112 Vgl. dazu etwa Peter Pilz, Gewaltfreiheit oder Leben. In: Falter, Nr. 33/92, S. 9-10.
113 Rudolf Burger, Natur als Politik. In: Falter, Nr. 33/89, S. 8.
114 Programm der Grünen Alternative 1990, S. 5.

1 Typoskript des Interviews mit Christoph Chorherr, S. 24.
2 Typoskript des Interviews mit Franz Floss, S. 70. Floss möchte allerdings die Einschätzung, die Grünen seien eine Medienpartei, relativiert wissen und meint: "*... die Grünen sind eine Medienpartei, aber die Grünen sind nicht die Partei der Medien, das ist mir wichtig!*" (Ebenda).
3 Als Vorläufer dieser sich dann durchsetzenden Tendenz kann die Salzburger Bürgerliste gelten. Vgl.: Raimund Gutmann/Werner Pleschberger, Die Bürgerliste. In: Umdenken, S. 115.
4 Erich Auer, Liebe Freunde in der grünen Bewegung (Leserbrief). In: Akin, Nr. 13 vom 19. 4. 1988.
5 Fritz Karmasin, Die Neuen Werte, S. 267.
6 Vgl. Joachim Raschke, Die Grünen, S. 765.
7 Hubert Kleinert, Aufstieg und Fall der Grünen, S. 271.
8 Franz Schandl, The act of domestication. Medien und Grüne. In: Monatszeitung, Nr. 52, Mai 1990, S. 12.
9 Joachim Raschke, Die Grünen, S. 744.
10 Ebenda, S. 751.
11 Vgl. Peter Pilz, Land über Bord, S. 122-124.
12 Stenographisches Protokoll des Nationalrates, XVII. Gesetzgebungsperiode, 50. Sitzung, 4. Februar 1988, S. 5792.
13 Stenographisches Protokoll des Nationalrates, XVII. Gesetzgebungsperiode, 29. Sitzung, 1. Oktober 1987, S. 3326.
14 Stenographisches Protokoll des Nationalrates, XVII. Gesetzgebungsperiode, 149. Sitzung, 28. Juni 1990, S. 17221.
15 Der unabhängige Journalismus erkennt natürlich auch seinesgleichen und bedankt sich auf seine Weise. Vgl. prototypisch Helmut A. Gansterer, Der Pilz. Über ein wildwachsendes Stück der Natur. In: Trend, Nr. 2/92, S. 61-75.
16 Kaum ein Wort wird heute so unhinterfragt affirmiert und akklamiert. Der inflationäre Gebrauch des Wortes "liberal", der von Weltoffenheit bis zu Toleranz alles eingemeindet hat, ist unerträglich. Vielmehr gilt es festzuhalten: Auch der Liberalismus hat seine Grenzen, wo der Liberalismus seine Grenzen hat.
17 Peter Pilz, in: Stenographisches Protokoll des Nationalrates, XVII. Gesetzgebungsperiode; 149. Sitzung, 28. Juni 1990, S. 17222.
18 Ebenda.
19 Vilfredo Pareto, Das soziale System (1920). In: Ders., Ausgewählte Schriften, Frankfurt am Main-Wien-Berlin 1975, S. 287.
20 Darin liegt auch einer der Gründe, warum die Basisaktivistinnen und -aktivisten dann oftmals die zweite Garnitur der Parteiprominenz meucheln. Was ihnen an der ersten Riege prinzipiell verwehrt bleibt, bekommt die zweite Reihe in berechnend abrechnender Weise zu spüren.
21 Vgl. Typoskript des Interviews mit Schani Margulies, S. 18.
22 Niklas Luhmann, Soziale Systeme, S. 213.
23 Vgl. Robert Michels, Zur Soziologie des Parteiwesens in der modernen Demokratie, S. 80.
24 Niklas Luhmann, Ökologische Kommunikation, Fußnote 7, S. 175 f.
25 Eingeläutet wurde die Renaissance der Grünen durch das Nachrichtenmagazin "Profil", das in seiner Ausgabe Nr. 3 vom 16. Jänner 1989 titelte: "*Das Tribunal. Peter Pilz, der Star des Lucona-Ausschusses*".
26 Peter Pelinka, AZ vom 30. April 1991.
27 Ebenda.
28 Georg Wilhelm Friedrich Hegel, Phänomenologie des Geistes, S. 35.
29 Protokoll der 18. Klubsitzung vom 2. April 1991, S. 4-5. In: Ordner Grüner Klub, Protokolle, Sammlung Grün-Alternative am Institut für Zeitgeschichte der Universität Wien.
30 Protokoll der 1. Klubsitzung vom 9. 10. 1990. In: Ebenda.

31 Protokoll der 28. Klubsitzung vom 25. Juni 1991. In: Ebenda.
32 Hubert Kleinert, Aufstieg und Fall der Grünen, S. 350.
33 Theodor W. Adorno, Negative Dialektik, S. 273.
34 Ebenda, S. 294.
35 Ebenda, S. 274.
36 Bertolt Brecht, Das Leben des Galilei. Schauspiel (1938/39). In: Ders., Gesammelte Werke, Bd. 3, Frankfurt am Main 1967, S. 1329.
37 Dirk Käsler u.a., Der politische Skandal. Zur symbolischen und dramaturgischen Qualität von Politik, Opladen 1991, S. 13. Zur Begriffsgeschichte vgl. ebenda, S. 69 ff.
38 Karl Marx, Theorien über den Mehrwert (1905/10). In: MEW, Bd. 26.1, S. 364.
39 Ebenda, S. 363.
40 Karl Kraus, Die Fackel, XVI. Jahr, Nr. 404, Dezember 1914, S. 11.
41 Typoskript des Interviews mit Christoph Chorherr, S. 53.
42 Günther Anders, Die Antiquiertheit des Menschen, Band I, S. 100.
43 Niklas Luhmann, Soziale Systeme, S. 220.
44 Ebd., S. 194 f.
45 Georg Lukács, Geschichte und Klassenbewußtsein, S. 194.
46 Alfred Smudits, Von der Opus-Kultur zur Passus-Kultur? Veränderungen im Objektbereich der Kulturforschung. In: Manfred Bobrowsky/Wolfgang R. Langenbucher (Hg.), Wege zur Kommunikationsgeschichte, München 1987, S 519.
47 Siehe dazu Günther Anders, Die Antiquiertheit des Menschen, Band I, S. 154 ff.
48 Peter Sloterdijk, Kritik der zynischen Vernunft, Bd. 1, S. 118.
49 Georg Wilhelm Friedrich Hegel, Geschichte der Philosophie I, S. 124 f.
50 Herbert Marcuse, Der eindimensionale Mensch, S. 124.
51 Peter Sloterdijk, Kritik der zynischen Vernunft, Bd. 2, S. 572.
52 Ebenda, S. 880.
53 Ebenda, S. 571.
54 Herbert Marcuse, Der eindimensionale Mensch, S. 125.
55 Peter Sloterdijk, Kritik der zynischen Vernunft, Bd. 2, S. 572.
56 Salman Rushdie, Die Satanischen Verse, o. O., 1989, S. 315.
57 Günther Anders, Die Antiquiertheit des Menschen, Band II, S. 253.
58 Peter Sloterdijk, Kritik der zynischen Vernunft, Bd. 2, S. 570 f.
59 Alfred Smudits, Von der Opus-Kultur zur Passus-Kultur?, S. 535.
60 Vor allem sein Hauptwerk, "Die Antiquiertheit des Menschen", ist in weiten Teilen mit der analytischen Durchdringung dieser Befunde befaßt.
61 Günther Anders, Die Antiquiertheit des Menschen, Band II, S. 250.
62 Ebenda, S. 51.
63 Günther Anders, Die Antiquiertheit des Menschen, Band I, S. 207.
64 Herbert Marcuse, Der eindimensionale Mensch, S. 114.
65 Franz Floss über einen gängigen grünen Modus zur Beschaffung von Öffentlichkeit: "*Also diese abweichenden Positionen sind schlagzeilenmachend. Für jeden, der in der Partei ist, ist das eine permanente Versuchung.*" (Typoskript des Interviews mit Franz Floss, S. 73).
66 Die Kritik der Frankfurter Schule an der Kulturindustrie wirkt deswegen aus heutiger Warte geradezu antiquiert. Das beleidigte bildungsbürgerliche Ressentiment, mit dem Adorno und Horkheimer sie bedenken, muß aber - soweit es möglich ist, sich hineinzuversetzen - vor dem zeitlichen Hintergrund gedacht werden, zu dem diese Kritik formuliert worden ist. Damals, in der Durchbruchsphase differenzloser medialer Massenunterhaltung, mußten dem gebildeten Denken die Leistungen der Kulturindustrie noch absurd und bedrohlich erscheinen. (Vgl. Max Horkheimer/Theodor W. Adorno, Dialektik der Aufklärung, S. 128-176.)
67 Günther Anders, Die Antiquiertheit des Menschen, Band I, S. 190.

68 Nicht von ungefähr wurden seitens der rechten, lebensphilosophischen Zivilisationskritik unzählige Versuche unternommen, den Denker Anders für sich zu reklamieren. Freilich erfolglos.
69 Ernst Lohoff, Das Ende des Proletariats als Anfang der Revolution, S. 111.
70 Robert Kurz, Geschichtsverlust. In: Krisis, Nr. 11, August 1991, S. 23.
71 Ernst Lohoff, Brüderchen und Schwesterchen, S. 126.
72 Gottfried Wilhelm Leibniz, Monadologie, S. 14.
73 Peter Klein, Demokratendämmerung. Das Ende von Freiheit und Gleichheit. In: Krisis, Nr. 11, August 1991, S. 190.

1 Carl von Clausewitz, Vom Kriege (1832). Auswahl, Stuttgart 1980, S. 195.
2 Ebenda, S. 196.
3 Ebenda.
4 Georg Wilhelm Friedrich Hegel, Wissenschaft der Logik II, S. 448.
5 Ebenda, S. 461.
6 Ebenda, S. 454-455.
7 Vgl. in diesem Zusammenhang etwa das Versöhnungsgespräch von Peter Pilz und Josef Buchner unter dem Titel: "Neue Freunde in harten Zeiten". In: News, Nr. 42/93, S. 32-34.
8 Vgl. Bericht über den Außerordentlichen Bundesvorstand vom 29.10.93; in: Ordner Grüne Alternative Protokolle, BV-Bundesvorstand, Sammlung Grün-Alternative am Institut für Zeitgeschichte der Universität Wien.
9 Hans-Jürgen Krahl, Konstitution und Klassenkampf. Schriften und Reden 1966-1970, Frankfurt, 4. Aufl. 1985, S. 166.
10 Carl von Clausewitz, Vom Kriege, S. 103.
11 Ebenda, S. 107.
12 Joachim Raschke, Soziale Bewegungen, S. 368.
13 Pius Strobl, Für den Bundesvorstand. Ein Diskussionspapier, 30.10.1992. In: Ordner Grüne Alternative Öst. (Bund), Protokolle, BV Bundesvorstand, Januar 1990, Sammlung Grün-Alternative am Institut für Zeitgeschichte der Universität Wien.
14 Joachim Raschke, Die Grünen, S. 692.
15 Ebenda, S. 679.
16 Peter Pilz, Land über Bord, S. 154.
17 Ebenda, S. 208.
18 Holger Börner; zit. nach Thomas Ebermann/Rainer Trampert, Die Zukunft der Grünen, S. 267.
19 Ebenda, S. 264.
20 Robert Musil, Der Mann ohne Eigenschaften, Bd. 1, S. 634.
21 Vorschläge, wie sie in der sogenannten "Hamburger Tolerierungslinie" (Ebermann/Trampert) gemacht wurden, konnten deshalb nie greifen. Vgl. Thomas Ebermann/Rainer Trampert, Die Zukunft der Grünen, S. 277-278.
22 Joschka Fischer, Identität in Gefahr! In: Thomas Kluge (Hg.), Grüne Politik, S. 34. Vgl. auch die ähnlich lautende Passage bei Erich Kitzmüller, Grüne heben den Blick. In: Ali Gronner/Erich Kitzmüller (Hg.), Grüne Ausblicke, S. 35.
23 Joseph Huber, Basisdemokratie und Parlamentarismus. In: Wolfgang Kraushaar (Hg.), Was sollen die Grünen im Parlament?, S. 82.
24 Madeleine Petrovic. In: Kurier, 1. August 1993, S. 3.
25 Theodor W. Adorno, Negative Dialektik, S. 306.
26 Wladimir I. Lenin, Was tun? Brennende Fragen unserer Bewegung (1902). In: Ders., Werke, Bd. 5, S. 363. Wobei Lenin sich freilich davon distanzierte und zumindest bis 1914 den revolutionären Charakter der internationalen Sozialdemokratie behauptete.
27 Joachim Raschke, Die Grünen, S. 769.
28 Zur Geschichte der Parteiströmungen bei den deutschen Grünen siehe Joachim Raschke, Die Grünen, S. 143-210.
29 Robert Musil, Der Mann ohne Eigenschaften, Bd. 1, S. 139.
30 Vgl. dazu das aufschlußreiche Protokoll der 7. Bundesversammlung der GRÜNEN vom 7.- 9.12.1984 in Hamburg. In: Grüner Basis-Dienst, Heft 1/85.
31 Hubert Kleinert, Aufstieg und Fall der Grünen, S. 48.
32 Vgl. ebenda, S. 60; Angelo Bolaffi/Otto Kallscheuer, Die Grünen: Farbenlehre eines politischen Paradoxes, S. 89. Abgeschwächt galt das auch für die Kräfteverhältnisse in der ALÖ bis 1986.
33 Bodo Zeuner, Parlamentarisierung der Grünen, S. 18.

34 So ist es auch kein Zufall, daß in Westdeutschland von den Grünen der Gründungsphase 1979/80 fast niemand mehr dabei ist. (Vgl. Joachim Raschke, Die Grünen, S. 234-235.)
35 Joschka Fischer, Die Linke nach dem Sozialismus, Hamburg 1992, S. 175.
36 Ebenda, S. 218.
37 Georg Wilhelm Friedrich Hegel, Enzyklopädie der philosophischen Wissenschaften im Grundrisse I, S. 196.
38 Georg Wilhelm Friedrich Hegel, Wissenschaft der Logik I, S. 118.
39 Georg Wilhelm Friedrich Hegel, Wissenschaft der Logik II, S. 209.
40 Vgl. dazu ebenda, S. 207-213.
41 Günther Anders, Die Antiquiertheit des Menschen, Band II, S. 133-134.
42 Robert Musil, Der Mann ohne Eigenschaften, Bd. 1, S. 347.
43 Ludger Volmer, Gegen Realo, gegen Fundamentalo, für eine starke Zentralo-Fraktion. In: Grüner Basis-Dienst, Heft 4/85, S. 42.
44 Zur Begriffsgeschichte siehe Thomas Meyer, Fundamentalismus. Aufstand gegen die Moderne, Reinbek 1989, S. 15 ff.
45 Ebenda, S. 157.
46 Man vergleiche dazu etwa die Zeitgeistschrift für Bessere, "Transatlantik", die diese geistige Barbarei auf die Spitze treibt. Alles, was dem konsumfreudigen Citoyen nicht paßt, muß in dessen Ideologie doch irgendwie zusammengehören und wird auch dementsprechend porträtiert. (Transatlantik. Das Kulturmagazin, Nr. 2/1989: Fundamentalismus: 19 Beiträge über eine Rückwärtsbewegung, die den Fortschritt bestätigt.)
47 Vgl. dazu Rainer Trampert, Der harte Kern der Wirtschaft als Zentralproblem grüner Strategie. Redigierte Fassung des Rechenschaftsberichts von der 8. Bundesdelegiertenversammlung der GRÜNEN in Offenburg, 13.-15.12.1985. In: Grünes und alternatives Jahrbuch 1986/87, Berlin(West) 1986, S. 81.
48 In Österreich wurde dieser Terminus von unabhängigen Nachrichtenmagazinen ebenso bereitwillig wie unreflektiert nachgeplappert. Auch wenn er analytisch keinen Sinn macht, verfehlt er doch seinen Zweck nicht.
49 Man vgl. etwa die Stellen, wo der Hamburger Professor sich über den ehemaligen Hamburger Abgeordneten Jürgen Reents äußert: Joachim Raschke, Die Grünen, S. 188, 191, 193, 198, 306, 477-478.
50 Man vgl. die Stellen über Joschka Fischer, z.B. ebenda, S. 77, 163, 333 f., 341 ff.
51 Ebenda, S. 324, vgl. auch S. 578, 585 f.
52 Jutta Ditfurth, Radikal und phantasievoll gesellschaftliche Gegenmacht organisieren! Skizzen einer radikalökologischen Position. In: Thomas Kluge (Hg.), Grüne Politik, S. 66.
53 Thomas Ebermann/Rainer Trampert, Die Zukunft der Grünen, S. 209.
54 Vgl. dazu: Die Radikale Linke. Reader zum Kongreß vom 1. - 3. Juni 1990 in Köln, hg. von der Kongreßvorbereitungsgruppe, Hamburg 1990.
55 Hubert Kleinert, Was ist der GRÜNEN Identität? Annäherungen an einen problematischen Begriff. In: Grünes und alternatives Jahrbuch 1986/87, Berlin(West) 1986, S. 25.
56 Joachim Raschke, Die Grünen, S. 134.
57 Joschka Fischer, Für einen grünen Radikalreformismus. In: Wolfgang Kraushaar (Hg.), Was sollen die Grünen im Parlament?, S. 42.
58 Hubert Kleinert, Aufstieg und Fall der Grünen, S. 340-341.
59 Vgl. etwa Erich Reiter, Technikskepsis und neue Parteien. Politische Folgen eines alternativen Technikbildes in Österreich, Wien-Köln-Graz 1987, S. 102; Anton Pelinka, Die Grünen in Österreich. Anspruch und Wirklichkeit. In: Ali Gronner/Erich Kitzmüller (Hg.), Grüne Ausblicke, S. 76.
60 Franz Schandl, Die Grün-Promi-Partie. Ein Alternativer Abgesang. In: Salto, Nr. 8, 21. Februar 1992, S. 9.

1 Theodor W. Adorno, Negative Dialektik, S. 230.
2 Ebenda, S. 293-294.
3 Georg Wilhelm Friedrich Hegel, Vorlesungen über die Geschichte der Philosophie I, S. 45.
4 Gottfried Wilhelm Leibniz, Über den ersten Ursprung der Dinge (1697). In: Ders., Fünf Schriften zur Logik und Metaphysik, Stuttgart 1987, S. 49-50.
5 Grüner Klub, Versprochen und gebrochen (Manuskript 1994). In: Karton Grüne Alternative Klub, Broschüren, Sammlung Grün-Alternative am Institut für Zeitgeschichte der Universität Wien.
6 Niccolo Machiavelli, Der Fürst (1513/1532), Stuttgart 1978, S. 72.
7 Erich Kitzmüller, Grüne heben den Blick. In: Ali Gronner/Erich Kitzmüller (Hg.), Grüne Ausblicke, S. 30.
8 Hubert Kleinert, Aufstieg und Fall der Grünen, S. 250.
9 Luise Gubitzer, Grünes Selbstverständnis. In: Ali Gronner/Erich Kitzmüller (Hg.), Grüne Ausblicke, S. 47.
10 Josef Votzi, Neuwahl der Waffen. In: Profil, Nr. 43, 19. Oktober 1992, S. 14.
11 Peter Pilz laut Kurier vom 1. November 1991.
12 AZ, 11. Dezember 1990, S. 2.
13 Georg Wilhelm Friedrich Hegel, Phänomenologie des Geistes, S. 56.
14 Robert Kurz, Glanz und Elend des Antiautoritarismus. Streiflichter zur Ideen- und Wirkungsgeschichte der "Neuen Linken". In: Marxistische Kritik, Nr. 5, Dezember 1988, S. 31.
15 Hubert Kleinert, Aufstieg und Fall der Grünen, S. 237.
16 Hubert Kleinert, Was ist der Grünen Identität? In: Grünes und alternatives Jahrbuch 1986/87, Berlin(West) 1986, S. 37-38.
17 Vgl. etwa Kleinerts Lobgesang auf Oskar Lafontaine, in dem er unzweifelhaft seinesgleichen erkennt: Hubert Kleinert, Aufstieg und Fall der Grünen, S. 219-235.
18 Vgl. Joachim Raschke, Die Grünen, S. 680.
19 Joachim Raschke, Die Grünen, S. 668.
20 Ebenda, S. 870.
21 Ebenda, S. 865.
22 Ebenda, S. 852.
23 Ebenda, S. 880.
24 Ebenda, S. 852.
25 Ebenda, S. 848.
26 Ali Gronner, Die Grünen - Reformpartei der Radikalen Mitte. In: Ali Gronner/Erich Kitzmüller (Hg.), Grüne Ausblicke, S. 8.
27 Dieter Schrage, Ich mag nicht bis "4" zählen! Anmerkungen, Thesen, Exkurse zur grün-alternativen Identität. In: Ali Gronner/Erich Kitzmüller (Hg.), Grüne Ausblicke, S. 164.
28 Ali Gronner, Eckpfeiler grüner Politik. In: Karl Lind (Hg.), Nur kein Rhabarber!, S. 69.
Ali Gronner, der von links zu den Grünen kam, hat sie inzwischen nach rechts hin verlassen.
29 Am deutlichsten zeichnen sich diese Entwicklungen heute in Italien und in Frankreich ab, zwei Länder, in denen das politische System zusehends aus den Fugen gerät. Wer glaubt, daß stabile Demokratien wie Deutschland und Österreich davor gefeit wären, wird eines Besseren belehrt werden.

1 Zum Verhältnis von Theorie und Praxis siehe Franz Schandl, Organisation und Revolution, S. 34-37.
2 Zur Scheidung in objektive und subjektive Geschichte siehe ebenda, S. 20-24.
3 Alfred Heuß, Einleitung. In: Propyläen Weltgeschichte III.1: Griechenland. Die hellenistische Welt, Frankfurt am Main-Berlin 1962, S. 17.
4 Robert Musil, Der Mann ohne Eigenschaften, Bd. 1, (1930), Reinbek 1987, S. 445.
5 Max Weber, Die "Objektivität" wissenschaftlicher Erkenntnis (1904). In: Ders., Schriften zur Wissenschaftslehre, Stuttgart 1991, S. 34.
6 Franz Schandl war seit November 1985 Mitglied im Bundeskoordinationsausschuß der ALÖ und für diese Vertreter im Redaktionskomitee des Hainburger Einigungskomitees; Gerhard Schattauer war Sprecher des Geschäftsführenden Ausschusses der Alternativen Liste Niederösterreich und Sprecher des Vorstandes der Bürgerinitiative Parlament Niederösterreich (ALNÖ).
7 Typoskript des Interviews mit Pius Strobl, S. 16-17.
8 Interview mit Johannes Voggenhuber, 19. und 20. 6. 1991. In: Harald Lindtner, "Die vierte Fraktion" - Die Grüne Alternative als neue politische Partei in Österreich. Entstehung, Entwicklung und Darstellung der Grünen Parlamentspartei in Österreich, Diplomarbeit, Wien 1991, S. 142.
9 Vgl. Ordner HEK, Protokolle, Dokumente, Sammlung Grün-Alternative am Institut für Zeitgeschichte der Universität Wien.
10 Vgl. Die Grünalternativen - Demokratische Liste, Ein Kurzprogramm, o.O., o.J. (Wien 1986).
11 Georg Wilhelm Friedrich Hegel, Grundlinien der Philosophie des Rechts, S. 55.
12 Max Weber, Die "Objektivität" sozialwissenschaftlicher und sozialpolitischer Erkenntnis, S. 34.
13 Ebenda, S. 50.
14 Georg Wilhelm Friedrich Hegel, Grundlinien der Philosophie des Rechts, S. 13.
15 Karl Marx, Die Verhandlungen des 6. rheinischen Landtags (1842). In: MEW, Bd. 1, S. 29.
16 Georg Wilhelm Friedrich Hegel, Vorlesungen über die Geschichte der Philosophie I, S. 237.
17 Theodor W. Adorno, Soziologie und empirische Forschung. In: Ders. u.a., Der Positivismusstreit in der deutschen Soziologie, S. 84.
18 Ebenda, S. 85.
19 Niccolo Machiavelli, Der Fürst, S. 74.
20 Karl Marx, Das Kapital., Erster Band, S. 590.
21 Ebenda, S. 564.
22 Georg Wilhelm Friedrich Hegel, Wissenschaft der Logik II, S. 19.
23 Ebenda.
24 Max Horkheimer/Theodor W. Adorno, Dialektik der Aufklärung, S. 183.
25 Joachim Raschke, Die Grünen, S. 56; vgl. auch S. 138.
26 Ebenda.
27 Sonja Puntscher-Riekmann, Die Grüne Alternative. In: Wolfgang Mantl (Hg.), Politik in Österreich, S. 405.
28 Robert Kurz, Die Intelligenz nach dem Klassenkampf, S. 11.
29 Georg Wilhelm Friedrich Hegel, Wissenschaft der Logik I, S. 39.
30 Platon, Der Staat, S. 339 [533E-535A].
31 Georg Lukács, Geschichte und Klassenbewußtsein, S. 297.
32 Karl Kraus, Über die Sprache. Glossen, Aphorismen und Gedichte, München 1977, S. 11.
33 Georg Wilhelm Friedrich Hegel, Phänomenologie des Geistes, S. 56.
34 Friedrich Engels, Vorwort zur englischen Ausgabe (1885). In: Karl Marx, Das Kapital, Erster Band, S. 37.
35 Georg Wilhelm Friedrich Hegel, Phänomenologie des Geistes, S. 65.

Die Autoren

Mag. Dr. Franz Schandl, geboren 1960 im niederösterreichischen Eberweis bei Heidenreichstein, studierte Geschichte und Politikwissenschaften an der Universität Wien. Mitbegründer der Grünen Alternative im Jahre 1986. Derzeit arbeitet er als freier Publizist und Kolumnist für diverse Zeitschriften im In- und Ausland.

Mag. Dr. Gerhard Schattauer, geboren 1964 in Waidhofen/Thaya, studierte Geschichte und Publizistik an der Universität Wien, wo er zum Thema "Die grüne Einigung" promovierte. Mitarbeit bei der Alternativen Liste Österreich sowie bei der Grünen Alternative bis 1986. Derzeit ist er mit dem Studium der Rechtswissenschaften beschäftigt.

POLITISCHE DISKUSSION
im Promedia-Verlag

Gero Fischer/Maria Wölflingseder (Hg.):
"Biologismus - Rassismus - Nationalismus"
Rechte Ideologien im Vormarsch
264 Seiten, DM 29,80; sFr. 31.-; öS 215.-
ISBN 3-900478-97-X, erschienen: 1995

Johan Galtung:
"Eurotopia"
Die Zukunft eines Kontinents
184 Seiten, DM 29,80; sFr. 31.-; öS 198.-
ISBN 3-900478-61-9, erschienen: 1994

Andrea Komlosy/Václav Bůžek/František Svátek (Hg.):
"Kulturen an der Grenze"
Waldviertel – Weinviertel – Südböhmen – Südmähren
350 Seiten, 23x26 cm, reich und teilweise farbig bebildert
DM 52.-; sFr. 54.-; öS 350.-
ISBN 3-900478-93-7, erschienen: 1995

Kritische Geografie (Hg.):
"Alte Ordnung - neue Blöcke?"
Polarisierung in der kapitalistischen Weltwirtschaft
160 Seiten, DM 29,80; sFr. 31.-; öS 198.-
ISBN 3-900478-83-X, erschienen: 1994

Kritische Geografie (Hg.):
"Österreich auf dem Weg zur Dritten Republik"
Zwischen Deutschnationalismus und Habsburgermythos
160 Seiten, DM/sFr. 26.-; öS 180.-
ISBN 3-900478-56-2; erschienen: 1993

Gerold Ecker/Christian Neugebauer (Hg.):
"Neutralität oder Euromilitarismus"
Das Exempel Österreich
288 Seiten, DM 28.-; sFr. 29.-; öS 180.-
ISBN 3-900478-65-1; erschienen 1993